全国法律专业学位研究生教育指导委员会秘书处推荐教材

总主编 曾宪义 王利明

21世纪法学系列教材

刑法学原理与案例教程

（第四版）

主编 韩玉胜

撰稿人 （以撰写章节先后为序）

韩玉胜 赵瑞罡 白 波

翟丽佳 李凤梅 闫永安

李文峰

中国人民大学出版社

·北京·

总　序

曾宪義

在人类文明与文化的发展中，中华民族曾作出过伟大的贡献，不仅最早开启了世界东方文明的大门，而且对人类法治、法学及法学教育的生成与发展进行了积极的探索与光辉的实践。

在我们祖先生存繁衍的土地上，自从摆脱动物生活、开始用双手去进行创造性的劳动、用人类特有的灵性去思考以后，我们人类在不断改造客观世界、创造辉煌的物质文明的同时，也在不断地探索人类的主观世界，逐渐形成了哲学思想、伦理道德、宗教信仰、风俗习惯等一系列维系道德人心、维持一定社会秩序的精神规范，更创造了博大精深、义理精微的法律制度。应该说，在人类所创造的诸种精神文化成果中，法律制度是一种极为奇特的社会现象。因为作为一项人类的精神成果，法律制度往往集中而突出地反映了人类在认识自身、调节社会、谋求发展的各个重要进程中的思想和行动。法律是现实社会的调节器，是人民权利的保障书，是通过国家的强制力来确认人的不同社会地位的有力杠杆，它来源于现实生活，而且真实地反映现实的要求。因而透过一个国家、一个民族、一个时代的法律制度，我们可以清楚地观察到当时人们关于人、社会、人与人的关系、社会组织以及哲学、宗教等诸多方面的思想与观点。同时，法律是一种具有国家强制力、约束力的社会规范，它以一种最明确的方式，对当时社会成员的言论或行动作出规范与要求，因而也清楚地反映了人类在各个历史发展阶段中对于不同的人所作出的种种具体要求和限制。因此，从法律制度的发展变迁中，同样可以看到人类自身不断发展、不断完善的历史轨迹。人类社会几千年的国家文明发展历史已经无可争辩地证明，法律制度乃是维系社会、调整各种社会关系、保持社会稳定的重要的工具。同时，法律制度的不断完善，也是人类社会文明进步的显著体现。

由于发展路径的不同、文化背景的差异，东方社会与西方世界对于法律的意义、底蕴的理解、阐释存有很大的差异，但是，在各自的发展过程中，都曾比较注重法律的制定与完善。中国古代虽然被看成是“礼治”的社会、“人治”的世界，被认为是“只有刑，没有法”的时代，但从《法经》到《唐律疏议》《大清律例》等数十部优秀成文法典的存在，充分说明了成文制定法在中国古代社会中的突出地位，唯这些成文法制所体现出的精神旨趣与现代法律文明有较大不同而已。时至20世纪初叶，随着西风东渐、东西文化交流加快，中国社会开始由古代的、传统的社会体制向近现代文明过渡，建立健全的、符合现代理性精神的法律文明体系方成为现代社会的共识。正因为如此，近代以来的数百年间，在西方、东方各主要国家里，伴随着社会变革的潮起潮落，法律改革运动也一直呈方兴未艾之势。

从历史上看，法律的文明、进步，取决于诸多的社会因素。东西方法律发展的历史均充分证明，推动法律文明进步的动力，是现实的社会生活，是政治、经济和社会文化的变迁；同时，法律内容、法律技术的发展，往往依赖于一大批法律专家以及更多的受过法律教育的社会成员的研究和推动。从这个角度看，法学教育、法学研究的发展，对于法律文明的发展进步，也有着异常重要的意义。正因为如此，法学教育和法学研究在现代国家的国民教育体系和科学研究体系中，开始占有越来越重要的位置。

中国近代意义上的法学教育和法学研究，肇始于19世纪末的晚清时代。清光绪二十一年（公元1895年）开办的天津中西学堂，首次开设法科并招收学生，虽然规模较小，但仍可以视为中国最早的近代法学教育机构（天津中西学堂后改名为北洋大学，又发展为天津大学）。三年后，中国近代著名的思想家、有“维新骄子”之称的梁启超先生即在湖南《湘报》上发表题为《论中国宜讲求法律之学》的文章，用他惯有的富有感染力的激情文字，呼唤国人重视法学，发明法学，讲求法学。梁先生是清代末年一位开风气之先的思想巨子，在他的辉煌的学术生涯中，法学并非其专攻，但他仍以敏锐的眼光，预见到了新世纪中国法学研究和法学教育的发展。数年以后，清廷在内外压力之下，被迫宣布实施“新政”，推动变法修律。以修订法律大臣沈家本为代表的一批有识之士，在近十年的变法修律过程中，在大量翻译西方法学著作，引进西方法律观念，有限度地改造中国传统的法律体制的同时，也开始推动中国早期的法学教育和法学研究。20世纪初，中国最早设立的三所大学——北洋大学、京师大学堂、山西大学堂均设有法科或法律学科目，以期“端正方向，培养通才”。1906年，应修订法律大臣沈家本、伍廷芳等人的奏请，清政府在京师正式设立中国第一所专门的法政教育机构——京师法律学堂。次年，另一所法政学堂——直属清政府学部的京师法政学堂也正式招生。这些大学法科及法律、法政学堂的设立，应该是中国历史上近代意义上的正规专门法学教育的滥觞。

自清末以来，中国的法学教育作为法律事业的一个重要组成部分，随着中国社会的曲折发展，经历了极不平坦的发展历程。在20世纪的大部分时间里，中国社会一直充斥着各种矛盾和斗争。在外敌入侵、民族危亡的沉重压力之下，中国人民为寻找适合中国国情的发展道路而花费了无穷的心力，付出过沉重的代价。从客观上看，长期的社会骚动和频繁的政治变迁曾给中国的法治与法学带来过极大的消极影响。直至70年代末期，以“文化大革命”宣告结束为标志，中国社会从政治阵痛中清醒过来，开始用理性的目光重新审视中国的过去，规划国家和社会的未来，中国由此进入长期稳定、和平发展的大好时期，以这种大的社会环境为背景，中国的法学教育也获得了前所未有的发展机遇。

从宏观上看，实行改革开放以来，经过二十多年的努力，中国的法学教育事业所取得的成就是辉煌的。首先，经过“解放思想，实事求是”思想解放运动的洗礼，在中国法学界迅速清除了极左思潮及苏联法学模式的一些消极影响，根据本国国情建设社会主义法治国家已经成为国家民族的共识，这为中国法学教育和法学研究的发展奠定了稳固的思想基础。其次，随着法学禁区的不断被打破、法学研究的逐步深入，一个较为完善的法学学科体系已经建立起来。理论法学、部门法学各学科基本形成了比较系统和成熟的理论体系和学术框架，一些随着法学研究逐渐深入而出现的法学子学科、法学边缘学科也渐次成型。1997年，国家教育主管部门和教育部高校法学学科教学指导委员会对原有专业目录进行了又一次大幅度调整，决定自1999年起法学类本科只设一个单一的法学专业，按照一个专业招生，从而使法学学科的布局更加科学和合理。同时，在充分论证的基础上，确定了法学专业本科教学的14门核心课程，加上其他必修、选修课程的配合，由此形成了一个传统与更新并重、能够适应国家和社会发展需要的教学体系。法学硕士和博士研究生及法律硕士专业学位研究生的专业设置、课程教学和培养体系也日臻完善。再次，法学教育的规模迅速扩大，层次日趋齐全，结构日臻合理。目前中国有六百余所普通高等院校设置了法律院系或法律本科专业，在校本科学生和研究生已达二十余万人。除本科生外，在一些全国知名的法律院校，法学硕士研究生、法律硕士专业学位研究生、法学博士研究生已经逐步成为培养的重点。

众所周知，法律的进步、法治的完善，是一项综合性的社会工程。一方面，现实社会关系的发展，国家政治、经济和社会生活的变化，为法律的进步、变迁提供动力，提供社会的土壤。另一方面，法学教育、法学研究的发展，直接推动法律进步的进程。同时，全民法律意识、法律素质的提高，则是实现法治国理想的关键的、决定性的因素。在社会发展、法学教育、法学研究等几个攸关法律进步的重要环节中，法学教育无疑处于核心的、基础的地位。中国法学教育过去二十多年所走过的历程令人激动，所取得的成就也足资我们自豪。随着国家的发展、社会的进步，在21世纪，我们面临着更严峻的挑战和更灿烂的前景。“建设世界一流法学教育”，任重道远。

首先，法律是建立在经济基础之上的上层建筑，以法治为研究对象的法学也就成为一门实践性很强的学科。社会生活的发展变化，势必要对法学教育、法学研究不断提出新的要求。经过二十多年的奋斗，中国改革开放的前期目标已顺利实现。但随着改革开放的逐步深入，国家和社会的一些深层次问题，比如说社会主义市场经济秩序的真正建立、国有企业制度的改革、政治体制的完善、全民道德价值的重建、环境保护和自然资源的合理利用等等，也已经开始浮现出来。这些复杂问题的解决，无疑最终都会归结到法律制度的完善上来。建立一套完善、合理的法律制度，构建理想的和谐社会，乃一项持久而庞大的社会工程，需要全民族的智慧和努力。其中的基础性工作，如理论的论证、框架的设计、具体规范的拟订、法律实施中的纠偏等等，则有赖于法学研究的不断深入，以及高素质人才特别是法律人才的养成，而培养法律人才的任务，则是法学教育的直接责任。

其次，21世纪是一个多元化的世纪。20世纪中叶发生的信息技术革命，正在极大地改变着我们的世界。现代科学技术，特别是计算机网络信息技术的发展，使传统的生活方式、思想观念发生了根本的改变，并由此引发许多人类从未面对过的问题。就法学教育而言，在21世纪所要面临的，不仅是教学内容、研究对象的多元化问题，而且还有培养对象、培养目标的多元化、教学方式的多元化等一系列问题，这些问题都需要法学界去思考、去探索。

中国人民大学法学院建立于1950年，是新中国诞生后创办的第一所正规高等法学教育机构。在半个多世纪的岁月中，中国人民大学法学院以其雄厚的学术力量、严谨求实的学风、高水平的教学质量以及丰硕的学术研究成果，在全国法学教育领域处于领先地位，并开始跻身于世界著名法学院之林。据初步统计，中国人民大学法学院已经为国家培养法学专业本科生、硕士生、博士生一万余人，培养各类成人法科学生三十余万人。经过多年的努力，中国人民大学法学院形成了较为明显的学术优势，在现职教师中，既有一批资深望重、在国内外享有盛誉的法学前辈，更有一大批在改革开放后成长起来的优秀中青年法学家。这些老中青法学专家多年来在勤奋研究法学理论的同时，也积极投身于国家的立法、司法实践，对国家法制建设贡献良多。

有鉴于此，中国人民大学法学院与中国人民大学出版社经过研究协商，决定结合中国人民大学法学院的学术优势和中国人民大学出版社的出版力量，出版一套“21世纪法学系列教材”。自1998年开始编写出版本科教材，包括按照国家教育部所确定的法学专业核心课程和其所颁布印发的《全国高等学校法学专业核心课程教学基本要求》而编写的14门核心课程教材，也包括法学各领域、各新兴学科教材及教学参考书和案例分析在内，到2000年12月3日在人民大会堂大礼堂召开举世瞩目的“21世纪世界百所著名大学法学院院长论坛暨中国人民大学法学院成立五十周年庆祝大会”之时，业已出版了50本作为50周年院庆献礼，到现在总共出版了80本。为了进一步适应高等法学教育发展的形势和教学改革的需要，最近中国人民大学法学院与中国人民大学出版社决定将这套教材扩大为四个系列，即：“本科生用书”“法学研究生用书”“法律硕士研究生用书”以及“司法考试用书”，总数将达二百多本。我们设想，本套教材的编写，将更加注意“高水准”与“适用性”的合理结合。首先，本套教材将由中国人民大学法学院具有全国影响的各学科的学术带头人领衔，约请全国高校优秀学者参加，形成学术实力强大的编写阵容。同时，在编写教材时，将注意吸收中国法学研究的最新的学术成果，注意国际学术发展的最新动向，力求使教材内容能够站在21世纪的学术前沿，反映各学科成熟的理论，体现中国法学的水平。其次，本套教材在编写时，将针对新时期学生特点，将思想性、学术性、新颖性、可读性有机结合起来，注意运用典型生动的案例、简明流畅的语言去阐释法律理论与法律制度。

我们期望并且相信，经过组织者、编写者、出版者的共同努力，这套法学教材将以其质量效应、规模效应，力求成为奉献给新世纪的精品教材，我们诚挚地祈望得到方家和广大读者的教正。

2006年7月1日

序 言

王利明

法学教育是高等教育的重要组成部分，是建设社会主义法治国家、构建社会主义和谐社会的重要基础，并居于先导性的战略地位。在我国社会转型的新世纪、新阶段，法学教育不仅要为建设高素质的法律职业共同体服务，而且要面向全社会培养大批治理国家、管理社会、发展经济的高层次法律人才。近年来，法学教育取得了长足的进步，法科数量增长很快，教育质量稳步提高，培养层次日渐完善，目前已经形成了涵盖本科生、第二学士学位生、法学硕士研究生、法律硕士研究生、法学博士研究生的完整的法学人才培养体系，接受法科教育已经成为莘莘学子的优先选择之一。随着中国法治事业的迅速发展，我们有理由相信，中国法学教育的事业大有可为，中国法学教育的前途充满光明。

教育的基本功能在于育人，在于塑造德才兼备的高素质人才。法学教育的宗旨并非培养只会机械适用法律的“工匠”，而承载着培养追求正义、知法懂法、忠于法律、廉洁自律的法律人的任务。要完成法学教育的使命，首先必须认真抓好教材建设。我始终认为，教材是实现教育功能的重要工具和媒介，法学教材不仅仅是法学知识传承的载体，而且是规范教学内容、提高教学质量的关键，对法学教育的发展有着不可估量的作用。

第一，法学教材是传授法学基本知识的工具。初学法律，既要有好的老师，又要有好的教材。正如冯友兰先生所言：“学哲学的目的，是使人作为人能够成为人，而不是成为某种人。其他的学习（不是学哲学）是使人能够成为某种人，即有一定职业的人。”一套好的教材，能够高屋建瓴地展示法律的体系，能够准确简明地阐释法律的逻辑，能够深入浅出地叙述法律的精要，能够生动贴切地表达深奥的法理。所以，法学教材是学生学习法律的向导，是学生步入法律殿堂的阶梯。如果在入门之初教材就有偏颇之处，就可能误人子弟，学生日后还要花费大量时间与精力来修正已经形成的错误观念。

第二，法学教材是传播法律价值理念的载体。好的法学教材不仅要传授法学知识，更要传播法律的精神和法治的理念，例如对公平、正义的追求，尊重权利的观念。本科、研究生阶段的青年学子，正处在人生观、价值观形成的阶段，一套优秀的法学教材，对于他们价值观的塑造和健全人格的培养具有重要意义。

第三，法学教材是形成职业共同体的主要条件。建设社会主义法治国家，有赖于法律职业共同体的生成。一套好的法学教材，向法律研习者传授共同的知识，这对于培养一个接受共同的价值理念、共同的法律思维、共同的话语体系的法律共同体，具有重要的作用。

第四，法学教材是所有法律研习者的良师益友。没有好的教材，一个好的教师或可弥补教材的欠缺和不足，但对那些没有老师指导的自学者而言，教材就是老师，其重要作用是显而易见的。

长期以来，在我们的评价体系中，教材并没有获得应有的注重，对学术成果的形式优先考虑的往往是专著而非教材。在不少人的观念中，教材与创新、与学术精品甚至与学术无缘。其实，要真正写出一部好的教材，其难度之大、工作之艰辛、影响之深远，绝不低于一部优秀的专著，它甚至可以成为在几百年甚至更长的时间内发挥作用的传世之作。以查士丁尼的《法学阶梯》为例，所谓法学阶梯，即法学入门之义，就是一部教材。但它概括了罗马法的精髓，千百年来，一直是人们研习罗马法最基本的著述。日本著名学者我妻荣说过，大学教授有两大任务：一是写出自己熟悉的专业及学术领域的讲义乃至教科书；二是选择自己最有兴趣、最看重的题目，集中精力进行终生的研究。实际上，这两者是相辅相成的。写出一部好教材，必须要对相关领域形成一个完整的知识体系，还要能以深入浅出的语言将问题讲清楚、讲明白。没有编写教材的基本功，实际上也很难写出优秀的专著。当然，也只有对每一个专题都有一定研究，才能形成对这个学术领域的完整把握。

虽然近几年我国法学教育发展迅速，成绩显著，但是法学教育也面临许多挑战。各个学校的师资队伍和教学质量参差不齐，这就更需要推出更多的结构严谨、内容全面、角度各有侧重、能够适应不同需求的法学教材，为提高法学教学和人才培养质量、保障法学教育健康发展提供前提条件。

长期以来，中国人民大学法学院始终高度重视教材建设。作为新中国成立后建立的第一所正规的法学教育机构，中国人民大学法律系最早开设了社会主义法学教学课堂，编写了第一套社会主义法学讲义，培养了新中国第一批法学本科生和各学科的硕士生、博士生，产生了新中国最早的一批法学家和法律工作者。中国人民大学法律系因此被誉为“新中国法学教育的工作母机”。半个多世纪以来，中国人民大学法学院为社会主义法制建设培养了大批优秀的法律人才，并为法学事业的振兴和繁荣作出了卓越贡献，也因此成为引领中国法学教育的重镇、凝聚国内法律人才的平台和沟通中外法学交流的窗口，并在世界知名法学院行列中崭露头角。为了对中国法学教育事业作出更大的贡献，我们有义务也有责任出版一套体现我们最新研究成果的法学教材。

承蒙中国人民大学出版社的大力支持，我们组织编写了本套教材，其中包括本科生用书、法律硕士研究生用书、法学研究生用书和司法考试用书四大系列，分别面向不同层次法科教育需求。编写人员以中国人民大学法学院教师为主，反映了中国人民大学法学院整体的研究实力和学术视野。相信本套教材的出版，一定能够为新时期法学教育的繁荣发展发挥应有的作用。

是为序。

2006年7月10日

第四版修订说明

《刑法学原理与案例教程》第三版修订出版之后，2015年8月29日，第十二届全国人民代表大会常务委员会第十六次会议审议通过了《中华人民共和国刑法修正案（九）》，该修正案于2015年11月1日起施行。刑法修正案（九）对刑法的总则、分则部分的内容作了重要的修改和补充，最高人民法院、最高人民检察院据此作出了一系列新的司法解释。2017年11月4日，第十二届全国人民代表大会常务委员会第三十次会议审议通过了《中华人民共和国刑法修正案（十）》，将侮辱国歌的行为规定为犯罪。根据刑法修正案（九）以及刑法修正案（十）对刑法的修改、补充和相关司法解释的规定，我们再次修订《刑法学原理与案例教程》。

在这里，我们依然要重复在本书前版修订时说过的话：任何一部教材都不是完美的，本书也不能例外。尽管我们很努力了，但是修订后的《刑法学原理与案例教程》一定还会存在很多不尽如人意之处，诚挚希望学界各位同仁及读者继续对本书提出修改意见。我们虽然没有能力把这部教材做到最好，但我们会尽最大的努力把它做得更好。

本书第四版的修订作者分工如下（以撰写章节先后为序）：

韩玉胜（中国人民大学法学院教授、博士生导师）：第一章、第二章、第三章、第十章、第十一章、第十二章、第十三章；

赵瑞罡（北京市高级人民法院法官）：第四章、第五章、第六章、第七章、第八章、第九章；

白波（北京市第二中级人民法院法官）：第十四章、第十五章、第十六章；

翟丽佳（北京市第二中级人民法院法官）：第十七章、第十八章、第十九章；

李凤梅（沈阳师范大学教授、法学博士）：第二十章、第二十一章、第二十二章、第二十三章；

闫永安（中央民族大学法学院讲师、法学博士）：第二十四章、第二十五章、第二十六章；

李文峰（最高人民检察院检察官、法学博士）：第二十七章、第二十八章、第二十九章、第三十章。

全书修订由主编统改定稿。

编者

2017年11月

编写说明

《刑法学原理与案例教程》是专门为法律硕士研究生编写的一部教材。

《中华人民共和国刑法》自1979年7月6日颁布施行后，1997年3月14日全国人民代表大会又颁布了全面修订后的《中华人民共和国刑法》。将修订前后的刑法进行比较，可以看到修订后的刑法较之以前有了很大的变化，不仅在刑法总则部分的诸如刑法的基本原则、犯罪主体刑事责任年龄中应当承担刑事责任的范围、单位犯罪、正当防卫中的防卫限度及特别防卫权、犯罪中止的处罚原则、累犯的构成条件、特别自首制度的设立、假释的禁止条件、追诉时效的延长等方面作了新的规定或者进行了重大的修改，而且刑法分则部分的条文数量大幅增加，显示了国家惩治犯罪，保卫国家安全和公共安全，保护公民的人身权利、民主权利和其他各项权利，维护正常的市场经济秩序和社会秩序的决心和信心。

《刑法学原理与案例教程》的编写特点在于：(1) 重点突出。本教程阐述的是刑法中必须掌握的最基本的知识，同时，为了使读者能够了解刑法学界在学术上的研究情况，对一些有争议的问题作了简要介绍。(2) 语言精练。本书力图用最简练的语言将所要阐述的问题阐述清楚，不说没用的话，不写没用的字。(3) 内容全面。本书包含了刑法中规定的所有内容，包括刑法分则中的四百余个罪名（含刑法修正案及特别刑法修改和增加的罪名）。当然，阐述的详略程度是有区别的。(4) 结合实际。本书引用了较多的实际案例，通过对案例的分析，能够更好地理解和把握刑法中的知识和原理，使刑法理论和刑事司法实践紧密结合起来。(5) 引导学习。本书的每一章都有参考文献（包括著述和论文）、参考法规（包括相关的法律条文和立法解释、司法解释）、问题与思考等内容供读者参考，希望能够对读者有所帮助。

限于作者的能力和水平，本书可能会有谬误和不当之处，真诚希望能够得到读者的批评和指正。

本教材的编写分工如下（以撰写章节先后为序）：

韩玉胜（中国人民大学法学院教授、博士生导师）：第一章、第二章、第三章、第十章、第十一章、第十二章、第十三章；

赵瑞罡（北京市第二中级人民法院法官）：第四章、第五章、第六章、第七章、第八章、第九章；

白波（北京市第二中级人民法院法官）：第十四章、第十五章、第十六章；

翟丽佳（北京市第二中级人民法院法官）：第十七章、第十八章、第十九章；

李凤梅（沈阳师范学院副教授、法学博士）：第二十章、第二十一章、第二十二章、第二十三章；

闫永安（中央民族大学法学院讲师、在读法学博士）：第二十四章、第二十五章、第二十六章；

李文峰（最高人民检察院检察官、法学博士）：第二十七章、第二十八章、第二十九章、第三十章。

全书由主编统改定稿。

编　者

2006年4月于北京

目　录

开篇　刑法绪论

上篇　犯罪总论

下篇　罪刑各论

第二十九章 渎职罪

第三十章 军人违反职责罪

开　篇

刑法绪论

第一章 刑法的概念、任务和体系

参考书目

1. 张希坡编．中华人民共和国刑法史．北京：中国人民公安大学出版社，1998.

2. 高铭暄主编．刑法学原理．第1卷．北京：中国人民大学出版社，1993.

3. 高铭暄，马克昌主编．刑法学．5版．北京：北京大学出版社，高等教育出版社，2011.

4. 王作富主编．刑法．6版．北京：中国人民大学出版社，2016.

5. 陈兴良主编．刑法学．2版．上海：复旦大学出版社，2009.

6. 张明楷．刑法学．5版．北京：法律出版社，2015.

7. 沈德咏主编．刑事司法解释理解与适用．北京：法律出版社，2011.

8. 陈兴良主编．判例刑法教程（总则篇）．北京：北京大学出版社，2015.

9. 赵秉志．当代刑法问题新思考．北京：中国法制出版社，2016.

参考法规

1.《中华人民共和国刑法》（以下简称《刑法》）第1～2条

2. 2012年5月15日最高人民法院《关于在裁判文书中如何表述修正前后刑法条文的批复》

引例 秦某某网络散布虚假信息案

2011年7月23日，甬温铁路发生特别重大铁路交通事故。在事故善后处理期间，秦某某为了利用热点事件进行自我炒作，提高网络关注度，于2011年8月20日使用昵称为“中国秦火火”的新浪微博账号编造并散布虚假信息，称铁道部向“7·23”甬温动车事故中的外籍遇难旅客支付3 000万欧元高额赔偿金。该微博被转发11 000余次，评论3 300余次，引发大量网友对国家机关公信力的质疑，对事故的善后工作的开展造成了不良的社会影响。

思考：对于秦某某在网络上散布虚假信息的行为是否应当追究刑事责任？

第一节 刑法的概念和性质

一、刑法的概念

刑法是国家的基本法律之一，要研究刑法学，首先必须了解作为刑法学研究对象的刑法的概念。刑法是规定犯罪、刑事责任和刑罚的法律（规范）。具体地说，刑法是掌握政权的阶级即统治阶级，为了维护其阶级利益，按照本阶级的意志，通过国家意志规定犯罪及其应负的刑事责任，以及给予犯罪人以何种刑罚处罚的一系列法律规范的总和。

刑法这一称谓有狭义和广义之分。狭义刑法是指刑法典，即国家最高立法机关制定的完整、系统的有关犯罪、刑事责任和刑罚的规定。它具有统一的体例，既包括犯罪与刑罚的一般原理、原则，又包括各种具体的犯罪及其刑罚。如我国1979年第五届全国人民代表大会第二次会议制定的《刑法》和1997年第八届全国人民代表大会第五次会议修订的《刑法》。修订的刑法施行以后，全国人民代表大会常务委员会所作出的刑法修正案是对刑法的补充、修改，这些修正案是刑法的组成部分。广义刑法是指一切规定犯罪、刑事责任和刑罚的法律规范的总和，包括刑法典、特别刑法与附属刑法。特别刑法也称单行刑法，是国家以“决定”“规定”“条例”等名称颁布的、规定某一类犯罪及其后果或刑法的某一事项的法律，如1998年12月29日全国人大常委会颁布的《关于惩治骗购外汇、逃汇和非法买卖外汇犯罪的决定》，它既是特别的刑事法律，也是对我国刑法典的补充与修改。附属刑法是指附带规定于经济法、行政法等非刑事法律中的罪刑规范，如我国《食品安全法》《专利法》《会计法》等法律中都有关于犯罪、刑事责任与刑罚的规定，这部分内容称为附属刑法。

通常我们使用“刑法”这一用语时，指的是狭义刑法即刑法典，如果需要包括单行刑法或者附属刑法时，应当特别加以说明。

二、刑法的性质

刑法的性质可以从两个不同的层面理解，即刑法的阶级性质和刑法的法律性质。

刑法的阶级性质是指它是与一定历史范畴紧密联系的阶级社会的产物。刑法既不是自古就有的，也不会永远存在下去。刑法是统治阶级意志的反映，是掌握了国家政权的统治阶级根据自己的意志和利益制定的法律规范。从刑法规定的内容来看，包括两个方面的基本内容，即犯罪和刑罚。统治阶级为了维护本阶级的统治，都把危及本阶级统治的行为规定为犯罪并予以相应的刑罚惩罚。因此，刑法永远是统治阶级实行专政的一种工具，刑法的阶级本质是由国家的阶级本质决定的。我国是社会主义国家，刑法反映的是广大人民群众的利益，维护的是社会主义国家和广大人民群众的根本利益。

刑法的法律性质是指它是国家整个法律体系的重要组成部分。刑法与其他部门法相比较，具有两个明显的特点：第一，刑法对社会关系的调整具有其他部门法所不具备的广泛性。社会关系本身具有广泛性，而各个部门法只能调整整个社会关系中的某一个方面，例如，民法调整社会关系中的财产关系和人身关系，行政法调整社会关系中因行政行为而发生的行政关系，等等。刑法调整的则是所有受到犯罪行为侵害的社会关系，既包括财产关系、人身关系，也包括行政关系等。可以说，刑法所调整的社会关系涉及了社会生活的各个方面，刑法是以各个部门法所调整的社会关系为保护对象的。第二，刑法对社会关系的保护手段具有其他部门法所不具备的严厉性。凡是法律都具有强制性的特征，任何人侵犯了法律所保护的社会关系，都要承担相应的法律后果，受到法律的制裁。刑法之外的其他法律的制裁手段包括损害赔偿、恢复原状、赔礼道歉、罚款、警告、行政拘留等，而这些法律制裁手段显然都不具有刑法制裁手段的严厉性：刑法通过对犯罪人适用刑罚剥夺其人身权利、政治权利、财产权利甚至生命。这种制裁手段的严厉性正是刑法的显著特征所在。

第二节　刑法的任务

我国《刑法》第 2 条规定："中华人民共和国刑法的任务，是用刑罚同一切犯罪行为作斗争，以保卫国家安全，保卫人民民主专政的政权和社会主义制度，保护国有财产和劳动群众集体所有的财产，保护公民私人所有的财产，保护公民的人身权利、民主权利和其他权利，维护社会秩序、经济秩序，保障社会主义建设事业的顺利进行。"由此可见，我国刑法的任务是运用刑罚手段，打击一切危害社会主义国家安全和敌视、破坏社会主义建设的犯罪分子，从而保护国家和人民的利益，保护全体公民的基本权利，保障社会主义建设的顺利进行。

具体地说，我国刑法的任务主要有以下四个方面。

一、保卫国家安全，保卫人民民主专政的政权和社会主义制度

这是我国刑法的首要任务。所谓国家安全，实际上是国家赖以生存和发展的政治基础和物质基础的安全，主要包括国家的主权独立、国家的团结统一、国家的领土完整以及其他基本利益的安全。人民民主专政的政权和社会主义制度是我国人民在中国共产党的领导下经过长期艰苦卓绝的斗争而取得的革命成果，是我们国家的政权和基本制度，是中国人民的根本利益所在。正因为这样，我国刑法才将危害国家安全罪列为各类犯罪之首，规定了严厉的刑罚。

二、保卫社会主义的经济基础和公私财产

我国刑法作为社会主义上层建筑的一部分，它必然要保护社会主义的经济基础。经济基础是与一定生产力发展水平相适应的生产关系的总和，其主要内容是生产资料所有制。在现阶段，我国的生产资料所有制形式是以生产资料公有制为主体、多种所有制并存。在这个基础上实行的是社会主义市场经济。因此，我国刑法要保护社会主义的经济基础，就是要保护以公有制为主体的多种所有制形式和社会主义市场经济。我国刑法专门规定了“破坏社会主义市场经济秩序罪”和“侵犯财产罪”，从而使社会主义经济基础获得了有力的保障。

国有财产和劳动群众集体所有的财产是社会主义的公共财产，是巩固人民民主专政和进行社会主义现代化建设的物质基础，保护社会主义公共财产不受侵犯，关系到坚持社会主义道路、保卫社会主义成果的重大问题。公民私人所有的财产是公民生产、工作、生活不可缺少的物质条件，刑法保护公民私人所有的财产，既符合宪法的原则，也符合广大人民群众的迫切要求。社会主义市场经济的运行和发展，是通过一系列管理制度来保证的，如工商管理制度、税收征管制度、货币金融管理制度等，这些制度形成了社会主义市场经济秩序。保护社会主义市场经济秩序不受犯罪的侵犯，与保护公私财产不受犯罪的侵犯一样，都是我国刑法作为上层建筑为经济基础服务的具体体现。

三、保护公民的人身权利、民主权利和其他权利

切实保护广大人民的人身权利、民主权利和其他权利，是由我国人民民主专政的性质决定的。我国《宪法》第2条规定：“中华人民共和国的一切权力属于人民。”人民依照法律规定，通过各种途径和形式，管理国家事务，管理经济和文化事业，管理社会事务。作为国家和社会的主人，我国公民所享有的权利的范围非常广泛。我国刑法坚决保护公民所享有的各项权利。

人身权利是公民的最基本权利，只有人身权利不受侵犯，才能行使民主权利和其他权利。因此，侵犯公民人身权利的犯罪是侵犯公民个人权利犯罪中最严重的犯罪。我国刑法对严重侵犯公民人身权利的犯罪如故意杀人、强奸、拐卖妇女、儿童等，都规定了严厉的刑罚，直到适用死刑。民主权利是指公民依法参加国家管理和社会政治生活的权利，如宪法规定的选举权与被选举权、宗教信仰自由、通信自由等。我国刑法坚决维护宪法的这些规定，在分则第四章中明确规定了破坏选举罪、非法剥夺公民宗教信仰自由罪、侵犯通信自由罪等及其相应的刑事责任，从而体现了对公民民主权利的切实保护。其他权利是指公民人身权利、民主权利以外的权利，如婚姻自主权，年老、年幼、患病的家庭成员受扶养的权利等。对于严重侵犯公民其他权利的行为，刑法也要予以追究。

四、维护正常的社会秩序

进行社会主义现代化建设，需要有一个稳定的政治环境和良好的社会秩序。只有社会长期稳定，全国人民才能集中力量，搞好社会主义现代化建设。刑法是维护社会秩序、稳定社会局势的最强有力的法律武器。我国刑法规定“危害公共安全罪”“妨害社会管理秩序罪”等各类犯罪，就是为了维护社会秩序，净化社会环境，保障社会主义现代化建设事业的顺利进行。当前，我国社会治安总趋势在逐步好转，社会秩序进一步安定。但是，社

会还有一些潜在的不安定因素，这些都对社会秩序构成了威胁。因此，我们必须树立长期作战的思想，对严重破坏社会秩序的犯罪一刻也不能放松打击。与此同时，还要进一步加强综合治理的各项措施，真正做到打防结合、预防为主，加强教育和管理，落实责任制，创造良好的社会治安环境。

本章［引例］中的秦某某利用网络散布虚假信息，并且造成了严重后果。其行为显然扰乱了正常的社会秩序，已经触犯了刑法，应当按照刑法的规定追究其刑事责任。

总之，我们要充分发挥刑法的威力，努力实现刑法的任务，使刑法在建设中国特色社会主义的伟大事业中更好地起到服务作用。

第三节 刑法的体系和解释

一、刑法的体系

刑法的体系就是指刑法的组成和结构。我国刑法分总则、分则和附则三个部分。其中总则、分则各为一编，在编之下，再根据法律规范的性质和内容有次序地划分章、节、条、款、项等层次。

刑法第一编总则分设5章，第二编分则分设10章。刑法总则除第一章和第五章外，其余章下均设若干节；刑法分则大多数章下不设节，但由于第三章“破坏社会主义市场经济秩序罪”和第六章“妨害社会管理秩序罪”涉及具体犯罪较多，内容庞杂，因而该两章下又分设了若干节。刑法第三部分为刑法附则，仅1个条文，即《刑法》第452条。该条的内容一是规定修订后的刑法典开始施行的日期，二是规定修订后的刑法典与以往单行刑事法律的关系，宣布在修订的刑法典生效后某些单行刑事法律的废止或部分内容的失效。

刑法总则是关于犯罪、刑事责任和刑罚的一般原理的规范体系，这些规范是认定犯罪、确定责任和适用刑罚所必须遵守的共同的规则。刑法分则是关于具体犯罪和具体法定刑的规范体系，这些规范是解决具体定罪量刑问题的标准。总则与分则的关系是一般与特殊、抽象与具体的关系。总则指导分则，分则是总则的具体体现，两者相辅相成。只有把总则和分则紧密地结合起来研究，才能正确地认定犯罪、确定责任和适用刑罚。

组成刑法的诸规范都以条文的形式出现。配置在各编、章、节中的刑法条文，全部用统一的顺序号码进行编号。条文之下分款、项。如果条文包含数款，则各款均以另起一行来表示。例如，《刑法》第6条包含3款、第347条包含7款。在款的后面，如果用（一）（二）（三）等基数号码的，则为项。例如，《刑法》第240条第1款包含8项，引用时应写成第×条第×款第×项；第226条只有1款，包含5项，引用时应写成第×条第×项。刑法条文采用条、款、项这样的结构是非常严谨的，不能随便颠倒改动。引用条文时必须绝对准确。

一个条文的同一款中包含有两个或两个以上意思的，在学理上称为前段、后段，或者前段、中段、后段，或者第一段、第二段……在具有这种结构的条款当中，如有用“但是”这个连接词来表示转折关系的，则从“但是”开始的这段文字，学理上称为“但书”。我国刑法条文中的“但书”，所表示的大致有以下几种情况：（1）“但书”是前段的补充。例如，《刑法》第13条在规定了什么是犯罪之后，接着“但书”指出：“但是情节显著轻微危害不大的，不认为是犯罪。”这是从什么情况下不认为是犯罪的角度，来补充说明什么是犯罪。这个"但书"对于划清罪与非罪的界限，具有重要意义。(2)"但书"是前段的例外。例如，《刑法》第65条规定："被判处有期徒刑以上刑罚的犯罪分子，刑罚执行完毕或者赦免以后，在五年以内再犯应当判处有期徒刑以上刑罚之罪的，是累犯，应当从重处罚，但是过失犯罪和不满十八周岁的人犯罪的除外。"从这个"但书"中可以明显看出，过失犯罪和不满18周岁的人犯罪的无所谓累犯问题。举一反三，凡是条款中规定有"但是……除外"的，都属于这种情况。(3)"但书"是对前段的限制。例如，《刑法》第21条第2款规定："紧急避险超过必要限度造成不应有的损害的，应当负刑事责任，但是应当减轻或者免除处罚。"在这里，"但书"对避险过当人负刑事责任作了限制性的规定。

二、刑法的解释

刑法的解释就是阐明刑法规范的含义。刑法条文具有一定的抽象性，只有正确了解刑法规范的真实含义，才能正确地加以适用；同时，刑法规范又具有一定的稳定性，而现实生活却是千姿百态、复杂多变的。因此，为了使抽象、稳定的法条适用于具体的案件，使司法活动能够跟上客观情况的变化，就需要对刑法规范进行解释。

刑法的解释，可以按照不同标准进行分类，主要有以下两种分类。

(一) 按解释的效力分类，可以分为立法解释、司法解释和学理解释

1. 立法解释

立法解释就是由最高立法机关即全国人大及其常委会对刑法的含义所作的解释。刑法的立法解释包括以下三种情况：(1) 在刑法中用条文对有关刑法术语所作的解释。例如，《刑法》第93条对国家工作人员、第357条对毒品的含义所作的解释。(2) 由国家立法机关在法律的起草说明或者修订说明中对某种特定的刑法术语所作的解释。(3) 刑法在施行中如果发生歧义，由全国人大常委会进行的解释。如全国人大常委会就分别对《刑法》第93条第2款和第228条、第342条、第410条作出了立法解释。

2. 司法解释

司法解释就是由最高司法机关对刑法的含义所作的解释。有权进行司法解释的是最高人民法院和最高人民检察院。1979年刑法典颁行以来，最高人民法院和最高人民检察院联合或分别就审判工作和检察工作中具体应用刑法的问题作过不少解释。这些司法解释对于统一司法机关的认识，加强办案工作，提高审判工作和检察工作质量，起着重要的指导作用。

3. 学理解释

学理解释就是由社会组织、教学科研单位或者专家学者从学理上对刑法含义所作的解释。如刑法教科书、专著、论文、案例分析对刑法典的注释等，都属于学理解释。学理解释在法律上没有约束力。但是，正确的学理解释，有助于理解刑法规范的含义，对于司法实践和立法工作都具有参考价值，对于促进刑法科学的发展具有重要的作用。

(二) 按解释的方法分类，可以分为文理解释和论理解释

1. 文理解释

文理解释就是对法律条文的字义，包括词语、概念、术语等，从文理上所作的解释。如《刑法》总则第五章"其他规定"中对"公共财产""公民私人所有的财产"等刑法中的术语所作的解释，按解释的方法分类，都属于文理解释。

2. 论理解释

论理解释就是按照立法精神，联系有关情况，从逻辑上所作的解释。论理解释又分为当然解释、扩张解释和限制解释。

当然解释是指虽刑法规范未明示某一事项，但依规范目的、事物属性和形式逻辑，将该事项当然地包括在该规范适用范围之内的解释。例如，《刑法》第50条规定，判处死刑缓期执行的，在死刑缓期执行期间，如果没有故意犯罪，“二年期满以后，减为无期徒刑”。据此，没有满2年的不得减为无期徒刑。这就是当然解释。扩张解释是根据立法原意，对刑法条文作超过字面意思的解释。限制解释是根据立法原意，对刑法条文作狭于字面意思的解释。

【问题与思考】

1. 什么是刑法？刑法的本质属性是什么？
2. 刑法的目的是什么？
3. 什么是刑法的解释？刑法的解释方法包括哪些？

第二章
刑法的基本原则

参考书目

1. 张希坡编．中华人民共和国刑法史．北京：中国人民公安大学出版社，1998.

2. 高铭暄主编．刑法学原理．第1卷．北京：中国人民大学出版社，1993.

3. 高铭暄，马克昌主编．刑法学．5版．北京：北京大学出版社，高等教育出版社，2011.

4. 王作富主编．刑法．6版．北京：中国人民大学出版社，2016.

5. 陈兴良主编．刑法学．2版．上海：复旦大学出版社，2009.

6. 张明楷．刑法学．5版．北京：法律出版社，2015.

7. 陈兴良．教义刑法学．2版，北京：中国人民大学出版社，2014.

8. 赵秉志．刑法立法研究．北京：中国人民大学出版社，2014.

9. 姚龙兵．刑法立法基本原则研究．北京：中国政法大学出版社，2014.

参考法规

《刑法》第3～5条

引例 张某购买假币案[①]

2011年2月，被告人张某在乘火车到重庆的途中购得总面额1万余元的假人民币。到达重庆后，被告人张某向甲、乙、丙提出用假人民币买货物找零来换取真人民币，甲等人均同意。同月21日上午，被告人张某和甲、乙、丙到某商店，由甲用一张面额100元的假人民币购买香烟一包，获取真人民币95元。嗣后，被告人张某一伙又到另一地使用假币时，被店主识破抓获，共查获面额100元的假人民币106张。检察院以被告人张某犯持有、使用假币罪，向法院提起公诉。法院经审理认为，被告人张某明知是伪造的货币而购买并使用，数额较大，其行为构成购买假币罪。公诉机关指控罪名有误，依法予以变更。法院依法判决：被告人张某犯购买假币罪，判处有期徒刑1年6个月，并处罚金人民币3万元。

思考：对张某的刑罚处罚是否与其所犯之罪相适应？

第一节 刑法基本原则概述

刑法基本原则问题是刑事立法和司法中一个具有全局性、根本性的问题。1979年刑法没有规定刑法的基本原则，但是，在该部法典颁布之后，刑法基本原则作为一个重大理论问题，曾引起刑法理论界和实务界的高度重视与关注。在十余年的刑法修改研究中，如何界定刑法基本原则，更是引起了广泛的争鸣。1997年修订的刑法典在广泛听取和归纳各界意见的基础上，在第3条至第5条明确规定了三项刑法基本原则，即罪刑法定原则、罪责刑相适应原则、适用刑法人人平等原则，从而解决了刑事立法上如何确定刑法基本原则这一重要问题。

所谓刑法基本原则，是指贯穿全部刑法规范，具有指导和制约全部刑事立法和刑事司法活动的意义，并体现我国刑事法制的基本精神的准则。它必须符合两个标准：第一，刑法基本原则必须贯穿全部刑法规范，具有指导和制约全部刑事立法和刑事司法活动的意义。在刑事立法上，为了解决定罪和量刑问题，需要制定出各种不同的法律原则，在刑事司法中也必须遵循这些原则。但是，只有那些对刑法的制定、修改、补充具有全局性意义，并且在刑法的全部规范体系中具有根本性意义的原则，才能成为刑法的基本原则。例如，我国刑法中规定的对未成年人犯罪从宽处罚的原则，对累犯从严处罚的原则，以及刑法溯及力问题上从旧兼从轻的处理原则等，虽然都是刑法中不可缺少的重要原则，但是，这些原则并不具有全局性的指导意义，只是刑法局部性的原则，仅适用于某些问题或某些案件，因此，它们不能作为刑法的基本原则。第二，刑法基本原则必须体现我国刑事法制的基本精神，这就是坚持法治，摒弃人治；坚持平等，反对特权；讲求公正，反对徇私舞弊。只有符合刑事法制基本精神的原则才能成为刑法的基本原则。

---

① 参见阮齐林、康瑛编著：《刑法案例研习教程》，284页，北京，高等教育出版社，2005。

罪刑法定原则、适用刑法人人平等原则、罪责刑相适应原则完全符合以上两个标准，无可置疑地应当属于刑法的基本原则并已为我国刑法所确认。

第二节 罪刑法定原则

一、罪刑法定原则的含义

罪刑法定原则的含义是：什么是犯罪，有哪些犯罪，各种犯罪构成条件是什么，有哪些刑种，各个刑种如何适用，以及各种具体罪的具体量刑幅度如何等，均由刑法加以规定。对于刑法分则没有明文规定的行为，不得定罪处罚。概括起来说，就是“法无明文规定不为罪，法无明文规定不处罚”。

罪刑法定的思想渊源，最早可以追溯到1215年英国的大宪章。到17、18世纪，资产阶级启蒙思想家针对封建刑法中罪刑擅断、践踏人权的黑暗现实，更加明确地提出了罪刑法定的主张，使罪刑法定的思想更为系统、内容更加丰富。资产阶级革命胜利后，罪刑法定思想由学说转变为法律，在资产阶级宪法和刑法中得到确认。1789年法国《人权宣言》第8条规定：“法律只应规定确实需要和显然必不可少的刑罚，而且除非根据在犯罪前已制定和公布的且系依法施行的法律以外，不得处罚任何人。”在《人权宣言》这一内容的指导下，1810年《法国刑法典》第4条首次以刑事立法的形式明确规定了罪刑法定原则。这一原则由于符合现代社会民主与法治的发展趋势，至今已成为不同社会制度国家的刑法中最普遍、最重要的一项原则。

二、罪刑法定原则在我国刑法中的体现

在1997年修订刑法之前，我国刑法基本上实行了罪刑法定原则，这一原则在刑法关于犯罪的概念，罪与非罪、此罪与彼罪的界限，犯罪构成的一般要件和具体犯罪构成要件以及法定刑等立法内容中得到了体现。但由于当时的刑法还有可以适用类推制度的规定，因而还不是严格意义上的罪刑法定。

1997年修订的刑法从完善我国刑事法制、保障人权的需要出发，明文规定了罪刑法定原则，并废止类推。这成为我国刑法发展的一个重要标志。《刑法》第3条规定：“法律明文规定为犯罪行为的，依照法律定罪处刑；法律没有明文规定为犯罪行为的，不得定罪处刑。”这一原则的价值内涵和内在要求，在1997年刑法中得到了较为全面、系统的体现：（1）1997年刑法实现了犯罪和刑罚的法定化。犯罪法定化的具体表现是：明确规定了犯罪的概念，明确规定了犯罪构成的共同要件，明确规定了各种具体犯罪的构成要件。刑罚法定化的具体表现是：明确规定了刑罚的种类，明确规定了量刑的原则，明确规定了各种具体犯罪的法定刑。（2）1997年刑法取消了1979年刑法规定的类推制度，并重申了1979年刑法在溯及力问题上从旧兼从轻的原则。这是罪刑法定原则得以真正贯彻的重要前提。（3）在分则罪名的规定方面，1997年刑法典已相当详备。分则条文由1979年的103条增加到350条，罪名数量由1979年的一百三十多个增加到四百多个。（4）在具体犯罪的罪状以及各种犯罪的法定刑设置方面，1997年刑法增强了法条的可操作性，对于大量犯罪尽量使用叙明罪状；在犯罪的处罚规定上，注重量刑情节的具体化。

三、罪刑法定原则的司法适用

刑法规定的罪刑法定原则要付诸实现，有赖于司法机关实际的执法活动。从我国的司法实践来看，切实贯彻执行罪刑法定原则，应当注意以下两个问题。

（一）正确认定犯罪和判处刑罚

对于刑法明文规定的各种犯罪，司法机关必须认真把握犯罪的本质特征和犯罪构成的具体要件，严格区分罪与非罪、此罪与彼罪的界限，做到定性准确、不枉不纵，于法有据、名副其实。对各种犯罪的量刑，亦必须严格以法定刑及法定情节为依据。

（二）正确进行司法解释

对于刑法规定不够具体的犯罪，最高司法机关通过进行司法解释，指导具体的定罪量刑活动。这对于弥补立法的不足，统一规范和指导司法实务，具有重要的意义。但是，进行司法解释不能超越其应有的权限，无论是扩张解释还是限制解释，都不能违反法律规定的真实意图，更不能以司法解释代替刑事立法，否则，就会背离罪刑法定原则。

第三节　罪责刑相适应原则

一、罪责刑相适应原则的含义

《刑法》第 5 条规定："刑罚的轻重，应当与犯罪分子所犯罪行和承担的刑事责任相适应。"这条规定的就是罪责刑相适应原则。

罪责刑相适应原则的含义是：有罪必罚，无罪不罚；重罪重罚，轻罪轻罚；罪刑相称，罚当其罪。而在分析罪重罪轻和刑事责任大小时，不仅要看犯罪的客观社会危害性，还要结合考虑行为人的主观恶性和人身危险性，把握综合体现罪行和罪犯各方面因素的社会危害性程度，从而确定其刑事责任程度，适用相应轻重的刑罚。

从上述含义可以看出，刑罚的轻重不单纯是要与犯罪分子所犯罪行相适应，而且还要与犯罪分子应承担的刑事责任相适应，即在犯罪与刑罚之间通过刑事责任这个中介来调节，因此，称之为罪责刑相适应原则，比称之为罪刑相适应原则要更加准确、贴切些。

罪责刑相适应原则是从传统的罪刑相适应原则发展而来的。罪刑相适应成为刑法的基本原则是 17、18 世纪的资产阶级启蒙思想家倡导的结果。资产阶级革命胜利后，罪刑相适应原则被写进了法律。传统的罪刑相适应原则以报应主义刑罚观为基础，机械地强调刑罚与已然之罪、犯罪客观行为或曰犯罪客观危害相适应。从 19 世纪后期开始，随着刑事人类学派和刑事社会学派的崛起，传统的罪刑相适应原则受到了有力的挑战，并在刑事立法上受到削弱和排挤，但这并未动摇其作为刑法基本原则的地位。从当今世界各国的刑事立法上看，罪刑相适应原则的内容已得到修正：既注重刑罚与犯罪行为相适应，又注重刑罚与犯罪人的主观恶性及人身危险性相适应。这样就把古典学派所主张的传统的罪刑相适应与新派所主张的刑罚个别化巧妙地结合起来。这正是罪刑相适应原则发展为罪责刑相适应原则的历史趋势。我国 1997 年刑法规定的罪责刑相适应原则，正是顺应了这种趋势，体现了它的科学性和时代性。

二、罪责刑相适应原则的立法体现

我国刑法除明文规定罪责刑相适应原则外，在立法内容上也始终贯穿着罪责刑相适应的思想。这一原则在刑法中的具体表现是如下几个方面。

（一）确立了科学严密的刑罚体系

我国刑法典总则确定了一个科学的刑罚体系，这一体系由不同的刑罚方法构成。从性质上区分，包括生命刑、自由刑、财产刑、资格刑；从程度上划定，有重刑也有轻刑；从种类上分，有主刑和附加刑。各种刑罚方法相互区别又相互衔接，能够根据不同犯罪的各种情况被灵活运用，从而为刑事司法实现罪责刑相适应奠定了基础。

（二）规定了区别对待的处罚原则

我国刑法典总则根据各种行为的社会危害性程度和人身危险性的大小，规定了轻重有别的处罚原则。例如，在共同犯罪中规定，对组织、领导犯罪集团的首要分子，应当按照集团所犯的全部罪行处罚；对于其他主犯，则应当按照其所参与的或者组织、指挥的全部犯罪处罚；对于从犯，应当从轻、减轻处罚或者免除处罚；对于胁从犯，应当按照他的犯罪情节减轻或者免除处罚；对于教唆犯，应当按照他在共同犯罪中所起的作用处罚。凡此种种，都体现了罪责刑相适应原则，此外，刑法典总则还侧重于对刑罚个别化的要求，规定了一系列刑罚裁量与执行制度，如累犯制度、自首制度、立功制度、缓刑制度、减刑制度、假释制度等。在这些刑罚制度中，对累犯因其再犯可能性大而应从重处罚；对有自首、立功者因其人身危险性小而可以从宽处罚；短期自由刑适用缓刑的前提是根据犯罪分子的犯罪情节和悔罪表现，认为适用缓刑确实不致再危害社会的；减刑和假释是因为罪犯在刑罚执行期间确有悔改或立功表现。

（三）设置了轻重不同的法定刑幅度

我国刑法分则不仅根据犯罪的性质和危害程度建立了一个犯罪体系，而且为各种具体犯罪规定了可以分割、能够伸缩、幅度较大的法定刑。这就使司法机关可以根据犯罪的性质、罪行的轻重、犯罪人主观恶性的大小，依法判处适当的刑罚。

三、罪责刑相适应原则的司法适用

根据罪责刑相适应原则的基本要求，结合我国刑事司法实践情况，司法机关在贯彻这一原则时，应当着重解决以下问题。

（一）纠正重定罪轻量刑的错误倾向，把量刑与定罪置于同等重要的地位

我国一些审判机关在刑事审判活动中，一贯重视对案件的定性，而对量刑工作的重要性相对重视不够。有人认为，只要定性正确即可，多判几年或少判几年无关紧要。基于这种认识，在处理上诉、申诉案件时，就形成了一个不成文的规则，即确属定性错误或量刑畸轻畸重的，才予改判，而对于量刑偏轻偏重的，则维持原判。针对这种错误倾向，为了切实贯彻罪责刑相适应原则，必须提高审判机关和法官对量刑工作重要性的认识，把定性准确和量刑适当作为评价刑事审判工作质量好坏的不可分割的统一标准，以此来检验每一个具体刑事案件的处理结果。

（二）纠正重刑主义的错误思想，强化量刑公正的执法观念

由于复杂的历史和现实的原因，重刑主义传统至今在一部分人心中还是根深蒂固。这种思想也在一定程度上反映到刑事审判工作中。一些法官崇尚重刑，迷信重刑的功能，认为刑罚越重越能有效地遏制犯罪。特别是在社会治安不好的时期，重刑主义观念表现得尤为突出。必须指出，重刑主义是一种粗暴、落后的刑法思想，是与罪责刑相适应原则直接对立的。因此，每一个法官都必须树立起量刑公正的思想，切实做到罪责刑相适应，既不

轻纵犯罪分子，也不能无端地加重犯罪人的刑罚。

（三）纠正不同法院量刑轻重悬殊的现象，实现执法中的平衡和协调统一

按照罪责刑相适应原则的要求，类似的案件在处理上应基本相同。但是，从我国刑事司法的实际情况来看，不同法院在对类似案件的处理上轻重悬殊的现象相当普遍。同一性质、犯罪情节基本相同的案件，如果由不同的法院审理，甚至由同一法院不同的审判人员审理，最终判决的结果可能相差悬殊。造成这种现象的原因，既有立法上的粗疏导致的司法活动中缺乏统一的标准，还有法官个人业务素质和执法水平等各种复杂因素。因此，除了继续及时完善刑事立法外，还需要进一步加强刑事司法解释工作，加强刑事判例的编纂工作，以便为量刑工作提供更加具体明确的标准；同时要大力提高刑事审判人员的素质，不断改进量刑方法，逐步实现量刑的规范化、科学化和现代化。

本章［引例］中的张某购买假币并使用，检察机关以持有、使用假币罪提起公诉，是起诉罪名不当。张某持有、使用假币的先行行为是购买假币，购买假币后的持有和使用行为是与购买假币的行为密切联系在一起的，属于刑法中的事后不可罚行为，就像盗窃后的销赃行为不再单独处罚一样。张某购买假币的行为是主行为，而持有、使用假币的行为是从行为。因此，法院变更检察机关指控的罪名，以购买假币罪对张某定罪是正确的。购买假币的行为人只要实施了购买行为即是犯罪的既遂，购买后是否使用以及使用的数量多少应是量刑时考虑的情节。法院对张某购买假币案既考虑了购买假币的数量，又考虑了购买后使用的数量，判处其有期徒刑 1 年 6 个月并处罚金 3 万元，体现了刑法罪责刑相适应的原则。

第四节 适用刑法人人平等原则

一、适用刑法人人平等原则的含义

法律面前人人平等是我国宪法确立的社会主义法制的基本原则。宪法明确规定，任何组织和个人都必须遵守宪法和法律，不得有超越宪法和法律的特权；对一切违反宪法和法律的行为，都必须予以追究。为了使这一原则进一步得到贯彻执行，我国一些基本法律也规定了这一原则，如《刑事诉讼法》《民事诉讼法》都规定了公民在适用法律上一律平等。刑法作为惩罚犯罪、保护人民的基本法律，更应当贯彻这一原则。1997 年《刑法》第 4 条规定："对任何人犯罪，在适用法律上一律平等。不允许任何人有超越法律的特权。"这就使宪法确立的法律面前人人平等原则，结合刑法的特殊内容，具体化为适用刑法人人平等这样一项原则。

适用刑法人人平等原则的含义是：对任何人犯罪，不论犯罪人的家庭出身、社会地位、职业性质、财产状况、政治面貌、才能业绩如何，都应追究刑事责任，一律平等地适用刑法，依法定罪、量刑和行刑；不允许任何人有超越法律的特权。

二、适用刑法人人平等原则的具体体现

适用刑法人人平等原则具体体现在定罪、量刑和行刑三个方面。

（一）定罪平等

这是指任何人犯罪，无论其身份、地位等如何，一律平等对待，适用相同的定罪标

准。不能因为被告人地位高、功劳大而使其逍遥法外，不予定罪；也不能因为被告人是普通公民就妄加追究、任意定罪。

（二）量刑平等

这是指犯相同的罪且有相同的犯罪情节的，应做到同罪同罚。虽然触犯相同的罪名，但犯罪情节不同，比如有的具有法定从重处罚的情节，有的具有法定从轻、减轻或者免除处罚的情节，从而同罪不同罚，这是合理的、正常的，并不违背量刑平等原则，因为对任何犯罪人来说，都有这样一个具体情况具体分析、针对不同情况实行区别对待的问题。但如果考虑某人权势大、地位高或财大气粗而同罪异罚，则是违背量刑平等原则的，因为这等于承认某人享有超越法律的特权。

（三）行刑平等

这是指在执行刑罚时，对所有的受刑人平等对待，凡罪行相同、主观恶性相同的，刑罚处遇也应相同，不能考虑权势地位、富裕程度而对一部分人搞特殊，对另一部分人则加以歧视。掌握法律规定的减刑、假释的标准也应体现平等原则，谁符合条件，谁不够条件，都要严格以法律为准绳，不搞亲疏贵贱。当然，按照罪行轻重不同、主观恶性不同、改造表现不同而给予差别待遇，这是行刑的应有之义，比如教育改造工作中的评分制、累进制，都体现了相同情况相同对待、不同情况区别对待的司法公正精神。这不仅不违反行刑平等的原则，而且恰恰是行刑平等的实质体现。

【问题与思考】

1. 为什么在刑法中要规定基本原则？

2. 罪刑法定原则、罪责刑相适应原则、适用刑法人人平等原则各自的含义是什么？这三项基本原则在刑法中是如何具体体现的？

第三章 刑法的效力范围

参考书目

1. 张希坡编．中华人民共和国刑法史．北京：中国人民公安大学出版社，1998.

2. 高铭暄主编．刑法学原理．第1卷．北京：中国人民大学出版社，1993.

3. 高铭暄，马克昌主编．刑法学．5版．北京：北京大学出版社，高等教育出版社，2011.

4. 王作富主编．刑法．6版．北京：中国人民大学出版社，2016.

5. 陈兴良主编．刑法学．2版．上海：复旦大学出版社，2009.

6. 张明楷．刑法学．5版．北京：法律出版社，2015.

7. 陈兴良．规范刑法学．3版．北京：中国人民大学出版社，2013.

8. 刘明祥．刑法的基础理论．北京：中国人民大学出版社，2015.

参考法规

1.《刑法》第6～12条

2. 1997年9月25日最高人民法院《关于适用刑法时间效力规定若干问题的解释》

3. 1997年12月31日最高人民法院《关于适用刑法第十二条几个问题的解释》

4. 1998年12月2日最高人民检察院《关于对跨越修订刑法施行日期的继续犯罪、连续犯罪以及其他同种数罪应如何具体适用刑法问题的批复》

5. 2001年12月7日最高人民法院、最高人民检察院《关于适用刑事司法解释时间效力问题的规定》

引例　金某越境强奸、抢劫案

2005年3月6日晚，中国公民金某携带菜刀偷越国境到朝鲜清源市元山郡两营里，将该国公民金某某强奸。同年3月8日晚，金某携带菜刀又窜到朝鲜清源市元山郡七城里学校附近的大道上，持刀威逼小学生林某欲行强奸时，被过路的群众发现并逃回我国。同年3月11日凌晨，金某再次携带菜刀偷越国境到朝鲜清源市元山郡，窜入养鸡场，持刀威胁并抢劫了该国公民车某手表一块，后欲行强奸时，遭车某的反抗，被当场抓获，后被引渡回我国归案。

思考：对金某的行为应当如何适用法律？

第一节　刑法效力范围概述

刑法的效力范围，是指刑法在什么地方、对什么人和在什么时间内具有效力，包括刑法的空间效力范围和刑法的时间效力范围。刑法的空间效力范围是指刑法效力所及的地域，即刑法对地和对人的效力。刑法的时间效力范围是指刑法何时生效、失效以及其对生效前的行为是否有溯及力。任何一个独立自主的国家，无不在刑法中对刑法的空间效力范围问题作出规定。不过，各国由于社会政治情况和历史传统习惯的差异，在解决这一问题上所主张的原则不尽相同，概括起来，有以下几种。

（1）属地原则：主张不问犯罪人和被害人的国籍如何，凡是在本国领域内犯罪的，都适用本国刑法；反之，在本国领域外犯罪的，都不适用本国刑法。这种主张的出发点是维护国家主权。就此而言，属地原则固然维护了国家主权，但对本国人在国外的犯罪以及外国人在本国领域外危害本国国家或公民利益的犯罪，不适用本国刑法，则不利于对国家主权的维护和对国家及公民利益的保护，因而世界上只有个别国家单纯采用属地原则。

（2）属人原则：主张不问犯罪人的行为是在国内还是在国外，也不问被害人是本国公民还是外国公民，只要是本国人犯罪的，都适用本国刑法。属人原则可以弥补属地原则的不足，但单纯采用这一原则，会使外国人犯罪得不到处罚，不利于维护国家主权和保护国家及公民的利益，因而现代各国没有单纯采用属人原则的。

（3）保护原则：主张不问犯罪地是在国内还是在国外，也不问犯罪人的国籍如何，凡是侵害本国国家或公民利益的犯罪，都适用本国刑法。从保护本国利益出发，这一原则作为属地原则和属人原则的补充，可以弥补它们的不足，确实值得肯定，因而它已为世界各国刑法典比较普遍地采用。

（4）普遍原则：主张不问犯罪在何处实施、犯罪人国籍如何，也不问侵害何国的利益，只要实施犯罪，任何国家都可以适用本国刑法。普遍原则认为，不论犯罪人是哪国人，也不论在何国犯罪，对社会都是一种危害，因而任何国家都有权管辖而予以惩处。但这种意义上的普遍原则，世界上绝大多数国家并未采纳。因为各国国情不同，刑事立法互不一致，甲国认为是犯罪的，乙国未必认为是犯罪，以致上述原则很难执行。

(5) 折中原则。主张以属地原则为基础，有限制地兼采属人原则、保护原则和普遍原则。这就是说，凡是在本国领域内犯罪的，不论是本国人还是外国人，都适用本国刑法；本国人或外国人在本国领域外犯罪的，在一定条件下，也适用本国刑法。这种结合型的刑事管辖权体制，既有利于维护国家主权，又有利于同犯罪行为作斗争，比较符合各国的实际情况和利益，所以能为各国所接受。我国刑法有关空间效力的规定，采用的也是这样的刑事管辖权体制。

刑法在时间上的效力范围，主要涉及刑法的生效、失效时间和新法对生效前的行为有无溯及力等问题。

关于刑法的生效时间，各国的做法大致分两种：一是刑法自公布之日起生效，二是公布一段时间后生效。而刑法的失效时间，通常也有两种：一是由立法机关明确宣布废止，二是在新法生效后旧法自然失效。

对刑法的溯及力问题，各国立法例有不同的规定，主要有四种原则：第一，从旧原则，即按照行为时的旧法处理，新法没有溯及力；第二，从新原则，即按照新法处理，新法有溯及力；第三，从新兼从轻原则，即新法原则上有溯及力，但旧法不认为是犯罪或者处刑较轻的，要按照旧法处理；第四，从旧兼从轻原则，即新法原则上没有溯及力，但新法不认为是犯罪或者处刑较轻的，要按照新法处理。上述关于刑法溯及力的诸原则中，从旧兼从轻原则既符合罪刑法定原则的要求，又适应实际需要，因而为绝大多数国家所采用。我国刑法关于溯及力问题亦采用了这一原则。

我国《刑法》第 6 条至第 12 条对刑法的效力范围作了明确的规定。正确理解和掌握这些规定，对于正确运用刑法同各种犯罪作斗争、保护国家和人民的利益，具有十分重要的意义。

第二节　刑法的空间效力

我国刑法的空间效力包括对地效力和对人效力两个方面，采用的是以属地原则为基础，有限制地兼采属人原则、保护原则和普遍原则的结合型刑事管辖权体制。

一、我国刑法的属地管辖权

我国《刑法》第 6 条第 1 款规定："凡在中华人民共和国领域内犯罪的，除法律有特别规定的以外，都适用本法。"这里所说的我国"领域"，是指我国国家主权所及的空间区域，亦即我国国境以内的空间区域，具体包括领陆、领水和领空三部分。

《刑法》第 6 条第 2 款规定："凡在中华人民共和国船舶或者航空器内犯罪的，也适用本法。"所谓中华人民共和国船舶或航空器，指具有我国国籍的船舶或航空器，既指军舰、军用航空器，也指商船、商用航空器；所处状态既指航行途中，也指停泊状态；所在地点既指在公海或公海上空，也指在其他国家领水或领空。不论属于上述何种情形，只要是在我国船舶或航空器内犯罪的，都适用我国刑法。但当我国船舶或航空器停留于外国领土内时，如果上面发生犯罪，我国刑法可能与外国法发生冲突，即依两国刑法都有管辖权，此时只能协商解决，而如果船舶或航空器在我国国内，则直接适用第 6 条第 1 款。

在规定我国领域内的犯罪适用我国刑法的同时，我国刑法还明确规定了怎样才算是在我国领域内犯罪。犯罪构成要件的事实都发生在我国，属于在我国领域内犯罪。这不会发生疑问。而如果犯罪行为实施在本国，犯罪结果则发生在外国，如通常所举的例子：在本国境内开枪射击，杀害了邻国边境的居民，或者从外国发信给居住在本国的国民，诈骗收信者的钱财，那么，它们究竟是属于在本国领域内犯罪还是在外国犯罪呢？对此，刑法理论上主要有行为地说、结果地说和综合说三种不同观点。根据维护国家主权和保护本国利益的原则，参考国外已有的立法例，我国《刑法》采用综合说，于第6条第3款规定："犯罪的行为或者结果有一项发生在中华人民共和国领域内的，就认为是在中华人民共和国领域内犯罪。"

我国《刑法》第6条第1款还规定"除法律有特别规定的以外，都适用本法"。那么，"法律有特别规定"指的是哪些情况呢？这里涉及如何理解"本法"的问题。由于该条规定的是我国刑法效力的属地原则，所以从理论上说这里的本法，应是广义的我国刑法，而不限于《中华人民共和国刑法》即刑法典。据此，"法律有特别规定"应指如下两种情况：(1) 对享有外交特权和豁免权的外国人的刑事责任问题的特别规定。我国《刑法》第11条规定：享有外交特权和豁免权的外国人的刑事责任，通过外交途径解决。这是根据国际惯例和国家之间的平等原则作出的。这样规定，既维护了我国的主权和法律尊严，又便于外交代表有效地执行其职务，有利于保持国家之间的正常外交关系。(2) 我国香港特别行政区和澳门特别行政区基本法中的特别规定。根据《香港特别行政区基本法》第2条，全国人民代表大会授权香港特别行政区依照该法的规定实行高度自治，享有行政管理权、立法权、独立的司法权和终审权。因此，香港实行本特别行政区的刑法，我国全国性的刑法在香港特别行政区没有效力。澳门特别行政区也是如此。台湾地区将来与祖国大陆和平统一后，根据"一国两制"的原则，其刑事立法与司法也将是独立的，我国全国性刑法在该地区同样没有效力。

如果将《刑法》第6条第1款规定的"都适用本法"的"本法"，根据字面的含义，解释为《刑法》，那么，除前述的两种情况当然包括在内，"法律有特别规定"还包括如下两种情况：第一，民族自治地方所制定的变通或者补充规定。由于我国是一个多民族的统一国家，为了照顾少数民族地区的特殊情况，尊重他们的风俗习惯和文化传统，因而《刑法》第90条授权民族自治地方制定符合当地情况的变通或补充的规定。当然，这一规定必须遵循刑法的基本原则，并且它也只能在变通或者补充规定的问题上，排斥《刑法》的适用；除此之外，民族自治地方仍然适用《刑法》，以保持我国法制的统一。第二，国家立法机关制定的特别刑法规定。1979年刑法施行后，曾根据客观形势制定了一系列特别刑法，如《关于惩治偷税、抗税犯罪的补充规定》《关于惩治破坏金融秩序犯罪的决定》等，对于这些特别刑法规定的犯罪的处理，不适用1979年刑法，而适用这些特别刑法规定。1997年刑法施行后，全国人大常委会根据客观形势需要，又制定了《关于惩治骗购外汇、逃汇和非法买卖外汇犯罪的决定》等新的特别刑法；对于特别刑法规定的犯罪，不适用1997年刑法，而适用特别刑法。

二、我国刑法的属人管辖权

凡是中华人民共和国的公民，即使身在国外，也仍然受我国法律的保护。与此同时，他们也应遵守我国的法律。如果他们在国外犯了罪，原则上也适用我国刑法。《刑法》第7条规定："中华人民共和国公民在中华人民共和国领域外犯本法规定之罪的，适用本法，但是按本法规定的最高刑为三年以下有期徒刑的，可以不予追究。""中华人民共和国国家工作人员和军人在中华人民共和国领域外犯本法规定之罪的，适用本法。”根据上述规定，我国公民在我国领域外犯罪的，不论按照当地法律是否认为是犯罪，罪行是轻是重，以及是何种罪行，也不论其所犯罪行侵犯的是何国或何国公民的利益，原则上都适用我国刑法。只有按照我国刑法的规定，该中国公民所犯之罪的法定最高刑为3年以下有期徒刑的，才可以不予追究。所谓“可以不予追究”，是表明不予追究的一种倾向性，不是绝对不追究，仍保留有追究的可能性。此外，如果是我国的国家工作人员或者军人在域外犯罪，则不论其所犯之罪是否符合这一条件，中国司法机关都要追究其刑事责任。这主要是考虑到对国家工作人员和军人在域外犯罪，管辖应从严要求。

根据《刑法》第10条的规定，中国公民在我国领域外犯罪，依照我国刑法应当负刑事责任的，虽然经过外国审判，仍然可以依照我国刑法追究。但是，在外国已经受过刑罚处罚的，可以免除或者减轻处罚。这条规定表明，我国作为一个独立自主的主权国家，不受外国审判效力的约束；但是也要照顾实际情况，如果犯罪分子在外国已经受过刑罚处罚，比如受过缓刑宣告，或者执行了刑期的一部分或者全部的，可以考虑免除或者减轻处罚。这样的规定是合情合理的，体现了原则性与灵活性的统一。

三、我国刑法的保护管辖权

《刑法》第8条规定：“外国人在中华人民共和国领域外对中华人民共和国国家或者公民犯罪，而按本法规定的最低刑为三年以上有期徒刑的，可以适用本法，但是按照犯罪地的法律不受处罚的除外。”这条规定表明，外国人在我国领域外对我国国家或者公民犯罪，我国刑法有权实行管辖，但这种管辖权是有一定限制的：一是这种犯罪按我国刑法规定，最低刑必须是3年以上有期徒刑；二是按照犯罪地的法律也应受刑罚处罚，例如，故意杀人罪、抢劫罪等，都符合这条的规定。当然，要实际行使这方面的管辖权会有困难，因为犯罪人是外国人，犯罪地点又是在国外，如果该犯罪人没有引渡过来，或者没有在我国领域内被抓获，我国就无法对其进行刑事追究。但是，假如刑法对此不加以规定，就等于放弃自己的管辖权，那些犯罪的外国人就可以肆无忌惮地对我国国家或者公民的利益进行侵害。因此，作出这样的规定，对于保护我国国家利益，保护我国驻外工作人员、留学生以及侨民的利益是完全必要的。

此外，《刑法》第10条对于在国外对我国国家或者公民犯罪的外国人，也是适用的。

四、我国刑法的普遍管辖权

我国《刑法》第9条规定：“对于中华人民共和国缔结或者参加的国际条约所规定的罪行，中华人民共和国在所承担条约义务的范围内行使刑事管辖权的，适用本法。”

这一原则是为了对付日益严重的国际犯罪而确立的。为了对付这类犯罪，各国缔结了不少国际条约。我国从20世纪70年代以来陆续参加了其中一些条约，这样，我国就承担着对条约规定的罪行行使管辖权的义务。1987年6月23日全国人大常委会审议通过了《关于对中华人民共和国缔结或者参加的国际条约所规定的罪行行使刑事管辖权的决定》，第一次明确规定了我国刑法效力的普遍原则。这是我国《刑法》第9条的渊源。

本章［引例］中的中国公民金某越境到别国实施了强奸和抢劫的行为，其行为已经构成了中国刑法所规定的强奸罪和抢劫罪，而且造成了恶劣的国际影响，被引渡回国后，理所当然应当按照中国刑法的规定追究其刑事责任。

第三节 刑法的时间效力

一、刑法的生效时间

刑法的生效时间是立法机关根据其重要性、普及性和紧迫性等相关条件确立的。从我国立法实践来看，刑法的生效时间通常有两种规定方式：一是公布法律同时立即生效。这种情况大多是为了与某种严重的特定犯罪行为作斗争，而且其行为的犯罪性质早已为大多数人所了解。如我国1951年公布的《惩治反革命条例》、1990年全国人大常委会通过的《关于禁毒的决定》等，都是自公布之日起生效。二是公布之后经过一段时间再施行。例如我国刑法于1979年7月1日通过、7月6日公布，自1980年1月1日起生效；1997年3月14日修订通过并公布后，从1997年10月1日起施行。这样做是考虑到人们对新法比较生疏，通过一段时间的宣传、教育，便于广大人民群众及司法工作人员熟悉、掌握，并使司法机关做好实施新法的心理、组织及业务准备。

二、刑法的失效时间

刑法的失效基本上也有两种方式：第一是由国家立法机关明确宣布某些法律失效，可以称之为明示废止，从宣布的日期开始，该法律不再适用。这种情况，有的是新法公布的同时，新法规定某项旧法效力终止，如《刑法》第452条第2款规定，列于附件一的全国人大常委会制定的《中华人民共和国惩治军人违反职责罪暂行条例》等15件单行刑事法律，自1997年10月1日起予以废止；有的是立法机关专门颁布法令，宣布废除某项法律，其效力当然终止。第二是自然失效，可以称之为默示终止，即新法施行后代替了同类内容的旧法，或者由于原来特殊的立法条件已经消失，旧法自行废止。

三、刑法的溯及力

刑法的溯及力，是指刑法生效后，对于其生效以前未经审判或者判决尚未确定的行为是否适用的问题。如果适用，就是有溯及力；如果不适用，就是没有溯及力。

在通常情况下，刑法不具有溯及既往的效力，即不能用事后的法律规范约束没有此规范时的行为。要求人们遵守尚未实施甚至尚未制定的法律，有悖于法治原则。但是，刑法不溯及既往也不是绝对的，在特殊情况下，为了国家安全和人民的重大利益，也可以规定刑事法规有溯及既往的效力，如1951年我国的《惩治反革命条例》。事实证明，这一规定在当时对于巩固人民民主专政的新政权起了至关重要的作用。此外，当旧法认为是犯罪或处刑较重而新法不认为是犯罪或处刑较轻时，凡未经审判或判决尚未确定的，通常也适用新法。这种情况下也属于新法具有溯及力。

《刑法》第12条规定："中华人民共和国成立以后本法施行以前的行为，如果当时的法律不认为是犯罪的，适用当时的法律；如果当时的法律认为是犯罪的，依照本法总则第四章第八节的规定应当追诉的，按照当时的法律追究刑事责任，但是如果本法不认为是犯罪或者处刑较轻的，适用本法。""本法施行以前，依照当时的法律已经作出的生效判决，继续有效。"

根据这一规定，对于1949年10月1日中华人民共和国成立至1997年9月30日这段时间内发生的行为，应按以下不同情况分别处理：第一，当时的法律不认为是犯罪，而现行刑法认为是犯罪的，适用当时的法律，即刑法没有溯及力。对于这种情况，不能以刑法规定为犯罪为由而追究行为人的刑事责任。第二，行为时的法律认为是犯罪，现行刑法也认为是犯罪并且未过追诉时效的，适用当时的法律，但如果现行刑法对这一行为规定的法定刑比行为时法律规定的法定刑轻，则适用新实施的刑法。第三，行为时的法律认为是犯罪，但现行刑法不认为是犯罪的，适用现行刑法，不能认定为犯罪，不得追究行为人的刑事责任。

根据《刑法》第 12 条的规定，新公布的刑法生效以前，根据当时的法律已经作出的生效判决，继续有效，也就是说从旧兼从轻原则不及于本法生效前已经根据当时的法律作出的生效判决。这是为了维护判决的既判力。

为了正确适用刑法，最高人民法院还于 1997 年 9 月公布了《关于适用刑法时间效力规定若干问题的解释》，根据从旧兼从轻的原则，对于跨 1997 年刑法与 1979 年刑法的若干衔接问题作出了解释，应当加以注意。

【问题与思考】

1. 停靠在中国港口的悬挂 A 国船旗的 B 国货轮上的 C 国船员与悬挂 D 国船旗的 E 国货轮上的 F 国船员发生殴斗，致使 F 国船员伤重身亡。此案是否可以由中国司法机关行使管辖权？为什么？

2. 中国公民甲在境外旅游时盗窃了超市的商品，价值 400 欧元，被当场抓获，后被该国警方遣送回中国。对甲应当如何适用中国法律？

上 篇

犯罪总论

第四章 犯罪概念与犯罪构成

参考书目

1. ［意］贝卡里亚．论犯罪与刑罚．黄风译．北京：中国法制出版社，2005.

2. ［英］吉米·边沁．立法理论——刑法典原理．孙力，等译．北京：中国人民公安大学出版社，1993.

3. ［意］加罗法洛．犯罪学．耿伟，王新，译．北京：中国大百科全书出版社，2005.

4. ［日］大塚仁．犯罪论的基本问题．冯军译．北京：中国政法大学出版社，1993.

5. 高铭暄主编．刑法学原理．第1卷．北京：中国人民大学出版社，1994.

6. 马克昌主编．犯罪通论．3版．武汉：武汉大学出版社，2010.

7. 韩忠谟．刑法原理．北京：中国政法大学出版社，2009.

8. 刘生荣．犯罪构成原理．北京：法律出版社，1997.

9. 肖中华．犯罪构成及其关系论．北京：中国人民大学出版社，2000.

10. 张明楷．犯罪构成体系与犯罪构成要素．北京：北京大学出版社，2010.

参考法规

1.《刑法》第13条

2. 2006年1月11日最高人民法院《关于审理未成年人刑事案件具体应用法律若干问题的解释》

引例4-1 因“安乐死”引发的故意杀人案

李某的父亲李甲经医院确诊为晚期胰腺癌，极度痛苦，使用多种止疼药物仍然疼痛难忍。李甲多次对李某说，如果真的孝顺，就想办法别让自己受罪，早点儿让自己死。李某看到父亲每天在痛苦中煎熬，自己却无能为力，经常躲在没人的地方痛哭流涕，恨自己没有办法减轻父亲的痛苦。李某曾经问过自己的朋友，朋友说，有的国家对这样的情况可以实施安乐死，但是我国没有安乐死的法律规定，所以不能做，也没人敢做。一天，李某看到父亲因疼痛大声喊叫，用头撞墙。他实在不忍心再看着父亲被病痛折磨，就想不如让父亲安乐死。于是他拿了一瓶剧毒鼠药放到父亲的床头，转身出去了。李甲将鼠药全部吞下。10分钟之后李某回来，看到父亲已经口鼻流血死亡。后李某到公安机关自首，检察机关以故意杀人罪对李某提起公诉。

第一节　犯罪的概念和分类

犯罪现象是一个社会现象，古今中外概莫能外。但是，在犯罪是什么、犯罪的本质如何等有关犯罪本身的一些问题上却存在诸多争议。不同社会制度的国家有着不同的理解，不同历史时期的国家也有着不同的看法，即使是同一社会制度的不同国家、同一历史时期的不同国家对犯罪同样有着不同的理解。这种分歧说明了犯罪现象是复杂的。无论这些问题如何复杂，对于特定历史时期、特定社会制度的国家来说，给犯罪一个明确的概念是特定国家管理者在有效进行社会管理，特别是打击犯罪、保障社会秩序稳定时必须要面临的一个重要问题。同时，犯罪、刑事责任、刑罚是刑法的基本范畴，犯罪是刑事责任的前提，刑罚是实现刑事责任的最主要、最基本的手段。没有犯罪，就谈不上刑事责任，自然也不可能谈到刑罚。所以犯罪总论在刑法学中占有重要地位。而要研究犯罪总论，首先需要阐明犯罪的概念，因为只有了解什么是犯罪，才能进一步研究犯罪构成和犯罪形态等问题。

一、犯罪的概念

犯罪的概念是对各种具体犯罪内在、外在特征的高度概括。从世界各国刑法典规定看，对犯罪的定义有实质定义与形式定义之分。实质定义即从犯罪的本质特征上给犯罪下定义，而基本不涉及犯罪的法律特征；形式定义仅从犯罪的法律特征上给犯罪下定义，而不涉及犯罪的本质特征。

（一）形式意义上的犯罪概念

所谓形式意义上的犯罪概念，指的是仅从犯罪的法律角度界定什么是犯罪，而不过问为什么把某种行为确定为犯罪，即它是对刑法上规定的各种具体犯罪共性的高度概括。其典型表述为，犯罪是违反刑事法律并且应当受到刑罚处罚的行为。这种形式上的犯罪概念有利于区分罪与非罪、此罪与彼罪的界限，对于指导司法实践中的具体犯罪的认定有重要作用。如1919年《苏俄刑法指导原则》第5条规定，“犯罪是违反了刑法所保护的社会关系的秩序的行为”；1937年《瑞士刑法典》第1条规定，“凡是用刑罚威胁所确实禁止的行为”为犯罪；1953年修订的《印度刑法典》第40条规定，“犯罪指本法典使其应受惩罚的事项”。这种概念虽然简洁明了，但是具有明显的片面性，即只顾及犯罪的法律特征，而忽略了犯罪的实质性特征即犯罪的阶级性质。

（二）犯罪的实质概念

犯罪的实质概念，不强调犯罪的法律特征，而试图揭示犯罪现象的本质所在，或者说，是从某种行为为什么被规定为犯罪的角度所下的定义。如1922年《苏俄刑法典》第6条规定：“威胁苏维埃制度基础及工农政权在向社会主义过渡时期所建立的法律秩序的一切危害社会的作为或不作为，都认为是犯罪。”该定义只强调了犯罪的实质特征的方面，而忽略了犯罪的法律特征，不免失于片面，并且容易倒向法律虚无主义，因此同样是有缺陷的。

真正科学阐明犯罪的实质概念的是马克思主义，马克思和恩格斯在《德意志意识形态》中精辟地指出，“犯罪——孤立的个人反对统治关系的斗争，和法一样，也不是随心所欲地产生的。相反地，犯罪和现行的统治都产生于相同的条件”[①]，同时，马克思认为，任何犯罪都是“侵犯法”的行为，是对法的否定，国家对犯罪行为适用刑罚，是“法对侵犯法的胜利”，是“法的恢复”[②]。可见，马克思在定义犯罪实质概念的时候，并不忽略犯罪的法律表现形式。

（三）犯罪的混合概念

犯罪的混合概念，是指犯罪的实质概念和形式概念合二为一，既指出犯罪的本质特征，又指出犯罪的法律特征的概念。该类概念提出正是为了避免上述两种定义的不同缺陷，随后的刑事立法发展走向了形式意义与实质意义犯罪概念的统一，如1958年《苏联和各加盟共和国刑事法纲要》就体现了这个特点，该法第7条规定：“凡是刑事法律规定的危害苏维埃社会制度或国家制度，破坏社会主义经济体系和侵犯社会主义所有制，侵犯公民的人身权利、政治权利、劳动权利、财产权利和其他权利的危害社会的行为，以及刑事法律规定的违反社会主义法律秩序的其他危害社会的行为，都是犯罪。”这个概念不仅揭示了犯罪的实质性特征，而且表明了犯罪的法律形式特征，从而使犯罪的概念建立在实质性概念与形式概念相统一的基础上，具有科学性。

我国1979年《刑法》第10条，以马克思主义、毛泽东思想为指导，从我国的实际情况出发，借鉴外国的立法经验，给犯罪下了一个完整的定义。1997年修订的《刑法》即现行《刑法》第13条基本上承袭了这一定义，只是在文字表述上作了某些修改。这条规定：“一切危害国家主权、领土完整和安全，分裂国家、颠覆人民民主专政的政权和推翻社会主义制度，破坏社会秩序和经济秩序，侵犯国有财产或者劳动群众集体所有的财产，侵犯公民私人所有的财产，侵犯公民的人身权利、民主权利和其他权利，以及其他危害社会的行为，依照法律应当受刑罚处罚的，都是犯罪，但是情节显著轻微危害不大的，不认为是犯罪。”这一定义和原来的定义一样，不仅揭示了在我国犯罪对社会主义国家和公民权利具有严重社会危害性的实质，同时也揭示了其法律特征——依照法律应当受刑罚处罚。所

① 《马克思恩格斯全集》，第3卷，379页，北京，人民出版社，1960。

② 《马克思恩格斯全集》，第1卷，323页，北京，人民出版社，1995。

以这一定义强调了犯罪的阶级属性、犯罪的法律属性以及犯罪的本质属性——严重的社会危害性——这三大特征。

二、犯罪的基本特征

关于犯罪的基本特征，理论上有不同的学说，大致说来有这样几种不同的意见："二特征说"，认为犯罪的两个特征是应当追究刑事责任程度的社会危害性、刑事违法性[①]；"三特征说"，认为犯罪的三个特征是严重社会危害性、刑事违法性、刑罚当罚性[②]；"四特征说"，认为犯罪的四个特征是有社会危害性的行为、行为触犯刑事法律、犯罪出于故意或过失、应当承担刑事责任。[③] 三特征说是目前关于犯罪基本特征的通说，其具体内容如下。

（一）社会危害性是犯罪的本质特征

犯罪的社会危害性，是指犯罪这种行为对刑法所保护的各种社会关系所造成的各种可能或者现实的破坏或者威胁。对刑法所保护的社会关系的侵犯就是犯罪社会危害性的质，应受刑罚惩罚的程度就是犯罪社会危害性的量。犯罪的社会危害性是犯罪与其他违法行为、各种不道德行为得以进行区别的本质属性。如果行为不具有社会危害性，就不能被认为是犯罪行为；如果某种行为危害明显不大的，即犯罪情节显著轻微的，不以犯罪论处。

犯罪的社会危害性，既体现着主观的内容，又具有客观属性，两者统一的基础就是客观上的危害事实。社会危害性的轻重大小是由行为侵犯的客体，行为的手段、时间、地点、后果，行为人的情况及主观因素来决定的，但是需要明确的是，社会危害性的有无和大小，并不是静止不变的，它是一个历史的范畴。当具体的社会环境发生变化时，社会危害性的有无与大小也随之发生变化，表现相同的同一种行为可能会因为历史时期的不同而在性质上发生较大的变化，如在20世纪50年代捕猎大熊猫就不是违法行为，而现在却是严重的违法犯罪行为。

（二）刑事违法性是犯罪的重要特征

刑事违法性是指行为违反刑法规范，也可以说，行为符合刑法规定的犯罪构成。如果行为不违反刑法规范，而只是违反行政法规范或者民法规范，那就只是一般违法行为，而不是犯罪。这里所说的违反刑法规范，不限于刑法分则的规范，也包括刑法总则的规范，例如，犯罪预备、犯罪未遂或者教唆犯罪等，都具有刑事违法性。还应当指出，这里所说的刑法规范是就广义的刑法而言的，不仅仅包括刑法典规定的刑法规范，也包括各种单行刑事法律以及其他法律法规中规定的有关刑罚处罚的刑法规范。

违反刑法规范，就意味着行为具有社会危害性，因此可以说社会危害性是刑事违法性的前提，没有社会危害性就谈不上刑事违法性，刑事违法性是社会危害性的法律表征。[④] 刑事违法性是司法工作者处理刑事案件的基本依据，任何借口行为具有社会危害性而肆意追究刑事责任，或者借口某行为没有社会危害性而任意放纵犯罪的行为都是破坏社会主义刑事法制的违法行为。

---

① 参见何秉松主编：《刑法教科书》，146～147页，北京，中国法制出版社，2000。

② 参见韩玉胜主编：《新编刑法教程》，31～42页，北京，中国人民公安大学出版社，2003。

③ 参见李光灿主编：《中华人民共和国刑法论》，上，108～113页，长春，吉林人民出版社，1984。

④ 参见齐文远、周详：《社会危害性与刑事违法性关系新论》，载《中国法学》，2003（1）。

(三) 应受刑罚惩罚性是犯罪的又一重要特征

应受刑罚惩罚性是犯罪的法律后果。一旦一种行为具有严重社会危害性并为刑法规范所禁止，实施这种行为的当然后果就是应当受到刑罚制裁。因此在这一意义上，应受刑罚惩罚性是由严重社会危害性和刑事违法性所派生出来的，具有从属性。但是，应受刑罚惩罚性从法律后果上把犯罪与一般违法行为区别开来，只有对犯罪才能加诸刑罚惩罚。行为如果缺乏应受刑罚惩罚性，也不能被认为是犯罪。因此，应受刑罚惩罚性从法律后果上揭示了犯罪的属性，它是前两个特征的最终归宿，也是犯罪的基本特征之一。

需要注意的是，犯罪是应受刑罚惩罚的行为，但这并不意味着所有犯罪都实际受到刑罚惩罚。这首先是由于有的犯罪未被发觉而无法查处，当然谈不上惩罚；其次是由于有的行为虽构成犯罪，但被免除刑罚处罚。这与应受刑罚惩罚性并不矛盾：前者自不必说，而后者也是以应受刑罚惩罚性为前提的，只有应受刑罚惩罚，才能谈得上免除刑罚惩罚的问题。

总之，严重的社会危害性是犯罪的本质特征①，刑事违法性是犯罪的法律特征，应受刑罚惩罚性是犯罪的必然后果。它们相互关联、不可分割，共同构成了犯罪概念的总体，成为区分罪与非罪的基本标准。

本章［引例4－1］因“安乐死”引发的故意杀人案给我们提出了很多无法回避的理论和实际问题。

“安乐死”一词源于希腊文“euthanasia”，原意为“无痛苦的死亡”，安乐死应该理解为广、狭两层含义。广义安乐死是指，对身患绝症、濒临死亡的病人和其他“无生存价值”的人采取一定措施，使其死亡或加速死亡的发生。狭义安乐死是指，对于现代医术无法挽救、临近死亡的病人，医生在患者本人真诚委托的前提下，为减少病人难以忍受的剧烈痛苦，而采取措施提前结束病人生命的一种死亡方式。

安乐死是否具有社会危害性？关于安乐死行为是否可以合法化而不被追究罪责的问题，在外国和我国都曾展开过相当广泛而激烈的讨论与争鸣，至今余热不减。综观我国学者的讨论意见和文章，大多数人对安乐死表示了赞同的态度，有的论著还为实施安乐死设计出了实体条件和程序规则。赞同的学者除了列举伦理道德上可行之处和能节约很多医疗资源外，强调指出，安乐死对社会是有益而无害的，也就是没有社会危害性，因此，缺乏犯罪的本质特征，不是犯罪。从刑法学角度看，他们的这种观点值得商榷。很明显，实施安乐死是对公民合法权益即生命权的侵害。法律上定义的生命，是指能够独立呼吸并能进行新陈代谢的活的有机体，是人赖以存在的前提；生命的存在和生命权的享有是每个公民的最高人身利益。一般而言，实施安乐死是采用一定的措施终结一个能够呼吸且能进行新陈代谢的、只是病重的人的生命，完成一个由生到死的过程。由此，尽管实施安乐死的医生或亲属是出于善良的减轻病人痛苦的初衷，但从法律特别是刑法的角度讲，这种行为在客观上已经侵犯了被实施者的生命权而具有社会危害性了。

以下我们逐一推敲故意杀人罪与安乐死的特征：首先，故意杀人罪的客体，是他人的生命权利。犯罪的对象，是有生命的自然人，至于被害人的身份、年龄和健康状况如何，

① 有学者对社会危害性理论提出质疑，认为社会危害性理论为刑法的泛道德化与执行打开了方便之门，因为社会危害性无须任何过渡就可以是一种道德评价，从而为刑法泛道德的介人提供了充分的理论根据。参见李海东：《刑法原理入门》，15页，北京，法律出版社，1998。

均不影响本罪的构成。安乐死的对象绝大部分是身患绝症、濒临死亡或身体严重残缺且痛苦不堪的病人或残废人。但不管如何，他们都是有生命的自然人，他们的生命权并不因病情或其他原因而灭失，因此安乐死符合故意杀人罪的客体特征。其次，故意杀人罪的客观方面，表现为非法剥夺他人的生命的行为，包括作为和不作为两种方式。在此用“非法”这两个字来排除合法杀人（如对死刑犯依法执行死刑）和符合正当防卫的杀人，这个范围外其他任何形式和任何理由的杀人均为非法。除极少数国家外，绝大多数国家的法律都未明确规定“安乐死”是一种排除犯罪性行为。因此，无论是采用注射致死药物或其他作为方式还是通过撤除医疗设施等不作为方式实施安乐死，都是一种非法剥夺他人生命的行为。再次，故意杀人罪的主体，是一般主体，即已满14周岁，具有刑事责任能力的人。实施安乐死的一般是医生，有些是病人的亲属或朋友。最后，故意杀人罪的主观方面，是故意犯罪，即明知道自己的行为会造成或可能造成他人死亡，并且希望或放任死亡结果的发生。犯罪动机如何，不影响本罪之构成。安乐死的实施者在实施注射行为或撤除病人救护设施等行为时，都意识到了自己的行为会造成或可能造成病人死亡，并追求或放任这种死亡的发生。因为安乐死本来就是一种“致死术”。或许实施者是应病人或其亲属的请求，并出于减轻病人的痛苦的良好愿望，但并不因故意杀人罪中有这种良好的初衷而将其排除出犯罪，它仅仅是量刑情节的一个考虑因素。

为了更清楚地说明安乐死与故意杀人罪的同一性，我们再来看看上海市首例实施安乐死案件的判决。2001年10月8日，上海市闵行区人民法院以故意杀人罪判处梁某某5年有期徒刑。在押的梁某某，男，67岁，单身无子女，凭借2年前一笔3万元辞退费，与守寡多年的老母相依为命。2001年4月8日，92岁高龄的梁母突然摔倒在地不省人事，被确诊为深度昏迷瘫痪且治愈无望。5月30日梁某某将大小便失禁只能依靠葡萄糖水维持生命的母亲接回家。5月31日，梁某某经过激烈的思想斗争，用电击的方式为母亲实施了安乐死，让母亲永远“脱离苦海”。当晚，他到公安机关投案自首。经上海市精神卫生中心鉴定，梁某某没有精神病，对其作案行为的性质和后果具有完全辨认和控制能力，具有完全责任能力。据上海市闵行区人民法院有关人士介绍，之所以作出有期徒刑5年的判罚，除考虑到梁某某自首情节外，是因为法院办案人员到医院进行调查后，证实梁某某在母亲住院期间确实恪尽孝道，对母亲照顾得无微不至。在此案件中，执法人员表现出高超的判案艺术，既维护了法律的尊严，又照顾了世俗人情，值得今后审理类似案件的执法人员参考借鉴。蒲某、王某故意杀人案的判决考虑了同样的因素。

在我国，对于实施安乐死是否需要合法化，即是不是应将其作为一个排除犯罪性行为而不被定为“故意杀人罪”的问题，要从我国具体国情出发，结合社会道德伦理及传统，考虑国际大环境状况，依照我国现在的法律，根据具体案情来判断。首先，目前，我国经济不很发达，人口素质不高，老龄化加剧，如果安乐死合法化，会导致它被误用。医疗技术设备的欠缺、卫生法规的不完善和医务人员道德素质的普遍不高，将很难保证安乐死在真正意义上得到实施。其次，在我国，死亡观念滞后，死亡教育缺乏，更有人忌讳谈死。人们，特别是老人，认为四世同堂是最大的幸福。在农村地区尤为如此。因此，安乐死在他们看来是非常不可理喻的事情。在国际上，几乎所有的国家（荷兰除外）未将安乐死合法化；我国没有任何法律涉及安乐死问题，而且理论界对于安乐死是否人道、合理仍有争论。所以安乐死合法化不应该成为问题。对于任何类型的安乐死，不论是出于什么动机，不管是否得到患者本人同意授权，不问采用哪种方法，无论对象是身患绝症、濒临死亡而无法治愈的患者还是丧失意识、不可逆转昏迷的病人，只要客观上结束了被实施者的生命，造成了死亡结果，一般应将其定为“故意杀人罪”，而量刑幅度应根据案情而定。

三、犯罪的分类

犯罪的分类是对各种各样的犯罪行为进行有目的的、合理的整理和排列，是犯罪概念的外延和派生。不同种类的犯罪特点各异，危害程度也不相同。对犯罪进行分类，有助于更好地了解和把握犯罪的特点和规律，认识犯罪的危害性，以有效地同犯罪作斗争。

（一）国外刑法理论及实践中犯罪的分类

（1）重罪、轻罪与违警罪。始于1791年的《法国刑法典》，以法定刑为标准，将犯罪分为重罪、轻罪与违警罪。这种分类方法随后被德国、日本等许多国家的刑法典采用。

（2）亲告罪与非亲告罪。亲告罪是指以有告诉权的人的告诉为追诉条件的犯罪。哪些犯罪是亲告罪是由刑法明确规定的，而不是由司法机关决定的。除亲告罪以外的犯罪，都是非亲告罪。非亲告罪在刑法中总是占绝大多数。

（3）政治犯与普通犯、确信犯。侵害国家政治秩序的犯罪是政治犯，也称国事犯。与政治犯相对的一般犯罪是普通犯。政治犯与普通犯相结合的犯罪称为混合犯。此外，西方学者提出了由于政治的确信而实施的犯罪，并认为确信犯有许多是出于利他的、进步的动机，所以对犯罪人需要进行特别处遇。①

（4）自然犯、刑事犯与法定犯、行政犯。如何区分自然犯与法定犯，存在种种见解。大陆法系国家的刑法理论一般认为，自然犯是指无须法律规范的规定，其自身就具有罪恶性的犯罪，如故意杀人。法定犯是指由于法律的规定才成立的犯罪，即行为本身不具有罪恶性，只是由于法律的规定，才成为犯罪，如偷越国边境。② 此外，大陆法系国家的刑法理论还认为，为了实现行政目的的法规，包含各种禁止规范与命令规范，违反这种行政法规因而构成的犯罪，就是行政犯；行政犯的概念与法定犯的概念基本上是相同的。刑事犯则是直接违反刑法典规范所构成的犯罪，它与自然犯的概念大体上相当。于是，刑事犯与行政犯的区别、自然犯与法定犯的区别也就是大体相当的。

（二）我国刑法理论及实践中犯罪的分类

（1）危害国家安全犯罪与普通刑事犯罪。这是以侵犯的客体性质为标准进行划分的。危害国家安全犯罪，是指故意危害中华人民共和国的主权、领土完整和安全，分裂国家，颠覆国家政权，推翻社会主义制度的行为。危害国家安全犯罪是我国刑法中规定的性质最为严重的一种犯罪，因为这类犯罪是直接针对国家政权和社会主义制度的犯罪。普通刑事犯罪是指危害国家安全犯罪以外的其他犯罪。尽管这类犯罪中有的也很严重，但从整体上看，其社会危害性要小于前者。

（2）经济犯罪与非经济犯罪。这是以犯罪发生的领域、是否与经济利益有关为标准进行划分的。经济犯罪主要指发生于社会主义市场经济运行中、破坏经济秩序的严重违法行为，也包括其他以牟取经济利益为目的的严重违法行为。并不直接破坏经济秩序，也不牟取任何经济利益的严重违法行为一般即属于非经济犯罪。经济犯罪常涉及对经济法规的违

---

① 参见张明楷：《外国刑法纲要》，2版，58～59页，北京，清华大学出版社，2007。

② 参见康树华主编：《犯罪学通论》，192～193页，北京，北京大学出版社，1996。

反，其罪状不易确定，因而具有与其他犯罪不同的特点。[①]

（3）职务犯罪与非职务犯罪。这是以犯罪是否利用了职务之便为标准进行划分的。职务犯罪属于特殊主体犯罪，侵犯了公务活动的廉洁性。与非职务犯罪相比，职务犯罪具有更大的欺骗性，危害性也更为严重。

（4）自然人犯罪与单位犯罪。这是以犯罪主体的差别为标准进行的分类。自然人犯罪是指具备刑事责任能力、依法应负刑事责任的自然人实施的犯罪。单位犯罪是指公司、企业、事业单位、机关、团体实施的危害社会的行为。法律规定为单位犯罪的，应当负刑事责任。

（5）共同犯罪与单独犯罪。这是以实施犯罪的自然人的单复数为标准来划分的。单独犯罪是指由单个自然人实施的犯罪，我国刑法分则条文的设计即是以单独犯罪作为理想标准来进行的；共同犯罪是指两人以上共同故意犯罪，我国刑法中对共犯作了主犯、从犯、胁从犯、教唆犯的进一步分类。

（6）犯罪的其他分类。除了上述犯罪的分类外，还可以根据不同的标准，对犯罪作各种分类。如，以行为的表现形式为标准，可分为作为犯与不作为犯；以危害结果在犯罪构成中的地位为标准，可分为行为犯与结果犯、危险犯与实害犯；以犯罪主体的情况为标准，可分为身份犯与非身份犯；以行为人主观上的罪过形式为标准，可分为故意犯与过失犯；根据犯罪实施阶段上的犯罪形态的不同，可分为预备犯、未遂犯、中止犯与既遂犯；根据一罪与数罪的不同犯罪形态，可分为实质的一罪（继续犯、想象竞合犯、结果加重犯）、法定的一罪（结合犯、惯犯）、处断的一罪（连续犯、牵连犯、吸收犯）；等等。由于这些犯罪分类将在以后各章节中陆续阐明，兹不赘述。

第二节　犯罪构成及其要件

引例 4-2　白某强行与妻子发生性行为案

白某与被害人姚某系夫妻，婚后夫妻感情不好，经常发生口角。姚某于2014年2月27日回娘家居住，并向白某提出离婚要求。经村委会调解，双方因退还彩礼数额发生争执，未达成协议。2014年5月2日晚8时许，白某到姚家找姚某索要彩礼，双方约定，次日找中间人解决，后白某回家。晚上9时许，白某再次到姚家。姚某对白某说："不是已经说好了吗，明天我找中间人解决嘛。"并边说边脱衣服上炕睡觉。白某见状，亦脱衣服要住姚家。此时，姚某从被窝里坐起来，想穿衣服。白某将姚按倒，欲与其发生性关系。姚某不允，与白某撕打。白某骑在姚某身上，扒姚的衬裤，姚某抓白某的头发。后白某强行与姚发生性关系。白某对姚某的蹂躏达5个多小时，致姚某抽搐昏迷，经医生抢救苏醒。县检察院以被告人白某犯强奸罪为由向法院提起公诉。法院经审理认为，白某在与姚某的婚姻关系存续期间，以强制的手段，

① 参见樊凤林、周其华、陈兴良主编：《中国新刑法理论研究》，86～87页，北京，人民法院出版社，1997。

强行与姚某发生性关系的行为，不构成犯罪。该案宣判后，引起理论界和实务界的探讨，焦点集中在“丈夫强奸妻子的行为能否构成犯罪”。

一、犯罪构成的概念

古今中外，各国刑法都有自己关于犯罪成立的条件即犯罪构成的理论。需要明确的是，对于犯罪构成的概念刑法并没有作出规定，我们所要研究的犯罪构成概念是理论上的概念，是犯罪构成的一般概念。因此，关于犯罪构成的观点可谓纷繁复杂，有必要梳理各家之言，得出我们的观点。

（一）有关犯罪构成概念的观点梳理

在我国刑法学界，犯罪构成的观点可谓林林总总。下面选择一些有代表性的见解，并给予适当的归纳综述。①

（1）法律说。持此类观点的学者一致认为，犯罪构成是刑法所规定或根据刑法而确定的成立犯罪的标准、规格。但在论述的实际内容和文字表述上，又存在或多或少的分歧。有的学者认为，犯罪构成是我国刑法规定的、决定某一具体行为的社会危害性及其程度而为该行为构成犯罪所必需的一切客观和主观要件的总和；有的学者认为，犯罪构成是指我国刑法规定的、表明行为人实施的危害社会行为应受刑罚处罚所必需的诸客观要件和主观要件的总和；亦有学者认为，犯罪构成是刑法规定的表明犯罪量的规定性的诸要件的总和。

（2）罪状说。持此类观点的学者认为，犯罪构成就是刑法中的罪状，是法定的某种（或某组）危害社会的应受到刑罚处罚的行为的主客观要件的总和，犯罪构成只存在于对各项犯罪行为作具体规定的刑法分则之中。

（3）概念说。持此类观点的学者认为，犯罪构成是根据刑法规定并结合司法实践，对法律条文所作的学理性解释或理论概念。典型表述为，犯罪构成就是根据我国刑法的规定并结合司法实践，说明各种犯罪所必须具备的主客观要件，以及与该构成要件相符合的具体行为的社会危害性达到成立犯罪所必需的程度。

（4）理论说。持此类观点的学者认为犯罪构成是一种理论。例如，有的学者指出，犯罪构成是一种依照法律的规定说明法律的理论。它本身不是法律，也不是权力机关对法律的解释。

（5）事实说。持此类观点的学者认为，犯罪构成既不是法律也不是理论，而是刑法所规定或依照刑法确定的某种犯罪成立必须具备的要件事实。

（6）“法律＋理论”说。有的学者认为，犯罪构成既是刑法所规定的成立某种犯罪必须具备的各种主客观要件的总和，又是刑法理论的重要组成部分，是定罪量刑的基本理论依据。

（二）犯罪构成概念的界定

本书认为，对于犯罪构成的概念，只能从一个角度来界定，即只有规范性质的犯罪构

---

① 参见肖中华：《我国刑法中犯罪构成概念的再探讨》，载《法学评论》，1999（5）。

成，而不存在什么概念或范畴的犯罪构成、现实或事实的犯罪构成。犯罪构成的此种一般概念不是与刑法分则中所规定的具体罪相对应的概念，而是与《刑法》第13条相对应的概念。一般的犯罪构成是对各种具体犯罪构成共同属性的归类，是对刑法分则规定的具体的犯罪构成要件的理论化、抽象化、规范化。这种规范性质的犯罪构成，使得犯罪构成成为犯罪总论的中心，它把刑法分则与刑法总则的理论结合在一起，建立起一个以犯罪构成为中心的理论体系。

所谓犯罪构成，是指我国刑法所规定的、决定某一具体行为的社会危害性及其程度而为该行为构成犯罪所必需的一切客观和主观要件的有机整体。更简单地说，犯罪构成就是指其成立必须具备这样或那样一些要件的犯罪的法律类型模式。

从犯罪构成的概念出发可以认识到，犯罪构成的基本特征有：

（1）犯罪构成是犯罪成立所必需的各种主客观要件的有机整体。在刑法理论上犯罪构成历来存在主观主义与客观主义之分。主观主义强调犯罪人易于犯罪的性格，客观主义重视行为给现实造成的危害。由于主观主义或者客观主义均具有片面性，容易造成主观归罪或者客观归罪，因而我国的犯罪构成坚持主观与客观相统一，即：犯罪构成是各种主客观要件的有机统一，它们之间相互依存、互为前提，相互联系、相互作用，缺一不可。

任何犯罪都是在主观罪过支配下实施的行为，主观罪过产生于对客观世界的反映，而产生之后在客观上表现为特定的行为对社会产生危害作用，危害社会的行为等客观情况又成为检验主观方面的标准。如果主观罪过不通过危害行为等客观要件表现出来，或者客观行为不是在主观罪过支配下实施的，均不能成立犯罪。因此，犯罪是主观见之于客观的行为，缺乏犯罪的主观要件，犯罪的客观要件不能成立；缺乏犯罪的客观要件，犯罪的主观要件也不能成立；犯罪的主客观要件相互依存、互为前提、缺一不可。我国刑法的犯罪构成直接体现并贯彻了主客观要件相统一的基本原则。

（2）犯罪构成的各要件是刑法所明文规定的。这就是犯罪构成的法定性。我们都知道，犯罪构成的概念是由刑法学家概括出来的，而非刑法规定的；但是犯罪构成的要件与此相反，是由刑法规定的，而不是刑法学家总结出来的。这也就是说，犯罪构成的法定性在内容上表现为，犯罪构成要件都是立法者按照一定标准经过选择而确定下来的事实特征；犯罪构成的法定性在形式上表现为，犯罪构成由刑法总则与分则互相结合起来共同规定其要件。在我国刑法中，各个具体犯罪的犯罪构成的规定方式也有很大差异，有的规定得比较详细，如《刑法》第263条关于抢劫罪的规定；有的规定得比较简略，如《刑法》第232条关于故意杀人罪的规定。详细也好，简略也罢，对各个具体犯罪的犯罪构成采取何种方式进行规定，仅仅是一个立法技术问题，而不是某种犯罪的复杂程度问题。

（3）作为犯罪构成（犯罪的成立）内部结构因素的要件，都是能够反映行为社会危害性的事实特征（但不是事实本身），即犯罪构成要件必须反映行为的危害性。任何一种犯罪，都可以表现出许多事实特征，但并非每一个事实特征都能成为犯罪构成的要件。有的事实特征甚至可能是侦破犯罪事实的重要线索，或者是认定犯罪的证据，但对于确定行为能否构成犯罪并不产生影响，因此不能成为犯罪构成要件。实际上，犯罪的本质特征是行为具有严重社会危害性，因此犯罪构成实质上是严重社会危害性的构成。能作为犯罪构成要件的事实特征理所当然地必须能反映行为的社会危害性及其程度，否则，对犯罪的成立是没有意义的。能否体现行为的社会危害性及其程度，是衡量某一事实特征能否成为犯罪构成要件的客观标准。申言之，犯罪构成要件的法定性，使行为的社会危害性与行为的刑事违法性达到了统一，亦即犯罪构成的法定宣示了有社会危害性的行为具有刑事违法性。

二、犯罪构成的要件

所谓犯罪构成的要件，是指犯罪构成中所包含的构成成分，或者说组成犯罪构成的各个要素。每一个犯罪是具体的，所以每一个犯罪的犯罪构成也是具体的，相应的其具体犯罪构成要件也是各不相同的。但是，通过对各个具体犯罪构成要件的抽象和概括，可以发现各个犯罪都必须具备的共同要件①，具体分为以下四个方面的要件。

（一）犯罪客体要件

犯罪客体要件，是表明行为侵犯了什么社会利益的要件。犯罪客体是指犯罪行为侵害的而为我国刑法所保护的社会主义社会关系。任何犯罪都必然侵犯了一定的社会关系，没有不侵犯一定客体的犯罪行为。例如，抢劫罪侵犯的是复杂客体，即公私财产权以及人身权；掩饰、隐瞒犯罪所得罪侵犯的是单一客体，即国家司法机关追究犯罪的正常司法活动。犯罪客体是任何行为成立犯罪都不可缺少的构成要件。

（二）犯罪客观方面要件

犯罪客观方面要件，是指行为人通过何种具体的危害行为对犯罪客体进行侵犯的要件。刑法不惩罚思想犯，因此任何犯罪都必然以一定的客观行为的形式表现出来，无论这种行为是积极的作为，还是消极的不作为，不存在没有行为的犯罪。客体受到侵害这一事实，必须通过一定的行为中介才能实现。在犯罪客观方面的要件中，危害行为是构成犯罪的必备条件，没有客观存在的危害行为不可能构成犯罪。危害结果是大多数犯罪构成的必要条件，并非所有的犯罪都要求有危害结果，如行为犯、危险犯等，并不以危害结果的有无作为犯罪构成条件。除此之外，特定的犯罪的时间、地点、方法也可能成为某些犯罪成立的要件，如《刑法》第 340 条和第 341 条的非法捕捞水产品罪和非法猎捕、杀害珍贵、濒危野生动物罪，就把“禁渔期”“禁猎期”“禁渔区”“禁猎区”“禁用的工具、方法”等规定为构成这些犯罪必备的条件，但是特定的犯罪时间、地点、方法并不是每个具体犯罪成立的要件，在刑法上这些要件被称为选择性要件。

（三）犯罪主体要件

犯罪主体要件，是指行为需要由什么人来实施才能构成犯罪的要件。在形式上相同的行为，由于实施者的年龄、身份不同，可能导致两个行为具有截然不同的法律性质。例如，年龄未满 16 周岁的人与年龄已满 16 周岁的人共同实施窃取价值 2 万元物品的行为，前者不构成盗窃罪，后者在构成犯罪的同时还会受刑罚惩罚。在我国刑法中，行为人只有达到一定年龄，并且具有刑事责任能力，才能成为犯罪主体，即才能对其实施的行为承担刑事责任。如果行为人未达到法定的刑事责任年龄，且缺乏相应的刑事责任能力，则行为人不承担刑事责任。除此之外，某些犯罪还要求行为人具有一定的身份，只有具有这种身份才构成犯罪，即某种特定的身份是构成某种犯罪的必要条件，如受贿罪的主体要求是国家工作人员，强奸罪的主体要求是男性。在理论上，不要求特殊身份就能构成犯罪的行为主体被称为一般主体，要求具有特殊身份才能构成犯罪的行为主体是特殊主体。

（四）犯罪主观方面要件

犯罪主观方面要件，是指表明行为人实施行为时的主观心理态度的要件。任何行为都

---

① 参见杨春洗、甘雨沛、杨敦先、杨殿升等：《刑法总论》，109 页，北京，北京大学出版社，1981。

是在一定意识支配下进行的，无意识的行为不具有法律意义。就刑法上的行为而言，支配其过程的主观心理可分为两种形式——故意和过失，故意分为直接故意和间接故意，过失分为疏忽大意的过失和过于自信的过失。既无故意又无过失的行为不构成犯罪。有些犯罪，除了要有故意的心理态度外，还需有特定目的，否则，不构成犯罪。因此，特定的动机或目的有时也是犯罪主观要件中的必要内容。

本章［引例4-2］中的丈夫强行与妻子发生性行为能否构成强奸罪，不仅是一个法律问题，也是一个社会问题，除刑法学科外，其他法学分支学科甚至人类学、社会学等学科对此问题也给予广泛的关注。在刑法理论界和司法实践中，对于丈夫强行与妻子发生性行为能否齐备强奸罪的构成要件历来都有争议。从立法规定上看，无论是现行刑法，还是1979年刑法，对于丈夫能否构成强奸罪的主体都没有明确规定，既未排除丈夫作为强奸罪主体的资格，亦未强调指出丈夫不构成强奸罪的主体，也就是说对于丈夫是否符合强奸罪犯罪构成要件中的主体要件，没有明确的规定。立法的模糊性加剧了理论争议和实践操作中的分歧，直接影响到定罪量刑。从国外的立法看，一些国家的刑法作出明确规定，丈夫强奸妻子的行为不构成强奸罪，如德国、瑞士的刑法就把强奸罪的对象限制为无夫妻关系的女性。我国不同地区、不同民族的风俗习惯不同，具体案件情况又往往比较复杂，不能简单地确定此种行为构成犯罪或者不构成犯罪，应具体情况具体分析。对丈夫强奸妻子案件的审理，应该依据刑法和婚姻法等有关法律规定，区分不同的婚姻状况以及行为人的暴力方式、方法，造成的危害后果等具体事实、情节，分别依法处理。其中，有的行为可以构成强奸罪，如双方经法院判决离婚，判决尚未发生法律效力，在此期间丈夫违背妻子意愿强行与其发生性关系的，应认定为强奸罪。再如，夫妻双方虽未离婚，但由于感情不和分居多年，在此期间双方从未向对方提出过性要求，此时丈夫违背妻子意愿强行发生性关系，情节严重的，一般应认定为强奸罪。当然，实践中也存在丈夫强行与妻子发生性关系不构成强奸罪但可能构成其他相关犯罪的情形。例如，丈夫违背妻子意志，强行与妻子发生性关系造成伤害后果，情节严重的，应依法认定为故意伤害罪。如丈夫多次强暴妻子，进行性虐待、情节严重的，应按照虐待罪处理。当然，处理这类案件，应综合考虑社会效果，如妻子及有关家庭成员希望对被告人从轻处理的，在量刑上一般应予考虑。

结合本案，根据民法和婚姻法的规定，合法的婚姻产生夫妻之间特定的人身和财产关系。同居和性生活是夫妻之间的人身权利和义务的基本内容。双方自愿登记结婚，就是对同居和性生活的法律承诺，妻子对丈夫有要求性生活的权利，丈夫对妻子具有同样的权利，反过来，妻子或者丈夫对对方的要求则具有配合的义务。因此，从法律上讲，合法的夫妻之间不存在丈夫对妻子性权利自由的侵犯。相反，如果妻子同意与丈夫以外的男子发生性关系却构成对合法婚姻的侵犯。所以，如果在合法婚姻关系存续期间，丈夫不顾妻子反对，甚至采用暴力与妻子强行发生性关系的行为，不属于刑法意义上的违背妇女意志与妇女发生性关系的行为，一般不能构成强奸罪。同理，如果是非法婚姻关系或者已经进入离婚诉讼程序，婚姻关系实际已处于不确定状态中，则丈夫违背妻子的意愿，采用暴力手段强行与其发生性关系，从刑法理论上分析是可以符合强奸罪的构成要件的。本案中，白某与姚某之间的婚姻关系是合法有效的，在案发前，虽然女方提出离婚，并经村委会调解，但并没有向人民法院或者婚姻登记机关提出离婚，没有进入离婚的诉讼程序，夫妻之间相互对性生活的法律承诺仍然有效。因此，虽然白某的行为在表面上似乎齐备了强奸罪的犯罪构成要件，有暴力的奸淫行为、具备刑事责任能力、有违背妇女发生性关系的主观意愿、有妇女性自由的被侵犯，但是归根到底，基于白某与姚某之间婚姻关系的存续，相互之间有性生活的权利和义务，其行为不是强奸罪的暴力与奸淫，亦未侵犯妇女的性权利，亦不具备犯罪主体要件及犯罪主观方面要件的要求，因此，白某的行为不构成强奸罪。

三、犯罪构成的分类

在现实中犯罪现象是多种多样、表现各异的。与之相适应，法律对其规定的犯罪构成也各不相同。根据各种犯罪构成的不同性质、特点，从不同角度、依据不同标准，大致可以对犯罪构成作以下几种不同的分类。

(一) 基本的犯罪构成与修正的犯罪构成

这是以犯罪构成的形态为标准进行的划分。基本的犯罪构成，是指刑法条文就某一犯罪的基本形态所规定的犯罪构成；修正的犯罪构成，是指以基本的犯罪构成为前提，适应犯罪行为的不同形态，对基本的犯罪构成加以某些修改、变更的犯罪构成。由于刑法分则条文都是以单独犯、既遂形态为标本规定某一具体犯罪的犯罪构成的，因而，单独犯的既遂状态的犯罪构成即属于基本的犯罪构成。以此为前提，预备犯、未遂犯、中止犯等未完成形态的犯罪构成以及共同犯罪的犯罪构成则属于修正的犯罪构成。由于犯罪的未完成形态以及共同犯罪的内容都在刑法总则部分规定，因而修正的犯罪构成要以刑法分则规定的基本的犯罪构成为基础，结合刑法总则的有关规定加以认定。[①]

(二) 独立的犯罪构成与派生的犯罪构成

所谓独立的犯罪构成，又称普通的犯罪构成，是指刑法条文对具有通常社会危害程度的行为所规定的犯罪构成。相对于危害严重或危害较轻的犯罪构成，它是犯罪构成的基本形态，例如，《刑法》第 238 条第 1 款规定的非法拘禁罪。所谓派生的犯罪构成，是指以独立的犯罪构成为基础，具有较重或者较轻社会危害程度而从独立的犯罪构成衍生出来的犯罪构成。因此，派生的犯罪构成中包括较重社会危害程度和较轻社会危害程度两种情况，前者称为危害严重的犯罪构成或者加重的犯罪构成，后者称为危害较轻的犯罪构成或者减轻的犯罪构成。它们因犯罪主体或对象的范围不同，或者因存在其他从重、加重或者从轻、减轻处罚情节，在量刑上有别于独立的犯罪构成而与之相对存在。例如，与第 238 条第 1 款规定的非法拘禁罪相应，该条第 2 款规定，犯前款罪，致人重伤、致人死亡，就是加重的犯罪构成。

(三) 简单的犯罪构成与复杂的犯罪构成

所谓简单的犯罪构成，又称为单纯的犯罪构成，是指刑法条文规定的犯罪构成诸要件均属于单一的犯罪构成。例如，《刑法》第 234 条规定的故意伤害罪，不论主体、主观方面，还是客体、客观方面，都是由单一的因素构成的。所谓复杂的犯罪构成，又称为混合的犯罪构成，指刑法条文规定的犯罪构成的诸要件并非均属于单一的犯罪构成。根据不同情况，复杂的犯罪构成可进一步分为以下几类：一是选择的犯罪构成，即法律规定有供选择的要件的犯罪构成，如挪用特定款物罪；二是包括两个行为的犯罪构成，如强奸罪，要求有暴力手段和奸淫两种行为；三是包括两个罪过形式的犯罪构成，如故意伤害罪中致死

---

① 参见高铭暄主编：《刑法学原理》，第 1 卷，449～450 页，北京，中国人民大学出版社，1993。

情形就包括两个罪过形式，即伤害他人的故意和造成他人死亡的过失；四是包括两个客体的犯罪构成，如抢劫罪、绑架罪，不仅侵犯了公民合法的财产权利，而且侵犯了公民的人身权利。[①]

四、犯罪与犯罪构成的关系

（一）犯罪与犯罪构成的联系

犯罪是犯罪构成的基础，犯罪构成是犯罪概念的具体化。首先，作为犯罪概念基本属性的犯罪的社会危害性和刑事违法性，也是犯罪构成的基本属性，离开了犯罪概念所揭示的对犯罪的共同本质的认识和对其的体现，犯罪构成就失去了立法和理论上的根据。其次，犯罪构成又是犯罪及其基本属性的具体化，犯罪构成通过其一系列主观与客观的要件，使犯罪行为的社会危害性这一本质特征得到具体而明确的体现；犯罪构成也通过犯罪成立必备的诸要件，使犯罪的法律特征具体化，反映出犯罪行为的刑事违法性及应受刑罚惩罚性。

（二）犯罪与犯罪构成的区别

犯罪与犯罪构成的主要区别在于，它们的功能有所不同：犯罪概念的功能是从行为的社会、政治本质上，从整体上回答什么是犯罪、犯罪有哪些特征，从而使我们得以从原则上把犯罪行为与其他行为加以区别。而犯罪构成的功能，是在犯罪概念的基础上进一步回答，犯罪是怎么样成立的，构成犯罪需要具备哪些法定的具体条件。犯罪构成所要解决的是构成犯罪的规格和标准问题。[②] 总之，犯罪与犯罪构成是抽象与具体的关系，犯罪作为对各种犯罪现象的本质特征和法律特征的科学抽象与概括，它本身并不能直接解决司法实践中的认定犯罪的具体标准问题，只有借助于犯罪构成才能具体实现。申言之，犯罪说明犯罪行为是具有社会危害性、刑事违法性、应受刑罚惩罚性的行为，而依赖犯罪构成，就以具体的犯罪构成要件为标准，来判定哪些行为是具有社会危害性、刑事违法性、应受刑罚惩罚性的犯罪行为。犯罪与犯罪构成既相互联系又相互区别，相辅相成，共同为正确地认定犯罪服务。

【问题与思考】

1. 中国首例“安乐死”案中，对于法院对被告人无罪的宣判与《刑法》第13条的“但书”规定的运用，如何理解、评价？在具体的案件中，对行为的社会危害性、刑事违法性、应受刑罚惩罚性怎么判定？“安乐死”反映了什么问题？怎么在“安乐死”与不可回避的涉嫌犯罪问题的权衡中把握刑法对于犯罪的惩罚或规制？从首例“安乐死”案中可以吸收和借鉴什么？

2. 犯罪构成只是理论学说而不是法律规定吗？是应当按照犯罪的发生过程还是应当按照司法机关认定犯罪的过程排列犯罪的构成要件？易言之，认定犯罪是应当从主观到客观还是应从客观到主观？没有完全符合犯罪构成的行为能否成立犯罪？

---

① 参见苏惠渔主编：《刑法学》，修订版，97～98页，北京，中国政法大学出版社，2001。

② 参见杨春洗、甘雨沛、杨敦先、杨殿升等：《刑法总论》，103页，北京，北京大学出版社，1981。

第五章 犯罪客体

参考书目

1. 童伟华. 犯罪客体研究——违法性的中国语境分析. 武汉：武汉大学出版社，2005.

2. 薛瑞麟. 犯罪客体论. 北京：中国政法大学出版社，2008.

3. 杨兴培. "犯罪客体"的反思与批评. 北京：法律出版社，2009.

4. 张明楷. 法益初论. 北京：中国政法大学出版社，2003.

5. 李洁. 犯罪对象研究. 北京：中国政法大学出版社，1998.

引例 5－1 李某过失致人死亡案

李某、张某两人，经过合谋，意欲盗窃邻村鱼塘中的鲈鱼，两人商量好并制作了土炸药，决定以炸鱼的方式来盗窃。一天凌晨一点多，两人出发并带着准备好的炸药包，由于担心声音大被人发现，便来到距离村庄很远又僻静的一个鱼塘。李某投放炸药的时候，由于操作失误，不但没有炸死鱼，反而将同伴张某炸死，也将自己炸成重伤。

思考：李某的行为是侵犯了他人的人身权利，还是侵犯了公共安全？

第一节 犯罪客体概述

一、犯罪客体的学说

我国刑法学界关于犯罪客体的界说，有法律秩序说、对象说、刑事被害人说、利益说和法益说、社会关系说等，歧见鼎立。诸说大都从不同方面揭示了犯罪客体的某些含义，各有其道理；并自认自己的说法就是全体，对传统的观点提出了质疑，大胆地进行了新的探索。具体介绍如下。

（一）法律秩序说

法律秩序说认为，犯罪客体应界定为由整体性法律所规范的而为犯罪行为所侵犯的确定性法律秩序。[①] 该说同时认为，秩序恰恰不是利益，相反，任何法秩序的建立，都是对自由、利益、权利、义务等的规定和维护。也就是说，法秩序应该是它们的上位概念，犯罪首先侵犯的是确定性的法律秩序，只是由于各种法律所保护的秩序的内容不同，犯罪才最终侵害到利益、自由、权利等，同样，也才可能说有些犯罪是对义务的违反。用法益说、利益说、权利说、义务违反说来说明犯罪客体当然是片面的，不能完全把握各类犯罪的实质，尽管用法益说可以解释许多犯罪。所以，把犯罪客体界定为由整体性法律所规范的而为犯罪行为所侵犯的确定性法律秩序是比较科学的，它能完全解释犯罪的一般客体、同类客体和直接客体，避免传统客体理论在解释犯罪的直接客体时所遇到的诸多问题。这里可以把犯罪的一般客体界定为确定性法秩序或整体性法秩序，而犯罪的同类客体是某一方面的法秩序，如破坏社会主义市场经济秩序的犯罪，而在这一相对较大的某一方面犯罪之下可再细分为某一类犯罪，如破坏金融管理秩序的犯罪。犯罪的直接客体可以是侵犯直接的、具体的某一秩序，更多的是侵犯整体法秩序下的自由、权利、利益、义务等。

（二）对象说

此说认为犯罪客体就是犯罪对象，而将犯罪对象界定为犯罪行为所具体作用的人或物。[②] 按此说的界定，必然会得出有些犯罪没有对象也即没有客体的结论，于是只有将对象一词作扩大和变通解释。此说是在日常经验的意义上理解对象的，实际上是指非普遍的经验意义上的外部自然对象。前文已经指出，这种自然对象不是一切行为，更不是一切犯罪行为都具有的，根本不是一行为成立犯罪的要件。我们只要根据一行为是否超出刑法所设定的行为边界，就可以判断该行为是否构成犯罪，无须为其硬找对象。仍以偷越国（边）境罪为例加以说明：国（边）境是一国依主权设定的一个人的自由行为的空间，个人不可随意逾越设定的边界，只能按照规定的方式出境。偷越国（边）境的行为，逾越了以国（边）境为自然基础设定的行为边界，同时违反了出境规定即逾越了出境方式方面的行为边界，因而构成犯罪。偷越国（边）境也可说是破坏了国家对边境的管理秩序，但我们根本无须也无法为这种行为寻找它所具体作用的对象——人或物。

（三）刑事被害人说

此说给出的犯罪客体概念是：犯罪客体是法律权利和利益遭受犯罪行为侵害的，具有人格特征的自然人、单位以及国家和社会，也称为刑事被害人。[③] 如此界定犯罪客体诚然没有错，因为人们明知犯罪是侵害了人的。在人们的意识里，一方面总是把被侵害的东西与被害人联系起来，将其归属于被害人；但另一方面也总是把被害人与其被侵害的东西联系起来，两者在人们的意识里是不可分的。从法理上说，人只有在他的自由意志设定于外在物时，才可能被侵犯而成为被害人。犯罪行为总是具体的行为，犯罪行为所否定的首先是具体意义上的自由的定在，这样，一个人才能作为一个人格被侵犯。总之，这样界定犯

---

① 参见赵长青、邓超：《犯罪客体再探》，载《福建政法管理干部学院学报》，2000（4）。

② 参见张文：《犯罪构成初探》，载《北京大学学报》，1984（5）。

③ 参见刘生荣：《犯罪构成原理》，117～119页，北京，法律出版社，1997。

罪客体过于一般。“犯罪客体”作为一个问题所追问的，与其说是“犯罪侵犯的是什么人”，不如说是“犯罪侵犯了人的什么”。实际上，该说对犯罪客体的界定已经明确道出了犯罪侵犯权利和利益之意。按照该说的这种界定，就无法以犯罪客体为标准对犯罪进行各种深入具体的划分，但这种分类工作是有实际意义的。

（四）利益说和法益说

该说认为犯罪行为侵犯的是利益或法益。一切社会关系都是利益关系，犯罪必定构成对利益的侵犯，但法律作为形式体系，是在权利层面上面对事物的，利益只有上升到权利层次，也就是取得普遍意义的定在形式，才能作为现实的东西在其被侵害时成为犯罪客体而为刑法所保护。如果法益系指合法利益，与实在法上的权利范围相一致，那么将犯罪客体界定为法益是完全可以的。但同时必须意识到，法益只是作为完整概念的犯罪客体的一个层次，而必须同其他层次和方面的诸多关联含义贯通理解。如果法益不限指实在法保护的合法利益，还包括道德价值等未形式化的东西，那么说犯罪客体是法益时，必须清楚它的限定意义。有论者将犯罪客体与法益加以区分，将犯罪客体解释为犯罪行为所侵犯的能感知的感性对象，将法益解释为受法律保护的利益和价值。[①] 这样界定的犯罪客体不具有普遍性。实际上如前文所述，此说仍然纠缠于犯罪行为的外部自然对象，而不能立足于犯罪的实质含义来把握犯罪客体的概念。

（五）社会关系说

有论者认为犯罪客体与犯罪对象是本质与现象的统一关系，犯罪客体是为刑法所保护而为犯罪行为所侵害的社会关系，犯罪对象是表现犯罪客体的现象形态——人和物。按照此说的见解，有犯罪必有犯罪客体，因而必有作为犯罪对象的人和物，而人和物是以不同属性承担社会关系的。[②] 此说将犯罪对象——人和物——普遍化，实际上是社会关系说与对象说的结合，存在与该两说同样的问题。这里需要着重澄清的问题是：社会关系与人和物是本质与现象的关系吗？人作为犯罪对象，有两个方面需要加以区分：一方面是作为存在意义上的人，另一方面是人作为人的自然基础——肉体的人身。但论者对这两方面根本没有区分，这样就不能在一个单纯的意义上一以贯之地展开论述。人在存在的意义上是社会关系的主体，而社会关系乃是人构成的东西，主体为现象，而其构成物反倒成为本质，这种说法是不能成立的。人在自然意义上作为肉体的人身与一般物一样，在法理上只是权利设定的自然基础，并不是权利关系的现象形态。

综观诸种对犯罪客体的界说，均达不到概念的完整性和确定性，究其根本原因在于缺乏法哲学和法理学上的深入，对犯罪客体概念的把握没有进入反思自觉。因而在基本思考上不清楚，没有完整的视野。

二、犯罪客体“通说”及面临的挑战

在关于犯罪客体的各种观点中，一般认为社会关系说是比较妥当的。此说在刑法学界

---

① 参见甘雨霈：《外国刑法学》，282页，北京，北京大学出版社，1985。

② 参见李洁：《论犯罪客体与犯罪对象的统一》，载陈兴良主编：《刑事法评论》，第1卷，北京，中国政法大学出版社，1997。

的影响较大，几乎成为通说，我国几部有影响的刑法学教材皆采此说。① 社会关系说给出的犯罪客体定义的要点是：犯罪客体是刑法所保护的而为犯罪行为所侵害的社会关系。具体到我国的犯罪客体，则定义为我国刑法所保护的而为犯罪行为所侵害的社会主义社会关系。此说将犯罪客体界定为社会关系，在大的方向上是对的，因为犯罪本身无疑是属于社会关系范围内的事情，犯罪必然构成对现存社会关系的破坏。根据这一概念，对于犯罪客体我们可以作如下理解。

（一）犯罪客体是一种社会关系

社会关系是指人们在共同劳动过程中所结成的以生产关系为基础的相互关系的总称。社会关系可分为物质关系与思想关系，物质关系是人们维持生存的活动的形式，而思想关系则是在客观的物质关系的基础上发展起来的上层建筑。物质关系是整个社会关系的基础，物质关系决定思想关系，而思想关系又能动地反作用于物质关系。我国的社会主义社会关系是在社会主义公有制基础上所产生的人与人之间的关系。虽然现在我们在进行社会主义市场经济的伟大实践，允许非公有制经济的存在与发展，但这并不影响社会主义的根本性质。社会主义社会关系有多种不同的表现形式，如人民民主专政的国家制度、财产所有关系、人身权利关系、婚姻家庭关系等不同的社会关系，这些关系就是刑法所保护的社会主义社会关系，犯罪行为是对这些关系的侵犯，侵犯形式虽然不同，但是犯罪的本质特征是一样的。

（二）犯罪客体是刑法所保护的社会关系

社会主义的社会关系是非常广泛的，它包括政治关系、经济关系、思想关系、婚姻家庭关系、道德关系等，但是刑法并不保护所有的社会关系，其调整的范围是有限的，只有那些受到严重侵犯的社会关系才会成为刑法调整的对象。对于受到一般性侵犯的社会关系，由相关的法律法规进行调整，如民法、经济法、行政法等法律法规。

刑法所保护的社会关系不分重要与否，即对重要的社会关系进行调整，对不重要的社会关系也进行调整。任何社会关系都是平等的，任何社会关系受到犯罪侵犯时都会得到刑法的保护。

（三）犯罪客体是受到犯罪行为侵犯的社会关系

社会关系在没有受到犯罪行为侵犯时不会成为犯罪客体，也就是说，社会关系只有受到犯罪行为侵犯时才成为犯罪客体。在此需要说明的是，所谓“侵犯”，既指行为对客体所造成的实际损害，也包括对客体可能造成的现实威胁。

本章［引例5-1］李某过失致人死亡案中，首先要看到该爆炸行为没有危及公共安全。在该案中，李某、张某两人行为发生的时间是凌晨，地点是比较偏僻的鱼塘，没有危及不特定人、物的安全，没有公共安全问题，所以李某行为就不能构成爆炸罪和过失爆炸罪。但是，李某对于张某的死亡是应当预见到的，但由于大意而未预见，故属于疏忽大意的过失，并且李某在该过失罪过的支配下侵犯了张某的生命权利，故应以过失致人死亡罪论处。

由此可见，犯罪之所以具有危险性，就是因为它从根本上动摇了社会主义社会关系。如果行为不侵犯任何社会关系，它便不会具有任何社会危害性。我国刑法分则之所以对十大类的犯罪顺序进行了排列，就是因为这十大类犯罪分别侵犯了不同的社会关系，而这些

① 参见杨春洗、杨敦先主编：《中国刑法论》，33～34页，北京，北京大学出版社，1994；高铭暄主编：《中国刑法学》，66页，北京，中国人民大学出版社，1989。

不同的社会关系又具有不同的社会政治意义，同时也表现出这些不同种类犯罪行为的社会危害性的大小。只有这样来理解犯罪客体，才能理解为什么犯罪的基本特征之一是行为的社会危害性，也才能理解为什么犯罪客体是一切犯罪构成的必备要件。

但此说仍然存在一些基本问题或者说挑战。首先，其定义方式还不是理论化的，仍然借助于实在法来说明犯罪客体。这种定义方式是把刑法当作给定的前提和尺度，从先在的总体社会关系中区分出一部分作为犯罪客体，是一种操作性的定义方式。此说用作为效果的外在形式说明内容，实际上并未说出实质的东西。从此说提出和阐述的一般场合来看，它主要是根据刑法典的直接规定加以归纳、概括的结果，而不是基于对生活本身的内在分析，也不是自觉的理论推论的结果。其次，社会关系是多层次、多侧面、多区域的，外延上广泛至极，而且社会和关系两者的含义也需要进一步从理论上加以说明。此说笼统地用社会关系界定犯罪客体，不能揭示刑法规范社会关系的层次和犯罪客体在社会关系中所处的区域，在内涵上是模糊不清的，没有确定性。[①] 即便是加上“为刑法所保护”“为犯罪行为所侵害”这样的限定词，问题仍然如此。总之，社会关系这个“口袋”太大。虽然持此说者也将具体犯罪侵犯的客体界定为权利、自由、秩序等，但这并不是基于总的概念的自觉推论，而主要是根据刑法分则的直接规定。

第二节 犯罪客体的分类

引例 5-2 纪某敲诈勒索案

被告人纪某在大街上与金某相遇并撞在一起。被告人纪某顿起讹诈之念，遂以胳膊被撞伤为由，强行向金某索要钱看病。金某右上衣兜内有钱，纪某便伸手将金某兜内现金 500 元掏出。后纪某见在马路上不便摆脱金某，便以让金某去其家挖电柱坑为名，将金某拽至一出租三轮车上。在乘车过程中，被告人纪某欲甩掉金某时，被公安人员抓获。赃款被追回并返给失主。

为了更深入地认识犯罪客体，我们可对犯罪客体依据一定的标准进行分类。一般说来，根据犯罪所侵犯的社会关系的层次不同，犯罪客体可分为三类，即直接客体、同类客体以及一般客体。它们三者之间不是并列关系，而是整体与部分、特殊与一般、个性与共性的关系。直接客体从属于同类客体，同类客体从属于一般客体。

一、一般客体

一般客体，是指所有犯罪都共同侵犯的客体，也就是我国刑法所保护的社会主义社会关系的整体。无论犯罪的具体形态有何不同，都改变不了它们的本质，即任何一种犯罪都侵犯了一定的社会关系。整体的社会关系犹如一件完整的艺术品，对艺术品任何一个部位

① 参见胡学相：《犯罪客体新论》，载《法学评论》，2004（2）。

的损害都是对艺术品整体的破坏，我们不能说损害艺术品的部分不是损害艺术品。犯罪的一般客体正是从社会关系的整体这个角度出发，来揭示所有犯罪对社会造成的危害性。正确认识一般客体，可以使我们更好地了解犯罪的阶级性，从而更深刻地认识同一切犯罪作斗争的社会、政治意义。

二、同类客体

同类客体，是指某一类犯罪所共同侵犯的为我国刑法所保护的社会主义社会关系整体中的某一部分。犯罪客体具有不同的内容，这些不同的内容并不是完全独立的，根据社会关系的不同性质，某些社会关系具有某种共性，因此，对社会关系可以进行相应的归类，如中华人民共和国国家安全就包括中国的国家主权以及现行的政治制度、社会制度和领土完整等内容。侵犯中华人民共和国国家主权、人民民主专政、国家领土完整的行为虽然在具体行为方式上有别，但是其本质都是相同的，因为它们都侵犯了相同的社会关系——中华人民共和国的国家安全。我国刑法分则之所以把四百多种不同的犯罪分成十大类，就是因为每一类的犯罪都基本上侵犯了同一类犯罪客体。

研究刑法分则的同类客体，一方面能为立法机关和刑法理论工作者探索完善现有的刑法分则体系提供理论依据，另一方面也有助于司法工作者科学地区分犯罪的性质及危害程度，准确地定罪和量刑。

三、直接客体

犯罪的直接客体，是指某一种犯罪所直接侵犯的具体的社会关系。如侮辱罪所直接侵犯的是他人的人格权、名誉权，重婚罪所直接侵犯的是一夫一妻制的婚姻关系。这里的“人格权、名誉权”“一夫一妻制的婚姻关系”就是侮辱罪、重婚罪侵犯的直接客体。

任何犯罪都是具体的，任何具体的犯罪都必然侵犯具体的社会关系即直接客体。由于犯罪的直接客体揭示了具体犯罪所侵犯的社会关系的性质，因而它是决定某一具体犯罪的性质、区分此罪与彼罪界限的极为重要的因素。如同样是故意盗窃电线的行为，如果该电线属于正在使用中的通信线路，则该行为构成破坏通讯设备罪；如果该电线系放于仓库中的备用物品，则该行为构成盗窃罪。上述两种行为的方式、对象、罪过形式均无差别，却分别被认定为两种性质不同的犯罪，原因就在于前者侵犯的直接客体是通信安全，后者侵犯的直接客体则是财产所有权。同时，由于行为侵犯的直接客体性质不同，表明行为的社会危害性程度也有差异，因而揭示犯罪的直接客体，对于正确确定刑罚也具有重要意义。

关于本章［引例5-2］纪某敲诈勒索一案，有两种不同的观点：一种观点认为，被告人以非法占有为目的，采取公然夺取的方法抢走他人财物，其行为构成抢夺罪；另一种观点认为，被告人以非法占有为目的，对被害人实施要挟的方法，强索他人财物，其行为构成敲诈勒索罪。从犯罪客体方面看，抢夺罪的客体是单一客体，即侵犯了公私财物的所有权；而敲诈勒索的犯罪客体是复杂客体，既侵犯了公私财物的所有权，又侵犯了公民的人身权利等其他的权利。因此，如果是单一侵犯财物所有权的，可以排除构成敲诈勒索罪的可能性。在本案中，开始纪某以其胳膊被撞伤为由强行向金某索钱看病，显然是出于通过对金某实施要挟、讹诈而索取钱财的心理。后来当要求被拒绝时，纪某伸手将金某兜内的现金掏走，虽然纪某的行为方式有所变化，从要求被害人拿钱到自己动手掏钱，但仍然是为了达到其勒索钱财的目的。在抢夺罪的场合下，行为人一旦抢到手，必然会立即逃匿，尽量不让被害人认出自己。这是因为抢夺罪的行为人在与被害人的心理对比中处于完全劣势，自己抢夺别人财物没有丝毫根据，被害人亦没有被自己所利用、控制的心理，只有立即逃跑才能消除这一劣势。而从本案来看，纪某在拿到钱后，并没有立即逃跑。这表明，纪某从一开始的强行索要到后来的自己动手，都是在利用金某撞了人后有些害怕、理亏的心理。在纪某与金某的心理较量中，纪某甚至还占有一定的优势，所以纪某根本无须立即逃匿。这就可以证明，纪某在掏钱时并不是出于抢夺故意。至于最后纪某抽空摆脱金某的行为是为了完全达到实际占有财物的目的，是敲诈勒索结果行为的自然延伸。[①] 纪某的行为不仅侵犯了金某的财产权利，而且侵犯了金某的人身权利。申言之，纪某的行为侵犯的是复杂客体，应当以敲诈勒索罪来予以处理。

一个犯罪行为通常只侵犯一个直接客体，但犯罪现象是复杂的，在特殊情况下，有些犯罪会同时侵犯两个或者两个以上的直接客体。根据具体犯罪所直接侵犯的直接客体即具体社会关系的多少，犯罪的直接客体可划分为两种，即简单客体和复杂客体。

（一）简单客体

简单客体，即单一客体，是指一种犯罪行为只直接侵犯了一种具体的社会关系。如抢夺罪只侵犯了公私财产所有权，妨害公务罪只侵犯了国家工作人员的公务活动等。在我国刑法规定的犯罪中，大多数犯罪所侵犯的直接客体都是单一的。

（二）复杂客体

复杂客体，又称多重客体，是指一种犯罪行为同时侵犯了两种或两种以上的具体的社会关系。如抢劫罪、绑架罪都同时侵犯了人身权利和财产权利，暴力干涉婚姻自由罪既侵犯了他人的婚姻自由权利又侵犯了他人的人身权利等。

在一种犯罪行为侵犯两个或两个以上直接客体的情况下，还存在区分主要客体与次要客体的问题。所谓主要客体，是指某一具体犯罪侵犯的复杂客体中刑法重点保护的社会关系。如抢劫罪所侵犯的复杂客体中刑法重点保护的是财产权利。主要客体决定犯罪的主要性质，因而是决定该种犯罪在刑法分则中的归属的根本性因素。确定何种直接客体为主要客体，主要取决于立法者的意志，取决于立法者对某一具体犯罪所侵犯的社会关系保护的侧重点。如同样是侵犯了人身权利和财产权利，立法者将绑架罪列入侵犯公民人身权利、民主权利罪一章，而将抢劫罪列入侵犯财产罪一章。所谓次要客体，是指某一犯罪所侵犯的，刑法予以一般保护的某种具体社会关系。次要客体虽然不决定犯罪的主要性质，但同样是该犯罪构成的必备要件。如抢劫罪中“人身权利”是该罪侵犯的次要客体，“人身权利”不决定抢劫罪属于财产犯罪的这一主要性质，但构成抢劫罪，除侵犯公私财产所有权这一客体外，还必须侵犯他人的人身权利这一次要客体，只侵犯财产权利而不侵犯人身权利的行为是不可能构成抢劫罪的。因此，次要客体是在同类性质犯罪中区分此罪与彼罪的重要依据。同时，由于次要客体的存在，刑法往往根据次要客体被侵犯的程度规定了较其他类似犯罪较高的法定刑，因而次要客体对定罪量刑具有重要意义。

在直接客体中，还有一种特殊的“选择客体”是需要注意的。所谓选择客体，也有称之为随意客体[②]，是指刑法保护的，在实施某种犯罪时可能受到侵犯也可能未受到侵犯的某种具体的社会关系。通说认为，我国《刑法》第 238 条第 1 款、第 2 款规定的非法拘禁

① 参见赵瑞罡：《敲诈勒索系列案件的比较与分析》，载《刑事司法指南》，2004（4）。

② 参见马克昌主编：《犯罪通论》，117 页，武汉，武汉大学出版社，1999。

罪是一个典型的例子。该罪侵犯的直接客体是他人的人身自由，但条文又对非法拘禁致人重伤、死亡的规定了加重的法定刑，这里“他人的健康权利、生命权利”即非法拘禁罪的选择客体。一般还认为，选择客体不影响犯罪性质，仅影响行为的社会危害性程度，因而对量刑有意义。实际上，在存在选择客体的犯罪中，可以把该罪的犯罪构成区分为普通的犯罪构成和加重的犯罪构成，如非法拘禁未致人重伤、死亡的为非法拘禁罪的普通构成，致人重伤、死亡的则属于非法拘禁罪的加重构成。因此，在这一意义上，选择客体不仅对量刑有意义，更重要的是它还是该罪加重构成的必要要件。只有上升到这一层面来理解选择客体，才符合我国的犯罪构成理论。简单地认为选择客体不是犯罪构成的必要要件是不甚妥当的，准确地说，选择客体只是不属于某种犯罪的普通构成的必要要件。

第三节　犯罪客体与犯罪对象

引例 5-3　路某故意毁损名胜古迹案

路某自高中辍学后酷爱旅游，经常将自己打工赚的钱积攒下来去全国各地的旅游景点游玩。某日，路某来到素有“中国金字塔”之称的宁夏西夏王陵游览时，心想自己以后可能没有再来西夏王陵的机会了，想留下点儿特别的纪念，遂用随身携带的水果刀，将自己的名字刻在王陵内的一个墓碑上。在王某准备离开时，被景区的工作人员发现并扭送到公安机关。

犯罪对象是犯罪行为所指向的具体的物或人。犯罪对象不属于犯罪客体的范畴，它应当归属于犯罪客观方面，但是由于犯罪对象与犯罪客体具有密切的联系，因而将犯罪对象放在犯罪客体里进行阐述。

一、犯罪对象的概念与分类

（一）犯罪对象的概念

犯罪对象是犯罪行为所指向的具体的物或人。大多数具体的犯罪行为，都直接作用于一定的标的，使之发生损毁、灭失或归属、位置、状态、行为方式等的改变，使刑法所保护的社会关系受到危害，进而阻碍、影响社会的正常运行，对社会造成危害。[①] 人们对于某种行为是否构成犯罪的认定过程，往往开始于对犯罪对象的认知，通过对其受犯罪作用情况的检验分析，进而认识到其所代表的、受刑法保护的社会关系受危害的情况，确定该行为是否构成犯罪和构成犯罪的性质。

犯罪对象具有客观实在性和可知性的特征。犯罪对象的客观实在性表现为它一经犯罪行为作用，就成为客观的存在，不以人们的意志为转移。任何犯罪行为作用于犯罪对象，必然或多或少地在犯罪对象方面留下其作用的痕迹与影响，从而忠实、准确地反映了犯罪行为对其作用时的实际情况。这一特点，使犯罪对象在刑事诉讼中具有提供证据和检验证

---

① 参见高铭暄主编：《新编中国刑法学》，上册，101页，北京，中国人民大学出版社，1999。

据的双重功能。犯罪对象的可知性表现为，尽管其纷繁复杂，但是可以被人们所认识。

(二) 犯罪对象的分类

从类型上看，犯罪对象包括物体和人体两种。物体是指货币、物品等一切具有价值、归属关系的东西。按其归属关系可以分为国家所有物、集体所有物、混合所有物、个人所有物；按其存在形态可以分为货币、实物，生产资料、生活资料等。人体是指人的身体，受犯罪行为作用主要表现在其生命、健康、名誉、安宁等受到损害或胁迫。

犯罪对象的具体归类如下：

(1) 按照犯罪对象是否特定，分为特定犯罪对象与非特定犯罪对象。特定犯罪对象是指犯罪行为直接施加影响的具体的人或物是确定的，如抢劫犯张某在预谋时，便对某公司经常去银行存取现金的出纳李某进行盯梢，并进行跟踪、守候，伺机抢劫。在此案中，张某的犯罪对象是确定的。非特定犯罪对象是指犯罪行为直接施加影响的具体的人或物是不确定的或带有很大随意性。[①] 在我国刑法中，不特定的犯罪对象主要表现在以下三类犯罪中：一类是危害公共安全罪，其侵犯的客体是不特定的、多数人的生命健康和重大公私财产安全，因而决定了其侵犯的对象往往无法确定；二是生产、销售伪劣商品罪，其侵犯的客体虽然是国家对产品质量的管理制度，但是是通过对不特定的、多数人的生命、财产安全的某种侵害来表现出来的；三是寻衅滋事罪，其犯罪客体是社会秩序，而不是特定人的人身权利和财产权利，从而也决定了其犯罪对象一般也不是特定人的人身和财产，带有很大的随意性。

(2) 按照犯罪对象是否属于构成犯罪的必要要件，分为法定犯罪对象与非法定犯罪对象。法定犯罪对象是指刑法明文规定是犯罪构成必要条件的犯罪对象，如果不具备该犯罪对象，则此行为不构成犯罪或不构成该种犯罪。如《刑法》第 116 条规定的破坏交通工具罪，其犯罪对象只能是火车、汽车、电车、船只、航空器等重大交通工具，如果破坏的不是上述对象，而是自行车等，只能构成其他犯罪，甚至不构成犯罪。非法定犯罪对象指不是犯罪构成必要条件的犯罪对象。对大多数犯罪对象，法律都未作限制性规定，不是该种行为成立犯罪所必需的。但是认真分析其犯罪对象，对于认定隐藏在犯罪对象之后的犯罪客体仍有积极作用。

二、犯罪对象与犯罪客体的联系

犯罪对象是犯罪客体的具体表现形式，是犯罪客体的载体。犯罪客体是对犯罪对象的理论升华和概括。犯罪对象是感性的、具体的，犯罪客体是抽象的、理性的。犯罪客体是社会关系，而社会关系是抽象的，如果这种抽象的社会关系无法具体化，则犯罪客体在刑法中就不会有任何实际的意义。但是犯罪客体实际上是可以认识的，对犯罪客体的认识就是通过具体的事物来实现的，这个具体的事物就是犯罪对象。例如，故意杀人罪侵犯的客体是人的生命权利，单纯地讲生命权利是抽象的，但如果把生命权和具体的人联系在一起就是现实的了，因为生命权的载体就是具体的人。

三、犯罪对象与犯罪客体的区别

盗窃林木“犯罪行为的实质并不在于侵害了作为某种物质的林木，而在于侵害了林木

① 参见马克昌主编：《犯罪通论》，129～130 页，武汉，武汉大学出版社，1999。

的国家神经——所有权本身”[①]，马克思在《关于林木盗窃法的辩论》中这一精辟的论述，深刻阐明了犯罪对象与犯罪客体的联系与区别。在我国刑法中，犯罪对象和犯罪客体，无论就其表现形式，还是就其法律意义、地位来说，都是有区别的。

犯罪客体与犯罪对象的区别表现为如下几个方面。

（一）两者的表现形式不同

犯罪对象是能够控制、感知的有形财产、无形物以及自然人；而犯罪客体则是观念、无形的社会关系，如生命权、健康权、社会管理秩序等。前者是具体的、物质性的东西，后者是抽象的、精神性的东西。犯罪对象属于客观存在的现象范畴，不以人的意志为转移；而犯罪客体作为刑法保护对象的权利和利益，属于人定的精神的范畴。[②]

（二）两者在犯罪构成中的地位不同

在有的犯罪中，犯罪对象是必不可少的构成要件之一。如遗弃罪的对象只能是没有独立生活能力的人，不具备这一犯罪对象，不可能构成遗弃罪。但是并非所有的犯罪都必须有特定的犯罪对象，甚至有的犯罪根本就很难说有什么犯罪对象，如脱逃罪。而犯罪客体则是一切犯罪构成的必要要件。不侵犯某一具体社会关系的行为，是不可能构成某一特定的犯罪的。

（三）两者是否受损情况不同

任何犯罪都必然侵犯一定的社会关系，或者是对该社会关系造成现实侵害，或者是给该社会关系造成威胁。不侵犯一定社会关系的行为是不可能成为犯罪的，因为那样意味着没有危害社会。而犯罪对象则不同，尽管有的犯罪对象会在犯罪客体受到侵害的同时也受到损害，但也有的犯罪对象没有受到损害。如盗窃罪中被害人的财产所有权肯定已受到侵犯，但盗窃的物品一般来说并不会受到任何损害，否则也就违背了犯罪分子非法占有的主观目的。

（四）两者对犯罪分类的意义不同

犯罪对象不是每一犯罪构成的必要要件，它的性质和范围具有不确定性。有的犯罪要求有特定的犯罪对象，有的则不要求，还有的犯罪则不存在犯罪对象。同样的对象，还可以出现在不同的犯罪中，其性质、意义也不相同，如《刑法》第152条的走私淫秽物品罪和第363条第1款的制作、复制、出版、贩卖、传播淫秽物品牟利罪，犯罪对象都是淫秽物品。在同一犯罪中它也可以是不同的，如盗窃罪的犯罪对象可以是各种各样的公私财物，如货币、衣物、珠宝等。因此，犯罪对象对犯罪分类没有什么意义。而犯罪客体是任何犯罪构成的必要要件，其范围清楚、性质确定，还可以按一定的逻辑进行合理的分类、排列。因此，根据犯罪客体不同可以把犯罪划分为有序排列的不同类别，我国刑法分则体系就是按照犯罪客体把所有犯罪分成10类而建构起来的。可以说，犯罪客体是犯罪分类的基础，对犯罪客体的认识科学与否，直接关系到刑法分则体系建构的科学、合理程度。

（五）两者对犯罪性质的影响不同

犯罪客体决定犯罪的性质，而犯罪对象不决定犯罪的性质。具体的人或物根据其位置及所体现的社会意义、法律意义，在犯罪对象与犯罪客体之间，可以表现出下列复杂关系：

---

① 《马克思恩格斯全集》，第1卷，168页，北京，人民出版社，1956。

② 参见刘生荣：《犯罪构成原理》，157～158页，北京，法律出版社，1997。

（1）同一对象，可以表现为不同的社会关系。一是同一对象所处的位置、状态不同，其社会关系不同。例如，电话线作为通信设备，其体现的社会关系是通信安全；作为商品，其体现的社会关系是财物所有权关系，犯罪行为对这两种不同位置、状态的电话线实施侵犯，就分别构成破坏通信设备罪和侵犯财产罪。二是同一对象因为行为方式不同，体现不同的社会关系。例如，同是枪支、弹药，非法买卖、运输枪支、弹药与私藏枪支、弹药，两者的社会关系不同，前者体现了公共安全，后者体现了社会管理秩序，因此，犯罪性质不同。三是同一犯罪对象因犯罪分子实施侵害的主观心理不同，体现不同的社会关系。如实施恐怖活动中的故意杀人与一般的故意杀人，其杀害的对象都是自然人，且行为方式相同，前者以实施恐怖活动为目的，侵犯的是公共安全；后者仅以剥夺他人生命为目的，只是侵犯他人生命权利。四是同一犯罪对象因犯罪主体不同，体现不同的社会关系。如同是武器、弹药，普通公民盗窃侵犯公共安全，现役军人盗窃则侵犯国家军事利益，因此，前者构成盗窃枪支、弹药罪，后者则构成盗窃武器装备罪。

（2）不同对象，可以表现为相同的社会关系。例如，盗窃、抢夺、诈骗等侵犯财产的犯罪都有犯罪对象，但其侵犯的财物不论位置、状态、种类如何，它所体现的社会关系都是财物所有权关系。

因此，研究犯罪，必须透过犯罪对象，分析隐藏在其背后的社会关系。只有这样，才能准确地认定犯罪性质。

【问题与思考】

1. 犯罪客体与法益有什么区别？国外刑法理论中的法益保护原则对于犯罪客体面临的挑战有什么值得借鉴的？

2. 对于盗窃公路上排水井盖的行为，能否认定为破坏交通设施罪？犯罪对象的境况对于对犯罪客体的判断有什么影响？

第六章

犯罪客观方面

参考书目

1. 熊选国．刑法中行为论．北京：人民法院出版社，1992.
2. 黎宏．不作为犯研究．武汉：武汉大学出版社，1997.
3. ［日］高义博．不作为犯的理论．北京：中国人民公安大学出版社，1992.
4. 李洁．犯罪结果论．长春：吉林大学出版社，1994.
5. 刘志伟．刑法因果关系专题整理．北京：中国人民公安大学出版社，2007.
6. 张绍谦．刑法因果关系研究．北京：中国检察出版社，2004.
7. 候国云．刑法因果新论．北京：中国人民公安大学出版社，2012.

引例6-1 黄某不救助案①

2009年11月27日，渔民黄某在某河流上捕鱼，突然一条用于摆渡的小船因载人过多而倾翻，小船上的人员全部落水。落水的人员当中有一部分不会游泳，故生命处于极度危险状态。这时参与抢救的人们纷纷要求黄某驾船参加抢救行动，黄某却笃信封建迷信，认为参加抢救落水的人会给自己带来灾难，因而坚决拒绝参加抢救行为，也不许其他人使用他的船去救人。由于抢救工具不够，最终有4人因抢救不及时而溺水身亡。事后应群众强烈要求检察机关以不作为犯罪对黄某提起公诉，要求人民法院予以严惩。

思考：黄某的行为是否构成犯罪？

① 参见袁登明：《国家司法考试专题讲座（刑法）》，107页，北京，人民法院出版社，2005。

第一节　犯罪客观方面概述

一、犯罪客观方面的概念

犯罪客观方面是行为人主观方面的具体外化，它是任何犯罪都不可缺少的要件。犯罪客观方面是指依照刑法规定，说明侵犯某种客体的危害社会行为、危害结果以及实施危害行为的客观要件等客观事实特征的总和。[①]

犯罪客观方面是可以被直接感知的，它通过具体的有形的举动或者动作在特定的时间、地点表示出来，而且在行动结束之后，它遗留的各种痕迹、物证也以静态的形式表明行为的过程。犯罪客观方面是行为人主观心理态度的外化，正是通过犯罪的客观方面我们才可以把握隐藏在行为背后的主观心理。

二、犯罪客观方面的内容

就犯罪构成来说，犯罪客观方面是其中的一个基本要件。但是从第二层次的结构来看，犯罪客观方面本身又是一个要件系统，它包括危害行为、危害后果、行为与后果之间的因果关系以及犯罪的时空条件、行为对象等要素。正是这些要件共同揭示了犯罪客观方面的客观性和直观性。其中危害行为是必备要件，其他要件是选择要件。危害行为在所有的犯罪构成要件中属于核心要件，犯罪客观方面在犯罪构成中处于极为重要的地位。

犯罪客观方面具有以下几个主要特点。

(一) 客观性

犯罪客观方面是与犯罪主观方面相对应的犯罪构成要件。作为犯罪主观方面的犯罪意识和意志、犯罪动机和目的本身是看不见、摸不着的，它必须通过外在客观活动如危害行为和危害结果表现出来才能为人所认识。因此，犯罪客观方面作为犯罪活动的客观外在表现，客观性是其本身应有的内涵。我们正是通过犯罪客观方面感知犯罪、认识犯罪。

(二) 法定性

犯罪活动表现于外的事实情况是多种多样的，但并非所有这些客观事实情况都属于犯罪客观方面。能成为犯罪客观方面内容的只能是那些体现行为社会危害性及其程度的事实。如犯罪的时间、地点在有的犯罪中是犯罪客观方面内容之一，在大部分犯罪中不属于犯罪客观方面的内容，尽管它们在所有的犯罪中都是客观存在的。在我国刑法中，犯罪客观方面都是作为罪状的主要内容被规定的，尽管表述详略有所不同，但对作为犯罪客观方面内容的事实情况都作了明确、具体的规定。因此，不是法律明确规定的客观事实情况，就不能视为犯罪客观方面的内容。这也是罪刑法定原则在犯罪构成中的主要体现。

(三) 复杂多样性

犯罪现象是复杂多样的，从危害行为、危害结果的种类和表现出来的具体形式看就数不胜数。我国刑法规定的四百多种犯罪，各有自己的特殊性。这不仅表现在其行为方式各不相同，还表现在对危害结果、犯罪时间、地点、手段等要求也互不一致，有的还具有复合性，有的还具有可选择性。认识犯罪客观方面的复杂多样性，才能把握各种犯罪的不同

---

① 参见韩玉胜主编：《新编刑法教程》，52页，北京，中国人民公安大学出版社，2003。

特点，了解各种具体犯罪构成的复杂性。这对于保证司法实践中准确定罪量刑，促进刑事立法对具体犯罪罪状规定的明确化具有重要意义。

三、研究犯罪客观方面的意义

（一）区分罪与非罪的标准

没有危害社会的客观行为，就不会有犯罪的产生。对于某些犯罪来说，缺乏犯罪结果、刑法上的因果关系、特定的犯罪时间、地点或者方法等选择要件，也不会构成犯罪。

本章［引例6-1］中，黄某见死不救确实应当谴责，但此次事故中多人翻船落水而生命处于极度危险状态，同黄某的行为没有任何联系。黄某对此危险状态并无积极防止的法定义务，也不存在抢救的职业或者业务要求。这样，黄某的不作为行为与作为结果的4人死亡之间没有因果关系，故黄某的行为应当认定无罪。

（二）划分此罪与彼罪的标准以及犯罪完成与未完成形态的界限

有些易混淆的犯罪，在犯罪主体、主观方面都是相同或者相似的，但是正是由于它们在行为方式方面的差异，从而在性质上区别开来。例如敲诈勒索罪与抢劫罪：两者在犯罪主体与主观方面没有什么区别，在行为方式上却有根本差异，敲诈勒索罪的行为方式是以实施暴力相威胁或者以某种利益相要挟，抢劫罪在客观方面表现为公开以暴力、麻醉、胁迫等方式强行劫取公私财产。①

在有完成形态与未完成形态之分的犯罪中，不同形态的区分标准往往也在于犯罪客观方面的要件。例如受贿罪的既遂与未遂，其区分标准就在于行为人是否收受了他人的财物；故意杀人罪的既遂与未遂，其区分标准就在于是否发生了被害人死亡的危害结果。

（三）有助于正确分析和认定犯罪的主观要件

犯罪主观方面支配犯罪客观方面，犯罪客观方面是犯罪主观方面的外部表现即客观化，犯罪意图只有通过犯罪行为才能实现。因此，考察犯罪的客观要件，可以为正确判定犯罪主观要件中的罪过、动机、目的等内容提供可靠的客观基础。

（四）有助于正确定罪量刑

对于大多数犯罪而言，行为方式的差异与危害结果在程度上的差异往往会使性质相同的犯罪在量刑上有较大差异。犯罪客观方面的事实情况是多种多样的，虽然有些事实情况对构成某种具体犯罪不具有决定意义，但是它们能在一定程度上反映行为的社会危害程度，对量刑轻重有一定影响。比如，同是故意杀人行为，杀人的方法、手段不同，其社会危害性程度就不一样，所以在量刑上就应有所差别。因此，研究犯罪的客观方面，特别是危害行为实施的方式，危害结果的大小，作案的时间、地点、条件等情况，对于正确量刑也有重要的意义。

第二节　危害行为

一、国外刑法中危害行为的理论

在国外，主要是在大陆法系刑法理论中，有四大行为理论：因果行为论、目的行为

---

① 参见樊凤林、周其华、陈兴良主编：《中国新刑法理论研究》，121页，北京，人民法院出版社，1997。

论、社会行为论、人格行为论。[①] 对这四大行为理论的评析是一个范围极广的论题，这里只择其要者予以评述。

第一，因果行为论。这实际上是一种客观的自然行为论，认为行为是指行为者具有某种意欲（意思），为实现此意欲而产生身体运动，由于人体运动而使外界发生变动，即行为是行为者由于某种有意思的举动而引起的因果发展（意思与行动之间的因果关系）。[②] 按此说，有意性、有体性、外界变动性是行为的三大要素。对于作为，因为其有自然因果过程的发动，用此说来解释自无问题；但对于不作为，因其并没有任何招致外界发生变动的自然举动即缺乏有体性和外界变动性，如贯彻这种理论，势将不作为排除于行为之外，而此说对于仍以之为行为范畴理由何在，并未给予圆满解答。

第二，目的行为论。这实际上是一种主观的自然行为论，与因果行为论相反。此说认为刑法上的行为是指行为人为达到某种目标而在现实的目的上，由意思所支配、操作的自由身体活动，以目的性作为行为本质。对于目的行为论，有学者作了比较中肯的评价："威尔哲尔目的行为论的行为概念，是依据存在论的方法，明示行为的'存在构造'，并以之作为刑法上研究的基础。他在活的思维上，使用此种存在论的研究方法，是非常适合现代思维方法的，因此，威尔哲尔的目的行为论在这一点上是有重要价值的。"[③] 用此说来表明故意犯的行为性质，固无不当，然而，用来说明过失犯行为，则显困难。"如无认识过失并无结果的预见，而称之为有目的的行为，实在令人费解和难以赞同。"[④]

第三，社会行为论。由于因果行为论不能说明不作为的真谛，目的行为论难以解说过失行为的性质，因而社会行为论出而匡正。社会行为论是一种价值的行为理论，它立足于行为的社会价值，认为行为是具有社会意义或社会重要性的人类举动。[⑤] 因此，凡人类举动，无论是故意的还是过失的，是作为还是不作为，只要具有社会意义（通常理解为足以惹起有害于社会的结果而具有社会危害性）即可被视为刑法中的行为。同时，对于各家学说均感棘手的忘却犯，只强调行为的社会意义，而舍弃行为的主观意思，这样，仍可认同于行为。但其亦存在不容置疑的片面性。正如日本学者团藤教授认为，所谓社会这一价值要素本来是不法要素，将其作为评价的对象置于行为之中，是过多的要求。[⑥] 德国学者考夫曼也认为，人的行为存在于精神的世界，但同时也是有体的、心理世界中的事情，完全无视因果性，对行为的概念进行规定是不可能的。因此，社会行为论在其片面性上难以获得支持。[⑦] 但无论如何，社会行为论立意较为全面，可以说明各种行为形态，因而为现代西方国家多数学者所赞同，目前在德国处于通说地位。

第四，人格行为论。该说认为刑法中的行为是行为者人格的主体性现实化的身体动静，是在人格与环境相互作用下形成的。[⑧] 按此说，行为具有生物学基础和社会基础。该理论着眼于行为人人性的存在，考虑到其人格的深层意义来规定行为的意义，且可以把作

---

① 参见李海东：《刑法原理入门》，50～52页，北京，法律出版社，1998。

② 参见马克昌主编：《近代西方刑法学说史略》，368页，北京，中国检察出版社，2004。

③ 同上书，367页。

④ 同上书，368页。

⑤ 参见韩忠谟：《刑法原理》，94页，北京，北京大学出版社，2009。

⑥ 参见［日］团藤重光：《刑法总论纲要》，493页，东京，创文社，1986。

⑦ 参见［日］中山研一：《现代刑法讲座》，222页，东京，成文堂，1977。

⑧ 参见马克昌主编：《近代西方刑法学说史略》，382～383页，北京，中国检察出版社，2004。

为与不作为、基于故意和过失的身体动静都囊括在行为概念中。这是其较之以前的因果行为论、目的行为论等行为理论的进步之处。但是，我们也不能否认，人格行为论是在人格责任论的基础上建立起来的，在如何确定"人格的主体性现实化"方面极易与有责性混同，认定行为时，使人产生一种责任判断的错误认识。而且，根据团藤的人格行为论，精神病人的行动、幼儿的行动不能反映行为人的人格，但上述活动仍是刑法保安处分的对象，属于刑法评价对象。最后，该行为理论又将行为看成是一种单纯的人格表现过程，将其作为法律以及构成要件评价前的一种无色的事实，而忽略了行为的法规范性。①

通过上述评析可以得出如下结论：若承认意思要素是刑法中行为及危害行为的必备要素，则有两种尴尬局面：一是否认了刑法条文中客观存在的无意行为属于刑法中行为的范畴；二是上述诸说没有哪一种既能概括说明危害行为的本质及全部表现形式，又能将非危害行为排除于其概念外。相反，若在危害行为概念中舍弃意思要素，而用有社会意义的身体动静来概括危害行为，则有关刑法行为理论的各种纷争便可迎刃而解了。这一点已从社会行为论中初见端倪。

二、我国刑法理论中的危害行为

"犯罪即行为"是刑法理论的一个永恒话题。② 犯罪行为是主客观要素相结合的统一体，是刑法对特定行为的一种法律评价，仅有客观方面的行为，而没有主观方面的故意或过失，绝不能被称为犯罪行为。危害行为，从犯罪构成的角度讲属于客观方面的范畴，用以表示犯罪客观方面的一个要件在逻辑上比较妥当。这里所说的危害行为，正是从犯罪危害构成客观方面要件的角度来论述的。

【案例6-1】 **张某放火案**

被告人张某，是一位梦游患者。某一天凌晨4点，张某突然起床，将邻居家的一栋楼房点火烧掉，然后连衣服和鞋都没有脱掉，倒下就睡觉了。第二天问他，他对当晚所作所为一无所知。那么，张某的行为是否构成犯罪？其梦游作出的行为是否应当承担刑事责任？

刑法上的危害行为，是指由行为人的心理活动所支配的危害社会的身体动静。它具有三个基本特征。

（一）危害行为是人的身体动静

这是危害行为的外在特征。动，指的是身体的举动或者称之为积极的动作，如制造爆炸装置并在公共场所引爆的行为；静，指的是身体的消极的表现或者说是身体的静止，如应该作为而不作为的身体静止状态。人的身体动静具体表现为作为与不作为两种形式。在作为与不作为当中，还有各种各样的具体表现形式。③ 仅有客观上的身体动静，还不能确定行为人实施了危害社会的行为，只有结合其他特征才能进行判断。

（二）行为人的身体动静是由人的心理活动支配的

支配身体动静的心理活动是危害社会的主观特征。如果危害行为缺少意识驱动力，便

---

① 参见马克昌主编：《近代西方刑法学说史略》，384～385页，北京，中国检察出版社，2004。

② 参见张浩然：《理论刑法学》，189页，上海，上海人民出版社，2000。

③ 参见熊选国：《刑法中行为论》，32页，北京，人民法院出版社，1992。

不能称之为危害行为。由此可见，无意识的身体动静、身体受到外在强制力的情况下实施的动静以及不可抗力情况下实施的身体动静都不是危害社会的行为。

在［案例6-1］中，张某的放火行为，是在其没有意识和意志的情况下实施的，属于无意识的身体动静，不属于刑法意义上的危害行为，所以该行为不构成犯罪，张某不应承担刑事责任（不等于不承担其他法律责任）。

（三）在心理活动支配下的身体动静必须具有社会危害性

恶意的心理如不付诸实施，就永远是一种心理活动，而不可能对现实社会造成任何实际的损害或威胁；恶意的心理一旦选择了具体的外化的表现形式，就必然对一定的社会关系形成威胁或实际的损害。对一定的社会关系形成威胁或实际的损害，是一切危害行为的共同属性，否则，就不是刑法上的危害行为。

一切危害行为都必须具备以上三个基本特征，这三个基本特征相互联系、相互制约、相辅相成，共同决定危害行为的成立与否。

三、危害行为的基本表现形式

危害行为的基本表现形式有两种，即作为与不作为。

（一）危害社会的作为

危害社会的作为，简单地说就是不当为而为，即行为人以积极的形式实施刑法所禁止的行为。例如，刑法禁止非法杀人，而行为人却采取积极的手段实施杀人行为。绝大多数犯罪都是以作为的方式实施的。作为除了包括行为人本人亲自实施的行为外，还包括行为人借助外在因素（如自然力、动物或者他人）实施的犯罪行为。

（二）危害社会的不作为

【案例6-2】 **张某不作为杀妻案**

被告人张某，因与女青年吴某通奸而曾向其妻王某提出离婚。某日，张某与王某发生争吵扭打，被人劝开后，王某当着张某的面服下慢性毒药。张某见状不理不睬，当晚外出看电影至深夜12时许，又到附近小酒店喝酒，而后去另一屋睡觉。次日上午，王某终因毒力发作死亡。被告人张某的行为，是否属于犯罪行为，是否构成犯罪？

危害社会的不作为，是指当为而不为，即行为人负有刑法要求必须履行的某种特定的义务，本来能够履行却有意不履行的行为。不作为与作为一样，都是人可以控制并具有社会意义的举止。① 在表面上看来，不作为人什么都没有做，好像不构成犯罪，但是这只是不作为这种特殊行为的假象，不作为正是由于和隐藏在其背后的特定的法定义务联系在一起，所以才具有了违法性。

不作为具有以下一些特点：

（1）不作为具有行为性。不作为是行为的一种表现形式，是在人的心理活动支配下实施的危害社会的行为的身体动静的静的形态，因此不作为也是行为，同作为一样具有鲜明

① 参见李海东：《刑法原理入门》，55页，北京，法律出版社，1998。

的行为性。[①]不作为不是什么也不干，而是不实施法律所期待的一定的行为。刑法意义上的不作为不是单单的“无”[②]。

（2）不作为以行为人负有某种特定的并且能够履行的义务为前提。不作为之所以具有社会危害性，就是因为它与特定的义务相联系，行为人负有特定义务但却没有履行，能履行却故意不履行。这就是不作为具有社会危害性的本质。

不作为的特定义务包括：1）法定的义务。法定义务包括由宪法、法律和各种法规所规定的且为刑法所要求实施的义务。例如每个公民都有依法纳税的义务，这是宪法和税法规定的义务，如果公民不依法纳税而逃避纳税，情节严重、数额较大的则构成逃税罪。法定的义务有很多，但并不是说所有的义务都可以成为刑法上不作为的特定义务，只有那些归属于刑法调整的才能成为不作为的特定义务。[③] 2）职务上和业务上要求履行的义务。职务上和业务上的义务是指行为人由于具有特殊的身份，因而负有特定的义务。例如医生有救死扶伤的义务，消防队员有灭火的义务等，如果这些人员不履行相应的义务，就会以不作为的形式构成犯罪。3）先行行为引起的义务。先行行为引起的义务是指行为人由于自己的行为而使受刑法保护的某种法益处于危险的状态，行为人负有采取有效措施使受保护的特定法益消除危险的特定义务。例如，行为人带邻居的小孩去公园游玩，小孩一旦被行为人带出其监护人看管的范围，行为人就负有保护小孩安全的义务，这种义务就是先行行为引起的特定的义务。4）约定的义务。由合同或者协议等合法契约所确定的，在特定的范围内必须实行特定行为的“约定义务”。约定义务通常只发生在民事法律关系之中，仅对当事人发生作用。但因忽略约定的义务而造成严重的社会危害，并且同刑法规定的特定犯罪构成要件相吻合时，相应的行为也有可能被纳入刑事法律关系。比如，未按照合同的约定对产品进行全面质量检验，因此导致重大事故或者酿成人员伤亡事故的，就有可能构成犯罪。[④]

（3）不作为是没有履行刑法所要求履行的特定义务的行为。无论是消极地不履行还是积极地不履行特定的义务，都不影响不作为的性质，都是不作为的表现形式。不作为不是个别的身体动静，而是一系列消极的或积极的客观外在表现。

本章［案例6-2］张某不作为杀妻案中，被告人张某的行为在客观上完全符合不作为犯罪的条件：一是张某在明知其妻服毒的情况下负有特定的作为义务，即采取抢救措施的义务。这一特定的作为义务，主要来源于其先行的与他人通奸的不法行为及与其妻争吵扭打的行为，也与我国婚姻法关于夫妻双方互相扶养的规定相关联，因为扶养是以被扶养者生命的存续为前提的。二是张某具备法定的作为义务，客观上又能够实施抢救行为的情况下，他却没有及时履行这一作为义务，因而他具备了不作为行为。三是这种不作为行为导致了其妻死亡结果的未能避免。犯罪行为与犯罪结果之间因果关系齐备，就构成了张某负不作为的故意杀人罪刑事责任的客观基础。结合张某主观上对其妻死亡所持的放任心理态度，可以认定张某以不作为的形式构成间接故意杀人罪。

---

① 参见熊选国：《刑法中行为论》，171页，北京，人民法院出版社，1992。

② ［日］高义博：《不作为犯的理论》，5页，北京，中国人民公安大学出版社，1992。

③ 参见黎宏：《不作为犯研究》，43页，武汉，武汉大学出版社，1997。

④ 参见张浩然：《理论刑法学》，189页，上海，上海人民出版社，2000。

四、危害行为在认定犯罪中的作用

危害行为不仅是犯罪客观方面要件中的核心内容，而且是犯罪构成中的基本要件。可以说，没有危害行为，犯罪就不可能成立，危害行为是犯罪成立的前提。正是基于这一点，我们说刑法处罚的只能是行为，思想不是刑罚处罚的对象。

思想不构成犯罪是因为思想是仅仅存在于头脑中的一种思维活动，它没有任何的外化表现，所以思想永远不会对现实产生任何的影响，哪怕是最极端、最邪恶的思想，也不会对刑法所保护的任何一种社会关系造成任何一点现实的损害或威胁。严重的社会危害性是犯罪的一个最基本的特征，没有严重的社会危害性，刑法不会干预，因此对于没有外化的不可能有任何现实或可能威胁的思想，刑法更不会干预。

与思想不构成犯罪相关联的另一个问题是，言论能否构成犯罪。言论作为思想的外化形式具有不同的性质，因此，言论能否构成犯罪需要作具体分析。那些不可能改变客观事物的面貌和性质的言论，如仅仅是诉说苦衷、发发牢骚的言论，由于不具有行为性，不是刑法上的危害行为，因而也谈不上是否构成犯罪的问题。对于那些具有社会意义，意图通过言论改变某种客观事实的言论来说，由于其具有行为性，因而可能构成犯罪。如刑法总则中规定的教唆罪，分则中规定的传授犯罪方法、侮辱罪、诽谤罪、诬告陷害罪、煽动分裂国家罪等犯罪中的言论，就具有明显的行为性，因此构成犯罪。总之，对于言论能否致罪，首先要考察其是否具有危害行为的三个基本特征，实事求是地进行分析，区别对待，切不可主观臆断、妄下结论。

第三节　危害结果

一、危害结果的概念

就一般意义来说，结果就是由一种事物或现象引起的另一事物或现象的变化或状态。而刑法中的危害结果是指由人的行为引起的具有社会危害性的结果。

刑法意义上的危害结果有广义和狭义之分。广义上的危害结果是指由危害行为引起的一切对社会关系的侵害，包括直接结果和间接结果。如张男当众侮辱了李女，结果李女因羞辱而致精神崩溃。在本案中，李女的人格权、名誉权被侵犯是侮辱行为的直接结果，李女因受侮辱而致精神崩溃是侮辱行为导致的间接结果。直接结果直接影响案件的性质，而间接结果一般只影响案件的量刑。[①] 广义的危害结果存在于一切犯罪之中，无论是实质犯罪还是形式犯罪，也不管是既遂犯罪还是未完成形态犯罪，均存在广义上的危害结果。

狭义的危害结果是指刑法规定作为某种犯罪构成要件的危害结果，亦即犯罪行为对犯罪直接客体造成的危害，如果某种行为没有侵犯犯罪直接客体，那么不会产生狭义的危害结果，该行为就不会构成犯罪。狭义的危害结果只存在于实质犯罪与既遂犯罪之中，未完成形态犯罪就不存在狭义的危害结果。在刑事审判中，最重要的是查明法律规定作为构成要件的危害结果。但是同一种危害后果，在不同的犯罪中可能具有不同的意义。如同是对人体健康造成严重危害，在生产、销售假药罪中，严重危害人体健康的结果是该罪的构成

---

① 参见吴金锁：《我国刑法中危害结果的概念》，载《政法论丛》，1999（3）。

要件，有无该结果直接关系着该罪的成立与否，而在生产、销售不符合安全标准的食品罪中，该结果仅仅是一个加重的量刑情节。

二、危害结果的种类

作为构成要件的结果虽然对于定罪具有重要作用，但是其他类型的危害结果在案件处理中同样具有重要意义，因此全面分析认识危害结果的类型对于认识危害结果在案件处理中的作用非常有益。

（一）根据危害结果与危害行为的关系，危害结果可分为直接结果和间接结果

（1）直接结果，是指危害行为直接侵犯客体所必然产生的损害结果，危害行为与直接结果存在直接的、必然的因果关系。如赵某用刀砍杀王某，王某被杀害这一结果就是杀人行为的直接结果。需要注意的是，直接结果并不都是构成要件的结果。如赵某对王某实施杀害行为，由于王某的反抗致使赵某未能得逞，但王某在反抗时身体受了重伤。身体受伤是杀人行为的直接结果，但不是杀人罪的构成要件结果，因而赵某的行为构成杀人未遂。

（2）间接结果，一般是指在犯罪完成后，通过危害行为产生的直接结果而连带引起的其他危害结果。如黄某盗窃了齐某东挪西借来给父亲看病的钱，使本来就身心极度疲惫、感到绝望的齐某自杀。在这个案例中，齐某的财物被盗是直接结果，而他因受沉重打击自杀则是间接结果。从中可以看出，间接结果是直接结果导致的另一种结果。

（二）根据危害结果的形态不同，危害结果可分为物质性的危害结果与非物质性的危害结果

（1）物质性的危害结果，又称为有形危害结果，是指危害行为对犯罪客体所造成的有形变化的结果。它具有直观、具体、可计量等特点。例如，爆炸造成的人员伤亡，公私财产被盗窃，历史文物被毁坏等都是物质性的危害结果。具有物质性危害结果的犯罪称为结果犯。犯罪的既遂与未遂主要以物质性的危害结果是否已经发生作为区别标志。例如，持枪杀人没有造成被害人死亡的，实施爆炸结果爆炸装置没有发生爆炸的，都是犯罪未遂，因为作为构成要件的物质性危害结果没有出现。

（2）非物质性的危害结果，又称为无形的危害结果，具有抽象、不可计量等特点。例如，公民的人格受到侮辱、国家尊严受到影响、国家机关的信誉受到损害等危害结果，均是非物质性的危害结果。非物质性的危害结果是伴随着危害行为的发生而发生的，即危害行为一经实施，非物质性的危害结果就同时发生了。具有非物质性危害结果的犯罪一般被称为行为犯。这种犯罪没有未遂，行为一经实施，犯罪即达既遂。

（三）根据危害结果在犯罪构成中的地位和作用，可分为基本结果和加重结果

基本结果，是指成立某种犯罪既遂所必需的起码限度的结果，是某种犯罪的基本构成要件。但又过失地引起另一种严重犯罪的结果，因而法律规定加重其刑罚。这种情况下产生的结果就是加重结果，具有加重结果的犯罪就是结果加重犯。故意伤害他人身体的，伤害结果是构成故意伤害罪的基本结果，伤害结果的有无决定着故意伤害罪的成立与否。如果伤害他人结果致人死亡的，致人死亡的结果就是加重结果。它对故意伤害罪的成立没有影响，而只对量刑有影响。

根据我国刑法分则关于具体犯罪的规定，加重结果可分以下两类：（1）一般加重结果，即性质相同的加重结果。性质相同的加重结果是指加重结果本身的性质以及行为人对结果的主观罪过形式与基本构成要件的危害结果是一致的。该结果之所以有别于基本结

果，主要是因为直接客体受到损害的程度显著大于基本结果，所以适用较重的定刑幅度。如《刑法》第124条第1款规定："破坏广播电视设施、公用电信设施，危害公共安全的，处三年以上七年以下有期徒刑；造成严重后果的，处七年以上有期徒刑。"其中关于"严重后果"的规定，就是一般加重结果。这类危害结果与基本结果在性质和主观罪过形式上没有区别，只是对直接客体侵害的量上不同，后者显然大于前者。[①]（2）特别加重结果，即性质不同的加重结果。如《刑法》第257条规定："以暴力干涉他人婚姻自由的，处二年以下有期徒刑或者拘役。""犯前款罪，致使被害人死亡的，处二年以上七年以下有期徒刑。"该条第2款规定的加重结果就与基本结果在性质上明显不同，前者侵犯的是人的生命权，后者侵犯的是婚姻自由权。除了两者的性质不同外，行为人对待结果的心理态度也是不同的。对婚姻自由的暴力干涉是一种直接故意，而对被害人死亡的结果则是出于过失，即被害人死亡的结果不符合行为人的主观愿望。虽然行为人不愿意看见这种结果，但这种加重结果还是发生了，所以它只能是该种犯罪派生的加重类型的结果，而不是构成另外一种犯罪。如果行为人对于被害人的死亡持故意的心理，则被害人死亡的结果就不是暴力干涉婚姻自由罪的加重结果，从而构成故意杀人罪这样一个新的犯罪了。

（四）以危害行为是否对刑法所保护的社会关系造成实际危害为标准，可将危害结果分为实害结果与危险结果

（1）实害结果，即作为实害犯、过失犯构成要件的危害结果。实害结果一般表现为具体的物质性危害结果以及可视的客观事实状态的变化。例如，刑法规定的故意毁坏财物罪，对公私财物造成具体的破坏、损伤、减少、灭失、流失等都是具体的物质性危害结果，这些都是实害结果。刑法规定的聚众斗殴罪，其中规定的对社会秩序造成严重混乱的结果是一种现存的可视的客观状态的变化，这种事实特征的改变同样是一种实害结果。[②]

（2）危险结果，即危险犯构成要件的危害结果，是指危险行为所引起的足以使一定的社会关系发生一定实害结果的危险状态。根据我国刑法关于危险犯的规定，危险结果可分为抽象的危险结果和具体的危险结果：

第一，抽象的危险结果，是指符合构成要件的危险行为者在特定地点或针对特定对象实施，一般危险状态便告存在。抽象危险状态是否存在，首先要判断作为构成要件的危害行为是否存在，只要确认了行为的危险性，一般的危险状态就意味着随之产生。[③]在我国刑法中，抽象的危险结果是用"危害公共安全"等词进行表达，主要有以下几种形式：1）用危险方法危害公共安全的抽象危险结果，如《刑法》第114条规定的放火罪、决水罪、爆炸罪、投放危险物质罪；2）对易燃易爆设备进行破坏而危害公共安全的抽象危险结果，如《刑法》第118条规定的破坏电力设备罪、破坏易燃易爆设备罪；3）危害飞行安全的抽象危险结果，如《刑法》第123条规定的暴力危及飞行安全罪；4）对通信设备进行破坏而危害公共安全的抽象危险结果，如《刑法》第124条规定的破坏广播电视设施、公用电信设施罪；5）非法携带枪支、弹药等危险物品而危害公共安全的抽象危险结果，如《刑法》第130条规定的非法携带枪支、弹药、管制刀具、危险物品危及公共安全罪；6）侵犯公民人身权利的抽象危险结果，如《刑法》第243条规定的诬告陷害罪，第261条规

① 参见韩玉胜主编：《新编刑法教程》，59～60页，北京，中国人民公安大学出版社，2003。
② 参见马克昌主编：《犯罪通论》，201～202页，武汉，武汉大学出版社，1999。
③ 参见韩玉胜主编：《新编刑法教程》，61～62页，北京，中国人民公安大学出版社，2003。

定的遗弃罪；7）对社会秩序进行妨害的抽象危险结果，如《刑法》第227条规定的伪造、倒卖伪造的有价票证罪，第305条规定的伪证罪，第306、307条规定的辩护人、诉讼代理人毁灭证据、伪造证据、妨害作证罪；8）妨害国防和军事利益的抽象危害结果，如《刑法》第368条规定的阻碍军人执行职务罪、阻碍军事行动罪，第369条规定的破坏武器装备、军事设施、军事通信罪，第426条规定的阻碍执行军事职务罪以及第444条规定的遗弃伤病军人罪。

第二，具体的危险结果，是指实施某种危害行为或者危害行为在特定的地点或对特定对象实施，是否足以使法定的特定危险状态发生，或者足以造成严重后果，还需根据具体案情对危险状态的存在依法作出判断。在我国刑法中，对具体危险结果一般在法律条文中都有规定，立法用语表现为"引起……危险""足以……危险""足以危害……"等类似的说法。我国刑法中关于具体危险结果的立法规定有：1）足以危害公共交通安全的具体危险结果，如《刑法》第116条规定的破坏交通工具罪，第117条规定的破坏交通设施罪；2）足以危害人身健康的具体危险结果，如《刑法》第141条规定的生产、销售假药罪，第334条规定的非法采集、供应血液、制作、供应血液制品罪；3）足以引起公共卫生健康面临重大危险的具体危险结果，如《刑法》第143条规定的生产、销售不符合安全标准的食品罪，第330条规定的妨害传染病防治罪，第332条规定的妨害国境卫生检疫罪。

三、危害结果在定罪量刑中的作用

（一）在定罪中的作用

危害行为虽然不是犯罪的基本构成要件之一，但是作为犯罪客观方面要件中的一个重要组成部分，对于某些犯罪的成立依然具有重要的作用。如前所述，危害结果根据一定的标准可以进行多种划分，其中之一就是可分为基本结果与加重结果。基本结果就是作为某些犯罪的基本构成要件出现的，因此，有无基本结果的出现，直接决定着某种犯罪能否成立。在我国刑法中，有这样几种关于危害结果与定罪的规定：

（1）有些条文把某种特定的危害结果的发生规定为犯罪构成的必备要件。例如，《刑法》第273条规定的挪用特定款物罪：挪用特定款物，造成国家和人民群众利益重大损害的危害结果是本罪构成的基本要件，不发生这种严重的危害结果，挪用特定款物罪就不成立。

（2）有些条文把造成一定的物质性危害结果作为犯罪既遂的条件，例如，刑法中规定的故意杀人罪、故意毁坏财物罪等犯罪，以及刑法中规定的所有过失犯罪。

（3）有些条文把足以造成某种特定危险状态的发生作为犯罪构成的条件，例如，刑法中规定的破坏电力设备罪、破坏易燃易爆设备罪。

（4）有些条文以发生某种特定的危害结果作为此罪与彼罪的界限。例如，《刑法》第248条规定：监狱、拘留所、看守所等监管机构的监管人员对被监管人进行殴打或者体罚虐待，情节严重的，处3年以下有期徒刑或者拘役；情节特别严重的，处3年以上10年以下有期徒刑。致人伤残、死亡的，依照本法第234条、第232条的规定定罪从重处罚。本条意为：未造成被监管人伤残、死亡的，以虐待被监管人罪定罪处罚；造成被监管人伤残、死亡的，则以故意伤害罪或故意杀人罪定罪处罚。也就是说，是否造成被监管人伤残、死亡这个特定的危害结果，是区分虐待被监管人罪与故意伤害罪或故意杀人罪的界限。

（二）在量刑中的作用

危害结果在量刑中具有特殊的作用，主要表现在两个方面：

（1）特定危害结果作为加重处罚的依据，即加重危害结果是某种犯罪加重处罚的依据。例如，《刑法》第234条规定："故意伤害他人身体的，处三年以下有期徒刑、拘役或者管制。""犯前款罪，致人重伤的，处三年以上十年以下有期徒刑；致人死亡或者以特别残忍手段致人重伤造成严重残疾的，处十年以上有期徒刑、无期徒刑或者死刑。本法另有规定的，依照规定。"本条中"致人重伤、死亡"都是加重结果，这种结果就是故意伤害罪法定刑加重的法定依据，不发生这种特定的危害结果就不能对行为人加重刑罚。

（2）物质性危害结果作为刑罚量增减的依据。在我国刑法中，数额既是某些犯罪的构成要件，同时也是某些犯罪既遂后影响量刑的法定标准。①

第四节 危害行为与危害结果之间的因果关系

引例6-2 甲、乙、丙、丁故意杀人案

甲欲杀害其女友，某日故意破坏女友汽车的刹车装置。女友如果驾车外出，15分钟后遇到一陡坡，必定会坠下山崖而死。但是，女友将汽车开出5分钟后，即遇到山洪暴发，泥石流将其冲下山摔死。死亡结果的发生和甲的杀害行为之间有无因果关系？

乙欲杀其仇人邱某，在山崖边对其砍了7刀，邱某重伤昏迷。乙以为邱某已经死亡，遂离开。邱某自己醒来后，刚迈了几步即跌下山崖摔死。邱某的死亡和乙的危害行为之间是否存在因果关系？

丙追杀情敌赵某，赵某狂奔逃命。赵某的仇人赫某早就想杀赵某，偶然间见赵某慌不择路，在丙尚未赶到时，即向其开枪射击，致赵某死亡。赵某的死亡和丙的追杀之间有无因果关系？

丁持上膛的手枪闯入其前妻钟某的住所，意图杀死钟某。在两人厮打时，钟某自己不小心触发扳机遭枪击死亡。钟某的死亡和丁的杀人行为之间是否存在因果关系？丁对因果关系存在认识错误是否影响犯罪的成立？

一、刑法中因果关系的理论

（一）大陆法系的条件说与相当因果关系说

条件说认为，只要在行为与结果之间存在"如无前者即无后者"这种条件关系，即认为存在因果关系。由于具体结果通常由一系列条件所造成，按照这一学说，这些造成结果的原因均同值，因而它又被称为"等价说"。德国理论上的通说及实务中所采均为该说。但是，若彻底地依照条件说的公式，则杀人犯的母亲也要对被害人的死亡结果承担刑事责

---

① 参见张浩然：《理论刑法学》，204～205页，上海，上海人民出版社，2000。

任，这显然不合适。因此早期条件说被批评为有无限扩大因果关系的范围之嫌。为此，学者们提出了因果关系中断论和禁止溯及的理论来解释因果关系发展进程中的异常现象，并就因果关系的断绝、假定的因果关系、择一的因果关系、重叠的因果关系等作了说明。但是这种条件理论受到了质疑。因为条件说实际上只展示了一个逻辑规则，并没有涉及具体的法律评价或认定问题。按照大陆法系构成要件符合性、违法性、有责性的犯罪论体系，首先要找出符合构成要件的行为，而具有构成要件符合性的行为并不是凭空想象的，人们不会动辄对一个与危害结果完全不着边际的行为去进一步作法律上的判断，而是在此之前需要为有可能成为构成要件的行为划定一个较小的范围。如果直接运用条件理论的逻辑规则来检验因果关系的存在与否，事实上连判断的对象都还不清楚。因此，条件理论本身并不能解决因果关系问题。①

在条件关系基础上，主张以社会经验法则为依据的相当因果关系论则在日本占据了通说地位。该说认为，在实行行为与结果之间，根据社会生活经验，在通常情况下，某种行为产生某种结果被一般人认为是相当的场合，该行为与该结果之间就具有因果关系。这一学说由德国学者柯瑞斯（Kries）在确率论的研究过程中创出，并作为法学上的概念提倡，其中“客观的可能性”的概念是重要的概念要素，也就是使结果发生的可能性（或者危险）增加的条件是相当原因。按照这一理论，对因果关系的判断应采取事后预测的客观说，即事后站在法官的立场上，除行为人在行为当时已认识的情形以及客观存在的全部事实外，即使是在行为后产生的情形，只要其有预见的可能，都必须予以考虑。而作为日本目前理论界主流的、以行为时一般人能认识到的情况以及行为人特别认识到的情况作为相当性判断基础的折中说，即在因果关系的内容中纳入了主观的东西，将原本属于责任判断的内容提前到构成要件的判断之中。它强调行为人的主观认识，因果关系的存在与否完全取决于行为人对某种事态是否有认识，客观的因果关系就必然随行为人的意志而转移，因果关系的判断可以说是多余的。这就偏离了柯瑞斯所倡导的相当因果关系理论。但客观说也并不是没有疑问的，其理论界限涉及“预见可能性”的问题。对结果客观的预见可能性是出于限定行为者责任范围的思想，实际上具体化是困难的。不是以主观的预见可能性而是以虚构的“一般人”作为判断基准的“客观的预见可能性”的概念本身作为出发点，很明显只不过是一种幻想。而且预见可能性的要求直接与过失的认定相关。随着所谓“危险社会的到来”与“体制社会的到来”，衡量行为对社会发展的进步意义时，一些在社会生活中不可避免的危险行为逐渐成为“被允许的危险”，以预见可能性为标准容易导致肯定因果关系，无疑违背了法律基于衡平性的考虑而容许这种危险存在的精神。

（二）英美法系的双层次原因学说

在英美法系国家中，刑法因果关系理论同作为民事侵权责任条件之一的因果关系理论，是一脉相承的，即把原因分为两层：第一层次是“事实原因”，第二层次是“法律原因”。“事实原因”类似于大陆法系条件说圈定的原因，由“but…for”公式判断，意指如果没有被告的行为，就不会发生这一危害结果，则行为是结果发生的原因。② 但事实原因并非最终都能被认定为刑法原因，还需要运用一定的标准进行限制筛选，找出其中应当让行为人对结果负责的行为。这就是所谓“法律原因”。不难发现，“法律原因”理论同相当

---

① 参见杨彩霞：《刑法因果关系论之危机、反思与出路》，载《国家检察官学院学报》，2004（4）。
② 参见朱德才：《刑法因果关系理论源流考》，载《政治与法律》，2005（5）。

因果关系说的宗旨相同，都是为了限定刑法上因果关系的范围。然而，对于如何选择法律原因，“近因说”“普通观念说”“政策说”“预见说”等各执己见，出现百家争鸣的局面。《美国模范刑法典》与近因说的观点相近，同时在很大程度上吸收了预见说的主张，但这两种观点都遭到了批判。《布莱克法学辞典》解释“近因”为：“这里所谓的最近，不必是时间或空间上的最近，而是一种因果关系的最近。”何谓因果关系的最近？其实质要求也就在于危害行为对危害结果所起的作用不能过分微弱，应当是足以令行为人承担责任的。本来因果关系问题应当是在责任之前考虑的问题，近因说却把确定因果关系等同于追究刑事责任，而要回答为什么可以让行为人承担刑事责任，又必然以因果关系的存在为前提，完全倒果为因。预见说的缺陷与前述预见可能性受批判之处如出一辙——因果关系存在与否由以行为人主观上对所发生的结果是否有认识或能否认识来决定，正如有人批评《美国模范刑法典》因果关系条款是“因果关系和主观责任循环论证”。而在判案实践中，受实用主义的影响，其具体判断标准极富灵活性，随着案情涉及的环境、当事人的特定状况、时代背景不同和伦理价值观念的变异，法官可能会对相同的事实得出不同的结论[①]，以致有的人对于刑法中是否存在一个能够用来解决所有因果关系问题的基本原则都产生了怀疑。

(三) 我国刑法中的必然论与偶然论

因果关系的偶然性与必然性之争，长期以来是我国刑法理论研究的一个热点话题。必然论认为，刑法中的因果关系只是危害行为与危害结果之间内在的、合乎客观规律的、必然的因果关系；偶然论认为，刑法中的因果关系包括危害行为与危害结果之间的必然的和偶然的因果关系。[②] 例如，甲夜间在街道上拦截乙，欲行强奸，乙挣脱逃跑。甲在后面追时，乙被丙开的汽车轧死。持必然说的学者认为，只有丙的行为同乙的死亡之间存在刑法上的因果关系；而持偶然说的学者认为，甲的行为同乙的死亡之间存在偶然因果关系，甲亦应对之承担责任。还有学者提出了一个半因果关系的观点，认为一个因果关系是指必然因果关系，半个因果关系是指一部分偶然因果关系，即高概率的偶然因果关系是刑法中的因果关系。

这种划分必然与偶然的做法，近年来不断受到抨击。关于必然性与偶然性究竟指的是什么，刑法上是难以说明的，因而我们只能求助于哲学上的范畴。但在哲学领域，必然与偶然是相对的概念，必然性的实现取决于大量偶然性的因素，“被断定为必然的东西，是由纯粹的偶然性构成的，而所谓偶然的东西，是一种有必然性隐藏在里面的形式”，因而偶然的东西又是必然的。例如，甲的行为导致乙的皮肤破裂，其后乙因伤口遭受破伤风菌感染而死亡。在判断甲的行为同乙的死亡是否有内在的、本质的、必然的联系时，我们完全可能得出两个截然不同的结论：一是由于轻伤害行为只是导致了的皮肤破裂，并不是致命伤，因而甲的伤害行为与乙的死亡结果之间没有内在的、合乎规律的（必然的）因果联系；二是由于乙处于易受破伤风菌感染的环境中，甲的轻伤害行为导致了乙的皮肤破裂，乙因此遭破伤风菌感染而死亡，所以，甲的伤害行为与乙的死亡结果就有内在的、合乎规律的（必然的）因果联系。这就为任意出入人罪提供了可乘之机。不仅如此，必然论与偶然论之争，在实践中还导致我们很难将因果关系的客观性原理贯彻始终。[③]

---

① 参见赵维加：《刑法因果关系的差异》，载《政治与法律》，2005 (2)。

② 参见黎宏：《刑法因果关系反思》，载《中国刑事法杂志》，2004 (5)。

③ 参见储槐植、汪永乐：《刑法因果关系研究》，载《中国法学》，2001 (2)。

【案例6-3】 **刘某强奸案**

刘某深夜藏在路边树丛里欲拦路强奸。妇女乙下夜班路过此地时，刘某突然跳出，持刀逼迫乙就范。乙一边脱衣服一边寻机逃跑，刘某见乙已经脱剩内衣，以为乙就范，就把匕首放在一边也开始脱衣服。乙乘机一把将正在脱裤子的刘某推倒在地，抓起自己的衣服转身就跑。刘某爬起来后持刀紧追不舍。追至一十字路口，一辆汽车正常行驶路过，乙因只顾逃跑，躲避不及，撞在汽车上。司机发现乙时急刹车，但为时已晚，将乙当场撞死。刘某见状逃离，后被抓获归案。

在这个案件中，刘某的行为同乙的死亡之间就存在偶然的因果关系，刘某只应负强奸犯罪的刑事责任，对乙的死亡的结果在量刑时应适当考虑，但不能认定构成故意杀人罪或过失致人死亡罪。

二、刑法因果关系的概念

欲界定刑法上的因果关系，有必要先了解哲学上的因果关系。在哲学上，引起其他现象产生的现象是原因，结果是指被一现象引起的另一现象，这种在现象之间存在的引起与被引起的关系就是因果关系。刑法上的因果关系是哲学上的因果关系在刑法领域的具体运用，但是两者又不等同，刑法上的因果关系有自身不同于哲学上因果关系的特殊性，它们之间是个性与共性、特殊与一般的关系。哲学上的因果关系是揭示自然界和人类社会一切客观事物普遍联系及其发展规律的思维形式和范畴，指导人们正确认识、正确处理自己同自然界的关系和社会实践。刑法上的因果关系揭示了危害行为与危害结果之间在刑法上的关系，从而为行为人如何负刑事责任提供客观依据。刑法上的因果关系的特殊性在于研究对象和目的的特殊性。刑法因果关系研究的目的主要在于：确认构成要件的结果是由谁所实施的构成要件的行为所引起的，以及这种行为构成什么犯罪，以便提供成立该种犯罪的刑事责任的客观依据；同时还要解决适当的量刑问题。刑法因果关系研究的对象是指可能被追究刑事责任的危害行为与对定罪量刑有价值的危害结果两者之间的引起与被引起的关系。

由上，我们可以把刑法因果关系界定为：危害行为与危害结果之间引起与被引起的合乎规律的联系。

三、刑法因果关系的基本特征

（一）因果关系的客观性

判断危害行为与危害结果之间的因果关系，一定要从客观实际出发而不能主观臆断。因果关系是不以人的意志为转移的一种客观存在，它是事物现象间普遍联系和相互作用的一种表现形式。同样，刑法中的因果关系也是一种客观存在，认识和确定这个关系，不能凭借司法人员的主观臆断，而必须从实际出发，实事求是。如甲雇用乙去杀丙，乙按计划杀死了丙。就本案来看，丙的死亡与乙的杀人行为有直接的因果关系，而甲的雇佣行为与乙的杀人行为有因果关系，因此甲的雇佣行为与丙的死亡结果也具有客观的因果关系。这三种因果关系都是客观的，甲不能以乙实施杀人而不是自己杀人为由否定自己的行为与乙的行为、丙的死亡结果之间存在的因果关系。

（二）因果关系的相对绝对性

在自然界和人类社会中，原因与结果从来就不是绝对的。一现象可能是后一现象产生的原因，同时也可能是前一现象产生的结果；被前一现象引起的结果，可能还是后一现象产生的原因。在整个普遍联系和相互作用的世界中，原因既是原因，同时也是结果；结果既是结果，同时也是原因。因此，在普遍联系的世界里，原因与结果是相对的。但是，如果我们在整个环环相扣的因果链条中截取其中特定的一环，具体分析作为原因与结果的两个特定现象，那么此时的因果关系就是绝对的。刑法上的因果关系就具有特定性，因而是绝对的。这就要求我们把原因严格限定在危害行为的范围，把结果严格限定在对定罪量刑有价值的危害结果的范围。既要防止把非构成要件行为当原因，也要防止把对定罪量刑无价值的危害结果当结果；坚决禁止那种任意追究因果链条中的那些与行为人的刑事责任无关的原因与结果的错误做法。例如，甲下夜班在回家的路上被抢劫并杀害，其妻因悲伤过度不治身亡。本案要解决的是甲因何事被何人抢劫致死的问题，而不是甲妻死亡的原因，因为甲妻的死亡不是作案人承担刑事责任的客观依据，只有甲的死亡以及抢劫行为才是其承担刑事责任的客观依据。

（三）因果关系的时间顺序性

这是指原因在先、结果在后，只能在结果发生以前的行为中去找原因。必须明确，查明因果关系只是解决了犯罪构成的客观要件问题，解决了行为人负刑事责任的客观基础。而犯罪构成是犯罪客观要件和主观要件的统一，行为人对于自己的行为所造成的危害结果需否负刑事责任，还取决于行为人主观上有无故意或过失。所以，不能把因果关系与刑事责任混为一谈，解决了因果关系问题，并不等于解决了刑事责任问题。虽然说只能在结果发生之前的行为中寻找原因，但是并不是结果发生之前的行为都是原因。原因与结果除了具有时间的先后顺序之外，还具有引起与被引起的紧密性，对结果不起作用的行为不是原因。

（四）因果关系的条件性

特定的条件是任何一个事物现象发生变化的前提，因果关系只有在一定的条件下才能存在。刑法上的因果关系同样如此。[①] 同一个行为在不同的条件下会产生不同的结果，如往被害人喝的水中投毒，如果被害人喝下去，就会死亡；如果被害人没有喝，而是被害人的同事喝了，结果致被害人的同事死亡，这两种不同的结果是在不同的条件下发生的，这是偶然性的表现。所以，我们在分析因果关系时，一定要具体问题具体分析，把原因与条件严格区分开来。原因是结果发生的决定性因素，而条件是结果发生的媒介，对结果的发生只起加速或延缓的作用。因此不能把原因和条件混同，否则就会扩大行为人承担刑事责任的客观依据的范围。

（五）因果关系的复杂性

在哲学上，因果关系具有复杂多样性，具体表现在：一个原因产生一个结果；一个原因产生多个结果；多个原因产生一个结果；多个原因产生多个结果。刑法上的因果关系同样具有复杂多样性。一因一果的现象比较容易解决，一因多果、多因一果、多因多果的现象就比较复杂，需要经过全面分析考察后才能得出结论。如甲与乙有仇，为了报复乙，甲

---

① 参见李海东：《刑法原理入门》，50～52页，北京，法律出版社，1998。

于某天深夜放火烧了乙家的房子，结果不仅烧死了乙及其妻子，而且火势蔓延到邻居丙家，把丙烧成重伤。在这种情况下，甲的放火行为导致乙及其妻子死亡、丙被烧成重伤以及乙、丙的财产被烧毁等多个结果，因此甲应对这多个结果承担刑事责任。需要注意的是，在引起结果发生的多个原因中，要注意区分主要原因与次要原因、直接原因与间接原因等不同的原因类型，也要注意区分基本结果与加重结果、直接结果与间接结果等不同的结果类型。只有这样，才能正确地定罪量刑。

本章［引例6-2］中的4个案例，有一个共同的特点就是，因果关系中断的原因在于在某先行行为发生的过程中，其他因素的介入打破了预定的因果链。于是，在一个危害行为的发展过程中又介入其他因素而导致发生某种结果的场合，如何确定先前的危害行为和最后的危害结果之间的因果关系就是一个比较复杂的问题。一般而言，在介入因素的情况下，要确认先前行为与危害结果之间的因果关系是否被中断或者切断，从而导致不存在刑法意义上的因果关系，主要应考虑介入因素的性质以及其与先行行为之间的关系，即介入因素本身的出现是异常还是正常的、介入因素是独立的还是从属于先行行为。如果介入因素的出现是异常的，介入因素本身独立于先行行为，则先行行为与危害结果之间因果关系被切断，从而导致不存在刑法意义上的因果关系；反之，则先行行为同危害结果的因果联系并未被切断，因而仍存在刑法意义上的因果关系。根据“介入因素”与因果关系判断分析，可以得知，第一个案子属于因果关系的断绝，介入因素——山洪暴发——属于自然事件，其出现是异常的，是独立于甲的杀人预谋行为的，所以甲的杀害行为和其女友死亡结果的发生之间没有因果关系；第二个案子中，介入因素属于被害人自身的行为，它（跌下山崖）的出现是乙在山崖边对邱某实施重伤害并致使邱某不能正常活动而导致的，也就是说该介入因素的出现是正常的，是从属于乙砍杀这一先行行为的，故乙的危害行为和邱某死亡结果之间存在因果关系；第三个案子中的情况类似于第一个案子，介入因素——赫某枪杀行为——的出现是异常的、独立于丙的追杀行为的，赫某仅仅是偶然地利用了丙所造成的有利的杀人环境，实施了一个独立的杀人行为，所以丙的行为与赵某的死亡之间没有因果关系；第四个案子中，介入因素也属于被害人自身的行为，但其是丁的杀人行为所直接引起的，在双方厮打的场合，不小心扣动手枪扳机可以说并非异常，所以丁的杀人行为与被害人钟某的死亡之间存在因果关系。

第五节　犯罪的时间、地点与方法

任何一种犯罪行为，实施方式无论如何隐蔽，都不可能脱离具体的时间、地点及一定的方法，犯罪的时间、地点和方法是犯罪客观构成要件的重要组成部分。虽然它不是犯罪构成的基本要件，但对于某些犯罪而言，犯罪实施的特定时间、地点与方法直接决定着犯罪的成立与否，它们是某些特殊类型犯罪的必要构成要件，对某些犯罪的量刑也有一定的影响。

一、犯罪的时间

（一）影响定罪的犯罪时间是某些犯罪成立的构成要件，作为构成要件的犯罪时间是由刑法分则条文明确规定的

在我国刑法中，作为构成要件的特定时间以下列形式进行标示，如“在……期”

“在……时”“在……过程中”等的立法形式，如《刑法》第 340 条规定的非法捕捞水产品罪中的“禁渔期”、第 341 条第 2 款规定的非法狩猎罪中的“禁猎期”。

（二）影响量刑的犯罪时间

有些犯罪时间不影响定罪，但对于某些犯罪的量刑有重要作用，此时，特定的犯罪时间是影响法定刑变化的重要因素。如在全国防治“SARS”的特殊时期，盗窃防“SARS”专用物资的社会危害性就远远大于平时盗窃同类物资的危害性。因此对于发生在不同时间的犯罪，在量刑时应该区别对待。

二、犯罪的地点

犯罪的地点，是指实施犯罪的具体场所或者区域。按照犯罪地点对定罪量刑的不同影响，可将其划分为构成要件的犯罪地点和作为量刑情节的犯罪地点。

（一）构成要件的犯罪地点

构成要件的犯罪地点又称为特定的犯罪地点，是指刑法分则规定的成立某些犯罪必须具备的具体场所或区域。在我国刑法中，特定的犯罪地点主要有这样一些：海关口岸、边防海防线；内海、领海海域；禁渔区、禁猎区、林区；羁押、监管场所；战场、军事行动区；当场，如抢劫罪客观要件中的劫取财物的场所必须是当场，否则不构成抢劫罪；在境内、境外等其他特定的场所。如果行为不是在上述场所实施，就不构成某种特定的犯罪。

需要注意的是，特定的犯罪地点有时与特定的犯罪时间发生竞合，犯罪时间与犯罪地点同时成为某种犯罪成立的构成要件。但是，在大部分犯罪中，犯罪时间与犯罪地点具有各自独立的意义。

（二）影响量刑的犯罪地点

犯罪地点除了直接影响定罪之外，还对量刑有重要影响。例如，在不同的地点实施盗窃，行为的社会危害性就可能有别，从而就会影响量刑。如 2003 年 5 月在为收治“SARS”病人而建的北京小汤山医院工地，一人盗窃了医院建筑专用材料。在本案中，行为人在非常时间、非常地点盗窃建筑材料的行为，其社会危害性显然大于在一般时间、一般地点实施盗窃的社会危害性。这种差别在量刑时当然会反映出来。

三、犯罪的方法

犯罪方法是指危害行为实施的方式、手段、途径和步骤。根据刑法，不同的犯罪方法在定罪量刑中具有不同的作用，有的是犯罪的构成要件，有的仅仅对量刑产生一定影响。

（一）构成要件的犯罪方法

构成要件的犯罪方法又称为特定犯罪方法，是指法律明文规定的作为构成要件的危害行为借以实现的某种方式、方法、手段、关系或便利条件。如劫取财物如果不是通过暴力、胁迫、麻醉或其他暴力手段实施，便不构成抢劫罪；国家工作人员如果不是利用自身的职务便利将公款据为己有，贪污罪便不会成立。但他们的行为有可能构成其他犯罪。

（二）作为量刑情节的犯罪方法

犯罪方法直接表明行为的社会危害程度，因此成为量刑的一个重要情节。例如，以拳击的方式伤害他人与以指使狼狗撕扯的方式伤害他人，虽然同是侵害了他人的生命、健康权，但后一手段的残忍程度大大超过前一手段，后一伤害他人的犯罪方法在情节上更加恶劣，因此在量刑时就应有所区别，后者重于前者。

【问题与思考】

1. 毒品犯罪分子乙在被警察追捕途中，为隐匿罪证而将100克海洛因塞进路边不相识的甲的提包内。甲回家后发现是海洛因，但一直将它留在提包里。甲持有毒品的行为是作为还是不作为？不作为犯罪与持有型犯罪的区别是什么？

2. 甲杀乙，乙仅受轻伤，但乙因迷信鬼神，而以香灰涂抹伤口，致毒菌侵入体内死亡。甲的行为与乙的死亡之间是否具有因果关系？

丙开枪射击站立于悬崖边上的乙，乙虽然没有被枪击中，但因受惊，导致失足掉下悬崖而死。甲的行为与乙死亡之间有无因果关系？

因果关系的实际作用是什么？行为人承担刑事责任的客观基础是“因”与“果”还是因果“关系”？

第七章 犯罪主体

参考书目

1. 赵秉志．犯罪主体论．北京：中国人民大学出版社，1989.

2. 何秉松．法人犯罪与刑事责任．2版．北京：中国法制出版社，2000.

3. 李僚义，李恩民．中国法人犯罪的罪与罚．北京：中国检察出版社，1996.

4. 黎宏．单位刑事责任论．北京：清华大学出版社，2001.

5. 赵秉志．单位犯罪比较研究．北京：法律出版社，2004.

参考法规

1.《刑法》第17～19条、第30～31条

2.《中华人民共和国未成年人保护法》第50～59条

3. 1989年7月11日最高人民法院、最高人民检察院、公安部、司法部、卫生部《精神疾病司法鉴定暂行规定》

4. 1955年10月15日最高人民法院《关于麻风病患者犯罪是否负刑事责任问题的批复》

5. 1999年6月25日最高人民法院《关于审理单位犯罪案件具体应用法律有关问题的解释》

6. 2000年2月21日最高人民检察院《关于"骨龄鉴定"能否作为确定刑事责任年龄证据使用的批复》

7. 2002年7月9日最高人民检察院《关于涉嫌犯罪单位被撤销、注销、吊销

营业执照或者宣告破产的应如何进行追诉问题的批复》

8. 2002年8月9日最高人民检察院《关于单位有关人员组织实施盗窃行为如何适用法律问题的批复》

9. 2002年7月24日全国人大常委会法制工作委员会《关于已满十四周岁不满十六周岁的人承担刑事责任范围问题的答复意见》

10. 2006年1月11日最高人民法院《关于审理未成年人刑事案件具体应用法律若干问题的解释》

11. 2014年4月24日全国人大常委会《关于〈中华人民共和国刑法〉第三十条的解释》

引例7-1 刘某破坏交通设施案

刘某在16周岁生日的晚上，和另外3名15岁的同学到火车铁轨沿线玩耍（在该铁轨上行驶的火车很少）。晚9时许，刘某提出放一些石头在铁轨上，看火车来时是刹车还是冲过去。刘某等4人搬了5块较大的石头放在铁轨上，然后站在离石头四十米左右的前方观看。由于一直没有来火车，4人就回家了。第二天上午9时左右，一辆货车经过，造成货车出轨和严重经济损失。

思考：能否追究刘某的刑事责任？

第一节 犯罪主体概述

马克思曾经说过："我只是由于表现自己，只是由于踏入现实的领域，我才进入受立法者支配的范围。对于法律来说，除了我的行为以外，我是根本不存在的，我根本不是法律的对象。"[①] 马克思是从法律的性质和功能上强调了行为在法律上的重要性。他所说的"我是根本不存在的，我根本不是法律的对象"，并不是说作为行为主体的"我"在法律上没有必要考虑。这句话是与那个时代认定思想犯罪的极端专制做法相对应的。任何行为都是在人的意识支配下进行的，没有意识的物质载体——人，空谈所谓的行为都是虚幻的、不现实的。如果没有犯罪行为人，犯罪行为就成了无源之水、无本之木。犯罪行为人即犯罪的主体。研究犯罪主体，对于犯罪构成诸要件的认定，解决定罪量刑中的理论与实践问题，都有重要的作用。

一、犯罪主体的概念

犯罪主体是指具备刑事责任能力、实施犯罪行为并且依法应负刑事责任的自然人和单位。这一概念包括以下几个方面的含义。

(一) 犯罪主体是自然人和单位

自然人就是生物学和社会学意义上的生命个体，因此，自然人以外的动物、植物、自

① 《马克思恩格斯全集》，第1卷，242页，北京，人民出版社，1995。

然现象以及各种物品都不能成为犯罪主体；母体中的胎儿、人死后的尸体同样不能被纳入犯罪主体的范畴。违反刑法规定，实施了危害社会行为的单位也是某些犯罪的主体。

（二）犯罪主体是具有刑事责任能力的自然人和单位

有无刑事责任能力直接关系着行为人能否成为犯罪主体。它是犯罪主体论的核心内容。刑法上的行为指的是在人的意志支配下实施的具有社会危害性的身体动静，因此在刑法上有意义的行为主体必须是能够自觉运用意识实施一定危害行为的独立个体。对于自然人来说，如果行为人因年龄、精神、生理等方面的障碍而丧失辨认或控制自己行为的能力，则不能成为犯罪主体；对于单位来说，刑事责任能力不存在上述障碍的影响，只要实施单位犯罪，实施犯罪的单位就具有刑事责任能力，就要承担相应的刑事责任。

（三）犯罪主体必须是实施了犯罪行为并依法应负刑事责任的自然人和单位

最后承担刑事责任的必须是犯罪行为的实施者，没有实施犯罪行为或者仅仅实施了一般违法行为的自然人和单位不是犯罪主体，不承担任何刑事责任。即使实施了犯罪行为，但依据刑法有关规定不用承担刑事责任的也不是犯罪主体。例如，甲10年前对乙实施了诽谤行为，但依据刑法有关追诉时效的规定，对乙进行追诉的最长时效是5年，因此依法不予追诉，甲也就不是犯罪主体。[①]

二、犯罪主体的意义

（一）犯罪主体对定罪的影响

（1）犯罪主体是区分罪与非罪的界限。自然人主体具有区分罪与非罪的功能。我国刑法总则规定，未满14周岁的未成年人犯罪一律不承担刑事责任；已满14周岁不满16周岁的未成年人犯法定犯罪之外的罪不承担刑事责任；不能辨认或不能控制自己行为的精神病人造成危害社会后果的，不负刑事责任。由此我们可以总结出，自然人实施严重危害社会行为的，如果具备法定的条件（未达刑事责任年龄、精神障碍或因无法抗拒的外力导致的辨认、控制能力的丧失），则不负刑事责任，而且其实施的危害行为也不被视为犯罪。因此，是否具备特定的主体条件是区分罪与非罪的重要标准。单位主体具有区分罪与非罪的功能。单位的违法行为能否构成犯罪即单位能否成为危害行为的犯罪主体取决于刑法的规定。《刑法》第30条规定："公司、企业、事业单位、机关、团体实施的危害社会的行为，法律规定为单位犯罪的，应当负刑事责任。"由此可见，刑法没有规定单位可以构成的犯罪，就不能认定为单位犯罪。

（2）犯罪主体是区分此罪与彼罪的界限。刑法分则中许多具体的犯罪往往在犯罪客观方面、犯罪主观方面具有相似性，但它们又是不同性质的犯罪，区分的一个重要标准就是犯罪主体的不同。例如，刑法规定的职务侵占罪与贪污罪，两者在犯罪客观方面、犯罪主观方面基本上是一致的，但是在犯罪主体上有原则区别：职务侵占罪的犯罪主体是公司、企业或其他单位中的非国家工作人员，而贪污罪的犯罪主体必须是国家工作人员和受国家机关、国有公司、企业、事业单位、人民团体委托管理、经营国有财产的人员。

（二）犯罪主体对量刑的影响

在刑法总则中，有对未成年人犯罪、又聋又哑的人犯罪以及已满75周岁的人犯罪从宽

---

① 参见高铭暄主编：《刑法学原理》，第1卷，602～603页，北京，中国人民大学出版社，1993。

处罚，对共同犯罪中不同类型的共犯分别进行处罚，对累犯、教唆犯从重处罚等，因犯罪主体身份不同而在量刑时区别对待的规定。在我国刑法分则中，也有对具有特殊身份的犯罪主体在量刑时要重于那些没有特殊身份的犯罪主体的法定刑的诸多规定。例如，《刑法》第243条第1、2款规定："捏造事实诬告陷害他人，意图使他人受刑事追究，情节严重的，处三年以下有期徒刑、拘役或者管制；造成严重后果的，处三年以上十年以下有期徒刑。""国家机关工作人员犯前款罪的，从重处罚。"第307条规定："以暴力、威胁、贿买等方法阻止证人作证或者指使他人作伪证的，处三年以下有期徒刑或者拘役；情节严重的，处三年以上七年以下有期徒刑。""帮助当事人毁灭、伪造证据，情节严重的，处三年以下有期徒刑或者拘役。""司法工作人员犯前两款罪的，从重处罚。"第361条规定："旅馆业、饮食服务业、文化娱乐业、出租汽车业等单位的人员，利用本单位的条件，组织、强迫、引诱、容留、介绍他人卖淫的，依照本法第三百五十八条、第三百五十九条的规定定罪处罚。""前款所列单位的主要负责人，犯前款罪的，从重处罚。"此外，《刑法》第238条的非法拘禁罪，第245条的非法搜查罪、非法侵入住宅罪，第349条的包庇毒品犯罪分子罪等犯罪中也有类似规定。

三、犯罪主体的种类

（一）自然人犯罪主体

自然人犯罪主体就是指具备刑事责任能力、实施犯罪行为并依法应负刑事责任的自然人。在自然人犯罪主体的内部结构中，刑事责任年龄、刑事责任能力是最基本的构成要件，而刑法中有特别规定的自然人的身份要素则是其特殊的构成要件。

自然人是指有生命的人。人的生命始于出生、终于死亡。人的生命的开始时间，通常指胎儿从母体中分娩以后能独立进行呼吸时。至于人的死亡时间，传统的观点是以心脏、肺停止活动作为判断的标准。但是，国外有的学者提出了脑死亡的概念，即只要脑的全部机能不可逆转地停止，即使心跳或者呼吸仍然存在，也确定为死亡。这一关于死亡的认定标准引起了包括我国学者在内的广泛讨论。

（二）单位犯罪主体

单位犯罪主体是指具备刑事责任能力，实施了刑法分则规定的可以由单位构成的犯罪的公司、企业、事业单位和机关、团体。在单位犯罪主体的内部结构中，单位犯罪、单位具有的刑事责任能力是其最基本的构成要件。

第二节　刑事责任年龄

一、刑事责任年龄的概念

刑事责任年龄，是指刑法所规定的行为人对自己实施的严重危害社会行为应负刑事责任必须达到的年龄。它是自然人犯罪主体的一般构成要件之一。

行为人在什么条件下才对自己实施的严重危害社会的行为负刑事责任，是一个非常重要的问题。犯罪行为是在行为人意识和意志的支配下实施的，人的意识和意志决定着行为的性质、发展方向。但是一个人辨认行为性质的能力以及控制已选择的行为发展的能力取决于多种因素，如个人的生活环境、文化水平、宗教信仰、民族习惯以及年龄、精神状态等，其中年龄因素起着非常关键的作用。正是因为在正常情况下，随着年龄的增长，人的认识能力在不断提高，控制能力在不断加强，所以，年龄的大小与责任能力的大小成正比。在幼年时期，人的大脑发育不完善，识别是非的能力比较弱，或者难以正确识别是非，因此，让幼年人为自己实施的危害行为负责显然是不切合实际的。进入少年期后，人的大脑机能渐趋成熟，社会知识开始增多，辨别是非的能力以及自我控制能力都有一定程度的加强，此时，如果他们实施严重危害社会的行为，就要根据具体情况进行相应的处罚。进入成年期后，人的生理机能和心理机能完全成熟，因此，他们对于此时实施的严重危害社会的行为就应该承担完全的刑事责任。这也正是刑法规定对于不同刑事责任年龄的人实施了同种危害社会的行为要处以不同刑罚的根据所在。

二、刑事责任年龄阶段的划分

（一）国外关于刑事责任年龄的划分

一个人应该在多大年龄开始为自己实施的严重危害社会的行为承担刑事责任呢？由于各自国情不同，各国刑法在此问题上的规定也不尽相同。但是，世界各国一般都将自然人构成犯罪的年龄划分为几个不同的阶段。大体上可以分为三类。①

（1）两分制。其中又有相对两分制和绝对两分制之分。相对两分制是将刑事责任年龄分为相对无责任时期和刑事成年时期。例如，《土耳其刑法典》采取这种立法例。绝对两分制是将刑事责任年龄分为绝对无责任时期和刑事成年时期。例如，1954 年《格陵兰刑法典》第 10 条规定，凡 15 岁以下儿童实施的行为，本法典不适用。

（2）三分制。将责任年龄划分为绝对无责任年龄、减轻责任年龄和完全责任年龄三个阶段。例如，1956 年《泰国刑法典》第 74～76 条规定：不满 14 岁的人不得处以刑罚。已满 14 岁不满 20 岁的人应从宽处罚，其中已满 14 岁不满 17 岁的人得免除刑罚或减轻法定刑 1/2，已满 17 岁不满 20 岁的人得减轻法定刑的 1/3 或 1/2。满 20 岁的人负完全的刑事责任。

（3）四分制。将刑事责任年龄分为绝对无刑事责任时期、相对无刑事责任时期、减轻刑事责任时期和完全负刑事责任时期四个阶段。例如，1929 年《西班牙刑法典》规定，未满 7 岁为绝对无刑事责任时期，这一年龄阶段的人实施任何危害行为都不负刑事责任；已满 7 岁未满 15 岁为相对无刑事责任时期，这一年龄阶段的人只有犯该法明文规定科处刑罚之犯罪行为，才负刑事责任；已满 15 岁未满 18 岁为减轻刑事责任时期，这一年龄阶段的人所实施的刑法禁止的行为，构成犯罪，应当负刑事责任，但应当减轻刑事责任；已满 18 岁为完全负刑事责任时期，这一年龄阶段的人的年龄对定罪和量刑不产生任何影响。

（二）我国刑法规定的刑事责任年龄

根据我国少年儿童的发育状况、国家整体的教育条件等方面的实际情况，我国刑法采取三分法，将刑事责任年龄分成以下三个不同的阶段。

（1）完全无刑事责任年龄期。这是依照刑法的规定，行为人对自己实施的任何危害社会的行为都不负刑事责任的年龄期间。根据我国刑法的规定，不满 14 周岁的人不负担任何刑事责任。之所以作出这样的规定，源于以下三个原因：1）我国的教育制度因素。十二

① 参见马克昌主编：《犯罪通论》，259～260 页，武汉，武汉大学出版社，1999。

三岁的孩子一般正在小学读书，其文化知识和社会知识还相当薄弱。2）社会心理因素。正是不满14周岁的人受教育程度的限制以及对社会认识能力的不足导致他们不能正确理解，甚至不了解刑罚的性质、功能以及刑罚制裁的意义，因此对其适用刑罚达不到刑罚适用的目的。3）生理和意志因素。不满14周岁的人，身体发育不成熟，正处于成长期，加之受教育程度的限制，其心理发育也不成熟，对社会的认知仅仅处于朦胧的状态。因此，对于他们来说，辨认违法行为性质的能力以及控制实施违法行为的能力还比较差。正是基于上述因素，对未满14周岁的人实施刑罚，一则难以实现刑罚特殊的预防目的，二则对于这些“稚气未脱的孩子”处以严厉的刑罚也不尽情理，难以达到一般预防的目的。①

（2）相对负刑事责任年龄期。这是依据刑法的规定，行为人对自己实施的严重危害社会的行为相对承担刑事责任的年龄期间。我国《刑法》第17条第2款规定：“已满十四周岁不满十六周岁的人，犯故意杀人、故意伤害致人重伤或者死亡、强奸、抢劫、贩卖毒品、放火、爆炸、投毒罪的，应当负刑事责任。”之所以作出这种规定，原因在于已满14周岁未满16周岁的人通常处于中学阶段，此时已经超出幼年人的文化程度，在法制、道德水平方面有了一定的进展，生理、智力水平也有一定的发展，因而具有辨认和控制大是大非行为的能力。

（3）完全负刑事责任年龄期。这是行为人对自己实施的一切严重危害社会的行为都应承担完全的刑事责任的年龄期间。我国《刑法》第17条第1款规定：“已满十六周岁的人犯罪，应当负刑事责任。”已满16周岁的人，无论是从生理学、心理学的角度还是从教育学的角度，都已经具备了辨认是非和控制自己行为的能力，因此，要求他们对一切犯罪负完全的刑事责任的规定是合理的。然而，这个年龄段的未成年人虽然在辨认、控制方面有了基本的能力，但在社会化程度方面与成年人相比仍有较大的差异，在理性方面还相对欠缺，容易冲动，可塑性比较强。基于此，刑法从保护未成年人的角度出发，规定，已满14周岁不满18周岁的人犯罪，应当从轻或者减轻处罚。

此外，《刑法修正案（八）》新增的《刑法》第17条之一规定：“已满七十五周岁的人故意犯罪的，可以从轻或者减轻处罚；过失犯罪的，应当从轻或者减轻处罚。”要注意的是，已满75周岁的人的辨认和控制能力不会因为年龄的增长而有所减弱，因此不宜将这一规定视为对刑事责任能力的划分，它是基于人道主义和刑事政策的考量（如特殊预防的必要性减少）所作出的特殊规定。

三、刑事责任年龄制度的具体运用

（一）周岁的计算原则

周岁的计算原则，应当以实足年龄为准，自过生日的第二天起才为已满14周岁或16周岁，即生日的当天不计算在内，如14周岁生日当天乃属于不满14周岁的完全无刑事责任时期。同时，要明确刑事责任年龄计算的基准是以行为实施时还是结果发生时为准，如在隔时犯的情况下，犯罪行为的实施与犯罪结果的出现可能不在同一天。此时，刑事责任年龄的计算应当以行为时为基准。

本章［引例7-1］刘某破坏交通设施案中，由于刘某实施行为时尚未满16周岁，而

---

① 参见韩玉胜主编：《新编刑法教程》，77页，北京，中国人民公安大学出版社，2003。

破坏交通设施罪的犯罪主体要求年满 16 周岁，所以刘某不承担刑事责任。

（二）相对负刑事责任年龄的运用

【案例 7-1】 **赵某绑架案**

赵某，15 周岁，使用暴力手段将一名 6 岁儿童绑架后，故意杀死该儿童，然后打电话给儿童的父亲，让其交付 5 万元赎回儿童。由于被害人家属及时报案，公安人员抓获了赵某。对赵某的行为应如何处理？

已满 14 周岁不满 16 周岁的人，应当负刑事责任的范围是十分明确的——8 种严重故意犯罪。这几种犯罪的确定，既考虑了犯罪的严重性，也考虑了犯罪的常发性。对该特定的几种罪行必须逐一分析。

其中故意伤害罪包含了两种情况——故意伤害致人重伤与故意伤害致人死亡，而轻伤的不包括在内。《刑法》第 17 条第 2 款的"故意杀人"与"故意伤害致人重伤或者死亡"，包括刑法分则规定的以故意杀人罪、故意伤害罪（达到重伤程度）论处的情形。如已满 14 周岁不满 16 周岁的人非法拘禁他人的并不构成犯罪，但若在非法拘禁过程中，使用暴力致被害人重伤或死亡，根据《刑法》第 238 条第 3 款的规定，就应以故意杀人罪、故意伤害罪追究其刑事责任。

其中强奸罪也包括两种情形，即强奸妇女与奸淫幼女两种情形。但要注意的是，已满 14 周岁不满 16 周岁的男少年，同不满 14 周岁的幼女交往密切，双方自愿发生性关系，未造成严重后果，情节轻微的，不认为是犯罪。

其中抢劫罪，不仅包括《刑法》第 263 条所规定的典型的抢劫罪，还包括其他类型的"准抢劫罪"，如《刑法》第 269 条、第 267 条第 2 款等规定的抢劫罪。同理，结合最高人民检察院 2002 年 8 月 9 日《关于已满十四周岁不满十六周岁的人承担刑事责任范围问题的复函》，"刑法第十七条第二款规定的八种犯罪，是指具体犯罪行为而不是具体罪名。对于刑法第十七条中规定的'犯故意杀人、故意伤害致人重伤或者死亡'，是指只要故意实施了杀人、伤害行为并且造成了致人重伤、死亡后果的，都应负刑事责任。而不是指只有犯故意杀人罪、故意伤害罪的，才负刑事责任，绑架撕票的，不负刑事责任。对司法实践中出现的已满十四周岁不满十六周岁的人绑架人质后杀害被绑架人、拐卖妇女、儿童而故意造成被拐卖妇女、儿童重伤或死亡的行为，依据刑法是应当追究其刑事责任的"。基于同样的道理，已满 14 周岁不满 16 周岁的人，故意决水、故意破坏交通工具、交通设施等，造成他人死亡，如果明知自己的决水、破坏行为会造成他人死亡的结果，并希望或者放任这种结果发生的，应认定为故意杀人罪而负刑事责任。

本章［案例 7-1］赵某绑架案中，赵某虽然意图实施的是绑架行为，但是其杀害被害儿童的行为，已经属于《刑法》第 17 条规定的 8 种犯罪之一，应当承担故意杀人罪的刑事责任。

注意：毒品犯罪中，已满 14 周岁不满 16 周岁的人仅对贩卖毒品的行为负刑事责任，对基本性质相同、危害程度相当的走私、制造、运输毒品的行为则不负刑事责任。与这一特征极为类似的还有《刑法》第 114 条所规定的几种以危险方法危害公共安全的犯罪行为：已满 14 周岁不满 16 周岁的人仅对放火、爆炸、投放危险物质这三种常见的、多发的犯罪行为负刑事责任。这里的"投毒"包括投放毒害性、放射性、传染病病原体等危险物质，而且已满14周岁不满16周岁的人故意实施放火、爆炸、投放危险物质的行为，符合《刑法》第114条的构成要件，即使尚未致使他人重伤、死亡或者公司财产遭受重大损失的，也应当负刑事责任。

总之，已满14周岁不满16周岁的人仅对法定的几种故意犯罪负刑事责任，而对任何过失犯罪无论危害后果如何都不负刑事责任。

（三）未成年人犯罪案件的处理

考虑到未成年人由其生理和心理特点所决定，既有容易被影响、被引诱走上犯罪道路的一面，又有可塑性大、容易接受教育和改造的一面，从我国适用刑罚的根本目的出发并针对未成年违法犯罪人的特点，我国刑法在对未成年人犯罪案件的处理上，有以下两条重要而特殊的处理原则：（1）从宽处理的原则，即对已满14周岁不满18周岁的人犯罪的，应当从轻或者减轻处罚。就是说，已满14周岁不满18周岁是一个法定的必须从宽处理的情节。至于是从轻还是减轻以及从轻、减轻的幅度，由司法机关根据具体案件确定。[①]（2）不适用死刑的原则。《刑法》第49条规定，犯罪的时候不满18周岁的人不适用死刑。这里所说的"不适用死刑"是指不允许判处死刑，包括不允许判处死刑宣告缓期2年执行，而不仅仅是说"不执行死刑"，也不是说等满18周岁再判决、执行死刑。这是个原则要求。

（四）跨法定年龄阶段的犯罪问题

主要问题有两个方面：（1）行为人已满16周岁后实施了某种犯罪，并在16周岁生日之前也实施过相同的行为，应否一并追究刑事责任？对此应具体分析，如果行为人已满14周岁不满16周岁期间所实施的是上述8种特定犯罪，应一并追究刑事责任，否则，就只能追究已满16周岁后所犯之罪的刑事责任，其先前的行为只能作为酌定的量刑情节考虑。（2）行为人在已满14周岁不满16周岁期间实施了上述8种特定的犯罪行为，并在未满14周岁时实施过相同行为。对此不能一并追究刑事责任，而只能追究已满14周岁后实施的特定犯罪的刑事责任。

第三节　刑事责任能力

一、刑事责任能力的概念

刑事责任能力简单地说就是行为人辨认和控制自己行为的能力，或者说是行为人实施危害行为时，能够理解自己行为的性质、后果和社会政治意义，并能控制自己的行为，从而对自己实施的行为承担刑事责任的能力。辨认和控制能力是刑事责任能力的基础，其中控制能力是关键。[②]

辨认能力是指自然人对自己实施的行为的性质、后果、意义等的认知能力。例如，行为人认识到杀人行为是一种非法行为，杀人的直接后果就是人的生命的终结，这种对杀人行为的认识就是辨认能力的具体体现。辨认能力与人的年龄、接受教育的程度、智力发育水平等有密切的关系。控制能力实际上是一种意志能力，它是在辨认能力的基础上所形成的决定自己行为的发展方向、实施方法以及时间、地点和行为力度的能力。例如，行为人

---

① 参见张吟竹：《我国刑法未成年人的刑事责任若干问题研究》，载《云南法学》，2004（5）。

② 参见高铭暄主编：《刑法学原理》，第1卷，612～614页，北京，中国人民大学出版社，1994。

认识到杀人行为是一种非法行为后，仍然有计划地决意杀人，并且排除影响杀人的障碍，将行为直接指向被害人。这种通过意志使杀人行为直接指向被害人的过程就是行为人控制能力的具体体现。

辨认能力和控制能力密切联系。辨认能力是控制能力的前提与基础，没有辨认能力就谈不上控制能力。有控制能力就表明行为人有辨认能力。但是，在一定条件下，有辨认能力的人不一定具有控制能力或者丧失了控制能力，此时刑法认为行为人没有实施犯罪的能力。刑事责任能力要求行为人必须同时具有辨认能力和控制能力，缺少其中任何一个能力，行为人都不具有实施犯罪的能力。

一个人刑事责任能力的强弱或有无，取决于多种因素。一般而言，一定的年龄是刑事责任能力形成的物质基础，达到一定的年龄便会具有一定的刑事责任能力，随着年龄的增长，辨认和控制能力会更为完全和强化，因此，刑法首先对刑事责任年龄加以规定是理所当然的。然而，达到一定的年龄并不意味着行为人必然具有相应的辨认能力和控制能力。有的人可能由于生理疾病、精神心理疾病或其他因素的影响，辨认能力和控制能力会受到不同程度的损害，有的可能降低，有的可能完全丧失。所以，刑法又对精神病人、又聋又哑的人、盲人以及醉酒的人犯罪的刑事责任作出了单独的规定。

二、几类特殊对象的刑事责任能力问题

【案例 7-2】 **女大学生盗窃案**

被告人为一名女大学生，平时学习成绩优良，无任何不正常表现。但在毕业前，发现她盗窃了一整箱钢笔（价值约五千元），却不盗窃其他任何财物。后经证实，由于儿童时代的某些特殊原因，她遇到钢笔就一定要盗窃，无法控制。

思考：对被告人的行为能否认定为盗窃罪？

（一）精神病人的刑事责任能力问题

我国《刑法》第 18 条规定：“精神病人在不能辨认或者不能控制自己行为的时候造成危害结果，经法定程序鉴定确认的，不负刑事责任，但是应当责令他的家属或者监护人严加看管和医疗；在必要的时候，由政府强制医疗。”“间歇性的精神病人在精神正常的时候犯罪，应当负刑事责任。”“尚未完全丧失辨认或者控制自己行为能力的精神病人犯罪的，应当负刑事责任，但是可以从轻或者减轻处罚。”这是关于行为人在因精神性疾病导致辨认能力和控制能力降低甚至丧失时实施危害行为不承担刑事责任的直接规定。

判断精神病人的辨认能力和控制能力，要坚持两个基本标准：一是医学标准，二是法学标准。医学标准又称为生物学标准，即行为人在实施危害行为时患有精神病，也就是说行为人在精神病发作期间实施了危害社会的行为。行为人是否患有精神病，是在实施危害行为时患有精神病，还是在危害行为结束以后患有精神病，这些问题要经过严格法定程序的鉴定后才可予以确认。如某人在杀人后由于严重的心理压力精神失常，进而发展到严重的精神病，经过精神病学司法鉴定，此人没有任何辨认能力和控制能力。在该案件中，此人应对杀人行为负刑事责任。因为他在实施杀人行为时精神是正常的，有正常的辨认能力和控制能力，虽然在杀人后他患了严重的精神病，但这并不影响行为与责任并存的刑事责任原则。法学标准，又称为心理学标准，是指行为人在实施危害行为时，由于精神疾病的制约而不能辨认和控制自己的行为。不能辨认自己的行为是指行为人不能理解自己行为的

性质特性；不能控制自己的行为是指行为人在实施危害社会的行为时不能按照自己的意志选择实施或不实施这种行为。①

精神病人的辨认能力和控制能力受精神疾病的严重程度的制约，病情严重的可导致辨认能力和控制能力的完全丧失，病情稍轻微的可不同程度地降低辨认能力和控制能力，即处于不完全的辨认能力和控制能力状态。根据我国《刑法》第18条的规定，精神病人承担刑事责任的情况可分为以下几种：

（1）完全丧失辨认和控制自己行为能力的精神病人不承担任何刑事责任。如甲常年患有严重精神病，其家人将其控制在家中，以防其离家闹事或遭到他人伤害。一日，甲乘家人看管懈怠之机走出家门来到街上，结果被众多孩子围观。甲抓住一个孩子又扯又咬并掐其脖子，最后导致该小孩窒息死亡。在本案中，甲的杀人行为没有受其自由意志的支配，完全是无意识的“自动”行为。因此，对于这种在精神病发作期间实施严重危害社会行为的精神病人来说，刑事责任能力是不存在的。但是精神病人不负担任何刑事责任并不意味着不对其采取一定的防治措施，《刑法》第18条第1款规定，对此“应当责令他的家属或者监护人严加看管和医疗；在必要的时候，由政府强制医疗”。这种防止精神病人再次危害社会的规定，既体现了对精神病人的保护，也体现了对社会无辜利益的保护。

（2）尚未完全丧失辨认和控制自己行为能力的精神病人负限制刑事责任。现代医学的发展证明，精神病有程度的差别，即有些病人虽然有精神病，但其辨认和控制行为的能力并未完全丧失，只是有所减弱。正是基于现代医学的发展，我国《刑法》第18条第3款对这种情况作了相应的规定：“尚未完全丧失辨认或者控制自己行为能力的精神病人犯罪的，应当负刑事责任，但是可以从轻或者减轻处罚。”

（3）间歇性精神病人是否对自己实施的危害社会的行为负刑事责任，要视具体情况而定。间歇性精神病是指以下两类精神病：1）发作性精神病，即具有循环性特征，周期性发作，是间歇期精神恢复正常的一种精神疾病，如癫痫性精神病；2）处于缓解期的重性精神病，即精神疾病症状部分减轻或者完全消除，如精神分裂症、偏执性精神病、反映性精神病等。在司法实践中，对于处于间歇期或者缓解期并实施危害行为的精神障碍者，可根据行为人在实施危害行为时实际的辨认能力和控制能力的状态，认定为完全或限制刑事责任能力者。

本章［案例7-2］女大学生盗窃案中，行为人对钢笔的偏执并不属于精神病，而属于一种精神障碍，但是其精神障碍并没有影响到其辨认或者控制自己行为的能力，其具有完全的责任能力。因此行为人不能对其行为不负刑事责任，也不能对其行为负减轻的刑事责任，而应在原则上对其危害行为依法负完全的刑事责任。

（二）又聋又哑的人、盲人的刑事责任能力问题

又聋又哑的人、盲人都属于生理有缺陷的人。生理缺陷是指人体某种器官存在缺陷，致使某种正常的生理功能丧失或者遭到一定程度的损害。

又聋又哑的人、盲人由于生理缺陷，在受教育方面受到一定的限制。在我国，专门的聋哑人学校、盲人学校数量较少，因此，聋哑人、盲人能够进入这些学校学习的仅占少数。而且，即使能够接受专门教育，又聋又哑的人、盲人的智力和文化水平也比正常人的

① 参见陈霆宇：《对精神障碍人刑事责任能力评定问题的再认识》，载《贵州警官职业学院学报》，2002（3）。

低很多。影响刑事责任能力的一个重要因素就是文化水平，又聋又哑的人、盲人较低的文化水平制约着其刑事责任能力。另外，他们由于生理缺陷不能像正常人那样进行交流，社会活动范围较小，容易形成偏执、孤僻的性格和自卑的心理，在受到外界刺激时，容易感情用事。再者，他们在学习时受教育手段和自身生理缺陷的限制，对文化知识的理解特别是对抽象事物的理解，往往不够准确、全面，从而造成知识的缺乏，以致往往造成错误的判断、推理并依此实施错误的行动。正是由于上述原因，又聋又哑的人、盲人在实施犯罪行为时，其辨认、控制自己行为的能力较正常人有较大的减弱，责任能力的不完备导致其刑事责任程度相对较轻。因此，我国刑法根据又聋又哑的人、盲人责任能力的实际情况专门规定了他们的刑事责任，即《刑法》第 19 条的规定："又聋又哑的人或者盲人犯罪，可以从轻、减轻或者免除处罚。"

（三）醉酒的人的刑事责任能力问题

醉酒是指饮酒中毒导致的精神障碍。根据醉酒的原因以及对人精神状态的作用的不同，醉酒可分为生理性醉酒与病理性醉酒。生理性醉酒是指由于饮酒过量，超过饮酒者正常的承受能力，导致饮酒者辨认和控制自己行为的能力丧失或者减弱的状态。现代医学认为，生理性醉酒不是精神病，而是普通醉酒，它所引起的精神障碍属于非精神性精神障碍。生理性醉酒虽然在出现精神兴奋状态时可能会出现轻度的意识障碍，但并不会出现精神病性症状，也不会丧失辨认和控制自己行为的能力。生理性醉酒人对于在醉酒时实施的危害行为是有认识的，主观上有罪过；而且陷于醉酒的状态是有意为之的结果，如果加以注意，醉酒是可以避免的。因此，刑法对于醉酒的人应否承担刑事责任的态度是明确的，即醉酒的人应当负刑事责任。这种规定表明国家对醉酒恶习是持否定态度的，尽管醉酒之后行为人的辨认能力和控制能力较之正常情况下确有减弱，但其仍然要承担刑事责任。

除生理性醉酒之外，还有病理性醉酒的情况。病理性醉酒属于精神病，醉酒人在这种情况下完全丧失辨认能力和控制能力。基于此，醉酒人不负刑事责任。但是，如果有过病理性醉酒的经历，行为人知晓病理性醉酒的后果，仍然故意饮酒，导致严重危害社会的行为发生的，行为人就要承担刑事责任。[①]

第四节 一般主体与特殊主体

引例 7-2 徐某、姜某受贿案

徐某在担任某钢铁总公司资金结算中心副主任期间，结识了某地铁运营有限责任公司供电公司工人姜某。2011 年四五月间，两人进行共谋后，由姜某出面，接受马某、孙某的请托，利用徐某担任某钢铁总公司资金结算中心副主任的职务便利，将某钢铁总公司人民币 1 亿元存入某银行北京分行某支行。为此，徐某通过姜某共同收受马某、孙某给予的贿赂人民币 300 万元，其中徐某分得赃款人民币两百余万元，姜某分得赃款九十余万元。后马某、孙某及孙某某、祖某、臧某等人采用私刻公章，勾结银行内部工作人员，实

① 参见刘月琴：《醉酒犯罪人的刑事责任能力》，载《法律适用》，2000（9）。

施票据诈骗等手段将存款中的人民币7 000万元骗出，导致人民币5 186万余元未能追回。2012年12月17日，姜某被抓获归案；同年12月18日，徐某被抓获归案。案发后，已追缴两人赃款、赃物共计人民币221万余元。检察院以徐某、姜某犯受贿罪，向法院提起公诉。一审法院经审理认为，徐某身为国家工作人员，伙同姜某，利用徐某职务上的便利，为他人谋取利益，共同收受贿赂，数额特别巨大，情节特别严重，两被告人的行为均已构成受贿罪，依法应当判处刑罚。一审宣判后，徐某、姜某分别提起上诉。二审法院经审理，维持原判。

一、一般主体与特殊主体概述

具有特殊身份的自然人犯罪主体，简称特殊犯罪主体，是指我国刑法要求在自然人具备一般主体条件的基础上，还必须具备某种特殊身份才能构成犯罪的犯罪主体。特殊身份包括自然身份和法定身份。有的特殊身份对定罪起关键作用，是某些犯罪的构成要件，如贪污贿赂罪的犯罪主体；有的特殊身份仅仅对量刑发生作用，如国家工作人员犯非法拘禁罪的从重处罚。

从法律意义上讲"身份"的实质在于法律对一个人的法律地位作出了标签性的判定，其内容包括一个人在法律上具体的权利能力和行为能力如何，即一个人享有或不享有某种权利、负有或不负有某种义务。而一个人的"身份"又主要是由在法律上有意义的人身特征决定的，分为两部分：一部分是人的自然特征，即由于年龄、性别、生理方面的差异所形成的特征，如未成年人、男人、又聋又哑的人等；另一部分是人的社会特征，即人们在社会活动中由于自己所从事的工作、所扮演的角色所作出不同行为而形成的相互区别的特征，如司法工作人员、负有抚养义务的人、惯犯等。

在刑法中，身份的意义在于其对罪、责、刑都会产生一定的影响。正如有学者所指出的，"作为犯罪的特殊主体的身份，则指影响定罪或量刑的行为人人身所具有的特定资格或情况"①。"刑法上所要研究的是行为人的特定身份，即对决定刑事责任存在与否或影响刑事责任程度有意义的身份。"② 但是缘于身份犯这一概念的影响，似乎刑法中的身份便等同于犯罪主体的身份，而犯罪主体的身份就是刑法中的身份之全部。几乎所有的国内刑法学著作涉及"身份"时，便自觉地、想当然地臆断出这样一个探讨有关身份方面理论的前提。这一前提究竟正确与否？2013年4月4日起施行的最高人民法院、最高人民检察院《关于办理盗窃刑事案件适用法律若干问题的解释》第8条明确规定：偷拿家庭成员或者近亲属的财物，获得谅解的，一般可以不认为是犯罪；追究刑事责任的，应当酌情从宽。显然，依上述法律、司法解释的规定，作为行为对象的人的身份即被害人的身份，同样也会影响到罪、责、刑。因此，对我国原有的刑法理念——身份便是犯罪主体的身份——必须

① 高铭暄主编：《中国刑法学》，119页，北京，中国人民大学出版社，1989。

② 马克昌主编：《犯罪通论》，292～293页，武汉，武汉大学出版社，1999。

予以修正，否则，我们的理论只能是在错误的前提基础上将错就错。①

刑法中的身份是指规范性刑事法律文件明文规定的对罪、责、刑具有影响的一定的个人人身特征。

二、刑法中的身份犯、特殊主体

刑法中的身份犯有着不同身份，依照不同身份的分类标准，相应地会得出不同的结论。下面我们逐一分析。

1. 依形成方式不同，可有自然身份和法定身份之别

自然身份是指因自然赋予而形成的身份，例如，基于性别形成的事实有男女之分，基于血缘的事实可形成亲属身份；法定身份是指基于法律赋予而形成的身份，如国家工作人员、会计人员等。这种分类的意义，并不在于直接说明刑法中的身份与刑事责任的关系，而在于通过对身份的了解，准确而深刻地把握刑法设立此项规定的原意，这无疑会有助于正确地适用法律。例如，我们在区分挪用资金罪和挪用公款罪时，可以借助身份的不同来辨别两罪。上述案件中徐某的身份即属于一种法定身份。

2. 依身份附属的对象不同，可分为主体身份和对象身份

主体身份是犯罪主体所具有的身份，对象身份是犯罪对象所具有的身份。我国刑法典规定的某些犯罪，除了要求犯罪主体是达到法定责任年龄、具有责任能力的自然人以外，还要求犯罪主体具有一定的身份。同时，我国刑法典也规定，某些犯罪以具有一定身份的人作为其特定的犯罪对象，否则就不能构成该罪。

主体身份在我国刑法典中具体表现为以下几类：一是职务上的身份，例如国家工作人员（第382条）、司法工作人员（第400条）等；二是职业上的身份，例如工厂、矿山、林场、建筑企业或者其他企业、事业单位的职工（第132条）等；三是职责上的身份，例如直接责任人员（第137条）等；四是其他基于一定的法律关系而产生的身份，例如证人、鉴定人、记录人、翻译人（第305条），辩护人、诉讼代理人（第306条）等。

对象身份在我国刑法典中具体表现为以下几类：一是基于刑事法律关系而产生的身份，例如犯罪嫌疑人、被告人、罪犯（第400条）等；二是基于其他法律关系而产生的身份，例如控告人、申诉人、批评人、举报人（第254条）等；三是职务上的身份，例如国家机关工作人员（第277条）等；四是基于自然关系而产生的身份，例如家庭成员（第260条），年老、年幼、患病或者其他没有独立生活能力的人（第261条）、不满14周岁的未成年人（第262条）等。

3. 依身份在定罪量刑中作用不同，可分为犯罪构成要件的身份（或叫构成的身份）和影响刑罚轻重的身份（或叫加减的身份）②

另有学者认为，从对行为人的刑事责任的影响上看，可区分为决定刑事责任存在的身份与影响刑事责任程度的身份。③ 但两者都把上述分类法同国外刑法理论的真正身份犯和不真正身份犯联系并等同起来。本书认为，上述观点是不正确的：首先，上述分类法不能

---

① 我国刑法学著作中以此理念而给身份下的定义千篇一律地都只是谈犯罪行为人的身份而忽略不计作为行为对象的人的身份，似有进一步探讨之必要。

② 参见马克昌：《刑法理论探索》，130页，北京，法律出版社，1995。

③ 参见赵秉志：《犯罪主体论》，271页，北京，中国人民大学出版社，1989。

涵盖刑法中的身份对罪、责、刑的影响。如一个15周岁的少年实施了强奸行为和盗窃3万元，前一行为应当是犯罪（其已满14周岁的男性公民身份决定了其符合强奸罪的犯罪主体要求），而后一行为则不是犯罪（其未满16周岁的公民身份决定了其不符合盗窃罪的犯罪主体要求）。对决定后一行为性质的身份怎么评价？显然是决定刑事责任有无的身份。故该分类法的第一种观点无法把这一情况包括进去。又如王某在17周岁的生日当天残忍地杀死5人，单纯地依情节而判断，则罪该处死，但其17周岁未满18周岁的身份决定了对王某不能适用死刑。这一身份是影响刑事责任程度的身份吗？不是，其决定了对王某不能适用死刑，属于决定刑罚适用种类的身份。这是依该分类法的第二种观点不能归类的。其次，国外刑法理论中真正身份犯和不真正身份犯的分类法是建立在犯罪主体身份的基础上，而被害人的身份和犯罪主体的身份又是并列的，但是国内刑法理论的上述两种观点是通观整个刑法中的身份，明显地和国外的分类法是不在同一前提下的，将两者等同起来当属错误。最后，对于真正身份犯和不真正身份犯的分类，本书认为是可以采纳的，但必须是在犯罪主体的范围内，超出这一范围便是不正确的。身份犯是指由于一定身份而成立的犯罪或者影响刑罚轻重的犯罪；某种犯罪必须行为人具有一定的身份才能成立，不具备法律要求的一定身份犯罪就不能成立。这种犯罪在刑法理论上被称为真正身份犯。刑法上没有规定必须具有一定的身份才能构成的犯罪，具有一定的身份而犯这种罪时法律规定予以从重、加重，或从轻、减轻处罚，这种犯罪在刑法理论上被称为不真正身份犯。① 这种分类直接而清楚地表明了犯罪主体的特殊身份与行为人刑事责任的关系。如《刑法》第238条第4款规定："国家机关工作人员利用职权犯前三款罪的，依照前三款的规定从重处罚。"

4. 依身份对犯罪的成立与否的影响不同，分为积极的身份和消极的身份

由于行为人某种身份的存在，而使其行为成为刑法中所规定的犯罪，这是身份对定罪量刑的积极影响，故称为积极的身份；由于行为人某种身份的存在，而使刑法上规定的某种犯罪不能成立或免除处罚，这是身份对定罪量刑的消极影响，称为消极的身份。上述列举的最高人民法院关于盗窃罪中存在的行为人盗窃亲属财物的情况，因行为对象即亲属的特殊身份而不作为犯罪处理，即属于消极身份使然。积极的身份同样在《刑法》中有规定，如第17条第2款规定，已满14周岁不满16周岁的人，犯故意杀人、故意伤害致人重伤或者死亡、强奸、抢劫、贩卖毒品、放火、爆炸、投毒罪的，应当负刑事责任。

刑法规定以特殊身份作为要件的主体，称为特殊主体；以特殊身份作为主体要件或者刑罚加减根据的犯罪，称为身份犯。② 我国以往刑法理论著作对于两者不加区别，致使特殊主体与身份犯的界限模糊，似乎两者可以互相替换使用。其实不然，特殊主体是刑事法学中犯罪构成理论方面的概念，意在强调犯罪构成四要件之一的主体的特殊性，与之相对的是一般主体，其上位概念为犯罪主体的分类；身份犯是犯罪学领域内的范畴，意在强调整个犯罪的特性，与其并列的是行为犯、结果犯、迷信犯等，其上位概念是犯罪的分类。与此同时，两者又由于身份这一共同点而形似，毕竟身份是两概念不可或缺的要素，但却不能盲目地将此共同点予以泛化而致混同。

本章［引例7-2］的焦点在于对于国家工作人员与非国家工作人员相互勾结，共同利

① 参见［日］木村龟二主编，顾肖荣等译：《刑法学词典》，131～132页，上海，上海翻译出版公司，1991。

② 参见张明楷：《刑法学》，4版，134页，北京，法律出版社，2011。

用国家工作人员职务上的便利，非法收受他人财物的行为，如何定性。根据刑法关于身份犯的理论，不具有构成身份的人与具有构成身份的人共同实施真正身份犯时，构成共同犯罪。刑法分则中规定的国家工作人员等特殊主体仅指实行犯，教唆犯与帮助犯不需要特殊身份。比如，一般公民不可能单独犯脱逃罪，但教唆、帮助依法被关押的罪犯、被告人、犯罪嫌疑人脱逃，构成该罪的共犯。2003年最高人民法院《全国法院审理经济犯罪案件工作座谈会纪要》中进一步明确指出，根据刑法关于共同犯罪的规定，非国家工作人员与国家工作人员勾结，伙同受贿的，应当以受贿罪的共犯追究刑事责任。非国家工作人员是否构成受贿罪共犯，取决于双方有无共同受贿的故意和行为。

本案中，徐某担任某钢铁总公司资金结算中心副主任，具有国家工作人员身份，姜某不具有国家工作人员身份。两人进行共谋后，接受马某、孙某等人的请托，利用徐某管理某钢铁总公司资金的职务便利，由姜某出面与马某、孙某等人商议，将某钢铁总公司人民币1亿元存入某银行北京分行某支行，两人通过姜某收受马某、孙某给予的人民币300万元，马某、孙某及孙某某、祖某、臧某将上述存款中的7 000万元骗出，到案发时尚有5 186万余元未追回。因此，一审判决根据两人的行为认定徐某、姜某为受贿共犯是正确的。在本案中，姜某作为不具有国家工作人员身份的人，一方面与徐某进行共谋，另一方面出面与行贿人进行商议，收取贿赂，没有其参与，徐某无法独自利用职务便利为行贿人谋取利益。因此，姜某的行为属于共同受贿行为。

三、研究特殊主体、身份犯的意义

（一）对于定罪的意义

（1）身份具备与否，是区别罪与非罪的标准之一。刑法规定某些犯罪的成立必须具备一定的身份，就是通过身份的要求和限定来限制追究刑事责任的范围，以准确有效地打击那些达到犯罪程度的严重危害行为及行为人。（2）身份具备与否，也是某些犯罪案件中区分和认定此罪与彼罪的一个重要标准。例如，同是隐匿、毁弃或者非法开拆他人信件的行为，具有邮政工作人员身份并利用其职务便利实施者构成《刑法》第253条规定的私自开拆、隐匿、毁弃邮件、电报罪，一般公民实施的仅构成第252条的侵犯通信自由罪。（3）有身份者影响无身份者的定罪。这主要是指无身份者与有身份者共同实施要求有身份者才能构成的犯罪，例如《刑法》第382条第3款规定，“与前两款所列人员勾结，伙同贪污的，以共犯论处”，即是按贪污罪进行定罪。

（二）对刑事责任确定的影响

对于刑事责任的确定具有影响，一般表现为以下两大类：（1）使刑事责任严重化的情节。例如，教唆不满18周岁的人犯罪的，应当从重处罚（第29条第1款）；猥亵儿童的，从重处罚（第237条第3款）等。（2）使刑事责任轻型化甚至免除的情节。例如，已满14周岁不满18周岁的人犯罪，应当从轻或者减轻处罚（第17条第3款）；又聋又哑的人或者盲人犯罪，可以从轻、减轻或者免除处罚（第19条）等。

（三）对量刑的作用

主体、身份对量刑的作用，表现为以下几个方面：（1）决定适用某些刑罚种类。例如，对于犯罪的外国人，可以独立适用或者附加适用驱逐出境（第35条）。（2）决定不适用某些刑罚种类。例如，犯罪的时候不满18周岁的人、审判的时候怀孕的妇女和审判的时候已满75周岁的人（以特别残忍手段致人死亡的除外），不适用死刑（第49条）。（3）具体决定适用刑罚的轻重。例如，带领武装部队人员、人民警察、民兵投敌叛变的，处10年以上有期徒刑或者无期徒刑（第108条）。

第五节　单位犯罪

一、单位犯罪的概念

单位犯罪主体是指具备刑事责任能力，实施了刑法分则规定的可以由单位构成的犯罪的公司、企业、事业单位和机关、团体。在单位犯罪主体的内部结构中，单位犯罪、单位具有的刑事责任能力是其最基本的构成要件。

单位的刑事责任能力有不同于自然人犯罪主体刑事责任能力的特点。首先，单位的刑事责任能力是有期限的，始于单位依法成立之时，终于单位被撤销或解散之时。除此期间之外的任何时间内，单位都是不存在刑事责任能力的。其次，单位的刑事责任能力常常表现为单位机构甚至一定范围内的单位负责人的决策和决定，是超自然人辨认、控制能力的一种集体意志。最后，单位的刑事责任能力具有明显的限定性。它一方面受制于单位的利益宗旨，另一方面又受制于刑法规定的犯罪范围。对于刑法明文规定的单位犯罪之外的危害社会的行为，单位不承担刑事责任。① 在刑法分则中，关于单位犯罪的规定遍布危害国家安全罪、危害公共安全罪、破坏社会主义市场经济秩序罪诸章，涉及近一百个条文，单位可以构成的犯罪已达一百二十个左右。②

二、单位犯罪的特征

【案例7-3】　木材加工厂盗窃案

某木材加工厂，有一段时间因为该地区用电抽水抗旱，电力比较紧张，而经常处于停产状态。为了扭转这种局面，加工厂领导集体研究决定，一致同意采用偷电的方式解决问题。这个木材加工厂隔壁有一个食品公司，电力比较充足。加工厂即采取挖地道的方式到食品公司的变压器上搭连电线，并且长达两三个月的时间，致使该食品公司损失了二十多万元。

思考：该木材加工厂的行为构成盗窃罪吗？单位能构成盗窃罪吗？

单位犯罪是区别于个人犯罪的一种特殊犯罪形态，根据《刑法》第30条之规定，单位犯罪具有以下特征。

（一）主体特征

单位犯罪的主体是公司、企业、事业单位、机关、团体。如前所述，单位这个概念比法人更为广泛，除法人以外还包括非法人组织。虽然单位一词在以往我国社会生活中曾经被广泛使用，甚至是一个使用率极高的用语，但严格地说它不是一个法律用语。也就是说，单位一词并无确切的法律含义。根据《刑法》第30条之规定，单位犯罪这一概念中的

---

① 参见赵延波：《论单位刑事责任能力》，载《政法论丛》，2004（5）。

② 参见周光权：《刑法诸问题的新表述》，144～151页，北京，中国法制出版社，1999。

单位，指公司、企业、事业单位、机关、团体。这也就是单位犯罪的主体。[①]

（1）公司。根据我国公司法的规定，公司包括有限责任公司和股份有限公司。根据法律规定的标准，公司又可分为母公司和子公司、总公司和分公司、本国公司和外国公司等几类，以及集团公司等。由于在市场经济条件下，企业的组织形式越来越多地采用公司的形式，国家主要的经济活动是依赖于公司实施的，同样，以企业单位（诸如实业公司、经营公司等）的名义实施犯罪活动的，也主要是各种各样的公司。因而，在我国刑法中，公司便成为单位犯罪的首选主体。

（2）企业。从逻辑上而言，企业是种概念，公司是属概念，两者是包容与被包容的关系。从立法的角度看，将公司与企业并列，一是为了强调公司的法律地位，二是因为公司在单位犯罪中占有突出地位。因此，这里所说的企业是指除公司以外的其他经济组织。根据最高人民法院 1999 年 6 月公布的《关于审理单位犯罪案件具体应用法律有关问题的解释》第 1 条规定，《刑法》第 30 条规定的“公司、企业、事业单位”，既包括国有、集体所有的公司、企业、事业单位，也包括依法设立的合资经营、合作经营企业和具有法人资格的独资、私营等公司、企业、事业单位。

（3）事业单位。刑法将事业单位规定为单位犯罪的主体之一，而事业单位与企业的不同之处主要在于事业单位的活动一般不具有营利性，并注重社会公益事业或社会发展的需要。但部分事业单位往往也有某些社会管理职能，由此产生的权力可能被用来实施犯罪。另一部分事业单位，在市场经济条件下，已被推向市场，从事营利性的活动以谋取经济利益。事业单位一旦带有营利性，实施犯罪的可能也就产生。所以，我国刑法将事业单位列为单位犯罪的主体之一是必要的。

（4）机关。从文字上来理解，刑法规定的机关，包括国家的立法机关、司法机关、行政机关和军事机关等，但并非任何单位犯罪都可以由机关构成。刑法规定的某些单位犯罪的主体只能是企业、事业单位。事实上，能成为单位犯罪主体的机关范围也是有限制的。如国家的立法机关，它的行为反映的是统治阶级的意志，因而，其不可能成为犯罪主体。有可能成为单位犯罪主体的机关主要有：1）国家机关的基层组织。其在管理社会或经济活动中，为了本地区或本单位的利益，有可能会实施单位犯罪。2）国家机关的具体职能部门。这些部门拥有社会和经济等管理权利，在为本部门谋取利益时，可能利用职权实施单位犯罪。

（5）团体。团体有社会团体、人民团体和群众团体等多种称谓。团体成为单位犯罪主体的有以下两种情况：一种是行使一定社会管理职能或行业管理职能的团体，而纯粹的学术团体一般不可能实施单位犯罪。另一种是行业团体，由于在市场经济条件下，政府职能正在逐步向行业协会之类的团体转移，并且，这些团体（如律师协会、会计师协会等）在行业管理中所起的作用已经相当大，它们有权依照法律的规定，对违法违纪的个人和组织实施制裁，因而在一定条件下，其也可能成为单位犯罪如受贿罪等的主体。

（二）主观方面特征

从刑法关于单位犯罪的规定来看，单位犯罪的罪过形式基本上是故意，但也存在个别过失犯罪。在单位故意犯罪的情况下，行为人具有为本单位谋取非法利益的动机。[②] 规定

---

① 参见韩玉胜主编：《新编刑法教程》，85～87 页，北京，中国人民公安大学出版社，2003。

② 参见娄云生：《法人犯罪》，97～98 页，北京，中国政法大学出版社，1996。

为单位谋取非法利益的要件，主要是为了将单位犯罪与个人犯罪加以区别。个人犯罪一般是为谋取个人利益，也就是所谓谋取私利。而单位犯罪是为谋取单位利益。这里的单位利益与个人利益有所不同。但这一规定是否意味着单位犯罪限于经济犯罪？这个问题尚有待研究，在绝大多数情况下，单位犯罪都是经济犯罪，因而具有为本单位谋取非法利益的主观意图。但这里的为本单位谋取非法利益似应作广义的理解，在某些情况下，它并不意味着必定能够获取违法所得，而是指为本单位的局部或者暂时利益而实施应受刑罚处罚的犯罪行为。

（三）客观方面特征

单位犯罪，其犯罪行为本身是由刑法分则规定的，应根据刑法分则条文的规定予以认定。单位犯罪的特点在于：这种犯罪行为是经单位决策机构决定或者负责人员决定实施的。这是单位犯罪与个人犯罪在客观上的重要区别。[①] 由此可见，单位犯罪在客观上具有以下两种情况：

（1）经单位决策机构决定。这里的单位决策机构，是指单位有权作出决定的机构，例如公司的董事会等。董事会是股份公司必要的常设机构，它对公司整个生产经营活动和行政管理负责。在其他企业、团体和机关，决策机构决定一般是指有关行政组织的领导人员经过集体研究决定。

（2）经负责人员决定。这里的负责人员一般是指企业的法定代表人或者有关机关、团体的首长与领导，这些人有权就这些单位的事项作出决定，因而其个人决定代表单位。

本章［案例7-3］木材加工厂盗窃案中，刑事立法没有规定单位可以构成盗窃罪，盗窃罪属于典型的自然犯。虽然木材加工厂的行为完全符合单位犯罪的特征——以单位的名义、为了单位的利益、由单位集体决策，但最终处罚是按照个人犯罪处理的，直接处罚相关负责人。最高人民检察院2002年8月9日《关于单位有关人员组织实施盗窃行为如何适用法律问题的批复》也规定："单位有关人员为谋取单位利益组织实施盗窃行为，情节严重的，应当依照刑法第二百六十四条的规定以盗窃罪追究直接责任人员的刑事责任。"

三、单位犯罪主体承担刑事责任的形式

我国刑法关于单位犯罪刑事责任的规定，以处罚单位和直接责任人为原则，以直接处罚责任人员为例外。《刑法》第31条规定："单位犯罪的，对单位判处罚金，并对其直接负责的主管人员和其他直接责任人员判处刑罚。本法分则和其他法律另有规定的，依照规定。"纵观刑法分则，绝大部分单位犯罪都对单位判处罚金，并对直接负责的主管人员和其他直接责任人员判处自由刑和罚金，但亦有极个别单位犯罪只处罚直接责任人员的条文，如《刑法》第135条规定："安全生产设施或者安全生产条件不符合国家规定，因而发生重大伤亡事故或者造成其他严重后果的，对直接负责的主管人员和其他直接责任人员，处三年以下有期徒刑或者拘役；情节特别恶劣的，处三年以上七年以下有期徒刑。"

四、不以单位犯罪论处的情形

根据最高人民法院1999年6月《关于审理单位犯罪案件具体应用法律有关问题的解

---

① 参见黎宏：《单位刑事责任论》，245页，北京，清华大学出版社，2001。

释》，下列几种情形不作为单位犯罪论处而直接作为个人犯罪论处：一是为了进行违法犯罪活动而设立公司、企业、事业单位的。在这种情况下，设立公司、企业、事业单位是为了实施违法犯罪，故按照个人犯罪而不是以单位犯罪处理。二是公司、企业、事业单位设立后，主要进行违法犯罪活动的，也按照个人犯罪处理。虽然这个公司、企业、事业单位成立表面上是合法的，但它成立之后，主要进行违法犯罪活动。因此这种情况也是按照个人犯罪处理，不按照单位犯罪论处。三是盗用单位的名义，违法所得归个人所有或者个人私分的，也是按照个人犯罪处理。

另外，注意一下最高人民检察院 2002 年 7 月 9 日《关于涉嫌犯罪单位被撤销、注销、吊销营业执照或者宣告破产的应如何进行追诉问题的批复》。该批复主要针对现实生活中，一些单位犯罪后，其主管部门、上级机构等可能吊销其营业执照、宣告其被撤销或者破产，其刑事责任如何追究的问题。该司法解释规定，在这种情况下，追究它的直接责任人员或主管人员的责任。也即单位破产、解散了，单位本身不存在了，但其犯罪的刑事责任还要继续追究下去，追究直接责任人员或主管人员的刑事责任。

【问题与思考】

1. 甲 15 周岁，系我国某边镇中学生。甲和乙一起上学，在路上捡到一手提包。打开后，发现内有 1 000 元和 4 小袋白粉末。甲说："这袋上有中文'海洛因'和英文'heroin'及'50g'的字样。我在电视上看过，这东西就是白粉，我们把它卖了，还能发一笔财。"两人遂将 4 袋白粉均分。甲先将一袋白粉卖与他人，后在学校组织去邻国旅游时，携带另一袋白粉并在境外出售。甲的行为该怎么处理？

2. 河南省某市的印刷厂，原来有个女职工，工作多年，患上了职业病。后来新领导上任就让她下岗，下岗后的待遇按照普通的职工一样。这名女职工咨询律师，得知按照劳动法的规定，厂方的做法明显违反法律，侵犯其合法权益。之后该女职工多次向这个印刷厂追讨赔偿，印刷厂一直采取拒不履行、推诿等对策。女职工就声明如果厂方不依法保障自己的合法权益，就举报该单位多次盗版的行为。这下领导着急了，一天晚上坐在一起开会，有厂长、2 名副厂长、1 个财务主管，还有 1 个法律顾问。5 个人经过讨论，一致表决同意由单位出资 1 万元，雇凶手把女职工杀掉，除去这个隐患。于是悲剧发生了。这是典型的故意杀人行为。犯罪主体是谁？是几个直接责任者还是印刷厂？单位能否构成故意杀人罪这类的犯罪？

第八章 犯罪主观方面

参考书目

1. 姜伟．犯罪故意与犯罪过失．北京：群众出版社，1992.

2. 陈磊．犯罪故意论．北京：中国人民公安大学出版社，2012.

3. 高铭暄：过失犯罪的基础理论．北京：法律出版社，2002.

4. 胡鹰．过失犯罪的定罪与量刑．北京：人民法院出版社，2008.

5. 苏雄华．犯罪过失理论研究．北京：法律出版社，2012.

6. 刘明祥．刑法中错误论．北京：中国检察出版社，2004.

7. 刘明祥，张虹．故意与错误论研究．北京：北京大学出版社，2016.

8. 刘志伟，聂立泽．业务过失犯罪比较研究．北京：法律出版社，2004.

9. 周光权．注意义务研究．北京：中国政法大学出版社，1998.

10. 程皓．注意义务比较研究——以德国刑法理论和刑事判例为中心．武汉：武汉大学出版社，2009.

参考法规

《刑法》第14～16条

引例 甲、乙、丙、丁系列案件

甲住在十层高的楼上。有一天，他站在窗户前观光眺望，看见大街上走来一个人，身影很熟悉，原来是自己曾经找了半年的一个仇人张三。这时甲从地上捡起一块砖头，看着张三走近自家阳台下，就瞄准他将砖头扔下去，结果正好将张三砸死。甲是属于哪种罪过形式？

乙住在十层楼上，平常工作很辛苦，每天早上起来很早，好不容易等到周六、周日，就想睡个懒觉。但是最近一段时间，他家楼下新建了一个集贸市场，早上卖菜的人比较多，很吵闹。乙十分气愤，一时冲动，就想制造一点影响，发泄他的不满，于是找了一块砖头扔下去，结果将一个卖菜的小贩砸死了。乙的主观心理怎样？

丙住在十层楼上。有天夜晚，他在打扫卫生间时发现一块没有用的砖头，丙又想偷懒，不想开门扔到楼梯口的垃圾箱里。他想楼房的一侧临着大街，是不能随便扔东西的。而楼房的另一侧以前是一片垃圾场，最近一段时间改造成一块草坪并种了几棵树，但前几天这个地方吊死一个人，阴森恐怖，白天都很少有人到这里来，夜晚这里肯定更没有人，所以从这地方扔砖头下去肯定没事。于是就走到这一侧的窗户扬手将砖头扔下去。没有想到，这时有一对恋人在草坪旁散步，砖头正好把小伙子砸死了。在这种情况下，丙对该死亡结果是什么心态？

丁从前住在平房里，有随手从窗户向外扔东西的坏毛病。现在旧城改造，他被安排了新的住处，搬到十层高楼上。一天，丁哼着小曲打扫卫生，发现一块旧砖头，坏毛病又来了，随手从窗户扔了下去，结果刚一出手，就想起来现在住的不是原来的平房，而是十层楼，但是为时已晚，砖头已经出手了，楼下一个晒太阳的老头被砸死。这种情况下，丁对老头的死亡主观上是什么心态？

第一节 犯罪主观方面概述

罪过形式是一个陈旧的传统议题，也是一个常新的永恒命题，正如奥地利学者凯尔逊所说："罪过之所以存在，是因为存在着刑罚，既然刑罚存在，所以它也存在。"①

一、犯罪主观方面的概念和特征

(一) 犯罪主观方面的概念

犯罪的主观方面，是指刑法规定成立犯罪必须具备的、犯罪主体对自己的危害行为及其危害结果所持的心理态度。犯罪的主观方面具有以下两方面的特征：第一，它是行为人

---

① 转引自［苏］沙尔果特罗斯基：《现代资产阶级刑事立法与刑法学》，34页，北京，法律出版社，1965。

的心理态度。这是犯罪主观方面的表现形式。第二，它以一定的危害行为与危害结果为内容。这是犯罪主观方面的法律含义。犯罪主观方面所涵盖的基本内容，包括犯罪的故意与过失（统称为罪过）、犯罪的目的与动机等因素。除此之外，还包括某些与犯罪主观方面相关的问题，如意外事件和刑法上的认识错误等。行为人的罪过是一切犯罪构成都必须具备的主观要件，因此也被称为犯罪主观方面的必要要件。犯罪的目的只是某些犯罪构成必备的主观要件，因此也被称为犯罪主观方面的选择要件。犯罪动机不是犯罪构成必备的主观要件，它一般不影响定罪，但影响量刑。至于意外事件和刑法上的认识错误，它们作为犯罪主观方面的相关问题，对于行为人的行为是否构成犯罪以及构成何罪有一定的影响，因而，也有必要将其纳入犯罪的主观方面来进行探讨，但认识错误本身不是犯罪主观要件的内容。

（二）犯罪主观方面的特征

犯罪主观方面具有以下三个方面的特征：

（1）主观性。犯罪主观方面与一般心理活动一样，是支配行为人实施一定行为的内在动力，它的内容包括认识和辨别事物的意识因素，以及决定和控制自己行为的意志因素。与一般心理活动不同的是，犯罪主观方面是行为人对危害结果所持的心理态度。犯罪是主观见之于客观的行为，主观心理态度只有通过危害行为表现出来才具有刑法意义。如果不是支配危害行为的，而是行为人在实施危害行为之前或者之后所具有的其他心理态度，不属于犯罪主观方面。

（2）危害性。造成或可能造成危害社会的结果，是行为具有社会危害性的主要体现。犯罪主观方面之所以成为具有刑法意义的犯罪构成要件，原因不仅在于它支配行为人实施了某种行为，更主要的是其所支配的行为引起或可能引起的危害结果。有时行为人对行为的实施是出于故意，但对危害结果是没有预见的。这时行为人的主观心理态度就不是故意而只能是过失。所以，犯罪主观方面是指行为人对于其行为引起的危害结果而不是行为本身所持的心理态度。犯罪主观方面体现行为人的主观恶性，具有社会危害性。

（3）法定性。犯罪主观方面的法定性不仅表现在刑法总则对犯罪故意和犯罪过失两种心理态度的规定上，更体现在分则各具体罪状所规定的罪过内容上，因此，认定任何犯罪的主观方面，都必须结合刑法总则与分则的规定。犯罪主观方面包括犯罪故意与犯罪过失两种基本形式，犯罪动机和犯罪目的是犯罪故意中两种重要的构成因素，对于进一步说明犯罪故意的主观恶性有一定作用；犯罪目的还是某些故意犯罪必须具备的条件。对此，在刑法中一般都有明文规定，因而具有法定性。

为了正确地理解和把握犯罪主观方面的概念，还需要明确以下几个方面的问题①：

第一，罪过是行为人负刑事责任的主观基础。根据我国《刑法》第14、15条的规定，某种行为要构成犯罪，在主观方面都必须具备犯罪的故意或犯罪的过失这两种基本的罪过形式之一。如果行为人的某种行为不是出于故意或者过失，尽管其在客观上造成了危害社会的结果，也不构成犯罪。犯罪的故意和过失，不仅是认定行为人构成犯罪的主观依据，也是行为人对自己所实施的犯罪负刑事责任的主观基础。为什么对于一个人所实施的危害社会的行为必须在具备主观罪过时才能认定为犯罪并追究其刑事责任？以辩证唯物主义原理为指导的刑事责任理论认为，对于是否实施危害社会的犯罪行为，任何正常人都有选择

---

① 参见韩玉胜主编：《新编刑法教程》，91～92页，北京，中国人民公安大学出版社，2003。

的相对自由；实施或者不实施犯罪行为，都是通过人的意识和意志的积极作用，通过相对自由意志的选择和支配来实现的。行为人在相对自由的意识和意志的支配下，选择实施危害统治阶级利益的犯罪行为，他就不但在客观方面危害了社会，而且在主观上也具有了犯罪的故意或过失的心理态度，这种态度使他在国家面前产生了罪责。国家据此对行为人认定有罪并追究其刑事责任，不仅合乎情理，而且是必要的。与此同时，对行为人定罪处刑，还可以促进行为人今后正确地进行意志选择，不再选择实施危害社会的行为，从而达到预防犯罪的功效。

第二，犯罪主观方面与犯罪客观方面是有机的统一。犯罪主观方面是用以说明行为人是在怎样的心理状态支配下实施危害行为的要件，它所揭示的是行为人内在的心理活动；而犯罪的客观方面是用以说明刑法所保护的社会关系是通过什么样的行为受到侵犯以及受到何种程度侵犯的要件。犯罪的主观方面与犯罪的客观方面是相互联系、不可分割的统一体。根据我国刑法的规定，确认某人构成犯罪并追究其刑事责任，在客观上必须具备刑法所禁止的危害社会的行为，同时在主观上必须具备犯罪的故意或过失。如果缺少前者，就会丧失行为人构成犯罪并承担刑事责任的客观基础，从而导致“主观归罪”；如果缺少后者，就会丧失行为人构成犯罪并承担刑事责任的主观基础，从而导致“客观归罪”。

第三，罪过在刑法规定的犯罪中有着不同的结合方式。我国刑法中所规定的犯罪，从罪过形式的角度看，包括故意和过失两种类型。但从其与某种犯罪的结合方式来考察，又可分为以下三种不同的情况：一是只能由故意构成的犯罪；二是只能由过失构成的犯罪；三是既可由故意构成也可由过失构成的犯罪。

二、研究犯罪主观方面的意义

加强对犯罪主观方面的研究，有以下几点意义：

首先，和犯罪客观方面一样，犯罪主观方面在犯罪构成理论中占有重要的地位，起着重要的作用。坚持主观与客观的统一，是马克思主义犯罪构成理论区别于其他任何剥削阶级犯罪构成理论的重要标志。忽视、否认犯罪人的主观罪过，片面地根据行为人的行为及其后果去定罪，其结果必然是客观归罪。这是历来为我们所反对的。

其次，犯罪主观方面是划清罪与非罪、此罪与彼罪界限的一个重要标志。许多行为客观上都给社会造成了一定损害，如果不借助犯罪主观方面，便很难区分它们是犯罪行为还是非犯罪行为、是构成这种犯罪还是构成那种犯罪。我国《刑法》第 16 条明确规定，虽然行为在客观上造成了损害结果，但是行为人主观上没有罪过，便不能认为是犯罪。在这里，行为人实施损害行为时主观上有无罪过，是判断行为是否构成犯罪的重要尺度。

最后，犯罪主观方面对正确量刑也有重要的意义。例如，行为在客观上虽然同样造成了人的死亡，但一种行为是故意实施的，而另一种行为是过失实施的，由于两者反映出行为人主观恶性程度的不同，因而法律规定了完全不同的法定刑。再如，同样的盗窃行为，有的盗窃是由于生活确实困难，有的则是为了赌博、挥霍，由于两者的动机不同，法院在量刑时，对两者所判决的刑罚必然有所区别。因此，离开了犯罪主观方面去裁量刑罚，势必造成错误，不能准确、有力地惩罚犯罪分子。

第二节 犯罪故意

一、犯罪故意的概念

《刑法》第14条第1款规定："明知自己的行为会发生危害社会的结果，并且希望或者放任这种结果发生，因而构成犯罪的，是故意犯罪。"虽然故意犯罪与犯罪的故意是两个密切相关的概念，但它们二者在本质上有所差别。故意犯罪是指一类犯罪的统称，而犯罪的故意则是指一种罪过心理。根据刑法对故意犯罪所下的定义，可以对犯罪的故意作如下定义，即所谓犯罪的故意，是指行为人明知自己的行为会发生危害社会的结果，并且希望或者放任这种结果发生的一种主观心理态度。犯罪的故意由两个因素构成：一是认识因素，即行为人明知自己的行为会发生危害社会的结果；二是意志因素，即行为人希望或者放任这种危害结果的发生。只有这两方面因素有机统一，才能认定行为人具有犯罪的故意：一方面，任何犯罪的故意都必须同时存在认识因素和意志因素；另一方面，认识因素与意志因素之间具有内在联系，突出地表现在行为人所认识的结果与所希望或者放任的结果必须是统一的，而且意志因素以认识因素为前提。

（一）犯罪故意的认识因素

行为人明知自己的行为会发生危害社会的结果，这是构成犯罪故意的认识因素。虽然一个人的行为在客观上发生了危害社会的结果，但其在实施行为时并不知道自己的行为会发生这种结果的，就不构成犯罪的故意。关于犯罪故意的认识因素，需要弄清以下两方面的问题：

（1）认识的内容，即"明知"的内容。犯罪故意的认识因素中的明知包含以下三个方面的内容：一是对行为本身的认识，即对刑法规定的危害社会行为的内容及性质的认识。一个人只有认识到自己所实施或者正在实施的行为危害社会的性质和内容，才能谈得上进一步认识行为的结果问题。[①] 因此，要明知自己的行为会发生危害社会的结果，首先就必须对行为本身的性质、内容与作用有所认识。二是对行为结果的认识，即对行为产生或者将要产生的危害社会结果的内容与性质的认识。由于具体犯罪中的危害结果就是对直接客体的侵害，因而这种对危害结果的明确认识也包含了对犯罪直接客体的认识。三是对与危害行为和危害结果相联系的其他构成要件事实的认识，这一方面的认识主要包括行为人对特定的犯罪对象、时间、地点和方法等的认识。[②] 关于"明知"的内容，按照刑法规定，犯罪故意的认识因素表现为行为人"明知自己的行为会发生危害社会的结果"，这显然是只要求行为人明知其行为及行为结果的危害性，而没有要求行为人明知行为及结果的刑事违法性，否则，有人将会以不知法为借口而逃避罪责。

（2）认识的程度，即明知自己的行为"会发生"危害社会结果的含义。所谓明知"会发生"，一般有两种情况：一是行为人明知自己的行为必然导致某种危害结果的发生，二是行为人明知自己的行为可能导致某种危害结果的发生。在以上两种情况下，无论行为人认识到危害结果是必然发生还是可能发生，均符合犯罪故意的认识特征。

---

① 参见姜伟：《犯罪故意与犯罪过失》，108～109页，北京，群众出版社，1992。

② 参见韩玉胜主编：《新编刑法教程》，93～94页，北京，中国人民公安大学出版社，2003。

(二) 犯罪故意的意志因素

行为人对于自己的行为将要引起的危害结果持有希望或者放任的心理态度，是构成犯罪故意的意志因素。所谓希望危害结果发生的心理，就是行为人在明确认识自己的行为性质的基础上，努力运用自己的意志来协调决定自己行为性质的各种主、客观条件，使得自己对行为的认识按照自己的意愿转化为客观现实，促使危害结果发生的意志活动。所谓放任危害结果发生的心理，就是行为人在实施行为时，明知自己的行为会发生危害结果，但不是设法改变自己行为的性质或者方向以避免这种结果的发生，而是以一种听之任之的态度，继续运用自己的意志控制决定行为性质的各种条件，最终导致危害结果发生的心理过程。

二、犯罪故意的类型

根据行为人对危害结果所持的心理态度不同，在刑法理论上可以将其区分为直接故意与间接故意两种类型。

(一) 直接故意

直接故意是指行为人明知自己的行为必然或者可能发生危害社会的结果，并且希望这种结果发生的心理态度。直接故意的构成因素有二：其认识因素是行为人明知自己的行为必然或者可能发生危害社会的结果；其意志因素是行为人希望危害结果的发生。根据行为人的认识程度不同，犯罪的直接故意可以分为以下两种表现形式：

(1) 行为人明知自己的行为必然发生危害社会的结果，并且希望这种结果发生的心理态度。例如，甲想杀死乙，用刀猛刺乙胸部数刀，他明知这种行为必然导致乙死亡仍决意为之，追求乙死亡结果的发生，甲的这种心理态度就是该种直接故意。

(2) 行为人明知自己的行为可能发生危害社会的结果，并且希望这种结果发生的心理态度。例如，丙想枪杀丁，于是在丁所住楼房对面的楼中向丁家射击，但由于两栋楼之间距离较远，且丁家中光线不好，因而丙对于能否射中丁没有把握，但他希望能把丁打死，并在这种心理的支配下实施了射杀行为。丙的心理态度就属于这种直接故意。

本章［引例］甲、乙、丙、丁系列案件中的甲，对于行为及其后果，主观上是典型的直接故意，因为：甲认识到从十层楼上扔砖头的行为可能会砸中下面的人（即张三）而导致其伤亡，甲同时也希望张三死亡，可以印证甲是积极地追求张三死亡的，故是直接故意。

(二) 间接故意

间接故意，是指行为人明知自己的行为可能发生危害社会的结果，并且放任这种结果发生的心理态度。间接故意的构成因素也有两个方面：其认识因素是行为人明知自己的行为可能发生危害社会的结果；其意志因素是行为人放任危害结果的发生。

在间接故意的情况下，行为人只对危害结果发生的可能性有认识，而不存在必然性认识。在这里，所谓认识到危害结果发生的可能性，是指行为人根据对自身的能力与犯罪的时间、地点、环境以及对工具、对象等情况的了解，认识到某种危害结果的发生只是具有可能性，而不具有必然性。倘若行为人明知自己的行为必然发生危害社会的结果仍决意为之，就超出了间接故意认识因素的范围，应视为直接故意。[1]

---

① 参见杜澎：《间接故意犯罪形态论》，载《法学家》，2000 (2)。

间接故意的意志因素，是指行为人放任危害结果发生的心理态度。这里的“放任”，是指行为人在认识到某种危害结果可能发生的情况下，虽然不是积极地追求这种结果发生，但也没有采取相应的措施设法避免这种结果发生[①]，而是对危害结果的发生抱着听之任之的态度：发生了危害结果，不违背行为人的本意；没有发生危害结果，也不违背行为人的意志。

【案例8-1】 邱某间接故意杀人案

邱某欲杀其妻子，就在妻子的茶杯里投下毒药。他同时预见到孩子可能会喝妻子杯中的水而被毒死，但他杀妻心切，对孩子可能被毒死的结果已然不顾，结果妻子和孩子都喝了有毒的水而被毒死。

这里，邱某明知其妻会喝水中毒身亡并积极追求这种结果，对其妻的死亡是直接故意；但邱某对孩子死亡的心理态度不同，他预见到孩子可能喝水而中毒身亡，对孩子的死亡结果不是希望，而是放任、听之任之，符合间接故意的特征，是间接故意。

在这类案件中，行为人对于自己的行为到底会给对方造成何种后果并无明确的认识，但无论发生何种结果，都在行为人的主观认识范围之内，行为人在主观上并不反对这种结果的发生。因此，在类似的案件中行为人在主观上表现为间接故意的心理。同样，本章［引例］甲、乙、丙、丁系列案件中，乙就是想发泄一下自己不满与烦躁的情绪，并没有一个明确的打击目标，这使放任他人伤亡这一危害结果的出现，故乙对该结果的发生主观上是间接故意。

（三）直接故意与间接故意的区别

1. 区别

直接故意与间接故意均属于故意的范畴，二者在认识因素上对自己的行为会发生危害社会的结果都有明确的认识，在意志因素上对危害结果的发生都不持排斥、反对的态度，这是两者的相同点。

但是，二者的区别还是有必要的，主要表现在：

第一，在认识因素上，二者对其行为会发生危害社会结果的认识程度不同。犯罪的直接故意是明知危害结果必然发生，也可以是明知危害结果可能发生；而间接故意只能是明知危害结果可能发生。

第二，在意志因素上，二者对危害社会结果发生的心理态度不同。直接故意是希望即“积极追求”危害结果的发生，间接故意对危害结果的发生持放任态度，即“同意”危害结果的发生，虽不希望但也不反对，听之任之，对危害结果的发生与否无所谓。因此，间接故意的行为人不会想方设法、排除障碍去积极追求犯罪结果发生，也不会设法阻止犯罪结果发生。意志因素是二者区别的关键点。

第三，特定危害结果发生与否，对于区分这两种故意以及行为的定罪意义不同。在直接故意情况下，只要行为人主观上有犯罪的故意，客观上有相应的行为，即构成特定的故意犯罪，结果发生与否一般不影响定罪。只在少数情况下，在以结果为既遂要件的犯罪中

---

① 参见姜伟：《犯罪故意与犯罪过失》，175～176页，北京，群众出版社，1992。

它是区分既遂与未遂的标志。在间接故意条件下，特定危害结果可发生、可不发生，发生与否都不违背行为人的意志，所以按主客观相统一原则，仅有行为但无危害结果时，不能定罪（包括未遂）；只在特定危害结果发生时，才能成立间接故意犯罪，即间接故意犯罪是结果犯。这一点又与过失犯罪有相似之处。

第四，犯罪过程中的形态不同。犯罪过程中的形态是指在故意犯罪过程中表现出的不同的犯罪形态，即犯罪的既遂、预备、未遂和中止。它们可划分为犯罪的完成形态和未完成形态两大类。这几种犯罪形态只可能出现在某些直接故意的犯罪过程中，如预谋性的直接故意犯罪。而间接故意犯罪没有犯罪的既遂、预备、未遂和中止的犯罪形态问题。因为间接故意犯罪只有发生了一定的危害结果才能构成犯罪，是结果犯，它不可能有犯罪的未完成形态。

第五，犯罪目的不同。犯罪目的是行为人希望通过实施犯罪行为达到某种危害结果的心理态度。犯罪目的只存在于直接故意的犯罪中，间接故意和过失犯罪不具有犯罪目的。

2. 区别的后果

直接故意和间接故意区别的后果，就是特定的危害结果发生与否对行为的定性处理不同。这一点需要结合犯罪未完成形态理论来理解。例如，在直接故意杀人的目的支配之下，甲向被害人砍了一刀，但砍中的是非要害部位，后来经过抢救，被害人并没有死亡，但是遭受了重伤害。此时，甲的行为已经构成故意杀人罪，只不过属于未遂而已。如果甲向被害人砍了一刀，被害人躲避了，再砍第二刀的时候，及时被过路人发现并阻止，对甲仍然定故意杀人罪（未遂），因为在直接故意杀人的情况下，人的死亡这一法定结果出现与否是判断既遂与否的标志，但不论该结果是否出现，都成立故意杀人罪，只不过是确定未遂、既遂、中止、预备的问题。①

如果行为人是在间接故意的罪过之下实施该杀人行为，即在突发性事件中（非正当防卫和紧急避险的情况下），向被害人捅了两刀，结果被害人当场倒地身亡，那么，这种情况显然属于（间接）故意杀人罪。如果向被害人捅了两刀，最后被害人经过抢救，虽造成重伤但尚未死亡，这种情况下如何定性呢？特定的危害结果出现与否对间接故意定性不一样，一个原则就是出现什么结果就以该结果定罪处罚。如在间接故意杀人的情况下，出现人的死亡就定故意杀人罪，而出现人的重伤但尚未死亡，就直接以故意伤害罪论处。因为间接故意是不存在犯罪未遂、预备等未完成形态的。在这种情况下，被害人是死亡还是重伤，犯罪分子都是可以接受的，即出现什么结果就让行为人负什么样的刑事责任。如果没有出现危害结果，就不构成犯罪，就不定罪处罚。如在间接故意的心理支配下，向被害人捅刀，结果被害人躲开了，没有造成什么后果，这种情况下就不以犯罪论处。但在直接故意的心态支配下，向被害人捅刀的行为，即使没有造成危害结果，仍然以故意杀人罪未完成形态论处。

三、故意的其他类型

将犯罪故意分为直接故意和间接故意是一种最常见的、最普遍的故意分类方法。除了这种分类方法以外②，还有以下一些分类方法。

---

① 参见樊凤林、周其华、陈兴良主编：《中国新刑法理论研究》，187页，北京，人民法院出版社，1997。

② 关于犯罪故意的类型，亦有学者分类为行为故意与结果故意、目的故意与非目的故意、预谋故意与非预谋故意、作为故意与不作为故意。参见贾宇：《犯罪故意类型新论》，载《法律科学》，2002（3）。

1. 根据行为人对危害结果预见的情况来分，故意被分为确定的故意与不确定的故意

确定的故意是指行为人对于构成犯罪的事实有具体、确定的认识，并进而决定使其发生。通常情况下的犯罪故意，大多数属于确定的故意。

不确定的故意是指行为人对于构成犯罪之事实无具体、明确的认识，包括对犯罪客体无确定之认识和对犯罪结果无确定之认识。前种情形为择一故意和概括故意，后种情形为未必故意。择一故意是指行为的结果是确定的，客体也是确定的，但侵害的对象不确定。在数个可能遭受侵害的对象中，无论何者发生一定之结果，均不违背行为人之本意，例如，甲、乙二人并立，丙自后持枪射击，死者非甲即乙，但不论谁死，均不违背丙之本意。概括故意是指行为人对于犯罪结果之发生仅有概括的认识，而不确知到底可对多少侵害对象发生一定之危害结果，如向一群人投掷炸弹，预见到必然会造成其中一定人的死伤，但对于具体死谁伤谁、死伤多少，无明确的认识。未必故意又称间接故意，即行为人预见到一定结果会发生，又以未必发生的意思加以实行，致使该结果的发生。①

2. 根据行为的不同状态，故意被分为积极故意与消极故意

积极故意是指行为人认识到自己的行为能够产生危害社会的结果，而决意实行之；消极故意是指行为人认识到危害结果的发生，自己有防止发生的义务而不加以防止，致使该结果发生。

3. 根据故意内容是否依附于一定条件，故意可以分为无条件的故意与附条件的故意

无条件的故意是指行为人决意无条件地实施直接引起危害结果发生的行为的心理态度。在这种情况下，故意内容的实现不依附于任何条件。附条件的故意是指行为人决意在具备某种条件之后，便实施直接引起危害结果发生的行为的心理态度。例如，做好杀死对方的准备，如果与对方交涉不成功就杀死对方的，则成立杀人预备。再如，已经使用暴力袭击女方，但如果对方不漂亮就不奸淫，则成立强奸中止。如果具备条件，而实施行为导致结果发生的，则成立故意犯罪既遂。②

第三节　犯罪过失

一、犯罪过失的概念

《刑法》第15条第1款规定："应当预见自己的行为可能发生危害社会的结果，因为疏忽大意而没有预见，或者已经预见而轻信能够避免，以致发生这种结果的，是过失犯罪。"根据刑法的这一规定，所谓犯罪的过失，是指行为人应当预见自己的行为可能发生危害社会的结果，因为疏忽大意而没有预见，或者已经预见而轻信能够避免，以致发生这种结果的心理态度。

根据犯罪过失的上述概念，它与犯罪的故意一样，也是认识因素与意志因素的统一体，只不过行为人的认识因素与意志因素的内容有所不同而已。根据犯罪过失的上述两方面的因素，我们可以看出，犯罪过失具有以下特征。

---

① 参见马克昌主编：《犯罪通论》，344～345页，武汉，武汉大学出版社，1999。

② 参见苏惠渔主编：《刑法学》，修订版，163～164页，北京，中国政法大学出版社，2001。

1. 行为人的实际认识与认识能力不一致

在过失犯罪的场合，行为人具备认识自己行为可能发生危害社会结果的可能性，但事实上在行为时却没有认识到，或者虽然已经认识到，但对结果发生的可能性作出了错误的估计和判断，认为危害结果可以避免。

2. 行为人的主观愿望与客观效果不一致

在过失犯罪的场合，行为人在主观上对某种危害结果的发生既不希望也不放任，而持一种排斥和反对的态度。危害结果的发生完全是由于行为人缺乏注意、轻率行事造成的，是与行为人的主观愿望相违背的。

通过犯罪过失的特征，我们可以看到，行为人在过失犯罪的情况下所实施的危害社会的行为并非自觉自愿的，但是由于人的意志具有相对的自由，人可以凭借自己对客观事物的正确认识，在客观条件许可的范围内自由地选择自己的行为。在过失犯罪的情况下，行为人本来能够通过对客观事物的认识，或发挥自己的主观能动性，慎重从事，选择自己的行为，避免危害结果发生，但是行为人却在自己的意志支配下，对社会利益和群众的安危采取了严重不负责任的态度，从而造成严重危害社会的结果。

二、犯罪过失的类型

根据行为人的心理态度不同，在刑法理论上将其分为疏忽大意的过失和过于自信的过失两种类型。

(一) 疏忽大意的过失

疏忽大意的过失，是指行为人应当预见自己的行为可能发生危害社会的结果，因为疏忽大意而没有预见，以致发生了这种结果的心理态度。在疏忽大意的过失中，由于行为人对危害结果的发生没有预见，因而这种过失也被称为无认识的过失。它具有两个基本特征。

(1) 行为人应当预见自己的行为可能发生危害社会的结果。应当预见，是指行为人在实施行为时，对危害结果的发生既有预见的义务，又有预见的能力。这是疏忽大意的过失有别于意外事件的关键所在。所谓预见的义务，是指行为人在行为时对危害结果的发生负有预见的责任。预见的义务是由法律或者规章制度规定的，在没有相应的法律或者规章时，应根据共同生活准则或者生活经验来确定。所谓预见的能力，是指行为人在行为时对危害结果的发生有预见的现实条件和实际可能性。一般来讲，预见的义务与预见能力是有机统一的，法律只能对有条件可能预见的人提出预见的义务。因此，即使行为人对危害结果的发生负有预见义务，但在当时的情况下不具有预见的条件、不存在预见的能力的，即使发生严重的损害结果，也不能要求行为人对此负刑事责任。[①]

关于行为人对其行为的危害结果应否预见的判断，应以主观标准为根据、以客观标准为参考。一般的人能够预见到的危害结果，理智正常的行为人在正常条件下也应当能够预见到。但是，判定行为人能否预见的具有决定性意义的标准，只能是行为人的实际认识能力和行为时的具体条件。就是说，要根据行为人本身的年龄状况、智力发育、文化知识水平、业务技能和工作、生活经验等因素决定其实际认识能力，根据行为当时的客观环境和

① 参见姜伟：《犯罪故意与犯罪过失》，300～302页，北京，群众出版社，1992。

条件来具体分析行为人在当时的具体情况下，对行为发生这种结果能否预见。据此，一般人在普通条件下能够预见的，行为人可能因为自身认识能力较低或者行为时的特殊条件而不能预见；一般人在普通条件下不能预见的，行为人可能因为自身的认识能力较高或者行为时的特殊条件而能够预见。因此，关于行为人在行为时对某一危害结果究竟应否预见的判断，应综合主、客观两方面的实际情况进行科学的分析，才能得出正确的结论。

(2) 行为人由于疏忽大意没有预见到自己的行为可能发生危害社会的结果。所谓"没有预见到"，是指行为人在实施行为的当时没有想到自己的行为可能发生危害社会的结果。这种主观上对危害结果的无认识状态，是疏忽大意过失心理的基本特征和重要内容，也是行为人在毫无警觉的情况下引起危害社会的结果发生的根本原因。

本章［引例］甲、乙、丙、丁系列案件中，根据案情，丁没有意识到自己的行为会导致他人死亡的结果，但是其没有意识到或者说没有预见到是有过错的，因为作为一个正常的人，他应当预见到，有这个谨慎小心的注意义务，所以，丁对老头的死亡就是属于疏忽大意的过失。

(二) 过于自信的过失

过于自信的过失，是指行为人已经预见到自己的行为可能发生危害社会的结果，但轻信能够避免，以致发生这种结果的心理态度。由于行为人事先已经预见到自己的行为可能发生危害社会的结果，因而这种过失又被称为有认识的过失。它有两个方面的特征：

(1) 行为人已经预见到自己的行为可能发生危害社会的结果。这是过于自信的过失成立的前提。对于过于自信的过失来说，行为人对自己行为的危害结果的预见，只能是预见到这种结果可能发生，而不能是预见到这种结果必然发生。因为过于自信的过失的特征是轻信能够避免这种结果发生，而只有在预见危害社会结果可能发生的条件下，才会轻信能够避免这种结果发生。如果预见危害结果必然发生即不可避免地发生，那么行为人就没有理由相信能够避免这种结果发生了。

过于自信的过失的行为人对危害结果的发生的预见可分为两种情况：一是认识到了自己行为发生危害社会结果的抽象危险，即行为人根据常识或经验已经认识到了自己的行为可能产生危害结果，只是这种预见比较抽象，尚未具体化到特定的犯罪样态。二是认识到自己的行为可能发生危害社会结果的具体危险，即行为人在实施某种行为时，已经预见到危害结果的具体形式，并指向特定的对象。

(2) 行为人轻信能够避免但未能避免，以致发生了危害结果。所谓轻信能够避免，一般包含着以下三个方面的意义：1) 行为人相信危害结果不会发生，即对危害结果的发生，行为人是持否定态度的。2) 相信能够避免危害结果的发生有一定的实际根据。这就是说，行为人不是毫无根据地认为不会发生危害社会的结果，而是有实际的根据才相信可以避免，如行为人本人的熟练技巧或者较强的体力，行为人对客观环境或者自然规律的熟悉等。3) 相信能够避免危害结果发生的根据并不可靠。这就是行为人过高地估计能够避免危害结果发生的根据，以致最终还是发生了危害结果。正因为如此，这种过失才叫作过于自信的过失。①

本章［引例］甲、乙、丙、丁系列案件中，丙已经认识到如果楼下有人，从上面扔砖

① 参见韩玉胜主编：《新编刑法教程》，101页，北京，中国人民公安大学出版社，2003。

头有可能导致他人伤亡的后果发生，但他根据对楼下一侧具体情形的判断，认为在这个恐怖阴森的地方，白天都很少有人，那么夜晚肯定没有人了。其由于错误地估计了外界条件而扔下砖头，没有想到例外的情况存在，丙对该小伙子的死亡应该是过于自信的过失。

（三）疏忽大意的过失、过于自信的过失及间接故意的区别

【案例 8-2】　谭某过失致人死亡案

谭某于某日中午与妻子吵架，屋外已有不少人围观。谭某对妻子进行辱骂，其妻一气之下从室内拿出一瓶“1605”剧毒农药，并揭开瓶盖，声言要喝下农药死在谭某面前。谭某见此情景，急忙将其妻手中的药瓶夺下，顺手向屋外扔去，结果将瓶中药水洒在屋外观看的两个幼女的头、颈部并流入口中，导致一名幼女中毒死亡。谭某主观上是否具有过失?

过于自信的过失与疏忽大意的过失都是犯罪过失，二者对危害结果的出现都是持反对的、否定的态度的，结果出现都是意料之外、没有想到的。关键区别点就在于行为当时是否已经认识到其行为可能会导致某种结果的发生：过于自信的过失在行为当时行为人已经预见到其行为可能导致某种危害结果的发生，但凭借一定的条件而轻信可以避免；而疏忽大意的过失在行为当时行为人根本没有预见。① 所以过于自信的过失又被称为“有认识的过失”，疏忽大意的过失又被称为“无认识的过失”。

本章［案例 8-2］中，谭某究竟是具有过于自信的过失还是疏忽大意的过失，关键看行为人当时对其行为所导致的结果有没有认识到。如果有所认识，那么就是过于自信的过失。当然，过于自信的过失的判断还要借助另外一点，就是看他有没有凭借一定的依据。本案中，谭某由于当时情势紧张，一时疏忽，忘记自己扔出去的是毒药。由于其已经明知是毒药，所以谭某应该有这个预见能力和预见义务，但是，由于疏忽没有预见到。

过于自信的过失与间接故意有相似之处，都认识到危害结果发生的可能性，都不希望危害结果的发生，但二者是有区别的。从本质上说，间接故意所反映的是对社会关系的积极蔑视态度，过于自信的过失所反映的是对社会关系消极不保护的态度。这种本质上的差别，又是通过各自的认识因素与意志因素体现出来的。首先，间接故意是“明知”危害结果发生的可能性；过于自信的过失是“预见”危害结果发生的可能性。“明知”比“预见”要具体、要全面，说明间接故意的行为人认识到结果发生的可能性较大。其次，间接故意是为了实现其他犯罪意图或非犯罪意图而实施行为，根本不考虑是否可以避免危害结果的发生，事实上行为人也没有采取避免结果的措施；具有过于自信的过失的行为人之所以实施该行为，是因为考虑到可以避免危害结果的发生，事实上行为人也采取了避免结果的措施。最后，间接故意是放任危害结果的发生，结果的发生符合行为人的意志；过于自信的过失既不希望也不放任危害结果的发生，结果的发生违背行为人的意志。

（四）过失的其他类型

1. 普通过失与业务过失

根据行为人所违反的是否为业务上的注意义务，可以将过失分为普通过失与业务过失。普通过失是指行为人在日常生活或一般社会交往中，违反一般注意义务，造成危害结

---

① 参见高铭暄主编：《新编中国刑法学》(上册)，186～187 页，北京，中国人民大学出版社，1999。

果的心理态度。普通过失的主体是一般主体，其违反的是一般的社会生活准则，发生在日常生活或一般社会交往中。过失致人死亡、失火等均为普通过失。[①] 业务过失是指行为人在业务活动中，违反业务上的注意义务，造成危害结果的心理态度。业务过失的主体是从事业务的人员，其违反的是业务上的特别注意义务，注意义务的具体内容由业务性质与范围决定；业务过失发生在业务活动中，这里的“业务”是指具有危险性的、反复实施的技术性或技能性活动。我国刑法规定的交通肇事罪、重大责任事故罪等属于业务过失犯罪。[②]

由于业务过失犯罪的发案率高、危害性大、行为人违反义务的程度重，因而在外国刑法中，业务过失犯罪的法定刑均重于普通过失犯罪。但我国刑法则相反，这在立法当时或许具有一定理由，但从现行情况来看，规定业务过失犯罪的法定刑重于普通过失犯罪的法定刑才是合适的。[③]

2. 重过失与轻过失

根据过失的程度，可以将过失分为重过失与轻过失。重过失是指违反注意义务的程度严重的过失，即只要行为人稍加注意就可以避免结果的发生，但行为人违反了这种起码的注意义务。例如，在油库抽烟却没有预见到发生火灾，或者已经预见而轻信能够避免，就属于重过失。业务过失实际上都应属于重过失。

轻过失是指违反注意义务的程度轻微的过失，即较难预见或者避免结果，行为人因为不注意而没有预见或避免。轻过失反映的主观恶性明显比重过失的轻，故前者的刑事责任轻于后者。当然，在量刑时还要考虑其他事实与情节。

三、刑法对于过失犯罪的规定情况

根据刑法总则对过失犯罪条件的规定，认真分析我国刑法分则条文对犯罪的规定，能构成过失犯罪的，可分为四类。

第一类，刑法设专条，明确规定为过失犯罪，如《刑法》第233条规定的过失致人死亡罪，第235条规定的过失致人重伤罪。

第二类，刑法条文在前款规定的是故意犯罪，在该条文后面款项中又明确规定该罪的过失犯罪，如《刑法》第115条第2款规定的失火罪、过失决水罪、过失爆炸罪、过失投放危险物质罪、过失以危险方法危害公共安全罪，第119条第2款规定的过失破坏交通工具罪、过失破坏交通设施罪、过失破坏电力设备罪、过失破坏易燃易爆设备罪，第124条第2款规定的过失破坏广播电视设施、公用电信设施罪，第324条第3款规定的过失损毁文物罪，第370条第2款规定的过失提供不合格武器装备、军事设施罪，第398条第1款规定的过失泄露国家秘密罪，第432条第1款规定的过失泄露军事秘密罪。

第三类，刑法条文中没有明确规定是故意犯罪还是过失犯罪，司法实践中认定为过失犯罪，如《刑法》第131条规定的重大飞行事故罪，第132条规定的铁路运营安全事故罪，第133条规定的交通肇事罪，第134条规定的重大责任事故罪，第135条规定的重大劳动安全事故罪，第135条之一规定的大型群众性活动重大安全事故罪，第136条规定的危险物品肇事罪，第167条规定的签订、履行合同失职被骗罪，第229条第3款规定的出具证

① 参见苏惠渔主编：《刑法学》，修订版，169～170页，北京，中国政法大学出版社，1999。

② 参见赵瑞罡：《监督过失论》，载《政治与法律》，2001（3）。

③ 参见姜伟：《犯罪故意与犯罪过失》，311～325页，北京，群众出版社，1992。

明文件重大失实罪，第335条规定的医疗事故罪，第400条第2款规定的失职致使在押人员脱逃罪，第406条规定的国家机关工作人员签订、履行合同失职被骗罪，第408条规定的环境监管失职罪，第408条之一规定的食品监管渎职罪，第409条规定的传染病防治失职罪，第412条第2款规定的商检失职罪，第413条第2款规定的动植物检疫失职罪，第419条规定的失职造成珍贵文物损毁、流失罪，第425条规定的擅离、玩忽军事职守罪，第436条规定的武器装备肇事罪。

第四类，刑法条文中没有明确规定是过失犯罪还是故意犯罪，司法实践中意见分歧很大，有的认定为故意犯罪，有的认定为过失犯罪，如《刑法》第137条规定的工程重大安全事故罪；第138条规定的教育设施重大安全事故罪；第139条规定的消防责任事故罪；第168条规定的国有公司、企业、事业单位人员滥用职权罪，国有公司、企业、事业单位人员失职罪；第330条规定的妨害传染病防治罪；第331条规定的传染病菌种、毒种扩散罪；第332条规定的妨害国境卫生检疫罪；第334条第2款规定的采集、供应血液、制作、供应血液制品事故罪；第337条规定的妨害动植物防疫、检疫罪；第338条规定的污染环境罪；第397条规定的滥用职权罪、玩忽职守罪。

上述四类犯罪中，第一类和第二类是刑法条文中明确写明是过失犯罪的，刑法理论研究和司法适用中没有异议。第三类和第四类是刑法条文中没有写明是过失犯罪还是故意犯罪的。对于第三类犯罪是过失犯罪还是故意犯罪，尽管存在意见分歧，但还能统一认识，认定为过失犯罪；对于第四类犯罪是过失犯罪还是故意犯罪，则分歧较大，影响对刑法条文规定的正确适用。

四、意外事件

《刑法》第16条规定："行为在客观上虽然造成了损害结果，但是不是出于故意或者过失，而是由于不能抗拒或者不能预见的原因所引起的，不是犯罪。"这就是刑法中的意外事件。意外事件的主要特征有：(1) 行为人的行为在客观上造成了损害的结果。这种损害结果是由行为人的行为直接引起的，二者间存在刑法上的因果关系。这种特定的客观事实的出现，是意外事件成立的前提条件。(2) 行为人在主观上对于自己的行为造成的损害结果没有任何过错。行为人对于自己的行为所造成的损害结果，在主观上既非出于故意，亦非出于过失。基于此又可将其称为无罪过事件。(3) 损害结果是由不能预见或者不能抗拒的原因引起的。在这里导致意外事件发生的原因有：一是不能预见的原因。在这一情况下，行为人没有预见自己的行为可能造成损害结果，根据行为当时的情况来判断，他既不可能预见也不应当预见。二是不能抗拒的原因。在这一种情况下，虽行为人认识到自己的行为会发生损害结果，但由于当时的主、客观条件的限制，行为人无力排除或者防止损害结果的发生。①

意外事件和疏忽大意的过失有相似之处，对于行为结果的发生，行为人事先都没有预见，但是，两者之间存在本质的区别。意外事件是因为行为人对损害结果的发生不能预见而没有预见，而疏忽大意的过失则是行为人对危害结果的发生应当预见，因为疏忽大意而没有预见。这一区别也正是缺乏认识因素的意外事件不认为是犯罪而疏忽大意的过失却被

① 参见韩玉胜主编：《新编刑法教程》，102页，北京，中国人民公安大学出版社，2003。

认为是犯罪的根本原因所在。疏忽大意的过失犯罪与意外事件的界限，是罪与非罪的界限。正确划清这一界限，不仅可以防止将那些工作草率马虎、敷衍了事，因而给国家造成损失的过失犯罪行为误认为是意外事件，轻纵犯罪分子，而且可以避免在认定犯罪问题上出现“客观归罪”的错误，将意外事件误认为过失犯罪，使得无辜者负担刑事责任。

第四节　犯罪的目的和动机

一、犯罪目的与犯罪动机的概念

在现实生活中，人们所从事的一切有意识的活动，都是在一定的动机支配下，通过实施一定的行为，去达到自己所要追求的目的的。动机是推动行为人追求某种目的的内心起因或者内在动力，而目的则是行为人在一定的动机推动下希望通过实施某种行为来达到某种结果的心理态度。刑法意义上所说的目的与动机，虽然同样具备心理学意义上的目的与动机的特征，但是它们并非完全等同。作为犯罪主观方面的因素之一，犯罪的目的与动机不仅对危害行为的危害性质和危害程度有影响，而且对定罪与量刑也有一定影响。

犯罪目的，是指犯罪人希望通过自己所实施的犯罪行为达到某种危害社会的结果的心理态度。如杀人犯在实施杀人行为时，就是以非法剥夺他人的生命为目的的。犯罪的目的只存在于直接故意犯罪的过程中，间接故意犯罪和过失犯罪不存在犯罪的目的。由此可见，行为人对某种危害结果所持的希望、追求的心理，实际上就是犯罪目的的内容。我国刑事立法，对绝大多数直接故意犯罪没有规定犯罪的目的，其道理就在于此。但是，对有的犯罪，刑法对其主观目的还是作了明文规定的。例如，《刑法》第217条规定的侵犯著作权罪就特别规定应“以营利为目的”。刑法作出这种规定，是为了表明构成某种犯罪不仅要求行为人在主观上存在故意的心理，而且要求具有特定的目的。①

犯罪动机，是指刺激犯罪人实施犯罪行为以达到犯罪目的的内在冲动或者内心起因。行为人某种犯罪目的的确立，绝不可能是无缘无故的，而始终是以一定的犯罪动机作指引的。例如，对直接故意杀人罪而言，非法剥夺他人的生命是其犯罪目的，而促使行为人确定这种犯罪目的的内心起因，则可能是贪财、仇恨、报复或者极端的妒忌心理等。因此，如果我们不能弄清犯罪的动机，就不能真正地了解犯罪人为何要去追求某种犯罪目的。

二、犯罪目的与犯罪动机的关系

犯罪的目的与犯罪的动机既密切联系，又相互区别。二者的密切联系表现在：第一，二者都是犯罪人实施犯罪行为过程中的主观心理活动，都反映了犯罪人的主观恶性及行为的社会危害性；第二，犯罪目的以犯罪动机为前提和基础，它源于犯罪的动机，是犯罪动机的延伸和发展，而犯罪动机对犯罪目的的形成又具有促进作用，犯罪目的是犯罪动机进一步发展的结果；第三，二者有时表现为直接的联系，即它们所反映的行为人的需要是一致的，如出于贪财图利的动机所实施的以非法占有为目的的财产犯罪即是如此。

---

① 参见韩玉胜主编：《新编刑法教程》，103页，北京，中国人民公安大学出版社，2003。

犯罪的目的与犯罪的动机虽有一定的联系，但又有区别。其区别在于：第一，二者形成的时间先后不同。犯罪动机是促使犯罪人实施犯罪行为以达到犯罪目的的内心冲动或者内心起因，它产生于犯罪目的之前；而犯罪的目的是犯罪人通过实施某种犯罪行为所希望达到的结果，它形成于犯罪的动机之后。第二，同一种犯罪的目的相同，而犯罪动机则可能有所不同。第三，一种犯罪动机可以导致几种不同的犯罪目的。第四，犯罪动机与犯罪目的在某些情况下反映的需要并不一致。第五，犯罪目的与犯罪动机在定罪量刑中的作用不同。一般来讲，作为内心起因的动机具有善恶之分或者程度之别，能够反映行为人主观恶性的严重程度，因而往往是犯罪的量刑依据①，故犯罪目的的作用偏重于影响定罪，犯罪动机的作用则偏重于影响量刑。

三、研究犯罪目的与犯罪动机的意义

(一) 研究犯罪目的的意义

犯罪目的作为犯罪主观方面的选择条件，对定罪具有突出的影响，主要表现在以下两个方面：

(1) 在刑法对某种犯罪明确规定犯罪目的的情况下，特定的犯罪目的是犯罪构成的必备条件。它不仅可以成为区分罪与非罪的标准，而且可以成为划分此罪与彼罪的标准。

(2) 在刑法对某种犯罪没有明确规定犯罪目的的情况下，犯罪目的也是其犯罪直接故意中存在的一个重要内容，因而在分析具体犯罪构成的主观要件时，明确其犯罪目的的内涵并予以确切查明，对定罪也有重要意义。

(二) 研究犯罪动机的意义

犯罪动机作为犯罪主观方面的构成因素，不仅对量刑有突出的影响，而且对定罪在某种程度上也有一定的影响。

(1) 犯罪动机对量刑的意义。犯罪动机是犯罪的重要情节之一，不同的犯罪情节对量刑有着非常重要的影响，因此不同的犯罪动机在司法实践中对量刑的轻重必然会带来一定的影响。

(2) 犯罪动机对定罪的意义。根据我国《刑法》第 13 条“但书”的内容以及分则中所规定的某些情节犯的要求，某些行为是否构成犯罪，除了看是否具备犯罪构成的其他要件外，还要视其情节是否轻微或是否显著轻微。这样，作为犯罪重要情节之一的犯罪动机，自然在一定程度上成为影响犯罪成立的一个因素。因此，犯罪动机不仅影响量刑，也影响定罪。

第五节　刑法中的认识错误

刑法中的认识错误，是指行为人对于自己的行为在法律上的意义或者对有关客观事实存在的不正确认识。由于这种认识错误关系到行为人刑事责任的追究问题，因而值得认真对待。根据行为人认识错误产生的原因不同，在刑法理论上将这种认识错误分为两种情况：一是行为人对法律的认识错误，二是行为人对事实的认识错误。

---

① 参见张浩然：《理论刑法学》，246 页，上海，上海人民出版社，2000。

一、行为人对法律的认识错误

行为人对法律的认识错误，是指行为人在有意识地实施某种行为时，对自己行为的法律性质或意义有不正确的认识。这类认识错误包括以下三种情况：

（1）误认无罪为有罪，即行为人的行为依照法律并不构成犯罪，行为人误认为构成了犯罪。这种认识错误不影响对该行为认定无罪。

（2）误认有罪为无罪，即行为人的行为依照法律的规定已经构成了犯罪，而行为人却误认为不构成犯罪。由于刑事违法性不是犯罪故意的认识内容，因而这种认识错误不影响故意犯罪的成立。

（3）对定罪量刑的误认，即行为人认识到自己的行为已经构成了犯罪，但对于其行为触犯了刑法规定的何种罪名、应当被处以什么样的刑罚，存在不正确的理解。这种认识错误既不影响定罪，也不影响量刑。①

二、行为人对事实的认识错误

【案例8-3】　　甲、乙共同故意杀人案

甲、乙共谋杀害在博物馆工作的丙。两人潜入博物馆，同时向丙各开一枪。甲击中丙身边的国家重点保护的珍贵文物，造成文物毁损的严重后果，乙未击中任何对象。对此，甲、乙属于故意杀人的共犯，还是甲触犯故意杀人罪和过失损毁文物罪、实行数罪并罚，抑或甲的行为成立牵连犯？

行为人对事实的认识错误，是指行为人对与自己行为有关的事实情况所产生的不正确的认识。这类认识错误是否影响行为人的刑事责任，要区别情况具体对待：如果行为人对犯罪构成要件方面的事实情况认识错误，就会影响行为人的刑事责任；如果行为人对犯罪构成要件以外的事实情况认识错误，则不影响行为人的刑事责任。行为人对事实的认识错误有以下几种情况。

（一）对客体的认识错误

所谓行为人对客体的认识错误，是指行为人对其危害行为侵犯的社会关系的性质产生不正确认识。② 例如，甲打伤乙，未认识到乙是国家机关工作人员且当时正在执行公务，甲的行为客观上是妨害公务。但是，由于行为人甲认识到自己的行为侵害的是他人的人身健康权利，未认识到自己是在妨害公务，所以，行为人甲具有伤害的故意，而对妨害公务不具有故意。对客体认识错误在这种情况下排除行为人对超出其认识范围的实际结果的故意。

（二）对行为对象的认识错误

这包括以下几种情况：

（1）误认甲对象为乙对象，而两者体现的合法权益相同。如行为人本欲杀甲，在黑夜里误将乙当作甲杀害。这种认识错误不影响对行为的定性。因为故意的认识因素是对行为的危害性质与危害结果的认识，具体对象不同但所体现的合法权益性质相同时，行为所侵

---

① 参见刘明祥：《错误论》，145～146页，北京，法律出版社；东京，成文堂，1996。

② 参见姜伟：《犯罪故意与犯罪过失》，452～453页，北京，群众出版社，1992。

犯的合法权益性质就没有改变，因而罪过的内容并没有改变，对该行为仍应认定为故意犯罪既遂。

（2）误认甲对象为乙对象，而两者体现的合法权益不相同时，应当结合行为人在主观与客观方面的实际情况进行定性。这种认识错误超出了犯罪构成的范围，行为人所认识的事实与现实所发生的事实分属不同犯罪的构成要件，因此也称为不同犯罪间的错误。如甲有盗窃财物的故意，误将装有枪支的密码箱盗走，因甲主观上没有盗窃枪支的故意，故不构成盗窃枪支罪。

（3）误将非犯罪对象当作犯罪对象加以侵害。如甲与乙有仇，一天夜晚，甲持枪潜伏在乙家屋后的树林内，当他发现乙家有一黑影晃动时，遂开枪射击，结果甲打到的不是乙，而是乙家饲养的一只老山羊。这种情况应按故意杀人未遂定性。

（4）误将犯罪对象当作非犯罪对象加以侵害。如王某晚上外出打狼，结果却误认坐在树底下的男青年张某是狼，开枪将其打死。在这种情况下，行为人主观上没有认识到自己的行为可能发生危害社会的结果，因而不能认定为故意犯罪。如果行为人应当预见而由于疏忽大意没有预见，则应认定为过失犯罪；如果不能预见、不应预见，则是意外事件。

（三）对行为的认识错误

这包括以下几种情况：

（1）对行为性质的认识错误，是指行为人对自己行为的性质所产生不正确理解，如假想防卫、假想避险等。对于这种情形不能定为故意犯罪，如果行为人有过失，就认定为过失犯罪；如无过失，则无罪。

（2）对行为方法的认识错误，是指行为人对于自己所使用的手段是否会引发危害结果存在不正确的认识。这包括三种情况：一是行为人所使用的手段本来会引发危害结果，但行为人误认为不会引发危害结果。如行为人将毒酒误认为药酒而给他人饮用，致人死亡。对于这种情况，如有过失，则定为过失犯罪；如无过失，则认定为无罪。二是本欲使用会引发危害结果的手段，但由于认识错误却使用不会引发危害结果的手段。如行为人误将白糖当成砒霜意图毒死他人。对于这种情况应认定为故意犯罪未遂。三是行为人因为愚昧而使用的手段不可能导致危害结果发生，但行为人误认为可以导致危害结果发生。例如，行为人采取诅咒、画符等手段意图致人死亡，因这种情况属“迷信”犯，应认定为无罪。

本章［案例 8-3］甲、乙共同故意杀人案中，首先，甲、乙具有杀人的共同故意，也存在共同的杀人行为。其次，甲的枪击行为存在打击错误，因其出于杀人的故意，但没有造成他人的死亡，故成立故意杀人罪未遂，同时还触犯过失损毁珍贵文物罪，但其只实施了一个枪击行为，故属于想象竞合关系，由于故意杀人罪显然属于重罪，所以应以故意杀人罪论处。同时，甲、乙之间构成故意杀人罪的共犯关系。

（四）对因果关系的认识错误

所谓因果关系认识错误，是指行为人对于自己危害社会的行为与危害结果之间的因果联系产生不正确认识。这一方面的认识错误，在现实生活中包括以下几种情况：

（1）因果关系内容的错误。一是实际结果小于行为人预想的结果。例如，行为人意图杀人，实际上只造成他人伤害。这种错误不影响行为人的故意心理，但其只负未遂责任。二是实际结果大于行为人预想的结果。例如，行为人只意图伤害他人，结果却造成他人死亡。这种错误不影响行为人原有的故意心理，但对实际发生的超出故意范围的结果要排除故意，行为人只应负过失的责任。

(2) 因果关系联系的错误。如行为人误认为犯罪结果是由自己的行为引起的，但实际上是由行为人以外的其他原因造成的。例如，甲与乙有仇，某日晚，甲趁乙外出，开枪击中乙，甲以为乙已死即逃走。甲次日得知乙已死亡，以为是自己打死的，实际是乙在苏醒后爬到一公路上被汽车轧死的。对此，甲对乙死亡的结果只应负故意杀人未遂的责任。

(3) 因果关系进程的错误。行为人对因果内容明白无误，然而对因果关系的进程产生了歪曲的反映。如甲欲淹死乙，推乙于河中，结果乙并未被水淹死，而是头撞到河中的石头而死亡。这种对因果关系进程的认识，不属于犯罪故意的内容，因而行为人仍应负故意杀人既遂的责任。

总之，事实认识错误问题，不论是行为性质的认识错误，还是行为对象的认识错误，抑或是因果关系的认识错误等，处理方式上都有一条规则：首先看行为人有没有犯罪故意，如果有犯罪故意，那么不是犯罪既遂就是犯罪未遂；如果没有犯罪故意，那么就是过失犯罪或者是意外事件。而对因果关系的认识错误，原则上不影响定罪量刑。

【问题与思考】

1. 警察甲发现自己配备的公务用枪丢失后，不及时报告。乙利用甲丢失的枪支杀死、杀伤若干人。甲的主观心理态度是什么？

2. 甲在走路时突然遭到乙的辱骂，甲便掏出手枪对准乙。在甲还未决定是杀乙、伤乙还是吓唬乙时，子弹便射中乙，致乙死亡。能否认定甲有杀人的故意？

3. 货车司机甲马马虎虎将物品装上车后，超速行驶，致使车上的物品掉下来，砸死正在路边步行的乙。能否认定马虎装车与超速行驶都是过失行为？在危险行为日益增多的今天，是应当扩大过失犯罪的成立范围，还是应当缩小过失犯罪的成立范围？

4. 某村村长甲威信高，对本村村民的违法乱纪行为通常采取的措施是关押 24 小时，从而使违法乱纪的现象减少。村民都拍手称快，甲也从未认为自己的行为是违法。甲的行为是否构成犯罪？

5. 甲化装后拦路强奸妇女，黑夜中将提前下班的妻子当作其他妇女，对其实施了“强奸”行为。甲的行为是否成立强奸妇女罪？

6. 一日，甲带着邻居家男孩乙到公园玩耍。甲与乙开玩笑，就提着他的双脚将其悬于一座桥的栏杆外。乙边喊“饶命”边挣扎，甲手一滑，乙掉下河中，甲急忙去救，乙已溺水而亡。甲对乙的死亡结果在主观上所持的心理态度如何？怎么确定故意犯罪和过失犯罪的实行行为？

第九章 排除犯罪的事由

参考书目

1. 陈兴良. 正当防卫论. 2版. 北京：中国人民大学出版社，2006.

2. 王政勋. 正当行为论. 北京：法律出版社，2000.

3. 彭卫东. 正当防卫论. 武汉：武汉大学出版社，2001.

4. 郭泽强. 正当防卫制度研究的新视界. 北京：中国社会科学出版社，2010.

5. 谢雄伟. 紧急避险基本问题研究. 北京：中国人民公安大学出版社，2008.

6. 田宏杰. 刑法中的正当化行为. 北京：中国检察出版社，2004.

7. 王骏. 刑法中的正当事由基本问题研究. 北京：中国社会科学出版社，2013.

参考法规

1.《刑法》第20～21条

2. 1983年9月14日最高人民法院、最高人民检察院、公安部、国家安全部、司法部《关于人民警察执行职务中实行正当防卫的具体规定》

引例9-1 汪某防卫挑拨案

汪某与邻居长期不和，双方时有厮打行为。汪某与妻子商量，要好好教训一下邻居。其妻子出主意说："先打人的无理，咱不能先动手，将来不好办，想办法让对方先动手。"此后，汪某对邻居多次挑衅。某日，汪某故意将开水泼到了邻居之妻的身上，致其胳膊被烫伤。邻居气愤之下，将汪某的头部打破。汪某遂将该邻居打倒在地，用棍猛击其头部，致其严重脑震荡。邻居找到村委会要求汪某赔偿，但汪某与其妻子坚称是邻居先动手的，他们是正当防卫，拒绝赔偿。汪某的这种行为是正当防卫吗？

第一节　排除犯罪事由概述

一、排除犯罪事由概述

（一）排除犯罪事由的含义和特征

排除犯罪事由，是指那些在形式上似乎符合某种犯罪构成而实质上不具有社会危害性和刑事违法性，从而不构成犯罪的行为，如正当防卫、紧急避险、依照法律进行的行为、正当业务行为等。

排除犯罪事由具有如下特征：

一是形式上近似某种犯罪构成。这是刑事立法规定排除犯罪事由和刑法理论研究排除犯罪事由的原因之一。如果某种行为与犯罪没有任何的相似之处，刑事立法就没有必要加以规范，刑事理论也就不会进一步研究。

二是实质上不具有社会危害性和刑事违法性，因而不构成犯罪。排除犯罪事由，首先不具有社会危害性，而且通常是对社会有利的。如正当防卫是为了保护合法利益而对正在进行不法侵害的人造成必要损害的行为；紧急避险是为了保护更大的合法权益而牺牲较小的合法权益。因而，它们都是对社会有益的行为。但是，需要提出的是，并非所有的排除犯罪事由，都有益于社会。如经权利人同意以不危害公共利益和他人合法权益的方法毁坏其财产的行为，也属于排除犯罪事由的一种情形，但这种行为就不能认为是对社会有益的。理论上有人把实质上对社会有利无害作为排除犯罪事由的特征之一，这是不妥的。由于排除犯罪事由不具有社会危害性，而社会危害性是刑事违法性的基础和前提，因而，排除犯罪事由也就当然不具有刑事违法性。行为不具有社会危害性和刑事违法性，也就当然不构成犯罪。

（二）研究排除犯罪事由的意义

研究排除犯罪事由的理论意义在于，其有助于我们理解犯罪本质特征与法律特征的关系，有利于辨析我国犯罪构成理论与大陆法系国家（如德国、日本）犯罪构成理论的差异。在德国、日本等大陆法系国家的刑法理论中，通常将正当防卫、紧急避险等行为称为“违法阻却事由”，认为这类行为虽然具备犯罪构成要件的该当性，但刑法经过实质性的价值判断，免除了它们原有的违法性，因此行为人不负刑事责任。这种理论和我们在判断排除犯罪事由时的根据是不一致的，我们更强调的是将对实质性的社会危害性的判断作为第一步。①

---

① 参见韩玉胜主编：《新编刑法教程》，124页，北京，中国人民公安大学出版社，2003。

研究排除犯罪事由，有助于司法实践中将排除犯罪性的正当行为与相关犯罪行为区别开来。如正当防卫与防卫过当的界限，紧急避险与避险过当的界限等，都是正当行为与犯罪行为的界限。这些界限如何划分，是刑事司法实践必然要遇到的问题。对排除犯罪性行为进行理论研究，可以为司法实践解决问题提供理论上的协助。

二、排除犯罪性行为的种类

关于排除犯罪事由，我国《刑法》明文规定的只有正当防卫与紧急避险两种。但我国刑法理论普遍认为，排除犯罪性行为不限于这两种。但对于其他的排除犯罪性行为究竟有哪些，理论上尚未达成共识。有的认为，其他排除犯罪性行为包括：(1) 依照法令进行的行为或正当业务行为，包括：其一，依照法律进行的行为，具体又包括扭送人犯、监护行为、依法执行公务的行为；其二，执行命令的行为；其三，正当业务行为。(2) 自救行为。(3) 基于权利人承诺或自愿的行为，具体又包括：其一，被害人承诺的损害；其二，基于推定承诺的损害；其三，自损行为。有的认为，其他排除犯罪性行为包括依照法令进行的行为、执行上级命令的行为、正当业务行为和经被害人同意的行为。还有的认为，其他排除犯罪性行为包括：履行职务的行为，包括直接依法实施的职务行为和执行命令的职务行为；正当业务行为，包括医疗行为、竞技行为；自救行为；基于权利人自愿的损害，包括权利人明确承诺的损害、推定权利人承诺的损害和权利人的自损行为。

本书认为，其他排除犯罪性行为有：依法执行命令的行为；正当业务行为；经权利人承诺的行为；自救行为。总之，排除犯罪性行为共有三类：一是正当防卫，二是紧急避险，三是其他排除犯罪性行为。

(一) 依法执行命令的行为

这是指依照有效的法律、法规所实施的行使权利、履行义务或执行命令的行为。该行为可能在形式上符合某种犯罪的特征，但因其是依据法律、法规而实施的行为，不具有违法性，也不具有社会危害性，不存在构成犯罪的问题，如依法对犯罪嫌疑人实施逮捕的行为。再如某法警依照最高人民法院院长所签发的执行死刑命令对死刑犯执行枪决的行为，从表面上或者从自然意义上看，该法警的开枪射击行为属于典型的故意杀人行为，但因属于依据法律执行命令的行为而不存在犯罪的问题。

(二) 正当业务行为

这是指行为人根据其所从事的正当业务的要求所实施的行为。[①] 如医生为医治疾病摘除人体器官：该行为与故意伤害在外观上相同，但医生的行为是基于正当业务的要求所实施的，是有益于社会的，不存在犯罪的问题。再如，足球等激烈的体育竞技运动：球员在比赛过程中的踢球行为有可能导致对方球员受到伤害，但只要踢球者是严格依据竞赛规则并无恶意犯规，该伤害行为即因属于正当业务行为而不存在犯罪的问题。

(三) 经权利人承诺的行为

这也被称为被害人承诺而免责，是指经权利人同意或者要求，损害其某种合法权益的行为。该行为表明权利人自愿放弃该种合法权益，从而也就免除了行为人的法律责任，而不存在犯罪的问题。但要注意，经权利人或者被害人承诺而不构成犯罪的正当化事由受到

---

① 参见高格：《正当防卫与紧急避险》，128～129页，福州，福建人民出版社，1985。

严格的条件限制：首先，可以承诺而损害的合法权益必须是承诺者具有处分权的权益，如财产权，而人的生命权是不能由自己处分的，经请求或者同意剥夺他人生命，不能排除故意杀人罪的成立，典型的如安乐死问题、帮助自杀问题等；其次，承诺者要具有意志自由，且对承诺的事项具有正常的理解能力，是其真实意愿，所以，即使征得不满14周岁幼女的同意，与其发生性关系，也不能借口其“自愿”而免责；再次，损害没有超出所承诺的范围；最后，经承诺所实施的行为本身不得违反法律。

（四）自救行为

所谓自救行为，是指合法权益受到侵害的人，在通过法律程序、依靠国家机关不可能或者明显难以恢复的情况下，依靠自己的力量进行救济的行为。如抢夺罪的被害人，在犯罪分子即将逃往外地或者损毁所抢物品的场合，来不及通过司法机关挽回损失，使用暴力等手段迅速从抢夺犯手中强行夺回自己的财物，就是自救行为。作为排除犯罪性行为之一的自救行为，必须符合这样几个条件：一是合法权益已经受到非法侵害，不论该侵害是刚刚结束还是过了一段时间。这是自救行为与正当防卫的关键区别。二是通过法定程序、依靠国家机关已经不可能或者来不及挽回损失，只有当场实施自救才能恢复。这是自救行为同事后报复的关键区别。三是救济手段具有适当性，所造成的侵害同所救济的权益具有相当性，否则，造成不应有的损害的，行为可能需要负相应的刑事责任。

第二节　正当防卫

一、正当防卫的概念和意义

（一）正当防卫的概念

根据《刑法》第20条的规定，为了使国家、公共利益、本人或者他人的人身、财产和其他权利免受正在进行的不法侵害而采取的制止不法侵害的行为，对不法侵害人造成损害的，属于正当防卫。

上述规定表明，我国刑法中的正当防卫具有鲜明的特点：首先，在客观上它是同违法犯罪作斗争，保护国家利益、公共利益、本人或他人合法权益的正当行为。也就是说，这种行为本身并不具有社会危害性，而是对社会有益的行为。其次，在主观上，实施这种行为的动机和目的，是保护国家利益、公共利益、本人或他人的合法权益，并基于此采取了一种以抵抗或制止正在进行的不法侵害发生的防卫行为。因此，正当防卫与犯罪有着本质的区别，它不仅不构成犯罪，而且实际上是法律赋予公民同违法犯罪行为作斗争的一种正当的合法的防卫权利。例如，甲为了保卫自己的生命，与持刀杀人犯乙搏斗，在搏斗中将乙打死。该行为从表面上看，很像是杀人的犯罪行为，但实际上，应该认为是同犯罪作斗争的排除犯罪性行为。这正是正当防卫不负刑事责任的根据，同时也是正当防卫受到提倡和鼓励的原因。

（二）我国刑法规定正当防卫制度的意义

（1）在刑法上明确规定公民对于正在进行的不法侵害有权采取正当防卫的行为，并对由此而造成的必要损害不负刑事责任。这就在法律上明确了每个公民面对正在进行的不法侵害时的权利，对于鼓励、教育和支持广大群众积极勇敢地同违法犯罪作斗争，保护国家利益、公共利益、本人或他人合法权益，维护社会主义法制和培养社会主义道德风尚有积极作用。[①]

(2) 刑法关于正当防卫的规定，可以对犯罪分子起到一定的威慑作用。这对于减少犯罪和预防犯罪有一定的作用。

(3) 正当防卫制度体现并贯彻了专门机关与群众相结合的方针，一方面充分发挥公、检、法等专门机关的职能作用；另一方面又充分运用法律赋予公民正当防卫的权利，更好地同犯罪作斗争。

二、正当防卫的成立条件

(一) 正当防卫的起因条件

正当防卫的起因条件，是指存在具有社会危害性和侵害紧迫性的不法侵害行为。关于不法侵害的范围，有人认为仅指犯罪行为；有人认为包括违法和犯罪行为。本书认为后一种观点正确，因为如果把不法侵害仅限于犯罪行为，实际上限制甚至剥夺了公民正当防卫的权利，不利于同犯罪作斗争，与立法赋予公民正当防卫权利的宗旨不符。关于不法侵害的程度，有的认为对任何不法侵害都可以实行正当防卫，有的则认为只能对具有暴力性、破坏性、紧迫性的不法侵害实行正当防卫。

基于上述认识，对下列几种行为，均不能或不宜进行正当防卫：(1) 对合法行为不能进行正当防卫，合法行为包括依照法律进行的行为、执行命令的行为、正当业务行为等；(2) 对正当防卫行为不能实行反防卫；(3) 对紧急避险行为不能实行正当防卫；(4) 对意外事件不能实行正当防卫；(5) 对防卫过当、紧急避险过当不宜进行正当防卫；(6) 对过失犯罪和不作为犯罪不能进行正当防卫。此外，对于贪污、贿赂、侮辱、伪证等故意犯罪，不宜用正当防卫的手段去制止，因为这些犯罪通常不会形成防卫紧迫感，并且也不可能用对侵害人造成人身、财产等损害的方法来保卫合法权益，所以对这些犯罪只能用检举、揭发、扭送等方法，请求有关部门依法采取相应措施解决。[②] 上述各种行为，有的是正当合法行为，有的是缺乏侵害紧迫性的行为，故不能成为正当防卫的起因。

如果事实上不存在不法侵害，行为人误认为存在不法侵害而对臆想中的侵害者进行防卫，则属于假想防卫。假想防卫可能发生在两种场合：一种是发生在根本不存在不法侵害的场合，例如夜间误认来访的客人为盗贼而对其棒击“防卫”并造成重伤。另一种是发生在对不法侵害实施正当防卫的过程中，对与不法侵害无关的人实施了所谓正当防卫。例如王某正处于反击几个歹徒不法侵害的紧急情况下，民警黄某在当时既未穿警服又未表明身份的情况下，突然从背后抓住王某的肩膀，王某由于不可能预见对方是侵害者的帮凶还是民警而将黄某刺伤，就属于这类情况。对假想防卫的情形，应视行为人主观上有无过失而予以不同的处理：如果主观上有过失，并造成法律规定的损害后果，以过失犯罪论处；如果没有过失，则应当按照意外事件处理，不予追究行为人的刑事责任。

(二) 正当防卫的时间条件

正当防卫的时间条件，是指正当防卫只能在不法侵害正在进行之时实行，不能实行事前防卫或事后防卫。所谓不法侵害正在进行，是指不法侵害已经开始、尚未结束。“已经开始”，是指不法侵害人已经着手直接实施不法侵害行为，已经对法律所保护的权益构成

① 参见高格：《正当防卫与紧急避险》，16～17 页，福州，福建人民出版社，1985。

② 参见李海东：《刑法原理入门》，82～84 页，北京，法律出版社，1998。

了现实的威胁。它表现为已经逼近侵害对象、已经着手实行侵害、已经威胁到被害人的安全。例如，一个人正举枪要杀甲，即表明甲之人身安全已受到威胁，对举枪人即可进行防卫。如果对只是流露了犯罪意图或者处于犯罪预备阶段、尚未构成实际威胁的人进行防卫，被称为事前防卫，不是正当防卫。但是，当预备行为本身又构成另一犯罪（如为杀人而盗枪）时，可以进行正当防卫。此外，为保护人身和财产安全而预先安装防卫设施的行为，如果不具有危害公共安全的性质，应视为合法行为；如果危害公共安全，应视为非法行为，因此而造成不法侵害人伤亡的，也不能视为正当防卫。

关于确定不法侵害结束的标准，有行为完毕说、结果形成说、离开现场说、排除危险说等不同主张。[①] 本书认为，应当以不法侵害对合法权益所形成的现实危险是否排除为标准，来判断不法侵害是否终止。在实践中，下列情形一般均应视为不法侵害已经终止：第一，不法侵害已经完结。具体分为：一是侵害结果已经造成，侵害者也没有实施进一步侵害的明显意图，例如甲用刀将乙杀伤后，虽未离去，但已停止进一步侵害；二是侵害行为已被制止或者侵害者已经丧失了继续侵害的能力，例如，侵害者已经被抓获或者已被打昏。第二，不法侵害人自动中止侵害。例如甲劫持了乙女，意欲强奸，在乙的苦苦哀求之下，甲放弃了犯罪意图。以上的情况，都属于已经结束了的侵害行为，都已经失去了对其进行正当防卫的时间条件。在不法侵害已经终止后，对侵害人进行防卫的，属于事后防卫。对于事后防卫，应当按照防卫人的主观认识和客观危害来确定其是否应当承担刑事责任。

（三）正当防卫的对象条件

正当防卫的对象条件，是指正当防卫只能针对不法侵害者本人实行，不能及于第三者。正当防卫的对象，只限于实施不法侵害的自然人，而不包括动物、财产和法人，更不能及于无辜公民。至于不法侵害者是否具有责任能力，并不影响正当防卫的成立。对于未成年人以及精神病人的侵害，只要具有紧迫性，不管事前是否知道其为无刑事责任能力人或限制刑事责任能力人，都可以对其进行防卫反击，但在防卫手段上应有所节制。对于动物的侵害，如果属于自然侵害而将其打死打伤，不是正当防卫；如果动物是作为犯罪工具被人驱使，将其打死打伤，与其说是对动物的防卫，不如说是对人的防卫。对单位犯罪的不法侵害，应当通过正当的法律程序解决，不能进行正当防卫。

正当防卫的对象只能是不法侵害者本人，但如果在对不法侵害者进行防卫反击的同时，又对第三者的合法权益造成损害的，并不影响正当防卫的成立。至于在正当防卫过程中损害了第三者的合法权益的行为，应作具体分析，可能是正当防卫，也可能是紧急避险，还可能是过失行为或意外事件。

（四）正当防卫的主观条件

正当防卫的主观条件，是指防卫人主观上必须出于正当防卫的目的，即是为了保护国家、公共利益、本人或者他人的人身、财产和其他权利免受不法侵害。这也是防卫正当性的根据所在。如果不是出于上述目的，则不能成立正当防卫。

防卫目的的正当性是区分正当防卫与某些形似正当防卫而实为违法犯罪的行为的关键。形似正当防卫的行为有以下几种：

---

① 参见高格：《正当防卫与紧急避险》，26～28页，福州，福建人民出版社，1985。

一是防卫挑拨，是指行为人出于侵害的目的，以故意挑衅、引诱等方法促使对方进行不法侵害，而后借口防卫加害对方的行为。显然，行为人主观上不符合正当防卫的正当性的条件，而是故意违法犯罪行为。

本章［引例9-1］汪某防卫挑拨案中，汪某在主观上没有防卫意图，而是有预谋的犯罪。更明确地说，就是汪某的行为不是正当防卫行为，而是防卫挑拨，其行为构成故意伤害罪。本案涉及防卫挑拨与正当防卫的问题。正当防卫是为了保护本人、国家、社会和他人的利益而对不法侵害采取措施的正当行为，其主观上具有防卫意图。而防卫挑拨是故意诱发不法侵害，主观上具有借机伤害对方的犯罪意图而非防卫意图。在本案中，汪某主观目的是挑起被害人侵害自己，然后再借机教训被害人。然后，汪某多次挑衅其邻居，邻居在忍无可忍的情况下将他头部击伤，汪某便借机故意实施伤害行为。因此，汪某的行为是防卫挑拨而不是正当防卫。认定防卫挑拨的关键在于在查明客观的预谋和挑逗、引诱行为的有无的同时，更要注意查明行为目的这一主观内容。

二是相互的非法侵害行为，是指双方都出于侵害对方的非法意图而发生的相互侵害行为，如相互斗殴。① 当然，如果非法侵害的一方已经放弃侵害，例如宣布不再斗殴或认输、求饶、逃跑，而非法侵害的另一方仍穷追不舍、继续加害，则已经放弃侵害的一方就具备了进行正当防卫的前提条件，他可以为了制止对方的进一步加害而采取必要的反击措施，这种情形下的反击可以成立正当防卫。

三是为了保护非法利益而实行的防卫。其由于不具有防卫目的的正当性，因而也不是正当防卫行为。例如，走私犯为了保护走私的物品而将盗窃走私物品者打伤或者打死，赌徒为了保护赌资而将其他赌徒打伤的行为，都是为了实现其保护非法利益的目的，并不符合正当防卫的目的条件，不能成立正当防卫。

四是偶然防卫，是指行为人故意对他人实施侵害行为时，巧遇他人正在进行不法侵害，其行为客观上制止了他人的不法侵害的情况。如楼上居民甲从阳台上向和自己不和睦的、正在楼下和一女子勾勾搭搭的邻居乙丢下一花盆，砸伤乙。甲并不知道乙正在对该女子进行强制猥亵。甲的行为客观上制止了不法侵害，但是主观上其是出于泄私愤，并不符合正当防卫的防卫目的的条件，因而不是正当防卫而是故意犯罪。

（五）正当防卫的限度条件

【案例】　李某正当防卫案

2004年某晚，李某与朱女等人到某舞厅，殷某酗酒后亦与同伴到该舞厅。期间，殷某欲强邀与其素不相识的朱女跳舞，遭拒绝后仍纠缠朱女。李某遂上前以语言制止，双方发生口角。殷某随即双手各拿起一只空啤酒瓶，向李某及其同伴挥舞砸去。李某见状即夺下殷某手上的一只啤酒瓶，砸在殷某的头部左侧，致殷某头部当场出血。次日经法医鉴定，殷某左头顶部叶脑挫伤伴血肿，系重伤。

正当防卫的限度条件，是指正当防卫不能明显超过必要限度且造成重大损害。是否明显超过必要限度并造成重大损害，是区别防卫的合法与非法、正当与过当的一个标志。

如何理解正当防卫的必要限度？在我国刑法学界主要有“客观需要说”、“基本适应

① 参见高格：《正当防卫与紧急避险》，42～44页，福州，福建人民出版社，1985。

说”和“相当说”三种主张。[①] 客观需要说认为，正当防卫的必要限度，就是防卫人制止不法侵害所必需的限度。只要造成的损害是制止不法侵害所必需的，即使防卫在强度、后果等方面超过对方可能造成的侵害，也不能认为是超过了必要限度。该说实际上是单一地从防卫者角度来加以考虑。基本适应说主张，正当防卫的必要限度，就是防卫行为与不法侵害行为在性质、手段、强度和后果上要基本相适应；这种学说与前说的区别在于考虑到了侵害人的权利保障问题，但对防卫者的限制过于严格苛刻。相当说则认为，必要限度原则上应以制止不法侵害所必需为标准，同时要求防卫行为与不法侵害行为在手段、强度等方面不存在过于悬殊的差异。该说是前述两种对立学说的一种折中或综合。

上述三种观点中，“相当说”较为科学、合理。根据“相当说”的主张及我国《刑法》第20条第2款的规定，只要防卫行为是为制止不法侵害行为所必需的，而根据不法侵害发生的环境、防卫人与不法侵害人的力量对比等客观因素来判断，防卫行为的性质、手段、强度及造成的损害又不是明显超过不法侵害的性质、手段、强度及可能造成的损害，或者虽然防卫行为的性质、手段、强度及造成的损害明显超过不法侵害，但实际造成的损害并不算重大的，均属于正当防卫的范围，而不能认为防卫过当。

本章［案例］李某正当防卫案中，殷某因纠缠李某的女伴被制止而双手拿啤酒瓶砸向李某及其同伴，系不法侵害行为。李某为了使本人及他人的人身权利免受正在进行的不法侵害，而夺下殷某一只手上的啤酒瓶，砸在殷某的头部左侧，致殷某重伤。对这部分事实的认识应该是一致的，分歧在于：造成这种重伤的后果是否明显超过必要的限度？这也是认定正当防卫与防卫过当的关键所在。就本案而言，殷某双手各持一只啤酒瓶砸向李某及其同伴，如果李某不实施防卫，殷某在醉酒后用啤酒瓶砸人的行为也可能造成同样重伤的后果。在此情况下，李某夺下了殷某一只手上的啤酒瓶，但此时殷某手上还有另一只啤酒瓶，不法侵害的状态尚未解除，故李某持夺下的啤酒瓶随后又砸了殷某的头部一下属于防卫行为。在殷某未继续实施不法侵害行为的情况下，李某亦未继续实施其他行为。从殷某头部被砸成重伤的后果来看，虽然李某采取的防卫措施力度大了一些，但在当时危急的情况下，无法苛求李某采取防卫措施的力量应当小一点。虽李某的防卫行为客观上造成殷某重伤的严重后果，但防卫措施并不明显超过必要的限度，故防卫行为符合正当防卫的特征，李某依法不应当承担刑事责任。

三、特殊防卫权

所谓特殊防卫权，是指公民在某些特殊情况下所实施的正当防卫行为，造成不法侵害人伤亡后果的，不负刑事责任的情形。鉴于不法侵害往往都是有预谋的，并且带有一定紧迫性，而防卫人通常是在毫无准备的情况下遭到不法侵害的，心理上处于高度紧张状态，要求防卫人即时采取适宜的手段进行防卫，显然过于苛刻。为鼓励、支持公民积极主动地同违法犯罪作斗争，《刑法》第20条第3款规定：“对正在进行行凶、杀人、抢劫、强奸、绑架以及其他严重危及人身安全的暴力犯罪，采取防卫行为，造成不法侵害人伤亡的，不属于防卫过当，不负刑事责任。”根据此条规定，实施特殊防卫，首先必须具备正当防卫的成立条件，同时还必须针对正在进行的行凶、杀人、抢劫、强奸、绑架等严重暴力犯

---

① 参见高格：《正当防卫与紧急避险》，32～33页，福州，福建人民出版社，1985。

罪，而且这些犯罪还必须严重危及人身安全，否则，造成不法侵害人伤亡后果的，仍然属于防卫过当，依法负刑事责任。

具体讲，“行凶”是指已着手实施犯罪，但犯罪目的在客观上尚未充分暴露，人们还不能确切地认定其犯罪性质的暴力行为。如持凶器追击他人，驾车撞击他人，野蛮殴打他人，拦截妇女、儿童或其他公民等，这些行为虽然在特定的情况下尚不能判断行为人的最终目的，但却是严重危及人身安全的行为。行为是否可能导致“严重危及人身安全的暴力犯罪”是认定“行凶”与否的基本准则，切不可将一般的带有威胁、恫吓性质的轻微暴力行为与“行凶”相提并论，二者的本质区别就在于：前者并无“危及人身安全”的故意，不可能发展到伤害或者杀人等其他严重暴力犯罪的程度；后者不仅具有行凶的故意，而且已着手实施了犯罪行为，若不及时制止，就会造成严重危及人身安全的后果。值得强调的是，“危及人身安全的暴力犯罪”必须是“严重”的，“严重”是“行凶”的程度要求，也是反击的条件限制，只有对那些“严重危及人身安全的暴力犯罪”方能适用该条款，实施防卫反击。[①]

四、防卫过当及其刑事责任

(一) 防卫过当的概念和特征

防卫过当，是指防卫行为明显超过必要限度，对不法侵害人造成重大损害。其基本特征是：首先，在客观上具有防卫过当的行为，并对不法侵害人造成了重大的损害。其次，在主观上对其过当结果具有罪过。至于罪过的形式，有的认为可以是故意（包括直接故意和间接故意），也可以是过失；有的认为只能是间接故意和过失；还有的认为只能是过失。本书认为，在防卫过当的场合，行为人对于其过当行为及结果，主观上不可能出于直接故意，因为正当防卫的目的与犯罪的目的，在一个人的头脑中不可能同时并存；但主观上存在间接故意或过失，则是可能的。

(二) 防卫过当的刑事责任

对于防卫过当行为的量刑，我国《刑法》第 20 条第 2 款规定“应当减轻或者免除处罚”。根据司法实践经验，在确定何种情况下减轻、减轻多少，在何种情况下免除处罚时，应当综合考虑如下因素：(1) 防卫目的。为保护国家、公共利益、他人合法权益，见义勇为而防卫过当的，较之为保护自己合法利益而防卫过当的，对前者的处罚应更轻。(2) 过当程度，即所造成的重大损害后果与必要限度的差距。轻微过当，则罪刑轻微，处罚亦应轻微；严重过当，则罪刑严重，处罚相对要重。(3) 罪过形式。疏忽大意的过失、过于自信的过失、间接故意，从前到后，减轻处罚的幅度乃至免除处罚的可能性应当是依次递减的。(4) 权益性质。为保护重大权益而防卫过当，较之为保护较小权益而防卫过当，前者处罚应当更轻。

第三节　紧急避险

引例 9－2　张某避险过当案

一日，某食品厂附近民房起火，直到烧毁周围平房三十多间时，消防队

---

① 参见韩玉胜主编：《新编刑法教程》，130 页，北京，中国人民公安大学出版社，2003。

员才赶到现场。由于平房两侧小棚子多，通道狭小，消防车进不去。消防队员在指挥下，拆掉通道两旁的煤棚，让消防车通过，接上水龙头。此时，食品厂的经理张某认为消防队拆除的防火道太窄，火越烧越旺，有可能烧到食品厂的生产车间，就指挥工人将孙某等6户居民的平房拆掉。孙某等当即反对，他们说："消防队已经拆除火道，火有可能扑灭，能保一栋，就多保一栋。"但张某不听劝阻，强行将6户平房拆毁。由于消防队的奋力扑救，火势没有蔓延到孙某等6户的房屋处，就被全部扑灭。

一、紧急避险的概念和特征

按照《刑法》第21条第1款的规定，紧急避险，是指为了使国家、公共利益、本人或者他人的人身、财产和其他权利免受正在发生的危险，在迫不得已的情况下，所采用的损害另一较小的合法权益而保全较大合法权益的行为。

紧急避险行为有如下特征：

首先，从客观上看，紧急避险行为对国家利益、公共利益和他人的合法权益造成了一定的损害，但从全局和整体利益着眼，却是保全了更大的合法权益。因此，紧急避险行为利大于弊，是对社会有益的行为，应当提倡和鼓励。法律规定紧急避险的意义就在于，鼓励和支持公民在法律所保护的权益遭遇危险的情况下，发扬识大体、顾大局、互助友爱的精神，牺牲局部的、较小的合法权益，来保全整体的、较大的合法权益。[①]

其次，从主观上看，实行紧急避险的目的是保全较大权益，因而行为人没有犯罪的故意和过失。因此，紧急避险行为应当排除犯罪性，当然就不负刑事责任。

二、紧急避险的成立条件

（一）紧急避险的主观条件

此即紧急避险的目的是保护合法权益免遭正在发生的危险的损害。这一条件包括两方面的内容：一是避险人对危险状态有认识，二是在此基础上产生了避险的目的。如果为了保护非法权益，则不允许实行紧急避险。例如，脱逃犯为了逃避警察的追捕而侵入他人住宅，不能认为是紧急避险，而是非法侵入他人住宅的犯罪行为。

（二）紧急避险的起因条件

此即紧急避险必须有需要避免的危险存在。所谓危险，是指某种有可能立即对合法权益造成危害的紧迫事实状态。危险的主要来源有四种[②]：

一是人的危害行为，包括有责任能力的人和无责任能力的人的违法行为和犯罪行为。各种违法犯罪行为，都会使某种合法权益处于危险的状态，在别无他法可以避免的情况下，采取紧急避险是适宜的。不但对正在发生的违法犯罪行为可以实行紧急避险，对于无责任能力人、限制责任能力人及普通人在事实认识错误的影响下所实施的危害社会的行

① 参见高格：《正当防卫与紧急避险》，87页，福州，福建人民出版社，1985。

② 参见上书，93～95页。

为，也可以实行紧急避险。

在这里，还必须明确指出的是，紧急避险只能针对危害社会的行为实行，对于合法的行为、有益社会的正当防卫行为不能实行紧急避险。例如，脱逃犯为了逃避公安人员的追捕而偷开停在路边的摩托车，就不能认为是紧急避险。

二是自然灾害。自然界发出的自发力量往往会给人类带来巨大的损失，如山崩、海啸、地震、洪水等种种自然灾害，都能给合法权益带来危害。在自然灾害发生之际，为保护重大的合法利益免受损失，实施紧急避险行为，完全是正当的。如轮船在海上航行时，骤遇风暴袭击，面临沉没的危险。在此关头，船长命令将轮船所载的货物抛入海里，以减轻轮船重量，使轮船得以安全脱险。船长的这种行为，就是一种紧急避险行为。

三是动物的侵袭，如牛马惊奔、饿狗撕咬等。由于动物的侵袭，使某种合法权益处于危险的紧急状态时，为保全这一利益，实行紧急避险是应当的。

四是人的生理疾患，如极度饥饿而偷食他人食物，为救治病人而直闯红灯或撞坏财物。在这种紧急状态下，可以实行紧急避险，其行为并不是犯罪行为。

如果危险并不存在，而行为人误认为存在，进而实行了所谓紧急避险的，我国刑法理论称之为假想避险。假想避险在现实生活中有两种情形：一是把本来不存在的危险错误地认为存在，二是把合法行为误认为是不法行为，从而认为其会带来危险。[1] 对于假想避险，由于不存在实行紧急避险的基础条件，即现实危险的存在，因而不能成立紧急避险，应根据不同情况处理：如果主观上有过失，并且刑法规定了该过失行为构成犯罪的，以过失犯罪论处；如果主观上没有过失，以意外事件论，因而不负刑事责任。

（三）紧急避险的时间条件

紧急避险的时间条件必须是危险正在发生。所谓危险正在发生，是指已经发生的危险将立即造成损害或正在造成损害而尚未结束。只有在这个过程中，才能实施紧急避险。可见，危险的发生与危险的结束这两个时刻是认定避险行为是否符合时间条件的关键。

危险的发生是这样一种状态，即由于一危害事实的发生，合法权益即将或者已经受到损害，如果这时不实行紧急避险，合法权益就必然遭受损害或者造成更大的损害。危险的结束，则是指这样一种状态，即实行或不实行紧急避险，都对受危险损害的合法权益不起作用，实施了避险行为，不能保全合法权益；不实施避险行为，也不会使合法权益再遭损害或者造成更大的损害。所以，危险结束后再实施避险行为，就不符合紧急避险的时间条件，不能成立紧急避险。

由于危险的来源不同，其发生和结束的时间也不一样：对于人的侵害行为，正在发生的危险是指违法犯罪行为已经着手实行、尚未终止；对于自然灾害，正在发生的危险是指自然灾害酝酿形成且不可避免，并且尚未被人力所控制或自然消失；对于动物的侵袭，正在发生的危险是指动物未被打死、制服或逃遁；对于人的生理疾患，正在发生的危险是指疾患已经发生、对身体和生命造成的危险尚未消除。

如果危险尚未发生，或者危险已经结束，行为人实行避险的，刑法理论称之为避险不适时。它主要有三种情形：一是危险尚未出现，行为人就实施“避险行为”，称之为“提前避险”。二是危险已经过去，损害已经造成，再在此时实施“避险行为”，为“拖后避

---

① 参见杨春洗等：《刑法总论》，177页，北京，北京大学出版社，1981。

险”。三是“迟延避险”，是指行为人在危险到来时开始实施避险行为，而且其避险行为已经使其所要保护的合法权益免受损害，危险已经过去，但是由于行为人主观上错误地认为危险仍然存在，因而继续实施避险行为，对无辜的第三者造成了不应有的损害。不适时的避险行为，若造成重大损害的，行为人应当负刑事责任。①

（四）紧急避险的对象条件

紧急避险的对象，只能是第三者的合法权益，即通过损害无辜者的合法权益来保全公共利益、本人或者他人的合法权益。在这一点上，紧急避险与正当防卫有着很大差别。正当防卫是通过反击、抵制不法侵害人来达到防卫目的，防卫行为始终是针对不法侵害人进行。紧急避险却不是针对危险的来源实施，而是在危险正在发生的情况下，把避险行为指向其他合法权益，通过对其他合法权益的损害来保全正受危险威胁的合法权益。如果通过对不法侵害者的反击来保护合法权益，则是正当防卫，而非紧急避险。

（五）紧急避险的可行性条件

此即紧急避险只能是出于迫不得已。所谓“迫不得已”，是指当危险发生之时，除了损害第三者的合法权益之外，不可能用其他方法来保全另一合法权益。我国立法之所以要求只有在别无他法可以避免危险时，才能实行紧急避险，是因为紧急避险行为一经实施，必然会给另一合法权益造成损害。只有在紧急避险是免除危险的唯一办法时，才能实施。如果当时尚有其他方法可以避险，例如有条件逃跑、报警或者直接对抗危险、正当防卫等，行为人却不采取，从而给无辜的第三者造成了不必要的损害的，则其行为不能成立紧急避险，构成犯罪的，应当追究刑事责任。

如何认定在紧急避险的场合的“别无他法”呢？本书认为，总的原则是要将危险发生的场合、环境、紧急程度，以及行为人的自身能力、主观认识等几方面综合起来加以分析认定。

（六）紧急避险的限度条件

紧急避险对合法权益所造成的损害不能超过必要限度。所谓必要限度，是指紧急避险行为所引起的损害必须小于所避免的损害。② 换言之，为了保护一个合法权益而损害另一合法权益，受损的合法权益既不能等于，更不能大于所保护的权益。在司法实践中，对“必要限度”的认定，应掌握如下标准：（1）一般情况下，人身权利大于财产权益，不允许为了保护财产权益，而对第三者的人身造成伤害；（2）在人身权利中，生命权是最高权利，不容许为了保护一个人的健康而牺牲另一个人的生命，更不容许牺牲他人的生命而保全自己的生命；（3）在财产权益中，应该用财产价值进行比较，不容许为了保护一个较小的财产权益而牺牲另一个较大的财产权益；（4）当公共利益与个人利益不能两全时，应根据权益的性质及内容而定，并非公共利益永远高于个人利益。例如为了保护公民的生命安全，而损坏公共财物，就不能认为超过必要限度。

本章［引例9-2］张某避险过当案中，食品厂经理张某为了防止自己的工厂被火烧

---

① 参见韩玉胜主编：《新编刑法教程》，133～134页，北京，中国人民公安大学出版社，2003。

② 针对通说的观点，有学者认为，紧急避险的必要限度是指在所造成的损害不超过所避免的损害的前提下，足以排除危险所必需的限度；避险行为所造成的损害小于所避免的损害时，不一定都属于必要限度之内的紧急避险行为。例如，为了使50户人家避免火灾，只需要拆除3户人家的房屋，如果超过这个需要、拆除更多的房屋就属于超过必要限度。参见张明楷：《法益初论》，411～412页，北京，中国政法大学出版社，2000。

掉，积极拆除火道，这是一种紧急避险行为。但是当消防人员已经打出火道，消防车已经通过，张某感到防火道太窄，不听劝阻，加宽拆除火道，造成不应有的损害时，为避险过当。

总之，实际生活是复杂多样的，而各种具体的紧急避险情况又是千差万别的。因此，衡量两个权益的大小，不能绝对地以某一标准来确定，而必须就事件的具体情况进行全面的分析、鉴别，从而才有可能作出正确的判断。

(七) 紧急避险的特别例外限制

根据我国《刑法》第 21 条第 3 款的规定，紧急避险还有例外限制，即避免本人危险的规定，不适用于职务上、业务上负有特定责任的人，因为这类人本身负有同特定危险作斗争的义务。对这些人来说，一旦发生危险，必须积极参加消除危险的斗争，履行其特定义务，而不允许他们以紧急避险为由临阵脱逃，否则，应被追究刑事责任。例如民航客机发生故障时，机组人员必须始终与乘客一起面对死亡的危险；消防队员负有救火的义务，他们不能以怕烧伤为由逃避救火的义务。

当然，并不是说这些职务上负有特定责任的人在任何时候、任何情况下都不能实施紧急避险行为，而是仅仅限于他们不能借口避免自身危险而不履行国家赋予他们的职责。如果他们在履行职务时，为了保护重大的公共利益或其他合法利益免受危险损害，而不得不去损害较小的第三者的利益，应当肯定其行为成立紧急避险，不负刑事责任。例如，消防队员为了防止火灾蔓延，阻止损失扩大，在火区周围拆除一些建筑物，就是紧急避险。

三、避险过当及其刑事责任

避险过当，是指避险行为超过必要限度造成不应有的损害的行为。根据我国《刑法》的规定，避险过当应当负刑事责任。

构成避险过当，必须具备两个方面的条件：第一，行为人在客观上实施了超过必要限度的避险行为，造成了对合法权益的不应有的损害。避险行为所损害的合法权益大于或者等于保全的合法权益时，该行为就超过了必要限度。第二，行为人在主观上对避险过当行为具有罪过。避险过当的罪过既可以是间接故意，也可以是过失，但不可能是直接故意。

由于避险过当是以紧急避险为前提的，因而其目的仍然是保护合法权益免遭侵害。但由于事出紧急，行为人对避险的限度往往不能准确把握，所以才造成不应有的损害。在这种情况下，尽管行为人对危害结果的发生主观上有罪过，但与其他犯罪相比，行为的社会危害性和行为人的主观恶性都较小，因此，依照我国《刑法》第 21 条第 2 款的规定，对避险过当的，应当减轻或者免除处罚。

四、紧急避险与正当防卫的异同

(一) 紧急避险与正当防卫的相同点

其一，目的相同，二者的目的都是保护国家、公共利益、本人或他人的合法权益；其二，前提相同，二者都必须是合法权益正在受到侵害时才能实施；其三，责任相同，超过必要限度造成不应有的损害的，二者都应当负刑事责任，但应减轻或者免除处罚。总之，正当防卫与紧急避险都是由刑法明文规定的排除犯罪性行为，对整个社会的统治秩序都是有益的行为。

（二）紧急避险与正当防卫的区别

其一，危害的来源不同。在正当防卫的场合，危害的来源只能是人的不法侵害行为；而在紧急避险的场合，危害的来源既可能是人的不法侵害，也可能是自然灾害，还可能是动物的侵袭。

一般说来，在紧急避险的危险源于自然力与动物的侵袭方面，紧急避险行为容易与正当防卫加以区别，但是当紧急避险的危险源于人的危害行为时，紧急避险行为容易与正当防卫混淆。例如，对于无责任能力人实施的侵袭行为，是实行紧急避险还是实行正当防卫呢？本书认为，如果确实不知道侵害者是无责任能力人，可以实行正当防卫，因为在这种情况下，防卫者把侵袭当作一种违法犯罪，以为是同犯罪作斗争，是实施的一种有利于社会的行为。如果虽然知道是无责任能力人，但不可能采取其他方法避免危害结果发生时，也应当承认正当防卫的权利，因为在这种场合，让受侵害者只能受侵害，显然是不合理的。但是如果明知侵袭者是无责任能力人，又可以用其他方法加以避免侵害，则应当实行紧急避险。因为正当防卫必须是为了防止违法犯罪行为的侵袭，如果对明知不属于违法犯罪的无责任能力人的侵袭实行正当防卫，则失去了正当防卫的本来意义。

其二，行为的对象不同。正当防卫行为的对象只能是不法侵害者本人，不能是第三者，因而正当防卫是正义与邪恶的较量；而紧急避险行为的对象是第三者，紧急避险是合法行为对他人合法权益的损害。日本刑法理论把正当防卫对不法侵害行为的关系叫作“正”对“不正”，把紧急避险的两种合法权益的冲突叫作“正”对“正”的关系。①

其三，行为的限制不同。正当防卫行为的实施是出于必要，换言之，在正当防卫的场合，即使能够用其他方法避免不法侵害，也允许进行正当防卫；而紧急避险行为的实施则出于迫不得已，换言之，在紧急避险的场合，除了进行紧急避险以外别无选择。

其四，行为的限度不同。正当防卫所造成的损害，既可以小于不法侵害行为所可能造成的损害，也可以大于不法侵害行为所可能造成的损害；而紧急避险对第三人的合法权益所造成的损害，只能小于危险可能造成的损害。

其五，主体的限定不同。正当防卫是每个公民的法定权利，也是人民警察执行职务时的法定权利；紧急避险则不适用于职务上、业务上负有特定责任的人，这些人不能以紧急避险为借口，逃避应尽的职责和义务。

【问题与思考】

1. 甲与其兄丙有矛盾，便与乙共谋伤害丙。甲、乙前往丙的住处，共同对丙实施暴行。在行为过程中，甲发现乙有杀害丙的举止和意图，便令乙住手，但乙仍然猛击丙，甲便持刀将乙捅死。甲的行为是否是正当防卫？

2. 甲欲杀死继父乙。当甲手持斧头走进乙的卧室时，背对门口的乙从抽屉里拿出手枪，欲杀死自己的妻子丙，并已勾上扳机。甲没有发现这一点，跑上前去，一斧头砍在乙的头上，救了丙的性命。乙被砍死，而手枪也射出子弹，打在墙上。对甲的行为如何处理？

---

① 参见高格：《正当防卫与紧急避险》，104页，福州，福建人民出版社，1985。

3. 执勤警察甲合理地认为乙为嫌疑犯，命令乙站住，并说："再动我就开枪了。"乙左腿向前迈进一步，甲开枪打中乙的左大腿；乙右腿向前迈进一步，甲又开枪打中乙的右大腿，造成乙重伤。对甲的行为应如何处理？

4. 女青年夏某在找工作时，被人贩子拐卖到内蒙古某地给农民王某做妻子。夏某在遭受王某的强奸并且怀孕之后，仍然没有放弃逃离王家的努力。最后，夏某利用晚间王某熟睡之际，用斧头砍死王某以及试图阻挡其逃走的王某的母亲之后，终于成功地逃了出来。对夏某的行为怎么认定？

第十章

故意犯罪的停止形态

参考书目

1. 张希坡编．中华人民共和国刑法史．北京：中国人民公安大学出版社，1998.

2. 高铭暄主编．刑法学原理．第2卷．北京：中国人民大学出版社，1993.

3. 高铭暄，马克昌主编．刑法学.5版．北京：北京大学出版社，高等教育出版社，2011.

4. 王作富主编．刑法.6版．北京：中国人民大学出版社，2016.

5. 陈兴良主编．判例刑法教程（总则篇）．北京：北京大学出版社，2015.

6. 张明楷．刑法学.5版．北京：法律出版社，2015.

7. 高西江主编．中华人民共和国刑法的修订与适用．北京：中国方正出版社，1997.

8. 刘家琛主编．新刑法条文释义（上）．北京：人民法院出版社，2002.

9. 姜伟．犯罪形态通论．北京：法律出版社，1994.

参考法规

1.《刑法》第22～24条

2. 2013年12月23日最高人民法院《关于常见犯罪的量刑指导意见》

引例 10-1 娄某组织淫秽表演案[①]

娄某（男，30岁）于1999年9月在某地招募一批农村女青年组成了“海之韵”歌舞团。娄某组建歌舞团的目的是赴全国各地进行淫秽表演，以便从中牟取利益。为此，娄某着力对这批农村女青年进行淫秽表演的培训。1999年10月娄某召集女演员在自己家中进行淫秽表演的排练时，被接到群众举报的当地公安机关当场抓获。娄某的行为是组织淫秽表演罪的犯罪预备还是犯罪未遂？

第一节 故意犯罪停止形态的概述

一、故意犯罪停止形态的概述

故意犯罪过程，是指故意犯罪由发生、发展直至完成的全部过程。一般说，一个完整的故意犯罪，要经过一个犯罪的起意、准备、实行、完成的发展过程。例如，故意杀人案件，一般先有杀人的念头，然后经过谋划，准备杀人工具，再到实行杀人的行为，直至把人杀死，完成犯罪。但是，犯罪是极其复杂的社会现象，各种犯罪在它自身的发展过程中，所构成的运动区间和形成的状态又不完全相同。仍以故意杀人案件为例：有的犯罪分子可能临时起意，不经准备，立即动手杀人；有的被害人可能被杀死，也可能因抢救及时没有死亡；还有的犯罪分子可能因惧怕或者悔悟而停止了杀害活动。可见，犯罪分子在作案过程中，有可能完成某一犯罪构成的全部要件，形成犯罪既遂；也可能由于犯罪分子意志以外的原因，而形成犯罪未遂；还可能由于犯罪分子自动放弃、停止犯罪或者有效地防止犯罪结果的发生，而形成犯罪中止。因此，犯罪的预备、未遂、中止和既遂，是故意犯罪过程中所表现出来的不同犯罪形态。

从犯罪形成的状态看，全部犯罪过程可分为完成的犯罪形态和未完成的犯罪形态两种类型。犯罪的完成形态，即犯罪的既遂，是指故意犯罪在发展过程中未经停顿而持续运动到终点的情形。它标志着某一犯罪行为的完成与终结，并具备完整的犯罪构成要件，是犯罪构成的一般形态。犯罪的未完成形态，则是故意犯罪在发展过程中出现停顿，没有完成犯罪的情形。这种状态由于停顿的原因不同或者与完成犯罪的距离不同，又可区分为犯罪的预备、未遂和中止。这种犯罪的未完成状态，说明某一犯罪行为尚未完成，但犯罪已经构成，只是犯罪构成的客观要件是不完整的，是犯罪构成的特殊形态。

我国刑法总则只对犯罪的预备、未遂和中止作了专门规定，因为故意犯罪的行为是从犯罪预备开始的。犯罪的起意，属于思想范畴，不是犯罪行为，因而不可能成为一种犯罪形态；犯罪既遂，则表现为某种犯罪全部构成要件的完成。刑法分则规定的各种具体犯罪的构成要件，都是以犯罪既遂为标准的，因而刑法总则在关于故意犯罪的形态中，就没有对犯罪的起意、犯罪的既遂作出规定。

---

① 参见李邦友主编：《性犯罪定罪量刑案例评析》，371页，北京，中国民主法制出版社，2003。

经过长期争论，刑法学界已取得共识：故意犯罪过程中的犯罪形态，不能成为故意犯罪阶段。但是，不能因为以往错将犯罪形态等同于犯罪阶段，就把故意犯罪阶段一概抹杀。所谓故意犯罪阶段是指犯罪发展进程的区间，不同的进程反映着犯罪向前运动的不同段落。它具有时间上的持续性和空间上的连续性，即一个阶段接一个阶段地向前运动，前后相连，此起彼伏，相互递进，不断变化。可见，犯罪的这种阶段性，存在于故意犯罪的过程中，由于犯罪运动在时空范围上的差异性，从而形成了犯罪的预备和犯罪的实行两个阶段。有一种观点认为，还应有一“完成阶段”。这一论断有待商榷。犯罪一旦完成，实行行为即告终结，构成既遂。由于犯罪不再向前发展，自然也就不再有“阶段”的存在。

如果说犯罪过程好比一条线，那么，在这条线上运动的“犯罪预备”和“犯罪实行”，便构成两个“线段”，或者称发展“区间”。前者始于犯罪预备实施之时，终于犯罪预备完成、尚未着手实行犯罪之时；后者则以开始着手实行犯罪为起点，而以完成犯罪、达到既遂为终点。同时，在这条线上还分布有三个“点”，即犯罪预备的起点、着手实行犯罪行为的起点和犯罪完成的终点。总之，上述“线”“段”“点”的组合，使故意犯罪的过程、阶段和形态成为一个有机的统一整体。

在故意犯罪中，犯罪的过程、阶段和形态，既相互联系而又彼此区别。其主要联系表现为：犯罪过程包含犯罪阶段和形态，而犯罪阶段、形态的变化又反映出犯罪过程的运动状况。对于犯罪形态来说，犯罪过程和阶段是它赖以产生的基础，没有犯罪过程和阶段的运动，犯罪形态就无从产生。其主要区别则表现在：犯罪阶段是犯罪过程的区间运动，属于动态范畴；犯罪形态则是犯罪过程中已经停顿的各种不同的结局和状态，不具有阶段性的特点，犯罪一经停下，就不再向前发展运动，属于静态范畴。比如犯罪未遂与犯罪既遂，在阶段上并不相连，不是未遂之后才开始发生既遂的。未遂，只不过是犯罪在实行阶段被迫停止的一种行为状态，它不能取代或者等同于“犯罪的实行”。犯罪中止，更不能成为一个独立阶段。这一犯罪形态，既可以发生在犯罪预备阶段，也可以发生在犯罪实行阶段。因此，用“故意犯罪阶段”来概括犯罪的预备、未遂、中止和既遂是不科学的。把它们称为“犯罪形态”，则更合乎实际情况。再者，就一罪而言，犯罪形态只能有一个，而犯罪阶段可能具有两个以上，表现为一个完整的犯罪过程。

综上所述，犯罪的预备、未遂、中止和既遂形态，都是在故意犯罪发展的过程中，在犯罪的某个阶段，由于犯罪主、客观原因的变化和影响，而使犯罪停止下来、不再变化的不同状态和结局。具体来说：其一，在犯罪预备阶段，可能出现犯罪的预备和中止这两种形态与结局。其二，在犯罪实行阶段，可能出现犯罪的未遂和中止这两种形态与结局。其三，在犯罪实行阶段终了即犯罪完成之时，出现犯罪的既遂形态。

二、犯罪停止形态存在的范围

由于受犯罪构成客观方面和主观方面的限制，并非一切犯罪都必须具有预备、未遂和中止。这三种犯罪形态只存在于一部分直接故意犯罪之中。过失犯罪由其自身特点决定，犯罪人只有主观过错而不具有任何犯罪意图，不存在为实现犯罪意图而去准备犯罪、去着手实行犯罪，当然也不存在自愿放弃犯罪的问题。同时，按照刑法的规定，只有发生了严重危害社会的结果的，才能构成过失犯罪，所以，过失犯罪不存在犯罪的预备、未遂和中止。在间接故意犯罪中，行为人预见到危害结果可能发生而采取放任态度，只有发生了危害结果，才能构成犯罪；如果危害结果没有发生，就不能构成犯罪。因此，间接故意也就无所谓犯罪未遂。

直接故意犯罪可以存在犯罪的完成和未完成形态，这是就其总体和大多数直接故意犯罪而言的，并不意味着一切直接故意犯罪的罪种与具体案件都可以存在这些犯罪的停止形态。以下几类直接故意犯罪不存在某种或者某几种犯罪的未完成形态：一是依法一着手实行即告完成犯罪的举动犯，不可能存在犯罪未遂；二是我国刑法分则中把“情节严重”“情节恶劣”规定为构成犯罪限制性要件的情节犯，不可能存在犯罪未遂；三是结果加重犯和情节加重犯，由其构成特征所决定，不存在犯罪既遂与未遂之分，而只能构成一种状态，即只有加重犯的构成与否之分。

三、研究犯罪停止形态的意义

犯罪的预备、未遂和中止，虽然都是一种犯罪的未完成形态，但是，这些行为都是对社会有危害的行为。因此，对预备犯、未遂犯和中止犯追究刑事责任是完全必要的。由于犯罪的预备、未遂、中止和既遂对社会的危害程度不同，对行为人在处罚上也就不同。认真研究故意犯罪的形态，就要注意区别各个不同犯罪形态的界限，掌握对不同犯罪形态的处罚原则，根据案件的不同情况，区别对待。这对于正确量刑、加强同犯罪作斗争，有重要的意义。

第二节 犯罪既遂

引例 10－2 李某盗窃案

李某系社会无业人员，平日以小偷小摸为生。某日，李某趁夜翻入某工厂院内，将院内放置的工业原料铝锭二十余块（价值四千余元）偷出，因无法运走，遂将铝锭沉入工厂附近一条河中，欲等以后有机会时再想办法。不料几天后天降大雨，河水暴涨，铝锭被河水冲离了原来的位置，已经难以找到。李某实际并没有得到他所盗窃的财物，其行为还属于盗窃的既遂吗？

一、犯罪既遂的概念与特征

（一）犯罪既遂的概念

犯罪既遂，是指行为人所故意实施的行为已经具备了某一种犯罪构成的全部要件。确认犯罪是否既遂，应当以行为人所实施的行为是否具备了刑法分则规定的某一犯罪的全部构成要件为准。此即犯罪构成要件标准说，是我国理论界和实务界通行的观点。

在审判实践中，往往习惯于把行为人达到了预期的犯罪目的（目的说），或者发生了预期的犯罪结果（结果说），叫作犯罪既遂；反之，就是犯罪未遂。能否把犯罪的目的或者结果作为判断一切犯罪是否既遂的标准呢？本书认为，如果将犯罪的目的或者结果作为标准，贯彻到我国刑法的一切犯罪中，将难以把既遂与未遂正确区分开来，因而不够全面和确切。理由如下：其一，有些犯罪中行为人实施犯罪后虽然没有达到犯罪目的，但在法律上已完全齐备了具体犯罪构成的要件，应为犯罪既遂而不是未遂。例如，诬告陷害罪以行为人实施了诬告陷害行为为完成犯罪和构成既遂，而不是以行为人达到了诬陷他人而使他人负刑事责任的目的为既遂的标志。其二，虽然有不少犯罪是以法律规定的犯罪结果的发生与否来区分犯罪既遂与未遂的，但犯罪结果是否发生还是不能作为一切犯罪既遂与未遂的区分标志。如脱逃罪以被依法关押的罪犯、被告人、犯罪嫌疑人逃离羁押为既遂的标志，这种犯罪的既遂要求的并不是物质性犯罪结果的发生，而是犯罪行为的法定完成即达到一定程度，因而无法适用既遂的结果说来确定既遂和区分既遂与未遂；既遂的结果说也不能适用于我国《刑法》第114条、第117条、第118条等规定的危险犯罪既遂的确定及既遂与未遂的区分，因为危险犯罪既遂的确定和既遂与未遂的区分是以危险状态是否具备为标准，而不是以犯罪结果的发生与否为标准。

而既遂的构成要件说是以犯罪齐备具体犯罪构成的全部要件作为既遂的标准，以着手实行的犯罪是否具备全部的构成要件作为既遂与未遂区分的标志，不但有明确、统一的法律规定可供司法实践遵循贯彻，而且能够适用于一切存在既遂形态的犯罪并把其既遂与未遂区分开来。因为既遂在不同类型犯罪里的具体标志，无论是犯罪结果的发生、犯罪行为达到一定程度的完成，还是法律规定的危险状态的具备，尽管形形色色、各不相同，但是都可以概括为犯罪构成要件的全部具备，都分别是犯罪构成要件齐备的具体表现形式。

（二）犯罪既遂的特征

犯罪既遂具备鲜明的主客观特征：主观上，行为人特定的犯罪意图已经借助犯罪行为的实施全部展开或得到实现；客观上，行为人的犯罪行为已经在主观犯罪意图和意志的支配下达到法定的终点即完成犯罪的状态。

二、犯罪既遂形态的类型

根据刑法分则对各种直接故意犯罪构成的不同规定，犯罪既遂主要有四种不同的类型。

（一）结果犯

这是指不仅要有犯罪构成客观要件的行为，而且必须发生法定的犯罪结果，才构成既遂的犯罪。这类犯罪为数很多，例如故意杀人罪、故意伤害罪、抢劫罪、盗窃罪、诈骗罪等。如故意杀人罪的犯罪结果就是他人的死亡，发生了死亡结果的为既遂，因行为人意志以外的原因未发生死亡结果的为未遂。

（二）行为犯

这是指以法定的犯罪行为的完成作为既遂标志的犯罪。这类犯罪的既遂并不要求造成物质性的和有形的犯罪结果，而是以行为完成为标志。但是，这些行为又不是一着手即告完成的，按照法律的要求，这种行为要有一个实行过程，要达到一定程度，才能视为行为的完成。因此，在着手实行犯罪的情况下，如果达到了法律要求的程度，完成了犯罪行为，就应视为犯罪的完成即构成犯罪既遂；如果因犯罪人意志以外的原因未能达到法律要求的程度，未能完成犯罪行为，就认定为未完成犯罪而构成犯罪未遂。这类犯罪也有相当的数量，例如强奸罪、脱逃罪、偷越国（边）境罪、诬告陷害罪等。如脱逃罪，以行为人达到逃脱了监禁羁押的状态和程度，作为犯罪行为完成和犯罪既遂成立的标志，未能达此程度的是犯罪行为未完成，应成立犯罪未遂。

(三) 危险犯

这是指以行为人实施的危害行为造成法律规定的发生某种危害结果的危险状态作为既遂标志的犯罪。这类犯罪在刑法理论上称为危险犯。其既遂不是以造成物质性的和有形的犯罪结果为标志，而是以法定的客观危险状态的具备为标志。

(四) 举动犯

这是指按照法律规定，行为人一着手犯罪实行行为犯罪即告完成和完全符合构成要件，从而构成既遂的犯罪。从犯罪构成特性上分析，举动犯大致包括两种情况：一是法律将预备性质的行为提升为实行行为的犯罪，如《刑法》第 294 条第 1 款规定的组织、领导、参加黑社会性质组织的犯罪。这些犯罪中的实行行为从法理上讲原本是预备性质的行为，是为实行犯罪创造便利条件的预备行为，但由于这些预备性质的行为所涉及的犯罪性质严重，一旦进一步着手实行危害就很大，为有力打击和防范这些犯罪，法律把这些预备性质的行为提升为这些犯罪构成中的实行行为，并且规定这些犯罪为举动犯，着手实行即构成既遂。二是教唆、煽动性质的犯罪，如《刑法》第 295 条规定的传授犯罪方法罪，第 249 条规定的煽动民族仇恨、民族歧视罪等。这些犯罪的实行行为都是教唆性、煽动性的行为，针对多人实施，旨在激起多人产生和实行犯罪意图，因而这些犯罪的危害很大，危害范围也较广，而且即使实施完毕也不一定产生或不一定立即产生可以具体确定的有形的实际危害结果。考虑到这些犯罪的严重危害性及犯罪行为的特殊性质，法律也把它们规定为举动犯，即只要行为人着手实行犯罪，就具备了犯罪构成的全部要件而构成既遂。由于举动犯是着手实行犯罪就构成既遂，因而其不存在犯罪未遂问题，也就没有既遂与未遂之分。但是，举动犯存在既遂形态与犯罪预备形态、预备阶段的中止形态之别。

本章 [引例 10-2] 李某盗窃案中，虽然李某由于客观方面的原因没有得到他所盗窃的财物，但是并不影响其盗窃罪既遂的成立。当李某把盗窃的铝锭运出工厂的院墙之时，就使该厂失去了对被盗铝锭的控制，使该厂的财产所有权受到了侵犯。盗窃罪在刑法上是结果犯，但是这个结果并不是要求盗窃的行为人必须实际占有所盗窃的财物，如盗窃犯盗窃得手后又将所盗之物丢失了，或者盗窃后在运输途中将所盗物品损坏，失去其原有价值了，或者盗窃后立即将所盗之物转送给他人了等，仍然是盗窃罪的既遂。

三、既遂犯的刑事责任及处罚原则

犯罪既遂是故意犯罪的完成形态，符合刑法分则具体犯罪条文的构成，而刑法分则中具体犯罪条文的构成及法定刑均是以犯罪的完成形态为标准来设置的。因此，对于行为符合犯罪既遂特征的既遂犯，在考虑刑法总则一般量刑原则的指导与约束的基础上，直接按照刑法分则具体犯罪条文中的法定刑幅度进行处罚。

关于既遂犯罪处罚原则的适用，主要应当注意三点：

一是关于定罪和法条引用问题。根据立法原意和司法实践经验，对故意犯罪的既遂犯，应按照刑法分则具体条文的罪刑规格定罪量刑，在罪名上不需标明既遂犯，但在司法文书尤其是起诉书和判决书的叙述部分，应表明行为人已完成犯罪的情况。对于法律条文，仅直接引用刑法分则具体犯罪条文即可。

二是注意对同种罪危害不同的既遂犯的区别对待。例如，同是盗窃罪的既遂犯，有盗窃数额的不同，即使盗窃数额相同的，也有盗窃对象重要程度的不同；同是故意杀人罪的既遂犯，有杀死一人与数人之别，有普通杀死与杀死后碎尸之别，还有普通的杀人既遂犯与实施杀人行为后自动采取抢救措施未果而构成的杀人既遂犯不同；等等。这些不同的情形反映了不同的既遂犯之危害性与罪责程度的差异，为贯彻罪责刑相适应原则，在处罚时应予以适当的区别对待。

三是在既遂犯同时具备其他宽、严处罚的情节，尤其是具有法定的宽、严处罚情节时，要注意同时引用相关的条款，在综合考虑犯罪危害程度和犯罪人主观恶性大小的基础上，再决定适用适当的处罚。

第三节 犯罪预备

引例 10-3 汪某磨刀扬言杀人案

汪某与江某是同村的邻居，因生活琐事素有恩怨。一日，江某故意将脏水泼到汪某家门前。汪某大怒，认为自己如果不吭声会被村里人看不起，就找了一把镰刀，每天晚饭后在自家门口磨镰刀。有人问他在干什么，他说把刀磨快了好杀了江某一家人，而且故意把声音提得很高，以便让江某听到。汪某连续磨镰刀几日，并对问他的人重复同样的话。江某很担心，遂向公安机关报案。公安人员询问汪某时，汪某说自己只是想吓唬吓唬江某，让他以后知道自己也不是好惹的，不是真的想杀人；声称自己虽然不懂法，但是杀人偿命的道理还是懂得的。经查证，汪某对其妻子也曾说过要让江某睡不着觉，免得以后再欺负自己。汪某的磨刀行为是不是犯罪的预备？

一、犯罪预备的概念与特征

（一）犯罪预备的概念

犯罪预备是故意犯罪过程中未完成犯罪的一种停止状态，是指行为人为实施犯罪而开始创造条件的行为，由于行为人意志以外的原因而未能着手犯罪实行行为的犯罪停止形态。这一概念，包括了主客观相统一的犯罪预备形态的特征。

犯罪预备行为是危害社会的行为。从犯罪构成上说，犯罪预备是一种不完整的犯罪形态，但是由于预备犯的行为危害了社会，因而，法律有必要对犯罪预备作出规定。需要注意的是，犯罪预备与预备犯是两个既有联系又有区别的概念：前者是故意犯罪发展过程中的一个阶段，是构成预备犯的必要条件之一；后者则是在犯罪预备阶段已经停顿的犯罪形态，它不可能脱离犯罪预备行为而存在，但又不是犯罪预备的同义语。因此，二者是两个概念。

（二）犯罪预备的特征

1. 行为人已经开始实施犯罪的预备行为

所谓犯罪的预备行为，从性质上讲，就是为犯罪的实行和完成创造便利条件的行为。它表现为行为人在犯意的支配下，采取一系列积极行动，力图使犯罪进入着手实行阶段，以便最终顺利地实现其犯罪目的。因此，犯罪预备行为是一种反映犯罪意图的行为，同时，在一定程度上为犯罪的完成创造了有利条件，因而实际上已经使刑法所保护的社会关系面临遭受侵害的严重威胁。犯罪预备行为本身所具有的罪过性和社会危害性，决定了它必定是为刑法所禁止的行为。如为实施故意杀人罪而进行配置含毒食物、制造匕首或者调查被害人的行踪等行为。也基于此特征，犯罪预备不同于犯意表示。

2. 行为人尚未着手犯罪的实行行为

所谓犯罪的实行行为，指刑法分则规定的具体犯罪构成客观方面的行为。这一特征意味着，犯罪活动在具体犯罪实行行为着手以前停止下来，抑或说，预备犯只能发生在犯罪预备阶段。这是区分预备犯与未遂犯和既遂犯的显著标志。如果行为人已经着手实行犯罪，或者犯罪行为已经实施完毕，或者法定的犯罪结果已经发生，都不可能再出现预备犯。如故意杀人罪中尚未着手实施杀害他人的行为，盗窃罪中尚未着手实施非法秘密取得他人财物的行为，都是预备犯。

预备犯只能表现为已经停顿的行为状态，这是区分犯罪预备行为与犯罪预备形态的显著标志。如果犯罪人在实施犯罪行为之后，顺利地进入着手实行阶段，那么就不可能再出现表现为停顿状态的预备犯。在这种情况下，先行的预备行为为后来的实行行为所吸收，不能再作为独立的犯罪形态而被追究刑事责任。

3. 犯罪在实行行为尚未着手时停止下来是由于其意志以外的原因

从主观上看犯罪预备行为停止是违背行为人的意志的，即是行为人意志以外的原因所致。所谓意志以外的原因，是指足以阻止其犯罪意志，迫使其不得不停止预备行为、不再继续实行犯罪的各种主客观因素。这一特征是犯罪预备形态与下面将要论及的犯罪预备阶段（即着手犯罪实行行为前）的犯罪中止形态区别的关键所在，后者情形下停止犯罪而未实行犯罪是出于行为人的自愿。

从司法实践看，由于意志以外的原因而停止主要包括以下几种情况：一是由于作案条件不成熟而未继续着手实行犯罪；二是由于被害人闻讯逃避或不在现场或防范措施严密难以下手而未着手实行；三是由于司法机关的及时行动或被群众抓获而未着手实行。

同时符合上述主客观特征的，就是预备犯。如果缺少其中任何一个要件，都不构成预备犯。因此，对下列三种情况都不能以预备犯论处：一是仅有犯意表示，尚未表现为犯罪预备行为的；二是犯罪预备行为发展到着手实行阶段或已构成既遂犯的；三是在预备阶段自动放弃犯罪意图，不再继续实行的。

二、犯罪预备的类型

根据《刑法》第22条的规定，可以将犯罪预备行为区分为两种类型即两种表现形式。

（一）为实施犯罪准备工具的行为

所谓犯罪工具，是指犯罪分子进行犯罪活动所用的一切器械物品。所谓准备犯罪工具，包括制造犯罪工具、寻求犯罪工具，以及加工犯罪工具使之适合犯罪的需要。例如，为杀人而购置匕首，为伪造车票而准备印刷器材，等等。一般说，犯罪工具的来源如何，并不影响犯罪预备的成立。但是，有的犯罪工具的准备行为本身，就可能单独构成犯罪。例如，为了抢劫偷了一支枪，这既是抢劫的预备，又单独构成了盗窃枪支罪。

（二）其他为实施犯罪创造便利条件的行为

例如，为了盗窃，事先"踩道"，探听事主行踪，选择作案的时间、地点，策划犯罪的行动方案，纠集共同作案人，排除犯罪的障碍等。司法实践中和刑法理论上把这类犯罪预备行为概括为以下几种：(1) 为实施犯罪事先调查犯罪的场所、时机和被害人的行踪；(2) 准备实施犯罪的手段，例如为实施技术手段杀人而事先进行练习，为实施扒窃而事先练习扒窃技术；(3) 排除实施犯罪的障碍；(4) 追踪被害人、守候被害人的到来或者进行其他接近被害人，接近犯罪对象、物品的行为；(5) 前往犯罪场所守候或者诱骗被害人赶赴犯罪的预定地点；(6) 勾引、集结共同犯罪人，进行犯罪预谋；(7) 拟定实施犯罪和犯罪后逃避侦查、追踪的计划；等等。

三、犯罪预备的认定

(一) 犯罪预备与犯罪预备阶段的区别

犯罪预备与犯罪预备阶段是两个既密切联系而又相互区别的概念。由于犯罪预备只存在于犯罪预备阶段，因而实践中容易把犯罪预备混同于犯罪预备阶段。两者的主要区别是：犯罪预备是一种犯罪形态，而犯罪预备阶段是犯罪发展过程中的一个阶段。如果说，犯罪的预备阶段可比作一条线的话，那么，犯罪预备就是这条线在运动过程中的一个停顿点。可见，犯罪预备阶段所表现的是一个动态的时空概念，犯罪预备则表现的是一个静态的空间概念。行为人对犯罪预备承担刑事责任的应是他的行为状态，因为有的犯罪经过犯罪预备阶段以后如果进入实行阶段完成了犯罪，那他就不再单独对犯罪预备行为承担刑事责任，而应作为既遂犯承担刑事责任。

(二) 犯罪预备与犯意表示的区别

犯意表示，是指行为人在实施犯罪活动以前，以口头、书面等方式对犯罪意图所作的表露。犯意表示是犯罪预备的思想基础，犯罪预备则是表现犯意的客观行为。两者既有密切的联系又有区别：犯意表示，仅仅是一种犯罪意思的流露，虽然有错误，但没有也不可能对社会造成实际危害，不具有犯罪构成的内容，不是犯罪行为；犯罪预备，则是为着手实行犯罪而准备条件，对社会存在实际的威胁，具有社会危害性，属于犯罪行为。

共同犯罪的犯意表示具有不同特点，往往与犯罪预备相互渗透，成为犯罪预备的一个组成部分。共同犯罪人通过交流犯罪思想动机、目的而形成共同犯罪意图。如果经过进一步的商议，决定共同实施犯罪，商定了实施犯罪的计划和方法，那就不再是共同犯罪的犯意表示，而是为犯罪实行准备条件，即成为犯罪预备。

本章［引例 10－3］中，汪某磨镰刀的行为虽然很像是犯罪预备中的“准备工具”的行为，但是实际上汪某磨刀并不是为了杀人而是为了吓唬江某。因此，汪某不存在“准备工具”的问题，不属于犯罪预备。汪某所说的话应当视为犯罪意图的一种外在流露，是犯意表示。至于怎么对他进行批评教育，就不属于本案的讨论范围了。

四、预备犯的刑事责任

《刑法》第 22 条第 2 款明确规定：“对于预备犯，可以比照既遂犯从轻、减轻处罚或者免除处罚。”在审判实践中，确定预备犯的刑事责任时，要注意三点：第一，区分实施预备犯罪的不同性质。不同的犯罪性质，社会危害大小不相同。例如，一般来说，同是预备行为，破坏军事设施的危害性要大于破坏民用设施的危害性，准备炸毁一个工厂的破坏性要大于准备毁坏一台普通机器的破坏性，准备非法剥夺他人生命的行为的危害性要大于准备伤害人身健康的行为的危害性。第二，区分实施预备犯罪的不同手段。手段不同，社会危害性的程度也不相同。有的手段十分残酷、恶劣，有的手段则一般。第三，区分预备行为的不同准备程度。准备程度的不同，反映出预备行为具有不同程度的社会危害性。预备犯准备的犯罪工具越齐全，策划得越周密，制造犯罪的条件越充分，对社会的危害就越大。

对于预备行为，情节显著轻微危害不大的，可不认为是犯罪，不予判刑；对于危险性较大的，则可比照既遂犯从轻、减轻处罚，或者免除处罚。但是，《刑法》第22条第2款只规定“可以”而不是“应当”，因此，个别重罪，情节特别恶劣、主观恶性大的，也可以不从轻、不减轻处罚。

第四节 犯罪未遂

引例 10-4 秦某盗窃案

某日夜，秦某携带事先准备好的工具潜入某单位财务室，想撬开保险柜盗窃里面存放的现金。正当他撬保险柜时，财务室门外走过两个值班的保安人员，两人边走边说话。秦某心中大惊，担心自己被发现。当保安人员离开后，秦某顾不上拿走自己携带的工具即仓皇逃离现场。秦某的行为是盗窃的预备、未遂还是中止？

一、犯罪未遂的概念

综观近代各国的立法和理论，关于犯罪未遂形态的概念，主要是两种规定和主张：一是认为犯罪未遂是指行为人已经着手实行犯罪，由于其意志以外的原因或障碍，而使犯罪者未达既遂形态的情况。这种主张区分犯罪未遂形态与犯罪中止形态。二是主张犯罪未遂是指行为人已经开始实施犯罪而未达犯罪既遂的情况。这种主张将犯罪中止形态也包括在犯罪未遂形态中。我国采取的是第一种立法方式。

根据我国《刑法》第23条第1款的规定，犯罪未遂是指行为人已经着手实行具体犯罪构成的实行行为，由于其意志以外的原因而没有完成犯罪的一种犯罪停止状态。

二、犯罪未遂的特征

(一) 行为人已经着手实行犯罪

1. 着手实行犯罪的含义

关于着手实行犯罪的内容是各国刑法理论争论极为激烈的焦点之一，围绕主观主义、客观主义、折中主义的不同立场相应得出各自有理有据的结论。我国目前就该问题鲜有深入的探讨，且无通说。

本书认为，所谓着手实行犯罪，是指行为人以直接犯罪为目的，开始实施对犯罪客体构成的危险是直接性、紧迫性的，依其性质可能促成危害结果发生且为刑法分则规定的犯罪构成客观方面所要求的行为。

犯罪的实行阶段和实行行为当然要有一个起点和过程。如果把犯罪的实行行为比作一条线，则这条线的起点就是犯罪实行行为的开始，即“着手”；其终点是实行行为的完成。

须明确的是：第一，着手是实行行为的一部分，而不是与实行行为紧密连接、几乎不可分割的行为。第二，着手不是属于预备阶段的预备行为的终了行为，而是实行阶段实行行为的开始。着手的出现既是确定犯罪已开始实行的标志，又是宣告预备阶段和预备行为已经终了的标志。

2. 着手实行犯罪的特征

从主观角度考虑，对于着手实行犯罪的行为人来说，其意志是直接以实施犯罪为目的，并且已经通过客观实行行为的开始充分表现出来的，而不同于此前犯罪预备的意志。预备行为的直接目的是为犯罪创造条件，完成犯罪、危害结果发生是预备行为的终极目的或其发展的未来阶段；而着手实行犯罪时，行为人却是以直接实施犯罪为目的的。总之，着手实行犯罪的行为人的直接侵害犯罪对象的犯罪意图即“终极目的”已经通过实行行为表现出来了；而在犯罪预备阶段的犯罪故意内容尚表现为“为了实行犯罪”这一初级阶段性的“当下目的”。

从客观的角度考察，着手实行犯罪的特征一般情况下可表现为以下三个方面：一是着手实行犯罪的行为已经同直接客体发生了接触，或者说已经逼近了直接客体；着手应始于对刑法所保护的客体具有危险性、紧迫性之际，在有犯罪对象的场合，这种行为已直接指向犯罪对象。例如，故意杀人犯已经举起刀对准了被害人，这表明其杀人行为已经开始了，现实地指向了客体，并且危及直接客体的安全。二是着手实行犯罪的行为是依行为的性质可能促成犯罪结果发生的行为；凡是犯罪的着手行为，都是可以引起危害结果发生的行为，对危害结果的发生具有原因力的作用。如果不出现行为人意志以外的原因的阻碍或行为人自动中止犯罪，这种行为就会继续下去，直到造成犯罪结果的发生。例如，举枪瞄准被害人，只要这个动作稍微进一步，死亡结果就会发生，所以，举枪瞄准是杀人行为的着手。三是着手实行犯罪的行为是刑法分则规定的具体犯罪构成客观方面要求的行为，在判断时，应当借助我国刑法分则对各罪的规定。依照对犯罪实行行为叙述方式的不同，我国刑法分则的罪状可以分为简单罪状、叙明罪状、引证罪状、空白罪状四类。根据罪状的不同类型来确定各类犯罪实行行为的性质和范围，是认定着手实行犯罪的前提和基础。实行行为内容和表现的复杂多样性，要求认定时必须进一步对实行行为本身进行研究，只有在分类把握实行行为不同的内容和表现形式的基础上，才可能进一步准确地判定行为人是否在实行刑法分则规定的具体犯罪构成客观方面的行为。简单地对比法律条文、套用定义型公式的教条主义是决不可取的。

3. 认定着手实行犯罪的方法

第一是基于预备行为与实行行为的区别来排除掉不可能存在着手实行犯罪的情形。预备与实行是犯罪行为发展过程中前后相继、紧密相连而无任何中间环节的两个阶段。因此，着手作为区分预备与实行的标准，只要排除了预备的可能性，即可成立。反之，如果肯定某一行为是为犯罪创造条件的行为，也就排除了着手成立的可能。

第二是根据犯意的确定状态来认定着手。着手在主观上以直接实施犯罪为目的，因此，其犯罪故意已经得到了充分的表现，即行为人的犯罪故意已达到了确定的识别状态。换言之，外部行为的客观化使得对于行为人的犯罪意志不容有两种看法时，才能称为着手。如行为人侵入住宅的行为，其入室后的走动行为，并不能完全地表明其是盗窃罪的着手。同样的道理，对于故意杀人罪，如果仅仅是买刀、磨刀，既可说是杀人，也可说是生活需要或恐吓，仅据此还不能确定行为人有杀人的意思，但如果行为人开始挥刀砍向他人，则可认定其有杀人的故意，因此是故意杀人罪的着手。

第三是根据行为对构成要件所保护的客体构成的危险是否直接、紧迫以及是否可能直接导致危害结果来认定着手。由于着手是实行行为的组成部分，其与危害结果之间有直接的因果关系，因此，在着手的情况下，行为已经具有造成客体损害的现实可能性。如果让它无阻碍地发展下去，必然引起危害结果的发生。与此相反，预备行为是为侵害客体创造方便条件，行为本身不能引起结果发生。形象地说，预备行为好比危害结果发生的“外因”，而实行行为是危害结果发生的“内因”。

第四是以作案的时间、地点作为判断某些犯罪着手的参照物。对于同一种犯罪，由于作案的时间不同，判断犯罪着手时应加以相应的区别。如同样是盗窃商店的财物，如果行为人在商店营业时间步入商店寻找时机行窃，属于盗窃的预备；只有行为人开始实施破坏货柜，或者把手伸向货柜里的物品的行为，才可认为是盗窃的着手。

4. 特殊情况下的着手认定

一是不作为犯的着手。认定时分两种情况：对于纯正不作为犯来说，其作为的义务是先定的或预先的，着手的开始依赖于对该义务的明确的违反；对于不纯正不作为犯来说，其作为的义务往往是以“作为可避免危险”或“无作为则有危险”的模式产生的，其着手在危险确证之后。

二是在间接正犯的情况下的着手。从主客观统一的角度出发，当间接实行者在通过他人犯罪的故意支配下，开始实施包含着危害结果发生危险的诱导他人犯罪行为，即是实行的着手。因此，其着手应以利用者即间接实行者诱导危险行为的着手为标准。

三是对隔离犯着手的认定只能以行为地的行为为准。行为人在行为地开始实行犯罪，就意味着隔离犯已然着手。但是该行为地应是依行为的性质可能促成危害结果发生而又为犯罪构成客观方面所要求的行为之发生地，而非其他的行为地。

四是原因自由行为的着手应当依据原因行为而不是结果行为来认定。如行为人甲为了杀死和自己作对的乙，明知道自己喝酒后有实施暴力行为的倾向而故意喝烈酒使自己陷入醉酒无意识的状态（甲对自己喝酒后的行为状态事前就有认识，以前有多次类似的经历）。其醉酒后，果然将乙杀死。在该案中，作为原因行为的喝酒行为和作为后果行为的杀人行为究竟二者谁是着手行为？本书认为，开始实施原因行为就已经着手。

五是复合行为犯（指在一个独立的基本犯罪构成中包含数个不独立成罪的实行行为的犯罪。简单地说，就是必须具备两个或两个以上实行行为才能构成的犯罪，如诬告陷害罪）应当以复合行为中的前一个行为的开始实施为已着手实行犯罪。如在诬告陷害罪中，应当以捏造事实的行为而不是以诬告行为作为着手实行行为。

六是共同实行犯的行为是一个整体，因此只要一人着手实行犯罪，整个犯罪就应被视为已经进入着手状态。在这种情况下，即使在场的其他共同犯罪人尚未来得及亲手直接实行犯罪，已经着手实行的共同犯罪人就被意志以外的原因所制止而使整个犯罪未得逞，那么，全部共同犯罪人仍应当承担犯罪未遂的刑事责任，而不能对未着手的人以犯罪预备论处。

（二）犯罪未完成而停止下来即“未得逞”

在行为人着手实行犯罪以后犯罪“未得逞”，即犯罪未达到既遂形态而停止下来，是犯罪未遂形态的一个重要特征，是犯罪未遂形态区别于犯罪既遂形态的主要标志。

犯罪没有完成这一未遂形态的特征，在存在既遂与未遂之分的直接故意犯罪中，有着不同的具体含义和表现形式：第一类是以法定的犯罪结果没有发生作为犯罪未完成的标志，如盗窃罪未发生窃得财物的犯罪结果；第二类是以法定的犯罪行为未能完成作为犯罪未完成的标志，如实施脱逃罪的行为人未逃出监狱的警戒线；第三类是以法定的危险状态尚未具备作为犯罪未完成的标志，如行为人在油库放火，因火柴受潮而未能擦着时被捕获。

这里需要明确以下几个问题：第一是不要把没有达到犯罪目的或者没有产生犯罪结果一概视为犯罪没有得逞，因为有些犯罪，法律并不要求有结果的发生，例如，行为犯、危险犯等。从刑法理论上看，有些犯罪，例如过失犯、举动犯、结果加重犯等，也都不存在"没有得逞"的问题，因此也就不存在未遂。第二是犯罪没有得逞不等于没有发生任何损害结果。如果实际发生的损害结果，不是行为人意图达到的法律规定的损害结果，则不能按实际损害结果确定罪责。例如，故意杀人犯在杀人时遭到被害人反抗，没有把人杀死，只把被害人砍成了重伤，就不能把伤害视为既遂，定为故意伤害罪，仍应按故意杀人未遂定罪。第三是犯罪的完成即具体犯罪构成要件的完备，在时间上没有任何长短的要求，只要一完备构成要件就意味着犯罪完成和构成既遂。因此，不能因刚刚完备构成要件的犯罪人就被抓回或者犯罪人事后的返还赃物的行为，而否认犯罪既遂的成立，认定为犯罪未遂。第四是犯罪既遂是犯罪完成即得逞的标志，犯罪既遂后绝不可能再出现未完成的停止形态。这对于以法定犯罪结果的发生、法定犯罪行为的完成以及法定客观危险状态的具备作为既遂标志的犯罪，都应当是毫无例外地适用的。

（三）犯罪停止在未完成形态是犯罪分子意志以外的原因所致

犯罪活动在着手实行以后之所以停止在未完成形态，乃是犯罪分子意志以外的原因所致。这是犯罪未遂形态的又一重要特征，是犯罪未遂形态与着手实行犯罪后的犯罪中止形态相区别的关键，后者是由于行为人的意志以外而未完成犯罪。

根据刑法基本原理及犯罪形态的立法思想，作为犯罪未遂特征之一的"犯罪分子意志以外的原因"，其含义应理解为足以阻止犯罪意志及犯罪活动的因素。这一理解体现了质与量的有机统一。具体包括两个方面：（1）犯罪人自身以外的原因有：被害人的发现、逃避和反抗；其他人的阻止；物的障碍；意外情况的发生；自然力的阻碍。（2）犯罪人自身的原因有：受到能力的限制，比如小偷不会使用密码，打不开保险柜；犯罪分子对实施犯罪的方法、犯罪工具或者犯罪的对象在认识上发生错误，例如误用空枪去杀人；犯罪分子对作案现场周围的客观情况存在认识障碍，比如乙正实施犯罪，见摇动的树影，以为被人发现，拔腿就跑。

上述犯罪未遂的三个特征中，前两个侧重于揭示犯罪未遂的客观特征，第三个侧重于揭示犯罪未遂的主观特征。犯罪未遂的三个特征，表现为主客观的统一与齐备。符合上述特征的行为人，即为未遂犯。

三、犯罪未遂的类型

根据两个不同的标准，可以把犯罪未遂的类型进行两种划分：实行终了的未遂与未实行终了的未遂；能犯未遂与不能犯未遂。

（一）实行终了的未遂与未实行终了的未遂

以犯罪实行行为是否终了为标准，可以把犯罪未遂区分为实行终了的未遂与未实行终了的未遂两种类型。

在法定犯罪构成所要求、限定的客观行为范围内，行为是否实行终了，应以犯罪分子是否自认为实现犯罪意图所必要的全部行为都实行完毕为标准。按照这一标准，在法定犯罪构成所包含的实行行为的范围内，如果从主客观的统一上看犯罪行为未实施完毕，如盗窃犯正在室内盗窃时被当场抓获，则当然是未实行终了的未遂。而实行终了的未遂可以有两种表现：(1) 犯罪分子误认为其实现犯罪意图所必要的行为都已实行终了，因而停止了犯罪行为，但是由于意志以外的原因而未能使犯罪达到既遂状态。如故意杀人罪中致人重伤，犯罪人误以为被害人已经死亡或必然死亡，因而放弃加害而离去，后被害人遇救幸存的情况，就是这种表现形式的典型。(2) 犯罪分子对完成犯罪所必需的犯罪行为已实行终了这一点没有发生错误认识，但是行为实行终了距犯罪既遂还有一段距离，在实行终了以后，由于犯罪人意志以外的原因致使犯罪未能达到既遂状态。如投毒杀人的犯罪人已将毒投下，因被害人发现而未食毒物，或者被害人食毒物后遇救未死，即属于这种情况。

从主客观统一看，一般说来，实行终了的未遂的社会危害性大于未实行终了的未遂的社会危害性。根据罪责刑相适应的原则和刑罚目的的要求，在量刑时，前者一般较后者从重掌握。

(二) 能犯未遂与不能犯未遂

以行为的实行能否构成犯罪既遂为标准，可以把犯罪未遂形态划分为能犯未遂与不能犯未遂两种类型。

(1) 能犯未遂，是指犯罪行为实际上有可能达到既遂，但由于行为人意志以外的原因未能达到既遂而停止下来的情况。如犯罪分子杀人且已将被害人砍伤，后被人当场夺走刀子并被抓获即为能犯未遂。如果犯罪人不被当场制止，其完全可能杀死被害人。

(2) 不能犯未遂，是指犯罪人对有关犯罪事实认识错误，从而使犯罪行为不可能达到既遂的情况。在不能犯未遂类型里，又可以进一步区分为工具不能犯未遂与对象不能犯未遂两种：所谓工具不能犯未遂，是指犯罪人由于认识错误而使用了按其客观性质不能实现行为人的犯罪意图，同时也不能构成既遂的犯罪工具，以致犯罪未遂，例如，误把白糖等无毒物当作砒霜等毒药去毒人。所谓对象不能犯未遂，是指由于行为人的错误认识，使得犯罪行为所指向的犯罪对象在行为时不在犯罪行为的有效作用范围内，或者具有某种属性，从而使得犯罪不能既遂，只能未遂，例如，误认尸体为活人而开枪射击、砍杀等。

从主客观统一上看，在一般情况下，能犯未遂往往比不能犯未遂具有更大的社会危害性，因此，对能犯未遂一般应较不能犯未遂从重处罚。

本章［引例 10-4］秦某盗窃案中，秦某从进入财务室撬保险柜开始，已经实施了犯罪的“着手”行为。因此，其行为已经不属于犯罪的预备范畴。从表面上看，秦某似乎是自己主动离开了作案现场，好像具备了犯罪中止“自动放弃犯罪”的特征。而实际上，秦某离开作案现场是出于做贼心虚的恐惧，是在不得已的情况下使犯罪没有得逞。所以，秦某的行为应当是犯罪未遂。

四、未遂犯的刑事责任及处罚原则

行为的社会危害性，是犯罪的本质特征。犯罪未遂与犯罪预备、犯罪中止相比，其社会危害性的程度都更大；而与犯罪既遂相比，则更小。犯罪未遂与犯罪预备、犯罪中止、犯罪既遂之间，只有危害程度的差异，而无实质的区别。

对未遂犯罪采取什么处罚原则，各国规定不尽相同，主要有三种：一是必减主义，即应当比照既遂犯减轻处罚；二是同等主义，即应与既遂犯处以同等刑罚；三是得减主义，即可以比照既遂犯从轻、减轻处罚，也可同罚。我国《刑法》第23条第2款规定："对于未遂犯，可以比照既遂犯从轻或者减轻处罚。"这一规定实际上采用的是得减主义，这是我国刑法对犯罪未遂的一般处罚原则。

在审判实践中，正确掌握对犯罪未遂的处罚原则，应当明确以下三个问题：(1) 在定罪上，一方面，未遂犯要与被比照的既遂犯一样，按犯罪行为所触犯的刑法分则条款来确定罪名，比如，抢劫未遂的仍应定为抢劫罪，而不应定为抢劫未遂罪；另一方面，确定罪名又要反映未遂在故意犯罪过程中所呈现的状态。(2) 在量刑上总的应当掌握：第一，未遂犯应受到相对重于预备犯、中止犯而轻于既遂犯的处罚。对未遂犯原则上不能免除处罚。第二，按照立法精神，对未遂犯一般都可以比照既遂犯从轻或者减轻处罚，但是，根据案件的具体情况，有的也可以不从轻或者不减轻处罚。(3) 在罪责相同的前提下，必须与被比照的既遂犯适用同一量刑幅度。

本章［引例10-1］中的娄某究竟属于组织淫秽表演罪的未遂还是预备？对大多数犯罪而言，组织行为并不是犯罪的实行行为，实施组织行为的行为人也不是犯罪的实行犯，他们应当属于组织犯的范畴。但是就本案来看，组织淫秽表演罪的特征在于"组织"，即实施的是策划、指挥、安排进行淫秽表演的行为。因此，组织行为就是本罪的实行行为。娄某招聘演员、安排及指挥、导演进行淫秽表演的彩排行为等都是组织行为的表现方式，而娄某已经着手实行犯罪，只是由于意志以外的原因使得淫秽表演行为未能开始，故娄某是组织淫秽表演罪的未遂犯。

第五节 犯罪中止

引例 10-5 谭某故意杀人案

1997年10月，被告人谭某发现与自己交往5年的女朋友洪某突然对自己比较冷淡。经过探听，谭某知道洪某嫌他是个工人，想和他断绝关系。谭某很生气，决定以死迫使洪某回心转意。10月16日晚7时许，谭某来到洪某的家里，要求洪某看在5年交往的情分上，不要离开他。但洪某态度坚决，表示自己的主意已经拿定了，请谭某不要再纠缠她。谭某见洪某态度如此强硬，就从身上拿出事先准备好的一把匕首，说："你要是这样我就死给你看。"洪某不置可否地摇了摇头，谭某大怒，说："那好，你和我一起死吧。"随即向洪某的右腹部刺了一刀。洪某没有叫喊，只是让他不要这样。谭某又心生怜悯，将洪某抱到床上躺好后离去。经家人送医院抢救，洪某脱离了危险，但留下了严重的后遗症。被告人谭某的行为属于犯罪过程中的哪种停止形态？

一、犯罪中止的概念

《刑法》第 24 条第 1 款规定："在犯罪过程中，自动放弃犯罪或者自动有效地防止犯罪结果发生的，是犯罪中止。"根据这一规定并结合有关理论，所谓犯罪中止，是指在犯罪过程中，行为人自动停止犯罪或者自动有效地防止犯罪结果的发生，而未完成犯罪的一种犯罪停止形态。

犯罪中止形态有两种类型，即自动停止犯罪的犯罪中止和自动有效地防止犯罪结果发生的犯罪中止。

二、犯罪中止的特征

(一) 自动停止犯罪的犯罪中止的特征

自动停止犯罪的犯罪中止，必须同时具备三个特征。

1. 时空性

这是指必须是在犯罪处于运动过程中而未形成任何停止形态的情况下停止犯罪。这是犯罪中止成立的客观前提特征。犯罪中止形态可以存在的时空范围是：从犯罪预备行为发生开始，到形成犯罪既遂形态以前这段时间内，且犯罪又处于运动中而尚未停止在预备形态或者未遂状态。

2. 自动性

这是指行为人必须是自动停止犯罪。这是犯罪中止形态的本质特征，是犯罪中止形态与犯罪的未遂形态和预备形态的根本区别所在。自动性是指行为人出于自己的意志而放弃了自认为当时可以继续实施和完成的犯罪，即行为人在主观上自动放弃了犯罪意图，在客观上自动停止了犯罪的继续实施和完成。

犯罪中止的自动性应当有两层含义：其一，行为人自认为当时可以继续实施与完成犯罪。这可以说是成立自动性的前提条件。当然，行为人的这种确信，应当以当时有一定的主客观条件为根据，而不能是没有任何根据的臆想。只要行为人自认为当时有条件将犯罪进行到底，即使在他人看来不可能继续进行和完成犯罪，或者犯罪在客观上实际已不能再继续实施和完成，只要行为人确实不了解这种客观情况，就均不影响行为人停止犯罪自动性的成立。另外，虽然犯罪在客观上尚可继续实施与完成，但行为人却误认为犯罪已不可能进行的，不可能成立停止犯罪的自动性，行为人此时基于错误认识停止犯罪是被迫的而不是自动的。其二，行为人出于本人意志而停止犯罪。这是成立自动性的关键条件。就是说，行为人不管是受到什么因素的影响、基于什么考虑，最终都是在自认为可以继续实施和完成犯罪的情况下，在可以继续犯罪也可以停止与放弃犯罪这两条道路之间，出于其本人的主观意志，放弃了继续犯罪的意图，选择了停止与放弃犯罪的道路，并进而在此主观意志的支配下，在客观上停止和放弃了犯罪的继续实施与完成。

促使犯罪分子放弃犯意的动机是多种多样的：有的出于真诚悔悟；有的基于对被害人的怜悯；有的慑于法律威严，惧怕受到惩罚；有的出于亲友规劝，思想起了变化。不同的中止动机，都是促使犯罪分子放弃犯罪的内心起因。它们之间只有悔悟程度的不同，并没有悔悟与不悔悟的差别。因此，动机的多样性并不影响犯罪中止的成立，但在处理或者量刑时可适当分别考虑。

3. 彻底性

这是指行为人彻底放弃原来的犯罪。这一特征意味着，行为人在主观上彻底打消了原来的犯罪意图，在客观上放弃了自认为本可以继续进行的犯罪行为，而且从主客观的统一上看，行为人也不打算以后再继续实施此项犯罪。彻底性表明了行为人自动停止犯罪的真诚性及决心，它表明犯罪分子自动停止是坚决的、完全的，而不是暂时的中断。暂时的中断犯罪，即行为人停止犯罪是因为准备不充分或者认为时机不成熟、环境条件不利，而意图等待条件适宜时再继续该项犯罪的，就不具备中止犯罪彻底性的条件，因而不能认为是犯罪中止。

但是必须指出的是，彻底放弃犯罪，只能是彻底放弃了已经实施预备或者着手实行的某个具体的犯罪。可见，彻底中止不是绝对的，它只是相对的，只能就某一犯罪而言，不能把它理解为以后任何时候都不再犯任何罪。

（二）自动有效地防止犯罪结果发生的犯罪中止的特征

所谓自动有效地防止犯罪结果发生的犯罪中止，是指对于某些犯罪，行为人已经着手实行的犯罪行为可能造成但尚未造成犯罪既遂所要求的犯罪结果，而所成立的犯罪中止。这可以说是一种特殊类型或特殊情况下的犯罪中止。

这种类型的犯罪中止所面对的犯罪已经实行到了相当的程度，已经实施的行为有可能产生既遂形态的犯罪结果，因此，从犯罪中止形态的立法目的出发，除应具备前述普通类型的犯罪中止的三个特征之外，还要求它具备“有效性”的特征，即行为人还必须有效地防止了他已实施的犯罪的法定犯罪结果的发生，使犯罪未达既遂而停止下来。如果行为人虽然采取了防止既遂的犯罪结果发生的积极措施，但实际上未能防止既遂之犯罪结果的发生，或者该犯罪结果未发生是其他原因所致，则不能认定行为人成立犯罪中止，而应为犯罪既遂或者犯罪未遂。至于行为人为防止犯罪结果所作出的这种努力，可在处罚时作为从宽情节适当考虑。

三、犯罪中止的类型

（一）预备中止、实行未终了中止与实行终了中止

这是根据犯罪中止发生的时空范围而对犯罪中止所作的区分。预备中止是发生在犯罪预备阶段的中止，其时空范围起始于犯罪预备活动的实施、终止于犯罪实行行为着手前。它是指在犯罪的预备活动过程中，行为人在自认为可以继续犯罪活动的条件下，自动地将犯罪活动停止下来，不再继续犯罪预备行为或者没有着手犯罪实行行为的情况。如行为人预谋爆炸杀人，但在制造爆炸物的过程中，惧怕发生严重的后果而自动停止了爆炸物的制作，未着手爆炸杀人的行为。实行未终了中止是发生在犯罪实行行为尚未终了时的中止，其时空范围始于犯罪实行行为的着手、止于犯罪实行行为终了前。它是指行为人在实施犯罪实行行为的过程中，自动放弃了犯罪的继续实施和完成，因而使犯罪停止在未达既遂的状态。如强奸犯在着手对被害人实施暴力行为的过程中，基于被害妇女的劝说而放弃了对其进一步要实施的奸淫行为。实行终了的犯罪中止是发生在犯罪实行行为实施终了后的犯罪中止，其时空范围始于实行行为终了之时、止于既遂的犯罪结果发生之前。它是指行为人在实行行为终了以后，出于本意而以积极的行为阻止了既遂之犯罪结果的发生。如投毒杀人者投下毒药后，又采取积极的措施使被害人未吃下毒物，或者在被害人中毒后将其积极抢救而使其未死亡。

上述三种类型相比，其社会危害性显然有所不同，预备中止的最小，实行终了中止的一般最大，而实行未终了中止的一般居中。

(二) 消极中止与积极中止

这是根据对中止行为的不同要求而对犯罪中止所作的区分。

消极中止是指犯罪人仅需自动停止犯罪行为的继续实施便可成立的犯罪中止，其行为方式仅为不作为形式，此种类型也即前述的自动停止犯罪的犯罪中止。积极中止是指需要作为形式才能构成的中止，即犯罪人不但需要自动停止犯罪的继续实施，而且还需要以积极的作为行为去防止既遂的犯罪结果发生的犯罪中止。它发生于实行行为尚未终了的少数情况下，以及实行行为终了的某些情况下。

上述两种类型的犯罪中止相比，消极中止距离犯罪既遂较远，而积极中止距离犯罪既遂较近，尤其是其中有些还发生了一定的实际危害后果，因而一般说来，积极中止较消极中止的社会危害性大一些。

四、犯罪中止的认定

在审判实践中，适用犯罪中止，应根据犯罪中止的条件，认真分析案情，正确予以认定。

(1) 要把犯罪分子在犯罪既遂以后，自动返还原物、恢复原状或者主动退赔损失的行为，同犯罪中止严格区别开来。

盗窃犯基于懊悔把窃得财物偷偷归回原处，即使失主未能发觉，盗窃犯的行为也已达既遂，不能是犯罪中止。对于这种犯罪后的悔改表现，处理时应当作为一个情节酌情考虑。

(2) 要把自动中止与被迫中断区别开来。

被迫中断，是指犯罪分子在实施犯罪过程中，遇到某种障碍，本来客观上可继续进行犯罪，但犯罪分子误认为犯罪已不可能进行，主观故意动摇，从而停止了犯罪活动。例如，强奸犯乙刚要实施强奸行为时，听到屋门响，以为来人了，即起身逃跑。乙是做贼心虚而停止犯罪，并非自动放弃犯罪，不属于犯罪中止，而属于犯罪中断。自动中止是出于犯意改变而自动放弃，而被迫中断是客观外在因素作用的结果，并非犯罪分子对犯意本身的自动放弃，因此，被迫中断仍然属于犯罪未遂。

(3) 要把犯罪分子能将犯罪进行下去而不进行下去与犯罪在客观上不可能进行到底区别开来。

前者所说的“能进行下去”，是就犯罪分子自己的认识而言；至于客观实际能不能使犯罪得逞，则是另一回事，并不影响犯罪中止的成立。例如，甲携刀去乙家杀乙，走到半路，甲悔悟，放弃了犯罪，就是中止。不能因为事后证明乙当时不在家，实际上不可能杀人得逞，就不认为甲的行为是犯罪中止。

(4) 放弃重复侵害行为，是犯罪未遂还是犯罪中止?

什么是放弃重复侵害行为？举例说，甲举枪向乙射击，第一枪没射中。甲明知当时有条件再射击，但甲悔悟了，没有再射击第二枪。对于这种放弃重复侵害的行为，本书认为，在一般情况下，应当认为是犯罪中止，因为：这种放弃，一是发生在犯罪实行过程中，从整个犯罪行为看，犯罪尚未完成，行为人存在继续犯罪的条件，因此，构成中止犯罪在时间上就成为可能；二是自动的，合乎本人意愿，不具有犯罪未遂的被迫性特征；三是导致犯罪结果没有发生，有效地中止了犯罪。如果行为人没有再射击，是由于被害人的反抗或者第三人的制止，则不能认为是犯罪中止，仍应认为是故意杀人未遂。

本章［引例10-5］谭某故意杀人案中，当他扎了被害人第一刀以后，是完全有机会也有能力把犯罪进行到底的。但是，出于对被害人的怜悯，谭某没有继续加害被害人，而是停止了进一步的犯罪行为。其行为符合犯罪中止的特征，应当认定为犯罪中止。这里需要注意的是，行为人究竟出于什么原因中止犯罪并不重要，无论是基于行为人自己的悔悟，还是基于亲友的劝说，抑或基于对被害人的怜悯等，都不影响犯罪中止的成立。

五、中止犯的刑事责任及处罚原则

对于中止犯的处罚，各国刑法采取的主要是必减免制和得减免制两种原则。我国《刑法》第24条第2款规定："对于中止犯，没有造成损害的，应当免除处罚；造成损害的，应当减轻处罚。"这种处罚原则不但轻于未遂犯，也轻于预备犯，有利于促使犯罪分子在关键时刻悔悟，对于减少和预防犯罪是有积极意义的。

按照《刑法》的规定，对中止犯的处理，首先应当认定是否造成损害，然后再决定是否免除刑罚处罚。可见，判断是否造成损害，是对中止犯正确适用处罚的关键。这里说的"损害"，既不是指法定的"犯罪结果"，也不包括任何轻微的损害，而是指法定犯罪结果以外的其他达到某种犯罪程度的损害。避免犯罪结果的发生，是犯罪中止成立的前提，但是，犯罪仍有可能造成非犯罪既遂所要求的其他物质性的损害结果。故意杀人罪的中止，虽然防止了死亡结果发生，但可能造成伤害结果。只有这种结果才是适用中止犯减轻处罚条件的损害结果。

【问题与思考】

1. 犯罪的完成形态，即犯罪的既遂，是指故意犯罪在发展过程中未经停顿而持续运动到终点的情形。它标志着某一犯罪行为的完成与终结，并具备完整的犯罪构成要件，是犯罪构成的一般形态。请问，犯罪既遂可以划分为哪些类型？

2. 犯罪过程包括犯罪的预备阶段和犯罪的实行阶段，那么，犯罪的未完成形态可以发生在犯罪的哪个阶段呢？

3. 甲因对社会不满，想要给社会制造麻烦。他听说用一种化肥和锯末在铁锅里加热搅拌就可以制成炸药，就分别找来了化肥和锯末自己制作炸药。甲连续试验了6次，都没有制作出炸药。后经群众举报，甲被公安机关抓获。甲的行为是犯罪的预备还是未遂？

第十一章 共同犯罪

参考书目

1. 张希坡编．中华人民共和国刑法史．北京：中国人民公安大学出版社，1998.

2. 高铭暄主编．刑法学原理．第2卷．北京：中国人民大学出版社，1993.

3. 高铭暄，马克昌主编．刑法学．5版．北京：北京大学出版社，高等教育出版社，2011.

4. 王作富主编．刑法．6版．北京：中国人民大学出版社，2016.

5. 陈兴良主编．判例刑法教程（总则篇）．北京：北京大学出版社，2015.

6. 张明楷．刑法学．5版．北京：法律出版社，2015.

7. 高西江主编．中华人民共和国刑法的修订与适用．北京：中国方正出版社，1997.

8. 刘家琛主编．新刑法条文释义（上）．北京：人民法院出版社，2002.

参考法规

1.《刑法》第25～29条

2. 2000年9月30日最高人民法院《关于审理单位犯罪案件对其直接负责的主管人员和其他直接责任人员是否区分主犯、从犯问题的批复》

3. 2010年2月8日最高人民法院《关于贯彻宽严相济刑事政策的若干意见》

4. 2014年4月24日全国人大常委会《关于〈中华人民共和国刑法〉第三十条的解释》

引例 11－1 董某群等四人盗窃摩托车、收购赃物案[①]

被告人董某群分别伙同李某臣、董某明、冯某民、张某党、梁某林、宋某平、陈某强、陈某力、陈某刚、孔某省等人于1992年冬至1999年9月份先后在原阳县、封丘县、焦作市、阳城县、新乡市等地盗窃作案24起，共盗窃各类两轮摩托车15辆、柴油机动三轮车1辆、自行车8辆及皮箱、衣物、录音机、手表等物，总价值66 187.80元。其中，被告人董某群参与作案24起，盗窃物品总价值66 187.80元；被告人陈某刚参与作案6起，盗窃物品总价值24 794.50元；被告人孔某省参与作案6起，盗窃物品总价值1 256.30元。被告人梁某成于1999年1月至4月通过宰某军分别以1 000元、770元的价格，购买被告人董某群、陈某刚盗窃的蓝色金城AX－100摩托车一辆、红色五羊125摩托车一辆，后从焦作火车站购买假合格证、发票一套，以2 400元的价格将蓝色金城AX－100摩托车卖给本村的赵某，以2 950元的价格将红色五羊125摩托车卖到辉县。案发后，部分赃物被公安机关追回，并发还失主。在本案中，应当如何认定主犯和从犯？

第一节　共同犯罪的概念和要件

一、共同犯罪的概念

什么是共同犯罪？根据我国刑法规定，共同犯罪是指二人以上共同实施故意犯罪的行为。

犯罪是一种复杂的社会现象，既有一个人单独实施的犯罪，也有二人共同实施的犯罪。我国刑法分则条文绝大多数是以一个人实施犯罪为标准而规定的。但是，二人共同犯罪的情况要比一个人单独实施犯罪复杂：首先，共同犯罪比一个人单独犯罪具有更大的社会危害性。其次，在共同犯罪的情况下，每个共同犯罪人在共同犯罪中所起的作用和所处的地位是不同的，所应承担的刑事责任也是不同的，依照罪责刑相适应原则，需要区别对待，处以不同的刑罚。这就需要规定不同于一个人单独犯罪的处罚原则。再次，共同犯罪具有结构上的复杂性，有的共同犯罪不能直接适用以一个人实施犯罪为标准而制定的刑法分则条文，而需要另行规定其行为形式。基于以上理由，需要对共同犯罪加以单独规定。因此，我国刑法在总则中规定了共同犯罪的概念、分类和刑事责任承担标准等一般性规定；同时，对于一些必须由二人以上实施的共同犯罪情形，如聚众犯罪、集团性犯罪，直接在刑法分则条文中加以规定。

我国《刑法》第25条第1款规定："共同犯罪是指二人以上共同故意犯罪。"这一定义内涵明确、外延周延，揭示了共同犯罪的本质特征，在内容上充分体现了我国刑法主客观

① 参见王礼仁编著：《盗窃罪定罪量刑案例评析》，380～381页，北京，中国民主法制出版社，2003。

相统一的原则，因而是科学的。

二、共同犯罪的成立要件

共同犯罪是一种特殊形态的故意犯罪。构成共同犯罪除了必须具备故意犯罪的一般条件外，还需要具备以下条件。

(一) 共同犯罪的主体要件是必须二人以上

共同犯罪的主体，必须是两个以上达到刑事责任年龄、具有刑事责任能力的人。这里所说的人，既指自然人，也包括单位。

(1) 共同犯罪的犯罪主体的数量要求是必须二人以上。可以是两个以上的自然人，也可以是两个以上的单位，还可以是自然人和单位共同实施犯罪。一个人（自然人或者单位）单独犯罪，不发生共同犯罪问题。

(2) 共同犯罪的犯罪主体的资格要求必须是具有刑事责任能力。如果犯罪主体是自然人，则必须都达到刑事责任年龄、具有刑事责任能力。一个具有刑事责任能力的人和一个没有刑事责任能力的人共同实施危害行为，不能构成共同犯罪。有刑事责任能力的人利用未成年人或者利用精神病人实施犯罪行为的，被利用者不构成犯罪，利用者作为实行犯论处。由于我国《刑法》第 17 条规定了不同的刑事责任年龄段，因而，在认定行为人能否成为某一犯罪的共同犯罪主体时，应当根据相应的刑事责任年龄要求进行。具体说来，两个已满 16 周岁、具有刑事责任能力的人共同故意实施任何犯罪，均构成共同犯罪；两个已满 14 周岁、不满 16 周岁的人，或者一个已满 14 周岁、不满 16 周岁的人与已满 16 周岁、有刑事责任能力的人，共同实施故意杀人、故意伤害致人重伤或者死亡、强奸、抢劫、贩卖毒品、放火、爆炸、投放危险物质等犯罪才成立共同犯罪，实施其他犯罪行为不能成立共同犯罪。如果犯罪主体是单位，则必须是《刑法》第 30 条所规定的“公司、企业、事业单位、机关、团体”，并且只有共同故意实施了法律明文规定的单位可以成为犯罪主体的犯罪，才能成立共同犯罪。

(二) 共同犯罪的客观要件是必须有共同的犯罪行为

所谓共同的犯罪行为，是指各共同犯罪人的行为都指向同一犯罪事实，相互联系、相互配合，形成一个与犯罪结果有因果关系的有机整体。每一个犯罪人的犯罪行为，都是共同犯罪行为的有机组成部分。

(1) 各共同犯罪人所实施的行为必须是犯罪行为，即具有严重的社会危害性、应当受到刑罚处罚的行为。共同实施的正当防卫行为、紧急避险行为，以及在不可抗力下实施的行为，即使造成损害，也不构成共同犯罪。共同实施违法行为，但是情节显著轻微危害不大，也不成立共同犯罪。

(2) 各共同犯罪人的行为必须指向同一犯罪目标，形成一个有机的犯罪活动整体。也即各共同犯罪人的行为，不管它们在共同犯罪中的表现形式如何，都有一个共同的犯罪目标，每个人的行为都是共同犯罪行为的组成部分，共同构成统一的犯罪活动整体。

在实施共同犯罪时，每个行为人可以均实施实行行为，也可以存在分工。在有共同犯罪分工的情况下，共同犯罪行为表现为四种方式：实行行为、组织行为、教唆行为和帮助行为。无论是哪种分工，只影响行为所应承担的刑事责任的大小，不影响共同犯罪的成立。

共同犯罪行为，可以是共同的作为，如甲、乙二人共同盗窃财物；也可以是共同的不作为，如夫妻二人共同遗弃年老、无生活自理能力的父母；还可以是作为与不作为的结合，如盗窃犯甲与仓库保管员乙同谋，由甲前往仓库盗窃时，乙不加制止。

（3）各共同犯罪人的行为都与危害结果之间存在因果关系。考察共同犯罪行为因果关系，不能孤立地看某一个共同犯罪人的行为是否导致危害结果的发生，以此来认定其行为的因果关系，而是应当对所有共同犯罪人的行为加以统一考察。共同犯罪人的行为的整体是危害结果发生的统一的原因，而每个共同犯罪人的行为都是原因的一部分。

（三）共同犯罪的主观要件是必须有共同的犯罪故意

所谓共同犯罪故意，是指各共同犯罪人通过意思的沟通联络，认识到其共同的犯罪行为会发生某种危害社会的结果，并遂行共同犯罪，希望或者放任这种危害结果发生的心理态度。共同犯罪的故意同样有认识因素和意志因素两个方面的内容。

（1）共同犯罪的认识因素包括以下三层含义：1）共同犯罪人认识到不是自己一个人单独实施犯罪，而是与他人互相配合共同实施犯罪；2）共同犯罪人认识到所共同实施的行为是犯罪行为；3）共同犯罪人认识到自己的行为会引起的结果以及共同犯罪行为会产生的危害后果，概括地预见到共同犯罪行为与危害结果之间的因果关系。

（2）共同犯罪的意志因素包括两层含义：1）共同犯罪人决意参加共同犯罪；2）共同犯罪人希望或者放任危害后果的发生。

共同犯罪故意，既可以表现为各共同犯罪人都有犯罪的直接故意，也可以表现为各共同犯罪人都有犯罪的间接故意，还可以表现为其中一人为直接故意、另一人为间接故意。

三、共同犯罪的认定

（一）不构成共同犯罪的情况

（1）二人以上共同过失犯罪，不构成共同犯罪。我国《刑法》第25条第2款规定："二人以上共同过失犯罪，不以共同犯罪论处；应当负刑事责任的，按照他们所犯的罪分别处罚。"根据我国刑法主客观一致原则，共同犯罪是各共同犯罪人通过互相意思沟通联络，形成共同犯罪故意，并在共同主观故意的支配下，使各共同过失犯罪人的行为指向一个共同的犯罪目标，从而形成一个有机整体。而共同过失犯罪，缺乏相互间的意思沟通联络，各共同过失犯罪人的行为不是一个有机的整体，因而不具备共同犯罪的本质特征。

（2）同时犯不是共同犯罪。所谓同时犯，是指二人以上没有共同实施犯罪的意思联络，同时或近乎同时地前后对同一目标实行犯罪的情况。例如，甲、乙二人相互没有意思联络，但同时向丙开枪，甲射出的子弹将丙打死，乙没有击中，则甲负杀人既遂的责任，乙负杀人未遂的责任。

（3）同时实施犯罪，但故意内容不同的，不构成共同犯罪。二人以上同时故意实施犯罪，甚至对同一犯罪对象实施犯罪，但是由于故意内容不同，不具有共同犯罪的故意，就不能按照共同犯罪论处。例如，甲曾经受丙欺负，请乙帮忙共同教训丙，甲、乙二人共同拦住并打丙。甲有杀人的故意，乙只是出于伤害心理，结果甲拿起地上砖头猛力击打丙的头部，致丙死亡。由于二人故意内容不同，一个是杀人故意，一个是伤害故意，因而不构成共同犯罪，甲构成故意杀人罪，乙构成故意伤害罪。

（4）共同实施危害行为，但罪过形式不同的，不构成共同犯罪。如过失帮助他人实施故意犯罪，或者故意利用他人的过失行为实施故意犯罪，虽然彼此在行为上存在一定联系，但由于一人是故意，一人是过失，不可能形成共同犯罪故意，所以不成立共同犯罪，而应当根据他们的罪过形态和行为，依照刑法规定分别处理。

(5) 超出共同故意范围之外的犯罪，不构成共同犯罪。共同犯罪人超出共同犯罪故意，单独实施其他犯罪的，单独实施的犯罪只能由实施该种犯罪的人负责，其他人对此不负共同犯罪的责任。

(6) 事前没有通谋的事后窝藏、包庇行为，不构成共同犯罪。

(二) 构成共同犯罪的情况

(1) 两个以上具有不同身份的人可以构成共同犯罪。刑法中有些犯罪主体是特殊主体，如受贿罪的主体只能是国家工作人员，不具备特殊身份的人不能独立构成特殊主体犯罪。但就共同犯罪而言，不具备特殊身份的人可以构成特殊主体犯罪的共同犯罪主体，如非国家工作人员教唆帮助国家工作人员受贿，就可以与国家工作人员构成受贿罪的共同犯罪。

(2) 事前有通谋的窝藏、包庇行为，构成共同犯罪。事前有通谋的窝藏、包庇行为，主观上具有共同的犯罪故意，在客观上支持和鼓励了实行犯的实行行为，通过实行行为引起危害后果的发生，因而与危害后果的发生之间存在因果关系，构成共同犯罪。所以，对于窝藏、包庇罪，我国《刑法》第310条第2款特别规定："犯前款罪，事前通谋的，以共同犯罪论处。"

(3) 仅仅参与共谋，没有参与实施犯罪行为的，也成立共同犯罪。因为共同犯罪行为不仅仅指共同实行行为，而且包括共同预备行为，参与共谋就是共同犯罪预备行为，所以，其构成共同犯罪。

第二节 共同犯罪的表现形式

引例 11-2 刘某等三人殴打赵某致死案

刘某、卢某、梁某在某饭店吃饭时，因划拳声音太吵被邻桌正在吃饭的赵某、王某指责。刘某、卢某、梁某先是谩骂赵某和王某，赵某不甘示弱与他们对骂，刘某等三人即动手与赵某、王某厮打在一起。王某见势不好，就逃到饭店外面打电话招呼朋友过来帮忙。此时，刘某等三人用椅子、酒瓶等物将赵某打倒在地，又用脚使劲踢赵某，见赵某不动了，三人即逃离现场。赵某被赶来的朋友送到医院，终因颅内出血抢救无效死亡。刘某、卢某、梁某的行为是共同犯罪的哪种表现形式？

一、共同犯罪形式的概念及划分意义

共同犯罪的形式是指二人以上共同犯罪的结构或者共同犯罪人之间的结合方式。

在刑法理论上研究共同犯罪的划分，能够区别不同形式的共同犯罪，准确认识各种形式的共同犯罪的性质及社会危害程度，分清共同犯罪人在不同形式的共同犯罪中的地位和

作用，从而便于对共同犯罪人区别对待、正确定罪量刑，实现刑法的目的。

二、共同犯罪形式的划分

我国刑法理论对共同犯罪的划分，一般采用四分法，即将共同犯罪的形式从四个不同的角度，用不同的标准划分。

（一）任意的共同犯罪和必要的共同犯罪

根据共同犯罪能否任意形成，共同犯罪可以划分为任意的共同犯罪和必要的共同犯罪。任意的共同犯罪是指刑法分则规定的一个人能够单独实施的犯罪，由二人以上共同实施而形成的共同犯罪。例如，刑法分则中规定的故意杀人罪、伤害罪、强奸罪、抢劫罪、盗窃罪等，既可以由一个人实施，又可以由二人以上共同实施。二人以上共同故意实施上述犯罪的，就是任意的共同犯罪。绝大多数共同犯罪都是任意的共同犯罪。对于这种共同犯罪，应当根据刑法总则关于共同犯罪的规定结合刑法分则有关具体的犯罪的条文定罪量刑。

必要的共同犯罪，是指刑法分则规定必须由二人以上共同故意实施的犯罪形式。一个人不可能实施这类犯罪。根据我国刑法的规定，必要的共同犯罪有以下两种形式：（1）聚众性共同犯罪，指以多数人的共同行为为犯罪构成要件的犯罪，如武装叛乱、暴乱罪，聚众扰乱社会秩序罪，聚众持械劫狱罪等。（2）集团性共同犯罪，指以组织、领导或参加某种犯罪集团为犯罪构成要件的犯罪。具体有两种形式：一是一般集团犯罪，即三人以上为共同实施犯罪而组成的较为固定的犯罪组织，如盗窃犯罪集团、诈骗犯罪集团等；二是特殊犯罪集团，具体说是指刑法分则专门规定的间谍组织、恐怖组织、邪教组织及黑社会性质组织。对于前者，应当结合刑法总则的有关规定和分则的有关规定进行处理；对于后者，则直接按照刑法分则的具体条文处理。

（二）事前通谋的共同犯罪和事中通谋的共同犯罪

根据共同犯罪故意形成的时间，可以把共同犯罪分为事前通谋的共同犯罪和事中通谋的共同犯罪。

事前通谋的共同犯罪，是指各共同犯罪人在着手实施犯罪以前，就形成共同犯罪故意的犯罪形式。通谋通常指共同犯罪人之间互相沟通犯罪意思，通谋的内容可以是实施犯罪的对象、时间、地点、方法和分工，也可以是犯罪后湮灭罪迹、分赃等；通谋的方式可以是口头商议，也可以是以文字交换意见，还可以是通过点头、做手势等形体语言表达同意犯罪的意见。总之，只要共同犯罪的故意是在犯罪着手之前形成的，无论采取何种通谋的形式和内容，都成立事前通谋的共同犯罪。

事中通谋的共同犯罪，是指共同犯罪人在着手实施犯罪时或实行犯罪过程中形成共同犯罪故意的犯罪形式，通常也称作“事前无通谋的共同犯罪”。但是，从语言逻辑的严密性角度来看，“事前无通谋”实际包含事中通谋和事后通谋，而事后通谋不构成共同犯罪，因此，用“事前无通谋”容易引起歧义，用“事中通谋”一词表达比较准确。这类共同犯罪的故意是在着手实行犯罪后临时形成的，往往缺乏周密的计划性，相对于事前通谋的共同犯罪，其社会危害性要小些。

（三）简单的共同犯罪和复杂的共同犯罪

根据共同犯罪人之间有无分工，共同犯罪可以划分为简单的共同犯罪和复杂的共同犯罪。

简单的共同犯罪是指二人以上共同直接实行某一具体的犯罪构成客观要件的行为，每一个共同犯罪人都是实行犯。共同实行表现为几种情况：(1) 共同实行同样的行为。如甲、乙二人都手持尖刀，刺杀受害人丙。(2) 各共同犯罪人实行的行为形式上不同，但其行为都是实现同一犯罪的实行行为。如甲、乙共同抢劫，乙用凶器对被害人威胁，甲将被害人的财物抢走，甲、乙二人的行为都是抢劫罪的实行行为。在简单的共同犯罪中，各共同犯罪人对共同实行的犯罪行为整体负责。

复杂的共同犯罪，是指各共同犯罪人之间存在分工的犯罪形式。具体有以下几种表现形式：(1) 教唆行为与实行行为的分工；(2) 实行行为和帮助行为的分工；(3) 组织行为、实行行为和帮助行为的分工；(4) 组织行为、教唆行为、实行行为和帮助行为的分工。复杂的共同犯罪下，由于各共同犯罪人之间的分工不同，所起的作用不同，所以承担的刑事责任不同。

(四) 一般的共同犯罪和特殊的共同犯罪

根据共同犯罪人之间结合的紧密程度和有无组织形式，共同犯罪可以划分为一般的共同犯罪和特殊的共同犯罪。

一般的共同犯罪是指各共同犯罪人之间不存在组织形式的共同犯罪，一般是为了实施某一具体犯罪而事前或临时结合在一起，犯罪后，犯罪的共同体就不复存在了。这种共同犯罪，可以是简单的共同犯罪，也可以是复杂的共同犯罪；可以是事前通谋的共同犯罪，也可以是事中通谋的共同犯罪。属于什么形式的共同犯罪，就按照什么形式的共同犯罪处理。

特殊的共同犯罪是指各共同犯罪人之间存在一定组织形式的共同犯罪，也称为有组织的犯罪，即犯罪集团。

本章［引例 11-2］刘某等三人殴打赵某致死案中，从不同的角度、用不同的标准可以划分为共同犯罪不同的表现形式。从共同犯罪能否任意形成的角度看，属于任意共同犯罪：殴打赵某的行为既可以是一个人实施，也可以是几个人共同实施，刘某等三人的行为符合任意共同犯罪的特征。从共同犯罪故意形成的时间看，属于事中通谋的共同犯罪：刘某等三人事先并没有商量要殴打赵某，他们殴打赵某的共同故意是在殴打行为实施过程中形成的，因此是事中通谋的共同犯罪。从共同犯罪人之间有无分工的角度看，刘某等三人的行为是简单的共同犯罪；在殴打赵某的过程中，刘某等三人并没有具体分工，三人都是殴打赵某的实行犯，故是简单的共同犯罪。从共同犯罪人之间结合的紧密程度和有无组织形式的角度看，刘某等三人显然属于一般的共同犯罪。需要说明的是，并不是一个共同犯罪只能有一种表现形式，无论共同犯罪的具体内容是什么，就表现形式来说，每一个共同犯罪都可以从不同的角度、用不同的标准，划分为不同的共同犯罪表现形式。

三、关于犯罪集团

(一) 犯罪集团的概念和要件

我国《刑法》第 26 条第 2 款规定：“三人以上为共同实施犯罪而组成的较为固定的犯罪组织，是犯罪集团。”构成犯罪集团，必须具备如下条件：

(1) 在人数上，必须是三人以上（包括三人在内）。只有三人或者超过三人共同进行犯罪活动的，才可能是犯罪集团；二人共同进行犯罪活动的，只能是一般的共同犯罪。人数达到三人是构成犯罪集团的最低人数，而在实际生活中，犯罪集团远远不止三人参加，有的多达十几人甚至几十人。

（2）具有共同实施某种犯罪的目的性。犯罪集团是为了共同实施某一种或几种犯罪而结合在一起的。其共同的犯罪目的可以是通过成员之间口头或者书面通谋确定的，也可以是通过共同实施犯罪行为表现出来的。如果只是基于低级趣味或者封建习俗而结合在一起，则不能认为是犯罪集团。

（3）具有一定的组织性和固定性。所谓组织性，是指成员之间存在领导与被领导的关系，有首要分子、骨干成员、一般成员之分。首要分子在犯罪集团中起主要作用，组织、领导、指挥其他成员进行犯罪活动。只要存在成员之间的领导与被领导的分工，就可以视为具有一定的组织性。不同的犯罪集团，有不同的组织形式，其组织的严密程度也不同。如间谍组织、恐怖组织、黑社会组织的组织程度就相当严密，并且有其帮规或内部组织纪律。所谓固定性，是指以实施多次犯罪为目的，其成员间的联系和组织形式长期存在。需要注意的是，较为固定是就准备长期存在而言的，并不以事实上实施了多次犯罪为必要，所以，只要查明各共同犯罪人是为了多次实施犯罪而结合起来的，即使没有来得及实施犯罪或者只实施了一次犯罪就被抓获，也可以认定为犯罪集团。

犯罪集团是最危险的共同犯罪形式。在实际生活中，犯罪集团往往人数众多、作案频繁、手段凶残，具有极大的社会危害性，是最主要的影响社会治安秩序的因素之一。因此，犯罪集团历来是刑法打击的重点。

（二）犯罪集团的分类

犯罪集团是特殊的共同犯罪形式，根据我国刑法分则的有关规定，犯罪集团可以进一步分为一般的犯罪集团和特殊的犯罪集团。特殊的犯罪集团是指刑法分则条文明文规定的犯罪集团，具体有以下三种：（1）《刑法》第120条规定的恐怖活动组织；（2）《刑法》第294条规定的黑社会性质组织；（3）《刑法》第300条规定的邪教组织。

一般的犯罪集团是指刑法分则条文没有作特殊规定，但是按照刑法总则规定加以认定的犯罪集团，如走私集团、盗窃集团、拐卖妇女儿童集团、贪污集团等。

特殊的犯罪集团与一般的犯罪集团相比，是犯罪集团的高级形式，具有更加严密的组织性，社会危害性也更大。

（三）关于犯罪团伙

犯罪团伙是公安机关在实际工作中使用的概念，通常用来概括地表示三人以上共同实施犯罪的情况。由于犯罪团伙不是法律规定的术语，因而对于将其归类为何种共同犯罪形式，就产生了歧义。有的认为，犯罪团伙就是犯罪集团。有的认为，犯罪团伙是犯罪集团与犯罪结伙的合称，即犯罪团伙既可以指组织比较牢固的犯罪集团，也可以指结合比较松散的犯罪结伙。也有的认为，犯罪团伙是介于一般共同犯罪与犯罪集团之间的独立的共同犯罪形式。还有的认为，对犯罪团伙应当根据具体情况具体认定：符合犯罪集团成立条件的，按照犯罪集团认定；不符合犯罪集团成立条件的，按照一般共同犯罪认定。通说采纳第四种意见。

第三节　共同犯罪人的分类及刑事责任

一、共同犯罪人的分类标准

在共同犯罪的情况下，各共同犯罪人在犯罪中所处的地位和所起的作用是不同的，每个共同犯罪人所负的刑事责任也不同，因此，需要对共同犯罪人进行分类。

从各国刑法关于共同犯罪的规定来看，共同犯罪人的分类标准可以分为两种：一是以共同犯罪人在共同犯罪活动中的分工为标准，二是以共同犯罪人在共同犯罪活动中所起的作用为标准。前一种分类标准，比较客观地反映了各共同犯罪人在犯罪活动中的实际分工和从事的具体活动，便于对共同犯罪人的行为定罪；但没有揭示其在共同犯罪中所起的作用，不能正确解决各共同犯罪人的刑事责任。后一种分类标准，比较客观地反映了各共同犯罪人在犯罪活动中所起的作用，反映了各自不同的社会危害程度，便于对共同犯罪人量刑；但没有区分各共同犯罪人在犯罪活动中的分工，不能很好地解决定罪问题。

我国刑法以共同犯罪人在犯罪活动中的作用为主要标准，同时兼顾共同犯罪在犯罪活动中的分工，对共同犯罪人进行分类。在我国刑法中，共同犯罪人按其在共同犯罪中的作用，分为主犯、从犯、胁从犯；同时，按其在犯罪活动中的分工，划分出教唆犯。因此，我国刑法将共同犯罪人分为四种：主犯、从犯、胁从犯、教唆犯。

二、共同犯罪人的刑事责任

(一) 主犯

《刑法》第 26 条第 1 款规定：组织、领导犯罪集团进行犯罪活动的或者在共同犯罪中起主要作用的，是主犯。由此，主犯分为两种：

(1) 组织、领导犯罪集团进行犯罪活动的犯罪分子，通常也称为犯罪集团的首要分子。这种主犯以犯罪集团的存在为前提，没有犯罪集团，也就不存在犯罪集团的首要分子。组织、领导犯罪集团进行犯罪活动，指纠集、网罗他人组建犯罪集团，制订犯罪计划，带领、指挥、命令他人进行犯罪活动。犯罪集团的首要分子可以是一个人，也可以是几个人，他们是犯罪集团的核心，在犯罪集团中起主要作用，因而社会危害性极大，是刑法打击的重中之重。

(2) 在共同犯罪中起主要作用的犯罪分子。这种主犯有以下几种：1) 犯罪集团中首要分子以外的在犯罪集团中起主要作用的犯罪分子，通常称为犯罪集团的骨干分子。这里所说的主要作用是指除组织、领导作用以外在共同犯罪中起主要作用，如积极参加犯罪集团、在犯罪集团中特别卖力地进行犯罪活动，或者在犯罪集团中直接实行犯罪、罪行重大等。具有上述情形之一，即构成犯罪集团的主犯。2) 在一般共同犯罪中起主要作用的犯罪分子。3) 在聚众犯罪中起主要作用的犯罪分子。

由于主犯有两种，刑法规定了这两种主犯不同的刑事责任：(1) 犯罪集团的首要分子对集团所犯的全部罪行负责。《刑法》第 26 条第 3 款规定：对组织、领导犯罪集团的首要分子，按照集团所犯的全部罪行处罚。也就是说，犯罪集团的首要分子不仅对自己直接实施的犯罪负刑事责任，而且要对其他成员按照集团的预谋实施的犯罪负刑事责任。但是，对其他成员超出集团的预谋以外实施的犯罪，由其他成员自己负责，首要分子不承担刑事责任。(2) 对首要分子以外的主犯，根据《刑法》第 26 条第 4 款的规定，应当按照其所参与的或者组织、指挥的全部犯罪处罚。

关于首要分子问题，《刑法》第 97 条规定，本法所称首要分子，是指在犯罪集团或者聚众犯罪中起组织、策划、指挥作用的犯罪分子。这是对刑法分则条文有明文规定的“首要分子”所作的解释。首要分子有两种：(1) 在犯罪集团中起组织、策划、指挥作用的犯罪分子。这种首要分子与《刑法》第 26 条规定的第一种主犯相当。但是，由于它是刑法分则所规定的，因而在处理有关犯罪的首要分子时，应当直接引用刑法分则的有关条文，不需要引用《刑法》总则第26条。例如《刑法》第347条第2款规定："走私、贩卖、运输、制造毒品，有下列情形之一的，处十五年有期徒刑、无期徒刑或者死刑，并处没收财产：……（二）走私、贩卖、运输、制造毒品集团的首要分子……"对走私、贩卖、运输、制造毒品集团的首要分子的处理，直接引用第347条就可以了。如果处理刑法分则没有明文规定的犯罪集团的首要分子，就应当引用《刑法》总则第26条，定为主犯。（2）在聚众犯罪中起组织、策划、指挥作用的犯罪分子。我国刑法规定的聚众犯罪有三种：第一种是参与危害活动的人都构成犯罪，如组织越狱罪、聚众持械劫狱罪；第二种是聚众进行危害活动的首要分子和积极参加者才构成犯罪，一般参与者不构成犯罪，如聚众扰乱社会秩序罪；第三种是只有聚众进行危害活动的首要分子才构成犯罪，其他参加者均不构成犯罪，如聚众扰乱公共场所秩序、交通秩序罪。上述第一、二种聚众犯罪中的首要分子，属于《刑法》第26条规定的共同犯罪的主犯；第三种聚众犯罪情况下的首要分子是构成犯罪的前提条件，不存在成立主犯的问题。

（二）从犯

《刑法》第27条第1款规定：在共同犯罪中起次要作用或者辅助作用的，是从犯。据此，从犯分为两种：

（1）在共同犯罪中起次要作用的犯罪分子。所谓在共同犯罪中起次要作用，是指虽然参与实行了某一犯罪构成要件的行为，但在整个犯罪活动中所起的作用比主犯小。这主要指在犯罪集团首要分子领导下从事犯罪活动，罪行不够重大或情节不够严重，或者在一般共同犯罪中虽然直接参加实行犯罪，但所起作用不大，行为没有造成严重危害后果等。这种情况就是次要的实行犯，因此，实行犯并不一定都是主犯，从犯并不只是帮助犯。

（2）在共同犯罪中起辅助作用的犯罪分子。辅助作用也就是次要作用。之所以特别提出辅助作用，是因为共同犯罪按照分工存在帮助犯。辅助就是指帮助犯即犯罪人不直接实施具体犯罪构成客观要件行为，而是为实行犯罪提供方便条件，帮助实行犯罪的行为。辅助可以表现为有形的帮助，如提供犯罪工具、排除实施犯罪的障碍以及事前允诺的窝藏赃物、隐匿罪犯等；也可以表现为无形的帮助，如指示犯罪地点和犯罪对象、为实施犯罪把门望风、打探对犯罪有利的消息等。帮助通常是在实施犯罪之前进行的，也可以是在实行犯罪之际进行，还可以是事后给予帮助。不论以何种形式给予帮助、在什么时间给予帮助，只要对实行犯起辅助作用，都可构成从犯。

关于从犯的刑事责任，《刑法》第27条第2款规定："对于从犯，应当从轻、减轻处罚或者免除处罚。"至于对具体案件中的从犯是从轻、减轻还是免除处罚，需要考虑所实施的犯罪性质、情节轻重、参与实施犯罪的程度以及其在共同犯罪中所起的作用等情况来确定。

（三）胁从犯

根据《刑法》第28条规定，胁从犯是指受胁迫参加犯罪的人。所谓受胁迫，是指受到威胁、恐吓被迫参加犯罪，具体指受到以自己或者亲友可能被剥夺生命、损害健康、揭发隐私、损毁财物等为内容的精神强制。胁从犯具有以下特征：（1）行为人参加了犯罪，即客观上参与实施了犯罪行为，既可以是参与犯罪的实行行为，又可以是参与犯罪的帮助行为，或者兼而有之。（2）行为人主观上认识到所参与实施的是危害社会的行为；如果行为人确实不知道所参与的是危害社会的行为，则不构成胁从犯。（3）行为人是受到他人胁迫参加犯罪的，行为人主观上虽然不愿意参加犯罪，但是为免遭现实的危害而不得不参加。应当指出，在这种情况下，被胁迫者还是有意志自由的，他参加犯罪仍然是他自行选择的结果，所以他对参加犯罪活动应负刑事责任。如果他是在身体受到强制的情况下完全失去了自由意志，他的身体动静就不是自己的行为，那就谈不上他参加犯罪，因而不构成犯罪。

在现实生活中，有的共同犯罪人最初是被胁迫参加犯罪的，后来变为自愿或积极从事犯罪活动，甚至成为共同犯罪中的骨干分子。对这种行为人，就不能以胁从犯论处，应当按照他在犯罪中所起的作用，分别以主犯或从犯论处。

由于胁从犯主观上不愿意参加犯罪活动，客观上在共同犯罪中所起的作用较小，社会危害性也较轻，所以刑法规定胁从犯的刑事责任轻于从犯。《刑法》第 28 条规定，对胁从犯“应当按照他的犯罪情节减轻处罚或者免除处罚”。至于究竟是减轻还是免除处罚，应当根据具体案件中所参与犯罪的性质、犯罪行为危害的大小、在共同犯罪中所起的作用以及受胁迫的程度等情况，加以综合考虑，予以确定。

(四) 教唆犯

根据《刑法》第 29 条规定，教唆犯是故意唆使他人实施犯罪的人。教唆犯具有以下特征：

(1) 在客观方面，必须有教唆他人犯罪的行为。所谓教唆，就是唆使没有犯罪故意的人产生犯罪意图。教唆的对象必须是具有刑事责任能力的人，如果是教唆无刑事责任能力的人进行犯罪，就不构成教唆犯，而是利用无刑事责任能力人进行犯罪的间接正犯。教唆的内容必须是进行犯罪行为，如果教唆他人实施违法行为或不道德行为，则不构成教唆犯。

教唆他人实施犯罪有两种具体情形：一是明确教唆他人实施某种具体的犯罪，如明确地唆使他人实施抢劫；二是在教唆的内容中没有明确唆使他人实施特定的犯罪，而是概括地要求被教唆人去实施某一方面的犯罪，如教唆他人可以采取任何方式去非法获取财物。在间接故意教唆他人犯罪的情况下，教唆犯的成立既要求行为人实施了教唆行为，同时还要求被教唆人实施了所教唆的犯罪。在直接故意教唆他人犯罪的情况下，只要行为人实施了教唆他人犯罪的行为，即可成立教唆犯，他人是否实施所教唆的犯罪不影响教唆犯的成立，但是能够决定成立教唆犯的形式。被教唆人实施了所教唆的犯罪的，成立共同犯罪的教唆犯；被教唆人没有实施所教唆的犯罪的，则成立单独的教唆犯。

教唆行为的具体方式可以是口头的，也可以是书面的，还可以是打手势、使眼色等示意性动作。实施教唆的方法是多种多样的，如以金钱、物质、美色或者其他利益引诱，以暴力、揭发隐私、毁坏财物等手段威胁，利用亲情、友情等劝说请求，利用封建迷信指使，以嘲弄或侮辱手段刺激。教唆行为的方式或方法，只能由作为构成，不作为不能构成教唆犯。

构成教唆犯，只要求实施唆使他人产生犯罪故意的教唆行为，不要求向他人传授犯罪方法。如果不仅教唆他人犯罪，而且传授他人犯罪的方法，例如既教唆他人盗窃，又传授他人盗窃技术，那么，就应当按照所教唆的犯罪和传授犯罪方法罪从一重罪处断。如果既教唆他人犯甲罪，又传授他人犯乙罪的犯罪方法，则应当按照甲罪的教唆犯与传授犯罪方法罪数罪并罚。

(2) 在主观方面，必须有教唆他人犯罪的故意。教唆犯的故意也包括认识因素和意志因素两个方面。其认识因素是：1）认识到他人还没有犯罪故意，或者犯罪故意还不坚定。如果认识到他人已有犯罪决心，从而为之提供犯罪计划、步骤的，构成从犯；对其传授犯罪技术的，构成传授犯罪方法罪，这两种情况均不构成教唆犯。如果不知他人已有犯罪故意，而仍然对其进行教唆的，则不影响教唆犯的成立。2）预见到自己的教唆行为会引起他人产生某种犯罪的故意并实施该种犯罪。如果行为人根本没有认识到自己的行为会使他人产生犯罪意图，即使其行为在客观上使他人产生了犯罪意图，也不构成教唆犯。3）必须认识到被教唆的他人是达到刑事责任年龄、具有刑事责任能力的人。明知他人不具有刑事责任能力而教唆其犯罪，不构成教唆犯，而构成间接正犯。其意志因素是：行为人对他人实施犯罪以及危害结果的发生，持希望或者放任的态度。

教唆犯一般由直接故意构成，在出于直接故意教唆他人犯罪的情况下，无论被教唆人是否实施了所教唆的犯罪，教唆犯均能成立；在出于间接故意教唆他人犯罪的情况下，必须是被教唆人实施了所教唆的犯罪，才成立教唆犯。

对于教唆犯的刑事责任，《刑法》第29条规定了三种情况：

(1)“教唆他人犯罪的，应当按照他在共同犯罪中所起的作用处罚。”这里指被教唆人已经犯了所教唆的罪的情况。所谓已经犯了所教唆的罪，是说被教唆人在教唆人的教唆下，实施了所教唆的罪的预备行为或者已经着手实施犯罪而未遂，或者已经完成犯罪而既遂。按照在共同犯罪中所起的作用处罚，是指根据教唆犯实际在共同犯罪中所起的不同作用分别处罚。一般说来，教唆犯是犯罪意图的发起者，是引起他人实施犯罪的原因，没有教唆犯的教唆，他人就不可能实施犯罪，因而教唆犯通常在共同犯罪中起主要作用，对于起主要作用的，按主犯处罚。但是，在少数共同犯罪中，教唆犯可能起次要作用，对于起次要作用的，按从犯处罚；如果是因为受胁迫而教唆他人犯罪，符合胁从犯条件的，按胁从犯处罚。

(2)“教唆不满十八周岁的人犯罪的，应当从重处罚。”不满18周岁者属于未成年人，其思想还不成熟，可塑性很大，辨别是非的能力弱，容易受不良影响而走上犯罪道路。所以，教唆未成年人犯罪，就具有严重的社会危害性，理应严惩。并且，教唆犯利用未成年人实施犯罪，选择其作为教唆的对象，说明教唆犯的主观恶性大，因而也应从重惩罚。

(3)“如果被教唆的人没有犯被教唆的罪，对于教唆犯，可以从轻或者减轻处罚。”所谓被教唆人没有犯被教唆的罪，包括以下几种情况：1）被教唆人拒绝了教唆人的教唆；2）被教唆人虽然当时接受了教唆犯的教唆，但实际上并没有进行任何犯罪活动；3）被教唆人当时接受了教唆犯对某种犯罪的教唆，但实际上他犯的不是教唆犯所教唆的罪；4）教唆犯对被教唆人进行教唆时，被教唆人已经有实施某种犯罪的故意，即被教唆人的犯罪故意不是教唆犯的教唆所引起的。在上述情况下，由于教唆行为未造成实际的危害结果，或者虽然造成了危害结果，但是与教唆行为没有因果关系，所以，可以从轻或减轻处罚。

本章［引例11-1］中的四名被告人中，董某群、陈某刚、孔某省三人是盗窃罪的共同犯罪，梁某成是收购赃物的犯罪。对梁某成的犯罪行为在此不予讨论。就盗窃罪来看，董某群属于共同犯罪的主犯无疑，他不仅和陈某刚、孔某省实施了多次共同盗窃行为，还曾分别伙同李某臣、董某明、冯某民、张某党、梁某林、宋某平、陈某强、陈某力实施了共同盗窃行为，他参与了所有的盗窃犯罪。其主观恶性大，犯罪情节恶劣，严重危害了社会秩序，理当以主犯处罚。陈某刚、孔某省二人参与的盗窃次数较少，所得赃款也较少，应当是本案的从犯。

【问题与思考】

1. 2000 年 10 月，周某来到担任动迁员的董某的办公室，询问其母亲住所地相关动迁事宜及在动迁过程中如何能多得到补偿。董某表示可以为周某办理假离婚，将周某及其女儿作为“引进人口”列入其母亲住所地动迁时应安置的人数范围内，从而多得到房屋拆迁安置款。双方约定事成后，周某给董某 1 万元的好处费。次日，周某将她与女儿的户口簿、房卡本、身份证等相关证件交给董某。数日后，董某将伪造的法院离婚调解书及复印件交给周某，周某用它们共骗取房屋拆迁安置款 87 000 元。周某、董某的行为是否属于共同犯罪？

2. 韩某、于某、张某均为某煤矿的工人。1997 年 12 月 20 日中午，韩某到休息室去吃饭，将放在长凳上的自己的饭盒（原为装雷管的铁盒，该矿的工人经常将这种铁盒当饭盒使用）放在电炉上去烤。这时他发现旁边还有一个铁盒，误认为是别人同他一样用铁盒装饭，就想拿去一块儿烤一下，便问：“这是谁的？”同班工人于某也不知道是谁的，就顺口回答说：“反正都是咱们伙计的，拿去一块儿烤烤吧。”韩某也没有打开看一下，就把那个铁盒放到电炉上去了。约十分钟后，火药工张某来取自己放在长凳上的雷管盒，准备拿到矿井下使用，发现雷管盒不见了，问了一句：“谁看见放在凳子上的雷管盒了？”韩某、于某等人恰好都不在屋内，别人也不知道。张某见没人说话，因急着上厕所，就没再追问，赶忙上厕所去了，想一会儿从厕所回来再找。他刚从屋里出去没有多一会儿，雷管因受热发生爆炸，造成工人秦某、力某受重伤，休息室被炸坏的严重后果。被告人韩某、于某、张某的行为是否构成共同犯罪？为什么？

第十二章 罪数形态

参考书目

1. 高铭暄主编．刑法学原理．第2卷．北京：中国人民大学出版社，1993.
2. 高铭暄，马克昌主编．刑法学．5版．北京：北京大学出版社，高等教育出版社，2011.
3. 王作富主编．刑法．6版．北京：中国人民大学出版社，2016.
4. 陈兴良主编．判例刑法教程．北京：北京大学出版社，2015.
5. 张明楷．刑法学．5版．北京：法律出版社，2015.
6. 姜伟．犯罪形态通论．北京：法律出版社，1994.
7. 陈兴良，周光权．刑法总论精释．北京：人民法院出版社，2010.

引例12－1 吴某某盗窃、抢夺、诈骗案①

吴某某因染上毒瘾，无经济来源，遂萌生盗开出租车作为抵押来骗取钱财的念头。2000年6月28日，吴某某以秘密方式，将停放在某市文灶路口的一辆出租车开走，后以该车作抵押，骗取某轮胎店店主戴某7 000元人民币。2000年7月4日，吴某某盗开停放在莲花五村的一部出租车，后以该车作抵押骗取某补胎店店主许某500元人民币。2000年6月30日吴某某窜至某市彩虹花园，拦乘一部出租车，随后对司机谎称轮胎没气，将司机骗下车，并乘司机察看车胎之机，将车开走。当日，吴某某以该车作抵押，骗取某轮胎店店主王某1 000元人民币。吴某某的盗窃、抢夺、诈骗行为属于刑法中的哪种罪数形态？

① 参见陈立主编：《刑法疑难案例评析》，245页，厦门，厦门大学出版社，2003。

第一节　罪数形态的概念

一、罪数的概念和意义

罪数，是指犯罪的个数，在刑法理论上又称为一罪和数罪。危害社会的行为，构成单一罪的是一罪；构成两个以上罪的，是数罪。罪数形态，指表现为一罪或数罪的各种类型化的犯罪形态。

现实中发生的犯罪，情况复杂，形态多样。有行为人犯一罪的情形，其中有一行为构成一罪的，有数行为构成一罪的；有行为人犯数罪的情形，其中有一行为犯数罪的，有数行为犯数罪的；还有并合关系（犯罪竞合）的数罪，在理论上称为并合犯，它可以分为并数罪为一罪的罪的并合与并数刑为一刑的刑的并合。怎样确定行为的个数、罪的个数，如何评价、处断并合犯等，就产生了刑法上的罪数问题。研究罪数形态的任务主要在于：探讨确定罪数的科学标准，揭示一罪与数罪的区分，阐明各种罪数形态的要件和本质属性即实际罪数，进而确定不同罪数形态的处理原则。

研究罪数形态的意义主要有以下四个方面：（1）有助于准确定罪。定罪准确是刑事审判活动最基本的要求之一。要做到准确定罪，不仅需要准确认定行为人的行为是否构成犯罪、构成何种犯罪，还需要确定构成的犯罪形态，其中包括犯罪的个数。（2）有助于正确合理适用刑罚。罪数形态是刑罚裁量的重要因素，要做到对犯罪分子量刑适当，就必须判明犯罪分子所犯的是一罪还是数罪、是并罚的数罪还是非并罚的数罪，准确评价不同罪数形态所体现的社会危害程度和人身危险性，否则，必然量刑不当、畸轻畸重。（3）关系到刑法上一些重要制度的适用。在我国刑法中，有些罪数形态，如继续犯、连续犯、牵连犯、集合犯、吸收犯等，都与刑法的空间效力、时间效力、追诉时效等制度有直接关系。如《刑法》第89条第1款规定："追诉期限从犯罪之日起计算；犯罪行为有连续或者继续状态的，从犯罪行为终了之日起计算。"如果不能对连续犯、继续犯等罪数形态作出科学的解释，就会影响时效制度的正确适用。（4）关系到刑事诉讼法的适用。研究罪数形态，有助于正确解决刑事诉讼中的案件管辖、公诉范围和审判范围等方面的问题。例如，一个或数个犯罪行为隔时隔地实施，如何确定犯罪的时间、地点，直接决定着案件的管辖。

二、罪数判断标准

罪数判断标准，是指判断和区分一罪与数罪的标准。

（一）刑法理论上关于罪数判断标准的学说

关于罪数判断标准，在刑法理论上，有多种学说，其中主要有：（1）行为标准说，认为犯罪的本质是行为，仅有犯意而没有行为的，不成立犯罪，判断罪数应当以行为的个数为标准。行为人实施了一个行为的，为一罪；实施了数个行为的，为数罪。（2）法益标准说，认为犯罪实质上是侵害法益，不侵害法益的行为就不可能构成犯罪，判断罪数应当以侵害法益或者犯罪结果的个数为标准。侵害一个法益或发生一个犯罪结果的，是一罪；侵害数个法益或发生数个犯罪结果的，是数罪。（3）犯意标准说，认为犯罪是行为人主观恶性的外部表现，判断罪数应当以犯罪意思为标准。出于一个犯罪意思而实施犯罪的，是一罪；出于数个犯罪意思而实施犯罪的，是数罪。（4）构成要件标准说，认为犯罪首先以构成要件符合性为标准才能成立，行为不具备构成要件符合性就不可能构成犯罪，所以判断罪数只能以构成要件为标准。在构成要件的评价中，一次符合构成要件行为的，是一罪；数次符合构成要件行为的，是数罪。

前两种学说以犯罪的客观要素为标准而不考虑主观要素，而第三种学说单纯考虑犯罪的主观要素而不考虑客观要素，均失之片面。构成要件标准说，虽然相对来说比前三种学说合理，但仍然存在严重缺陷。因为按照西方刑法理论，构成要件符合性只是犯罪成立的条件之一，行为构成犯罪，除了具备构成要件符合性以外，还必须具备违法性和有责性，否则，不成立犯罪。

（二）我国关于罪数的判断标准

我国以构成要件标准说作为罪数的判断标准。我国刑法中的犯罪构成，是主客观要件的统一，是犯罪成立要件的整体，行为符合犯罪构成，犯罪即可成立。所以判断罪数是一罪还是数罪，应当以犯罪构成为标准。行为具备一个犯罪构成的，是一罪；行为具备数个犯罪构成的，是数罪。这里所说的犯罪构成，主要指刑法分则条文对各种具体犯罪所规定的具体的犯罪构成，包括独立的犯罪构成与派生的犯罪构成（即加重或减轻的犯罪构成），基本的犯罪构成与修正的犯罪构成（即共同犯罪或犯罪未完成形态的犯罪构成），等等。

构成要件标准说是科学的，其科学性主要表现在以下几个方面：

（1）贯彻了罪刑法定的刑法基本原则。我国刑法总则和分则全面、系统地规定了犯罪构成的要件，这是罪刑法定原则的体现。以犯罪构成作为区分一罪与数罪的判断标准，有利于判定罪数的法定性、统一性和公正性，避免了随意性和擅断性。

（2）贯彻了主客观相统一的原则。任何犯罪都是主观犯罪要件和客观犯罪要件所构成的有机统一。在每一个具体犯罪的构成中，既有犯罪客体、对象、行为或危害结果等客观要件，又有犯罪主体、犯罪故意或过失、犯罪目的等主观要件。构成要件标准说既包含了犯罪的客观要件，又包含了主观要件，全面彻底地贯彻了主客观相统一的原则，为区分一罪和数罪提供了科学的依据。

（3）在罪数形态领域贯彻了犯罪构成理论。以犯罪构成作为判断罪数的标准，不仅是犯罪构成理论作为刑法学核心的理论要求，也是发展和完善罪数形态的需要。任何一种罪数形态，不论是一罪形态还是数罪形态，都具有客观要件和主观要件，是各自具有独特类型的各种主客观要件的统一。因此，只有主客观相统一的构成要件标准说才能准确区分一罪和数罪，才能阐明各种罪数形态的要件和特征，使罪数形态理论形成科学的理论。

三、罪数的类型

罪数首先分为一罪和数罪两种类型，每一类又可以再进行分类，具体分类如下。

（一）一罪的类型

（1）实质的一罪，包括继续犯、想象竞合犯和结果加重犯。（2）法定的一罪，包括结合犯和惯犯。（3）处断的一罪，包括连续犯、牵连犯和吸收犯。

（二）数罪的类型

（1）实质数罪与想象数罪。（2）异种数罪与同种数罪。（3）并罚数罪与非并罚数罪。（4）判决宣告前的数罪与刑罚执行期间的数罪。

第二节　一罪的类型①

引例 12-2　贾某拘禁张某追讨债务案

张某通过贾某向贾某所在公司借款5万元，言明3个月归还。3个月过后，张某没有还款，公司即催贾某向张某追讨债务。当贾某找到张某要求他还款时，张某声称没钱还，等以后有钱了再还这笔欠款。贾某看到张某穿着名牌服装，还买了一套住房，认为张某是故意不还钱给自己难堪，就不放张某走，和张某在一个旅店内一起住了6天，让张某打电话找家里人送钱过来。6天后，见张某家里一直没有人送钱来，贾某又让张某写了一个还款保证，保证一个月内一定还钱。1个月过后，张某仍然没有还钱。贾某再次找到张某，带其至旅店，不让张某回家，催其还钱。3天后，张某家人报警，警察赶到现场将贾某抓获。贾某的行为属于罪数中哪种类型？

一、实质的一罪

(一) 继续犯

1. 继续犯的概念

继续犯，也叫作持续犯，是指在自犯罪行为着手实行之时直到行为终了的时间内，犯罪行为与不法状态处于持续状态的犯罪。非法拘禁罪是最典型的继续犯，此外，窝藏罪、掩饰、隐瞒犯罪所得罪，非法持有、私藏枪支、弹药罪，遗弃罪等，也都是继续犯。

2. 继续犯的要件

(1) 必须是基于一个犯罪故意实施一个危害行为。继续犯在主观上只有一个犯罪故意，并且这种犯意贯穿实行行为的始终，在客观上自始至终只有一个实行行为，并不因为行为的持续时间、地点改变而发生行为性质上的改变。如果行为人不是实施了一个危害行为，而是实施了数个危害行为，则不构成继续犯。我国刑法所规定的继续犯通常是由作为形式构成，如非法拘禁罪；但也存在由不作为形式构成的继续犯，如遗弃罪。

(2) 必须持续地侵犯同一或相同的直接客体。具体犯罪的继续犯侵害的直接客体，可以是简单的直接客体，也可以是复杂的直接客体。直接客体是简单客体时，继续犯持续侵犯的是一个客体；直接客体是复杂客体时，继续犯持续侵犯的是两个或两个以上的客体。例如，遗弃罪既侵犯家庭成员间的平等权利，又同时侵犯被害人的人身权利。

---

① 关于一罪的类型，学者们提出了不同的主张。有的认为一罪的类型包括继续犯、接续犯、徐行犯、转化犯、惯犯、结果加重犯、结合犯、想象竞合犯、连续犯、牵连犯、吸收犯（参见陈兴良主编：《刑法学》，2版，上海，复旦大学出版社，2009）；有的认为一罪的类型包括继续犯、想象竞合犯、结合犯、集合犯、连续犯、吸收犯、牵连犯（参见张明楷：《刑法学》，4版，北京，法律出版社，2011）。

（3）必须是犯罪行为与不法状态同时处于持续过程中。一个犯罪行为持续地侵害刑法所保护的客体，必然导致犯罪状态的继续，即行为与不法状态都在继续中。首先，犯罪行为必须具有持续性，表现为自犯罪行为着手实行到犯罪行为实施终了的过程中，犯罪行为一直处于实施、不间断进行的状态。其次，犯罪行为所引起的不法状态必须处于持续过程中。所谓不法状态，是指由于犯罪的实行行为使客体遭受侵害的状态。这种不法状态不是很快消失，而是在时间上处于继续存在的状态中。最后，犯罪行为及其所引起的不法状态必须同时处于持续过程中。如果只是犯罪行为所造成的不法状态处于持续之中，而犯罪行为一经实施即已完成，并不处于继续状态，就不是继续犯。例如，行为人实施盗窃犯罪后取得赃物，其盗窃行为就已经完成。但其占有赃物属于不法状态的继续，就不是继续犯，因为其盗窃行为已经结束，而不是处于继续状态。

（4）必须是从着手实行犯罪行为到行为终了继续一定时间，具有时间上的持续性。没有经过一定时间，就不能说是犯罪行为和不法状态的继续。例如，行为人将被害人非法拘禁几分钟，就不能构成非法拘禁罪。至于构成继续犯的时间的长短，法律并没有作出规定，应当根据犯罪的性质和情节具体分析加以认定。继续犯的时间持续性，是作为成立继续犯要件的时间持续性和作为继续犯经常性特征的时间持续性的不间断的结合。

以上四个要件是相互联系、彼此制约的，必须同时具备，才能构成继续犯。

3. 继续犯与相关犯罪形态的区别

（1）继续犯与即成犯。即成犯，是指犯罪行为一经实施终了，即完全具备某种犯罪的构成要件，构成既遂的犯罪形态。即成犯的行为不具有时间持续性的特征，只要犯罪行为实施终了或者犯罪行为实施终了并造成法定的危害结果，就具备了某种犯罪的全部构成要件。即成犯有两种情况：一是只要实施了刑法分则规定的某种危害行为，就构成犯罪既遂，如伪证罪。这种犯罪不以不法状态或实际危害后果的发生和持续为犯罪构成要件。二是实施了危害行为并且引起法定的不法状态或危害后果，才构成犯罪既遂，如盗窃罪。这种犯罪的犯罪行为实施终了后，所引起的不法状态可能仍然继续。

即成犯与继续犯的主要区别有：第一，继续犯必须是在一定时间内犯罪行为与不法状态同时处于持续状态，而即成犯在犯罪构成上并不要求危害行为具有时间上的持续性。第二，继续犯构成既遂后，其危害行为与不法状态可能仍然处于持续状态，而即成犯在构成既遂后，虽然其不法状态可能仍然继续存在，但其危害行为已经终了，不再继续。

（2）继续犯与状态犯。状态犯，是指犯罪既遂后，其实施行为所造成的不法状态仍然处于持续之中的犯罪形态。

状态犯与继续犯的主要区别有：第一，继续犯的不法状态从犯罪实行就开始产生，并存在于犯罪行为实行的整个过程；而状态犯的不法状态，则是在犯罪行为实行终了后才产生。第二，继续犯是犯罪行为与不法状态同时继续；而状态犯则只有不法状态的继续，不存在犯罪行为的继续。

（3）继续犯与接续犯。接续犯，是指行为人在同一机会以性质相同的数个举动接连不断地完成一个犯罪行为的犯罪形态。其特征，一是在同一机会侵害同一直接客体，二是接连不断地实施性质相同的数个举动。例如，行为人出于杀人目的，每次向被害人的食物中投放少量毒药，经多次投放毒药后将被害人毒死，就属于接续犯的杀人。

接续犯与继续犯的主要区别在于：接续犯是数个相同的举动组成一个犯罪行为，但没有犯罪行为和不法状态的同时继续；而继续犯则要求必须有犯罪行为与不法状态的同时持续。

4. 继续犯的处断原则

我国刑法分则对属于继续犯的犯罪专门加以规定，并设置了相应的法定刑。所以对继续犯应按刑法规定以一罪论处，不实行数罪并罚。

本章［引例 12-2］贾某拘禁张某追讨债务案中，贾某的行为已经构成了非法拘禁罪。贾某为了追讨债务而限制张某的人身自由，在非法拘禁期间犯罪行为一直处于不间断的继续状态，是典型的继续犯的表现形式。第一次的非法拘禁行为和第二次的非法拘禁行为之间相隔了1个月，两次行为都构成单独的非法拘禁罪，属于同种数罪。在通常情况下，对同种数罪不实行数罪并罚，应当按照一个非法拘禁罪追究贾某的刑事责任。

（二）想象竞合犯

1. 想象竞合犯的概念

想象竞合犯，也称想象的数罪，是指一个犯罪行为触犯数个罪名的犯罪形态。具体地说，是基于一个犯意的发动，实施一个犯罪行为，侵犯数个客体，成立数个罪名的情况。例如开一枪，打死一人，打伤一人，即一个行为触犯故意杀人罪和故意伤害罪两个罪名。

2. 想象竞合犯的要件

（1）必须只实施了一个行为。所谓一个行为是指在社会生活的意义上被评价为一个的行为。可以是一个故意行为，也可以是一个过失行为。出于一个故意而实施犯罪，因同一行为过失地造成另一个犯罪结果的，也只是一个行为，例如行为人投毒故意杀害甲，而过失导致乙中毒死亡。

（2）必须同时触犯数个罪名。数个罪名，指一行为在形式上或外观上同时构成刑法分则规定的数个犯罪。一个危害行为触犯数个同种罪名，不能构成想象竞合犯。例如，开一枪打死两人，触犯两个杀人罪，就不属于想象竞合犯。

3. 想象竞合犯与法规竞合

法规竞合，又称法条竞合，通常是指一种犯罪行为同时触犯数个刑法分则条文，而这些分则条文规定的犯罪构成要件在内容上又具有包容或者交叉关系。

想象竞合犯与法规竞合具有共同的特征：（1）都是实施了一个犯罪行为；（2）都是一个行为触犯了数个法条；（3）都是作为一罪处理。

想象竞合犯与法规竞合的区别在于：（1）法规竞合的一个行为，仅是出于一个罪过，并且是产生一个结果；而想象竞合犯的一个行为，往往存在数个罪过和数个结果。（2）法规竞合是由于法规的错杂规定即法律条文的内容存在包容关系或者交叉关系，以致一个行为触犯数个刑法规范；而想象竞合犯则是由于犯罪的事实特征，即出于数个罪过、产生数个结果，以致一个行为触犯数个罪名。（3）法规竞合中一行为触犯的数个刑法规范之间存在一个规范规定的犯罪构成包含另一个规范规定的犯罪构成的情况或者二者存在部分重合关系；而想象竞合犯中一行为触犯的数个罪名的法条规定不存在上述包容或重合关系。（4）法规竞合时，在竞合的数法条中，其行为仅仅可以选择适用其中一个法条而排斥其他相竞合的法条的适用；而想象竞合犯中竞合的数法条均可以适用，并且虽然应当在比较数个罪名法定刑的轻重后择一重处断，但所触犯的轻罪仍然成立，其所触犯的轻罪法条仍然应当引用。

4. 想象竞合犯的处断原则

对于想象竞合犯，按照“从一重处断”原则处理，即依照行为所触犯的数个罪名中法定刑较重的犯罪定罪处刑，不实行数罪并罚。

（三）结果加重犯

1. 结果加重犯的概念

所谓结果加重犯，是指实施基本犯罪构成要件的行为，发生基本构成要件以外的加重结果，因而刑法规定对重结果加重刑罚处罚的犯罪形态。例如，故意伤害致人死亡就是故意伤害的加重结果，《刑法》第234条对于故意伤害致人死亡规定了加重法定刑。

2. 结果加重犯的要件

（1）实施了基本犯罪构成要件的行为。基本犯罪构成是结果加重犯存在的前提，没有基本犯罪构成就没有结果加重犯。行为人实施危害行为，触犯一个罪名，符合一个罪的基本犯罪构成要件。

（2）产生了基本犯罪构成以外的重结果。构成结果加重犯必须以发生重结果为必备条件，并且重结果必须由基本犯罪构成的犯罪行为所引起，即重结果与基本犯罪构成的犯罪行为之间必须有因果关系，否则，就不构成结果加重犯。需要注意的是，加重结果不是基本犯罪构成要件的结果，而是性质上不同于基本犯罪构成要件的结果。例如，重伤是故意伤害罪基本犯罪构成要件的结果，因为重伤与轻伤一样，在伤害健康权这一本质上是相同的；致人死亡不是故意伤害罪基本犯罪构成要件的结果，而是加重结果，因为致人死亡是侵害了生命权而不是侵害了健康权。

（3）刑法规定了比基本犯罪较重的刑罚。对结果加重犯，各国刑法都规定了重于基本犯的刑罚，这也是构成结果加重犯不可或缺的条件。如果对重结果没有规定较重的刑罚，也就不能是结果加重犯。我国刑法对结果加重犯规定了比基本犯罪加重处罚的法定刑。

3. 结果加重犯的处断原则

由于刑法对结果加重犯规定了与基本犯罪相比较重的法定刑，所以对结果加重犯只能依照刑法规定，在较重的法定刑幅度内量刑，而不实行数罪并罚。

二、法定的一罪

（一）结合犯

1. 结合犯的概念

所谓结合犯，是指数个各自独立的犯罪行为，根据刑法的明文规定，结合而成为另一个独立的新罪的犯罪形态。例如，日本刑法第236条规定了强盗罪，第177条规定了强奸罪，第241条规定了强盗强奸罪，强盗强奸罪就是典型的结合犯。需要说明的是，我国刑法中没有典型的结合犯。

2. 结合犯的要件

（1）被结合之罪，必须是刑法明文规定的数个独立的犯罪。数个独立的犯罪是指不依附其他犯罪，符合独立的犯罪构成的行为，并且数个独立的犯罪是数个不同罪名的犯罪。

（2）数个独立的犯罪结合成另一个独立的新罪。数个独立的犯罪结合后，就构成了一个新罪，并有一个新的罪名。

（3）数个独立的犯罪是依据刑法的明文规定而被结合成为一个新罪。虽然有数罪的结合，如果刑法没有明文规定结合为新罪，而是作为基本犯罪的加重情节或加重结果，那就不是结合犯，而是情节加重犯或结果加重犯。例如，我国《刑法》第263条规定，抢劫致人重伤、死亡，是抢劫罪的加重处罚的严重情形之一，而没有规定与抢劫罪结合成新罪，所以不是结合犯。

3. 结合犯的处断原则

由于结合犯是刑法规定将原来的数罪结合成为一个新罪，并规定相应的法定刑，所以结合犯应当依照刑法规定以新罪一罪论处，不实行并罚。

(二) 惯犯

1. 惯犯的概念

所谓惯犯，是指行为人以某种犯罪为常业，或以犯罪所得为主要生活来源或腐化生活来源，或者犯罪已成习性，在较长时间内多次反复实施同种犯罪行为，刑法明文规定对其以一罪论处的犯罪形态，例如我国《刑法》第303条规定的赌博罪。

惯犯可以分为常习性惯犯和常业性惯犯两类。常习性惯犯，又称常习犯，是指基于实施某种犯罪的心理习性，即在长期的犯罪活动中逐渐养成的、难以得到矫正的实施某种犯罪的心理定势或倾向，而在较长时间内反复多次实施某种犯罪行为，并以犯罪所得为挥霍来源，刑法明文规定对其以一罪论处的犯罪形态。常业性惯犯，又称常业犯，是指基于营利的目的或以犯罪所得为生活的基本或补充来源的目的，而在较长时间内经常实施某种特定犯罪行为，以此作为常业，或者以犯罪所得为主要生活来源，刑法明文规定对其以一罪论处的犯罪形态。

2. 惯犯的要件

(1) 必须反复多次地侵犯同一相同直接客体。如果行为人在反复多次侵犯同一或相同直接客体的犯罪活动中，又侵犯了其他不同的直接客体，则不仅构成特定的惯犯，还会构成其他犯罪。

(2) 必须具有基于特定的心理倾向和主观目的而产生的反复多次实施犯罪的同一故意，即主观上具有反复多次实施某种犯罪的故意，并且其故意内容是同一的。

(3) 必须在较长时间内反复多次实施同种犯罪行为，即犯罪在客观方面表现出时间的长期性、行为的多次性和行为的同一性。

(4) 必须是刑事法律明文规定以一罪论处的犯罪形态。刑法的明文规定是我国刑法中惯犯的基本构成条件之一。

3. 惯犯的处断原则

我国刑法中的惯犯是法定的一罪，对于构成惯犯的犯罪行为，应按一罪及法律明文规定的相应的量刑幅度予以论处。

三、处断的一罪

处断的一罪，包括连续犯、牵连犯和吸收犯。

(一) 连续犯

1. 连续犯的概念

所谓连续犯，是指行为人基于数个同一或概括的犯罪故意，连续多次实施数个性质相同的犯罪行为，触犯同一罪名的犯罪形态。《刑法》第89条规定：“追诉期限……犯罪行为有连续……状态的，从犯罪行为终了之日起计算。”这是我们研究连续犯的法律依据。

2. 连续犯的要件

(1) 必须基于同一的或概括的犯罪故意。同一的犯罪故意，是指行为人预计实施数次同一犯罪的故意，每次实施的具体犯罪都明确地包含在行为人的故意内容之中。概括的犯罪故意，是指行为人概括地具有实施数次同一犯罪的故意，每次实施的具体犯罪并非都被明确地包含在行为人的故意内容之中。例如，甲因怀恨意欲伤害乙及其家人，除了有明确伤害乙的意图之外，对其家人并无具体的伤害目标。之后，甲伤害了乙的儿子，不久又伤害了乙的妻子。甲的行为就是出于概括故意的连续犯。

（2）必须实施数个独立成罪的危害行为。行为人实施的数个危害行为必须能够构成数个相对独立的犯罪，即各个行为都独立具备犯罪构成的要件。没有实施数个行为，只实施一个行为的，不可能成立连续犯。例如，行为人以数个举动完成犯罪，但数个举动只能形成一个刑法上的犯罪行为，就不是连续犯，而是接续犯。如果对于数个行为刑法规定作为一罪论处的，则是集合犯，而不是连续犯。

（3）数个犯罪行为之间必须具有连续性。认定连续性，必须坚持主客观相统一的标准。行为人虽然有同一的或概括的犯罪故意，但在客观上并未实施数个犯罪或实施数个犯罪行为不具有连续性的，就不能成立连续犯。同样，行为人虽然在时间间隔较近的情况下，实施了性质相同的数个犯罪行为，但主观上缺乏实施数罪的同一或概括的故意的，也不能成立连续犯。因此，行为人必须基于连续意图支配下的数个同一或概括的犯罪故意，在一定时期内连续实施了性质相同的数个危害行为，数个犯罪行为之间就存在连续性。

（4）数个犯罪行为必须触犯同一罪名。所谓同一罪名，是指犯罪性质完全相同的罪名，即其犯罪构成要件相同。也就是说，行为人的数个犯罪行为只有均符合某一特定犯罪的构成要件才能认定为触犯同一罪名，构成连续犯。

3. 连续犯与相关罪数形态的区别

（1）连续犯与继续犯。连续犯与继续犯具有相同之处，表现为都是侵犯同一或相同的客体，犯罪行为都在一定时间内处于进行状态，对两者都不实行数罪并罚。但是，两者也存在明显的区别，表现为：第一，连续犯是连续实施性质相同的数个犯罪行为，其特点是数个行为；继续犯是一个行为持续地侵犯同一或相同客体，其特点是一个行为。第二，连续犯的主观特征必须是基于连续意图所支配的数个同一的犯罪故意，即每一具体的犯罪行为都是在一个具体的犯罪故意下实施的，连续犯所实施的数个性质相同的犯罪行为在主观上有数量相同的具体犯意与之对应；而继续犯的犯罪行为是基于一个犯罪故意。第三，连续犯多次实施的数个犯罪行为之间具有时间间隔性，而继续犯所实施的一个犯罪行为在一定时间内处于不间断存在的状态。第四，继续犯的犯罪行为与其可能造成的不法状态的产生、持续、终止是同步的，而连续犯则不同步。

（2）连续犯与惯犯。连续犯与惯犯容易相互混淆，二者具有相同之处：行为人均是在一定时间内反复多次实施同种犯罪行为，主观方面都出于故意。但是二者之间也存在明显的区别：第一，连续犯属于数行为在处理时被作为一罪的犯罪形态，即处断上的一罪；而惯犯属于数行为在刑法上被规定为一罪的犯罪形态，即法律上的一罪。第二，连续犯的数个犯罪行为，必须基于连续意图支配下的数个同一的犯罪故意；而惯犯的数个犯罪行为的犯罪故意，并不受连续意图支配。第三，构成连续犯的数个行为必须每一个都构成单独的犯罪；而构成惯犯的数个危害行为则并不一定都单独构成犯罪。第四，连续犯在处断上，按从一重处罚或按一罪作为加重情节处罚；惯犯一般由刑法分则规定明确的相对较重的法定刑。

值得注意的是，连续犯与惯犯之间具有一定联系，对于那些法定的可能构成惯犯的犯罪，连续犯通常是惯犯形成的一个必经阶段，惯犯则是连续犯继续发展的必然结果。

(3) 连续犯与接续犯。所谓接续犯，又称徐行犯，是指行为人基于一个犯罪故意，连续实施数个在刑法上无独立意义的举动或危害行为，这些举动或危害行为的总和构成刑法上具有独立意义的一个犯罪行为，因而触犯一个罪名的犯罪形态。

连续犯与接续犯的主要区别有：第一，连续犯必须具备数个独立的犯罪行为，是数个独立的犯罪行为呈连续状态的犯罪形态；而接续犯只具备一个犯罪行为，是数个在刑法上无独立意义的自然举动或危害行为呈连续进行状态。第二，构成连续犯在主观上必须基于连续意图支配下的数个同一的犯罪故意；而构成接续犯在主观上是一个犯罪故意。第三，连续犯是实质数罪，而接续犯是单纯一罪。

4. 连续犯的处断原则

对连续犯适用按一罪从重处罚或按一罪作为加重构成情节处罚的原则。

(二) 牵连犯

1. 牵连犯的概念

所谓牵连犯，是指以实施某一犯罪为目的，其方法行为或结果行为又触犯其他罪名的犯罪形态。例如，先伪造信用卡，然后利用伪造的信用卡进行诈骗，分别触犯了伪造金融票证罪和信用卡诈骗罪，这就是牵连犯。

2. 牵连犯的要件

(1) 必须基于一个犯罪目的。行为人是为了达到某一犯罪目的而实施犯罪行为，在实施犯罪行为的过程中，行为人所采取的方法行为或结果行为又构成另一个独立的犯罪；即在一个犯罪目的支配下，形成了与牵连犯罪的目的行为、方法行为、结果行为相对应的数个犯罪故意，而在具体内容不同的数个犯罪故意支配下的目的行为、方法行为、结果行为，都是围绕着这一犯罪目的实施的。

(2) 必须具有两个以上的危害社会行为。只有实施了数个相对独立并完全具备犯罪构成要件的危害社会行为，才能构成牵连犯。

(3) 数个危害行为之间必须具有牵连关系。所谓牵连关系，是指行为人实施的数个危害社会行为之间具有手段与目的或原因与结果的内在联系。

(4) 必须触犯不同的罪名。牵连犯以实施某一犯罪为目的，其方法行为或结果行为又触犯了其他罪名。如果行为人实行的数个危害行为只能触犯一个罪名，就不构成牵连犯。

3. 牵连犯与继续犯的区别

第一，继续犯只能由一个犯罪行为构成，而牵连犯必须实施两个以上的独立的犯罪行为。第二，继续犯只持续地侵犯同一或相同的直接客体，因而只触犯一个罪名，构成一罪；而牵连犯触犯两个以上罪名。目的行为与方法行为或结果行为都各自具备犯罪构成的全部要件，独立构成犯罪。第三，继续犯属于单纯一罪，对其应按刑法分则规定的相应罪名的法定刑处罚；牵连犯一般属于处断上的一罪，对其应按数罪中最重的一罪定罪，并在法定刑以内酌情从重处罚，在法律有特别规定的情况下，对牵连犯所触犯的数罪实施并罚。

4. 牵连犯的处断原则

关于对牵连犯如何处理，我国刑法总则没有规定。刑法分则条款对特定犯罪的牵连犯明确规定了相应的处断原则，有规定从一重处罚的，有规定从一重从重处罚的，也有规定独立的法定刑的，还有规定实行数罪并罚的。对于刑法分则条款作了特别规定的，应当按照分则规定予以处断。对于刑法分则条款未明确规定处断原则的，应当适用从一重处断原则，不实行数罪并罚。

本章［引例12－1］吴某某的三次作案中，第一次、第二次是以非法占有他人财物为目的，采用秘密窃取的手段偷走汽车，其行为已经构成盗窃罪；第三次是以非法占有他人财物为目的，乘出租车司机不备，将汽车开走，其行为符合抢夺罪的构成特征，构成抢夺罪。在对盗窃和抢夺所得赃车的处理上，吴某某采用了虚构事实、隐瞒真相的方法，将赃物汽车作抵押，骗取他人钱财，其行为符合诈骗罪的构成特征。吴某某实施了盗窃、抢夺行为后的诈骗行为，是刑法中的牵连犯，是目的行为和手段行为的牵连关系。根据最高人民法院、最高人民检察院2013年4月2日发布的《关于办理盗窃刑事案件适用法律若干问题的解释》第10条第3项关于"为实施其他犯罪，偷开机动车作为犯罪工具使用后非法占有车辆，或者将车辆遗弃导致丢失的，以盗窃罪和其他犯罪数罪并罚"的规定，吴某某的行为应当被认定为盗窃罪、抢夺罪和诈骗罪。

（三）吸收犯

1. 吸收犯的概念

所谓吸收犯，是指行为人实施数个犯罪行为，其中一个犯罪行为吸收其他的犯罪行为，仅成立吸收之罪的犯罪形态。例如，非法制造枪支，事后藏于家中，前一行为构成非法制造枪支、弹药罪，后一行为构成私藏枪支、弹药罪。前一犯罪行为吸收后一犯罪行为，即只成立非法制造枪支、弹药罪。这就是吸收犯。

2. 吸收犯的要件

（1）必须有数个犯罪行为。事实上数个犯罪行为是指每个犯罪行为可以独立成罪，它们都符合刑法条文所规定的犯罪构成，可以是基本的犯罪构成，也可以是派生的犯罪构成，还可以是修正的犯罪构成。如果数个行为中只有一个是犯罪行为，其余都是违法行为，也不可能构成吸收犯。

（2）数个行为之间必须具有吸收关系。所谓吸收，即一个行为包容其他行为，只成立一个行为构成的犯罪，其他行为构成的犯罪失去存在的意义，不再予以定罪。一个犯罪行为之所以能够吸收其他犯罪行为，是因为这些犯罪行为通常属于实施某种犯罪的同一过程，彼此之间存在密切的联系：前一犯罪行为可能是后一犯罪行为发展所经的阶段，后一犯罪行为可能是前一犯罪行为发展的自然结果，或者在实施犯罪过程中具有其他密切关系。例如，伪造印章并伪造有价证券，前者就是后者的必经阶段；盗窃枪支然后私藏，后者是前者的当然结果。

在刑法理论上，大致将吸收关系分为三种：一是重罪行为吸收轻罪行为。以法定刑或者犯罪的事实、情节、危害程度为标准相比较，比较轻的犯罪行为被比较严重的犯罪行为所吸收。二是实行行为吸收预备行为。三是主行为吸收从行为。

3. 吸收犯的形式

根据吸收犯吸收关系的形式分类，吸收犯的形式归纳起来有以下几种：（1）既遂犯吸收预备犯或未遂犯；（2）未遂犯吸收预备犯；（3）实行阶段的中止犯吸收预备犯；（4）实行犯吸收教唆犯、帮助犯。

4. 吸收犯与相关犯罪形态的区别

（1）吸收犯与想象竞合犯的区别：第一，吸收犯以犯罪行为的复数性为必备构成特征，而想象竞合犯在客观上只是实施了一个犯罪行为。第二，构成吸收犯的数个犯罪行为，必须触犯数个基本性质相同的具体罪名；构成想象竞合犯的一个犯罪行为，必须触犯两个以上的不同种罪名。第三，吸收犯在主观方面必须基于一个确定的犯罪故意；想象竞合犯的主观特征表现为一个犯罪意图所支配的数个不同的具体罪过，而且具体的罪过既可以是故意，也可以是过失。第四，吸收犯的犯罪行为必须侵犯同一或相同的直接客体，并且直接作用于同一的具体犯罪对象；想象竞合犯的犯罪行为必须侵犯数个不同的直接犯罪客体，并且同时直接作用于体现不同直接客体的数个犯罪对象。第五，吸收犯的罪数为实质上的数罪、处断上的一罪，对行为人仅以吸收之罪论处；想象竞合犯的罪数为实质上的一罪，对行为人应适用从一重处断的原则。

（2）吸收犯与牵连犯的区别：第一，在主观方面，吸收犯必须基于一个犯意，其犯罪目的是一个；牵连犯虽然也是出于一个犯罪目的，但是，在一个犯罪目的之下，形成与其目的行为、方法行为或手段行为相对应的数个犯罪故意。第二，从侵犯的客体和对象看，吸收犯的数个犯罪行为所侵犯的是同一或相同的客体，并且指向同一的具体犯罪对象；牵连犯的数个犯罪行为所侵犯的客体是不同的，也不必指向同一的犯罪对象。第三，从触犯的罪名来看，吸收犯的数个犯罪行为所触犯的罪名必须是一致的，而牵连犯的数个犯罪行为所触犯的罪名必须是不同的。第四，从处断原则看，吸收犯是仅以吸收之罪论处，而牵连犯则一般是从一重处断。

（3）吸收犯与结合犯的区别：第一，吸收犯是一个纯粹的理论概念，不需要法律条文明确规定；结合犯则必须有法律规定。第二，吸收犯的数个犯罪行为存在包含关系，结合犯的数个犯罪行为是并存关系。第三，吸收犯仅以吸收之罪论处，被吸收的罪可以置之不论；结合犯是数罪结合，法律明文规定加重处罚。

（4）吸收犯与连续犯的区别：第一，吸收犯是基于一个犯罪故意；连续犯在主观方面必须是基于连续意图支配下的数个同一犯罪故意。第二，吸收犯的数个犯罪行为必须作用于同一的具体犯罪对象；连续犯的成立，则不以数个犯罪行为必须作用于同一的具体犯罪对象为必备条件。第三，吸收犯是仅以吸收之罪论处；而连续犯则是按一罪的从重处罚情节或加重处罚情节处罚。

5. 吸收犯的处断原则

对于吸收犯，应当仅按吸收之罪处断，不实行数罪并罚。

第三节　数罪的类型

一、实质数罪与想象数罪

以行为人符合数个犯罪构成的行为的个数为标准，可以将数罪分为实质数罪与想象数罪。行为人实施数个行为，符合数个犯罪构成，构成数个独立或相对独立的犯罪的，是实质数罪。例如，甲在一天夜间入室盗窃，几天后又拦路抢劫，构成了盗窃罪和抢劫罪两种犯罪，就是实质数罪。行为人实施一个行为，符合数个犯罪构成，触犯数个罪名的，是想象数罪，也就是想象竞合犯。如前面所举的例子中开一枪，打死一人，打伤一人，触犯故意杀人罪和故意伤害罪两个罪名，就是想象数罪。如前所述，虽然想象竞合犯触犯数罪名，但由于仅实施一个行为，通常只按一罪论处。数罪的此种分类的意义在于，有助于确定各种罪数形态的罪数本质，从而为实质数罪和想象数罪的不同处断原则奠定必要的基础。

二、异种数罪与同种数罪

异种数罪和同种数罪，是以行为人的数个行为符合的数个基本犯罪构成的性质是否相同为标准所进行的分类。行为人出于数个不同的犯意，实施数个行为，符合数个性质不同的基本犯罪构成，触犯数个不同罪名的数罪，是异种数罪。例如，甲出于抢劫的故意，拦路抢劫过路妇女乙，又见乙年轻貌美，强奸了乙。甲以两个行为，触犯了抢劫罪和强奸罪两个罪名，就是异种数罪。行为人出于数个相同的犯意，实施数个行为，符合数个性质相同的基本犯罪构成，触犯数个罪名相同的数罪，是同种数罪。例如，甲出于盗窃的故意，连续入室盗窃，构成数个盗窃罪。区分异种数罪与同种数罪的意义在于，有利于在量刑时正确地实行数罪并罚。

三、并罚数罪与非并罚数罪

并罚数罪与非并罚数罪，是以行为人已构成的实质数罪在量刑时是否实行数罪并罚为标准进行的分类。行为人基于数个罪过，实施数个行为，构成数个独立的犯罪，依照法律应当实行数罪并罚的数罪，是并罚数罪。异种数罪在一般情况下，都是并罚数罪。同种数罪在法律有特别规定的情况下，也可以成为并罚数罪。例如，《刑法》第70条规定，判决宣告以后，刑罚执行完毕以前，发现被判刑的犯罪分子在判决宣告以前还有其他罪没有判决的，应当对新发现的罪作出判决，把前后两个判决所判处的刑罚，依照数罪并罚的原则，决定执行的刑罚。这里所说的新发现的罪，就包括同种数罪。行为人虽然实施数个行为，符合数个犯罪构成，触犯数个罪名，但由于特定事由或法律规定不实行并罚，只按一罪处罚的数罪，是非并罚数罪。一般情况下的同种数罪、处断的一罪中的牵连犯、吸收犯等，都是非并罚数罪。区分并罚数罪与非并罚数罪的意义在于，直接为实行数罪并罚提供罪数上的前提。

四、判决宣告前的数罪与刑罚执行期间的数罪

判决宣告前的数罪与刑罚执行期间的数罪，是以实质数罪发生的时间为标准进行的分类。行为人在判决宣告以前实施的并被发现的数罪，是判决宣告以前的数罪。行为人因犯罪受判决宣告和刑罚执行，在刑罚执行期间发现漏罪或再犯新罪而构成的数罪，是刑罚执行期间的数罪。刑罚执行期间的数罪又可以分为两种情况：一是因犯罪受刑罚执行，在刑罚执行期间发现漏罪而构成的数罪；二是因犯罪受刑罚执行，在刑罚执行期间又犯新罪而构成的数罪。此种分类的意义在于，适应刑法关于数罪并罚的规定，便于根据不同情况确定如何并罚和应执行的刑罚。我国《刑法》第69～71条对不同条件下构成的数罪规定了不同的并罚规则。这种分类可以说是正确适用不同并罚规则的最佳选择。

【问题与思考】

1. 展某为了报复与自己有仇的黎某，从走私分子蔡某手中购买了一把从境外走私入境的手枪和5发子弹，深夜潜入黎某家中，将黎某一家三口全部杀害。展某的行为是罪数中的哪种类型？

2. 孙某在火车站盗窃了一个军人的手提包，发现手提包中不仅有现金和其他物品，还有一把手枪。孙某大喜，即把手枪藏匿起来，准备以后找机会把手枪卖掉。孙某的行为是罪数中的哪种类型？

3. 从罪数形态的角度看，《刑法》第 263 条规定的“入户抢劫”属于哪种类型？

第十三章 刑事责任

参考书目

1. 高铭暄主编．刑法学原理．第1卷．北京：中国人民大学出版社，1993.

2. 高铭暄，马克昌主编．刑法学.5版．北京：北京大学出版社，高等教育出版社，2011.

3. 王作富主编．刑法.6版．北京：中国人民大学出版社，2016.

4. 张明楷．刑法学.5版．北京：法律出版社，2015.

5. 王世洲．现代刑法学．北京：北京大学出版社，2011.

6. 黎宏．刑法总论问题思考.2版．北京：中国人民大学出版社，2016.

参考法规

1.《刑法》第13～21条

2. 2002年7月24日全国人大常委会法制工作委员会《关于已满十四周岁不满十六周岁的人承担刑事责任范围问题的答复意见》

3. 2006年1月11日最高人民法院《关于审理未成年人刑事案件具体应用法律若干问题的解释》

4. 2010年2月8日最高人民法院《关于贯彻宽严相济刑事政策的若干意见》

引例 杜某等生产、销售劣药案①

某制药厂生产了链霉素针剂一批，有效期至1997年10月。至1997年10月，有600箱链霉素针剂仍未能售出。冷某从该厂负责人杜某处得知后表示愿意帮忙销售，条件是每支针剂降价0.3元，并由药厂将有效期改至1998年10月。杜某为牟利即按冷某要求更改出厂日期和有效期，将600箱链霉素针剂销售给冷某，获款10万元。冷某通过某西药房将部分药品售出，销售金额达8万元。后使用该针剂的患者李某病情恶化，经医院全力抢救，才脱离危险。在上述案例中，谁应当承担刑事责任？

第一节 刑事责任概述

一、刑事责任的地位

刑事责任是刑法学中的一个基本范畴、一个带有根本性的概念，也是刑法典中的一项重要规定。刑事立法的宗旨是同犯罪作斗争，惩罚犯罪、预防犯罪，以保护国家的政治稳定、经济发展和社会秩序，保障公民的权利和利益。这种斗争必须通过对犯罪分子依法追究刑事责任来进行，刑事责任是犯罪和刑罚之间的桥梁和纽带。刑法中有关犯罪和刑罚的规定，都是围绕着“要不要追究刑事责任”、“追究什么样的刑事责任”以及“如何实现刑事责任”等问题来展开的。可以说，刑事责任是刑法中的一个核心问题。刑事责任是指单位或者自然人实施了刑法规定的犯罪行为后，对国家承担的一项法律义务。刑事责任是一个含义丰富的刑法学术语，通常意义上的追究刑事责任，既包括定罪，又包括量刑，还包括其他处理方式。

在我国刑法中，刑事责任是明文规定的一个术语，《刑法》总则第二章第一节的标题就是“犯罪和刑事责任”，《刑法》总则和分则中有关刑事责任的规定，都是解决行为是否构成犯罪、行为人是否负刑事责任及如何追究行为人的刑事责任等带有根本性的问题。由此可见，刑事责任与犯罪、刑罚等术语一样，是刑法中的一个基本范畴，处于举足轻重的地位。

犯罪、刑事责任和刑罚三位一体，互相依存。从犯罪与刑事责任的关系上看，它们同时产生，同时成立，没有先后之分，一个行为成立犯罪之时也就是刑事责任确定之日。认为先有犯罪后有刑事责任，或者先有刑事责任后有犯罪，都是不正确的。没有不负刑事责任的犯罪，如果有，那么规定这样的犯罪没有任何意义；也没有缺乏犯罪的刑事责任，如果对不是犯罪的行为追究刑事责任，就是司法专横。可见，犯罪与刑事责任之间不是一种因果关系，而是并存共生的关系，它们是一个事物的两个方面。从犯罪与刑罚的关系上看，刑罚是犯罪的法律后果，犯罪是刑罚适用的原因，二者之间表现为一种因果关系。从刑事责任与刑罚的关系看，刑罚是刑事责任的一种外在表现形式或者说主要的实现方式，

① 参见阮齐林、康瑛编著：《刑法案例研习教程》，245～246页，北京，高等教育出版社，2005。

刑事责任是刑罚适用的内在根据。之所以对犯罪人判处刑罚，不仅因为他实施了犯罪，而且因为他应当且能够承担刑事责任。虽然不能说有刑事责任必然会有刑罚，但有刑罚必须有刑事责任，这是确定不移的。

犯罪、刑事责任和刑罚又是互相独立的。犯罪是违反刑法规范的行为，是主观见之于客观的活动，它的独立性是不言而喻的。刑事责任的独立性表现在它以刑法规范设定的义务为根据，如《刑法》第232条规定："故意杀人的，处死刑、无期徒刑或者十年以上有期徒刑……"这里实际上省略了一个前提，即"任何人不得非法剥夺他人的生命"这一义务，而故意杀人行为违反了这项义务，行为人就必须承担这一行为所产生的法律责任，即接受国家惩罚的义务。因此，行为人不是因为犯罪才承担刑事责任，而是犯罪和刑事责任都来自刑事义务。刑罚的独立性表现在刑罚是国家制定的处理犯罪、解决刑事责任的方法或措施，国家在惩罚犯罪、追究刑事责任时具有高度的主动性和灵活性。对不同的犯罪适用一种刑罚和对一种犯罪适用不同的刑罚，就是这种主动性和灵活性的典型表现。

总之，在刑法学中，犯罪、刑事责任和刑罚是同一层次的三个独立范畴，它们有各自的价值蕴含和理性体系。三者既相互依存又相互独立，不存在谁以谁为中心等关系。它们共同构成一个完整的罪、责、刑体系，这个体系不仅是刑法规范的体系，也是刑法理论的体系。

二、刑事责任的概念

刑事责任是刑事法律责任的简称，属于法律责任的一种。在我国刑法学界，关于刑事责任的概念和本质存在多种说法：(1) 法律后果说。此说一度相当流行，认为刑事责任是行为人实施犯罪所应当承担的法律后果。(2) 法律关系说，认为刑事责任是因犯罪行为而产生的国家与犯罪人之间的一种谴责和被谴责的刑事法律关系。(3) 否定评价说，认为刑事责任是国家对犯罪人及其犯罪行为的一种否定的评价或谴责。(4) 法律义务说，认为刑事责任是行为人因犯罪而承担的接受法律惩罚的义务。

刑事责任的核心问题是刑事义务，对其应从两个方面来理解：从行为人方面说，刑事责任就是行为人对违反刑事法律义务的行为（犯罪）所引起的刑事法律后果（刑罚）所应承担的刑事实体义务；从国家方面说，刑事责任就是国家对实施刑事违法行为即犯罪行为的人的一种否定评价，具体来说，就是国家司法机关依照刑事法律的规定，对实施犯罪的人所作的一种否定评价。

综上所述，可以将刑事责任的概念界定如下：刑事责任是指行为人对其实施的违反刑事义务的犯罪行为所引起的刑事法律后果（刑罚）所应承担的、体现国家对行为人否定评价的刑事实体性义务。

三、刑事责任的特征

刑事责任既具有一般法律责任的共性特点，又具有刑事责任的个性特点。这些特点如下：(1) 应当性。刑事责任同犯罪一样，因行为人违反刑事义务而产生，它与犯罪同时确定和成立。只要一个行为成立犯罪，行为人就应当承担刑事责任。因此，刑事责任与犯罪的关系，是一种必然的关系。(2) 强制性。刑事责任是一种由犯罪行为所引起的法律效应，是一种强制犯罪人向国家承担的法律责任。(3) 严厉性。刑事责任是一种性质最为严重、否定评价最为强烈、制裁后果最为严厉的法律责任。(4) 专属性。刑事责任只能由犯罪的个人和单位承担，具有专属性，不可转嫁，不能替代。（5）准据性。刑事责任是犯罪事实的综合反映，也是刑法规范的现实化，因而，刑事责任为确定刑罚提供依据。刑事责任一经确定，犯罪人和被害人均不能自行更改，也不允许“私了”。（6）时效性。刑事责任的时效性，是指行为人在犯了罪后，国家追究其刑事责任不是无限期的，而是有明确的法定追诉期限，期限届满，刑事责任即告消失。

第二节　刑事责任的功能

刑事责任是介于犯罪和刑罚之间的桥梁和纽带，它的功能就在于对犯罪和刑罚的关系起着调节的作用。一个人实施刑法所规定的犯罪，即其行为具备了刑法中的某种犯罪构成，就应当负刑事责任。犯罪的实施与否决定刑事责任的存在与否，犯罪事实综合反映出的社会危害性程度决定着刑事责任的程度。可见，刑事责任产生于犯罪，是犯罪的必然结果。刑事责任既是犯罪的后果，又是刑罚的先导。罪—责—刑的逻辑结构，乃是整个刑法内容的缩影。认定犯罪—确定责任—决定刑罚，完整地反映了办理刑事案件的步骤和过程。

刑事责任与刑罚存在紧密的联系，具体表现在：

第一，刑事责任的存在决定刑罚适用的现实可能性。没有刑事责任就没有刑罚。刑事责任是刑罚的前提，刑罚是刑事责任的后果。一个人犯罪，只要他的刑事责任问题还没有获得解决，司法机关就有权随时追究他的刑事责任，从而给他以刑罚处罚。

第二，刑事责任的大小是判处刑罚轻重的标准。审判机关在裁量刑罚的时候，要考虑行为人对犯罪所负的刑事责任程度，责任重则刑罚重，责任轻则刑罚轻，罪刑相适应实际上是罪责刑相适应，即对被告判处的刑罚轻重，应当与其所犯罪行和承担的刑事责任相适应。之所以对已满 14 周岁、不满 18 周岁的人犯罪，应当从轻或者减轻处罚；对又聋又哑的人或盲人犯罪，可以从轻、减轻或者免除处罚，就是因为他们智力发展不成熟、不完全或者有障碍，不能令其对自己的犯罪行为负完全的责任。对主犯、从犯和胁从犯规定了不同的处罚原则，是因为他们在共同犯罪中所起的作用不同，他们对犯罪所负责任的程度也不同。

第三，刑罚是刑事责任的主要体现形式。刑事责任主要是通过刑罚来实现的。可以说，刑事责任是刑罚的内在素质，刑罚是刑事责任的外在表现形式。在大多数场合，一个人被追究刑事责任，落实下来就是按照他的罪行和责任程度，判处轻重适当的刑罚。

第三节　刑事责任的根据

所谓刑事责任的根据，从犯罪人方面说，是承担刑事责任的根据，它回答犯罪人基于何种理由承担刑事责任的问题；从国家方面说，是追究刑事责任的根据，它回答国家基于何种理由追究犯罪人刑事责任的问题。二者是完全一致的。刑事责任的根据，包括刑事责任的法律事实根据和刑事责任的哲学理论根据两方面或两个层次的内容，也就是说，对刑事责任的根据既可以从法学角度探讨，也可以从哲学角度探讨。

一、刑事责任的法律事实根据

从法学特别是刑法学角度看，刑事责任的根据就是行为人的行为具备刑法所规定的犯罪构成。犯罪构成是犯罪概念的具体化，也是犯罪基本属性的法律表现。立法者通过设置一个个犯罪构成，使具有一定社会危害性的犯罪行为具体化、特定化，也就是使抽象的社会危害性通过具体的法律禁止规定反映出来，从而使社会危害性表现为刑事违法性与应受惩罚性。可见，犯罪概念的三个基本属性在犯罪构成中都获得了表现。一个人实施了具备刑法所规定的犯罪构成的行为，或者说，一个人实施的行为具备刑法所规定的犯罪构成，这就说明该人犯了罪，他应当负刑事责任，国家应当追究他的刑事责任。所以，行为具备犯罪构成，就是刑事责任的法律事实根据。

二、刑事责任的哲学理论根据

一个人犯了罪，为什么要他负刑事责任？这就触及刑事责任的哲学理论根据问题，也即刑事责任观的问题。对此，马克思主义的观点与一切剥削阶级的观点是截然不同的。

一切剥削阶级刑事责任观的共同特点是否认刑事责任的阶级性质，同时其哲学观点或者是唯心主义的或者是庸俗唯物主义的，因此，它们不可能科学地论证一个人犯了罪为什么负刑事责任的问题。

与一切剥削阶级刑事责任观相对立，马克思主义刑事责任观的最大特色就在于揭示刑事责任的阶级本质。一个人犯了罪，为什么要负刑事责任？这绝不是由于什么神的意志，或者由于什么抽象的道义和社会利益，而首先是，也只能是因为犯罪行为侵犯了统治阶级的利益和统治秩序。统治阶级不仅可以根据其利益和意志规定什么是犯罪，而且可以强令犯罪人负担刑事责任，接受刑罚处罚。诚然，一个人是否实施某种危害行为，不以统治者的意志为转移，但是判定什么样的危害行为是犯罪以及对犯罪要负什么样的刑事责任，肯定要取决于统治者的意志。刑事责任和刑罚，也同整个刑法一样，具有鲜明的阶级性。阶级的动机，统治阶级利益的需要，乃是追究犯罪人刑事责任的根本原因。

研究刑事责任的哲学理论根据，不仅要注意刑事责任的阶级性，还要注意行为人在主观上是否具有可责性。只有一个人在主观上有可以归责的地方，才能对他追究刑事责任，这样的追究活动才会有合理性。

辩证唯物主义认为，社会物质生活条件决定了人们的意识与意志，也决定了人的行为，包括犯罪行为。但是，客观世界虽然影响、制约人的行为，但不可能决定一个人只能实施此行为而不能实施彼行为，对于究竟实施何种行为，人具有选择的自由。这便是人的意志自由的主观能动作用。由于人具有意志自由的能动作用，国家就能够要求人们按照一定的社会标准来选择和决定自己的行为，并依据人们所选择和决定的行为是否符合该社会标准来给予肯定的或者否定的评价。在我国社会条件下，行为人本应选择有利于国家和人民利益的行为，但却选择了危害国家和人民利益的犯罪行为，或者本来能够避免给国家和人民利益造成严重损害，但却没有避免，这便使行为人被国家认定为犯罪人，受到否定的评价即谴责。因此，追究犯罪人的刑事责任的哲学理论根据，首先在于犯罪人是基于自己的主观能动性实施了犯罪行为。那么，为什么犯罪人在基于主观能动性实施犯罪行为的情况下，国家可以追究其刑事责任呢？这是因为犯罪人不仅具有主观能动性，而且具有社会性。犯罪主体同作为其他主体的人一样，不仅是自然的存在物，而且更重要的是社会的存在物。犯罪主体的犯罪行为是在一定的社会关系下实施的，而且是危害一定的社会关系的。在我国，这种一定的社会关系就是社会主义社会的社会关系。国家是这种社会关系的维持者，维护这种社会关系，既是国家的权力，也是国家的义务。因此，国家对基于主观能动性实施危害社会的行为构成犯罪的人，应当追究刑事责任。

第四节 刑事责任的过程

刑事责任的过程，是指代表国家的司法机关通过诉讼活动追究刑事责任和迫使行为人履行刑事义务的过程，同时也是行为人从应当负刑事责任、实际负刑事责任到终止负刑事责任的过程。这个过程既可能是漫长的，也可能是短暂的；既确定不移，又充满各种变数。过程结束后，有的人能够复归社会、重新做人，有的人则随着刑事责任的终结而消失。

一、刑事责任的时间

刑事责任的时间，分为应当负刑事责任的时间、可能负刑事责任的时间和确定负刑事责任的时间。

（一）应当负刑事责任的时间

应当负刑事责任的时间，是指从犯罪成立之日起到追诉时效期满之日这段时间。这个时间开始于犯罪成立之日，终结于追诉时效期满之时。当一个行为没有成立犯罪时，行为人不可能对不构成犯罪的行为负刑事责任。一旦犯罪成立，不论是否被司法机关发现，行为人都应当承担刑事责任。行为人应当负刑事责任的时间也不是无限期的，任何犯罪都有追诉期限，当法律规定的追诉时效期满后，行为人应当负刑事责任的义务即行消失。

（二）可能负刑事责任的时间

所谓可能负刑事责任的时间，是指从司法机关开始追究犯罪到确定的判决生效的时间。在这个时间段中，行为人应当负担的刑事责任转化为实际负担的现实可能性。代表国家的司法机关通过立案、侦查、起诉和审判活动，查清犯罪事实和情节，确定行为人是否应当承担刑事责任以及应负担的刑事责任的大小，为确定判决做好准备。一般讲，这段时间不是行为人实际承担刑事责任的时间，因为在这个过程中，行为人是被视为无罪的人。即使司法机关对有些人采取了强制措施，该强制措施也只是为保证刑事诉讼进行的临时措施，不是刑罚方法。这个过程结束后，存在两种结果：一种是行为人被判有罪，实际承担刑事责任；另一种是行为人被判无罪，不承担刑事责任。所以，诉讼阶段的时间一般不是行为人实际承担刑事责任的时间。但是，当行为人被判有罪并被判处刑罚后，行为人在诉讼阶段被羁押的时间即可折算成执行刑罚的时间。从这个意义上讲，行为人从被采取强制措施之日起，实际上已经开始承担刑事责任。

（三）确定负刑事责任的时间

确定负刑事责任的时间，是指确定的有罪判决生效到刑罚执行完毕或者被赦免的时间。犯罪分子被确定承担刑事责任，即从应当承担刑事责任的可能性转变为实际承担的现实性，对行为人定罪的过程也是确定行为人负刑事责任的过程，一旦行为人被确定有罪，即确定了行为人的刑事责任。从确定的有罪判决生效到刑罚执行完毕或者被特赦，是犯罪分子实际承担刑事责任的过程。应当指出的是，犯罪分子被确定承担的刑事责任，与犯罪分子应当承担的刑事责任不一定是一致的：一个被定罪免刑的人，实际上可能应当判刑；一个被重判的人，从应然的角度看，可能应轻判；一个被判甲罪的人，可能应负乙罪的刑事责任；一个犯了数罪的人，根据刑法的规定或者由于司法活动的偏差，有可能只承担一罪的刑事责任；等等。

二、刑事责任的承担方式

由于犯罪轻重、刑事政策和犯罪人身份方面的不同，行为人承担刑事责任的方式有所不同。根据我国法律的规定，行为人承担刑事责任的方式有以下几种。

(一) 定罪判刑方式

刑罚是刑事责任最重要的实现方式，也是刑事责任与其他法律责任性质不同的要点所在。因此，应当负刑事责任的犯罪人被人民法院判处有罪后同时被处以某种刑罚，是行为人承担刑事责任的主要方式。

本章［引例］中采用的是定罪判刑方式。法院经过审理认为，某制药厂为牟利将已经过期的药品更改出厂日期和有效期后销售给冷某，其行为构成生产、销售劣药的单位犯罪，判处罚金20万元；杜某作为该单位犯罪的直接责任人员，判处有期徒刑4年；冷某明知是过期药品仍然购买并销售，构成销售劣药罪，判处有期徒刑4年，并处罚金10万元。

(二) 定罪免刑方式

人民法院对行为人作有罪判决，同时宣告免除处罚，是行为人承担刑事责任的又一种方式。以这种方式承担刑事责任，必须有法律明文规定的理由。根据我国法律的规定，犯罪情节轻微，不需要判处刑罚的，或者犯罪分子具有法律明文规定的免除处罚情节的，可以免除刑罚处罚。免除处罚，只免除刑罚，而不是免除行为人的刑事责任。行为人被确定有罪，其行为就受到了法律的否定评价和谴责，这本身就是承担刑事责任的一种方式。

(三) 消灭处理方式

刑事责任的消灭处理方式，是指本来行为人的行为已构成犯罪，应负刑事责任和应受刑罚处罚，但由于存在法律规定的实际阻却追究行为人刑事责任的事实，因而使刑事责任归于消灭，即行为人不再负刑事责任。例如，经特赦予以释放的犯罪人，已超过追诉时效期限的犯罪人，以及已死亡的犯罪人，其刑事责任都已基于一定的事实而消灭即终结，国家司法机关不再予以追究。

(四) 转移处理方式

根据我国《刑法》第11条的规定，享有外交特权和豁免权的外国人的刑事责任，通过外交途径解决。这种解决方式是基于国际法规定的外交惯例，出于国与国之间的互相尊重、对等原则而确立的。对这类犯罪人不是不追究刑事责任，而是采用特殊的方式追究。

【问题与思考】

刑事责任的特征、根据和过程是什么？

中　篇

刑罚总论

第十四章

刑罚概说

参考书目

1. ［意］贝卡里亚．论犯罪与刑罚．黄风译．北京：中国法制出版社，2005.
2. 马克昌主编．刑罚通论．武汉：武汉大学出版社，1999.
3. 邱兴隆．关于惩罚的哲学——惩罚根据论．北京：法律出版社，2000.
4. 张明楷．责任刑与预防刑．北京：北京大学出版社，2015.

引例　张某盗窃案

张某因染上赌博恶习，将自己的积蓄输得精光。他想把输掉的钱补回来，遂产生了盗窃念头。某日凌晨，张某发现一小商店无人看管即撬开窗户爬入室内，盗走香烟、皮夹克、皮手套和少量现金，所窃财物价值和现金共计人民币 3 000 元。次日，张某被公安机关抓捕归案。检察机关对此案提起公诉后，人民法院以盗窃罪判处张某有期徒刑 6 个月。结合本案分析：刑罚预防犯罪的目的包括哪些内容？

第一节　刑罚的概念

刑罚与犯罪是紧密联系在一起的，犯罪是刑罚的适用前提和基础，刑罚则是犯罪的必然后果。刑罚与犯罪共同构成了刑法的基本内容。任何掌握了国家政权的统治阶级，为了维护本阶级的统治，就要通过反映本阶级利益的法律，将那些危害统治阶级利益和统治秩序的行为规定为犯罪，并且以国家的名义对实施了危害社会行为的犯罪人予以刑罚惩罚。正如马克思所说，刑罚不外是社会对付违犯它的生存条件（不管这是些什么样的条件）的行为的一种自卫手段。刑罚惩罚的结果不仅会使犯罪人的某种权利和利益被剥夺或者被限制，而且同时也是以国家的名义表明对犯罪人及其犯罪行为的谴责和否定评价。①

一、刑罚概述

（一）刑罚的概念

关于刑罚的概念，可分为适用于任何国家刑罚的一般概念和适用于某一特定国家刑罚的具体概念两种。从一般概念来讲，所谓刑罚，是指掌握国家政权的统治阶级，以国家的名义，实行惩罚犯罪的强制方法。刑罚的一般概念，着重指出刑罚的本质属性，即不论社会制度如何，不论是哪一个国家，刑罚都是统治阶级实行惩罚犯罪的强制方法。

从刑罚的一般概念可以看出，刑罚和犯罪是紧密联系的。任何国家刑法的主要内容都包括两部分：一个是规定统治阶级确认的犯罪，另一个是规定惩罚犯罪的刑罚方法。世界上没有一部刑法只规定犯罪，而不规定惩罚犯罪的刑罚方法，因为那样的刑法只能是一纸空文。阶级斗争的实践表明，任何掌握国家政权的统治阶级，在宣布那些侵犯自己利益的行为为犯罪的同时，都要规定惩罚犯罪的各种刑罚。对犯罪者处以某种刑罚，是行使国家权力的重要组成部分，也是国家赖以存在的重要条件。

对犯罪者实行惩罚，是通过法庭和监狱来实现的。这就是通过法庭对犯了罪的人判处刑罚，判了刑以后再通过监狱来执行刑罚，从而维护有利于统治阶级的政治秩序和社会秩序。马克思主义告诉我们：法庭、监狱和军队、警察一样，都是国家机器的重要组成部分，它们共同组成国家暴力，执行着国家的镇压职能。从上述国家暴力组成来看，所谓国家暴力，主要有两种表现形式：一种是军事镇压，另一种是刑事惩罚。与军事镇压比较起来，刑事惩罚是统治阶级更为经常、更为广泛使用的一种暴力形式。这是因为，军事镇压是用于非常时期的最尖锐的暴力形式，而刑事惩罚则是平时经常使用的暴力形式。而且就是在非常时期实行军事镇压之后，接着而来的往往也是将被抓获者交付法庭审判，判处某种刑罚。所以，任何掌握国家政权的统治阶级，在建立自己的政权之后，都要规定适合自己需要的刑罚。只是由于国家和社会制度的不同，刑罚权的归属、刑罚的任务、刑罚的目的、刑罚的锋芒所向、刑罚的种类和适用方法等也有所不同罢了。

（二）刑罚的类型

自从人类进入阶级社会以来，历史上有过四种类型的刑罚：奴隶社会的刑罚、封建社会的刑罚、资本主义社会的刑罚和社会主义社会的刑罚。这四种类型的刑罚就其阶级本质来说，只有两种：一种是剥削阶级的刑罚，另一种是社会主义刑罚。社会主义刑罚和剥削阶级刑罚，其阶级本质是根本不同的。不同的剥削阶级，刑罚也各有其不同的特点。

公开的阶级不平等和刑罚的极端残酷，是奴隶社会刑罚的显著特点。在奴隶社会里，奴隶的身份是和牲畜一样的。奴隶主随意杀死自己的奴隶，等于“合法地”毁坏自己的财产，根本不算犯罪。奴隶社会刑罚的残酷性，主要表现在采取各种野蛮手段把人处死（如溺死、刺死、烧死、剖腹、炮烙等）和各种残害人体的刑罚。有名的奴隶社会的五刑包括墨（在脸上刺字）、劓（割鼻子）、剕（断足）、宫（残害生殖机能）、大辟（处死）。这五种刑罚都是摧残犯人身体、造成犯人残废和剥夺犯人生命的刑罚。各种形式的肉刑和残废刑

① 参见韩玉胜主编：《新编刑法教程》，209～210页，北京，中国人民公安大学出版社，2003。

的采用，给广大奴隶带来极大的痛苦。

封建社会的刑罚，仍然以公开的阶级不平等和刑罚的残酷性为其特征。封建社会刑罚制度上的阶级不平等，主要表现为对阶级地位不同的人，即使犯了同样的罪，适用的刑罚也不相同。我国封建时代具有代表性的法典《唐律》中明文规定，奴婢谋杀主人者，不论首从皆斩；而奴婢有罪，其主人不报请官府而将奴婢杀死者，杖一百。适用刑罚上的阶级不平等现象，在封建社会的法律中到处可见。封建社会刑罚同样是残酷的。隋唐以前基本上沿用奴隶社会的五刑，自唐以后，残废刑大体废除了，《唐律》中只规定笞、杖、徒、流、死五刑。其实这五种刑罚并没有减轻刑罚的残酷性，因为犯人往往受不住三五百板的笞刑，被笞挞者往往死于非命，名义上是轻刑，而结果是死者更众，是名轻而实重。

资本主义社会的刑罚，虽然与奴隶社会、封建社会的不同，其法律并未明文规定某一阶级的任何特权，宣布了法律对一切人都是平等的；但是，在以生产资料私有制为基础的剥削制度下，这只能是以平等的形式掩盖着极端不平等的实质。同时，某些标榜文明国度的资本主义国家，至今还保留着宫刑、凌辱刑，这也充分暴露了资产阶级刑罚的残酷性。

（三）我国刑罚的概念

我国刑罚的概念是什么？我国刑罚是人民法院依照法律对危害国家安全的犯罪分子和其他刑事犯罪分子实行惩罚的一种强制方法。这就是适用于我国的刑罚的具体概念。从这一概念可以看出，我国刑罚具有和一切剥削阶级国家刑罚根本不同的本质和特点。这些不同的本质和特点主要是：

（1）我国刑罚是人民民主专政的工具，是掌握在无产阶级手中的“刀把子”。它的锋芒始终是指向以推翻人民民主专政的政权和社会主义制度为目的的危害国家安全的犯罪分子和那些杀人、抢劫、强奸、放火、爆炸、投毒、决水以及破坏交通、电力等设备的重大刑事犯罪分子。通过对这些犯罪分子的惩罚，以达到打击敌人，惩罚犯罪，保护人民，保护社会主义经济基础，巩固人民民主专政的目的。而一切剥削阶级国家的刑罚的锋芒都是指向无产阶级和广大劳动人民，它是少数剥削者用以保卫自己的既得利益和反动统治，巩固剥削阶级专政的工具。

（2）我国刑罚通过对危害国家安全的犯罪分子和其他刑事犯罪分子的惩罚，为新的生产关系的建立和发展，为社会生产力的解放扫除障碍，促进社会主义现代化建设的迅速发展，并为彻底消灭剥削制度，建立人类崇高理想的共产主义社会的伟大事业而服务。所以，我国刑罚对社会的发展起着革命的、进步的作用。而一切剥削阶级国家的刑罚，虽然不能笼统地说在其发展的每个历史阶段都起反动作用，例如，封建社会、资本主义社会初期的刑罚，都曾起过一定的历史进步作用，但从总体上看，它们都是为剥削与压迫制度服务的。尤其当它们所依赖的剥削制度成为社会发展的障碍，代表新制度的革命阶级起来反抗和推翻旧制度的时候，刑罚就成为镇压新生力量，维护腐朽的旧制度，阻碍社会发展的反动工具。

（3）在我国，运用刑罚同犯罪作斗争，以保护国家和人民的利益是完全必要的。但是，通过刑罚来预防犯罪、消灭犯罪只是一种方法，而不是唯一方法，甚至不是主要的方法。在我们国家里，消灭犯罪的主要方法，是消灭剥削制度，消灭阶级，加快物质文明和精神文明建设，加强法制教育等。用刑罚方法惩罚犯罪，从预防犯罪并最终消灭犯罪的整体意义上看，只是一种辅助手段。而在剥削阶级国家里，由于其社会制度本身就是产生犯罪的根源，掌握国家政权的统治阶级，面对着日益增长的犯罪现象，就不能不主要地或者唯一地借助严刑峻法进行镇压。这反映了反动的统治者对待犯罪现象的无能为力，除了采用残酷的刑罚外，别无其他办法。

综上所述可见，由于掌握刑罚的统治阶级和针对的对象不同，刑罚在历史上起着革命和反动两种完全相反的作用。革命阶级掌握它，就镇压反动势力，促进社会前进；反动的阶级掌握它，就残酷地镇压革命势力，阻碍社会的前进。我国刑罚是人民民主专政的重要工具，它在镇压敌人的反抗，惩办各种刑事犯罪的破坏活动，保障社会主义革命和社会主义建设的过程中，一直发挥着重要作用。今后只要国外资本主义还存在，国内阶级斗争和各种刑事犯罪还存在，就必须继续发挥这个专政武器的重要作用。

二、刑罚的特征

在我国，除了刑罚这种法律强制方法外，还有其他的强制方法。例如，行政性的强制方法、纪律性的强制方法、民事强制方法以及刑事诉讼上的强制措施等。刑罚与其他强制方法比较起来，具有以下几个特征：

（一）刑罚只能对犯罪分子适用

对没有构成犯罪的人，不能适用刑罚，否则，就是违法行为，必须予以纠正。对于只违反党纪、政纪的人，只能给予纪律处分或行政处分，不能处以刑罚。刑事诉讼上的强制措施，例如逮捕、拘留、取保候审等，都是为了防止被告人或嫌疑人逃避侦查、审判或消灭罪证，虽然也剥夺了他们的某些自由和权利，但是，其性质也不是刑罚。

（二）刑罚是一种最为严厉的强制方法

从刑法所规定的刑罚种类来看，它不仅可以剥夺被判刑人的财产和权利，例如，判处罚金、剥夺政治权利、没收财产；而且可以剥夺被判刑人的自由，例如，判处拘役、徒刑，这些都是剥夺人身自由，就是判处管制也是限制人身自由；对极少数罪大恶极的犯罪分子还可以剥夺其生命，即判处死刑。而其他的强制方法，都没有刑罚这样严厉，例如，行政处罚一般不过是罚款，最重的是处短期拘留；民事强制最重的不过是责令赔偿损害；纪律处分最重的不过是从某一机关、组织内开除等。

（三）刑罚只能由人民法院代表国家依法适用

我国《宪法》第123条规定："中华人民共和国人民法院是国家的审判机关。"根据《宪法》这一规定，除了人民法院外，其他任何机关、团体或者个人都不能适用刑罚。而且人民法院对犯罪分子适用刑罚的时候，必须依照刑事诉讼法规定的管辖权限和诉讼程序进行。例如，对于作为适用刑罚根据的犯罪事实，必须依照诉讼程序查明和认定；适用某种刑罚方法，必须依照法定的管辖权限，如无权审理死刑案件的法院，不能适用死刑这种刑罚。而其他强制方法的适用，只能根据其他有关法规的规定进行。

第二节　刑罚的目的

一、刑罚目的的概念

前面已经指出，刑罚是统治阶级实行惩罚犯罪的一种强制方法，也是阶级专政的一种重要工具，所以，刑罚本身谈不到有什么目的。这里所说的刑罚目的，实际上是指掌握国家政权的统治阶级制定刑罚、适用刑罚和执行刑罚的目的，也可以说，是指一个国家制定刑罚、适用刑罚、执行刑罚所追求的结果。

刑罚的目的，体现着刑罚的性质和统治阶级运用刑罚同犯罪作斗争的指导思想，也决定着刑罚体系和刑罚种类的确立，是建立整个刑罚制度的出发点和归宿；同时，还影响着适用刑罚的效能。所以，刑罚目的问题历来为各国刑法研究者所重视，也是国内外刑法学界长期争论的一个课题。我国刑罚的目的是什么？对此有各种提法：有的提出我国刑罚是以教育改造为目的；有的提出我国刑罚具有惩罚与教育的双重目的；有的提出我国刑罚目的是一般预防与特殊预防相结合；有的提出我国刑罚目的是预防犯罪和消灭犯罪。① 我们同意最后这种提法。

之所以说我国刑罚的目的是预防犯罪和消灭犯罪，是因为刑罚与犯罪是联系在一起的。没有犯罪就谈不上刑罚。也就是说，刑罚之所以存在，就是为了与犯罪作斗争，就是预防犯罪，减少犯罪，并最终消灭犯罪。我国刑罚对犯罪的预防，分为特殊预防和一般预防两个方面。下面对这两个方面分别加以阐述。

二、特殊预防

所谓特殊预防，是指预防特定的犯罪分子重新犯罪。就是说，一个人犯了罪，给国家和人民的利益造成了损害，国家司法机关在查清犯罪事实的基础上，如果依照法律必须追究他的刑事责任，就要判处适当刑罚。人民法院对犯罪分子判处刑罚，也就是对他们的惩罚。惩罚是刑罚的固有属性。正是刑罚的这一属性，使它发挥了人民民主专政工具的重要作用。这就是通过对犯罪分子适用刑罚，使他们的人身自由或权利受到限制，甚至剥夺其生命。不对犯罪分子予以必要的惩罚，要制止他们继续进行危害社会的犯罪活动是不可能的。但是，国家给予犯罪分子一定惩罚，并不是刑罚的目的，我们不是为惩罚而惩罚。惩罚的根本目的，是要把他们改造过来（死刑除外），使之成为新人，化有害为无害，化消极因素为积极因素，逐步地消灭犯罪。②

为了把犯罪分子改造成为新人，对于被判处有期徒刑、无期徒刑的犯罪分子，放在监狱或者其他劳动改造场所，采取强制措施，把他们监管起来，实行劳动改造；对于被判处拘役的犯罪分子，也在短期剥夺自由期间，予以教育和劳动改造；对于被判处管制的犯罪分子，放在社会上，由公安机关和有关群众加以监督其参加劳动或者工作。总之，不论判处哪种主刑，都必须在劳动中进行改造，通过劳动把这些犯罪分子改造成为自食其力的新人。这样，我们就可以把这一批阻碍和破坏生产力发展的消极因素，改变为有利于生产力发展的积极因素。同时，为了使他们在刑满释放以后，能够自食其力，不致成为新的社会寄生虫，也有必要通过劳动，使他们树立劳动观念，养成劳动习惯，学会一定的生产技能，为劳动就业创造条件。

三、一般预防

所谓一般预防，是指对不特定的多数人可能实行犯罪的预防。一般预防包含两层意思：一层意思是通过对犯罪分子适用刑罚，警戒社会上可能进行犯罪的分子，不要重蹈犯

① 参见屈耀伦：《预防与报应：刑罚目的的二元构建》，载《法学评论》，2006（1）。

② 参见韩玉胜主编：《新编刑法教程》，212～213页，北京，中国人民公安大学出版社，2003。

罪分子的覆辙，否则就要落得同样的下场。[①] 这样就可以减少犯罪的发生。另一层意思是通过对犯罪分子适用刑罚，教育广大人民群众，提高政治觉悟，加强法制观念，使他们能配合国家专门机关有效地同犯罪作斗争。把广大人民群众广泛地发动和组织起来，是预防犯罪和消灭犯罪的根本保证。

这里应当指出：我国刑罚对人民群众的作用，不是威吓，也不是警戒。也就是说，不能把广大人民群众都当做一般预防的对象，当做刑罚威吓、警戒所起作用的人。我国的广大人民群众不进行犯罪活动，不是因为存在刑罚的威吓或警戒，而是由于我国的法律是广大人民群众意志的反映，是保护人民利益的。人们认识到，犯罪是违背国家和人民利益的行为，也违背自己的意志。所以，广大人民群众一般都能够自觉地接受教育，遵守法律。刑罚的威吓或警戒，只对人民内部少数受剥削阶级思想严重腐蚀和毒害，可能走上犯罪道路的人起教育和抑制作用。

本章［引例］张某盗窃案中，张某的盗窃行为表明其具有侵犯他人合法财产权的危险意向，具有再次危害社会的现实可能性，需要特殊预防。通过对张某盗窃行为判处刑罚，向社会警示，任何侵犯合法财产权或者其他合法权益的行为都将受到法律的制裁，这样就可以达到抑制犯罪发生的效果。

四、一般预防与特殊预防的关系

刑罚的特殊预防和一般预防不是彼此孤立、互不联系的，而是紧密配合、同时出现的。人民法院判处一个犯罪案件，既有特殊预防的意义，又有一般预防的意义。以公开审判来说，在一个场所、一个时间，集中地表现了刑罚的特殊预防和一般预防的意义。通过审判活动，揭露犯罪、证实犯罪，对犯罪分子判处一定刑罚，这就起到了特殊预防的作用；与此同时，警戒社会上可能进行犯罪活动的人悬崖勒马，打消犯罪念头、放弃犯罪计划，并提高人们的警惕性，搞好综合治理，这就起到了一般预防的作用。特殊预防和一般预防的紧密关系告诉我们，人民法院审理刑事案件，对某个犯罪分子是否要判处刑罚，判处何种刑罚，既要考虑特殊预防的需要，同时也要考虑一般预防的需要，使判处的结果符合这两个方面的要求。只有正确地把这两方面的要求结合起来，才能使犯罪分子认识到是罪有应得，真正地认罪服法，为以后的改造打下一个良好的基础；同时也赢得广大人民群众对法律与执法机关的信赖与敬仰，在社会上产生广泛的教育和警戒作用。不注意社会效果，片面强调其中一个方面，忽视另一方面，以致该判不判，重罪轻判；或者只追求“杀一儆百”的威慑作用，盲目重判，这些都可能使犯罪分子产生侥幸心理或抗拒情绪，妨碍改造，也有损于法律的严肃性，使判决得不到社会的支持，失去应有的教育和警戒作用，因而都不能真正实现我国刑罚的目的。

在强大的人民民主专政条件下，凭借社会主义制度的优越性，只要我们坚持依法办事，采取正确的政策和方法，绝大多数危害国家安全的犯罪分子和其他严重刑事犯罪分子是可以改造成为新人的。因为我们惩罚犯罪和对犯罪分子的改造，代表着广大人民的根本利益，代表着社会进步和生产力发展的需要。它是正义的事业，得到全国人民的拥护和支持。中华人民共和国成立以来，我国对危害国家安全的犯罪分子和其他刑事犯罪分子的改

---

① 参见邱兴隆：《论一般预防的正当性——兼与否定论者商榷》，载《中国法学》，2001（4）。

造工作，由于贯彻执行了正确的政策，已经取得了伟大的胜利。多数危害国家安全的犯罪分子和刑事犯罪分子，通过不同的劳动改造形式，经过长期反复的改造与反改造的斗争，都有不同程度的转变；不少人认罪服法，积极接受改造，并有显著悔改表现；也有不少人确实已经改恶从善，悔过自新，不仅思想得到了改造，而且养成了劳动习惯，学会了生产技能，成为自食其力的劳动者。他们刑满释放以后，除极少数仍继续作恶外，一般都能安分守法，从事正当的劳动生产。事实已经充分证明，在我国，通过刑罚达到预防犯罪、消灭犯罪的目的是完全可以实现的。这是任何剥削阶级国家刑罚所没有也不可能有的。

第三节 刑罚的功能

刑罚的功能，是指刑罚自身所具有的不同于其他法律强制方法的特殊作用及社会影响。刑罚是对犯罪人适用的，对于犯罪人来说，刑罚有着不同于其他法律强制方法的特殊作用。但是，刑罚对犯罪人适用，其所产生的影响又不仅仅限于犯罪人，它对犯罪行为的被害人及其亲属，对社会上的不稳定分子以及广大人民群众都有不可忽视的功能。

一、对犯罪人的功能

（一）惩罚功能

刑罚是犯罪的必然结果，因此，刑罚对犯罪人的惩罚功能是其自身固有的功能。任何人只要犯了罪，就要受到刑罚的惩罚，而刑罚的惩罚意味着犯罪人的某种权益被剥夺或者被限制。权益的被剥夺和被限制对于犯罪人来说当然是痛苦的，这种痛苦又恰恰是刑罚特有的属性，没有痛苦属性，刑罚就不成其为刑罚了。刑罚正是通过对犯罪人的惩罚，才使得这种强制方法发挥它应当发挥的作用。从目的刑的观点来看，正如意大利刑法学者菲利所说，“罪恶如疾病，对症发药，俟其治疗而复原，此研究犯罪人类学者所有之事，然后惩罚应用之方法，始可决定”①，在强调惩罚功能的同时，必须注意罪刑相适应的问题。

（二）矫正功能

犯了罪的人受到刑罚的惩罚，虽说是咎由自取，罪有应得，然而，刑罚对犯罪人的惩罚只是一种手段，也就是说，刑罚的惩罚功能只是刑罚的直观功能或者说是表象功能。对犯罪人的惩罚并不是刑罚的最终功能，刑罚的最终功能在于把犯罪人矫正成为社会的无害因素，使他们通过刑罚的惩罚不再危害社会。亦如启蒙思想家荷兰学者格劳秀斯所言，“关于惩罚的第一目的，就像保罗、普鲁塔克和柏拉图所说的改造。惩罚的目的就是使一个罪犯变成一个好人”②。刑罚的矫正功能是通过刑罚的实际执行实现的，因此，刑罚执行的各种制度对刑罚矫正功能的实现起着极其重要的作用。

二、对社会的功能

（一）威慑功能

刑罚的威慑功能是针对社会上有可能犯罪的不稳定分子而言的。司法机关对已然犯罪人的惩罚，表明国家对犯罪人及其犯罪行为的谴责和否定评价，而通过对犯罪人适用刑

---

① 转引自刘麟生译：《朗伯罗梭氏犯罪学》(二)，143页，上海，商务印书馆，1929。

② 《西方法律思想史资料选编》，158页，北京，北京大学出版社，1983。

罚，使社会上那些有可能犯罪的不稳定分子或说使未然犯罪人感受到思想上、心理上的影响和震慑，出于对刑罚的畏惧而不敢重蹈犯罪的覆辙。同时，刑罚警戒社会，亦所以昭示社会的伦理价值不容蔑视。[①] 刑罚的威慑功能是刑罚的一项重要功能，这一功能主要是通过公开审判制度以及法制宣传教育实现的。

（二）教育功能

通过刑罚的惩罚，教育和改造犯罪人，使他们弃旧图新，重新做人。同时，对一些犯罪规定一定的刑罚，可以教育广大人民群众，了解违法犯罪行为的后果，自觉地遵纪守法，并积极参与同犯罪分子的斗争。对犯罪人判处应得的刑罚和执行刑罚，可以使广大人民群众进一步知法、懂法，认识犯罪之后刑罚的不可避免，这会提高人民群众遵纪守法的自觉性和同犯罪分子斗争的积极性。在一定意义上可以说，刑罚的教育功能是法制宣传教育所要预期达到的一种最佳结果。

三、对被害人的功能

具体地讲，就是刑罚的安抚功能。刑罚的安抚功能是针对犯罪行为的被害人及其亲属而言的。作为犯罪行为的被害人，由于他们自身是犯罪所指向的对象，因而对犯罪人有着更直接、更强烈的痛恨，而被害人的亲属则由于自己的亲人受到犯罪行为的侵害，在心理上会产生一种失衡。犯罪行为的被害人及其亲属对犯罪人的这种切齿之恨只有在犯罪人得到应得的惩罚之后才能逐渐平息。所以，从稳定社会秩序的角度来说，刑罚具有其特有的一种安抚功能。[②]

刑罚的各种功能不是孤立存在而是紧密联系在一起的，它们之间相互配合，相互协调，共同发挥着重要的作用。

【问题与思考】

我国刑罚理论上关于刑罚目的的观点形形色色，如有人认为惩罚是刑罚的目的之一，有人认为预防与报应都是刑罚目的，等等。这些观点往往建立在报应刑论与目的刑论的基础上。怎么理解我国刑罚目的与报应刑论、目的刑论的关系？另外，在制刑、量刑、行刑的不同阶段如何体现一般预防或者特殊预防的侧重？

---

① 参见韩忠谟：《刑法原理》，364页，北京，中国政法大学出版社，2009。

② 参见韩玉胜主编：《新编刑法教程》，215页，北京，中国人民公安大学出版社，2003。

第十五章
刑罚的体系

参考书目

1. 林山田．刑罚学．2版．台北：“商务印书馆”，1983.
2. 马克昌主编．刑罚通论．2版．武汉：武汉大学出版社，1999.
3. 樊凤林主编．刑罚通论．北京：中国政法大学出版社，1994.
4. 陈兴良主编．刑种通论．北京：中国人民大学出版社，2007.
5. 李贵方．自由刑比较研究．长春：吉林人民出版社，1992.
6. 胡云腾．死刑通论．北京：中国政法大学出版社，1995.
7. 李云龙，沈德咏．死刑制度比较研究．北京：中国人民公安大学出版社，1992.
8. 孙力．罚金刑研究．北京：中国人民公安大学出版社，1995.
9. ［德］赖德尔．死刑的文化史．北京：三联书店，1992.
10. 王平．社区矫正制度研究．北京：中国政法大学出版社，2012.
11 刘仁文．废止劳教后的刑法结构完善．北京：社会科学文献出版社，2015.

参考法规

1.《刑法》第32～60条

2. 1984年3月24日全国人民代表大会常务委员会法制工作委员会、最高人民法院、最高人民检察院、公安部、司法部、民政部《关于正在服刑的罪犯和被羁押的人的选举权问题的联合通知》

3. 1986年11月8日最高人民法院、最高人民检察院、公安部、劳动人事部

《关于被判处管制、剥夺政治权利和宣告缓刑、假释的犯罪分子能否外出经商等问题的通知》

4. 1991年9月25日最高人民检察院《关于被判处管制、剥夺政治权利和宣告缓刑、假释的犯罪分子能否担任中外合资、合作经营企业领导职务问题的答复》

5. 1994年6月14日最高人民法院研究室《关于有期徒刑罪犯减刑后又改判应如何确定执行刑期问题的答复》

6. 1995年12月25日最高人民法院研究室《关于原判有期徒刑的罪犯被裁定减刑后又经再审改判为无期徒刑应如何确定执行刑期问题的答复》

7. 1997年12月31日最高人民法院《关于对故意伤害、盗窃等严重破坏社会秩序的犯罪分子能否附加剥夺政治权利问题的批复》

8. 1998年8月7日最高人民法院《关于对怀孕妇女在羁押期间自然流产审判时是否可以适用死刑问题的批复》

9. 2000年2月29日最高人民法院《关于刑事裁判文书中刑期起止日期如何表述问题的批复》

10. 2000年12月13日最高人民法院《关于适用财产刑若干问题的规定》

11. 2009年6月10日最高人民法院《关于在执行附加刑剥夺政治权利期间犯新罪应如何处理的批复》

12. 2010年6月1日最高人民法院《关于财产刑执行问题的若干规定》

13. 2011年4月28日最高人民法院、最高人民检察院、公安部、司法部《关于对判处管制、宣告缓刑的犯罪分子适用禁止令有关问题的规定（试行）》

14. 2012年1月10日最高人民法院、最高人民检察院、公安部、司法部《社区矫正实施办法》

15. 2014年10月30日最高人民法院《关于刑事裁判涉财产部分执行的若干规定》

引例 15-1 雅某贩卖毒品案[①]

被告人雅某于1993年10月间，先后从殷某处购得大量海洛因，藏匿于家中，并贩卖给张某等吸毒人员。1993年12月15日，雅某在贩卖毒品时被抓获，被抓获后第二天即脱逃。公安机关从雅某家搜出717克海洛因。1994年4月怀孕的雅某被再次抓获，流产后再次脱逃，被通缉长达8年之久，直至2001年4月被抓获。对雅某该判处什么样的刑罚？是否可以判处死刑？

① 参见最高人民法院刑事审判第一庭、第二庭编：《刑事审判参考》，总第32辑，74～78页，北京，法律出版社，2003。

第一节 刑罚体系概述

社会上发生的犯罪是各种各样的，对不同的犯罪行为需要采用不同的刑罚方法予以处罚，以做到刑法基本原则所要求的罪责刑相适应。刑罚的体系和种类是刑法中的重要问题，只有了解刑罚的体系和种类，才能进一步了解刑罚在具体运用中的其他有关问题。

刑罚的体系，是指根据刑法的规定以一定的顺序排列的各种刑罚方法的总和。犯罪是一种复杂的社会现象，社会上所发生的形形色色的犯罪不仅有着质的差别，而且有着量的差别。质的差别是指犯罪的性质各不相同。量的差别是指犯罪的情节各不相同。社会上各种各样犯罪的复杂性，决定了适用于各种不同犯罪的刑罚方法的多样性。

一、刑罚的分类

刑法所规定的刑罚方法按照一定的原则可以划分为不同的类型。我国刑法把刑罚方法划分为两类，即主刑和附加刑。

主刑，是指只能独立适用而不能附加于其他刑罚适用的刑罚方法。主刑的特点在于适用上的独立性，这种独立性表现在：对于一个犯罪人来说，一次判刑的最终结果只能适用一个主刑，既不能在一个主刑之外再同时适用其他主刑，也不能在附加刑之外附加适用主刑。我国的刑法根据与犯罪作斗争的经验以及我国的实际情况，将主刑确定为五种，即管制、拘役、有期徒刑、无期徒刑、死刑。

附加刑，是指既可以附加适用，也可以独立适用的刑罚方法。附加刑的特点在于适用上具有双重性，它既可以作为某种主刑的附加刑适用，也可以作为一种独立的刑罚方法适用，几种附加刑还可以同时并用。这样可以看出，附加刑的适用具有一定的灵活性。我国刑法所规定的附加刑包括：罚金、剥夺政治权利、没收财产。

除了上述刑罚方法之外，《刑法》第 35 条还有一个特别规定："对于犯罪的外国人，可以独立适用或者附加适用驱逐出境。"这一规定表明，驱逐出境也是一种刑罚方法。从其适用的方式可以看出，驱逐出境具有附加刑的性质。但是，由于驱逐出境只适用于犯罪的外国人，因而，没有作为带有普遍意义的刑罚方法规定在附加刑的种类之中。

二、刑罚的排列

我国刑罚的主刑和附加刑采用了从轻到重的排列方法，即较轻的刑种在前，较重的刑种在后。与此相适应，刑法分则中凡有罪刑的条文，除个别条文之外，也基本采用了从轻到重的排列方法。这种排列方式并不是任意的，其规律性说明，我国刑法在对犯罪人规定刑罚方法的时候，既反对不管罪行轻重一律适用严刑峻法，也不赞成不管犯罪的实际情况和国情一律倡导轻刑化。任何国家的刑罚方法总是和这个国家同犯罪作斗争的实际需要联系在一起的，忽视这种需要的刑罚方法不可能起到其应起的作用。①

我国刑罚的种类有主有从，有轻有重，宽严相济，互相配合，互相衔接，构成了一个

① 参见韩玉胜主编：《新编刑法教程》，219 页，北京，中国人民公安大学出版社，2003。

完整的、科学的刑罚体系。我国刑罚体系的形成是我国长期与犯罪作斗争的实践经验的总结，体现了我国刑罚的目的，也体现了我国刑罚在制定时的严格化、人道化、教育化、个别化、社会化的原则。

第二节 主刑

一、管制

管制是指对犯罪人不实行关押而放在社会上由社区矫正机构进行社区矫正，同时可以根据犯罪情况禁止犯罪人在执行期间从事特定活动，进入特定区域、场所，接触特定的人的一种刑罚方法。管制作为最轻的主刑，主要特点：一是对犯罪分子不予关押，不剥夺其人身自由，只限制其一定自由。被判处管制的犯罪分子，在执行期间，除了必须遵守《刑法》第39条第1款的各项规定以及禁止令所禁止的内容外，其行动仍然是自由的。二是被判处管制的犯罪分子虽然有一定的人身自由，但要接受社区矫正机构对其行为和心理的矫正。

（一）管制的适用对象

管制是主刑中的一种轻刑，它的适用对象必须是虽然实施了犯罪行为，但是，根据犯罪的事实、性质、情节、后果、对社会的危害程度以及认罪悔罪态度，不予关押也不至再对社会造成损害的犯罪人。或者说，管制的适用对象只能是罪行较轻的犯罪人。在我国刑法分则的条文中，凡是相对而言罪行较轻的犯罪，都把管制作为一种选择刑加以规定，数量约占全部刑法分则条文的1/4。

（二）管制的执行内容

管制既然是一种轻刑，又是对犯罪人不予关押而放在社会上执行刑罚，这就对被判处管制的犯罪人提出了必须遵守的特殊规定。管制执行的内容分为三部分：第一部分是根据《刑法》第38条第3款的规定对判处管制的犯罪分子依法实施社区矫正。第二部分是根据《刑法》第39条的规定对犯罪分子限制部分自由。第三部分是根据《刑法》第38条第2款的规定可以对犯罪分子处以禁止令。按照《刑法》第39条的规定，被判处管制的犯罪分子，在执行期间，必须遵守以下规定的内容：一是遵守法律、行政法规，服从监督；二是未经执行机关批准，不得行使言论、出版、集会、结社、游行、示威自由的权利；三是按照执行机关规定报告自己的活动情况；四是遵守执行机关关于会客的规定；五是离开所居住的市、县或者迁居，应当报经执行机关批准。《刑法》第38条第2款还规定，判处管制，可以根据犯罪情况，同时禁止犯罪分子在执行期间从事特定活动，进入特定区域、场所，接触特定的人。其中，第一、第二部分的执行内容是对所有被判处管制的犯罪分子都应当执行的。第三部分禁止令的内容，则是根据犯罪分子的犯罪情况，可以选择予以科处和执行的。

《刑法》还特别规定，对于被判处管制的犯罪分子，在劳动中应当同工同酬。这一规定表明，凡是参加劳动的管制犯，应当与从事同样劳动的人获得同样的劳动报酬而不得受歧视。这样做，既可以使犯罪人正常的家庭生活得到保证，同时又有利于争取犯罪人家属以及社会对刑罚执行工作的支持，当然也有利于促进犯罪人的自觉改造。

（三）管制的刑期计算

《刑法》第38条第1款规定，管制的期限，为3个月以上2年以下。第69条规定，在数罪并罚时，管制最高不能超过3年。第41条规定，管制的刑期，从判决执行之日起计算；判决执行以前先行羁押的，羁押1日折抵刑期2日。《刑法》之所以作这样的规定，是考虑到管制本身是不予关押的刑罚方法，既然犯罪人最后被确定的刑罚是管制，先行羁押的期间与不予关押的管制则有一个刑期折抵的问题，以羁押1日折抵刑期2日来计算犯罪人实际服刑的刑期是完全合理的。

（四）管制的执行机关

管制的执行机关是社区矫正机构。社区矫正机构由司法行政机关指导管理，其不仅负责对被判处管制的犯罪人员进行社区矫正，还负责禁止令的执行。需要注意的是，作为执行机关的社区矫正机构，一定要认真做好对管制犯的监督和考察工作，不能放任自流，否则就会使作为刑罚方法的管制失去其应有的意义。

（五）管制的刑满解除

《刑法》第40条规定，被判处管制的犯罪分子，管制期满，执行机关应即向本人和其所在单位或者居住地的群众宣布解除管制。在宣布解除管制时，应当发给本人“解除管制通知书”，如果管制还附加有剥夺政治权利的，在宣布解除管制的同时还应当宣布恢复政治权利。

二、拘役

拘役，是指短期剥夺犯罪人的人身自由，就近强制进行劳动改造的一种刑罚方法。拘役是一种自由刑，是介于管制和有期徒刑之间的一种次轻刑。拘役的特点在于，它虽然是剥夺犯罪人人身自由的刑罚方法，但相对于有期徒刑来说刑期较短。拘役这种刑期较短的刑罚方法既是惩罚犯罪的需要，也是罪责刑相适应原则的具体体现。

（一）拘役的适用对象

由拘役的次轻刑这一特点决定，它适用于那些罪行虽然较轻但仍然需要关押的犯罪分子。在司法实践中，对于那些罪行较轻的犯罪分子如果不剥夺其短期自由，则不足以惩戒犯罪、防患未然；如果判处有期徒刑又嫌偏重。在这种情况下，拘役是一种较为理想的刑罚方法。我国刑法分则规定拘役的条文中，绝大多数是把拘役作为最低法定刑规定的。在这样的条文中，拘役适用于犯罪情节轻微，不需要判处有期徒刑的犯罪。

（二）拘役的执行内容

被判处拘役的犯罪分子必须参加力所能及的劳动，所从事的劳动以简单作业为主，如手工业、副业或者其他技术性不强的劳动，主要目的在于通过劳动矫正他们的犯罪思想和行为习惯。凡是参加劳动的拘役犯，都“可以酌量发给报酬”，不同于被判处无期徒刑、有期徒刑和管制的罪犯那样或无任何报酬或同工同酬，而是由执行机关根据拘役犯在服刑期间的表现、生产技能和劳动收入等情况，发给适当报酬。

（三）拘役的执行机关和执行场所

《刑法》第43条第1款规定，拘役的执行机关是公安机关。

拘役的执行场所根据我国目前的实际情况分为两种：一种是凡建立了拘役所的地方，都应当在拘役所执行拘役，这样便于管理，也便于安排劳动；另一种是尚未建立拘役所的地方，应当“就近”执行拘役。所谓“就近执行”，就是不能在犯罪分子所在地的县、市或市辖区的公安机关设置的拘役所执行的，放在就近的监狱执行；远离监狱的公安机关，可以放在看守所执行。刑法之所以作这样的规定，主要是考虑到我国大部分地区还没有建立拘役所的实际情况。

（四）拘役的刑期计算

《刑法》第42条规定，拘役的刑期为1个月以上6个月以下。第69条规定，在数罪并罚时，拘役最高不能超过1年。第44条规定，拘役的刑期，从判决执行之日起计算；判决执行以前先行羁押的，羁押1日折抵刑期1日。

被判处拘役的犯罪分子享有回家的待遇。根据《刑法》第43条第2款的规定，被判处拘役的犯罪分子，在执行期间，每月可以回家一天至两天。拘役犯在服刑期间回家的天数应当计算在刑期之内。路途较远的，可以累积使用假期。这样，犯罪分子能够同家庭和社会保持一定的联系，有利于犯罪分子接受其亲人和社会有关方面的教育，也使犯罪分子有机会帮助家庭解决一些困难。这对于促进犯罪分子加速改造和减少社会负担都有好处。

三、有期徒刑

有期徒刑，是指一定期限内剥夺犯罪分子的人身自由，在监狱或者其他执行场所强制进行教育改造和劳动改造的一种刑罚方法。有期徒刑是一种自由刑，是我国刑法中适用范围最广泛的一种刑罚，有期徒刑在我国刑罚体系中占有极为重要的地位。

（一）有期徒刑的适用对象

由于有期徒刑的最低期限到最高期限的幅度大，因而适用面宽，既适用于较重的犯罪，又适用于较轻的犯罪，便于法院根据不同的犯罪性质、情节和社会危害程度，对犯罪分子判处不同期限的徒刑。在刑法分则条文中，凡规定法定刑的，都规定了有期徒刑这一刑种。因此，有期徒刑适用于刑法所规定的任何一种犯罪。

（二）有期徒刑的执行内容

《刑法》第46条规定，被判处有期徒刑的犯罪分子，凡有劳动能力的，都应当参加劳动，接受教育和改造。这一规定说明两个问题，一是劳动是有期徒刑执行的基本内容，凡是有劳动能力的，都必须参加劳动，不能以任何理由逃避劳动，否则要受到监规纪律的处罚；二是劳动并不是有期徒刑执行的唯一内容，更重要的是，犯罪人必须在劳动的过程中接受教育和改造，这才是强制犯罪人参加劳动的根本目的。

（三）有期徒刑的执行场所

《刑法》第46条规定，被判处有期徒刑的犯罪分子，在监狱或者其他执行场所执行。在我国，根据《监狱法》的规定，有期徒刑的执行场所分为两种：一种是监狱，这是成年男犯和成年女犯的执行场所；另一种是未成年犯管教所，这是被判处有期徒刑送交执行时不满18周岁的未成年犯的专门执行场所。

（四）有期徒刑的刑期计算

《刑法》第45条规定，有期徒刑的刑期，为6个月以上15年以下。但是，在下述三种情况下，有期徒刑有可能超过15年：一是《刑法》第69条规定，在数罪并罚时，有期徒刑总和刑期不满35年的，最高不能超过20年，总和刑期在35年以上的，最高不能超过25年；二是《刑法》第50条规定，被判处死刑缓期2年执行的犯罪人，在执行期间如果确有重大立功表现，2年期满以后，减为25年有期徒刑；三是根据有关司法解释，无期徒刑减为有期徒刑时，一般可以减为20年以上22年以下有期徒刑。《刑法》第47条规定，有期徒刑的刑期，从判决执行之日起计算；判决执行以前先行羁押的，羁押1日折抵刑期1日。

四、无期徒刑

无期徒刑，是指剥夺犯罪分子终身自由，在监狱强制进行教育改造和劳动改造的一种刑罚方法。无期徒刑属于自由刑，是介于有期徒刑和死刑之间的刑罚方法，也是减少死刑适用的一种有效的起着“缓冲”作用的刑罚方法。

（一）无期徒刑的适用对象

无期徒刑的适用对象是那些罪行严重，但不够判处死刑，而判处有期徒刑又不足以惩罚其罪的犯罪分子。刑法分则条文中规定无期徒刑时有两种情况：一种是在规定有死刑的条文中将无期徒刑作为一种选择刑加以规定，以避免绝对的死刑；另一种是将无期徒刑规定为法定最高刑。规定有无期徒刑的条文约占刑法分则全部条文数量的1/5。

（二）无期徒刑的执行内容

《刑法》第46条规定，被判处无期徒刑的犯罪分子，凡有劳动能力的，都应当参加劳动，接受教育和改造。就执行内容而言，无期徒刑与有期徒刑基本上是相同的。

（三）无期徒刑的执行场所

《刑法》第46条规定，被判处无期徒刑的犯罪分子，在监狱或者其他执行场所执行。未成年犯也有被判处无期徒刑的，而实际上，未成年犯不可能在未成年犯管教所执行无期徒刑，即使在开始执行时是在未成年犯管教所，但由于他们在执行期间肯定将超过18周岁，按照规定必须转到监狱继续执行刑罚，因而，无期徒刑的实际执行场所只有监狱。

（四）无期徒刑的执行结果

无期徒刑本身是对犯罪人的终身监禁，是没有刑期计算问题的。但是在我国的刑罚执行实践中，无期徒刑的执行结果可能有两种：一种是犯罪人不认罪、不悔罪，确实在监狱中服刑终身；另一种是犯罪人由于确有悔改表现或者立功表现而被减为有期徒刑。事实上，绝大多数无期徒刑犯都被减刑而转化为有期徒刑，真正执行无期徒刑的是极少数。

五、死刑

死刑，是指剥夺犯罪人生命的一种刑罚方法。由于死刑是剥夺犯罪人生命的最严厉的刑罚方法，所以又称生命刑，或称极刑。

（一）死刑的存废问题

1. 死刑废除论

在中国，死刑废除论可追溯至唐代，唐代曾两度下诏大量削减死刑，其一是“天宝重杖代死刑法”，其二是“死罪改流刑法”。时至今日，死刑废除论者从人道主义立场出发，认为死刑应当废除。理由为：（1）死刑对犯罪分子不足以发生威吓作用；（2）死刑断绝了犯罪分子的悔过自新之路；（3）死刑不利于社会安定；（4）死刑是野蛮时代血腥复仇的沿袭，是出于本能的报复，而非基于人的理性；（5）死刑能助长人的残忍，违反人道主义。

2. 死刑保留论

面对死刑废除论者，死刑保留论者针锋相对，但他们大多认为在社会进步、人权愈受重视的情况下，应严格限制死刑适用。故当前的死刑保留论者大多为死刑限制论者。他们认为死刑应当保留的理由为：（1）死刑具有最大的威慑力；（2）死刑是实现刑罚预防犯罪目的的必不可少的手段；（3）死刑有利于维护社会安定；（4）死刑是基于伦理正义的必然要求，对那些罪大恶极的人处以死刑，是人伦道义、公平正义的具体体现；（5）死刑的适用是人道主义的要求。①

随着社会的进步，人权运动的发展，死刑在人们心目中的魅力日渐暗淡，要求废除死刑以拯救作为基本人权的生命权的呼声日益高涨。尤其是国际人权运动的加剧和诸多国家废除死刑的实践，使废除死刑已成为国际社会刑罚改革的先导，是否废除死刑也成为衡量各国或地区人权状况的重要因素。因此，从这种意义上说，我国是应当废除死刑的，或者说我国废除死刑是时代之所趋。但是，由于各国、各地区存在历史、文化传统、地理环境、社会经济发展水平、社会政治制度等方面的差异，不顾各国或地区的实际情况而期望短期内一概废除死刑，是不现实的。轻刑化是历史发展的必然趋势的结论，并不意味着在任何时代、任何条件下刑罚越轻越好，不意味着可以超越时代实行轻刑化。因为刑罚是应当严厉还是应当轻缓取决于时代的平均价值观念，取决于国情，取决于本国人民群众的物质、精神生活水平。而死刑作为一种刑罚制度，属于上层建筑的范畴。因此，根据经济基础决定上层建筑的原理，死刑存与废的问题，取决于该国或地区的经济基础。那么，我们伟大的中国，虽然在改革开放中取得了长足的进步，现在是否具备了立即废除死刑的条件呢？至少目前运用死刑惩罚极少数怙恶不悛、罪大恶极的犯罪分子，仍是切实保卫国家安全和人民利益、保障社会主义现代化建设顺利进行的必要手段。因此，我国在今后相当长的一个期限内不能废除死刑，但我国对死刑的适用一贯采取少杀、慎杀政策，对于那些可杀可不杀的犯罪分子坚决不杀。

（二）死刑的适用及其限制

1. 刑法总则对死刑适用作了严格的规定

《刑法》第48条规定，死刑只适用于罪行极其严重的犯罪分子。这是刑法总则对死刑适用范围所作的限制性规定。所谓“罪行极其严重”，是指犯罪行为对国家和人民利益危害特别严重和情节特别恶劣。判断犯罪分子是否“罪行极其严重”，必须坚持主观罪过和客观危害相统一的原则，一方面要看犯罪行为在客观上给国家和人民造成的危害是否特别严重，另一方面要看犯罪人的主观恶性是否达到了难以教育改造的程度，把这两方面结合起来全面衡量，慎重考虑。只有正确认定罪行极其严重的犯罪分子，才能有效控制死刑的实际适用范围。

2. 刑法分则对适用范围的具体化

刑法分则将刑法总则限制死刑适用的规定加以具体化，对死刑的适用都作了必须是“对国家和人民危害特别严重，情节特别恶劣”“情节特别严重”等的规定。此外，刑法分则规定有死刑的法定刑种的，死刑一般都是作为选择性的法定刑，并不是绝对确定的法定刑，这又从立法方式上使得死刑适用的范围进一步缩小。

一是分则第一章“危害国家安全罪”中用第102条、第103条第1款、第104条、第108条、第110条、第111条、第112条和第113条共8个条文设置了7个死刑罪名，其中只有第104条的“武装叛乱、暴乱罪”才是直接使用暴力性并且极可能有死亡后果产生的，其他的都属于长期备而不用型的，且此类死刑的适用条件是“对国家和人民危害特别严重，情节特别恶劣”等。二是分则第二章“危害公共安全罪”中用第115条、第119条、

① 参见胡云腾：《死刑通论》，143～170页，北京，中国政法大学出版社，1995。

第121条、第125条和第127条5个条文设置了放火罪，决水罪，爆炸罪，投放危险物质罪，以危险方法危害公共安全罪；破坏交通工具罪，破坏交通设施罪，破坏电力设备罪，破坏易燃易爆设备罪；劫持航空器罪；非法制造、买卖、运输、邮寄、储存枪支、弹药、爆炸物罪，非法制造、买卖、运输、储存危险物质罪；盗窃、抢夺枪支、弹药、爆炸物、危险物质罪，抢劫枪支、弹药、爆炸物、危险物质罪共14个危害公共安全方面的死刑罪名。此类犯罪所侵害的是公共安全，将威胁到不特定的公民生命财产安全，从犯罪分子的主观恶性上看其具有反社会性，限定为“造成严重后果”“致人重伤、死亡或者使公共财产遭受重大损失”“情节特别严重”等适用条件。三是第三章“破坏社会主义市场经济秩序罪”中的死刑罪名有7个。其中第一节用第141条和第144条设置了2个生产销售伪劣商品罪的死刑罪名；第二节用第151条设置了3个走私罪的死刑罪名；第四节用第170条设置了1个破坏金融管理秩序罪即伪造货币罪的死刑罪名；第五节用第192条和第199条设置了1个集资诈骗罪的死刑罪名。这类犯罪皆是为了追求财产利益而实施的犯罪。四是第四章有5个侵犯人身权利的死刑罪名。第232条的故意杀人罪和第234条的故意伤害罪从报应强度上来分析，规定了死刑。第236条的强奸罪侵犯女性性自由，包括发生致命等结果时才适用死刑。第239条的绑架罪和第240条的拐卖妇女、儿童罪都可能出现导致被害人死亡的情况，故最高刑可以达到死刑。五是第五章“侵犯财产罪”中抢劫罪是死刑罪名。在我国古代曾将抢劫过程中杀人的罪犯处以凌迟，可见我国对于抢劫罪的刑罚传统，但是我国《刑法》第263条将可以处以死刑的加重情节限定为：入户抢劫的；在公共交通工具上抢劫的；抢劫银行或者其他金融机构的；多次抢劫或者抢劫数额巨大的；抢劫致人重伤、死亡的；冒充军警抢劫的；持枪抢劫的；抢劫军用物资或者抢劫救灾救济物资的。六是第六章用第317条第2款、第347条和第358条设置了5个死刑罪名。以“情节特别严重”“首要分子”等作为限制。七是第七章第369条和第370条的两个危害国防利益罪的死刑罪名在目前条件下还有保留的必要。八是第八章的贪污罪和受贿罪，都以数额等情节作为严格限定。九是第十章共用11个条文设置了12个军人违反职责罪的死刑罪名。

（三）适用死刑的犯罪主体的限制

《刑法》第49条规定，犯罪的时候不满18周岁的人和审判的时候怀孕的妇女，不适用死刑。审判的时候已满75周岁的人，不适用死刑，但以特别残忍手段致人死亡的除外。这一规定表明，并不是对罪行极其严重的犯罪分子都能适用死刑，适用死刑在犯罪主体上是有限制的。

（1）犯罪的时候不满18周岁的人不适用死刑。犯罪时是否已满18周岁，是决定能否适用死刑的年龄界限。年龄的计算，一律按照公历的年、月、日计算实足年龄。过了18周岁生日，从第二天起，就认为已满18周岁。所谓不适用死刑，是指不能判处死刑，而不是暂不执行死刑，待年满18周岁以后再执行；不能判处死刑包括不能判处死刑缓期2年执行。

（2）审判的时候怀孕的妇女不适用死刑。所谓审判的时候怀孕的妇女，是指法院审判的时候，被告人是怀孕的妇女，也包括审判前被羁押时已经是怀孕的妇女。因此，对于怀孕的妇女无论是在羁押还是在受审期间，都不应当为了要判死刑而给她进行人工流产；已经人工流产的，仍应视同审判时怀孕的妇女，不能适用死刑。“不适用死刑”，是指不能判处死刑，而不是暂不执行死刑，待分娩后再执行；不能判处死刑也包括不能判处死缓。如果审判的时候没有发现罪犯怀孕而作出死刑判决，在执行死刑前，发现罪犯正在怀孕，就应当停止执行，并报请核准死刑的上级法院依法改判。

(3) 审判的时候已满75周岁的人不适用死刑。不管被告人犯罪时是否已满75周岁，只要审判的时候被告人已满75周岁，就不适用死刑。但已满75周岁的人不适用死刑不是绝对的，被告人以特别残忍手段致人死亡的仍可以适用死刑。

本章［引例15-1］雅某贩卖毒品案中，关于雅某的判刑问题，有两种意见：一种意见认为雅某流产后趁机逃跑，再次被抓获交付审判时已经是8年之后，怀孕的事实早已不复存在，不属于“审判时怀孕的妇女”不适用死刑的情形，故应判处雅某死刑。另一种意见认为雅某仍应被视为审判时怀孕的妇女，不能适用死刑。

最高人民法院1998年在对河北省高级人民法院所作的《关于对怀孕的妇女在羁押期间自然流产审判时是否可以适用死刑问题的批复》中答复：怀孕妇女涉嫌犯罪在羁押期间自然流产后，又因同一事实被起诉，交付审判的，应当视为“审判的时候怀孕的妇女”，依法不适用死刑。据此，本书认为，所谓“审判时怀孕的妇女”，不仅包括审判时正在怀孕的妇女，而且应包括因犯罪被羁押时已怀孕，但在审判前因某种原因自然或者人工流产的妇女，即适用于刑事诉讼的整个过程。也就是说，只要刑事诉讼程序已经启动，尚未结束，对此期间怀孕的妇女，无论基于何种原因，均不适用死刑。本章［引例15-1］中，雅某因涉嫌贩卖毒品犯罪被羁押期间已经怀孕这一事实，不因其随后流产以及脱逃8年而改变。上述第一种意见违背了上述司法解释的精神实质。

在羁押期间脱逃，反映出被告人不愿意承担刑事责任，不愿意接受刑罚处罚的主观心态，该行为依法构成犯罪的应当另行定罪量刑，不构成犯罪的，可作为对脱逃前犯罪量刑的情节予以考虑。脱逃行为导致的是原诉讼程序的中止，并非结束，在其被抓捕归案后，原诉讼程序继续进行，而不是开始一个新的诉讼。该行为并没有改变脱逃前已经形成的事实，如果被告人在脱逃前羁押时已是怀孕妇女，那么无论自然流产、人工流产，仍被视为审判的时候怀孕的妇女，不适用死刑。本章［引例15-1］中，被告人雅某于1994年1月被抓获和2001年4月再次被抓获并交付审判，涉及的是脱逃前贩卖毒品的同一事实，因此，其应当被视为审判时候怀孕的妇女，依法不适用死刑。

（四）死刑核准程序的限制

《刑法》第48条第2款规定，死刑除依法由最高人民法院判决的以外，都应当报请最高人民法院核准。

从1981年开始，根据全国人大常委会的决定，将部分死刑案件的核准权授予给省、自治区、直辖市高级人民法院行使。自2007年1月1日起，最高人民法院收回死刑核准权，所有死刑案件一律报请最高人民法院核准。由最高人民法院统一行使死刑核准权，有利于有效地从死刑核准程序上控制死刑的适用。

（五）死刑执行制度的限制

《刑法》第48条规定，对于应当判处死刑的犯罪分子，如果不是必须立即执行的，可以判处死刑同时宣告缓期2年执行。这是我国独创的死刑缓期执行制度，简称死缓。

早在1951年“镇压反革命”运动中，我国对于没有血债、民愤不大和虽然严重地损害国家利益但尚未达到最严重的程度，而又罪该处死者，就采取了判处死刑，缓期2年执行，强迫劳动，以观后效的政策。1952年开始，对严重贪污犯也适用死缓。以后，又逐渐推广适用于其他一些严重刑事罪犯，只要法律规定可以适用死刑的犯罪，都可以适用死缓。刑法保留了这项刑罚制度。这一制度的实行，大大缩小了判处死刑立即执行的适用范围。[①]司法实践证明，死缓制度是贯彻少杀政策的重要保证。它既能严惩严重的刑事犯罪分子，又能给罪该处死但不是必须立即执行的罪犯留下生路的希望；可以分化犯罪分子；获得广大社会人士的同情，还能保存一批劳动力，以利于国家的建设事业。

(1) 死刑缓期执行适用的条件。根据《刑法》第 48 条第 1 款的规定，适用死缓必须具备以下两个条件：一是罪该处死。这是宣告死刑缓期执行的前提条件。如果犯罪分子所犯罪行依法不应当判处死刑，就不存在适用死缓的问题。二是不是必须立即执行。这是宣告死刑缓期执行的实质条件，是区分死刑立即执行与死刑缓期执行的原则界限。至于哪些是属于“不是必须立即执行”的情况，法律未作具体规定。一般而言，犯罪分子实施的行为的客观危害严重，但其主观恶性并不太大，或犯罪分子虽然主观恶性较大，但其行为的客观危害并不是十分严重，或犯罪分子虽然主观恶性和行为的客观危害都比较严重，但具有从宽处罚情节等，均可视为“不是必须立即执行”。

(2) 死刑缓期执行的判决及其核准。为了保证死缓制度的正确执行，《刑法》第 48 条第 2 款规定，死刑缓期执行的，可以由高级人民法院判决或者核准。

(3) 死刑缓期执行期满后的处理。根据《刑法》第 50 条的规定，对于被判处死缓的犯罪分子，在死刑缓期执行期满以后，有三种处理办法：一是在死刑缓期执行期间，如果没有故意犯罪，2 年期满以后，减为无期徒刑。没有故意犯罪，是对被判处死缓的罪犯裁定减为无期徒刑的决定性条件。因此，犯罪分子在死刑缓期执行期间，违反监规，但没有达到犯罪的程度，或者虽然构成犯罪，但所犯的是过失犯罪，仍应对其减为无期徒刑。二是在死刑缓期执行期间，如果确有重大立功表现，2 年期满以后，减为 25 年有期徒刑。被判处死缓的犯罪分子，在死刑缓期执行期间没有故意犯罪的前提下，又有重大立功表现，才能减为 25 年有期徒刑。这样规定，可以保持量刑上的平衡，避免发生被判处死缓的罪犯在通常的情况下减刑后，反而比被判处无期徒刑还要轻的不合理现象。三是在死刑缓期执行期间，如果故意犯罪，查证属实的，由最高人民法院核准，执行死刑。对被判处死缓的犯罪分子依法执行死刑，其期限不需要等到 2 年期满以后，只要犯罪分子在死刑缓期执行期间有故意犯罪，无论何时都可以核准执行死刑。这与对被判处死缓的罪犯裁定减刑必须是 2 年期满以后的规定是不同的。从司法实践来看，被判处死缓的犯罪分子，2 年期满以后，绝大多数都得到了减刑，应当执行死刑的是极少数。

根据有关司法解释，对于判处死刑缓期 2 年执行期满以后，尚未裁定减刑以前又犯新罪的，不能视为是在死刑缓期执行期间犯罪。因此，不能依此认为在死刑缓期执行期间有故意犯罪而执行死刑，应当依照《刑法》第 50 条、《刑事诉讼法》第 250 条的规定予以减刑，然后对其所犯新罪另行起诉、审判、作出判决，并按照《刑法》第 71 条的规定，决定执行的刑罚。只有新罪依法应当判处死刑的，才能执行死刑。

(4) 限制减刑。《刑法》第 50 条第 2 款规定，对被判处死刑缓期执行的累犯以及因故意杀人、强奸、抢劫、绑架、放火、爆炸、投放危险物质或者有组织的暴力性犯罪被判处死刑缓期执行的犯罪分子，人民法院根据犯罪情节等情况可以同时决定对其限制减刑。

(5) 死刑缓期执行期间的计算。《刑法》第 51 条规定，死刑缓期执行的期间，从判决

① 参见邱兴隆、许章润：《刑罚学》，170 页，北京，中国政法大学出版社，1999。

确定之日起计算。死刑缓期执行减为有期徒刑的刑期，从死刑缓期执行期满之日起计算。这就是说，死缓判决确定之日以前的羁押时间，不能计算在缓期2年的期限之内；也不能把缓期2年执行的期限计算在减刑后的有期徒刑的刑期之内。

第三节 附加刑

引例15-2 朱某被判处罚金案

《刑法》分则某条文规定：犯A罪的，“处三年以下有期徒刑，并处或者单处罚金”。被告人朱某犯A罪，但情节较轻，且其身无分文。对此，法官以“被告人朱某身无分文”为由，判处有期徒刑6个月，或者以“被告人朱某身无分文且犯罪情节较轻”为由，判处有期徒刑1年，缓期2年执行，或者以“被告人朱某的犯罪情节较轻”为由，判处拘役3个月，或者以“被告人朱某的犯罪情节较轻”为由，判处罚金1 000元。以上判决哪些是正确的？

一、罚金

（一）罚金的定义及特征

罚金，是指人民法院判处犯罪分子强制其向国家缴纳个人所有的一定数额金钱的刑罚。

罚金具有以下特征：（1）罚金与没收财产一样，都是人民法院对犯罪分子采取的强制性财产惩罚措施。（2）按照我国刑法罪责自负，反对株连的原则，罚金同没收财产一样，也只能执行犯罪分子个人所有的财产，不能执行犯罪分子家属所有或者共有的财产。（3）罚金的范围只能是强制犯罪分子缴纳个人所有的一定数额的金钱。如果没有钱款，可以对其拥有的合法财产采取查封、扣押、冻结、变卖、拍卖措施，用变卖、拍卖的钱款折抵罚金。（4）罚金的缴纳是在法院的判决生效之后，涉及的是刑罚的执行问题。

（二）罚金的数额确定

《刑法》第52条规定，判处罚金，应当根据犯罪情节决定罚金数额。在我国刑法分则的条文中，有的明确规定了罚金的幅度，这种情况在规定的幅度内判处罚金就可以了。但是，更多的刑法分则条文则没有规定具体的罚金幅度，这时就应当根据犯罪人的犯罪情节来确定罚金的数额。在确定罚金数额的时候，既要考虑犯罪情节的轻重，还要考虑犯罪人的实际缴纳能力，只有这样才能使罚金刑起到应起的作用。

实践中，人们对罚金的强制性特征毫无疑问，但对罚金的来源及范围存在误解，如认为罚金的来源不仅是犯罪分子本人的财产，同时也包括家庭共有财产。这无疑违背了我国刑法罪责自负、反对株连的原则。在这方面刑法典规定得很明确。《刑法》第59条第1款规定：“没收财产是没收犯罪分子个人所有财产的一部或者全部。没收全部财产的，应当对犯罪分子个人及其扶养的家属保留必需的生活费用。”同时该条第2款又规定：“在判处没收财产的时候，不得没收属于犯罪分子家属所有或者应有的财产。”但是刑法对与没收财产具有相似特征的罚金没有明确指出其范围及来源，导致人们往往忽视罚金这一重要特征，在司法实践中，多数被判处罚金的犯罪分子及其家属都以家庭共有财产来充抵罚金。当然，如果这是出于家属自愿无可厚非，但多数情况是因为他们不明确罚金的来源和范围，而被迫替犯罪分子缴纳罚金。因此，应当正确理解罚金的定义。

(三) 罚金的适用方式

罚金的适用方式有以下几种：

(1) 并处罚金或者没收财产。这种情况主要适用于罪行严重、犯罪数额巨大或罪行特别严重、犯罪数额特别巨大的犯罪。如《刑法》第 141 条第 1 款规定：“生产、销售假药的，处三年以下有期徒刑或者拘役，并处罚金；对人体健康造成严重危害或者有其他严重情节的，处三年以上十年以下有期徒刑，并处罚金；致人死亡或者有其他特别严重情节的，处十年以上有期徒刑、无期徒刑或者死刑，并处罚金或者没收财产。”

(2) 并处罚金，即在判处主刑的同时，附加判处罚金，并必须适用。并处罚金多适用于罪行较重、法定刑为有期徒刑以上刑罚的犯罪。如《刑法》第 263 条规定：“以暴力、胁迫或者其他方法抢劫公私财物的，处三年以上十年以下有期徒刑，并处罚金……”以上可以看出，危害程度不同，法定刑就不同，不仅主刑的法定刑不同，附加刑的法定刑轻重也不相同。

(3) 并处或者单处罚金。这就是法院既可以在判处主刑的同时，判处一定的罚金，也可以不判处主刑，单独判处罚金。如《刑法》第 264 条规定：“盗窃公私财物，数额较大的，或者多次盗窃、入户盗窃、携带凶器盗窃、扒窃的，处三年以下有期徒刑、拘役或者管制，并处或者单处罚金……”

本章［引例 15-2］朱某被判处罚金案中，依照最高人民法院 2000 年《关于适用财产刑若干问题的规定》第 1 条的规定，刑法规定“并处”没收财产或者罚金的犯罪，人民法院在对犯罪分子判处主刑的同时，必须依法判处相应的财产刑。根据此司法解释，如果刑法分则对某个具体犯罪规定的刑罚包括“并处或者单处财产刑”，那么，人民法院要么在判处主刑的同时必须附加适用财产刑，要么单独适用该财产刑。本案中，人民法院要么判处朱某 3 年以下有期徒刑并处罚金，要么对朱某单处罚金。因此几种判决中，只有以“被告人朱某的犯罪情节较轻”为由，判处罚金 1 000 元是正确的。

(4) 选处罚金，即罚金作为一种选择的法定刑，可以适用，也可以不适用。如果适用，只能独立适用，而不能附加适用。如《刑法》第 270 条规定：“将代为保管的他人财物非法占为己有，数额较大，拒不退还的，处二年以下有期徒刑、拘役或者罚金……”也即如果选择了主刑，就不能选择罚金；选择了罚金，就不能选择主刑。

后两种类型的罚金刑只适用于犯罪性质较轻的犯罪或刚达犯罪数额较大起点的犯罪。对罪行较轻的犯罪规定一定的主刑，或者规定一定主刑的同时并处罚金刑，比较科学、合理。但对罪行较轻的犯罪规定单独判处罚金时，应当慎重。犯罪分子的犯罪情节、性质虽然轻，但已构成犯罪，说明其行为具有一定的社会危害性。对此，刑法规定了比第一、第二种刑罚幅度更轻的主刑，相应地，规定的附加刑也轻。这样的法定刑，既体现了罪刑相适应原则，又使不同幅度的法定刑上下相互衔接。

(四) 罚金的缴纳方式

罚金的缴纳方式是罚金刑的重要环节和组成部分。根据《刑法》第 53 条的规定，罚金的缴纳方式有：

（1）自动缴纳，指在人民法院指定的期限内犯罪分子能够按时、自觉、主动地缴纳全部罚金。自动缴纳是实现罚金的最主要方式，能够反映出犯罪分子的悔罪态度和程度。犯罪分子的亲属自愿代替犯罪分子缴纳罚金的，人民法院也应当准许，同样视为具有悔罪表现。如果被判主刑，这种悔罪表现可作为减刑的条件。

（2）强制缴纳。指人民法院规定的缴纳期限届满，有缴纳能力的犯罪分子不缴纳或不足额缴纳罚金，人民法院采取相应的强制措施，强制犯罪分子缴纳。强制缴纳措施有查封、变卖财产、冻结存款、扣留收入等。对有缴纳能力期满未缴纳罚金的犯罪分子，人民法院在采取强制措施，变卖其财产或执行其钱款时，也应当扣除其拖延履行这部分罚金的利息，利息可以按同期银行存款利率计算。只有这样，才能给拖延缴纳罚金的犯罪分子应有的惩处。因为有缴纳能力的犯罪分子期满不缴纳罚金，说明他们犯罪的主观恶性深，不具有悔罪表现。另外，拖延缴纳也给司法机关罚金刑的执行增加了难度。因此，对有缴纳能力而不缴纳罚金的犯罪分子在惩罚力度上应当和一时缴纳确实有困难的犯罪分子有所差别。否则，就会影响犯罪分子缴纳罚金的自觉性和主动性，不利于罚金刑的执行。

（3）随时缴纳。指对于不能主动缴纳罚金的犯罪分子，人民法院在任何时候发现其有可以执行的财产，应当随时追缴。这一方式有助于保证罚金刑的实现。追缴罚金，可以不受行刑时效的限制，在任何时候都可以对被判罚金的犯罪分子执行罚金刑，避免了犯罪分子隐匿、转移财产，逃避追缴罚金的侥幸心理，最大限度地保证了罚金的执行。

（4）延期缴纳。指在判决生效后，由于犯罪分子遇到了无法抗拒的天灾人祸，按原判决规定的期限缴纳确有困难，可以延缓一定的期限后再缴纳。延期缴纳只是考虑到犯罪分子的实际困难，将缴纳罚金的期限作了变更，允许犯罪分子在延迟一定的期间后再缴纳，既不是减少罚金的数额，更不是免除罚金的缴纳。

（5）减免缴纳。指在判决生效后，由于犯罪分子遇到了无法抗拒的天灾人祸，按原判决数额缴纳确有困难，可以酌情减少或者免除缴纳。减免缴纳罚金必须具备几个条件：首先，发生了不可抗拒的灾祸是减免罚金的前提条件；其次，缴纳原判决罚金确实有困难；再次，须经犯罪分子申请；最后，人民法院要查证属实。只有同时具备这几个条件才能考虑酌情减少或者免除罚金，缺少任何一个条件都不能减少、免除。

二、剥夺政治权利

（一）剥夺政治权利的概念及特征

剥夺政治权利，是指人民法院依法判处剥夺犯罪分子参加管理国家和一定社会政治生活的权利的刑罚方法。

早在中华人民共和国成立之前，在革命根据地时期，剥夺政治权利就被作为一种刑罚而使用。当时沿用旧称“褫夺公权”，除作为附加刑与徒刑合并科处外，还作为一种轻刑单独使用。中华人民共和国成立初期，在司法实践中，仍把作为刑罚方法的剥夺政治权利称为“褫夺公权”。中央法制委员会于1950年11月28日在《关于剥夺政治权利问题的解答》中指出，“应依共同纲领，决定为剥夺政治权利”，从此，“褫夺公权”的旧称被废除，而代之以“剥夺政治权利”的称谓。1951年2月21日颁布的《中华人民共和国惩治反革命条例》，同年4月19日公布的《妨害国家货币治罪暂行条例》以及1952年公布的《中华人民共和国惩治贪污条例》，都把剥夺政治权利作为一种刑罚，用法律条文的形式固定下来。1979 年 7 月 1 日全国人大通过的《刑法》《刑事诉讼法》以及 1997 年 3 月 14 日全国人大修订的《刑法》，则在总结过去刑事立法和司法实践经验的基础上，对剥夺政治权利的适用范围、内容、期限和程序等作了更加具体明确的规定。

我国刑法中的剥夺政治权利具有以下主要特征：(1) 剥夺政治权利是一种刑罚方法，只能由人民法院依法对犯罪分子适用，其他任何机关、团体和个人都无权剥夺公民的政治权利。(2) 剥夺政治权利是剥夺犯罪分子参加国家管理和一定社会政治生活权利的刑罚方法。它所剥夺的是一种政治性的无形的权利，包括参加管理国家的权利和参加一定社会政治生活的权利。我国刑法所规定的剥夺政治权利，除了剥夺犯罪分子参加管理国家的政治活动的权利之外，还剥夺其他方面的政治权利。

(二) 剥夺政治权利的适用对象

根据《刑法》第 56、57 条的规定，剥夺政治权利的适用对象包括三种：一是对于危害国家安全的犯罪分子应当附加剥夺政治权利；二是对于故意杀人、强奸、放火、爆炸、投放危险物质、抢劫等严重破坏社会秩序的犯罪分子，可以附加剥夺政治权利；三是对于被判处死刑、无期徒刑的犯罪分子，应当剥夺政治权利终身。此外，在刑法分则条文中，有的规定可以独立适用剥夺政治权利。

(三) 剥夺政治权利的执行内容

根据《刑法》第 54 条的规定，剥夺政治权利的执行内容包括四个方面：一是选举权和被选举权；二是言论、出版、集会、结社、游行、示威自由的权利；三是担任国家机关职务的权利；四是担任国有公司、企业、事业单位和人民团体领导职务的权利。

(四) 剥夺政治权利的执行期限

根据《刑法》第 55、57 条的规定，剥夺政治权利的执行期限包括以下四种情况：一是判处拘役、有期徒刑附加剥夺政治权利的，剥夺政治权利的期限为 1 年以上 5 年以下；二是判处管制附加剥夺政治权利的，剥夺政治权利的期限与管制的期限相等；三是判处死刑、无期徒刑的，附加剥夺政治权利终身；四是原判死缓减为有期徒刑或者无期徒刑减为有期徒刑的，应当把附加剥夺政治权利的期限改为 3 年以上 10 年以下。

(五) 剥夺政治权利的期限计算

(1) 单独适用剥夺政治权利的情形。在这种情形下，刑期从何时开始计算，刑法并无明文的特别规定。《刑事诉讼法》第 248 条规定："判决和裁定在发生法律效力后执行。"按照判决执行的这个一般规则，单独适用剥夺政治权利的情形下，应从判决执行之日起算。

(2) 判处管制附加剥夺政治权利的情形。根据《刑法》第 55 条第 2 款的规定，"判处管制附加剥夺政治权利的，剥夺政治权利的期限与管制的期限相等，同时执行"，又根据《刑法》第 41 条之规定，"管制的刑期，从判决执行之日起计算"。由此可以推论得知，在这种情形下，剥夺政治权利的刑期也应从判决执行之日起算。这一点与我国刑法公布施行前有关这一问题的规定大不相同。这是因为以前的管制与现行刑法中的管制具有不同的特点。以前的管制是当然剥夺政治权利，故另外判处剥夺政治权利的，应从管制的刑罚执行完毕之日起算。而现行刑法中剥夺政治权利并非管制的当然内容。现行刑法中管制是一种限制一定自由的刑罚，在管制执行期间，犯罪分子还可以行使某些政治权利。

(3) 判处拘役、有期徒刑附加剥夺政治权利的情形。这种情形下的剥夺政治权利的起算是在刑法条文中明文规定的。《刑法》第 58 条规定："附加剥夺政治权利的刑期，从徒刑、拘役执行完毕之日或者从假释之日起计算。"剥夺政治权利的期限从有期徒刑、拘役执行完毕之日或者从假释之日起算，表明剥夺政治权利的期限的起算日与有期徒刑、拘役的执行完毕之日或假释开始之日是同一日，是重叠的。有必要指出的是，在假释的情形下，剥夺政治权利的刑期可能短于假释考验期，也可能长于假释考验期。在短于假释考验期的情况下，虽然犯罪人仍在假释考验期内，也应及时恢复其政治权利；在长于考验期的情况下，即使假释考验期已经期满，也仍要继续执行余下的剥夺政治权利的刑期。

（4）判处死刑、无期徒刑附加剥夺政治权利终身的情形。在这种情形下，剥夺政治权利的期限严格说不存在起算的问题，因为它是一种没有期限的期限，无须计算。有人认为，在这种情形下，剥夺政治权利的刑期，当然自判处死刑、无期徒刑附加宣告剥夺政治权利的判决或裁定发生法律效力之日起开始计算。这种说法显然是有问题的。实际上，这里并不存在剥夺政治权利的起算问题，而只有附加判处的剥夺政治权利何时开始执行的问题。当然，在死刑缓期执行减为有期徒刑或者无期徒刑减为有期徒刑的时候，由于附加的剥夺政治权利终身减为3年以上10年以下，这就发生刑期起算问题。这种场合的刑期起算应按照有期徒刑附加剥夺政治权利时的起算办法处理。

（5）剥夺政治权利与拘役、有期徒刑并罚时的情形。《刑法》第69条规定，如果数罪中有判处附加刑的，附加刑仍须执行。按照这一规定，通常认为剥夺政治权利与主刑应予并罚。在这种情况下，与之并罚的剥夺政治权利应从判决执行之日起算。理由是，这种并罚后的剥夺政治权利的性质仍然是一个单独判处的刑罚，与附加判处的剥夺政治权利具有不同的性质。而《刑法》第58条所指的“从徒刑、拘役执行完毕之日或者从假释之日起计算”是针对“附加剥夺政治权利的刑期”而言的，而不是针对与主刑并罚后的剥夺政治权利。如果在这种情形下与之并罚的剥夺政治权利也从主刑完毕之日或假释之日起计算，且剥夺政治权利的效力及于主刑执行期间，则事实上等于增加了剥夺政治权利实际执行的期限。例如，某犯罪人犯甲罪被判有期徒刑3年，犯乙罪被判剥夺政治权利2年。如果剥夺政治权利的刑期自3年徒刑执行完毕之日起算，而剥夺政治权利的效力又适用于主刑执行期间，则剥夺政治权利的期限事实上成了5年。这不能认为是公正的，也是不符合罪刑法定原则的。

（6）剥夺政治权利与拘役、有期徒刑及附加的剥夺政治权利并罚时的情形。在这种情形下，实际上有两种并罚：一种是剥夺政治权利与主刑的并罚，另一种是剥夺政治权利与附加的剥夺政治权利的并罚。在这种情形下并罚后的剥夺政治权利应从主刑执行完毕或假释之日起计算。这是因为在这种情况下，主刑原本就因为有一个附加的剥夺政治权利而被给予了剥夺政治权利的效力。并罚后的剥夺政治权利从主刑执行完毕或假释之日起计算并没有给原判刑罚增加什么或减少什么。所以，这是一种既合理又合法的计算方法。

（7）判处拘役、有期徒刑同时宣告缓刑并附加剥夺政治权利时的情形。这种情形下，剥夺政治权利的刑期从何时起算就成为一个相当棘手的问题。如果坚持剥夺政治权利的刑期从刑罚执行完毕或假释之日起计算，那么，在缓刑犯缓刑考验期满，原判的刑罚不再执行时就根本不存在所谓刑罚执行完毕或假释之日的前提。而在缓刑犯被撤销缓刑时，从技术上说当然可以从刑罚执行完毕或假释之日起计算。然而，不论在何种情况下，都存在一个剥夺政治权利的效力是否及于缓刑考验期间的问题。如果让剥夺政治权利的效力及于缓刑考验期间，即在缓刑考验期间剥夺其政治权利，那等于增加了缓刑考验期间的剥夺政治权利，这种做法于法无据。而如果在缓刑考验期满后或者在出现《刑法》第77条规定的情形时执行原判刑罚时再执行剥夺政治权利，等于让剥夺政治权利的判决闲置一个缓刑期间，也等于给剥夺政治权利缓刑，这种做法同样是于法无据。权衡利弊，在这种情形下，剥夺政治权利宜从判决确定之日起执行，并从执行之日起计算剥夺政治权利的刑期。在出现刑法被撤销缓刑情形时，无论这时剥夺政治权利的刑期是否届满，主刑执行期间仍应剥夺政治权利。因为主刑执行期间是当然剥夺政治权利。在主刑执行期满以后是否剥夺政治权利，则视主刑执行之前剥夺政治权利的期限是否届满而定。如果主刑执行期满之前剥夺政治权利的刑期已经届满的，则主刑执行完毕之后不再执行剥夺政治权利，如果主刑执行之前剥夺政治权利的刑期尚未届满的，则主刑执行完毕之后继续执行未执行完毕的剥夺政治权利的刑期。

（六）剥夺政治权利的执行

剥夺政治权利由公安机关执行。被剥夺政治权利的犯罪分子，在执行期间，应当遵守法律、行政法规和国务院公安部门有关监督管理的规定，服从监督；不得行使《刑法》第54条规定的各项权利。剥夺政治权利期满，执行机关应当通知本人，并在相应的范围内宣布恢复其政治权利。

三、没收财产

（一）没收财产概述

没收财产是指将犯罪人个人所有财产的一部或全部强制无偿地收归国有的刑罚。没收财产是我国刑法附加刑中最为严厉的刑罚。

从世界其他国家和地区的刑法规定看，没收财产分为一般没收和特别没收两种。一般没收是指剥夺犯罪人合法财产的一部或者全部，收归国有。特别没收是指只剥夺与犯罪有密切关系的特定物归入国库的处罚方法，又称特定没收或限制没收。特别没收的对象包括：(1) 违禁物品，即法律法令禁止私人自由持有的物品，如毒品、淫秽物品、枪支弹药爆炸物品等。(2) 供犯罪所用或为了犯罪所预备的物品，如供杀人用的凶器、走私用的资金等。(3) 因犯罪所得到的物品，如毒品犯罪所得的赃款赃物，盗窃到手的财物等。违禁物品应当全部没收，供犯罪所用或为了犯罪所预备的物品一般以属于犯罪人所有为限，才能没收，因犯罪所得到的物品，如果是被害人的合法财产，则应当返还给被害人，不在没收之列。特别没收相当于我国《刑法》第64条的规定："犯罪分子违法所得的一切财物，应当予以追缴或者责令退赔；对被害人的合法财产，应当及时返还；违禁品和供犯罪所用的本人财物，应当予以没收。没收的财物和罚金，一律上缴国库，不得挪用和自行处理。"但我国刑法的没收财产是指一般没收，《刑法》第64条的没收和追缴是量刑过程中对违法所得、违禁品和犯罪用财物的处理方法，不属于刑罚种类。

（二）没收财产的适用

1. 没收财产的适用罪名

综观整个刑法分则，适用没收财产刑的情况是：

(1) 对于危害国家安全的犯罪，都"可以并处没收财产"（第113条第2款）。

(2) 危害公共安全罪中，资助恐怖活动罪的，可适用没收财产。

(3) 在破坏社会主义市场经济秩序罪中，适用没收财产的条文和罪名最多，超过适用没收财产刑条文总数和罪名总数的一半。

(4) 在侵犯公民人身权利、民主权利罪中，组织出卖人体器官罪、绑架罪以及拐卖妇女、儿童罪可适用没收财产。

(5) 在侵犯财产罪中，抢劫罪、盗窃罪、诈骗罪、抢夺罪、职务侵占罪可适用没收财产。

(6) 在妨害社会管理秩序罪中，组织、领导、参加黑社会性质组织罪，组织、利用会道门、邪教组织、利用迷信破坏法律实施罪，盗掘古文化遗址、古墓葬罪，非法采集、供应血液、制作、供应血液制品罪，走私、贩卖、运输、制造毒品罪，组织卖淫罪、强迫卖淫罪等可适用没收财产。

(7) 在贪污贿赂罪中，适用没收财产包括贪污罪、利用影响力受贿罪、受贿罪和行贿罪。

2. 没收财产的适用方式

在现行刑法中，没收财产刑共有三种适用方式：(1) 得并制，即“可以并处没收财产”的方式。(2) 必并制，即“并处没收财产”的方式。适用这种方式主要是在主刑为死刑或无期徒刑的情况之下。(3) 罚金与没收财产择一必并制，即“并处罚金或者没收财产”的方式。这是现行刑法中最为普遍的适用方式。

(三) 没收财产的范围

《刑法》第59条规定，没收财产是没收犯罪分子个人所有财产的一部或者全部，没收全部财产的，应当对犯罪分子及其扶养的家属保留必需的生活费用，在判处没收财产的时候，不得没收属于犯罪分子家属所有或者应有的财产。

这里的所谓的犯罪分子个人所有的财产，是指犯罪分子实际所有的一切财产及其在家庭共有财产中应得份额。所谓家属所有的财产，是指纯属家属自己所有的财产，如家属自己穿用的衣物和个人劳动所得的财产等。所谓家属应有的财产，是指在家庭共同所有的财产中，应当属于家属的那一部分财产。法院在判决没收财产的时候，只能没收属于犯罪分子个人所有财产的一部或者全部，不得没收属于犯罪分子家属所有或者应有的财产。对于犯罪分子与其家属以外的他人所共有的财产，属于他人所有的部分，也不得没收。这是我国刑罚罪责自负、不株连无辜原则的具体体现。至于是没收犯罪分子所有财产的一部还是全部，应由法院根据犯罪的性质、情节以及案件的其他具体情况裁量而定。如果没收全部财产，应当对犯罪分子个人及其扶养的家属保留必需的生活费用。

(四) 没收财产的债务偿还

《刑法》第60条规定，没收财产以前犯罪分子所负的正当债务，需要以没收的财产偿还的，经债权人请求，应当偿还。

据此，以没收的财产偿还债务，必须具备以下条件：(1) 必须是犯罪分子在其财产被没收以前所负的债务。(2) 必须是正当的债务，如合法的买卖、借贷、租赁、雇佣等民事法律关系中所产生的债务，不包括非正当的债务，如赌债、嫖资等。(3) 所负的债务需要以没收的财产偿还。如果犯罪分子的财产被没收后还有其他财产可供偿还债务，就不能以没收的财产来偿还。(4) 必须经债权人请求。

四、驱逐出境

驱逐出境，是指将犯罪的外国人强制驱逐出中国国（边）境的一种刑罚方法。驱逐出境只适用于犯罪的外国人，包括犯罪的无国籍人。驱逐出境独立适用时，应当立即将犯罪的外国人驱逐出中国国（边）境；驱逐出境附加适用时，应当在主刑执行完毕后，即将犯罪的外国人驱逐出中国国（边）境。

第四节　非刑罚处理方法

非刑罚处理方法，是指刑法规定在特定情况下，由人民法院对犯罪人进行处理的刑罚方法以外的其他方法。非刑罚处理方法不是刑罚方法，因此不具有刑罚处罚所产生的法律后果，但是，非刑罚处理方法的结果对于犯罪人和被害人来说，都具有重要的意义。非刑罚处理方法是我国惩办与宽大相结合政策精神的体现，对于扩大教育面，缩小打击面，安抚被害人，预防和减少犯罪，起着其他处理方法所不能替代的作用。我国《刑法》第 37 条规定：对于犯罪情节轻微不需要判处刑罚的，可以免予刑事处罚，但是可以根据案件的不同情况予以训诫或者责令具结悔过、赔礼道歉、赔偿损失，或者由主管部门予以行政处罚或者行政处分。所以非刑罚处罚的方法是训诫、责令具结悔过、赔礼道歉、赔偿损失、行政处罚和行政处分。适用非刑罚处罚时以宣告有罪为前提，但训诫、责令具结悔过等不写在判决主文上，一般可当庭处理，记录在案；确有必要在裁判文书上反映的，也可以在判决理由部分予以阐明。

一、训诫

训诫，是指人民法院对犯罪人当庭予以批评、谴责、责令其改正，不再犯罪的方法。训诫这种法律措施古代既已有之。我国《秦律》中规定了谇，指申斥责骂，相当于现代刑法中的训诫。当代，许多国家刑法中规定了训诫，其中有的规定为刑罚的一种，如苏联根据 1982 年对《苏联和各加盟共和国刑事立法纲要》第 21 条的修改，刑罚体系 11 个刑种中就包括公开训诫；有的规定为保安处分措施，如《塞尔维亚社会主义共和国刑法典》规定保护管束未成年人的法律措施中包括训诫。1956 年，我国最高人民法院在总结中，将各地使用过的刑罚整理为 10 种，其中包括公开训诫，“训诫，在解放区就有，全国解放以后的司法实践中运用也较多，行之有效”。我国刑法将训诫规定为非刑罚处罚方法的一种，通过有罪判决，宣布训诫，表明国家对犯罪行为的否定评价和对犯罪人的谴责态度，促使犯罪人认识自己犯罪行为的危害性，并保证不再犯罪。可见，训诫在不同国家、不同时期，所起的具体作用是不同的，它既可以是刑罚处罚方法，也可以是非刑罚处罚方法，有时还可以是保安处分措施，这主要取决于一国法律发展的状况。

关于训诫的方式，最高人民法院 1964 年 1 月 18 日《关于训诫问题的批复》（已失效）曾指出：人民法院对于情节轻微的犯罪分子，认为不需要判处刑罚，而应予以训诫的，应当用口头的方式进行训诫。在口头训诫时，应当根据案件的具体情况，一方面，严肃地指出被告人的违法犯罪行为，分析其危害性，并责令他努力改正，今后不再重犯；另一方面，也要讲明被告人的犯罪行为尚属轻微，可不给予刑事处分。事实上，训诫不仅可以采取口头的方式，而且可以采取书面的方式。有的学者认为训诫的主要内容是教育，这对任何犯罪都少不了，但专门作为一种非刑罚处罚方法，意义不大。[①] 本书的意见是，有的犯罪行为社会危害性不大，适用训诫就足以惩罚、教育犯罪人，使犯罪人能够真心诚意地悔改，刑事责任得以实现；所以，训诫作为非刑罚处罚方法是合理的。

---

① 参见马克昌主编：《刑罚通论》，737～738 页，武汉，武汉大学出版社，1999。

二、责令具结悔过

责令具结悔过是指人民法院责令犯罪人用书面方式保证悔改，不再犯罪。这一方式使犯罪人认识到自己所实施的行为是具有社会危害性、违反刑法的犯罪行为，使其承认自己的主观过错，认识自己的主观恶性，促使其按照自己的保证改恶从善，重新做人。责令具结悔过与训诫一样是一种教育措施，由于其被规定于刑法中，是非刑罚处理方法之一，因而具备刑事否定特征，也是犯罪人承担刑事责任的方式。责令具结悔过不具备刑罚所具有的严厉性，是种较缓和的处罚措施，在教育犯罪人的同时，也能有效节约刑罚资源，使我国刑事制裁措施多样化，拓宽了适用法律的自由度。

关于责令具结悔过的适用方式，刑法没有明文规定。根据司法实践，既可以在宣告有罪判决后，要求犯罪人在一定期限内写出不再犯罪的书面保证；也可以让犯罪人事先将悔罪书写好，在宣告有罪判决时当庭宣读；还可以将悔罪书印成多份，交给有关单位或基层组织，以示悔罪。

三、责令赔礼道歉

责令赔礼道歉是指人民法院责令犯罪人公开向被害人当面承认罪错，表示歉意，并保证今后不再侵犯被害人的合法权益。责令赔礼道歉不同于民法意义上的赔礼道歉。按《民法总则》的规定承担民事责任的方式主要有11种，赔礼道歉是其中之一，它是侵权人承担民事责任的一种方式。而责令赔礼道歉表明行为人的行为是犯罪行为，其所承担的是刑事责任，责令赔礼道歉是刑事违法产生的不利法律后果。赔礼道歉是人民法院责令犯罪人实行的，故仍然反映了国家对犯罪行为的否定评价和对犯罪人的谴责。这种方式对于促使犯罪人悔过自新，平息被害人及周围群众的愤怒，促进犯罪人与被害人及周围群众的和解，具有重要意义。

赔礼道歉应当公开进行，既可以在宣判时公开向被害人赔礼道歉，也可以专门召开有关人员参加的大会由犯罪人公开道歉；既可以通过口头方式公开赔礼道歉，也可以通过书面方式公开赔礼道歉。采用这种方式时，应当做成笔录，记录在档。赔礼道歉不具有物质损害赔偿的意义，因此，既可对未造成物质损失的轻微犯罪（如侮辱、诽谤罪）单独判处，也可对造成了物质损失的轻微犯罪与赔偿损失同时判处。这样不仅对被害人的精神损害予以弥补，也使其经济损失得以赔偿。

四、责令赔偿损失

非刑罚处罚方法中的责令赔偿损失是指由于犯罪行为侵害了被害人的合法权益，人民法院责令被告人给予被害人一定经济赔偿的处理方法。这种方法以免予刑罚为前提，是实现刑事责任的一种方式。

在作出责令赔偿损失的判决前，被害人可能提起了民事诉讼，但由于犯罪情节轻微，没有判处刑罚，责令赔偿损失实际上就不仅是民事责任的实现方式，而且是刑事责任的实现方式。责令赔偿损失并不以被害人提起民事诉讼为前提，在免除刑罚的情况下，即使被害人没有提起民事诉讼，人民法院也可以根据案件的具体情况责令赔偿损失。

非刑罚处理方法中的“责令赔偿损失”与我国《刑法》第36条刑事附带民事诉讼中的“判处赔偿经济损失”，一个为“损失”，另一个为“经济损失”，我国刑法对两者未作明确区分。根据《刑事诉讼法》第99条第1款之规定，“被害人由于被告人的犯罪行为而遭受物质损失的，在刑事诉讼过程中，有权提起附带民事诉讼”，可见，刑事附带民事诉讼中的“经济损失”指的是物质损失。但存在的并非合理的，我国刑事附带民事诉讼中赔偿损失的范围除包括物质损失外，还应包括精神损害。非刑罚处理方法中的“损失”也应包括物质损失和精神损害。

在刑法领域，精神损害是指公民因自己或与自己有密切联系的亲属的生命健康、人身自由或人格尊严受到犯罪分子的不法侵犯而遭受的内心的痛苦或精神上的折磨。刑事犯罪给被害人造成的损害不只限于物质性的，也常常会有精神性的，并且有些案件中，被害人所遭受的精神痛苦要远远超过物质损失所带来的痛苦。对刑事被害人精神损害的补偿，虽然不能恢复受到侵害的生命、健康等与生俱来的宝贵财富，但是可以通过用金钱进行弥补，进而体现对生命、健康的尊重及对其亲属的抚慰。在当前我国司法实践中，尤其在严重侵犯公民人身权利的刑事犯罪案件中，由于司法机关往往只重视对犯罪人的处罚，对被害人的保护也仅限于责令犯罪人赔偿其“直接物质损失”，而被害人所遭受的精神损害则很难得到法律的保护，在很多情况下，被害人及其亲属只得忍气吞声，独自承受精神上的痛苦。在世界各国普遍重视人权、法律更注重保护人权和自由的情况下，我国法律对刑事被害人精神损害的保护依然是苍白无力的。因而，在我国刑法、刑事诉讼法中应明确有关规定，使刑事被害人的物质损失与精神损害都得到合理补偿。

五、行政处罚和行政处分

非刑罚处理方法中的行政处罚和行政处分是指人民法院根据案件情况，向主管部门提出对犯罪人予以一定行政处罚或者行政处分的司法建议，并由主管部门具体确定的处罚方法。这里的行政处罚和行政处分不是由人民法院直接判决，而是由人民法院提出司法建议，再由行政主管部门确定，因而，刑法学界对《刑法》第37条规定的行政处罚和行政处分是否为非刑罚处罚有不同见解。有学者认为，它只是单纯的行政制裁措施。本书认为，把《刑法》第37条规定的行政处罚和行政处分规定为非刑罚处罚有其相对合理性。从立法本意看，立法者把行政处罚与行政处分规定于其他非刑罚处罚方法之列，间接否定了行政主管机关对行政处罚和行政处分的实体权力，同时赋予人民法院对行政处罚和行政处分的建议权，这在一定程度上说明《刑法》第37条规定的行政处罚和行政处分已不同于单纯的行政制裁措施，它具有刑事制裁的特点，因而是一种非刑罚处理方法。

作为承担刑事责任方式的行政处罚和行政处分，不同于行政法中承担行政责任的行政处罚和行政处分。第一，作为承担刑事责任方式的行政处罚和行政处分不是由人民法院直接给予的制裁，而是由人民法院提出建议，由有关主管部门给予行政处罚或者行政处分。而作为承担行政责任方式的行政处罚或行政处分是由主管部门直接给予制裁，不需要其他单位组织的介入。第二，作为承担刑事责任方式的行政处罚和行政处分是针对犯罪行为实施的，由于犯罪情节轻微，不需判处刑罚而以行政处罚或行政处分表明国家对犯罪行为的否定评价和对犯罪人的谴责。行政法中的行政处罚和行政处分是针对行政违法行为实施的，作为行政相对人来说，违反行政法承担的行政责任由法律规定的特定国家行政机关依法予以行政处罚；作为行政主体来说违反行政法承担的法律责任，由主管的国家行政机关或相应的行政监察机关依法予以行政处分。第三，作为承担刑事责任方式的行政处罚和行政处分虽然与作为承担行政责任方式的行政处罚和行政处分的具体表现一致，但前者属于刑事制裁的内容，由于刑事制裁与行政制裁在法律体系中所处地位不同，因而与后者相比更为严厉。

作为非刑罚处罚方法的行政处罚和行政处分，予以执行的程序不同于其他非刑罚处罚方法。行政处罚和行政处分是由人民法院建议主管部门执行，主管部门决定是否执行，人民法院与主管部门是平等主体；人民法院只有建议权，建议主管部门对犯罪人予以何种具体制裁措施，主管部门有决定权，决定是否予以制裁并具体执行。其他非刑罚处罚方法则直接由人民法院决定并执行具体制裁措施。

六、从业禁止

根据2015年8月29日全国人民代表大会常务委员会颁布的《中华人民共和国刑法修正案（九）》的规定，因利用职务便利实施犯罪，或者实施违背职业要求的特定义务的犯罪被判处刑罚的，人民法院可以根据犯罪情况和预防再犯罪的需要，禁止其自刑罚执行完毕之日或者假释之日起从事相关职业，期限为3年至5年。

被禁止从事相关职业的人违反人民法院依照前款规定作出的决定的，由公安机关依法给予处罚；情节严重的，依照《刑法》第313条即拒不执行判决、裁定罪的规定定罪处罚。

其他法律、行政法规对其从事相关职业另有禁止或者限制性规定的，从其规定。

【问题与思考】

1. 被告人甲在担任某市市长期间，利用职务上的便利向他人索要财物及非法收受他人的财物，为他人谋取利益，所收受的财产数额共计人民币15万元，并在社会上造成了非常恶劣的影响，民愤极大。法院经审理判处甲12年有期徒刑，并处没收财产。法院在判处甲有期徒刑的同时并处没收财产，是否符合刑法的规定？

2. 被告人李某2015年11月被判处死缓，在缓期执行期间，李某于2016年1月阻止了监狱内另一犯人的重大犯罪活动，2016年7月检举监狱外三起重大犯罪活动并经查证属实。但在2017年1月20日，在一犯人长时间盯着李某时，李某因气愤向该人腹部猛踢一脚，致其脾破裂（重伤）。法院应当如何裁定？

第十六章 刑罚的裁量

参考书目

1. 马克昌主编．刑罚通论．武汉：武汉大学出版社，1999.

2. 邱兴隆，许章润．刑罚学．北京：中国政法大学出版社，1999.

3. 顾肖荣，吕继贵主编．量刑的原理与操作．上海：上海社会科学院出版社，1991.

4. 周振想．刑罚适用论．北京：法律出版社，1990.

5. 胡学相．量刑的基本理论研究．武汉：武汉大学出版社，1998.

6. 周光权．法定刑研究．北京：中国方正出版社，2000.

7. 阮齐林．中国刑法上的量刑制度与实务．北京：法律出版社，2003.

8. 陈兴良．规范刑法学（教学版）．北京：中国人民大学出版社，2015.

参考法规

1.《刑法》第61～63条

2. 2013年12月23日最高人民法院《关于常见犯罪的量刑指导意见》

引例　阎甲、黄某故意杀人案

1983年，被告人黄某被人贩子拐骗到南乐县与被告人阎甲结婚。1989年5月2日晚10时许，被告人黄某被本村村民阎乙强奸，阎甲发觉后与阎乙厮打，被阎乙用匕首刺伤。阎乙作案后潜逃。为给阎甲治伤，阎甲的家人牵走阎乙家的耕牛，卖得900元钱以充抵医疗费。阎乙被抓获归案后，法院以强奸罪、故意伤害罪判处阎乙有期徒刑10年。阎乙为此怀恨在心。

1997年11月阎乙出狱后，以讨要耕牛为名，多次向阎甲及其兄弟勒索钱财，还多次拦截、威胁被告人黄某。1999年12月经人调解，阎甲之兄给付阎乙现金1 900元，但阎乙不肯罢休，以其母牛每年可生一头牛犊为借口，另索要现金8 000元。阎甲下跪求饶亦无济于事，阎乙扬言如不给钱就要杀阎甲全家。为此阎甲一家终日提心吊胆，不敢在家居住，将子女寄住于他人家中，阎甲与黄某则躲藏在阎甲母亲家中。

2000年1月12日凌晨6时许，阎乙来到阎甲夫妇临时住所威胁、索要钱财，阎甲用事先准备好的粪叉将阎乙打倒在地后并将其按住，黄某则持菜刀朝阎乙身上砍。刀被阎乙夺走后，黄某又拿起粪叉打了阎乙数下。阎甲让黄某拿来其事先准备好的杀猪刀，持刀朝阎乙背部、胸部、头、面部猛刺十余次。阎乙被刺破心脏，因失血性休克而死亡。阎甲与黄某作案后即向公安机关投案自首。后法院判决被告人阎甲犯故意杀人罪，判处有期徒刑6年；被告人黄某犯故意杀人罪，判处有期徒刑2年，缓刑3年。

第一节　刑罚裁量概述

一、刑罚裁量的概念与内容

（一）刑罚裁量的概念

刑罚裁量，简称量刑，是指人民法院对被指控犯罪的被告人依照刑法规定裁量和决定刑罚的一种刑事审判活动。

刑罚裁量是人民法院刑事审判活动中必不可少的重要环节。人民法院的刑事审判活动可以概括为两个部分：第一，是对被指控犯罪的被告人的行为是否成立犯罪、成立哪种犯罪的认定，也就是解决定罪问题。最终的结果，或无罪，或有罪；如果是有罪，则进一步确定犯的是刑法所规定的什么罪。第二，是在认定被告人的行为已经构成犯罪的基础上，确定对犯罪人是否需要判刑、判什么刑，也就是解决量刑问题。刑罚裁量不仅包括对被告人的刑罚适用，也包括认为被告人的犯罪行为显著轻微不需要判刑时的免予刑罚处罚。[①]

（二）刑罚裁量的内容

虽然人民法院的刑罚裁量活动最后表现为某种已经确定的结果，但是事实上刑罚裁量活动是一个综合裁量的过程，这个过程包括以下内容：

（1）对已经构成犯罪的被告人是否需要判处刑罚的确认。犯罪行为的表现形态是多种

① 参见韩玉胜主编：《新编刑法教程》，237页，北京，中国人民公安大学出版社，2003。

多样的，这不仅表现在不同性质的犯罪之间存在明显的区别，而且即使是同一种犯罪，也会有事实、情节、后果、程度、影响等各个不同方面的差异，这些差异使得人民法院在对犯罪人裁量刑罚时必须贯彻区别对待的宗旨。凡是犯了罪的人都应当受到刑罚惩罚，只有这样才能惩恶扬善，才能预防和减少犯罪。但是，“应当受到刑罚惩罚”，是指被告人的行为确实构成犯罪无疑，并不表明犯罪人必须实际受到刑罚惩罚，在刑法所规定的某些特殊情况下，对犯罪人可以只定罪而不处罚。例如，刑法中对又聋又哑的人或者盲人犯罪、对防卫过当、对犯罪预备、对没有造成损害的犯罪中止、对共同犯罪中的胁从犯等，都规定在构成犯罪的前提下可以或者应当免除处罚，这是人民法院在裁量刑罚时必须考虑的重要问题。

(2) 对犯罪人应当适用的刑种和刑度的确认。在确认被告人的行为已经构成犯罪之后，除了免除处罚的以外，其他犯罪人都应当根据其犯罪的具体情况分别适用刑罚。对犯罪人适用刑罚包括两个方面的选择：首先选择对犯罪人适用的刑罚种类，即刑种的选择。在刑法分则的条文中，很多都规定了几种不同的刑罚供量刑时选择适用，在选择适用不同的刑种时，一定要注意具体刑法条文对刑种的排列顺序。通常情况下，刑法分则条文对刑种的排列是较轻的刑罚在前，较重的刑罚在后，如有期徒刑、无期徒刑、死刑；有少数条文是较重的刑罚在前，较轻的刑罚在后，如死刑、无期徒刑、有期徒刑。这种排列并不是随意的，而是立法者要求司法者在具体适用刑罚时选择的先后顺序。其次选择对犯罪人适用的刑罚幅度，即刑度的选择。如 3 年以上 10 年以下这样的幅度就为法官对犯罪人适用刑罚提供了很大的空间，可以在这个幅度内选择对犯罪人应当适用的刑度。即使某一条文只有一个刑种，如有期徒刑，也有一定的幅度供选择。必须做到对犯罪人判处的刑罚与其所犯之罪相适应，才是做到了对犯罪人准确的量刑。

(3) 对犯罪人适用刑罚的方式与制度的确认。犯罪人应当适用的刑种和刑度确定之后，对犯罪人应当以哪种方式或者制度执行刑罚也是必须考虑的问题。一般情况下，对犯罪人判处什么样的刑罚，按照该种刑罚的刑法规定执行刑罚就可以了。但是，犯罪人的情况千差万别，犯罪的情节各有不同，在适用刑罚的方式与制度上也会表现出一定的差别。如在刑法、刑事诉讼法中分别规定有缓刑、死缓、暂予监外执行等制度，如果犯罪人符合某种制度规定的条件，则应以相应的制度适用于对犯罪人判处的刑罚。

二、刑罚裁量的意义

刑罚裁量是刑事审判活动不可或缺的重要组成部分，只“审”不“判”的活动是没有意义的。刑罚裁量的意义表现在以下两个方面：

(一) 刑罚裁量在督促审判机关提高办案质量方面的意义

审判机关在刑事审判活动中的职责就是定性准确，量刑适当。衡量审判机关的办案质量，首先，要看对行为人的行为定性是否准确，既不能把无罪错定为有罪，把有罪错定为无罪，也不能把此罪错定为彼罪，定性错了，整个案件就都错了；其次，要在定性准确的基础上，看对犯罪人的刑罚裁量是否适当，既不能罪轻刑重，也不能罪重刑轻，而应当罚当其罪，否则就是刑罚裁量错误。由此可见，刑罚裁量是刑事审判活动中的重要一环，是关系到审判机关办案质量的大问题，在督促审判机关提高办案质量方面具有重要意义。

(二) 刑罚裁量在督促犯罪人认罪服法、重新做人方面的意义

虽然刑罚的重要功能之一是惩罚犯罪人，但是刑罚的根本目的在于预防犯罪，对犯罪

人适用刑罚是一种特殊预防措施，而这种特殊预防是以对犯罪人所适用的刑罚与其所犯之罪相适应为前提的，也就是说，只有做到罪刑相适应才能达到特殊预防的目的。我们经常提到的一句话是“轻罪重判不足以服人，重罪轻判不足以诫人”，这句话充分反映了刑罚裁量对犯罪人的作用。我们不仅要使犯罪人“认罪”，还要使犯罪人“服法”，只有既认罪又服法，才能使犯罪人下定痛改前非、重新做人的决心和信心，也才能使特殊预防成为事实。

第二节 刑罚裁量的原则

刑罚裁量必须遵循一定的原则。《刑法》第61条规定，对于犯罪分子决定刑罚的时候，应当根据犯罪的事实、犯罪的性质、情节和对于社会的危害程度，依照本法的有关规定判处。这一规定就是对犯罪分子进行刑罚裁量时必须遵循的一般原则，这一原则实际包含了对刑罚裁量工作的两个基本要求，即第一必须以犯罪事实作为刑罚裁量的依据，第二必须以刑法作为刑罚裁量的准绳。①

一、裁量刑罚必须坚持以犯罪事实为依据的罪责刑相适应原则

犯罪事实是处理刑事案件最基本的客观依据，审判机关只有在查清并认定犯罪人的犯罪事实以后，才能确定犯罪人的犯罪性质、情节和对于社会的危害程度，也才能对犯罪人作出判处哪一种刑罚处罚的决定。以犯罪事实为依据的原则，反映了我国对审判工作实事求是的要求，是搞好刑事审判工作，稳、准、狠地打击刑事犯罪活动，维护稳定的社会秩序的前提条件。

以犯罪事实为依据这一原则包含以下四个方面的内容。

（一）准确查清犯罪事实

犯罪事实这一概念可以涵盖关于犯罪的全部内容，既包括犯罪的基本事实，也包括犯罪的性质、犯罪的情节、犯罪对社会的危害程度以及与犯罪有关的其他事实，这是广义上的犯罪事实概念。狭义上的犯罪事实则仅指犯罪构成的基本事实，即行为人的行为是否符合刑法所规定的犯罪构成要件，是否侵害了刑法所保护的社会关系，是否实施了刑法所禁止的危害行为并造成了刑法所要求的危害结果，是否具备了刑法所规定的犯罪主体资格，是否具有主观上的故意或者过失。我们这里所说的准确查清犯罪事实是指狭义上的犯罪事实，即犯罪人的行为是否具备犯罪构成要件。只有把握了犯罪构成要件，才能为确定犯罪性质、分析犯罪情节、衡量对社会的危害程度提供必需的基础。

（二）准确认定犯罪性质

在查清犯罪事实的基础上，要对犯罪性质作出准确认定。所谓犯罪性质，是指行为人的行为究竟构成刑法分则条文所规定的哪种犯罪，应当确定为哪种罪名。刑法分则将犯罪划分为十类，其中的每一章就是一种类型的犯罪，在每一种类型的犯罪中又包括有数量不等的具体犯罪，这就是认定犯罪性质的依据。各种犯罪都不同于其他犯罪的质的规定性，必须严格区分此罪与彼罪的界限。

---

① 参见韩玉胜主编：《新编刑法教程》，236～240页，北京，中国人民公安大学出版社，2003。

（三）准确分析犯罪情节

犯罪情节，是指说明与犯罪人及犯罪行为有关的各种事实。犯罪情节可以分为两种：一种是与定罪直接相关的情节，如有的条文规定必须是“情节严重的”才能构成犯罪，这种情节就关系到罪与非罪的问题，如果不具有条文所规定的严重情节就不能构成犯罪；另一种是与定罪无关但与刑罚裁量有直接关系的情节，如同为故意杀人，动机却不相同，有的因报复而杀人，有的因灭口而杀人，等等。从故意杀人罪的构成要件来看，只要客观上实施了杀人行为，主观上具有杀人故意，故意杀人罪就成立了，动机并不影响定罪，但却是裁量刑罚时必须考虑的情节。实践当中之所以会有相同的犯罪判刑不同的案件，就是因为罪名相同情节不同的缘故。可见，准确分析犯罪情节对于准确裁量刑罚是具有非常重要的意义的。

（四）准确衡量危害程度

任何犯罪都会给社会造成某种损害，这种损害既包括有形的物质性的损害，也包括无形的非物质性的损害。犯罪的最本质特征就在于它的社会危害性，而社会危害性的大小则表明了对于社会的危害程度。犯罪对于社会的危害程度是通过犯罪事实、犯罪性质、犯罪情节表现出来的。不同的犯罪对于社会的危害程度不相同，即使同一种犯罪对社会的危害程度也不相同。刑罚分则中有的条文分为几个不同的量刑幅度，就是根据社会危害程度的不同而规定的，如有的条文规定“情节严重”“情节特别严重”或者“后果严重”“后果特别严重”量刑不同；有的条文规定“数额较大”“数额巨大”“数额特别巨大”量刑不同，等等。在对犯罪人裁量刑罚的时候，必须准确衡量犯罪行为对于社会的危害程度，只有这样才能做到量刑准确。

犯罪事实、犯罪性质、犯罪情节、犯罪的社会危害程度是审判机关在对犯罪人裁量刑罚时必须综合考虑的四个方面因素，这四个方面的因素既是有区别的，更是有联系的，而且它们之间的联系在裁量刑罚时显得尤为重要。在任何情况下，都不应当割裂地看待这四个因素，否则就会发生量刑不当的结果。

二、裁量刑罚必须坚持以刑法为准绳的法制原则

以犯罪事实为依据对犯罪人裁量刑罚，这只是说明刑罚的裁量具备了基本的前提和基础，究竟裁量刑罚是否准确，还要看在裁量刑罚时是否严格依照刑法的规定，不轻不重，不枉不纵。

以刑法为准绳这一原则包含以下两个方面的内容。

（一）必须在刑法分则条文规定的刑罚种类和量刑幅度内裁量刑罚

刑法分则条文基本都是由两个部分构成的：一部分是对罪状的描述，这是认定犯罪的依据；另一部分是对法定刑的规定，这是裁量刑罚的依据。我国刑法所规定的法定刑都是相对确定的法定刑，除了少数条文之外，都有两种以上的刑罚种类供选择，所有的条文都有一定的量刑幅度，这就给审判机关很大的适用刑罚的考虑余地。在任何情况下，对犯罪人所适用的刑罚必须是刑罚分则条文规定的刑罚种类，必须在刑法分则条文规定的量刑幅度内裁量刑罚。在刑法分则条文规定的刑罚种类和量刑幅度之外裁量刑罚就是破坏法制。

（二）必须依照刑法总则规定的原则和制度裁量刑罚

刑法总则既规定了关于犯罪与刑罚的一般原理、原则，也规定了在适用刑罚时的有关制度，而刑法分则是将刑法总则规定的犯罪与刑罚的一般原理、原则适用到各种具体犯罪

之中。在对犯罪人裁量刑罚时，不仅要严格依照刑法分则条文所规定的法定刑，而且要严格依照刑法总则所规定的原则和制度。刑法总则中关于刑事责任年龄、刑事责任能力、犯罪停止形态、共同犯罪，累犯、自首的规定，以及关于缓刑、死缓的规定，等等，都是犯罪人裁量刑罚必须遵循的原则和制度。违背刑法总则规定的原则和制度裁量刑罚也是破坏法制。

第三节 刑罚裁量的情节

刑罚裁量的情节，简称量刑情节，是指审判机关在对犯罪人决定刑罚使用和刑罚轻重时必须考虑的各种情节。刑罚裁量的情节根据不同的标准可以划分为不同的种类，如根据刑法是否有明文规定可以划分为法定量刑情节和酌定量刑情节；根据刑法用语上的不同可以划分为硬性量刑情节和弹性量刑情节；根据刑法规定结果的不同可以划分为从宽量刑情节和从严量刑情节；根据社会危害程度和人身危险性的不同可以划分为体现犯罪社会危害程度的量刑情节和体现犯罪人人身危险性的量刑情节等。根据这些不同的标准划分的不同的量刑情节的种类，虽然都有一定的道理，但是仔细分析一下可以看出，量刑情节最基本、最主要的分类应当是法定量刑情节和酌定量刑情节，其他分类方法的内容都可以概括到这种分类方法当中。①

一、法定裁量刑罚的情节

法定裁量刑罚的情节，是指刑法明文规定在裁量刑罚时审判机关应当考虑的情节。法定裁量刑罚的情节在刑法中具体表现为硬性裁量刑罚的情节和弹性裁量刑罚的情节两种。

（一）硬性裁量刑罚的情节

硬性裁量刑罚的情节，是指刑法明文规定在裁量刑罚时审判机关必须考虑的情节。这种硬性表现在刑法条文中使用的是“应当”如何裁量刑罚的表述方式。归纳起来，硬性裁量刑罚的情节包括以下六种。

（1）应当免除处罚的情节，如《刑法》第 24 条规定的没有造成损害的中止犯。

（2）应当减轻处罚的情节，如《刑法》第 24 条规定的造成损害的中止犯。

（3）应当减轻或者免除处罚的情节，如《刑法》第 20 条规定的防卫过当、第 21 条规定的避险过当、第 28 条规定的胁从犯。

（4）应当从轻、减轻或者免除处罚的情节，如《刑法》第 27 条规定的从犯。

（5）应当从轻或者减轻处罚的情节，如《刑法》第 17 条规定的已满 14 周岁不满 18 周岁的人犯罪。

（6）应当从重处罚的情节，如《刑法》第 29 条规定的教唆不满 18 周岁的人犯罪；第 65 条规定的累犯；第 104 条规定的策动、胁迫、勾引、收买国家机关工作人员、武装部队人员、人民警察、民兵进行武装叛乱或者武装暴乱的；第 106 条规定的与境外机构、组织、个人相勾结，犯分裂国家罪、煽动分裂国家罪，武装叛乱、暴乱罪，颠覆国家政权罪、煽动颠覆国家政权罪的；第 109 条规定的掌握国家秘密的国家工作人员犯叛逃罪的；第 157

① 参见韩玉胜主编：《新编刑法教程》，240 页，北京，中国人民公安大学出版社，2003。

条规定的武装掩护走私的；第171条规定的伪造货币并出售或者运输伪造的货币的；第236条规定的奸淫幼女的；第237条规定的猥亵儿童的；第238条规定的非法剥夺他人人身自由具有殴打、侮辱情节的，国家机关工作人员利用职权犯非法拘禁罪的；第243条规定的国家机关工作人员犯诬告陷害罪的；第245条规定的司法工作人员滥用职权犯非法搜查罪或者非法侵入住宅罪的；第247条规定的刑讯逼供或者暴力取证致人伤残、死亡的；第248条规定的虐待被监管人致人伤残、死亡的；第253条规定的邮政工作人员私自开拆、隐匿、毁弃邮件、电报而窃取财物的；第279条规定的冒充人民警察招摇撞骗的；第301条规定的引诱未成年人参加聚众淫乱活动的；第307条规定的司法工作人员阻止证人作证、指使他人作伪证或者帮助毁灭、伪造证据的；第345条规定的盗伐、滥伐国家级自然保护区内的森林或者其他林木的；第347条规定的利用、教唆未成年人走私、贩卖、运输、制造毒品或者向未成年人出售毒品的；第349条规定的缉毒人员或者其他国家工作人员掩护、包庇走私、贩卖、运输、制造毒品的犯罪分子的；第353条规定的引诱、教唆、欺骗或者强迫未成年人吸食、注射毒品的；第356条规定的因走私、贩卖、运输、制造、非法持有毒品罪被判过刑又实施毒品犯罪的；第361条规定的旅馆业、饮食服务业、文化娱乐业、出租汽车业等单位的主要负责人利用本单位的条件，组织、强迫、引诱、容留、介绍他人卖淫的；第364条规定的制作、复制淫秽电影、录像等音像制品组织播放的，向不满18周岁的未成年人传播淫秽物品的；第369条规定的战时破坏武器装备、军事设施、军事通信的；第384条规定的挪用用于救灾、抢险、防汛、优抚、扶贫、移民、救济款物归个人使用的；第386条规定的索取贿赂的；第426条规定的战时阻碍执行军事职务的。

在上述硬性裁量刑罚的六种情节中，前五种情节都是在刑法总则中规定的，审判机关在裁量刑罚时一定要注意除了引用刑罚分则的条文以外，还要引用刑法总则条文的有关规定。第六种情节除了教唆犯和累犯的规定之外，都分散规定在刑法分则的各个具体犯罪之中，其原因在于：第六种情节是特别针对应当从重处罚的情况规定的，而这种应当从重处罚如果在刑法总则中笼统加以规定，在具体适用时有可能发生适用不当的情况，立法时特意把应当从重处罚的情节在刑法分则的各个条文中分别规定，使应当从重处罚的情节具体体现在各种具体犯罪之中，这是非常科学的，也便于在司法实践中操作运用。

（二）弹性裁量刑罚的情节

弹性裁量刑罚的情节，是指在刑法条文中所规定的供审判机关在裁量刑罚时选择适用的情节。这种弹性表现在刑法条文中使用的是“可以”如何裁量刑罚的表述方式。归纳起来，弹性裁量刑罚的情节包括以下五种。

（1）可以免除处罚的情节，如《刑法》第67条规定的犯罪较轻且自首的，第351条规定的非法种植罂粟或其他毒品原植物，在收获前自动铲除的。

（2）可以免除或者减轻处罚的情节，如《刑法》第10条规定的在国外犯罪已在国外受过刑罚处罚的。

（3）可以减轻或者免除处罚的情节，如《刑法》第68条规定的犯罪分子有重大立功表现的，第164条规定的行贿人在被追诉前主动交代向公司、企业人员行贿行为的，第383条规定的个人贪污数额在5 000元以上不满1万元的，犯罪后有悔改表现、积极退赃的，第390条规定的行贿人在被追诉前主动交代向国家工作人员行贿行为的，第392条规定的介绍贿赂人在被追诉前主动交代介绍贿赂行为的。

（4）可以从轻、减轻或者免除处罚的情节，如《刑法》第19条规定的又聋又哑的人或者盲人犯罪，第22条规定的预备犯。

（5）可以从轻或者减轻处罚的情节，如《刑法》第18条规定的尚未完全丧失辨认或者控制自己行为能力的精神病人犯罪的，第23条规定的未遂犯，第29条规定的被教唆的人没有犯被教唆的罪的教唆犯，第67条规定的犯罪后自首的，第68条规定的有立功表现的。

在上述弹性裁量刑罚的五种情节中，第二、四、五种情节都在刑法总则条文中加以规定，第一、三两种情节既有刑法总则的规定，又有刑法分则的规定，但总体来看，弹性裁量刑罚的情节主要规定在刑法总则的条文中。这样规定，便于审判机关根据犯罪的具体情况适用于不同的犯罪人。

二、酌定刑罚裁量的情节

酌定刑罚裁量的情节，是指刑法中虽然没有明文规定，但在司法实践中可以根据具体情况斟酌考虑的情节。根据我国的司法实践经验，酌定刑罚裁量的情节主要包括以下几种。

（一）犯罪的手段情节

除了个别犯罪要求特定手段是犯罪构成的要件之外，绝大多数犯罪对犯罪手段都没有特殊要求，在这种情况下，犯罪人犯罪手段的不同直接体现着犯罪行为不同的社会危害程度，是在对犯罪人裁量刑罚时需要考虑的一个重要情节。如使用特别残忍的手段杀人并碎尸的，与普通杀人的犯罪手段情节就是不相同的。

（二）犯罪的环境情节

犯罪的环境情节，是指犯罪人在实施犯罪时所处的时间和地点。犯罪的时间、地点不同，所表现出来的社会危害程度也有所差别，在对犯罪人裁量刑罚时必须考虑其实施犯罪的环境情节。如发生重大自然灾害时在灾区盗窃、抢劫财物的，与平时的盗窃、抢劫财物的环境情节就是不相同的。

（三）犯罪的对象情节

犯罪人在犯罪时所针对的对象不同，反映了犯罪社会危害程度的不同，是裁量刑罚时的一个重要情节。如强奸怀孕的妇女与强奸其他妇女在对象情节上就是不相同的。

（四）犯罪的结果情节

犯罪的结果情节，是指当犯罪结果不作为犯罪构成要件时在裁量刑罚中的作用。这里所说的犯罪结果，既包括犯罪的直接结果，也包括犯罪的间接结果。犯罪的结果表明犯罪行为对社会关系造成的损害程度，是重要的酌定裁量刑罚的情节。如因遗弃而造成被遗弃人伤残、死亡的，与一般的遗弃就表现出结果情节的不同。

（五）犯罪的动机情节

犯罪的动机不同表现出犯罪人的主观恶性不同，也是在对犯罪人裁量刑罚时需要考虑的一个情节。如出于追求享乐生活动机的贪污和确实因家庭困难的贪污虽然在罪名上没有差别，但在裁量刑罚时却是应当考虑的一个情节。

（六）犯罪后的态度情节

犯罪后的态度对已经构成的犯罪来说没有任何意义，但是，犯罪后的态度反映了犯罪人的人身危险性的大小和接受教育改造的难易程度，这是在对犯罪人裁量刑罚时应当考虑的一个情节。如犯罪后坦白认罪、主动退赃的和犯罪后拒不认罪、拒不退赃的，二者犯罪后的态度情节显然不同。

（七）犯罪人的一贯表现情节

犯罪人在犯罪之前的一贯表现怎样，是在对犯罪人裁量刑罚时一个需要考虑的情节。如一个一贯遵守法律、遵守道德规范的人因偶然因素而犯罪与一个一贯不守法、不讲道德的人多次违法犯罪在一贯表现情节上就是不相同的。

三、正确运用刑罚裁量的情节

刑罚裁量的情节对审判机关而言只是整个审判活动中需要考虑的一个部分，而对被告人来说则可能直接关系到是否判刑、判什么刑以及刑期长短的大问题。要防止只重视“罪”而不重视“刑”的错误倾向，不能认为只要定罪正确，判刑有点出入不是什么原则问题，这样的认识对维护国家的法制是十分有害的。正确运用刑罚裁量的情节，对犯罪人做到量刑准确，需要注意以下几个问题。[①]

（一）正确运用从重、从轻、减轻、免除处罚

从重、从轻、减轻、免除处罚是在对犯罪人裁量刑罚时根据犯罪情节的不同分别采用的四种量刑方法。

根据《刑法》第 62 条的规定，从重处罚，是指在刑法分则条文规定的刑罚幅度内选择较重的刑种或者较长的刑期。从重处罚包含两种情况：在刑法分则条文规定的刑罚只有一个量刑幅度的情况下，从重处罚就是在该条文规定的量刑幅度内选择较重的刑种或者较长的刑期；在刑法分则条文规定的刑罚有几个量刑幅度的情况下，从重处罚就是在与犯罪人所犯之罪具体相对应的该条文规定的量刑幅度内选择较重的刑种或者较长的刑期。

按照《刑法》第 62 条的规定，从轻处罚，是指在刑法分则条文规定的刑罚幅度内选择较轻的刑种或者较短的刑期。从轻处罚也包含两种情况：在刑法分则条文规定的刑罚只有一个量刑幅度的情况下，从轻处罚就是在该条文规定的量刑幅度内选择适用较轻的刑种或者较短的刑期；在刑法分则条文规定的刑罚有几个量刑幅度的情况下，从轻处罚就是在与犯罪人所犯之罪具体相对应的该条文规定的量刑幅度内选择较轻的刑种或者较短的刑期。

按照《刑法》第 63 条的规定，减轻处罚，是指在刑法分则条文规定的法定刑以下判处刑罚。需要注意的是，这里所说的在法定刑以下判处刑罚，是指对犯罪人判处低于所犯之罪的法定最低刑的刑罚。减轻处罚同样包含两种情况：在刑法分则条文规定的刑罚只有一个量刑幅度的情况下，减轻处罚就是判处低于该条文规定的该量刑幅度最低刑的刑罚；在刑法分则条文规定的刑罚有几个量刑幅度的情况下，减轻处罚就是判处低于与犯罪人所犯之罪具体相对应的该条文规定的量刑幅度最低刑的刑罚。与从重处罚和从轻处罚不同的是，减轻处罚是通过两种方式进行裁量的：一种是在犯罪人在具有法定减轻处罚情节的情况下，由于刑法条文对于这种减轻处罚已经作了明确规定，因而只要由审理该案件的审判机关直接进行减轻处罚的刑罚裁量就可以了；另一种是在犯罪人不具有法定减轻处罚情节而只具有酌定减轻处罚情节的情况下，由于刑法条文对于这种减轻处罚没有作出明确规定，因而审理该案件的审判机关无权直接对犯罪人作出减轻处罚的刑罚裁量，必须将犯罪人具有特殊情况需要减轻处罚的意见报经最高人民法院核准后，才能作出减轻处罚的刑罚裁量。

免除处罚，是指对犯罪人作出有罪宣告但免除其应当判处的刑罚。由此可见，免除处

---

① 参见韩玉胜主编：《新编刑法教程》，245～248 页，北京，中国人民公安大学出版社，2003。

罚的前提是行为人的行为已经构成犯罪，只是由于犯罪情节轻微不需要判处刑罚，或者是犯罪人具有刑法所规定的免除处罚的情节，因而才免除其本来应当判处的刑罚。对于免除处罚的犯罪人，按照《刑法》第37条的规定，可以根据案件的不同情况，予以训诫或者责令具结悔过、赔礼道歉、赔偿损失，或者由主管部门给予行政处罚或者行政处分。

（二）正确运用法定情节和酌定情节

法定情节是刑法明文规定的处罚情节，包括从重处罚、从轻处罚、减轻处罚和免除处罚的情节，简言之，就是从严处罚和从宽处罚的情节。在对犯罪人裁量刑罚的时候，必须严格按照刑法的规定运用法定情节，这是贯彻刑法所规定的罪刑法定原则和罪刑相适应原则的具体体现。在刑事司法实践中，是否能够依照刑法的规定正确适用法定量刑情节，也是衡量审判机关和审判人员的法律意识和司法水平的重要标志。

对刑法规定的硬性裁量刑罚的情节，要严格按照刑法的规定不折不扣地予以运用。例如，《刑法》第29条第1款规定，教唆不满18周岁的人犯罪的，应当从重处罚。只要是教唆不满18周岁的人犯罪的，必须一律从重处罚，不能以任何理由不从重处罚。又如，《刑法》第17条第3款规定，已满14周岁不满18周岁的人犯罪，应当从轻或者减轻处罚。即对于已满14周岁不满18周岁的人犯罪的，必须根据其犯罪具体情节，或者从轻处罚，或者减轻处罚，不能以任何理由不从轻、不减轻处罚。再如，《刑法》第24条第2款规定，对于中止犯，没有造成损害的，应当免除处罚。只要是没有造成损害的中止犯，就必须免除处罚，而不能以任何理由不免除处罚。凡是刑法明确规定的属于硬性裁量刑罚的情节，都必须严格依照刑法的规定准确运用。

对刑法规定的弹性裁量刑罚的情节，要综合考虑案件的全部情况予以运用。例如，《刑法》第67条第1款规定，对于自首的犯罪分子，可以从轻或者减轻处罚。其中，犯罪较轻的，可以免除处罚。这就是说，对于自首犯，在一般情况下要考虑从轻或者减轻处罚；如果犯罪确实较轻，则要考虑免除处罚。从立法角度看，立法者所规定的弹性裁量刑罚的情节，是要求司法者在审判案件过程中，首先要考虑对犯罪人从轻、减轻或者免除处罚，只有当犯罪人的犯罪极其严重，根据罪责刑相适应的原则，如果从轻、减轻或者免除处罚不足以与其罪行相称的情况下，才能不予以从轻、减轻或者免除处罚。但是需要特别注意的是，弹性裁量刑罚的情节在一般情况下是倾向于从轻、减轻或者免除处罚的，只有在特殊情况下，才能不适用从轻、减轻或者免除处罚。司法者不能以自己的感情代替法律，更不能以个人的好恶作为裁量刑罚的标准，否则就是破坏社会主义法制原则。

除了法定情节之外，还要注意不能忽视的酌定情节。酌定情节虽然不是刑法明文规定的裁量刑罚的情节，但也绝不是可以忽略不计的情节。审判机关和审判人员应当对酌定情节给予足够的重视，根据案件的具体情况，在充分考虑酌定情节的基础上，对案件作出实事求是、恰如其分的刑罚裁量。如，行为人由于受到被害人的极大侮辱，在激愤状态下杀死了被害人。"激愤杀人"并不是刑法规定的裁量刑罚的情节，但是审判机关在审理激愤杀人的案件时，一般都会把因激愤而杀人的因素予以充分考虑，在刑法规定的刑罚裁量的幅度内对犯罪人作出从轻处罚的裁决。如前所述，司法实践中考虑的酌定情节实际有多种，只要对这些酌定情节予以足够的重视并在刑罚裁量的结果中反映出来，就表明审判人员对罪责刑相适应原则确实有了很深入的理解。

四、运用刑罚裁量情节的特殊问题

(一) 多个同向量刑情节并存时的适用

一案具有多个同向量刑情节，是指一个案件中有数个量刑情节，其功能是相同的，或者都属于从宽处罚情节（简称同向趋轻量刑情节），或者都属于从严处罚情节（简称同向趋重量刑情节）。[①] 下面分别阐述其适用问题。

1. 多个从宽处罚情节并存时的适用

多个从宽处罚情节并存包括以下几种情况：(1) 都属于从轻处罚情节；(2) 都属于减轻处罚情节；(3) 都属于免除处罚情节；(4) 从轻、减轻或免除处罚情节兼存。如果一案中的数个情节都属于免除处罚情节，量刑时只需按法律规定免除行为人的刑罚处罚即可，在此不必赘述。值得讨论的是其他三种情况。

一是多个从轻处罚情节并存的适用。在一般情况下，根据从轻处罚情节的实际情况和数目，在法定刑幅度内决定不同程度的从轻处罚是不成问题的。值得研究的是数个从轻处罚情节可否变更为一个减轻处罚情节。有人持肯定态度；有人持折中态度，认为应视具体案情而定。如果犯罪的社会危害性严重，在不考虑这些从轻情节时应判法定刑中较重的刑，那么，有几个从轻情节也不能变为减轻情节；如果犯罪的社会危害性较轻或者一般，在不考虑从轻情节时应判较轻的刑，那么，几个从轻情节就可以变为一个减轻处罚情节。本书认为，这种理解是缺乏法律依据的。无论在什么情况下，数个从轻处罚情节都不具有变更法定刑的功能。这是因为，我国刑罚对大多数犯罪都规定了几个量刑幅度或档次，审判人员往往需先行对犯罪行为的社会危害性程度作出初步判断，首先决定该行为应当适用的法定刑幅度，然后斟酌各种具体情节，最后确定应处刑罚的轻重。如果某种行为的社会危害性较轻或者一般，再加上具有数个从轻处罚情节，法官在量刑时完全可以直接选择与这些情况相应的刑罚较轻的法定刑幅度或档次，而用不着先考虑较重的法定刑幅度，然后再根据几个从轻情节将刑罚减轻至下一个法定刑幅度，最后再依据这些从轻情节决定具体的刑罚。折中说所设想的几个从轻情节合并可以变为一个减轻情节的情形，既与司法实践中的通常做法相左，也与法律有关从轻处罚的规定相悖，因而不可取。解决数个从轻情节适用问题的唯一正确方法是，在与整个案件相应的法定刑幅度内，相对增大从轻处罚的分量。

二是多个减轻处罚情节并存的适用。当数个减轻处罚情节并存时，应选择与全案相当的法定刑幅度最邻近的下一个法定刑幅度，根据减轻情节的情况和数目，逐步增大减轻刑罚的分量，直至罪刑相适应。但数个减轻情节不能合并为一个免除处罚情节，因为减刑与免刑是两种不同的量刑制度。

三是从轻、减轻、免除处罚情节并存时的适用。在这种情况下，应采取从宽幅度大的情节吸收从宽幅度小的情节的吸收原则。于是，从轻情节已无甚意义，它至多只能成为决定减轻处罚幅度时的参考依据。至于究竟是适用减轻处罚抑或免除处罚，应依案件的情况和行为人的恶性程度决定之。一旦决定适用免刑，减轻处罚情节便失去意义。

本章［引例］阎甲、黄某故意杀人案中，阎甲、黄某犯故意杀人罪，造成一人死亡的

---

① 参见邱兴隆、许章润：《刑罚学》，267～268 页，北京，中国政法大学出版社，1999。

后果，依照《刑法》第232条的规定，有两个量刑幅度可选择，即死刑、无期徒刑、10年以上有期徒刑和3年以上10年以下有期徒刑。具体确定哪一个量刑幅度，是本案首先应当解决的问题。被告人阎甲、黄某是出于激愤杀人，又具有防卫性质，且被害人阎乙有严重过错，故其杀人犯罪与严重危害社会治安的故意杀人案件有所区别。因此，应当认定被告人阎甲、黄某犯罪的情节较轻，应当在3年以上10年以下有期徒刑的幅度内量刑。

被告人阎甲作案后投案自首，依照《刑法》第67条第1款的规定，可以从轻、减轻处罚或者免除处罚；被害人阎乙在案件的起因上有严重过错，是量刑的酌定情节，对被告人可酌情考虑从轻处罚。故对被告人阎甲不应顶格判处10年有期徒刑，但被告人阎甲持刀刺死被害人阎乙，系主犯，也不应对被告人阎甲免除或者减轻处罚。综合全案的具体情况，法院判处阎甲有期徒刑6年，是适宜的。

被告人黄某系从犯，依照《刑法》第27条的规定，应当从轻、减轻处罚或者免除处罚；作案后即投案自首，依照《刑法》第67条第1款的规定，可以从轻、减轻处罚或者免除处罚；再考虑被害人阎乙的行为对本案的发生具有严重过错这一酌定情节，在量刑时应考虑对被告人黄某减轻处罚或者免除处罚。鉴于被告人黄某伙同阎甲非法剥夺他人生命，其所犯故意杀人罪历来是我国刑法打击的重点，为了保护公民的人身安全，维护社会稳定，也不应对被告人黄某免除处罚。法院根据本案的具体情况，对被告人黄某减轻处罚，在法定最低刑3年有期徒刑以下量刑，以故意杀人罪判处有期徒刑2年，缓刑3年，完全符合法律规定，也符合本案实际。

2. 多个从严处罚情节并存时的适用

多个从严处罚情节的竞合不外乎三种情况：（1）一案中多个从重处罚情节并存；（2）多个加重处罚情节并存；（3）加重与从重处罚情节并存。由于我国刑法中的加重处罚情节十分有限，因而，在同一案件中，几种加重情节并存或者从重情节与加重情节并存的情况比较少见。即使出现这种情况，量刑时只要选择加重处罚即可。这样足以表明对犯罪人的严厉制裁。这里有必要提及的一个问题是，因犯盗窃罪、诈骗罪，同时具有累犯等情节而升格处刑时，应当遵守两个限定性条件：一是前提条件，即盗窃、诈骗公私财物的数额应当接近巨大或者特别巨大的标准；二是限制性条件，即升格处刑时，不能在上一个法定刑幅度内无限度加重刑罚，一般应以加重一格判处刑罚为宜。否则，就有可能明显背离罪刑相当原则的基本要求。

（二）多个逆向量刑情节并存时的适用

多个逆向情节（或称冲突情节）并存是指一个案件中的数个情节，有的对量刑起从宽作用，有的对量刑起从严作用，情节之间在功能作用上是相反的和有冲突的。[①] 对于这种逆向情节的适用，我国刑罚理论与司法实践中意见纷纷，至今未能形成一个为大家一致接受的方案。如有人提出："从宽情节与从严情节的功能相对应时，可以采取折抵法折抵或相加减。"另有人主张引入定量分析方法，将从轻、从重等情节规定不同的指数，然后进行加减运算。本书认为，当从轻与从重、减轻与加重情节的"功能相对应"时，并不等于各种情节对量刑的作用力大小正好抵消，亦即对应情节所决定的从宽与从严的分量往往不是完全等值的，所以二者不能简单相抵。至于对从轻或从重等情节规定一定的指数，由于

① 参见邱兴隆、许章润：《刑罚学》，270～272页，北京，中国政法大学出版社，1999。

它是脱离具体案情的抽象数值，并不能反映各种情节对量刑的实际作用力大小，因而是缺乏实践和法律依据的。主张一案中数个逆向量刑情节并存时的适用方案是：在只有一个量刑幅度的犯罪中，首先根据该案在不考虑从宽与从严情节时的社会危害性和行为人的主观恶性在该量刑幅度内确定一个基本刑（称量刑基准点）。然后对从宽与从严情节进行综合平衡。平衡的具体办法如下述：

在一罪具有几个量刑幅度时的适用方法是：(1) 根据行为的社会危害性和行为人的主观恶性在不考虑从宽与从严情节的情况下，确定一个基本的量刑幅度，这一量刑幅度就是可判刑的区间范围。(2) 考虑从宽与从严情节，进行综合平衡。具体办法是：1) 在从重与从轻情节并存时，先考虑从重，这是对刑罚的第一次修正；再于从重的基础上酌情从轻，这是对刑罚的第二次修正。这样做的好处在于，于基准点上先从重，可以在法定刑幅度内确定上限，使法官知道本案至多判处何种刑罚或多长刑期，从而避免上浮过限的流弊。如果从重情节的分量明显大于从轻情节，且从重情节已使刑罚达到极限的，可以视为从轻情节的效力已被抵消，不予从轻处罚。如某人犯爆炸罪致使多人伤亡，其犯罪后有一般立功表现的，即可据情不予从轻处罚。2) 在从重与减轻情节并存时，先予以减轻，在基本量刑幅度以下酌定大于减轻的幅度，则刑罚的刻度可以再浮回到原来的基本量刑幅度之内。这样并不违背《刑法》第 62 条关于从重处罚的规定精神，因为，这种情况下的从重是在原来的量刑幅度内从重，而不应理解为在减轻处罚后的刑罚幅度内从重，再考虑减轻，则势必导致从重情节的适用毫无意义的结局，故不足取。3) 从重情节与免刑情节并存时，应当首先考虑免刑情节对量刑结果的影响。然后再考虑从重情节，并尽可能地缩小从重处罚的分量，但一般不宜最终决定免除处罚。因为从我国刑法规定看，并没有单独规定某一情节为免刑情节，总是作为多功能情节与减轻和从轻处罚情节并列规定，由法官根据具体情况决定选择从轻还是减轻，抑或免除处罚。可见我国刑法对免刑情节的适用是持非常谨慎态度的。既然一案中同时存在从重处罚的情节，那就更不能轻易决定免刑了。妥当的做法是对从重与免刑情节进行综合平衡，在原来的量刑幅度内决定一个较轻的刑罚。4) 加重与从轻、减轻。免除处罚情节并存时，先考虑加重情节，再考虑从宽情节，即先突破基本的量刑幅度，在此幅度的上一格确定刑罚，然后予以减轻或从轻，对第一次修正的刑罚再行修正。如果是减轻处罚的情节，则刑罚量下降的幅度大一些；如果是从轻处罚情节，则刑罚量下降的幅度较小；如果同时还有免除处罚情节，则可排斥考虑免刑。因为加重处罚情节已经表明了犯罪行为的严重社会危害性和行为人的主观恶性，这时即使有一个免除处罚的情节，也是与从轻或减轻处罚功能并列的同一个情节，法官量刑时，不应从多种功能中选择免除处罚功能，也即加重处罚情节对免除处罚功能应当具有排除作用。

与逆向量刑情节的适用问题相关并需专门讨论的一个问题是，在一人犯数罪且具有减轻处罚情节时，应如何裁量刑罚。例如，一人兼犯有贩卖毒品罪与抢劫罪，后自动投案并具有重大立功表现，应当减轻处罚。对此，目前存在三种适用主张：一是减轻处罚的效力只及于所犯重罪，然后实行数罪并罚；二是应当将所犯罪先予并罚，然后再行减轻处罚；三是应当先对所犯数罪分别减轻处罚，然后再予合并处罚。我们赞同第三种主张，主要理由如下：(1) 减轻处罚的效力能否及于先前所犯数罪，应当区分不同情况分别论定。在因犯罪中止、防卫过当等个案原因而生减轻处罚问题时，减轻处罚的效力当然只能及于相关的个罪；而在自首的场合，则应以行为人自动投案后如实交代罪行的情况而定。其能够如实交代数罪的，从轻或减轻处罚的效力无疑应当及于数罪；如果行为人到案后只能如实交代一罪的，对于没有如实供述的罪行，当然就不能从轻或减轻处罚。在因检举他人犯罪而构成立功或重大立功的场合，如果需要减轻处罚的，因减轻处罚的原因并非出于个罪，其效力是没有任何理由不能及于所犯数罪的。据此，本书认为，实践中只对所犯重罪予以减轻处罚的做法是欠妥当的。(2) 如果采用先予合并处罚，再行减轻处罚的方法，则容易产生下列弊端：1) 在有些情况下，数罪并罚的效果无法体现出来。如一人犯故意伤害罪应判13年有期徒刑，另犯抢劫罪应判11年有期徒刑，先合并处罚则应在13年以上、20年以下判处刑罚。若再减轻处罚，则必然在10年以下有期徒刑的幅度内最终决定宣告刑。这与依一罪（如故意伤害罪或抢劫罪）减轻处罚的效果并无大的不同。如果相反，我们采用先减轻处罚后予以并罚的方法，倘若上述两罪分别减轻后的刑罚为9年和7年有期徒刑，再行并罚则可在9年以上、16年以下判处刑罚，若最终的宣告刑为15年有期徒刑，则减轻处罚与数罪并罚的双重效果都得到了明确的表现。2) 在另外有些情况下，先行并罚以后的减轻处罚幅度难于确定。如一人犯贩卖毒品罪应判13年有期徒刑，另犯抢劫罪应判12年有期徒刑。先合并处罚则应在13年以上、20年以下判处刑罚，若再减轻处罚，就产生一个问题，依贩卖毒品罪的法定刑的下限减轻处罚，则应减轻到3至7年的幅度内处刑；依抢劫罪的法定刑的下限减轻处罚，则应减轻到3年至10年的幅度内处刑，此时究竟依何种犯罪的法定刑减轻处刑，可谓均无法律依据，故难于具体操作。如果相反，我们采用先减轻处罚后予并罚的方法，倘若上两罪分别减轻后的刑罚为6年和8年的有期徒刑，再行并罚则可在8年以上、14年以下判处刑罚，若最终的宣告刑为13年有期徒刑，上述难以决定减轻处罚幅度的难题，就可谓迎刃而解了。3) 已如上述，由于先合并处罚后减轻处罚的方法不能体现并罚的效果，这样就势必容易造成罚不当罪，明显背离罪刑相当原则的处刑结果。如上述第一例中，依先并罚后减轻的方法，通常只能判处9年有期徒刑；而依先减轻后并罚的方法，则可以判处15年左右的刑罚。这两种适用方法的差异性是显而易见的。由此可知，对于一人犯数罪以后又具有减轻处罚情节的行为，采用先分别对所犯数罪予以减轻处罚，然后再行合并处罚的方法，便能体现刑法基本原则的精神和与严重刑事犯罪作斗争的实际需要，因而是妥当的。

(三) 适用多种量刑情节的几个技术性问题

在适用多种量刑情节时，以下几个技术性问题需要予以把握。

(1) “应当”情节优于“可以”情节。这两种情节对量刑的影响力是有所区别的，量刑时应予分辨清楚。“应当”情节是一种法律的硬性义务规定，具有法律规定的明确性和裁判上的确定性。法律规定了应当情节，法官就不能另作其他选择；“可以”情节虽然也是法律明文规定的，但它只是针对一般情况或曰原则性而言，主要表明法律上的一种倾向性，而不排斥具体裁判上的选择性或灵活性。在特定条件下，它也可以对量刑不产生作用。从法律效力来说，“应当”情节理当优于“可以”情节。

(2) 法定情节优于酌定情节。法定情节是法律明文规定在量刑时务必考虑的情节；而酌定情节是法无明文规定，由司法人员根据具体案情认定酌情适用的情节。尽管量刑时必须兼顾二者，而且在某些情况下，酌定情节对量刑的影响力并不亚于法定情节，但法定情节在大多数场合比酌定情节所起的量刑作用要大一些，所以法定情节应优于酌定情节的适用。

(3) 罪中情节优于罪前情节和罪后情节。由于犯罪行为的社会危害性是量刑的主要依据，而一案中的社会危害性除了表现于犯罪构成的诸要件之外主要通过罪中情节表现，罪前情节与罪后情节一般只反映行为人的主观恶性程度，因此，在量刑时应优先考虑罪中情节，然后考虑罪前情节与罪后情节。如此，才能分清主次、抓住重点，而不至于本末倒置。

【问题与思考】

被告人王某、邵某在监狱服刑时相识，先后刑满被释放。2002 年 6 月，邵某到王某家，二人预谋抢劫出租车，杀死司机后将出租车出卖。王某、邵某遂准备了橡胶锤、绳子等作案工具，并商定了实施抢劫的具体方法。次日 10 时许，邵某携带橡胶锤、绳子等作案工具，骗租杨某（女）驾驶的松花江牌小型客车，邵某按预谋计划坐在司机后排，后让司机停车接王某上车。王某上车后坐在副驾驶座，当车行驶至某路段时，王某回头示意邵某后，邵某便用橡胶锤猛击杨某头部数下，王某用手猛掐杨某的颈部，致杨某昏迷，将杨某拽到驾驶座与后排之间的坐椅下，邵某脱下上衣堵杨某的嘴，并用绳子将杨两个大拇指捆绑在一起。二人翻口袋找钱，王某将杨某的裤子脱下，从内裤口袋翻出人民币两百余元，王某又用烟头烫杨某的腹部，当被烫后的杨某有反应时，王某说“还动呢”，后又用手抠摸杨某的身体。二人共抢得诺基亚手机等物品，计价值人民币 42 000 元。

王某、邵某抢得物品后由邵某驾车行驶，途中发现车油不足时，王某下车去买汽油，邵某在一片树林里等候。其间，杨某苏醒，便哀求邵某将她放走，并说邵某“干坏事迫不得已，是坏人中的好人”，邵某没有答应杨某的要求，只答应让杨某好好配合，保她一条性命。从作案当日 13 时许至 23 时许，王某曾经三次离开汽车（买汽油、买食品、拿铁锹），每当王某离开汽车后，杨某都哀求邵某放她逃走，邵某均未答应。当王某回到汽车上时，杨某就按邵某的吩咐，装死躺在车内。在此期间，王某与邵某商量过将杨某扔水沟、用火焚烧、挖坑掩埋等方法，最后确定采用挖坑掩埋的方法处置杨某。当王某再次离开车回家取铁锹准备掩埋杨某时，杨某再次哀求邵某，此时邵某答应掩埋杨某时，将杨某脸朝下埋，并由其抬杨某的身体上部避免被王某发现“假死”，后当晚依此掩埋。掩埋后二被告人再次返回坑边用打火机查看是否有动静，将杨某头部的土层扒了扒，邵某称担心杨某被闷死。但此时杨某已爬出坑外躲藏起来。后杨某求救并报案。经鉴定杨某受损伤程度为轻伤（上限）。作案后王某、邵某将作案工具及带血迹的衣服、椅子套等物品在逃跑途中掩埋。逃跑途中被河北省某县公安局抓获，并证实，王某、邵某驾驶所抢的松花江牌小客车行驶至河北省境内时，因无车牌被交警查扣时，二被告人乘上厕所之机，丢弃该车行驶证及手机，同时公安人员发现车内有血迹，遂向公安局刑警队报案，经勘验车内的血迹系人血。对二人讯问，二人先后均交代了抢劫杨某并将杨某掩埋的犯罪事实。

在归案后，王某还供述了以下三起犯罪事实：2002 年 1 月，其携带玩具手枪等作案工具，在北京市密云县骗乘事主孙某（女）驾驶的出租车，其以暴力手段进行抢劫，后因孙某反抗未抢得财物。2002 年 4 月在北京市怀柔区田某家牛圈内盗窃牛 2 头，5 月在北京市密云县刘某家盗窃诺基亚 3210 型手机 1 部。①

本案中有哪些法定情节，有哪些酌情情节？对于本案中的逆向量刑情节该怎么处理？

---

① 参见北京市第二中级人民法院（2002）二中刑初字第 1489 号刑事附带民事判决书。

第十七章 刑罚裁量制度

参考书目

1. 高铭暄主编．刑法学原理．北京：中国人民大学出版社，1993.
2. 马克昌主编．犯罪通论．武汉：武汉大学出版社，1999.
3. 韩忠谟．刑法原理．北京：中国政法大学出版社，2009.
4. 苏彩霞．累犯制度比较研究．北京：中国人民公安大学出版社，2002.
5. 周振想．自首制度的理论与实践．北京：人民法院出版社，1989.
6. 左坚卫．缓刑制度比较研究．北京：中国人民公安大学出版社，2004.
7. 韩玉胜主编．刑事执行制度研究．北京：中国人民大学出版社，2007.
8. 王作富主编．刑法．6版．北京：中国人民大学出版社，2016.

参考法规

1.《刑法》第65～77条

2. 1993年4月16日最高人民法院《关于判决宣告后又发现被判刑的犯罪分子的同种漏罪是否实行数罪并罚问题的批复》

3. 1998年4月6日最高人民法院《关于处理自首和立功具体应用法律若干问题的解释》

4. 2002年4月10日最高人民法院《关于撤销缓刑时罪犯在宣告缓刑前羁押的时间能否折抵刑期问题的批复》

5. 2009年3月19日最高人民法院、最高人民检察院《关于办理职务犯罪案件认定自首、立功等量刑情节若干问题的意见》

6. 2010年12月22日最高人民法院《关于处理自首和立功若干具体问题的

意见》

7. 2012 年 8 月 8 日最高人民法院、最高人民检察院《关于办理职务犯罪案件严格适用缓刑、免予刑事处罚若干问题的意见》

8. 1993 年 4 月 16 日最高人民法院《关于判决宣告后又发现被判刑的犯罪分子的同种漏罪是否实行数罪并罚的批复》

引例 17－1 闵某故意伤害及诈骗案

闵某 1997 年因诈骗罪被判处有期徒刑 2 年，因病被暂予监外执行（2009 年 1 月 14 日执行完毕）。在该刑罚执行完毕前，闵某于 2008 年 7 月又犯诈骗罪，该罪没有被发现；闵某在暂予监外执行刑罚期限届满后的当年，又分别于 4 月和 11 月再犯诈骗罪和故意伤害罪。对于被告人闵某的行为构成故意伤害罪和诈骗罪，没有异议。但本案是否构成累犯？应当如何适用数罪并罚？

第一节 累 犯

对累犯从严惩处，是当今世界各国重要的刑罚裁量制度之一。西方国家规定的累犯，通常可分为普通累犯、特别累犯和混合累犯三种。[①] 其中普通累犯，是指曾经犯过罪而又再犯罪，不问其犯罪的种别如何，一概认为是累犯。特别累犯，是指曾犯一定之罪又再犯此一定之罪或同类之罪，就构成累犯。混合累犯，是指刑法既规定普通累犯，又规定特别累犯，兼采普通累犯制和特别累犯制。《刑法》第 65 条、第 66 条规定的累犯，分为一般累犯和特别累犯两种，其构成条件各异。正确认识累犯的概念及构成要件，科学地运用刑罚手段同累犯现象作斗争，对于惩罚罪犯，降低重新犯罪率，增强刑罚预防犯罪的作用，具有重要意义。

一、累犯概述

累犯，是指因犯罪受过一定的刑罚处罚，在刑罚执行完毕或者赦免以后，在法定期限内又犯一定之罪的罪犯。

在我国，大多数犯罪分子受过刑罚处罚，能够改恶从善，重新做人，回归社会后不再危害社会。但是，也有少数犯罪分子受过刑罚处罚，仍不思悔改，在刑罚执行完毕或者赦免以后的一段时间内，又实施性质较为严重的犯罪行为，从而构成累犯。累犯是一种屡教不改的罪犯，给国家和人民的利益造成的危害较大，这是因为这些犯罪分子已经受过刑罚处罚，对他们已经进行过必要的法制教育和劳动改造，但他们仍不悔改，在刑罚执行完毕或赦免以后的 5 年以内，又犯性质比较严重的罪，表明其主观恶性甚深，人身危害性大，改造比较难，累犯较之于初犯具有更为严重的社会危害性。

其危害性主要表现在：(1) 累犯往往会耗费国家司法机关在侦破案件、进行审判和改

---

① 参见马克昌主编：《刑罚通论》，407～408 页，武汉，武汉大学出版社，1999。

造犯罪方面更多的人力物力；（2）累犯会削弱国家法律的权威，影响国家法律和刑罚在公民中的威信；（3）累犯的行为对社会心理秩序和对公民个人的心理秩序有较大的破坏性。所以，根据罪刑相适应和刑罚个别化的原则，对累犯应当从重处罚，这样才能有效地对他们进行改造，达到预防犯罪的目的。在我国刑法中，累犯分为一般累犯与特别累犯两种。

二、累犯的类型及其构成要件

【案例17-1】　　樊某故意杀人案

樊某曾因盗窃罪被判处有期徒刑2年。刑满出狱后，樊某决定洗心革面、重新做人，自费学了开车技术，后来受雇于某钢铁厂开货车。在出狱4年零5个月的一天，樊某因违反交通管理法规撞倒了一个过路的老农。樊某下车一看，见老农昏迷不醒，便将老农抱上汽车。车开到一荒郊时，樊某想到把老农送到医院自己得承担医药费，就产生了抛弃老农的念头，于是将老农搁在荒郊的小树林里。后来老农尸体被发现，经鉴定，系在昏迷时被冻死。

（一）一般累犯

根据《刑法》第65条的规定，一般累犯，是指被判处有期徒刑以上刑罚，刑罚执行完毕或者赦免以后，在5年内再犯应当判处有期徒刑以上刑罚之罪的犯罪分子。其构成要件是：

（1）主观要件。前罪与后罪都是故意犯罪，如果前罪与后罪都是过失犯罪，或者前罪与后罪中有一个是过失犯罪，都不能构成累犯。之所以如此，是由我国刑法的任务和累犯从重处罚的根据决定的。首先，从我国的犯罪情况来看，绝大多数是故意犯罪。我国刑法分则规定的全部犯罪，绝大多数也只能由故意构成，给国家和人民利益造成重大危害的，也多是故意犯罪。因此，我国刑法理所应当将惩治故意犯罪作为其主要任务。由其所决定，旨在遏制犯罪人再犯罪的累犯制度也应以防止故意犯罪人重新实施故意犯罪作为自己的出发点，从而把构成累犯的前后两次犯罪限定为故意犯罪。其次，对累犯予以重罚的主要依据是累犯较之于初犯，人身危险性更大。通常认为，故意犯罪人的人身危险性较大，虽然过失犯罪人在一定条件下也可能再次犯罪，但过失犯罪人本身具有的人身危险性是很小甚至是没有的。鉴于以上两点，我国刑法规定的累犯，前后两罪仅限于故意犯罪。我国刑法对累犯的主观方面作了限制性规定，将过失犯罪排除在累犯之外，表明我国对累犯的范围是从严控制的。

（2）刑度条件。前罪被判处的刑罚和后罪应当判处的刑罚都是有期徒刑以上。这就是说，前罪和后罪都必须是较重的罪。如果前罪被判处的刑罚是拘役、管制或者单处某种附加刑，后罪虽然是应当判处有期徒刑以上刑罚，也不构成累犯；反之，虽然前罪被判处有期徒刑以上刑罚，但后罪应当判处拘役、管制或者单独判处某种附加刑，同样不能构成累犯。这里说的“被判处有期徒刑以上刑罚”，是指人民法院最后确定的宣告刑为有期徒刑以上刑罚。“应当判处有期徒刑以上刑罚”，是指所犯后罪根据其事实和法律规定实际上应当判处有期徒刑以上刑罚，而不是该罪的法定刑包括有期徒刑。因为刑法分则有法定刑的条文都包括有期徒刑，如果将“应当判处有期徒刑以上刑罚之罪”理解为所犯之罪的法定刑中包括有期徒刑以上刑罚之罪，那么，凡是受过刑罚处罚又犯罪的人都有可能成为累犯。这样，势必无限制地扩大了累犯的范围，显然不符合累犯制度的立法精神。

此外《刑法》第65条规定的“被判处有期徒刑以上刑罚的犯罪分子”应当包括被判处无期徒刑或者死刑的犯罪分子，无期徒刑是剥夺犯罪分子终身自由，并实行强迫劳动改造的刑罚；死刑是剥夺犯罪分子生命的刑罚，这些犯罪分子虽然在逻辑上不存在刑罚执行完毕的问题。但是我国刑法从教育犯罪人出发，规定了减刑、假释及死缓制度。被判处无期徒刑的犯罪分子，如果在刑罚执行期间确有悔改立功表现，不致再危害社会，可获得减刑或假释的宽大处理，重新回归社会，对死刑缓期执行的犯罪分子，经过两年考验期间，只要没有故意犯罪，则减为无期徒刑或者有期徒刑，经过减刑或假释出狱以后也有可能再犯罪，因而也存在构成累犯的问题。

(3) 时间条件。后罪发生的时间，必须在前罪所判处的刑罚执行完毕或者赦免以后。如果被判处有期徒刑以上刑罚的犯罪分子所犯的后罪，不是发生在前罪刑罚执行完毕或赦免以后，而是发生在前罪刑罚执行期间，则不能认为是累犯，只能按数罪并罚的规定处理。所谓“刑罚执行完毕”，是指主刑执行完毕，不包括附加刑在内。主刑执行完毕5年内又犯罪，即使附加刑未执行完毕，仍构成累犯。所谓“赦免”是指特赦减免。刑法以刑满或赦免后5年内再犯罪作为构成累犯的时间界限。如果后罪发生在前罪的刑罚执行期间，则不构成累犯。如果后罪发生在前罪刑罚执行完毕或者赦免5年以后，也不构成累犯。后罪发生在前罪刑罚执行完毕或赦免以后5年以内，才构成累犯。

(4) 主体条件。《刑法》第65条规定不满18周岁的人犯罪的，不构成累犯。这一规定，既包括实施前罪和后罪时都未满18周岁的情况，也包括实施前罪时不满18周岁但实施后罪时已经满18周岁的情况。

本章[案例17-1]樊某故意杀人案中，樊某的行为究竟是交通肇事致人死亡还是故意杀人，关系到樊某是否构成累犯。樊某见老农昏迷已然确知老农尚未死亡，并且其也能预见到将老农置于荒郊中，老农得不到救助有可能会导致其死亡结果的出现。因此，樊某已经属于故意杀人的行为。结合樊某在刑满释放之后5年之内又犯故意杀人罪，而故意杀人罪应当判处有期徒刑以上刑罚的情况，所以樊某的情节属于累犯，依法应从重处罚。

关于累犯的时间条件问题，实践中有两点应引起重视。第一，后罪的犯罪行为实施于前罪刑法执行完毕以后的5年以内，但其结果发生在5年以后，如何处理？本书认为，从主观上看，犯罪人对自己的行为及其结果是有所预见的，甚至已经预见到自己行为与结果的时间间隔；从客观上看，危害结果发生与犯罪人的行为有直接因果关系。这样，从主客观相统一的原则出发，应该认为该行为是有时间跨度的连续行为，是一个整体行为，所以，此种情形应作为累犯处理。第二，关于两罪的5年间隔期限是硬性规定，不能有任何弹性，即使一天也不能灵活机动，否则，将有损法律的严肃性。是否满5年应以天为单位计算，具体地说，要以刑罚执行完毕之日或赦免之日5年后的同日的前一天为已满5年的期限。

(二) 特别累犯

根据《刑法》第66条的规定，特别累犯是指因犯危害国家安全罪、恐怖活动犯罪、黑社会性质组织犯罪受过刑罚处罚，刑罚执行完毕或赦免以后，在任何时候再犯上述任一类罪的犯罪分子。一般认为，特别累犯的规定与刑法典起草、制定之时的国内形势有关，是为了突出对特定种类犯罪的打击。

特别累犯须符合以下构成要件：(1) 前罪和后罪都必须是危害国家安全罪、恐怖活动犯罪、黑社会性质组织犯罪的一种。如果前后两罪中有一罪是普通刑事犯罪，则不构成特别累犯。是否构成一般累犯，要根据一般累犯的构成要件来认定。如果符合一般累犯的构成要件，则构成一般累犯。（2）必须是前一罪被判过刑罚并执行完毕或赦免以后再犯上述类型之罪，如果前罪没有被判刑罚，则不构成特别累犯。但法律没有关于其前罪和后罪判处何种刑罚以及刑罚轻重的限制规定，因此无论前罪和后罪判处何种刑罚及其轻重，均不影响特别累犯的成立，即使两罪或者其中一罪被判处低于有期徒刑的刑罚，如拘役、管制，也构成特别累犯。（3）后罪必须发生在前罪的刑罚执行完毕或赦免以后，在时间上不受限制，至于后罪在前罪刑罚执行完毕或赦免之后什么时间内发生，都构成特别累犯。

刑法对特别累犯的构成要件的限制比一般累犯宽得多，这是因为对于一再进行上述类型犯罪活动的犯罪分子，必须予以坚决、严厉的打击。

三、累犯的刑事责任

我国刑法规定的累犯的处罚原则，经历了一个由“加重处罚”到“从重处罚”的变化过程。中华人民共和国成立以前，我国人民民主政权颁布的单行刑事法规中，对累犯采取的都是“加重处罚”的原则。例如，1934 年 4 月 8 日公布的《中华苏维埃共和国惩治反革命条例》第 31 条规定，“凡犯本条例第 3 条至第 30 条所列各罪之一项或一项以上者加重处罚”。中华人民共和国成立初期颁行的一些单行刑事法规，仍规定对累犯要加重处罚。1980 年 1 月 1 日起实施的 1979 年《刑法》第 61 条规定，对于累犯“应当从重处罚”，重新确立了我国刑法中的累犯处罚原则。这一原则再次被 1997 年《刑法》所规定。所谓从重是在罪刑相适应原则下的从重，是以犯罪轻重为基础的依法从重，而不是脱离犯罪事实，不顾法律规定的盲目从重。从重是相对而言的，就是说对犯同样性质之罪的累犯比初犯处罚要重一些。从重也只能在该罪法定刑的量刑幅度内，根据累犯的性质、情节和社会危害程度，酌情依法从重。

在司法实践中适用对累犯的从重处罚原则，应注意三点：

（1）“应当”从重处罚，即只要犯罪分子构成累犯，就应对其在法定刑幅度内处以较重的处罚，而没有灵活斟酌的余地。

（2）比照初犯从重处罚。即对累犯从重处罚应以初犯的刑罚为参照系，对累犯处以比初犯较重的刑罚。

（3）对累犯从重处罚并非一律判处法定最高刑，判处与否，要根据全案的诸种情况综合考虑。

另外，累犯不适用缓刑，累犯也不得假释。《刑法》第 74 条规定，对于累犯和犯罪集团的首要分子，不适用缓刑。而《刑法》第 81 条第 2 款规定，对于累犯以及因故意杀人、强奸、抢劫、绑架、放火、爆炸、投放危险物质或者有组织的暴力性犯罪被判处 10 年以上有期徒刑、无期徒刑的犯罪分子，不得假释。这是因为累犯屡教不改，主观恶性较深，有再犯之虞，适用缓刑和假释难以防止其再犯罪，难以防止社会危害性的发生，所以即使其符合适用缓刑和假释的其他条件，也不能适用缓刑和假释。

四、累犯认定中的几个问题

（一）前罪适用缓刑和假释的累犯认定问题

被判处有期徒刑宣告缓刑的犯罪分子，缓刑考验期满以后，5 年以内，又犯应当判处有期徒刑以上刑罚之罪的，是否构成累犯，有两种不同的意见。一种意见认为，按照我国《刑法》第76条的规定，缓刑是有条件地暂缓执行原判的刑罚，缓刑考验期满，犯罪分子没有再犯新罪，就不再执行原刑罚，因他没有被执行过刑罚，就缺少一个构成累犯的必要条件，不构成累犯。而且，构成累犯的，说明其主观恶性深，比较难以改造。宣告缓刑的，是由于其犯罪较轻，悔罪较好；缓刑考验期内，没有再犯新罪，说明其接受了改造，也不应该认为他构成了累犯。另一种意见认为，按照我国《刑法》第76、77条和《刑事诉讼法》第258条的规定，缓刑只是有条件地暂缓执行原判的实刑，对于缓刑仍然执行，具体由社区矫正机构负责，如未再犯新罪、未发现漏罪，也没有因违反相关规定被撤销缓刑，缓刑考验期满，就是缓刑执行完毕，原判的实刑不再执行。由于原来判过有期徒刑，以法定的缓刑的方法执行完毕，所以仍构成累犯。本书认为第一种意见较为合理。

被假释的犯罪分子，从假释期满之日起，在5年内再犯应当判处有期徒刑以上刑罚之罪的，是累犯。如果在假释考验期内又犯罪的，则不构成累犯，而应撤销假释按数罪并罚的原则处理，理由是：(1) 假释是附条件的提前释放，犯罪分子因犯新罪被撤销假释后，其前罪的刑罚仍须执行，而不是“已经执行完毕”，故其后罪缺乏构成累犯的必要条件；(2) 对新犯之罪按数罪并罚处罚的，已体现了从重处罚的精神，无须按累犯对待；(3) 如果对假释期限内又犯之罪认定为累犯，则不可避免地同刑法关于假释、数罪并罚等规定发生矛盾，并给法律适用造成困难。

(二) 前罪已受外国刑法处罚，是否认定为累犯的问题

前罪已受外国刑法处罚，是否能作为累犯的构成条件？对于这个问题，有两种不同的认识：一种意见认为，刑法规定的“刑罚执行完毕”是指在我国的有罪判决和刑罚执行完毕。我国刑法原则上不承认外国法院的审判，因此，行为人在外国受过有期徒刑以上刑罚判决或执行，以后又在我国犯罪的，不能认为具有构成累犯的条件。另一种意见认为，对于这种情况，应当具体问题具体分析，区别对待。如果行为人在国外实施的行为，没有触犯我国刑律，虽然经过外国审判并执行了刑罚，也不能作为累犯的构成条件；如果行为人受外国刑罚处罚并执行的前罪，依照我国刑罚规定也应当负刑事责任的，我们可以承认其执行过刑罚，作为累犯的构成要件，也可以依照我国刑法再行处理。本书认为，第二种意见比较有道理，比较切实可行。

(三) 后罪为数罪的累犯认定问题

对累犯的认定，司法实践中常遇到这样的问题：基于同一前罪的数罪（含同种数罪和异种数罪），均符合累犯的规定，是“先从重，后并罚”还是“先并罚，后从重”？

(1) 异种数罪，例如前罪为盗窃罪，后罪为盗窃罪、抢劫罪、故意伤害罪，后三罪均符合累犯条件，到底该不该分别认定累犯？依据数罪并罚原则，应当先分别从重然后并罚。《刑法》第69条第1款规定，判决宣告以前一人犯数罪的，除判处死刑和无期徒刑的以外，应当在总和刑期以下、数刑中最高刑以上，酌情决定执行的刑期，但是管制最高不能超过3年，拘役最高不能超过1年，有期徒刑总和刑期不满35年的，最高不能超过20年，总和刑期在35年以上的，最高不能超过25年。根据该条规定，应当对后罪的数个罪分别定罪量刑，然后在总和刑期以下，数刑中最高刑以上，酌情决定执行的刑期。既然是分别定罪量刑，再根据限制加重等原则决定总和刑期，就应分别认定从重情节，然后再并罚。这个从重情节应当是全面的而非支离破碎的、完整的而非个别的。这其中自然应结合案件的具体实际，对后罪的每个罪的累犯情节都予以考虑，否则，便是肢解个罪的量刑情节。由此看出，基于同一前罪的累犯进行分别认定，于法有据。分别认定累犯不同于重复认定累犯，分别认定累犯，是后罪中全部数罪或部分数罪与同一前罪均符合刑法关于累犯的规定而作出的逐一认定；重复认定累犯，则是同一个后罪与同一个前罪本应认定一次累犯却被认定了两次以上。前者合乎法律规定，后者纯属错误。

（2）后罪为同种数罪的情况，认定累犯。同种数罪一般见于连续犯罪，即同类多起事实以一罪定性，比如多次盗窃，多次抢劫，多次诈骗等，行为有多起，定性是一罪。后罪为同种数罪的分为两种情况，一是后同种数罪中有漏罪的情况，二是后同种数罪中有新罪的情况。《刑法》第70条规定，判决宣告以后，刑罚执行完毕以前，发现被判刑的犯罪分子在判决宣告以前还有其他罪没有判决的，应当对新发现的罪作出判决，把前后两个判决所判处的刑罚，依照本法第69条的规定，决定执行的刑罚。这一规定说明，不管新发现的罪即漏罪与已判决之罪是同种罪还是异种罪，都应适用数罪并罚。换一个角度说，即便都是一个罪名，如已判决之罪为盗窃罪，待判决之漏罪还是盗窃罪，也不能将两罪数额累计计算以决定刑期，而应当依法实行数罪并罚。由此结合前文分析可以判定，对于漏罪为同种罪的，只要其符合累犯的构成要件，亦应分别认定累犯，即“先从重，后并罚”。《刑法》第71条规定，判决宣告以后，刑罚执行完毕以前，被判刑的犯罪分子又犯新罪的，应当对新犯的罪作出判决，把前罪没有执行的刑罚和后罪所判处的刑罚，依照本法第69条的规定，决定执行的刑罚。由于新罪也是按照数罪并罚原则处罚，所以对于同种新罪，不管已判决之罪是否已认定累犯，都应分别认定累犯然后并罚。

第二节　自首和立功

一、自首

自首，是指犯罪以后自动投案，如实供述自己罪行的行为，或者被采取强制措施的犯罪嫌疑人、被告人和正在服刑的罪犯，如实供述司法机关还未掌握的本人其他罪行的行为。我国刑法设置的自首制度及其所确立的对自首犯从宽处罚的原则，对分化瓦解犯罪势力，迅速侦破刑事案件，感召犯罪分子主动投案，激励犯罪分子改过自新，减少社会不安定因素，及时打击和预防犯罪起着积极的作用。

（一）自首的种类及成立条件

根据《刑法》第67条规定，自首分为一般自首和特别自首两种。一般自首是指犯罪分子犯罪以后自动投案，如实供述自己罪行的行为。特别自首，亦称准自首或者余罪自首，是指被采取强制措施的犯罪嫌疑人、被告人和正在服刑的罪犯，如实供述司法机关还未掌握的本人其他罪行的行为。

1. 一般自首的成立条件

（1）自动投案。

所谓自动投案，是指犯罪分子于犯罪之后，被动归案之前，自行投于有关机关或个人，承认自己实施了犯罪，并自愿置于所投机关或个人的控制之下，等候交代犯罪事实，并最终接受国家的审理和裁判的行为。

对此，可以从以下几个方面来加以理解。

第一，自动投案须发生在尚未归案之前。所谓尚未归案，是对自动投案的时间限定。

投案行为通常实行于犯罪分子犯罪之后，犯罪事实未被司法机关发觉以前；或者犯罪事实虽然已被司法机关发觉，但犯罪人尚未被查获以前；或者犯罪事实和犯罪分子均已被发觉，而司法机关尚未对犯罪分子进行讯问或者采取强制措施以前。另外，犯罪分子的罪行尚未被司法机关发觉，仅因形迹可疑被有关组织查询、教育后，自动投案；或者犯罪分子因病、因伤或为了减轻犯罪后果，委托他人代为投案；或者先以信件、电报、电话投案；犯罪分子在犯罪后，在被通缉、追捕的过程中，自动投案；经查实犯罪分子确已准备去投案，或者正在去投案的途中，被公安机关逮捕的，也应视为自动投案。至于犯罪后被群众扭送归案的，或被公安机关逮捕归案的，或者在追捕过程中走投无路当场被捕的，或者经司法机关传讯、采用强制措施被动归案的，均不能认为是自动投案。

第二，自动投案必须是基于犯罪分子本人的自愿意志。也就是说，犯罪分子的归案，并不是由违背犯罪分子本意的原因所造成的。自动投案的动机是多种多样的，有的出于真诚悔罪，有的为了争取宽大处理，有的经亲友规劝而醒悟，有的慑于法律的威严，有的潜逃在外生活无着，等等。这些动机都不影响归案行为的自动性。至于司法实践中经常出现的送子女或亲友归案的情形，一般并非出于犯罪分子的主动，而是经家长、亲友规劝、陪同投案的。无论是公安机关通知犯罪分子的家长后，或者家长、监护人主动报案后，犯罪分子被送去归案的，只要犯罪人后来如实供述了自己的罪行，一般也应按自首处理。

第三，自行投于有关机关或个人。自动投案，通常是指向有关机关投案。这些机关首先是指对犯罪负有侦查、起诉、审判职能的公安机关、人民检察院和人民法院及其派出单位，如街道派出所、基层人民法庭等。其次是指公、检、法以外的其他国家机关以及犯罪人所属的国家机关、国有公司、企业、事业单位、人民团体的保卫部门或乡政府、村委会及其治保组织。犯罪人投案的机关，未必是对其犯罪具有刑事管辖权的机关或与自己有关的机关、单位、组织等。

犯罪分子犯罪后，也可以向某些个人投案。也就是说，犯罪分子于犯罪之后，投案于肯定会把自己的犯罪事实告知司法机关及其他机关、单位的人，也应属于自动投案。这些“个人”主要是指非在执行职务之中的司法机关及其他国家机关、企业事业单位的国家工作人员。如果是向正在依法执行职务的国家工作人员投案，则属于向其所属的机关、单位投案。此外，接受投案的“个人”也可以指某些非国家工作人员，如村长、治保主任等。

犯罪人投案于有关机关或个人，并不限于必须到有关机关去或者直接投向有关个人。犯罪分子因病、因伤委托他人代为投案；或者先以信件、电报、电话投案的，也应允许。

第四，承认自己所犯的特定之罪。投案人不能空泛地承认自己犯罪，还要求其必须承认自己实施了特定犯罪事实，或者承认某一犯罪是自己所为。当然，这并不是要求其进一步交代犯罪的具体情况，因为详细供述犯罪事实已是投案之后要实施的行为。投案人必须承认下列事实：在犯罪事实已经发生但尚未被发现的情况下，只要承认自己实施了何种犯罪即可；在犯罪事实虽已被发现，但尚未查清犯罪人是谁的情况下，只要承认某犯罪是自己所为即可；在犯罪事实和犯罪人均已被发觉，但犯罪人尚未归案的条件下，只要承认自己是某一特定犯罪的行为人即可。

第五，必须置于有关机关或个人的控制之下，并等待交代犯罪事实。换言之，犯罪人必须将人身自由权利自行交由有关机关或者个人支配，自愿服从其管理，并在此基础上，等候向有关机关的办案人员进一步交代犯罪事实。在司法实践中，有的犯罪人匿名将赃物送回司法机关或者物主处，或者用电话、书信向司法机关报案或指出赃物所在。这类行为并没有将自身置于司法机关的控制之下，因而不能成立自首。但是，这种主动交出赃物的行为，也是悔罪的一种表现，在处理时可以考虑适当从宽。

第六，接受国家的审查和裁判。犯罪人接受国家的审查、裁判，是指接受司法机关的审查和裁判。所谓审查，是指公安机关、检察机关以及人民法院对案件的审理、查证，对被告人的审核、询问等诉讼活动。所谓裁判，是指人民法院在审理的基础上，对案件定罪量刑所作的裁定和判决。

犯罪分子是否将自己的人身置于司法机关的现实控制之下，接受其审查和裁判是其是否自动投案，是否真诚悔罪的具体表现。所以，犯罪人归案之后，无论在刑事诉讼的侦查阶段、起诉阶段还是审判阶段，都必须接受司法机关的审理和裁判，不能逃避，才能使自首最终成立。

自动投案之后并主动如实供述自己罪行的犯罪人，一般来说，是会接受国家司法机关的审查和裁判的。但是，也有部分自动投案的犯罪分子拒绝接受国家的审查和裁判，司法实践中存在多种多样的表现形式，具体有：其一，自动投案并交代罪行后又脱逃、隐匿的。这是犯罪分子拒绝接受国家审查和裁判的最明确表示。其二，自动投案并交代罪行后又翻供，也即犯罪分子推翻自己的供词，目的在于推脱罪责，使自己逃避应得的惩罚。

衡量投案并交代罪行的犯罪分子是否接受国家司法机关的审查和裁判的标准，并不是看其有何主观表示或积极的行动，而是看其是否有翻供或脱逃司法机关控制的行为。基于此，下列情形都不能视为犯罪分子不接受国家机关的审查和裁判：其一，仅仅有不愿接受国家司法机关审查和裁判的意思表示。其二，对以前的供述予以修正。例如对以前供述中遗漏的犯罪事实进行补充；或者对于以前交代中因错误理解坦白从宽的刑事政策而主动交代的非属自己实施的罪行进行更正。其三，犯罪人竭力为自己进行辩护。辩护权是法律赋予并保障被告人享有的一项重要权利。在整个刑事诉讼过程中，被告人都有权依照法律、根据事实为自己辩护，寻找、提出说明自己无罪、罪轻的事实和证据。其四，上诉行为。我国审判案件实行两审终审制，投案人对人民法院的第一审裁定或判决不服，并提出上诉，是法律规定的被告人享有的一项重要权利，与拒绝接受国家司法机关的终审裁定或判决有本质区别。

（2）如实供述自己的罪行。

犯罪分子自动投案以后，只有如实供述自己的罪行，才能足以证明其具有真诚悔罪的表现。所以，能否如实供述自己的罪行是自首成立的一个重要条件。

第一，投案人所供述的必须是犯罪的事实，也即客观存在的犯罪的一切实际情况的总和。这种事实不是投案人违反道德或一般的违法行为与事实，更不是与犯罪无关的其他行为与事实。此外，投案人基于对法律和事实的认识错误而交代了一些与犯罪无关的行为或事实，也不能视为是自首。第二，犯罪人自动投案之后交代的犯罪事实，指的是主要犯罪事实，而不是指犯罪的全部事实细节。所谓主要犯罪事实，也就是足以证明行为人的行为构成犯罪的基本事实。如果犯罪人在供述罪行的过程中推诿责任，保全自己，意图逃避制裁；大包大揽，庇护同伙，意图包揽罪责；歪曲罪质、隐瞒情节，企图蒙混过关；掩盖真相，避重就轻，试图减轻罪责等，都不属于“如实供述自己的罪行”，不能成立自首。当然，交代犯罪事实时，只要犯罪人对自己犯罪事实的认识和表述与客观存在的犯罪事实基本相一致就行，而并非要求完全一致。第三，投案人所交代的必须是自己实施或支配他人实施并应由自己承担刑事责任的罪行。这些犯罪事实既可以是投案人单独实施的，也可以是投案人和他人共同实施的；既可以是一罪，也可以是数罪。如果交代的是自己耳闻目睹的他人罪行，那么属于检举揭发或立功，而不是自首。

此外，犯罪人供述自己罪行的方式是多种多样的，可以是口头的，也可以是书面的；可以是直接的，也可以是间接的。

2. 特别自首的成立条件

根据《刑法》第 67 条第 2 款的规定，特别自首的成立条件包括以下几个方面：

(1) 特别自首的主体必须是被采取强制措施的犯罪嫌疑人、被告人和正在服刑的罪犯。这里的强制措施是指我国刑事诉讼法所规定的拘传、取保候审、监视居住、拘留和逮捕等措施。所谓正在服刑的罪犯，是指已经人民法院判决，正在被执行所判刑罚的人。只有上述三种人，才能构成特别自首的主体。

(2) 必须如实供述司法机关还未掌握的本人其他罪行。这有两方面的内容：一是所供述的必须是本人已经实施但司法机关还不知道、不了解或尚未掌握的犯罪事实；二是被采取强制措施的犯罪嫌疑人、被告人和正在服刑的罪犯所供述的罪行在犯罪性质或者罪名上与司法机关已经掌握的罪行不同。

(二) 自首认定中的特殊问题

1. 共同犯罪自首的认定

共同犯罪人自首时所应供述的自己罪行的范围，必须与其在共同犯罪中所起的作用和具体分工相适应。

第一，主犯应供述的罪行范围。主犯中的首要分子必须供述的罪行，应包括其组织、策划、指挥下的全部罪行；其他主犯必须供述的罪行，应包括其在首要分子的组织、策划、指挥的支配下，单独实施的共同犯罪的罪行以及与其他共同犯罪人共同实施的犯罪行为。第二，从犯应供述的罪行范围。从犯中次要的实行犯必须供述的罪行，应包括犯罪分子自己实施的犯罪，以及与自己共同实施犯罪的主犯和胁从犯的犯罪行为；从犯中的帮助犯必须供述的罪行，包括自己实施的犯罪帮助行为，以及自己所帮助的实行犯的犯罪行为。第三，胁从犯应供述的罪行范围。包括自己在被胁迫下实施的犯罪，以及其所知道的胁迫自己犯罪的胁迫人所实施的罪行。第四，教唆犯应供述的罪行范围。包括自己的教唆行为，以及所了解的被教唆人产生犯罪意图之后实施的犯罪行为。

2. 数罪自首的认定

正确认定数罪的自首，关键在于判断犯罪人是否如实地供述了所犯数罪并分别不同情况予以处理。

首先，就一般自首而言，对于犯罪人自动投案后如实地供述所犯全部数罪的，应认定为全案均成立自首。对于犯罪人自动投案后仅如实供述所犯全部数罪的一部分，而未供述其中所犯各罪的全部罪行的，应当分别予以处理：若行为人所犯数罪为异种数罪的，其所供述的犯罪成立自首，其未交代的犯罪则不成立自首，即其自首的效力仅及于如实供述之罪。若行为人的行为所犯数罪为同种数罪，则应根据犯罪人供述犯罪的程度，决定自首成立的范围。其中，犯罪人所供述的犯罪与未供述的犯罪在性质、情节、社会危害程度等方面是大致相当的，只应认定所供述之罪成立自首，未供述之罪不成立自首，即自首的效力同样仅及于如实供述之罪。犯罪人确实由于主客观方面的原因，只如实供述了所犯数罪中的主要或基本罪行，应认定为全案成立自首，即自首的效力及于所犯全部罪行。

其次，就特别自首而言，被司法机关依法采取强制措施的犯罪嫌疑人、被告人，如实供述司法机关还未掌握的本人非同种罪行的；或者正在服刑的罪犯，如实供述判决宣告前发生、判决确定的罪行以外的司法机关还未掌握的同种罪行或者非同种罪行的，以自首论。

3. 区分自首与坦白的界限

所谓坦白，是指犯罪分子被动归案之后，自己如实交代所被指控的犯罪事实，并接受国家审查和裁判的行为。[①] 因此，自首和坦白均属于犯罪人犯罪后对自己所犯罪行的态度范畴。自首和坦白存在以下相同之处：均以行为人实施了犯罪行为为前提；在归案后犯罪人都能如实交代自己的犯罪事实；两者都要求犯罪人接受国家的审查和裁判；两者都是从宽处罚情节。但是，也必须看到，自首与坦白存在明显的区别：自首是犯罪人自动投案之后，主动如实供述自己犯罪事实的行为，这表明犯罪人的人身危险性相对较轻，也正是因为这一点，刑法将自首作为法定的从宽处罚情节；坦白则是犯罪人被动归案之后，如实交代自己所被指控的犯罪事实的行为，犯罪人的人身危险性与自首犯比相对较重，因此，坦白只是酌定从宽处罚情节。

（三）自首的法律后果

各国刑法对自首从宽的规定有所不同，有的采取相对从宽处罚原则，有的采取绝对从宽处罚原则。我国《刑法》第67条第1款规定，对于自首的犯罪分子，可以从轻或者减轻处罚。其中，犯罪较轻的，可以免除处罚。可见，我国采取了相对从宽处罚的原则。

根据立法的精神，在对自首犯进行处罚时，应当注意以下问题：

（1）对自首犯要根据其主观恶性的大小和自首的具体情节（如投案早晚、投案动机、对罪行的交代程度等）来决定是从轻还是减轻处罚。对于主观恶性较小、悔改表现明显的，可以考虑减轻处罚；对于其他的自首犯，可以从轻处罚。

（2）对于犯罪较轻的自首犯，主观恶性较小、悔改表现十分明显的，可以免除处罚。

（3）对于犯有数罪的人，投案后仅供述其中一罪的，只对其所供述的罪按自首从轻或者减轻处罚。但是，如果供述数罪的主要罪行的，也可以对全案按自首处理。

二、立功

【案例17-2】　　岳某、扈某、徐某贩卖、运输毒品案

2002年10月中旬，岳某与扈某合谋欲到云南省瑞丽市购买毒品海洛因运向天津市。同年10月23日，二人到瑞丽市后，结识了徐某，并将购买毒品海洛因的意图告诉徐。经徐某介绍，扈某分两次购买大量毒品海洛因。后岳某、扈某与徐某商定，出资雇佣徐某以体内藏毒的方式将毒品海洛因运向天津市。10月29日，岳某、扈某、徐某携带毒品乘坐列车返回途中被查获，徐某当场指认并协助公安机关抓捕扈某，扈某协助公安机关抓捕岳某。公安机关共收缴毒品海洛因332.3克。检察机关以岳某、扈某、徐某犯运输毒品罪，向一审法院提起公诉。一审法院经审理以贩卖、运输毒品罪，分别判处岳某死刑，剥夺政治权利终身，并处没收个人全部财产；判处扈某死刑，缓期2年执行，并处没收个人全部财产；判处徐某无期徒刑，剥夺政治权利终身，并处没收个人全部财产。一审宣判后，

① 参见马克昌主编：《刑罚通论》，385～386页，武汉，武汉大学出版社，1999。

岳某对判决不服，提出上诉。二审法院经审理认为，岳某、扈某合谋，雇用徐某以体内藏毒的方式运输海洛因的行为，已构成运输毒品罪，应依法处罚。徐某被查获后，当场交代同案犯，带领公安人员并指认抓获同案犯扈某；扈某在被查获后当场带领公安人员到另一车厢指认抓获同案犯岳某。徐某、扈某均具有到案后揭发同案犯，协助公安机关抓捕同案重大犯罪嫌疑人的重大立功表现，均可减轻处罚。故以运输毒品罪分别改判扈某无期徒刑，剥夺政治权利终身，并处没收个人全部财产；改判徐某有期徒刑15年，剥夺政治权利5年，并处没收个人全部财产。

(一) 立功的概念和条件

立功，是指犯罪分子揭发他人的犯罪行为，查证属实的，或者提供重要线索，从而得以侦破其他案件的行为。

立功的条件，主要包括：(1) 主体是犯罪分子，即被采取强制措施的犯罪嫌疑人、被告人和正在服刑的罪犯。(2) 所揭发、检举的行为都同犯罪密切相关，属于他人的犯罪行为或者他人犯罪的重要线索。(3) 揭发、检举的内容真实，对破案有效，其内容经查证属实或者据以侦破了其他犯罪案件。

我国刑法所确立的立功制度和对立功犯从宽处罚的原则，具有重大的意义：一方面，这一制度可以激励犯罪分子改过自新，重新做人，使其能以较为积极的态度协助司法机关工作，提高司法机关办案的效率；另一方面，这一制度可以有效地瓦解犯罪势力，促使其他犯罪分子主动归案，减少因犯罪而对社会造成的不安定。

(二) 立功的表现形式

《刑法》第68条第1款规定了立功的两种形式：

一是犯罪分子揭发他人的犯罪行为，并经查证属实的。犯罪分子被羁押或者归案后，不仅如实地交代自己的犯罪，而且还主动地揭发其他人的犯罪行为，包括揭发同案犯共同犯罪事实以外的其他犯罪行为。这种揭发必须经司法机关查证属实。如果经过查证，发现其揭发的情况不是事实，或者无法证实，或者不属于犯罪行为，则这种揭发不是立功。

二是犯罪分子提供重要线索，使侦查机关从而得以侦破其他案件的。重要线索应是指司法机关尚未掌握的重要犯罪线索，即能够证明犯罪的重要事实、犯罪人或者有关证人等。提供的重要线索必须是实事求是的，司法机关能够据此查明犯罪，侦破案件。如果经过侦查，发现提供的线索不实，或者无法证明发生过犯罪，或者不属于犯罪行为的，就不应当认为是立功。

对于立功的表现形式，立法上采取了列举和概括式相结合的立法方法。根据立法的精神和最高人民法院1998年4月6日《关于处理自首和立功具体应用法律若干问题的解释》，下列情形，也属于立功：(1) 犯罪分子阻止他人的犯罪活动的。这种情况一般发生在羁押场所，或者在监狱里。犯罪分子为制止他人的犯罪活动，协助司法机关维护劳动改造场所的秩序，承担了一定的风险，这是以实际行动证实其有悔改的诚意，所以应属立功表现。(2) 犯罪分子协助司法机关抓捕其他犯罪嫌疑人，包括同案犯的。这种协助可以是多种方式，如为司法机关指认、辨认犯罪嫌疑人的，带领司法人员去犯罪嫌疑人住处、隐匿处抓捕犯罪嫌疑人，协助司法人员堵截、诱捕犯罪嫌疑人，等等。(3) 犯罪分子有其他有利于国家和社会的突出表现的。如有重要的发明创造，对提高生产、促进建设有利；积极抢险救灾，减少或防止了国家损失，保护了他人的安全，等等。

(三) 立功的法律后果

根据《刑法》第68条的规定，对于有立功表现的犯罪分子应按以下不同情形分别予以从宽处罚：

(1) 犯罪分子有一般立功表现的，可以从轻或者减轻处罚。这里所说的“一般立功”，是指犯罪分子揭发并查证属实的他人罪行属于一般罪行；犯罪分子提供重要线索并据以侦破的案件属于一般案件等。

(2) 犯罪分子有重大立功表现的，可以减轻或者免除处罚。这里所说的“重大立功”，是指经犯罪分子揭发并查证属实的他人罪行属于重大罪行；犯罪分子提供重要线索并据以侦破了重大案件等。

属于重大立功的具体情形有：犯罪分子揭发他人重大罪行，查证属实的；提供侦破重大案件的重要线索，经查证属实的；阻止他人的重大犯罪活动的；协助司法机关缉捕其他重大犯罪嫌疑人的；对国家和社会有其他重大贡献等突出表现的。

附带指出，前面所说的“重大案件”“重大犯罪嫌疑人”“重大罪行”的标准，一般是指犯罪嫌疑人、被告人可能被判处无期徒刑以上刑罚，或者在本省、自治区、直辖市或者在全国范围内有较大影响的案件等情况。

本章［案例17-2］被告人岳某、扈某、徐某贩卖、运输毒品案中，争议的焦点是被告人扈某、徐某的行为是否构成重大立功表现。认定被告人协助公安机关抓获同案犯是否构成立功，应当根据被告人在公安机关抓获同案犯中是否确实起到了协助作用。如经被告人当场指认、辨认抓获了同案犯；带领公安人员抓获了同案犯；被告人提供了不为有关机关掌握或者有关机关按照正常工作程序无法掌握的同案犯藏匿的线索，抓获了同案犯，均属于协助司法机关抓获同案犯，应认定为立功。本案中，公安机关接到的情报称“列车上有人携带大量毒品”，情报并没有提供犯罪嫌疑人的人数及具体特征。公安人员在列车内巡查时，发现被告人徐某频繁进出厕所，行为可疑，便对其进行盘查，徐某即供述了其利用体内藏毒，帮助他人运输毒品的犯罪事实，并交代同案犯还有二人。徐某知道同案人扈某与其同车进京，即带领公安人员当场指认抓获了同车厢的扈某。对于同案人岳某是否同乘一列火车等具体行踪，徐某并不知情。扈某知道岳某与其乘坐同一列火车，并知道岳隐匿于另一车厢的位置，其被抓获后，带领公安人员到另一车厢指认抓获了岳某。徐某、扈某提供了不为公安机关掌握的同案犯藏匿的线索，并当场指认，带领公安人员抓获同案犯，为公安机关迅速、及时抓获本案全部案犯确实起到了重要作用，均属于协助司法机关抓获同案犯，应认定为立功。同时，按照扈某、岳某犯罪的具体情节，均应被判处无期徒刑以上刑罚，故徐某、扈某应属具有重大立功表现，对其二人可依法减轻处罚。综上，本书认为二审法院对徐某、扈某有重大立功表现的认定是正确的。

(四) 认定立功时应当注意的几个问题

刑法对有一般立功表现和有重大立功表现的处罚，设定的是“可以”，“可以”在执行过程中往往会发生理解上的问题，有人将“可以”理解成既可以也可以不。持这种观点的人认为，刑法之所以这样规定，是给法官自由裁量权，也是与“应当”的本质区别。但本书认为这是刑法的一种技术处理，如果没有发生特殊情况，则“可以”应与“应当”同论。

立功的表现形式主要是检举、揭发他人的犯罪事实、犯罪线索，重要的是“他人”而不是自己。犯罪分子如实供述同案人与自己共同作案的犯罪事实，对于这类情况当以坦白对待，可以酌情从轻处罚，对于犯罪分子供述了司法机关没有掌握的不同种犯罪事实，则应当认定为是自首，依法可以从轻或者减轻处罚，犯罪较轻的还可以免除处罚。只有当犯罪分子供述了与自己没有任何关系的他人犯罪事实、犯罪线索并经侦查机关侦查属实，使他人受到法律追究，或者协助司法机关抓捕其他犯罪嫌疑人（包括同案犯），才能认为有立功表现。

最高人民法院《关于处理自首和立功具体应用法律若干问题的解释》第5、7条中规定："具有其他有利于国家和社会的突出贡献的，应当认定为有立功表现。""对国家和社会有其他重大贡献等表现的，应当认定为有重大立功表现。"这一规定在过去的司法解释中没有出现过，因此在理解上很难达成共识。何谓其他有利于国家和社会的突出贡献？何谓对国家和社会有其他重大贡献？本书认为，主要是指犯罪行为人的积极主动的行为使国家免受重大经济损失和社会影响，或者是犯罪行为人的积极主动行为使国家免受巨大经济损失和社会影响。如犯罪行为人将汇入境外企业的巨额资金或者存入境外银行的存款及时挽回；对重大科研项目关键问题提出发明创造意见，并得以实现的；提供涉及可能危害国家政治阴谋的预防措施；提出某地社会将要发生动乱的情报或者起到制止某项社会动乱的发生；等等。这仅是我们的一孔之见，希望最高人民法院能对此作出明确具体的解释，以有利于在司法实践中操作。

另外，不能因有立功表现而混淆罪与非罪的界限，在处理刑事案件的过程中，有的犯罪分子犯有一般罪行，但有重大立功表现，对于这种情况的出现，往往过多地注重重大立功表现而忽视对犯罪的处理，有人则提出对原犯罪可不作处理。本书认为，这种观点是错误的，立功表现仅是我国刑法规定可以或者应当从轻、减轻、免除处罚的量刑依据，而不是无罪的依据，犯罪分子虽有重大立功表现，但不能抹掉罪行。

第三节 数罪并罚

一、数罪并罚的概念

数罪并罚，是指人民法院对于行为人在法定时间界限内所犯数罪分别定罪量刑后，按照法定的并罚原则及刑期计算方法决定其应执行的刑罚的制度。

依照我国刑法的规定，数罪并罚具有以下三个特征。

（1）必须是一行为人犯有数罪。数罪并罚的前提是一人犯有数罪。如果一个人的行为不构成数罪，则不能为了对其加重处罚而适用数罪并罚。此处的数罪，是指实质上的数罪或独立的数罪。也就是说，一行为人犯有一罪或形式数罪，或者非共犯的数行为人犯有数罪（各个行为人分别犯有一罪）不发生数罪并罚的问题。至于怎样区分实质数罪即应予并罚之数罪与形式数罪即不予并罚的数罪，我国刑法未作明确的规定。目前，我国刑法学界基本上都主张以犯罪构成为标准来确定罪数、划分一罪与数罪。据此，实践中的近似数罪，但并非数罪，或本为数罪，但刑法将其作为一罪来规定的情形，就不再适用数罪并罚。例如，一行为在刑法上规定为一罪或处理时作为一罪的情形，包括继续犯、想象竞合犯等；数行为被法律规定为一罪的情形，包括惯犯、结合犯等；数行为处理时作为一罪的情形，包括连续犯、牵连犯、吸收犯等，均不属于应予并罚的实质数罪范畴。

（2）一行为人所犯数罪，必须发生在法定的时间界限之内。根据我国刑法的规定，并非任何时候的实质数罪都需并罚，而是限于以下三种情况的数罪适用数罪并罚，即：1）判决宣告以前一人犯数罪；2）刑罚执行过程中发现被判刑的犯罪分子在判决宣告以前还有其他罪没有判决；3）判决宣告以后，刑罚执行完毕以前，被判刑的犯罪分子又犯新罪。司法实践中，在处理被告人刑满释放后又犯罪的案件时，发现他在前罪判决宣告以前，或者在前罪判处的刑罚执行期间，犯有其他罪行，未经过处理，并且依照刑法的规定应当追诉的，如果漏罪与新罪属于不同种的罪行，即应对漏罪与刑满释放后又犯的新罪分别量刑，并依照《刑法》第69条的规定，实行数罪并罚。如果漏罪与新罪属于同一种罪，可以判处一罪从重处罚，不必实行数罪并罚。

(3) 必须对数罪分别定罪量刑的基础上，依照法定的并罚原则、范围与方法，决定执行的刑罚。数罪并罚不是对数罪所判刑罚的简单相加，而是对犯罪分子所犯数罪，依照刑法分则的相关规定，一个罪一个罪地确定其罪名，量定刑罚，然后根据数罪并罚所应遵循的法定原则，决定执行的刑罚。在审判实践中，对于数罪中有一罪或者数罪应当判处无期徒刑或死刑（含死缓）的案件，同样应当对各罪分别量刑，然后决定执行其中最高的刑罚。对附加刑也应当分别量刑，这样才能看出附加刑是针对何罪适用的。只有数罪中有判处附加刑的，才能在决定执行的刑罚中有附加刑。

在我国刑法中确立数罪并罚制度，具有重大的意义。一方面，数罪并罚制度是对罪刑相适应原则的贯彻。利用刑罚惩罚犯罪的依据在于行为人实施了犯罪行为。而惩罚必须考虑犯罪行为的社会危害性和犯罪人的人身危险性。一人犯一罪和一人犯数罪，在社会危害性和人身危险性方面都很不相同。所以，根据行为人犯数罪的不同情况，并按照刑法所规定的数罪并罚原则对犯罪人合并处罚，可以保证对犯罪人准确地量定刑罚，从而保障罪刑相适应原则的实现。另一方面，数罪并罚是维护被告人合法权益的需要。刑事程序法的基本要求是被告人享有辩护权和上诉、申诉权。如果被告人或者犯罪人不了解审判机关是怎样对其定罪量刑的，无从提出上诉、申诉的意见和具体的辩护理由，这难免在一定程度上使其诉讼权利受到限制。实行数罪并罚，就宣告刑来说，可以清楚地看出审判机关对一人所犯各罪是怎样定罪量刑的，所定罪名和所判刑罚是否正确、适当；就执行刑来说，可以清楚地看出审判机关决定执行刑罚是依据什么原则。如果被告人对一审判决不服，可以有针对性地提出上诉；如果犯罪人对终审判决不服，也可以有针对性地进行申诉。①

二、数罪并罚的原则

所谓数罪并罚的原则，是指对一人所犯数罪合并处罚所依据的原则。简单地说，就是对数罪如何实行并罚。各国刑法基于不同的刑事政策规定了不同的数罪并罚原则，大致可归纳为以下几种。

（一）并科原则

并科原则，是指将一人所犯数罪分别宣告的各罪刑罚绝对相加、合并执行的合并处罚原则。并科原则在某种程度上是报应论刑罚思想的产物，形似公允且持之有故，但该原则实际弊端很多，既难以执行，又使刑罚显得过于严酷，有悖于现代法治国家刑罚制度的基

① 参见高铭暄、马克昌主编：《刑法学》，5版，313页，北京，北京大学出版社、高等教育出版社，2011。

本精神。因此，世界上单纯采纳并科原则的国家并不多见。

（二）吸收原则

吸收原则，是指在对数罪分别宣告的刑罚中，选择其中最重的刑罚为执行的刑罚，其余较轻的刑罚被最重的刑罚所吸收，不予执行的合并处罚原则。吸收原则虽然对于死刑、无期徒刑等刑种的并罚较为适宜，且适用颇为便利，但若普遍采用，即适用于其他刑种（如有期徒刑、财产刑等），则弊端较为明显。

（三）限制加重原则

限制加重原则，是指以一人所犯数罪中法定（应当判处）或已被判处的最重刑罚为基础，再在一定的限度之内对其予以加重作为执行并罚的合并处罚原则。限制加重原则的特点是：克服了并科原则和吸收原则或失之过于严酷且不便于具体适用，或失之过于宽泛而不足以惩罚犯罪的弊端；既使数罪并罚制度贯彻了有罪必罚和罪刑相适应的原则，又采取了较为灵活、合乎情理的合并处理方式。

我国《刑法》在第 69 条从总体上确立了限制加重原则，同时兼顾考虑了并科原则和吸收原则，具体来说：

第一，对于判决宣告的数个主刑为有期自由刑、拘役或管制的，采取限制加重原则。有期徒刑、拘役和管制本身都有一定的期限，因此，在数刑的综合刑期以下、数刑中最高刑期以上酌情决定执行的刑期是比较恰当。但是，如果总和刑期过高，决定执行的刑罚就可能过长，因而我国刑法对最高刑期加以限制，即管制最高不能超过 3 年，拘役最高不能超过 1 年，有期徒刑总和刑期不满 35 年的，最高不能超过 20 年，总和刑期在 35 年以上的，最高不能超过 25 年。例如，甲先后犯有抢劫、故意伤害、集资诈骗等罪行，分别被判处 15 年、10 年、5 年有期徒刑，三个罪的总和刑期为 30 年，数刑中最高刑为 15 年，本来可以在 15 年以上 30 年以下的范围内决定执行的刑期，但因总和刑期不满 35 年，数罪并罚时最高不得超过 20 年，所以，只能在 15 年以上 20 年以下的幅度内酌情决定执行的刑期。

第二，对于判处死刑或无期徒刑的，采取吸收原则。数罪中宣告几个死刑或最重刑为死刑的，仅应决定执行一个死刑，而不得决定执行二个以上的死刑或其他主刑。因为，死刑是剥夺生命的刑罚，生命对于一个人只有一次，既然已经执行了死刑，其他刑罚如徒刑、拘役、管制等就不可能再执行。如果在其他主刑执行完毕后再执行死刑，又有悖于我国刑罚的目的，也不利于及时打击危害特别严重的犯罪。数罪中宣告几个无期徒刑或最重为无期徒刑的，执行一个无期徒刑，不执行其他刑罚。因为无期徒刑是剥夺终身自由的刑罚。一个人的终身自由被剥夺后事实上已不可能再执行其他刑罚。同时，作为数罪并罚的原则，也不允许将两个无期徒刑合并升格为死刑。因为无期徒刑是剥夺自由的刑罚，死刑是剥夺生命的刑罚，两者的性质是截然不同的。

第三，对于判有附加刑的，一般采取并科原则，附加刑仍需执行。数罪中主刑不论执行死刑、无期徒刑、有期徒刑、拘役或者管制，如有判处附加刑的，附加刑仍需执行，因为附加刑与主刑的性质不同，不妨碍并科。

三、数罪并罚的适用

根据《刑法》第 69、70、71 条的规定，适用数罪并罚有以下三种情况。

（一）判决宣告以前一人犯数罪的并罚

《刑法》第69条规定，判决宣告以前一人犯数罪的，除判处死刑和无期徒刑的以外，应当在总和刑期以下、数刑中最高刑期以上，酌情决定执行的刑期。但是管制最高不能超过3年，拘役最高不能超过1年，有期徒刑总和刑期不满35年的，最高不能超过20年，总和刑期在35年以上的，最高不能超过25年。如果数罪中有判处附加刑的，附加刑仍需执行。

必须注意，如果判决宣告以前发现的数罪为同种数罪时，是否应当并罚？对此，立法上并未作出明确规定，通行的见解是，对于判决宣告以前发现的同种数罪，原则上无须并罚，只要在特定犯罪的法定刑范围内作为一罪从重处罚即可以实现罪刑相适应的刑法原则。但是，当特定犯罪的法定刑过轻，且非并罚即难以使处罚结果与罪刑相适应原则符合的，在法律未明文禁止时，也可以有限制地对同种数罪实行并罚。

（二）判决宣告后发现漏罪的并罚

【案例17-3】 **丁某抢劫、强奸案**

丁某因抢劫罪被依法判处12年有期徒刑，执行7年后，又发现判决前尚有一强奸罪未被判决，该强奸罪应判10年有期徒刑，则此时丁某的刑期如何确定？

《刑法》第70条规定，判决宣告以后，刑罚执行完毕以前，发现被判刑的犯罪分子在判决宣告以前还有其他罪没有判决的，应当对新发现的罪作出判处，把前后两个判决所判处的刑罚，依照本法第69条的规定，决定执行的刑罚。已经执行的刑期，应当计算在新判决决定的刑期以内。依照该条规定，对新发现的漏罪的合并处罚具有以下几个特点。

（1）必须在判决宣告以后，刑罚执行完毕以前发现漏罪，且漏罪是指被判刑的犯罪分子在判决宣告以前实施的并未被判决的罪。其中，“判决宣告以后”，具体是指判决业已宣告并发生法律效力之后。如果漏罪被发现的时间不是在判决宣告以后至刑罚执行完毕以前的期限内，而是在刑罚执行完毕之后，或者所发现的罪行不是在判决宣告之前实施的，而是在刑罚执行期间实施的，则不得适用第70条进行合并处罚。

（2）对于新发现的漏罪，不论与前罪的性质是否相同，也即无论是异种数罪还是同种数罪，都应当单独作出判处。

（3）应当把前后两个判决所判处的刑罚，即前罪所判处的刑罚与漏罪所判处的刑罚，按照相应的数罪并罚原则，决定执行的刑罚。

（4）计算刑期时，应当将已经执行的刑期，计算在新判决决定的刑期之内，也就是说，前一判决已经执行的刑期，应当从前后两个判决所判处的刑罚合并而决定执行的刑期中扣除。这种刑期计算方法，称为“先并后减”。例如，甲犯贪污罪被判处有期徒刑12年，在刑罚执行5年以后，发现他在判决宣告以前，还犯有受贿罪没有处理。这时应当对新发现的受贿罪作出判决，如果可判处有期徒刑7年，则应在12年以上19年以下决定执行的刑期。假设决定执行的刑期为16年，应将已经执行的5年计算在16年之内。也就是说，甲只需再执行11年刑期就届满。

本章［案例17-3］丁某抢劫、强奸案中，抢劫罪（本罪）刑罚执行期间又发现的强奸罪相对于本罪而言是漏罪，应适用先并后减的规则。第一步，先并的结果是12年以上

20年以下（两罪相并之和的最高刑是22年，但总和刑期不满35年，并罚最高不能超过20年）；第二步，决定执行刑期后再减去已经执行的7年，结果是5年以上13年以下，即此时对丁某的刑期应在5年以上13年以下确定。此外，如果问丁某还需要执行刑期最长多少、最短多少，则取5年至13年这个幅度的两端即可。

(三) 判决宣告后又犯新罪的并罚

《刑法》第71条规定，判决宣告以后，刑罚执行完毕以前，被判刑的犯罪分子又犯罪的，应当对新犯的罪作出判处，把前罪没有执行的刑罚和后罪所判处的刑罚，依照本法第69条的规定，决定执行的刑罚。

依照该条规定，对判决宣告后又犯新罪的合并处罚具有以下特点。

(1) 必须在判决宣告以后、刑罚执行完毕以前，被判刑的犯罪分子又犯新罪，即在刑罚执行期间犯罪分子又实施了新的犯罪。其中，“判决宣告以后”具体应指判决已经宣告并发生法律效力之后。

(2) 对于犯罪分子所实施的新罪，不论与前罪的性质是否相同，也即无论是异种数罪还是同种数罪，都应当单独作出判决。

(3) 应当把前罪没有执行的刑罚和后罪所判处的刑罚，依照刑法规定的相应原则，决定执行的刑罚。也就是说，首先应从前罪判决决定执行的刑罚中减去已经执行的刑罚，然后将前罪未执行的刑罚与后罪所判处的刑罚并罚，决定执行的刑罚。此种计算刑期的方法称为“先减后并”。例如，甲犯抢劫罪被判处有期徒刑12年，在服刑5年后，又犯了强奸罪，应被判处有期徒刑8年。裁量刑罚时要将甲抢劫罪没有执行完毕的刑罚7年有期徒刑同强奸罪所判的刑罚8年有期徒刑合并，总和刑期是15年，并罚时应在8年以上15年以下决定应执行的刑期。假定决定执行有期徒刑12年，由于前罪刑罚已执行5年不计算在新判决决定的刑期内，因而，该罪犯实际上可能会被执行有期徒刑17年。

对新罪的“先减后并法”与发现漏罪的“先并后减法”有重大的区别，具体表现在：采用“先减后并法”的犯罪分子在服刑期间不思悔改，继续作恶，又犯新罪，表明其难以改造，人身危险性较大，所以对其应当贯彻从严惩处的精神，这就导致了其决定执行刑期的最低期限高，而且实际执行的刑期有的可能超过法定的数罪并罚最高期限。例如，甲犯有抢劫罪，被判有期徒刑12年，刑罚执行8年后，在监狱里又犯故意伤害罪，应判15年有期徒刑，按数罪并罚的“先减后并法”应当在15年以上19年以下决定执行的刑期，假设决定执行18年，那么，犯罪分子实际总共被执行的刑期是26年，超过了“总和刑期不满35年，数罪并罚不能超过20年”的限制。而采用“先并后减法”时的考虑重点则有所不同：司法机关尽管在对犯罪分子执行刑罚期间发现其有漏罪，犯罪人也试图隐瞒部分犯罪，但是漏罪毕竟是既往的犯罪事实，属于“旧账”，所以对前罪判决宣告前发生的犯罪的处理应当贯彻相对从宽的刑事政策，那么，犯罪分子实际被执行的刑期与判决宣告以前一人犯数罪时所应受到的处罚并无差别。

本章 [引例17-1] 闵某故意伤害、诈骗案中，对于闵某的处理，大体有三种意见：第一种意见认为，在刑罚执行完毕前，闵某于1998年7月又犯诈骗罪，应当根据《刑法》第71条的规定，对新犯的罪作出判决，把前罪没有执行的刑罚与后罪并罚，由于原判刑罚未执行完毕又犯新罪，不属于刑罚执行完毕5年内又犯罪的情形，不构成累犯，本案只能数罪并罚。第二种意见认为，闵某虽然于1998年7月又犯新罪，但没有被发现，暂予监外执行的条件并未消失，根据刑事诉讼法的有关规定，该2年有期徒刑的刑罚已经执行完毕，故应当认定闵某的行为构成累犯，闵某于1998年7月的诈骗罪可作为漏罪，与后罪即诈骗罪和故意伤害罪实行数罪并罚。第三种意见认为，闵某于1998年7月犯的诈骗罪，应与1997年的诈骗罪没有执行的刑罚并罚，对于闵某1999年4月犯的诈骗罪、1999年11月犯的故意伤害罪这两罪应当依法认定为累犯，从重处罚；把前数罪并罚的结果与后两罪再依照《刑法》第69条之规定数罪并罚，决定执行的刑罚。我们原则上同意第二种意见。

首先，闵某在暂予监外执行期间又犯新罪，其已执行完毕之刑罚的认定问题。被告人闵某1997年因犯诈骗罪被判处有期徒刑2年，因病暂予监外执行期间，虽然于1998年7月又犯新罪，但并没有被发现，根据刑事诉讼法的有关规定，该2年有期徒刑的刑罚应视为已经执行完毕，不存在刑期的中断问题，不能将自1998年7月起的前罪剩余的5个月14天刑期与后罪实行并罚。能够将前罪没有被执行的刑罚与后罪实行并罚的，根据《刑事诉讼法》第257条的规定，仅存在于前罪刑期未满而不符合暂予监外执行条件的、严重违反有关暂予监外执行监督管理规定的以及暂予监外执行的情形消失的情况之下。而闵某1997年因诈骗罪被判处的有期徒刑已实际执行完毕。另外，从追诉立法的角度讲，刑法并没有对监外执行期间又犯新罪但直至原判刑罚已执行完毕后才发现的情形下，原判刑罚自犯新罪之日起至执行完毕之日止未被执行的刑期进行追诉问题予以规定。另外，被告人系因保外就医而适用监外执行的情形，即使查知被告人又犯新罪，在保外就医条件未消失的情形下，对新罪判决后仍需采取监外执行。

其次，关于构成累犯的认识问题。闵某因第一次诈骗罪被处刑罚执行完毕后，在不到5年的时间里，又分别于1999年4月和1999年11月犯诈骗罪和故意伤害罪，这两罪构成累犯没有争议。但对闵某在第一次诈骗罪被处刑罚执行期间于1998年7月又犯的诈骗罪是否作为累犯的一个组成部分问题，我们持否定意见。从刑法对累犯的定义中可以看出，累犯只是在前一罪被判处有期徒刑以上而刑罚执行完毕后的5年内，又犯应当判处有期徒刑以上刑罚之罪的情形，对于刑罚执行期间又犯新罪的情形，显然不符合累犯的有关规定。不认定1998年7月的诈骗罪作为累犯的组成部分，并不等于放纵犯罪，对此，可依闵某主观恶性大等情节从重处罚，同样可以达到严惩犯罪的目的。

最后，对本案数罪并罚的方法问题。我们不完全同意第二种意见的处理方式。第二种意见把1998年7月的诈骗罪与后罪即诈骗罪和故意伤害罪实行数罪并罚，虽然有利于打击犯罪，却与现行的刑法理论相悖。具体而言，闵某1999年4月所犯的诈骗罪与1998年7月所犯的诈骗罪在构成累犯的同时，在性质上是连续犯，在理论上属于数行为处理时作为一罪论处的情形，不宜对两个诈骗行为按两罪实行并罚。在闵某所犯诈骗罪的处理问题上，在认定为一罪的同时，有从重处罚的情节需要考虑，即刑罚执行期间又犯新罪的情节、连续犯、累犯。纵观全案的处理，对闵某所犯诈骗罪和故意伤害罪进行数罪并罚时，也有此从重处罚的情节需要考虑。当然，从重处罚的情节只能在量刑中考虑一次，而不能两次以上适用。此外，我们不同意将1998年7月的诈骗罪作为漏罪来表述。因为所谓漏罪，是指一判决宣告后刑罚执行完毕前或执行完毕后又发现前一罪判决前还有其他罪未被判决的情形，而闵某在1998年7月实施的诈骗罪却属于刑罚执行期间又犯新罪，虽然没有被及时追究，但绝非前一判决的漏罪。

第四节　缓刑

引例 17-2　周某故意伤害、盗窃案

周某 2008 年因故意伤害罪被判处 3 年有期徒刑，缓刑 5 年。2012 年的时候发现 2007 年周某还有一盗窃罪没有判决，该盗窃罪应判处有期徒刑 6 年，则此时应对周某如何处罚？

一、缓刑概述

（一）缓刑的概念及特点

缓刑，是指对犯罪人判处刑罚，但在一定时间内暂缓执行刑罚，并进行社区矫正的制度。我国刑法除规定了一般缓刑制度外，还规定了特殊缓刑制度，即战时缓刑制度。根据《刑法》第 449 条的规定，战时缓刑是指在战时，对被判处 3 年以下有期徒刑但没有现实危险宣告缓刑的犯罪军人，允许其戴罪立功，确有立功表现时，可以撤销原判刑罚，不以犯罪论处的制度。战时缓刑制度适用于特定时间和特定对象，其法律效果与一般缓刑制度也有所不同，即可以撤销原判刑罚，不以犯罪论处。

缓刑的基本特点是，判处刑罚，同时宣告暂缓执行，对被告人进行社区矫正，但又在一定期限内保持执行的可能性。缓刑只适用于罪行较轻、社会危害性和人身危险性较小，具有悔罪表现，认为暂缓执行刑罚不致再危害社会的犯罪分子。原判刑罚的不予执行是以犯罪分子在缓刑考验期内没有再犯新罪，或者未被发现漏罪，或者没有违反法律、法规或者有关规定，没有违反禁止令为条件的。如果再犯新罪，或者发现漏罪，则应撤销缓刑，把前罪与后罪所判处的刑罚，依照数罪的原则决定执行的刑罚；如果违反法律、法规或者有关规定，或者违反人民法院判决中的禁止令，情节严重的，则应撤销缓刑，执行原判刑罚。

（二）缓刑与死缓、监外执行、免予刑事处分的区别

缓刑与死缓有原则的区别，主要表现在：（1）适用的前提不同。适用缓刑是以犯罪分子被判处拘役、3 年以下有期徒刑，具有悔改表现，不致再危害社会为前提的，适用死缓则以犯罪分子被判处死刑但不需立即执行为前提。（2）执行的方法不同。对于被宣告缓刑的犯罪分子不予关押，而是由社区矫正机构进行社区矫正。对于被宣告死缓的罪犯必须予以关押，并强迫劳动改造。（3）考验期限不同。缓刑的考验期限，必须依所判刑种和刑期而确定，所判刑种和刑期的差别决定了其具有不同的法定考验期。死缓的法定考验期限为 2 年。（4）法律后果不同。缓刑是根据犯罪分子在考验期限内的不同表现，或不执行原判刑罚，或撤销缓刑，把前罪和后罪所判处的刑罚，按照数罪并罚的原则处理，或撤销缓刑，收监执行原判刑罚。死缓期限届满时，根据犯罪分子在缓期 2 年执行期间的表现，或

减刑，或执行死刑，在缓刑执行期间也可因犯罪人违反法定条件而执行死刑。①

缓刑与监外执行也不同：（1）后者适用于被判处有期徒刑和拘役的罪犯；前者的适用范围小于后者。（2）后者以有碍关押执行的法定情况（即有严重疾病需要保外就医的，怀孕或者正在哺乳自己婴儿的妇女）的出现为适用条件，而缓刑则是以不致再危害社会为适用条件。（3）监外执行是在判决确定以后才适用的变通执行方法，在判决宣告和刑罚执行期间均可适用，并不要求考验期；而缓刑则是附条件地不执行原判刑罚的制度，在判处刑罚的同时即可宣告。（4）适用监外执行的条件一经消失，即应收监执行；而缓刑只有在考验期限内再犯新罪或者被发现漏罪，或者违反法律、法规或者有关规定的，以及违反禁止令，情节严重的，才能撤销缓刑，收监执行刑罚，除此以外，不再执行原判刑罚。②

缓刑与免予刑事处分不同。两者的相似之处在于成立的前提都是行为已构成犯罪，区别在于各自宣告的条件不同：免予刑事处分是由于具备法定免除刑罚条件而没有判处刑罚，自然也就不存在刑罚的执行；缓刑则依附于原判刑罚，在考验期内如果再犯新罪或者被发现有漏罪，或者违反法律、法规或者有关规定，以及违反禁止令，情节严重的，仍需执行原判刑罚。

（三）缓刑制度的意义

我国的缓刑制度具有重要的意义。具体表现在以下方面。

首先，缓刑制度充分体现了我国实行的是惩办与宽大相结合、惩罚与教育改造相结合的刑事政策。犯罪人所犯之罪虽然必须判处一定刑罚，但因其情节较轻，并且具有悔改表现，暂不执行所判刑罚也不会危害社会时，对其适用缓刑，实现刑罚的社会化。由此既可通过判刑对犯罪分子表示惩戒，又可暂不执行以示从宽，这会使受刑人深感宽恕之恩而激励其改过自新，同时也可减少关押人数，贯彻少捕、少关政策，减轻其亲属精神上的痛苦和生活上的困难，避免因实际执行刑罚而给其家庭带来的不利影响，有利于社会的安定。

其次，适用缓刑有助于避免短期自由刑的弊端，可以防止因执行短期自由刑而产生的罪犯交叉感染，也可以减少司法机关的人力、物力负担，以最经济的方法实现刑罚的惩罚、威慑、教育和改造的功能，使刑罚执行制度与刑罚经济的思想相符合。

最后，适用缓刑有助于更好地实现刑罚目的。刑罚的目的之一在于实现特殊预防，即预防犯罪人重新犯罪。对大量的犯罪人执行刑罚，是实现特殊预防的根本方法。但是，基于刑罚个别化原则，对某些符合法定条件的犯罪人，在判处刑罚并保留执行可能性的条件下，暂缓刑罚的执行，使特殊预防的刑罚目的在社会生活中通过一种特殊的方式得到实现。

二、缓刑的适用条件

根据《刑法》第72、74条的规定，适用一般缓刑必须具备以下条件。

（一）犯罪分子被判处拘役或者3年以下有期徒刑

缓刑的特点是附条件地不执行原判刑罚，这就决定了其对象只能是罪行较轻、社会危害性较小的犯罪分子。相反，如果是被判处3年以上有期徒刑或更重刑罚的犯罪分子，因其罪行较重，社会危害性较大，所以，未被列为缓刑适用的对象。至于被判处管制的犯罪

① 参见力康泰、韩玉胜：《刑事执行法学原理》，165～166页，北京，中国人民大学出版社，1998。

② 参见上书，165页。

分子，罪行相对更轻，但由于管制刑本身对犯罪人不予关押，仅限制其一定自由，故并无适用缓刑的必要。

根据审判实践经验，缓刑一般适用于交通肇事、责任事故、重婚、虐待、伤害、妨害公务、销赃等比较轻微的犯罪。对于强奸、抢劫等严重刑事犯罪，一般不宜适用缓刑。

（二）根据犯罪分子的犯罪情节和悔罪表现，适用缓刑确实不致再危害社会

这是适用缓刑的最关键的条件。也就是说，有些犯罪分子虽然被判处拘役或3年以下有期徒刑，但犯罪情节恶劣，没有悔罪表现，不予关押可能会再危害社会，也不能宣告缓刑。只有确认犯罪分子留在社会上不致再危害社会，才能适用缓刑。

至于如何确认犯罪分子不致再危害社会，则应着重考虑以下两个方面。

（1）犯罪情节的轻重。这可从犯罪动机、目的是否卑鄙，手段是否恶劣，危害后果是否严重等加以考察。也就是说，从主观恶性和客观危害两个方面统一评价罪行的社会危害性大小。

（2）犯罪人是否有悔罪表现。这可从犯罪后是否真诚认罪悔过，是否如实坦白交代自己的全部罪行，是否积极退赃，是否检举揭发同伙的罪行等加以考察。也就是说，从犯罪人的罪后各种表现衡量犯罪人的人身危险性即再犯可能的大小。只有对于社会危害性和人身危险性都较小的犯罪分子，才可以适用缓刑。

（三）犯罪分子不是累犯和犯罪集团的首要分子

累犯和犯罪集团的首要分子，主观恶性大，人身危险性也大，适用缓刑难以防止其再犯新罪。

三、缓刑的考验期

缓刑考验期，是指对被宣告缓刑的犯罪分子进行考察的一定期间。

缓刑的考验期，是缓刑制度的重要组成部分，设立考验期的目的，在于考察被判缓刑的人是否接受改造、弃旧图新，以使缓刑制度发挥积极的效用。法院在宣告缓刑的同时，应当确定适当的考验期。确定缓刑考验期长短的基本原则应当是既能鼓励缓刑犯改造的积极性，又能满足对其教育和考察的需要。

《刑法》第73条规定，拘役的缓刑考验期限为原判刑期以上1年以下，但是不能少于2个月。有期徒刑的缓刑考验期限为原判刑期以上5年以下，但是不能少于1年。可见，我国刑法设置的缓刑考验期具有以下几个特点：（1）按判处拘役和有期徒刑分别规定不同的缓刑考验期限，也即所犯罪行的轻重程度不同，考验期限也相应不同。（2）以原判刑期为考验期限的起点。如果不以原判刑期为起点，就有可能出现考验期限短于原判刑期，考验期已满而刑期未满的情况。（3）明确规定了缓刑考验期的最高限和最低限。这就为审判机关在具体确定缓刑考验期限时提供了明确的界限，但又给审判机关留下了一定程度的裁量余地。（4）缓刑考验期不得延长或缩短。

根据《刑法》第73条第3款的规定，缓刑考验期限，从判决确定之日起计算。所谓“判决确定之日”，是指判决发生法律效力之日。根据我国刑事诉讼法的规定，从接到第一审人民法院判决书的第二日起10日内，被告人没有提出上诉，人民检察院没有提出抗诉的，该判决即发生法律效力。对于已提出上诉或抗诉的案件，如果第二审法院维持原判，则应从二审法院的判决或裁定确定之日起计算。判决前先行羁押的日期，不予折抵缓刑考验期，因为羁押期与缓刑考验期的性质不同。

四、缓刑的考察

缓刑考验期限内的考察，主要涉及以下几方面的内容：

（一）缓刑考察的主体

《刑法》第76条规定，被宣告缓刑的犯罪分子，在缓刑考验期限内，依法实行社区矫正。据此，缓刑的考察机关是社区矫正机关。

（二）缓刑考察的内容

缓刑考察的内容，就是考察被宣告缓刑的犯罪分子在缓刑考验期限内，是否具有《刑法》第77条规定的情形，即是否再犯新罪或者被发现漏罪，以及是否违反法律、行政法规、国务院有关部门关于缓刑的监督管理规定或者违反人民法院判决中的禁止令，且情节严重。所谓考察，是指对被宣告缓刑的犯罪分子进行观察、教育，帮助其改过自新。对缓刑犯的考察不同于管制，对其活动自由，不应作不适当的规定。这里说的"再犯新罪"与"被发现漏罪"，不受犯罪性质的限制，既指故意犯罪，也指过失犯罪；既包括同种罪，也包括不同种罪；既可以是较重的罪，也可以是较轻的罪；也不受所犯之罪或被发现漏罪应当判处的刑种、刑期的限制。

（三）被宣告缓刑者应当遵守的规定

根据《刑法》第75条的规定，被宣告缓刑的犯罪分子应当遵守下列规定：（1）遵守法律、行政法规，服从监督；（2）按照考察机关的规定报告自己的活动情况；（3）遵守考察机关关于会客的规定；（4）离开所居住的市、县或者迁居，应当报经考察机关批准。

五、缓刑的撤销

根据《刑法》第77条的规定，被宣告缓刑的犯罪分子，在缓刑考验期限内犯新罪或者发现判决宣告以前还有其他罪没有判决的，应当撤销缓刑，对新犯的罪或者新发现的罪作出判决，把前罪和后罪所判处的刑罚，依照本法第69条的规定，决定执行的刑罚。被宣告缓刑的犯罪分子，在缓刑考验期限内，违反法律、行政法规或者国务院有关部门关于缓刑的监督管理规定，或者违反人民法院判决中的禁止令，情节严重的，应当撤销缓刑，执行原判刑罚。可见，撤销缓刑的条件与对缓刑犯在考验期间的要求是相一致的。凡是缓刑犯没有遵守上述有关条件，就表明其并未真诚悔改，仍继续危害社会，主观恶性深，人身危险性大，这样，就难以只在维持原判刑罚效力的条件下自觉进行改造，不实际执行刑罚就难以收到预防犯罪的效果。

本章［引例17-2］周某故意伤害、盗窃案中，对周某的处理应：首先，撤销缓刑，2012年尚是周某的缓刑考验期间，在此时发现其2007年还有盗窃罪没有判决，显然是发现了漏罪，所以先撤销缓刑。其次，是将发现的盗窃罪（漏罪）与原来的故意伤害罪（本罪）进行并罚。虽然盗窃罪是发现的漏罪，但并罚时并不适用《刑法》第70条的"先并后减"的规则，因为此时原判刑罚尚处于考验期间，考验期虽然经过了4年，但该4年并非刑罚执行期间，故意伤害罪的3年有期徒刑实际上还未执行，就不存在"减"的必要，故直接适用《刑法》第69条所规定的一般情形下的并罚规则：用故意伤害罪的3年有期徒刑与盗窃罪的6年有期徒刑相并罚，结果是6年以上9年以下，即此时（发现漏罪，撤销缓刑收监执行时）对周某需要执行的刑期是6年以上9年以下。

【问题与思考】

1. 某单位一台笔记本电脑（价值5万元）丢失后向派出所报案，警察询问报案人员是否有可疑对象，报案人员称不久前被本单位辞退的临时工甲可疑。警察便与保安人前往甲所住的招待所，进门后发现甲房间的桌上放有一台笔记本电脑，警察问电脑是谁的，甲回答是盗窃来的。对甲的行为能否认定为自首？

2. 乙犯罪被捕后，其父亲将一重大案件的重要线索通过律师告知他，乙向公安人员提供了该重要线索，经查证属实。能否认定乙有重大立功表现？

3. 丙犯盗窃罪，被一审法院判处有期徒刑6年。在上诉期间，丙又犯故意伤害罪，应当判处有期徒刑2年。对丙的犯罪如何实行并罚？

4. 丁犯诈骗罪，被判处有期徒刑7年，执行4年后，又犯故意伤害罪（应判处有期徒刑8年）和破坏监管秩序罪（应判处有期徒刑2年）。对丁的犯罪如何实行并罚？

5. 刘某高中毕业后在家待业期间，盗窃他人价值四千余元的财物，被公安机关查获后，积极退赃、坦白交代。刘某在读书期间与祖父母共住，表现较好，但毕业后搬回家与父母住，而其父母均因多次盗窃被判刑后释放不久。对于刘某从报应刑角度应判缓刑，而从目的刑论角度不能判缓刑（其家庭如同犯罪的温床），应如何处理？①

① 参见张明楷：《刑法学》，302～311页，北京，法律出版社，2011。

第十八章 刑罚的执行

参考书目

1. [意] 贝卡里亚. 论犯罪与刑罚. 黄风译. 北京：中国法制出版社，2005.

2. 力康泰，韩玉胜. 刑事执行法学原理. 北京：中国人民大学出版社，1998.

3. 马克昌主编. 刑罚通论. 2版. 武汉：武汉大学出版社，1999.

4. 邱兴隆，许章润. 刑罚学. 北京：中国政法大学出版社，1999.

5. 韩玉胜主编. 刑事执行制度研究. 北京：中国人民大学出版社，2007.

6. 北京市监狱管理局编著. 监狱与服刑，北京：法律出版社，2012.

参考法规

1.《刑法》第78～86条

2. 2012年1月18日最高人民法院《关于办理减刑、假释案件具体应用法律若干问题的规定》

3. 2013年9月11日最高人民法院《关于执行〈关于办理减刑、假释案件具体应用法律若干问题的规定〉有关问题的通知》

4. 2016年11月14日最高人民法院《关于办理减刑、假释案件具体应用法律的规定》

引例 18－1　从某抢劫案中的减刑问题

从某因涉嫌抢劫罪于2011年7月15日被依法羁押，2012年1月15日被二审以抢劫罪判处无期徒刑、剥夺政治权利终身。2014年1月15日，从某因有重大立功表现而被依法裁定减刑，减为18年有期徒刑。如果从某再没有获得减刑，则此时从某的刑期的起止日期应当如何确定？如果从某此后又多次依法获得减刑，则其最早可能在何时刑满释放？

第一节　刑罚执行概述

一、刑罚执行的概念和特征

刑罚执行，是指法定的司法机关将人民法院已经发生法律效力的判决，根据判决所确定的刑罚而将其付诸实施的刑事司法活动。

刑罚执行具有以下特征。

（一）刑罚执行的终局性

刑罚执行是刑法的制定与法院量刑作出刑事判决的自然延伸，处于从属于上述活动的地位，它必须受制于刑法的制定，尤其是量刑及其刑事判决的结果，所以刑罚执行是国家刑事司法活动的最后一个阶段，是一种具有终局性特征的刑事司法活动。当然，也必须看到，刑罚执行对刑事立法、司法活动也有能动的反作用。国家制定刑法、设定刑种和人民法院裁量刑罚作出刑事判决时都必须考虑到所创制或裁量的刑罚能否得到实际执行的问题，甚至还应考虑执行刑罚所产生的社会效果。从这一意义上讲，刑罚的执行对刑法的制定、刑事案件的审判都具有制约作用。此外，就刑罚执行对刑罚目的、效果的实现而言，它同刑事立法、司法活动具有同等重要的意义。因为只有通过刑罚的执行，才能使已生效的刑事审判和裁定的刑罚付诸实施，刑罚的一般预防和特殊预防作用才能得到应有发挥。

（二）刑罚执行主体的专门性

根据刑法以及刑事诉讼法的相关规定，被判处死刑缓期2年执行、无期徒刑、有期徒刑的罪犯，在监狱内执行刑罚。对于被判处管制的罪犯，由社区矫正机构执行。被判处剥夺政治权利的罪犯，由公安机关执行。没收财产的判决，无论附加适用或者独立适用，都由人民法院执行；在必要的时候，可以会同公安机关执行。这些都说明，只有司法机关才是刑罚执行的主体，其他任何机关、团体和个人都无权执行刑罚。

（三）刑罚执行内容的特定性

刑事审判是针对具体的犯罪人而启动的，并通过审判活动而对犯罪人在认定其有罪的基础上，再裁定应当判处何种刑罚进行处罚。但是作为刑事审判结果的宣告刑的法律效力还有待于通过刑罚执行活动来实现。所以，刑罚执行的主要内容是将人民法院刑事判决所确定的刑罚付诸实施，这就是刑罚执行不同于其他刑事司法活动的主要特点。

刑罚执行的前提是必须存在已经发生法律效力的法院判决，即只有在判决和裁定发生法律效力之后，有关机关才能对犯罪人执行刑罚。判决或裁定尚未发生法律效力，谈不上执行刑罚的问题。根据《刑事诉讼法》第248条的规定，下列判决和裁定是发生法律效力的判决和裁定：（1）已过法定期限没有上诉、抗诉的判决和裁定；（2）终审的判决和裁定；（3）最高人民法院核准的死刑的判决和高级人民法院核准的死刑缓期2年执行的判决。

二、具体刑种的执行

（一）主刑的执行

1. 管制的执行

（1）执行机关。被判处管制（含禁止令）的犯罪分子，由司法行政机关指导管理的社区矫正机构执行。（2）执行的时间和方法。管制的刑期，从判决执行之日起计算；判决执行以前先行羁押的，羁押1日折抵刑期2日。根据有关司法解释的精神，被判处管制的罪犯不能外出经商。若原单位确有特殊情况不能安排其工作的，在不影响监督考察的情况下，经工商管理部门批准，可以在常住户口所在地自谋生计；家在农村的，亦可就地从事或承包一些农副业生产。

2. 拘役的执行

被判处拘役的犯罪分子，由公安机关就近执行。在执行期间，被判处拘役的犯罪分子每月可以回家1天至2天；参加劳动的，可以酌量发给报酬。拘役犯服刑期满，应由执行机关按照法定程序发给释放证明，予以释放。

3. 有期徒刑、无期徒刑和死缓的执行

我国《监狱法》规定，被判处死刑缓期2年执行、无期徒刑、有期徒刑的罪犯，在监狱内执行刑罚。《刑法》第46条规定，被判处有期徒刑、无期徒刑的犯罪分子，在监狱或者其他执行场所执行；凡有劳动能力的，都应当参加劳动，接受教育和改造。对于判处死刑缓期2年执行的罪犯，在监狱通过2年的考察以决定死缓执行的变更：在死刑缓期执行期间如果没有故意犯罪，2年期满后，减为无期徒刑。在死刑缓期执行期间如果确有重大立功表现，2年期满后，减为25年有期徒刑。减刑应由执行机关提出书面意见，报请高级人民法院裁定。如果故意犯罪，查证属实的，由最高人民法院核准，执行死刑。

4. 死刑的执行

根据我国刑事诉讼法的规定，死刑立即执行，应当依照如下程序进行：（1）签发执行死刑的命令。最高人民法院判处和核准的死刑立即执行的判决，应当由最高人民法院院长签发执行死刑的命令。（2）准备执行死刑。最高人民法院签发的执行死刑命令，由高级人民法院交付原审人民法院执行。原审人民法院在接到死刑执行命令后，在7日内应做好执行的准备并交付执行，包括：确定执行的具体日期和刑场；执行的指挥人员、参与人员和具体的执行人员；通知同级人民检察院派员临场监督；通知公安机关派员进行刑场警戒；起草、印制执行死刑的布告等。（3）验明正身，讯问有无遗言、信札。（4）押赴刑场，执行死刑。（5）制作笔录，上报死刑执行情况。

（二）附加刑的执行

1. 罚金的执行

罚金作为我国刑罚的附加刑，既可以附加适用也可以单独适用。我国刑法规定的罚金在判决指定的期限内一次或者分期缴纳。所谓"一次或分期缴纳"，是指对犯罪分子判决的罚金总额，在规定的期限内，裁决一次或者几次缴纳均可。人民法院判决犯罪分子缴纳罚金，规定的期限届满，罪犯有缴纳能力而拒不缴纳，人民法院可强制其缴纳，强制措施包括查封、扣压、冻结等。但是，如果罪犯遭受到不能抗拒的灾祸，如地震、水灾、火灾、车祸、家庭成员死亡等，缴纳确实有困难的，可以酌情减少罚金数额或者免除罚金。此外，我国刑法还建立了罚金刑执行的随时追缴制度，即对于不能全部缴纳罚金的，人民法院在任何时候发现被执行人有可以执行的财产，应当随时追缴。

2. 剥夺政治权利的执行

对剥夺政治权利的执行，应当注意的是：单独判处剥夺政治权利的，其刑期应从判决确定之日起计算并执行；判处管制附加剥夺政治权利的，其刑期与管制刑期相等，同时起算并执行；判处拘役、有期徒刑附加剥夺政治权利的，刑期从拘役、有期徒刑执行完毕之日，或者从假释之日起计算并执行，换言之，拘役、有期徒刑执行期间，虽然不计入剥夺政治权利的刑期，但犯罪分子在此期间内当然地不能享有政治权利。

3. 没收财产的执行

在执行中主要划清犯罪分子个人财产和家庭财产的界限，正确处理犯罪分子正当债务的清偿和留足犯罪分子生活费用等问题。没收财产的判决，无论附加适用还是独立适用，都由人民法院执行；在必要的时候，可以会同公安机关执行。换言之，没收财产的执行机关一般是人民法院，只有在特殊情况下，才需要请求公安机关协助执行。

4. 驱逐出境的执行

驱逐出境的执行，应当注意区别单独适用驱逐出境和附加适用驱逐出境的情况，分别执行。单独适用时，应由负担外国人出入境管理职责的公安机关执行，执行时责令犯罪的外国人在规定的期限内离开我国的国（边）境。对附加适用者，应当在其主刑执行期满后再执行。

第二节 减刑制度

一、减刑的概念

减刑，是指对于被判处管制、拘役、有期徒刑和无期徒刑的犯罪分子，在刑罚执行期间，由于确有悔改或者立功表现，因而将其原判刑罚予以适当减轻的一种刑罚执行制度。减轻原判刑罚有两层含义：一是将原判较重的刑种减为较轻的刑种。如把无期徒刑减为有期徒刑，但有期徒刑不能减为拘役或者管制。二是将原判较长的刑期减为较短的刑期，即将有期徒刑、拘役、管制的刑期缩短。

减刑不是改判。改判是对错判的纠正，即原判决在认定事实或适用法律上确有错误，依照二审、复核或者审判监督程序将原判决撤销，经重新审理作出判决。减刑则是在原判决正确的前提下，综合考虑犯罪人在刑罚执行期间的具体表现，按照减刑的条件和程序将原判刑罚适当减轻。减刑也不是减轻处罚。减轻处罚是在判决宣告前，对具有减轻情节的犯罪人，在法定最低刑以下判处刑罚的量刑方法。其与判决已经确定、在刑罚执行中的减刑制度是完全不同的。

在我国刑法中确立和贯彻减刑制度是有重大意义的。这个制度体现了我国惩办与宽大相结合、惩罚与教育相结合的刑事政策。在我国，一切危害国家和人民利益的犯罪行为都要受到刑罚的制裁。但是，犯罪人经过服刑改造，确有悔改或立功表现的，都可以得到减刑的宽大处理。这对于巩固改造成果，进一步加速犯罪分子的改造，实现刑罚目的有积极的作用。

二、减刑的适用条件

根据《刑法》第78条的规定，减刑分为可以减刑、应当减刑两种。可以减刑与应当减刑的对象条件和限度条件相同，只是实质条件有所区别。对于犯罪分子适用减刑，必须符合下列条件。

（一）对象条件

减刑只适用于被判处管制、拘役、有期徒刑、无期徒刑的犯罪分子。只要是被判处上述四种刑罚之一的犯罪分子，无论其犯罪行为是故意还是过失，是重罪还是轻罪，是危害国家安全罪还是其他刑事犯罪，如果具备了法定的减刑条件都可以减刑。

（二）实质条件

减刑的实质条件，因减刑的种类不同而有所区别。

1.“可以”减刑的实质条件

这是指犯罪分子在刑罚执行期间认真遵守监规，接受教育和改造，确有悔改表现或者有立功表现。一般地说，犯罪分子在服刑中的悔改表现和立功表现是统一的。但也有些犯罪分子有悔改表现而无立功表现，或者有立功表现而无突出的悔改表现。刑法规定有悔改或者立功表现，都是减刑的条件。犯罪分子只要具备了其中之一，就可以减刑。当然，如果既有悔改表现又有立功表现，则可以在法定的减刑限度内给予更大幅度的减刑。

至于什么是悔改或者立功表现，刑法没有、也不可能详细地列举规定。根据有关司法解释，犯罪分子同时具备以下四个方面情形的，应当认为是确有悔改表现：（1）在刑罚执行期间认罪服法；（2）一贯遵守罪犯改造行为规范和监规、纪律；（3）积极参加政治、文化、技术学习；（4）积极参加劳动，爱护公物，完成劳动任务。

犯罪分子具有下列情形之一的，应当认为是确有立功表现：（1）揭发、检举监内外犯罪分子的犯罪活动，经查证属实的；（2）制止他犯逃跑、行凶、破坏等犯罪活动的；（3）在生产中有发明创造、技术革新的；（4）在日常生产、生活中舍己救人的；（5）在抢险救灾中有突出贡献的；（6）有其他有利于国家和人民利益的突出事迹的。

2.“应当”减刑的实质条件

这是指犯罪分子在刑罚执行期间有重大立功表现。根据《刑法》第78条的规定，犯罪分子在刑罚执行期间有下列情形之一的，就视为有重大立功表现：阻止他人重大犯罪活动的；检举监狱内外重大犯罪活动，经查证属实的；有发明创造或者重大技术革新的；在日常生产、生活中舍己救人的；在抗御自然灾害或者排除重大事故中，有突出表现的；对国家和社会有其他重大贡献的。

（三）限度条件

减刑是在原来判处的刑罚的基础上，根据犯罪分子的悔改或者立功表现，将其原判刑罚予以适当减轻。但是，无论是刑种的减轻，还是刑期的减轻，都必须减得适当，即必须有一定的限度。如果减得过多，违背了罪刑相适应的刑法基本原则；如果减刑的幅度过小，对于犯罪分子而言，难以起到鼓励、鞭策的作用，也难以发挥减刑制度的积极作用。

根据《刑法》第78条的规定，减刑的限度为：减刑以后实际执行的刑期，判处管制、拘役、有期徒刑的，不能少于原判刑期的1/2；判处无期徒刑的，不能少于13年；对被限制减刑的死刑缓期执行的犯罪分子，缓期执行期满后减为无期徒刑的，不能少于25年，缓期执行期满后减为25年有期徒刑的，不能少于20年，所谓实际执行的刑期，是指判决执行后犯罪分子实际服刑的时间。如果判决前先行羁押的，羁押期限应当计入实际执行的刑期之内。

本章［引例18-1］中，根据规定，18年有期徒刑应当从裁定减刑之日即2004年1月

15日起计算，在此之前已经执行2年刑期以及先前羁押的6个月时间不得计算在内，这样，此时丛某还需要再执行18年有期徒刑（如果没有再获得减刑或者假释），其刑期自2014年1月15日起至2032年1月14日。如果丛某此后又多次获得减刑，但多次减刑必须有一个限度，即实际执行的刑期不能少于13年，该13年从无期徒刑判决确定之日（即2012年1月15日）起计算，也就是说，丛某通过多次依法获得减刑，最早可能在2025年1月14日获得刑满释放。

有关司法解释对于被判处无期徒刑和有期徒刑的犯罪分子的减刑起始时间、间隔和幅度等问题作出了具体规定，包括以下内容。

第一，无期徒刑犯在执行期间，如果确有悔改或者立功表现的，服刑2年以后，可以减刑。为使无期徒刑犯的减刑，与死缓犯、有期徒刑犯的减刑幅度相适应，对确有悔改或者立功表现的，一般可以减为18年以上20年以下有期徒刑。对确有悔改并有立功表现的，可以减为13年以上18年以下有期徒刑。无期徒刑犯在执行期间重新犯罪，被判处有期徒刑以下刑罚的，自新罪判决确定之日起一般在2年内不予减刑；对新罪判处无期徒刑的，减刑的起始时间要适当延长。刑法关于无期徒刑犯实际执行的刑期不能少于13年的规定，应当自无期徒刑判决确定之日起计算。

第二，被判处5年以上有期徒刑的罪犯，一般在执行1年半以上方可减刑，两次减刑之间一般以间隔1年以上为宜。被判处10年以上有期徒刑的罪犯，一次减2年或者3年有期徒刑之后，再减刑时，其间隔的时间一般不得少于2年。被判处不满5年有期徒刑的罪犯，可以比照上述规定的时间适当缩短。对确有重大立功表现的，可以不受上述减刑起始和间隔时间的限制。有期徒刑犯在执行期间，如果确有悔改或者立功表现的，一般一次减刑不超过1年有期徒刑，如果确有悔罪表现并有立功表现，或者有重大立功表现的，一般一次可以减2年以下有期徒刑；被判处10年以上有期徒刑的罪犯，如果悔改表现突出或者有立功表现的，一次最长可以减2年有期徒刑；如果有突出悔改表现并有立功表现的，一次最长可以减3年有期徒刑。在有期徒刑犯减刑时，对附加剥夺政治权利的刑期可以酌减，但酌减后的剥夺政治权利的期限，最短不得少于1年。

三、减刑的程序

根据《刑法》第79条的规定，对犯罪分子的减刑，由执行机关向中级以上人民法院提出减刑建议书。人民法院应当组成合议庭进行审理，对确有悔改或者立功事实的，裁定予以减刑。非经法定程序不得减刑。

第三节　假释制度

引例18-2　陈某故意伤害、抢劫案

陈某2004年因故意伤害罪被判处10年有期徒刑，因在监狱服刑改造表现突出，于2011年被依法假释，2013年又发现陈某2003年的时候还有一起抢劫案没有判决，该抢劫罪应判有期徒刑8年。此时应对陈某如何处罚？

一、假释的概念

假释，是对被判处有期徒刑、无期徒刑的犯罪分子，在执行一定刑期之后，因其认真遵守监规，接受教育和改造，确有悔改表现，不致再危害社会，而附条件地将其予以提前释放的制度。

假释与减刑不同。两者都是刑罚执行制度，且适用的基本条件都含犯罪分子在刑罚执行期间认真遵守监规，接受教育改造，确有悔改表现的内容，但在许多方面仍存在区别：(1) 适用对象不同。假释只适用于被判处有期徒刑、无期徒刑的犯罪分子；减刑适用于被判处管制、拘役、有期徒刑、无期徒刑的犯罪分子。(2) 适用条件不同。假释必须在执行一部分刑罚之后才能适用；减刑虽然也要执行一定的刑罚，但法律没有规定适用减刑的最低服刑期限，也就是说，只要犯罪分子确有悔改或者立功表现，原则上在任何时候都可以实行减刑。(3) 适用次数不同。假释只能宣告一次；而减刑不受次数的限制，可以减刑一次，也可以减刑数次。(4) 适用方法不同。假释有一定的考验期限和应当履行的义务，如果发生法定情形，就撤销假释；而减刑没有考验期限和其他限制条件，即使犯罪分子再犯新罪，已减的刑期也不恢复。(5) 释放的时间不同。对被假释人应当立即解除监禁，予以附条件释放；对被减刑人则要视其减刑后是否有余刑，才能决定是否释放，有未执行完毕的刑期的，仍需在监狱继续执行。①

假释与缓刑不同。两者都是有条件地不执行原判刑罚，都有一定的考验期限，都以发生法定情形为撤销条件。但两者也存在许多区别：(1) 适用对象不同。假释适用于被判处有期徒刑、无期徒刑的犯罪分子；缓刑则适用于被判处拘役、3年以下有期徒刑的犯罪分子。(2) 适用根据不同。适用假释的根据是犯罪分子在刑罚执行期间认真遵守监规，接受教育改造，确有悔改表现，假释后不致再危害社会，或者有其他特殊情况；适用缓刑的根据则是犯罪分子的犯罪情节和悔罪表现，适用缓刑确实不致再危害社会。(3) 适用的时间不同。假释是在犯罪分子执行刑罚的过程中根据犯罪分子的表现，以裁定作出的；缓刑则是在判处刑罚的同时宣告的。(4) 不执行的刑期不同。假释必须先执行原判刑期的一部分，而对尚未执行完的刑期，附条件地不执行；缓刑则是对原判决的全部刑期有条件地不执行。②

假释也不同于监外执行。监外执行适用的对象宽于假释的适用对象，无论是被判处无期徒刑、有期徒刑还是拘役的罪犯，都可予以适用。在适用条件上，监外执行不要求犯罪人的刑罚已经执行了一定期限和有悔改表现，只要罪犯患有严重疾病需要保外就医或者怀孕或者正在哺乳自己的婴儿，不宜在监内执行刑罚，即可适用监外执行。但只要妨碍监内执行的条件一消失，就要收监执行。而被假释的罪犯，如果在考验期内没有再犯新罪，没有发现未判决的漏罪，或者没有违反法律、行政法规或者有关假释的监督管理规定的，就认为原判刑罚已经执行完毕。

假释是我国刑法中一项重要的刑罚执行制度，正确地适用假释，把那些经过一定服刑期间确有悔改表现、没有必要继续关押改造的罪犯放到社会上进行改造，可以有效地鼓励

---

① 参见高铭暄、马克昌主编：《刑法学》，5版，336页，北京，北京大学出版社、高等教育出版社，2011。

② 参见马克昌主编：《刑罚通论》，643页，武汉，武汉大学出版社，1999。

犯罪分子服从教育和改造，使之早日复归社会，有利于化消极因素为积极因素。

二、假释的适用条件

根据《刑法》第 81 条的规定，适用假释必须符合下列条件。

(一) 对象条件

假释只适用于被判处有期徒刑或无期徒刑的犯罪分子，但累犯以及因故意杀人、强奸、抢劫、绑架、放火、爆炸、投放危险物质或者有组织的暴力犯罪被判处 10 年以上有期徒刑、无期徒刑的犯罪分子除外。假释是对犯罪分子有条件地提前释放，同时，国家并不排除对其继续执行尚未执行的那部分刑罚的可能性。这一特点决定了假释不适用于被判处其他刑罚的犯罪分子。

(二) 实质条件

犯罪分子认真遵守监规，接受教育改造，确有悔改表现，假释后不致再危害社会，这是适用假释的实质条件或者关键条件。犯罪分子同时具备以下四个方面情形的，应当认为"确有悔改表现"：(1) 认罪服法；(2) 一贯遵守罪犯改造行为规范和监狱纪律；(3) 积极参加政治、文化、技术学习；(4) 积极参加劳动，爱护公物，完成劳动任务。"不致再危害社会"，是指罪犯在劳动改造期间一贯表现好，确有悔改表现，不致重新犯罪的，或者老弱病残并丧失作案能力的。

此外，根据有关司法解释，把握适用假释的实质条件，还需特别注意以下问题：第一，为了贯彻对未成年犯教育、感化、挽救的方针，对未成年犯的假释在掌握标准上可以比照成年犯依法适度放宽。第二，对罪行严重的危害国家安全的罪犯和犯罪集团的首要分子、主犯、惯犯的假释，主要是根据他们的改造表现，同时也要考虑原判的情况，应当特别慎重，严格掌握。

(三) 时间条件

假释只适用于已经执行一部分刑罚的犯罪分子。被判处有期徒刑或者无期徒刑的罪犯，必须执行一部分刑罚，才能适用假释。这是因为，只有执行一定期间的刑罚，才能比较准确地判断犯罪分子是否认真遵守监规，接受改造，确有悔改表现，不致再危害社会，以保证假释的效果；也才能保持人民法院判决的稳定性和法律的严肃性。

根据《刑法》第 81 条及有关司法解释的规定，被判处无期徒刑的犯罪分子，实际执行 13 年以上，才可以适用假释。对于无期徒刑减为有期徒刑的罪犯，仍应按原判无期徒刑实际执行 13 年以上，才可以适用假释。对判处有期徒刑的罪犯适用假释，应执行原判刑期 1/2 以上，起始时间应从羁押之日起计算。

为了使假释制度的运用保持必要的灵活性，《刑法》第 81 条又规定：如果有特殊情况，经最高人民法院核准，可以不受上述执行刑期的限制。根据有关司法解释，"特殊情况"应包括如下情形：(1) 罪犯在服刑期间有重大发明创造或突出的立功表现；(2) 罪犯已经基本丧失活动能力，并有悔改表现，假释后不会再危害社会；(3) 罪犯有专门技能，有关单位急需使用；(4) 罪犯家庭有特殊困难，需本人照顾，请求假释的，在司法实践中，须由县级以上公安机关或者人民政府有关部门提供证明，但对犯罪集团的首犯、惯犯和罪行特别严重的罪犯除外；(5) 为了进一步贯彻未成年人保护法，执行对未成年罪犯实行教育、感化、挽救的方针，对犯罪时未成年，在刑罚执行期间确有悔改表现，不致再危害社会的；(6) 为了政治斗争的需要，对某些具有外国国籍或不属于大陆籍的罪犯而适用假释；（7）其他特殊情况。

三、假释的考验

假释是对正在服刑改造的犯罪分子附条件地予以提前释放，这种提前释放并不意味着刑罚已经执行完毕，而是在刑罚执行期间将犯罪分子放在社会上进行改造。在一定意义上说，假释只是刑罚执行场所变更，而不是刑罚本身的变更。为此，刑法对假释犯的考察作了明确的规定。

（一）假释犯的监督机关

根据《刑法》第85条的规定，被假释的犯罪分子，在假释考验期限内，由社区矫正机构予以监督。

（二）假释犯的考验期限

犯罪分子的假释考验期限因原判刑罚及执行的不同而有所不同。根据《刑法》第83条的规定，被判处有期徒刑的犯罪分子，其假释的考验期为原判刑罚没有执行完毕的刑期，即在宣告假释时原判刑罚的剩余时期。《刑法》对无期徒刑的假释考验期限则作了明确而具体的规定。被判处无期徒刑的犯罪分子，其假释的考验期限为10年。

根据《刑法》第83条第2款的规定，假释考验期限，从假释之日起计算。

（三）假释犯应遵守的规定

根据《刑法》第84条的规定，被宣告假释的犯罪分子，应当遵守下列规定：遵守法律、行政法规，服从监督；按照监督机关的规定报告自己的活动情况；遵守监督机关关于会客的规定；离开所居住的市、县或者迁居，应当报经监督机关批准。

（四）假释的考察内容

根据《刑法》第85条的规定，对于被假释的犯罪分子的考察，主要是对其进行社区矫正，考察其在假释考验期限内是否具有《刑法》第86条规定的情形，即是否再犯新罪或者发现漏罪，以及是否违反法律、行政法规或者国务院有关部门关于假释的监督管理规定。如果没有《刑法》第86条规定的情形，假释考验期满，就认为原判刑罚已经执行完毕，并公开予以宣告。如果有《刑法》第86条规定的情形，则撤销假释，依照数罪并罚的规定实行数罪并罚，或者收监执行未执行完毕的刑罚。

四、假释的程序

根据《刑法》第82条、第79条的规定，对于犯罪分子的假释，应当遵守下列程序：（1）执行机关向中级以上人民法院提出假释建议。（2）中级以上人民法院收到假释建议书后，应当组成合议庭对假释案件进行审理，要重点审查罪犯是否确有悔改或者立功表现。对符合法定假释条件的，裁定予以假释。非经法定程序不得假释。

五、假释的法律后果

根据《刑法》第85条、第86条的规定，假释可能会出现以下法律后果：第一，被假释的犯罪分子，在假释考验期内没有出现《刑法》第86条规定的情形，即没有再犯新罪或者发现漏罪，或者没有违反法律、行政法规或者国务院有关部门关于假释的监督管理规定的行为，假释考验期满，就认为原判刑罚已经执行完毕。第二，被假释的犯罪分子，在假释考验期限内再犯新罪或者发现其在判决宣告以前还有其他罪行没有判决，应当撤销假释，分别依照《刑法》第70条、第71条的规定实行数罪并罚。第三，被假释的犯罪分子，在假释考验期限内，有违反法律、行政法规或者国务院有关部门关于假释的监督管理规定的行为，尚未构成新的犯罪的，应当依照法定程序撤销假释，收监执行未执行完毕的刑罚。第四，对被假释的犯罪分子，如果在假释考验期满以后，才发现其在假释考验期限内又犯新罪，只要没有超过追诉时效期限的，也应当依照《刑法》第86条的有关规定，撤销假释，把前罪没有执行的刑罚和后罪所判处的刑罚，按照《刑法》第69条的规定，决定执行的刑罚。第五，犯罪分子被假释后，原判附加刑的，附加刑仍需继续执行。原判有附加剥夺政治权利的，附加剥夺政治权利的刑期从假释之日起计算。

本章[引例18-2]陈某故意伤害、抢劫案中，首先应撤销假释。陈某2011年被假释，那么假释的考验期为剩余刑期即3年，从2011年至2014年都属于假释考验期间，2013年发现其2003年的抢劫罪，就属于在考验期间发现漏罪的情形，所以要先撤销假释。其次考虑并罚，由于发现的抢劫罪是漏罪，本罪即原判的故意伤害罪已经实际执行了7年，故应适用"先并后减"的规则，即用故意伤害罪的10年有期徒刑与抢劫罪的8年有期徒刑进行并罚，结果是10年以上18年以下有期徒刑，然后再减去实际执行的7年（不能减去9年，因为经过的2年考验期不属于实际执行的刑期），那么此时（发现漏罪而撤销假释之际），陈某的刑罚应在3年以上11年以下有期徒刑幅度内确定。

【问题与思考】

1. 某人1994年因故意伤害罪被判处10年有期徒刑，因为在监狱服刑改造表现突出，于2001年被依法假释，2003年他又实施一起抢劫行为，该抢劫罪应判有期徒刑8年，则此时对该犯罪人如何处罚？

2. 《刑法》第78条规定的作为减刑条件之一的"立功表现"是否以"认真遵守监规，接受教育改造"为前提？也即服刑人并没有"认真遵守监规，接受教育改造"但具有立功表现的，可否减刑？第81条第2款中的"暴力性犯罪"的范围如何确定？它与"暴力犯罪"是否等同含义？

3. 曾有人提出，减刑、假释制度使传统的罪刑法定主义崩溃。对此应如何认识？我国现阶段，减刑、假释是国家对受刑人的恩惠，还是受刑人享有的权利？是例外地适用减刑、假释，还是原则上适用减刑、假释？

第十九章 刑罚的消灭

参考书目

1. ［意］贝卡里亚．论犯罪与刑罚．黄风译．北京：中国法制出版社，2005.

2. 力康泰，韩玉胜．刑事执行法学原理．北京：中国人民大学出版社，1998.

3. 马克昌主编．刑罚通论．2版．武汉：武汉大学出版社，1999.

4. 于志刚．追诉时效制度研究．北京：中国方正出版社，1999.

5. 王作富主编．刑法．6版．北京：中国人民大学出版社，2016.

参考法规

1.《刑法》第87～89条

2.《宪法》第67条、第80条

3. 1988年3月14日最高人民法院、最高人民检察院《关于不再追诉去台人员在中华人民共和国成立后当地人民政权建立前的犯罪行为的公告》

4. 2012年8月21日最高人民检察院《关于办理核准追诉案件若干问题的规定》

引例　中国古代的大赦

"皇恩大赦"，并非小说家的杜撰，而确实是中国法律制度的一大特色。

历史上朝廷确实是会经常性地，几乎是制度性地下达这种赦免民间罪行的赦令，而且有专门的区分：对全国境内赦令所提及的已发现、未发现的犯罪行为都予以赦免，所有在押的或正在服刑的罪犯都可以释放回家。这就是所谓的“大赦”。因为这种赦免范围大，表示皇帝的恩德，所以又被称为“德音”。而赦免部分罪名或赦免部分罪犯就是“特赦”。赦免某些地区的罪犯，一般又叫作“曲赦”。

见于史册最早的赦令是《春秋左氏传》所载庄公二十二年（公元前672年）“春王正月，肆大眚”。大赦之名则起于秦庄襄王元年（公元前249年）“大赦罪人”（《史记·秦本纪》）。以后历代历朝都有大赦，根据近人徐式圭《中国大赦考》的统计，古代一般平均两三年就会有一次大赦，比如两汉四百余年间，发布了186次大赦令，平均2.24年就大赦一次。三国两晋南北朝时期的三百多年间，由各位皇帝发布的大赦令多达428次。唐朝在289年中发布了184次大赦，平均1.57年一次。而《水浒传》所描写的宋朝，在319年中发布了203次大赦，恰好也是平均1.57年一次大赦。元朝在97年里大赦了45次，平均2.15年一次。当时法律规定的徒刑最高年限是3年，换言之，从概率上来说，一个罪犯是很有可能坐不满三年牢的。明朝开始大赦频率才降低，在276年中只有55次大赦，平均五年多一次。清朝更经常采用的是对一切在押罪犯减刑一等的办法，大赦比较少，267年中才19次大赦，平均14年一次。

当然，为了防止大赦导致重罪罪犯逍遥法外，历代的赦令往往都对赦免的对象附加若干限制。特别是被认为直接触犯纲常的“十恶”大罪明确是“常赦所不原”的。除了“十恶”外，杀人、放火、劫囚、官吏犯赃，以及屠牛、合造毒药等罪名，也是明确规定不得赦免的，最多只能减等处刑，而不是全部免罪。实际上真正得到赦免的多为对统治秩序危害不大的犯罪。

中国这样的频繁大赦的情况，在世界其他地区是很难看到的。比如在欧洲地区，古罗马时期和中世纪时期，判人罪名的是法院，皇帝或国王保留的是赦免的权力。所以孟德斯鸠在《论法的精神》一书中就对中国皇帝又是立法者又是司法者，同时又能够赦免罪人的现象大惑不解，说：既然是自己判人有罪，怎么又可以出尔反尔地去赦免他？这种现象反映了中国古代法律为君主专制统治工具的特性。犯罪触犯的是皇帝的法律，皇帝可以加罪于人，自然也就可以赦免人罪过。宋徽宗说过“能生死谓之王，擅利害谓之帝”的话，就相当典型地表示了这个意思。所以历代大赦的起因，大多是皇帝的事情：“驾崩”、登基、修改年号、结婚生子、祭祀天地等。皇帝号为“天子”，如果上天有些什么征兆，如“星变”“灾异”“山崩”“地陷”“嘉禾”等，皇帝作为天子也就加以反应，发布大赦。当然在这后面隐藏的是政治动机，不过其表现的形式是皇帝个人的因素，以此来表示“皇恩浩荡”。

第一节　刑罚的消灭概述

一、刑罚消灭的概念

刑罚消灭，是指由于法定或事实的原因，致使国家对犯罪人的刑罚权归于消灭。对犯罪人而言，刑罚消灭意味着刑事责任的终结；对国家而言，刑罚消灭则是指求刑权、量刑权和行刑权的消灭。

二、刑罚消灭的特征

刑罚消灭具有以下三个特征：

（1）刑罚消灭以行为人的行为构成犯罪为前提。刑罚消灭必须以应当或者已经适用刑罚为前提条件，如果不存在这个前提条件，刑罚消灭就无从谈起。而无论是应当适用刑罚还是已经适用刑罚，都以犯罪的存在为前提。所以，行为构成犯罪是刑罚消灭的必要前提。

（2）刑罚消灭归结为国家对犯罪人刑罚权的消灭。刑罚消灭的主体是国家。刑罚权消灭的范围，包括刑罚请求权的消灭、刑罚裁量权的消灭和刑罚执行权的消灭。

（3）刑罚消灭是由法定的或者事实的原因引起的。刑罚消灭是一种结果，这种结果必然由一定的原因或事由引起。引起刑罚消灭的原因，有的是法律明确规定的，称为法定原因，如不起诉、免除刑罚、赦免、减刑、时效期满等；有的是客观发生的事实，使刑罚自然不存在，称为事实原因，如犯罪人死亡、刑罚执行完毕等。

第二节　时　效

一、时效的概念和种类

（一）时效的概念

刑法上的时效，是指刑事法律规定的国家对犯罪人行使刑事追诉权和刑罚执行权的有效期限。在有效期限内，如果国家不行使刑事追诉权和刑罚执行权，这些权力即归于消灭，对犯罪人就不能再追诉或者执行刑罚。时效完成是刑罚消灭的重要制度之一。

时效制度的根据和意义在于：第一，一个人犯罪后，经过一定期限虽未被追诉或未被执行刑罚，但没有再犯新罪，据此可推断其已悔改，不致再危害社会。在这种情况下，失去追诉或行刑的意义。第二，在犯罪人经过一定期限未犯新罪的情况下，如果再追究其刑事责任，既起不到特殊预防的作用，也起不到警戒社会上不稳定分子和教育群众的作用，反而引起敌视、抗拒审判和改造。第三，犯罪案件发生后，经过一定期限没有审理和追诉，时过境迁，证据失散，侦查、起诉、审判难以顺利进行。而设立时效制度，既符合经济原则，又有利于司法审判机关集中精力审理现行案件。第四，犯罪后经过一定的时期，因犯罪破坏的某一社会秩序以及失衡的公众心理已经得到恢复，如重新追究旧案，重提积怨，容易引发新的不安定因素，不利于社会稳定。这对于社会的安定团结是有弊而无利的。①

---

① 参见韩玉胜主编：《新编刑法教程》，283页，北京，中国人民公安大学出版社，2003。

总之，实行时效制度，既符合我国适用刑罚的目的，又有利于司法机关开展工作和稳定社会秩序。但是为了防止少数犯罪分子利用时效制度逃避法律制裁，刑法在规定时效时，同时规定了时效中断、延长等制度。

(二) 时效的种类

时效分为两种：追诉时效和行刑时效。

追诉时效，是指我国刑法规定的对犯罪分子追究刑事责任有效期限的制度。超过法定追诉期限，司法机关或有告诉权的人不得再对犯罪人进行追诉，已经追诉的，应撤销案件或不起诉，或终止审判。追诉时效完成，是刑罚请求权消灭的重要事由之一。

行刑时效，是指刑事法律规定的，对被判刑的人执行刑罚有效期限的制度。犯罪人被科处刑罚后，只有在行刑时效期内，刑罚执行机关才有权对犯罪人执行所判处的刑罚。行刑时效期间内所判处的刑罚未执行，超过行刑的时效，便不能再对犯罪人执行所判处的刑罚。行刑时效完成，是刑罚执行权消灭的一项重要事由。

我国《刑法》总则只规定了追诉时效，对行刑时效未作规定。

二、追诉时效的期限

我国刑法根据罪刑相适应原则，以犯罪的法定最高刑为标准，规定了 4 个档次的追诉时效。根据《刑法》第 87 条的规定，犯罪经过下列期限不再追诉：法定最高刑不满 5 年有期徒刑的，经过 5 年；法定最高刑为 5 年以上不满 10 年有期徒刑的，经过 10 年；法定最高刑为 10 年以上有期徒刑的，经过 15 年；法定最高刑为无期徒刑、死刑的，经过 20 年。如果 20 年以后认为必须追诉的，须报请最高人民检察院核准。

根据上述规定，在确定具体犯罪的追诉时效的期限时，应当根据犯罪的性质、情节，分别适用刑法分则规定的相应条款或量刑幅度，按其法定最高刑计算追诉时效期限：(1) 在只规定一个量刑幅度的条文中，应依照该条文的法定最高刑确定追诉时效期限。(2) 在一个条文中规定有两个以上不同的量刑幅度的，应按与其罪行相对应的条款的法定最高刑确定其追诉时效期限。(3) 如果所犯罪行的刑罚，分别规定在不同的条款的，应按其罪行应当适用的条款的法定最高刑确定其追诉时效的期限。

三、追诉时效的计算

根据我国《刑法》第 89 条的规定，追诉时效的计算分为两种情况。

(一) 即成犯追诉时效的计算

即成犯追诉期限是“从犯罪之日起计算”。所谓犯罪之日，是指犯罪成立之日。由于刑法对不同种类和形态的犯罪所规定的构成要件不同，因而其犯罪成立之日的计算标准亦相应不同：(1) 行为犯或以某种危害结果的发生为既遂构成所必需的犯罪，应从犯罪行为实施之日起计算。(2) 危险犯，应从实施危险行为之日起计算。(3) 预备犯，应从预备犯罪之日起计算。(4) 中止犯，应当分别情况予以确定：如果是在着手实行犯罪后中止犯罪，应从犯罪行为实施之日起计算；如果在预备阶段中止犯罪，则应从犯罪中止成立之日起计算。(5) 未遂犯，应从犯罪未遂成立之日起计算。(6) 共同犯罪，从整体共同犯罪行为得以实施之日起计算。(7) 结果犯，应从犯罪结果发生之日起计算。结果加重犯，应从加重结果发生之日起计算。(8) 犯罪行为发生在我国境外，而犯罪结果发生在我国境内的犯罪，也应从犯罪结果发生之日起计算。①

（二）连续犯和继续犯追诉期限的计算

根据《刑法》第89条的规定，犯罪行为有连续或者继续状态的，追诉时效从犯罪行为终了之日起计算。由此可见，连续犯和继续犯追诉期限的计算标准，为“犯罪行为终了之日”。由于连续犯和继续犯的具体特征不同，各自的“犯罪行为终了之日”也不同。连续犯以连续实施数个相同行为为目的，每一个行为都可单独构成犯罪。所以，连续犯的犯罪行为终了之日，就是指最后一个犯罪行为成立之日。继续犯，是指一个犯罪行为在一定时间内处于持续状态。因此，继续犯的犯罪行为终了之日就是持续状态结束之日。

四、追诉时效的中断和延长

（一）追诉时效的中断

【案例19-1】 **杨某盗窃案**

杨某于1994年8月至1995年1月在原籍河南省某市伙同他人盗窃3次，价值4 700元，随后外逃。当地司法机关在办理其同伙盗窃案过程中，于1995年6月17日以盗窃罪对杨某作出批准逮捕决定（杨某依然外逃）。1995年11月至12月杨某在浙江省某市又实施盗窃。其隐瞒了在原籍的盗窃事实，1996年10月被当地人民法院以盗窃罪判处有期徒刑7年6个月。刑满释放后，杨某返回原籍，2002年10月24日被原籍公安机关依法执行逮捕。本案的追诉时效怎么计算？是否属于无限期追诉案件？是否已经过了追诉时效？

追诉时效中断，是指在追诉时效进行期间，因发生法律规定的事由，使已经经过的时效期间归于失效，追诉期限从法律规定事由发生之日起重新开始计算的制度。追诉时效中断制度是为了防止犯罪人利用时效制度逃避罪责，继续犯罪而设立的。

我国《刑法》第89条第2款规定，在追诉期限内又犯罪的，前罪追诉的期限从犯后罪之日起计算。这一规定表明，我国追诉时效中断是以犯罪人在追诉期限内又犯罪为条件的，但不论新罪的性质和刑罚轻重。根据刑法的这一规定，追诉时效中断后时效起算的时间为“犯后罪之日”。所谓犯后罪之日，即后罪成立之日。

就本章［案例19-1］杨某盗窃案来看，首先，此案不属于无限期追诉案件。杨某的涉嫌犯罪行为发生在1979年《刑法》施行期间，依照该法第77条的规定，因为杨某一作完案就外逃，没有被采取任何强制措施（批捕决定只是司法机关内部的决定，只要没有执行，就不算已对犯罪嫌疑人采取了强制措施），故杨某的涉嫌犯罪行为只能在法定的追诉期限内追诉，否则，就不能追诉。若依照现行《刑法》第88条的规定，因为侦查机关已立案、被害人也已报案（这可由本案的批捕决定和犯罪数额证实），则该案就属于无限期追诉案件，即任何时候都可以追诉。两相比较，按现行《刑法》处理的结果要比按1979年《刑法》处理的结果重，不利于被告人。因此，从有利于被告人的角度出发，也就是说按照“从旧兼从轻”这一原则（现行《刑法》第12条的规定），本案在这里应“从旧”，即本

① 参见高铭暄、马克昌主编：《刑法学》，5版，343～344页，北京，北京大学出版社、高等教育出版社，2011。

案不属于无限期追诉的案件，应在法定的追诉期内追诉。

其次，本案已超过追诉时效。依照1979年《刑法》第151条的规定（盗窃、诈骗、抢夺公私财物数额较大的，处5年以下有期徒刑、拘役或者管制），因为杨某的盗窃数额至少已属较大，故该案的追诉期限至少应为10年。依照现行《刑法》［指1997年《刑法》，不含《刑法修正案（八）》］第264条的规定（盗窃公私财物，数额较大或者多次盗窃的，处3年以下有期徒刑、拘役或者管制，并处或者单处罚金），因为杨某的盗窃数额仅为较大，故该案的追诉期限应为5年。两相比较，按现行《刑法》处理的结果要比按1979年《刑法》处理的结果轻。同上，按照"从旧兼从轻"的原则，本案在这里应"从轻"，即本案的追诉期限为5年。依照现行《刑法》第89条的规定（与1979年《刑法》第78条的规定完全一致：……在追诉期内又犯罪的，前罪追诉的期限从犯后罪之日起计算），本案追诉期限的起始时间应为1995年12月。因追诉期限为5年，故该期限的终了时间应为2000年12月。侦查机关于2002年10月24日才将杨某抓获并予以追诉，显然已超过追诉时效，属无效追诉。

综上论证，本案已超过追诉时效。

（二）追诉时效延长

追诉时效延长，是指在追诉时效进行期间，由于发生了法律规定的事由，追诉期限得以延伸的制度。根据《刑法》第88条的规定，我国追诉时效延长分为两种情况：

（1）在人民检察院、公安机关、国家安全机关立案侦查或在人民法院受理案件以后，犯罪人逃避侦查或者审判的，不受追诉期限的限制。

在法定期限内，只要对犯罪案件开始立案、侦查或者受理起诉后，不论犯罪人逃避侦查或起诉的时间、状态持续多久，都可以对其进行追究。

（2）被害人在追诉期限内提出控告，人民法院、人民检察院、公安机关应当立案而不予立案的，不受追诉期限的限制。

这里的"被害人"包括受到犯罪侵害的公民个人和法人、非法人组织。控告可以是书面的，也可以是口头的。但控告必须是被害人在自己的人身、财产权利遭受不法侵害并且已经发现犯罪嫌疑人而向司法机关所作的告发。如果被害人在不知道犯罪嫌疑人是谁的情况下报案，则不能适用时效延长的规定。

第三节 赦 免

一、赦免的概念和种类

赦免，是指以国家的名义对已经确认为有罪的人免除其罪和刑或者虽然不免除其罪但免除或者减轻其刑的一种制度。赦免制度是各国的刑事司法实践中较为常见而且历史悠久的一种制度。[①]

赦免制度通常由宪法加以规定，一般不在刑法中规定。赦免的具体时间和对象由国家元首或最高国家权力机关以政令形式颁布，在我国由最高人民法院和高级人民法院执行。所以，赦免制度不是一项刑罚制度。但是，由于赦免的对象是犯罪人，其结果是免除或减

① 参见力康泰、韩玉胜：《刑事执行法学原理》，244页，北京，中国人民大学出版社，1998。

轻罪与刑，导致追诉权和行刑权都归于消灭，而且赦免命令又由司法机关执行，所以，各国都把它纳入刑罚消灭理论加以研究。

在刑法理论上，根据赦免的具体表现形式的不同，通常把赦免分为大赦和特赦两种：

1. 大赦

它是指国家元首或者国家最高权力机关，对某一范围内的罪犯一律予以赦免的制度。大赦的效力很大，它不仅免除刑罚的执行，而且使犯罪归于消灭。经过大赦之人，其刑事责任完全归于消灭。尚未追诉的，不再追诉；已经追诉的，撤销追诉，已受罪刑宣告的，宣告归于无效，不再执行。

2. 特赦

它是指国家元首或者最高国家权力机关对已受罪刑宣告的特定犯罪人免除其全部或部分刑罚的制度。

特赦与大赦的主要区别在于：(1) 特赦的对象是特定的，而大赦的对象是不特定的。(2) 特赦仅赦刑而不赦罪，大赦既赦刑又赦罪。(3) 特赦后再犯罪有可能构成累犯，而大赦后行为人再犯罪并没有累犯问题。(4) 特赦往往公布被赦人的名单，大赦一般不公布被赦人的名单。

我国1954年宪法曾有大赦和特赦的规定，但大赦没有实行过。后来的几部宪法没有再规定大赦，都只规定了特赦。因此，我国《刑法》第65条和第66条所说的“赦免”都是指特赦。

二、我国的特赦制度及特点

【案例19-2】　　新中国成立后的八次特赦

新中国成立以来，先后实行过八次特赦，它们是：

(1) 1959年9月17日，第二届全国人大常委会第九次会议根据毛泽东主席代表中国共产党中央委员会提出的建议，决定在庆祝中华人民共和国建国10周年之际，“对于经过一定时间的劳动改造、确实改恶从善的蒋介石集团和伪满洲国的战争罪犯、反革命罪犯和普通刑事罪犯，实行特赦”。这次特赦的范围比较广，包括：“(1) 释放关押已满10年，确实改恶从善的蒋介石集团和伪满洲国的战争罪犯；(2) 释放判处徒刑5年以下（包括判处徒刑5年）、服刑时间已经达到刑期1/2以上、确实改恶从善的，判处徒刑5年以上、服刑时间已经达到刑期2/3以上、确实改恶从善的反革命罪犯；(3) 释放判处徒刑5年以下（包括判处徒刑5年）、服刑时间已经达到刑期1/3以上、确实改恶从善的，判处徒刑5年以上、服刑时间已经达到刑期1/2以上、确实改恶从善的普通刑事犯；(4) 判处死刑缓期2年执行的罪犯，缓刑时间已满1年、确实有改恶从善表现的，可以减为无期徒刑或15年以上有期徒刑；(5) 判处无期徒刑的罪犯，服刑时间已满7年、确实有改恶从善表现的，可以减为10年以上有期徒刑。”

(2) 1960年11月19日，第二届全国人大常委会第三十二次会议决定，对于经过一定期间的劳动改造，确实改恶从善的蒋介石集团和伪满洲国的战争罪犯，实行特赦。

(3) 1961年12月16日，第二届全国人大常委会第四十七次会议决定，对于经过一定期间的劳动改造，确实改恶从善的蒋介石集团和伪满洲国的战争罪犯，实行特赦。

(4) 1963 年 3 月 30 日，第二届全国人大常委会第九十一次会议决定，对确实改恶从善的蒋介石集团、伪满洲国和伪蒙疆自治政府的战争罪犯，实行特赦。

(5) 1964 年 12 月 12 日，第二届全国人大常委会第一百三十五次会议决定，对确实改恶从善的蒋介石集团、伪满洲国和伪蒙疆自治政府的战争罪犯，实行特赦。

(6) 1966 年 3 月 29 日，第三届全国人大常委会第二十九次会议决定，对确实改恶从善的蒋介石集团、伪满洲国和伪蒙疆自治政府的战争罪犯，实行特赦。

(7) 1975 年 3 月 17 日，第四届全国人大常委会第二次会议决定，对全部在押战争罪犯，实行特赦。

(8) 2015 年 8 月 29 日，第十二届全国人大常委会第十六次会议决定，对部分服刑罪犯实行特赦。根据国家主席特赦令，对依据 2015 年 1 月 1 日前人民法院作出的生效判决正在服刑、释放后不具有现实社会危险性的四类罪犯实行特赦：一是参加过中国人民抗日战争、中国人民解放战争的；二是中华人民共和国成立以后，参加过保卫国家主权、安全和领土完整对外作战的，但犯贪污受贿犯罪、故意杀人、强奸、抢劫、绑架、放火、爆炸、投放危险物质或者有组织的暴力性犯罪、黑社会性质的组织犯罪、危害国家安全犯罪、恐怖活动犯罪、有组织犯罪的主犯及累犯除外；三是年满 75 周岁、身体严重残疾且生活不能自理的；四是犯罪的时候不满 18 周岁，被判处 3 年以下有期徒刑或者剩余刑期在 1 年以下的，但犯故意杀人、强奸等严重暴力性犯罪、恐怖活动犯罪、贩卖毒品犯罪的除外。

我国 1954 年《宪法》规定了大赦和特赦，并将大赦决定权赋予全国人民代表大会，特赦的决定权赋予了全国人大常委会，大赦令和特赦令由国家主席发布。1975 年、1978 年和现行《宪法》都只有特赦的规定，这表明我国已经取消了大赦制度。根据我国现行《宪法》第 67 条和第 80 条的规定，特赦经全国人大常委会决定，由国家主席发布特赦令。

从已实行的 8 次特赦中，可以看出我国特赦制度有以下几个特点：(1) 特赦对象，除第一次包括反革命罪犯和普通刑事罪犯与第八次针对部分特定罪犯外，都是战争罪犯。(2) 特赦的范围，仅限于全国各地某类犯罪中的一部分人，而不是对某类罪犯全部实行特赦，更不是对个人实行。(3) 特赦的条件，是罪犯经过服刑改造，确已改恶从善的。对尚未宣告刑罚或者刑罚虽已宣告但尚未开始执行的罪犯，不赦免。(4) 特赦的效力，只及于刑罚，不及于罪行。(5) 特赦的程序，一般由党中央或国务院提出建议，经全国人大常委会审议决定，由国家主席发布特赦令，并授权最高人民法院和高级人民法院执行。

【问题与思考】

1. 王某在 1990 年至 1991 年 2 月间，私自挪用本单位资金 3 万元（法定刑不满 5 年），一直未还，至1998年1月案发。王某的行为是否超过追诉时效？怎么理解与确定《刑法》第89条中的“犯罪之日”？

2. 刘某于1983年11月2日实施强奸行为，公安机关于1998年10月7日破案（法定最高刑为10年有期徒刑），但案件移送至检察院时，已是1998年11月20日，超过15年。检察院能否起诉？法院应否审判？如何理解和认定《刑法》第88条中的“逃避侦查或者审判”和“应当立案而不予立案”？

下 篇

罪刑各论

21世纪法学系列教材
刑法学原理与案例教程(第四版)

第二十章
罪刑各论概说

参考书目

1. 周光权．刑法各论．3版．北京：中国人民大学出版社，2016.

2. 张明楷．刑法学．5版．北京：法律出版社，2016.

参考法规

1. 1997年12月16日最高人民法院《关于执行〈中华人民共和国刑法〉确定罪名的规定》

2. 1997年12月25日最高人民检察院《关于适用刑法分则规定的犯罪的罪名的意见》

3. 2002年3月15日最高人民法院、最高人民检察院《关于执行〈中华人民共和国刑法〉确定罪名的补充规定》

4. 2003年8月15日最高人民法院、最高人民检察院《关于执行〈中华人民共和国刑法〉确定罪名的补充规定（二）》

5. 2007年10月25日最高人民法院、最高人民检察院《关于执行〈中华人民共和国刑法〉确定罪名的补充规定（三）》

6. 2009年10月14日最高人民法院、最高人民检察院《关于执行〈中华人民共和国刑法〉确定罪名的补充规定（四）》

7. 2011年4月27日最高人民法院、最高人民检察院《关于执行〈中华人民共和国刑法〉确定罪名的补充规定（五）》

8. 2015年10月30日最高人民法院、最高人民检察院《关于执行〈中华人民共和国刑法〉确定罪名的补充规定（六）》

引例　乔某私自开拆、隐匿、毁弃邮件、电报案

被告人乔某是某镇邮政局的临时邮递员，负责当地一些村屯邮件的投递工作。他每天都要将一大堆报刊、邮件送到订户和收件人手中，久了便觉得枯燥乏味。2002年7月6日，他突然产生"欣赏"别人情书的念头，并以此寻找乐趣。起初他只是留下一两封信件回家看看，不料想时间一长竟然上了"瘾"。2003年5月的一天，公安分局民警因公事到乔某家，发现他家炕上、柜子上到处都堆放着花花绿绿的信件。民警仔细一看，都是外地寄往该镇各村村民的，很多已被拆开。民警问信件的由来，乔父说他儿子在邮局上班。民警立即对这些信件进行封存，并以私自开拆、隐匿、毁弃邮件、电报罪对乔某立案侦查。几天后，乔某向警方投案自首。据悉，从2002年7月开始偷拆有情书"嫌疑"的信件，到2003年5月案发，乔某共私自截留信件一百多次，私自开拆、隐匿信件354封。

第一节　刑法分则的体系

一、刑法分则体系的概念

刑法分则的体系是指刑法分则对不同的犯罪进行科学的分类，并且按照一定的次序排列而形成的体系。

在刑法分则中对具体犯罪进行分类排列，必须按照一定的标准进行。科学而合理的分类，有利于人们清楚认识各类犯罪的本质，在体现立法机关对不同种类犯罪予以不同评价的价值取向的同时，也有利于司法部门及各类司法人员在司法实务中了解和把握刑法的立法精神，有效解决司法实践中遇到的各类刑事案件。我国《刑法》分则将各种具体犯罪分为10章：第一章为危害国家安全罪，第二章为危害公共安全罪，第三章为破坏社会主义市场经济秩序罪，第四章为侵犯公民人身权利、民主权利罪，第五章为侵犯财产罪，第六章为妨害社会管理秩序罪，第七章为危害国防利益罪，第八章为贪污贿赂罪，第九章为渎职罪，第十章为军人违反职责罪。其中第三章又细分为8节：生产、销售伪劣商品罪，走私罪，妨害对公司、企业的管理秩序罪，破坏金融管理秩序罪，金融诈骗罪，危害税收征管罪，侵犯知识产权罪、扰乱市场秩序罪。第六章又细分为9节：扰乱公共秩序罪，妨害司法罪，妨害国（边）境管理罪，妨害文物管理罪，危害公共卫生罪，破坏环境资源保护罪，走私、贩卖、运输、制造毒品罪，组织、强迫、引诱、容留、介绍卖淫罪和制作、贩卖、传播淫秽物品罪。

二、刑法分则体系的特点

我国《刑法》分则对犯罪进行了划分并依照一定的次序予以排列，主要体现了以下特点：

（1）各种犯罪的排列原则上以每类犯罪所侵犯的同类客体为基本标准。根据各种犯罪所侵犯的同类客体的不同，《刑法》将犯罪划分为十个大类。就每类犯罪而言，所侵犯的客体大致相同。对这些同类客体的认识，有助于人们正确认识每类犯罪的社会危害程度，从而正确贯彻与体现刑事政策。但是，在各类犯罪中，每种具体犯罪所侵犯的具体客体之间仍存在着一定的差异性。其中最主要的表现就是在同一类犯罪中，有的个罪侵犯的是单一客体，而有的个罪所侵犯的是复杂客体。之所以将其归入同一类罪中，关键在于立法者的立法取向。

（2）各类犯罪的先后排列顺序原则上以每类犯罪各自所侵犯的社会关系在社会生活中的重要程度为基本标准。在对所划分的十类犯罪进行排列时，《刑法》分则原则上坚持了按照社会危害程度不同、从重到轻予以逐步排列的标准。但是，这种排列顺序也并非绝对。例如，基于对犯罪主体的特殊性的考虑，《刑法》分则将军人违反职责罪排列在各类犯罪之后，从严格意义上来说，这一排列方式与整体上按照社会危害程度对各类犯罪进行排列的原则相悖。

（3）每类犯罪中各种具体犯罪的先后排列顺序原则上也以每种犯罪所侵犯的直接客体在社会生活中的重要程度为基本标准。在同一类犯罪中，《刑法》分则原则上也坚持了按照各具体犯罪的社会危害程度的不同而予以依次排列的标准。但是，这种排列方式也并非绝对。不能仅仅按照各具体犯罪在同一类罪中的排列顺序来断言其危害程度。当然，更不能因具体犯罪在整个《刑法》分则体系中的排列位置而对其在整个犯罪体系中的危害程度妄加断定。

第二节　刑法分则的条文结构

在刑法分则所规定的四百多种犯罪中，每种犯罪都有其具体的犯罪构成。而对这些犯罪构成予以具体规定的刑法条文所体现出的规范内容，一般都由罪状和法定刑两个部分组成。

一、罪状

罪状是指刑法分则条文对于某种犯罪具体状况的描述。成立某种犯罪，必须符合刑法分则条文所规定的成立要件。根据对基本罪状的描述方式的不同，可以将罪状概括为四种形式，即简单罪状、叙明罪状、引证罪状和空白罪状。

（一）简单罪状

简单罪状是指刑法分则条文只对犯罪的特征予以描述或仅规定犯罪的名称、而不对犯罪状况予以具体描述的一种罪状描述方式。之所以作如此规定，是因为立法者认为该种犯罪不需要具体描述，只要看到犯罪的具体特征或者罪名，就可以理解犯罪本身的内容。如《刑法》第232条规定："故意杀人的，处死刑、无期徒刑或者十年以上有期徒刑；情节较轻的，处三年以上十年以下有期徒刑。"这实际上只描述了故意杀人罪的罪名，而没有具体描绘该罪的构成特征。另外，第170条所规定的伪造货币罪与第295条所规定的传授犯罪方法罪等，也都采用了简单罪状这一描述方式。简单罪状的缺陷在于其过于概括与抽象，容易导致理解上的偏差，实践中有时缺乏可操作性。

（二）叙明罪状

叙明罪状是指刑法分则条文对某种犯罪状况进行详细具体的描述，以便说明该种犯罪的具体构成条件的一种罪状描述方式。如《刑法》第253条第1款规定："邮政工作人员私自开拆或者隐匿、毁弃邮件、电报的，处二年以下有期徒刑或者拘役。"该款对私自开拆或者隐匿、毁弃邮件、电报罪的主体及客观方面的表现作了较为详细的描述，属于典型的叙明罪状。叙明罪状在我国《刑法》分则具体犯罪条文中占据多数，其优点在于有利于司法实践中把握罪与非罪、此罪与彼罪的界限，有利于贯彻罪刑法定原则。

（三）引证罪状

引证罪状是指刑法分则条文对某种犯罪的具体状况不作任何描述，但需要引用分则中的其他条文来说明该种犯罪的具体构成的一种罪状描述方式。如《刑法》第107条规定："境内外机构、组织或者个人资助实施本章第一百零二条、第一百零三条、第一百零四条、第一百零五条规定之罪的，对直接责任人员，处五年以下有期徒刑、拘役、管制或者剥夺政治权利；情节严重的，处五年以上有期徒刑。"该条是对资助危害国家安全犯罪活动罪的规定，而对该种犯罪的具体特征的认定，则必须引用《刑法》第102条、第103条、第104条和第105条的规定来说明和确定。引证罪状有利于实现立法上的简洁，从而避免不必要的重复。

（四）空白罪状

空白罪状又称为参见罪状，是指刑法分则条文并未对犯罪的具体构成特征予以描述，而仅仅指明确定该罪构成需要参照的法律、法规的一种罪状描述方式。例如，《刑法》第345条第2款规定："违反森林法的规定，滥伐森林或者其他林木，数量较大的，处三年以下有期徒刑、拘役或者管制，并处或者单处罚金……"其中的罪状便属于空白罪状。我国《刑法》分则中许多条文在采用空白罪状的同时，兼用叙明罪状。如在《刑法》第342条的规定中，首先指明确定非法占用农用地罪需要参照的法规即土地管理法规，含有空白罪状的成分，同时描述了该罪的客观行为、危害结果等要件，符合叙明罪状的特征。使用空白罪状有利于具体条文的简洁与准确，从而避免了在刑法条文中为使罪状明确而过多地使用相关的法律、法规的规定，使条文具有包容性、应变性。特别是对于某些经济犯罪、行政犯罪，使用空白罪状使刑法条文不致因经济、行政法规的变化而丧失应有的稳定性。

二、法定刑

（一）法定刑的概念

法定刑是指刑法分则具体犯罪条文所规定的适用于具体犯罪的刑罚的种类和幅度。简言之，法定刑就是法律明文规定的刑种和刑度。在《刑法》总则中，明确规定了管制、拘役、有期徒刑、无期徒刑和死刑五种主刑和罚金、剥夺政治权利、没收财产、驱逐出境四种附加刑，并且规定了上述九种刑罚方法的适用对象及相应的刑罚幅度。《刑法》分则条文则针对每一种犯罪的不同情况，从9种刑罚方法中选择出其中的一种或几种适用于具体犯罪的刑罚种类加以规定。

法定刑表明了国家对于犯罪行为以及犯罪人的谴责和否定性评价。国家通过法律对犯罪的社会危害程度作出评价，并在这一评价的基础上规定与犯罪相适应的刑罚，这是立法上罪责刑相适应原则的具体体现。社会本身所具有的动态性，使得同种犯罪的社会危害程度因客观环境的容忍度不同而有所不同，因而，在坚持罪责刑相适应原则的前提下立法者往往会根据社会状况的变化相应地对法定刑予以修正，以适应刑事政策与司法现状的不断需求。

(二) 法定刑的种类

按照规定内容的确定性程度，可以将法定刑分为绝对确定的法定刑、绝对不确定的法定刑和相对确定的法定刑三种：

1. 绝对确定的法定刑

这是指在刑法分则具体犯罪条文中对某种犯罪只规定单一的刑种和刑度。绝对确定的法定刑使法官丧失了自由裁量的余地，在保证了形式平等的同时，这种无视案件具体情况的绝对性规定，不利于实质平等的真正实现。如《刑法》第 121 条规定，劫持航空器，致人重伤、死亡或者使航空器遭受严重破坏的，处死刑；第 240 条规定，拐卖妇女、儿童，情节特别严重的，处死刑，并处没收财产。由于对刑种与刑度作了严格的单一性规定，绝对确定的法定刑完全无视司法实践中所存在的犯罪样态，无视行为人的主观恶性及行为的社会危害性，因而被越来越多的国家所摒弃。应当说明的是，我国《刑法》分则只在极少数的条文中规定了绝对确定的法定刑。

2. 绝对不确定的法定刑

这是指在刑法条文中对某种犯罪不规定具体的刑种与刑度，而只规定对该种犯罪处以刑罚，具体如何处罚，完全由法官掌握。如对某种犯罪规定"依法追究刑事责任"，但如何追究，不作进一步的明确规定。绝对不确定的法定刑最大的弊端在于容易导致罪刑擅断，对犯罪人是否判处刑罚、判处何种刑罚以及刑罚的期限，完全由法官掌握。绝对不确定的法定刑以防卫社会为出发点与最终目的，其精神和理念与现代法治背道而驰，严重地违反了罪刑法定原则。我国《刑法》中没有绝对不确定的法定刑。

3. 相对确定的法定刑

这是指在刑法分则条文中明确规定对某种犯罪适用的刑种与刑度，并对最高刑和最低刑作出限制性规定。相对确定的法定刑是我国《刑法》分则条文中普遍采用的形式，其所规定的较大的裁量幅度，便于审判机关根据具体犯罪的社会危害程度及犯罪人的主观恶性与人身危险性而适用不同的刑罚。根据《刑法》分则条文采用相对确定的法定刑的不同情况，可以划分为以下几种类型：

(1) 只规定最高限度的法定刑。刑法条文本身并没有对法定刑的最低限度予以规定，而只规定了最高限度，有关最低限度的规定，应当按照刑法总则的规定予以确定。如《刑法》第 233 条规定，过失致人死亡情节较轻的，处 3 年以下有期徒刑。按照《刑法》总则的规定，有期徒刑的最低限度为 6 个月。因而，过失致人死亡的，应当在 6 个月以上 3 年以下处刑。

(2) 只规定最低法定刑。刑法条文本身并没有对法定刑的最高限度予以规定，而只规定了最低限度，有关最高限度的规定，应当按照刑法总则的规定予以确定。如《刑法》第 133 条规定，交通肇事后因逃逸致人死亡的，处 7 年以上有期徒刑。按照《刑法》总则的规定，有期徒刑的最高限度为 15 年。因而，交通肇事后因逃逸致人死亡的，应当在 7 年以上 15 年以下处刑。

(3) 同时规定了最高限度与最低限度的法定刑。如《刑法》第 306 条规定，在刑事诉讼中，辩护人、诉讼代理人毁灭、伪造证据，帮助当事人毁灭、伪造证据，威胁、引诱证人违背事实改变证言或者作伪证，情节严重的，处 3 年以上 7 年以下有期徒刑。

（4）规定两种以上的刑罚方法，同时对有期徒刑的最高限度作出规定。如《刑法》第408条规定，负有环境保护监督管理职责的国家机关工作人员严重不负责任，导致发生重大环境污染事故，致使公私财产遭受重大损失或者造成人身伤亡的严重后果的，处3年以下有期徒刑或者拘役。有期徒刑的最低限度、拘役的最高限度和最低限度都应当依照《刑法》总则的有关规定确定。

（5）规定两种以上的主刑、两个以上的量刑幅度并同时规定附加刑，其中有期徒刑只规定最低限度。如《刑法》第383条第1款规定："对犯贪污罪的，根据情节轻重，分别依照下列规定处罚：（一）贪污数额较大或者有其他较重情节的，处三年以下有期徒刑或者拘役，并处罚金。（二）贪污数额巨大或者有其他严重情节的，处三年以上十年以下有期徒刑，并处罚金或者没收财产。（三）贪污数额特别巨大或者有其他特别严重情节的，处十年以上有期徒刑或者无期徒刑，并处罚金或者没收财产；数额特别巨大，并使国家和人民利益遭受特别重大损失的，处无期徒刑或者死刑，并处没收财产。"

（6）规定两种以上的主刑、两个以上的量刑幅度并同时规定附加刑，其中有期徒刑规定了最高限度和最低限度。《刑法》第353条规定，引诱、教唆、欺骗他人吸食、注射毒品的，处3年以下有期徒刑、拘役或者管制，并处罚金；情节严重的，处3年以上7年以下有期徒刑，并处罚金。

（7）规定援引其他条文中规定的法定刑。如《刑法》第386条规定，对犯受贿罪的，根据受贿所得数额及情节，依照本法第383条的规定处罚。

（三）法定刑与宣告刑的区别

法定刑是国家立法机关针对某种犯罪的性质和社会危害程度所规定的量刑标准，它着眼于犯罪的共性。宣告刑是法定刑的实际运用，是国家审判机关对具体犯罪案件中的犯罪人依法判处并宣告的应当实际执行的刑罚，它着眼于具体犯罪案件及犯罪人的特殊性。具体而言，二者有以下几点区别：（1）确定的时间不同。法定刑是在制定刑法时便加以规定的，宣告刑是在处理具体案件时确定的。（2）有无幅度不同。法定刑有可供选择的刑种和幅度，宣告刑则为特定的刑种和刑期。（3）性质不同。法定刑是立法上的规定，宣告刑是司法上的适用。

值得注意的是，应当将执行刑与法定刑和宣告刑相区别。执行刑是对犯罪人实际执行的刑罚，它以宣告刑为依据，可能与宣告刑相等，也可能因为减刑等因素而低于宣告刑。执行刑与法定刑的区别在于法定刑是刑法规定的刑种与刑度，执行刑是对犯罪人实际执行的刑罚。执行刑的刑种与刑度原则上应在法定刑所规定的刑种与刑度的范围内，但是，在存在减轻情节时，执行刑的刑期有可能低于法定刑所规定的刑期。

三、罪名

罪名，有广义与狭义之分。广义的罪名包括类罪名、节罪名和具体罪名。狭义的罪名仅指具体罪名。由于本节论述的是具体犯罪条文的构成，这里所讲的是狭义上的罪名。

（一）罪名的概念和功能

罪名，是犯罪的名称或者称谓，是对犯罪本质特征或者主要特征的高度概括。罪名虽然是具体犯罪的称谓，但正确规定和使用罪名，对于区分罪与非罪、此罪与彼罪的界限，正确地定罪与量刑，都具有重要的意义。具体而言，罪名具有以下功能。

1. 概括功能

罪名是对刑法所规定的纷繁复杂的犯罪现象的进一步整理与概括，通过罪名，人们可以清楚地了解刑法所规定的犯罪，从而实现刑法的预测性功能，这也是罪刑法定原则的进一步具体体现。罪名的概括功能还表现在将刑法分则的罪刑式条文所描述的具体犯罪的构成特征概括成一个简单的名称，以便于人们记忆。

2. 区分功能

作为对具体犯罪的本质特征的高度概括，不同的罪名体现了不同的犯罪特征。通过罪名所传递出的信息，人们可以有效地对此罪与彼罪以及罪与非罪加以区分。

3. 评价功能

罪名不仅是对某种犯罪的本质特征的概括，而且体现了国家对某种危害社会的行为所给予的否定性评价，以及对触犯某种罪名的主体的谴责。不同的罪名也体现出国家对某种具体犯罪行为的不同的谴责程度，通过罪名能认识国家对某种具体犯罪行为的否定性评价的程度。

4. 威慑功能

罪名的威慑功能源于其评价功能。评价功能所体现出的国家对犯罪行为的否定性评价以及对犯罪主体的谴责，形成对社会公众心理上的威慑，它所传递出的信息表明，只要某种行为构成犯罪，就要承担相应的刑事责任，受到相应的处罚，从而起到某种威慑作用。

(二) 罪名的分类

根据不同的标准，可以将罪名划分为不同的种类：

1. 类罪名与具体罪名

类罪名是指某一类犯罪的名称，也就是我国《刑法》分则所规定的各种犯罪的每一章的名称，具体而言，是指危害国家安全罪，危害公共安全罪，破坏社会主义市场经济秩序罪，侵犯公民人身权利、民主权利罪，侵犯财产罪，妨害社会管理秩序罪，危害国防利益罪，贪污贿赂罪，渎职罪与军人违反职责罪。类罪名的特点在于只是对某一类犯罪的名称作出了概括，但是本身既不能作为定罪的罪名使用，也不包含法定刑的内容。具体罪名是指各种具体犯罪的名称。具体罪名规定在刑法分则条文之中，是司法机关追究刑事责任的法律依据，也是确定行为人的行为构成某种犯罪的依据，如叛逃罪、故意杀人罪、抢劫罪、贪污罪、受贿罪等。具体罪名由罪状和法定刑两部分构成。类罪名与具体罪名之间是一种包容与被包容的关系。

2. 立法罪名、司法罪名和学理罪名

立法罪名是指立法机关在刑法分则条文中明确规定的罪名。如贪污罪、挪用公款罪、行贿罪等都是由刑法分则有关条文明确规定的罪名。立法罪名具有普遍的法律效力，司法实践不能对有关犯罪使用与立法罪名不同的罪名。司法罪名是指最高司法机关通过司法解释所确定的罪名。如最高人民法院于 1997 年 12 月 16 日《关于执行〈中华人民共和国刑法〉确定罪名的规定》将 1997 年《刑法》规定的犯罪确定为 413 个罪名，这 413 个罪名就是司法罪名。司法罪名对司法机关办理刑事案件具有法律约束力。学理罪名是指理论上根据刑法分则的有关规定对具体犯罪所概括出的罪名。学理罪名没有法律效力，但对司法实践确定罪名具有指导和参考作用。

3. 单一罪名和选择罪名

单一罪名是指刑法分则条文所规定的，不涉及其他内容的单纯一罪的罪名。刑法分则条文所规定的罪名大部分是以单一罪名的形式出现的，如间谍罪、盗窃罪、绑架罪等，这种单一性罪名在使用时通常具有确定性，不至于发生歧义。选择罪名是指刑法分则条文所包含的犯罪构成内容复杂，在一个条文中包含了不同的行为方式或者不同的犯罪对象，既可以按照行为方式的不同或者犯罪对象的不同分别确定罪名，也可以概括为一个罪名使用的罪名形式。如走私、贩卖、运输、制造毒品罪就是行为方式不同的选择罪名形式，拐卖妇女、儿童罪就是犯罪对象不同的选择罪名形式。选择罪名即使在多种行为方式或者多个犯罪对象同时存在的情况下，也不实行数罪并罚而只定为一罪。

4. 确定罪名和不确定罪名

确定罪名是指在任何情况下都不能予以改变的罪名。如盗窃罪、诈骗罪等，无论具体案件情况如何，都必须使用该罪名。不确定罪名是指可以根据具体案情使用不同名称的罪名。如1979年《刑法》中规定的“以其他危险方法危害公共安全罪”即为不确定罪名，可以根据行为人使用的具体的其他危险方法来确定不同的罪名。

（三）罪名的确定

除了立法罪名外，其他罪名都存在如何确定的问题。正确确定罪名必须遵循以下原则。

1. 合法性原则

合法性原则是指确定罪名时必须严格根据刑法分则规定具体犯罪的条文所描述的罪状进行，既不得超出罪状的内容，也不得片面地反映罪状的内容。例如，《刑法》第111条所描述的罪状是“为境外的机构、组织、人员窃取、刺探、收买、非法提供国家秘密或者情报的”。如果将此种犯罪称为向境外非法提供国家秘密罪，就既遗漏了作为犯罪手段的窃取、刺探和收买，也遗漏了作为对象之一的情报，因而背离了合法性原则的要求。而将该种犯罪称为为境外窃取、刺探、收买、非法提供国家秘密、情报罪，则符合刑法的相关规定，遵循了合法性的原则。

2. 概括性原则

概括性原则是指罪名必须是对具体犯罪罪状的高度概括。罪状的表述应力求简明，避免烦琐。例如，《刑法》第145条规定的犯罪的罪状是“生产不符合保障人体健康的国家标准、行业标准的医疗器械、医用卫生材料，或者销售明知是不符合保障人体健康的国家标准、行业标准的医疗器械、医用卫生材料，足以严重危害人体健康的”。如果将这一犯罪称为生产、销售不符合保障人体健康的国家标准、行业标准的医疗器械、医用卫生材料罪，就过于烦琐，缺乏概括性。将其称为生产、销售不符合标准的医用器材罪，则既准确地反映了行为的性质，又高度地概括了对象的范围，符合概括性原则。

3. 科学性原则

科学性原则是指罪名必须反映具体犯罪的本质特征，反映此罪与彼罪的区别。

第三节　刑法分则的法条竞合

一、法条竞合的概念

法条竞合是指规定具体犯罪的不同的刑法条文所确定的犯罪构成具有包容与被包容或者相互交叉关系的情况。这一定义表明，法条竞合包括两种情况：一是不同的条文所确定的犯罪构成之间具有包容与被包容的关系，二是不同条文所确定的犯罪构成之间具有交叉关系。刑法理论上也有人认为，上述第二种情况不属于法条竞合，这个问题尚需进一步研究。

包容与被包容法条竞合的形成，是立法者在对某种犯罪的某种情形作出规定的同时，认为有必要将本来包括其中的某种或者某几种情况独立出来规定为另一种犯罪。由于独立出来的某种具体情况不同，这种法条竞合的具体情形也有所不同，具体表现为以下几种。

1. 犯罪主体包容与被包容的法条竞合

例如，《刑法》第378条规定的战时造谣扰乱军心罪与第433条规定的战时造谣惑众罪，二者在客观方面的表现都是战时造谣惑众，扰乱军心，主观方面都是故意，但前者的主体是一般主体，后者的主体则是现役军人，主体之间存在包容与被包容的关系。

2. 犯罪方式包容与被包容的法条竞合

例如，《刑法》第266条规定的诈骗罪与第193条规定的贷款诈骗罪，二者的主体都是一般主体，主观方面都是故意，并且都以非法占有为目的，但前者的犯罪方式包括各种形式的欺骗，后者则仅限于贷款形式的诈骗，故二者犯罪方式之间具有包容与被包容的关系。

3. 犯罪对象包容与被包容的法条竞合

例如，《刑法》第140条规定的生产、销售伪劣产品罪的对象与第143条所规定的生产、销售不符合安全标准的食品罪的对象，就是一种包容与被包容的关系：前者可以是任何伪劣产品，后者则仅限于不符合安全标准的食品。

4. 犯罪目的包容与被包容的法条竞合

例如，《刑法》第364条第1款规定的传播淫秽物品罪与《刑法》第363条第1款规定的制作、复制、出版、贩卖、传播淫秽物品牟利罪，其他构成要件完全相同，但前者的目的可以是任何目的，而后者的目的则只能是牟利，因此，二者的犯罪目的是包容与被包容的关系。

5. 数个要件包容与被包容的法条竞合

例如，《刑法》第264条规定的盗窃罪与第438条规定的盗窃、抢夺武器装备、军用物资罪，首先是犯罪主体之间存在着包容与被包容的关系，前者是一般主体，后者是现役军人；其次是对象之间存在着包容与被包容的关系，前者的对象可以是任何财物，后者的对象则是武器装备和军用物资，因此，二者属于数个构成要件包容与被包容的法条竞合。

交叉关系法条竞合的形成，是因为立法者认为在两种不同的犯罪中有必要同时规定某种内容。例如，《刑法》第266条规定的诈骗罪既包括冒充国家工作人员骗取财物的内容，也包括采取其他捏造事实、隐瞒事实真相的方法骗取财物。而《刑法》第279条规定的招摇撞骗罪中也既包括了冒充国家工作人员骗取财物的内容，又可以包括冒充国家工作人员骗取其他非法利益。因此，二者在冒充国家工作人员骗取财物这一点上形成了重合，从而形成了交叉关系的法条竞合。在我国刑法中，交叉的法条竞合少于包容关系的法条竞合。

【案例】 **丘某招摇撞骗案**

丘某深知在押人员家属盼望亲人能早日出狱的心情，就在在押人员家属身上打起了歪主意，他有意搜集案情、家庭情况、电话号码等信息。2000年8月18日，他迫不及待地实施了自己的骗钱计划。为了使在押人员家属能够相信自己，丘某自称是县公安局的工作人员，只要家属能够出钱疏通关系或退清全部赃款，就能够打通关节，减轻在押人员的刑期。利用种种手段，丘某骗取在押人员家属1 200元现金和香烟等物。9月7日晚8时许，丘某在某处“工作”时，被县公安局民警当场抓获。根据《刑法》第266条及第279条的规定，丘某冒充国家机关工作人员进行诈骗的行为，就形成了招摇撞骗罪与诈骗罪的交叉竞合。

二、法条竞合适用法律的原则

规定犯罪的刑法条文之间竞合现象的客观存在，决定了一个行为同时触犯两个法条的情况不可避免地出现。在这种情况下，一般只能适用其中的一个法条来处理。这就存在着法条选择的问题，这种选择应该本着以下原则：

（一）特殊法优于一般法的原则

这一原则主要适用于以下几种情况：

（1）一行为同时符合不同法律的条文，而其中一部法律是普通法，另一部法律是特别法。假如，某一行为既符合现行《刑法》的某一条文，也符合现行《刑法》施行以后立法机关颁布的刑法修正案或者决定的某一条文，那么，就应当适用刑法修正案或者决定的条文处理。

（2）一行为同时符合同一法律中的不同条文，而该法律中的相关条文明确指出适用特殊规定处理。例如，《刑法》第233条、第235条在分别规定了过失致人死亡罪、过失致人重伤罪的刑事责任以后，又明确规定：“本法另有规定的，依照规定。”这里所说的“本法另有规定”就是特别法，“依照规定”就是适用特别法。

（3）一行为同时符合同一法律中的不同条文，相关条文虽然没有明确规定适用特殊规定处理，通常也应适用特别法，即在适用特殊规定处理是立法意愿所在或者适用特殊规定并不明显违背罪责刑相适应原则的情况下，应适用特别法。例如，现役军人的某一行为既符合《刑法》分则第十章“军人违反职责罪”的某一条文，也符合《刑法》分则其他的条文，那么，就应适用军人违反职责罪的条文处理。因为军人违反职责罪的设立，旨在表明立法者对这类犯罪特别关注，因此，对于军人违反职责的犯罪行为，即使符合其他普通条文的规定，也不能适用普通条文处理。

本章［引例］中，被告人乔某利用其投递邮件的便利条件，私自截留、偷拆信件，其行为已构成犯罪无疑，问题在于罪名如何确定，即乔某是构成侵犯通信自由罪还是构成私自开拆、隐匿、毁弃邮件、电报罪。两罪的构成要件中，主体方面发生竞合，即两罪之间存在法条竞合。由于前罪的主体为一般主体而后罪的主体为特殊主体即邮政工作人员，因而，根据特殊法优于一般法的原则，对乔某应认定为私自开拆、隐匿、毁弃邮件、电报罪。

（二）重法优于轻法的原则

这一原则主要适用于以下几种情况：

（1）一行为同时符合同一法律中的不同条文，相关条文明确规定按处罚较重的条文处理。例如，《刑法》第149条第2款规定：“生产、销售本节第一百四十一条至第一百四十八条所列产品，构成各该条规定的犯罪，同时又构成本节第一百四十条规定之罪的，依照处罚较重的规定定罪处罚。”第140条是关于生产、销售一般伪劣产品犯罪的规定，第141条至第148条是关于生产、销售特定伪劣产品犯罪的规定，因此，上述规定打破了特殊法优于普通法的原则，体现了重法优于轻法的原则。

(2) 一行为同时符合同一法律中的不同条文，相关条文虽然没有明确规定按处罚较重的条文处理，但适用处罚较轻的条文明显背离了罪责刑相适应原则，在此种情况下，适用重法优于轻法的原则处理。例如，冒充国家工作人员骗取他人财物，数额特别巨大，如果按《刑法》第279条规定的招摇撞骗罪处理，最高只能判处10年有期徒刑，而按《刑法》第266条规定的诈骗罪处理，最高则可判处无期徒刑。应该说，冒充国家工作人员诈骗他人财物通常比采用其他方法诈骗他人财物的社会危害性大，如果对前者按照《刑法》第279条处理，很显然不符合罪责刑相适应原则，因此，应适用《刑法》第266条。

【问题与思考】

刘某是一家化妆品商店的老板，1999年7月，从广东某化妆品生产企业购进了一批化妆品。在销售后，有顾客反映面部有烧灼感。工商行政管理人员在检查后认为该批化妆品不符合国家卫生标准并予以查封。但刘某库存中尚有大量该批化妆品未被发现。为减少损失起见，刘某将剩余的该批化妆品改变包装继续予以出售，造成部分消费者皮肤受损甚至改变容貌的严重后果。对刘某的行为应当如何定罪？

第二十一章 危害国家安全罪

参考书目

1. 周光权. 刑法各论. 3版. 北京：中国人民大学出版社，2016.
2. 张明楷. 刑法学. 5版. 北京：法律出版社，2016.

参考法规

1.《刑法》第102～113条

2. 2001年1月17日最高人民法院《关于审理为境外窃取、刺探、收买、非法提供国家秘密、情报案件具体应用法律若干问题的解释》

引例 韩某等为境外刺探国家秘密案

被告人韩某于2002年6月在北京学习期间，结识了某国驻华大使馆文化参赞萨某。期间，被告人韩某亦结识了新疆维吾尔自治区党校退休教师杜某。2005年6月，被告人韩某同杜某及新疆建工医院职工古某（另案处理）一起前往北京。经被告人韩某联系，杜某、古某随被告人韩某前往大使馆与萨某见面。萨某提出要被告人韩某及杜某、古某三人为使馆收集新疆伊斯兰教派活动的情况，被告人韩某及杜某、古某三人未表示拒绝，与萨某签订了协议书，并接受由萨某提供的摄像机一部、活动经费1万元以及三人的月薪13 000元，随后返回乌鲁木齐。后被告人韩某等三人前往吐鲁番、喀什等地拍摄、录制了伊斯兰教派有关活动情况的资料。返回乌鲁木齐后，被告人韩某被抓获归案。经新疆国家保密局、宗教局鉴定，被告人韩某所收集的资料密级为“机密”级。检察机关以被告人韩某犯有为境外非法提供国家秘密罪起诉，法院以为境外刺探国家秘密罪判处被告人韩某有期徒刑3年。

第一节　危害国家安全罪概述

一、危害国家安全罪的概念和特征

危害国家安全罪，是指故意危害中华人民共和国的主权、领土完整和安全，分裂国家，颠覆国家政权，推翻社会主义制度的行为。

根据刑法的规定，危害国家安全罪的基本特征如下：

1. 大多数犯罪的主体为一般主体

无论是中国公民、外国公民或者无国籍人，无论是有特定身份者还是无特定身份者，只要达到刑事责任年龄，具有刑事责任能力，均可构成本罪的主体。但是，本章的少数犯罪要求是特殊主体，如背叛国家罪、投敌叛变罪的主体只限于中国公民；叛逃罪的主体除要求是中国公民外，还必须具备国家机关工作人员的身份。

2. 主观方面只能由故意构成

本章的大多数犯罪都是直接故意，即明知自己的行为必然或可能发生危害中华人民共和国国家安全的后果，并且希望这种结果的发生。但是，也有少数犯罪可以是间接故意，如为境外窃取、刺探、收买、非法提供国家秘密、情报罪，行为人可能出于危害国家安全的目的而实施上列行为，也可能基于获利的目的而实施上列行为，从而放任危害国家安全的结果发生。

3. 客观方面必须具有危害中华人民共和国国家安全的行为

所谓危害中华人民共和国国家安全的行为，是指危害中华人民共和国主权、领土完整与安全以及人民民主专政的政权和社会主义制度的行为。具体危害行为表现为《刑法》第102条至第112条所规定的背叛国家，分裂国家，煽动分裂国家，武装叛乱、暴乱，颠覆国家政权，煽动颠覆国家政权，资助危害国家安全犯罪活动，投敌叛变，叛逃，间谍，为境外的机构、组织、人员窃取、刺探、收买、非法提供国家秘密、情报，资敌等行为。行为方式既可以是作为，也可以是不作为。

4. 客体为中华人民共和国的国家安全

所谓国家安全，是指我国主权、领土的完整与安全以及人民民主专政的政权和社会主义制度的稳定与存在。

二、危害国家安全罪的种类

根据我国《刑法》第102条至第112条的规定，危害国家安全罪包括以下12种具体罪名：背叛国家罪，分裂国家罪，煽动分裂国家罪，武装叛乱、暴乱罪，颠覆国家政权罪，煽动颠覆国家政权罪，资助危害国家安全犯罪活动罪，投敌叛变罪，叛逃罪，间谍罪，为境外窃取、刺探、收买、非法提供国家秘密、情报罪，资敌罪。

根据《刑法》第56条的规定，犯危害国家安全罪的，除单处剥夺政治权利的外，都应当附加剥夺政治权利。

第二节　危害国家、颠覆政权的犯罪

一、背叛国家罪

背叛国家罪，是指勾结外国或者与境外机构、组织、个人相勾结，危害中华人民共和国的主权、领土完整和安全的行为。

（1）本罪的主体为中国公民，而且通常是具有一定的政治地位、掌握着国家重要政治权力或者具有重要政治影响的人。（2）本罪的主观方面只能是故意。（3）本罪的客观方面表现为勾结外国，危害国家主权、领土完整和安全的行为，如果勾结境外的机构、组织或者个人实施背叛国家的行为，也按本罪处罚。（4）本罪所侵犯的客体为国家的主权、领土完整和安全。这里的“外国”是指外国政府、外国政党以及敌视、破坏我国社会主义制度的外国敌对势力。“勾结”是指通过暗中接触、通信往来或者以其他方式进行通谋、商议和策划等具体活动。本罪为行为犯。行为人在勾结外国，危害中华人民共和国的主权、领土完整和安全的过程中，又实施了其他危害国家安全的犯罪的，应当按照处理牵连犯的原则从一重处断。

根据《刑法》第102条、第113条的规定，犯本罪的，处无期徒刑或者10年以上有期徒刑；对国家和人民危害特别严重、情节特别恶劣的，可以判处死刑。犯本罪的，可以并处没收财产。

二、分裂国家罪

（一）分裂国家罪的概念和特征

分裂国家罪，是指组织、策划、实施分裂国家、破坏国家统一的行为。（1）本罪的主体为一般主体，既包括中国公民，也包括外国公民和无国籍人，而且通常为窃据党政军大权的人或民族分裂者。（2）本罪的主观方面只能是故意，即明知自己的行为会发生分裂国家、破坏国家统一的危害结果，并且希望或者放任这种结果的发生。（3）本罪的客观方面表现为组织、策划、实施分裂国家的行为。组织和利用邪教组织，组织、策划、实施分裂国家、破坏国家统一活动的，也成立本罪。（4）本罪侵犯的客体为国家的统一。

（二）分裂国家罪的认定

在认定本罪时，需要注意以下问题：

1. 罪与非罪的界限

首先，行为人主观上是否具有分裂国家的故意；其次，行为人是否在客观上组织、策划、实施了分裂国家、破坏国家统一的行为。行为人不具有分裂国家的故意或在客观上未实施上述行为的，不构成本罪。

2. 此罪与彼罪的认定

分裂国家罪与背叛国家罪都涉及危害国家的领土完整问题，但分裂国家罪表现为将国家的一部分领土分离出去，破坏国家的统一；而背叛国家罪则是行为人与外国或者境外的机构、组织、个人相勾结，出卖国家利益的行为。本罪的主体是一般主体，无论是中国公民、外国公民，还是无国籍人，均可构成本罪的主体；但是，背叛国家罪的主体为特殊主体，只能由中国公民构成。在主观上，本罪的行为人具有分裂国家、破坏国家统一的故意，而背叛国家罪的行为人具有勾结外国，危害国家主权、领土完整和安全的故意。另外，本罪并不要求将“勾结外国”作为客观方面的要件内容，而背叛国家罪的客观方面要求具有“勾结外国”这一要件。

(三) 分裂国家罪的刑事责任

根据《刑法》第 103 条、第 106 条、第 113 条的规定，犯本罪的，对首要分子或者罪行重大的，处无期徒刑或者 10 年以上有期徒刑；对积极参加的，处 3 年以上 10 年以下有期徒刑；对其他参加的，处 3 年以下有期徒刑、拘役、管制或者剥夺政治权利；与境外机构、组织、个人相勾结实施本罪的，从重处罚；对国家和人民危害特别严重、情节特别恶劣的，可以判处死刑。本罪可以并处没收财产。

三、煽动分裂国家罪

煽动分裂国家罪，是指煽动分裂国家、破坏国家统一的行为。本罪是行为犯，主观上只能是出于故意，在客观方面表现为行为人实施了煽动分裂国家、破坏国家统一的行为。这里的“煽动”，是指为了实现分裂国家、破坏国家统一的犯罪，而对不特定人或者多数人实施的，使其产生分裂国家的犯罪决意，或者刺激、助长其已经产生的分裂国家的犯罪决意的行为。煽动行为既可以是口头的，也可以是书面的，除此之外，行为人也可以采取其他方式。明知出版物中载有煽动分裂国家、破坏国家统一的内容，而予以出版、印刷、复制、发行、传播的，成立本罪。制作、传播邪教宣传品，煽动分裂国家、破坏国家统一的，以本罪论处。利用突发传染病疫情等灾害，制造、传播谣言，煽动分裂国家、破坏国家统一的，以本罪论处。本罪侵犯的客体为中华人民共和国的国家安全。

根据《刑法》第 103 条第 2 款、第 106 条的规定，犯本罪的，处 5 年以下有期徒刑、拘役、管制或者剥夺政治权利；首要分子或者罪行重大的，处 5 年以上有期徒刑；与境外机构、组织、个人相勾结实施本罪的，从重处罚。

根据《刑法》第 113 条第 2 款的规定，本罪可以并处没收财产。

四、武装叛乱、暴乱罪

(一) 武装叛乱、暴乱罪的概念和特征

武装叛乱、暴乱罪，是指组织、策划、实施武装叛乱、暴乱或者策动、胁迫、勾引、收买国家机关工作人员、武装部队人员、人民警察、民兵进行武装叛乱、暴乱的行为。(1) 本罪的主体为一般主体，其中，武装叛乱的主体只能是中国公民，武装暴乱的主体主要是中国公民，也可以是外国人和无国籍人。(2) 本罪的主观方面是故意。(3) 本罪的客观方面表现为组织、策划、实施武装叛乱、暴乱的行为。策动、胁迫、勾引、收买国家机关工作人员、武装部队人员、人民警察、民兵进行武装叛乱、暴乱的，从重处罚。(4) 本罪侵犯的客体为人民民主专政的政权和社会主义制度。

(二) 武装叛乱、暴乱罪的认定

在认定本罪时，需要注意以下问题：

1. 罪与非罪的界限

认定本罪时，应特别注意划清本罪与一般群众闹事的界限。本罪的行为人具有破坏人民民主专政的政权和社会主义制度的目的；而一般的群众闹事往往表现为因对国家的某些政策、方针不了解或对国家机关的某些做法存在抵触情绪，而引发的、意在满足某种愿望或利益的一般群众性矛盾，因而不具有危害国家安全的目的。

2. 此罪与彼罪的界限

在武装叛乱、暴乱犯罪的过程中，往往同时伴有杀人、伤害、抢劫、放火等破坏活动。本书的意见是，一般情况下，对这些行为不得单独加以认定，而应将之作为本罪的必然伴随性内容以本罪论处。但是，如果这些行为的社会危害性已经超过本罪所能涵盖的范围，对其单独加以认定时，法定刑高于本罪所规定的刑罚的，应当以牵连犯加以认定，从一重处断。如果行为人在叛乱、暴乱之外又实施了其他危害国家安全的行为的，应构成其他犯罪，与武装叛乱、暴乱罪实行数罪并罚。

3. 既遂与未遂的界限

本罪属于行为犯，因而，只要行为人实施了组织、策划、实施武装叛乱、暴乱的行为，就构成犯罪既遂。是否造成危害后果，只影响量刑，并不影响本罪既遂的构成。

（三）武装叛乱、暴乱罪的刑事责任

根据《刑法》第104条、第113条的规定，犯本罪的，对首要分子或者罪行重大的，处无期徒刑或者10年以上有期徒刑；对积极参加的，处3年以上10年以下有期徒刑；对其他参加的，处3年以下有期徒刑、拘役、管制或者剥夺政治权利；对国家和人民危害特别严重、情节特别恶劣的，可以判处死刑。犯本罪的，可以并处没收财产。对于策动、胁迫、勾引、收买国家机关工作人员、武装部队人员、人民警察、民兵进行武装叛乱或者武装暴乱的，从重处罚。

根据《刑法》第106条的规定，与境外机构、组织、个人相勾结实施本罪的，也应从重处罚。

五、颠覆国家政权罪

颠覆国家政权罪，是指组织、策划、实施颠覆国家政权、推翻社会主义制度的行为。(1) 本罪的主体为一般主体，但主要是一些窃据国家重要职位，具有较大政治和社会影响力的人。(2) 本罪在主观上是出于故意，并且具有颠覆国家政权、推翻社会主义制度的目的。(3) 本罪的客观方面表现为组织、策划、实施颠覆国家政权、推翻社会主义制度的行为。(4) 本罪属于行为犯，所侵犯的客体为我国的国家政权和社会主义制度。

在对本罪予以认定时，应注意区分颠覆国家政权案与分裂国家罪的界限：前者在主观方面表现为颠覆整个社会主义制度，而后者在主观方面则表现为分裂国家、破坏国家统一；在客观方面，两者所表现出来的行为方式亦有所不同。

【案例21-1】 **么某、付某颠覆国家政权案**

被告人么某、付某由于下岗而对政府心存不满，经常纠集多人发表攻击、丑化社会主义制度和改革开放的言论。从1995年起，二被告人积极组织、策划建立旨在推翻社会主义制度的所谓“中国民主党东北分部”，并为此积极活动。二被告人在多次被公安机关训诫的情况下，仍不思悔改，继续制造事端，造谣惑众，煽动群众冲击某市国家机关，严重扰乱了国家机关的正常工作秩序，造成恶劣影响。

本案中，就二被告之行为的性质看，是对社会主义制度不满，因而建立所谓“中国民主党东北分部”，妄图从局部开始改变社会主义制度和人民民主专政的社会主义政权，符合颠覆国家政权罪的构成要件，因而应认定构成颠覆国家政权罪。反之，如果二被告的行为旨在从局部分裂国家，则应当认定为分裂国家罪。

根据《刑法》第105条第1款、第113条的规定，犯本罪的，对首要分子或者罪行重大的，处无期徒刑或者10年以上有期徒刑；对积极参加的，处3年以上10年以下有期徒刑；对其他参加的，处3年以下有期徒刑、拘役、管制或者剥夺政治权利。犯本罪的，可以并处没收财产。

根据《刑法》第106条的规定，与境外机构、组织、个人相勾结实施本罪的，从重处罚。

六、煽动颠覆国家政权罪

煽动颠覆国家政权罪，是指以造谣、诽谤或者其他方式煽动颠覆国家政权、推翻社会主义制度的行为。(1) 本罪的主体为一般主体。(2) 本罪在主观上只能出于故意，并且具有颠覆国家政权、推翻社会主义制度的目的。(3) 本罪在客观方面表现为以造谣、诽谤或者其他方式煽动颠覆国家政权、推翻社会主义制度的行为，煽动的形式具有多样性，只要具有颠覆国家政权的目的即可。本罪侵犯的客体是我国的国家政权和社会主义制度。

在对本罪予以认定时，应注意以下问题：(1) 明知出版物中载有煽动颠覆国家政权、推翻社会主义制度的内容，而予以出版、印刷、复制、发行、传播的，以本罪论处。(2) 组织和利用邪教组织，组织、策划、实施、煽动颠覆国家政权、推翻社会主义制度的，以本罪论处。(3) 利用突发传染病疫情等灾害，制造、传播谣言，煽动颠覆国家政权、推翻社会主义制度的，以本罪论处。

根据《刑法》第105条第2款、第113条的规定，犯本罪的，处5年以下有期徒刑、拘役、管制或者剥夺政治权利；首要分子或者罪行重大的，处5年以上有期徒刑。本罪可以并处没收财产。

根据《刑法》第106条的规定，与境外机构、组织、个人相勾结实施本罪的，从重处罚。

七、资助危害国家安全犯罪活动罪

资助危害国家安全犯罪活动罪，是指境内外机构、组织或者个人资助实施刑法分则第102条、第103条、第104条、第105条规定之罪的行为。(1) 本罪的主体为一般主体。(2) 本罪在主观上只能是故意，并且具有危害中华人民共和国国家安全的目的。(3) 本罪在客观方面表现为资助实施背叛国家罪、分裂国家罪、煽动分裂国家罪，武装叛乱、暴乱罪或者颠覆国家政权罪、煽动颠覆国家政权罪的行为，其中的“资助”是指通过提供金钱、财物、设备等物质条件，支持、帮助境内组织、个人实施危害中华人民共和国国家安全的行为。本罪侵犯的客体为中华人民共和国的国家安全。

根据《刑法》第107条的规定，犯本罪的，对直接责任人员，处5年以下有期徒刑、拘役、管制或者剥夺政治权利；情节严重的，处5年以上有期徒刑。根据《刑法》第113条第2款的规定，犯本罪的，可以并处没收财产。

第三节　叛变、叛逃的犯罪

一、投敌叛变罪

（一）投敌叛变罪的概念和特征

投敌叛变罪，是指中国公民投奔敌方营垒，或者在被捕、被俘以后投降敌人的行为。本罪的主体为特殊主体，即中华人民共和国公民。外国公民与无国籍人只能构成本罪的共犯。本罪的主观方面是故意。本罪的客观方面表现为投敌叛变的行为。具体表现为：自动投靠敌方营垒，为敌人效力；或者在被敌人捕获、俘虏后，投降敌人；或者带领武装部队人员、人民警察、民兵投奔敌人，进行危害国家安全活动的行为等等。本罪侵犯的客体为国家的安全利益。

（二）投敌叛变罪的认定

在对本罪进行认定时，应注意以下问题：

1. 罪与非罪的界限

战争期间误入敌占区，但主观上没有投奔敌方营垒的故意，客观上也没有实施危害国家安全活动的，以及虽被敌人捕获、俘虏，但没有进行危害国家安全活动的，都不构成本罪。

2. 投敌叛变罪与背叛国家罪的界限

两者的区别主要表现在：犯罪主体方面，前者的主体虽然包括具有特殊地位与身份的中国公民，但也包括普通中国公民；后者的主体则一般只限于具有较高社会地位与身份并能产生较大政治影响的中国公民。犯罪客观方面，前者表现为加入敌方营垒，实施危害国家安全的行为；后者则表现为勾结外国，危害我国的主权、领土完整和安全的行为。

3. 一罪与数罪的界限

行为人在投敌叛变后又向敌人提供情报或者参加间谍组织等，触犯其他罪名的，构成牵连犯，应从一重处断。

（三）投敌叛变罪的刑事责任

根据《刑法》第108条、第113条的规定，犯本罪的，处3年以上10年以下有期徒刑；情节严重或者带领武装部队人员、人民警察、民兵投敌叛变的，处10年以上有期徒刑或者无期徒刑；对国家和人民危害特别严重、情节特别恶劣的，可以判处死刑。

犯本罪的，可以并处没收财产。

二、叛逃罪

叛逃罪，是指国家机关工作人员在履行公务期间，擅离岗位，叛逃境外或者在境外叛逃的行为；或者掌握国家秘密的国家工作人员叛逃境外或者在境外叛逃的行为。（1）本罪的主体为特殊主体，即主要是国家机关工作人员，包括国家各级权力机关、行政机关、审判机关、检察机关、军事机关中从事公务的人员；中国共产党和中国人民政治协商会议的各级机关中从事公务的人员，也属于国家机关工作人员。此外，掌握国家秘密的国家工作人员也构成本罪的主体。(2) 本罪的主观方面是故意，叛逃的动机只影响量刑而不影响定罪。(3) 本罪的客观方面表现为行为人在履行公务期间，擅离岗位，叛逃境外或者在境外叛逃的行为。具体包括两个方面的内容：一是行为发生在履行公务期间，即执行职务或者执行某项工作任务期间；二是行为的具体表现形式为擅离岗位、叛逃境外或者擅离岗位、在境外叛逃。(4) 本罪侵犯的客体为中华人民共和国的国家安全。

【案例 21-2】　叶某叛逃案

被告人叶某系我国某机关工作人员，1999 年 7 月 1 日由我国政府派往 F 国援助筹建一热电厂。为满足私欲，叶某挪用多种建设款项共计 40 万美元，并侵吞外籍工人工资折计 4 万美元。事后，叶某怕事情败露遂产生叛逃念头，其后乘车来到 A 国驻 F 国大使馆，要求 A 国予以政治庇护。后经 F 国政府引渡，叶某于同年 10 月被押解回国。

本案争议的焦点在于叶某的行为是构成投敌叛变罪还是构成叛逃罪。两罪的界限在于前者在客观方面表现为投奔敌方营垒，或者在被捕、被俘以后投降敌人；而后者则表现为在履行公务期间，擅离岗位，叛逃境外或者在境外叛逃。结合本案案情，被告人叶某是在由我国政府派往 F 国援助筹建热电厂期间，因挪用、侵吞公款害怕事情败露而叛逃的，因而在客观方面符合叛逃罪的构成要件。另外，叶某具有国家机关工作人员的身份，也符合叛逃罪主体方面的要求。因而，应认定叶某的行为构成了叛逃罪。

根据《刑法》第 109 条的规定，犯本罪的，处 5 年以下有期徒刑、拘役、管制或者剥夺政治权利；情节严重的，处 5 年以上 10 年以下有期徒刑；掌握国家秘密的国家工作人员犯本罪的，从重处罚。

根据《刑法》第 56 条、第 113 条第 2 款的规定，犯本罪的，除单处剥夺政治权利的外，应当附加剥夺政治权利，可以并处没收财产。

第四节　间谍、资敌的犯罪

一、间谍罪

(一) 间谍罪的概念和特征

间谍罪，是指参加间谍组织或者接受外国间谍组织及其代理人的任务，或者为敌人指示轰击目标，危害国家安全的行为。本罪的主体为一般主体，既包括中国人，也包括外国人和无国籍人。本罪的主观方面是故意。本罪的客观方面表现为下列三种行为：参加间谍组织，接受外国间谍组织及其代理人的任务，为敌人指示轰击目标。凡具有上述行为之一的，即构成本罪。本罪侵犯的客体为国家安全。

【案例 21-3】　王某间谍案

被告人王某系台湾同胞，1998 年 5 月到大陆经商。1999 年 10 月结识间谍许某，许某介绍王某加入其所在间谍组织并许以重金。此后，王某经常利用经商身份为掩护，搜集大陆军事演习及军事科技情报等交与许某。为了邀功请赏，王某还策反了我海军某部军官杨某。

就本案案情而言，王某的行为构成间谍罪无疑，问题在于：王某后来搜集情报与策反军官杨某的行为，是单独成罪，还是应当为间谍罪所吸收？本书认为，王某搜集情报的行为应视情况而定，如果是受许某或其所在的间谍组织指派，应认定为间谍罪，否则，构成他罪。而策反军官杨某的行为，完全是王某为邀功请赏而为，非出于完成任务所为，应当予以独立认定。本案中，王某属于教唆他人实施犯罪，按所教唆之罪即间谍罪予以认定。综上，对王某应按间谍罪从重处罚。①

（二）间谍罪的认定

认定本罪时，应注意以下几个问题：

1. 罪与非罪的界限

被诈骗参加间谍组织但并未进行危害国家安全活动的，以及在间谍组织中从事一般勤杂性事务但并不知道该组织性质的，不构成本罪。

2. 一罪与数罪的界限

实施了参加间谍组织或者接受间谍组织及其代理人的任务、为敌人指示轰击目标三种行为中的任何一种、两种或全部的，以本罪认定；参加间谍组织后接受外国间谍组织及其代理人派遣的任务或为敌人指示轰击目标的，以本罪认定；接受间谍组织及其代理人派遣的任务后进一步实施完成任务的行为又触犯其他罪名的，或者为敌人指示轰击目标已经造成重大人身伤亡或财产损失的，构成本罪与相关犯罪的牵连犯罪，从一重处断；但是，行为人在参加间谍组织后，出于表现等目的而实施的非为间谍组织及其代理人所派遣的任务并触犯其他罪名的，应当实行数罪并罚。

3. 既遂与未遂的界限

本罪是行为犯，只要行为人实施了上述三种行为之一，即构成既遂。至于行为人参与间谍组织后是否进一步实施了间谍活动，是否进一步接受了外国间谍组织及其代理人派遣的任务，以及是否为敌人指示轰击目标后导致目标被炸毁，都不影响本罪的既遂。

（三）间谍罪的刑事责任

根据《刑法》第110条、第113条的规定，犯本罪的，处10年以上有期徒刑或者无期徒刑；情节较轻的，处3年以上10年以下有期徒刑；对国家和人民危害特别严重、情节特别恶劣的，可以判处死刑。犯本罪的，可以并处没收财产。

二、为境外窃取、刺探、收买、非法提供国家秘密、情报罪

（一）为境外窃取、刺探、收买、非法提供国家秘密、情报罪的概念和特征

为境外窃取、刺探、收买、非法提供国家秘密、情报罪，是指为境外的机构、组织、人员窃取、刺探、收买、非法提供国家秘密或者情报的行为。（1）本罪的主体为一般主体。（2）本罪的主观方面为故意。（3）本罪的客观方面表现为为境外的机构、组织、人员窃取、刺探、收买、非法提供国家秘密、情报的行为。其中的“国家秘密”，是指《中华人

① 这里存在一个理论争议问题，即同种罪名能否并罚。有观点认为，数罪并罚只适用于异种罪名之间，同种罪名不得并罚，而只能从重处罚；但也有观点认为，数罪并罚并未禁止适用于同种罪名之间。本书赞成第一种观点。

民共和国保守国家秘密法》所规定的，关系国家的安全和利益，依照法定程序确定，在一定时间内只限一定范围的人员知悉的事项，具体包括：国家事务的重大决策中的秘密事项，国防建设和武装力量活动中的秘密事项，外交和外事活动中的秘密事项以及对外承担保密义务的事项，国民经济和社会发展中的秘密事项，科学技术中的秘密事项，维护国家安全活动和追查刑事犯罪中的秘密事项，等等。国家秘密分为绝密、机密与秘密三个秘级。“情报”是指关系国家安全和利益、尚未公开或者依照有关规定不应公开的事项。(4)本罪侵犯的客体为国家的安全和利益。

本章［引例］中，韩某等主观方面具有为境外组织刺探属于国家“机密”的新疆伊斯兰教活动情况的故意，客观上实施了刺探行为，侵犯了国家的安全和利益，因而符合为境外窃取、刺探、收买、非法提供国家秘密、情报罪的构成要件。本罪名属于选择性罪名，可以整体适用，也可以部分适用。该案中，检察机关以为境外非法提供国家秘密罪起诉，但法院最终以为境外刺探国家秘密罪定罪处罚，其理由在于行为人韩某等只进行了刺探行为，而尚未将所收集的伊斯兰教的有关活动情况提供给境外，因而，法院的定性是准确的。

(二) 为境外窃取、刺探、收买、非法提供国家秘密、情报罪的认定

在对本罪进行认定时，应注意以下几个问题：

1. 罪与非罪的界限

罪与非罪的界限在于所提供的是否属于国家秘密，如果所提供的不是属于上述国家秘密范畴内的资料，不构成本罪。

2. 本罪与间谍罪的界限

就对象而言，前者只限于国家秘密、情报，而后者的对象为包括秘密与情报在内的所有破坏活动；前者的行为一般为行为人个人所为，而后者则表现为因间谍组织的任务而为。

(三) 为境外窃取、刺探、收买、非法提供国家秘密、情报罪的刑事责任

根据《刑法》第111条、第113条的规定，犯本罪的，处5年以上10年以下有期徒刑；情节特别严重的，处10年以上有期徒刑或者无期徒刑；情节较轻的，处5年以下有期徒刑、拘役、管制或者剥夺政治权利；对国家和人民危害特别严重，情节特别恶劣的，可以判处死刑。犯本罪的，可以并处没收财产。

三、资敌罪

资敌罪，是指战时提供给敌人武器装备、军用物资进行资敌的行为。(1)本罪的主体是特殊主体，即只能是中国公民。共同犯罪的情况下，外国人与无国籍人可以成为本罪的主体。(2)本罪的主观方面是故意。(3)本罪的客观方面表现为战时向敌人提供武器装备、军用物资进行资敌的行为。其中的“战时”是指国家宣布进入战争状态、部队受领作战任务或者遭敌突然袭击时；部队执行戒严任务或者处置突发性暴力事件时，以战时论。(4)本罪侵犯的客体为中华人民共和国的国家安全。

根据《刑法》第112条、第113条的规定，犯本罪的，处10年以上有期徒刑或者无期徒刑；情节较轻的，处3年以上10年以下有期徒刑；对国家和人民危害特别严重、情节特别恶劣的，可以判处死刑。犯本罪的，可以并处没收财产。

【问题与思考】

1. 被告人童某系某政府干部。2003年5月，童某在其外甥宝某组织、领导叛乱集团并发动武装叛乱期间，向叛乱分子提供了30支民兵专用枪支，并利用职权冒领公有的粮食数百公斤提供给叛乱集团。请问：（1）对童某的行为应当如何认定？（2）如果童某是在人民解放军平息叛乱期间为叛乱分子提供上述物资，又当如何认定？

2. 被告人杨某系某煤矿工人，自1981年以来，多次收听敌台广播。农村实行联产承包责任制后，杨某因家属在农村，缺乏劳动力，经济生活较困难，便仇视党和政府，仇视社会主义制度，于是多次书写反动传单和标语并于晚上偷偷张贴。请问：对杨某的行为应当如何认定？

第二十二章 危害公共安全罪

参考书目

1. 周光权. 刑法各论. 3版. 北京：中国人民大学出版社，2016.
2. 张明楷. 刑法学. 5版. 北京：法律出版社，2016.
3. [日] 大塚仁. 刑法概说（各论）. 东京：有斐阁，1996.

参考法规

1.《刑法》第114～139条

2. 2001年12月29日全国人民代表大会常务委员会《中华人民共和国刑法修正案（三）》

3. 2006年6月29日全国人民代表大会常务委员会《中华人民共和国刑法修正案（六）》

4. 2009年2月28日全国人民代表大会常务委员会《中华人民共和国刑法修正案（七）》

5. 2011年2月25日全国人民代表大会常务委员会《中华人民共和国刑法修正案（八）》

6. 2015年8月29日全国人民代表大会常务委员会《中华人民共和国刑法修正案（九）》

引例 甲交通肇事案

被告人甲酒后驾驶汽车，将人行道上正在行走的A撞倒。甲当即将A抱到附近某个体卫生室救治。医生B问A是哪里人，A艰难回答是本县某某乡人，之后即不能讲话。经听诊，B怀疑有内脏出血，认为卫生室不具备救治条件，即催促甲速将A送往县医院急救。甲遂将A抱上汽车，向县城行驶。当日下午4时许，人们在县城某大桥附近距公路约200米的河滩上发现了A的尸体。经法医鉴定，A因外伤性脾破裂失血性休克并左肱骨骨折疼痛性休克死亡。据甲供述，在将A送往某医院的途中，曾三次停车呼喊A，但A均无应答，就认为A已经死亡、没有救治的必要，才产生了抛"尸"的想法。医学专业人员证实：就A的伤势而言，可能在短时间内死亡，但没有严格的时间界限。

第一节 危害公共安全罪概述

一、危害公共安全罪的概念和特征

危害公共安全罪，是指故意或者过失地实施危害不特定多人的生命、健康或者重大公私财产安全的行为。这类犯罪被认为是普通刑事犯罪中社会危害性最为严重的犯罪。

危害公共安全罪的基本特征如下：

1. 危害公共安全罪的主体，既包括一般主体，也包括特殊主体

本类罪中大多数犯罪的主体都为一般主体，但有少数犯罪的主体要求是特殊主体，如非法出租、出借枪支罪的主体必须是依法配备、配置枪支的人员或者单位，铁路运营安全事故罪的主体必须是铁路职工，重大责任事故罪的主体必须是工厂、矿山、林场、建筑企业或者其他企业、事业单位的职工等。本类罪的主体一般是自然人，但有些犯罪的主体既可以是自然人，也可以是单位，如非法制造、买卖、运输、储存危险物质罪；有些犯罪的主体则只能由单位构成，如违规制造、销售枪支罪。另外，根据《刑法》第17条的规定，已满14周岁、不满16周岁的未成年人，应当对本类罪中的放火罪、爆炸罪、投放危险物质罪负刑事责任。

2. 危害公共安全罪的主观方面可以是故意，也可以是过失

前者如破坏交通工具罪，劫持船只、汽车罪等，后者如过失损坏交通设施罪、重大飞行事故罪、交通肇事罪等。

3. 危害公共安全罪的客观方面表现为行为人实施了危害公共安全的行为

本类罪的犯罪行为既可以表现为作为，也可以表现为不作为。前者如破坏交通工具罪，组织、领导、参加恐怖组织罪等；后者如在放火、决水等犯罪中，行为人有防止危害结果发生的义务、能够防止而故意不予防止，致使危害结果发生。危害公共安全罪的行为，既包括已经造成实际损害结果的行为，也包括虽未造成实际的损害结果，但足以危害不特定多人的生命、健康和重大公私财产安全的行为。前者如失火罪、过失决水罪等过失犯罪，后者如破坏交通工具罪、破坏交通设施罪等。

4. 危害公共安全罪侵犯的客体为公共安全

在国外刑法理论上，一般是通过公共危险的理论来对公共安全予以诠释的。而对公共

危险的认识，一般有以下几种观点：第一种观点认为，公共危险是指对不特定人的生命、身体或者财产的危险；第二种观点认为，不问是特定还是不特定，只要是对多数人的生命、身体或者财产的危险，就是公共危险；第三种观点认为，公共危险是指对不特定并且多数人的生命、身体或者财产的危险；第四种观点认为，公共危险是指对不特定或者多数人的生命、身体或者财产的危险。[①] 我国刑法理论一般采用第三种观点，即认为公共安全是指不特定多人或不特定财产的安全。其中的“不特定”，是指犯罪的危害性不是限定于特定的个人或财产，因而往往在事先无法确定其侵害的对象，也无法预料和控制可能造成的后果。

二、危害公共安全罪的种类

根据《刑法》第 114 条至第 139 条的规定，危害公共安全罪具体可分为以下几类：

1. 以危险方法危害公共安全的犯罪

包括放火罪，失火罪，决水罪，过失决水罪，爆炸罪，过失爆炸罪，投放危险物质罪，过失投放危险物质罪，以危险方法危害公共安全罪，过失以危险方法危害公共安全罪。

2. 破坏公用工具、设施危害公共安全的犯罪

包括破坏交通工具罪，过失损坏交通工具罪，破坏交通设施罪，过失损坏交通设施罪，破坏电力设备罪，过失损坏电力设备罪，破坏易燃易爆设备罪，过失损坏易燃易爆设备罪，破坏广播电视设施、公用电信设施罪，过失损坏广播电视设施、公用电信设施罪。

3. 实施恐怖、危险活动危害公共安全的犯罪

组织、领导、参加恐怖组织罪，帮助恐怖活动罪，准备实施恐怖活动罪，宣扬恐怖主义、极端主义、煽动实施恐怖活动罪，利用极端主义破坏法律实施罪，强制穿戴宣扬恐怖主义、极端主义服饰、标志罪，非法持有宣扬恐怖主义、极端主义物品罪，劫持航空器罪，劫持船只、汽车罪，暴力危及飞行安全罪。

4. 违反枪支、弹药、爆炸物、危险物质管理规定危害公共安全的犯罪

包括非法制造、买卖、运输、邮寄、储存枪支、弹药、爆炸物罪，非法制造、买卖、运输、储存危险物质罪，违规制造、销售枪支罪，盗窃、抢夺枪支、弹药、爆炸物、危险物质罪，抢劫枪支、弹药、爆炸物、危险物质罪，非法持有、私藏枪支、弹药罪，非法出租、出借枪支罪，丢失枪支不报罪，非法携带枪支、弹药、管制刀具、危险物品危及公共安全罪。

5. 过失造成重大事故危害公共安全的犯罪

包括重大飞行事故罪，铁路运营安全事故罪，交通肇事罪，危险驾驶罪，重大责任事故罪，强令违章冒险作业罪，重大劳动安全事故罪，大型群众性活动重大安全事故罪，危险物品肇事罪，工程重大安全事故罪，教育设施重大安全事故罪，消防责任事故罪，不报、谎报安全事故罪。

---

① 参见［日］大塚仁：《刑法概说（各论）》，358 页，东京，有斐阁，1996。

第二节 以危险方法危害公共安全的犯罪

一、放火罪

（一）放火罪的概念和特征

放火罪，是指故意放火焚烧公私财物，危害公共安全的行为。（1）本罪的主体为一般主体，凡年满14周岁者即应承担刑事责任。（2）本罪的主观方面为故意，犯罪的动机不影响本罪的成立。（3）本罪的客观方面表现为实施放火焚烧公私财物、危害公共安全的行为。其中的“放火”是指用各种方法使公私财物燃烧的行为。放火既可以采用作为的方式，如以引燃物将公私财物点燃；也可以以不作为的方式实施，如负有维修义务的电力设备维修工明知电气设备受损，有引起火灾的危险，却故意不加以修理，以致引起火灾的行为。放火焚烧的对象，既可以是他人的财物，也可以是自己的财物，关键在于是否足以危害公共安全，对不特定多人的生命、健康、财产造成威胁。（4）本罪侵犯的客体为公共安全。

（二）放火罪的认定

在对本罪予以认定时，应注意以下问题：

1. *既遂与未遂的界限*

因为本罪属于危险犯，所以行为人实施放火的行为是否有引起不特定多人的生命、健康、财产遭受侵害的危险，应是区分既遂与未遂的界限。而对于危险的判断，应根据具体情况来确定。一般认为，在放火行为能够导致对象物独立燃烧的情况下，即具有危害公共安全的危险。行为人的行为导致对象物独立燃烧的，即构成本罪的既遂。

2. *放火罪与以放火方式实施的其他犯罪的界限*

通过放火而实施故意杀人等犯罪的，应当视情况而定。如果放火行为有导致公共安全受到侵害的可能的，应当以放火罪认定；反之，应认定为其他犯罪。

3. *一罪与数罪的界限*

行为人基于一个犯罪故意，实施了一个放火行为，但发生了多种危害结果的，属于想象竞合犯，应从一重处断。但是，行为人在实施了其他犯罪行为后，为销毁罪证而放火焚烧现场的，或为了诈骗保险金而放火并且已经着手实施了诈骗行为的，应当数罪并罚。

（三）放火罪的刑事责任

根据《刑法》第114条、第115条的规定，犯本罪，尚未造成严重后果的，处3年以上10年以下有期徒刑；致人重伤、死亡或者使公私财产遭受重大损失的，处10年以上有期徒刑、无期徒刑或者死刑。

二、决水罪

决水罪，是指故意制造水患，危害公共安全的行为。本罪的主体为一般主体。本罪的主观方面为故意，犯罪的动机不影响本罪的成立。本罪的客观方面表现为实施了危害公共安全的决水行为。决水行为既可以表现为作为，也可以表现为不作为；同时，决水行为还必须足以危及不特定多数人的生命、健康或者重大公私财产的安全。本罪侵犯的客体为公共安全。

根据《刑法》第114条、第115条的规定，犯本罪，尚未造成严重后果的，处3年以上10年以下有期徒刑；致人重伤、死亡或者使公私财产遭受重大损失的，处10年以上有期徒刑、无期徒刑或者死刑。

三、爆炸罪

爆炸罪，是指故意引发爆炸，致使不特定多人伤亡或者公私财产遭受破坏，危害公共安全的行为。本罪的主体为一般主体，凡年满14周岁、具有辨认和控制能力的自然人，都可构成本罪的主体。本罪的主观方面为故意，犯罪的动机不影响本罪的成立。本罪的客观方面表现为引发爆炸物或者以其他方法制造爆炸，危害公共安全的行为。本罪侵犯的客体为公共安全。

根据《刑法》第114条、第115条的规定，犯本罪，尚未造成严重后果的，处3年以上10年以下有期徒刑；致人重伤、死亡或者使公私财产遭受重大损失的，处10年以上有期徒刑、无期徒刑或者死刑。

四、投放危险物质罪

(一) 投放危险物质罪的概念和特征

投放危险物质罪，是指故意投放毒害性、放射性、传染病病原体等物质，危害公共安全的行为。本罪的主体为一般主体，凡年满14周岁、具有辨认和控制能力的自然人，都可构成本罪的主体。本罪的主观方面为故意，犯罪的动机不影响本罪的成立。本罪的客观方面表现为实施了投放毒害性、放射性、传染病病原体等物质，危害公共安全的行为。本罪侵犯的客体为公共安全。

2001年12月29日颁布的《中华人民共和国刑法修正案（三)》将《刑法》第114条、第115条中的“投毒”扩大为“投放毒害性、放射性、传染病病原体等物质”；同时，最高人民法院和最高人民检察院在《关于执行中华人民共和国刑法确定罪名的补充规定》中取消了“投毒罪”和“过失投毒罪”，改为“投放危险物质罪”和“过失投放危险物质罪”。这样，就将类似投放放射性物质、投放传染病病原体等以前只能认定为以危险方法危害公共安全罪的行为，一并纳入投放危险物质罪的范围。

(二) 投放危险物质罪的认定

在对本罪进行认定时，应注意以下问题：

1. 投放危险物质罪与危险物品肇事罪的界限

两者的区别表现在三个方面：主体方面，前者的主体为已满14周岁、具有辨认与控制自己行为能力的一般主体，后者的主体主要是从事生产、储存、运输和使用危险物品的职工；主观方面，前者为故意，后者为过失；客观方面，前者表现为投放危险物质的行为，后者表现为在生产、储存、运输、使用危险物品的过程中，由于违反危险物品的管理规定而发生重大事故的行为。

2. 投放危险物质罪与重大环境污染事故罪的界限

主体方面，前者的主体为自然人，而后者的主体既包括自然人，也包括单位；主观方面，前者为故意，后者为过失；客观方面，前者表现为投放危险物质的行为，而后者表现为违反国家规定，向土地、水体、大气排放、倾倒或者处置有放射性的废物、含有传染病病原体的废物、有毒物质或者其他危险废物的行为。

(三) 投放危险物质罪的刑事责任

根据《刑法》第114条、第115条的规定，犯本罪，尚未造成严重后果的，处3年以上10年以下有期徒刑；致人重伤、死亡或者使公私财产遭受重大损失的，处10年以上有期徒刑、无期徒刑或者死刑。

五、以危险方法危害公共安全罪

以危险方法危害公共安全罪，是指故意使用放火、决水、爆炸、投放危险物质以外的其他方法危害公共安全的行为。（1）本罪的主体为一般主体。（2）本罪的主观方面为故意。（3）本罪的客观方面表现为以除放火、决水、爆炸、投放危险物质以外的其他方法危害公共安全的行为。对于除放火、决水、爆炸及投放危险物质以外的“其他危险方法”，《刑法》并没有予以限定。但根据《刑法》第114条、第115条的规定，“其他危险方法”应当被理解为与放火、决水、爆炸、投放危险物质性质相当的方法，而不应泛指任何具有危害公共安全性质的方法。换言之，“其他危险方法”只应作为《刑法》第114条、第115条的兜底性规定，而不是《刑法》分则第二章的兜底性规定。（4）本罪侵犯的客体为公共安全。

邪教组织人员以自焚、自爆或者其他危险方法危害公共安全的，依照本罪的规定定罪处罚。故意传播突发传染病病原体，危害公共安全的，也应按照本罪定罪论处。

【案例22-1】　　苏某以危险方法危害公共安全案

被告人苏某于1998年7月19日凌晨1时许，在某市一城乡结合部马路上，趁夜深人静之机，将该马路上的下水井井盖全部撬走，并连夜销售。当天早上的一场暴雨将该路段淹没，一妇女路过该段马路时，掉进无井盖的下水道，当场窒息死亡。

本案中，苏某的行为对不特定多人的生命、健康和重大公私财产安全造成了危险，且不符合《刑法》所规定的具体的放火、决水、投放危险物质、爆炸等方法，因而应当以本罪即以危险方法危害公共安全罪认定。

根据《刑法》第114条、第115条的规定，犯本罪，尚未造成严重后果的，处3年以上10年以下有期徒刑；致人重伤、死亡或者使公私财产遭受重大损失的，处10年以上有期徒刑、无期徒刑或者死刑。

六、失火罪

失火罪，是指因过失而引起火灾，造成严重后果，危害公共安全的行为。本罪的主体为一般主体。本罪的主观方面为过失。本罪的客观方面表现为因失火而引起火灾，造成严重后果，危害公共安全的行为。本罪侵犯的客体为公共安全。

在对本罪进行认定时，应注意本罪与危险物品肇事罪的界限。一般情况下，两者的区别是明显的，但是在危险物品肇事引起火灾的情况下，就需要根据具体情况加以认定。如果犯罪发生在生产、储存、运输、使用危险物品的过程中，行为人是具有防止该危险物品发生危害公共安全结果义务的特殊主体的，应当认定为危险物品肇事罪；反之，则应作为失火罪予以认定。

根据《刑法》第115条的规定，犯本罪的，处3年以上7年以下有期徒刑；情节较轻的，处3年以下有期徒刑或者拘役。

七、过失决水罪

过失决水罪，是指由于过失造成水利设施被破坏，引起水患，危害公共安全，致人重伤、死亡或者使公私财产遭受重大损失的行为。

根据《刑法》第115条的规定，犯本罪的，处3年以上7年以下有期徒刑；情节较轻的，处3年以下有期徒刑或者拘役。

八、过失爆炸罪

过失爆炸罪，是指由于过失引起爆炸，危害公共安全，致人重伤、死亡或者使公私财产遭受重大损失的行为。

根据《刑法》第115条的规定，犯本罪的，处3年以上7年以下有期徒刑；情节较轻的，处3年以下有期徒刑或者拘役。

九、过失投放危险物质罪

过失投放危险物质罪，是指由于过失投放毒害性、放射性、传染病病原体等物质，危害公共安全，致人重伤、死亡或者使公私财产遭受重大损失的行为。

根据《刑法》第115条的规定，犯本罪的，处3年以上7年以下有期徒刑；情节较轻的，处3年以下有期徒刑或者拘役。

十、过失以危险方法危害公共安全罪

过失以危险方法危害公共安全罪，是指由于过失以除放火、决水、爆炸、投放危险物质以外的其他危险方法危害公共安全，致人重伤、死亡或者使公私财产遭受重大损失的行为。

患有突发传染病或者疑似突发传染病而拒绝接受检疫、强制隔离或者治疗，过失造成传染病传播，情节严重，危害公共安全的，以本罪论处。

根据《刑法》第115条的规定，犯本罪的，处3年以上7年以下有期徒刑；情节较轻的，处3年以下有期徒刑或者拘役。

第三节　破坏公用工具、设施危害公共安全的犯罪

一、破坏交通工具罪

破坏交通工具罪，是指故意破坏火车、汽车、电车、船只、航空器，已经造成或者足以造成上述交通工具发生倾覆、毁坏危险，危害公共安全的行为。

(1) 本罪的主体为一般主体。(2) 本罪的主观方面为故意。(3) 本罪的客观方面表现为故意破坏火车、汽车、电车、船只、航空器，已经造成或者足以造成上述交通工具发生倾覆、毁坏危险，危害公共安全的行为。对于交通工具的认定，应符合本罪的犯罪对象的性质，即行为人对交通工具实施的破坏行为足以危害公共安全。因而，对于一般比较简单的交通工具如农用拖拉机等所实施的犯罪，不宜认定为本罪；如果损失数额较大或者有其他严重情节的，应构成故意毁坏财物罪。判断是否足以发生倾覆、毁坏的危险，主要应着

眼于以下几个方面的考察：一是被破坏的交通工具是否正在使用期间。交通工具未处于使用期间的，不宜认定为本罪。二是被破坏的交通工具是否还需要检修，如果还需要检修，一般也不宜作为本罪处理。三是被破坏的部位与程度。被破坏的部位与程度不足以影响交通工具的正常运行的，不宜作本罪处理。(4) 本罪侵犯的客体为公共安全。

【案例 22-2】　卢某、吕某破坏交通工具案

卢某与本公司汽车驾驶员苟某素有矛盾，为报复苟某，卢某伺机破坏苟某驾驶的汽车。1999年10月16日，卢某得知苟某"明天出车"；当晚8时许，卢某约吕某携带白砂糖到其家，然后将自己的"破坏计划"告诉吕某，并希望吕某与其"合作"。吕某表示同意。当夜10时许，二被告人来到卢某所在的公司，由卢某将停放在公司院内的"长江"牌厢式货车（苟某驾驶）的发动机盖打开，吕某随后把白砂糖倒入发动机气门弹簧内。二被告人又各扳断一根雨刷器，接着卢某弯腰找刹车油管，并向吕某索取钢丝钳，吕某从车中工具箱内取出钢丝钳递给卢某，卢某剪断刹车油管后二被告人逃离现场。次日，苟某在出车前检查时发现汽车已遭破坏，幸免遇险。后经技术鉴定，该车制动系统完全失效。

对本案性质的认定，存在两种不同意见：一种意见认为，卢某、吕某二人明知苟某第二天要出车，故意破坏其驾驶的汽车，是蓄意加害，但被苟某及时发现，二被告人的行为构成故意杀人罪（未遂）；另一种意见认为，卢某、吕某二人破坏使用中的汽车，已危及公共安全，二被告人的行为构成破坏交通工具罪。哪一种意见正确？在对本案进行认定时，应当注意以下问题：(1) 从犯罪对象看，卢某、吕某二被告人破坏的"长江"牌厢式货车用于货物运输，属现代化大型交通工具，而且该车在运营间歇期间，属于"正在使用中"，一旦因遭破坏发生倾覆、毁损，就可能危害到不特定多人的生命、健康或重大公私财产安全。(2) 从破坏程度来看，卢某、吕某二被告人向汽车发动机内倒白砂糖，剪断刹车油管的行为，已使该车制动系统失效，这种破坏已经达到了足以使该车发生倾覆或毁坏危险的程度，即足以危及交通运输安全的程度。(3) 从主观上看，卢某、吕某二被告人明知破坏该汽车的发动机或刹车油管，可能使该车在次日的运输中发生交通事故，但为了达到报复苟某的目的，其主观上采取放任的态度，属间接故意。这种间接故意针对的是危害交通运输安全的后果而言的，二被告人报复苟某的意图仅是犯罪动机，不能因此认定其犯罪的故意仅限于追求苟某的伤亡，更不能以此认定其行为构成故意杀人罪。(4) 苟某在出车前的检修只是一般的检查，如果未经技术鉴定，汽车制动系统失灵根本不可能被发现。另外，应当看到的是，虽然苟某及时发现汽车被破坏，没有实际发生严重后果，但破坏交通工具属"危险犯"，因而不影响二被告人犯罪的成立；二被告人的行为已经使汽车面临发生倾覆、毁坏的现实危险，犯罪已达既遂状态。综上，卢某、吕某的行为构成《刑法》第116条规定的破坏交通工具罪。

根据《刑法》第116条、第119条的规定，犯本罪，足以使交通工具发生倾覆、毁坏危险，尚未造成严重后果的，处3年以上10年以下有期徒刑；已经造成严重后果的，处10年以上有期徒刑、无期徒刑或者死刑。

二、破坏交通设施罪

破坏交通设施罪，是指故意破坏轨道、桥梁、隧道、公路、机场、航道、灯塔、标志或者进行其他破坏活动，足以使火车、汽车、电车、船只、航空器发生倾覆、毁坏危险，或者已经造成严重后果的行为。（1）本罪的主体为一般主体。（2）本罪的主观方面为故意。（3）本罪的客观方面表现为实施了破坏交通设施的行为。其中的“破坏”是指破坏交通设施的正常功能，而并不一定要对设施本身造成毁损或毁坏，如乱发指示信号、故意提供错误的天气预报等。本罪中的“交通设施”是指正在使用中的交通设施，对这些交通设施的毁坏，必须足以或已经危害公共安全。否则，如果数额较大或者有其他严重情节的，应认定为故意毁坏财物罪。（4）本罪侵犯的客体为公共安全。

根据《刑法》第117条、第119条的规定，犯本罪，尚未造成严重后果的，处3年以上10年以下有期徒刑；造成严重后果的，处10年以上有期徒刑、无期徒刑或者死刑。

三、破坏电力设备罪

破坏电力设备罪，是指故意破坏电力设备，已经造成或者足以造成严重后果，危害公共安全的行为。（1）本罪的主体为一般主体。（2）本罪的主观方面为故意。（3）本罪的客观方面表现为故意破坏电力设备的行为。该行为所作用的对象必须是正在使用中的电力设备，对这些电力设备的破坏必须足以或已经危害公共安全，否则，如果数额较大或者有其他严重情节的，应认定为故意毁坏财物罪。（4）本罪侵犯的客体为公共安全。

根据《刑法》第118条、第119条的规定，犯本罪，尚未造成严重后果的，处3年以上10年以下有期徒刑；造成严重后果的，处10年以上有期徒刑、无期徒刑或者死刑。

四、破坏易燃易爆设备罪

破坏易燃易爆设备罪，是指故意破坏燃气或者其他易燃易爆设备，已经造成或者足以造成严重后果，危害公共安全的行为。（1）本罪的主体为一般主体。（2）本罪的主观方面为故意。（3）本罪的客观方面表现为故意破坏燃气或者其他易燃易爆设备的行为，包括作为和不作为，而且对这些易燃易爆设备的破坏，必须足以或者已经危害公共安全，否则，如果数额较大或者有其他严重情节的，应认定为故意毁坏财物罪。（4）本罪侵犯的客体为公共安全。

根据《刑法》第118条、第119条的规定，犯本罪，尚未造成严重后果的，处3年以上10年以下有期徒刑；造成严重后果的，处10年以上有期徒刑、无期徒刑或者死刑。

五、破坏广播电视设施、公用电信设施罪

破坏广播电视设施、公用电信设施罪，是指故意破坏广播电视设施、公用电信设施，危害公共安全的行为。（1）本罪的主体为一般主体。（2）本罪的主观方面为故意。（3）本罪的客观方面表现为破坏广播电视设施、公用电信设施，危害公共安全的行为。行为人所破坏的，应当是正在使用的或者已交付使用的广播电视设施、公用电信设施，其结果是导致这些设施本身被毁坏或丧失应有的功能。（4）本罪侵犯的客体为公共安全。盗窃广播电视设施、公用电信设施同时构成盗窃罪和本罪的，属想象竞合犯，择一重处断。

根据《刑法》第124条的规定，犯本罪，尚未造成严重后果的，处3年以上7年以下有期徒刑；造成严重后果的，处7年以上有期徒刑。

六、过失损坏交通工具罪

过失损坏交通工具罪，是指过失损坏火车、汽车、电车、船只、航空器等交通工具，造成危害公共安全的严重后果的行为。本罪的主体为一般主体。本罪的主观方面为过失，包括疏忽大意的过失和过于自信的过失。本罪的客观方面表现为过失损坏火车、汽车、电车、船只、航空器等交通工具，造成了危害公共安全的严重后果。是否造成严重后果，是区分罪与非罪的界限。本罪侵犯的客体为公共安全。

根据《刑法》第119条第2款的规定，犯本罪的，处3年以上7年以下有期徒刑；情节较轻的，处3年以下有期徒刑或者拘役。

七、过失损坏交通设施罪

过失损坏交通设施罪，是指过失损坏轨道、桥梁、隧道、公路、机场、航道、灯塔、标志等交通设施，致人重伤、死亡或者使公私财产遭受重大损失，危害公共安全的行为。本罪侵犯的客体为公共交通安全。

根据《刑法》第119条第2款的规定，犯本罪的，处3年以上7年以下有期徒刑；情节较轻的，处3年以下有期徒刑或者拘役。

八、过失损坏电力设备罪

过失损坏电力设备罪，是指过失损坏电力设备，致人重伤、死亡或者使公私财产遭受重大损失，危害公共安全的行为。本罪侵犯的客体为电力设备的安全。

根据《刑法》第119条第2款的规定，犯本罪的，处3年以上7年以下有期徒刑；情节较轻的，处3年以下有期徒刑或者拘役。

九、过失损坏易燃易爆设备罪

过失损坏易燃易爆设备罪，是指过失损坏易燃易爆设备，致人重伤、死亡或者使公私财产遭受重大损失，危害公共安全的行为。本罪侵犯的客体为易燃易爆设备的公共安全。

根据《刑法》第119条第2款的规定，犯本罪的，处3年以上7年以下有期徒刑；情节较轻的，处3年以下有期徒刑或者拘役。

十、过失损坏广播电视设施、公用电信设施罪

过失损坏广播电视设施、公用电信设施罪，是指过失损坏广播电视设施、公用电信设施，致人重伤、死亡或者使公私财产遭受重大损失，危害公共安全的行为。

根据《刑法》第124条第2款的规定，犯本罪的，处3年以上7年以下有期徒刑；情节较轻的，处3年以下有期徒刑或者拘役。

第四节　实施恐怖、危险活动危害公共安全的犯罪

一、组织、领导、参加恐怖组织罪

（一）组织、领导、参加恐怖组织罪的概念和特征

组织、领导、参加恐怖组织罪，是指组织、领导、参加恐怖活动组织的行为。本罪的

主体为一般主体。本罪的主观方面为故意。本罪的客观方面表现为组织、领导、参加恐怖活动组织的行为。本罪侵犯的客体为公共安全。

（二）组织、领导、参加恐怖组织罪的认定

在对本罪进行认定时，应注意以下几个问题：

1. 组织、领导、参加恐怖组织罪与一般有组织犯罪的界限

恐怖组织通常有自己的政治或者社会目的，行为人只要具有组织、领导、参加恐怖活动组织行为之一的，就构成犯罪；一般有组织犯罪缺少政治或者社会目的，一般是根据所实施的具体犯罪来定罪。

2. 组织、领导、参加恐怖组织罪与组织、领导、参加黑社会性质组织罪的界限

两者的界限主要在于两个组织的区别：恐怖组织以实施恐怖活动，从而达到其政治目的为主要特征。而黑社会性质组织是指以暴力、威胁或者其他手段，有组织地进行违法犯罪活动，称霸一方，为非作歹，欺压、残害百姓，严重破坏经济、社会生活秩序的组织。

（三）组织、领导、参加恐怖组织罪的刑事责任

根据《刑法》第120条的规定，组织、领导恐怖活动组织的，处10年以上有期徒刑或者无期徒刑；积极参加的，处3年以上10年以下有期徒刑；其他参加的，处3年以下有期徒刑、拘役、管制或者剥夺政治权利。

二、帮助恐怖活动罪

帮助恐怖活动罪，是指资助恐怖活动组织、实施恐怖活动的个人，或者资助恐怖活动培训，以及为恐怖活动组织、实施恐怖活动或者恐怖活动培训招募、运送人员的行为。本罪的主体是一般主体。主观方面表现为故意。本罪侵犯的客体为公共安全。

根据《刑法》第120条之一的规定，犯本罪的，处5年以下有期徒刑、拘役、管制或者剥夺政治权利，并处罚金；情节严重的，处5年以上有期徒刑，并处罚金或者没收财产。单位犯本罪的，对单位判处罚金，并对其直接负责的主管人员和其他直接责任人员，依照上述规定予以处罚。

三、准备实施恐怖活动罪

准备实施恐怖活动罪，是指为实施恐怖活动进行各种准备的行为。(1) 本罪的主体为一般主体。(2) 本罪的主观方面表现为故意。(3) 本罪的客观方面表现为以下四种行为方式：1) 为实施恐怖活动准备凶器、危险物品或者其他工具；2) 组织恐怖活动培训或者积极参加恐怖活动培训；3) 为实施恐怖活动，与境外恐怖活动组织或者人员联络；4) 为实施恐怖活动进行策划或者其他准备。(4) 本罪侵犯的客体为公共安全。

根据《刑法》第120条之二的规定，犯本罪的，处5年以下有期徒刑、拘役、管制或者剥夺政治权利，并处罚金；情节严重的，处5年以上有期徒刑，并处罚金或者没收财产。同时构成其他犯罪的，依照处罚较重的规定定罪处罚。

四、宣扬恐怖主义、极端主义、煽动实施恐怖活动罪

宣扬恐怖主义、极端主义、煽动实施恐怖活动罪，是指以制作、散发宣扬恐怖主义、极端主义的图书、音频视频资料或者其他物品，或者通过讲授、发布信息等方式宣扬恐怖主义、极端主义，或者煽动实施恐怖活动的行为。本罪的主体是一般主体。本罪的主观方

面表现为故意。本罪的客观方面表现为宣扬或者煽动恐怖主义、极端主义及其活动的行为。其中的恐怖主义，是指以暴力、恐吓、破坏等手段，试图制造社会恐慌、危害公共安全的行为。其目标对象是无辜者。

根据《刑法》第120条之三的规定，犯本罪的，处5年以下有期徒刑、拘役、管制或者剥夺政治权利，并处罚金；情节严重的，处5年以上有期徒刑，并处罚金或者没收财产。

五、利用极端主义破坏法律实施罪

利用极端主义破坏法律实施罪，是指利用极端主义煽动、胁迫群众破坏国家法律确立的婚姻、司法、教育、社会管理等制度实施的行为。本罪的主体是一般主体。本罪的主观方面表现为故意。本罪的客观方面表现为，行为人利用极端主义煽动、胁迫不特定或者多数人，破坏国家相关法律制度的实施。如果煽动、胁迫行为仅针对特定人，则不构成本罪。

根据《刑法》第120条之四的规定，犯本罪的，处3年以下有期徒刑、拘役或者管制，并处罚金；情节严重的，处3年以上7年以下有期徒刑，并处罚金；情节特别严重的，处7年以上有期徒刑，并处罚金或者没收财产。

六、强制穿戴宣扬恐怖主义、极端主义服饰、标志罪

强制穿戴宣扬恐怖主义、极端主义服饰、标志罪，是指以暴力、胁迫等方式强制他人在公共场所穿着、佩戴宣扬恐怖主义、极端主义服饰、标志的行为。本罪的主体是一般主体。本罪的主观方面表现为故意。本罪所要求的暴力，是指对他人使用有形力，并针对他人的身体而实施；胁迫则是指对他人所实施的精神上的压制力。如果行为人没有对他人进行暴力、胁迫行为，而仅是利诱、哄骗他人穿戴宣扬恐怖主义、极端主义服饰、标志的，不构成本罪。

根据《刑法》第120条之五的规定，犯本罪的，处3年以下有期徒刑、拘役或者管制，并处罚金。

七、非法持有宣扬恐怖主义、极端主义的物品罪

非法持有宣扬恐怖主义、极端主义的物品罪，是指明知是宣扬恐怖主义、极端主义的图书、音频视频资料或者其他物品而非法持有，情节严重的行为。本罪的主体是一般主体。本罪的主观方面表现为故意，并要求明知。行为人不知所持有物品为恐怖主义、极端主义物品的，不构成本罪；具有营利或者其他目的的，可按非法经营罪等罪名认定。本罪的客观方面要求行为人明知是恐怖主义、极端主义的物品而非法持有，将之置于自己的控制之下。

根据《刑法》第120条之六的规定，犯本罪的，处3年以下有期徒刑、拘役或者管制，并处或者单处罚金。

八、劫持航空器罪

（一）劫持航空器罪的概念和特征

劫持航空器罪，是指以暴力、胁迫或者其他方法劫持航空器，危害公共安全的行为。（1）本罪的主体为一般主体。（2）本罪的主观方面为故意。（3）本罪的客观方面表现为以

暴力、胁迫或者其他方法劫持航空器的行为。其中的“其他方法”是指暴力、胁迫方法以外的任何其他方法，包括使用麻醉药物使机组人员不能抗拒或者不知抗拒；航空器驾驶人员利用驾驶航空器的便利条件，直接驾机逃往境外等。“劫持”是指按照自己的意志强行控制航空器的行为。本罪侵犯的客体为航空器及旅客的安全。（4）本罪侵害的对象为航空器，主要是指正在使用或飞行中的飞机。

【案例 22-3】 许某劫持航空器案

被告人许某于 2002 年 4 月 17 日 17 时左右，携女儿乘坐中国北方航空公司“大连—沈阳—延吉”的 CJ6621 航班。飞机起飞十多分钟后，许某从座位上突然起身，用左手搂住正在为其他人服务的乘务员徐某，同时用右手所持的卡锁刀逼在徐某胸前，高喊：“我要劫飞机。”徐某奋力挣脱，机上乘客与空中安全员随即将许某制伏。后飞机安全降落。

本案中，许某的行为是否构成劫持航空器罪？是否既遂？应当注意的是，劫持航空器罪属于行为犯，行为人只要实施了劫持正在飞行中的航空器的行为，而无论是否危及航空器的安全或是否发生危害结果，都构成犯罪既遂。根据案情来看，许某已经完整地实施了危害行为，其行为也已经危害到了飞机的飞行安全即公共安全。虽然许某最终没有使飞机按照其意愿飞行，但应当认为其行为已经具备了劫持航空器罪的构成要件，而且已经危害到公共安全，应当构成犯罪既遂。

（二）劫持航空器罪的认定

在对本罪进行认定时，应注意以下问题：

1. 劫持航空器罪与破坏交通工具罪的界限

首先，犯罪对象不同：前者的犯罪对象为航空器，大多表现为正在使用或飞行中的飞机，后者的犯罪对象为火车、汽车、电车、船只、航空器。其次，行为方式不同：前者为以暴力、胁迫或者其他方法将飞机劫持到指定地点；而后者则是用爆炸、拆卸等方法破坏飞机等交通工具。再次，犯罪的目的不同：前者的目的在于行为人按照自己的意志，强行控制航空器；而后者的目的在于对交通工具本身加以毁损。最后，犯罪发生的场合不同：前者中的劫持行为可能发生在起飞国的上空，也可能发生在期望降落国或者第三国的上空，一般着手于飞机起飞之后；后者的破坏行为则通常发生在飞机停放的地方，一般完成于飞机起飞之前。

2. 劫持航空器罪与暴力危及飞行安全罪的界限

首先，犯罪目的不同：前者的犯罪目的是按照自己的意志控制航空器，后者的犯罪目的是危害航空器的飞行安全。其次，犯罪的表现形式不完全相同：前者既可以采用暴力手段，也可以采用胁迫方法或其他方法；后者则只能采用暴力手段。再次，前者的暴力既可以针对机上的人员而实施，也可以针对航空器本身而实施；后者的暴力手段则只能针对机上的人员。最后，犯罪既遂的标准不同：前者是行为犯，只要行为人完成了劫持航空器的行为，达到了实际控制航空器的程度就成立犯罪既遂；后者则属于危险犯，只有当对机上人员使用暴力的行为足以危及飞行安全时，才能构成犯罪既遂。

（三）劫持航空器罪的刑事责任

根据《刑法》第 121 条的规定，犯本罪的，处 10 年以上有期徒刑或者无期徒刑；致人重伤、死亡或者使航空器遭受严重破坏的，处死刑。

九、劫持船只、汽车罪

劫持船只、汽车罪，是指以暴力、胁迫或者其他方法劫持船只、汽车，危害公共安全的行为。本罪的主体为一般主体。本罪的主观方面为故意。本罪的客观方面表现为以暴力、胁迫或者其他方法劫持船只、汽车的行为。其中的“其他方法”是指相当于暴力、胁迫等使人不知反抗、不能反抗的方法。本罪是行为犯，行为人只要实施了劫持船只、汽车的行为就构成犯罪，而不要求造成严重后果。本罪侵犯的客体为船只、汽车及乘客的安全。劫持船只、汽车的，应以抢劫罪论处，两者的区别在于前者的目的在于通过自己的意志控制船只、汽车，而后者的目的在于非法占有船只、汽车。

根据《刑法》第122条的规定，犯本罪的，处5年以上10年以下有期徒刑；造成严重后果的，处10年以上有期徒刑或者无期徒刑。

十、暴力危及飞行安全罪

暴力危及飞行安全罪，是指对飞行中的航空器上的人员使用暴力，危及飞行安全，尚未造成严重后果或者已经造成严重后果的行为。本罪的主体为一般主体。本罪的主观方面为故意。本罪的客观方面表现为对飞行中的航空器上的人员使用暴力，危及飞行安全的行为。其中的“航空器上的人员”既包括航空器上的驾驶人员、服务人员，也包括航空器上的乘客。本罪侵犯的客体为航空器及旅客的安全。

在对本罪进行认定时，应注意与劫持航空器罪的界限。二者的相同之处在于：行为人的行为都是在航空器上实施的，实施过程中都有暴力的内容；主观方面都是出于故意。但二者同时具有严格的区别；后者的目的在于以自己的意志控制航空器，使航空器改变飞行方向及着陆地点；而前者则不具有这样的目的。

根据《刑法》第123条的规定，犯本罪，尚未造成严重后果的，处5年以下有期徒刑或者拘役；造成严重后果的，处5年以上有期徒刑。

第五节　违反枪支、弹药、爆炸物管理规定危害公共安全的犯罪

一、非法制造、买卖、运输、邮寄、储存枪支、弹药、爆炸物罪

非法制造、买卖、运输、邮寄、储存枪支、弹药、爆炸物罪，是指违反国家有关枪支、弹药、爆炸物的管理规定，未经批准，非法制造、买卖、运输、邮寄、储存枪支、弹药、爆炸物，危害公共安全的行为。(1) 本罪的主体为一般主体，既可以是自然人，也可以是单位。(2) 本罪的主观方面为故意，如果受他人蒙骗、利用，不知是枪支、弹药、爆炸物而实施了上述行为的，不构成本罪。(3) 本罪的客观方面表现为未经批准而制造、买卖、运输、邮寄、储存枪支、弹药、爆炸物的行为。其中的“非法”是指未经国家有关部门的批准而私自制造、买卖、运输、邮寄、储存。(4) 本罪侵犯的客体为公共安全和国家对枪支、弹药、爆炸物的管理制度。

在对本罪进行认定时，应注意与非法持有、私藏枪支、弹药罪的界限。当行为人非法储存枪支、弹药、爆炸物时，很容易与非法持有、私藏枪支、弹药相混淆。两者的区别在

于：首先，前者的主体既可以是自然人，也可以是单位；后者的主体只能由自然人构成。其次，犯罪对象的范围方面，前者的犯罪对象包括枪支、弹药、爆炸物，而后者则不包括爆炸物在内。再次，二者的严重程度不同，行为人对犯罪对象予以储存时，数量较大，危害性较为严重；而实施私藏行为时，犯罪对象的数量较小，危害程度也较轻。

根据《刑法》第125条的规定，犯本罪的，处3年以上10年以下有期徒刑；情节严重的，处10年以上有期徒刑、无期徒刑或者死刑。单位犯本罪的，对单位判处罚金，并对其直接负责的主管人员和其他直接责任人员，依照前述规定处罚。

二、非法制造、买卖、运输、储存危险物质罪

非法制造、买卖、运输、储存危险物质罪，是指非法制造、买卖、运输、储存毒害性、放射性、传染病病原体等物质，危害公共安全的行为。本罪的主体可以是自然人，也可以是单位。

根据《刑法》第125条第2款及第3款的规定，犯本罪的，处3年以上10年以下有期徒刑；情节严重的，处10年以上有期徒刑、无期徒刑或者死刑。单位犯本罪的，对单位判处罚金，并对其直接负责的主管人员和其他直接责任人员，按照上述规定处罚。

三、违规制造、销售枪支罪

违规制造、销售枪支罪，是指依法被指定、确定的枪支制造企业、销售企业，违反枪支管理规定，擅自制造、销售枪支，危害公共安全的行为。本罪的主体是单位，且只能是被依法指定、确定的枪支制造企业或者销售企业。本罪的主观方面为故意。本罪的客观方面表现为违反枪支管理规定，擅自制造、销售的行为，包括：超过规定的限额或者不按规定的品种制造、配售枪支；制造无号、重号、假号的枪支；非法销售枪支或者在境内销售为出口制造的枪支。其他企业或自然人非法制造、销售枪支的，构成《刑法》第125条规定的非法制造、买卖、运输、邮寄、存储枪支、弹药、爆炸物罪。

根据《刑法》第126条的规定，犯本罪的，对单位判处罚金，并对其直接负责的主管人员和其他直接责任人员，处5年以下有期徒刑；情节严重的，处5年以上10年以下有期徒刑；情节特别严重的，处10年以上有期徒刑或者无期徒刑。根据相关司法解释，具有下列情形之一的，属于“情节严重”：违规制造枪支20支以上的；违规销售枪支10支以上的；达到成立本罪的最低数量标准，并具有造成严重后果等其他恶劣情节的。具有下列情节之一的，属于“情节特别严重”：违规制造枪支50支以上的；违规销售枪支30支以上的；达到情节严重的最低数量标准，并具有造成严重后果等其他恶劣情节的。

四、盗窃、抢夺枪支、弹药、爆炸物、危险物质罪

盗窃、抢夺枪支、弹药、爆炸物、危险物质罪，是指秘密窃取或乘人不备公然夺取枪支、弹药、爆炸物或者毒害性、放射性、传染病病原体等物质，危害公共安全的行为。

本罪与盗窃罪、抢夺罪的界限在于：前者的犯罪对象为枪支、弹药、爆炸物、危险物质，而后者对犯罪对象没有具体的限定。

根据《刑法》第127条的规定，犯本罪的，处3年以上10年以下有期徒刑；情节严重的，处10年以上有期徒刑、无期徒刑或者死刑。盗窃、抢夺国家机关、军警人员、民兵的枪支、弹药、爆炸物的，处10年以上有期徒刑、无期徒刑或者死刑。

五、抢劫枪支、弹药、爆炸物、危险物质罪

抢劫枪支、弹药、爆炸物、危险物质罪，是指使用暴力、胁迫或者其他方法，强行劫取枪支、弹药、爆炸物或者毒害性、放射性、传染病病原体等物质，危害公共安全的行为。在对本罪进行认定时，要注意与抢劫罪的界限。如果行为人确实不知道是枪支、弹药、爆炸物、危险物质而抢劫的，不构成本罪。

根据《刑法》第127条第2款的规定，犯本罪的，处10年以上有期徒刑、无期徒刑或者死刑。

六、非法持有、私藏枪支、弹药罪

非法持有、私藏枪支、弹药罪，是指违反国家对枪支、弹药的管理规定，私自携带或者隐藏枪支、弹药，危害公共安全的行为。行为人确实不知道持有、私藏的是枪支、弹药的，不得认定为本罪。

根据《刑法》第128条第1款的规定，犯本罪的，处3年以下有期徒刑、拘役或者管制；情节严重的，处3年以上7年以下有期徒刑。

七、非法出租、出借枪支罪

非法出租、出借枪支罪，是指依法配备公务用枪和依法配置枪支的人员或单位，违反枪支管理规定，非法出租、出借枪支的行为。(1) 本罪的主体为特殊主体，即依法配备公务用枪和依法配置枪支的人员和单位。(2) 本罪的主观方面为故意。(3) 本罪的客观方面表现为非法出租、出借枪支的行为。枪支管理法对依法配备公务用枪和配置民用枪支的管理作了规定，禁止非法出租、出借枪支。其中的“出租”是指以牟利为目的，将自己配备的枪支租给他人使用；“出借”是指无偿地将自己配备的枪支借给他人。对非法出租、出借公务用枪而言，无论出于什么目的、造成什么样的结果，只要有违反规定出租、出借枪支的行为，即构成犯罪。根据最高人民检察院的司法解释，依法配备公务用枪的人员，违反法律规定，将公务用枪用作借债质押物，使枪支处于非依法持枪人的控制、使用之下，严重危害公共安全，是非法出借枪支行为的一种形式，应以非法出租、出借枪支罪追究刑事责任。对非法出租、出借配置枪支而言，则以造成严重后果为犯罪成立的条件。所谓“造成严重后果”，主要是指造成了帮助他人犯罪的事实发生，或致人伤亡，等等。(4) 本罪侵犯的客体是公共安全以及国家对公务用枪和配置用枪的管理制度，犯罪的对象是依法配备和配置的公务用枪和民用枪支。

【案例22-4】　　赵某非法出借枪支案

1998年5月至7月，公安机关工作人员赵某带领大学生徐某等人在某公安局实习，并任指导老师。徐某多次要求借赵某佩带的枪支“玩一玩”，赵某碍于情面，在卸下了子弹夹后将枪支借给了徐某。但是，赵某忘记该枪曾经上膛，枪膛内仍有一发子弹没有取出并处于待发状态。徐某得到枪后非常得意并带回宿舍向同学炫耀。徐某亦认为枪内没有子弹，用枪对准自己的右太阳穴模仿自杀，并扣动扳机。随着一声枪响，徐某当场死亡。

对本案罪名的认定，存在两种意见：一种意见认为子弹夹已卸，赵某与徐某

均未意识到枪内有子弹，发生徐某死亡的后果，属意外事件；另一种意见认为，赵某违反规定，非法出借公务配备用枪，其行为已经构成非法出借枪支罪。本书认为是，赵某系公安人员，理应知道相关的法律规定与内部纪律，将所配备的公务用枪借给他人使用，已经违反了规定，无论是否造成严重后果，都已符合非法出借枪支罪的犯罪构成。应当注意的是，依法配备公务用枪的人员，只要有出借枪支的行为，就构成犯罪，而无论是否造成严重后果；而依法配置了枪支的人员，只有在出借枪支并造成了严重后果的情况下，才构成犯罪。而在本案中，赵某的行为已经造成了严重后果，应从重处罚。

根据《刑法》第128条的规定，犯本罪的，处3年以下有期徒刑、拘役或者管制；情节严重的，处3年以上7年以下有期徒刑。单位犯本罪的，对单位判处罚金，并对其直接负责的主管人员和其他直接责任人员按前述规定处罚。

八、丢失枪支不报罪

丢失枪支不报罪，是指依法配备公务用枪的人员，在所持枪支被盗、被抢或者丢失时不及时报告，造成严重后果的行为。(1) 本罪的主体是特殊主体，即依法配备公务用枪的人员。依法配备公务用枪的单位不能成为本罪的主体。(2) 本罪的主观方面较为复杂，有人认为本罪只能是故意，有人认为本罪只能是过失，还有人认为本罪只能是过失与间接故意。1) 主张本罪由故意构成的观点，主要考虑的是不及时报告的行为。因为就不及时报告而言，显然是故意的，即明知丢失枪支后就应立即报告，但故意不及时报告。但是，行为与结果都是故意的认识因素，该观点只考虑了行为人对行为的认识，而没能考虑行为人对结果的认识与意志内容。2) 主张本罪只能是过失的观点，主要考虑的是对造成严重后果的心理态度，即行为人应当预见到丢失枪支不及时报告的行为可能导致严重危害社会的结果，因为疏忽大意而没有预见，或者已经预见而轻信能够避免。但是，行为人完全可能对丢失枪支不及时报告所可能造成的严重结果持放任的心理态度。3) 主张本罪只能是过失与间接故意的观点，主要考虑的是行为人对严重结果的心理态度。即行为人对丢失枪支造成严重后果既可能是过失，也可能是间接故意。本书认为是，就丢失枪支本身而言，通常表现为过失，不可能是故意。同时，在枪支被盗、被抢的情况下，行为人主观上通常不存在过错。但是，丢失枪支的行为并不是本罪要考察的行为，而只是本罪成立的前提，基于此，丢失枪支的心理状态，不能决定本罪的主观要件内容。本罪所要考虑的，是行为人在丢失枪支后的心理态度。事实上，行为人在枪支丢失、被盗或者被抢的情况下，往往有一种侥幸心理，轻信不会发生危害社会的结果，属于过于自信的过失。当然，也不能排除由于疏忽大意而没有预见到危害社会的结果发生的情况。而且，应当肯定的是，一般情况下，在配备枪支被盗、被抢或者丢失的情况下，行为人不可能希望枪支被不法分子利用而造成危害社会的结果，也不可能在认识到危害结果的情况下，放任这种结果的发生。因此，对本罪的主观方面，应当认定为过失。(3) 本罪的客观方面表现为在枪支丢失、被盗或者被抢的情况下，因不及时报告而造成严重后果的行为。仅仅失去对枪支的控制，并不能构成本罪，“造成严重后果”是本罪成立的必要条件。(4) 本罪侵犯的客体为公共安全和国家对枪支的管理制度。

根据《刑法》第129条的规定，犯本罪的，处3年以下有期徒刑或者拘役。

九、非法携带枪支、弹药、管制刀具、危险物品危及公共安全罪

非法携带枪支、弹药、管制刀具、危险物品危及公共安全罪，是指违反国家有关管理规定，非法携带枪支、弹药、管制刀具或者爆炸性、易燃性、放射性、毒害性、腐蚀性物品，进入公共场所或者公共交通工具，情节严重，危及公共安全的行为。(1) 本罪的主体是一般主体。(2) 本罪的主观方面比较复杂，就非法携带爆炸性、易燃性、放射性、毒害性、腐蚀性物品的行为而言，行为人表现为故意，而对于可能造成的危害公共安全的后果而言，则只能是过失。由于本罪的重点在于考察实施携带行为时行为人的心理态度，因而主观方面宜认定为故意。(3) 本罪的客观方面表现为非法携带枪支、弹药、管制刀具或者爆炸性、易燃性、放射性、毒害性、腐蚀性物品，进入公共场所或者公共交通工具，情节严重，危及公共安全的行为。(4) 本罪侵犯的客体为公共安全。

本罪是危险犯，只要行为足以危及公共安全，达到情节严重的程度，就可以构成犯罪既遂。

根据《刑法》第130条的规定，犯本罪的，处3年以下有期徒刑、拘役或者管制。

第六节　过失造成重大事故危害公共安全的犯罪

一、重大飞行事故罪

重大飞行事故罪，是指航空人员违反航空规章制度，致使发生重大飞行事故，造成严重后果，危害公共安全的行为。(1) 本罪的主体为特殊主体，即航空人员，包括空勤人员与地面人员。空勤人员，包括驾驶员、领航员、飞行机械人员、飞行通信员与乘务员；地面人员，包括航空器维修人员、空中交通管制员、飞行签派员与航空电台通信员。(2) 本罪的主观方面是过失。(3) 本罪的客观方面表现为实施违反航空规章制度的行为，致使发生重大飞行事故，造成严重后果。其中“违反航空规章制度的行为”，是指违反《民用航空法》及其他相关制度的行为，这种行为导致发生重大飞行事故，造成严重后果时，才可能成立本罪。(4) 本罪侵犯的客体为航空的公共安全。

根据《刑法》第131条的规定，犯本罪的，处3年以下有期徒刑或者拘役；造成飞机坠毁或者人员伤亡的，处3年以上7年以下有期徒刑。

二、铁路运营安全事故罪

铁路运营安全事故罪，是指铁路职工违反规章制度，致使发生铁路运营安全事故，造成严重后果的行为。(1) 本罪的主体是特殊主体，即必须是铁路职工，包括国家铁路、地方铁路、专用铁路以及铁路专用线的职工，如司机、扳道员、调度员、信号员等。(2) 本罪的主观方面为过失。(3) 本罪的客观方面表现为违反规章制度，致使发生重大铁路运营事故，造成严重后果的行为。其中的“违反规章制度”是指违反与保证铁路运输安全有关的各种规章制度；“铁路运营事故”是指在铁路运输过程中发生的火车倾覆、出轨、撞车爆炸等造成人员伤亡、机车毁坏以及使公私财产遭受重大损失的严重事件；“造成严重后果”，一般是指造成人员伤亡或者使公私财产遭受重大损失等结果。(4) 本罪侵犯的客体为铁路运营的公共安全。

根据《刑法》第132条的规定，犯本罪的，处3年以下有期徒刑或者拘役；造成特别严重后果的，处3年以上7年以下有期徒刑。

三、交通肇事罪

(一) 交通肇事罪的概念和特征

交通肇事罪，是指违反交通运输管理法规，因而发生重大交通事故，致人重伤、死亡或者使公私财产遭受重大损失的行为。

本罪的主体为一般主体，主要是指从事交通运输的人员。航空人员违章造成重大飞行事故的，成立重大飞行事故罪；铁路职工违章造成铁路运营安全事故的，成立铁路运营安全事故罪；水上运输人员以及其他相关人员造成公路、水上交通事故的，成立本罪；航空人员违反交通运输法规，造成飞行事故以外的交通事故的，成立本罪；铁路职工违反交通运输法规，造成铁路运营安全事故以外的交通事故的，成立本罪。因此，规定本罪的法条与规定重大飞行事故罪、铁路运营安全事故罪的法条是普通法与特别法的关系。根据司法实践，在偷开机动车辆过程中因过失撞死、撞伤他人或者撞坏车辆的，成立交通肇事罪；单位主管人员、机动车辆所有人或者机动车辆承包人指使、强令他人违章驾驶造成重大交通事故的，以交通肇事罪定罪处罚。非交通运输人员在驾驶交通工具造成交通肇事的情况下，也构成本罪。

本罪的主观方面是过失，即应当预见自己违反交通运输管理法规的行为可能发生重大交通事故，因为疏忽大意而没有预见或者已经预见而轻信能够避免，以致发生这种结果。

本罪的客观方面表现为违反交通运输管理法规，因而发生重大交通事故，致人重伤、死亡或者使公私财产遭受重大损失的行为。其中的“违反交通运输管理法规”，主要是指违反公路、水上交通运输中的各种交通规则、操作规程、劳动纪律等，同时也包括违反铁路、航空交通运输中的各种管理法规。违反交通运输管理法规，是交通肇事的原因，也是构成本罪的前提条件。同时，违反交通运输管理法规的行为还必须造成重大事故，导致重伤、死亡或者公私财产重大损失的结果。如果后果不严重，或者虽然有违反交通运输法规的行为，但没有造成任何危害后果的，不构成本罪。

本罪所侵犯的客体为公共交通安全。

(二) 交通肇事罪的认定

在对本罪进行认定时，应注意以下几个问题：

1. 罪与非罪的界限

(1) 行为虽然造成了严重后果，但主观上并不存在过失，而是由于不能预见或不可抗拒的原因造成的，不得认定为交通肇事罪。(2) 行为人虽然违反了交通运输管理法规，但并没有造成重大交通事故的，不能认定为交通肇事罪。(3) 在行为人与被害人均存在责任的情况下，应区分具体情况作出判定。在行为人对事故不应负全部责任或主要责任的情况下，不得认定为交通肇事罪。

交通肇事具有下列情形之一的，以本罪论处：(1) 死亡1人或者重伤3人以上，负事故全部或者主要责任的；(2) 死亡3人以上，负事故同等责任的；(3) 造成公共财产或者他人财产直接损失，负事故全部或者主要责任，无能力赔偿数额在30万元以上的。

交通肇事致1人以上重伤，负事故全部或者主要责任，并具有下列情形之一的，以交通肇事罪定罪处罚：(1) 酒后、吸食毒品后驾驶机动车辆的；(2) 无驾驶资格驾驶机动车辆的；（3）明知是安全装置不全或者安全机件失灵的机动车辆而驾驶的；（4）明知是无牌证或者已报废的机动车辆而驾驶的；（5）严重超载驾驶的；（6）为逃避法律追究逃离事故现场的。

2. 一罪与数罪的界限

在盗窃他人机动车辆过程中或者盗窃后，违反交通运输管理法规，造成交通事故，构成犯罪的，应当以交通肇事罪与盗窃罪实行数罪并罚。

3. 交通肇事罪与过失致人死亡罪、过失致人重伤罪、故意杀人罪、故意伤害罪及以驾车撞人的危险方法危害公共安全犯罪的界限

本罪致人死亡或重伤的结果往往发生在交通运输过程中，侵犯的客体是公共交通运输安全。而过失致人死亡罪、过失致人重伤罪一般发生在日常生活中，侵犯的客体是生命权或健康权。与故意杀人罪、故意伤害罪相比较，本罪对危害结果的发生，主观上表现为过失，而后两者则表现为故意。另外，本罪与以驾车撞人的危险方法危害公共安全的犯罪相比较，除主观方面不同以外，如果行为人以驾车撞人的方法在公共场所横冲直撞，造成或者可能造成众多人员重伤、死亡或者使公私财产遭受重大损失的，应当认定为以危险方法危害公共安全罪。

（三）交通肇事罪的刑事责任

根据《刑法》第133条的规定，犯本罪的，处3年以下有期徒刑或者拘役；交通运输肇事后逃逸或者有其他特别恶劣情节的，处3年以上7年以下有期徒刑；因逃逸致人死亡的，处7年以上有期徒刑。根据相关司法解释，“交通运输肇事后逃逸”是指行为人在发生了构成交通肇事罪的交通事故后，为逃避法律追究而逃跑的行为。“其他特别恶劣情节”是指：（1）死亡2人以上或者重伤5人以上，负事故全部或者主要责任的；（2）死亡6人以上，负事故同等责任的；（3）造成公共财产或者他人财产直接损失，负事故全部或者主要责任，无能力赔偿数额在60万元以上的。

四、危险驾驶罪

（一）危险驾驶罪的概念和特征

危险驾驶罪，是指在道路上以驾驶机动车追逐竞驶、醉酒驾车、超载超速或者非法运输危险化学品等方式危及公共安全的行为。本罪是只限于在陆路的公路交通领域内构成犯罪的规定。

本罪的主体为一般主体。

本罪的主观方面，多数学者认为是对危及公共安全持放任的心理态度。至于行为人出于何种动机和目的进行危险驾驶，不影响行为的性质。

本罪的客观方面表现为在道路上实施追逐竞驶、醉酒驾车超载超速或者非法运输危险化学品的行为。所谓“道路”，是指《中华人民共和国道路交通安全法》所调整规定的区域，根据该法第119条第1款第1项的规定，“道路”是指公路、城市道路和虽在单位管辖范围内但允许社会机动车通行的地方，包括广场、公共停车场等用于公众通行的场所。如在非公共道路的旷野追逐竞驶，则不能以本罪论处。所谓“机动车”，是指以动力装置驱动或者牵引，在道路上行驶的供人员乘用或者用于运送物品以及进行工程专项作业的轮式车辆。“追逐竞驶”即“飙车”，是指以行驶速度和驾驶技术显示胆量和技术，以体现自己能力的危险行为。“追逐竞驶”既包括超过规定时速的追逐竞驶，也包括未超过规定时速

的追逐竞驶。所谓“醉酒驾驶”，根据国家质量监督检验检疫总局2004年5月31日发布的《车辆驾驶人员血液、呼气酒精含量阈值与检验》的规定，驾车者血液中酒精含量的浓度在每100毫升20毫克至80毫克属酒后驾驶行为，每100毫升酒精含量的浓度大于或者等于80毫克的为醉酒驾驶行为。所谓“严重超载超速”，是指从事依照国家规定取得使用许可的校车业务、或者从事长途或者城际之间的营业性旅客运输业务的，严重超过额定乘员载客，或者严重超过规定时速驾驶的。所谓“非法运输危险化学品”，是指违反相关规定，未经批准、超过规定数量或者运输要求等，运输危险化学品的行为。本罪属于抽象的危险犯，只要行为人实施了上述行为之一，无论是否发生严重后果均构成犯罪。如果因此而发生重大交通事故的，则可能构成交通肇事罪或者以危险方法危害公共安全罪。

本罪侵犯的客体是公路交通运输安全及人身、车辆及其他公共设施的安全。

(二) 危险驾驶罪的认定

在对本罪进行认定时，应注意以下问题：

1. 罪与非罪的界限

追逐竞驶包括未超过限定时速的追逐竞驶，也可以是一种超速追逐竞驶行为。前者可以根据客观上的危险驾驶行为是否造成交通拥堵等作为是否构成犯罪的情节认定，后者则主要是以“超速”行为具有的客观危险作为判断的标准。

2. 本罪与交通肇事罪的界限

交通肇事罪发生的领域广于危险驾驶罪，前者可以发生在所有交通运输领域，后者则只限于陆路交通中的公路交通领域；前者是过失犯罪，后者是故意犯罪；前者以发生严重后果为入罪的必要条件，后者为抽象危险犯，以行为在客观上具有公共危险为入罪要件。

3. 本罪与以危险方法危害公共安全罪的界限

两罪均为故意犯罪，但后罪以发生严重后果为构成犯罪的必要条件，而本罪则不需此要件。在公路交通领域内追逐竞驶或者醉酒驾驶，发生重大交通事故的，应以其他危险方法危害公共安全罪论处。如果行为人对危及公共安全的严重后果主观上是过失心态的，应以过失以危险方法危害公共安全罪论处。

(三) 危险驾驶罪的刑事责任

根据《刑法》第133条之一的规定，犯本罪的，处拘役，并处罚金。有前款行为，同时构成其他犯罪的，依照处罚较重的规定定罪处罚。

五、重大责任事故罪

(一) 重大责任事故罪的概念和特征

重大责任事故罪，是指在生产、作业中违反有关安全管理的规定，因而发生重大伤亡事故或者造成其他严重后果的行为。

本罪的主体为特殊主体，即与生产、作业有关的人员，如生产工人、工程师、技术员、化验员、施工员、设计师、主管生产的厂长、矿长、坑长、车间主任、队长等。与生产、作业安全无关的一般党政工作人员由于官僚主义或玩忽职守造成重大损失的，不构成本罪。

本罪的主观方面是过失，即行为人应当预见自己违反有关生产、作业安全管理规定的行为，可能发生伤亡事故或者造成其他严重后果，因为疏忽大意而没有预见，或者已经预见而轻信能够避免，以致发生这种结果。

本罪在客观方面表现为在生产、作业中违反有关安全管理的规定，因而发生重大伤亡事故，造成严重后果的行为。其中的"有关安全管理的规定"，是指同保障生产、作业安全有关的劳动纪律、操作规程以及劳动保护法规等。违反安全管理规定的行为既可以表现为作为，也可以表现为不作为。前者如冒险蛮干、搞错设计，后者如擅离岗位、遇有险情不采取得力措施。"重大伤亡"是指死亡1人以上或者重伤3人以上；"其他严重后果"，是指直接经济损失在5万元以上，或者经济损失不足这一数额，但情节严重，使生产、工作受到重大损失的行为。

本罪的客体是公共安全。

（二）重大责任事故罪的认定

在对本罪进行认定时，应注意以下问题：

1. 罪与非罪的界限

首先，在技术革新、科学实验中，只要行为人遵守了有关规则，就不能因为技术革新或科学实验失败而认定为本罪。因为技术革新与科学实验本身就意味着一定的风险，而这种风险是社会进步所不可避免的，即使行为人预见到了这种风险，也不能认定为具有过于自信的过失。其次，对于由于不能预见或者不能抗拒的自然现象所引起的事故，以及因为技术条件或者设备条件的限制而无法避免的事故，由于行为人在主观上并不存在过失，也不能认定为本罪。最后，对于行为人在生产、作业中违反安全管理规定的行为而言，如果并没有造成危害后果或者危害后果不严重的，也不能认定为本罪。

2. 本罪与其他犯罪的界限

首先，本罪与失火罪、过失爆炸罪、过失投放危险物质罪的界限。本罪与后三种犯罪的共同点在于主观方面均出于过失，客观方面也都造成了重大伤亡或者重大的财产损失；区别在于本罪的主体为特殊主体，而且发生在生产、作业活动中；而后三种犯罪的主体为一般主体，且一般发生在日常生活中。其次，本罪与重大劳动安全事故罪、工程重大安全事故罪、教育设施重大安全事故罪以及消防责任事故罪的界限。主要区别存在于以下三个方面：（1）犯罪主体不同。本罪的主体为与生产、作业安全有关的人员；重大劳动安全事故罪的主体为单位中负责安全生产设施或者安全生产条件的直接主管人员和其他直接责任人员；工程重大安全事故罪的主体是建设单位、设计单位、施工单位、工程监理单位中对工程质量、安全负责的直接责任人员；教育设施重大责任事故罪的主体为对校舍、教育教学设施的安全负有直接责任的人员；消防责任事故罪的主体为一般主体。（2）客观方面的要求不同。本罪在客观方面表现为在生产、作业中违反有关安全管理的规定，因而发生重大伤亡事故，造成严重后果的行为；重大劳动安全事故罪在客观方面表现为本单位的安全生产设施安全生产条件不符合国家规定，经有关部门或者单位职工提出后，对事故隐患仍不采取措施，以致发生重大伤亡事故或者造成其他严重后果；工程重大安全事故罪表现为违反国家规定，降低工程质量标准，造成重大安全事故的行为；教育设施重大责任事故罪表现为对校舍或者教育教学设施存在的危险不采取措施或者不及时报告，致使发生重大伤亡事故的行为；而消防责任事故罪表现为违反消防管理法规，经消防监督机构通知采取改正措施而拒绝执行，并导致严重后果的行为。（3）法定刑不完全相同。重大责任事故罪、重大劳动安全事故罪、教育设施重大责任事故罪及消防责任事故罪均规定了两个量刑档次，即3年以下有期徒刑或者拘役与3年以上7年以下有期徒刑；而工程重大责任事故罪规定了相对较高的法定刑，即犯罪情节一般的，对直接责任人员，处5年以下有期徒刑或者拘役；后果特别严重的，处5年以上10年以下有期徒刑。再次，本罪与交通肇事罪的界限。本罪的主体为特殊主体，而交通肇事罪的主体为一般主体，而且一般情况下多为从事交通运输的人员；两者在客观方面的表现也不同。但是，在机动车辆在厂（矿）区作业期间发生伤亡事故的情况下，往往存在认定上的困难。对此，应根据不同的情况予以认定：在公共交通管理范围内，因违反交通运输管理法规，发生重大事故的，应认定为交通肇事罪；因违反安全生产、作业安全管理规定，发生重大伤亡事故，造成严重后果的，应认定为重大责任事故罪；在公共交通管理范围外发生重大事故的，应认定为重大责任事故罪。

（三）重大责任事故罪的刑事责任

根据《刑法》第134条第1款的规定，犯本罪的，处3年以下有期徒刑或者拘役；情节特别恶劣的，处3年以上7年以下有期徒刑。

六、强令违章冒险作业罪

强令违章冒险作业罪，是指强令他人违章冒险作业，因而发生重大伤亡事故或者造成其他严重后果的行为。（1）本罪的主体为特殊主体，即作业的组织者、指挥者，只有他们才具有强令他人违章冒险作业的权力。（2）本罪的主观方面为过失，即行为人应当预见自己强令他人违章冒险作业的行为，可能发生伤亡事故或者造成其他严重后果，因为疏忽大意而没有预见，或者已经预见而轻信能够避免，以致发生这种结果。（3）本罪的客观方面表现为强令他人违章冒险作业罪，因而发生重大伤亡事故或者造成其他严重后果的行为。这里所说的“冒险作业”是以“违章”为前提的，而所违之“章”是指与保障作业安全有关的各种规章制度，包括劳动纪律、操作规程以及劳动保护法规等。强令他人违章冒险作业的行为只能表现为作为。“重大伤亡”是指死亡1人以上或者重伤3人以上；“其他严重后果”，是指直接经济损失在5万元以上，或者经济损失不足这一数额，但情节严重，使生产、工作受到重大损失的行为。（4）本罪侵犯的客体是公共安全。

根据《刑法》第134条第2款的规定，犯本罪的，处5年以下有期徒刑或者拘役；情节特别恶劣的，处5年以上有期徒刑。

七、重大劳动安全事故罪

重大劳动安全事故罪，是指安全生产设施或者安全生产条件不符合国家规定，因而发生重大伤亡事故或者造成其他严重后果的行为。（1）本罪的主体是特殊主体，即负责生产安全的直接主管人员和其他直接责任人员。（2）本罪的主观方面为过失。（3）本罪的客观方面表现为本单位的安全生产设施或者安全生产条件不符合国家规定，以致发生重大伤亡事故或者造成其他严重后果。其中“重大伤亡事故”是指造成3人以上重伤或者1人以上死亡的事故。“其他严重后果”是指造成重大经济损失、产生极坏的影响、引起单位职工强烈不满、导致罢工、停产等。（4）本罪侵犯的客体是公共安全。

【案例22-5】　　刘某等重大劳动安全事故案

某煤矿负责人刘某使用他人“采矿证”进行非法开采。2001年9月，刘某和煤矿瓦斯检验员袁某、生产安全员徐某在煤矿安全局指出该煤矿存在通风设备失灵等严重安全隐患并要求其停产整顿的情况下，仍组织工人冒险作业。9月13日凌晨，该煤矿发生重大瓦斯爆炸，造成井下21名工人死亡。

本案中认定的关键在于无证经营企业的直接负责人员能否成为重大劳动安全事故罪的主体。根据《刑法》第135条的规定，重大劳动安全事故罪的主体为负责生产安全的直接主管人员和其他直接责任人员，本案中刘某等所在的企业虽然不具有合法的“采矿证”，但刑法本身并未对进行煤炭开采的矿山是否应该持有合法的开采证而进行限定。因而，没有理由将刘某等人排除在本罪的主体范围之外。另外，本案的其他情况也都符合重大劳动安全事故罪的构成特征，所以应当以重大劳动安全事故罪予以认定。

根据《刑法》第135条的规定，犯本罪的，对直接责任人员处3年以下有期徒刑或者拘役；情节特别恶劣的，处3年以上7年以下有期徒刑。

八、大型群众性活动重大安全事故罪

大型群众性活动重大安全事故罪，是指举办大型群众性活动违反安全管理规定，因而发生重大伤亡事故或者造成其他严重后果的行为。(1) 本罪的主体为特殊主体，即举办大型群众性活动的单位中直接负责的主管人员和其他直接责任人员。(2) 本罪的主观方面表现为过失，即行为人应当预见在举办大型群众性活动中违反安全管理规定的行为，可能发生伤亡事故或者造成其他严重后果，因为疏忽大意而没有预见，或者已经预见而轻信能够避免，以致发生这种结果。(3) 本罪的客观方面表现为举办大型群众性活动违反安全管理规定，因而发生重大伤亡事故或者造成其他严重后果的行为。举办大型群众性活动是指诸如群众性集会活动、群众性娱乐活动、群众性体育活动等。违反安全管理规定是指违反国家有关部门制定的关于举办大型群众性活动必须遵守的各项规定。违反安全管理规定的行为既可以表现为作为，也可以表现为不作为。(4) 本罪侵犯的客体是公共安全。

根据《刑法》第135条之一的规定，犯本罪的，处3年以下有期徒刑或者拘役；情节特别恶劣的，处3年以上7年以下有期徒刑。

九、危险物品肇事罪

危险物品肇事罪，是指违反爆炸性、易燃性、放射性、毒害性、腐蚀性物品的管理规定，在生产、储存、运输、使用过程中发生重大事故，造成严重后果的行为。(1) 本罪的主体主要是从事生产、保管、运输和使用危险物品的职工，其他人也可以构成本罪的主体。(2) 本罪的主观方面为过失。(3) 本罪的客观方面表现为违反危险物品的管理规定，在生产、储存、运输、使用危险物品过程中发生事故，造成严重后果的行为，如不按规定要求设置监测设施，不按规定由专人管理，不按规定分运、分卸，不遵守剂量、范围、方法等方面的规定。(4) 本罪侵犯的客体为公共安全。

根据《刑法》第136条的规定，犯本罪的，处3年以下有期徒刑或者拘役；后果特别严重的，处3年以上7年以下有期徒刑。

十、工程重大安全事故罪

工程重大安全事故罪，是指建设单位、设计单位、施工单位、工程监理单位违反国家规定，降低工程质量标准，造成重大安全事故的行为。(1) 本罪的主体是建设单位、建筑设计单位、施工单位及工程监理单位中对工程质量、安全负责的直接责任人员。(2) 本罪的主观方面为过失。(3)本罪在客观方面表现为违反国家规定，降低工程质量标准，造成重大安全事故的行为。违反国家规定，降低工程质量标准有许多表现，如提供、使用不合格的建筑材料、建筑构配件和设备；偷工减料，不按建筑工程质量标准进行设计或施工；降低标准进行监理等。工程重大安全事故，则是指建筑工程在建设中及交付使用后，由于达不到质量标准或者存在严重问题，导致楼房倒塌、桥梁断裂、铁路塌陷，致人伤亡或者造成重大经济损失。(4)本罪侵犯的客体为建筑工程的公共安全。

根据《刑法》第137条的规定，犯本罪的，对直接责任人员处5年以下有期徒刑或者拘役，并处罚金；后果特别严重的，处5年以上10年以下有期徒刑，并处罚金。

十一、教育设施重大安全事故罪

教育设施重大安全事故罪，是指学校及其他教育机构的直接责任人员明知校舍或者教育教学设施有危险，而不采取措施或不及时报告，致使发生重大伤亡事故的行为。(1)本罪的主体为特殊主体，即对校舍、教育教学设施的安全负有直接责任的人员。(2)本罪行为人主观上对发生的严重后果出于过失，而对校舍和教育教学设施存在危险、隐患则是明知的。但不得认为行为人在主观上既具有故意，也具有过失。在主观方面的界定上，仍应认为行为人只具有过失的心理态度。(3)本罪在客观方面表现为对校舍或教育教学设施存在的危险不采取措施或者不及时报告，致使发生重大伤亡事故的行为。发生重大伤亡事故，是构成本罪的必要条件。只造成重大财产损失而没有伤亡的，不构成本罪。(4)本罪侵犯的客体为教育设施的公共安全。

根据《刑法》第138条的规定，犯本罪的，对直接责任人员处3年以下有期徒刑或者拘役；后果特别严重的，处3年以上7年以下有期徒刑。

十二、消防责任事故罪

消防责任事故罪，是指违反消防管理法规，经消防监督机构通知采取改正措施而拒绝执行，造成严重后果的行为。(1)本罪的主体为一般主体，但主要是负有防火安全职责的单位负责人员。(2)本罪的主观方面表现为过失。(3)本罪的客观方面表现为违反消防管理法规，经消防监督机构通知采取改正措施而拒绝执行，并导致严重后果发生的行为。其中的“消防管理法规”是指国家有关消防方面的法律、法规以及有关主管部门为保障消防安全所作的有关规定。“严重后果”是指发生重大火灾，造成人员伤亡或者使公私财产遭受严重损失。违反的行为既可以是作为，也可以是不作为。构成本罪的前提条件应当是经消防监督机构通知采取改正措施而拒绝执行，如果仅存在违反消防管理法规的行为并因此而导致了严重后果的发生，但未经消防监督机构通知采取改正措施的，不得认定为本罪。(4)本罪侵犯的客体为国家消防管理秩序。

根据《刑法》第139条的规定，犯本罪的，对直接责任人员处3年以下有期徒刑或者拘役；后果特别严重的，处3年以上7年以下有期徒刑。

十三、不报、谎报安全事故罪

不报、谎报安全事故罪，是指在安全事故发生后，负有报告职责的人员不报或者谎报事故情况，贻误事故抢救、情节严重的行为。(1)本罪的主体是特殊主体，即对所发生的安全事故负有报告职责的人员。不负有报告职责的其他人员不构成本罪。(2)本罪的主观方面表现为故意，即负有报告职责的行为人明明知道安全事故已经发生，却故意隐瞒不报，或者虽然报告了，却故意隐瞒事故真相。本罪只能发生在安全事故发生之后。就安全事故而言，主观上都是基于过失，但是在安全事故发生后的不报、谎报行为，主观上一定是基于故意。(3) 本罪的客观方面表现为在安全事故发生后，负有报告职责的人员不报或者谎报事故情况，贻误事故抢救，情节严重的行为。安全事故一旦发生，就必须进行抢救，尽最大可能把人员伤亡和经济损失降到最低。而负有报告职责的人员不报或者谎报事故情况，致使有关部门不能及时了解事故发生的情况或者事故的全部真相，导致的结果就是贻误抢救的时机。本罪要求必须是情节严重的才能构成犯罪。这里所说的情节严重，是指因不报、谎报安全事故的行为而使事故中的伤亡人数增加，经济损失增大，或者因不报、谎报安全事故的行为引发其他严重后果，如群体性上访等。对安全事故的不报行为是一种不作为，谎报行为则是一种作为。还需要说明的是，本罪所说的不报、谎报的安全事故，是指所有的安全事故。(4) 本罪侵犯的客体是公共安全。

根据《刑法》第139条之一的规定，犯本罪的，处3年以下有期徒刑或者拘役；情节特别严重的，处3年以上7年以下有期徒刑。

【问题与思考】

1. 犯罪嫌疑人张某驾驶货车在马路上行驶，撞上骑自行车欲横穿马路的被害人黄某，黄某被撞倒地后，张某立即停车，并用手机拨打电话报警，随后路过事故现场的一名证人也打电话报警，但都没能打通；两人遂一起拦车欲救助黄某，但没有车愿意停下。张某见黄某伤势严重，于是未作现场情况标注，就用肇事车辆将黄某送到医院抢救，但黄某仍因抢救无效死亡。后经交警部门责任认定：因张某发生交通事故后用肇事汽车将伤者送往医院时未保留事故现场及作相应标记，致使责任无法认定，其行为违反了《福建省道路交通管理实施办法》第36条之规定，张某应负事故的全部责任。交警部门以张某涉嫌交通肇事罪向检察院移送审查起诉。请问：对张某的行为应当如何认定？

2. 6月30日上午约8时许，被告人万某在江土高级烟花厂使用气动枪打钉，将木杆固定在烟花上时，把气钉击在该烟花塑胶筒座上端的斜面上，引爆了烟花，进而引起其他厂房和原料仓库的大爆炸，酿成特大事故。爆炸致使40余人死亡，130多人受伤，受损民房1 700多户，厂矿企业66家，造成直接经济损失2 500万元以上。请问：对万某的行为应当如何认定？

第二十三章 破坏社会主义市场经济秩序罪

参考书目

1. 周光权. 刑法各论. 3版. 北京：中国人民大学出版社，2016.
2. 张明楷. 刑法学. 5版. 北京：法律出版社，2016.

参考法规

1.《刑法》第140～231条

2. 1998年12月29日全国人民代表大会常务委员会《关于惩治骗购外汇、逃汇和非法买卖外汇犯罪的决定》

3. 1999年12月25日全国人民代表大会常务委员会《中华人民共和国刑法修正案》

4. 2002年12月28日全国人民代表大会常务委员会《中华人民共和国刑法修正案（四）》

5. 2005年2月28日全国人民代表大会常务委员会《中华人民共和国刑法修正案（五）》

6. 2006年6月29日全国人民代表大会常务委员会《中华人民共和国刑法修正案（六）》

7. 2009年2月28日全国人民代表大会常务委员会《中华人民共和国刑法修正案（七）》

8. 2011年2月25日全国人民代表大会常务委员会《中华人民共和国刑法修正案（八）》

9. 2015年8月29日全国人民代表大会常务委员会《中华人民共和国刑法修

正案（九）》

10. 2002年7月8日最高人民法院、最高人民检察院、海关总署《关于办理走私刑事案件适用法律若干问题的意见》

11. 2006年7月31日最高人民法院《关于审理走私刑事案件具体应用法律若干问题的解释（二）》

12. 2004年12月22日最高人民法院、最高人民检察院《关于办理侵犯知识产权刑事案件具体应用法律若干问题的解释》

13. 2010年10月20日最高人民法院、最高人民检察院《关于审理伪造货币等案件具体应用法律若干问题的解释（二）》

14. 2014年3月25日最高人民法院、最高人民检察院《关于办理非法集资刑事案件具体应用法律若干问题的解释》

15. 2013年5月3日最高人民法院、最高人民检察院《关于办理危害食品安全刑事案件适用法律若干问题的解释》

16. 2014年12月1日最高人民法院、最高人民检察院《关于办理危害药品安全刑事案件具体应用法律若干问题的解释》

17. 2014年9月10日最高人民法院、最高人民检察院《关于办理走私刑事案件具体应用法律若干问题的解释》

18. 2016年4月18日最高人民法院、最高人民检察院《关于办理贪污贿赂刑事案件具体应用法律若干问题的解释》

引例　甲偷税案

甲为个体运输户，以交管理费的形式挂靠A联运公司，同时承租B运输公司，并从A、B两公司分别获取可抵扣税款的运输发票，但是不属于有抵扣税款资格的纳税户。甲为少缴应纳税款，先后从承租的B公司以及有关运输企业接受虚开的表明营业支出的运输发票共五十余张，价税合计人民币六百余万元，并将上述发票全部入账，用于冲减以A公司名义经营运输业务的营业额，实际偷逃各项税款五十余万元，且偷逃税额占其应纳税额的30%以上。

第一节　破坏社会主义市场经济秩序罪概述

一、破坏社会主义市场经济秩序罪的概念和特征

破坏社会主义市场经济秩序罪，是指违反国家经济管理法规，干扰国家对市场经济的管理活动，破坏社会主义市场经济正常运行和发展秩序的行为。

破坏社会主义市场经济秩序罪与经济犯罪是两个既有联系又有区别的概念。经济犯罪一词，最早出现于1982年3月全国人大常委会《关于严惩严重破坏经济的罪犯的决定》。但关于其内涵及外延，我国刑法学界始终未能取得一致意见，主要有以下几种观点：经济

关系说认为，所谓经济犯罪，是指以非法占有或者非法营利为目的，侵害社会主义经济关系，依照法律应当受刑罚处罚的行为；其外延等于传统的侵犯财产罪加上破坏经济秩序罪。经济领域说认为，所谓经济犯罪，是指在经济领域中，破坏社会主义经济，实施侵害我国刑法所保护的社会经济关系的行为；其外延除侵犯财产罪和破坏经济秩序罪以外，还包括一部分妨害社会管理秩序罪、渎职罪和危害公共安全方面涉及经济领域的犯罪。经济秩序说认为，所谓经济犯罪，是指自然人或者法人在商品生产、分配、流通及其管理过程中，故意违反经济管理法规，破坏经济秩序，情节严重的行为；其外延涉及包括商品生产、流通、分配和管理的全过程。此说认为，经济犯罪侵犯的客体是经济秩序，刑法典规定的破坏经济秩序罪侵犯的客体也是经济秩序。但因为刑事立法本身的结构关系，破坏经济秩序罪并没有包容进全部经济犯罪。上述观点无一例外地认为，破坏社会主义市场经济秩序罪只是经济犯罪的一部分，经济犯罪的内涵应该大于破坏社会主义市场经济秩序罪。因此，不能将破坏社会主义市场经济秩序罪等同于经济犯罪。市场经济秩序是市场经济活动所必须遵循的经济准则和活动规律，是维护市场经济能够健康、稳定发展的必要保障。严重破坏了社会主义市场经济秩序的行为，理应受到相应的刑罚处罚。

破坏社会主义市场经济秩序罪的主要特征为：

(1) 本章犯罪的主体大多为一般主体，自然人和单位在多数犯罪中都可以成为犯罪的主体，但少数犯罪的主体则必须是特殊主体，如非国家工作人员受贿罪，为亲友非法牟利罪，违法发放贷款罪，内幕交易、泄露内幕信息罪等。有的犯罪只能由自然人实施，如签订、履行合同失职被骗罪，非法经营同类营业罪，出具证明文件重大失实罪等；个别犯罪的主体只能是单位，如逃汇罪。应当注意的是，刑法所规定的单位犯罪，大部分集中在本章犯罪中，或者说，本章所规定的大多数犯罪都可以由单位构成。这是本章犯罪主体方面的重要特点。

(2) 本章犯罪在主观方面一般都表现为故意，并且一般都要求具有非法占有的目的。但是，也有少数犯罪只能表现为过失，如签订、履行合同失职被骗罪，国有公司、企业、事业单位人员失职罪等。

(3) 本章犯罪在客观方面表现为违反国家市场经济管理法规，采用各种行为方式干扰国家对市场经济的管理活动，破坏社会主义市场经济秩序，使国民经济遭受严重损失的行为。但是，并非违反市场经济管理法规的行为都是犯罪，只有其中具有严重的社会危害性的行为，才能构成本章所规定的犯罪。所以，本章的许多犯罪以情节严重、数额较大为构成要件。这是本章犯罪在客观方面的主要特点。

(4) 本章犯罪侵犯的客体为社会主义市场经济秩序。以参与市场经济活动的主体为标准，市场经济秩序的内容主要表现为：一是企业行为秩序，如生产决策过程、经营形式、成本核算、收益分配、人事制度以及各种内部管理制度等；二是市场秩序，包括各种要素市场（生产资料、生活消费品、资金、技术、劳动力）的规范和制度；三是政府对国民经济各个方面的管理、直接作用于经济生活的那些行政部门的工作制度和行为规范等。从市场经济活动过程来看，市场经济秩序则包括商品的生产、流通、分配和管理四个基本环节。破坏社会主义市场经济秩序罪，就表现为干扰、破坏或者阻碍社会主义市场经济秩序的形成和最终确立。

本章是从 1979 年《刑法》中规定的破坏社会主义经济秩序罪演化而来的，原来的类罪名被修改为破坏社会主义市场经济秩序罪。除此之外，原来的 15 个法律条文增加到 92 个法律条文，与此相对应的十几个罪名也猛增至一百余个。

二、破坏社会主义市场经济秩序罪的类型

根据《刑法》分则第三章的规定，破坏社会主义市场经济秩序罪分为以下八类：

1. 生产、销售伪劣商品罪

包括生产、销售伪劣产品罪，生产、销售假药罪，生产、销售劣药罪，生产、销售不符合安全标准的食品罪，生产、销售有毒、有害食品罪，生产、销售不符合标准的医用器材罪，生产、销售不符合安全标准的产品罪，生产、销售伪劣农药、兽药、化肥、种子罪，生产、销售不符合卫生标准的化妆品罪。

2. 走私罪

包括走私武器、弹药罪，走私核材料罪，走私假币罪，走私文物罪，走私贵重金属罪，走私珍贵动物、珍贵动物制品罪，走私国家禁止进出口的货物、物品罪，走私淫秽物品罪，走私废物罪，走私普通货物、物品罪。

3. 妨害对公司、企业的管理秩序罪

包括虚报注册资本罪，虚假出资、抽逃出资罪，欺诈发行股票、债券罪，违规披露、不披露重要信息罪，妨害清算罪，隐匿、故意销毁会计凭证、会计账簿、财务会计报告罪，虚假破产罪，非国家工作人员受贿罪，对非国家工作人员行贿罪，对外国公职人员、国际公共组织官员行贿罪，非法经营同类营业罪，为亲友非法牟利罪，签订、履行合同失职被骗罪，国有公司、企业、事业单位人员失职罪，国有公司、企业、事业单位人员滥用职权罪，徇私舞弊低价折股、出售国有资产罪，背信损害上市公司利益罪。

4. 破坏金融管理秩序罪

包括伪造货币罪，出售、购买、运输假币罪，金融工作人员购买假币、以假币换取货币罪，持有、使用假币罪，变造货币罪，擅自设立金融机构罪，伪造、变造、转让金融机构经营许可证、批准文件罪，高利转贷罪，骗取贷款、票据承兑、金融票证罪，非法吸收公众存款罪，伪造、变造金融票证罪，妨害信用卡管理罪，窃取、收买、非法提供信用卡信息罪，伪造、变造国家有价证券罪，伪造、变造股票、公司、企业债券罪，擅自发行股票、公司、企业债券罪，内幕交易、泄露内幕信息罪，利用未公开信息交易罪，编造并传播证券、期货交易虚假信息罪，诱骗投资者买卖证券、期货合约罪，操纵证券、期货市场罪，背信运用受托财产罪，违法运用资金罪，违法发放贷款罪，吸收客户资金不入账罪，违规出具金融票证罪，对违法票据承兑、付款、保证罪，逃汇罪，骗购外汇罪（特别刑法增设），洗钱罪。

5. 金融诈骗罪

包括集资诈骗罪，贷款诈骗罪，票据诈骗罪，金融凭证诈骗罪，信用证诈骗罪，信用卡诈骗罪，有价证券诈骗罪，保险诈骗罪。

6. 危害税收征管罪

包括逃税罪，抗税罪，逃避追缴欠税罪，骗取出口退税罪，虚开增值税专用发票、用于骗取出口退税、抵扣税款发票罪，虚开发票罪，伪造、出售伪造的增值税专用发票罪，非法出售增值税专用发票罪，非法购买增值税专用发票、购买伪造的增值税专用发票罪，非法制造、出售非法制造的用于骗取出口退税、抵扣税款发票罪，非法制造、出售非法制造的发票罪，非法出售用于骗取出口退税、抵扣税款发票罪，非法出售发票罪，持有伪造

的发票罪。

7. 侵犯知识产权罪

包括假冒注册商标罪，销售假冒注册商标的商品罪，非法制造、销售非法制造的注册商标标识罪，假冒专利罪，侵犯著作权罪，销售侵权复制品罪，侵犯商业秘密罪。

8. 扰乱市场秩序罪

包括损害商业信誉、商品声誉罪，虚假广告罪，串通投标罪，合同诈骗罪，组织、领导传销活动罪，非法经营罪，强迫交易罪，伪造、倒卖伪造的有价票证罪，倒卖车票、船票罪，非法转让、倒卖土地使用权罪，提供虚假证明文件罪，出具证明文件重大失实罪，逃避商检罪。

第二节　生产、销售伪劣商品罪

生产、销售伪劣商品罪，是指生产者、销售者以牟取非法利益为目的，违反国家质量管理法规，在产品中掺杂、掺假，以假充真，以次充好或者以不合格商品冒充合格商品，危害群众人身和财产安全，破坏社会主义经济秩序，情节严重的行为。本节罪名均为选择性罪名，行为人只要具备了生产或销售伪劣商品之一的行为，即构成犯罪。但是，在同时实施了生产和销售两种行为的情况下，也只能以一罪论处，而不能实行数罪并罚。

一、生产、销售伪劣产品罪

（一）生产、销售伪劣产品罪的概念和特征

生产、销售伪劣产品罪，是指生产者、销售者违反国家产品质量管理法规，在产品中掺杂、掺假，以假充真，以次充好或者以不合格产品冒充合格产品，销售金额在5万元以上的行为。

本罪的主体为一般主体，自然人和单位都可以构成本罪的主体。但是，本罪的主体主要为从事生产或销售的自然人和单位。其中“生产者”既包括产品的制造者，也包括产品的加工者。“销售者”既包括批量销售者，也包括零散销售者，还包括从事产品生产的直接销售者。至于生产者、销售者是否取得了有关产品的生产许可证或者营业执照，不影响本罪的成立。此外，知道或者应当知道他人实施生产、销售伪劣产品犯罪，而为其提供贷款、资金、账号、发票、证明、许可证件，或者提供生产、经营场所或者运输、仓储、保管、邮寄等便利条件，或者提供制假生产技术的，以本罪的共犯论处。

本罪的主观方面只能是故意，即行为人明知自己在生产、销售的产品中掺杂、掺假，以假充真，以次充好或者以不合格产品冒充合格产品的行为会发生危害社会主义市场经济秩序、侵害消费者人身权益和财产权益的结果，并且希望或放任这种结果的发生。此外，本罪在主观方面一般还表现为行为人具有获取非法利益的目的。

本罪在客观方面表现为行为人在生产、销售的产品中掺杂、掺假，以假充真，以次充好或者以不合格产品冒充合格产品，销售金额在5万元以上的行为。其中的“掺杂、掺假”，是指在产品中掺入杂质或者异物，致使产品质量不符合国家法律、法规或者产品明示质量标准规定的质量要求，降低、失去应有使用性能的行为。“以假充真”是指以不具有某种使用性能的产品冒充具有该种使用性能的产品的行为。“以次充好”是指以低等级、低档次产品冒充高等级、高档次产品，或者以残次、废旧零配件组合、拼装后冒充正品或

者新产品的行为。“不合格产品”是指不符合《中华人民共和国产品质量法》第26条第2款规定的质量要求的产品。根据有关规定，对上述行为难以确定的，应当委托法律、行政法规规定的产品质量检验机构进行鉴定。“销售金额”是指生产者、销售者出售伪劣产品后所得和应得的全部违法收入。伪劣产品尚未销售，货值金额达到《刑法》第140条规定的销售金额3倍以上的，以生产、销售伪劣产品罪（未遂）定罪处罚。货值金额以违法生产、销售的伪劣产品的标价计算；没有标价的，按照同类合格产品的市场中间价格计算。货值金额难以确定的，委托指定的估价机构确定。多次实施生产、销售伪劣产品行为，未经处理的，伪劣产品的销售金额或者货值金额累计计算。

本罪侵犯的客体是国家的产品质量监督和管理制度与市场管理制度，同时也包括广大消费者的合法权益。犯罪对象一般是除药品、食品、医疗器械、医用卫生材料、化妆品、电器、压力容器、易燃易爆产品、农药、化肥、种子以外的普通伪劣产品。但是，如果生产、销售上述特定种类的伪劣产品没有造成严重后果，因而不构成生产、销售特定种类伪劣品犯罪，并且销售金额在5万元以上的，也构成本罪。

【案例23-1】 李某等生产、销售伪劣产品案

李某等4名制假者在位于某市一栋外观豪华的别墅内从事制假活动，他们伪造了“茅台”“五粮液”等牌子的酒瓶、瓶盖、标签、防伪标志等一整套材料，把几元钱一瓶的酒灌入名酒酒瓶，制造假冒名酒，并用某酒类经营部的名义向外推销。案发前，4名制假者已“制造”并售出两千多瓶，获利近十万元。

本案涉及生产、销售伪劣产品罪与假冒注册商标罪的竞合问题。李某等在生产、销售假名酒的过程中，触犯了生产、销售伪劣产品罪，但其用以灌装假酒而使用假冒酒瓶以及与之相配套的假冒瓶盖、标签、防伪标志等行为，同时也触犯了假冒注册商标罪。本书的初步意见是，李某等的行为属于一行为触犯数个罪名的想象竞合犯，因而应当从一重处断，以两罪中处罚较重的一罪予以认定。

（二）生产、销售伪劣产品罪的认定

在对本罪进行认定时，应注意以下几个问题。

1. 罪与非罪的界限

区分生产、销售伪劣产品罪与非罪的界限，主要在于以下几个方面：一是行为人主观上是否具有生产、销售伪劣产品的故意，二是所生产、销售的产品是否符合关于伪劣产品的界定，三是生产、销售的金额是否达到了5万元以上。构成本罪，需要行为人明知自己所生产、销售的产品是会破坏社会主义市场经济秩序、侵害他人的人身权益和财产权益的假冒伪劣产品，并且希望或者放任这种危害结果的发生，且生产、销售金额达到了5万元以上。

2. 本罪与生产、销售伪劣药品、食品、医用器材等特定种类的伪劣产品犯罪的界限

根据《刑法》第140条和第149条的规定，生产、销售伪劣产品罪与生产、销售药品、食品、医疗器材等特定种类的伪劣产品犯罪之间存在法条竞合关系。根据法条竞合关系中特别法优于普通法的原则，行为人实施了生产、销售特定种类的伪劣产品的犯罪，并且符合刑法典各该条所规定的犯罪构成的，应当按照第141条至第148条所规定的生产、销售特定种类伪劣产品犯罪论处。但是，行为人所实施的生产、销售特定种类伪劣产品的行为不能满足第141条至第148条所规定的各特定犯罪的构成要件的，如果生产、销售金额在

5 万元以上，应当以生产、销售伪劣产品罪论处。此外，根据《刑法》第 149 条第 2 款的规定，生产、销售第 141 条至第 148 条所列产品，构成各该条规定的犯罪，同时又构成第 140 条规定的生产、销售伪劣产品罪的，依照处罚较重的规定定罪处罚，即按照重法优于轻法的原则予以处罚。因此，行为人生产、销售特定种类的伪劣产品，实际销售金额在 5 万元以上，并且造成严重后果的，是按第 140 条生产、销售普通伪劣产品罪论处，还是按照第 141 条至第 148 条生产、销售特定种类伪劣产品罪论处，取决于法定刑的轻重。在生产、销售特定种类伪劣产品犯罪的法定刑重于生产、销售普通伪劣产品罪的情况下，应当按生产、销售特定种类伪劣产品罪论处；但是，如果生产、销售特定种类伪劣产品犯罪的法定刑轻于生产、销售普通伪劣产品罪，则应当按生产、销售普通伪劣产品罪论处。例如，生产、销售不符合卫生标准的化妆品，实际销售金额在 5 万元以上，同时又造成严重后果的，应当按照生产、销售普通伪劣产品罪论处。因而，在认定某一生产、销售伪劣商品的行为是构成《刑法》第 141 条所规定的生产、销售伪劣产品罪，还是构成第 141 条至第 148 条所规定的各特定种类的生产、销售伪劣商品罪时，除了应该对犯罪对象予以确认，还应当根据特别法优于普通法、重法优于轻法这两个原则进行认定。

(三) 生产、销售伪劣产品罪的刑事责任

根据《刑法》第 140 条、第 150 条的规定，犯本罪的，销售金额在 5 万元以上不满 20 万元的，处 2 年以下有期徒刑或者拘役，并处或者单处销售金额 50%以上 2 倍以下罚金；销售金额在 20 万元以上不满 50 万元的，处 2 年以上 7 年以下有期徒刑，并处销售金额 50%以上 2 倍以下罚金；销售金额在 50 万元以上不满 200 万元的，处 7 年以上有期徒刑，并处销售金额 50%以上 2 倍以下罚金；销售金额在 200 万元以上的，处 15 年有期徒刑或者无期徒刑，并处销售金额 50%以上 2 倍以下罚金或者没收财产。单位犯本罪的，对单位判处罚金，并对其直接负责的主管人员和其他直接责任人员，依照上述规定处罚。

二、生产、销售假药罪

生产、销售假药罪，是指违反国家药品管理法规，非法生产、销售假药的行为。(1) 本罪的主体是一般主体，自然人和单位都可以成为本罪的主体。(2) 本罪的主观方面表现为故意。由于本罪是行为犯，因而要求行为人应当认识到自己生产、销售的是假药，而仍然生产、销售的行为。至于对行为人主观方面的认定，则应以惯常情况下一般人的判断标准及在特定环境下行为人本身的判断能力为依据，来确定行为人是否具有生产、销售假药的故意。(3) 本罪在客观方面表现为违反国家药品管理法规，生产、销售假药的行为。其中的“假药”是指依照我国药品管理法的规定属于假药和按假药处理的药品、非药品，具体是指：药品所含成分的名称与国家药品标准或者省、自治区、直辖市药品标准规定不符的；以非药品冒充药品的；以他种药品冒充此种药品的；国务院卫生行政部门规定禁止使用的药品；未取得批准文号的药品；变质不能用的药品；被污染不能用的药品。“足以严重危害人体健康”是指含有超标准的有毒有害物质的；不含所标明的有效成分，可能贻误诊治的；所标明的适应证或者功能主治超出规定范围，可能造成贻误诊治的；缺乏所标明的急救必需的有效成分的。(4) 本罪侵犯的客体为不特定多人的身体健康和国家对药品生产、销售的管理制度。

根据《刑法》第 141 条和第 150 条的规定，犯本罪的，处 3 年以下有期徒刑或者拘役，并处罚金；对人体健康造成严重危害或者有其他严重情节的，处 3 年以上 10 年以下有期徒

刑，并处罚金；致人死亡或者有其他特别严重情节的，处10年以上有期徒刑、无期徒刑或者死刑，并处罚金或者没收财产。单位犯本罪的，对单位判处罚金，并对其直接负责的主管人员和其他直接责任人员，依照上述规定处罚。

三、生产、销售劣药罪

生产、销售劣药罪，是指生产、销售劣药，对人体健康造成严重危害的行为。（1）本罪的主体为一般主体，包括自然人和单位。（2）本罪的主观方面是故意。（3）本罪的客观方面表现为生产、销售劣药的行为。根据《药品管理法》第49条的规定，药品成分的含量不符合国家药品标准的，为劣药。有下列情形之一的药品，按劣药论处：未标明有效期或者更改有效期的；不注明或者更改生产批号的；超过有效期的；直接接触药品的包装材料和容器未经批准的；擅自添加着色剂、防腐剂、香料、矫味剂及辅料的；其他不符合药品标准规定的。生产、销售的劣药被使用后，造成轻伤、重伤或者其他严重后果的，应认定为“对人体健康造成严重危害”。（4）本罪侵犯的客体是国家对药品的管理制度和公民的人身健康权利，同时也扰乱了市场经济秩序。

本罪与生产、销售假药罪的界限在于：前者生产、销售的是劣药，而后者生产、销售的是假药；前者要求对人体健康造成严重危害，属于侵害犯，而后者只要求足以严重危害人体健康，是危险犯；前者要求行为人认识到危害结果，而后者只要求行为人认识到行为的危险性。

根据《刑法》第142条和第150条的规定，犯本罪的，处3年以上10年以下有期徒刑，并处销售金额50%以上2倍以下罚金；后果特别严重的，处10年以上有期徒刑或者无期徒刑，并处销售金额50%以上2倍以下罚金或者没收财产。单位犯本罪的，对单位判处罚金，并对其直接负责的主管人员和其他直接责任人员，依照上述规定处罚。

四、生产、销售不符合安全标准的食品罪

生产、销售不符合安全标准的食品罪，是指违反食品管理法规，生产、销售不符合安全标准的食品，足以造成严重的食物中毒事故或者其他严重食源性疾病的行为。（1）本罪的主体为一般主体，包括自然人和单位。（2）本罪的主观方面只能是故意。（3）本罪的客观方面表现为违反食品安全管理法规，生产、销售不符合安全标准的食品，足以造成严重的食物中毒事故或者其他严重食源性疾病的行为。本罪是危险犯，行为人生产、销售不符合安全标准的食品，只要足以造成上述事故或者疾病，即构成犯罪。如果对人体健康造成了严重危害，属结果加重犯。（4）本罪侵犯的客体为不特定多人的身体健康和国家对食品安全的监督管理法规。

根据《刑法》第143条和第150条的规定，犯本罪的，处3年以下有期徒刑或者拘役，并处罚金；对人体健康造成严重危害或者有其他严重情节的，处3年以上7年以下有期徒刑，并处罚金；后果特别严重的，处7年以上有期徒刑或者无期徒刑，并处罚金或者没收财产。单位犯本罪的，对单位判处罚金，并对其直接负责的主管人员和其他直接责任人员，依照上述规定处罚。

五、生产、销售有毒、有害食品罪

生产、销售有毒、有害食品罪，是指违反食品管理法规，在生产、销售的食品中掺入

有毒、有害的非食品原料，或者销售明知掺有有毒、有害的非食品原料的食品的行为。(1) 本罪的主体为一般主体，自然人和单位都可以成为本罪的主体。(2) 本罪的主观方面必须为故意。(3) 本罪在客观方面表现为违反食品管理法规，在生产、销售的食品中掺入有毒、有害的非食品原料，或者销售明知掺有有毒、有害的非食品原料的食品的行为。其中的"有毒、有害的非食品原料"，是指含有毒性元素或者对人体有害的元素而不能作为食品配料或者食品添加剂的物质。(4) 本罪侵犯的客体为不特定多人的身体健康和国家对食品安全的监督管理法规。

在对本罪进行认定时，应当注意本罪与生产、销售不符合安全标准的食品罪之间的界限。两者的犯罪对象都是食品，但前者的犯罪对象是掺有有毒、有害的非食品原料的有毒、有害食品，而后者的犯罪对象则是不符合安全标准的食品；前者只要求行为人实施了生产、销售行为即可，而后者则要求行为人所实施的行为足以造成严重的食物中毒事故或者其他严重的食源性疾病。

根据《刑法》第 144 条和第 150 条的规定，犯本罪的，处 5 年以下有期徒刑或者拘役，并处罚金；对人体健康造成严重危害或者有其他严重情节的，处 5 年以上 10 年以下有期徒刑，并处罚金；致人死亡或者有其他特别严重情节的，依照《刑法》第 141 条的规定处罚，即处 10 年以上有期徒刑、无期徒刑或者死刑，并处罚金或者没收财产。单位犯本罪的，对单位判处罚金，并对其直接负责的主管人员和其他直接责任人员，依照上述规定处罚。

六、生产、销售不符合标准的医用器材罪

生产、销售不符合标准的医用器材罪，是指生产不符合保障人体健康的国家标准、行业标准的医疗器械、医用卫生材料，或者销售明知是不符合保障人体健康的国家标准、行业标准的医疗器械、医用卫生材料，对人体健康造成严重危害的行为。本罪的主体为一般主体，包括自然人和单位。本罪的主观方面为故意。本罪的客观方面表现为生产不符合保障人体健康的国家标准、行业标准的医疗器械、医用卫生材料，或者销售明知是不符合保障人体健康的国家标准、行业标准的医疗器械、医用卫生材料，对人体健康造成严重危害的行为。本罪侵犯的客体为不特定多人的生命健康和国家对医疗器械、医用卫生材料的管理制度，同时也包括市场经济秩序。

根据《刑法》第 145 条和第 150 条的规定，犯本罪，足以严重危害人体健康的，处 3 年以下有期徒刑或者拘役，并处销售金额 50%以上 2 倍以下罚金；对人体健康造成严重危害的，处 3 年以上 10 年以下有期徒刑，并处销售金额 50%以上 2 倍以下罚金；后果特别严重的，处 10 年以上有期徒刑或者无期徒刑，并处销售金额 50%以上 2 倍以下罚金或者没收财产。单位犯本罪的，对单位判处罚金，并对其直接负责的主管人员和其他直接责任人员，依照上述规定处罚。

七、生产、销售不符合安全标准的产品罪

生产、销售不符合安全标准的产品罪，是指违反国家产品质量管理法规，生产不符合保障人身、财产安全的国家标准、行业标准的电器、压力容器、易燃易爆产品或者其他不符合保障人身、财产安全的国家标准、行业标准的产品，或者销售明知是以上不符合保障人身、财产安全的国家标准、行业标准的产品，造成严重后果的行为。本罪的主体是一般主体，自然人和单位都可以成为本罪的主体。本罪的主观方面是故意。本罪的客观方面表

现为违反国家产品质量管理法规，生产不符合保障人身、财产安全的国家标准、行业标准的电器、压力容器、易燃易爆产品或者其他不符合保障人身、财产安全的国家标准、行业标准的产品，或者销售明知是以上不符合保障人身、财产安全的国家标准、行业标准的产品，造成严重后果的行为。本罪侵犯的客体为复杂客体，既包括不特定的消费者的人身、财产安全和国家对产品质量的管理制度，也包括社会主义的市场经济秩序。

根据《刑法》第146条和第150条的规定，犯本罪的，处5年以下有期徒刑，并处销售金额50%以上2倍以下罚金；后果特别严重的，处5年以上有期徒刑，并处销售金额50%以上2倍以下罚金。单位犯本罪的，对单位判处罚金，并对其直接负责的主管人员和其他直接责任人员，依照上述规定处罚。

八、生产、销售伪劣农药、兽药、化肥、种子罪

生产、销售伪劣农药、兽药、化肥、种子罪，是指违反国家质量管理法规，生产假农药、假兽药、假化肥，销售明知是假的或者失去使用效能的农药、兽药、化肥、种子，或者生产者、销售者以不合格的农药、兽药、化肥、种子冒充合格的农药、兽药、化肥、种子，使生产遭受较大损失的行为。(1) 本罪的主体为一般主体，自然人和单位都可以成为本罪的主体。(2) 本罪的主观方面只能是故意。(3) 本罪的客观方面表现为违反国家质量管理法规，生产假农药、假兽药、假化肥，销售明知是假的或者失去使用效能的农药、兽药、化肥、种子，或者生产者、销售者以不合格的农药、兽药、化肥、种子冒充合格的农药、兽药、化肥、种子，使生产遭受较大损失的行为。根据相关司法解释，“使生产遭受较大损失”，一般以2万元为起点；“重大损失”，一般以10万元为起点；“特别重大损失”，一般以50万元为起点。(4) 本罪侵犯的客体为国家对农用生产资料市场的管理秩序和广大农民的合法利益。

根据《刑法》第147条和第150条的规定，犯本罪的，处3年以下有期徒刑或者拘役，并处或者单处销售金额50%以上2倍以下罚金；使生产遭受重大损失的，处3年以上7年以下有期徒刑，并处销售金额50%以上2倍以下罚金；使生产遭受特别重大损失的，处7年以上有期徒刑或者无期徒刑，并处销售金额50%以上2倍以下罚金或者没收财产。单位犯本罪的，对单位判处罚金，并对其直接负责的主管人员和其他直接责任人员，依照上述规定处罚。

九、生产、销售不符合卫生标准的化妆品罪

生产、销售不符合卫生标准的化妆品罪，是指违反国家质量管理法规，生产不符合卫生标准的化妆品，或者销售明知是不符合卫生标准的化妆品，造成严重后果的行为。本罪的主体是一般主体，自然人和单位都可以构成本罪的主体。本罪的主观方面必须是出于故意。本罪在客观方面表现为违反国家质量管理法规，生产不符合卫生标准的化妆品，或者销售明知是不符合卫生标准的化妆品，并且造成严重后果的行为。本罪侵犯的客体是国家对化妆品的生产和销售的管理制度和广大消费者的合法权益。

根据《刑法》第148条和第150条的规定，犯本罪的，处3年以下有期徒刑或者拘役，并处或者单处销售金额50%以上2倍以下罚金。单位犯本罪的，对单位判处罚金，并对其直接负责的主管人员和其他直接责任人员，依照上述规定处罚。

第三节　走私罪

一、走私武器、弹药罪

走私武器、弹药罪，是指违反海关法规，逃避海关监管，运输、携带、邮寄武器、弹药进出国（边）境的行为。(1) 本罪的主体为一般主体，自然人和单位都可以成为本罪的主体。(2) 本罪的主观方面必须是故意。(3) 本罪的客观方面表现为违反海关法规，逃避海关监管，运输、携带、邮寄武器、弹药进出国（边）境的行为。其中的“违反海关法规”是指违反《中华人民共和国海关法》及其他关于海关监管的法规，运输、携带或者邮寄货物、物品进出境。“逃避海关监管”是指在不设海关的边境线上非法运输货物、物品进出境，或者虽然经过海关，但以藏匿、伪装、假报过境货物、物品等手段，欺骗海关检查人员，偷运、偷带或者偷寄货物、物品过关的行为。“武器、弹药”是指《中华人民共和国海关进口税则》与《中华人民共和国禁止进出境物品表》中所确定的相关武器及弹药。本罪的走私行为主要表现为以下几种形式：未经国务院或国务院授权的部门批准，不经过设立海关的地点，非法运输、携带武器、弹药进出国（边）境；虽然通过设立海关的地点进出国（边）境，但采取隐匿、伪装、假报等欺骗手段，逃避海关监管、检查，非法盗运、偷带或者非法邮寄武器、弹药；直接向走私者非法收购武器、弹药；在内海、领海、界河、界湖运输、收购、贩卖武器、弹药；与走私武器、弹药的罪犯通谋，为其提供贷款、资金、账号、发票、证明，或者为其提供运输、保管、邮寄或者其他方便。(4) 本罪侵犯的客体为国家对武器、弹药限制、禁止进出口的制度。

根据《刑法》第 151 条第 1 款、第 4 款的规定，犯本罪的，处 7 年以上有期徒刑，并处罚金或者没收财产；情节特别严重的，处无期徒刑，并处没收财产；情节较轻的，处 3 年以上 7 年以下有期徒刑，并处罚金。单位犯本罪的，对单位判处罚金，并对其直接负责的主管人员和其他直接责任人员，依照上述规定处罚。

二、走私核材料罪

走私核材料罪，是指违反海关法规，逃避海关监管，运输、携带、邮寄核材料的行为。其中的“核材料”是核燃料、核燃料产物和核聚变材料的通称。

根据《刑法》第 151 条第 1 款、第 4 款的规定，犯本罪的，处 7 年以上有期徒刑，并处罚金或者没收财产；情节特别严重的，处无期徒刑，并处没收财产；情节较轻的，处 3 年以上 7 年以下有期徒刑，并处罚金。单位犯本罪的，对单位判处罚金，并对其直接负责的主管人员和其他直接责任人员，依照上述规定处罚。

三、走私假币罪

走私假币罪，是指违反海关法规，逃避海关监管，运输、携带、邮寄假币的行为。所谓假币，是指仿照真货币的图案、形状、面额、颜色和质地制造的假货币，包括伪造的可在国内市场流通或兑换的人民币、境外货币。走私变造的货币的行为，不成立本罪。

根据《刑法》第 151 条第 1 款、第 4 款的规定，犯本罪的，处 7 年以上有期徒刑，并处罚金或者没收财产；情节特别严重的，处无期徒刑，并处没收财产；情节较轻的，处 3

年以上7年以下有期徒刑，并处罚金。单位犯本罪的，对单位判处罚金，并对其直接负责的主管人员和其他直接责任人员，依照上述规定处罚。

四、走私文物罪

走私文物罪，是指违反海关法规，逃避海关监管，运输、携带、邮寄国家禁止出口的文物出境的行为。（1）本罪的主体是一般主体，自然人和单位都可以构成本罪的主体。（2）本罪的主观方面必须出于故意，过失不能构成本罪。因不知海关关于禁止出口的文物的规定，或者不知所运输、携带、邮寄的货物、物品是禁止出境的文物，而运输、携带、邮寄文物出境的，也不构成本罪。（3）本罪在客观方面表现为违反海关法规，逃避海关监管，非法运输、携带、邮寄国家禁止出口的文物出境的行为。如果将文物从境外走私至境内，只能成立走私普通货物、物品罪。（4）本罪侵犯的客体为国家对文物的出入境管理制度。

根据《刑法》第151条第2款、第4款的规定，犯本罪的，处5年以上10年以下有期徒刑，并处罚金；情节特别严重的，处10年以上有期徒刑或者无期徒刑，并处没收财产；情节较轻的，处5年以下有期徒刑，并处罚金。单位犯本罪的，对单位判处罚金，并对其直接负责的主管人员和其他直接责任人员，依照上述规定处罚。

【案例23-2】 **鹏某走私文物案**

2012年2月，香港人鹏某来内地联系业务。2月23日、26日，鹏某先后两次在某酒店内向私人收购国家禁止出境的文物14件，其中包括三级文物两件。5月12日，鹏某将上述文物藏匿在行李箱中，欲乘厦门至香港的班机出境。鹏某在机场办理出境手续时，未向海关申报，但在机场出境通道处被海关人员查获。

本案中，鹏某未向海关申报而意图违反海关法规、逃避海关监管的行为，即为走私行为。由于走私的对象是文物，因而应当认定鹏某的行为已构成走私文物罪。此外，应当注意的是，如果行为人是从境外非法携带文物进境，如鹏某将相关文物从境外秘密携带进境的，则应认定为走私普通货物、物品罪。

五、走私贵重金属罪

走私贵重金属罪，是指违反海关法规，逃避海关监管，非法运输、携带、邮寄国家禁止出口的黄金、白银和其他贵重金属出境的行为。所谓国家禁止出口的贵重金属，是指具有高价值性和稀有性的金属，一般是指金、银以及与金、银同等重要的、国家禁止出口的其他重要金属。本罪只限于将贵重金属从境内走私至境外的行为。如果将贵重金属从境外走私至境内，只能成立走私普通货物、物品罪。

根据《刑法》第151条第2款、第4款的规定，犯本罪的，处5年以上10年以下有期徒刑，并处罚金；情节特别严重的，处10年以上有期徒刑或者无期徒刑，并处没收财产；情节较轻的，处5年以下有期徒刑，并处罚金。单位犯本罪的，对单位判处罚金，并对其直接负责的主管人员和其他直接责任人员，依照上述规定处罚。

六、走私珍贵动物、珍贵动物制品罪

走私珍贵动物、珍贵动物制品罪，是指违反海关法规，逃避海关监管，非法运输、携带、邮寄国家禁止进出口的珍贵动物及其制品的行为。其中的“珍贵动物”，是指列入《国家重点保护野生动物名录》中的国家一、二级保护野生动物和列入《濒危野生动植物种国际贸易公约》附录一、附录二中的野生动物以及驯养繁殖的上述物种。“珍贵动物制品”，是指列入国家重点保护野生动物的皮、毛、骨等制成品。

根据《刑法》第151条第2款、第4款的规定，犯本罪的，处5年以上10年以下有期徒刑，并处罚金；情节特别严重的，处10年以上有期徒刑或者无期徒刑，并处没收财产；情节较轻的，处5年以下有期徒刑，并处罚金。单位犯本罪的，对单位判处罚金，并对其直接负责的主管人员和其他直接责任人员，依照上述规定处罚。

七、走私国家禁止进出口的货物、物品罪

走私国家禁止进出口的货物、物品罪，是指违反海关法规，逃避海关监管，非法运输、携带、邮寄珍稀植物及其制品等国家禁止进出口的其他货物、物品进出国（边）境的行为。所谓珍稀植物，是指国家重点保护的原生地天然生长的珍贵植物和原生地天然生长并具有重要经济、科学研究、文化价值的濒危、稀有植物。

根据《刑法》第151条第3款、第4款的规定，犯本罪的，处5年以下有期徒刑或者拘役，并处或者单处罚金；情节严重的，处5年以上有期徒刑，并处罚金。单位犯本罪的，对单位判处罚金，并对其直接负责的主管人员和其他直接责任人员，依照上述规定处罚。

八、走私淫秽物品罪

走私淫秽物品罪，是指以牟利或者传播为目的，违反海关法规，逃避海关监管，非法运输、携带或者邮寄淫秽的影片、录像带、录音带、图片、书刊、电子出版物或者其他淫秽物品进出国（边）境的行为。(1) 本罪的主体为一般主体，自然人和单位都可以构成本罪的主体。(2) 本罪的主观方面必须出于故意，并且具有牟利或者传播的目的。(3) 本罪在客观方面表现为违反海关法规，逃避海关监管，非法运输、携带或者邮寄淫秽的影片、录像带、录音带、图片、书刊、电子出版物或者其他淫秽物品进出国（边）境的行为。走私非淫秽的影片、录像带、录音带、图片、书刊、电子出版物等物品的，按走私普通货物、物品罪定罪处罚。(4) 本罪侵犯的客体为国家对淫秽物品的出入境管理制度。

根据《刑法》第152条第1款、第3款的规定，犯本罪的，处3年以上10年以下有期徒刑，并处罚金；情节严重的，处10年以上有期徒刑或者无期徒刑，并处罚金或者没收财产；情节较轻的，处3年以下有期徒刑、拘役或者管制，并处罚金。单位犯本罪的，对单位判处罚金，并对其直接负责的主管人员和其他直接责任人员，依照上述规定处罚。

九、走私废物罪

走私废物罪，是指违反海关法规，逃避海关监管，将境外的固体废物、液态废物和气态废物运输进境，情节严重的行为。本罪的客观方面表现仅限于将废物运输进境的行为，因此，将废物运输出境的，不成立本罪。

根据《刑法》第152条和第157条的规定，犯本罪的，处5年以下有期徒刑，并处或者单处罚金；情节特别严重的，处5年以上有期徒刑，并处罚金。单位犯本罪的，对单位判处罚金，并对其直接负责的主管人员和其他直接责任人员，依照上述规定处罚。以暴力、威胁方法抗拒缉私的，实行数罪并罚。

十、走私普通货物、物品罪

(一) 走私普通货物、物品罪的概念和特征

走私普通货物、物品罪，是指违反海关法规，逃避海关监管，运输、携带或者邮寄国家禁止进出口的物品以外的普通货物、物品进出国（边）境，偷逃应缴税额较大或者一年内曾因走私被给予两次行政处罚后又走私的行为。

本罪的主体是一般主体，自然人和单位都可以成为本罪的主体。

本罪的主观方面必须出于故意，一般具有偷逃关税的目的。

本罪在客观方面表现为违反海关法规，逃避海关监管，非法运输、携带或者邮寄国家禁止进出口的物品以外的普通货物、物品进出国（边）境，偷逃应缴税额5万元以上的行为。其中的“应缴税额”是指进出口货物、物品应当缴纳的进出口关税和进口环节海关代征税的税额。走私货物、物品所偷逃的应缴税额，应当以走私行为案发时所适用的税则、税率、汇率和海关审定的完税价格计算，并以海关出具的证明为准。本罪的走私对象为除前九种走私犯罪以及毒品以外的货物、物品。本罪的走私行为包括以下方式：(1) 未经国务院或国务院授权的部门批准，不经过设立海关的地点，非法运输、携带国家禁止或限制进出口的货物、物品或者依法应当缴纳关税的货物、物品进出国（边）境的。(2) 虽然通过设立海关的地点进出国（边）境，但采取隐匿、伪装、假报等欺骗手段，逃避海关监管、检查，非法盗运、偷带或者非法邮寄国家禁止或限制进出口的货物、物品或者依法应当缴纳关税的货物、物品的。(3) 未经国务院批准或者海关许可并补缴关税，擅自将批准进口的来料加工、来件装配、补偿贸易的原材料、零部件、制成品、设备等保税货物或者海关监管的其他货物、进境的海外运输工具等，非法在境内销售牟利的。其中的“保税货物”是指经海关批准，未办理纳税手续进境，在境内储存、加工、装配后复运出境的货物。保税货物包括通过加工贸易、补偿贸易等方式进口的货物，以及在保税仓库、保税工厂、保税区或者免税商店内储存、加工、寄售的货物。(4) 假借捐赠名义进口货物、物品，或者未经海关许可并补缴关税，擅自将减税、免税进口捐赠货物、物品或者其他特定减税、免税进口用于特定企业、特定地区、特定用途的货物、物品，非法在境内销售牟利的。(5) 直接向走私人非法收购国家禁止进口物品的，或者直接向走私人非法收购走私进口的其他货物、物品，数额较大的。“直接向走私人非法收购走私进口的其他货物、物品”，是指明知是走私行为人而向其非法收购走私进口的其他货物、物品。(6) 在内海、领海、界河、界湖运输、收购、贩卖国家禁止进出口物品的，或者运输、收购、贩卖国家限制进出口货物、物品，数额较大，没有合法证明的。“内海”包括内河的入海口水域。(7) 与走私罪犯通谋，为其提供贷款、资金、账号、发票、证明，或者为其提供运输、保管、邮寄或者其他方便的。

本罪侵犯的客体是国家的对外贸易管制和对普通货物、物品进出口征收关税的制度。

(二) 走私普通货物、物品罪的刑事责任

根据《刑法》第153条的规定，犯本罪的，根据情节轻重，分别依照下列规定处罚：(1) 走私货物、物品偷逃应缴税额较大或者一年内曾因走私被给予两次行政处罚后又走私的，处3年以下有期徒刑或者拘役，并处偷逃应缴税额1倍以上5倍以下罚金。(2) 走私货物、物品偷逃应缴税额巨大或者有其他严重情节的，处3年以上10年以下有期徒刑，并处偷逃应缴税额1倍以上5倍以下罚金；(3) 走私货物、物品偷逃应缴税额特别巨大或者

有其他特别严重情节的，处10年以上有期徒刑或者无期徒刑，并处偷逃应缴税额1倍以上5倍以下罚金或者没收财产。单位犯本罪的，对单位判处罚金，并对其直接负责的主管人员和其他直接责任人员，处3年以下有期徒刑或者拘役；情节严重的，处3年以上10年以下有期徒刑；情节特别严重的，处10年以上有期徒刑。对多次走私未经处理的，按照累计走私货物、物品的偷逃应缴税额处罚。“未经处理”，是指未经行政处罚处理。

第四节 妨害对公司、企业的管理秩序罪

一、虚报注册资本罪

虚报注册资本罪，是指申请公司登记使用虚假证明文件或者采取其他欺诈手段虚报注册资本，欺骗公司登记主管部门，取得公司登记，虚报注册资本数额巨大、后果严重或者有其他严重情节的行为。(1) 本罪的主体是特殊主体，即必须是申请公司登记的自然人或单位。(2) 本罪的主观方面只能由故意构成。(3) 本罪的客观方面表现为申请公司登记时使用虚假证明文件或者采取其他欺诈手段虚报注册资本，欺骗公司登记主管部门，取得公司登记，虚报注册资本数额巨大、后果严重或者有其他严重情节的行为。“虚报注册资本”是指公司股东的实际出资额低于申请公司登记的法定最低出资额而谎称的部分。“虚假证明文件”是指申请公司登记时所提供的证明文件所含内容的全部或部分虚假。“其他欺诈手段”是指除虚假证明文件之外的其他骗取公司登记的方法。(4) 本罪侵犯的客体为国家对公司的登记管理制度。

根据《刑法》第158条的规定，犯本罪的，处3年以下有期徒刑或者拘役，并处或者单处虚报注册资本金额1%以上5%以下罚金。单位犯本罪的，对单位判处罚金，并对其直接负责的主管人员和其他直接责任人员，处3年以下有期徒刑或者拘役。

二、虚假出资、抽逃出资罪

虚假出资、抽逃出资罪，是指公司发起人、股东违反公司法的规定未交付货币、实物或者未转移产权，虚假出资，或者在公司成立后又抽逃其出资，数额巨大、后果严重或者有其他严重情节的行为。(1) 本罪的主体为特殊主体，即公司发起人和股东，包括自然人和单位。(2) 本罪的主观方面只能是故意，过失不能构成本罪。(3) 本罪的客观方面表现为违反公司法的规定未交付货币、实物或者未转移产权，虚假出资，或者在公司成立后又抽逃其出资，数额巨大、后果严重或者有其他严重情节的行为。(4) 本罪侵犯的客体是国家对公司登记的管理制度。

根据《刑法》第159条的规定，犯本罪的，处5年以下有期徒刑或者拘役，并处或者单处虚假出资金额或者抽逃出资金额2%以上10%以下罚金。单位犯本罪的，对单位判处罚金，并对其直接负责的主管人员和其他直接责任人员，处5年以下有期徒刑或者拘役。

三、欺诈发行股票、债券罪

欺诈发行股票、债券罪，是指在招股说明书、认股书、公司、企业债券募集办法中隐瞒重要事实或者编造重大虚假内容，发行股票或者公司、企业债券，数额巨大、后果严重或者有其他严重情节的行为。(1) 本罪的主体是特殊主体，即必须是法律允许发行股票或

者公司、企业债券的单位和自然人。（2）本罪的主观方面只能是故意，且一般出于募集资金的目的。（3）本罪的客观方面表现为在招股说明书、认股书、公司、企业债券募集办法中隐瞒重要事实或者编造重大虚假内容，发行股票或者公司、企业债券，数额巨大、后果严重或者有其他严重情节的行为。“非法募集资金金额”是指通过欺诈方法发行股票或者公司、企业债券所募集的资金数额。（4）本罪侵犯的客体是公司股票或者公司、企业债券的发行制度，以及投资者的合法权益。

根据《刑法》第160条的规定，犯本罪的，处5年以下有期徒刑或者拘役，并处或者单处非法募集资金金额1%以上5%以下罚金。单位犯本罪的，对单位判处罚金，并对其直接负责的主管人员和其他直接责任人员，处5年以下有期徒刑或者拘役。

四、违规披露、不披露重要信息罪

违规披露、不披露重要信息罪，是指依法负有信息披露义务的公司、企业向股东和社会公众提供虚假的或者隐瞒重要事实的财务会计报告，或者对依法应当披露的其他重要信息不按照规定披露，严重损害股东或者其他人利益的行为。（1）本罪的主体是特殊主体，即必须是公司及其直接负责的主管人员和其他直接责任人员。（2）本罪的主观方面只能是故意。（3）本罪的客观方面表现为向股东和社会公众提供虚假的或者隐瞒重要事实的财务会计报告，严重损害股东或者其他人利益，或者有其他严重情节的行为。“财务会计报告”包括资产负债表、损益表、财务状况变动表、财务情况说明书、利润分配表等。（4）本罪侵犯的客体是公司股票或者公司、企业债券的发行制度和投资者的合法权益。

根据《刑法》第161条的规定，犯本罪的，实行单罚制，即对公司直接负责的主管人员和其他直接责任人员，处3年以下有期徒刑或者拘役，并处或者单处2万元以上20万元以下罚金。

五、妨害清算罪

妨害清算罪，是指公司、企业在进行清算时，隐匿财产，对资产负债表或者财产清单作虚伪记载，或者在未清偿债务前分配公司、企业财产，严重损害债权人或者其他人利益的行为。本罪的主体是特殊主体，即必须是进行清算的公司、企业及其直接负责的主管人员和其他直接责任人员。本罪的主观方面必须是故意。本罪的客观方面表现为在公司、企业进行清算时，隐匿财产，对资产负债表或者财产清单作虚伪记载或者在未清偿债务前分配公司、企业财产，严重损害债权人或者其他人利益的行为。本罪侵犯的客体是公司、企业的清算制度以及公司、企业的债权人或者其他人的利益。

根据《刑法》第162条的规定，犯本罪的，对直接负责的主管人员和其他直接责任人员，处5年以下有期徒刑或者拘役，并处或者单处2万元以上20万元以下罚金。

六、隐匿、故意销毁会计凭证、会计账簿、财务会计报告罪

隐匿、故意销毁会计凭证、会计账簿、财务会计报告罪，是指隐匿或者故意销毁依法应当保存的会计凭证、会计账簿、财务会计报告，情节严重的行为。（1）本罪的主体是特殊主体，即有义务保存会计凭证、会计账簿、财务会计报告的自然人和单位。（2）本罪的主观方面是故意。（3）本罪的客观方面表现为隐匿或者故意销毁依法应当保存的会计凭证、会计账簿、财务会计报告，情节严重的行为。其中“隐匿”是指妨害他人依法发现会

计凭证、会计账簿、财务会计报告而将上述犯罪对象予以隐藏的行为；“销毁”是指破坏会计凭证、会计账簿、财务会计报告的应有效用的行为。(4) 本罪侵犯的客体为国家的财务会计制度。

根据《刑法》第 162 条之一的规定，犯本罪的，处 5 年以下有期徒刑或者拘役，并处或者单处 2 万元以上 20 万元以下罚金。单位犯本罪的，对单位判处罚金，并对其直接负责的主管人员和其他直接责任人员依照上述规定处罚。

七、虚假破产罪

虚假破产罪，是指公司、企业通过隐匿财产、承担虚构的债务或者其他方法转移、处分财产，实施虚假破产，严重损害债权人或者其他人利益的行为。本罪的主体是单位。本罪的主观方面是故意。本罪的客观方面表现为通过隐匿财产、承担虚构的债务或者其他方法转移、处分财产，实施虚假破产，严重损害债权人或者其他人利益的行为。本罪侵犯的客体是国家对破产公司、企业和监督和管理制度。

根据《刑法》第 162 条之二的规定，犯本罪的，对单位直接负责的主管人员和其他直接责任人员，处 5 年以下有期徒刑或者拘役，并处或者单处 2 万元以上 20 万元以下罚金。

八、非国家工作人员受贿罪

(一) 非国家工作人员受贿罪的概念和特征

非国家工作人员受贿罪，是指公司、企业或其他单位的工作人员利用职务上的便利，索取他人财物或者非法收受他人财物，为他人谋取利益，数额较大的行为。

本罪的主体为特殊主体，即必须是公司、企业或其他单位的工作人员，但不包括国有公司、企业或其他国有单位中从事公务的人员和国有公司、企业或其他国有单位委派到非国有公司、企业或其他单位从事公务的人员。根据《刑法》第 184 条的规定，银行或者其他金融机构的工作人员（国有金融机构工作人员和国有金融机构委派到非国有金融机构从事公务的人员除外），在金融业务活动中索取他人财物或者非法收受他人财物，为他人谋取利益的，或者违反国家规定，收受各种名义的回扣、手续费，归个人所有的，以非国家工作人员受贿罪论处。

本罪的主观方面只能是故意，并且一般具有为他人谋取利益的目的。

本罪在客观方面表现为利用职务上的便利，索取他人财物或者非法收受他人财物，为他人谋取利益，数额较大的行为。其中“利用职务上的便利”是指利用本人职务范围内的权力和地位所形成的便利条件，即主管、直接经手、管理财物的职权之便。如果行为人利用的不是其职务上的便利，而是利用因工作关系所提供的便利条件而对作案环境比较熟悉、易于接近作案目标或对象等，不能构成本罪。“索取他人财物”是指利用职务上的便利，乘为请托人办事之机，以公开或者暗示的方式，主动向请托人索要财物。“收受他人财物”是指利用职务上的便利，乘为请托人办事之机，接受他人主动送予的财物。为他人谋取利益，既包括谋取合法利益，也包括谋取非法利益。只要行为人承诺、着手或者完成了为他人谋利的行为，不论是否已经实际为他人谋取了利益，均可认定为具备为他人谋取利益的要件。“违反国家规定”是指违反全国人民代表大会及其常委会制定的法律和决定，国务院制定的行政法规、规定的行政措施、发布的决定和命令，不包括单纯违反地方性规定的行为。另外，无论是索取他人财物还是非法收受他人财物，都要求具备为他人谋取利益这一要件。

本罪侵犯的客体为公司、企业或其他单位的正常业务活动和公司、企业或其他单位工作人员业务活动的廉洁性。

（二）非国家工作人员受贿罪的刑事责任

根据《刑法》第163条的规定，犯本罪，数额较大的，处5年以下有期徒刑或者拘役；数额巨大的，处5年以上有期徒刑，可以并处没收财产。其中“数额较大”是指受贿数额在5 000元至2万元以上，“数额巨大”是指受贿数额在10万元以上。

九、对非国家工作人员行贿罪

对非国家工作人员行贿罪，是指为谋取不正当利益，给予公司、企业或其他单位的工作人员以财物，数额较大的行为。（1）本罪的主体是一般主体，自然人和单位都可以成为本罪的主体。（2）本罪的主观方面必须是出于故意，且应当具有让公司、企业或其他单位的工作人员利用职务上的便利为自己谋取不正当利益的目的。（3）本罪的客观方面表现为为谋取不正当利益，给予公司、企业或其他单位的工作人员以财物，数额较大的行为。其中的“谋取不正当利益”是指谋取依靠正当途径不能得到的违法性利益。而利益是否违法，应当进行具体的非抽象性判断。至于实际上是否获取了不正当利益，不影响本罪的成立。因被勒索而给予非国家工作人员以财物，没有获得不正当利益的，不宜认定为本罪。（4）本罪侵犯的客体是公司、企业或其他单位的正常业务活动和非国家工作人员或其他单位人员业务活动的廉洁性。

【案例23-3】 **赵某对公司人员行贿案**

被告人赵某原系某有限责任公司经理。赵某在获知某私营商场正准备大规模装修后，为了承包到该装修工程，向该商场主管副经理李某送去价值6 000元的金表及现金8万元。作为回报，李某将该商场装修项目承包给赵某所在的公司。后由于他人举报，李某被公安机关拘留。

本案中，赵某是为了其所在的有限责任公司的不正当利益而向李某行贿，因而属于单位犯罪；而李某的身份是某私营商场副经理，不具备国家工作人员身份，所以，赵某所在的公司构成对非国家工作人员行贿罪，作为直接负责人的赵某，也应当承担相应的刑事责任，根据刑法的相关规定予以处罚。

根据《刑法》第164条的规定，犯本罪的，处3年以下有期徒刑或者拘役，并处罚金；数额巨大的，处3年以上10年以下有期徒刑，并处罚金。单位犯本罪的，对单位判处罚金，并对其直接负责的主管人员和其他直接责任人员，依照上述规定处罚。行贿人在被追诉前主动交代行贿行为的，可以减轻处罚或者免除处罚。

十、对外国公职人员、国际公共组织官员行贿罪

对外国公职人员、国际公共组织官员行贿罪，是指为谋取不正当商业利益，给予外国公职人员、国际公共组织官员以财物的行为。（1）本罪的主体为一般主体，既包括自然人，也包括单位。（2）本罪的主观方面表现为故意，并具有谋取不正当商业利益的目的。（3）本罪的客观方面表现为给予外国公职人员、国际公共组织官员以财物的行为。“外国公职人

员”是指外国无论是经任命还是经选举而担任立法、行政或者司法职务的任何人员，以及为外国包括公共机构或者公营企业行使公共职能的任何人。值得注意的是，外国不仅限于国家，包括从国家到地方的各级政府及其各下属部门，有时也包括任何有组织的外国地区或实体。国际公共组织是指具有公共职能或者提供公共服务的政府间组织和非政府间组织。国际公共组织官员是指国际公务员或者经此种组织授权代表该组织行事的任何人员，包括受国际组织聘用的国际公务员和虽未受国际组织聘用但受国际组织授权代表该组织行事的人员。(4) 本罪侵犯的客体是我国参加的《联合国反腐败公约》的国际义务。

根据《刑法》第164条第2款、第3款的规定，犯本罪的，处3年以下有期徒刑或者拘役；数额巨大的，处3年以上10年以下有期徒刑，并处罚金。单位犯本罪的，对单位判处罚金，并对其直接负责的主管人员和其他直接责任人员，依照上述规定处罚。

十一、非法经营同类营业罪

非法经营同类营业罪，是指国有公司、企业的董事、经理利用职务便利，自己经营或者为他人经营与其所任职公司、企业同类的营业，获取非法利益，数额巨大的行为。(1) 本罪的主体是特殊主体，即必须是国有公司、企业的董事、经理。(2) 本罪的主观方面必须出于故意，且一般应当具有获取非法利益的目的。(3) 本罪的客观方面表现为利用职务便利，自己经营或者为他人经营与其所任职公司、企业同类的营业，获取非法利益，数额巨大的行为。“同类营业”是指经营范围属于同一类的营业，即其所在单位注册登记的经营范围与其所经营或兼营单位的实际经营范围重合或交叉。(4) 本罪侵犯的客体是国有公司、企业的利益。

根据《刑法》第165条的规定，犯本罪的，处3年以下有期徒刑或者拘役，并处或者单处罚金；数额特别巨大的，处3年以上7年以下有期徒刑，并处罚金。

十二、为亲友非法牟利罪

为亲友非法牟利罪，是指国有公司、企业、事业单位的工作人员，利用职务便利，将本单位的盈利业务交由自己的亲友进行经营，以明显高于市场的价格向自己的亲友经营管理的单位采购商品或者以明显低于市场的价格向自己的亲友经营管理的单位销售商品，或者向自己的亲友经营管理的单位采购不合格商品，使国家利益遭受重大损失的行为。本罪的主体是特殊主体，即必须是国有公司、企业、事业单位的工作人员。本罪的主观方面必须出于故意。本罪的客观方面表现为实施了刑法所规定的上述三种行为之一，并且使国家利益遭受重大损失的行为。本罪侵犯的客体是国有公司、企业、事业单位的合法利益。

根据《刑法》第166条的规定，犯本罪的，处3年以下有期徒刑或者拘役，并处或者单处罚金；致使国家利益遭受特别重大损失的，处3年以上7年以下有期徒刑，并处罚金。

十三、签订、履行合同失职被骗罪

签订、履行合同失职被骗罪，是指国有公司、企业、事业单位直接负责的主管人员在签订、履行合同过程中，因严重不负责任被诈骗，致使国家利益遭受重大损失的行为。本罪的主体是特殊主体，即国有公司、企业、事业单位直接负责的主管人员。本罪的主观方面必须出于过失。本罪的客观方面表现为在签订、履行合同过程中，因严重不负责任被诈骗，致使国家利益遭受重大损失的行为。本罪侵犯的客体是国有公司、企业、事业单位的合法利益。

在对本罪进行认定时，应注意以下几个问题：(1) 并非在签订、履行合同过程中严重不负责任的一切行为，都成立本罪。因严重不负责任而不能履行合同，致使国家利益遭受重大损失的，不成立本罪。(2) 金融机构、从事对外贸易经营活动的公司、企业的工作人员严重不负责任，造成大量外汇被骗购或者逃汇，致使国家利益遭受重大损失的，应认定为本罪。(3) 本罪与国家机关工作人员签订、履行合同失职被骗罪的界限。两种犯罪在行为方式上的表现完全相同，区别在于：前者的主体是国有公司、企业、事业单位直接负责的主管人员，后者的主体是国家机关工作人员；前者侵犯的客体是国有公司、企业、事业单位的合法利益，而后者侵犯的客体是国家机关的合法利益。

根据《刑法》第167条的规定，犯本罪的，处3年以下有期徒刑或者拘役；致使国家利益遭受特别重大损失的，处3年以上7年以下有期徒刑。

十四、国有公司、企业、事业单位人员失职罪

国有公司、企业、事业单位人员失职罪，是指国有公司、企业、事业单位的工作人员，由于严重不负责任，造成国有公司、企业、事业单位破产或者严重损失，致使国家利益遭受重大损失的行为。本罪的主体是特殊主体，即国有公司、企业、事业单位的工作人员。本罪的主观方面必须是过失。本罪的客观方面表现为由于严重不负责任，造成国有公司、企业、事业单位破产或者严重损失，致使国家利益遭受重大损失的行为。本罪侵犯的客体是国有公司、企业、事业单位的管理秩序和经济利益。

根据《刑法》第168条的规定，犯本罪的，处3年以下有期徒刑或者拘役；致使国家利益遭受特别重大损失的，处3年以上7年以下有期徒刑。国有公司、企业、事业单位的工作人员，徇私舞弊，造成国有公司、企业、事业单位破产或者严重损失，致使国家利益遭受重大损失的，从重处罚。

十五、国有公司、企业、事业单位人员滥用职权罪

国有公司、企业、事业单位人员滥用职权罪，是指国有公司、企业、事业单位的工作人员滥用职权，造成国有公司、企业、事业单位破产或者严重损失，致使国家利益遭受重大损失的行为。本罪的主体是特殊主体，即国有公司、企业、事业单位的工作人员。本罪的主观方面必须是故意。[①] 本罪的客观方面表现为由于滥用职权，造成国有公司、企业、事业单位破产或者严重损失，致使国家利益遭受重大损失的行为。本罪侵犯的客体是国有公司、企业、事业单位的管理秩序和经济利益。

根据《刑法》第168条的规定，犯本罪的，处3年以下有期徒刑或者拘役；致使国家利益遭受特别重大损失的，处3年以上7年以下有期徒刑。国有公司、企业、事业单位的工作人员，徇私舞弊，造成国有公司、企业、事业单位破产或者严重损失，致使国家利益遭受重大损失的，从重处罚。

---

① 关于滥用职权罪主观方面的构成，理论界存在故意说、过失说以及故意与过失混合说。本书认为，就滥用职权罪的立法意旨而言，其所要规范的是行为人滥用职权的行为本身，而这一行为的实施，只能是基于故意而非过失，因此，应当认为本罪在主观方面只能表现为故意，而非单纯的过失或故意与过失的混合。

十六、徇私舞弊低价折股、出售国有资产罪

徇私舞弊低价折股、出售国有资产罪，是指国有公司、企业或者其上级主管部门直接负责的主管人员，徇私舞弊，将国有资产低价折股或者低价出售，致使国家利益遭受重大损失的行为。本罪的主体是特殊主体，即必须是国有公司、企业或者其上级主管部门直接负责的主管人员。本罪的主观方面必须是故意。本罪的客观方面表现为徇私舞弊，将国有资产低价折股或者低价出售，致使国家利益遭受重大损失的行为。本罪侵犯的客体是国家对国有资产的所有权和管理制度。

根据《刑法》第169条的规定，犯本罪的，处3年以下有期徒刑或者拘役；致使国家利益遭受特别重大损失的，处3年以上7年以下有期徒刑。

十七、背信损害上市公司利益罪

背信损害上市公司利益罪，是指上市公司的董事、监事、高级管理人员违背对公司的忠实义务，利用职务便利，操纵上市公司无偿向其他单位或者个人提供资金、商品、服务或者其他资产；以明显不公平的条件，提供或者接受资金、商品、服务或者其他资金；向明显不具有清偿能力的单位或者个人提供资金、商品、服务或者其他资产；为明显不具有清偿能力的单位或者个人提供担保，或者无正当理由为其他单位或者个人提供担保；无正当理由放弃债权、承担债务以及以其他方式损害上市公司利益，致使上市公司遭受重大损失的行为。本罪的主体是特殊主体，即上市公司的董事、监事、高级管理人员。本罪的主观方面是故意。本罪的客观方面表现为违背对公司的忠实义务，利用职务便利，操纵上市公司以各种方式损害上市公司利益的行为。本罪侵犯的客体是国家对上市公司的管理制度。

根据《刑法》第169条之一的规定，犯本罪，致使上市公司利益遭受重大损失的，处3年以下有期徒刑或者拘役，并处或者单处罚金；致使上市公司遭受特别重大损失的，处3年以上7年以下有期徒刑，并处罚金。

上市公司的控股股东或者实际控制人，指使上市公司董事、监事、高级管理人员实施上述行为的，依照本罪处罚。犯本罪的控股股东或者实际控制人是单位的，对单位判处罚金，并对其直接负责的主管人员和其他直接责任人员，依照本罪处罚。

第五节　破坏金融管理秩序罪

一、伪造货币罪

伪造货币罪，是指违反国家货币管理法规，仿照货币的图案、形状、色彩、防伪技术等外部特征，非法制造假货币，冒充真货币的行为。（1）本罪的主体为一般主体。（2）本罪的主观方面只能由故意构成，是否出于谋取非法经济利益的目的，以及是否实际获取了非法经济利益，不影响本罪的构成。（3）本罪的客观方面表现为违反国家货币管理法规，仿照货币的图案、形状、色彩、防伪技术等外部特征，非法制造假货币，冒充真货币的行为。其中的“货币”是指可在国内市场流通或者兑换的人民币和境外货币。行为人以从画册上剪取的货币图案冒充真货币骗取他人钱财的，不构成本罪，应认定为诈骗罪。伪造并

不存在的货币面额冒充货币的，如行为人伪造并不存在的面额为30元的假币冒充人民币，由于并不存在与之相对应的真货币，我国刑法学界的通说一般认为此种伪造行为并不能构成本罪，而应以诈骗罪论处。（4）本罪侵犯的客体是国家的货币管理制度。

在对本罪进行认定时，应注意本罪与出售、购买、运输假币罪的界限。行为人伪造货币后又予以出售、持有、使用、运输的，应当认定为本罪而非数罪，其出售、持有、使用、运输的行为可作为本罪的量刑情节予以考虑。

根据《刑法》第170条的规定，犯本罪的，处3年以上10年以下有期徒刑，并处罚金；有下列情形之一的，处10年以上有期徒刑或者无期徒刑，并处罚金或者没收财产：（1）伪造货币集团的首要分子；（2）伪造货币数额特别巨大的；（3）有其他特别严重情节的。根据最高人民法院2000年9月8日发布的《关于审理伪造货币等案件具体应用法律若干问题的解释》，伪造货币的总面额在2 000元以上不满3万元或者币量在200张（枚）以上不足3 000张（枚）的，处3年以上10年以下有期徒刑，并处5万元以上50万元以下罚金；伪造货币的总面额在3万元以上的，属于“伪造货币数额特别巨大”。所谓“有其他特别严重情节”，一般是指有下列情形之一：暴力抗拒检查、拘留、逮捕，情节严重的；以机械印刷方法伪造货币的等。货币面额应当以人民币计算，其他币种以案发时国家外汇管理机关公布的外汇牌价折算成人民币。行为人制造货币版样或者与他人通谋，为他人伪造货币提供版样的，以伪造货币罪论处。

二、出售、购买、运输假币罪

出售、购买、运输假币罪，是指明知是伪造的货币而出售、购买或者运输，数额较大的行为。本罪的主体是一般主体。本罪的主观方面必须是故意，即明知是伪造的货币而故意出售、购买、运输。行为人不知道是假币而予以出售、购买、运输的，不能认定为本罪。本罪在客观方面表现为具有出售、购买、运输假币的行为之一。本罪属于选择性罪名，行为人同时实施上述两种或三种行为的，只能以本罪一罪论处，不实行数罪并罚。根据上述司法解释，“数额较大”是指总面额在4 000元以上不满5万元。本罪侵犯的客体是国家的货币管理制度。

根据《刑法》第171条第1款的规定，犯本罪的，处3年以下有期徒刑或者拘役，并处2万元以上20万元以下罚金；数额巨大的，处3年以上10年以下有期徒刑，并处5万元以上50万元以下罚金；数额特别巨大的，处10年以上有期徒刑或者无期徒刑，并处5万元以上50万元以下罚金或者没收财产。其中的“数额巨大”，是指总面额在5万元以上不满20万元；“数额特别巨大”，是指总面额在20万元以上。

三、金融工作人员购买假币、以假币换取货币罪

金融工作人员购买假币、以假币换取货币罪，是指银行或者其他金融机构的工作人员购买伪造的货币或者利用职务上的便利以伪造的货币换取货币的行为。（1）本罪的主体是特殊主体，即必须是银行或者其他金融机构的工作人员。所谓“其他金融机构”，是指经中国人民银行批准成立，在我国境内注册的信托投资公司、融资租赁公司、财务公司、证券公司、保险公司和其他金融公司。只有在银行或上述其他金融机构中工作的人员实施购买假币或者以假币换取真币的行为，才能构成本罪。（2）本罪在主观方面必须出于故意。（3）本罪的客观方面表现为具有购买假币或者以假币换取货币的行为之一。本罪属于选择

性罪名，行为人实施购买假币或者以假币换取货币的行为之一的，即构成本罪。如果行为人先购买伪造的货币，然后再利用职务上的便利以伪造的货币换取货币的，则以金融机构工作人员购买假币并以假币换取货币罪论处，不实行数罪并罚。但是，如果行为人购买的假币和以假币换取真币所使用的假币不是同宗假币，则应当分别定罪，实行数罪并罚。（4）本罪侵犯的客体是国家的货币管理制度。

根据《刑法》第171条和前述司法解释的规定，银行或者其他金融机构的工作人员购买假币或者利用职务上的便利以假币换取货币，总面额在4 000元以上不满5万元或者币量在400张（枚）以上不足5 000张（枚）的，处3年以上10年以下有期徒刑，并处2万元以上20万元以下罚金；总面额在5万元以上或者币量在5 000张（枚）以上或者有其他严重情节的，处10年以上有期徒刑或者无期徒刑，并处2万元以上20万元以下罚金或者没收财产；总面额不满人民币4 000元或者币量不足400张（枚）或者具有其他情节较轻的情形的，处3年以下有期徒刑或者拘役，并处或者单处1万元以上10万元以下罚金。

四、持有、使用假币罪

持有、使用假币罪，是指明知是伪造的货币而持有、使用，数额较大的行为。（1）本罪的主体为一般主体。（2）本罪的主观方面必须是出于故意，即行为人明知是伪造的货币而故意持有、使用。如果行为人不知道是伪造的货币而误收、误用的，不构成本罪。（3）本罪在客观方面表现为持有、使用伪造的货币，数额较大的行为。其中的“持有”，是指将假币置于行为人事实上的支配之下，而不要求行为人实际握有。“使用”是指将假币作为真币使用，以换取相应的商品或服务。数额较大是行为人持有、使用假币构成犯罪的必要条件。本罪属于选择性罪名，行为人只要实施了持有或使用假币的行为之一的，即构成本罪。（4）本罪侵犯的客体是国家对货币的管理制度。

根据《刑法》第172条的规定，明知是假币而持有、使用，数额较大的，处3年以下有期徒刑或者拘役，并处或者单处1万元以上10万元以下罚金；数额巨大的，处3年以上10年以下有期徒刑，并处2万元以上20万元以下罚金；数额特别巨大的，处10年以上有期徒刑，并处5万元以上50万元以下罚金或者没收财产。根据前述司法解释，明知是假币而持有、使用，总面额在4 000元以上不满5万元的，属于“数额较大”；总面额在5万元以上不满20万元的，属于“数额巨大”；总面额在20万元以上的，属于“数额特别巨大”。

五、变造货币罪

变造货币罪，是指对真币采用挖补、剪贴、揭层、拼凑、涂改等方法进行加工处理，改变货币的真实形状、图案、面值或张数，增大票面面额或者增加票张数量，数额较大的行为。本罪的主体是一般主体。本罪的主观方面必须出于故意，并且一般具有谋取非法利益的目的。本罪在客观方面表现为对真币进行加工处理，使其面额或张数由少变多。本罪侵犯的客体是国家对货币的管理制度。

【案例23-4】　赵某变造货币案

被告人赵某原系某市印刷厂工人，1997年11月至1998年5月，赵某将530张100元面额的真人民币采取揭层的方式，一张变造成两张，并在日常消费中使用，后被发现。

本案中，赵某的行为应被认定为伪造货币罪还是变造货币罪？这里主要涉及伪造与变造的区别。伪造是指没有制造发行权的人，模仿真实货币的外观制造出足以使一般人误认为是真币的假币的行为；而变造则是通过挖补、剪贴、揭层、拼凑、涂改等，以使货币的面值增大或者张数增加。结合本案案情，对赵某的行为应当认定为变造货币罪。

如［案例23-4］中所述，在对本罪进行认定时，应注意本罪与伪造货币罪的界限。两者的区别除了行为方式不同以外，犯罪对象也不同：前者的行为对象是真货币，而后者的行为对象则是假货币。

根据《刑法》第173条的规定，变造货币，数额较大的，处3年以下有期徒刑或者拘役，并处或者单处1万元以上10万元以下罚金；数额巨大的，处3年以上10年以下有期徒刑，并处2万元以上20万元以下罚金。根据前述司法解释，变造货币的总面额在2 000元以上不满3万元的，属于“数额较大”；总面额在3万元以上的，属于“数额巨大”。

六、擅自设立金融机构罪

擅自设立金融机构罪，是指未经国家有关主管部门批准，擅自设立商业银行、证券交易所、期货交易所、证券公司、期货经纪公司、保险公司或者其他金融机构的行为。(1) 本罪的主体是一般主体，可以是自然人，也可以是单位。(2) 本罪的主观方面必须是故意，并且一般具有营利的目的。(3) 本罪在客观方面表现为未经国家有关主管部门批准，擅自设立商业银行、证券交易所、期货交易所、证券公司、期货经纪公司、保险公司或者其他金融机构的行为。其中的“未经批准”是指行为人根本未按有关金融、期货管理法律法规规定的条件和程序，向有权批准的国家主管部门提交有关设立金融机构、期货机构的申请和其他相关材料，以及虽然向国家有关主管部门提交了设立金融机构、期货机构的申请和其他相关材料，但未获批准，没有取得从事金融、期货业务所必需的许可证两种情况。(4) 本罪侵犯的客体为国家对金融机构的管理制度。

根据《刑法》第174条第1款及第3款的规定，犯本罪的，处3年以下有期徒刑或者拘役，并处或者单处2万元以上20万元以下罚金；情节严重的，处3年以上10年以下有期徒刑，并处5万元以上50万元以下罚金。单位犯本罪的，对单位判处罚金，并对其直接负责的主管人员和其他直接责任人员，依照上述规定处罚。

七、伪造、变造、转让金融机构经营许可证、批准文件罪

伪造、变造、转让金融机构经营许可证、批准文件罪，是指个人或者单位伪造、变造、转让商业银行、证券交易所、期货交易所、证券公司、期货经纪公司、保险公司或者其他金融机构经营的许可证或者批准文件的行为。本罪的主体是一般主体，可以是自然人，也可以是单位。本罪的主观方面只能出于故意。本罪在客观方面表现为采取各种手段，伪造、变造、转让商业银行、证券交易所、期货交易所、证券公司、期货经纪公司、保险公司或者其他金融机构的经营许可证或者批准文件的行为。本罪侵犯的客体为国家对金融机构的管理制度。

根据《刑法》第174条的规定，犯本罪的，处3年以下有期徒刑或者拘役，并处或者单处2万元以上20万元以下罚金；情节严重的，处3年以上10年以下有期徒刑，并处5

万元以上 50 万元以下罚金。单位犯本罪的，对单位判处罚金，并对其直接负责的主管人员和其他直接责任人员，依照上述规定处罚。

八、高利转贷罪

高利转贷罪，是指以转贷牟利为目的，套取金融机构信贷资金高利转贷他人，谋取非法经济利益，违法所得数额较大的行为。（1）本罪的主体是一般主体，包括自然人和单位。（2）本罪的主观方面必须是出于故意，并且具有非法转贷牟利的目的。（3）本罪的客观方面表现为套取金融机构信贷资金高利转贷他人，谋取非法经济利益，违法所得数额较大的行为。其中的"套取"是指行为人编造虚假理由、用途、担保等，从银行或其他金融机构获取信贷资金。"高利转贷"是指将贷款以高出中国人民银行确定的同期贷款的标准，转贷给他人。"信贷资金"是指行为人未经担保而取得的银行或其他金融机构的信用贷款。根据我国《商业银行法》的相关规定，商业银行的贷款可以分为担保贷款和信用贷款两种，一般情况下，银行贷款都要求有相应的担保，但是，经商业银行审查、评估后，确认行为人的资信良好的，可以不要求其提供相应的担保，这种贷款方式称为信用贷款。但是，也有学者认为，本罪对行为人所套取的贷款性质没有任何限制，行为人既可能套取担保贷款，也可能套取信用贷款，仅以构成金融机构的信贷资金为已足。另外，行为人将套取的银行或者其他金融机构的信贷资金以较高利率转贷给他人，只有在违法所得数额较大时，才成立本罪。（4）本罪侵犯的客体为国家的信贷资金管理制度。

根据《刑法》第 175 条的规定，犯本罪的，处 3 年以下有期徒刑或者拘役，并处违法所得 1 倍以上 5 倍以下罚金；数额巨大的，处 3 年以上 7 年以下有期徒刑，并处违法所得 1 倍以上 5 倍以下罚金。单位犯本罪的，对单位判处罚金，并对其直接负责的主管人员和其他直接责任人员，处 3 年以下有期徒刑或者拘役。

九、骗取贷款、票据承兑、金融票证罪

骗取贷款、票据承兑、金融票证罪，是指以欺骗手段取得银行或者其他金融机构贷款、票据承兑、信用证、保函等，给银行或者其他金融机构造成重大损失或者有其他严重情节的行为。本罪的主体是一般主体。本罪的主观方面是故意。本罪的客观方面表现为以欺骗手段取得银行或者其他金融机构贷款、票据承兑、信用证、保函等，给银行或者其他金融机构造成重大损失或者有其他严重情节的行为。本罪侵犯的客体是国家对金融机构的管理秩序。

根据《刑法》第 175 条之一的规定，犯本罪，给银行或者其他金融机构造成重大损失或者有其他严重情节的，处 3 年以下有期徒刑或者拘役，并处或者单处罚金；给银行或者其他金融机构造成特别重大损失或者有其他特别严重情节的，处 3 年以上 7 年以下有期徒刑，并处罚金。单位犯本罪的，对单位判处罚金，并对其直接负责的主管人员和其他直接责任人员，依照上述规定处罚。

十、非法吸收公众存款罪

非法吸收公众存款罪，是指违反国家金融管理法规，非法吸收公众存款或者变相吸收公众存款，扰乱金融秩序的行为。（1）本罪的主体是一般主体，可以是自然人，也可以是单位。（2）本罪的主观方面必须出于故意，并且具有非法牟利的目的。（3）本罪在客观方

面表现为违反国家金融管理法规，非法吸收或者变相吸收公众存款，扰乱金融秩序的行为。其中的“非法吸收公众存款”是指未经中国人民银行批准，向社会不特定对象吸收资金，出具凭证，承诺在一定期限内还本付息的活动。“变相吸收公众存款”，是指未经中国人民银行批准，不以吸收公众存款的名义，向社会不特定对象吸收资金，但承诺履行的义务与贷款相同，即都是还本付息的活动。非法吸收或者变相吸收公众存款，扰乱金融秩序的，才成立本罪。（4）本罪侵犯的客体是国家的金融管理秩序。

根据司法实践，具有下列情形之一的，以本罪论处：（1）个人非法吸收或者变相吸收公众存款20万元以上的，单位非法吸收或者变相吸收公众存款100万元以上的；（2）个人非法吸收或者变相吸收公众存款30户以上的，单位非法吸收或者变相吸收公众存款150户以上的；（3）个人非法吸收或者变相吸收公众存款给存款人造成损失10万元以上的，单位非法吸收或者变相吸收公众存款给存款人造成损失50万元以上的，或者造成其他严重后果的。

行为人擅自设立金融机构后，又非法吸收公众存款的，或者非法吸收公众存款后，又擅自设立金融机构的，原则上实行数罪并罚。

根据《刑法》第176条的规定，犯本罪的，处3年以下有期徒刑或者拘役，并处或者单处2万元以上20万元以下罚金；数额巨大或者有其他严重情节的，处3年以上10年以下有期徒刑，并处5万元以上50万元以下罚金。单位犯本罪的，对单位判处罚金，并对其直接负责的主管人员和其他直接责任人员，依照上述规定处罚。

十一、伪造、变造金融票证罪

伪造、变造金融票证罪，是指非法制造虚假的金融票证，冒充真金融票证，或者对真金融票证进行涂改、挖补，改变其外部形状和内容，扰乱国家金融管理秩序的行为。（1）本罪的主体为一般主体，包括自然人和单位。（2）本罪的主观方面必须出于故意，并且一般具有使用或者转让伪造或者变造的金融票证以谋取非法利益的目的。（3）本罪在客观方面表现为伪造或者变造金融票证的行为。主要包括以下情形：1）伪造、变造汇票、本票、支票。汇票是指出票人签发的，委托付款人在见票时或者在指定日期，无条件支付确定的金额给收款人或持票人的票据。本票是指出票人签发的，承诺由自己在见票时无条件支付确定的金额给收款人或持票人的票据。支票是指由出票人签发的，委托办理支票存款业务的银行或者其他金融机构在见票时无条件支付确定的金额给收款人或持票人的票据。2）伪造、变造委托收款凭证、汇款凭证、银行存单等其他银行结算凭证。委托收款凭证，是指收款人向银行提供的，委托其向付款人收取款项的结算凭证。汇款凭证，是指汇款人委托银行给异地收款人进行汇兑结算的凭证，包括信汇凭证和电汇凭证。银行存单，是指银行发行的可以用于支付债务的工具，一般不记名、定额、可自由流通。其他银行结算凭证，是指除上述结算凭证以外的结算凭证。3）伪造、变造信用证或者附随的单据、文件。信用证，是指应客户要求和指示，或自己主动向受益人签发的，如受益人满足约定条件，开证行即向其支付规定金额的书面文件。附随的单据、文件，是指由信用证受益人向金融机构提供的，与信用证条款规定相一致的代表货物的单据、文件。4）伪造信用卡。信用卡，是指银行发行的用于购买商品或取得服务的信用凭证。（4）本罪侵犯的客体是国家对金融票证的管理制度。

根据《刑法》第177条的规定，犯本罪的，处5年以下有期徒刑或者拘役，并处或者单处2万元以上20万元以下罚金；情节严重的，处5年以上10年以下有期徒刑，并处5万元以上50万元以下罚金；情节特别严重的，处10年以上有期徒刑或者无期徒刑，并处5万元以上50万元以下罚金或者没收财产。单位犯本罪的，对单位判处罚金，并对其直接负责的主管人员和其他直接责任人员，依照上述规定处罚。

十二、妨害信用卡管理罪

妨害信用卡管理罪，是指明知是伪造的信用卡而持有、运输，或者明知是伪造的空白信用卡而持有、运输，数量较大；或者非法持有他人信用卡，数量较大；或者使用虚假的身份证明骗领信用卡；或者出售、购买、为他人提供伪造的信用卡或者以虚假的身份证明骗领的信用卡，妨害信用卡管理的行为。本罪的主体是一般主体。本罪的主观方面是故意。本罪的客观方面表现为以刑法规定的各种方式妨害信用卡管理的行为。本罪侵犯的客体是国家对信用卡的管理制度。

根据《刑法》第177条之一的规定，犯本罪的，处3年以下有期徒刑或者拘役，并处或者单处1万元以上10万元以下罚金；数量巨大或者有其他严重情节的，处3年以上10年以下有期徒刑，并处2万元以上20万元以下罚金。

十三、窃取、收买、非法提供信用卡信息罪

窃取、收买、非法提供信用卡信息罪，是指窃取、收买、非法提供他人信用卡信息资料的行为。本罪的主体是一般主体。本罪的主观方面是故意。本罪的客观方面表现为窃取、收买、非法提供他人信用卡信息资料的行为。本罪侵犯的客体是国家对信用卡的管理制度。

根据《刑法》第177条之一的规定，犯本罪的，处3年以下有期徒刑或者拘役，并处或者单处1万元以上10万元以下罚金；数量巨大或者有其他严重情节的，处3年以上10年以下有期徒刑，并处2万元以上20万元以下罚金。

银行或者其他金融机构的工作人员利用职务上的便利，实施窃取、收买、非法提供他人信用卡信息资料行为的，依照上述规定处罚。

十四、伪造、变造国家有价证券罪

伪造、变造国家有价证券罪，是指伪造、变造国库券或者国家发行的其他有价证券，数额较大的行为。(1) 本罪的主体是一般主体，可以是自然人，也可以是单位。(2) 本罪的主观方面必须出于故意，并且一般具有谋取非法利益的目的。(3) 本罪在客观方面表现为伪造、变造国库券或者国家发行的其他有价证券，数额较大的行为。其中“国库券”是指国家为解决财政需要而由财政部发行的国家债券；“其他有价证券”是指由国家发行的其他以票面货币价值表示的财产权利凭证。本罪属于选择性罪名，行为人只要实施伪造或者变造国库券或者国家发行的其他有价证券行为之一的，即构成本罪。如果行为人没有伪造或者变造有价证券，而是利用其他票证冒充有价证券骗取财物的，不构成本罪；数额较大的，可以以诈骗罪论处。(4) 本罪侵犯的客体为国家对有价证券的管理制度。

根据《刑法》第178条第1款、第3款的规定，犯本罪的，处3年以下有期徒刑或者拘役，并处或者单处2万元以上20万元以下罚金；数额巨大的，处3年以上10年以下有期徒刑，并处5万元以上50万元以下罚金；数额特别巨大的，处10年以上有期徒刑或者

无期徒刑，并处5万元以上50万元以下罚金或者没收财产。单位犯本罪的，对单位判处罚金，并对其直接负责的主管人员和其他直接责任人员，依照上述规定处罚。

十五、伪造、变造股票、公司、企业债券罪

伪造、变造股票、公司、企业债券罪，是指伪造、变造股票或者公司、企业债券，数额较大的行为。本罪的主体是一般主体，可以是自然人，也可以是单位。本罪的主观方面必须出于故意，并且一般具有使用或者转让伪造、变造的股票或者债券谋取非法利益的目的。本罪的客观方面表现为伪造、变造股票或者公司、企业债券，数额较大的行为。本罪侵犯的客体是国家对股票、企业债券的管理制度和发行股票、债券的公司、企业的经济利益。

根据《刑法》第178条第2款与第3款的规定，犯本罪的，处3年以下有期徒刑或者拘役，并处或者单处1万元以上10万元以下罚金；数额巨大的，处3年以上10年以下有期徒刑，并处2万元以上20万元以下罚金。单位犯本罪的，对单位判处罚金，并对其直接负责的主管人员和其他直接责任人员，依照上述规定处罚。

十六、擅自发行股票、公司、企业债券罪

擅自发行股票、公司、企业债券罪，是指未经国家有关主管部门批准，擅自发行股票、公司、企业债券，数额巨大、后果严重或者有其他严重情节的行为。（1）本罪的主体可以是自然人，也可以是单位。（2）本罪的主观方面必须出于故意，且一般具有非法募集资金、谋取非法利益的目的。（3）本罪的客观方面表现为未经国家有关主管部门批准，擅自发行股票、公司、企业债券，数额巨大、后果严重或者有其他严重情节的行为。根据相关司法解释，未经国家有关主管部门批准，擅自发行股票或者公司、企业债券，涉嫌下列情形之一的，应予追诉：1）发行数额在50万元以上的；2）不能及时清偿或者清退的；3）造成恶劣影响的。（4）本罪侵犯的客体是国家对股票和公司、企业债券的发行管理制度。

在对本罪进行认定时，应注意本罪与欺诈发行股票、债券罪的界限。两罪在主体上都包括自然人和单位，主观方面都是故意，客观方面也都表现为非法发行股票或者公司、企业债券，也都要求数额巨大、后果严重或者有其他严重情节。两罪的区别在于：前者是未经国家有关主管部门批准而擅自发行股票或者公司、企业债券；而后者则是在招股说明书、认股书、公司、企业债券募集办法中，通过隐瞒重要事实或者编造重大虚假内容的方式，发行股票或者公司、企业债券。如果行为人既未经国家有关主管部门批准，又采取欺诈手段发行股票或者公司、企业债券的，属于想象竞合犯，应从一重处断。但由于刑法为两罪设置了完全相同的法定刑，因而在具体适用时，应比较触犯法条的严重程度，选择适用的刑罚。

根据《刑法》第179条的规定，犯本罪的，处5年以下有期徒刑或者拘役，并处或者单处非法募集资金金额1%以上5%以下罚金；单位犯本罪的，对单位判处罚金，并对其直接负责的主管人员和其他直接责任人员，处5年以下有期徒刑或者拘役。“非法募集资金”是指擅自发行股票、公司、企业债券所募集的资金数额。

十七、内幕交易、泄露内幕信息罪

内幕交易、泄露内幕信息罪，是指证券、期货交易内幕信息的知情人员或者非法获取

证券、期货交易内幕信息的人员，在涉及证券的发行，证券、期货交易或者其他对证券、期货交易价格有重大影响的信息尚未公开前，买入或者卖出该证券，或者从事与该内幕信息有关的期货交易，或者泄露该信息，或者明示、暗示他人从事上述交易活动，情节严重的行为。

本罪的主体是特殊主体，即必须是证券、期货交易内幕信息的知情人员或者非法获取证券、期货交易内幕信息的人员。根据《证券法》第74条的规定，所谓“证券交易内幕信息的知情人员”，是指：（1）发行人的董事、监事、高级管理人员；（2）持有公司5%以上股份的股东及其董事、监事、高级管理人员，公司的实际控制人及其董事、监事、高级管理人员；（3）发行人控股的公司及其董事、监事、高级管理人员；（4）由于所任公司职务可以获取公司有关内幕信息的人员；（5）证券监督管理机构工作人员以及由于法定职责对证券的发行、交易进行管理的其他人员；（6）保荐人、承销的证券公司、证券交易所、证券登记结算机构、证券服务机构的有关人员；（7）国务院证券监督管理机构规定的其他人员。根据国务院发布的、2017年修订的《期货交易管理条例》第81条第12项的规定，所谓“内幕信息的知情人员”，是指由于其管理地位、监督地位或者职业地位，或者作为雇员、专业顾问履行职务，能够接触或者获得内幕信息的人员。单位也可以成为本罪的主体。

本罪的主观方面必须出于故意，而且一般具有为本人或者他人谋取非法利益的目的。

本罪在客观方面表现为，证券、期货交易内幕信息的知情人员或者非法获取证券、期货交易内幕信息的人员，在涉及证券的发行，证券、期货交易或者其他对证券、期货交易价格有重大影响的信息尚未公开前，买入或者卖出该证券，或者从事与该内幕信息有关的期货交易，或者泄露该信息，或者明示、暗示他人从事上述交易活动，情节严重的行为。所谓的“情节严重”，一般是指进行内幕交易非法获利数额巨大，泄露内幕信息导致股市、期货市场严重动荡，严重损害了投资者的利益，内幕交易行为使国家证券、期货管理部门的信誉遭到严重损害等。

本罪侵犯的客体是国家的证券、期货交易管理制度和投资者的合法权益。

根据《刑法》第180条的规定，犯本罪的，处5年以下有期徒刑或者拘役，并处或者单处违法所得1倍以上5倍以下罚金；情节特别严重的，处5年以上10年以下有期徒刑，并处违法所得1倍以上5倍以下罚金。单位犯本罪的，对单位判处罚金，并对其直接负责的主管人员和其他直接责任人员，处5年以下有期徒刑或者拘役。

十八、利用未公开信息交易罪

利用未公开信息交易罪，是指证券交易所、期货交易所、证券公司、期货经纪公司、基金管理公司、商业银行、保险公司等金融机构的从业人员，以及有关监管部门或者行业协会的工作人员，利用因职务便利获取的内幕信息以外的其他未公开的信息，违反规定，从事与该信息有关的证券、期货交易活动，或者明示、暗示他人从事相关交易活动，情节严重的行为。

本罪的主体是特殊主体，即证券交易所、期货交易所、证券公司、期货经纪公司、基金管理公司、商业银行、保险公司等金融机构的从业人员，以及有关监管部门或者行业协会的工作人员。单位也可以成为本罪的主体。本罪的主观方面是故意，通常具有为本人或者他人谋取非法利益的目的。本罪在客观方面表现为利用因职务便利获取的内幕信息以外的其他未公开的信息，违反规定，从事与该信息有关的证券、期货交易活动，或者明示、暗示他人从事相关交易活动，情节严重的行为。本罪侵犯的客体是国家的证券、期货交易管理制度和投资者的合法权益。

根据《刑法》第180条的规定，犯本罪的，处5年以下有期徒刑或者拘役，并处或者单处违法所得1倍以上5倍以下罚金；情节特别严重的，处5年以上10年以下有期徒刑，并处违法所得1倍以上5倍以下罚金。单位犯本罪的，对单位判处罚金，并对其直接负责的主管人员和其他直接责任人员，处5年以下有期徒刑或者拘役。

十九、编造并传播证券、期货交易虚假信息罪

编造并传播证券、期货交易虚假信息罪，是指编造并传播影响证券、期货交易的虚假信息，扰乱证券、期货交易市场，造成严重后果的行为。(1) 本罪的主体是一般主体，包括自然人和单位。(2) 本罪在主观方面必须是出于故意，因过失而误传、误播不真实的证券、期货交易信息的，不构成本罪。(3) 本罪在客观方面表现为编造并传播影响证券、期货交易的虚假信息，扰乱证券、期货交易市场，造成严重后果的行为。其中的“虚假信息”，是指足以影响股市走向、证券价格、期货交易价格的各种不真实的有关证券、期货交易信息。“造成严重后果”是指因编造和传播虚假的证券、期货交易信息而使证券、期货市场发生混乱，导致股市、期货价格狂跌或飙升，引起证券、期货的抛售或抢购狂潮，使国家对证券、期货市场交易秩序的管理受到严重影响，使投资者的利益受到严重损害。(4) 本罪侵犯的客体是国家对证券、期货交易的管理制度和投资者的合法利益。

根据《刑法》第181条第1款和第3款的规定，犯本罪的，处5年以下有期徒刑或者拘役，并处或者单处1万元以上10万元以下罚金。单位犯本罪的，对单位判处罚金，并对其直接负责的主管人员和其他直接责任人员，处5年以下有期徒刑或者拘役。

二十、诱骗投资者买卖证券、期货合约罪

诱骗投资者买卖证券、期货合约罪，是指证券交易所、期货交易所、证券公司、期货经纪公司的从业人员，或者证券业协会、期货业协会或者证券期货监督管理部门的工作人员，故意提供虚假信息或者伪造、变造、销毁交易记录，诱骗投资者买卖证券、期货合约，造成严重后果的行为。本罪的主体是特殊主体，即必须是证券交易所、期货交易所、证券公司、期货经纪公司的从业人员，或者证券业协会、期货业协会或者证券期货监督管理部门的工作人员。单位也可以构成本罪的主体。本罪的主观方面必须是故意。本罪的客观方面表现为故意提供虚假信息或者伪造、变造、销毁交易记录，诱骗投资者买卖证券、期货合约，造成严重后果的行为。本罪侵犯的客体是国家对证券、期货交易的管理制度和投资者的合法利益。

根据《刑法》第181条第2款的规定，犯本罪的，处5年以下有期徒刑或者拘役，并处或者单处1万元以上10万元以下罚金；情节特别恶劣的，处5年以上10年以下有期徒刑，并处或者单处2万元以上20万元以下罚金。单位犯本罪的，对单位判处罚金，并对其直接负责的主管人员和其他直接责任人员，处5年以下有期徒刑或者拘役。

二十一、操纵证券、期货市场罪

操纵证券、期货市场罪，是指以法律明令禁止的方式操纵证券、期货市场，情节严重

的行为。(1) 本罪的主体是一般主体，包括自然人和单位。(2) 本罪在主观方面必须出于故意。(3) 本罪在客观方面表现为以法律明令禁止的方式操纵证券、期货市场，情节严重的行为。具体表现为：1) 单独或者合谋，集中资金优势、持股或者持仓优势或者利用信息优势联合或者连续买卖，操纵证券、期货交易价格或者证券、期货交易量；2) 与他人串通，以事先约定的时间、价格和方式相互进行证券、期货交易，影响证券、期货交易价格或者证券、期货交易量；3) 在自己实际控制的账户之间进行证券交易，或者以自己为交易对象，自买自卖期货合约，影响证券、期货交易价格或者证券、期货交易量；4) 以其他方法操纵证券、期货市场。本罪属于选择性罪名，行为人只要实施上述四种行为之一，情节严重的，即构成本罪。(4) 本罪侵犯的客体是国家对证券、期货市场的管理制度和投资者的合法利益。

根据《刑法》第 182 条的规定，犯本罪的，处 5 年以下有期徒刑或者拘役，并处或者单处罚金；情节特别严重的，处 5 年以上 10 年以下有期徒刑，并处罚金。单位犯本罪的，对单位判处罚金，并对其直接负责的主管人员和其他直接责任人员，依照前述规定处罚。

二十二、背信运用受托财产罪

背信运用受托财产罪，是指商业银行、证券交易所、期货交易所、证券公司、期货经纪公司、保险公司或者其他金融机构，违背受托义务，擅自运用客户资金或者其他委托、信托的财产，情节严重的行为。本罪的主体是具有金融机构性质的单位，包括商业银行、证券交易所、期货交易所、证券公司、期货经纪公司、保险公司以及其他金融机构。本罪的主观方面是故意。本罪的客观方面表现为违背受托义务，擅自运用客户资金或者其他委托、信托的财产，情节严重的行为。本罪侵犯的客体是金融机构的信誉和国家对金融机构的管理制度。

根据《刑法》第 185 条之一的规定，犯本罪的，对单位判处罚金，并对其直接负责的主管人员和其他直接责任人员，处 3 年以下有期徒刑或者拘役，并处 3 万元以上 30 万元以下罚金；情节特别严重的，处 3 年以上 10 年以下有期徒刑，并处 5 万元以上 50 万元以下罚金。

二十三、违法运用资金罪

违法运用资金罪，是指社会保障基金管理机构、住房公积金管理机构等公众资金管理机构，以及保险公司、保险资产管理公司、证券投资基金管理公司，违反国家规定运用资金的行为。本罪的主体是单位，包括社会保障基金管理机构、住房公积金管理机构等公众资金管理机构，以及保险公司、保险资产管理公司、证券投资基金管理公司。本罪的主观方面是故意。本罪的客观方面表现为违反国家规定运用资金的行为。本罪侵犯的客体是社会保障基金管理机构、住房公积金管理机构等公众资金管理机构，以及保险公司、保险资产管理公司、证券投资基金管理公司的信誉和国家对这些机构的管理制度。

根据《刑法》第 185 条之一的规定，犯本罪的，对直接负责的主管人员和其他直接责任人员，处 3 年以下有期徒刑或者拘役，并处 3 万元以上 30 万元以下罚金；情节特别严重的，处 3 年以上 10 年以下有期徒刑，并处 5 万元以上 50 万元以下罚金。

二十四、违法发放贷款罪

违法发放贷款罪，是指银行或者其他金融机构的工作人员违反法律、行政法规规定发放贷款，数额巨大或者造成重大损失的行为。本罪的主体是特殊主体，即必须是银行或者其他金融机构的工作人员。本罪在主观方面必须是出于故意。本罪在客观方面表现为行为人违反法律、行政法规的规定发放贷款，数额巨大或者造成重大损失的行为。本罪侵犯的客体是国家对金融机构发放贷款的管理制度。

根据《刑法》第186条的规定，犯本罪的，处5年以下有期徒刑或者拘役，并处1万元以上10万元以下罚金；数额特别巨大或者造成特别重大损失的，处5年以上有期徒刑，并处2万元以上20万元以下罚金。单位犯本罪的，对单位判处罚金，并对其直接负责的主管人员和其他直接责任人员，依照上述规定处罚。

银行或者其他金融机构的工作人员违反国家规定，向关系人发放贷款的，依照上述规定从重处罚。

二十五、吸收客户资金不入账罪

吸收客户资金不入账罪，是指银行或者其他金融机构的工作人员吸收客户资金不入账，数额巨大或者造成重大损失的行为。(1) 本罪的主体是特殊主体，即必须是银行或者其他金融机构的工作人员，单位也可以成为本罪的主体。(2) 本罪在主观方面是故意。(3) 本罪在客观方面表现为吸收客户资金不入账，数额巨大或者造成重大损失的行为。这里所说的“吸收客户资金不入账”，是指不记入金融机构的法定存款账目，以逃避国家金融监管，至于是否记入法定账目以外设立的账目不影响本罪的成立。另外，行为人所实施的上述行为必须数额巨大或者造成重大损失。(4) 本罪侵犯的客体是国家对金融机构拆借或者发放贷款的监督和管理制度。

根据《刑法》第187条的规定，犯本罪的，处5年以下有期徒刑或者拘役，并处2万元以上20万元以下罚金；数额特别巨大或者造成特别重大损失的，处5年以上有期徒刑，并处5万元以上50万元以下罚金。单位犯本罪的，对单位判处罚金，并对其直接负责的主管人员和其他直接责任人员，依照上述规定处罚。

二十六、违规出具金融票证罪

违规出具金融票证罪，是指银行或者其他金融机构的工作人员以及单位，违反规定，为他人出具信用证或者其他保函、票据、存单、资信证明，情节严重的行为。(1) 本罪的主体是特殊主体，即必须是银行或者其他金融机构及其工作人员。(2) 本罪的主观方面表现为故意。(3) 本罪的客观方面表现为违反规定，为他人出具信用证或者其他保函、票据、存单、资信证明，情节严重的行为。其中的“信用证”是指银行根据客户要求出具的以银行信用保证支付的书面凭证。“保函”是指银行以其自身的信用为他人承担责任的担保文件。“票据”包括汇票、本票和支票。“存单”是指客户在银行或者其他金融机构存款的单据。“资信证明”是指除上述信用证、保函、票据、存单以外的能够证明被证明人经济实力和信用状况的文件。本罪属于选择性罪名，行为人只要实施了上述行为之一，并情节严重的，即构成本罪。(4) 本罪侵犯的客体是国家对银行和其他金融机构的金融活动的监督和管理制度。

根据《刑法》第188条的规定，犯本罪的，处5年以下有期徒刑或者拘役；情节特别严重的，处5年以上有期徒刑。单位犯本罪的，对单位判处罚金，并对其直接负责的主管人员和其他直接责任人员，依照前述规定处罚。

二十七、对违法票据承兑、付款、保证罪

对违法票据承兑、付款、保证罪，是指银行或者其他金融机构及其工作人员，在票据业务中，对违反票据法规定的票据予以承兑、付款或者保证，造成重大损失的行为。(1) 本罪的主体是特殊主体，即必须是银行或者其他金融机构及其工作人员。(2) 本罪在主观方面表现为明知是违反票据法规定的票据依法不能予以承兑、付款、保证，而故意予以承兑、付款或者保证。(3) 本罪的客观方面表现为在票据业务中，对违反票据法规定的票据予以承兑、付款或者保证，造成重大损失的行为。其中的“承兑”是指汇票付款人承诺在汇票到期日支付汇票金额的票据行为。“付款”是指票据债务人向票据债权人支付票据金额的行为。“保证”是指对已经存在的票据上的债务进行担保的票据行为。本罪属于选择性罪名，行为人只要实施了上述三种行为之一，并造成重大损失的，即构成本罪。(4) 本罪侵犯的客体是国家对票据的监管制度和合法票据所有人、银行或者其他金融机构的合法利益。

根据《刑法》第189条的规定，犯本罪的，处5年以下有期徒刑或者拘役；造成特别重大损失的，处5年以上有期徒刑。单位犯本罪的，对单位判处罚金，并对其直接负责的主管人员和其他直接责任人员，依照上述规定处罚。

二十八、逃汇罪

逃汇罪，是指公司、企业或者其他单位，违反国家规定，擅自将外汇存放境外，或者将境内的外汇非法转移到境外，数额较大的行为。(1) 本罪是典型的单位犯罪，只有单位才能成为本罪的主体。作为本罪主体的单位既可以是国有的公司、企业、事业单位、国家机关等，也可以是非国有的公司、企业，包括集体所有的企业、私营企业、外资企业等。(2) 本罪在主观方面是故意。(3) 本罪的客观方面表现为违反国家规定，擅自将外汇存放境外，或者将境内的外汇非法转移到境外，数额较大的行为。根据外汇管理法规的规定，外汇是指以外币表示的可以用作国际清偿的外国货币、外币支付凭证、外币有价证券、特别提款权、欧洲货币单位以及其他外汇资产。对于本罪而言，只有擅自将外汇存放境外以及将境内的外汇非法转移到境外两种逃汇行为，数额较大的，才能构成本罪。根据全国人大常委会《关于惩治骗购外汇、逃汇和非法买卖外汇犯罪的规定》，海关、外汇管理部门以及金融机构、从事对外贸易经营活动的公司、企业或者其他单位的工作人员与逃汇的行为人通谋，为其提供购买外汇的有关凭证或者其他便利的，或者明知是伪造、变造的凭证和单据而售汇、付汇的，以共犯论，依照逃汇罪从重处罚。如果因海关、外汇管理部门的工作人员严重不负责任，造成大量外汇被逃汇，致使国家利益遭受重大损失的，应当按照玩忽职守罪定罪处罚。如果因金融机构、从事对外贸易经营活动的公司、企业的工作人员严重不负责任，造成大量外汇被逃汇，致使国家利益遭受重大损失的，应当按签订、履行合同失职被骗罪定罪处罚。(4) 本罪侵犯的客体是国家对外汇的管理制度。

根据《刑法》第190条的规定，犯本罪的，对单位判处逃汇数额5%以上30%以下罚金，并对其直接负责的主管人员和其他直接责任人员处5年以下有期徒刑或者拘役；数额

巨大或者有其他严重情节的，对单位判处逃汇数额5%以上30%以下罚金，并对其直接负责的主管人员和其他直接责任人员处5年以上有期徒刑。

二十九、骗购外汇罪

骗购外汇罪，是指使用伪造、变造的海关签发的报关单、进口证明、外汇管理部门核准件等凭证和单据，重复使用海关签发的报关单、进口证明、外汇管理部门核准件等凭证和单据，或者以其他方式骗购外汇，数额较大的行为。本罪的主体是一般主体，自然人和单位都可构成本罪的主体。本罪的主观方面必须是故意，并且具有骗取国家外汇的目的。本罪的客观方面表现为使用伪造、变造的海关签发的报关单、进口证明、外汇管理部门核准件等凭证和单据，重复使用海关签发的报关单、进口证明、外汇管理部门核准件等凭证和单据，或者以其他方式骗购外汇，数额较大的行为。本罪侵犯的客体是国家对外汇的管理制度。

伪造、变造海关签发的报关单、进口证明、外汇管理部门核准件等凭证和单据，并用于骗购外汇的，以骗购外汇罪从重处罚。明知用于骗购外汇而提供人民币资金的，以共犯论处。海关、外汇管理部门以及金融机构、从事对外贸易经营活动的公司、企业或者其他单位的工作人员与骗购外汇或者逃汇的行为人通谋，为其提供购买外汇的有关凭证或者其他便利的，或者明知是伪造、变造的凭证和单据而售汇、付汇的，以共犯论，从重处罚。另外，在骗购外汇过程中，又买卖伪造、变造的海关签发的报关单、进口证明、外汇管理部门核准件等凭证和单据或者国家机关的其他公文、证件、印章的，以伪造、变造、买卖国家机关公文、证件、印章罪定罪处罚，并且和骗购外汇罪实行数罪并罚。

根据全国人大常委会《关于惩治骗购外汇、逃汇和非法买卖外汇犯罪的决定》的规定，犯本罪的，处5年以下有期徒刑或者拘役，并处骗购外汇数额5%以上30%以下的罚金；数额巨大或者有其他严重情节的，处5年以上10年以下有期徒刑，并处骗购外汇数额5%以上30%以下的罚金；数额特别巨大或者有其他特别严重情节的，处10年以上有期徒刑或者无期徒刑，并处骗购外汇数额5%以上30%以下的罚金或者没收财产。单位犯本罪的，对单位依照上述规定判处罚金，并对其直接负责的主管人员和其他直接责任人员，处5年以下有期徒刑或者拘役；数额巨大或者有其他严重情节的，处5年以上10年以下有期徒刑；数额特别巨大或者有其他特别严重情节的，处10年以上有期徒刑或者无期徒刑。

三十、洗钱罪

洗钱罪，是指明知是毒品犯罪、黑社会性质的组织犯罪、恐怖活动犯罪、走私犯罪、贪污贿赂犯罪、破坏金融管理秩序犯罪、金融诈骗犯罪的所得及其产生的收益，而以各种方法掩饰、隐瞒其来源和性质的行为。(1) 本罪的主体是一般主体，包括自然人和单位。(2) 本罪在主观方面只能是故意，过失不构成本罪。(3) 本罪在客观方面表现为明知是毒品犯罪、黑社会性质的组织犯罪、恐怖活动犯罪、走私犯罪、贪污贿赂犯罪、破坏金融管理秩序犯罪、金融诈骗犯罪的所得及其所产生的收益，而以各种方法掩饰、隐瞒其来源和性质的行为。根据《刑法》第191条的规定，洗钱行为具体表现为以下五种：1) 提供资金账户的；2) 协助将财产转换为现金、金融票据、有价证券的；3) 通过转账或者其他结算方式协助资金转移的；4) 协助将资金汇往境外的；5) 以其他方法掩饰、隐瞒犯罪所得及其收益的来源和性质的。本罪属于实行犯，行为人只要实施了上述任何一种洗钱行为，无论是否已经达到了掩饰、隐瞒犯罪收益的来源和性质的目的，均构成本罪。(4) 本罪侵犯的客体是国家的金融管理制度。

根据《刑法》第 191 条的规定，犯本罪的，除没收实施毒品犯罪、黑社会性质的组织犯罪、恐怖活动犯罪、走私犯罪、贪污贿赂犯罪、破坏金融管理秩序犯罪、金融诈骗犯罪的所得及其所产生的收益外，处 5 年以下有期徒刑或者拘役，并处或者单处洗钱数额 5%以上 20%以下罚金；情节严重的，处 5 年以上 10 年以下有期徒刑，并处洗钱数额 5%以上 20%以下罚金。单位犯本罪的，对单位判处罚金，并对其直接负责的主管人员和其他直接责任人员，处 5 年以下有期徒刑或者拘役；情节严重的，处 5 年以上 10 年以下有期徒刑。

第六节 金融诈骗罪

一、集资诈骗罪

集资诈骗罪，是指以非法占有为目的，使用诈骗方法非法集资，数额较大的行为。(1) 本罪的主体是一般主体，自然人和单位都能够成为本罪的主体。(2) 本罪在主观方面表现为故意，并且具有非法占有的目的。(3) 本罪在客观方面表现为使用诈骗方法非法集资，数额较大的行为。根据相关规定，“非法集资”是指法人、其他组织或者个人，未经有权机关的批准，向社会公众募集资金的行为。行为人具有下列行为之一的，即认为是以非法占有为目的，使用诈骗方法非法集资：1) 携带集资款逃跑的；2) 挥霍集资款，致使集资款无法返还的；3) 利用集资款进行违法犯罪活动，致使集资款无法返还的；4) 具有其他欺诈行为，拒不返还集资款，或者致使集资款无法返还的。(4) 本罪侵犯的客体为国家对金融活动的管理制度和公私财产的所有权。

在对本罪进行认定时，应注意本罪与欺诈发行股票、债券罪和非法吸收公众存款罪的区别。三者在客观方面均表现为向社会公众非法募集资金，区别的关键在于行为人是否具有非法占有的目的。对于以非法占有为目的而非法集资，或者在非法集资过程中产生了非法占有他人资金的故意的，均应认定为集资诈骗罪。

根据《刑法》第 192 条的规定，犯本罪的，处 5 年以下有期徒刑或者拘役，并处 2 万元以上 20 万元以下罚金；数额巨大或者有其他严重情节的，处 5 年以上 10 年以下有期徒刑，并处 5 万元以上 50 万元以下罚金；数额特别巨大或者有其他特别严重情节的，处 10 年以上有期徒刑或者无期徒刑，并处 5 万元以上 50 万元以下罚金或者没收财产。

根据《刑法》第 200 条的规定，单位犯本罪的，对单位判处罚金，并对其直接负责的主管人员和其他直接责任人员，处 5 年以下有期徒刑或者拘役，可以并处罚金；数额巨大或者有其他严重情节的，处 5 年以上 10 年以下有期徒刑，并处罚金；数额特别巨大或者有其他特别严重情节的，处 10 年以上有期徒刑或者无期徒刑，并处罚金。

二、贷款诈骗罪

贷款诈骗罪，是指以非法占有为目的，以虚构事实或者隐瞒真相的方法，诈骗银行或者其他金融机构的贷款，数额较大的行为。(1) 本罪的主体为一般主体，单位不能成为本罪的主体。(2) 本罪的主观方面必须出于故意，并且具有非法占有的目的。(3) 本罪在客观方面表现为以虚构事实或者隐瞒真相的方法，诈骗银行或者其他金融机构的贷款，数额较大的行为。根据《刑法》第193条的规定，本罪的行为方式表现为：1）编造引进资金、项目等虚假理由的；2）使用虚假的经济合同的；3）使用虚假的证明文件的；4）使用虚假的产权证明作担保或者超出抵押物价值重复担保的；5）以其他方法诈骗贷款的。(4) 本罪侵犯的客体为国家对金融机构的贷款活动的监管制度和金融机构对所贷资金的所有权。

在对本罪进行认定时，应注意贷款诈骗与贷款纠纷的界限。对于合法取得贷款后，没有按规定的用途使用贷款，到期没有归还贷款的，不能以贷款诈骗罪处罚；对于确有证据证明行为人不具有非法占有的目的，因不具备贷款的条件而采取了欺骗手段获取贷款，案发时有能力履行还贷义务，或者案发时不能归还贷款是因为意志以外的原因，如经营不善、被骗、市场风险等，不能以贷款诈骗罪定罪处罚。

根据《刑法》第193条的规定，犯本罪的，处5年以下有期徒刑或者拘役，并处2万元以上20万元以下罚金；数额巨大或者有其他严重情节的，处5年以上10年以下有期徒刑，并处5万元以上50万元以下罚金；数额特别巨大或者有其他特别严重情节的，处10年以上有期徒刑或者无期徒刑，并处5万元以上50万元以下罚金或者没收财产。根据最高人民法院《全国法院审理金融犯罪案件工作座谈会纪要》，"数额较大"是指诈骗贷款数额在1万元以上，"数额巨大"是指诈骗贷款数额在5万元以上，"数额特别巨大"是指诈骗贷款数额在20万元以上。"其他严重情节"是指：(1) 为骗取贷款，向银行或者金融机构的工作人员行贿，数额较大的；(2) 挥霍贷款，或者用贷款进行违法活动，致使贷款到期无法偿还的；(3) 隐匿贷款去向，贷款期限届满后，拒不偿还的；(4) 提供虚假的担保申请贷款，贷款期限届满后，拒不偿还的；(5) 假冒他人名义申请贷款，贷款期限届满后，拒不偿还的。"其他特别严重情节"是指：(1) 为骗取贷款，向银行或者金融机构的工作人员行贿，数额巨大的；(2) 携带贷款逃跑的；(3) 使用贷款进行犯罪活动的。

三、票据诈骗罪

票据诈骗罪，是指以非法占有为目的，利用金融票据进行诈骗活动，数额较大的行为。(1) 本罪的主体是一般主体，自然人和单位都可以成为本罪的主体。(2) 本罪的主观方面必须出于故意，并且具有非法占有的目的。(3) 本罪的客观方面表现为利用金融票据进行诈骗活动，数额较大的行为。其中的"金融票据"是指汇票、本票和支票。根据《刑法》第194条的规定，本罪的行为方式主要有：1）明知是伪造、变造的汇票、本票、支票而使用的；2）明知是作废的汇票、本票、支票而使用的；3）冒用他人的汇票、本票、支票的；4）签发空头支票或者与其预留印鉴不符的支票，骗取财物的；5）汇票、本票的出票人签发无资金保证的汇票、本票或者在出票时作虚假记载，骗取财物的。(4) 本罪侵犯的客体是国家对金融票据的管理制度和公私财产的所有权。

根据《刑法》第194条和第200条的规定，犯本罪的，处5年以下有期徒刑或者拘役，并处2万元以上20万元以下罚金；数额巨大或者有其他严重情节的，处5年以上10年以下有期徒刑，并处5万元以上50万元以下罚金；数额特别巨大或者有其他特别严重情节的，处10年以上有期徒刑或者无期徒刑，并处5万元以上50万元以下罚金或者没收财产。单位犯本罪的，对单位判处罚金，并对其直接负责的主管人员和其他直接责任人员，处5年以下有期徒刑或者拘役，可以并处罚金；数额巨大或者有其他严重情节的，处5年以上10年以下有期徒刑，并处罚金；数额特别巨大或者有其他特别严重情节的，处10年以上有期徒刑或者无期徒刑，并处罚金。根据最高人民法院《全国法院审理金融犯罪案件工作座谈会纪要》，个人进行票据诈骗数额在 5 000 元以上的，属于数额较大；个人进行票据诈骗数额在 5 万元以上的，属于数额巨大；个人进行票据诈骗数额在 10 万元以上的，属于数额特别巨大。单位进行票据诈骗数额在 10 万元以上的，属于数额较大；单位进行票据诈骗数额在 30 万元以上的，属于数额巨大；单位进行票据诈骗数额在 100 万元以上的，属于数额特别巨大。

四、金融凭证诈骗罪

金融凭证诈骗罪，是指以非法占有为目的，使用伪造、变造的委托收款凭证、汇款凭证、银行存单等其他银行结算凭证，骗取财物的行为。(1) 本罪的主体是一般主体，自然人和单位都可以成为本罪的主体。(2) 本罪的主观方面必须出于故意，并且具有非法占有的目的。(3) 本罪的客观方面表现为使用伪造、变造的委托收款凭证、汇款凭证、银行存单等其他银行结算凭证，骗取财物的行为。其中“其他银行结算凭证”不包括票据诈骗罪中的各种票据。(4) 本罪侵犯的客体为国家对金融凭证的管理制度和他人的财物所有权。

根据《刑法》第 194 条和第 200 条的规定，犯本罪的，处 5 年以下有期徒刑或者拘役，并处 2 万元以上 20 万元以下罚金；数额巨大或者有其他严重情节的，处 5 年以上 10 年以下有期徒刑，并处 5 万元以上 50 万元以下罚金；数额特别巨大或者有其他特别严重情节的，处 10 年以上有期徒刑或者无期徒刑，并处 5 万元以上 50 万元以下罚金或者没收财产。单位犯本罪的，对单位判处罚金，并对其直接负责的主管人员和其他直接责任人员，处 5 年以下有期徒刑或者拘役，可以并处罚金；数额巨大或者有其他严重情节的，处 5 年以上 10 年以下有期徒刑，并处罚金；数额特别巨大或者有其他特别严重情节的，处 10 年以上有期徒刑或者无期徒刑，并处罚金。根据最高人民法院《全国法院审理金融犯罪案件工作座谈会纪要》，个人进行金融凭证诈骗数额在 5 000 元以上的，属于数额较大；个人进行金融凭证诈骗数额在 5 万元以上的，属于数额巨大；个人进行金融凭证诈骗数额在 10 万元以上的，属于数额特别巨大。单位进行金融凭证诈骗数额在 10 万元以上的，属于数额较大；单位进行金融凭证诈骗数额在 30 万元以上的，属于数额巨大；单位进行金融凭证诈骗数额在 100 万元以上的，属于数额特别巨大。

五、信用证诈骗罪

信用证诈骗罪，是指以非法占有为目的，利用信用证进行诈骗的行为。(1) 本罪的主体是一般主体，自然人和单位都可以成为本罪的主体。(2) 本罪的主观方面必须出于故意，并且具有非法占有的目的。(3) 本罪的客观方面表现为使用信用证进行诈骗的行为。根据《刑法》第 195 条的规定，本罪的行为方式主要表现为：1) 使用伪造、变造的信用证或者附随的单据、文件的；2) 使用作废的信用证的；3) 骗取信用证的；4) 以其他方法进行信用证诈骗活动的。(4) 本罪侵犯的客体是国家对金融活动的管理制度和公私财产的所有权。

根据《刑法》第 195 条和第 200 条的规定，犯本罪的，处 5 年以下有期徒刑或者拘役，并处 2 万元以上 20 万元以下罚金；数额巨大或者有其他严重情节的，处 5 年以上 10 年以下有期徒刑，并处 5 万元以上 50 万元以下罚金；数额特别巨大或者有其他特别严重情节的，处 10 年以上有期徒刑或者无期徒刑，并处 5 万元以上 50 万元以下罚金或者没收财产。

单位犯本罪的，对单位判处罚金，并对其直接负责的主管人员和其他直接责任人员，处5年以下有期徒刑或者拘役，可以并处罚金；数额巨大或者有其他严重情节的，处5年以上10年以下有期徒刑，并处罚金；数额特别巨大或者有其他特别严重情节的，处10年以上有期徒刑或者无期徒刑，并处罚金。根据最高人民法院《全国法院审理金融犯罪案件工作座谈会纪要》，个人进行信用证诈骗数额在10万元以上的，属于数额巨大；个人进行信用证诈骗数额在50万元以上的，属于数额特别巨大。单位进行信用证诈骗数额在50万元以上的，属于数额巨大；单位进行信用证诈骗数额在250万元以上的，属于数额特别巨大。

六、信用卡诈骗罪

（一）信用卡诈骗罪的概念和特征

信用卡诈骗罪，是指以非法占有为目的，使用信用卡进行诈骗活动，数额较大的行为。（1）本罪的主体是一般主体。（2）本罪的主观方面必须出于故意，并且具有非法占有的目的。（3）本罪的客观方面表现为使用信用卡进行诈骗、数额较大的行为。根据《刑法》第196条的规定，本罪的行为方式主要表现为：1）使用伪造的信用卡的，或者使用以虚假的身份证明骗领的信用卡的；2）使用作废的信用卡的；3）冒用他人的信用卡的；4）恶意透支的。其中的“恶意透支”是指持卡人以非法占有为目的，超过规定限额或者规定期限透支，并且经发卡银行催收后仍不归还的行为。“信用卡”是指由商业银行或者其他金融机构发行的具有消费支付、信用贷款、转账结算、存取现金等全部功能或者部分功能的电子支付卡。（4）本罪侵犯的客体是国家对金融活动的管理制度和公私财产的所有权。

（二）信用卡诈骗罪的认定

在对本罪进行认定时，应注意以下问题：

（1）盗窃信用卡并使用的罪名的认定问题。盗窃信用卡并使用的，有人认为应当认定为盗窃罪，有人认为应当认定为诈骗罪，也有人认为应当作为盗窃罪与诈骗罪的牵连犯予以认定，从一重处断。根据《刑法》第196条的规定，对此应当认定为盗窃罪。

（2）伪造信用卡并使用的罪名的认定。根据刑法的相关规定，伪造信用卡的行为构成伪造、变造金融票证罪，使用伪造的信用卡的行为构成信用卡诈骗罪。但对于伪造信用卡后并加以使用的行为如何认定，并没有作出规定。根据通说，伪造信用卡并加以使用的行为，应当作为牵连犯加以认定，由于两罪的法定刑相同，故以两行为中的目的行为即信用卡诈骗罪认定较为妥当。

（三）信用卡诈骗罪的刑事责任

根据《刑法》第196条的规定，犯本罪的，处5年以下有期徒刑或者拘役，并处2万元以上20万元以下罚金；数额巨大或者有其他严重情节的，处5年以上10年以下有期徒刑，并处5万元以上50万元以下罚金；数额特别巨大或者有其他特别严重情节的，处10年以上有期徒刑或者无期徒刑，并处5万元以上50万元以下罚金或者没收财产。其中利用信用卡进行诈骗，诈骗数额在5 000元以上的，属于数额较大；诈骗数额在5万元以上的，属于数额巨大；诈骗数额在20万元以上的，属于数额特别巨大。恶意透支数额在5 000元以上的，属于数额较大；恶意透支数额在5万元以上的，属于数额巨大；恶意透支数额在20万元以上的，属于数额特别巨大。

七、有价证券诈骗罪

有价证券诈骗罪，是指以非法占有为目的，使用伪造、变造的国库券或者国家发行的其他有价证券，进行诈骗活动，数额较大的行为。本罪的主体是一般主体。本罪的主观方面必须出于故意，并且具有非法占有的目的。本罪的客观方面表现为使用伪造、变造的国库券或者国家发行的其他有价证券，进行诈骗活动，数额较大的行为。本罪侵犯的客体为国家对有价证券的管理制度和公私财产的所有权。

根据《刑法》第197条的规定，犯本罪的，处5年以下有期徒刑或者拘役，并处2万元以上20万元以下罚金；数额巨大或者有其他严重情节的，处5年以上10年以下有期徒刑，并处5万元以上50万元以下罚金；数额特别巨大或者有其他特别严重情节的，处10年以上有期徒刑或者无期徒刑，并处5万元以上50万元以下罚金或者没收财产。

八、保险诈骗罪

（一）保险诈骗罪的概念和特征

保险诈骗罪，是指投保人、被保险人或者受益人，以非法占有为目的，以虚构事实或者隐瞒真相的方法，进行保险诈骗活动，数额较大的行为。（1）本罪的主体是特殊主体，即必须是投保人、被保险人或者受益人，包括自然人和单位。（2）本罪的主观方面必须出于故意，并以非法占有保险金为目的。（3）本罪的客观方面表现为以虚构事实或者隐瞒真相的方法，进行保险诈骗活动，数额较大的行为。根据《刑法》第198条的规定，本罪的行为方式主要有：1）投保人故意虚构保险标的，骗取保险金的；2）投保人、被保险人或者受益人对发生的保险事故编造虚假的原因或者夸大损失的程度，骗取保险金的；3）投保人、被保险人或者受益人编造未曾发生的保险事故，骗取保险金的；4）投保人、被保险人故意造成财产损失的保险事故，骗取保险金的；5）投保人、受益人故意造成被保险人死亡、伤残或者疾病，骗取保险金的。（4）本罪侵犯的客体是国家对保险活动的管理制度和保险人的财产所有权。

【案例23-5】　钟某保险诈骗案

钟某租用某房地产开发公司的场地开了一家酒店，并为酒店财产投了意外事故保险。后因经营不善甚至无力支付租金，被迫关门。为还债，钟某决定放火烧毁酒店，以骗取高额保险金。某日深夜，钟某将酒店烧毁，并于其后向保险公司索赔。但由于过度紧张而被保险公司工作人员识破骗局，钟某随即被公安机关抓获。

本案中，钟某构成保险诈骗罪无疑，问题在于罪数的认定。钟某放火烧毁酒店的行为，因危及公共安全构成放火罪；向保险公司虚假索赔的行为构成保险诈骗罪。两罪的关系如何？应该说，前一行为是后一行为的手段行为，而后一行为则是前一行为的目的行为，两者具有牵连关系。对牵连犯的处罚，理论界有认为应择一重处断者，也有认为应当数罪并罚者，我国《刑法》总则对此并无明确规定，而只在分则的某些条文中作了个别性规定，保险诈骗罪即为一例。《刑法》第198条规定：“……同时构成其他犯罪的，依照数罪并罚的规定处罚。”因而本案中钟某应当构成放火罪和保险诈骗罪，并对之实行并罚。

（二）保险诈骗罪的认定

在对本罪进行认定时，应注意以下问题：

（1）关于本罪着手的认定。根据《刑法》第198条的规定，只有当投保人、被保险人或者受益人实施了上述五种保险诈骗行为中的任何一种并实际骗取了数额较大的保险金的，才能构成犯罪。因而本罪属于结果犯，行为人单纯实施上述保险诈骗行为时，只是为实施保险诈骗作准备，到保险公司索赔或者向保险公司请求支付保险金的行为，才是本罪的着手行为。

（2）一罪与数罪的界限。投保人、被保险人或者受益人为骗取保险金而实施上述行为时，往往会构成保险诈骗罪与相关联的其他犯罪的牵连关系。但根据《刑法》第198条第2款的规定，行为人在实施保险诈骗行为时触犯其他罪名的，根据数罪并罚的原则予以处罚。保险诈骗行为未得逞的，不构成保险诈骗罪，其手段行为构成其他相应的犯罪。

（三）保险诈骗罪的刑事责任

根据《刑法》第198条的规定，犯本罪的，处5年以下有期徒刑或者拘役，并处1万元以上10万元以下罚金；数额巨大或者有其他严重情节的，处5年以上10年以下有期徒刑，并处2万元以上20万元以下罚金；数额特别巨大或者有其他特别严重情节的，处10年以上有期徒刑，并处2万元以上20万元以下罚金或者没收财产。单位犯本罪的，对单位判处罚金，并对其直接负责的主管人员和其他直接责任人员，处5年以下有期徒刑或者拘役；数额巨大或者有其他严重情节的，处5年以上10年以下有期徒刑；数额特别巨大或者有其他特别严重情节的，处10年以上有期徒刑。保险事故的鉴定人、证明人、财产评估人故意提供虚假的证明文件，为他人诈骗提供条件的，以保险诈骗罪的共犯论处。

第七节　危害税收征管罪

一、逃税罪

（一）逃税罪的概念和特征

逃税罪，是指纳税人或扣缴义务人采取欺骗、隐瞒手段进行虚假纳税申报或者不申报，逃避缴纳税款数额较大，或者不缴或者少缴已扣、已收税款数额较大的行为。本罪的主体是特殊主体，即必须是纳税人或扣缴义务人。其中的“扣缴义务人”是指根据税法规定负有代扣代缴义务的单位和自然人，包括代扣代缴义务人和代收代缴义务人。本罪在主观方面必须出于故意，并且具有获取非法利益的目的。本罪在客观方面表现为采取欺骗、隐瞒手段进行虚假纳税申报或者不申报，逃避缴纳税款数额较大，或者不缴或者少缴已扣、已收税款数额较大的行为。本罪侵犯的客体是国家的税收征管制度。

（二）逃税罪的认定

在对本罪进行认定时，应注意以下问题：

（1）罪与非罪的界限。本罪与一般逃税行为的区别在于，逃税税款的数额是否达到《刑法》第201条第1、2款规定的数额标准和是否具备《刑法》第201条第4款规定的情况。

（2）逃税与漏税、欠税的界限。逃税是指采取欺骗、隐瞒手段进行虚假纳税申报或者不申报，逃避缴纳税款的行为，主观方面表现为故意。漏税则是指纳税单位或个人非故意地漏缴或者少缴应纳税款的行为。欠税是指在规定的期限内，因客观原因而无力缴纳应缴税款。本罪的规制对象是逃税行为，漏税与欠税即使达到了数额较大或者情节严重的，也不构成本罪。

(三) 逃税罪的刑事责任

根据《刑法》第 201 条的规定，犯本罪数额较大并且占应纳税额 10%以上的，处 3 年以下有期徒刑或者拘役，并处罚金；数额巨大并且占应纳税额 30%以上的，处 3 年以上 7 年以下有期徒刑，并处罚金。扣缴义务人采取前款所列手段，不缴或者少缴已扣、已收税款，数额较大的，依照前款的规定处罚。对多次实施前两款行为，未经处理的，按照累计数额计算。单位犯本罪的，对单位判处罚金，并对其直接负责的主管人员和其他直接责任人员，依照上述规定处罚。

纳税人有逃避缴纳税款的行为，经税务机关依法下达追缴通知后，补缴应纳税款，缴纳滞纳金，已受行政处罚的，不予追究刑事责任；但是，5 年内因逃避缴纳税款受过刑事处罚或者被税务机关给予两次以上行政处罚的除外。

本章［引例］中，甲本身不属于有抵扣税款资格的纳税户，却以从 A、B 两公司获取可抵扣税款的运输发票的形式，从承租的 B 公司以及有关运输企业接收虚开的表明营业支出的运输发票并将之入账，用于冲减以 A 公司名义经营运输业务的营业额以偷逃税款，符合逃税罪的构成要件，应当认定为逃税罪。

二、抗税罪

抗税罪，是指纳税人、扣缴义务人以暴力、威胁方法拒不缴纳应缴税款的行为。本罪的主体是特殊主体，即负有纳税义务的纳税人或者扣缴义务人。本罪只能由自然人实施，单位不能成为本罪的主体。本罪在主观方面必须出于故意，在客观方面表现为以暴力、威胁方法拒不缴纳应缴税款的行为。本罪侵犯的客体是国家的税收监管制度和税务机关的正常活动。

实施抗税行为致人重伤、死亡，构成故意伤害罪、故意杀人罪的，应当分别按照《刑法》第 234 条第 2 款、第 232 条的规定定罪处罚。与纳税人或者扣缴义务人共同实施抗税行为的，以抗税罪的共犯认定。

根据《刑法》第 202 条的规定，犯本罪的，处 3 年以下有期徒刑或者拘役，并处拒缴税款 1 倍以上 5 倍以下罚金；情节严重的，处 3 年以上 7 年以下有期徒刑，并处拒缴税款 1 倍以上 5 倍以下罚金。“情节严重”是指：聚众抗税的首要分子；抗税数额在 10 万元以上；多次抗税；故意伤害致人轻伤；具有其他严重情节。

三、逃避追缴欠税罪

逃避追缴欠税罪，是指纳税人欠缴应纳税款，采取转移或者隐匿财产的手段，致使税务机关无法追缴欠缴的税款，数额较大的行为。本罪的主体是特殊主体，即纳税人。本罪的主观方面必须出于故意，即明知存在欠缴应纳税款的事实，而故意转移或者隐匿资产，以逃避缴纳欠缴的应纳税款。本罪的客观方面表现为欠缴应纳税款，采取转移或者隐匿财产的手段，致使税务机关无法追缴欠缴的税款，数额较大的行为。“数额较大”是指税务机关无法追缴欠缴的税款在 1 万元以上。本罪侵犯的客体是国家的税收征管制度。

根据《刑法》第 203 条、第 211 条的规定，逃避追缴欠税数额在 1 万元以上不满 10 万元的，处3年以下有期徒刑或者拘役，并处或者单处欠缴税款1倍以上5倍以下罚金；数额在10万元以上的，处3年以上7年以下有期徒刑，并处欠缴税款1倍以上5倍以下罚金。单位犯本罪的，对单位判处罚金，并对其直接负责的主要人员和其他直接责任人员，按照上述规定处罚。

四、骗取出口退税罪

骗取出口退税罪，是指以假报出口或者其他欺骗手段，骗取国家出口退税款，数额较大的行为。本罪的主体是一般主体，自然人和单位都可以成为本罪的主体。本罪的主观方面必须出于故意，并且具有骗取国家出口退税款的目的。本罪在客观方面表现为以假报出口或者其他欺骗手段，骗取自己并未缴纳的税款的行为。本罪侵犯的客体是国家的出口退税制度。

根据《刑法》第204条、第211条的规定，犯本罪的，处5年以下有期徒刑或者拘役，并处骗取税款1倍以上5倍以下罚金；数额巨大或者有其他严重情节的，处5年以上10年以下有期徒刑，并处骗取税款1倍以上5倍以下罚金；数额特别巨大或者有其他特别严重情节的，处10年以上有期徒刑或者无期徒刑，并处骗取税款1倍以上5倍以下罚金或者没收财产。单位犯本罪的，对单位判处罚金，并对其直接负责的主要人员和其他直接责任人员，按照上述规定处罚。纳税人缴纳税款后，采取前述欺骗方法，骗取所缴纳的税款的，依照《刑法》第201条逃税罪的规定定罪处罚。但是，如果骗取税款超过所缴纳的税款部分，依照骗取出口退税罪的规定处罚。

五、虚开增值税专用发票、用于骗取出口退税、抵扣税款发票罪

虚开增值税专用发票、用于骗取出口退税、抵扣税款发票罪，是指违反发票管理法规，虚开增值税专用发票或者用于骗取出口退税、抵扣税款发票的行为。（1）本罪的主体是一般主体，包括自然人和单位。（2）本罪的主观方面必须出于故意。（3）本罪的客观方面表现为：1）为他人虚开，指为没有实际经营活动的人开具发标，或者为有经营活动的人刑具数量或者金额不实的发票；2）为自己虚开，指本身没有实际的进项经营活动而利用非法取得的进项发票为自己虚开；3）让他人为自己虚开，指行为人没有实际的经营活动，让他人用他人的发票为自己虚开，或者行为人有实际的经营活动，让他人用他人的发票为自己开具数额不实的发票；4）介绍他人虚开，指在发票的拥有人和有虚开需要的人之间斡旋、沟通的行为。（4）本罪侵犯的客体是国家对增值税专用发票和其他发票的监管制度。

虚开增值税专用发票、用于骗取出口退税、抵扣税款发票后，又利用虚开的发票骗取出口退税或者抵扣税款的，构成虚开增值税专用发票、用于骗取出口退税、抵扣税款发票罪及骗取出口退税罪或逃税罪。应按照牵连犯的处罚原则从一重处断，以虚开增值税专用发票、用于骗取出口退税、抵扣税款发票罪论处。

根据《刑法》第205条的规定，犯本罪的，处3年以下有期徒刑或者拘役，并处2万元以上20万元以下罚金；虚开的税款数额较大或者有其他严重情节的，处3年以上10年以下有期徒刑，并处5万元以上50万元以下罚金；虚开的税款数额巨大或者有其他特别严重情节的，处10年以上有期徒刑或者无期徒刑，并处5万元以上50万元以下罚金或者没收财产。单位犯本罪的，对单位判处罚金，并对其直接负责的主管人员和其他直接责任人

员，处3年以下有期徒刑或者拘役；虚开的税款数额较大或者有其他严重情节的，处3年以上10年以下有期徒刑；虚开的税款数额巨大或者有其他特别严重情节的，处10年以上有期徒刑或者无期徒刑。

根据《刑法》第212条的规定，在执行罚金、没收财产前，应当先由税务机关追缴税款。

六、虚开发票罪

虚开发票罪，是指虚开增值税专用发票和用于骗取出口退税、抵扣税款的发票之外的其他发票，情节严重的行为。本罪的主体为一般主体，包括自然人和单位。本罪的主观方面表现为故意；客观方面表现为行为人实行了虚开增值税专用发票和用于骗取出口退税、抵扣税款的发票之外的其他发票，情节严重的行为。本罪侵犯的客体是国家的税收征管秩序。

根据《刑法》第205条之一的规定，犯本罪的，处2年以下有期徒刑、拘役或者管制，并处罚金；情节特别严重的，处2年以上7年以下有期徒刑，并处罚金。单位犯本罪的，对单位判处罚金，并对其直接负责的主管人员和其他直接责任人员，依照上述规定处罚。

七、伪造、出售伪造的增值税专用发票罪

伪造、出售伪造的增值税专用发票罪，是指非法印制或者出售非法印制的增值税专用发票的行为。本罪的主体是一般主体。本罪的主观方面必须表现为故意，客观方面表现为实施了伪造或者出售伪造的增值税专用发票的行为。本罪侵犯的客体是国家对增值税专用发票的管理制度。

根据《刑法》第206条的规定，犯本罪的，处3年以下有期徒刑、拘役或者管制，并处2万元以上20万元以下罚金；数量较大或者有其他严重情节的，处3年以上10年以下有期徒刑，并处5万元以上50万元以下罚金；数量巨大或者有其他特别严重情节的，处10年以上有期徒刑或者无期徒刑，并处5万元以上50万元以下罚金或者没收财产。单位犯本罪的，对单位判处罚金，并对其直接负责的主管人员和其他直接责任人员，处3年以下有期徒刑、拘役或者管制；数量较大或者有其他严重情节的，处3年以上10年以下有期徒刑；数量巨大或者有其他特别严重情节的，处10年以上有期徒刑或者无期徒刑。

八、非法出售增值税专用发票罪

非法出售增值税专用发票罪，是指违反国家发票管理法规，非法出售增值税专用发票的行为。本罪的主体是一般主体，自然人和单位都可以成为本罪的主体。本罪在主观方面必须表现为故意，在客观方面表现为违反国家发票管理法规，非法出售增值税专用发票的行为。本罪侵犯的客体是国家对增值税专用发票的管理制度。

根据《刑法》第207条和第211条的规定，犯本罪的，处3年以下有期徒刑、拘役或者管制，并处2万元以上20万元以下罚金；数量较大的，处3年以上10年以下有期徒刑，并处5万元以上50万元以下罚金；数量巨大的，处10年以上有期徒刑或者无期徒刑，并处5万元以上50万元以下罚金或者没收财产。单位犯本罪的，对单位判处罚金，并对其直接负责的主管人员和其他直接责任人员，依照上述规定处罚。

九、非法购买增值税专用发票、购买伪造的增值税专用发票罪

非法购买增值税专用发票、购买伪造的增值税专用发票罪，是指违反国家发票管理法规，非法购买增值税专用发票或者购买伪造的增值税专用发票的行为。本罪的主体是一般主体，自然人和单位都可以成为本罪的主体。本罪的主观方面必须是故意。本罪的客观方面表现为违反国家发票管理法规，向无权出售增值税专用发票的单位或者个人购买增值税专用发票，或者明知是伪造的增值税专用发票而予以购买。本罪侵犯的客体是国家对发票的管理制度。

根据《刑法》第208条和第211条的规定，犯本罪的，处5年以下有期徒刑或者拘役，并处或者单处2万元以上20万元以下罚金。单位犯本罪的，对单位判处罚金，并对其直接负责的主管人员和其他直接责任人员，依照上述规定处罚。如果非法购买增值税专用发票或者购买伪造的增值税专用发票又虚开或者出售的，则分别按照虚开增值税专用发票罪、用于骗取出口退税、抵扣税款发票罪，伪造、出售伪造的增值税专用发票罪或者非法出售增值税专用发票罪的规定定罪处罚。

十、非法制造、出售非法制造的用于骗取出口退税、抵扣税款发票罪

非法制造、出售非法制造的用于骗取出口退税、抵扣税款发票罪，是指违反国家的发票管理法规，伪造、擅自制造或者出售伪造、擅自制造的可以用于骗取出口退税、抵扣税款的其他发票的行为。

根据《刑法》第209条第1款、第211条的规定，犯本罪的，处3年以下有期徒刑、拘役或者管制，并处2万元以上20万元以下罚金；数量巨大的，处3年以上7年以下有期徒刑，并处5万元以上50万元以下罚金；数量特别巨大的，处7年以上有期徒刑，并处5万元以上50万元以下罚金或者没收财产。单位犯本罪的，对单位判处罚金，并对其直接负责的主管人员和其他直接责任人员，依照上述规定处罚。

十一、非法制造、出售非法制造的发票罪

非法制造、出售非法制造的发票罪，是指违反国家发票管理法规，伪造、擅自制造或者出售伪造、擅自制造的用于骗取出口退税、抵扣税款的发票以外的其他发票的行为。

根据《刑法》第209条第2款和第211条的规定，犯本罪的，处2年以下有期徒刑、拘役或者管制，并处或者单处1万元以上5万元以下罚金；情节严重的，处2年以上7年以下有期徒刑，并处5万元以上50万元以下罚金。单位犯本罪的，对单位判处罚金，并对其直接负责的主管人员和其他直接责任人员，依照上述规定处罚。

十二、非法出售用于骗取出口退税、抵扣税款发票罪

非法出售用于骗取出口退税、抵扣税款发票罪，是指违反国家发票管理法规，非法出售可以用于骗取出口退税、抵扣税款的非增值税专用发票的行为。

根据《刑法》第209条第3款和第211条的规定，犯本罪的，依照第209条第1款非法制造、出售非法制造的用于骗取出口退税、抵扣税款发票罪的规定处罚。单位犯本罪的，对单位判处罚金，并对其直接负责的主管人员和其他直接责任人员，依照上述规定处罚。

十三、非法出售发票罪

非法出售发票罪，是指违反国家发票管理法规，非法出售除增值税专用发票、可以用于骗取出口退税、抵扣税款的非增值税专用发票以外的普通发票的行为。

【案例 23-6】　邓某非法出售发票案

邓某系税务机关工作人员，在接受个体户王某的宴请后，便在明知王某不具有购票主体资格的情况下，陆续出售给王某 10 本商业零售发票，王某将这些发票倒卖给他人，使国家损失税款 12 万元。

本案的难点在于邓某的行为是构成非法出售发票罪还是构成徇私舞弊发售发票、抵扣税款、出口退税罪。对案情的认定，需要从两个罪名之间的关系入手：前者的犯罪客体是国家的发票管理制度，后者的犯罪客体是国家税务机关工作人员职务行为的廉洁性，同时也包括发票管理制度；前者的犯罪对象是不可以用于出口退税、抵扣税款的发票，而后者的犯罪对象是任何一种发票；前者的客观方面表现为违反国家法律规定出售发票的行为，而后者的客观方面表现为行为人违反国家法律法规，在办理发售发票的工作中，徇私舞弊，致使国家利益遭受重大损失的行为，它要求行为人有渎职的行为；前者的主体是一般主体，而后者的主体则是税务机关工作人员。应当说，广义上的非法出售发票的行为包括徇私舞弊发售发票这种渎职行为，两者之间是一般与特别的关系。本案中邓某的行为既然构成了非法出售发票罪，也就应当构成徇私舞弊发售发票、抵扣税款、出口退税罪。因此，本案中应当根据特别法优于一般法的原则，对邓某的行为认定为徇私舞弊发售发票、抵扣税款、出口退税罪。

根据《刑法》第 209 条第 4 款和第 211 条的规定，犯本罪的，依照第 209 条第 2 款非法制造、出售非法制造的发票罪的规定处罚。单位犯本罪的，对单位判处罚金，并对其直接负责的主管人员和其他直接责任人员，依照上述规定处罚。

十四、持有伪造的发票罪

持有伪造的发票罪，是指明知是伪造的发票而持有，数量较大的行为。(1) 本罪的主体是一般主体，包括自然人和单位。(2) 本罪的主观方面表现为故意。(3) 本罪的客观方面表现为持有数量较大的伪造的发票。所谓持有，是指行为人对伪造的发票处于占有、支配、控制的一种状态，不仅指行为人随身携带伪造的发票，也包括在行为人的住所、驾驶的交通工具上存放伪造的发票。(4) 本罪侵犯的客体是国家发票的管理秩序。

根据《刑法》第 210 条之一的规定，犯本罪的，处 2 年以下有期徒刑、拘役或者管制，并处罚金；数量巨大的，处 2 年以上 7 年以下有期徒刑，并处罚金。单位犯前款罪的，对单位判处罚金，并对其直接负责的主管人员和其他直接责任人员，依照前款的规定处罚。

第八节　侵犯知识产权罪

一、假冒注册商标罪

假冒注册商标罪，是指违反国家商标管理法规，未经注册商标所有人许可，在同一种商品上使用与其注册商标相同的商标，情节严重的行为。本罪的主体是一般主体，自然人和单位都可以构成本罪的主体。本罪的主观方面是故意，过失不能构成本罪。本罪在客观方面表现为违反国家商标管理法规，未经注册商标所有人许可，在同一种商品上使用与其注册商标相同的商标，情节严重的行为。侵犯他人注册商标的行为共有四种，即在同一种商品上使用与他人注册商标近似的商标；在类似的商品上使用与他人注册商标近似的商标；在类似的商品上使用与他人注册商标相同的商标；以及在同一种商品上使用与他人注册商标相同的商标。只有最后一种行为在情节严重的情况下构成本罪。行为人实施前三种行为的，即使情节严重，也只能根据商标法的相关规定受到行政处罚。本罪侵犯的客体是国家对注册商标的管理制度和他人的注册商标所有权。

根据《刑法》第213条和第220条的规定，犯本罪的，处3年以下有期徒刑或者拘役，并处或者单处罚金；情节特别严重的，处3年以上7年以下有期徒刑，并处罚金。单位犯本罪的，对单位判处罚金，并对其直接负责的主管人员和其他直接责任人员，依照上述规定处罚。

二、销售假冒注册商标的商品罪

销售假冒注册商标的商品罪，是指违反国家商标管理法规，销售明知是假冒注册商标的商品，销售金额数额较大的行为。（1）本罪的主体是一般主体，包括自然人和单位。（2）本罪的主观方面表现为故意，即明知是假冒注册商标的商品而故意予以销售。“明知”是指：知道自己销售的商品上的注册商标被涂改、调换或者覆盖的；因销售假冒注册商标的商品受到过行政处罚或者承担过民事责任、又销售同一种假冒注册商标的商品的；伪造、涂改商标注册人授权文件或者知道该文件被伪造、涂改的；其他知道或者应当知道是假冒注册商标的商品的情形。（3）本罪在客观方面表现为违反国家商标管理法规，销售明知是假冒注册商标的商品，销售金额数额较大的行为。其中的“销售金额”是指销售假冒注册商标的商品后所得和应得的全部违法收入。（4）本罪侵犯的客体是国家对注册商标的管理制度和他人的注册商标所有权。

在对本罪进行认定时，应注意因为假冒注册商标的商品通常属于伪劣产品，销售假冒注册商标的商品可能同时触犯销售伪劣产品罪，鉴于行为人只实施了一个行为，应认定为想象竞合犯，从一重处断。

根据《刑法》第214条和第220条的规定，犯本罪的，处3年以下有期徒刑或者拘役，并处或者单处罚金；销售金额数额巨大的，处3年以上7年以下有期徒刑，并处罚金。单位犯本罪的，对单位判处罚金，并对其直接负责的主管人员和其他直接责任人员，依照上述规定处罚。

三、非法制造、销售非法制造的注册商标标识罪

非法制造、销售非法制造的注册商标标识罪，是指违反国家商标管理法规，伪造、擅自制造他人注册商标标识或者销售伪造、擅自制造的注册商标标识，情节严重的行为。本罪的主体是一般主体，自然人和单位都可以成为本罪的主体。本罪在主观方面表现为故意，即明知是他人的注册商标标识而故意伪造或者擅自制造。本罪在客观方面表现为违反国家商标管理法规，伪造、擅自制造他人注册商标标识或者销售伪造、擅自制造的注册商标标识，情节严重的行为。本罪侵犯的客体是国家对注册商标的管理制度和他人的注册商

标所有权。

根据《刑法》第215条和第220条的规定，犯本罪的，处3年以下有期徒刑、拘役或者管制，并处或者单处罚金；情节特别严重的，处3年以上7年以下有期徒刑，并处罚金。单位犯本罪的，对单位判处罚金，并对其直接负责的主管人员和其他直接责任人员，依照上述规定处罚。

四、假冒专利罪

假冒专利罪，是指违反国家专利管理法规，在专利有效期限内，假冒他人专利，情节严重的行为。本罪的主体是一般主体，自然人和单位都可以成为本罪的主体。本罪的主观方面必须是故意，过失不能构成本罪。本罪在客观方面表现为违反国家专利管理法规，在专利有效期限内，假冒他人专利，情节严重的行为。其中的“假冒他人专利”是指：未经许可，在其制造或者销售的产品、产品的包装上标注他人专利号的；未经许可，在广告或者其他宣传材料中使用他人的专利号，使人将所涉及的技术误认为是他人专利技术的；未经许可，在合同中使用他人的专利号，使人将合同涉及的技术误认为是他人专利技术的；伪造或者变造他人的专利证书、专利文件或者专利申请文件的。本罪侵犯的客体为国家对专利的管理制度。

根据《刑法》第216条和第220条的规定，犯本罪的，处3年以下有期徒刑或者拘役，并处或者单处罚金。单位犯本罪的，对单位判处罚金，并对其直接负责的主管人员和其他直接责任人员，依照上述规定处罚。

五、侵犯著作权罪

侵犯著作权罪，是指违反著作权法的规定，侵犯他人的著作权，违法所得数额较大或者有其他严重情节的行为。本罪的主体是一般主体，自然人和单位都可以成为本罪的主体。本罪的主观方面表现为故意，并且一般具有营利的目的。本罪的客观方面表现为侵犯他人的著作权，违法所得数额较大或者有其他严重情节的行为。本罪的行为方式主要表现为：未经著作权人许可，复制、发行其文字作品、音乐、电影、电视、录像作品、计算机软件及其他作品；出版他人享有专有出版权的图书；未经录音录像制作者许可，复制、发行其制作的录音录像；制作、出售假冒他人署名的美术作品。本罪侵犯的客体是他人的著作权和与著作权有关的权益。

根据《刑法》第217条和第220条的规定，犯本罪的，处3年以下有期徒刑或者拘役，并处或者单处罚金；违法所得数额巨大或者有其他特别严重情节的，处3年以上7年以下有期徒刑，并处罚金。单位犯本罪的，对单位判处罚金，并对其直接负责的主管人员和其他直接责任人员，依照上述规定处罚。

六、销售侵权复制品罪

销售侵权复制品罪，是指以营利为目的，销售明知是侵犯他人著作权的复制品，违法所得数额巨大的行为。

【案例23-7】　　袁某销售侵权复制品案

2000年8月，时任某市电影公司发行科科长的被告人袁某，在明知吴某提供的一部电影拷贝无许可证、系盗版片的情况下，购买该电影拷贝10部。之后，袁某向河南、安徽等地的电影放映公司、电影院等处出租盗版拷贝共10部，经营额达人民币30余万元，个人所得人民币6万余元。

本案中，袁某向电影院出租盗版电影拷贝的行为应如何定性？有观点认为，应构成销售侵权复制品罪；也有观点认为，出租行为区别于销售行为，因而袁某的行为不构成犯罪。根据《刑法》第218条的规定，销售侵权复制品罪主观上必须以营利为目的，客观上要有销售行为。但在本案中，袁某是向电影放映公司和电影院出租盗版的拷贝，只转移了使用权（出租）而并没有转移所有权（出售）。所以，本案中袁某的行为并不能满足销售侵权复制品罪客观方面的要求，袁某的行为不构成犯罪。

根据《刑法》第218条和第220条的规定，犯本罪的，处3年以下有期徒刑或者拘役，并处或者单处罚金。单位犯本罪的，对单位判处罚金，并对其直接负责的主管人员和其他直接责任人员，依照上述规定处罚。

七、侵犯商业秘密罪

（一）侵犯商业秘密罪的概念和特征

侵犯商业秘密罪，是指违反商业秘密保护法规，侵犯商业秘密，给商业秘密的权利人造成重大损失的行为。本罪的主体是一般主体，自然人和单位都可以成为本罪的主体。本罪的主观方面必须出于故意。本罪在客观方面表现为违反商业秘密保护法规，侵犯商业秘密，给商业秘密的权利人造成重大损失的行为。本罪的行为方式主要有：以盗窃、利诱、胁迫或者其他不正当手段获取权利人的商业秘密；披露、使用或者允许他人使用以前项手段获取的权利人的商业秘密；违反约定或者违反权利人有关保守商业秘密的要求，披露、使用或者允许他人使用其所掌握的商业秘密。其中的“商业秘密”是指不为公众所知悉，能为权利人带来经济利益，具有实用性并经权利人采取保密措施的技术信息和经营信息。“权利人”是指商业秘密的所有人和经商业秘密所有人许可的商业秘密使用人。此外，明知或者应知上述行为而获取、使用或者披露他人的商业秘密的，也以侵犯商业秘密论。

（二）侵犯商业秘密罪的认定

在对本罪进行认定时，应注意以下问题：

（1）本罪与假冒注册商标罪、假冒专利罪、侵犯著作权罪的界限。首先，行为方式不同。本罪行为表现为：以盗窃、利诱、胁迫或者其他不正当手段获取权利人的商业秘密以及披露、使用或者允许他人使用以不正当手段获取的权利人的商业秘密，后面几种犯罪则表现为假冒行为。其次，行为对象不同，本罪的行为对象是商业秘密，而其他犯罪所侵犯的则是权利人的商标权、专利权和著作权。对于非法使用他人的商业秘密制造产品后假冒他人的注册商标的，应认定为想象竞合犯，从一重处断。

（2）本罪与为境外窃取、刺探、收买、非法提供国家秘密、情报罪的界限。一般情况下，两者的界限是清晰的，但是，在行为人以盗窃、利诱、胁迫或者其他不正当手段所获取的商业秘密属于国家秘密、并将之提供给境外时，两者出现交叉关系，应当认定为法条竞合，根据重法优于轻法的原则予以处断。

（三）侵犯商业秘密罪的刑事责任

根据《刑法》第219条和第220条的规定，犯本罪的，处3年以下有期徒刑或者拘役，并处或者单处罚金；造成特别严重后果的，处 3 年以上 7 年以下有期徒刑，并处罚金。单位犯本罪的，对单位判处罚金，并对其直接负责的主管人员和其他直接责任人员，依照上述规定处罚。

第九节　扰乱市场秩序罪

一、损害商业信誉、商品声誉罪

损害商业信誉、商品声誉罪，是指违反反不正当竞争管理法规，捏造并散布虚伪事实，损害他人的商业信誉、商品声誉，给他人造成重大损失或者有其他严重情节的行为。本罪的主体是一般主体，自然人和单位都可以成为本罪的主体。本罪的主观方面必须出于故意。本罪的客观方面表现为违反反不正当竞争管理法规，捏造并散布虚伪事实，损害他人的商业信誉、商品声誉，给他人造成重大损失或者有其他严重情节的行为。本罪侵犯的客体是国家对市场的管理制度和他人的商业信誉。

根据《刑法》第 221 条和第 231 条的规定，犯本罪的，处 2 年以下有期徒刑或者拘役，并处或者单处罚金。单位犯本罪的，对单位判处罚金，并对其直接负责的主管人员和其他直接责任人员，依照上述规定处罚。

二、虚假广告罪

虚假广告罪，是指广告主、广告经营者、广告发布者违反国家规定，利用广告对商品或者服务作虚假宣传，情节严重的行为。本罪的主体是特殊主体，即广告主、广告经营者和广告发布者。本罪的主观方面必须出于故意。本罪在客观方面表现为违反国家规定，利用广告对商品或者服务作虚假宣传，情节严重的行为。本罪侵犯的客体是国家对广告的管理制度和消费者的正当权益。

广告主、广告经营者、广告发布者违反国家规定，假借预防、控制突发传染病疫情等灾害的名义，利用广告对所推销的商品或者服务作虚假宣传，致使多人上当受骗，违法所得数额较大或者有其他严重情节的，以虚假广告罪定罪处罚。

根据《刑法》第 222 条和第 231 条的规定，犯本罪的，处 2 年以下有期徒刑或者拘役，并处或者单处罚金。单位犯本罪的，对单位判处罚金，并对其直接负责的主管人员和其他直接责任人员，依照上述规定处罚。

三、串通投标罪

串通投标罪，是指投标人相互串通投标报价，损害招标人或者其他投标人的利益，情节严重的行为，或者投标人与招标人串通投标，损害国家、集体、公民的合法利益的行为。本罪的主体是特殊主体，即投标人和招标人。本罪的主观方面必须出于故意。本罪在客观方面表现为投标人相互串通投标报价，损害招标人或者其他投标人的利益，情节严重的行为，或者投标人与招标人串通投标，损害国家、集体、公民的合法利益的行为。本罪侵犯的客体是公平的市场交易秩序。

根据《刑法》第 223 条和第 231 条的规定，犯本罪的，处 3 年以下有期徒刑或者拘役，并处或者单处罚金。单位犯本罪的，对单位判处罚金，并对其直接负责的主管人员和其他直接责任人员，依照上述规定处罚。

四、合同诈骗罪

合同诈骗罪，是指以非法占有为目的，在签订、履行合同过程中，以虚构事实或者隐瞒真相的方法，骗取对方当事人的财物，数额较大的行为。本罪的主体是一般主体，自然人和单位都可以成为本罪的主体。本罪的主观方面是故意，并且具有非法占有对方当事人财物的目的。本罪的客观方面表现为在签订、履行合同过程中，以虚构事实或者隐瞒真相的方法，骗取对方当事人的财物，数额较大的行为。具体表现为：以虚构的单位或者冒用他人名义签订合同的；以伪造、变造、作废的票据或者其他虚假的产权证明作担保的；没有实际履行能力，以先履行小额合同或者部分履行合同的方法，诱骗对方当事人继续签订和履行合同的；收受对方当事人给付的货物、货款、预付款或者担保财产后逃匿的；以其他方法骗取对方当事人财物的。本罪侵犯的客体是国家对经济合同的管理制度和对方当事人的公私财产所有权。

在对本罪进行认定时，应注意本罪与合同欺诈的界限。合同欺诈是指行为人以与他人签订经济合同为幌子，采取虚构事实或者隐瞒真相的方法，诱使对方当事人在违背真实意思表示的情况下，签订经济合同的行为。在合同欺诈的情形下，所签订的经济合同自始无效。合同诈骗罪也是一种合同欺诈行为，但由于本罪属于数额犯，因而只有当所实际骗取的对方当事人的财物数额较大时，才成立合同诈骗罪。反之，则应认定为一般的合同欺诈行为。

根据《刑法》第224条和第231条的规定，犯本罪的，处3年以下有期徒刑或者拘役，并处或者单处罚金；数额巨大或者有其他严重情节的，处3年以上10年以下有期徒刑，并处罚金；数额特别巨大或者有其他特别严重情节的，处10年以上有期徒刑或者无期徒刑，并处罚金或者没收财产。单位犯本罪的，对单位判处罚金，并对其直接负责的主管人员和其他直接责任人员，依照上述规定处罚。

五、组织、领导传销活动罪

组织、领导传销活动罪，是指组织、领导以推销商品、提供服务等经营活动为名，要求参加者以缴纳费用或者购买商品、服务等方式获得加入资格，并按照一定顺序组成层级，直接或者间接以发展人员的数量作为计酬或者返利依据，引诱、胁迫参加者继续发展他人参加，骗取财物，扰乱经济社会秩序的传销活动的行为。

本罪的主体是特殊主体，即非法传销活动的组织者、领导者，非法传销活动的一般参加者不构成本罪。本罪的主观方面是故意，目的是骗取财物。本罪的客观方面表现为组织、领导以推销商品、提供服务等经营活动为名，要求参加者以缴纳费用或者购买商品、服务等方式获得加入资格，并按照一定顺序组成层级，直接或者间接以发展人员的数量作为计酬或者返利依据，引诱、胁迫参加者继续发展他人参加，骗取财物，扰乱经济社会秩序的传销活动的行为。本罪侵犯的客体是正常的经济社会秩序。

根据《刑法》第224条之一的规定，犯本罪的，处5年以下有期徒刑或者拘役，并处罚金；情节严重的，处5年以上有期徒刑，并处罚金。单位犯本罪的，对单位判处罚金，并对其直接负责的主管人员和其他直接责任人员，依照上述规定处罚。

六、非法经营罪

非法经营罪，是指违反国家规定，非法经营，扰乱市场秩序，情节严重的行为。本罪的主体是一般主体，自然人和单位都可以成为本罪的主体。本罪的主观方面必须是故意。本罪的客观方面表现为违反国家规定，非法经营，扰乱市场秩序，情节严重的行为。根据《刑法》的明确规定，本罪在客观方面具体表现为：未经许可经营法律、行政法规规定的专营、专卖物品或者其他限制买卖的物品的；买卖进出口许可证、进出口原产地证明以及其他法律、行政法规规定的经营许可证或者批准文件的；未经国家有关主管部门批准，非法经营证券、期货、保险业务，或者非法从事资金支付结算业务的；其他严重扰乱市场秩序的非法经营行为。本罪侵犯的客体是国家对市场的管理制度。

在国家规定的交易场所以外非法买卖外汇，扰乱市场秩序，情节严重的，以本罪定罪论处。在外汇指定银行和中国外汇交易中心及其分中心以外买卖外汇，扰乱金融市场秩序，具有下列情形之一的，也以本罪论处：(1) 非法买卖外汇 20 万美元以上的；(2) 违法所得 5 万元人民币以上的。

根据《刑法》第 225 条和第 231 条的规定，犯本罪的，处 5 年以下有期徒刑或者拘役，并处或者单处违法所得 1 倍以上 5 倍以下罚金；情节特别严重的，处 5 年以上有期徒刑，并处违法所得 1 倍以上 5 倍以下罚金或者没收财产。单位犯本罪的，对单位判处罚金，并对其直接负责的主管人员和其他直接责任人员，依照上述规定处罚。

七、强迫交易罪

强迫交易罪，是指以暴力、威胁手段强买强卖商品、强迫他人提供服务或者强迫他人接受服务，情节严重的行为。(1) 本罪的主体是一般主体，自然人和单位都可以成为本罪的主体。(2) 本罪的主观方面必须是故意。(3) 本罪的客观方面表现为以暴力、威胁手段，实施下列行为之一，情节严重的行为：1) 强买强卖商品的；2) 强迫他人提供或者接受服务的；3) 强迫他人参与或者退出投标、拍卖的；4) 强迫他人转让或者收购公司、企业的股份、债券或者其他资产的；5) 强迫他人参与或者退出特定的经营活动的。(4) 本罪侵犯的客体是公平、自愿的市场交易秩序。

【案例 23-8】 王某强迫交易案

2011 年 12 月 15 日下午，王某酒后乘张某驾驶的出租车回家，因路线及价格问题发生争执。王某遂掏出随身携带的匕首对张某进行威胁，令其交出车钥匙和随车证件，并对张某进行殴打，致使张某弃车离去。王某自己想开车回家，但由于酒醉而将车开到了路基下。自己重新打车回家，酒醒后向“110”打电话投案。张某的损失达五百余元。

本案中，王某强迫张某交出车钥匙与随车证件的行为并非为了非法占有，而是将之作为交通工具载自己回家，因而不构成抢劫罪。对于张某，王某也只是因为路线与价格问题而予以威胁，导致张某弃车而去，因而，王某的行为应构成强迫交易罪。

根据《刑法》第 226 条和第 231 条的规定，犯本罪的，处 3 年以下有期徒刑或者拘役，并处或者单处罚金；情节特别严重的，处3年以上7年以下有期徒刑，并处罚金。单位犯本罪的，对单位判处罚金，并对其直接负责的主管人员和其他直接责任人员，依照上述规定处罚。

八、伪造、倒卖伪造的有价票证罪

伪造、倒卖伪造的有价票证罪，是指伪造或者倒卖伪造的车票、船票、邮票或者其他有价票证，数额较大的行为。本罪的主体是一般主体，自然人和单位都可以成为本罪的主体。本罪的主观方面必须是故意。本罪的客观方面表现为伪造或者倒卖伪造的车票、船票、邮票或者其他有价票证，数额较大的行为。本罪侵犯的客体是国家对有价票证的管理秩序。

根据《刑法》第227条第1款和第231条的规定，犯本罪的，处2年以下有期徒刑、拘役或者管制，并处或者单处票证价额1倍以上5倍以下罚金；数额巨大的，处2年以上7年以下有期徒刑，并处票证价额1倍以上5倍以下罚金。单位犯本罪的，对单位判处罚金，并对其直接负责的主管人员和其他直接责任人员，依照上述规定处罚。

九、倒卖车票、船票罪

倒卖车票、船票罪，是指以牟取非法利益为目的，倒卖车票、船票，情节严重的行为。本罪的主体是一般主体，自然人和单位都可以成为本罪的主体。本罪的主观方面必须是故意。本罪的客观方面表现为以牟取非法利益为目的，倒卖车票、船票，情节严重的行为。本罪侵犯的客体是国家对车票、船票的管理制度。

根据《刑法》第227条第2款和第231条的规定，犯本罪的，处3年以下有期徒刑、拘役或者管制，并处或者单处票证价额1倍以上5倍以下罚金。单位犯本罪的，对单位判处罚金，并对其直接负责的主管人员和其他直接责任人员，依照上述规定处罚。

十、非法转让、倒卖土地使用权罪

非法转让、倒卖土地使用权罪，是指以谋利为目的，违反土地管理法规，非法转让、倒卖土地使用权，情节严重的行为。本罪的主体是一般主体，自然人和单位都可以成为本罪的主体。本罪的主观方面必须是故意。本罪的客观方面表现为以谋利为目的，违反土地管理法规，非法转让、倒卖土地使用权，情节严重的行为。本罪侵犯的客体是国家对土地的管理制度。

根据《刑法》第228条和第231条的规定，犯本罪的，处3年以下有期徒刑或者拘役，并处或者单处非法转让、倒卖土地使用权价额5%以上20%以下罚金；情节特别严重的，处3年以上7年以下有期徒刑，并处非法转让、倒卖土地使用权价额5%以上20%以下罚金。单位犯本罪的，对单位判处罚金，并对其直接负责的主管人员和其他直接责任人员，依照上述规定处罚。

十一、提供虚假证明文件罪

提供虚假证明文件罪，是指承担资产评估、验资、验证、会计、审计、法律服务等职责的中介组织或者中介组织的人员故意提供虚假证明文件，情节严重的行为。本罪的主体是特殊主体，即承担资产评估、验资、验证、会计、审计、法律服务等职责的中介组织或者中介组织的人员。本罪的主观方面必须表现为故意。过失提供证明文件的，不能构成本罪。本罪的客观方面表现为上述组织或人员故意提供虚假证明文件，情节严重的行为。本罪侵犯的客体是国家对中介组织的管理制度。

根据《刑法》第229条第1款和第231条的规定，犯本罪的，处5年以下有期徒刑或者拘役，并处罚金。中介组织的人员索取他人财物或者非法收受他人财物，犯本罪的，处5年以上10年以下有期徒刑，并处罚金。单位犯本罪的，对单位判处罚金，并对其直接负责的主管人员和其他直接责任人员，依照上述规定处罚。

十二、出具证明文件重大失实罪

出具证明文件重大失实罪，是指承担资产评估、验资、验证、会计、审计、法律服务等职责的中介组织或者中介组织的人员，严重不负责任，出具的证明文件有重大失实，造成严重后果的行为。本罪的主体是特殊主体，即承担资产评估、验资、验证、会计、审计、法律服务等职责的中介组织或者中介组织的人员。本罪的主观方面必须表现为过失。本罪的客观方面表现为上述组织或人员严重不负责任，出具的证明文件有重大失实，造成严重后果的行为。本罪侵犯的客体是国家对中介组织的管理制度。

根据《刑法》第229条第3款和第231条的规定，犯本罪的，处3年以下有期徒刑或者拘役，并处或者单处罚金。单位犯本罪的，对单位判处罚金，并对其直接负责的主管人员和其他直接责任人员，依照上述规定处罚。

十三、逃避商检罪

逃避商检罪，是指违反《进出口商品检验法》的规定，逃避商品检验，将必须经商检机构检验的进口商品未报经检验而擅自销售、使用，或者将必须经商检机构检验的出口商品未报经检验合格而擅自出口，情节严重的行为。本罪的主体是一般主体，自然人和单位都可以成为本罪的主体。本罪的主观方面必须出于故意。本罪的客观方面表现为违反《进出口商品检验法》的规定，逃避商品检验，将必须经商检机构检验的进口商品未报经检验而擅自销售、使用，或者将必须经商检机构检验的出口商品未报经检验合格而擅自出口，情节严重的行为。本罪侵犯的客体是国家对进出口商品检验的管理制度。

根据《刑法》第230条和第231条的规定，犯本罪的，处3年以下有期徒刑或者拘役，并处或者单处罚金。单位犯本罪的，对单位判处罚金，并对其直接负责的主管人员和其他直接责任人员，依照上述规定处罚。

【问题与思考】

1. 被告人胡某系某市农行某附属公司经理。1997年10月30日，被告人胡某找到建行某市支行信贷部科长张某，以其公司与海南某公司进行钢材买卖，需要周转资金为由，申请贷款1 000万元，贷款期限半年，月利率1.8%。信贷部经研究后，当即与被告人签订了贷款合同及相关手续，并于次日将贷款票汇至海南。后查，胡某将该笔资金转贷给海南另一公司，月利率为2.4%，期限为半年，海南某银行为之提供了担保。胡某为此净赚36万元。请问：对胡某的行为应如何认定？

2. 被告人香港居民甲利用回内地探亲之机，在当地收购黄金500克。甲将黄金熔化后铸成金片，装在旅行袋底部四个轮子的夹层中，准备将之带出境，在香港销售牟利。在出境时，被某市海关当场抓获。请问：甲的行为是否构成既遂？

3. 被告人顾某于1993年5月30日在上海某大酒店大厅内，趁美国籍客人约翰（John）办理住宿手续之机，窃得该旅客密码箱一只，内有飞机票、信用卡等物。同年7月，顾某持所盗窃的信用卡在一些高档娱乐场所消费，花费数额累计人民币78 900余元。案发后，顾某如实交代了罪行。请问：对顾某的行为应当如何认定？

第二十四章 侵犯公民人身权利、民主权利罪

参考书目

1. 王作富，刘树德．刑法分则专题研究．北京：中国人民大学出版社，2013.

2. 张明楷．刑法学．5版．北京：法律出版社，2016.

3. 陈兴良．判例刑法学．2版．北京：中国人民大学出版社，2011.

4. 高铭暄，马克昌主编．刑法学．7版．北京：北京大学出版社，高等教育出版社，2016.

5. 周光权．刑法各论．3版．北京：中国人民公安大学出版社，2016.

参考法规

1.《刑法》第232～262条

2. 2002年12月28日全国人民代表大会常务委员会《中华人民共和国刑法修正案（四）》

3. 2009年2月28日全国人民代表大会常务委员会《中华人民共和国刑法修正案（七）》

4. 2011年2月25日全国人民代表大会常务委员会《中华人民共和国刑法修正案（八）》

5. 2015年8月29日全国人民代表大会常务委员会《中华人民共和国刑法修正案（九）》

6. 2002年7月24日全国人大法工委《关于已满十四周岁不满十六周岁的人

承担刑事责任范围问题的答复意见》

7. 2003年4月18日最高人民检察院法律政策研究室《关于相对负刑事责任年龄的人承担刑事责任范围有关问题的答复》

8. 2000年7月13日最高人民法院《关于对为索取法律不予保护的债务非法拘禁他人行为如何定罪问题的解释》

9. 2000年1月3日最高人民法院《关于审理拐卖妇女案件适用法律有关问题的解释》

10. 1998年12月17日最高人民法院《关于审理非法出版物刑事案件具体应用法律若干问题的解释》

11. 2017年1月25日最高人民法院、最高人民检察院《关于办理组织、利用邪教组织破坏法律实施等刑事案件适用法律若干问题的解释》

12. 2015年3月2日最高人民法院、最高人民检察院、公安部、司法部《关于依法办理家庭暴力犯罪案件的意见》

13. 2013年9月6日最高人民法院、最高人民检察院《关于办理利用信息网络实施诽谤等刑事案件适用法律若干问题的解释》

引例　王某故意杀人案

被告人王某于某日晚在马路上曾被不明身份的人刺了一刀。王某因曾与马某吵过架，便怀疑是马某指使别人所为，怀恨在心。翌日上午，王某拿了一把杀猪刀找马某报仇。王某在马路上遇见马某，将其截住，拽住马某的脖领子朝马某的头部砍了两刀，马某挣脱后跑了几步摔倒在地。被告人王某追上后，又朝马某的头部砍了一刀，后背扎了两刀，刺入胸膛。马某奋力挣脱，跑进一个院子里。王某紧追到院门口，见院内有人于是逃走。马某受伤多处，肝脏破裂，经送医院抢救痊愈。

第一节　侵犯公民人身权利、民主权利罪概述

一、侵犯公民人身权利、民主权利罪的概念和构成特征

侵犯公民人身权利、民主权利罪，是指故意或过失侵犯公民人身权利、民主权利和与公民人身有直接关系的其他权利的行为。其构成特征为：

（1）本类犯罪侵犯的客体，是公民的人身权利与民主权利以及与公民人身直接有关的其他权利。公民的人身权利，是指法律所规定的与公民的人身不可分离的权利，其不具有经济内容，并与人身紧密联系在一起，只有权利人本人才享有，主要包括生命权、健康权、性拒绝权、人身自由权、人格权、名誉权、婚姻自由权等。公民的民主权利，是指法律规定公民所享有的参加社会政治活动、管理国家事务的权利，主要包括选举权与被选举权、批评权、控告权、申诉权、宗教信仰自由权、通信自由权等。人身权利与民主权利密

切联系，人身权利是公民行使民主权利的前提和基础，民主权利的实现又有利于保障人身权利。与人身直接相关的其他权利，主要包括住宅不受侵犯权、劳动权、休息权、受抚养权等。

(2) 本类犯罪的客观方面，表现为非法侵犯公民人身权利、民主权利的行为。在行为方式上，有些犯罪如故意杀人罪、故意伤害罪、破坏选举罪、侵犯公民通信自由罪等既可以以作为方式实施，也可以以不作为实施；有些犯罪如强奸罪、拐卖妇女儿童罪、刑讯逼供罪、诬告陷害罪等则只能以作为方式实施。有些犯罪的成立要求危害结果的发生，如过失致人死亡罪、过失致人重伤罪；有些犯罪的成立并不要求危害结果的发生，如强奸罪。

(3) 本类犯罪的主体，除少数犯罪要求特殊主体外①，多数犯罪则为一般主体。根据《刑法》第17条第2款的规定，已满14周岁不满16周岁的人，犯故意杀人、故意伤害致人重伤或死亡、强奸等罪的，应负刑事责任。

(4) 本类犯罪的主观方面，除过失致人死亡罪、过失致人重伤罪以外，其他犯罪只能由故意构成，即行为人明知自己的行为会发生侵犯公民人身权利、民主权利的危害结果，并且希望或者放任这种结果的发生。

二、侵犯公民人身权利、民主权利罪的种类

根据犯罪的直接客体及其特点，本类犯罪可分为以下几类。

(1) 侵犯公民生命、健康的犯罪：故意杀人罪、过失致人死亡罪、故意伤害罪、组织出卖人体器官罪、过失致人重伤罪。

(2) 侵犯性决定权的犯罪：强奸罪，强制猥亵、侮辱罪，猥亵儿童罪。

(3) 侵犯人身自由的犯罪：非法拘禁罪，绑架罪，拐卖妇女、儿童罪，收买被拐卖的妇女、儿童罪，聚众阻碍解救被收买的妇女、儿童罪，诬告陷害罪，强迫劳动罪，雇用童工从事危重劳动罪，非法搜查罪，非法侵入住宅罪，刑讯逼供罪，暴力取证罪，虐待被监管人罪，组织残疾人、儿童乞讨罪，组织未成年人进行违反治安管理活动罪。

(4) 侵犯人格、名誉的犯罪：侮辱罪，诽谤罪，煽动民族仇恨、民族歧视罪，出版歧视、侮辱少数民族作品罪。

(5) 侵犯民主权利的犯罪：非法剥夺公民宗教信仰自由罪，侵犯少数民族风俗习惯罪，侵犯通信自由罪，私自开拆、隐匿、毁弃邮件、电报罪，侵犯公民个人信息罪，报复陷害罪，打击报复会计、统计人员罪，破坏选举罪。

(6) 妨害婚姻家庭权利的犯罪：暴力干涉婚姻自由罪，重婚罪，破坏军婚罪，虐待罪，遗弃罪，拐骗儿童罪，虐待被监护、看护人罪。

---

① 如报复陷害罪、非法剥夺公民宗教信仰自由罪、侵犯少数民族风俗习惯罪的主体是国家机关工作人员，私自开拆、隐匿、毁弃邮件、电报罪的主体是邮政工作人员，刑讯逼供罪、暴力取证罪的主体是司法工作人员，虐待被监管人罪的主体是监管人员，打击报复会计、统计人员罪的主体是公司、企业、事业单位、机关团体的领导人等。

第二节 侵犯生命、健康的犯罪

一、故意杀人罪

(一) 故意杀人罪的概念与构成特征

故意杀人罪，是指故意非法剥夺他人生命的行为。其构成特征为：

1. 本罪的客体是他人的生命权

这是本罪区别于其他侵犯人身权利罪的最本质特征。生命权是公民最基本的权利，是自然人行使其他一切权利的客观基础和前提。只要是具有生命的自然人，不论其年龄、性别、种族、职业、地位、生理及心理状态如何，其生命权利均受刑法的保护。人的生命，始于出生，终于死亡。至于人之生命开始与终结的标准，中外立法各不相同。生命起始的标准大致有阵痛说、露出（一部或者全部露出）说、断带说、独立呼吸说等，我国刑法学界通说主张独立呼吸说，即人的生命起始于胎儿脱离母体后，开始独立呼吸。因此，溺婴是一种故意杀人行为，原则上应以故意杀人罪论处。胎儿与尸体不能成为故意杀人罪的对象。关于死亡的标准，传统理论以心脏停止跳动为标准，即心脏停止跳动，呼吸和脉搏停止。但近年来随着医学的发展，提出了“脑死亡”的概念。由于脑死亡的认定标准还具有不确定性，有的人虽然被医院宣告脑死亡，后来却恢复了健康；脑死亡的概念要被一般国民接受也还需要一个过程；采用脑死亡概念还特别要求有一套防止恶意利用脑死亡概念非法剥夺他人生命的有效措施。① 因此，我国现在采纳“脑死亡”概念还为时尚早。

2. 本罪的客观方面表现为非法剥夺他人生命的行为

首先，从本罪的概念不难看出，本罪的行为对象只能是“他人”，自杀行为不成立本罪。② 其次，必须具有剥夺“他人”生命的行为。其特点是直接或者间接作用于人的肌体，使人的生命在自然死亡之前终结。③ 最后，剥夺“他人”生命的行为必须是非法的，即剥夺他人生命必须缺乏法律根据。如果合法结束他人生命，如执行死刑、战争状态下击毙敌人、正当防卫条件下杀死侵害人等，都不成立故意杀人罪。至于行为的方式，既可以是暴力的，也可以是非暴力的；既可以是作为，如刀砍、斧劈、拳击、枪杀等，也可以是不作为，如母亲故意不给婴儿哺乳致其死亡等；既可以是物理的方式，如刺杀、毒杀，也可以是心理的方式，如以精神冲击法致人休克死亡。需要说明的是，无论采用哪种方式，都必须具有导致他人死亡的现实可能性，才能称为杀人行为。如果采用根本不可能造成任何危害的方式意图“杀人”，如迷信犯，不能视为杀人行为。杀人行为发生死亡结果的，成立故意杀人罪的既遂；没有发生死亡结果的，成立故意杀人罪的未遂、中止或者预备。

3. 本罪的主体是一般主体

只要是年满14周岁且具有刑事责任能力的自然人，均可成为本罪的犯罪主体。

---

① 张明楷：《刑法学》，5版，847页，北京，法律出版社，2016。

② 我国刑法并没有将自杀行为规定为犯罪行为。但有些国家如印度的刑法典规定，自杀未遂的构成自杀未遂罪。

③ 参见［日］前田雅英：《刑法各论讲义》，14页，东京，东京大学出版社，1999。

4. 本罪的主观方面是故意，包括直接故意和间接故意，即明知自己的行为会发生致人死亡的危害结果，并且希望或者放任这种结果的发生

故意杀人的动机多种多样，如报复杀人、奸情杀人、义愤杀人、流氓杀人等。杀人动机如何，并不影响定罪，但对量刑具有一定的影响。

【案例 24-1】　　李某帮助他人自杀案

2003 年被告人李某从河南项城到巩义小关镇煤矿打工，其间与同在该矿打工的张某相识。张妻霍某腿部患病，卧床不起，后发展至全身瘫痪。多年来，李某悉心照顾这个家庭，还帮助做农活。2010 年，李某在张家住下，与张家感情密切。霍某因常年患病导致家徒四壁，深感痛苦绝望，曾多次萌生自杀念头。2010 年 6 月 14 日，霍某请求李某帮助购买农药以结束生命，并给李某 5 元钱。李某好言劝阻，但见霍某确实痛苦，态度坚决，于是答应“帮忙”。6 月 18 日上午，李某从镇上买来一瓶“氧化乐果”农药来到张家，见家里有人先藏了起来。下午 2 时许，李某在霍某的要求下，帮助霍某将农药喝下，后被霍某的女儿发现送到医院抢救，霍某终因抢救无效死亡。

本案中，被告人李某的行为构成故意杀人罪。从客观方面看，李某在霍某请求下实施了帮助其实现自杀的行为，即帮助霍某将农药喝下的行为。从主观方面看，李某有帮助霍某自杀的故意，即明知帮助霍某将农药喝下的行为会剥夺霍某的生命而放任死亡结果的发生。应当注意的是，任何人无权让与自己的生命，法律没有，也不可能赋予任何人非法剥夺他人生命的权利。基于此，本书认为，作为违法阻却事由之一的经被害人同意或者承诺的行为并不适用于生命权利的让与。另外，考虑到李某的行为恶意不大，情节较轻，且买农药的钱系被害人所给，所以应在《刑法》第 232 条规定的情节较轻的法定刑幅度内裁量刑罚。

本章［引例］中，关于对被告人王某的行为如何定性，有两种不同意见：一审法院认为，根据被告人王某的供述，被告人只是想对马某报复一下，并没有杀死马某的目的，实际上也没有造成马某死亡的结果，故判决以故意伤害罪从重处罚。二审法院认为：被告人王某事先准备了足以致人死亡的凶器，多次猛力向被害人的要害部位砍、刺，见被害人未死，又一再追杀，最后追到院门口见院内有人，才未将马某杀死。从被告人王某的整个行为可以明显地看出，被告人是要置被害人于死地。被告人王某否认有杀人的目的实难采信。因此，判决被告人王某犯故意杀人罪。本书认为，二审法院的意见是正确的，因为：犯罪故意是被告人的主观心理态度，要查明被告人的主观心理态度，只能通过被告人实施的表现于外部的行为，不能仅凭被告人的供述作简单认定。无论被告人是否承认其有杀人的故意，都必须根据证据和案件事实加以认定。如果根据案件事实（如本章［引例］），足以认定被告人有杀人故意的，即使被告人抱着避重就轻的心理不予承认，也仍然应作出客观的判断。

（二）故意杀人罪的认定

1. 故意杀人罪与危害公共安全罪的竞合

在实践中，行为人常常采用放火、爆炸、投放危险物质或其他危害公共安全的方法杀人，形成故意杀人罪与放火罪、爆炸罪、投放危险物质罪或其他危害公共安全罪的竞合。

如果行为人使用放火、爆炸、投放危险物质等危险方法故意杀人，不足以危害公共安全的，则直接以故意杀人罪论处；如果行为人使用上述危险方法故意杀人，足以危害公共安全的，则以危害公共安全罪论处。①

2. 故意杀人罪与暴力犯罪致人死亡的联系

根据《刑法》第238条、第247条、第248条、第289条、第292条的规定，对非法拘禁使用暴力致人死亡的，刑讯逼供或暴力取证致人死亡的，虐待被监管人致人死亡的，聚众"打砸抢"致人死亡的，聚众斗殴致人死亡的，以故意杀人罪论处。但若某种暴力性犯罪的构成要件或处罚情节已经涵盖故意杀人的内容，行为人实施该罪并将被害人杀害的，则不能认定为故意杀人罪，如抢劫致人死亡、强奸致人死亡、劫持航空器致人死亡、绑架并杀害人质等。

3. 受嘱托杀人和"安乐死"

受嘱托杀人，是指接受他人的请求或者嘱托而直接将他人杀死的行为。仅受他人嘱托而将他人杀死，在法律上没有任何依据，法律也没有赋予受嘱托人去接受这种嘱托的权利。因此，受嘱托杀人行为构成故意杀人罪，但考虑到由于受嘱托人是应嘱托人所求才实施该种行为，在量刑时可以从轻处罚。所谓"安乐死"，是指为免除患有不治之症、濒临死亡的病人的痛苦，受患者嘱托而使其无痛苦地死亡。"安乐死"可分为"积极安乐死"和"消极安乐死"：前者是指采取积极措施致人死亡，如注射麻醉剂致死；后者是指停止或者撤销维持和延续患者生命的措施，如关闭人工呼吸机。在国际上一般认为后者不存在法律责任问题，但对于前者，有少数国家以非罪论处。② 在我国，对于实施"积极安乐死"的行为，以故意杀人罪论处。

4. 关于自杀案件的定性处罚问题

自杀是自己结束自己生命的行为，其本身不构成犯罪。但由于引起、促成自杀的原因比较复杂，其中有的对他人的自杀应当承担刑事责任，因而处理自杀案件，应根据案件的不同情况，区别对待，分别处理。

（1）相约自杀，即二人以上相互约定，自愿共同结束生命的行为。如果相约双方均自杀身亡，自然不存在刑事责任问题；如果相约双方各自实施自杀行为，其中一方死亡，另一方自杀未逞，未逞一方也不负刑事责任；如果相约自杀，他人要求行为人先将其杀死再自杀，行为人杀死他人后，继而自杀未逞的，属于受嘱托杀人，应以故意杀人罪论处，但量刑时可以从轻处罚；如果以相约自杀为名，诱骗他人自杀的，则以故意杀人罪论处。

（2）致人自杀行为，即行为人所实施的某种行为引起他人自杀身亡。第一，行为人的正当合法行为引起他人自杀的，不追究行为人的刑事责任。第二，行为人的错误行为或者轻微违法行为引起他人自杀的，也不存在刑事责任问题。因为自杀主要是基于本人心胸狭隘或重大误解所致，故不能追究行为人的刑事责任。第三，严重违法行为引起他人自杀身亡，将严重违法行为与引起他人自杀身亡的后果进行综合评价，达到了犯罪的社会危害程

---

① 但也有刑法学家对此提出了异议。参见张明楷：《论以危险方法杀人案件的性质》，载《中国法学》，1999（6）。

② 比如荷兰和澳大利亚均通过了《安乐死法》，允许在极严格的限制条件下对某些患者实施"安乐死"。对于"安乐死"是否应当合法化，在多数国家无不引起激烈的争论。在我国也曾展开过相当广泛的讨论，大多数人也表示了赞同的态度，但我国并没有因此而使积极安乐死合法化。同样，1997年美国联邦最高法院对安乐死争议问题也作出裁决——州政府有权禁止医生协助病人自杀，以此否定积极安乐死的合法性。

度时，应当追究刑事责任。如诽谤他人，行为本身的情节并不严重，但引起他人自杀身亡，便可综合起来将该行为以诽谤罪论处。第四，犯罪行为引起他人自杀身亡，但对自杀身亡结果不具有故意时，应按先前的行为定罪，从重处罚。例如，强奸妇女引起被害妇女自杀的，以强奸罪从重处罚。

（3）教唆或帮助自杀。[①] 教唆自杀，是指行为人故意用引诱、怂恿、欺骗等方法，使他人产生自杀意图。帮助自杀，是指在他人已有自杀意图的情况下，帮助他人实现自杀。这里的教唆、帮助行为，与共同犯罪理论中所讲的教唆、帮助行为有相似之处，但不可等同。共同犯罪所讲的教唆、帮助行为，是教唆、帮助他人实行犯罪；这里的教唆、帮助行为，是教唆、帮助他人实施自杀。由于非特定情况下的自杀在我国并非犯罪行为，所以教唆者、帮助者与自杀者不构成共同犯罪。对于帮助自杀而言，可以将其分为 1）给予自杀者精神上的鼓励，从而坚定其自杀意图的自杀。2）给予自杀者物质上的帮助的自杀。在前一种情况下，由于行为人的精神鼓励对自杀者实施自杀行为的原因力不大，社会危害较小，基于刑法谦抑性的原则，可以不追究行为人的刑事责任；在后一种情况下，由于行为人对自杀者提供了物质上的帮助，其对自杀者实施自杀行为的原因力较大，一般应以故意杀人罪追究行为人的刑事责任。但考虑到自杀者对是否自杀具有最终决定力的因素，可对行为人从轻或者减轻处罚。对特定情况下的帮助自杀行为，应当按照一般故意杀人罪定罪处罚。

此外，根据《刑法修正案（八）》第 37 条第 2 款的规定，未经本人同意摘取其器官，或者摘取不满 18 周岁的人的器官，或者强迫、欺骗他人捐献器官，因而致人死亡或者有死亡危险的，以故意杀人罪论处。

（三）故意杀人罪的刑事责任

根据《刑法》第 232 条的规定，犯本罪的，处死刑、无期徒刑或者 10 年以上有期徒刑；情节较轻的，处 3 年以上 10 年以下有期徒刑。防卫过当杀人、义愤杀人、因受被害人长期迫害而杀人、基于被害人请求而杀人、“大义灭亲”的杀人等，都属于实践中常见的情节较轻的情形。

二、过失致人死亡罪

（一）过失致人死亡罪的概念与构成特征

过失致人死亡罪，是指因过失而致人死亡的行为。本罪的客体是他人的生命权利。本

---

① 显然，这是一个中国特色的问题，这个问题在外国大体上是不存在的。因为在大陆法系各国刑法大多都有关于教唆或者帮助他人自杀构成犯罪的明文规定。根据我国学者的归纳，大致有以下三种情况：第一种情况是只要行为人实施了教唆他人自杀或者帮助他人自杀的行为，不论是否产生自杀后果，均构成犯罪。如日本刑法第 202 条规定：教唆或帮助他人使之自杀，或受被杀人嘱托或得其承诺而杀之的，处 6 个月以上 7 年以下惩役或监禁。第二种情况是行为人必须是出于利己或其他动机而教唆或帮助他人自杀。如瑞士刑法第 115 条规定：出于利己动机，教唆或帮助他人自杀，而其自杀已遂或未遂者，处 5 年以下重惩役或轻惩役。第三种情况是要求他人的自杀行为必须已遂或者虽然未遂但却造成了严重的伤害结果。如巴西刑法典第 122 条规定：引诱或怂恿他人自杀，或帮助他人自杀，处刑：如果自杀既遂，2 年至 6 年监禁；如果自杀未遂，但身体遭受严重损害，则 1 年至 3 年监禁。又如意大利刑法典第 580 条规定：使人决心自杀，或加强其自杀的意图，或以其他方法使其易于实行，以致发生自杀的，处 5 年以上 12 年以下徒刑；如未发生自杀而仅致重伤或非常严重伤害的结果，处 1 年以上 5 年以下徒刑。这些规定尽管在具体内容上存在差别，但都将教唆或者帮助他人自杀的行为予以犯罪化，从而为司法机关处理此类案件提供了明确的法律根据。英美刑法也有类似的规定。参见陈兴良：《教唆或者帮助他人自杀行为之定性研究——邵建国案分析》，载《浙江社会科学》，2004（11），73 页。

罪的客观方面表现为致人死亡的行为，且致人死亡的行为与死亡结果之间必须存在刑法上的因果关系。本罪在主观方面必须是过失，包括疏忽大意的过失和过于自信的过失。这里的过失仅对死亡结果而言，至于行为是有意或是无意，并不影响本罪的认定。本罪的犯罪主体为一般主体，即已满16周岁、具有辨认和控制自己行为能力的自然人。

（二）过失致人死亡罪的认定

（1）过失致人死亡，刑法另有规定的，应依照规定。只有如此，才能将本罪与过失引起被害人死亡的其他犯罪区别开来。如《刑法》分则规定的失火罪、过失爆炸罪、交通肇事罪等过失犯罪，也往往发生过失致人死亡的结果，虽然其符合过失致人死亡罪的构成特征，但不定过失致人死亡罪。因此，《刑法》第233条后段指明，"本法另有规定的，依照规定"。再如实施强奸、抢劫等暴力犯罪过失致人死亡的，成立强奸、抢劫等罪的结果加重犯，其与过失致人死亡罪发生想象竞合，应当按照强奸、抢劫等罪的结果加重犯的法定刑处罚。

（2）过于自信的过失致人死亡与间接故意杀人的界限。查清行为人在行为当时的主观心理态度如何是区别二者的关键：若行为人对死亡结果持否定态度，则应认定为过失致人死亡；若行为人对死亡结果持放任态度，发生死亡结果并不违背其意志，则应认定为间接故意杀人。

（3）疏忽大意的过失致人死亡与意外事件致人死亡的界限。二者的关键区别在于行为人对死亡结果是否应当预见、是否有能力预见。前者主观上有过失，应负刑事责任；后者主观上无罪过，不负刑事责任。

（三）过失致人死亡罪的刑事责任

根据《刑法》第233条，犯本罪的，处3年以上7年以下有期徒刑；情节较轻的，处3年以下有期徒刑。

三、故意伤害罪

（一）故意伤害罪的概念与构成特征

故意伤害罪，是指故意非法损害他人身体健康的行为。其构成特征如下。

1. 本罪的客体是他人的身体健康权

所谓身体健康权，主要是指他人关于保持其肢体、器官、组织的完整和正常机能的权利。

2. 本罪的客观方面表现为行为人实施了非法损害他人身体健康的行为

首先，必须行为人具有损害他人身体健康的行为。通常表现为破坏人体组织的完整性和破坏人体器官的正常机能。其次，必须损害他人身体健康的行为是非法的，因正当防卫或紧急避险而伤害他人、医疗行为、体育竞技中的损伤都不构成本罪。损害身体健康的行为包括但不限于以暴力或者作为的方式实施。需要指出的是，从犯罪对象看，故意伤害罪侵犯的对象只能是行为人以外的具有生命的自然人，没有生命就无所谓健康。有意损害自己健康的，一般不构成犯罪。①

① 当自伤行为侵犯了特定的社会利益而触犯刑律时，构成犯罪。例如，军人为了逃避军事义务，在战时自伤身体的，应按《刑法》第434条的规定追究刑事责任。对胎儿实施伤害行为的，一般也不构成本罪，但是，如果对胎儿实施伤害行为，导致该胎儿在出生后伤残的，刑法通说倾向于以故意伤害罪论处。

3. 本罪的主体是一般主体

其中，故意伤害致人重伤或者死亡的犯罪主体是已满 14 周岁、具有辨认和控制自己行为能力的自然人。

4. 本罪主观方面是故意，即明知自己的行为会发生损害他人身体健康的危害结果，并且希望或放任这种结果的发生。

在通常情况下，行为人对于自己的伤害行为会给被害人造成何种程度的伤害，事先不一定有明确认识。因此，如果实际造成轻伤结果的，就按轻伤害处理；如果实际造成重伤结果的，就按重伤害处理。但若行为人主观上只想造成轻伤结果，实际上未造成伤害结果的，不宜以犯罪未遂认定，应不以犯罪论处。相反，若行为人重伤意图非常明显，且已经着手实行重伤行为，由于意志以外的原因未得逞的，应按故意重伤（未遂）论处。

(二) 故意伤害罪的认定

(1) 造成他人身体伤害，《刑法》另有规定的，依照规定。在刑法某些条文中，如《刑法》第 238 条、第 247 条、第 248 条、第 289 条、第 292 条、第 333 条，由于各该条犯罪不包括伤残或者伤害的内容，故对非法剥夺人身自由、使用暴力致人伤残的，刑讯逼供或暴力逼取证言致人伤残的，虐待被监管人致人伤残的，聚众“打砸抢”致人伤残的，聚众斗殴致人重伤的，非法组织或强迫他人出卖血液造成伤害的，应以故意伤害罪论处。所谓“本法另有规定的，依照规定”是指行为人在实施其他犯罪的过程中伤害他人，刑法另有规定的，应按有关条文定罪量刑。如因强奸致人重伤的定为强奸罪，因抢劫致人重伤的定为抢劫罪。

(2) 故意伤害罪与故意杀人罪的界限。关于故意伤害罪与故意杀人罪的界限，包括两种情况：一是故意伤害致死与故意杀人既遂，二是故意伤害与故意杀人未遂。对此，关键是查明行为人的主观心理状态，即：具有杀人故意的，无论是否造成死亡结果，均应认定为故意杀人罪；凡只具有伤害故意的，无论是否造成死亡结果，都应认定为故意伤害罪。故意内容不很确定或不顾被害人死伤的，应按实际造成的结果来确定犯罪行为的性质。

(3) 故意伤害致死与过失致人死亡的界限。二者的相同之处在于在客观上都造成了被害人死亡的结果，行为人主观上对死亡结果均出于过失。区分关键是行为人主观方面有无伤害的故意。过失致人死亡的，行为人主观上既无杀人故意也无伤害故意。故意伤害致死显然以具有伤害的故意为前提，过失造成的死亡结果是故意伤害罪的加重情节。

(4) 根据《刑法修正案（八）》第 37 条第 2 款的规定，未经本人同意摘取其器官，或者摘取不满 18 周岁的人的器官，或者强迫、欺骗他人捐献器官，因而损害他人健康或者有损害他人健康危险的，应当认定为故意伤害罪。

(三) 故意伤害罪的刑事责任

根据《刑法》第 234 条的规定，犯本罪的，处 3 年以下有期徒刑、拘役或者管制；致人重伤的，处 3 年以上 10 年以下有期徒刑；致人死亡或者以特别残忍手段致人重伤造成严重残疾的，处 10 年以上有期徒刑、无期徒刑或者死刑。

四、组织出卖人体器官罪

(一) 组织出卖人体器官罪的概念与构成特征

组织出卖人体器官罪，是指组织他人出卖人体器官的行为。(1) 本罪的客体是被组织者的身体健康权。作为该罪犯罪对象的人体器官，必须是活体的器官，而不包括尸体的器官。违背本人生前意愿摘取其尸体器官，或者本人生前未表示同意，违反国家规定，违背其近亲属意愿摘取其尸体器官的，依照《刑法》第302条的规定以故意毁坏尸体罪定罪处罚。根据《人体器官移植条例》第2条第2款①规定，器官可以是某个器官的全部，也可以是某个器官的一部分。(2) 本罪的客观方面表现为实施了组织他人出卖人体器官的行为，即以招募、雇佣、引诱、介绍、唆使等手段使他人出卖人体器官的行为。从立法的规定来看，只要行为中具有组织出卖的内容，即可成立本罪。(3) 本罪的主体是一般主体。但组织者可以是一人，也可以是多人。(4) 本罪的主观方面是故意。

(二) 组织出卖人体器官罪的认定

1. 罪与非罪的界限

组织他人捐献人体器官的，由于捐献行为不具有出卖的特征，因而不构成本罪。另外，由于本罪规制的是组织出卖行为，而不是出卖行为，因而行为人直接出卖自己人体器官的行为不构成本罪。同理，对于患者或者其家属有偿寻找供者人体器官而予以单纯购买的行为，亦不宜认定为本罪。当然，为组织出卖而购买的行为，应当以本罪论处。

2. 组织出卖人体器官罪与故意杀人罪和故意伤害罪的界限

未经本人同意摘取其器官，或者摘取不满18周岁的人的器官，或者强迫、欺骗他人捐献器官的，同时触犯了故意杀人罪和故意伤害罪的，应当以故意杀人罪或者故意伤害罪论处。

(三) 组织出卖人体器官罪的刑事责任

根据《刑法》第234条之一的规定，犯本罪的，处5年以下有期徒刑，并处罚金；情节严重的，处5年以上有期徒刑，并处罚金或者没收财产。

五、过失致人重伤罪

(一) 过失致人重伤罪的概念与构成特征

过失致人重伤罪，是指由于过失，致他人重伤的行为。(1) 本罪的客体是他人的身体健康权。(2) 本罪在客观方面表现为实施了致人重伤的行为。过失造成轻伤的，不构成本罪。若过失重伤结果是由包含该结果的其他犯罪行为造成，刑法另有规定的，依照有关条文定罪量刑。(3) 本罪的主体为一般主体，即年满16周岁、具有刑事责任能力的自然人。(4) 本罪的主观方面是过失，即应当预见自己的行为可能造成他人重伤的危害结果，因为疏忽大意而没有预见，或者已经预见而轻信能够避免，以致发生重伤结果。

(二) 过失致人重伤罪的刑事责任

根据《刑法》第235条的规定，犯本罪的，处3年以下有期徒刑或者拘役。

第三节　侵犯性决定权的犯罪

一、强奸罪

(一) 强奸罪的概念与构成特征

强奸罪，是指以暴力、胁迫或者其他手段，违背妇女意志，强行与妇女性交，或者故

---

① 该条款规定："本条例所称人体器官移植，是指摘取人体器官捐献人具有特定功能的心脏、肺脏、肝脏、肾脏或者胰腺等器官的全部或者部分，将其植入接受人身体以代替其病损器官的过程。"

意与不满14周岁的幼女发生性关系的行为。其构成特征为：

（1）本罪的客体是妇女所享有的拒绝与其合法配偶之外的男子发生性交的权利和幼女的身心健康权利。妇女按照自己的意志决定正当性行为的权利，既是妇女人身权利的一部分，同时也关系到妇女的人格与名誉。其侵犯对象包括14周岁以上的女性以及不满14周岁的幼女。[①] 因为妇女和幼女的性自由权和身心健康权只有在生命存续时才存在，所以强奸罪的犯罪对象都是有生命的自然人，所以奸淫女性尸体的行为，不构成强奸罪，构成侮辱尸体罪。男性不能成为强奸罪的犯罪对象。对于采取暴力、胁迫或者其他手段，强行鸡奸男性的，不以强奸罪论处。另外，《刑法修正案（九）》废除了《刑法》第360条第2款规定的嫖宿幼女罪，所以其后明知是幼女而嫖宿的行为，应以强奸罪论处。

（2）本罪的客观方面表现为以暴力、胁迫或者其他手段，违背妇女意志，强行与妇女性交的行为或者明知是幼女而与之性交的行为。强奸首先是指男女之间的性交行为，性交以外的猥亵行为不构成强奸罪。强奸行为是违背妇女意志，强行与之性交。这是本罪的本质特征。是否违背妇女意志，不应只从表面上看妇女有无反抗、拒绝的表示，还应考虑妇女是否能够反抗、是否知道反抗、是否敢于反抗等情况。所以，行为人采取某种足以使妇女不能反抗、不知反抗或者不敢反抗的手段，也是违背妇女意志的外在表现。进一步讲，违背妇女意志应是指违背正常妇女的意志。与明知无责任能力的妇女如精神病患者或先天痴呆症女性患者发生性行为，无论使用什么手段，也无论被害人是否表示同意，均构成强奸罪。如行为人确实不知对方是精神病患者或痴呆症患者，也未采用暴力、胁迫等手段，经对方同意与之发生性交的，则不构成强奸罪。同理，明知对方是幼女，不论采用什么手段，不论幼女是否自愿，而与幼女发生性关系的，均以违背其意志论，构成强奸罪。

（3）本罪的主体是一般主体，实行犯仅限于男子，妇女可以成为强奸罪的共犯，如教唆强奸、帮助强奸等。

（4）本罪的主观方面只能是直接故意，即明知自己的行为违背妇女意志而决意强行奸淫。当犯罪对象为幼女时，根据2013年10月23日两高与公安部、司法部《关于依法惩治性侵害未成年人犯罪的意见》第19条之规定，知道或者应当知道对方是不满十四周岁的幼女，而实施奸淫等性侵害行为的，应当认定行为人“明知”对方是幼女。对于不满十二周岁的被害人实施奸淫等性侵害行为的，应当认定行为人“明知”对方是幼女；对于已满12周岁不满14周岁的被害人，从其身体发育状况、言谈举止、衣着特征、生活作息规律等观察可能是幼女，而实施奸淫等性侵害行为的，应当认定行为人“明知”对方是幼女。根据该意见第20条之规定，以金钱财物等方式引诱幼女与自己发生性关系的；知道或者应当知道幼女被他人强迫卖淫而仍与其发生性关系的，均以强奸罪论处。

【案例24-2】　蔡某婚内强奸案

被告人蔡某于2002年11月经人介绍与钱某结婚，并于2004年生有一子。2006年6月，蔡某与钱某分居，同时向上海市青浦县人民法院起诉离婚。同年10月，该法院以双方感情尚未破裂为由，判决不准离婚。此后双方未曾同居。2007年3月，蔡某再次提起离婚诉讼。同年10月8日青浦县人民法院判决准予离婚。

① 根据最高人民法院、最高人民检察院《关于执行〈中华人民共和国刑法〉确定罪名的补充规定》，《刑法》第236条的罪名确定为强奸罪，取消奸淫幼女罪罪名。

在判决确定的上诉期内，即同月13日晚7时许，蔡某到原住的房内，看钱某正在收拾东西，即从背后抱住钱某，欲与之发生性关系，遭钱某拒绝。钱某挣脱欲离去。蔡某将钱某的双手反扭并将钱某按倒在床上，不顾钱某的反抗，采取暴力，强行与钱某发生了性关系。当晚，钱某即向公安机关报案。该案起诉后，青浦县人民法院于2009年12月11日以蔡某犯强奸罪，判处有期徒刑3年，缓刑3年。

本案中被告人蔡某的行为是否成立强奸罪，关键在于"婚内强奸"是否成立，即丈夫能否成为强奸罪的主体。绝大多数国家对此持否定态度。从我国《刑法》第236条的规定来看，并未排除丈夫以妻子作为强奸对象的强奸罪。鉴于此，本书认为法院的该判决是正确的。因为本案中的男女双方欠缺维持婚姻和保持关系的合意，且证明了女性的性意向，这为认定婚内强奸提供了证据。[①] 在婚姻关系非正常存续期间，如离婚诉讼期间，婚姻关系已经进入法定解除的程序，虽然婚姻关系仍然存在，但已不能推定女方对性行为是一种同意的承诺，也没有理由从婚姻关系出发否认强奸罪的成立。就本案而言，法院已经判决离婚，虽然此判决尚未生效，但婚姻关系已在蔡某的主观意思中实质消失。因为是蔡某主动提出离婚，法院判决离婚后，其也没有反悔并提出上诉，故其与钱某间存在非正常的婚姻关系。也就是说，双方已不再承担夫妻间同居的义务。在这一特殊时期内的强行性行为，构成强奸罪。[②]

（二）强奸罪的认定

1. 强奸幼女特殊案件的处理

强奸幼女是强奸罪的严重犯罪情节之一，由于其对象的特殊性，刑法对幼女予以特别保护。因此，只要是奸淫幼女的，不论幼女是否同意，也不论行为人采用何种方式，都按强奸罪从重处罚。

2. 强奸与通奸的界限

通奸是双方或一方有配偶的男女，自愿发生的不正当性交行为。在我国，通奸属于道德规范调整的范围。从理论上讲，强奸与通奸不难区分。强奸违背妇女意志，通奸不违背妇女意志；强奸必须采用暴力、胁迫等强制手段，通奸不使用强制手段；强奸犯主观上具有强行奸淫的决意，通奸者没有强行奸淫的决意。如果女方明确表示要断绝通奸关系，而男方仍采用暴力、胁迫等方法强行与女方发生性关系的，应当认定为强奸罪。

3. 采用胁迫手段强奸与双方基于相互利用发生性行为的界限

对于利用教养关系、从属关系或利用职权胁迫妇女使其不得不与其发生性关系的，应当认定为强奸罪。男女双方之间存在教养关系、从属关系或职权关系并不是认定构成强奸罪的依据，如果男女双方之间虽然具有上述关系，但是基于相互利用而发生性交的，不应认定为强奸罪。

4. 强奸罪的既遂与未遂的界限

根据刑法的基本理论，犯罪既遂以构成要件是否齐备为标准，强奸罪的既遂标准是看行为人是否完成了性交，至于达到何种程度是性交完成的标志，大致有接触说、插入说和

① 参见王雅歌：《家庭暴力的背景因素与惩处机制》，2000年"中英维护妇女权益防止家庭暴力研讨会"论文。

② 参见最高人民法院刑一庭编：《刑事审判参考》，北京，法律出版社，2002。

射精说三种意见，我国以插入说为通说。但在被害人是未满14周岁的幼女的情况下，通说认为，为了更加充分保护幼女的身心健康权利，同时基于幼女身心发育尚未成熟的客观事实，应当以接触说作为强奸罪既遂的标准。

5. 强奸罪的罪数

根据《刑法》第241条第4款、第300条第3款、第318条第2款、第321条第3款、第358条3款之规定，收买被拐卖的妇女，强行与其发生性关系的，依照收买被拐卖的妇女罪与强奸罪进行数罪并罚；组织、利用会道门、邪教组织、利用迷信破坏法律实施又有奸淫妇女犯罪行为的，依照组织、利用会道门、邪教组织、利用迷信破坏法律实施罪与强奸罪进行数罪并罚；组织他人偷越国（边）境并对被组织人实施强奸行为的，依照组织他人偷越国（边）境罪与强奸罪进行数罪并罚；运送他人偷越国（边）境并对被运送人实施强奸行为的，依照运送他人偷越国（边）境罪与强奸罪进行数罪并罚；组织卖淫或强迫卖淫并有强奸犯罪行为的，依照组织卖淫罪或强迫卖淫罪与强奸罪进行数罪并罚。根据《刑法》第240条第1款第3项之规定，拐卖妇女并奸淫被拐卖的妇女的，奸淫被拐卖的妇女属于拐卖妇女罪的加重情节，以拐卖妇女罪加重处罚，不进行数罪并罚。[①] 对于强奸犯出于报复、灭口等动机，在实施强奸的过程中或强奸后，杀死或者伤害被害妇女的，应分别认定为强奸罪、故意杀人罪或故意伤害罪，实行数罪并罚。

(三) 强奸罪的刑事责任

根据《刑法》第236条第1、3款的规定，犯本罪的，处3年以上10年以下有期徒刑。有下列情形之一的，处10年以上有期徒刑、无期徒刑或者死刑：(1) 强奸妇女、奸淫幼女情节恶劣的；(2) 强奸妇女、奸淫幼女多人的；(3) 在公共场所当众强奸妇女的；(4) 二人以上轮奸的；(5) 致使被害人重伤、死亡或者造成其他严重后果的。

二、强制猥亵、侮辱罪

(一) 强制猥亵、侮辱罪的概念和构成特征

强制猥亵、侮辱罪，是指以暴力、胁迫或者其他方法强制猥亵他人或者侮辱妇女的行为。本罪的构成特征为：

本罪的客体是他人的性自主决定权。本罪的客观方面表现为以暴力、胁迫或者其他方法强制猥亵他人或者侮辱妇女的行为。具体表现为三个方面：一是本罪的犯罪对象经由《刑法修正案（九）》修改，强制猥亵的对象没有限制，包括男性和女性，但仅限于年满14周岁的人，猥亵不满14周岁的男女儿童的，构成猥亵儿童罪。强制侮辱的对象只能是妇女。二是必须实施了强制猥亵他人、侮辱妇女的行为。所谓猥亵他人，是指针对他人实施的，刺激满足行为人或第三者的变态性欲，侵犯他人性决定权的行为。所谓侮辱妇女，是指实施有损妇女性观念、性心理的淫秽下流、伤风败俗的行为。猥亵、侮辱本身不具有奸淫的内容。三是强制的内容表现为行为人必须是以暴力、胁迫或者其他方法，使他人或者妇女处于不能反抗、不敢反抗或者不知反抗的状态，进而实施猥亵或者侮辱行为。至于上

---

① 在《刑法修正案（九）》对《刑法》原第358条修正以前，《刑法》原第358条第1款第3项也有相类似之规定，即强奸后迫使卖淫的，强奸亦作为强迫卖淫罪的加重情节，以强迫卖淫罪的情节加重犯进行刑罚裁量，不进行数罪并罚。《刑法修正案（九）》对《刑法》原第358条的修正，足以说明《刑法》第240条第1款第3项之规定的不合理性，应当予以修正。

述手段是否取得压制反抗的效果，并不影响本罪的构成。犯罪主体为一般主体，包括男性和女性。妇女不仅可以成为强制猥亵、侮辱罪的教唆犯和帮助犯，而且可以成为直接正犯、间接正犯与共同正犯。[①] 主观方面是故意，且只能是直接故意。通常表现出刺激或满足行为人或第三者的性欲的主观倾向，但不具有强行奸淫的目的。

（二）强制猥亵、侮辱罪的认定

正确认定强制猥亵、侮辱罪应注意以下问题。

1. 罪与非罪的界限

作为本罪突出特点的强制性只能通过暴力、胁迫等特殊手段表现出来。反过来说，也正是通过暴力、胁迫行为才能推断出强制猥亵、侮辱罪的强制性。缺乏强制性，即行为人使用的是非强制方法，便不可能成立本罪。如在电话中调戏，公然向女性显露生殖器，或者将精液射在熟睡的他人的身上的行为，不成立本罪。

2. 强奸未遂与强制猥亵、侮辱罪的界限

区别的关键在于行为人有无奸淫的目的：如果行为人具有奸淫的目的，已着手实行强奸，只是由于意志以外的原因而未得逞的，应定强奸未遂；如果行为人只以暴力、胁迫或其他方法强制猥亵他人、侮辱妇女，以满足其变态性欲，并无强奸的目的，构成犯罪的，定强制猥亵、侮辱罪。

（三）强制猥亵、侮辱罪的刑事责任

根据《刑法》第237条规定，犯本罪的，处5年以下有期徒刑或者拘役；聚众或者在公共场所当众犯本罪的，处5年以上有期徒刑。

三、猥亵儿童罪

猥亵儿童罪，是指猥亵不满14周岁的儿童的行为。本罪侵犯的客体是儿童的身心健康。本罪的客观方面表现为猥亵儿童的行为。猥亵行为既可以是强制性的，也可以是非强制性的；猥亵对象是不满14周岁的幼男或幼女。本罪的犯罪主体为一般主体，本罪在主观方面只能是故意。但如果儿童为幼男，妇女对之实施猥亵行为的，则包括性交行为与性交意图。

《刑法》第237条第3款规定，犯本罪的，依照《刑法》第237条第1、2款的规定，从重处罚。

第四节 侵犯人身自由的犯罪

一、非法拘禁罪

（一）非法拘禁罪的概念与构成特征

非法拘禁罪，是指非法拘禁他人或者以其他方法非法剥夺他人人身自由的行为。本罪的构成特征为：

（1）本罪侵犯的客体是他人的人身自由权利，即他人根据自己的意愿支配自己身体活动的自由权利。至于行为人是否具有刑法上的刑事责任能力和民法上的民事行为能力，则

---

① 张明楷：《刑法学》，5版，877页，北京，法律出版社，2016。

在所不问。

（2）本罪的客观方面表现为非法拘禁他人或者以其他方法非法剥夺他人人身自由的行为。这里的“他人”没有限制，既可以是守法公民，也可以是犯有错误或有一般违法行为的人，还可以是犯罪嫌疑人。剥夺人身自由的方法既可以是作为，也可以是不作为；既可以是有形的，也可以是无形的；既可以是直接拘束他人的身体，也可以是间接拘束他人的身体，剥夺他人的场所移动自由，例如，将在特定场所洗浴的妇女的衣服拿走，仓库保管员误将他人锁入仓库内发现后故意不予释放，等等。非法拘禁的法律性质表现为非法性，即剥夺他人自由的行为具有非法性。司法机关根据法律规定依法采取的刑事拘留、逮捕等强制措施阻却违法性，因而是合法行为。非法拘禁是一种持续行为，即该行为在一定时间内处于继续状态。时间持续的长短不影响本罪的成立，只影响量刑。

（3）本罪的主体是一般主体。

（4）本罪的主观方面是故意。至于行为人的动机，并不影响本罪的成立。根据《刑法》第 238 条第 3 款之规定，为索取债务非法扣押、拘禁他人的，应以本罪论处。这里的债务可以是合法债务，也可以是法律不予保护的非法债务。为索取高利贷、赌债等法律不予保护的债务而非法扣押、拘禁他人的，成立本罪。[①]

（二）非法拘禁罪的刑事责任

根据《刑法》第 238 条的规定，犯本罪的，处 3 年以下有期徒刑、拘役、管制或者剥夺政治权利；具有殴打、侮辱情节的，从重处罚；致人重伤的，处 3 年以上 10 年以下有期徒刑；致人死亡的，处 10 年以上有期徒刑；使用暴力致人伤残、死亡的，应分别以故意伤害罪、故意杀人罪论处。

国家机关工作人员利用职权犯本罪的，从重处罚。

二、绑架罪

（一）绑架罪的概念与构成特征

绑架罪，是指以勒索财物为目的绑架他人或者绑架他人作为人质的行为。其构成特征为：

（1）本罪侵犯的客体是复杂客体，即侵犯他人的人身自由及其他个人、社会利益。因绑架无不使用暴力、胁迫等强制手段，故严重侵犯了被绑架人的人身自由。与此同时，行为人还向被绑架人的亲属或其他人勒索财物，或提出其他不法要求，故同时侵犯了其他个人、社会利益。

（2）本罪在客观方面表现为绑架他人或者绑架他人作为人质的行为。所谓绑架，是指使用暴力、胁迫、麻醉或者其他方法劫持或以实力控制他人的行为。以勒索财物为目的，偷盗婴幼儿的，以本罪论处。绑架的目的是向被绑架人的近亲属或其他人勒索财物或提出其他不法要求。如果行为人绑架他人是为了直接向被绑架人索取财物，则不构成本罪，而是构成抢劫罪。

（3）本罪的主体为一般主体。年满 16 周岁，具有刑事责任能力的自然人均可构成。

（4）本罪在主观方面只能是直接故意，并且以勒索财物为目的或将被害人作为人质，以

---

① 最高人民法院《关于对为索取法律不予保护的债务非法拘禁他人行为如何定罪问题的解释》规定，行为人为索取高利贷、赌债等法律不予保护的债务，非法扣押、拘禁他人的，依照《刑法》第 238 条的规定罪处罚。

满足其他不法要求为目的。例如，行为人以索取债务为目的，非法剥夺他人人身自由的，只构成非法拘禁罪，不构成本罪。以收养或奴役为目的偷盗婴幼儿的，也不构成本罪。

【案例 24-3】 **程某绑架案**

被告人程某在开公司期间，因经营不善，四处举债。其后，在债主催要欠款的情况下，程某于2014年上午7点左右在一所小学附近绑架一9岁上学女童严某。程某将严某置放于其表弟阴某家后，开始向严某的父母打电话索要5万元现金。阴某在得知程某的真实意图后，将此事告诉程某的父母。经过程某父母对程某的苦口婆心劝说，程某将被绑架的女童送上出租车，并给其10元钱车费将其放走。随后，程某到当地的公安局进行自首。此时，严某的父母已经按照程某的要求将钱物放置于河北某国道旁边的一垃圾箱内，并向警方举报。但程某并没有到该垃圾箱内收取所要钱款。案发后，河北某法院以绑架罪既遂定罪，同时考虑到程某有自首法定从轻情节和其他酌定从轻情节，判处程某有期徒刑7年。

对于本案中被告人程某的绑架行为成立绑架罪的何种停止形态，即是既遂还是未遂，存在着两种争论，争论的焦点在于到底是以绑架行为完成为标准还是以绑架行为完成并勒索到财物为标准来认定绑架罪的既遂问题。从理论上讲，绑架罪的既遂与否，完全取决于绑架行为而非勒索财物或提出其他不法要求行为的实施。绑架罪的实行行为是单一行为，只要行为人将绑架他人或者偷盗婴幼儿的行为实施完毕，从而得以强力控制他人或者置他人于自己的控制之下，就构成绑架罪的既遂。如果在绑架过程中由于犯罪分子意志以外的原因没能对被害人的人身实行控制，应认定为未遂。至于行为人在绑架他人或者偷盗婴幼儿后是否实施勒索财物或者提出其他不法要求，是不影响本罪既遂成立的。至于是否勒索到财物或者其他不法要求是否得到满足，更是对犯罪既遂没有影响。但有人认为绑架罪在客观方面表现为复合行为，也就是说，绑架罪的客观行为是由绑架行为（或偷盗婴幼儿行为）与勒索财物或提出不法要求行为（当行为人是绑架他人作为人质时）两方面组成的，所以，如果行为人只实施了绑架行为（或偷盗婴幼儿行为），而没有实施勒索财物或提出不法要求的行为，不能认为是既遂。① 这种观点值得商榷，因为：其不仅容易造成对绑架行为实施后而没有勒索到财物但造成极其严重危害后果（如致被害人死亡等）的，无法按照既遂犯予以处罚的矛盾情形，而且单从激励犯罪分子争取从宽处理的角度来论证绑架罪的既遂标准，并不符合绑架罪的立法精神。因此，在本案中，既然程某的绑架行为已经完成，就理当认定为绑架罪的既遂，并非未遂。那种将绑架罪的客观方面界定为复合行为的理论，是站不住脚的。鉴于此，法院的判决无疑是正确的。

（二）绑架罪的认定

1. 绑架罪的罪数问题

在绑架过程中，如果造成了被绑架人的死亡，无论死亡的结果是由于行为人故意还是过失引起的，都只能定为绑架罪一罪。如果对被绑架的妇女进行奸淫的，应以绑架罪和强

① 参见肖中华：《绑架罪略论》，载《山东法学》，1999（5）。

奸罪进行数罪并罚。行为人在绑架过程中，又以暴力、胁迫等手段当场劫取被害人财物，构成犯罪的，择一重罪处罚。

2. 绑架罪的既遂与未遂

刑法将绑架罪的客观方面规定为只要有绑架行为就可构成，至于绑架行为实施以后是否勒索财物或者是否勒索到财物，在所不问（虽然其不作为犯罪构成要件，但会影响量刑轻重）。这对于解决本罪的既遂与未遂问题具有重要的理论意义和实践价值。

3. 不满16周岁的人绑架撕票的如何处理

理论界通说认为，虽然《刑法》第17条第2款没有规定绑架罪，但行为人除了绑架行为以外，还实施了杀人犯罪的，应当依法追究刑事责任。然而在理论上应当以何种罪名追究行为人的刑事责任，则存在较大争议。有人认为，行为人实施行为的性质是绑架，是在绑架过程中杀害被绑架人，根据刑法的规定，只能以绑架罪定罪处罚。有人认为：由于主体要件的缺陷，此类行为并不能构成绑架罪，自然也不能适用绑架罪的法定刑。在追究刑事责任时，可以仅对其杀人行为进行评价，应当直接以故意杀人罪定罪处罚。对此，司法实践中也存在着不同的观点。[①] 从教义刑法学的角度解释，由于不满16周岁的行为人实施的绑架行为并不包括在《刑法》第17条第2款所规定的行为之中，即使行为人实施了绑架行为，其绑架行为也因《刑法》第17条第2款的规定而不构成犯罪，因此，刑法不能对不满16周岁的行为人实施的绑架行为进行评价。但毕竟行为人除了实施绑架行为之外，还实施了杀人行为，根据全国人大常委会法工委《关于已满十四周岁不满十六周岁的人承担刑事责任范围问题的答复意见》，《刑法》第17条第2款所规定的是八种特定的行为，而不是八种特定的犯罪，所以，对行为人的杀人行为以故意杀人罪追究其刑事责任并不违反罪刑法定的要求。基于此，第二种观点无疑是正确的。

（三）绑架罪的刑事责任

根据《刑法》第239条的规定，犯本罪的，处10年以上有期徒刑或者无期徒刑，并处罚金或者没收财产；情节较轻的，处5年以上10年以下有期徒刑，并处罚金[②]；杀害被绑

---

① 最高人民检察院法律政策研究室2003年4月18日《关于相对负刑事责任年龄的人承担刑事责任范围有关问题的答复》指出："相对刑事责任年龄的人实施了刑法第十七条第二款规定的行为，应当追究刑事责任的，其罪名应当根据所触犯的刑法分则具体条文认定。对于绑架后杀害被绑架人的，其罪名应认定为绑架罪。"最高人民法院2006年1月11日《关于审理未成年人刑事案件具体应用法律若干问题的解释》第5条规定："已满十四周岁不满十六周岁的人实施刑法第十七条第二款规定以外的行为，如果同时触犯了刑法第十七条第二款规定的，应当依照刑法第十七条第二款的规定确定罪名，定罪处罚。"第10条第1款规定："已满十四周岁不满十六周岁的人盗窃、诈骗、抢夺他人财物的，为窝藏赃物、抗拒抓捕或者毁灭罪证，当场使用暴力，故意伤害致人重伤或者死亡，或者故意杀人的，应当分别以故意伤害罪或者故意杀人罪定罪处罚。"2002年7月24日全国人大常委会法工委《关于已满十四周岁不满十六周岁的人承担刑事责任范围问题的答复意见》答复道："刑法第十七条第二款规定的八种犯罪，是指具体犯罪行为而不是具体犯罪。对于刑法第十七条中规定的'犯故意杀人、故意伤害致人重伤或者死亡'，是指只要故意实施了杀人、伤害行为并且造成了致人重伤、死亡后果的，都应负刑事责任。而不是指只有犯故意杀人罪、故意伤害罪的，才负刑事责任，绑架撕票的，不负刑事责任。对司法实践中出现的已满十四周岁不满十六周岁的人绑架人质后杀害被绑架人，拐卖妇女、儿童而故意造成被拐卖妇女、儿童重伤或死亡的行为，依据刑法是应当追究其刑事责任的。"从上述规定来看，后两者的观点似乎是一致的。

② 情节较轻是指绑架之后，主动释放被绑架人的；绑架之后实力控制被绑架人较短时间内就被查获的；绑架之后没有对被绑架人进行严重殴打、虐待，甚至对被绑架人较为优待的；绑架之后勒索的财物数额不大的；其他表明行为人的人身危险性不大、对被害人的人身安全的侵害也不严重的情节。参见付立庆：《论绑架罪的修正构成的解释与适用——兼评修正案对绑架罪的修改》，载《法学家》，2009（6），71页。

架人的，或者故意伤害被绑架人，致人重伤、死亡的，处无期徒刑或者死刑，并处没收财产。

三、拐卖妇女、儿童罪

（一）拐卖妇女、儿童罪的概念与构成特征

拐卖妇女、儿童罪，是指以出卖为目的，拐骗、绑架、收买、贩卖、接送、中转妇女、儿童的行为。其构成特征为：

（1）本罪侵犯的客体是妇女、儿童的人身自由和人格尊严。人生来享有人身自由和人格尊严，拐卖妇女、儿童的实质是将妇女、儿童作为商品予以交换，是对他人人格尊严的严重践踏。本罪的犯罪对象只限于妇女和儿童，不包括成年男子。实践中如果拐卖已满14周岁的男子，不成立本罪。这里的妇女是指已满14周岁的女性，儿童是指不满14周岁的男女。

（2）本罪的客观方面表现为实施拐骗、绑架、收买、贩卖、接送、中转妇女、儿童的行为。"拐骗"是指以欺骗、利诱等非暴力方法使妇女、儿童轻信后脱离家庭，置于行为人控制之下；"绑架"是指使用暴力、胁迫或者麻醉等方法劫持、控制妇女、儿童；"贩卖"是指出卖妇女、儿童以获取非法利益；"收买"是指以出卖为目的，用金钱或其他财物买取妇女、儿童；"接送"是指为拐卖妇女、儿童的罪犯接收、运送妇女、儿童；"中转"是指为拐卖妇女、儿童的罪犯提供中途场所或机会。此外还有以出卖为目的偷盗婴幼儿的行为。只要实施上述行为之一，就构成本罪。同时实施上述几种行为的，或者既拐卖妇女又拐卖儿童的，也只构成本罪一罪，不实行数罪并罚。

（3）本罪的主体是一般主体。外国人或无国籍人拐卖外国妇女到我国境内被查获的，根据《刑法》第6条的规定，应当成立本罪。①

（4）本罪主观方面只能是故意，而且必须以出卖为目的。至于行为人实施拐卖妇女、儿童的行为后实际上是否获利，不影响犯罪的成立。

【案例24-4】　　张某、竹某拐卖妇女案

2010年5月12日，被告人张某伙同芦山县仁加乡村民竹某，以外出旅游为名，邀约被告人张某的女友李某，并通过李某邀约芦山县双石镇西川四组"女青年"王某一同外出。四人从芦山县出发，乘汽车、火车到达安徽省利辛县后，张某、竹某对王某谎称外出的钱已用完，叫王某到竹某一朋友家暂住几天，他们去其他地方找到钱后再来接王某，并由竹某通过其姐夫介绍，将王某卖与利辛县赵桥乡某村村民谭某为妻，获赃款1 900元，除去路费，张某分得赃款380元。谭某将王某带回家，当晚同居时发现王某有生理缺陷，遂将王某退回竹某的姐夫家，后王某被送回芦山县。经芦山县人民医院检查诊断，王某系"以男性为主之两性人"。

在本案中，二被告人的行为是否构成犯罪完全取决于二被告人对王某的性别是否明知。若二被告人对王某"以男性为主之两性人"的性别缺乏明知，则属于

① 最高人民法院《关于审理拐卖妇女案件适用法律有关问题的解释》第2条规定，外国人或者无国籍人拐卖外国妇女到我国境内被查获的，应当根据《刑法》第6条的规定，适用我国刑法定罪处罚。

对象认识错误，其拐卖行为应成立拐卖妇女罪的未遂。若二被告人明知王某“以男性为主之两性人”的性别而予以拐卖的，因为拐卖妇女罪的犯罪对象只能是妇女，所以其行为不构成拐卖妇女罪。当然，若被告人以王某这种特殊的性别进行拐卖而行诈骗之实的，则应以诈骗罪定罪量刑。在本案中，由于二被告人事先对王某为两性人的事实并不知情，相反，还错误地认为王某为妇女而将其拐卖，这属于刑法理论上的对象不能，所以二被告人的行为成立拐卖妇女罪的未遂。另外，对于以出卖为目的而绑架妇女的，应当以拐卖妇女罪定罪，而不能定为绑架罪。

(二) 拐卖妇女、儿童罪的认定

1. 拐卖妇女罪与诈骗罪的界限

实践中常常出现以介绍妇女与人结婚为名诈骗钱财的案件。例如，行为人将一妇女介绍与某人成婚，钱财到手后，行为人与该妇女双双逃走（俗称“放白鸽”）。如果诈骗数额较大，应以共同诈骗罪论处，不能认定为拐卖妇女罪。

2. 拐卖妇女、儿童罪的罪数问题

在拐卖妇女的过程中，对被拐卖的妇女有奸淫行为，或者强迫被拐卖的妇女卖淫的，奸淫和强迫卖淫行为仅作为拐卖妇女罪的吸收情节，故仍应认定为拐卖妇女罪，其中的奸淫和强迫卖淫行为只作为拐卖妇女罪的加重法定刑情节予以考虑。但如果对被拐卖的妇女、儿童有杀害、伤害行为的，则应认定为数罪，以拐卖妇女、儿童罪和故意杀人罪或者故意伤害罪进行数罪并罚。

(三) 拐卖妇女、儿童罪的刑事责任

根据《刑法》第 240 条的规定，拐卖妇女、儿童的，处 5 年以上 10 年以下有期徒刑，并处罚金。有下列情形之一的，处 10 年以上有期徒刑或者无期徒刑，并处罚金或者没收财产；情节特别严重的，处死刑，并处没收财产：(1) 拐卖妇女、儿童集团的首要分子；(2) 拐卖妇女、儿童 3 人以上的；(3) 奸淫被拐卖的妇女的；(4) 诱骗、强迫被拐卖的妇女卖淫或者将被拐卖的妇女卖给他人迫使其卖淫的；(5) 以出卖为目的，使用暴力、胁迫或者麻醉方法绑架妇女、儿童的；(6) 以出卖为目的，偷盗婴幼儿的；(7) 造成被拐卖的妇女、儿童或者其亲属重伤、死亡或者其他严重后果的；(8) 将妇女、儿童卖往境外的。

四、收买被拐卖的妇女、儿童罪

(一) 收买被拐卖的妇女、儿童罪的概念与构成特征

收买被拐卖的妇女、儿童罪，是指不以出卖为目的，明知是被拐卖的妇女、儿童而予以收买的行为。其构成特征为：

(1) 本罪的客观方面表现为收买被拐卖的妇女、儿童的行为。所谓收买，是指行为人用金钱或者其他财物，作为被拐卖的妇女、儿童的对价，将妇女、儿童买归自己占有。收买的基本特征是将妇女、儿童当作商品买回，因此它不同于收养。收买行为不要求违背妇女、儿童的意志，因为国家禁止将任何人作为商品进行买卖，这既是保护公民的人身权利与人格尊严的要求，也是维护社会秩序的需要。即使由于某种原因，被害人同意行为人将自己买走，也不能否认收买行为的社会危害性。

(2) 本罪主观方面只能是故意。行为人一方面明知自己所收买的妇女、儿童是被他人

拐卖的妇女、儿童，另一方面也明知自己的收买行为侵犯了妇女、儿童的人身权利与人格尊严。必须强调的是，行为人主观上不能有出卖的目的，否则不构成本罪。收买被拐卖的妇女、儿童又出卖的，以拐卖妇女、儿童罪论处。

（二）收买被拐卖的妇女、儿童罪的认定

（1）收买被拐卖的妇女，强行与其发生性关系的，以强奸罪论处。

（2）收买被拐卖的妇女、儿童，非法剥夺或者限制其人身自由或者有伤害、侮辱等犯罪行为的，分别以非法拘禁罪、故意伤害罪、侮辱罪等论处。

（3）收买被拐卖的妇女、儿童，又出卖的，以拐卖妇女、儿童罪论处。

（4）收买被拐卖的妇女、儿童，对被买妇女、儿童没有虐待行为，不阻碍对其进行解救的，可以从轻处罚；按照被买妇女、儿童的意愿，不阻碍其返回原居住地的，可以从轻或者减轻处罚。

（5）收买被拐卖的妇女、儿童罪的罪数问题。收买被拐卖的妇女、儿童，并有强奸、非法拘禁、伤害、侮辱情节等犯罪行为的，依照数罪并罚的规定进行数罪并罚。

（三）收买被拐卖的妇女、儿童罪的刑事责任

根据《刑法》第241条的规定，犯本罪的，处3年以下有期徒刑、拘役或者管制。

五、聚众阻碍解救被收买的妇女、儿童罪

聚众阻碍解救被收买的妇女、儿童罪，是指纠集多人阻碍国家机关工作人员解救被收买的妇女、儿童的行为。本罪的客观方面表现为以聚众方式阻碍国家机关工作人员解救被收买的妇女、儿童。本罪的主观方面只能是故意，不可能是过失，动机如何不影响本罪的成立。本罪的主体只能是一般主体，但必须是聚众阻碍解救活动中的首要分子。不以聚众方式，但以暴力、威胁方法阻碍解救被收买的妇女、儿童的，应成立妨害公务罪。

根据《刑法》第242条的规定，犯本罪的，对其首要分子，处5年以下有期徒刑或者拘役。其他参与者使用暴力、威胁方法的，依照《刑法》第277条规定的妨害公务罪论处。

六、诬告陷害罪

（一）诬告陷害罪的概念和构成特征

诬告陷害罪，是指捏造犯罪事实诬告陷害他人，意图使他人受刑事追究，情节严重的行为。（1）本罪侵犯的客体是他人的人身权利和司法机关的正常活动。（2）本罪的客观方面表现为捏造犯罪事实，向国家机关或有关单位告发，情节严重的行为。首先，必须有捏造他人犯罪事实的行为。所谓捏造，是指无中生有、虚构他人的犯罪事实。所捏造的犯罪事实，只要足以引起司法机关追究被害人的刑事责任就可。捏造他人一般违法事实的，不构成本罪。其次，必须向国家机关或有关单位告发。告发方式多种多样，如口头的、书面的、署名的、匿名的、直接的、间接的等。再次，必须有特定的对象。如果没有特定对象，就不可能引起司法机关追究某人的刑事责任。当然，特定对象并不要求点名道姓，只要告发的内容足以使司法机关确认对象是谁就可。最后，成立本罪情节必须达到严重程度。（3）本罪的主体为一般主体。（4）本罪的主观方面是直接故意，并具有使他人受到刑事追究的目的。动机如何，在所不问。

（二）诬告陷害罪的认定

正确认定诬告陷害罪还必须把握以下两个问题。

1. 诬告陷害罪与错告、检举失实的界限

二者的客观方面都表现为向国家机关或有关单位告发的犯罪事实与客观事实不相符合。区别的关键在于行为人的主观心理不同：前者明知是捏造的犯罪事实，具有陷害他人的故意；后者认为自己告发的是真实犯罪事实，并没有陷害他人的目的。后者是一般的错误行为，不予追究刑事责任。

2. 诬告陷害罪与报复陷害罪的界限

二者都表现为陷害他人，主要区别在于：(1) 客体不同。前者侵犯的是公民的人身权利；后者侵犯的是公民的民主权利。(2) 犯罪对象不同。前者的犯罪对象是一切公民；后者的犯罪对象是控告人、申诉人、批评人与举报人。(3) 主体不同。前者是一般主体；后者是特殊主体，即国家机关工作人员。(4) 行为表现不同。前者表现为捏造犯罪事实，作虚假告发；后者表现为滥用职权，假公济私，进行报复陷害。(5) 目的不同。前者是意图使他人受刑事追究；后者是一般报复的目的。国家机关工作人员为了报复陷害控告人、申诉人、批评人与举报人，利用职权，捏造犯罪事实，并向有关机关告发的，完全符合诬告陷害罪的特征，应定诬告陷害罪，不定报复陷害罪。

(三) 诬告陷害罪的刑事责任

根据《刑法》第 243 条的规定，犯本罪的，处 3 年以下有期徒刑、拘役或者管制；造成严重后果的，处 3 年以上 10 年以下有期徒刑；国家机关工作人员犯本罪的，从重处罚。

七、强迫劳动罪

强迫劳动罪，是指以暴力、威胁或者限制人身自由的方法强迫他人劳动的，或者明知他人以暴力、威胁或者限制人身自由的方法强迫他人劳动而为其招募、运送人员或者有其他协助强迫他人劳动的行为。本罪的客观方面表现为以暴力、威胁或者限制人身自由的方法强迫他人劳动，或者明知他人以暴力、威胁或者限制人身自由的方法强迫他人劳动而为其招募、运送人员或者有其他协助强迫他人劳动的行为。例如不准外出，违反意愿，迫使从事超体力、超时间的劳动。本罪的主体是一般主体，自然人和单位均可构成本罪。本罪的主观方面必须是故意。本罪侵犯的客体为公民的人身自由权利。

根据《刑法》第 244 条的规定，犯本罪的，处 3 年以下有期徒刑或者拘役，并处罚金。情节严重的，处 3 年以上 10 年以下有期徒刑，并处罚金。单位犯本罪的，对单位判处罚金，并对其直接负责的主管人员和其他直接责任人员，依前述规定处罚。

八、雇用童工从事危重劳动罪

雇用童工从事危重劳动罪，是指违反劳动管理法规，雇用未满 16 周岁的未成年人从事超强度体力劳动的，或者从事高空、井下作业的，或者在爆炸性、易燃性、放射性、毒害性等危险环境下从事劳动，情节严重的行为。本罪侵犯的客体是未成年人的身心健康。本罪在客观方面表现为行为人违反劳动管理法规，雇用未满 16 周岁的未成年人从事超强度体力劳动，或者从事高空、井下作业的，或者在爆炸性、易燃性、放射性、毒害性等危险环境下从事劳动，情节严重的行为。本罪不以未成年人身心健康受到实际损害为必要，只要行为人有以上三种情形之一，就成立犯罪。本罪的主体是一般主体，法律规定为直接责任人员。本罪的主观方面是故意，即明知是不满 16 周岁的人而雇用其从事危重劳动。

根据《刑法》第 244 条之一的规定，犯本罪的，对直接责任人员，处 3 年以下有期徒刑或者拘役，并处罚金；情节特别严重的，处3年以上7年以下有期徒刑，并处罚金。犯本罪，造成事故，又构成其他犯罪的，依照数罪并罚的规定处罚。

九、非法搜查罪

非法搜查罪，是指非法对他人的身体或者住宅进行搜查的行为。本罪侵犯的客体为他人的人身和住宅不受侵犯的权利。本罪的客观方面表现为实施了非法搜查的行为。所谓搜查，包括搜索、检查、翻阅、挖掘、搜身、抄家等。搜查的范围，既包括他人的人身，也包括他人的住宅。搜查行为必须是非法的。本罪的主观方面是直接故意。本罪的主体是一般主体。

根据《刑法》第245条的规定，犯本罪的，处3年以下有期徒刑或者拘役。司法工作人员滥用职权犯本罪的，从重处罚。

十、非法侵入住宅罪

非法侵入住宅罪，是指未经允许非法强行进入他人住宅，或者经要求其退出仍拒不退出的行为。本罪侵犯的客体为他人的住宅不受侵犯。本罪的客观方面表现为实施了非法侵入他人住宅的行为。首先，必须有侵入住宅的行为。其次，必须是非法的，即不经住宅主人同意或许可，又没有法律根据，或不依法定程序强行进入。本罪的主观方面只能是直接故意。由于某种原因误入他人住宅的，不构成本罪。

从司法实践来看，非法侵入他人住宅，常常与其他犯罪结合在一起。例如，非法侵入他人住宅后，进行盗窃、强奸、杀人等犯罪活动。在这种情况下，非法侵入他人住宅只是实现另一犯罪目的的必经步骤，二者之间具有牵连关系，按牵连犯处理。

根据《刑法》第245条的规定，犯本罪的，处3年以下有期徒刑或者拘役；司法人员滥用职权犯本罪的，从重处罚。

十一、刑讯逼供罪

刑讯逼供罪，是指司法工作人员对犯罪嫌疑人、被告人使用肉刑或者变相肉刑逼取口供的行为。（1）本罪侵犯的客体是复杂客体，即本罪不但侵犯了公民的人身权利，同时也侵犯了国家司法机关的正常活动。（2）本罪的客观方面表现为对犯罪嫌疑人、被告人使用肉刑或者变相肉刑，以逼取口供的行为。首先，刑讯逼供的对象须是侦查过程中的犯罪嫌疑人和起诉、审判过程中的刑事被告人。犯罪嫌疑人或被告人是否最终被判定为有罪，并不影响本罪的成立。其次，刑讯逼供的方法必须是使用肉刑或者变相肉刑。所谓肉刑，包括吊打、捆绑、殴打以及其他折磨人的肉体的方法；所谓变相肉刑，是指对被害人使用非暴力的摧残和折磨，如冻、饿、烤、晒、淋雨、“车轮战”、不准睡觉等。最后，须有逼供的行为，即逼迫犯罪嫌疑人或被告人作出某种供述和辩解，包括有罪的供述、罪轻或无罪的辩解。刑讯逼供罪的追诉标准，在2006年7月26日最高人民检察院《关于渎职侵权犯罪案件立案标准的规定》中已明确规定。[①]（3）本罪的主体是特殊主体，即司法工作人员，

---

① 该规定第2条第3项规定，刑讯逼供行为，涉嫌下列情形之一的，应予立案：（1）以殴打、捆绑、违法使用械具等恶劣手段逼取口供的；（2）以较长时间冻、饿、晒、烤等手段逼取口供，严重损害犯罪嫌疑人、被告人身体健康的；（3）刑讯逼供造成犯罪嫌疑人、被告人轻伤、重伤、死亡的；（4）刑讯逼供，情节严重，导致犯罪嫌疑人、被告人自杀、自残造成重伤、死亡，或者精神失常的；（5）刑讯逼供，造成错案的；（6）刑讯逼供3人次以上的；（7）纵容、授意、指使、强迫他人刑讯逼供，具有上述情形之一的；（8）其他刑讯逼供应予追究刑事责任的情形。

根据《刑法》第94条的规定，具体包括具有侦查、检察、审判、监管职责的工作人员。(4) 本罪的主观方面只能是直接故意，并且具有逼取口供的目的。无逼取口供的目的而实施刑讯行为的，不成立本罪。

根据《刑法》第247条的规定，犯本罪的，处3年以下有期徒刑或者拘役。

因刑讯逼供致人伤残、死亡的，以故意伤害罪、故意杀人罪从重处罚。

十二、暴力取证罪

暴力取证罪，是指司法工作人员使用暴力逼取证人证言的行为。本罪的主体是特殊主体，即司法工作人员。本罪的客观方面表现为使用暴力逼取证人证言的行为。暴力的程度没有限定，暴力的对象是证人。暴力取证罪的追诉标准，在2006年7月26日最高人民检察院《关于渎职侵权犯罪案件立案标准的规定》中已明确规定。[①] 本罪的主体是特殊主体，即司法工作人员。本罪的主观方面只能是直接故意，并且以逼取证人证言为目的。

根据《刑法》第247条的规定，犯本罪的，处3年以下有期徒刑或者拘役；致人伤残、死亡的，以故意伤害罪、故意杀人罪，从重处罚。

十三、虐待被监管人罪

虐待被监管人罪，是指监狱、拘留所、看守所等监管机构的监管人员，对被监管人进行殴打或体罚虐待，情节严重的行为。(1) 本罪侵犯的客体是复杂客体，即被监管人的人身权利和国家正常的监管秩序。犯罪对象是被监管人，包括已被判处拘役以上刑罚、还在服刑的罪犯和正在刑事诉讼中的犯罪嫌疑人、被告人。(2) 本罪的客观方面表现为对被监管人进行殴打或体罚虐待，情节严重的行为。首先，须有监管人员对被监管人员的殴打或体罚虐待行为。所谓殴打，是指给被监管人造成肉体上的痛苦；所谓体罚虐待，是指除殴打以外对被监管人进行折磨、摧残的行为。其次，须达到情节严重的程度。对于情节严重的标准，根据2006年7月26日最高人民检察院《关于渎职侵权犯罪案件立案标准的规定》，具体包括以下情形：1) 以殴打、捆绑、违法使用械具等恶劣手段虐待被监管人的；2) 以较长时间冻、饿、晒、烤等手段虐待被监管人，严重损害其身体健康的；3) 虐待造成被监管人轻伤、重伤、死亡的；4) 虐待被监管人，情节严重，导致被监管人自杀、自残造成重伤、死亡，或者精神失常的；5) 殴打或者体罚虐待3人次以上的；6) 指使被监管人殴打、体罚虐待其他被监管人，具有上述情形之一的；7) 其他情节严重的情形。此外，监管人员指使被监管人员殴打或者体罚虐待其他被监管人的，也以本罪论处。(3) 本罪的主体是特殊主体，包括监狱、拘留所、看守所等监管机构的监管人员，也包括

---

① 该规定第2条第4项规定，暴力取证行为，涉嫌下列情形之一的，应予立案：(1) 以殴打、捆绑、违法使用械具等恶劣手段逼取证人证言的；(2) 暴力取证造成证人轻伤、重伤、死亡的；(3) 暴力取证，情节严重，导致证人自杀、自残造成重伤、死亡，或者精神失常的；(4) 暴力取证，造成错案的；(5) 暴力取证3人次以上的；(6) 纵容、授意、指使、强迫他人暴力取证，具有上述情形之一的；(7) 其他暴力取证应予追究刑事责任的情形。

在强制隔离戒毒所中履行监管职责的工作人员。[①]（4）本罪的主观方面只能是直接故意。

根据《刑法》第248条，犯本罪的，处3年以下有期徒刑或者拘役；情节特别严重的，处3年以上10年以下有期徒刑；致人伤残、死亡的，以故意伤害罪、故意杀人罪从重处罚。

十四、组织残疾人、儿童乞讨罪

组织残疾人、儿童乞讨罪，是指以暴力、胁迫手段组织残疾人或者不满14周岁的未成年人乞讨的行为。（1）本罪侵犯的客体是残疾人、儿童的人身自由权利。（2）本罪在客观方面表现为以暴力、胁迫手段组织残疾人或者不满14周岁的未成年人乞讨的行为。行为手段仅限于暴力、胁迫，采取非暴力、胁迫手段，如以欺骗、利诱方式组织乞讨的，不成立本罪。通过暴力、胁迫手段进行的组织行为，表明了行为人对被组织者的强力控制。至于被组织者的人数多寡，不影响本罪的成立。（3）本罪的主体是一般主体。父母、监护人也可成为本罪的犯罪主体。（4）本罪的主观方面是直接故意，即明知是残疾人或者不满14周岁的未成年人而通过暴力、胁迫手段组织其乞讨。

根据《刑法》第262条之一的规定，犯本罪的，处3年以下有期徒刑或者拘役，并处罚金；情节严重的，处3年以上7年以下有期徒刑，并处罚金。

十五、组织未成年人进行违反治安管理活动罪

组织未成年人进行违反治安管理活动罪，是指组织未成年人进行盗窃、诈骗、抢夺、敲诈勒索等违反治安管理活动的行为。（1）本罪侵犯的客体是国家对未成年人的保护制度。（2）本罪在客观方面表现为组织未成年人进行盗窃、诈骗、抢夺、敲诈勒索等违反治安管理活动的行为。这里所说的未成年人，是指不满18周岁的人。另外，根据法条中“盗窃、诈骗、抢夺、敲诈勒索等违反治安管理活动的”表述，若被组织者的行为构成犯罪的，已经超出本罪对“违反治安管理活动”的规制边界，被组织者与组织者构成各该上述犯罪行为的共同犯罪，不能以本罪论处。若被组织者的行为不构成犯罪，但被组织的盗窃、诈骗、抢夺、敲诈勒索等行为所得数额较大或者数额巨大的，对组织者的行为应当按照各该上述犯罪的首要分子、教唆犯或者间接正犯论处，也不能以本罪论处。因此，应将本罪的规制边界限制在被组织的盗窃、诈骗、抢夺、敲诈勒索等行为所得数额不大的范围之内，否则较易造成法条适用的混乱。（3）本罪的主体是一般主体。（4）本罪的主观方面是直接故意。

根据《刑法》第262条之二的规定，犯本罪的，处3年以下有期徒刑或者拘役，并处罚金；情节严重的，处3年以上7年以下有期徒刑，并处罚金。

---

① 2015年2月15日最高人民检察院《关于强制隔离戒毒所工作人员能否成为虐待被监管人罪主体问题的批复》指出，“根据有关法律规定，强制隔离戒毒所是对符合特定条件的吸毒成瘾人员限制人身自由，进行强制隔离戒毒的监管机构，其履行监管职责的工作人员属于刑法第二百四十八条规定的监管人员。对于强制隔离戒毒所监管人员殴打或者体罚虐待戒毒人员，或者指使戒毒人员殴打、体罚虐待其他戒毒人员，情节严重的，应当适用刑法第二百四十八条的规定，以虐待被监管人罪追究刑事责任；造成戒毒人员伤残、死亡后果的，应当依照刑法第二百三十四条、第二百三十二条的规定，以故意伤害罪、故意杀人罪从重处罚”。

第五节　侵犯人格、名誉的犯罪

一、侮辱罪

侮辱罪，是指使用暴力或者其他方法，公然贬低他人人格，破坏他人名誉，情节严重的行为。(1) 本罪侵犯的客体是他人的人格尊严和名誉。(2) 本罪在客观方面表现为使用暴力或者其他方法，公然贬低他人人格、破坏名誉，情节严重的行为。首先，必须有侮辱行为。其次，侮辱行为必须是公然进行，即当着第三者甚至众人的面对他人进行侮辱，公然并不一定要求被害人在场。最后，情节必须达到严重的程度。主要是指以下情况：手段恶劣的，如当众将粪便塞入他人口中；出于恶劣、卑鄙动机侮辱他人的；侮辱行为造成严重后果的，如被害人不堪侮辱而自杀或精神失常的；侮辱外宾，侮辱党和国家领导人，造成恶劣影响的；多次实施侮辱行为等。另外，行为对象必须是特定的人。在大庭广众之下进行无特定对象的谩骂，不构成侮辱罪。行为人散布真实事实，虽损害了他人名誉，但客观上却保护了公共利益的，行为阻却违法，不成立本罪。利用互联网侮辱他人，符合本罪犯罪构成的，成立本罪。[①] (3) 本罪的主体是一般主体。(4) 本罪的主观方面只能是直接故意，目的是贬低他人人格，毁坏他人名誉。

【案例 24-5】　田某侮辱案

被告人田某因自己的丈夫经常很晚才下班回家，便怀疑其丈夫与他办公室的同事李某有不正当关系，总想找个机会教训教训李某。一天，田某到其丈夫的办公室发现她丈夫和李某在室内说笑，醋意大发，遂揪住李某，拖出室外，指其鼻子骂其“狐狸精”“不要脸”，引起李某单位多人围观。李某哭着跑回家。此后，田某多次到李某的单位骂李某，在街道上遇见时也以侮辱性语言辱骂李某，致使李某精神失常，企图自杀，但因抢救及时未成。

本案中田某的行为构成侮辱罪，因为：从客观方面看，田某疑神疑鬼，常怀疑丈夫与李某有不正当关系，多次采取辱骂性话语对李某实施当众侮辱行为，致使其精神失常，引发李某的自杀，所造成的危害结果严重；从主观方面看，田某具备故意，即明知自己实施的当众侮辱行为会造成李某的人格被贬低、名誉被毁坏的结果，而积极追求该种危害结果的发生。

根据《刑法》第 246 条的规定，犯本罪的，处 3 年以下有期徒刑、拘役、管制或者剥夺政治权利。本罪告诉才处理，但严重危害社会秩序和国家利益的侮辱行为除外。

对于通过信息网络实施本罪的行为，被害人向人民法院告诉，但提供证据确有困难的，人民法院可以要求公安机关提供协助。

二、诽谤罪

诽谤罪，是指故意捏造并散布虚构事实，损害他人人格和名誉，情节严重的行为。

---

① 2000 年 12 月 28 日全国人大常委会《关于维护互联网安全的决定》第 4 条第 1 项规定：利用互联网侮辱他人或者捏造事实诽谤他人，构成犯罪的，依照刑法有关规定追究刑事责任。

（1）本罪侵犯的客体是他人的人格尊严和名誉。（2）本罪的客观方面表现为捏造并散布某种虚构事实，损害他人人格和名誉，情节严重的行为。首先，成立本罪在行为上要求行为人捏造并散布虚假事实。所谓捏造，是指无中生有、凭空制造虚假事实。所谓散布，是指利用语言或文字扩散所捏造事实，使众人知晓。如果仅有捏造事实的行为而未实施散布行为的，则不成立本罪；如果行为人散布的是有损他人名誉的真实事实，则不构成诽谤罪。虽没有实施捏造事实的行为，但明知是损害他人名誉的虚假事实而散布的，也构成诽谤。[①]另，根据全国人大常委会《关于维护互联网安全的决定》第4条第1项的规定，利用互联网侮辱他人或者捏造事实诽谤他人，构成犯罪的，依照刑法有关规定追究刑事责任。根据最高人民法院《关于审理非法出版物刑事案件具体应用法律若干问题的解释》第6条的规定，在出版物中……捏造事实诽谤他人，情节严重的，依照《刑法》第246条的规定，以诽谤罪定罪处罚。根据最高人民法院、最高人民检察院2013年9月6日《关于办理利用信息网络实施诽谤等刑事案件适用法律若干问题的解释》第1条第1、2款的规定，具有下列情形之一的，应当认定为"捏造事实诽谤他人"：1）捏造损害他人名誉的事实，在信息网络上散布，或者组织、指使人员在信息网络上散布的；2）将信息网络上涉及他人的原始信息内容篡改为损害他人名誉的事实，在信息网络上散布，或者组织、指使人员在信息网络上散布的；3）明知是捏造的损害他人名誉的事实，在信息网络上散布，情节恶劣的。诽谤必须针对特定的人进行，至于特定人数的多寡，不影响本罪的构成。其次，成立本罪必须达到情节严重。利用信息网络诽谤他人，根据《关于办理利用信息网络实施诽谤等刑事案件适用法律若干问题的解释》第2条的规定，具有下列情形之一的，应当认定为"情节严重"：1）同一诽谤信息实际被点击、浏览次数达到5 000次以上，或者被转发次数达到500次以上的；2）造成被害人或者其近亲属精神失常、自残、自杀等严重后果的；3）两年内曾因诽谤受过行政处罚，又诽谤他人的；4）其他情节严重的情形。（3）本罪的主体是一般主体。（4）本罪的主观方面只能是故意，且具有败坏他人名誉的目的。如果行为人将虚假事实误认为是真实事实加以扩散，则不构成诽谤罪。

根据《刑法》第246条的规定，犯本罪的，处3年以下有期徒刑、拘役、管制或者剥夺政治权利。本罪告诉才处理，但是严重危害社会秩序和国家利益的除外。

对于通过信息网络实施本罪的行为，被害人向人民法院告诉，但提供证据确有困难的，人民法院可以要求公安机关提供协助。

三、煽动民族仇恨、民族歧视罪

煽动民族仇恨、民族歧视罪，是指故意以语言、文字或者其他方式煽动民族仇恨、民族歧视，破坏民族团结，情节严重的行为。（1）本罪侵犯的客体为各民族的平等、团结与和睦关系。（2）本罪的客观方面表现为煽动民族仇恨、民族歧视，破坏民族团结，情节严重的行为。所谓煽动，是指公开或秘密地以语言、文字、图像等方式，散布破坏民族团结，引起民族仇恨、歧视的言论的行为。煽动民族仇恨，是指向不特定人或多数人鼓动民族之间的仇恨，包括煽动汉族与少数民族之间的仇恨、此少数民族与彼少数民族之间的仇恨。只要实施煽动行为且情节严重的，便成立本罪。（3）本罪的主体是一般主体。（4）本罪的主

① 参见张明楷：《网络诽谤的争议问题探究》，载《中国法学》，2015（3）。

观方面是直接故意。

根据《刑法》第249条的规定，犯本罪的，处3年以下有期徒刑、拘役、管制或者剥夺政治权利；情节特别严重的，处3年以上10年以下有期徒刑。

四、出版歧视、侮辱少数民族作品罪[①]

出版歧视、侮辱少数民族作品罪，是指在出版物中刊载歧视、侮辱少数民族的内容，情节恶劣，造成严重后果的行为。成立本罪不要求某一出版物完全是歧视、侮辱少数民族的内容，只要出版物中具有歧视、侮辱少数民族的部分内容，情节恶劣并造成严重后果的，就成立本罪。出版物包括印刷品、音像制品、电子出版物等。歧视、侮辱少数民族的内容，是指利用少数民族的历史、习惯等，对其进行嘲讽、丑化、贬低，损害其民族形象和尊严。本罪的主体是一般主体，包括出版物的责任编辑、审稿人、作者等直接责任人员。本罪的主观方面只能是故意，过失不成立本罪。

根据《刑法》第250条的规定，犯本罪的，处3年以下有期徒刑、拘役或者管制。

第六节　侵犯民主权利的犯罪

一、非法剥夺公民宗教信仰自由罪

非法剥夺公民宗教信仰自由罪，是指国家机关工作人员非法剥夺公民宗教信仰自由，情节严重的行为。(1) 本罪侵犯的客体是公民的宗教信仰自由权利。(2) 本罪的客观方面表现为非法剥夺公民宗教信仰自由，情节严重的行为。例如，采取暴力、胁迫或其他手段，制止某人加入宗教团体，或者强迫他人退出宗教团体；或者强迫不信教的人信教；或者强迫他人信仰这种宗教，而不准信仰那种宗教；或者破坏他人的宗教信仰活动；或者对信仰宗教的人或不信仰宗教的人进行打击迫害；等等。剥夺公民宗教信仰自由的行为必须具有非法性。(3) 本罪的主体是特殊主体，即国家机关工作人员。一般公民干涉他人的宗教信仰自由而触犯刑律的，应根据具体情节，以其他犯罪论处。(4) 本罪的主观方面是直接故意。

根据《刑法》第251条的规定，犯本罪的，处2年以下有期徒刑或者拘役。

二、侵犯少数民族风俗习惯罪

侵犯少数民族风俗习惯罪，是指国家机关工作人员以强制手段非法干涉、破坏少数民族的风俗习惯，情节严重的行为。(1) 本罪侵犯的客体是少数民族保持或者改革本民族风俗习惯的权利。宪法赋予各民族保持或者改革自己风俗习惯的自由和权利，破坏少数民族风俗习惯的行为，则侵犯了少数民族公民所享有的上述权利。(2) 本罪的客观方面表现为以强制手段非法干涉、破坏少数民族风俗习惯的行为。例如，强制回族群众食用猪肉，禁止藏族群众天葬等。(3) 本罪的主体是特殊主体，即必须是国家机关工作人员。(4) 本罪的主观方面必须是故意。

---

① 最高人民法院《关于审理非法出版物刑事案件具体应用法律若干问题的解释》第7条规定，出版刊载歧视、侮辱少数民族内容的作品，情节恶劣，造成严重后果的，依照《刑法》第250条的规定，以出版歧视、侮辱少数民族作品罪定罪处罚。

根据《刑法》第251条的规定，犯本罪的，处2年以下有期徒刑或者拘役。

三、侵犯通信自由罪①

侵犯通信自由罪，是指故意隐匿、毁弃或者非法开拆他人信件，侵犯公民通信自由权利，情节严重的行为。（1）本罪侵犯的客体是公民通信自由的权利。（2）本罪的客观方面表现为隐匿、毁弃或者非法开拆他人信件，侵犯公民通信自由权利，情节严重的行为。这里的他人信件是指公民的信件，不包括单位之间的公函。对隐匿、毁弃、非法开拆单位信函的，应视具体情况，以泄露国家秘密罪或者其他犯罪论处。（3）本罪的主体是一般主体。（4）本罪的主观方面只能是故意，动机如何不影响犯罪的成立。

根据《刑法》第252条的规定，犯本罪的，处1年以下有期徒刑或者拘役。

四、私自开拆、隐匿、毁弃邮件、电报罪

私自开拆、隐匿、毁弃邮件、电报罪，是指邮政工作人员利用职务上的便利，私自开拆、隐匿、毁弃邮件、电报的行为。（1）本罪侵犯的客体是公民的通信自由权和邮电部门的正常秩序。（2）本罪的客观方面表现为利用职务上的便利，私自开拆、隐匿、毁弃邮件、电报的行为。犯罪主体是特殊主体，即邮政工作人员。这是本罪与侵犯通信自由罪的关键区别。（3）本罪的主体是一般主体。（4）本罪的主观方面只能是故意。

根据《刑法》第253条的规定，犯本罪的，处2年以下有期徒刑或者拘役。

犯本罪而窃取财物的，以盗窃罪论，从重处罚。

五、侵犯公民个人信息罪②

侵犯公民个人信息罪，是指违反国家有关规定，向他人出售或者提供公民个人信息，情节严重的行为；将在履行职责或提供服务过程中获得的公民个人信息，出售或提供给他人的行为；以及窃取或者以其他方法非法获取公民个人信息的行为。

（1）本罪侵犯的客体是公民的个人信息权。（2）本罪在客观方面表现为三种行为方式：一是违反国家规定，向他人出售或者提供公民个人信息，情节严重的；二是违反国家规定，将在履行职责或者提供服务的过程中获得的公民个人信息，出售或者提供给他人的；三是窃取或者以其他方法非法获取公民个人信息的。前两种行为均以违反国家规定为前提，后一种行为要求非法获取。需要注意的是，上述三种类型的行为，只对第一种行为有情节严重的要求，对于后两种行为立法上并没有情节严重的要求。（3）本罪的犯罪主体，包括自然人和单位。由于将在履行职责或者提供服务过程中获得的公民个人信息，出售或者提供给他人的，行为人出售或提供的信息与其履行职责或者提供的服务相关，故应为特殊主体，其他则为一般主体。（4）本罪的主观方面是故意。至于行为人是否具有谋取非法利益的目的，不影响本罪的成立。

---

① 全国人大常委会《关于维护互联网安全的决定》第4条“为了保护个人、法人和其他组织的人身、财产等合法权利，对有下列行为之一，构成犯罪的，依照刑法有关规定追究刑事责任……”之第2项规定，非法截获、篡改、删除他人电子邮件或者其他数据资料，侵犯公民通信自由和通信秘密，构成犯罪的，依照本罪追究刑事责任。

② 《刑法修正案（九）》在《刑法修正案（七）》的基础上再次将侵犯公民个人信息的犯罪纳入修正范围，新增设本罪，出售、非法提供公民个人信息罪和非法获取公民个人信息罪不复存在。

按照《刑法》第253条之一的规定，犯本罪的，处3年以下有期徒刑或者拘役，并处或者单处罚金；情节特别严重的，处3年以上7年以下有期徒刑，并处罚金。违反国家有关规定，将在履行职责或者提供服务过程中获得的公民个人信息，出售或者提供给他人的依照本罪从重处罚。单位犯本罪的，对单位判处罚金，并对其直接负责的主管人员和其他直接责任人员，依照上述规定处罚。

六、报复陷害罪

报复陷害罪，是指国家机关工作人员滥用职权、假公济私，对控告人、申诉人、批评人、举报人实行报复陷害的行为。其构成特征为：(1) 本罪侵犯客体是公民的控告权、申诉权、批评监督权与举报权。控告权、申诉权、批评监督权与举报权是宪法赋予公民的神圣民主权利。对控告人、申诉人、批评人、举报人实行报复陷害的行为，无不是对公民所享有的宪法权利的严重侵犯。(2) 本罪的客观方面表现为滥用职权、假公济私，对控告人、申诉人、批评人、举报人实行报复陷害的行为。报复陷害的方式多种多样，如制造种种“理由”或“借口”，非法克扣工资、奖金，或开除公职等。如果所采取的报复陷害行为与行为人的职权没有关系，则不构成本罪。报复陷害的对象必须是控告人、申诉人、批评人与举报人。(3) 本罪的主体是特殊主体，即国家机关工作人员。一般公民不可能实施上述行为。(4) 本罪的主观方面必须是故意，并且具有报复陷害他人的目的。

【案例24-6】 周某报复陷害案

在2007年至2011年，某县县委书记周某利用其担任县委书记的职务便利，多次收受、索要他人现金和金首饰、字画、烟酒、衣服等财物，共折合人民币27万余元。周某受贿后，多次为他人谋取不正当利益。2011年4月，周某得知张某举报其违法犯罪行为后，即利用职权借公安局处理群众反映张某有关问题之机，对张某实施报复陷害，公安局在周某的非法干预下，没有立案即对张某家进行搜查，以所谓“非法储存爆炸物品罪”对张某立案侦查并刑事拘留。在张某外出告状、拘留未能执行时，周某授意公安机关外出抓捕。公安局遂于2011年5月20日将张某抓获，致使张某被关押于看守所长达半年之久。同年11月28日，张某被无罪释放。

在本案中，被告人周某身为县委书记，不仅见利忘义、以权谋私、受贿成性，而且滥用职权、假公济私，对举报过自己的张某进行打击报复，使被害人张某无罪竟遭半年之久的牢狱之灾，情节严重，其行为已构成了报复陷害罪。

需要特别注意的是，在司法实践中，应当正确认定与报复陷害行为构成牵连犯的情形。例如，某县公安局副局长宋某，分管交警队工作。2007年10月13日宋某得知某个体司机李某曾向检察院举报自己受贿问题后，十分恼火，当天下午便带领公安交警到李某家抓李某，因李某出车而未遂。之后，宋某带人在公路上将李某的车截住并以李某违反交通法规驾驶为由，没收了李某的驾驶证、将车扣押后，把李某强行带到交警队一办公室，对李某进行非法审讯，拳打脚踢，致使李某面部青肿，鼻子出血。然后，宋某用手铐将李某铐在窗户的钢筋上，让李某反思反思。本案中，行为人宋某出于报复陷害举报人的目的，借口被害人违章驾驶，强行扣留被害人的车辆和驾驶证，并非法剥夺被害人的人身自由，其行为分别符合报复陷害罪与非法拘禁罪的犯罪构成。但宋某的手段行为是非法拘禁，目的行为是报复陷害，应当按照牵连犯的处罚原则，择一重罪论处，即以非法拘禁罪定罪量刑。

根据《刑法》第254条的规定，犯本罪的，处2年以下有期徒刑或者拘役；情节严重的，处2年以上7年以下有期徒刑。

七、打击报复会计、统计人员罪

打击报复会计、统计人员罪，是指公司、企业、事业单位、机关、团体的领导人，对依法履行职责，抵制违反会计法、统计法行为的会计人员、统计人员实行打击报复，情节恶劣的行为。(1）本罪侵犯的客体是双重客体，既侵犯了会计、统计人员的人身权利，又侵犯了国家会计、统计管理制度。(2）本罪的客观方面表现为行为人利用其领导地位，对依法履行职责，抵制违反会计法、统计法行为的会计人员、统计人员实行打击报复，情节恶劣的行为。犯罪对象是会计、统计人员。(3）本罪的主体是特殊主体，即公司、企业、事业单位、机关、团体的领导人，至于单位的所有制性质，并无特别要求。(4）本罪的主观方面是故意。

根据《刑法》第255条的规定，犯本罪的，处3年以下有期徒刑或者拘役。

八、破坏选举罪

破坏选举罪，是指在选举各级人民代表大会代表和国家机关领导人时，以暴力、威胁、欺骗、贿赂、伪造选举文件、虚报选举票数等手段破坏选举或者妨害选民和代表自由行使选举权与被选举权，情节严重的行为。(1）本罪侵犯的客体是选举权与被选举权。选举权与被选举权是公民基本的政治权利，破坏选举的行为，侵犯了人民管理国家的民主权利。(2）本罪的客观方面表现为以暴力、威胁、欺骗、贿赂、伪造选举文件、虚报选举票数等手段破坏选举，或者妨害选民与代表自由行使选举权与被选举权，情节严重的行为。破坏选举的行为主要表现为两个方面：一是破坏选举工作的正常进行，如伪造选举文件、虚报选举票数、扰乱选举会场、强行宣布合法选举结果无效等；二是妨害选民与代表自由行使选举权与被选举权，如诱使或迫使选民违反自己的意志选举某人或不选举某人等。破坏选举的手段有暴力、胁迫、欺骗、贿赂、伪造选举文件、虚报选举票数等。破坏选举的行为情节严重的，才构成本罪。(3）本罪的主体是一般主体。(4）本罪的主观方面只能是故意。如果是由于过失影响了选举工作的正常进行，如误计选举票数、漏发选票等，不构成本罪。

需要特别强调的是，实施破坏选举罪时，其手段行为又触犯其他罪名的，属于牵连犯，通常应从一重论处。如果以暴力手段破坏选举致人重伤的，应以故意伤害罪论处。

根据《刑法》第256条，犯本罪的，处3年以下有期徒刑、拘役或者剥夺政治权利。

第七节　妨害婚姻家庭权利的犯罪

一、暴力干涉婚姻自由罪

（一）暴力干涉婚姻自由罪的概念与特征

暴力干涉婚姻自由罪，是指以暴力方法干涉他人婚姻自由的行为。其构成特征为：

（1）本罪侵犯的客体是复杂客体，即他人的婚姻自由权利和人身权利。婚姻自由权利包括结婚自由与离婚自由。由于干涉他人婚姻自由须使用暴力方法，故本罪同时侵犯了他人的人身权利。

（2）本罪的客观方面表现为以暴力方法干涉他人婚姻自由的行为。首先，要求行为人实施暴力行为，即实施捆绑、殴打、禁闭、抢掠等对人身行使有形力的行为。仅有干涉行为而没有实施暴力的，不构成本罪；仅以暴力相威胁进行干涉的，也不构成本罪；暴力极为轻微的，不能以犯罪论处。其次，暴力行为必须为干涉他人婚姻自由而实施。暴力行为致被害人重伤或伤害致死的，应按照处理牵连犯或想象竞合犯的原则，从一重论处。

（3）本罪的主体为一般主体。虽刑法没有要求犯罪主体必须具有特定身份，但司法实践中多为被害人的家长与其亲属，其中父母干涉子女婚姻自由的居多。

（4）本罪的主观方面是直接故意。

（二）暴力干涉婚姻自由罪的认定

（1）丈夫不同意妻子与自己离婚而对妻子实施暴力的，考虑到夫妻之间的特定关系，一般不按本罪处理。如果符合虐待罪的构成要件，可按虐待罪论处。

（2）在我国某些少数民族地区有抢婚的习俗，其也是结婚的一种方式，不能以本罪论处。但因向女方求婚遭到拒绝，而纠集多人使用暴力将女方劫持或绑架于自己家中，强迫女方与自己结婚的，应以本罪论处。

（三）暴力干涉婚姻自由罪的刑事责任

根据《刑法》第257条的规定，犯本罪的，处2年以下有期徒刑或者拘役，致使被害人死亡的，处2年以上7年以下有期徒刑。

犯本罪，除“致使被害人死亡”的以外，告诉的才处理。

二、重婚罪

重婚罪，是指有配偶而与他人结婚，或者明知他人有配偶而与之结婚的行为。本罪侵犯的客体是一夫一妻的婚姻制度。本罪的客观方面表现为有配偶而与他人结婚，或者明知他人有配偶而与之结婚的行为。有配偶的人与他人以夫妻名义同居生活的，或者明知他人有配偶而与之以夫妻名义同居生活的，仍应按重婚罪定罪量刑。本罪的主体是特定的两种人：一是已有配偶并且未解除婚姻关系，又与他人结婚的人。所谓“有配偶”，是指还处在夫妻关系存续期间。二是本人无配偶但明知对方有配偶而与之结婚的人。本罪的主观方面只能是故意。如果认为自己的配偶死亡或者认为自己与他人没有配偶关系而再结婚的，不构成重婚罪；如果无配偶者确实不知道对方有配偶而与之结婚的，不构成重婚罪。需要说明的是，已经登记结婚但未同居，或者在提出离婚的期间，合法的夫妻关系尚未解除之时，双方或一方与第三者登记结婚或者形成事实婚姻的，构成重婚罪。

根据我国《刑法》第258条的规定，犯本罪的，处2年以下有期徒刑或者拘役。

三、破坏军婚罪

破坏军婚罪，是指明知是现役军人的配偶，而与之结婚或者同居的行为。（1）本罪侵犯的客体是国家对军人婚姻的保护制度。（2）本罪的客观方面表现为与现役军人的配偶结婚或者同居的行为。现役军人，是指中国人民解放军和人民武装警察部队的现役军官、警官、文职干部、士兵及具有军籍的学员，不包括复员军人、退伍军人、转业军人、人民警察，以及在军队、人民武装警察部队中工作但没有军籍的工作人员。现役军人的配偶，是指现役军人的妻子或丈夫，不包括仅与现役军人有婚约关系的未婚夫或未婚妻。（3）本罪的主体是一般主体，现役军人与其他现役军人的配偶结婚或者同居的，也构成本罪。（4）本罪的主观方面只能是故意，即行为人明知是现役军人的配偶而与之结婚或者同居。由于某种原因行为人确实不知对方是现役军人的配偶，而与之结婚或者同居的，不构成本罪。

根据我国《刑法》第259条的规定，犯本罪的，处3年以下有期徒刑或者拘役。

利用职权、从属关系，以胁迫手段奸淫现役军人的妻子的，以强奸罪论处。

四、虐待罪

（一）虐待罪的概念与特征

虐待罪，是指对共同生活的家庭成员，经常以打骂、冻饿、禁闭、强迫过度劳动、有病不给治疗、限制自由、凌辱人格等手段，从肉体上和精神上进行摧残、折磨，情节恶劣的行为。（1）本罪侵犯的客体是复杂客体，包括家庭成员在家庭生活中的平等权利与被害人的人身权利。（2）本罪的客观方面表现为经常性地对被害人进行肉体上与精神上的摧残、折磨，情节恶劣的行为。虐待行为有两类：一是肉体上的摧残，如殴打、冻饿、禁闭、捆绑、强迫过度劳动、有病不给治疗等；二是精神上的折磨，如侮辱、咒骂、讽刺、不让参加社会活动等。虐待行为的方式既可以是作为，也可以是不作为。虐待行为必须具有经常性、一贯性的特点。虐待行为构成犯罪，必须达到情节恶劣。情节是否恶劣，要从虐待的手段、持续的时间、对象、结果、社会影响、行为人的动机等方面进行综合评价，对情节不恶劣的虐待行为，不能认定为虐待罪。根据2015年3月2日两高、公安部、司法部《关于依法办理家庭暴力犯罪案件的意见》第3条第17款第1项的规定，具有下列情形之一的，应当认定为情节恶劣：具有虐待持续时间较长、次数较多；虐待手段残忍；虐待造成被害人轻微伤或者患较严重疾病；对未成年人、老年人、残疾人、孕妇、哺乳期妇女、重病患者实施较为严重的虐待行为等情形。（3）本罪的主体是特殊主体，必须是共同生活的同一家庭成员。（4）本罪的主观方面是直接故意。

需要说明的是，根据上述意见第3条第17款第2项的规定，准确区分虐待犯罪致人重伤、死亡与故意伤害、故意杀人犯罪致人重伤、死亡的界限，要根据被告人的主观故意、所实施的暴力手段与方式、是否立即或者直接造成被害人伤亡后果等进行综合判断。对于被告人主观上不具有侵害被害人健康或者剥夺被害人生命的故意，而是出于追求被害人肉体和精神上的痛苦，长期或者多次实施虐待行为，逐渐造成被害人身体损害，过失导致被害人重伤或者死亡的；或者因虐待致使被害人不堪忍受而自残、自杀，导致重伤或者死亡的，属于《刑法》第260条第2款规定的虐待"致使被害人重伤、死亡"，应当以虐待罪定罪处罚。对于被告人虽然实施家庭暴力呈现出经常性、持续性、反复性的特点，但其主观上具有希望或者放任被害人重伤或者死亡的故意，持凶器实施暴力，暴力手段残忍，暴力程度较强，直接或者立即造成被害人重伤或者死亡的，应当以故意伤害罪或者故意杀人罪定罪处罚。

（二）虐待罪的刑事责任

根据《刑法》第260条的规定，犯本罪的，处2年以下有期徒刑、拘役或者管制，致使被害人重伤、死亡的，处2年以上7年以下有期徒刑。

犯本罪，除以下两种情况外，告诉的才处理：造成被害人重伤、死亡的；被害人没有能力告诉，或者因受到强制、威吓无法告诉的。

五、虐待被监护、看护人罪

虐待被监护、看护人罪，是指对未成年人、老年人、患病的人、残疾人等负有监护、看护职责的人虐待被监护、看护的人，情节恶劣的行为。(1) 本罪侵犯的客体是需要被监护、看护的未成年人、老年人、患病的人、残疾人等人的人身权利。本罪的犯罪对象是被监护、看护的人，包括未成年人、老年人、患病的人、残疾人等。负有监护、看护职责，是指因合同或者其他法律关系等使行为人需承担监护、看护责任。如幼儿园老师对儿童的看护，养老机构的工作人员对老人、残疾人的看护，医院的医生、护士对病人的看护等。(2) 本罪的客观方面表现为负有监护、看护职责的行为人违背监护、看护职责，对被监护、看护的人等实施虐待，情节恶劣的行为。(3) 本罪的犯罪主体为特殊主体，是对未成年人、老年人、患病的人、残疾人等负有监护、看护职责的人，包括自然人与单位，且监护、看护人与被监护、看护人不具有家庭成员的关系。自然人和单位都可以构成本罪的犯罪主体。(4) 本罪在主观方面表现为故意，即行为人明知自己虐待被监护、看护人会造成他们肉体上和精神上的损害后果，并希望或者放任这种后果发生。

根据刑法第 260 条之一的规定，犯本罪的，处 3 年以下有期徒刑或者拘役。单位犯本罪的，对单位判处罚金，并对其直接负责的主管人员和其他直接责任人员，依照本罪规定处罚。犯本罪同时构成其他犯罪的，依照处罚较重的规定定罪处罚。

六、遗弃罪

遗弃罪，是指对于年老、年幼、患病或者其他没有独立生活能力的人，负有扶养义务而拒绝扶养，情节恶劣的行为。(1) 本罪侵犯的客体是被遗弃人受扶养的权利。没有独立生活能力的人享有受扶养的权利，扶养人拒绝扶养，便是对其受扶养权利的严重侵犯。(2) 本罪的客观方面表现为对年老、年幼、患病或者其他没有独立生活能力的家庭成员，应当扶养而拒绝扶养，情节恶劣的行为。这个意义上的“扶养”包括长辈对晚辈的抚养、晚辈对长辈的赡养以及夫妻之间、兄弟姊妹之间的扶养。遗弃以不作为方式实施，即行为人负有法定扶养义务，有扶养能力而拒不履行。根据 2015 年 3 月 2 日最高人民法院、最高人民检察院、公安部、司法部《关于依法办理家庭暴力犯罪案件的意见》第 3 条第 17 款第 3 项的规定，具有下列情形之一的，应当认定为情节恶劣：具有对被害人长期不予照顾、不提供生活来源；驱赶、逼迫被害人离家，致使被害人流离失所或者生存困难；遗弃患严重疾病或者生活不能自理的被害人；遗弃致使被害人身体严重损害或者造成其他严重后果等情形。(3) 本罪的主体必须是对被遗弃人负有法律上的扶养义务人，且其具有扶养能力。负有法律上的扶养义务而不具有实际扶养能力的人，不构成本罪。(4) 本罪的主观方面是直接故意。犯罪动机不影响本罪的成立。

需要说明的是，根据上述意见第 3 条第 17 款第 4 项的规定，准确区分遗弃罪与故意杀人罪的界限，要根据被告人的主观故意、所实施行为的时间与地点、是否立即造成被害人死亡，以及被害人对被告人的依赖程度等进行综合判断。对于只是为了逃避扶养义务，并不希望或者放任被害人死亡，将生活不能自理的被害人弃置在福利院、医院、派出所等单位或者广场、车站等行人较多的场所，希望被害人得到他人救助的，一般以遗弃罪定罪处罚。对于希望或者放任被害人死亡，不履行必要的扶养义务，致使被害人因缺乏生活照料而死亡，或者将生活不能自理的被害人带至荒山野岭等人迹罕至的场所扔弃，使被害人难以得到他人救助的，应当以故意杀人罪定罪处罚。

【案例 24-7】 **殷某、任某遗弃案**

被告人殷某兄妹二人，妹妹已出嫁，母亲早年去世，其父一直随其生活。2003 年 9 月初，被告人殷某听说殷父有存款 5 万余元，便向殷父询问，殷父不承认有存款。3 天后殷某以妻子任某下岗无收入等理由，要求父亲去妹妹家生活。因女儿家居住困难，殷父未同意。9 月 10 日早上，任某借故对公公进行辱骂，不准其进屋，并将老人推倒在地。9 月 15 日晚上，殷父见儿子和孙女正在吃饭，便哀求儿子给点饭吃。殷某未予理睬，殷父便自盛了一碗饭吃。正在吃时，任某从外面回来，见状便恶语相加，并冲上去把饭碗抢下来，随后又将殷父打了一顿，赶出家门。9 月 16 日，殷父忍无可忍，当众诉冤。之后因生活无着，殷父被迫服毒而死。

在本案的审理中，对二被告人的行为如何定性，存在着两种不同的意见。一种意见认为，对二被告人的行为应定遗弃罪。其理由是：根据法律规定，被告人夫妇对年老多病已丧失劳动能力的父亲，负有赡养义务，且有赡养能力。但是二被告人以收入不足为借口，拒绝赡养，情节恶劣，影响极坏，其行为已构成遗弃罪。另一种意见认为，对被告人殷某、任某的行为应定虐待罪。其理由是：被告人殷某、任某对老父亲负有赡养义务，但二被告人对老人进行虐待，有饭不给吃，还打骂老人，致使老人含愤自杀，情节恶劣，已构成虐待罪。本书认为，二被告人的行为更符合遗弃罪的犯罪构成要件。因为在该案中，二被告人的行为（虽然前后只有几天）的性质和内容并不是对被害人实施摧残、折磨，而是不尽赡养义务的不作为，即将年老多病、已经丧失独立生活能力的父亲拒之门外，不顾老人的生活，拒绝履行其对老人应当履行的法定赡养义务。当被害人殷父在向殷某要碗饭吃时，殷父不仅没有得到饭吃，反而遭到了儿媳任某的辱骂和推打，且二被告人故意的内容亦是故意逃避赡养义务。所以，二被告人的行为明显不具有虐待罪的特征，理应认定为遗弃罪。

根据《刑法》第 261 条的规定，犯本罪的，处 5 年以下有期徒刑、拘役或者管制。

七、拐骗儿童罪

拐骗儿童罪，是指拐骗不满 14 周岁的儿童，脱离家庭或者其监护人的行为。(1) 本罪侵犯的客体是他人的家庭关系与儿童的合法权益，犯罪对象是不满 14 周岁的未成年人。(2) 本罪的客观方面表现为拐骗不满 14 周岁的儿童脱离家庭或者监护人的行为。拐骗行为既可以直接针对儿童实行，也可以针对儿童的家长或监护人实行；拐骗的手段主要表现为蒙骗、利诱，将婴幼儿偷走的行为也构成本罪。(3) 本罪的主体是一般主体。(4) 本罪的主观方面是故意，犯罪动机是收养或者供其使唤或奴役。拐骗儿童罪与拐卖儿童罪区别的关键是行为人是否具有贩卖牟利的特定目的。

根据《刑法》第 262 条的规定，犯本罪的，处 5 年以下有期徒刑或者拘役。

【问题与思考】

1. 在特殊情况下，行为人以暴力劫持被害人而向被害人家属勒索财物的，例如，甲深夜拦截乙，用刀威逼乙交出所有财物，但乙身无分文。甲不肯善罢甘休，令乙带路，将乙劫持到乙家中，威逼乙的父母交钱。甲之行为是应定为绑架罪还是抢劫罪？绑架罪是否以“将被害人劫离原地”为必要条件？年满 14 周岁不满 16 周岁的未成年人，实施绑架行为并撕票的，是否以绑架罪论处？若如此，如何协调其与《刑法》第 17 条第 2 款之间存在的悖论？

2. 行为人丙意图先将被害人掐晕，然后再将其扔入河中溺死。但行为人丙在实施掐害行为时，由于用力过猛，致被害人死亡。行为人丙在发现被害人已经死亡的情况下，将其扔入河中隐匿罪证。对行为人丙的行为应如何评价？

第二十五章 侵犯财产罪

参考书目

1. 王作富，刘树德．刑法分则专题研究．北京：中国人民大学出版社，2013.

2. 陈兴良．判例刑法学．2版．北京：中国人民大学出版社，2011.

3. 张明楷．刑法学．5版．北京：法律出版社，2016.

4. 王作富主编．刑法．5版．北京：中国人民大学出版社，2016.

5. 林山田．刑法各罪论．北京：北京大学出版社，2012.

参考法规

1.《刑法》第263～276条

2. 2000年11月22日最高人民法院《关于审理抢劫案件具体应用法律若干问题的解释》

3. 2016年1月6日最高人民法院《关于审理抢劫刑事案件适用法律若干问题的指导意见》

4. 2015年5月29日最高人民法院《关于审理掩饰、隐藏犯罪所得，犯罪所得收益刑事案件适用法律若干问题的解释》

5. 2013年4月2日最高人民法院、最高人民检察院《关于办理盗窃刑事案件适用法律若干问题的解释》

6. 2007年5月9日最高人民法院、最高人民检察院《关于办理与盗窃、抢劫、

诈骗、抢夺机动车相关刑事案件具体应用法律若干问题的解释》

7. 2007 年 1 月 15 日最高人民法院、最高人民检察院《关于办理盗窃油气、破坏油气设备等刑事案件具体应用法律若干问题的解释》

8. 2011 年 3 月 1 日最高人民法院、最高人民检察院《关于办理诈骗刑事案件具体应用法律若干问题的解释》

9. 2013 年 11 月 11 日最高人民法院、最高人民检察院《关于办理抢夺刑事案件适用法律若干问题的解释》

10. 2013 年 4 月 23 日最高人民法院、最高人民检察院《关于办理敲诈勒索刑事案件适用法律若干问题的解释》

11. 2000 年 6 月 30 日最高人民法院《关于审理贪污、职务侵占案件如何认定共同犯罪几个问题的解释》

12. 2002 年 4 月 10 日最高人民法院《关于审理非法生产、买卖武装部队车辆号牌等刑事案件具体应用法律若干问题解释》

13. 2013 年 1 月 16 日最高人民法院《关于审理拒不支付劳动报酬刑事案件适用法律若干问题的解释》

引例　南昌“11·11”抢劫案

2000 年 11 月 11 日下午 2 时许，华某、胡某、郑某、罗某携带两支猎枪在南昌市内搭乘一辆桑塔纳出租车，在车驶出城后，把出租车司机杀害，将尸体放进车的尾箱。之后，由罗某驾车，接携带其他作案工具的另外两名被告人龙某、吴某上车。当日下午 6 时 20 分左右，6 名被告人到达中国农业银行南昌市某分理处。在进行窥探确认有巨额现金后，6 名被告人戴上面罩、手套开始作案，其中 4 人持已上膛的五连发猎枪、匕首、塑料仿真枪等冲入营业大厅，另外两名犯罪嫌疑人，一人身背炸药并与另一人手持自制手枪在进门处把守。华某手端猎枪大声喊道：“打劫！趴下！把钱拿出来！”随后，开枪打死两名储户。之后，胡某用枪威逼营业员把门打开。此次抢劫，共抢得人民币 500 195 元。作案后，6 名犯罪嫌疑人驾车逃离现场，并将车丢弃。当晚，6 人进行分赃，华某分得赃款 12.5 万元，其他 5 名犯罪嫌疑人各分得赃款 7.5 万元。南昌市公安局于 2001 年 2 月 7 日侦查终结了这起震惊全国的恶性案件，移送南昌市人民检察院审查起诉。南昌市人民检察院指派以主诉检察官为主的 3 名办案人员对案件进行审查起诉。南昌市中级人民法院以故意杀人罪和抢劫罪判处华某等 6 被告人死刑。

第一节　侵犯财产罪概述

一、侵犯财产罪的概念与构成特征

侵犯财产罪，是指以非法占有为目的，攫取、挪用公私财物，或者故意毁坏公私财物，或者破坏生产经营的行为。其构成特征为：

（1）本类罪侵犯的主要客体是公私财产所有权。财产所有权是指财产所有人依法对自己的财产享有占有、使用、收益和处分的权利。其中，处分权是所有权四项权能中最核心的。但对其他权能的侵犯，也会对所有权的行使产生消极作用，都是对所有权不同程度的侵犯。公私财产所有权包括公共财产和公民私人财产的所有权。[①]

（2）本类罪的客观方面表现为攫取、挪用公私财物，或者故意毁坏公私财物，或者破坏生产经营的行为。根据刑法的规定，侵犯财产的行为主要有以下几种客观表现形式：其一，采用各种非法手段，将他人的财物据为己有，如抢劫、抢夺、盗窃、诈骗。其二，将合法持有的他人财物拒不退还，非法据为已有，如侵占。其三，擅自使用或毁坏自己经手、管理的财物，使财物的价值部分或全部丧失，如挪用、毁坏财物，破坏生产经营等。侵犯财产罪中大多数只能以作为的方式实施，如抢劫、盗窃、诈骗等犯罪，都以积极的作为方式实施，不可能以不作为的方式实施。但有些犯罪也可以不作为的方式实施，如侵占罪。在侵犯财产罪中，非法侵犯公私财物的数额大小和毁损财物的价值大小，是体现行为社会危害程度轻重的主要标志。这类犯罪除抢劫罪外，侵犯财产数额较大的才构成犯罪。[②]如果数额较小，其他情节轻微，危害不大的，则不能构成犯罪。

（3）本类罪中大多数的主体是一般主体，即年满16周岁、具有刑事责任能力的自然人。已满14周岁不满16周岁的人犯抢劫罪的，应当负刑事责任。少数犯罪是特殊主体，如职务侵占罪、挪用资金罪的主体，只能是公司、企业或其他单位的工作人员。

（4）本类罪的主观方面只能是故意，过失不构成这类犯罪。但是各种具体犯罪的犯罪目的不尽相同。

二、侵犯财产罪的种类

侵犯财产罪包括13个具体罪名，按犯罪目的的内容不同，可以分为四种类型：（1）暴力、胁迫型财产犯罪，包括抢劫罪、抢夺罪、聚众哄抢罪、敲诈勒索罪。（2）窃取、骗取型财产犯罪，包括盗窃罪、诈骗罪。（3）侵占、挪用型财产犯罪，包括侵占罪、职务侵占罪、挪用资金罪、挪用特定款物罪、拒不支付劳动报酬罪。（4）毁坏、破坏型财产犯罪，包括故意毁坏财物罪、破坏生产经营罪。

---

① 所谓公共财产，根据我国《刑法》第91条的规定，是指国有财产、劳动群众集体所有的财产、用于扶贫和其他公益事业的社会捐助或者专项基金的财产。在国家机关、国有公司、企业、集体企业和人民团体管理、使用或者运输中的私人财产，以公共财产论。所谓私人财产，依照《刑法》第92条的规定，是指公民的合法收入、储蓄、房屋和其他生活资料；依法归个人、家庭所有的生活资料；个体户和私营企业的合法财产；依法归个人所有的股份、股票、债券和其他财产。

② 我国刑法分则将“数额较大”规定为许多犯罪的成立条件，例如，盗窃罪、抢夺罪中的“数额较大”的财物、侵犯著作权罪中的“违法所得数额较大”等。陈兴良教授曾提出“罪体—罪责—罪量”的犯罪构成体系，将“数额较大”视为罪量要素。这种将“数额较大”置于罪责之后的做法，意味着其不属于行为人主观认识的内容。有学者便主张将数额犯中的数额视为客观处罚条件。然而，由于我国刑法分则中“数额”的种类繁多，对此不能一概而论，应根据其属性具体分析。例如，盗窃罪的对象是他人“数额较大”的财物，“数额较大”是财物的价值特征，与财物本身不可分离。他人财物价值的数额大小说明了盗窃行为侵害法益的程度，因此这里的“数额较大”是不法构成要件要素。基于不法与责任的对应原理，行为人对此需要有认识。参见柏浪涛：《构成要件符合性与客观处罚条件的判断》，载《法学研究》，2012（6），142页。

第二节　暴力、胁迫型财产犯罪

一、抢劫罪

(一) 抢劫罪的概念和构成特征

抢劫罪，是指以非法占有为目的，以暴力、胁迫或者其他方法，当场强行劫取公私财物的行为。其构成特征为：

(1) 本罪侵犯的客体是复杂客体，即不仅侵犯了公私财产所有权，同时也侵犯了他人的人身权利。这是抢劫罪区别于其他财产罪和一般侵犯人身权利罪的主要标志。正因为如此，抢劫罪的社会危害性高于其他侵犯财产罪，因而，抢劫罪历来是严厉打击的重点。

(2) 本罪的客观方面表现为以暴力、胁迫或其他令被害人不能抗拒的方法，当场强行劫取公私财物的行为。暴力、胁迫或者其他令被害人不能抗拒的方法是手段行为，目的是当场夺取财物，或者使他人当场交付财物。因此，当场强行劫取公私财物是其目的行为。正确理解抢劫行为必须对其手段行为进行正确理解，具体包括：

1) 暴力方法。暴力通常指具有攻击性的强烈行动，包括对人身的暴力和对物的暴力。就本罪而言，暴力方法主要是指对人的身体进行打击或者强制，如殴打、伤害、捆绑、禁闭等，致使被害人不能抗拒。这种暴力是犯罪分子用来排除被害人抵抗，以便劫取财物的手段。暴力程度的不同，可能造成的人身损害程度也往往差别较大，轻者只受皮肉之苦，重者可致人重伤、死亡。行为人主观上有抢劫的故意，客观上对被害人施加暴力，一般应以抢劫罪论处。但是如果以轻微的暴力强抢少量财物，可不以犯罪论处。

2) 胁迫方法。抢劫罪的胁迫方法，是指行为人为了使被害人不敢反抗，以便当场占有财物，以当场实施暴力相威胁。这种胁迫应达到足以抑制被害人反抗的程度。如果威胁无效，胁迫随即转为暴力。如果以当场立即实施损毁名义的非暴力内容相威胁的，则不成立抢劫罪。认定本罪的胁迫方法，必须把握两点关键：一是行为人以立即实施侵害行为相威胁。如果没有任何胁迫的表现，只是被害人自己感到恐惧，则不能定性为抢劫罪。二是威胁的目的在于当场夺取财物或者迫使被害人当场交付财物。如果胁迫的内容是要求被害人答应日后交付财物，则不能构成抢劫罪，只能构成敲诈勒索罪。胁迫的方式可以是语言，也可以是手势或者动作。

3) 其他方法，抢劫罪的其他方法是指为了当场占有财物，而采用的暴力、胁迫之外使被害人的身体处于不能反抗的方法，如用酒灌醉、用药物麻醉等。

需要说明的是，被害人不能反抗、不敢反抗、无法反抗的状态必须是由行为人的强制行为造成的，即行为人的强制行为与被害人不能反抗、不敢反抗、无法反抗的状态之间必须具有刑法上的因果关系。如果仅是单纯利用被害人不能反抗的状态而取走财物的，成立盗窃罪。

此外，行为人取得财物必须具有当场性。这是构成抢劫罪的重要条件。这一条件表明行为人的强制行为与取得财物的结果之间在时间上、场合上具有统一性。

（3）本罪的主体是一般主体。年满14周岁以上、精神正常的人，都可以构成本罪。①

（4）本罪的主观方面是直接故意，且以非法占有公私财物为目的。出于何种动机实施抢劫一般不影响定罪，但可以作为量刑情节考虑。

【案例25-1】 **陈某抢劫案**

陈某离家外出先后流窜到云南的昆明、大理等地。2007年7月2日上午，陈某流窜到大理古城，在某旅社安顿好后即上街游逛。11时许，陈某逛到大理中路岔路口时，遇见来华旅游的美国人约翰挎着照相机朝洱海方向游览观光，顿生抢劫邪念。随后，陈某便尾随其后。当行至大理古城东郊时，陈某见四处无人，便借机上前与约翰搭讪说话，趁约翰不备，拔出匕首朝约翰的胸部猛刺一刀。约翰奋力反抗并呼叫，在与陈某搏斗时跌倒在地。陈某乘机又朝约翰的面部、胸部等处猛刺数刀。陈某见约翰的反抗比较激烈，担心有人路过而罪行败露，遂丢下匕首逃离现场。当日下午，陈某被公安机关抓获。

被害人约翰被送往当地医院及时抢救脱险。经过鉴定，约翰为失血性休克，右侧开放性血气胸伴皮下气肿，颜面部软组织切割伤，全身多处软组织挫裂伤。

在本案审理过程中，陈某的行为是构成抢劫罪的既遂还是未遂成为本案的焦点。一种观点认为陈某的行为构成抢劫罪的既遂，理由为：抢劫罪是以是否侵犯人身权利作为区分既遂与未遂的标准，只要抢劫罪的犯罪分子在着手实行抢劫的过程中，对被害人的人身以暴力、胁迫或其他方法加以侵犯，不论财物是否到手，均构成本罪的既遂。另一种观点认为陈某的行为构成抢劫罪的未遂，理由为：虽然抢劫罪侵犯的是复杂客体，但其主要客体是财产关系，犯罪分子的主要目的也是劫取财物，而侵犯人身只是劫取财产的手段。根据2005年6月8日最高人民法院《关于审理抢劫、抢夺刑事案件适用法律若干问题的意见》第10条之规定，抢劫罪侵犯的是复杂客体，既侵犯财产权利又侵犯人身权利，具备劫取财物或者造成他人轻伤以上后果两者之一的，均属抢劫既遂；既未劫取财物，又未造成他人人身伤害后果的，属抢劫未遂。陈某虽未劫取到财物，但由于其行为已经造成被害人轻伤以上的后果，因而其行为构成抢劫罪的既遂。

在审理本章［引例］过程中，对于华某等6被告人的行为是成立抢劫罪一罪还是成立抢劫罪与故意杀人罪两罪进行数罪并罚存在争论。争论集中于抢劫罪的暴力方法是否包括故意杀人的行为。本书认为，抢劫罪的暴力方法理应包括故意杀人的行为，因为《刑法》第263条中规定的"致人死亡"并未明确限定行为人对死亡的态度限于过失。事实上，致人死亡只表明实施的犯罪行为与死亡之间的因果关系。如果为占有他人财物而当场故意致

① 已满14周岁不满16周岁的人能否成为事后抢劫的犯罪主体？最高人民法院2006年1月11日《关于审理未成年人刑事案件具体应用法律若干问题的解释》第10条规定：已满14周岁不满16周岁的人盗窃、诈骗、抢夺他人财物的，为窝藏赃物、抗拒抓捕或者毁灭罪证，当场使用暴力，故意伤害致人重伤或者死亡，或者故意杀人的，应当分别以故意伤害罪或者故意杀人罪定罪处罚。已满16周岁不满18周岁的人犯盗窃、诈骗、抢夺罪，为窝藏赃物、抗拒抓捕或者毁灭罪证而当场使用暴力或者以暴力相威胁的，应当依照刑法第269条的规定定罪处罚；情节轻微的，可不以抢劫罪定罪处罚。从该解释的精神来看，其否定了已满14周岁不满16周岁的人成为事后抢劫的犯罪主体。

人死亡，以故意杀人罪和抢劫罪并罚，那么，作为杀人的暴力，既是杀人罪的实行行为，又是抢劫罪的手段行为，这样显然违背一行为不得重复评价的原则。但是行为人在抢劫财物之后为了灭口、报复等原因而致人死亡的，应定抢劫罪与故意杀人罪两罪并罚。① 鉴于此，[引例] 中南昌市中级人民法院以故意杀人罪和抢劫罪判处华某等 6 被告人死刑的判决值得商榷。因为：第一，华某等 6 被告人实施了两个故意杀人行为。一个是杀害出租车司机的行为，另一个是枪杀两名储户的行为。实施前一杀害行为是为了排除出租车司机的抗拒行为，以便抢劫出租车。实施后一杀害行为是为了使洪城大市场分理处的工作人员产生恐惧心理而不敢反抗，从而劫取财物。第二，无论是华某等 6 被告人在抢劫出租车的过程中对出租车司机实施的杀害行为，还是在抢劫金融机构过程中实施的枪杀储户的杀害行为，均不能予以单独评价，因为其已作为抢劫罪的加重刑罚处罚的结果加重情节予以规定。基于上述分析，对华某等 6 被告人的行为只能认定为抢劫罪，只不过是构成两个抢劫罪而已。对此应按照连续犯的处罚原则，对他们依抢劫罪从重处罚，而不进行数罪并罚。

(二) 抢劫罪的认定

1. 罪与非罪的界限

首先，抢劫罪是一种侵犯财产的严重犯罪，刑法上对抢劫财物的数额、情节没有规定成立犯罪的最低限度。但是，这并不意味着在认定抢劫罪的成立时，不需考虑抢劫的数额、情节和对社会的危害程度，而应以犯罪的本质特征为核心理解抢劫罪的构成要件。例如，对于强行索取少量财物，危害不大的行为，根据《刑法》第 13 条“但书”的规定，不能认定为符合抢劫罪的构成要件的行为。其次，要划清民事债务纠纷中强拿和扣留对方财物与抢劫罪的界限。在借贷等民事纠纷中，强行拿走或扣留对方财物，用以抵债抵物，或者借以索还借款的，虽然其作为手段是不正当的，但因无非法占有他人财物的目的，不构成抢劫罪。

2. 抢劫罪既遂与未遂的界限

关于区分抢劫罪的既遂与未遂的标准，理论上有不同的主张。最高人民法院《关于审理抢劫、抢夺刑事案件适用法律若干问题的意见》第 10 条规定，抢劫罪侵犯的是复杂客体，既侵犯财产权利又侵犯人身权利，具备劫取财物或者造成他人轻伤以上后果两者之一的，均属抢劫既遂；既未劫取财物，又未造成他人人身伤害后果的，属抢劫未遂。据此，《刑法》第 263 条规定的八种处罚情节中除“抢劫致人重伤、死亡”这一结果加重情节之外，其余七种处罚情节同样存在既遂、未遂问题，其中属抢劫未遂的，应当根据刑法关于加重情节的法定刑规定，结合未遂犯的处理原则量刑。

3. 抢劫罪的结果加重犯和情节加重犯

《刑法》第 263 条有关抢劫罪的规定，可以分为两种构成类型：一是抢劫罪的基本构成，二是抢劫罪的加重构成。以暴力、胁迫或其他方法抢劫公私财物构成抢劫罪的就属于基本构成，《刑法》第 263 条对其所规定的八种情形加重处罚的，属于结果加重犯或情节加重犯。具体如下：

---

① 最高人民法院 2001 年 5 月 23 日发布的《关于抢劫过程中故意杀人案件如何定罪问题的批复》中明确指出：“行为人为劫取财物而预谋故意杀人，或者在劫取财物过程中，为制服被害人反抗而故意杀人的，以抢劫罪定罪处罚。行为人实施抢劫后，为灭口而故意杀人的，以抢劫罪和故意杀人罪，实行数罪并罚”。

(1)“入户抢劫”。根据最高人民法院2000年11月22日最高人民法院《关于审理抢劫案件具体应用法律若干问题的解释》第1条之规定，“入户抢劫”，是指为实施抢劫行为而进入他人生活的与外界相对隔离的住所，包括封闭的院落、牧民的帐篷、渔民作为家庭生活场所的渔船、为生活租用的房屋等进行抢劫的行为。对于入户盗窃，因被发现而当场使用暴力或者以暴力相威胁的行为，应当认定为入户抢劫。根据最高人民法院《关于审理抢劫、抢夺刑事案件适用法律若干问题的意见》第1条之规定，认定“入户抢劫”时，应当注意以下三个问题：一是“户”的范围。“户”在这里是指住所，其特征表现为供他人家庭生活和与外界相对隔离两个方面，前者为功能特征，后者为场所特征。一般情况下，集体宿舍、旅店宾馆、临时搭建工棚等不应被认定为“户”，但在特定情况下，如果确实具有上述两个特征的，也可以认定为“户”。二是“入户”目的的非法性。进入他人住所须以实施抢劫等犯罪为目的。虽然抢劫行为发生在户内，但行为人不以实施抢劫等犯罪为目的进入他人住所，而是在户内临时起意实施抢劫的，不属于“入户抢劫”。三是暴力或者暴力胁迫行为必须发生在户内。入户实施盗窃被发现后，行为人为窝藏赃物、抗拒抓捕或者毁灭罪证而当场使用暴力或者以暴力相威胁的，如果暴力或者暴力胁迫行为发生在户内，可以认定为“入户抢劫”；如果发生在户外，不能认定为“入户抢劫”。另根据2016年1月6日最高人民法院关于《关于审理抢劫刑事案件适用法律若干问题的指导意见》第2条第1款之规定，认定“入户抢劫”时，要注重审查行为人“入户”的目的，将“入户抢劫”与“在户内抢劫”区别开来。以侵害户内人员的人身、财产为目的，入户后实施抢劫，包括入户实施盗窃、诈骗等犯罪而转化为抢劫的，应当认定为“入户抢劫”。因访友办事等原因经户内人员允许入户后，临时起意实施抢劫，或者临时起意实施盗窃、诈骗等犯罪而转化为抢劫的，不应认定为“入户抢劫”。对于部分时间从事经营、部分时间用于生活起居的场所，行为人在非营业时间强行入内抢劫或者以购物等为名骗开房门入内抢劫的，应认定为“入户抢劫”。对于部分用于经营、部分用于生活且之间有明确隔离的场所，行为人进入生活场所实施抢劫的，应认定为“入户抢劫”；如场所之间没有明确隔离，行为人在营业时间入内实施抢劫的，不认定为“入户抢劫”，但在非营业时间入内实施抢劫的，应认定为“入户抢劫”。入户诈骗、抢夺后，为了窝藏赃物、抗拒抓捕或者毁灭罪证，在户内当场使用暴力或者以暴力相威胁的，构成“入户抢劫”。

(2)“在公共交通工具上抢劫”。根据最高人民法院《关于审理抢劫案件具体应用法律若干问题的解释》第2条之规定，“在公共交通工具上抢劫”既包括在从事旅客运输的各种公共汽车，大、中型出租车，火车，船只，飞机等正在运营中的机动公共交通工具上对旅客、司售、乘务人员实施的抢劫，也包括对运行途中的机动公共交通工具加以拦截后，对公共交通工具上的人员实施的抢劫。根据最高人民法院《关于审理抢劫、抢夺刑事案件适用法律若干问题的意见》第2条之规定，在未运营中的大、中型公共交通工具上针对司售、乘务人员抢劫的，或者在小型出租车上抢劫的，不属于“在公共交通工具上抢劫”。为了更进一步具体界定“公共交通工具”的边界，最高人民法院《关于审理抢劫刑事案件适用法律若干问题的指导意见》第2条第2款将地铁、轻轨涵盖在公共交通工具之中，明确了不含小型出租车；对于虽不具有商业营运执照，但实际从事旅客运输的大、中型交通工具，可认定为“公共交通工具”；对于接送职工的单位班车、接送师生的校车等大、中型交通工具，视为“公共交通工具”。以暴力、胁迫或者麻醉等手段对公共交通工具上的特定人员实施抢劫的，一般应认定为“在公共交通工具上抢劫”。在公共交通工具上盗窃、诈骗、抢夺后，为了窝藏赃物、抗拒抓捕或者毁灭罪证，在公共交通工具上当场使用暴力或者以暴力相威胁的，构成“在公共交通工具上抢劫”。

(3)“抢劫银行或其他金融机构”，是指抢劫银行或其他金融机构的经营资金、有价证券和客户的资金等。抢劫正在使用中的银行或者其他金融机构的运钞车的，视为“抢劫银行或其他金融机构”。

(4)“多次抢劫或抢劫数额巨大”。其中的“多次抢劫”，根据最高人民法院《关于审理抢劫、抢夺刑事案件适用法律若干问题的意见》第3条之规定，是指抢劫三次以上。对“多次”的认定，应以行为人实施的每一次抢劫行为均已构成犯罪为前提，综合考虑犯罪故意的产生、犯罪行为实施的时间、地点等因素，客观分析、认定。对于行为人基于一个犯意实施犯罪的，如在同一地点同时对在场的多人实施抢劫的；或基于同一犯意在同一地点实施连续抢劫犯罪的，如在同一地点连续地对途经此地的多人进行抢劫的；或在一次犯罪中对一栋居民楼房中的几户居民连续实施入户抢劫的，一般应认定为一次犯罪。其中的“抢劫数额巨大”，根据最高人民法院《关于审理抢劫刑事案件适用法律若干问题的指导意见》第2条第3款之规定，参照各地认定盗窃罪数额巨大的标准执行。抢劫数额以实际抢劫到的财物数额为依据。

(5)“抢劫致人重伤或死亡”。“抢劫致人重伤或死亡”，是指行为人在劫取公私财物的过程中，使用暴力等强制手段故意或者过失致人重伤或死亡的情形。根据最高人民法院《关于抢劫过程中故意杀人案件如何定罪问题的批复》，行为人为劫取财物而预谋故意杀人，或者在劫取财物过程中，为制服被害人反抗而故意杀人的，以抢劫罪定罪处罚。根据最高人民法院《关于审理抢劫、抢夺刑事案件适用法律若干问题的意见》第10条之规定，该种情形不存在犯罪未遂的情况。

(6)“冒充军警人员抢劫”。根据最高人民法院《关于审理抢劫刑事案件适用法律若干问题的指导意见》第2条第4款关于“军警人员利用自身的真实身份实施抢劫的，不认定为‘冒充军警人员抢劫’，应依法从重处罚”之规定，“冒充军警人员抢劫”，是指不具有军警特定身份的人员冒充军警人员实施抢劫的行为。“军警人员”指现役军人、武装警察和公安民警。认定“冒充军警人员抢劫”要注重对行为人是否穿着军警制服、携带枪支，是否出示军警证件等情节进行综合审查，判断是否足以使他人误以为是军警人员。对于行为人仅穿着类似军警的服装或仅以言语宣称系军警人员但未携带枪支，也未出示军警证件而实施抢劫的，要结合抢劫地点、时间、暴力或威胁的具体情形，依照常人判断标准，确定是否认定为“冒充军警人员抢劫”。

(7)“持枪抢劫”是指行为人使用枪支或者向被害人显示持有、佩带的枪支进行抢劫的行为。关于“枪支”的概念和范围，适用《中华人民共和国枪支管理法》的规定。

(8)“抢劫军用物资或者抢险、救灾、救济物资”。其中的“军用物资”，包括武装部队和武警部队使用的物质，一般而言，不包括军用的枪支、弹药、爆炸物。本规定的适用，以行为人明知是军用物资或者抢险、救灾、救济物资为限。行为人对象认识错误，误将普通财物认为是军用物资或者抢险、救灾、救济物资或者相反而实施抢劫行为的，只能认定为普通抢劫，但误将军用物资认为是抢险、救灾、救济物资或者相反而实施抢劫的，适用本规定。

具有上述八种特定情节之一，根据最高人民法院《关于审理抢劫刑事案件适用法律若干问题的指导意见》第2条第3款关于“对以数额巨大的财物为明确目标，由于意志以外的原因，未能抢到财物或实际抢得的财物数额不大的，应同时认定‘抢劫数额巨大’和犯罪未遂的情节，根据刑法有关规定，结合未遂犯的处理原则量刑”之解释精神，除“抢劫致人重伤或死亡”之外，均可构成相应情节的既遂和基本犯罪构成的未遂。对此，应分别根据刑法的有关规定，并结合未遂犯的处理原则量刑。

4.“转化型”抢劫罪的问题

《刑法》第269条规定：“犯盗窃、诈骗、抢夺罪，为窝藏赃物、抗拒抓捕或者毁灭罪证而当场使用暴力或者以暴力相威胁的，依照本法第二百六十三条的规定定罪处罚。”这是盗窃、诈骗、抢夺罪转化为抢劫罪的规定，也是通常说的准抢劫罪、事后抢劫或转化型抢劫罪的规定。犯盗窃、诈骗、抢夺罪转化为抢劫罪必须同时具备以下三个条件：（1）行为人必须实施了盗窃、诈骗、抢夺犯罪行为。这是成立转化型抢劫罪的前提条件。一般要求盗窃、诈骗、抢夺的财物达到数额较大。根据最高人民法院《关于审理抢劫、抢夺刑事案件适用法律若干问题的意见》第5条，行为人实施盗窃、诈骗、抢夺行为，未达到“数额较大”，为窝藏赃物、抗拒抓捕或者毁灭罪证当场使用暴力或者以暴力相威胁，情节较轻、危害不大的，一般不以犯罪论处；但具有下列五种情节之一的，可依照《刑法》第269条的规定，以抢劫罪定罪处罚：1）盗窃、诈骗、抢夺接近“数额较大”标准的；2）入户或在公共交通工具上盗窃、诈骗、抢夺后在户外或交通工具外实施上述行为的；3）使用暴力致人轻微伤以上后果的；4）使用凶器或以凶器相威胁的；5）具有其他严重情节的。根据最高人民法院《关于审理抢劫刑事案件适用法律若干问题的指导意见》第3条第1款，“犯盗窃、诈骗、抢夺罪”，主要是指行为人已经着手实施盗窃、诈骗、抢夺行为，一般不考察盗窃、诈骗、抢夺行为是否既遂。但是所涉财物数额明显低于“数额较大”的标准，又不具有上述五种情节之一的，不构成抢劫罪。（2）行为人必须是当场使用暴力或以暴力相威胁。这是构成转化型抢劫罪的客观条件。所谓“当场”是指在盗窃、诈骗、抢夺的现场以及行为人刚离开现场即被他人发现并抓捕的情形。事后在其他时间、地点发现犯罪分子，犯罪分子行凶拒捕的，不适用《刑法》第269条的规定。“暴力或以暴力相威胁”是指足以压制他人反抗的强制性手段。对于以摆脱的方式逃脱抓捕，暴力强度较小，未造成轻伤以上后果的，可不认定为“使用暴力”，不以抢劫罪论处。（3）行为人使用暴力或以暴力相威胁，必须是为了窝藏赃物、抗拒抓捕或者毁灭罪证。这是构成转化型抢劫罪的目的条件。所谓“窝藏赃物”，是指为了保护已经到手的赃物不被追回；所谓“毁灭罪证”，是指销毁自己遗留在犯罪现场的痕迹、物品和其他证据。如果行为人不是在非法取得财物之后出于上述目的而实施暴力，或以暴力相威胁，则不能以转化型抢劫罪论处。

对于转化型抢劫的共犯问题，两人以上共同实施盗窃、诈骗、抢夺犯罪，其中部分行为人为窝藏赃物、抗拒抓捕或者毁灭罪证而当场使用暴力或者以暴力相威胁的，对于其余行为人是否以抢劫罪共犯论处，主要看其对实施暴力或者以暴力相威胁的行为人是否形成共同犯意、提供帮助。基于一定意思联络，对实施暴力或者以暴力相威胁的行为人提供帮助或实际成为帮凶的，可以抢劫共犯论处。

对于已满14周岁不满16周岁的人，是否成立转化型的抢劫，2006年1月11日最高人民法院《关于审理未成年人刑事案件具体应用法律若干问题的解释》第10条之规定：已满14周岁不满16周岁的人盗窃、诈骗、抢夺他人财物的，为窝藏赃物、抗拒抓捕或者毁灭罪证，当场使用暴力，故意伤害致人重伤或者死亡，或者故意杀人的，应当分别以故意伤害罪或者故意杀人罪定罪处罚。据此，如果行为人当场使用暴力致人重伤或者死亡，或者故意杀人的，应当分别以故意伤害罪或者故意杀人罪定罪处罚，不以抢劫罪定罪处罚。如果行为人当场使用暴力没有致人重伤或者死亡，或者没有故意杀人行为的，则不以犯罪论处。①

5. 关于抢劫犯罪数额的计算

最高人民法院《关于审理抢劫、抢夺刑事案件适用法律若干问题的意见》第6条规定：抢劫信用卡后使用、消费的，其实际使用、消费的数额为抢劫数额；抢劫信用卡后未实际使用、消费的，不计数额，根据情节轻重量刑。所抢信用卡数额巨大，但未实际使用、消费或者实际使用、消费的数额未达到巨大标准的，不适用“抢劫数额巨大”的法定刑。为抢劫其他财物，劫取机动车辆当作犯罪工具或者逃跑工具使用的，被劫取机动车辆的价值计入抢劫数额。抢劫存折、机动车辆的数额计算，参照执行最高人民法院《关于审理盗窃案件具体应用法律若干问题的解释》的相关规定。通过银行转账或者电子支付、手机银行等支付平台获取抢劫财物的，以行为人实际获取的财物为抢劫数额。

6. 关于抢劫特定财物行为的定性

最高人民法院《关于审理抢劫、抢夺刑事案件适用法律若干问题的意见》第7条规定：以毒品、假币、淫秽物品等违禁品为对象，实施抢劫的，以抢劫罪定罪；抢劫的违禁品数量作为量刑情节予以考虑。抢劫违禁品后又以违禁品实施其他犯罪的，应以抢劫罪与具体实施的其他犯罪实行数罪并罚。抢劫赌资、犯罪所得的赃款赃物的，以抢劫罪定罪，但行为人仅以其所输赌资或所赢赌债为抢劫对象，一般不以抢劫罪定罪处罚。构成其他犯罪的，依照刑法的相关规定处罚。为个人使用，以暴力、胁迫等手段取得家庭成员或近亲属财产的，一般不以抢劫罪定罪处罚，构成其他犯罪的，依照刑法的相关规定处理；教唆或者伙同他人采取暴力、胁迫等手段劫取家庭成员或近亲属财产的，可以抢劫罪定罪处罚。

7. 关于抢劫罪数的认定

最高人民法院《关于审理抢劫、抢夺刑事案件适用法律若干问题的意见》第8条规定：行为人实施伤害、强奸等犯罪行为，在被害人未失去知觉，利用被害人不能反抗、不敢反抗的处境，临时起意劫取他人财物的，应以此前所实施的具体犯罪与抢劫罪实行数罪并罚；在被害人失去知觉或者没有发觉的情形下，以及实施故意杀人犯罪行为之后，临时起意拿走他人财物的，应以此前所实施的具体犯罪与盗窃罪实行数罪并罚。

为实施抢劫以外的其他犯罪劫取机动车辆的，以抢劫罪和实施的其他犯罪实行数罪并罚。

绑架过程中又当场劫取被害人随身携带财物的，同时触犯绑架罪和抢劫罪两罪名，应择一重罪定罪处罚。

行为人实施抢劫后，为灭口而故意杀人的，以抢劫罪和故意杀人罪定罪，实行数罪

---

① 对此，理论上有正反两种观点。参见黎宏：《刑法学》，179页，北京：法律出版社，2012；张明楷：《刑法学》，981页，北京，法律出版社，2016。司法解释也有否定的解释。2003年4月18日最高人民检察院《关于相对刑事责任年龄的人承担刑事责任范围有关问题的答复》指出：相对刑事责任年龄的人实施了《刑法》第17条第2款规定的行为，应当追究刑事责任的，其罪名应当根据所触犯的刑法分则具体条文认定。对于绑架后杀害被绑架人的，其罪名应认定为绑架罪。相对刑事责任年龄的人实施了《刑法》第269条规定的行为的，应当依照《刑法》第263条的规定，以抢劫罪追究刑事责任。但对情节显著轻微，危害不大的，可根据《刑法》第13条的规定，不予追究刑事责任。

并罚。

8. 关于抢劫罪与相似犯罪的界限

（1）抢劫罪与招摇撞骗罪和敲诈勒索罪的界限。冒充正在执行公务的人民警察、联防人员，以抓卖淫嫖娼、赌博等违法行为为名非法占有财物的行为定性。行为人冒充正在执行公务的人民警察“抓赌”“抓嫖”，没收赌资或者罚款的行为，构成犯罪的，以招摇撞骗罪从重处罚；在实施上述行为中使用暴力或者暴力威胁的，以抢劫罪定罪处罚。行为人冒充治安联防队员“抓赌”“抓嫖”，没收赌资或者罚款的行为，构成犯罪的，以敲诈勒索罪定罪处罚；在实施上述行为中使用暴力或者暴力威胁的，以抢劫罪定罪处罚。

（2）抢劫罪与强迫交易罪的界限。以暴力、胁迫手段索取超出正常交易价钱、费用的钱财的行为定性。从事正常商品买卖、交易或者劳动服务的人，以暴力、胁迫手段迫使他人交出与合理价钱、费用相差不大的钱物，情节严重的，以强迫交易罪定罪处罚；以非法占有为目的，以买卖、交易、服务为幌子采用暴力、胁迫手段迫使他人交出与合理价钱、费用相差悬殊的钱物的，以抢劫罪定罪处刑。在具体认定时，既要考虑超出合理价钱、费用的绝对数额，还要考虑超出合理价钱、费用的比例，加以综合判断。

（3）抢劫罪与绑架罪的界限。绑架罪是侵害他人人身自由权利的犯罪，其与抢劫罪的区别在于：第一，主观方面不尽相同。抢劫罪中，行为人一般出于非法占有他人财物的故意实施抢劫行为；绑架罪中，行为人既可能为勒索他人财物而实施绑架行为，也可能出于其他非经济目的实施绑架行为。第二，行为手段不尽相同。抢劫罪表现为行为人劫取财物一般应在同一时间、同一地点，具有“当场性”；绑架罪表现为行为人以杀害、伤害等方式向被绑架人的亲属或其他人或单位发出威胁，索取赎金或提出其他非法要求，劫取财物一般不具有“当场性”。

（4）抢劫罪与寻衅滋事罪的界限。寻衅滋事罪是严重扰乱社会秩序的犯罪，行为人实施寻衅滋事的行为时，客观方面也可能表现为强拿硬要公私财物的特征。这种强拿硬要的行为与抢劫罪的区别在于：于前者行为人主观上还具有逞强好胜和通过强拿硬要来填补其精神空虚等目的，于后者行为人一般只具有非法占有他人财物的目的；于前者行为人客观上一般不以严重侵犯他人人身权利的方法强拿硬要财物，而于后者行为人以暴力、胁迫等方式作为劫取他人财物的手段。司法实践中，对于未成年人使用或威胁使用轻微暴力强抢少量财物的行为，一般不宜以抢劫罪定罪处罚。其行为符合寻衅滋事罪特征的，可以寻衅滋事罪定罪处罚。

（5）抢劫罪与故意伤害罪的界限。行为人为索取债务，使用暴力、暴力威胁等手段的，一般不以抢劫罪定罪处罚。构成故意伤害等其他犯罪的，按《刑法》第234条等规定处罚。

（6）抢劫罪与抢劫枪支、弹药、爆炸物、危险物质罪的界限。二者是法条竞合关系，在适用上采取特殊法条优先的原则。明知是枪支、弹药、爆炸物、危险物质而抢劫的，构成抢劫枪支、弹药、爆炸物、危险物质罪。对象认识错误，故意抢劫财物但实际上抢劫了枪支、弹药、爆炸物、危险物质或者相反的，在重合的限度内认定为抢劫罪。

9. 驾驶机动车、非机动车夺取他人财物行为的定性

对于驾驶机动车、非机动车（以下简称“驾驶车辆”）夺取他人财物的，一般以抢夺罪从重处罚；但具有下列情形之一，应当以抢劫罪定罪处罚：（1）驾驶车辆，逼挤、撞击或强行逼倒他人以排除他人反抗，乘机夺取财物的；（2）驾驶车辆强抢财物时，因被害人

不放手而采取强拉硬拽方法劫取财物的；（3）行为人明知其驾驶车辆强行夺取他人财物的手段会造成他人伤亡的后果，仍然强行夺取并放任造成财物持有人轻伤以上后果的。

（三）抢劫罪的刑事责任

依照《刑法》第263条的规定，犯本罪的，处3年以上10年以下有期徒刑，并处罚金。有以下情形之一的，处10年以上有期徒刑、无期徒刑或者死刑，并处罚金或者没收财产：入户抢劫的；在公共交通工具上抢劫的；抢劫银行或者其他金融机构的；多次抢劫或者抢劫数额巨大的；抢劫致人重伤、死亡的；冒充军警人员抢劫的；持枪抢劫的；抢劫军用物资或抢险、救灾、救济物资。

二、抢夺罪

（一）抢夺罪的概念和构成特征

抢夺罪，是指以非法占有为目的，公然夺取公私财物，数额较大或者多次抢夺的行为。其构成特征为：

（1）本罪侵犯的客体是公私财产所有权；犯罪对象仅限于动产，并且是有形物，不包括枪支、弹药、爆炸物，国家机关公文、证件、印章，国有档案。抢夺上述对象应按照《刑法》第127条第1款盗窃、抢夺枪支、弹药、爆炸物、危险物质罪，第280条第1款盗窃、抢夺、毁灭国家机关公文、证件、印章罪，第329条盗窃、抢夺国有档案罪定罪处罚。

（2）本罪的犯罪客观方面表现为公然夺取财物，数额较大或者多次抢夺的行为。首先，本罪的行为方式是"公然夺取"。对其应从以下几个方面理解：第一，"公然夺取"不应理解为仅限于在公共场所或者当众抢夺，而应理解为"在财产的所有人或者保管人在场的情况下，当着财物所有人或者保管人的面或者采用可以使其立即发觉的方式夺取财物"[①]。第二，"公然"是相对财物所有人或者保管人而言的，但在行为人对财物所有人或者保管人产生错误认识的情况下，应以行为人的认识为准：行为人自以为所有人或保管人在其行为当时会发觉，而取得其财物。如果行为人以为财物保管人或者所有人不会发觉，而取得财物的，符合盗窃罪的特征。第三，行为人公然夺取财物时不使用暴力或者以暴力相威胁。这是抢夺罪与抢劫罪的显著区别。至于行为人是否乘人不备，不影响本罪的构成。第四，夺取的对象——财物——应当为被害人紧密占有。如乘人不备而突然夺取，在他人来不及夺回时（不问是否乘人不备）夺取，制造他人不能夺回的机会而夺取。[②] 其次，对于多次夺取，尚没有司法解释对此进行明确界定。在此之前，可以参照盗窃罪中"多次盗窃，是指两年内盗窃三次以上"的解释。再次，抢夺公私财物的，要求数额较大，多次抢夺的，则没有数额较大的限制。2013年11月11日最高人民法院、最高人民检察院《关于办理抢夺刑事案件适用法律若干问题的解释》第1条规定，抢夺公私财物价值1 000元至3 000元以上的，应当认定为数额较大。第2条规定，具有下列情形之一的，"数额较大"的标准按照前条规定标准的50%确定：1）曾因抢劫、抢夺或者聚众哄抢受过刑事处罚的；2）一年内曾因抢夺或者哄抢受过行政处罚的；3）一年内抢夺三次以上的；4）驾驶车辆抢夺的；5）组织、控制未成年人抢夺的；6）抢夺老年人、未成年人、孕妇、携带婴幼儿的人、残疾人、丧失劳动能力人的财物的；7）在医院抢夺病人或者其亲友财物的；

---

① 赵秉志：《侵犯财产罪》，221页，北京，中国人民公安大学出版社，1999。

② 参见周光权：《刑法各论》，112页，北京：中国人民大学出版社，2016。

8）抢夺救灾、抢险、防汛、优抚、扶贫、移民、救济款物的；9）自然灾害、事故灾害、社会安全事件等突发事件期间，在事件发生地抢夺的；10）导致他人轻伤或者精神失常等严重后果的。[①]

（3）本罪的主体为一般主体，即年满16周岁、具有刑事责任能力的自然人。

（4）犯罪的主观方面限于直接故意，并且具有非法占有的目的。

（二）抢夺罪的认定

1. 抢夺罪罪与非罪的界限

抢夺公私财物数额必须达到较大，如果行为人抢夺公私财物没有达到数额较大，则不构成犯罪。根据最高人民法院、最高人民检察院《关于办理抢夺刑事案件适用法律若干问题的解释》第5条的规定，抢夺公私财物数额较大，但未造成他人轻伤以上伤害，行为人系初犯，认罪、悔罪，退赃、退赔，且具有下列情形之一的，可以认定为犯罪情节轻微，不起诉或者免予刑事处罚；必要时，由有关部门依法予以行政处罚：（1）具有法定从宽处罚情节的；（2）没有参与分赃或者获赃较少，且不是主犯的；（3）被害人谅解的；（4）其他情节轻微、危害不大的。

2. 抢夺罪的罪数问题

在实施抢夺过程中，致人重伤或者死亡的，实施抢夺公私财物行为，构成抢夺罪；同时造成被害人重伤、死亡等后果，构成过失致人重伤罪、过失致人死亡罪等犯罪的，传统刑法理论都以构成想象竞合犯，择一重罪论处。根据前述司法解释第3条、第4条之规定，这些后果都属于抢夺罪的“其他严重情节”和“其他特别严重情节”的范畴，仍以抢夺罪论处。

3. “携带凶器抢夺的”的认定

根据《刑法》第267条第2款，携带凶器抢夺的，以抢劫罪定罪处罚。根据最高人民法院《关于审理抢劫案件具体应用法律若干问题的解释》第6条，携带凶器抢夺是指行为人随身携带枪支、爆炸物、管制刀具等国家禁止个人携带的器械进行抢夺或者为了实施犯罪而携带其他器械进行抢夺的行为。根据最高人民法院《关于审理抢劫、抢夺刑事案件适用法律若干问题的意见》第4条，行为人随身携带国家禁止个人携带的器械以外的其他器械抢夺，但有证据证明该器械确实不是为了实施犯罪准备的，不以抢劫罪定罪；行为人将随身携带凶器有意加以显示、能为被害人察觉到的，直接适用《刑法》第263条的规定定罪处罚；行为人携带凶器抢夺后，在逃跑过程中为窝藏赃物、抗拒抓捕或者毁灭罪证而当场使用暴力或者以暴力相威胁的，适用《刑法》第267条第2款的规定定罪处罚。

4. 抢夺罪与抢劫罪的界限

抢夺罪与抢劫罪在犯罪主体上都为一般主体，在主观方面上都为故意，且以非法占有为目的，因此，通常从犯罪客体和客观方面两个方面对二者予以区别。具体而言，（1）前者侵犯的客体是简单客体，即公私财产所有权；后者侵犯的客体是复杂客体，即侵犯了公私财产所有权和他人人身权利。（2）前者在客观方面表现为单一的行为，即抢夺罪中的夺取财物，不是靠暴力、胁迫等强制手段，足以压制被害人反抗后而夺取；后者在客观方面表现为复合行为，即抢劫罪中的劫取财物，则是靠暴力、胁迫等强制手段，足以压制被害

① 立法上对于多次抢夺并没有数额限制，而根据最高人民法院、最高人民检察院《关于办理抢夺刑事案件适用法律若干问题的解释》第2条第3项的解释，多次抢夺，似乎也需要相应的数额限制。

人反抗后而劫取。虽然抢夺罪也表现为强力行为，但该强力行为作用的对象是财物，使用的目的是夺取财物，这点与抢劫罪中强力行为作用的对象是被害人，使用的目的是压制被害人的反抗，而后夺取财物有本质的不同。对于在抢夺过程中，由于遭遇被害人反抗，转而使用暴力、胁迫等强制手段而夺取财物的，应以抢劫罪论处。对于在抢夺过程中对人使用轻微暴力，不足以压制被害人反抗的，宜以抢夺罪论处。

(三) 抢夺罪的刑事责任

根据《刑法》第267条的规定，犯本罪的，处3年以下有期徒刑、拘役或者管制，并处或者单处罚金；数额巨大或者有其他严重情节的，处3年以上10年以下有期徒刑，并处罚金；数额特别巨大或者有其他特别严重情节的，处10年以上有期徒刑或者无期徒刑，并处罚金或者没收财产。

根据2013年11月11日最高人民法院、最高人民检察院《关于办理抢夺刑事案件适用法律若干问题的解释》第3条的规定，抢夺公私财物，具有下列情形之一的，应当认定为"其他严重情节"：(1) 导致他人重伤的。(2) 导致他人自杀的。(3) 具有一年内抢夺三次以上的；驾驶机动车、非机动车抢夺的；组织、控制未成年人抢夺的；抢夺老年人、未成年人、孕妇、携带婴幼儿的人、残疾人、丧失劳动能力人的财物的；在医院抢夺病人或者其亲友财物的；抢夺救灾、抢险、防汛、优抚、扶贫、移民、救济款物的；自然灾害、事故灾害、社会安全事件等突发事件期间，在事件发生地抢夺的；导致他人轻伤或者精神失常等严重后果的八种情形之一。并且数额达到30 000元至80 000元以上"数额巨大"标准的50%的。根据前述解释第4条的规定，抢夺公私财物，具有下列情形之一的，应当认定为"其他特别严重情节"：(1) 导致他人死亡的；(2) 具有上述八种情形之一，数额达到200 000元至400 000元以上"数额特别巨大"标准的50%的。

三、聚众哄抢罪

聚众哄抢罪，是指以非法占有为目的，聚众哄抢公私财物，数额较大或情节严重的行为。本罪侵犯的客体是复杂客体，即公私财物的所有权和社会的正常管理秩序，犯罪对象为动产。本罪的客观方面表现为聚众哄抢公私财物，数额较大或情节严重的行为。所谓"聚众"，是指纠集或者聚集多人；所谓"哄抢"，是指在为首分子的鼓励、指挥下，一哄而上公然夺取公私财物，但是不采用暴力、胁迫或其他人身强制的方法，否则构成抢劫罪。本罪的主体为一般主体，即聚众哄抢的首要分子和积极参加者。本罪的主观方面是直接故意，且以非法占有为目的。

根据《刑法》第268条的规定，犯本罪的，对首要分子和积极参加的，处3年以下有期徒刑、拘役或者管制，并处罚金；数额巨大或者有其他特别严重情节的，处3年以上10年以下有期徒刑，并处罚金。

四、敲诈勒索罪

(一) 敲诈勒索罪的概念和构成特征

敲诈勒索罪，是指以非法占有为目的，以威胁或者要挟的方法，强索公私财物，数额较大或者多次敲诈勒索的行为。其构成特征为：

(1) 本罪侵犯的客体为复杂客体，即一方面侵犯了公私财产的所有权，另一方面又侵犯了被害人的人身权利或其他权益。犯罪对象是各种公私财物，包括动产和不动产、有形财产和无形财产。

（2）本罪的客观方面表现为以威胁或者要挟的方法，强索公私财物，数额较大或者多次敲诈勒索的行为。首先，行为人必须使用威胁或者要挟的方式，强索公私财物。所谓威胁和要挟，是指能够引起他人心理上恐惧的精神强制方法。威胁、要挟是手段，强索财物是目的。威胁、要挟的方法有多种多样，既可以面对被害人直接使用，也可以通过第三者或专用书信等方式发出，既可以是明示，也可以是暗示，如以将对被害人及其亲友的人身实施暴力相威胁，以揭发被害人的隐私相要挟。一般来说，本罪所指的威胁、要挟的内容不具有当场实施的特点，而是扬言在以后某时某地付诸实施。如果行为人当场威胁且当场将威胁内容付诸实施索取财物的，则构成抢劫罪。威胁或要挟的内容，是以恶害相通告，从而使对方产生恐惧心理。关于恶害的种类并没有限制，可以是对被害人的生命、健康、自由等进行胁迫，也可以是对被害人的名誉进行胁迫。其次，敲诈勒索公私财物还必须达到数额较大，或者多次敲诈勒索，才能构成本罪，否则不构成本罪。至于数额较大的标准，根据2013年4月23日最高人民法院、最高人民检察院《关于办理敲诈勒索刑事案件适用法律若干问题的解释》第1条，以2 000元至5 000元以上为起点。根据该解释第2条，敲诈勒索公私财物，具有下列情形之一的，“数额较大”的标准可以按照上述标准的50%确定：1）曾因敲诈勒索受过刑事处罚的；2）一年内曾因敲诈勒索受过行政处罚的；3）对未成年人、残疾人、老年人或者丧失劳动能力人敲诈勒索的；4）以将要实施放火、爆炸等危害公共安全犯罪或者故意杀人、绑架等严重侵犯公民人身权利犯罪相威胁敲诈勒索的；5）以黑恶势力名义敲诈勒索的；6）利用或者冒充国家机关工作人员、军人、新闻工作者等特殊身份敲诈勒索的；7）造成其他严重后果的。如果敲诈勒索数额较小且没有多次敲诈勒索，情节较轻的，不宜以犯罪论处，但情节严重的，可以敲诈勒索罪的未遂犯论处。根据该解释第3条，二年内敲诈勒索三次以上的，应当认定为“多次敲诈勒索”。

根据最高人民法院、最高人民检察院《关于办理敲诈勒索刑事案件适用法律若干问题的解释》第5条，敲诈勒索数额较大，行为人认罪、悔罪，退赃、退赔，并具有下列情形之一的，可以认定为犯罪情节轻微，不起诉或者免予刑事处罚，由有关部门依法予以行政处罚：1）具有法定从宽处罚情节的；2）没有参与分赃或者获赃较少且不是主犯的；3）被害人谅解的；4）其他情节轻微、危害不大的。

（3）本罪的主体为一般主体。

（4）本罪的主观方面是直接故意，并且有非法占有公私财物的目的。如果行为人为了追回自己合法的债权而对债务人使用了威胁、要挟手段，由于其不具有非法占有他人财物的目的，则不构成本罪。

（二）敲诈勒索罪的认定

1. 敲诈勒索罪与绑架罪的界限

绑架罪中包括了向被绑架人的近亲属及其他人勒索财物的情况，它与本罪区别的关键在于是否实际上绑架了他人。如客观上没有绑架他人，而谎称绑架他人勒索财物的，以敲诈勒索论处。绑架他人后向被绑架人的近亲属勒索财物的，宜以绑架罪论处。

2. 敲诈勒索罪与抢劫罪的界限

二者的犯罪客体均为复杂客体，既包括财产所有权又包括被害人的人身权利；二者的犯罪主体均为一般主体；二者在犯罪主观方面都具有非法占有公私财物的目的，故二者的区别主要表现在犯罪的客观方面，具体而言如下：（1）行为的内容不同。后者以当场实施暴力或威胁为行为内容；而前者是以恶害相通告为内容的威胁或要挟，其从可能性转化为现实性不具有当场性，且恶害的内容并不限于暴力，还包括非暴力的内容如毁坏被害人人格名誉，揭发、张扬个人隐私等。(2) 行为实施方式不同。后者的威胁是当面当场实施，一般用言语或动作来表示；而前者的威胁既可以是当面实施，也可以是通过他人或书面的方式间接表达。(3) 非法取得财物的时间不同。后者是当场取得财物；而前者取得财物的时间，可以是当场，但更多的是在实施威胁、要挟之后的一定限期内取得。(4) 数额大小对构成犯罪的意义不同。法律对于构成抢劫罪没有明确数额要求，而敲诈勒索罪是以数额较大作为必备要件。(5) 犯罪对象的范围不同。后者的犯罪对象仅限于动产，而前者的犯罪对象包括动产和不动产。

3. 敲诈勒索罪的既遂与未遂

对于敲诈勒索罪的既遂与未遂的标准问题，刑法理论界在认识上存在较大分歧。第一种观点认为，敲诈勒索罪是行为犯，只要行为人实施了敲诈勒索的行为，不论受害人是否交付财物，都构成既遂。第二种观点认为，只要行为人出于非法占有他人财物的目的，实施足以使他人恐惧的威胁、要挟行为，即使没有非法取得财物，也构成本罪的既遂。第三种观点认为，行为人只要实施敲诈勒索的行为，又到约定地点提取索取的财物，即使没有得到财物，同样构成既遂。第四种观点认为，行为人实施敲诈勒索的行为，必须达到预期的目的，即只有实际非法取得财物，才构成犯罪的既遂，否则就是未遂。

本书认为，第四种观点更为合理。因为敲诈勒索罪不是行为犯，而是结果犯，当然应以发生法定危害结果作为犯罪既遂的标准。从敲诈勒索所侵犯的客体和行为人的主观目的来看，其主要客体是公私财产所有权，而行为人的主观目的是要敲诈成功从而得到财物，综合两方面，应当以行为人是否实际取得财物即是否发生法定危害结果作为既遂与未遂的标准。

4. 敲诈近亲属财物的处理

敲诈勒索近亲属的财物，获得谅解的，一般不认为是犯罪；认定为犯罪的，应当酌情从宽处理。被害人对敲诈勒索的发生存在过错的，根据被害人的过错程度和案件其他情况，可以对行为人酌情从宽处理；情节显著轻微、危害不大的，不认为是犯罪。

5. 敲诈勒索罪的共犯

明知他人实施敲诈勒索犯罪，为其提供信用卡、手机卡、通信工具、通信传输通道、网络技术支持等帮助的，以共同犯罪论处。

(三) 敲诈勒索罪的刑事责任

根据《刑法》第 274 条的规定，敲诈勒索公私财物，数额较大或者多次敲诈勒索的，处 3 年以下有期徒刑、拘役或者管制，并处或者单处罚金；数额巨大或者有其他严重情节的，处 3 年以上 10 年以下有期徒刑，并处罚金；数额特别巨大或者有其他特别严重情节的，处 10 年以上有期徒刑，并处罚金。根据最高人民法院、最高人民检察院《关于办理敲诈勒索刑事案件适用法律若干问题的解释》第 1 条的规定，“数额巨大”是以 3 万元至 10 万元以上为起点。“数额特别巨大”以 30 万元至 50 万元以上为起点。各省、自治区、直辖市高级人民法院、人民检察院可以根据本地实际情况，在上述数额幅度内，共同研究确定本地区执行的具体数额标准，报最高人民法院、最高人民检察院批准。根据上述司法解释第 4 条的规定，敲诈勒索公私财物，具有下列情形之一的，可以分别认定为“其他严重情节”“其他特别严重情节”：对未成年人、残疾人、老年人或者丧失劳动能力人敲诈勒索的；以将要实施放火、爆炸等危害公共安全犯罪或者故意杀人、绑架等严重侵犯公民人身权利犯罪相威胁敲诈勒索的；以黑恶势力名义敲诈勒索的；利用或者冒充国家机关工作人员、军人、新闻工作者等特殊身份敲诈勒索的；造成其他严重后果的。数额达到上述“数额巨大”“数额特别巨大”标准的80%。

第三节 窃取、骗取型财产犯罪

一、盗窃罪

（一）盗窃罪的概念和构成特征

盗窃罪是指以非法占有为目的，窃取公私财物，数额较大，或者多次盗窃、入户盗窃、携带凶器盗窃、扒窃的行为。其构成特征为：

（1）本罪侵犯的客体是公私财产所有权。只要是公私财物，除刑法另有规定的以外，均可成为盗窃罪的犯罪对象。盗窃罪的犯罪对象一般为动产，但我国刑法也没有将不动产排除在盗窃罪的犯罪对象之外。对此，国外刑法亦有不同的规定。[①] 盗窃罪的对象一般是有形的物品，但某些无形的、缺少有体性而有经济价值的物，如电力、煤气、天然气、重要技术成果也可以成为本罪的对象。

根据《刑法》第196条、第210条、第265条的规定，盗窃信用卡并使用的；盗窃增值税专用发票或者可以骗取出口退税、抵扣税款的其他发票的；以牟利为目的，盗接他人通信线路、复制他人电信码号或者明知是盗接、复制的电信设备、设施而使用的：均以盗窃罪定罪处罚。

窃取家庭成员或者近亲属的财物的，根据2013年4月2日最高人民法院、最高人民检察院《关于办理盗窃刑事案件适用法律若干问题的解释》第8条之规定，偷拿家庭成员或者近亲属的财物，获得谅解的，一般可不认为是犯罪；追究刑事责任的，应当酌情从宽。另根据2006年1月11日最高人民法院《关于审理未成年人刑事案件具体应用法律若干问题的解释》第9条第3款规定，已满16周岁不满18周岁的人盗窃自己家庭或者近亲属财物，或者盗窃其他亲属财物但其他亲属要求不予追究的，可不按犯罪处理。

盗窃违禁品的，除刑法另有规定的以外，可构成本罪，并按情节轻重量刑。

（2）本罪的客观方面表现为窃取公私财物，数额较大或者多次盗窃、入户盗窃、携带凶器盗窃、扒窃的行为。

首先，行为人必须具有窃取的行为。通说认为，所谓窃取，通常是指偷取，即行为人采用自认为不使他人发觉的方法占有他人财物。只要行为人主观上是意图秘密窃取，即使客观上已被他人发觉或者注意，也不影响盗窃性质的认定。秘密窃取，可以是物主不在场时实施，也可以是物主在场时乘其不备实施。对于窃取的手段和方法刑法并没有限制。可

---

① 关于不动产是否能作为盗窃罪的犯罪对象，国内存在肯定说和否定说两种观点。肯定说认为，刑法规定盗窃公私财物，没有将不动产排除在外，且不动产也可通过秘密手段占为己有。否定说认为，窃取是将他人控制下的财物秘密转移到行为人手中，不动产不能移动，故不能成为盗窃罪的犯罪对象。对此，外国刑法规定亦不尽相同。如奥地利、意大利、瑞士等国家的刑法明文规定盗窃罪的犯罪对象为动产。而日本、西班牙等国家的刑法则将盗窃罪的犯罪对象规定为他人财物，但实践中一般认为是动产。也有国家的刑法将盗窃与窃占不动产分别规定为盗窃罪与窃占不动产罪。

以是亲手实施，也可以利用无刑事责任能力者的行为实施；可以利用机器、装置实施，也可以利用动物或者物主的行为实施。如根据2014年最高人民法院《关于发布第七批指导性案例的通知》（指导案例27号：臧进泉等盗窃、诈骗案），行为人利用信息网络，诱骗他人点击虚假链接而实际通过预先植入的计算机程序窃取财物构成犯罪的，以盗窃罪定罪处罚；另根据2000年5月12日最高人民法院《关于审理扰乱电信市场管理秩序案件具体应用法律若干问题的解释》第7条规定，将电信卡非法充值后使用，造成电信资费损失数额较大的，以盗窃罪定罪处罚。此外，将物主骗出室外而入室窃取财物的，成立盗窃罪。

其次，行为人盗窃的财物达到数额较大或者具备多次、入户、携带凶器或者在公共场所或公共交通工具上盗窃的情节。

关于数额较大的标准，根据2013年4月2日最高人民法院、最高人民检察院《关于办理盗窃刑事案件适用法律若干问题的解释》第1条的规定，是指行为人盗窃公私财物的价值人民币1 000元至3 000元以上。各省、自治区、直辖市高级人民法院可以根据本地区的经济发展状况，并考虑社会治安状况，在上述数额幅度内，确定本地区执行的具体数额标准，报最高人民法院、最高人民检察院批准。该解释第2条规定，具有下列情形之一的，“数额较大”的标准可以按照第1条规定标准的50%确定：1）曾因盗窃受过刑事处罚的；2）一年内曾因盗窃受过行政处罚的；3）组织、控制未成年人盗窃的；4）自然灾害、事故灾害、社会安全事件等突发事件期间，在事件发生地盗窃的；5）盗窃残疾人、孤寡老人、丧失劳动能力人的财物的；6）在医院盗窃病人或者其亲友财物的；7）盗窃救灾、抢险、防汛、优抚、扶贫、移民、救济款物的；8）因盗窃造成严重后果的。

关于多次[①]盗窃、入户盗窃、携带凶器盗窃、扒窃的规定，应当视为特殊的盗窃。因其不以前述数额较大为标准，而是以多次、入户、携带凶器或者在公共场所或公共交通工具上的盗窃情节作为定罪的标准。根据前述司法解释第3条的规定，多次盗窃是指2年内盗窃3次以上的行为；入户盗窃是指非法进入供他人家庭生活，与外界相对隔离的住所盗窃的行为；携带凶器盗窃是指携带枪支、爆炸物、管制刀具等国家禁止个人携带的器械盗窃，或者为了实施违法犯罪携带其他足以危害他人人身安全的器械盗窃的行为；扒窃[②]是指在公共场所或者公共交通工具上盗窃他人随身携带的财物的行为。扒窃犯罪具有犯罪空

---

① 我国刑法分则将多次实施作为某些犯罪的成立条件，例如盗窃罪、敲诈勒索罪及聚众淫乱罪等。张明楷教授认为，“多次盗窃”中的“多次”属于客观的超过要素，不需要行为人认识。但周光权教授认为，这里的“多次”属于典型的构成要件要素和违法要素，要求行为人认识，不属于内在的客观处罚条件。本书认为，这里的“多次”只是一种对行为次数的统计结论，其本身没有任何实质意义。行为人需要“多次盗窃”才构成犯罪，从这个形式描述上看，“多次”能表示违法的程度，但实际上真正影响违法的是“多次”所记载的行为本身，而不是“多次”本身。离开统计对象，单纯地看次数没有任何实质意义，不会给违法提供任何实质根据。行为人只需要实施盗窃行为就可，至于是否达到“多次”是由司法者统计评价的。司法者的统计结论会影响违法程度，但这是评价结论上的影响，而不是实体存在上的影响。概言之，“多次”不是不法构成要件要素，由于其能够在评价上决定刑罚的启动，也即衡量行为的违法程度是否达到需要科处刑罚的程度，因而属于一种客观处罚条件。由于“多次”不是不法构成要件要素，自然不需要行为人认识。如果要求行为人对“多次”本身具有认识才构成犯罪，那么犯罪与否就完全取决于行为人的主观记忆力，这显然是不合适的。由于“多次”不是不法构成要件要素，因而不要求行为人有认识的结论并不违反责任主义。参见柏浪涛：《构成要件符合性与客观处罚条件的判断》，载《法学研究》，2012（6），142页。

② 关于扒窃入刑的法理构建，车浩提出其应是被害人教义学与行为人刑法分工合作的结果，并基于此提出了贴身禁忌的概念。参见车浩：《“扒窃”入刑：贴身禁忌与行为人刑法》，载《中国法学》，2013（1），114～130页。该解释并没有采取此种观点。

间的特殊性，即犯罪行为发生在公共场所或公共交通工具上；还具有犯罪对象的特殊性，即犯罪对象系物主随身携带的财物。

需要说明的是，盗接他人通信线路，复制他人电信码号或者明知是盗接、复制的电信设备、设施而使用的行为，是盗窃罪的另一种特殊行为表现形式。

(3) 本罪的主体是一般主体，即年满16周岁、具有刑事责任能力的自然人。单位组织、指使盗窃，符合追诉条件的，以盗窃罪追究组织者、指使者、直接实施者的刑事责任。

(4) 本罪的主观方面是直接故意，且具有非法占有的目的，即明知是他人所有的财物，以非法占有为目的，实施窃取财物的行为。误将他人的财物当成自己的财物而取走，因不具有非法占有他人财物的目的，不构成盗窃罪。其中，盗接他人通信线路，复制他人电信码号或者明知是盗接、复制的电信设备、设施而使用的盗窃行为，还必须具有牟利的特定目的。

【案例25-2】 江某盗窃案

被告人江某一天下午4时许到其朋友公司闲逛、聊天，待其从朋友公司大门出来时，正好碰见收破烂的陈某。陈某指着大门旁边的一个立式的大空调问江某："这个空调你们卖吗？"江某答道："我现在没有时间与你谈这个，等晚上7点左右你给我打电话，咱再商谈。"随后将自己的电话给了陈某。等到晚上7点左右，陈某与江某联系后，江某以3 000元的价格将其朋友公司的旧空调出卖。

在审理本案过程中，对于江某的行为应认定为诈骗罪还是盗窃罪存在争论，争论的焦点在于如何正确理解诈骗罪与盗窃罪的区别。二者最根本的区别在于客观方面表现不同：前者是虚构事实，隐瞒真相，使受害人"自愿"交出财物。后者是秘密窃取，在物主不知情的情况下，将物主的财物占为己有。基于此，若以江某虚构事实、隐瞒真相，以非法占有为目的，将不属于其所有的空调予以出卖，获取非法利益的行为认定为诈骗罪，显然是错误的。因为，江某虚构事实、隐瞒真相的行为所指向的对象是陈某而不是受害公司。陈某在本案中是善意取得人，其行为并不具有刑法意义上的否定价值。从受害公司的角度来看，江某采取的行为当属秘密窃取行为，应构成盗窃罪。应当指出的是，江某秘密窃取空调后又出卖的行为是其盗窃行为的后续行为，属于刑法上的事后不可罚行为，所以不作评价。

(二) 盗窃罪的认定

1. 盗窃罪既遂与未遂的界限

关于盗窃罪既遂与未遂划分的标准，中外刑法理论均存在不同观点，主要有七种观点：(1) 接触说，认为应以行为人是否接触到被盗财物为标准，接触到财物就是既遂。(2) 转移说，认为应以行为人是否将被盗财物转移到安全地带为标准，已转移到安全地带为既遂。(3) 控制说，认为应以行为人是否已经取得对被盗财物的实际控制为标准，已实际控制的为既遂。(4) 失控说，认为应以被害人是否失去对财物的控制为标准，失去控制的为既遂。(5) 失控加控制说，认为应以被害人是否失去对财物的控制，并且该财物已置于行为人的实际控制之下为标准，被害人失去控制且被行为人实际控制住才成立既遂。(6) 损失说，认为应以盗窃行为是否造成公私财物的损失为标准，盗窃行为造成公私财物损失的，即为既遂，否则，则为未遂。[1]（7）移动说，认为应以行为人是否移动被盗财物为标准，已移动的为既遂。[2] 本书认为，失控说更合理些。因为盗窃罪是结果犯，应以给公私财产所有权造成直接损害结果为构成要件齐备的标准。所有权的损害结果表现在所有人或持有人控制的财物因被盗窃而脱离了其实际控制。因此，从对客体的损害着眼，以财物的所有人或持有人失去对被盗财物的控制作为既遂的标准，更符合盗窃罪既遂的本质。至于行为人是否最终达到了非法占有并任意处置该财物的目的，不影响既遂的成立。如果只从行为人是否获得财物的角度来衡量盗窃罪的既遂与未遂，违背了刑法保护被害人法益的宗旨。实际上，刑法设立盗窃罪的目的，在于禁止人们以窃取的方法侵犯他人的财物，而不在于保证行为人去实际获得财物。区分既遂与未遂的意义在于行为人对被害人法益侵犯的程度不同，而不是行为人是否获得利益的不同。从这个意义上说，区分盗窃罪既遂与未遂的标准应在于被害人已失去财物，不在于行为人是否获得财物。

根据最高人民法院、最高人民检察院《关于办理盗窃刑事案件适用法律若干问题的解释》第 12 条的规定，盗窃未遂，具有下列情形之一的，应当依法追究刑事责任：（1）以数额巨大的财物为盗窃目标的；（2）以珍贵文物为盗窃目标的；（3）其他情节严重的情形。盗窃既有既遂，又有未遂，分别达到不同量刑幅度的，依照处罚较重的规定处罚；达到同一量刑幅度的，以盗窃罪既遂处罚。[3]

2. 可不作为犯罪处理的两种情况[4]

（1）根据前述司法解释第 7 条的规定，盗窃公私财物数额较大，行为人认罪、悔罪，退赃、退赔，且具有法定从宽处罚情节的，或者没有参与分赃或获赃较少且不是主犯的，或者被害人谅解的，或者其他情节轻微、危害不大的情节的，可以不起诉或者免予刑事处罚；必要时，由有关部门予以行政处罚。这里的“可以不起诉”，当然是指不认为是犯罪的情况，所以才有“必要时，由有关部门予以行政处罚”的规定。

（2）偷拿家庭成员或者近亲属的财物同在社会上盗窃作案的区别。偷拿家庭成员或者近亲属的财产，由于发生的原因是多方面的，情况比较复杂，案发后被害人出于各种考虑，往往不希望司法机关追究行为人的刑事责任。根据前述司法解释第 8 条的规定，对于这类偷窃案件获得谅解的，一般可不认为是犯罪。只有确有追究刑事责任必要的，才作为犯罪处理，但在处理上也应与社会上盗窃作案有所区别，应当酌情从宽。这里所指的“近亲属”，按照刑事诉讼法的规定，是指夫、妻、父、母、子、女、同胞亲兄弟姐妹。“偷窃近亲属的财物”，应包括偷窃已分居生活的近亲属的财物。偷窃家庭成员的财物，既包括偷窃共同生活的近亲属的财物，也包括偷窃共同生活的其他非近亲属的财物。

---

① 所述（1）～（6）观点，参见高铭暄主编：《新中国刑法学研究综述》，641～643 页，洛阳，河南人民出版社，1996。

② 参见高铭暄等编：《刑法学参考资料》，284 页，北京，中国广播电视大学出版社，1994

③ 依照该司法解释的精神，若不以数额巨大的财物为盗窃目标或者不以珍贵文物为盗窃目标或者没有其他情节严重的情形，对于盗窃罪的未遂是不应当追究刑事责任的。也即对于除了上述三种情况以外的一般的盗窃未遂，不追究刑事责任或者不认为是犯罪。当然，对于盗窃罪的犯罪预备也不应当追究刑事责任。这样理解完全符合罪刑法定原则的精神。但是否是该解释的原意，有待进一步探讨。

④ 2013 年 4 月 2 日最高人民法院、最高人民检察院《关于办理盗窃刑事案件适用法律若干问题的解释》增加了一种不认为是犯罪的情况。在可不作为犯罪处理的两种情况之中，均将“被害人的谅解”作为认定行为人的行为不构成犯罪的条件之一。

3. 盗窃数额的认定标准

(1) 根据前述司法解释第4条的规定，盗窃的数额，按照下列方法认定：1) 被盗财物有有效价格证明的，根据有效价格证明认定；无有效价格证明，或者根据价格证明认定盗窃数额明显不合理的，应当按照有关规定委托估价机构估价。2) 盗窃外币的，按照盗窃时中国外汇交易中心或者中国人民银行授权机构公布的人民币对该货币的中间价折合成人民币计算；中国外汇交易中心或者中国人民银行授权机构未公布汇率中间价的外币，按照盗窃时境内银行人民币对该货币的中间价折算成人民币，或者该货币在境内银行、国际外汇市场对美元汇率，与人民币对美元汇率中间价进行套算。3) 盗窃电力、燃气、自来水等财物，盗窃数量能够查实的，按照查实的数量计算盗窃数额；盗窃数量无法查实的，以盗窃前6个月月均正常用量减去盗窃后计量仪表显示的月均用量推算盗窃数额；盗窃前正常使用不足6个月的，按照正常使用期间的月均用量减去盗窃后计量仪表显示的月均用量推算盗窃数额。4) 明知是盗接他人通信线路、复制他人电信码号的电信设备、设施而使用的，按照合法用户为其支付的费用认定盗窃数额；无法直接确认的，以合法用户的电信设备、设施被盗接、复制后的月缴费额减去被盗接、复制前6个月的月均电话费推算盗窃数额；合法用户使用电信设备、设施不足6个月的，按照实际使用的月均电话费推算盗窃数额。5) 盗接他人通信线路、复制他人电信码号出售的，按照销赃数额认定盗窃数额。盗窃行为给失主造成的损失大于盗窃数额的，损失数额可以作为量刑情节考虑。

(2) 根据前述司法解释第5条的规定，盗窃有价支付凭证、有价证券、有价票证的，按照下列方法认定盗窃数额：1) 盗窃不记名、不挂失的有价支付凭证、有价证券、有价票证的，应当按票面数额和盗窃时应得的孳息、奖金或者奖品等可得收益一并计算盗窃数额。2) 盗窃记名的有价支付凭证、有价证券、有价票证，已经兑现的，按照兑现部分的财物价值计算盗窃数额；没有兑现，但失主无法通过挂失、补领、补办手续等方式避免损失的，按照给失主造成的实际损失计算盗窃数额。

(3) 根据前述司法解释第9条的规定，盗窃国有馆藏一般文物、三级文物、二级以上文物的，应当分别认定为《刑法》第264条规定的“数额较大”“数额巨大”“数额特别巨大”。盗窃多件不同等级国有馆藏文物的，三件同级文物可以视为一件高一级文物。盗窃民间收藏的文物的，根据前述司法解释第4条第1款第1项的规定认定盗窃数额。另根据2015年12月30日最高人民法院、最高人民检察院《关于办理妨害文物管理刑事案件适用法律问题的解释》第2条第2款的规定，盗窃文物，无法确定文物等级，或者按照文物等级定罪量刑明显过轻或者过重的，按照盗窃的文物价值定罪量刑。

4. 盗窃罪与诈骗罪界限。

二者的关键区别在于被害人是否基于认识错误而处分财产，对于骗中有盗、盗中有骗的行为尤其如此。以盗窃与诈骗相交织的手法非法取财的行为的定性，取决于行为人非法取得财物时起决定作用的手段。如果起决定作用的手段是秘密窃取，就应当定盗窃罪；如果起决定作用的手段系利用骗术，就应当认定为诈骗罪。如行为人盗窃定期存单后又伪造身份证从银行冒名取款，从行为上来分析，该行为可分为两部分：第一部分为盗窃定期存单行为，第二部分为伪造身份证件从银行冒名取款的诈骗行为。行为人把他人的定期存单偷出仅仅是完成了盗窃行为的一部分，并没有实现其非法占有他人财产的目的；虽然后来伪造身份证，到银行取款，最终取出存单上的现金的行为使用了骗术，但该存单是行为人采取秘密手段盗窃的，骗术是在盗窃行为后实施的，行为人非法取得财物的主要手段或者说被害人丧失对财物控制的根本原因在于被害人存单的被盗，也就是说，盗窃在行为人非法占有财物过程中起了决定作用，故应该以盗窃罪论处。

5. 一罪与数罪的认定。

(1) 根据前述司法解释第10条的规定，偷开他人机动车的，按照下列规定处理：1) 偷开机动车，导致车辆丢失的，以盗窃罪定罪处罚。2) 为盗窃其他财物，偷开机动车作为犯罪工具使用后非法占有车辆，或者将车辆遗弃导致丢失的，被盗车辆的价值计入盗窃数额。3) 为实施其他犯罪，偷开机动车作为犯罪工具使用后非法占有车辆，或者将车辆遗弃导致丢失的，以盗窃罪和其他犯罪数罪并罚；将车辆送回，未造成丢失的，按照其所实施的其他犯罪从重处罚。

(2) 根据前述司法解释第11条的规定，盗窃公私财物并造成财物损毁的，按照下列规定处理：1) 采用破坏性手段盗窃公私财物，造成其他财物损毁的，以盗窃罪从重处罚；同时构成盗窃罪和其他犯罪的，择一重罪从重处罚。2) 实施盗窃犯罪后，为掩盖罪行或者报复等，故意毁坏其他财物构成犯罪的，以盗窃罪和构成的其他犯罪数罪并罚。3) 盗窃行为未构成犯罪，但损毁财物构成其他犯罪的，以其他犯罪定罪处罚。

(3) 盗窃广播电视设备、公用电信设施，同时构成盗窃罪和破坏广播电视设施、公用电信设施罪的，或盗窃使用中的电力设备，同时构成盗窃罪和破坏电力设备罪的，按想象竞合犯的处罚原则，择一重罪处断。

(三) 盗窃罪的刑事责任

《刑法》第264条根据盗窃罪的不同数额和情节，规定了三个档次的量刑幅度：(1) 盗窃公私财物，数额较大或者多次盗窃、入户盗窃、携带凶器盗窃、扒窃的，处3年以下有期徒刑、拘役或者管制，并处或单处罚金；(2) 盗窃数额巨大或者有其他严重情节的，处3年以上10年以下有期徒刑，并处罚金；(3) 盗窃数额特别巨大或者有其他特别严重情节的，处10年以上有期徒刑或者无期徒刑，并处罚金或者没收财产。这里的“其他严重情节”或者“其他特别严重情节”，根据前述司法解释第6条的规定，是指具有下列情形之一：(1) 组织、控制未成年人盗窃；(2) 自然灾害、事故灾害、社会安全事件等突发事件期间，在事件发生地盗窃；(3) 盗窃残疾人、孤寡老人、丧失劳动能力人的财物；(4) 在医院盗窃病人或者其亲友财物；(5) 盗窃救灾、抢险、防汛、优抚、扶贫、移民、救济款物；(6) 因盗窃造成严重后果；(7) 入户盗窃；(8) 携带凶器盗窃。并且盗窃的数额达到前述司法解释规定的“数额巨大”“数额特别巨大”标准的50%的。

关于盗窃罪罚金的判处，根据前述司法解释第14条的规定，因犯盗窃，依法判处罚金的，应在1 000元以上盗窃数额的2倍以下判处罚金；对于应当判处罚金，但没有盗窃数额或无法计算盗窃数额的，应在1 000元以上10万元以下判处罚金。

二、诈骗罪

(一) 诈骗罪的概念和构成特征

诈骗罪是指以非法占有为目的，采用虚构事实或者隐瞒事实真相等欺骗方法，骗取公私财物，数额较大的行为。本罪的构成特征为：

(1) 本罪侵犯的客体是公私财产的所有权。犯罪对象可以是动产，也可以是不动产。凡是有价值或有效用的财物，甚至财产性利益都可成为本罪的对象。因为诈骗是通过欺诈、骗取、被害人信以为真的方式非法占有公私财物，这样就可以在不动产不发生位移的情况下，转移不动产的所有权，如骗取他人信任将房屋产权过户到自己名下的行为，所以，不动产可以成为诈骗的对象。骗取他人占有的违禁品的，成立诈骗罪。

（2）本罪的客观方面表现为采用虚构事实、隐瞒真相的欺骗方法，骗取公私财物，数额较大的行为。首先，诈骗行为最突出的特点就是，行为人设法使被害人在认识上产生错觉，从而“自觉地”将自己所有的或持有的财物交付给行为人或者放弃自己的所有权。从形式上讲，欺骗行为分为两类：一是虚构事实，二是隐瞒真相。所谓虚构事实是指编造某种根本不存在或不可能发生的，足以使他人受蒙蔽的事实，骗取他人的财物。虚构事实可以是虚构全部事实，也可以是虚构部分事实。所谓隐瞒真相是指隐瞒客观上存在的事实情况，行为人通过隐瞒部分事实或全部事实，使公私财物所有人、持有人陷入认识错误，信以为真，从而“自愿地”将财物交付。诈骗行为的方法手段没有限制，可以是语言欺骗，也可以是文字欺骗；可以是明示的欺骗，也可以是默示的欺骗；可以是通过作为方式实施欺骗，也可以是通过不作为方式实施欺骗，如售货员明知是镀金首饰，却不履行告知义务，并作为真金首饰予以出售的。其次，必须是骗取数额较大的财物。数额较大的标准，根据最高人民法院、最高人民检察院《关于办理诈骗刑事案件具体应用法律若干问题的解释》第1条之规定，诈骗公私财物价值3 000元至10 000元以上，应当认定为数额较大。

（3）本罪的主体为一般主体，即年满16周岁、具有刑事责任能力的自然人。

（4）本罪的主观方面是直接故意，并具有非法占有公私财物的目的。

（二）诈骗罪的认定

1. 诈骗罪罪与非罪的界限

虽实施了诈骗行为，但骗取财物数额较小，危害不大的，可作为一般违法行为处理。合法借贷后由于经营管理不善、自然灾害等原因导致不能归还欠款的，属民事纠纷，不作为犯罪处理。如果借贷没有虚构事实，即使夸大了归还能力和淡化了借贷风险，借贷后有挥霍行为，但债务人承认债务并积极履行的，也不构成诈骗罪。行为人接受他人货物后进行变卖，没有及时归还货款，如果债务人没有携款潜逃，恶意转移财产，对其所欠债务始终认可的，也不以犯罪论处。通常来说，认定这类行为应结合双方的借贷关系是在什么情况下建立起来的，即借贷关系发生的原因、借用人不能按期归还的原因、借用人对于不能按期归还的态度和有无归还的诚意及实际行动，进行综合考虑，认真区分两种不同性质的行为。

前述司法解释第3条规定，诈骗公私财物虽已达到该解释“数额较大”的标准，但具有下列情形之一，且行为人认罪、悔罪的，可以不起诉或者免予刑事处罚：（1）具有法定从宽处罚情节的；（2）一审宣判前全部退赃、退赔的；（3）没有参与分赃或者获赃较少且不是主犯的；（4）被害人谅解的；（5）其他情节轻微、危害不大的。第4条规定，诈骗近亲属的财物，近亲属谅解的，一般可不按犯罪处理。诈骗近亲属的财物，确有追究刑事责任必要的，具体处理也应酌情从宽。

不以数额巨大的财物为诈骗目标，或者不具有其他严重情节，诈骗未遂的，一般不构成犯罪。

2. 诈骗罪与特殊诈骗犯罪的界限

所谓特殊诈骗犯罪，是指刑法分则中的其他条文对采用虚构事实、隐瞒真相骗取财物行为的特别规定，如金融诈骗罪中的集资诈骗罪、贷款诈骗罪、票据诈骗罪、金融凭证诈骗罪、信用证诈骗罪、信用卡诈骗罪、有价证券诈骗罪、保险诈骗罪和合同诈骗罪。诈骗罪与这些类型的诈骗犯罪在法条上是包容与被包容的关系，即其他类型的诈骗犯罪的内容完全可以被诈骗罪的内容包含。之所以不再以诈骗罪论处，是因为《刑法》对这些类型的特殊诈骗犯罪已经作出了特别的规定。因此，在发生符合各条文所规定的犯罪构成要件的行为时，就应以各条文对其进行定罪处罚，不再以诈骗罪定罪处罚。这是《刑法》第266条中“本法另有规定的，依照规定”的应有含义，也是在法条发生竞合时，特殊法条优先于普通法条适用的一般原则。

此外，根据《刑法》第210条第2款的规定，使用欺骗手段骗取增值税专用发票或者可以用于骗取出口退税、抵扣税款的其他发票的，依照诈骗罪的规定定罪处罚。以虚假、冒用的身份证件办理入网手续并使用移动电话，造成电信资费损失数额较大的，以诈骗罪定罪处罚。[①] 使用伪造、变造、盗窃的武装部队车辆号牌，骗免养路费、通行费等各种规费，数额较大的，依照诈骗罪定罪处罚。[②]

最后，根据上述司法解释第8条的规定，冒充国家机关工作人员进行诈骗，同时构成诈骗罪和招摇撞骗罪的，依照处罚较重的规定定罪处罚。

3. 诉讼诈骗的定性

诉讼诈骗是指行为人以提起民事诉讼行为为手段，通过虚假的陈述、虚假的证据，使法院作出有利于自己的判决，从而获得财产或者财产上利益的行为。诉讼诈骗属于典型的三角诈骗。在诉讼诈骗中，行为人通过虚假陈述、出示虚假证据，蒙骗具有作出财产权利处分权的法官，使其作出财产处分行为，从而获得利益。根据《刑法》307条之一第3款的规定，非法占有他人财产或者逃避合法债务，又构成其他犯罪的，依照处罚较重的规定定罪从重处罚。其中处罚较重的规定，主要是指行为触犯了诈骗罪的规定。但关于诉讼诈骗的定性问题，最高人民检察院于2002年10月24日在《关于通过伪造证据骗取法院民事裁判占有他人财物的行为如何适用法律问题的答复》中指出：以非法占有为目的，通过伪造证据骗取法院民事裁判占有他人财物的行为所侵害的主要是人民法院的正常的审判活动，可以由人民法院依照民事诉讼法的有关规定作出处理，不宜以诈骗罪追究行为人的刑事责任。如果行为人伪造证据时，实施了伪造公司、企业、事业单位、人民团体印章的行为，构成犯罪的，应当依照《刑法》第280条第2款的规定，以伪造公司、企业、事业单位、人民团体印章罪追究刑事责任；如果行为人有指使他人作伪证行为，构成犯罪的，应当依照《刑法》第307条第1款的规定，以妨害作证罪追究刑事责任。这一答复完全忽视了诉讼诈骗行为对被害人财产的侵害，也误解了诈骗罪的构造，应当废止。[③]

4. 诈骗罪与敲诈勒索罪的界限

一般而言，诈骗罪与敲诈勒索罪的区分并不难。但对实践中出现的行为同时具有欺骗与胁迫性质，被害人既陷入错误认识又产生恐惧心理，然后处分财产的，构成诈骗罪与敲诈勒索罪的想象竞合[④]，择一重罪处断。

---

① 参见2000年5月12日最高人民法院《关于审理扰乱电信市场管理秩序案件具体应用法律若干问题的解释》第9条。

② 参见2002年4月10日最高人民法院《关于审理非法生产、买卖武装部队车辆号牌等刑事案件具体应用法律若干问题的解释》第3条第2款。

③ 参见张明楷：《刑法学》，5版，1007页，北京，法律出版社，2016。

④ 参见林幹人：《刑法各论》，265页，东京，东京大学出版社，2008。

5. 既有诈骗既遂，又有未遂情况的处理

根据前述司法解释第6条的规定，诈骗既有既遂又有未遂，分别达到不同量刑幅度的，依照处罚较重的规定处罚；达到同一量刑幅度的，以诈骗罪既遂处罚。

6. 诈骗罪的共犯

明知他人实施诈骗犯罪，为其提供信用卡、手机卡、通信工具、通信传输通道、网络技术支持、费用结算等帮助的，以共同犯罪论处。

（三）诈骗罪的刑事责任

根据《刑法》第266条，犯本罪的，处3年以下有期徒刑、拘役或者管制，并处或者单处罚金；数额巨大或者有其他严重情节的，处3年以上10年有下有期徒刑，并处罚金；数额特别巨大或者有其他特别严重情节的，处10年以上有期徒刑或无期徒刑，并处罚金或没收财产。

根据前述司法解释第2条的规定，诈骗数额接近数额巨大（3万元至10万元以上）、数额特别巨大（50万元以上）的标准，并具有下列情形之一的，应当分别认定为“其他严重情节”“其他特别严重情节”：（1）通过发送短信、拨打电话或者利用互联网、广播电视、报纸杂志等发布虚假信息，对不特定多数人实施诈骗的；（2）诈骗救灾、抢险、防汛、优抚、扶贫、移民、救济、医疗款物的；（3）以赈灾募捐名义实施诈骗的；（4）诈骗残疾人、老年人或者丧失劳动能力人的财物的；（5）造成被害人自杀、精神失常或者其他严重后果的；（6）属于诈骗集团首要分子的。

第四节 侵占、挪用型财产犯罪

一、侵占罪

（一）侵占罪的概念和构成特征

侵占罪是指以非法占有为目的，将代为保管的他人财物或者将他人的遗忘物、埋藏物非法占为己有，数额较大，拒不退还或者拒不交出的行为。其构成特征为：

（1）本罪侵犯的客体是公私财产所有权。犯罪对象是代为保管的他人财物以及遗忘物、埋藏物，具体表现既可以是动产，也可以是不动产；既可以是有形物，也可以是电力、煤气等无形物；既可以是私人财物，也可以是公共财物。

（2）本罪的客观方面表现为将代为保管的他人财物或者他人的遗忘物、埋藏物非法占为己有，数额较大，拒不退还或拒不交出的行为。具体来说包括三个方面：1）非法占有代为保管的他人财物、他人的遗忘物或埋藏物。代为保管的他人财物是指基于他人委托代为保管的财物或者根据事实上的管理而被认为是合法持有的财物。行为人业已合法地持有他人财物是构成本罪的前提。他人的遗忘物，是指所有人或持有人因疏忽遗忘于特定地点和场合，但知道其地点或场合的财物。埋藏物，是指个人埋藏于某一地点的财物或者归国家所有的所有人不明的埋藏物。2）行为人所侵占财物的数额较大。由于侵占行为是以非暴力的手段将他人财物非法占为己有的行为，其社会危害程度一般较轻，侵占财物的数额必须达到较大，社会危害性才能达到一定的程度，也只有如此才可能发动刑罚处罚。这是构成本罪在量上的要求。3）拒不退还或拒不交出。这是指行为人将财物合法持有后，当财物所有人要求其退还或交出时，仍拒不退还或交出。以下两种情况下可以认定为拒不退还或拒不交出：第一，财物所有人向行为人明确提出退还或交出被侵占的财物，并有证据证明该财物为其合法所有或依据法律应属国家、集体所有，但行为人不予理睬或明确加以拒绝；第二，经财物所有人提出退还或交出被侵占财物后，行为人表面同意，事后又背着财物所有人擅自处理该财物，致使交付无法兑现的。拒不退还或交出是构成本罪的质的要求，否则，不构成本罪。

（3）本罪的主体为一般主体。

（4）本罪的主观方面是直接故意，即明知自己合法持有的是代为保管的他人财物或是他人的遗忘物、埋藏物，以非法占有为目的，拒不退还或者拒不交出。如无非法占有目的，只因某种原因一时无法退还而引起纠纷的，不构成本罪。

【案例 25－3】　贾某侵占案

陈某将加了锁的皮箱委托给被告人贾某保管，贾某未经陈某同意擅自开锁取出箱内财物，非法占为己有，拒不退还。贾某的行为是构成盗窃还是侵占？

对于贾某的行为是构成盗窃罪还是侵占罪，在刑法理论上存在不同观点。我国台湾地区刑法学者认为，贾某的行为应当认定为盗窃罪，理由是，侵占罪以合法持有他人财物为前提，而“其经封缄加锁之包装物品，本人显无抛弃其支配之意见，仍认为本人持有之中，如抽窃其中物品，仍属盗窃，并非侵占”[①]。这种观点值得探讨，因为，第一，陈某将加锁的皮箱委托给贾某保管，并非仅让其保管皮箱本身，更重要的是保护箱内的财物。因此，贾某实际上已经取得了对皮箱及箱内财物的保管权，即具备了合法持有他人财物的条件。第二，虽然陈某将皮箱加锁，但在其将皮箱委托贾某保管之时，皮箱已经处于贾某的实际控制之下。陈某虽然持有钥匙但并不能阻止贾某取出皮箱内财物。仅因陈某持有开锁的钥匙就认为皮箱内财物仍在陈某的持有之中，是十分牵强的。相反，基于陈某委托贾某保管皮箱，贾某即有充分条件使陈某无法收回自己的财物。第三，如果强调把皮箱与箱内的财物分开，必然会得出不同结论：贾某将皮箱及箱内财物全部据为己有，构成侵占罪；如果贾某打开锁仅占有其中的财物，却要定盗窃罪。这样处理显然没有任何合理性可言。[②] 所以，将贾某的行为认定为侵占罪更为合理。

（二）侵占罪的认定

1. 侵占罪罪与非罪的界限

根据刑法的规定，对以下行为不以本罪论处：非法占有的他人财物没有达到数额较大的；有正当理由不退还或不交出的；非法占有的他人财物不是代为保管的他人财物，也不是他人的遗忘物、埋藏物的。实践中区别借用纠纷与侵占罪，应当区分借用关系是借用特定物拒不退还还是借用种类物拒不退还两种不同情况。前者可以构成侵占罪，后者则属于民事纠纷，不构成犯罪。借用他人的特定物是以合法方式取得对该物的占有权，但所有权并未发生转移，借用人负有返还原物的义务，如其日后拒不退还，数额较大，即构成侵占罪。借用他人种类物的，借用人取得该物的所有权，同时负有偿还同种类、同质量的物的

---

① 曾荣振：《刑法总整理》，339 页，台北，三民书局，1998。

② 参见王作富主编：《刑法分则实务研究》（下），1176 页，北京，中国方正出版社，2001。

义务，但不是退还原物。因此，通过借用关系取得对他人财物的所有权，事后不退还的，只能作为民事借贷纠纷处理，不构成侵占罪。

2. 侵占罪的既遂与未遂

侵占罪的既遂与其他的侵犯财产罪的既遂相比有其特殊性。因为在侵占行为发生之前，他人的财物已经处于行为人的合法控制之下，所以侵占罪的既遂是以行为人表示拒绝退还为标准。只有拒绝退还，才能证明他人的财物已被行为人非法占为己有，完成了侵占行为的全过程，侵占罪的危害结果已经发生。同时应当注意的是，如果行为人并不拒绝退还或交出，不构成侵占罪。这就意味着，侵占罪的未遂在事实上是不可能存在的，行为人构成侵占罪的同时，就成立了犯罪的既遂。

（三）侵占罪的刑事责任

根据《刑法》第270条的规定，犯本罪的，处2年以下有期徒刑、拘役或者罚金；数额巨大或者有其他严重情节的，处2年以上5年以下有期徒刑，并处罚金。

根据《刑法》第270条第3款，犯本罪的，告诉的才处理。

二、职务侵占罪

（一）职务侵占罪的概念和构成特征

职务侵占罪，是指公司、企业或者其他单位的人员，利用职务上的便利，将本单位财物非法占为己有，数额较大的行为。其构成特征为：

（1）本罪侵犯的客体是公司、企业或其他单位的财物所有权。犯罪对象是单位所有的各种财物，包括有体物与无体物；已在单位控制中的财物与应归单位收入的财物。

（2）本罪的客观方面表现为利用职务上的便利，将本单位的财物非法占为己有，数额较大的行为。首先，必须是利用职务上的便利。“利用职务上的便利”是指行为人利用自己职务上主管、管理、经手本单位财物的便利条件，如公司的经理在一定范围内有调配、处置单位财产的权力，企业的会计有管理财务的职责。对于不是利用自己职务之便，而是利用工作上的便利如熟悉仓库的情况等，侵占本单位财物的行为，不能构成本罪。其次，将本单位财物非法占为己有。非法占有的方式通常表现为侵吞、盗窃、骗取等非法手段。司法实践中常见的方式有：为本单位购货时，将卖方的购货款拿出一部分作为回扣占为己有；利用职权，私分公司、企业的财物；以涂改账目、伪造单据等方法骗取财物等。行为人非法占为己有的必须是本单位的财物，非法将其他单位的财物占为己有的，不构成本罪。再次，利用职务上的便利与将本单位财物非法占为己有必须具有因果关系，即前者是后者的前提，表明了行为与职务的相关性，该行为是一种职务行为；后者是前者的结果，表明了行为人违背职务本身的要求，采取非法手段将本单位财物据为己有。采用非法手段之所以得逞，源于职务上的便利。值得注意的是，本罪中的“侵占”一词与侵占罪中的“侵占”一词，具有完全不同的含义：本罪中的“侵占”是广义的，并不以合法持有为前提；而后者是狭义的，仅指非法占有本人业已持有的财物。最后，数额达到较大标准。这是区别罪与非罪的重要界限。数额较大的标准，根据2016年4月18日最高人民法院、最高人民检察院《关于办理贪污贿赂刑事案件适用法律若干问题的解释》第11条的规定，职务侵占罪中的“数额较大”“数额巨大”的数额起点，按照该解释关于受贿罪、贪污罪相对应的数额标准规定的2倍、5倍执行。

（3）本罪的主体是特殊主体，只有公司、企业或其他单位的人员才能构成本罪。根据

《刑法》第271条第2款的规定，国有公司、企业或者其他国有单位中从事公务的人员和国有公司、企业或者其他国有单位委派到非国有公司、企业以及其他单位从事公务的人员，利用职务上的便利，将本单位财物非法占为己有的，以贪污罪定罪处罚。

依照1999年6月18日最高人民法院《关于村民小组组长利用职务便利非法占有公共财物行为如何定性问题的批复》，对于村民小组组长利用职务上的便利，将村民小组集体财产非法占为己有，数额较大的行为，以职务侵占罪定罪处罚。

根据2001年5月23日最高人民法院《关于在国有资本控股、参股的股份有限公司中从事管理工作的人员利用职务便利非法占有本公司财物如何定罪问题的批复》，在国有资本控股、参股的股份有限公司中从事管理工作的人员，除受国家机关、国有公司、企业、事业单位委派从事公务的以外，不属于国家工作人员。对其利用职务上的便利，将本单位财物非法占为己有，数额较大的，应当以职务侵占罪定罪处罚。

（4）本罪的主观方面为直接故意，且具有将本单位财物非法占为己有的目的。

（二）职务侵占罪的认定

1. 职务侵占罪与侵占罪的界限

职务侵占罪与侵占罪同属以非法占有为目的，侵犯公私财产权利的犯罪。二者的区别在于：（1）犯罪主体不同。本罪的主体是特殊主体，即公司、企业或其他单位的人员，而侵占罪的主体是一般主体。（2）犯罪的客观方面表现不同。本罪只能是利用职务上的便利实施，行为方式包括窃取、骗取、侵吞等多种，而侵占罪的实施与职务无关，行为方式只是将自己合法持有的财物据为己有，拒不交出。（3）犯罪对象不同。本罪侵犯的对象是公司、企业或单位的财物，而侵占罪侵犯的对象是代为保管的他人财物以及他人的遗忘物、埋藏物。（4）本罪不以拒不退还或拒不交出为要件。

2. 职务侵占罪与盗窃罪、诈骗罪的界限

上述三种犯罪的相同之处在于都是以非法占有为目的，都侵犯公私财产权。它们的主要区别在于：（1）本罪侵犯的对象是公司、企业或其他单位的财物，而盗窃罪、诈骗罪侵犯的可以是任何公私财物。（2）本罪只能是利用职务上的便利实施，而盗窃罪、诈骗罪的实施与职务无关。（3）本罪的主体是特殊主体，而盗窃罪、诈骗罪的主体是一般主体。

（三）职务侵占罪的刑事责任

根据《刑法》第271条的规定，犯本罪的，处5年以下有期徒刑或者拘役；数额巨大的，处5年以上有期徒刑，可以并处没收财产。

三、挪用资金罪

（一）挪用资金罪的概念和构成特征

挪用资金罪是指公司、企业或者其他单位的人员，利用职务上的便利，挪用本单位资金归个人使用或者借贷给他人，数额较大，超过3个月未还的，或者虽未超过3个月，但数额较大，进行营利活动的，或者进行非法活动的行为。其构成特征为：

（1）本罪侵犯的客体是公司、企业或其他单位财产所有权中的单位对财产的占有权、使用权和收益权。犯罪对象限于本单位资金，而不包括单位物资设备和处于实物状态下的财产。

（2）本罪的客观方面表现为利用职务上的便利，挪用单位资金归个人使用或者借贷给

他人，数额较大，超过3个月未还的，或者虽未超过3个月，但数额较大，进行营利活动的，或者进行非法活动的行为。

首先，行为人利用职务上的便利是本罪成立的前提。利用职务上的便利是指利用本人职务上主管、经手或经管单位资金的方便条件，例如，单位领导人利用主管财务的职务，出纳员利用保管现金的职务，以及其他工作人员利用因执行而经手单位资金的便利条件。不利用职务上的便利，就不可能挪用单位资金，也不可能构成挪用资金罪。

其次，行为人需有挪用本单位资金的行为。所谓挪用，是指利用职务上的便利，未经合法批准擅自动用本单位资金归个人或他人使用，但准备以后归还。

最后，行为人挪用资金本单位资金的行为有三种表现形式：1）挪用单位资金归个人使用或者借贷给他人，数额较大，超过3个月未还的。所谓归个人使用或者借贷给他人，根据2004年9月8日全国人大常委会法制工作委员会刑法室《关于挪用资金罪有关问题的答复》，《刑法》第272条规定的挪用资金罪中的“归个人使用”与《刑法》第384条规定的挪用公款罪中的“归个人使用”的含义基本相同。1997年修改刑法时，针对当时挪用资金中比较突出的情况，在规定“归个人使用时”的同时，进一步明确了“借贷给他人”属于挪用资金罪的一种表现形式。2002年4月28日全国人大常委会在《关于〈中华人民共和国刑法〉第三百八十四条第一款的解释》中将“归个人使用”界定为具有下列情形之一的，属于挪用公款“归个人使用”：将公款供本人、亲友或者其他自然人使用的；以个人名义将公款供其他单位使用的；个人决定以单位名义将公款供其他单位使用，谋取个人利益的。据此，对挪用资金罪中的归个人使用，可以采用上述立法解释的内容。2010年5月7日最高人民检察院、公安部《关于公安机关管辖的刑事案件立案追诉标准的规定（二）》第85条第2款对挪用资金罪中的“归个人使用”的认定标准采取了与上述立法解释相同的内容。[①] 可见，现在在司法实践中对本罪中“归个人使用”的含义的阐释，与上述立法解释的内容趋同。所谓数额较大，根据2016年4月18日最高人民法院、最高人民检察院《关于办理贪污贿赂刑事案件适用法律若干问题的解释》第11条第2款的规定，按照该解释关于挪用公款罪“数额较大”的数额标准规定的2倍执行。所谓超过3个月未还，是指在案发前，行为人挪用本单位资金已经超过3个月没有归还。在案发前，挪用本单位资金没有超过3个月的，不构成本罪。2）挪用本单位资金，数额较大，进行营利活动的。营利活动是指进行经营或其他谋取利润的行为，如经营、投资、炒股等。这里的数额较大，同前述2016年4月18日最高人民法院、最高人民检察院《关于办理贪污贿赂刑事案件适用法律若干问题的解释》第11条解释的内容。3）挪用本单位资金，进行非法活动。非法活动是指国家法律禁止的一切活动，包括一般违法和犯罪行为，如走私、倒卖外汇、赌博等。这种情形的挪用，刑法并未规定挪用数额和挪用时间的限制。但根据2016年4月18日最高人民法院、最高人民检察院《关于办理贪污贿赂刑事案件适用法律若干问题的解释》第11条解释的内容，也有数额的限制。

（3）本罪的主体是特殊主体，即公司、企业或其他单位中的工作人员，这些人员不属

---

① 2000年7月20日最高人民法院《关于如何理解刑法第二百七十二条规定的“挪用本单位资金归个人使用或者借贷给他人”问题的批复》，公司、企业或者其他单位的非国家工作人员，利用职务上的便利，挪用本单位资金归本人或者其他自然人使用，或者挪用人以个人名义将所挪用的资金借给其他自然人和单位，构成犯罪的，应以挪用资金罪定罪处罚。由于该解释与相关解释不相衔接，因而应当废止。

于国家工作人员。根据《刑法》第272条第2款的规定，国有公司、企业或者其他国有单位中从事公务的人员和国有公司、企业或者其他国有单位委派到非国有公司、企业以及其他单位从事公务的人员有挪用本单位资金的，以挪用公款罪论处。另根据2000年2月16日最高人民法院《关于对受委托管理、经营国有财产人员挪用国有资金行为如何定罪问题的批复》，对于受国家机关、国有公司、企业、事业单位、人民团体委托，管理、经营国有财产的非国家工作人员，利用职务上的便利，挪用国有资金归个人使用构成犯罪的，应以本罪定罪处罚。

(4) 本罪的主观方面是直接故意，即行为人具有挪用资金的故意，目的是非法取得本单位资金的使用权，准备以后归还的。携带挪用资金潜逃的，表明行为人主观上具有永久占用资金的意图，不应定本罪，而应按职务侵占罪定罪处罚。

(二) 挪用资金罪的认定

1. 挪用资金罪的既遂与未遂的界限

挪用资金罪侵犯的客体是单位对资金的占有权和使用权，只要行为人将资金转移到本人或他人控制之下，单位就失去了对该资金的控制，即单位的占有权、使用权已经实际地受到了损害，行为人对该项资金使用与否，如何使用，对客体毫无影响。因此，从保护单位资金的使用权和占有权出发，应以行为人或他人对资金的实际控制为既遂的标准。行为人已经着手挪用行为，因意志以外的原因未能实际控制的，构成本罪的未遂。

2. 挪用资金罪与挪用公款罪的界限

二者客观方面的行为方式和主观方面的故意内容基本相同，主要不同之处在于：(1) 侵犯的客体和对象不完全相同。前罪侵犯的客体是公私财产所有权，后罪侵犯的客体是公共财产所有权。前罪的犯罪对象是公司、企业及其他单位的资金，包括集体所有资金和私人所有资金；后罪的犯罪对象是国家和集体所有的公款，不包括私人所有的钱财。(2) 犯罪主体不同。前罪的主体是公司、企业或其他单位的人员，不包括国家工作人员；而后罪的主体是国家工作人员。

3. 挪用资金罪与职务侵占罪的界限

二者的犯罪主体都是公司、企业或其他单位的人员，在客观方面都表现为利用职务上的便利，侵犯本单位财产的行为。二者的主要区别在于：(1) 侵犯的客体不尽相同。本罪侵犯的客体是本单位资金的占有权、使用权，而非处分权；而职务侵占罪侵犯的客体是单位财产的整体所有权。(2) 犯罪对象不尽相同。本罪的犯罪对象是资金；职务侵占罪的犯罪对象除资金外，还有其他有形和无形的财物。(3) 犯罪的客观方面不尽相同。关于本罪的客观方面刑法条文规定了三种具体行为方式，每种方式都有不同定罪标准；关于职务侵占罪刑法只对侵占行为作出概括规定，定罪以数额较大为标准。(4) 犯罪目的不同。本罪的目的是暂时使用本单位资金，无非法占有的目的；职务侵占罪则是以非法占有为目的，将本单位的财物非法据为己有。

(三) 挪用资金罪的刑事责任

根据《刑法》第272条的规定，犯本罪的，处3年以下有期徒刑或者拘役；挪用资金数额巨大的，或者数额较大不退还的，处3年以上10年以下有期徒刑。

“不退还”是指因客观原因在一审宣判前不能退还的。有能力退还而携款潜逃的，应以职务侵占罪论处。

四、挪用特定款物罪

挪用特定款物罪，是指违反国家财经管理制度，挪用用于救灾、抢险、防汛、优抚、扶贫、移民、救济款物，情节严重，致使国家和人民群众利益遭受重大损害的行为。（1）本罪侵犯的客体是公共财产的使用权和特定款物专用的财经管理秩序。犯罪对象是专门用于救灾、抢险、防汛、优抚、扶贫、移民、救济款物，包括生产资料和生活资料。[①]挪用一般款物的，不构成本罪。（2）本罪的客观方面表现为利用职务上的便利，违反专款专用的财经管理制度，将上述特定款物挪用于其他方面，情节严重，致使国家和人民群众利益遭受重大损害的行为。（3）本罪的主体只能是主管、经管、经手上述特定款物的人员，包括国家工作人员、集体经济组织工作人员以及其他人员。（4）本罪的主观方面是直接故意，即明知是专用的特定款物，而故意挪作他用。过失不能构成本罪。

根据《刑法》第273条的规定，犯挪用特定款物罪，对直接责任人员，处3年以下有期徒刑或者拘役；情节特别严重的，处3年以上7年以下有期徒刑。

第五节　毁坏、破坏型财产犯罪

一、故意毁坏财物罪

故意毁坏财物罪是指故意非法毁灭或者损坏公私财物，数额较大或者有其他严重情节的行为。（1）本罪侵犯的客体是公私财产的所有权，侵犯的对象是各种公私财物，包括动产和不动产。（2）本罪的客观方面表现为行为人实施了毁灭公私财物，数额较大或有其他情节严重的行为。所谓“毁灭”是指公私财物的价值与效用完全丧失；所谓“损坏”是指公私财物的价值与效用部分丧失。毁灭与损坏的方式多种多样，如果采用损毁的方式危害到公共安全，如放火焚烧房子，足以危害公共安全的，应以危害公共安全罪论处。根据2008年6月25日最高人民检察院、公安部《关于公安机关管辖的刑事案件立案追诉标准的规定（一）》第33条的规定，故意毁坏公私财物，具有下列情形之一的，应当追诉：1）造成公私财物损失五千元以上的；2）毁坏公私财物三次以上的；3）纠集三人以上公然毁坏公私财物的；4）其他情节严重的情形。（3）本罪的主体为一般主体。（4）本罪的主观方面为故意，包括直接故意和间接故意。

【案例25-4】　马某故意毁坏财物案

被告人马某，某收费站收费员。一天，当马某正在当班时，适逢某工厂采购人员杨某驾车从修理厂将一台精密仪器往工厂运，经过马某所在的收费站。收费员马某向杨某乱收费，杨某予以严词拒绝。马某恼羞成怒，用铁锤将车上所载的价值10万元精密仪器砸坏，致使杨某所在工厂的一项重大生产项目未能按时上马，生产经营受到严重影响。

---

① 根据2003年1月28日发布的最高人民检察院《关于挪用失业保险基金和下岗职工基本生活保障资金的行为适用法律问题的批复》，挪用失业保险基金和下岗职工基本生活保障资金属于挪用救济款物。情节严重，致使国家和人民群众利益遭受重大损害的，对直接责任人员，应当依照《刑法》第273条的规定，以挪用特定款物罪追究刑事责任。

关于对马某的行为如何定性，存在着构成故意毁坏财物罪与构成破坏生产经营罪两种论争。在司法实践中，若行为人故意毁坏财物，但行为人对其行为会破坏生产经营不存在故意的，应如何定性，存在争议。通说认为，破坏生产经营罪的成立要求行为人在主观方面必须是故意，即明知其行为会破坏生产经营而故意为之，且具有泄愤报复或者其他个人目的，否则不成立该罪。在本案中被告人马某在客观方面实施了毁坏他人财物，数额巨大的行为；主观方面是在恼羞成怒的情况下，不计后果，故意毁坏他人财物，即明知用铁锤砸精密仪器的行为会发生精密仪器毁坏的危险，而追求该危害结果的发生。因此，马某的行为应构成故意毁坏财物罪。由于马某在当时条件下不存在破坏生产经营的故意，因而不构成破坏生产经营罪。至于马某的行为所造成的严重影响杨某工厂生产经营的结果，只可作为从重情节在量刑时予以考虑。

根据《刑法》第 275 条的规定，犯本罪的，处 3 年以下有期徒刑、拘役或罚金；故意毁坏财物数额巨大或者有其他特别严重情节的，处 3 年以上 7 年以下有期徒刑。

二、破坏生产经营罪

破坏生产经营罪是指出于泄愤报复或者其他个人目的，故意破坏机器设备、残害耕畜或者以其他方法破坏生产经营的行为。(1) 本罪侵犯的客体是复杂客体，既侵犯了公私财产所有权，又侵犯了国家、集体或者个人生产经营的正常秩序。侵犯的对象必须是与生产经营正常活动有直接联系的财物，一般是正在使用或即将使用的各种设备和用具。(2) 本罪的客观方面表现为毁坏机器、残害耕畜或者以其他方法破坏生产经营的行为。根据 2008 年 6 月 25 日最高人民检察院、公安部《关于公安机关管辖的刑事案件立案追诉标准的规定(一)》第 34 条的规定，故意毁坏公私财物，具有下列情形之一的，应当追诉：1) 造成公私财物损失 5 000 元以上的；2) 破坏生产经营 3 次以上的；3) 纠集 3 人以上公然破坏生产经营的；4) 其他破坏生产经营应予追究刑事责任的情形。(3) 本罪的主体为一般主体。(4) 本罪的主观方面是故意，并具有泄愤报复或者其他个人目的。所谓泄愤报复，是指由于嫉妒、私欲、奸情等个人利益或欲望得不到满足而产生的报复情绪。所谓其他个人目的，主要是指逃避劳动、谋求私利或者其他非法利益等目的。过失不构成本罪。

根据《刑法》第 276 条的规定，犯本罪的，处 3 年以下有期徒刑、拘役或者管制；情节严重的，处 3 年以上 7 年以下有期徒刑。所谓"情节严重"，一般是指对生产造成重大损失的；犯罪手段恶劣、造成社会影响很坏的，犯罪动机卑鄙的；私宰耕畜或残害耕畜数量较多，严重影响农业生产的。

三、拒不支付劳动报酬罪

拒不支付劳动报酬罪，是指以转移财产、逃匿等方法逃避支付劳动者的劳动报酬或者有能力支付而不支付劳动者的劳动报酬，数额较大，经政府有关部门责令支付仍不支付的行为。(1) 本罪侵犯的客体是双重客体，既侵犯了劳动者的财产权，又妨碍了正常的劳动用工关系。(2) 本罪的客观方面表现为：其一，以转移财产、逃匿等方法逃避支付劳动者的劳动报酬或者有能力支付而不支付劳动者的劳动报酬的行为。根据 2013 年 1 月 16 日最高人民法院《关于审理拒不支付劳动报酬刑事案件适用法律若干问题的解释》第 2 条之规定，以逃避支付劳动者的劳动报酬为目的，具有下列情形之一的，应当认定为“以转移财产、逃匿等方法逃避支付劳动者的劳动报酬”：1）隐匿财产、恶意清偿、虚构债务、虚假破产、虚假倒闭或者以其他方法转移、处分财产的；2）逃跑、藏匿的；3）隐匿、销毁或者篡改账目、职工名册、工资支付记录、考勤记录等与劳动报酬相关的材料的；4）以其他方法逃避支付劳动报酬的。另，根据2014年12月23日最高人民法院、最高人民检察院、人力资源和社会保障部、公安部《关于加强涉嫌拒不支付劳动报酬犯罪案件查处衔接工作的通知》第1条第2项的规定，行为人拖欠劳动者劳动报酬后，人力资源社会保障部门通过书面、电话、短信等能够确认其收悉的方式，通知其在指定的时间内到指定的地点配合解决问题，但其在指定的时间内未到指定的地点配合解决问题或明确表示拒不支付劳动报酬的，视为《刑法》第276条之一第1款规定的“以逃匿方法逃避支付劳动者的劳动报酬”；但是，行为人有证据证明因自然灾害、突发重大疾病等非人力所能抗拒的原因造成其无法在指定的时间内到指定的地点配合解决问题的除外。其二，数额较大。根据最高人民法院《关于审理拒不支付劳动报酬刑事案件适用法律若干问题的解释》第3条之规定，具有下列情形之一的，应当认定为刑法规定的“数额较大”：1）拒不支付一名劳动者3个月以上的劳动报酬且数额在5 000元至20 000元以上的；2）拒不支付十名以上劳动者的劳动报酬且数额累计在30 000元至100 000元以上的。各省、自治区、直辖市高级人民法院可以根据本地区经济社会发展状况，在前述数额幅度内，研究确定本地区执行的具体数额标准，报最高人民法院备案。其三，经政府有关部门责令支付仍不支付的，根据前述司法解释第4条的规定，是指经人力资源社会保障部门或者政府其他有关部门依法以限期整改指令书、行政处理决定书等文书责令支付劳动者的劳动报酬后，在指定的期限内仍不支付的。但有证据证明行为人有正当理由未知悉责令支付或者未及时支付劳动报酬的除外。行为人逃匿，无法将责令支付文书送交其本人、同住成年家属或者所在单位负责收件的人的，如果有关部门已通过在行为人的住所地、生产经营场所等地张贴责令支付文书等方式责令支付，并采用拍照、录像等方式记录的，应当视为经政府有关部门责令支付。（3）本罪的主体为一般主体。根据前述司法解释第7条、第8条的规定，不具备用工主体资格的单位或者个人，违法用工且拒不支付劳动者的劳动报酬，数额较大，经政府有关部门责令支付仍不支付的，以本罪论处。用人单位的实际控制人实施拒不支付劳动报酬行为，构成犯罪的，以本罪论处。另，根据2014年6月26日最高人民法院《关于发布第七批指导性案例的通知》（指导案例28号：胡克金拒不支付劳动报酬案），具备用工主体资格的单位或者个人（包工头），违法用工且拒不支付劳动者报酬，数额较大，经政府有关部门责令支付仍不支付的，应当以拒不支付劳动报酬罪追究刑事责任；不具备用工主体资格的单位或者个人（包工头）拒不支付劳动报酬，即使其他单位或者个人在刑事立案前为其垫付了劳动报酬的，也不影响追究该用工单位或者个人（包工头）拒不支付劳动报酬罪的刑事责任。（4）本罪的主观方面为故意，包括直接故意和间接故意，即主观上明知自己“不支付劳动者劳动报酬”的不作为行为会产生劳动者不能及时实际得到劳动报酬的社会危害后果，并希望或放任这种后果发生。

根据《刑法》第276条之一的规定，犯本罪的，处3年以下有期徒刑或者拘役，并处或者单处罚金；造成严重后果的，处3年以上7年以下有期徒刑，并处罚金。单位犯本罪的，对单位判处罚金，并对其直接负责的主管人员和其他直接责任人员，依照前述规定处罚。

【问题与思考】

1. 行为人使用欺诈方法骗取财物，但同时支付了相当价值的物品时，是否成立诈骗罪？虚假诉讼罪能否与诈骗罪发生竞合？若竞合，应当如何处理？诈骗罪与其他特殊形式的诈骗犯罪如合同诈骗罪、票据诈骗罪等如何区分？

2. 如何从本质上区别盗窃罪与诈骗罪？对三角诈骗的行为如何定性？

第二十六章

妨害社会管理秩序罪

参考书目

1. 王作富，刘树德．刑法分则专题研究．北京：中国人民大学出版社，2013.

2. 赵秉志主编．妨害司法罪．北京：中国人民公安大学出版社，2003.

3. 赵秉志主编．扰乱公共秩序罪．北京：中国人民公安大学出版社，2003.

4. 谢望原主编．妨害文物管理罪．北京：中国人民公安大学出版社，2003.

5. 于志刚．毒品犯罪及相关犯罪认定处理．北京：中国方正出版社，1999.

6. 鲍遂献主编．妨害风化犯罪．北京：中国人民公安大学出版社，2003.

7. 周光权．刑法各论．3版．北京：中国人民大学出版社，2016.

8. 高铭暄，马克昌主编．刑法学．7版．北京：北京大学出版社，高等教育出版社，2016.

9. 张明楷．刑法学．5版．北京：法律出版社，2016.

参考法规

1.《刑法》第277～367条

2. 2001年8月31日全国人民代表大会常务委员会《中华人民共和国刑法修正案（二）》

3. 2001年12月29日全国人民代表大会常务委员会《中华人民共和国刑法修正案（三）》

4. 2002 年 12 月 28 日全国人民代表大会常务委员会《中华人民共和国刑法修正案（四）》

5. 2009 年 2 月 28 日全国人民代表大会常务委员会《中华人民共和国刑法修正案（七）》

6. 2011 年 2 月 25 日全国人民代表大会常务委员会《中华人民共和国刑法修正案（八）》

7. 2015 年 8 月 29 日全国人民代表大会常务委员会《中华人民共和国刑法修正案（九）》

8. 2017 年 11 月 4 日全国人民代表大会常务委员会《中华人民共和国刑法修正案（十）》

9. 2000 年 4 月 24 日最高人民检察院《关于以暴力威胁方法阻碍事业编制人员依法执行行政执法职务是否可对侵害人以妨害公务罪论处的批复》

10. 2003 年 5 月 14 日最高人民法院、最高人民检察院《关于办理妨害预防、控制突发传染病疫情等灾害的刑事案件具体应用法律若干问题的解释》

11. 2012 年 11 月 2 日最高人民法院《关于审理破坏草原资源刑事案件应用法律若干问题的解释》

12. 2015 年 12 月 14 日最高人民法院、最高人民检察院《关于办理危害生产安全刑事案件适用法律若干问题的解释》

13. 2010 年 3 月 2 日最高人民法院、最高人民检察院《关于办理非法生产、销售烟草专卖品等刑事案件具体应用法律若干问题的解释》

14. 2001 年 7 月 3 日最高人民法院、最高人民检察院《关于办理伪造、贩卖伪造的高等院校学历、学位证明刑事案件如何适用法律问题的解释》

15. 2014 年 3 月 14 日最高人民法院、最高人民检察院、公安部、国家安全部《关于依法办理非法生产销售使用“伪基站”设备案件的意见》

16. 2011 年 8 月 1 日最高人民法院、最高人民检察院《关于办理危害计算机信息系统安全刑事案件应用法律若干问题的解释》

17. 2013 年 9 月 18 日最高人民法院《关于审理编造、故意传播虚假恐怖信息刑事案件适用法律若干问题的解释》

18. 2013 年 5 月 31 日最高人民检察院《关于依法严厉打击编造、故意传播虚假恐怖信息威胁民航飞行安全犯罪活动的通知》

19. 2014 年 9 月 9 日最高人民法院、最高人民检察院、公安部《关于办理暴力恐怖和宗教极端刑事案件适用法律若干问题的意见》

20. 2013 年 7 月 15 日最高人民法院、最高人民检察院《关于办理寻衅滋事刑事案件适用法律若干问题的解释》

21. 2013 年 9 月 6 日最高人民法院、最高人民检察院《关于办理利用信息网络实施诽谤等刑事案件适用法律若干问题的解释》

22. 2000 年 12 月 5 日最高人民法院《关于审理黑社会性质组织犯罪的案件具

体应用法律若干问题的解释》①

23. 2017年2月1日最高人民法院、最高人民检察院《关于办理组织、利用邪教组织破坏法律实施等刑事案件适用法律若干问题的解释》

24. 2005年5月11日最高人民法院、最高人民检察院《关于办理赌博刑事案件具体应用法律若干问题的解释》

25. 2005年1月10日最高人民法院、最高人民检察院、公安部《关于开展集中打击赌博违法犯罪活动专项行动有关工作的通知》

26. 2010年8月31日最高人民法院、最高人民检察院《关于办理网络赌博犯罪案件适用法律若干问题的意见》

27. 2014年3月26日最高人民法院、最高人民检察院《关于办理利用赌博机开设赌场案件适用法律若干问题的意见》

28. 2014年4月4日全国人民代表大会常务委员会《关于〈中华人民共和国刑法〉第三百四十一条、第三百一十二条的解释》

29. 2015年5月29日最高人民法院《关于审理掩饰、隐藏犯罪所得、犯罪所得收益刑事案件适用法律若干问题的解释》

30. 2002年8月29日全国人民代表大会常务委员会《关于〈中华人民共和国刑法〉第三百一十三条的解释》

31. 2015年7月20日最高人民法院《关于审理拒不执行判决、裁定刑事案件适用法律若干问题的解释》

32. 2012年12月12日最高人民法院、最高人民检察院《关于办理妨害国（边）境管理刑事案件应用法律若干问题的解释》

33. 2008年9月22日最高人民法院、最高人民检察院《关于办理非法采供血液等刑事案件具体应用法律若干问题的解释》

34. 2008年4月29日最高人民法院《关于审理非法行医刑事案件具体应用法律若干问题的解释》（2016年修正）

35. 2016年12月23日最高人民法院、最高人民检察院《关于办理环境污染刑事案件适用法律若干问题的解释》

36. 2000年11月27日最高人民法院《关于审理破坏野生动物资源刑事案件具体应用法律若干问题的解释》

37. 2000年6月19日最高人民法院《关于审理破坏土地资源刑事案件具体应用法律若干问题的解释》

38. 2005年12月26日最高人民法院《关于审理破坏林地资源刑事案件具体应用法律若干问题的解释》

39. 2012年11月2日最高人民法院《关于审理破坏草原资源刑事案件具体应用法律若干问题的解释》

40. 2016年11月28日最高人民法院、最高人民检察院《关于办理非法采矿、破坏性采矿刑事案件适用法律若干问题的解释》

① 2002年4月28日全国人民代表大会常务委员会《关于〈中华人民共和国刑法〉第二百九十四条第一款的解释》已被《刑法》第294条全部吸收，故本书不再收录。

41. 2000年11月22日最高人民法院《关于审理破坏森林资源刑事案件具体应用法律若干问题的解释》

42. 2008年12月1日最高人民法院《全国部分法院审理毒品犯罪案件工作座谈会纪要》

43. 2015年5月18日最高人民法院《全国法院毒品犯罪审判工作座谈会纪要》

44. 2007年12月18日最高人民法院、最高人民检察院、公安部《办理毒品犯罪案件适用法律若干问题的意见》

45. 2014年8月20日最高人民法院、最高人民检察院、公安部《关于规范毒品名称表述若干问题的意见》

46. 2014年9月5日最高人民法院、最高人民检察院、公安部《关于办理邻氯苯基环戊酮等三种制毒物品犯罪案件定罪量刑数量标准的通知》

47. 2009年6月23日最高人民法院、最高人民检察院《关于办理制毒物品犯罪案件适用法律若干问题的意见》

48. 2012年5月16日最高人民检察院、公安部《关于公安机关管辖的刑事案件立案追诉标准的规定（三）》

49. 2010年2月8日最高人民法院《关于贯彻宽严相济刑事政策的若干意见》

50. 2013年10月23日最高人民法院、最高人民检察院、公安部、司法部《关于依法惩治性侵害未成年人犯罪的意见》

51. 2004年9月3日最高人民法院、最高人民检察院《关于办理利用互联网、移动通讯终端、声讯台制作、复制、出版、贩卖、传播淫秽电子信息刑事案件具体应用法律若干问题的解释》

52. 2010年2月2日最高人民法院、最高人民检察院《关于办理利用互联网、移动通讯终端、声讯台制作、复制、出版、贩卖、传播淫秽电子信息刑事案件具体应用法律若干问题的解释（二）》

53. 2001年8月31日全国人民代表大会常务委员会《关于〈中华人民共和国刑法〉第二百二十八条、第三百四十二条、第四百一十条的解释》（2009年修正）

54. 2016年4月6日最高人民法院《关于审理毒品犯罪案件适用法律若干问题的解释》

引例　刘涌黑社会团伙案

刘涌黑社会性质组织从1995年年末初步形成至2000年7月初被沈阳警方抓获的4年半时间里，刘涌亲自参与或指使授意他人的犯罪行为共27起。2002年4月，刘涌被辽宁省铁岭市中级人民法院以组织、领导黑社会性质组织罪与故意伤害罪、非法经营罪、故意毁坏财物罪、行贿罪、妨碍公务罪、非法持有枪支罪等多项罪名一审判处死刑。1年零4个月后的2003年8月，刘涌被辽宁省高级人民法院改判死刑缓期两年执行。在刘涌被改判“死缓”的两个月之后，最高人民法院于2003年10月向刘涌送达了再审决定，再审后依法判处刘涌死刑。这就是曾经轰动一时的沈阳刘涌黑社会团伙案。

第一节 妨害社会管理秩序罪概述

一、妨害社会管理秩序罪的概念和构成

妨害社会管理秩序罪，是指违反国家法律法规，妨害国家对社会的管理活动，破坏社会秩序，情节严重，应受刑罚处罚的行为。其构成特征为：

（1）本类罪侵犯的客体是社会管理秩序，即除刑法分则其他九类犯罪所侵害的客体之外的国家对社会的管理秩序。也就是说，只有不宜列入其他各类犯罪的行为，才归入妨害社会管理秩序罪中。从一定程度上可以说本类罪是刑法分则的“兜底性”类罪名。

（2）本类罪客观方面表现为妨害国家机关对社会的管理活动，破坏社会秩序，情节严重的行为。如果情节轻微，可按《治安管理处罚法》的规定处理。只有那些情节严重，对国家和社会造成严重损失的，才会构成本类罪。

（3）本类罪的犯罪主体多数只能由个人构成；有些既可以由个人构成，也可由单位构成；个别罪的犯罪主体只能是单位。在个人主体方面，多数是一般主体，少数是特殊主体，如脱逃罪的主体只能是被关押的犯罪嫌疑人、被告人、罪犯。

（4）本类罪主观方面绝大多数出于故意，少数出于过失，有些犯罪还必须有特定的目的，如赌博罪就要求以营利为目的。

二、妨害社会管理秩序罪的分类

《刑法》第六章（从第277条至第367条）所规定的妨害社会管理秩序罪，共分为九类罪，具体是：

（1）扰乱公共秩序罪，是指违反国家对社会秩序的正常管理活动，破坏公共秩序，情节严重的行为。

（2）妨害司法罪，是指违反法律法规，妨害国家司法机关的正常活动，破坏国家司法权的行使，情节严重的行为。

（3）妨害国（边）境管理罪，是指违反国家关于国（边）境管理的法律法规，妨害国（边）境的管理秩序，情节严重的行为。

（4）妨害文物管理罪，是指违反国家文物管理法规，故意或过失地实施了破坏、损毁文物及文物管理正常秩序的行为。

（5）危害公共卫生罪，是指违反国家对防疫、检疫、采供血液、医疗卫生方面的管理法律法规，破坏公共卫生秩序，情节严重的行为。

（6）破坏环境资源保护罪，是指即违反国家环保法律法规，故意或过失地实施污染大气、水体等生态环境或者破坏森林、珍贵动植物、耕地、矿产等自然资源，情节严重的行为。

（7）走私、贩卖、运输、制造毒品罪，是指违反毒品管理法律法规，非法走私、贩卖、运输、制造、持有毒品及相关的活动，危害公民身体健康，破坏社会管理秩序的行为。

（8）组织、强迫、引诱、容留、介绍卖淫罪，是指妨害社会治安秩序、破坏社会风气、伤害社会风化的行为。

（9）制作、复制、贩卖、传播淫秽物品罪，是指制造、贩卖、传播淫秽性的书刊、影

片、录像带、录音带、图片以及进行淫秽表演的行为。

第二节 扰乱公共秩序罪

一、妨害公务罪

(一) 妨害公务罪概念与构成特征

妨害公务罪，是指以暴力、威胁方法阻碍国家机关工作人员、各级人大代表、红十字会工作人员依法执行职务或者履行职责，或者以非暴力方法故意阻碍国家安全机关、公安机关依法执行国家安全工作任务，造成严重后果的行为。其构成特征为：

(1) 本罪侵犯的客体是国家机关、各级人大代表、红十字会、公安机关以及国家安全机关的公务活动。公务是指公共事务，具体到本罪是指国家机关工作人员、各级人大代表依法执行职务的活动，红十字会工作人员依法履行职责的活动，以及国家安全机关、公安机关依法执行国家安全工作任务的活动。具有上述身份人员的非公务活动，不在本罪所涵盖的范围内。合法性是进行公务活动必须遵循的首要原则。依法执行公务活动包括实体合法与程序合法两层含义。阻碍军人执行职务的，不构成本罪，而构成《刑法》第368条规定的阻碍军人执行职务罪。

(2) 本罪的客观方面表现为使用暴力、威胁方法，阻碍国家机关工作人员、各级人大代表依法执行职务，或者在自然灾害或者突发事件中以暴力、威胁方法阻碍红十字会工作人员依法履行职责，或者以非暴力方法故意阻碍国家安全机关、公安机关依法执行国家安全工作任务，造成严重后果的行为。所谓暴力，指实施了殴打、捆绑或者其他人身强制行为；所谓威胁，指对依法执行公务人员进行恐吓、精神强制，如以杀害、伤害、毁坏财产、破坏名誉、揭露隐私等相威胁。所谓依法执行职务，是指职务行为必须符合法律上的条件、方式和程序。如刑事拘留犯罪嫌疑人，必须符合刑事诉讼法规定的条件、方式和程序，否则，便是违法拘留。从保护公务与保障人权相调和的观点出发，只要没有违反保护执行职务的对方的权益所必要且重要的程序要件，就应认定为依法执行公务。① 值得注意的是：其一，如果行为人使用暴力或其他方法直接杀害、伤害执行公务人员，则应以故意杀人罪、故意伤害罪论处，而不定妨害公务罪。其二，阻碍红十字会工作人员依法履行职责的行为，必须发生在自然灾害或者突发事件进行的过程之中，否则，不构成本罪；阻碍国家安全机关、公安机关依法执行国家安全工作任务，不以行为人使用暴力、威胁为必要，只要行为人之行为造成了严重后果，便构成本罪。

(3) 本罪的主体是一般主体。② 以暴力、威胁方法阻碍草原监督检查人员、烟草专卖执法人员、矿山安全生产监督管理人员依法执行职务的，以本罪论处。

(4) 本罪的主观方面是故意，行为人对上述人员的身份必须存在明知。

---

① 参见［日］前田雅夫：《刑法各论讲义》，438页，东京，东京大学出版社，2015。

② 2000年4月24日最高人民检察院《关于以暴力威胁方法阻碍事业编制人员依法执行行政执法职务是否可对侵害人以妨害公务罪论处的批复》规定，对于以暴力、威胁方法阻碍国有事业编制人员依法执行行政执法职务的，或者以暴力、威胁方法阻碍国家机关中受委托从事行政执法活动的事业编制人员执行行政执法职务的，可以对侵害人以妨害公务罪追究刑事责任。这实际上是对《刑法》第277条第1款中的“国家机关工作人员”作了扩大解释。

【案例 26-1】 赵某等妨害公务案

被告人赵某，男，30岁，某村农民。2001年5月23日，某派出所民警肖某、路某到某村依法传唤涉嫌故意伤害罪的犯罪嫌疑人谢某。正在此时，谢某的“死党”赵某纠集该村的十余名村民，手持刀、棒将两民警团团围住，扬言如不将人留下，就让两民警“站着进来，躺着出去”。两民警在紧急情况下，多次向村民亮明身份、说明来意。但赵某等人对此不予理睬，反而对两民警拳打脚踢，致使两民警全身多处受伤，犯罪嫌疑人谢某乘现场混乱之机逃走。

关于对赵某的行为如何定性，在审理过程中有三种意见：第一种意见认为赵某等人的行为构成劫夺被押解人员罪，因为赵某等人对两民警实施暴力行为的意图是帮助犯罪嫌疑人谢某逃脱；第二种意见认为谢某并非在被押解过程中，所以对赵某只能以妨害公务罪定罪；第三种意见认为赵某的行为属于煽动抗拒法律实施的行为，应以煽动暴力抗拒法律实施罪认定。从本案案情来看，在上述三种意见中，只有第二种意见是正确的，因为：首先，关于劫夺被押解人员罪的问题。构成本罪，行为人所劫夺的对象必须是在押解途中的罪犯、被告人或者犯罪嫌疑人。而在本案中谢某并非处在押解途中。当赵某对两民警实施暴力手段时，两民警只是在执行对谢某进行依法传唤的公务行为。此时，谢某并未处在两民警的监管之下，两民警只是在执行“准备将谢某置于司法监管之下的具体公务行为”。因此，对于赵某等人的行为不能认定为劫夺被押解人员罪。其次，关于煽动暴力抗拒法律实施罪的问题。立法者设立煽动暴力抗拒法律实施罪所针对的并不是具体的公务行为，而是国家法律、法规的一般实施。因此对于妨害具体公务的行为，应认定为妨害公务罪而非煽动暴力抗拒法律实施罪。综上，赵某等人以暴力手段阻碍两民警执行依法传唤的公务，后果严重，影响恶劣，且在主观方面是故意，完全符合妨害公务罪的犯罪构成，理应构成妨害公务罪。

（二）妨害公务罪的认定

1. 本罪与故意杀人罪、故意伤害罪等侵犯公民人身权利犯罪的界限

妨害公务罪通常以暴力、威胁的方式实施，因此，实施本罪的行为就有可能造成被害人的伤残或者死亡。对此，区别的关键在于：(1) 故意杀人、故意伤害的行为是否发生在公务人员执行公务的过程中。在公务人员执行公务的过程中没有实施暴力，但在执行公务后对其实施故意杀人、故意伤害等报复行为的，应当仅以故意杀人罪、故意伤害罪论处。(2) 在公务人员依法执行公务过程中，以故意杀人、故意伤害手段阻碍公务的，属于想象竞合犯，应当择一重罪处断，即以故意杀人罪、故意伤害罪论处，不以妨害公务罪论处。

2. 本罪与其他犯罪存在的牵连情形

《刑法》第157条第2款规定，以暴力、威胁方法抗拒缉私的，以走私罪和本罪进行数罪并罚。《刑法》第318条“组织他人偷越国（边）境罪”第1款第5项和第321条“运送他人偷越国（边）境罪”第2款规定，对于“以暴力、威胁方法抗拒检查的”，应以该两罪的情节加重犯进行处罚，但若对检查人员有杀害、伤害行为的，应以各该罪与妨害公务罪进行数罪并罚。

（三）妨害公务罪的刑事责任

根据《刑法》第277条的规定，犯本罪的，处3年以下有期徒刑、拘役、管制或者罚金。

二、煽动暴力抗拒法律实施罪

煽动暴力抗拒法律实施罪，是指煽动群众使用暴力抗拒国家法律、行政法规实施的行为。

本罪侵犯的客体是法律、行政法规的正常实施秩序。本罪的客观方面表现为行为人实施了煽动群众使用暴力抗拒国家法律、行政法规实施的行为。只要行为人实施了煽动行为，就足以扰乱社会秩序，至于被煽动者是否听信并采取相应举动而导致实际危害结果，不影响本罪的成立，所以本罪是行为犯。本罪的主体是一般主体。本罪的主观方面为故意。

根据《刑法》第 278 条的规定，犯本罪的，处 3 年以下有期徒刑、拘役、管制或者剥夺政治权利；造成严重后果的，处 3 年以上 7 年以下有期徒刑。所谓“造成严重后果的”，一般是指：造成人身伤害或较大财产损失的；造成生产、工作、教学、科研不能正常进行的；严重扰乱公共秩序的；等等。

三、招摇撞骗罪

（一）招摇撞骗罪的概念与构成特征

招摇撞骗罪，是指以非法占有为目的或者为了达到其他非法目的，冒充国家机关工作人员招摇撞骗的行为。其构成特征为：

（1）本罪侵犯的客体是国家机关的威信和正常活动。国家机关工作人员执行公务活动，代表着国家的形象和威信。冒充国家机关工作人员从事公务活动，势必造成国家机关的威信及正常活动受到影响，同时损害国家利益和公民的合法权益。

（2）本罪的客观方面表现为行为人实施冒充国家机关工作人员进行招摇撞骗的行为。所谓“冒充”，是指行为人虚构与本人实际身份不符的其他身份。所谓“国家机关工作人员”是指在国家机关中从事公务的人员，并不包括《刑法》第 93 第 2 款所指的所有人员。假冒国家机关工作人员从事公务活动有三种表现形式：1）非国家机关工作人员冒充国家机关工作人员；2）国家机关的下级工作人员冒充上级工作人员；3）此一部门的国家机关工作人员冒充彼一部门的国家机关工作人员。所谓“招摇撞骗”，是指行为人向他人炫耀所冒充的国家机关工作人员的身份，以骗取信任，达到骗取非法利益的目的。

（3）本罪的主体为一般主体，即已满 16 周岁、具有刑事责任能力的人。本罪的行为主体包括非国家机关工作人员和国家机关工作人员。

（4）本罪的主观方面为故意。一般而言，本罪的行为人具有骗取某种非法利益的目的，如骗取钱财、地位、荣誉、待遇或玩弄女性等。如果行为人冒充国家机关工作人员，并没有骗取非法利益，不构成本罪。例如，陈某见他人正在行凶，遂大喊一声“我是警察”。犯罪分子当时被震慑，不敢继续进行行凶行为。此时，陈某箭步上前，将行凶者扭送到公安机关。这种情况就因陈某没有谋取非法利益的目的而不构成犯罪。

（二）招摇撞骗罪的认定

1. 罪与非罪的界限

从《刑法》第 279 条的规定来看，本罪属于行为犯。但构成本罪并非对社会危害程度没有限制。行为人虽然实施了冒充国家机关工作人员进行招摇撞骗，但情节显著轻微、危害不大的，应不以犯罪论处。

2. 本罪与诈骗罪的界限

招摇撞骗罪与诈骗罪都包含骗取他人财物的行为，但两者仍有明显区别：（1）侵犯的客体不同。本罪侵犯的客体是国家机关的威信和正常活动，诈骗罪侵犯的客体则是公私财产所有权。（2）犯罪对象具体范围不同。本罪所骗取的利益既包括财产性利益，也包括非财产性利益，而诈骗罪所骗取的利益只包括财产性利益。（3）犯罪手段不同。本罪的行为方式只能是冒充国家机关工作人员；而诈骗罪的行为手段是多种多样的，不限于冒充有特别身份的人员。（4）成立犯罪的标准不同。本罪不要求行为人诈骗所得财物数额多少，只要行为人实施了冒充国家机关工作人员的行为，原则上便构成犯罪；而诈骗罪的成立，必须行为人诈骗所得的财物数额较大。

需要说明的是，如果行为人冒充国家机关工作人员诈骗，数额特别巨大或者情节特别严重的，再依照本罪定罪量刑，则达不到罪责刑相适应。为此，需要按照法条竞合的原则，选择重法条的适用，依照诈骗罪定罪量刑。

（三）招摇撞骗罪的刑事责任

根据《刑法》第279条的规定，犯本罪的，处3年以下有期徒刑、拘役、管制或者剥夺政治权利；情节严重的，处3年以上10年以下有期徒刑。冒充人民警察招摇撞骗的，从重处罚。

四、伪造、变造、买卖国家机关公文、证件、印章罪

伪造、变造、买卖国家机关公文、证件、印章罪，是指伪造、变造或者买卖国家机关公文、证件、印章的行为。国家机关公文、证件、印章是本罪指向的对象，犯罪的方法是伪造、变造或者买卖。所谓公文，是指用以联系事务、指导工作、处理问题的书面文件。所谓证件，是指用以证明身份、职务、权利义务关系或者其他有关事宜的凭证，如结婚证、工作证、护照、户口迁移证、营业执照、驾驶证等。本罪中的证件是国家机关制作、颁发的证件，因为刑法另有规定，所以护照、签证等出入境证件和居民身份证不属于本罪的范围。本罪中的印章是国家机关刻制的，包括公章、专用章。用于国家机关事务的私人印鉴、图章也应视为本罪的印章。本罪的主体为一般主体。本罪的主观方面为故意。

本罪的认定需注意的问题有：

（1）对于买卖伪造的国家证件的行为，根据1999年6月21日最高人民检察院法律政策研究室《关于买卖伪造的国家机关证件行为是否构成犯罪问题的答复》，可以买卖国家机关证件罪追究刑事责任。

（2）根据2000年11月22日最高人民法院《关于审理破坏森林资源刑事案件具体应用法律若干问题的解释》第13条，对于伪造、变造、买卖林木采伐许可证、木材运输证件，森林、林木、林地权属证书，占用或者征用林地审核同意书、育林基金等缴费收据以及其他国家机关批准的林业证件构成犯罪的，依照《刑法》第280条第1款的规定，以伪造、变造、买卖国家机关公文、证件罪定罪处罚。对于买卖允许进出口证明书等经营许可证明，同时触犯《刑法》第225条、第280条规定之罪的，依照处罚较重的规定定罪处罚。

（3）根据2000年11月27日最高人民法院《关于审理破坏野生动物资源刑事案件具体应用法律若干问题的解释》第9条，伪造、变造、买卖国家机关颁发的野生动物允许进出口证明书、特许猎捕证、狩猎证、驯养繁殖许可证等公文、证件构成犯罪的，依照《刑

法》第 280 条第 1 款的规定以伪造、变造、买卖国家机关公文、证件罪定罪处罚。实施上述行为构成犯罪，同时构成《刑法》第 225 条第 2 项规定的非法经营罪的，依照处罚较重的规定定罪处罚。

（4）根据 2002 年 9 月 25 日最高人民检察院研究室《关于买卖尚未加盖印章的空白〈边境证〉行为如何适用法律问题的答复》之规定，对于买卖尚未加盖发证机关的行政印章或者通行专用章印鉴的空白“中华人民共和国边境管理区通行证”的行为，不宜以买卖国家机关证件罪追究刑事责任。国家机关工作人员实施上述行为，构成犯罪的，可以按滥用职权罪等相关犯罪依法追究刑事责任。

（5）根据 2003 年 6 月 3 日最高人民检察院法律政策研究室《关于伪造、变造、买卖政府设立的临时性机构的公文、证件、印章行为如何适用法律问题的答复》，对于伪造、变造、买卖各级人民政府设立的行使行政管理权的临时性机构的公文、证件、印章行为，构成犯罪的，应当依照《刑法》第 280 条第 1 款的规定，以伪造、变造、买卖国家机关公文、证件、印章罪追究刑事责任。

根据《刑法》第 280 条第 1 款的规定，犯本罪的，处 3 年以下有期徒刑、拘役、管制或者剥夺政治权利，并处罚金；情节严重的，处 3 年以上 10 年以下有期徒刑，并处罚金。

五、盗窃、抢夺、毁灭国家机关公文、证件、印章罪

盗窃、抢夺、毁灭国家机关公文、证件、印章罪，是指盗窃、抢夺、毁灭国家机关公文、证件、印章的行为。本罪的犯罪对象是国家机关公文、证件、印章，犯罪方法为盗窃、抢夺、毁灭。本罪是选择性罪名。

根据《刑法》第 280 条第 1 款的规定，犯本罪的，处 3 年以下有期徒刑、拘役、管制或者剥夺政治权利，并处罚金；情节严重的，处 3 年以上 10 年以下有期徒刑，并处罚金。

六、伪造公司、企业、事业单位、人民团体印章罪

伪造公司、企业、事业单位、人民团体印章罪，是指伪造公司、企业、事业单位、人民团体印章的行为。

本罪的犯罪对象仅为印章，不包括证件、公文。根据 2001 年 7 月 3 日最高人民法院、最高人民检察院《关于办理伪造、贩卖伪造的高等院校学历、学位证明刑事案件如何适用法律问题的解释》之规定，对于伪造高等院校印章制作学历、学位证明的行为，应当依照《刑法》第 280 条第 2 款的规定，以伪造事业单位印章罪定罪处罚。明知是伪造高等院校印章制作的学历、学位证明而贩卖的，以伪造事业单位印章罪的共犯论处。可以说该解释为惩治伪造、贩卖伪造的高校学历、学位证明的猖獗行为提供了法律依据。但对于明知是伪造高等院校印章制作的学历、学位证明而贩卖的，以伪造事业单位印章罪的共犯论处是否合理，值得商榷。根据共犯理论，只有事前或事中有通谋的事后帮助行为，才能与实行犯构成共同犯罪。如果贩卖人与伪造人事前或事中有通谋，以共同犯罪论处，当然没有问题，但如果没有通谋，即使明知是伪造的学历、学位证明而贩卖也不能构成共犯。

根据《刑法》第 280 条第 2 款的规定，犯本罪的，处 3 年以下有期徒刑、拘役、管制或者剥夺政治权利，并处罚金。

七、伪造、变造、买卖身份证件罪

伪造、变造、买卖身份证件罪，是指伪造、变造、买卖居民身份证、护照、社会保障卡、驾驶证等依法可以用于证明身份的证件的行为。

根据《刑法》第280条第3款的规定，犯本罪的，处3年以下有期徒刑、拘役、管制或者剥夺政治权利，并处罚金；情节严重的，处3年以上7年以下有期徒刑，并处罚金。

八、使用虚假身份证件、盗用身份证件罪

使用虚假身份证件、盗用身份证件罪，是指在依照国家规定应当提供身份证明的活动中，使用伪造、变造的或者盗用他人的居民身份证、护照、社会保障卡、驾驶证等依法可以用于证明身份的证件，情节严重的行为。本罪侵犯的客体是国家对身份证件的管理制度。本罪的客观方面表现为在依照国家规定应当提供身份证明的活动中，使用伪造、变造的或者盗用他人的居民身份证、护照、社会保障卡、驾驶证等依法可以用于证明身份的证件，情节严重的行为。本罪的犯罪主体为一般主体。本罪的主观方面表现为故意。

根据《刑法》第280条之一的规定，犯本罪的，处拘役或者管制，并处或者单处罚金。

实施本罪之行为同时构成其他犯罪的，属于想象竞合，依照处罚较重规定定罪处罚。

九、非法生产、买卖警用装备罪

非法生产、买卖警用装备罪，是指非法生产、买卖人民警察制式服装、车辆号牌等专用标志、警械，情节严重的行为。

根据《刑法》第281条第1款的规定，犯本罪的，处3年以下有期徒刑、拘役或者管制，并处或者单处罚金。根据该条第2款的规定，单位犯本罪的，对单位判处罚金，并对其直接负责的主管人员和其他直接责任人员，依照上述规定处罚。

十、非法获取国家秘密罪

（一）非法获取国家秘密罪的概念和构成特征

非法获取国家秘密罪，是指以窃取、刺探、收买的方法，非法获取国家秘密的行为。其构成特征为：本罪侵犯的客体是国家的保密制度，犯罪对象是国家秘密。我国的《保守国家秘密法》等相关法律确立了我国的保密制度，将国家秘密分为绝密、机密、秘密三个等级，无论行为人以非法手段获取前述三种国家秘密中的哪一种，都构成本罪。本罪在客观方面表现为行为人采取了窃取、刺探、收买方法，非法获取国家秘密的行为。所谓窃取，是指采取秘密的方式，暗中盗窃国家秘密或者作为国家秘密载体的文件、资料和其他物品的行为。所谓刺探，是指行为人对于掌握或知悉国家秘密的人，采取各种手段探听、侦察、了解国家秘密的行为。所谓收买，是指以金钱、物质、色情以及其他利益为诱饵，向掌握国家秘密的人交换国家秘密的行为。本罪的主体是一般主体。本罪的主观方面为故意，只要行为人明知是国家秘密而非法获取即构成本罪。至于行为人是出于何种目的或动机，不影响本罪的成立。

（二）本罪与为境外窃取、刺探、收买、非法提供国家秘密、情报罪的界限

二者的相同之处在于：行为人都实施了“窃取、刺探、收买”国家秘密的行为，两罪的犯罪主体都是一般主体。二者的区别在于：第一，侵犯的客体不同。为境外窃取、刺

探、收买、非法提供国家秘密、情报罪侵犯的客体是国家安全，本罪侵犯的客体是国家的保密制度。第二，侵犯的对象不同。本罪侵犯的对象限于国家秘密，而为境外窃取、刺探、收买、非法提供国家秘密、情报罪侵犯的对象不限于国家秘密，还包括国家情报。如果行为人窃取、刺探、收买国家秘密是为了提供给境外的机构、组织、个人，则应以为境外窃取、刺探、收买、非法提供国家秘密、情报罪论处，否则，以本罪论处。

根据《刑法》第282条第1款的规定，犯本罪的，处3年以下有期徒刑、拘役、管制或剥夺政治权利；情节严重的，处3年以上7年以下有期徒刑。

十一、非法持有国家绝密、机密文件、资料、物品罪

非法持有国家绝密、机密文件、资料、物品罪，是指非法持有属于国家绝密、机密的文件、资料或其他物品，拒不说明来源与用途的行为。

本罪侵犯的客体是国家的保密制度，犯罪对象包括属于国家绝密、机密的文件、资料或者其他物品。本罪的客观方面表现为行为人非法持有属于国家绝密、机密的文件、资料或者其他物品，且拒不说明来源与用途的行为。如果行为人不是非法持有而是合法持有，则不构成犯罪。如果行为人虽是非法持有，但如实说明了其来源和用途，也不构成本罪，而可能构成其他犯罪。本罪的主体为一般主体。本罪的主观方面是故意。

认定本罪时要注意与非法获取国家秘密罪相区别。本罪侵害的对象是属于国家绝密、机密的文件、资料或者其他物品，而非法获取国家秘密罪侵害的对象是包括国家绝密、机密、秘密三个等级的国家秘密。本罪的行为方式是非法持有且拒不说明其来源与用途，而非法获取国家秘密罪的行为方式是“窃取、刺探、收买”。

根据《刑法》第282条第2款的规定，犯本罪的，处3年以下有期徒刑、拘役或者管制。

十二、非法生产、销售专用间谍器材、窃听、窃照专用器材罪

非法生产、销售专用间谍器材、窃听、窃照专用器材罪，是指非法生产、销售专用间谍器材、窃听、窃照专用器材的行为。本罪是行为犯，没有数额和情节的限制。另外，根据《关于依法办理非法生产销售使用“伪基站”设备案件的意见》，非法生产、销售“伪基站”设备，经鉴定为专用间谍器材的，依照本罪追究刑事责任；同时构成非法经营罪的，以非法经营罪追究刑事责任。

根据《刑法》第283条的规定，犯本罪的，处3年以下有期徒刑、拘役或者管制，并处或者单处罚金；情节严重的，处3年以上7年以下有期徒刑，并处罚金。单位犯本罪的，对单位判处罚金，并对其直接负责的主管人员和其他直接责任人员，依照前述规定处罚。

十三、非法使用窃听、窃照专用器材罪

非法使用窃听、窃照专用器材罪，是指非法使用窃听、窃照专用器材，造成严重后果的行为。本罪侵犯的客体是国家对窃听、窃照专用器材的管理制度。本罪在客观方面表现为行为人非法使用窃听、窃照专用器材，造成严重后果的行为。所谓非法使用包括两种情形：一是有权使用窃听、窃照专用器材的单位及个人，未经合法程序或者超出法定范围而使用；二是无权使用窃听、窃照器材的单位或个人擅自使用。造成严重后果是指：危害国家安全、泄露国家秘密、泄露他人商业秘密、严重侵犯他人隐私权，等等。本罪的主体是

一般主体，主观方面是故意。行为人非法使用窃听、窃照专用器材窃取国家秘密或者他人的商业秘密的，成立想象竞合犯。

根据《刑法》第284条的规定，犯本罪的，处2年以下有期徒刑、拘役或者管制。

十四、组织考试作弊罪

组织考试作弊罪，是指在法律规定的国家考试中组织作弊的行为。本罪侵犯的客体是国家的考试制度。本罪在客观方面表现为在法律规定的国家考试中组织作弊的行为以及为组织作弊提供作弊器材或者其他帮助的行为。所谓"法律规定的国家考试"，是指考试既要有法律明文规定，且应属于国家考试的范畴，但并不要求考试由国家统一组织。换言之，地方或者行业依照法律规定组织的考试，也属于法律规定的国家考试。"组织作弊"，是指组织、策划、指挥多人进行考试作弊，或者从事考试作弊的经营行为。行为人为特定应考个人寻找替考者，而没有实施组织行为的，不构成本罪。在不特定应考人与替考者之间从事中介服务的，属于组织行为，应构成本罪。为组织作弊提供作弊器材或者其他帮助的，则属于帮助犯量刑的正犯化，并不是典型的帮助犯的正犯化。

根据《刑法》第284条之一第1款的规定，犯本罪的，处3年以下有期徒刑或者拘役，并处或者单处罚金；情节严重的，处3年以上7年以下有期徒刑，并处罚金。

十五、非法出售、提供试题、答案罪

非法出售、提供试题、答案罪，是指为实施考试作弊行为，向他人非法出售或者提供法律规定的国家考试的试题、答案的行为。行为人向任何人出售、提供法律规定的国家考试的试题、答案均构成本罪。行为人向组织考试作弊者非法出售、提供答案的，属于组织考试的帮助行为，但基于本罪与组织考试作弊罪法定刑相同，以本罪论处为宜。既有组织考试作弊行为，又向被组织者非法出售、提供试题、答案的，应按包括的一罪处理，以组织考试作弊罪论处为宜。在考试结束后，非法出售、提供试题或答案的，不构成本罪。构成本罪，不要求行为人非法出售、提供的试题、答案必须全部真实，也不要求获得试题、答案的人必须利用。

根据《刑法》第284条之一第3款的规定，犯本罪的，处3年以下有期徒刑或者拘役，并处或者单处罚金；情节严重的，处3年以上7年以下有期徒刑，并处罚金。

十六、代替考试罪

代替考试罪，是指代替他人或者让他人代替自己参加法律规定的国家考试的行为。为了代替考试而伪造、变造、买卖身份证件或者使用虚假身份证件的，成立牵连犯，从一重罪论处。

根据《刑法》第284条之一第4款的规定，犯本罪的，处拘役或者管制，并处或者单处罚金。

十七、非法侵入计算机信息系统罪

非法侵入计算机信息系统罪，是指违反国家规定，侵入国家事务、国防建设、尖端科技领域的计算机信息系统的行为。"违反国家规定"，是指违反《计算机信息系统安全保护条例》等计算机安全保护法规的规定。"侵入"，是指未取得国家有关主管部门的合法授权或批准，以破译、窃取、刺探、骗取安全密码等方式通过计算机终端访问国家重要计算机信息系统或者进行数据截收的行为。本罪是行为犯，即只要非法侵入国家事务、国防建设、尖端科技领域的计算机信息系统即构成犯罪，而不以造成严重后果为必要。

根据《刑法》第 285 条第 1 款的规定，犯本罪的，处 3 年以下有期徒刑或者拘役。单位犯本罪的，对单位判处罚金，并对其直接负责的主管人员和其他直接责任人员，依照前述规定处罚。

十八、非法获取计算机信息系统数据、非法控制计算机信息系统罪①

非法获取计算机信息系统数据、非法控制计算机信息系统罪，是指违反国家规定，侵入国家事务、国防建设、尖端科技领域以外的计算机信息系统或者采用其他技术手段，获取该计算机信息系统中存储、处理或者传输的数据，或者对该计算机信息系统实施非法控制，情节严重的行为。

本罪的主体是一般主体。本罪的主观方面是故意。本罪的客观方面表现为违反国家规定，侵入国家事务、国防建设、尖端科技领域以外的计算机信息系统或者采用其他技术手段，获取该计算机信息系统中存储、处理或者传输的数据，或者对该计算机信息系统实施非法控制，情节严重的行为。本罪侵犯的客体是计算机信息系统的正常运行秩序。

根据《刑法》第 285 条第 2 款的规定，犯本罪的，处 3 年以下有期徒刑或者拘役，并处或者单处罚金；情节特别严重的，处 3 年以上 7 年以下有期徒刑，并处罚金。单位犯本罪的，对单位判处罚金，并对其直接负责的主管人员和其他直接责任人员，依照前述规定处罚。

十九、提供侵入、非法控制计算机信息系统程序、工具罪②

提供侵入、非法控制计算机信息系统程序、工具罪，是指提供专门用于侵入、非法控制计算机信息系统的程序、工具，或者明知他人实施侵入、非法控制计算机信息系统的违法犯罪行为而为其提供程序、工具，情节严重的行为。

本罪的主体是一般主体。本罪的主观方面是故意。本罪的客观方面表现为提供专门用于侵入、非法控制计算机信息系统的程序、工具，或者明知他人实施侵入、非法控制计算机信息系统的违法犯罪行为而为其提供程序、工具，情节严重的行为。本罪侵犯的客体是计算机信息系统的正常运行秩序。

根据《刑法》第 285 条第 2 款的规定，犯本罪的，处 3 年以下有期徒刑或者拘役，并处或者单处罚金；情节特别严重的，处 3 年以上 7 年以下有期徒刑，并处罚金。单位犯本罪的，对单位判处罚金，并对其直接负责的主管人员和其他直接责任人员，依照前述规定处罚。

二十、破坏计算机信息系统罪

破坏计算机信息系统罪，是指违反国家规定，对计算机信息系统功能进行删除、修改、增加、干扰，造成计算机信息系统不能正常运行，或者违反国家规定，对计算机信息

---

①② 《刑法修正案（七）》新增设罪名。

系统中存储、处理或者传输的数据和应用程序进行删除、修改、增加的操作，或者故意制作、传播计算机病毒等破坏性程序，影响计算机系统正常运行，后果严重的行为。本罪侵犯的客体是计算机信息系统的正常运行秩序。本罪的客观方面表现为三种行为：(1) 违反国家规定，对计算机信息系统功能进行删除、修改、增加、干扰，造成计算机信息系统不能正常运行。(2) 违反国家规定，对计算机信息系统中存储、处理或者传输的数据和应用程序进行删除、修改、增加的操作。(3) 故意制作、传播计算机病毒等破坏性程序，影响计算机系统正常运行。计算机系统由硬件和软件两部分组成，本罪的客观方面均是对计算机软件系统所进行的破坏。此外，虽然行为人实施了上述行为，但后果不严重的，也不成立本罪。所以后果严重是本罪成立在危害程度上的必备要求。本罪的主体是一般主体。本罪的主观方面是故意。

根据《刑法》第 286 条的规定，犯本罪的，处 5 年以下有期徒刑或者拘役；后果特别严重的，处 5 年以上有期徒刑。单位犯本罪的，对单位判处罚金，并对其直接负责的主管人员和其他直接责任人员，依照前述规定处罚。

二十一、拒不履行信息网络安全管理义务罪

拒不履行信息网络安全管理义务罪，是指网络服务提供者不履行法律、行政法规规定的信息网络安全管理义务，经监管部门责令采取改正措施而拒不改正，情节严重的行为。首先，构成本罪以行为人负有作为义务为前提。不履行信息网络安全管理义务，是指没有按照法律、行政法规的规定履行作为义务。单纯不履行信息网络安全管理义务的行为，并不成立犯罪。其次，经监管部门责令采取改正措施而拒不改正是本罪认定的关键。行为人拒不履行的表现就是经监管部门责令采取改正措施而拒不改正。最后，构成本罪要求情节严重，即拒不履行信息网络安全管理义务，致使违法信息大量传播，致使用户信息泄露、造成严重后果，致使刑事案件证据灭失、情节严重或者具有其他严重情节。

根据《刑法》第 286 条之一的规定，犯本罪的，处 3 年以下有期徒刑、拘役或者管制，并处或者单处罚金。单位犯本罪的，对单位判处罚金，并对其直接负责的主管人员和其他直接责任人员，依照前述规定处罚。犯本罪同时构成其他犯罪的，依照处罚较重的规定定罪处罚。

二十二、非法利用信息网络罪

非法利用信息网络罪，是指利用信息网络设立用于实施诈骗、传授犯罪方法、制作或者销售违禁物品、管制物品等违法犯罪活动的网站、通讯群组，或发布有关制作或者销售毒品、枪支、淫秽物品等违禁物品、管制物品或者其他违法犯罪的信息，或为实施诈骗等违法犯罪活动发布信息，情节严重的行为。

本罪侵犯的客体是有关国家网络安全的管理制度。本罪的客观方面表现为利用电子信息传输的通道实施违法犯罪活动，情节严重的行为，主要表现在三个方面：一是设立用于实施诈骗、传授犯罪方法、制作或者销售违禁物品、管制物品等违法犯罪活动的网站、通讯群组的；二是发布有关制作或者销售毒品、枪支、淫秽物品等违禁物品、管制物品或者其他违法犯罪的信息的；三是为实施诈骗等违法犯罪活动发布信息的。本罪的主体是一般主体。本罪的主观方面是故意。

根据《刑法》第 287 条之一的规定，犯本罪的，处 3 年以下有期徒刑或者拘役，并处

或者单处罚金。单位犯本罪的，对单位判处罚金，并对其直接负责的主管人员和其他直接责任人员，依照前述规定处罚。犯本罪同时构成其他犯罪的，依照处罚较重的规定定罪处罚。

二十三、帮助信息网络犯罪活动罪

帮助信息网络犯罪活动罪，是指明知他人利用信息网络实施犯罪，为其犯罪提供互联网接入、服务器托管、网络存储、通讯传输等技术支持，或者提供广告推广、支付结算等帮助，情节严重的行为。

本罪侵犯的客体是有关国家网络安全的管理制度。本罪的客观方面表现为明知他人利用信息网络实施犯罪，为其犯罪提供互联网接入、服务器托管、网络存储、通讯传输等技术支持，或者提供广告推广、支付结算等帮助，情节严重的行为。本罪的主体是一般主体。本罪的主观方面是故意。

根据《刑法》第 287 条之二的规定，犯本罪的，处 3 年以下有期徒刑或者拘役，并处或者单处罚金。单位犯本罪的，对单位判处罚金，并对其直接负责的主管人员和其他直接责任人员，依照前述规定处罚。犯本罪同时构成其他犯罪的，依照处罚较重的规定定罪处罚。

二十四、扰乱无线电通讯管理秩序罪

扰乱无线电通讯管理秩序罪，是指违反国家规定，擅自设置、使用无线电台（站），或者擅自使用无线电频率，干扰无线电通讯秩序，情节严重的行为。根据 2000 年 5 月 12 日最高人民法院《关于审理扰乱电信市场管理秩序案件具体应用法律若干问题的解释》第 5 条，违反国家规定，擅自设置、使用无线电台（站），或者擅自占用频率，非法经营国际电信业务或者涉港澳台电信业务进行营利活动，同时构成非法经营罪和本罪的，依照处罚较重的规定定罪处罚。根据 2007 年 6 月 26 日最高人民法院《关于审理危害军事通信刑事案件具体应用法律若干问题的解释》第 6 条第 4 款，违反国家规定，擅自设置、使用无线电台、站，或者擅自占用频率，经责令停止使用后拒不停止使用，干扰无线电通讯正常进行，构成犯罪的，依照本罪论处；造成军事通信中断或者严重障碍，同时构成本罪与第 369 条第 1 款规定的犯罪的，依照处罚较重的规定定罪处罚。

根据《刑法》第 288 条的规定，犯本罪的，处 3 年以下有期徒刑、拘役或者管制，并处或者单处罚金；情节特别严重的，处 3 年以上 7 年以下有期徒刑，并处罚金。单位犯本罪的，对单位判处罚金，并对其直接负责的主管人员和其他直接责任人员，依照前述规定处罚。

二十五、聚众扰乱社会秩序罪

聚众扰乱社会秩序罪，是指聚众扰乱社会秩序，情节严重，致使工作、生产、营业和教学、科研无法进行，造成严重损失的行为。所谓聚众，是指行为人纠集多人于同一地点，采取哄闹、围攻、殴打、封锁、强占等方法，造成社会秩序的混乱和社会心理的不安。所谓情节严重是指扰乱的时间长、纠集的人数多、造成的影响恶劣，致使工作、生产、营业和教学、科研无法进行。此外，构成本罪还要求造成严重损失。

根据《刑法》第 290 条第 1 款的规定，对犯本罪的首要分子，处 3 年以上 7 年以下有期徒刑；对其他积极参加的，处 3 年以下有期徒刑、拘役、管制或者剥夺政治权利。

二十六、聚众冲击国家机关罪

聚众冲击国家机关罪，是指聚众冲击国家机关，致使国家机关工作无法进行，造成严重损失的行为。“聚众冲击”，是指首要分子聚集众人，冲撞或包围国家机关，强行进入国家机关或堵塞国家机关通道以及占据国家机关办公场所等行为。

根据《刑法》第290条第2款的规定，对犯本罪的首要分子，处5年以上10年以下有期徒刑；对其他积极参加的，处5年以下有期徒刑、拘役、管制或者剥夺政治权利。

二十七、扰乱国家机关工作秩序罪

扰乱国家机关工作秩序罪，是指多次扰乱国家机关工作秩序，经行政处罚后仍不改正，造成严重后果的行为。多次是指三次以上。扰乱应限定为暴力、胁迫方式的扰乱。

根据《刑法》第290条第3款的规定，犯本罪的，处3年以下有期徒刑、拘役或者管制。

二十八、组织、资助非法聚集罪

组织、资助非法聚集罪，是指多次组织、资助他人非法聚集，扰乱社会秩序，情节严重的行为。所谓多次，是指三次以上。所谓组织，是指按照一定方式将他人相互联系起来，使得分散的人或者事物之间具有一定的系统性、整体性。所谓资助，是指帮助、提供资金/物品、运输等。所谓非法聚集，是指聚集行动未事先申请并得到批准。所谓社会秩序，是指人们在社会活动中必须共同遵守的社行为规则、道德规范、法律规章。此外，本罪是情节犯，须达到情节严重才能构成本罪。

根据《刑法》第290条第4款的规定，犯本罪的，处3年以下有期徒刑、拘役或者管制。

二十九、聚众扰乱公共场所秩序、交通秩序罪

聚众扰乱公共场所秩序、交通秩序罪，是指聚众扰乱车站、码头、民用航空站、商场、公园、影剧院、展览会、运动场所或者其他公共场所的秩序，抗拒、阻碍国家治安管理工作人员依法执行职务，情节严重的行为。所谓公共场所，是指供不特定多数人出入、停留、使用的场所，如车站、码头、影剧院、运动场、繁华街道等。所谓扰乱，其表现形式多种多样，既包括堵塞上述场所，也包括破坏交通秩序，抗拒、阻碍国家治安管理人员依法执行职务，等等。

根据《刑法》第291条的规定，对犯本罪的首要分子处5年以下有期徒刑、拘役或者管制。

三十、投放虚假危险物质罪

投放虚假危险物质罪，是指投放虚假的爆炸性、毒害性、放射性、传染病病原体等物质，严重扰乱社会秩序的行为。本罪侵害的客体是正常的社会秩序。本罪的客观方面表现为通过投放上述虚假危险物质，制造恐怖气氛，造成公众心理恐慌。本罪的主体是一般主体。本罪的主观方面只能是故意，即明知是虚假的危险物质而故意投放。

根据《刑法》第291条之一第1款的规定，犯本罪的，处5年以下有期徒刑、拘役或

者管制；造成严重后果的，处 5 年以上有期徒刑。

三十一、编造、故意传播虚假恐怖信息罪

编造、故意传播虚假恐怖信息罪，是指编造爆炸威胁、生化威胁、放射威胁等恐怖信息，或者明知是编造的恐怖信息而故意传播，严重扰乱社会秩序的行为。

根据《刑法》第 291 条之一第 1 款的规定，犯本罪的，处 5 年以下有期徒刑、拘役或者管制；造成严重后果的，处 5 年以上有期徒刑。

三十二、编造、故意传播虚假信息罪

编造、故意传播虚假信息罪，是指编造虚假的险情、疫情、灾情、警情，在信息网络或者其他媒体上传播，或者明知是上述虚假信息，故意在信息网络或者其他媒体上传播，严重扰乱社会秩序的行为。险情，是指可能造成重大人员伤亡或者重大财产损失的危险情况。疫情，是指传染病与重大疾病的发生、蔓延等情况。灾情，是指火灾、水灾、地质灾害等灾害情况。警情，是指引起警察采取重大措施的情况。

根据《刑法》第 291 条之一第 2 款的规定，犯本罪的，处 3 年以下有期徒刑、拘役或者管制；造成严重后果的，处 3 年以上 7 年以下有期徒刑。

三十三、聚众斗殴罪

(一) 聚众斗殴罪的概念和构成特征

聚众斗殴罪，是指聚集三人以上进行殴斗的行为。其构成特征为：

(1) 本罪侵犯的客体是社会公共秩序。没有侵犯公共秩序的聚众斗殴行为，不宜以本罪论处。

(2) 本罪的客观方面表现为聚集三人以上进行斗殴的行为。所谓聚众斗殴是指出于逞强斗狠、抢占地盘、哥们义气、称霸一方、争夺女友或其他原因，聚集三人以上，相互之间实施暴力，进行群斗群殴。聚众斗殴包括群斗与群殴两种情况。聚集三人以上是指参与殴斗的一方至少三人以上，而不是各方总和人数在三人以上。参与斗殴的可以是双方，也可以是三方或以上。聚众斗殴不以持械为必要。斗殴的场所不影响本罪的构成。

(3) 本罪的主体为一般主体。但只有聚众斗殴的首要分子和其他积极参加者才构成本罪，对一般参加者不以本罪论处。

(4) 本罪的主观方面是故意，过失不可能构成本罪。一方具有斗殴的故意，他方无故意的，有故意的一方构成本罪。

(二) 聚众斗殴罪的刑事责任

根据《刑法》第 292 条第 1 款的规定，对犯本罪的首要分子和其他积极参加的，处 3 年以下有期徒刑、拘役或者管制；有下列情形之一的，对首要分子和其他积极参加的处 3 年以上 10 年以下有期徒刑：(1) 多次聚众斗殴的；(2) 聚众斗殴人数多，规模大，社会影响恶劣的；(3) 在公共场所或者交通要道聚众斗殴，造成社会秩序严重混乱的；(4) 持械聚众斗殴的。

根据该条第 2 款的规定，聚众斗殴致人重伤、死亡的，依照故意伤害罪、故意杀人罪论处，而不以本罪论处。但如果造成轻伤的，仍以本罪论处。

三十四、寻衅滋事罪

（一）寻衅滋事罪的概念和构成特征

寻衅滋事罪，是指在公共场所无事生非、肆意挑衅、起哄捣乱、破坏骚扰，情节恶劣或者后果严重的行为。其构成特征为：

（1）本罪侵犯的客体是社会公共秩序。

（2）本罪在客观方面表现为在公共场所无事生非、肆意挑衅、起哄捣乱、破坏骚扰，情节恶劣或者后果严重的行为。具体包括以下四种情形：1）随意殴打他人，情节恶劣的。2）追逐、拦截、辱骂、恐吓他人，情节恶劣的。3）强拿硬要或者任意损毁、占用公私财物，情节严重的。4）在公共场所起哄闹事，造成公共场所秩序严重混乱的。

根据2013年7月15日最高人民法院、最高人民检察院《关于办理寻衅滋事刑事案件适用法律若干问题的解释》第1条，行为人为寻求刺激、发泄情绪、逞强耍横等，无事生非，实施《刑法》第293条规定的行为的，应当认定为“寻衅滋事”；行为人因日常生活中的偶发矛盾纠纷，借故生非，实施《刑法》第293条规定的行为的，应当认定为“寻衅滋事”，但矛盾系由被害人故意引发或者被害人对矛盾激化负有主要责任的除外；行为人因婚恋、家庭、邻里、债务等纠纷，实施殴打、辱骂、恐吓他人或者损毁、占用他人财物等行为的，一般不认定为“寻衅滋事”，但经有关部门批评制止或者处理处罚后，继续实施前列行为，破坏社会秩序的除外。根据该解释第2条，随意殴打他人，破坏社会秩序，具有下列情形之一的，应当认定为《刑法》第293条第1款第1项规定的“情节恶劣”：1）致一人以上轻伤或者二人以上轻微伤的；2）引起他人精神失常、自杀等严重后果的；3）多次随意殴打他人的；4）持凶器随意殴打他人的；5）随意殴打精神病人、残疾人、流浪乞讨人员、老年人、孕妇、未成年人，造成恶劣社会影响的；6）在公共场所随意殴打他人，造成公共场所秩序严重混乱的；7）其他情节恶劣的情形。根据该解释第3条，追逐、拦截、辱骂、恐吓他人，破坏社会秩序，具有下列情形之一的，应当认定为《刑法》第293条第1款第2项规定的“情节恶劣”：1）多次追逐、拦截、辱骂、恐吓他人，造成恶劣社会影响的；2）持凶器追逐、拦截、辱骂、恐吓他人的；3）追逐、拦截、辱骂、恐吓精神病人、残疾人、流浪乞讨人员、老年人、孕妇、未成年人，造成恶劣社会影响的；4）引起他人精神失常、自杀等严重后果的；5）严重影响他人的工作、生活、生产、经营的；6）其他情节恶劣的情形。另根据2013年9月6日最高人民法院、最高人民检察院《于办理利用信息网络实施诽谤等刑事案件适用法律若干问题的解释》第5条之规定，利用信息网络辱骂、恐吓他人，情节恶劣，破坏社会秩序的，以寻衅滋事罪定罪处罚。根据《关于办理寻衅滋事刑事案件适用法律若干问题的解释》第4条，强拿硬要或者任意损毁、占用公私财物，破坏社会秩序，具有下列情形之一的，应当认定为《刑法》第293条第1款第3项规定的“情节严重”：1）强拿硬要公私财物价值1 000元以上，或者任意损毁、占用公私财物价值2 000元以上的；2）多次强拿硬要或者任意损毁、占用公私财物，造成恶劣社会影响的；3）强拿硬要或者任意损毁、占用精神病人、残疾人、流浪乞讨人员、老年人、孕妇、未成年人的财物，造成恶劣社会影响的；4）引起他人精神失常、自杀等严重后果的；5）严重影响他人的工作、生活、生产、经营的；6）其他情节严重的情形。

此外，在车站、码头、机场、医院、商场、公园、影剧院、展览会、运动场或者其他公共场所起哄闹事，应当根据公共场所的性质、公共活动的重要程度、公共场所的人数、起哄闹事的时间、公共场所受影响的范围与程度等因素，综合判断是否“造成公共场所秩序严重混乱”。

另根据最高人民法院、最高人民检察院《于办理利用信息网络实施诽谤等刑事案件适用法律若干问题的解释》第5条第2款之规定，编造虚假信息，或者明知是编造的虚假信息，在信息网络上散布，或者组织、指使人员在信息网络上散布，起哄闹事，造成公共秩序严重混乱的，依照《刑法》第293条第1款第4项的规定，以寻衅滋事罪定罪处罚。

(3) 本罪的主体是一般主体。

(4) 本罪的主观方面是故意。犯罪动机通常有蔑视法纪、自我显示、寻求精神刺激、发泄某种下流情绪等。犯罪动机如何，不影响本罪的成立。

(二) 寻衅滋事罪的刑事责任

根据《刑法》第293条的规定，犯本罪的，处5年以下有期徒刑、拘役或者管制；纠集他人多次实施寻衅滋事行为，严重破坏社会秩序的，处5年以上10年以下有期徒刑，可以并处罚金。

纠集他人三次以上实施寻衅滋事犯罪，未经处理的，依照《刑法》第293条第2款的规定处罚。

实施寻衅滋事行为，同时符合寻衅滋事罪和故意杀人罪、故意伤害罪、故意毁坏财物罪、敲诈勒索罪、抢夺罪、抢劫罪等罪的构成要件的，依照处罚较重的犯罪定罪处罚。

行为人认罪、悔罪，积极赔偿被害人损失或者取得被害人谅解的，可以从轻处罚；犯罪情节轻微的，可以不起诉或者免予刑事处罚。

三十五、组织、领导、参加黑社会性质组织罪

组织、领导、参加黑社会性质组织罪，是指组织、领导、参加以暴力、威胁或者其他手段，有组织地进行违法犯罪活动，称霸一方，为非作恶，欺压、残害群众，严重破坏经济、社会生活秩序的黑社会性质组织的行为。

本罪侵犯的客体是社会治安管理秩序。

本罪的客观方面表现为组织、领导、参加黑社会性质组织的行为。所谓“黑社会性质的组织”，根据2002年4月28日全国人大常委会《关于〈中华人民共和国刑法〉第二百九十四条第一款的解释》，应当同时具备以下特征：(1) 形成较稳定的犯罪组织，人数较多，有明确的组织者、领导者，骨干成员基本固定；(2) 有组织地通过违法犯罪活动或者其他手段获取经济利益，具有一定的经济实力，以支持该组织的活动；(3) 以暴力、威胁或者其他手段，有组织地多次进行违法犯罪活动，为非作恶，欺压、残害群众；(4) 通过实施违法犯罪活动，或者利用国家工作人员的包庇或者纵容，称霸一方，在一定区域或者行业内，形成非法控制或者重大影响，严重破坏经济、社会生活秩序。对于同时具备上述四特征的，无论其是否具有“保护伞”应依法予以严惩。此外，因为本罪是选择性罪名，所以只要行为人实施了组织、领导、参加行为之一的，便成立本罪。

本罪的主体为一般主体。

本罪的主观方面是故意。如果行为人在参加黑社会性质组织时不知所参加的是黑社会性质的组织的，不构成本罪。但行为人在参加该组织后，知道该组织的性质而仍不退出，甚至组织、领导该组织的，成立本罪。

对于本章［引例］，根据2000年12月5日最高人民法院《关于审理黑社会性质组织犯罪的案件具体应用法律若干问题的解释》第3条，组织、领导、参加黑社会性质的组织又有其他犯罪行为的，根据《刑法》第294条第3款的规定，依照数罪并罚的规定处罚；对于黑社会性质组织的组织者、领导者，应当按照其所组织、领导的黑社会性质组织所犯的全部罪行处罚；对于黑社会性质组织的参加者，应当按照其所参与的犯罪处罚。对于参加黑社会性质的组织，没有实施其他违法犯罪活动的，或者受蒙蔽、胁迫参加黑社会性质的组织，情节轻微的，可以不作为犯罪处理。从理论上讲，行为人组织、领导、参加黑社会性质组织的行为与黑社会性质的组织实施的其他犯罪行为之间，具有原因和结果、手段和目的的牵连关系，符合刑法理论中牵连犯的特征，按照传统观点应当“从一重处罚”。但是现行《刑法》为从严打击黑社会性质组织犯罪，对于犯本罪又有其他犯罪行为的，规定予以数罪并罚。上述司法解释也正是基于立法精神并结合司法实践而作出的。在本章［引例］中刘涌不但具有组织、领导黑社会性质组织的行为，而且由其组织、领导的黑社会性质组织还实施了故意伤害、非法经营、故意毁坏财物、行贿、妨碍公务、非法持有枪支等犯罪行为，因此，最高人民法院于2003年10月以组织、领导黑社会性质组织罪与故意伤害罪、非法经营罪、故意毁坏财物罪、行贿罪、妨碍公务罪、非法持有枪支罪等多项罪名，对刘涌进行数罪并罚，再审后依法判处刘涌死刑。这无疑是正确的。值得注意的是，一个刑事案件经过二审后，最高人民法院直接提审该案并作出判决，在国内可能并不多见。

根据《刑法》第294条第1款和第4款的规定，对组织、领导黑社会性质的组织的，处7年以上有期徒刑，并处没收财产；对于积极参加黑社会性质的组织的，处3年以上7年以下有期徒刑，可以并处罚金或者没收财产；对于其他参加的，处3年以下有期徒刑、拘役、管制或者剥夺政治权利，可以并处罚金。犯本罪又有其他犯罪的，依数罪并罚的规定处罚。

三十六、入境发展黑社会组织罪

入境发展黑社会组织罪，是指境外的黑社会组织的人员到中华人民共和国境内发展组织成员的行为。(1) 本罪侵犯的客体是社会治安管理秩序。(2) 本罪的客观方面表现为入境发展黑社会组织成员的行为，即通过引诱、拉拢、腐蚀、强迫、威胁、贿赂等手段，在我国境内将境内、外人员吸收为黑社会组织成员的行为。此外，根据最高人民法院《关于审理黑社会性质组织犯罪的案件具体应用法律若干问题的解释》第2条，“发展组织成员”是指将境内、外人员吸收为该黑社会组织成员的行为。对黑社会组织成员进行内部调整等行为，可视为“发展组织成员”。(3) 本罪的主体是境外的黑社会组织的人员，即被境外国家和地区确定为黑社会组织的人员，包括外国的黑社会组织的人员和我国港、澳、台地区黑社会组织的人员。至于行为人是境内的居民还是境外的居民，不影响本罪的成立。在境内已被发展为境外黑社会组织成员的人，接受委托后在境内发展其组织成员的，也可以构成本罪。(4) 本罪的主观方面只能是故意。

根据《刑法》第294条第2款和第4款的规定，犯本罪的，处3年以上10年以下有期徒刑；犯本罪又有其他犯罪行为的，依数罪并罚的规定处罚。

三十七、包庇、纵容黑社会性质组织罪

包庇、纵容黑社会性质组织罪，是指国家机关工作人员包庇黑社会性质的组织，或者

纵容黑社会性质的组织进行违法犯罪活动的行为。(1) 本罪侵犯的客体是复杂客体，亦即本罪既侵犯了司法机关打击黑社会性质组织的正常活动，又侵害了社会治安管理秩序。(2) 本罪的客观方面表现为行为人实施了包庇黑社会性质的组织，或者纵容黑社会性质的组织进行违法犯罪活动的行为。所谓“包庇”，是指国家机关工作人员为使黑社会性质的组织及其成员逃避查禁，而通风报信，隐匿、毁灭、伪造证据，阻止他人作证、检举揭发，指使他人作伪证，帮助逃匿，或者阻挠其他国家机关工作人员依法查禁等行为。所谓“纵容”，是指国家机关工作人员不依法履行职责，放纵黑社会性质组织进行违法犯罪活动的行为。纵容与共犯不同：纵容仅指不履行职责，但不参与黑社会性质的组织进行违法活动。(3) 本罪的主体是特殊主体，即国家机关工作人员。(4) 本罪的主观方面为故意。

根据《刑法》第 294 条第 3 款和第 4 款的规定，犯本罪的，处 5 年以下有期徒刑；情节严重的，处 5 年以上有期徒刑。所谓情节严重，是指包庇、纵容黑社会性质组织跨境实施违法犯罪活动的；包庇、纵容境外黑社会组织在境内实施违法犯罪活动的；多次实施包庇、纵容行为的；致使某一区域或者行业的经济、社会生活秩序遭受黑社会性质组织特别严重破坏的；致使黑社会性质组织的组织者、领导者逃匿，或者致使对黑社会性质组织的查禁工作严重受阻的；具有其他严重情节的。

三十八、传授犯罪方法罪

传授犯罪方法罪，是指以语言、文字、动作或者其他方法，故意将实施犯罪的具体方法传授给他人的行为。

正确理解本罪，需要注意以下两个问题。

1. 本罪的既遂标准

本罪是行为犯，行为人只要实施了传授犯罪方法的行为，就构成犯罪。至于被传授人是否接受、理解和掌握其所传授的犯罪方法，或者是否以传授的犯罪方法去实施犯罪，均不影响本罪既遂的认定。

2. 本罪与教唆犯的区别

教唆犯与本罪有许多相似之处，在实践中二者有时还会发生交叉。二者的主要区别是：(1) 犯罪客体不同。本罪作为独立的犯罪，侵犯的客体是社会治安管理秩序；而教唆犯，不是独立的犯罪，没有直接确定的客体。(2) 犯罪对象要求不同。本罪不论被传授者是否符合犯罪主体的条件均可成立；而教唆犯则要求被教唆者具备刑事责任能力，否则，成立间接正犯。(3) 犯罪客观方面不同。本罪要求传授具体的犯罪方法，而教唆犯是要激起他人的犯罪欲望和意图。(4) 犯罪主体要件不同。本罪的主体是年满 16 周岁、具有刑事责任能力的自然人；而教唆犯的刑事责任年龄由其所教唆的具体犯罪决定，教唆他人实施《刑法》第 17 条第 2 款规定的八种特定犯罪行为的，年满 14 周岁即可。(5) 犯罪主观方面的故意内容不同。本罪是向他人传授犯罪方法，但传授者与被传授者不一定有共同犯罪的故意；而教唆犯与被教唆者具有共同犯罪的故意。(6) 罪数不同。本罪的行为人即使传授他人数种不同犯罪方法，仍定为本罪一罪；而教唆犯若教唆他人实施不同的犯罪行为的，应按照教唆犯所教唆的罪进行并罚。(7) 犯罪停止形态不同。本罪是行为犯，只要行为人传授了犯罪方法，即构成既遂；而教唆犯的既遂与否决定于被教唆者的实行行为是否既遂。(8) 量刑标准不同。本罪有独立的法定刑；而教唆犯因其没有独立成罪，所以应依据其所教唆的具体犯罪的法定刑，并按照其在共同犯罪中所起的作用处罚。

此外，如就同一犯罪内容对同一客体同时实施了教唆行为和传授犯罪方法的行为，由于两者之间存在牵连关系或者吸收关系，应当从一重罪论处。如教唆行为和传授犯罪方法行为是针对不同的对象实施的，或者传授了所教唆之罪以外的其他犯罪的犯罪方法的，应当实行数罪并罚。

根据《刑法》第295条的规定，犯本罪的，处5年以下有期徒刑、拘役或者管制；情节严重的，处5年以上10年以下有期徒刑；情节特别严重的，处10年以上有期徒刑或者无期徒刑。①

三十九、非法集会、游行、示威罪

非法集会、游行、示威罪，是指举行集会、游行、示威，未依照法律规定申请或者申请未获许可，或者未按照主管机关许可的起止时间、地点、路线进行，又拒不服从解散命令，严重破坏社会秩序的行为。

根据《刑法》第296条的规定，犯本罪的，对集会、游行、示威的负责人和直接责任人员，处5年以下有期徒刑、拘役、管制或者剥夺政治权利。

四十、非法携带武器、管制刀具、爆炸物参加集会、游行、示威罪

非法携带武器、管制刀具、爆炸物参加集会、游行、示威罪，是指违反法律规定，携带武器、管制刀具、爆炸物参加集会、游行、示威的行为。（1）本罪侵犯的客体是复杂客体，即行为人之行为既违反了国家关于集会、游行、示威的管理制度，又破坏了社会治安管理秩序。（2）本罪的客观方面表现为行为人实施了违反法律规定，携带武器、管制刀具、爆炸物参加集会、游行、示威的行为。具体言之，本罪客观方面有三个特征：行为人违反了法律规定；行为人携带了武器、管制刀具、爆炸物；行为发生在行为人参加集会、游行、示威之时。（3）本罪的主体为一般主体。（4）本罪的主观方面为故意。

根据《刑法》第297条的规定，犯本罪的，处3年以下有期徒刑、拘役、管制或者剥夺政治权利。

四十一、破坏集会、游行、示威罪

破坏集会、游行、示威罪，是指扰乱、冲击或者以其他方法破坏依法举行的集会、游行、示威，造成公共秩序混乱的行为。本罪属结果犯，构成本罪，必须是行为人之行为造成了公共秩序混乱的危害结果。

根据《刑法》第298条的规定，犯本罪的，处5年以下有期徒刑、拘役、管制或者剥夺政治权利。

四十二、侮辱国旗、国徽罪

侮辱国旗、国徽罪，是指在公众场合故意以焚烧、毁损、涂画、玷污、践踏等方式，侮辱中华人民共和国国旗、国徽的行为。

根据《刑法》第299条第1款的规定，犯本罪的，处3年以下有期徒刑、拘役、管制

① 《刑法修正案（八）》不但修订了本罪的法定刑，且废除了本罪的死刑适用。

或者剥夺政治权利。

四十三、侮辱国歌罪

侮辱国歌罪，是指在公共场合，故意篡改中华人民共和国国歌歌词、曲谱，以歪曲、贬损方式奏唱国歌，或者以其他方式侮辱国歌，情节严重的行为。

根据《刑法》第299条第2款的规定，犯本罪的，处3年以下有期徒刑、拘役、管制或者剥夺政治权利。

四十四、组织利用会道门、邪教组织、利用迷信破坏法律实施罪

组织利用会道门、邪教组织、利用迷信破坏法律实施罪，是指组织利用会道门、邪教组织或者利用迷信破坏国家法律、行政法规实施的行为。（1）本罪侵犯的客体是国家实施法律、行政法规的正常秩序。（2）本罪的客观方面表现为行为人实施了组织、利用会道门、邪教组织或者利用迷信破坏国家法律、行政法规实施的行为。所谓“邪教组织”是指冒用宗教、气功或者其他名义建立，神化首要分子，利用制造、散布迷信邪说等手段蛊惑、蒙骗他人，发展、控制成员，危害社会的非法组织。所谓“会道门”，是会门、道门等封建迷信活动组织的总称。本罪是行为犯，且是选择性罪名，只要行为人实施了“组织、利用会道门、邪教组织、利用迷信破坏法律实施”行为之一，便足以成立本罪。（3）本罪的主体是一般主体。（4）本罪的主观方面为故意，其犯罪目的一般是煽动或者蒙蔽他人抗拒法律、行政法规的实施。

根据《刑法》第300条第1款的规定，犯本罪的，处3年以上7年以下有期徒刑，并处罚金；情节特别严重的，处7年以上有期徒刑或者无期徒刑，并处罚金或者没收财产；情节较轻的，处3年以下有期徒刑、拘役、管制或者剥夺政治权利，并处或者单处罚金。

组织和利用会道门、邪教组织或者利用迷信奸淫妇女、诈骗财物的，以强奸罪、诈骗罪论处。

四十五、组织、利用会道门、邪教组织、利用迷信致人重伤、死亡罪

组织、利用会道门、邪教组织、利用迷信致人死亡罪，是指组织、利用会道门、邪教组织、利用迷信蒙骗他人，致人重伤、死亡的行为。

根据《刑法》第300条第2款的规定，犯本罪的，处3年以上7年以下有期徒刑，并处罚金；情节特别严重的，处7年以上有期徒刑或者无期徒刑，并处罚金或者没收财产；情节较轻的，处3年以下有期徒刑、拘役、管制或者剥夺政治权利，并处或者单处罚金。

四十六、聚众淫乱罪

聚众淫乱罪，是指聚集多人进行淫乱活动，或者多次参加聚众淫乱活动的行为。

根据《刑法》第301条第1款的规定，犯本罪的，对首要分子或者多次参加者，处5年以下有期徒刑、拘役或者管制。

四十七、引诱未成年人聚众淫乱罪

引诱未成年人聚众淫乱罪，是指引诱未成年人参加聚众淫乱活动的行为。这里的引诱，是指以含有色情内容的言语、表演、观看录像以及金钱等为手段，勾引、诱惑未成年

人参加三人以上的集体淫乱活动。男性行为人在实施引诱未成年人参加聚众淫乱活动的过程中与未满14周岁的幼女发生性关系的，属于一行为同时触犯本罪与强奸罪的想象竞合犯，应当从一重罪处断。行为人所聚集参加淫乱的人中既有成年人，也有其所引诱的未成年人的，属于一行为同时触犯本罪与聚众淫乱罪两罪名，属于想象竞合犯，应当从一重罪处断。

根据《刑法》第301条第2款的规定，犯本罪的，按聚众淫乱罪的法定刑，从重处罚。

四十八、盗窃、侮辱、故意毁坏尸体、尸骨、骨灰罪

盗窃、侮辱、故意毁坏尸体、尸骨、骨灰罪，是指盗窃、侮辱、故意毁坏尸体、尸骨、骨灰的行为。尸体，是指已经死亡的人的身体的全部或一部分。尸骨，是指尸体腐烂后剩下的骨头。骨灰，是指尸体火化后骨骼烧成的灰烬。

根据《刑法》第302条的规定，犯本罪的，处3年以下有期徒刑、拘役或者管制。

四十九、赌博罪

（一）赌博罪的构成与特征

赌博罪，是指以营利为目的，聚众赌博或者以赌博为业的行为。本罪的客观方面表现为两种方式：（1）“聚众赌博”。根据2005年5月11日最高人民法院、最高人民检察院《关于办理赌博刑事案件具体应用法律若干问题的解释》第1条，以营利为目的，有下列情形之一的，属于“聚众赌博”：组织3人以上赌博，抽头渔利数额累计达到5 000元以上的；组织3人以上赌博，赌资数额累计达到5万元以上的；组织3人以上赌博，参赌人数累计达到20人以上的；组织中华人民共和国公民10人以上赴境外赌博，从中收取回扣、介绍费的。（2）以赌博为业，即以赌博为常业，以赌博所得为其生活或者挥霍的主要来源。本罪是一般主体。本罪的主观方面是故意且要有以营利为目的。

（二）赌博罪的认定

正确认定本罪，需要注意以下问题。

1. 罪与非罪的界限

（1）根据前述解释第9条，不以营利为目的，进行带有少量财物输赢的娱乐活动，以及提供棋牌室等娱乐场所只收取正常的场所和服务费用的经营行为等，不以赌博论处。（2）对以赌博为业者以外的一般参与赌博者不以犯罪论处。

2. 赌资的认定、计算和处理

根据前述解释第8条，赌博犯罪中用作赌注的款物、换取筹码的款物和通过赌博赢取的款物属于赌资。通过计算机网络实施赌博犯罪的，赌资数额可以按照在计算机网络上投注或者赢取的点数乘以每一点实际代表的金额认定。赌资应当依法予以追缴；赌博用具、赌博违法所得以及赌博犯罪分子所有的专门用于赌博的资金、交通工具、通信工具等，应当依法予以没收。

3. 本罪的共同犯罪

根据前述解释第4条，明知他人实施赌博犯罪活动，而为其提供资金、计算机网络、通讯、费用结算等直接帮助的，以赌博罪的共犯论处。

4. 本罪的刑事管辖权

根据前述解释第3条，中华人民共和国公民在我国领域外周边地区聚众赌博、开设赌

场，以吸引中华人民共和国公民为主要客源，构成赌博罪的，可以依照刑法规定追究刑事责任。

5. 本罪与贿赂犯罪的界限

根据前述解释第 7 条，通过赌博或者为国家工作人员赌博提供资金的形式实施行贿、受贿行为，构成犯罪的，依照刑法关于贿赂犯罪的规定定罪处罚。

(三) 赌博罪的刑事责任

根据《刑法》第 303 条第 1 款的规定，犯本罪的，处 3 年以下有期徒刑、拘役或者管制，并处罚金。

五十、开设赌场罪

开设赌场罪，是指开设赌场的行为。本罪在客观方面表现为开设赌场的行为。这里所说的开设赌场，是指开设营业性场地，为他人赌博提供场所 、工具，从中渔利。按照最高人民法院、最高人民检察院的司法解释，以营利为目的，在计算机网络上建立赌博网站，或者为赌博网站担任代理、接受投注的，属于开设赌场的行为。本罪的主体是一般主体。本罪的主观方面是故意。

根据《刑法》第 303 条第 2 款的规定，犯本罪的，处 3 年以下有期徒刑、拘役或者管制，并处罚金；情节严重的，处 3 年以上 10 年以下有期徒刑，并处罚金。

五十一、故意延误投递邮件罪

故意延误投递邮件罪，是指邮政工作人员严重不负责任，故意延误投递邮件，致使公共财产、国家和人民利益遭受重大损失的行为。

根据《刑法》第 304 条的规定，犯本罪的，处 2 年以下有期徒刑或者拘役。

第三节 妨害司法罪

一、伪证罪

(一) 伪证罪的概念与构成特征

伪证罪，是指在刑事诉讼中，证人、鉴定人、记录人、翻译人对与案件有重要关系的情节，故意作虚假证明、鉴定、记录、翻译，意图陷害他人或者隐匿罪证的行为。其构成特征为：

(1) 本罪侵犯的客体是司法机关在刑事诉讼中的正常活动。

(2) 本罪的客观方面表现为在刑事诉讼中，对与案件有重要关系的情节，作虚假证明、鉴定、记录、翻译，陷害他人或者隐匿罪证的行为。构成本罪，在客观方面需要具备三个条件：1) 必须是在刑事诉讼中，即从侦查机关立案到法院审判终结的过程中，包括一审、二审和再审。在诉讼前作虚假告发的，成立诬告陷害罪。2) 伪证行为所针对的是与案件有重要关系的情节，即对于认定罪与非罪、此罪与彼罪、罪之轻重、刑罚之轻重、刑事责任轻重有重要影响的情节。所以这里的案件只能是刑事案件。伪证行为只要足以影响案件结论即可，不要求实际上影响了案件结论。3) 行为的方式是作虚假证明、鉴定、记录或翻译。虚假包括捏造或夸大事实，或者掩盖或缩小事实。前者目的是为陷人入罪，后者则为了开脱罪责。

(3) 本罪的主体是特殊主体，即只能是刑事诉讼中的证人、鉴定人、记录人、翻译人。对此，有疑问的是：证人是否包括被害人？有观点认为，虽然在刑事诉讼中证人证言与被害人陈述属于不同的证据种类，但被害人违背事实，否认自己的法益被犯罪行为侵犯的，也可成立伪证罪。[1] 对于诬告陷害他人，在刑事立案后又故意作虚假证明，意图陷害他人的，基于行为人实施了两个行为、具有数个故意，应进行数罪并罚。

(4) 本罪的主观方面是直接故意，且具有意图陷害他人或隐匿罪证的目的。如不是故意作伪证而只是“误证”或在工作中出现差错，不构成本罪。

【案例 26-2】 王某伪证案

被告人王某经朋友介绍，跟随老艺人刘某学习竹编技艺。2000 年 9 月 16 日，刘某因雇用的帮工李某好吃懒做并经常偷拿作坊里的主编品，决定将李某辞退。帮工李某认为刘某断了他的财路，于是拿出先前偷来的刘某的传家宝《家传竹编图谱》，威胁刘某若将其赶走就烧掉此书。老师傅见传家宝落入小毛贼之手，气得不知如何是好，情急之下，抓起一把劈竹用的砍刀扔了过去，李某躲闪不及，被击中头部，当场死亡。这时，恰好王某推门而入，目睹了这一切。随后，刘某渐渐平静下来，将李某的尸体埋在后院，并对王某说了刚才发生的一切，恳求王某为他保密。王某说：“师傅您放心吧，我什么也没看见，我什么也不会说。”李某死后十几天，公安人员到刘某家调查，按照与师傅的事先约定，王某向公安人员编造了李某领到 2 500 元工资后去某市做生意的谎言。公安部门立即派警力到某市调查，结果一无所获。此时，王某也从师傅刘某那里得到 5 000 元的工资回了家。在第二次的调查中，由于使用警犬，李某的尸体被发现，刘某作为重大犯罪嫌疑人被捕，很快被提起公诉。在法庭上，王某作为证人被请来。王某在法庭上编造了帮工李某先持刀抢师傅刘某的《家传竹编图谱》，师傅刘某为防卫砍伤李某致死的谎言。由于证人提供了新的证言，法庭不得不暂时休庭。正当王某暗自庆幸自己救了师傅一命之际，在强大的政策攻心教育面前，刘某道出了案情事实真相。刘某受到了法律的制裁，王某也被刑事拘留。

在审理该案时，存在两种意见：一种意见认为，王某的行为构成包庇罪；另一种意见认为，王某的行为构成伪证罪。结合该案的情况来看，王某的行为应构成伪证罪，因为：首先，王某提供虚假证言的行为有两次：一次发生在公安人员第一次去刘家调查、向其询问情况时；另一次发生在刘某被提起公诉后，法院传唤其作证之时。这两次行为都发生在刑事诉讼过程之中，且王某都是以证人的身份出现。其次，王某在法庭上所编造的刘某出于防卫而杀人的情节，是对于刘某的行为是否构成犯罪有重要关系的情节。

最后，刘某与王某有师徒关系，王某之所以提供伪证是为了帮助刘某逃避法律制裁。因而王某的行为完全符合伪证罪的构成要件，因而应以伪证罪论处。

需要说明的是，构成伪证罪的犯罪行为，从广义上讲也是一种包庇行为，但

---

① 参见张明楷：《刑法学》，1081 页，北京，法律出版社，2016。

由于法律已经对此专设罪名，就不再按包庇罪处理。

（二）伪证罪的认定

在实践中，要注意本罪与诬告陷害罪的区别。二者的主要区别在于：(1) 犯罪主体不同。诬告陷害罪的主体是一般主体，而本罪的主体是特殊主体。(2) 发生的诉讼阶段不同。诬告陷害罪发生在刑事诉讼之前，而本罪发生在刑事诉讼中。(3) 犯罪目的不同。诬告陷害罪是意图陷害他人，使他人受刑事追究，而本罪不限于意图陷害他人，还包括隐匿罪证、为他人开脱罪责。(4) 犯罪客观方面不尽相同。诬告陷害罪捏造的是他人的犯罪事实，通常表现为捏造的是整个犯罪事实，而本罪中行为人作虚假证明的范围包括但不限于虚构他人犯罪的事实。

（三）伪证罪的刑事责任

根据《刑法》第305条的规定，犯本罪的，处3年以下有期徒刑或者拘役；情节严重的，处3年以上7年以下有期徒刑。

二、辩护人、诉讼代理人毁灭、伪造证据、妨害作证罪

辩护人、诉讼代理人毁灭、伪造证据、妨害作证罪，是指在刑事诉讼中，辩护人、诉讼代理人毁灭、伪造证据，帮助当事人毁灭、伪造证据，威胁、引诱证人违背事实改变证言或者作伪证的行为。(1) 本罪的客观方面表现为在刑事诉讼中，辩护人、诉讼代理人毁灭、伪造证据，帮助当事人毁灭、伪造证据，威胁、引诱证人违背事实改变证言或者作伪证的行为。(2) 本罪的主体是特殊主体，即辩护人、刑事诉讼代理人。辩护人是指在刑事诉讼中为被告人的利益向司法机关提出证明被告人无罪、罪轻或者从轻、减轻或免除刑罚处罚的事实和材料，并依法为被告人辩护的人。刑事诉讼代理人，是指在刑事诉讼中为被害人的利益代表被害人向司法机关提出追究被告人刑事责任或要求给予经济赔偿的人。(3) 本罪的主观方面是直接故意。如果辩护人、诉讼代理人提供、出示、引用的证人证言或者其他证据失实，不是有意伪造的，不属于伪造证据；如果辩护人、诉讼代理人要求证人改变以前不符合事实的证言，也不会成立犯罪。(4) 本罪侵犯的客体是司法机关的正常活动。

根据《刑法》第306条的规定，犯本罪的，处3年以下有期徒刑或者拘役；情节严重的，处3年以上7年以下有期徒刑。

三、妨害作证罪

妨害作证罪，是指以暴力、威胁、贿买等方法阻止证人作证或者指使他人作伪证的行为。本罪侵犯的客体是司法机关的正常活动。本罪在客观方面表现为以暴力、威胁、贿买等方法阻止证人作证或者指使他人作伪证的行为，具体而言：(1) 行为可发生在诉讼过程之中（包括刑事诉讼，也包括民事诉讼、行政诉讼），也可发生于诉讼过程之外。(2) 行为必须以暴力、威胁、贿买等方式实施。行为的目的是阻止他人作证或者指使他人作伪证。本罪的主体是一般主体。本罪的主观方面为直接故意。

根据《刑法》第307条第1款、第3款的规定，犯本罪的，处3年以下有期徒刑或者拘役；情节严重的，处3年以上7年以下有期徒刑。司法工作人员犯本罪的，从重处罚。

四、帮助毁灭、伪造证据罪

帮助毁灭、伪造证据罪，是指帮助当事人毁灭、伪造证据，情节严重的行为。

本罪与辩护人、诉讼代理人毁灭、伪造证据罪之间存在法条竞合关系。根据特别法优于普通法的原则，对于辩护人、诉讼代理人毁灭、伪造证据的行为，应以辩护人、诉讼代理人毁灭、伪造证据罪论处。

根据《刑法》第307条第2款、第3款的规定，犯本罪的，处3年以下有期徒刑或者拘役；司法工作人员犯本罪的，从重处罚。

五、虚假诉讼罪

虚假诉讼罪，是指捏造事实提起民事诉讼，妨害司法秩序或者严重侵害他人合法权益的行为。(1) 本罪侵犯的客体是司法秩序。(2) 本罪的客观方面表现为捏造事实提起民事诉讼，妨害司法秩序或者严重侵害他人合法权益的行为。所谓以捏造的事实提起民事诉讼，是指以虚假事实为根据，依照民事诉讼法向法院提起诉讼。本罪只发生在民事诉讼活动中。在行政诉讼或者刑事自诉案件中，即使存在捏造事实进行虚假诉讼的行为，也不构成本罪。但在刑事附带民事诉讼中，以捏造的事实提起诉讼的，成立本罪。本罪的成立既要求特定的虚假诉讼的行为，也要求特定的妨害司法秩序或者严重侵害他人合法权益的结果。(3) 本罪的主体是一般主体，自然人和单位均可构成。(4) 本罪的主观方面是故意。

根据《刑法》第307条之一的规定，犯本罪的，处3年以下有期徒刑、拘役或者管制，并处或者单处罚金；情节严重的，处3年以上7年以下有期徒刑，并处罚金。单位犯本罪的，对单位判处罚金，并对其直接负责的主管人员和其他直接责任人员，依照前述规定处罚。司法工作人员利用职权，与他人共同实施上述行为的，从重处罚。

六、打击报复证人罪

打击报复证人罪，是指故意对证人进行打击报复的行为。“打击报复”有多种形式，如降职降薪、解聘解雇、扣发工资奖金、恐吓伤害、加害亲属、骚扰安宁等等。具体方法不影响本罪的认定。

在司法实践中，如果行为人以故意伤害、故意杀人或者暴力、侮辱等方式对证人进行报复的，属于想象竞合犯，应当择一重罪处断。

根据《刑法》第308条的规定，犯本罪的，处3年以下有期徒刑或者拘役；情节严重的，处3年以上7年以下有期徒刑。

七、泄露不应公开的案件信息罪

泄露不应公开的案件信息罪，是指司法工作人员、辩护人、诉讼代理人或者其他诉讼参与人，泄露依法不公开审理的案件中不应当公开的信息，造成信息公开传播或者其他严重后果的行为。本罪可以发生在所有诉讼活动之中，包括但不限于刑事诉讼；犯罪对象是不公开审理的案件中不应当公开的信息；行为结果必须是造成信息公开传播或者其他严重后果。本罪是身份犯，犯罪主体必须是司法工作人员、辩护人、诉讼代理人或者其他诉讼参与人；其他人员泄露信息的，不构成本罪。本罪的主观方面是直接故意。

根据《刑法》第308条之一第2款的规定，犯本罪的，处3年以下有期徒刑、拘役或者管制，并处或者单处罚金。

有故意泄露不应公开的案件信息的行为，构成泄露国家秘密罪的，以泄露国家秘密罪论处。

八、披露、报道不应公开的案件信息罪

披露、报道不应公开的案件信息罪，是指公开披露、报道依法不公开审理的案件中不应当公开的信息，情节严重的行为。

根据《刑法》第 308 条之一第 3、4 款的规定，犯本罪的，处 3 年以下有期徒刑、拘役或者管制，并处或者单处罚金；单位犯本罪的，对单位判处罚金，并对其直接负责的主管人员和其他直接责任人员，依照前述规定处罚。

九、扰乱法庭秩序罪

扰乱法庭秩序罪，是指聚众哄闹、冲击法庭；或者殴打司法工作人员或者诉讼参与人；或者侮辱、诽谤、威胁司法工作人员或者诉讼参与人，不听法庭制止，严重扰乱法庭秩序；或者有毁坏法庭设施，抢夺、损毁诉讼文书、证据等扰乱法庭秩序、情节严重的行为。

根据《刑法》第 309 条的规定，犯本罪的，处 3 年以下有期徒刑、拘役、管制或者罚金。

十、窝藏、包庇罪

(一)、窝藏、包庇罪的概念和特征

窝藏、包庇罪，是指明知是犯罪的人而为其提供隐藏处所、财物，帮助其逃匿或者作假证明包庇的行为。其构成特征为：

（1）本罪侵犯的客体是司法机关刑事诉讼的正常活动。

（2）本罪的客观方面表现为窝藏和包庇犯罪人两种行为。所谓窝藏，是指为犯罪分子提供隐藏处所、财物、交通工具、伪造通行证、指示行为路线或逃匿方向等，帮助其逃匿。如将被追捕的杀人犯藏在家中或提供钱物让其逃走。所谓包庇，是指为犯罪分子作假证明予以包庇。如出具案发时犯罪分子不在现场的虚假证明，犯罪人有精神病、无（限制）刑事责任能力的证明等。所谓犯罪人包括已被生效判决确定为有罪的人、刑事被告人和犯罪嫌疑人或者尚未受到追诉但有证据证明有罪的人。

（3）本罪的主体是一般主体。需要说明的是，根据《刑法》第 362 条的规定，旅馆业、饮食服务业、文化娱乐业、出租汽车等单位的人员，在公安机关查处卖淫、嫖娼活动时，为违法犯罪分子通风报信，情节严重的，以窝藏、包庇罪论处。所以，窝藏包庇卖淫、嫖娼违法人员而构成犯罪的，其主体只能是旅馆业、饮食服务业、文化娱乐业、出租汽车等单位的从业人员。

（4）本罪的主观方面为故意，即明知对方是犯罪人而故意予以窝藏、包庇。

(二) 窝藏、包庇罪的认定

1. 本罪与知情不报行为的界限

知情不报是一种消极的不作为行为，而本罪是一种积极的作为行为，只有以作为的方式实施了窝藏、包庇行为才构成犯罪，因此，知情不报不构成本罪。值得注意的是，根据

《刑法》第311条，明知他人有间谍犯罪或者恐怖主义、极端主义犯罪行为，在司法机关向其调查了解情况、收集相关证据时，拒绝提供，情节严重的，可构成拒绝提供间谍犯罪、恐怖主义犯罪、极端主义犯罪证据罪。

2. 本罪与伪证罪、帮助犯罪分子逃避处罚罪的界限

本罪的主体是一般主体，而伪证罪、帮助犯罪分子逃避处罚罪的主体是特殊主体；伪证罪只能发生在刑事诉讼中，而本罪可以发生在任何时候。另外，三者在客观方面的表现、主观故意的内容也不一样。

3. 本罪与共同犯罪中帮助犯的区别

根据《刑法》第310条第2款的规定，明知是犯罪的人而予以窝藏、包庇，事前有通谋的，以共同犯罪论处；若事前没有通谋的，应以本罪论处。

根据《刑法》第310条第1款的规定，犯本罪的，处3年以下有期徒刑、拘役或管制；情节严重的，处3年以上10年以下有期徒刑。

十一、拒绝提供间谍犯罪、恐怖主义犯罪、极端主义犯罪证据罪

拒绝提供间谍犯罪、恐怖主义犯罪、极端主义犯罪证据罪，是指明知他人有间谍犯罪、恐怖主义犯罪、极端主义犯罪行为，在司法机关向其调查有关情况、收集有关证据时，拒绝提供，情节严重的行为。

根据《刑法》第311条的规定，犯本罪的，处3年以下有期徒刑、拘役或者管制。

十二、掩饰、隐瞒犯罪所得、犯罪所得收益罪

（一）掩饰、隐瞒犯罪所得、犯罪所得收益罪的概念与构成特征

掩饰、隐瞒犯罪所得、犯罪所得收益罪，是指明知是犯罪所得及其产生的收益而予以窝藏、转移、收购、代为销售或者以其他方法掩饰、隐瞒的行为。

（1）本罪侵犯的客体是司法机关刑事诉讼的正常活动。

（2）本罪在客观方面表现为对犯罪所得及其产生的收益予以窝藏、转移、收购、代为销售或者以其他方法掩饰、隐瞒的行为。根据2015年5月29日最高人民法院《关于审理掩饰、隐瞒犯罪所得、犯罪所得收益刑事案件适用法律若干问题的解释》第10条的规定，通过犯罪直接得到的赃款、赃物，应当认定为“犯罪所得”。上游犯罪的行为人对犯罪所得进行处理后得到的孳息、租金等，应当认定为“犯罪所得产生的收益”。明知是犯罪所得及其产生的收益而采取窝藏、转移、收购、代为销售以外的方法，如居间介绍买卖，收受，持有，使用，加工，提供资金账户，协助将财物转换为现金、金融票据、有价证券，协助将资金转移、汇往境外等，应当认定为“其他方法”。根据前述解释第1条的规定，明知是犯罪所得及其产生的收益而予以窝藏、转移、收购、代为销售或者以其他方法掩饰、隐瞒，具有下列情形之一的，应当予以追诉：1）掩饰、隐瞒犯罪所得及其产生的收益价值3 000元至10 000元以上的；2）一年内曾因掩饰、隐瞒犯罪所得及其产生的收益行为受过行政处罚，又实施掩饰、隐瞒犯罪所得及其产生的收益行为的；3）掩饰、隐瞒的犯罪所得系电力设备、交通设施、广播电视设施、公用电信设施、军事设施或者救灾、抢险、防汛、优抚、扶贫、移民、救济款物的；4）掩饰、隐瞒行为致使上游犯罪无法及时查处，并造成公私财物损失无法挽回的；5）实施其他掩饰、隐瞒犯罪所得及其产生的收益行为，妨害司法机关对上游犯罪进行追究的。各省、自治区、直辖市高级人民法院可以根据本地

区经济社会发展状况，并考虑社会治安状况，在3 000元至10 000元以上的规定的数额幅度内，确定本地执行的具体数额标准，报最高人民法院备案。司法解释对掩饰、隐瞒涉及计算机信息系统数据、计算机信息系统控制权的犯罪所得及其产生的收益行为构成犯罪已有规定的，审理此类案件依照该规定。

（3）本罪的主体是一般主体。盗用单位名义实施掩饰、隐瞒犯罪所得及其产生的收益的行为，违法所得由行为人私分的，依照刑法和司法解释有关自然人犯罪的规定定罪处罚。

（4）本罪主观方面是故意，即明知是犯罪所得及其产生的收益而予以窝藏、转移、收购、代为销售或者以其他方法掩饰、隐瞒。如果行为人与其他犯罪人事先有通谋，事先商定分工，其他犯罪人负责获取赃物，行为人负责赃物的窝藏、转移、收购、代为销售或者以其他方法掩饰、隐瞒，应该属于共同犯罪的行为，不能构成本罪。另，依照全国人民代表大会常务委员会《关于〈中华人民共和国刑法〉第三百四十一条、第三百一十二条的解释》，明知是非法狩猎的野生动物而收购，数量达到50只以上的，以掩饰、隐瞒犯罪所得罪定罪处罚。

（二）掩饰、隐瞒犯罪所得、犯罪所得收益罪的认定

认定本罪时需要注意以下几点：

（1）多次实施掩饰、隐瞒犯罪所得及其产生的收益行为，未经行政处罚，依法应当追诉的，犯罪所得、犯罪所得收益的数额应当累计计算。

（2）事前与盗窃、抢劫、诈骗、抢夺等犯罪分子通谋，掩饰、隐瞒犯罪所得及其产生的收益的，以盗窃、抢劫、诈骗、抢夺等犯罪的共犯论处。对犯罪所得及其产生的收益实施盗窃、抢劫、诈骗、抢夺等行为，构成犯罪的，分别以盗窃罪、抢劫罪、诈骗罪、抢夺罪等定罪处罚。

（3）明知是犯罪所得及其产生的收益而予以掩饰、隐瞒，构成本罪，同时构成其他犯罪的，依照处罚较重的规定定罪处罚。

（4）认定本罪，以上游犯罪事实成立为前提。上游犯罪尚未依法裁判，但查证属实的，不影响本罪的认定。上游犯罪事实经查证属实，但因行为人未达到刑事责任年龄等原因依法不予追究刑事责任的，不影响本罪的认定。

（三）掩饰、隐瞒犯罪所得、犯罪所得收益罪的刑事责任

根据《刑法》第312条的规定，犯本罪的，处3年以下有期徒刑、拘役或者管制，并处或者单处罚金；情节严重的，处3年以上7年以下有期徒刑，并处罚金；单位犯本罪的，对单位判处罚金，并对其直接负责的主管人员和其他直接责任人员，依照上述规定处罚。

根据前述解释第2条，掩饰、隐瞒犯罪所得及其产生的收益行为符合追诉标准，认罪、悔罪并退赃、退赔，且具有下列情形之一的，可以认定为犯罪情节轻微，免予刑事处罚：1）具有法定从宽处罚情节的；2）为近亲属掩饰、隐瞒犯罪所得及其产生的收益，且系初犯、偶犯的；3）有其他情节轻微情形的。行为人为自用而掩饰、隐瞒犯罪所得，财物价值刚达到3 000元至10 000元以上的规定的数额标准，认罪、悔罪并退赃、退赔的，一般可不认为是犯罪；依法追究刑事责任的，应当酌情从宽。根据前述解释第4条的规定，掩饰、隐瞒犯罪所得及其产生的收益，具有下列情形之一的，应当认定为"情节严重"：1）掩饰、隐瞒犯罪所得及其产生的收益价值总额达到10万元以上的；2）掩饰、隐瞒犯罪所得及其产生的收益10次以上，或者3次以上且价值总额达到5万元以上的；3）掩饰、隐瞒的犯罪所得系电力设备、交通设施、广播电视设施、公用电信设施、军事设施或者救

灾、抢险、防汛、优抚、扶贫、移民、救济款物，价值总额达到5万元以上的；4）掩饰、隐瞒行为致使上游犯罪无法及时查处，并造成公私财物重大损失无法挽回或其他严重后果的；5）实施其他掩饰、隐瞒犯罪所得及其产生的收益行为，严重妨害司法机关对上游犯罪予以追究的。

十三、拒不执行判决、裁定罪

（一）拒不执行判决、裁定罪的概念和构成特征

拒不执行判决、裁定罪，是指对人民法院的判决、裁定有能力执行而拒不执行，情节严重的行为。其构成特征为：

（1）本罪侵犯的客体是人民法院执行判决、裁定的正常活动。根据2002年8月29日全国人大常委会《关于〈中华人民共和国刑法〉第三百一十三条的解释》，“人民法院的判决、裁定”，是指人民法院依法作出的具有执行内容并已发生法律效力的判决、裁定。人民法院为依法执行支付令、生效的调解书、仲裁裁决、公证债权文书等所作的裁定属于该条规定的裁定。

（2）本罪的客观方面表现为对人民法院的判决、裁定有能力执行而拒不执行，情节严重的行为。“有能力执行”，是指根据查实的证据的证明，负有执行人民法院判决、裁定义务的人有可供执行的财产或者具有履行特定行为义务的能力。根据2015年7月20日最高人民法院《关于审理拒不执行判决、裁定刑事案件适用法律若干问题的解释》第2条，负有执行义务的人有能力执行而实施下列行为之一的，应当认定为具有上述立法解释规定的“其他有能力执行而拒不执行，情节严重的情形”：1）具有拒绝报告或者虚假报告财产情况、违反人民法院限制高消费及有关消费令等拒不执行行为，经采取罚款或者拘留等强制措施后仍拒不执行的；2）伪造、毁灭有关被执行人履行能力的重要证据，以暴力、威胁、贿买方法阻止他人作证或者指使、贿买、胁迫他人作伪证，妨碍人民法院查明被执行人财产情况，致使判决、裁定无法执行的；3）拒不交付法律文书指定交付的财物、票证或者拒不迁出房屋、退出土地，致使判决、裁定无法执行的；4）与他人串通，通过虚假诉讼、虚假仲裁、虚假和解等方式妨害执行，致使判决、裁定无法执行的；5）以暴力、威胁方法阻碍执行人员进入执行现场或者聚众哄闹、冲击执行现场，致使执行工作无法进行的；6）对执行人员进行侮辱、围攻、扣押、殴打，致使执行工作无法进行的；7）毁损、抢夺执行案件材料、执行公务车辆和其他执行器械、执行人员服装以及执行公务证件，致使执行工作无法进行的；8）拒不执行法院判决、裁定，致使债权人遭受重大损失的。

（3）本罪的主体是特殊主体，即负有执行或协助执行人民法院判决、裁定义务的人员。根据前述2015年解释第1条，被执行人、协助执行义务人、担保人等负有执行义务的人对人民法院的判决、裁定有能力执行而拒不执行，情节严重的，以本罪论处。

（4）本罪的主观方面是故意。

（二）拒不执行判决、裁定罪的刑事责任

根据《刑法》第313条的规定，犯本罪的，处3年以下有期徒刑、拘役或者罚金；情节特别严重的，处3年以上7年以下有期徒刑，并处罚金；单位犯本罪的，对单位判处罚金，并对其直接负责的主管人员和其他直接责任人员，依照前述规定处罚。

十四、非法处置查封、扣押、冻结的财产罪

非法处置查封、扣押、冻结的财产罪，是指隐藏、转移、变卖、故意毁损已被司法机关查封、扣押、冻结的财产，情节严重的行为。在司法实践中，负有执行或协助执行人民法院判决、裁定义务的人员往往采用隐藏、转移、变卖、故意毁损已被司法机关查封、扣押、冻结的财产的方式来抗拒判决、裁定的执行。此种情况属于想象竞合犯，应当从一重罪处断。

根据《刑法》第 314 条的规定，犯本罪的，处 3 年以下有期徒刑、拘役或者罚金。

十五、破坏监管秩序罪

破坏监管秩序罪，是指依法被关押的罪犯破坏监管秩序，情节严重的行为。本罪的客体是监管秩序。本罪的客观方面表现为：(1) 殴打监管人员的；(2) 组织其他被监管人员破坏监管秩序的；(3) 聚众闹事，扰乱正常监管秩序的；(4) 殴打、体罚或者指使他人殴打、体罚其他被监管人员的。本罪的主体只能是被人民法院生效判决确定有罪且处于关押状态的罪犯。本罪的主观方面是故意。

需要说明的是，行为人在殴打、体罚或者指使他人殴打、体罚其他被监管人员的过程中，故意致人重伤或者故意杀人的，应当以故意伤害罪或故意杀人罪论处。

根据《刑法》第 315 条的规定，犯本罪的，处 3 年以下有期徒刑。

十六、脱逃罪

脱逃罪，是指依法被关押的罪犯、被告人、犯罪嫌疑人逃离羁押场所或者实施其他摆脱司法机关监管的行为。

要正确认定本罪，应当注意以下问题：

(1) 无罪但被错误关押的人在关押期间脱逃的，能否构成脱逃罪？对此，部分学者持肯定说，理由是错误的关押在所难免，被错误关押者应通过正常的程序进行申辩，而不能采取私自脱逃的行为。本书认为，错误的关押本身就是国家对公民人身自由权的侵犯，对国家的这种侵权行为，公民有权进行反抗，反抗的方式当然最好是依法申辩，但如果公民采取脱逃的方式，也不能认为是犯罪。因为犯罪的本质特征是严重的社会危害性，而从错误的关押中脱逃不具有社会危害性。

(2) 本罪与故意伤害罪、故意杀人罪的界限。如果行为人以对监管人员故意伤害、故意杀人等暴力手段实现脱逃的，属于牵连犯，应当择一重罪处断。但如果行为人采取的暴力手段只造成监管人员轻伤的，仍应以本罪论处。

根据《刑法》第 316 条第 1 款的规定，犯本罪的，处 5 年以下有期徒刑或者拘役。

十七、劫夺被押解人员罪

劫夺被押解人员罪，是指劫夺押解途中的罪犯、被告人、犯罪嫌疑人的行为。(1) 本罪侵犯的客体是国家对人犯的监管秩序。(2) 本罪的客观方面表现为行为人实施了劫夺罪犯、被告人、犯罪嫌疑人的行为。首先，行为人的劫夺行为必须发生在监管人员押解罪犯、被告人、犯罪嫌疑人的途中。其次，劫夺的对象必须是被押解的罪犯、被告人、犯罪嫌疑人。如果劫夺的是被非法带走的人员，则不构成犯罪。(3) 本罪的主体为一般主体。

（4）本罪的主观方面为故意。

根据《刑法》第316条第2款的规定，犯本罪的，处3年以上7年以下有期徒刑；情节严重的，处7年以上有期徒刑。

十八、组织越狱罪

组织越狱罪，是指依法被关押的罪犯、被告人、犯罪嫌疑人相互勾结，有组织、有计划地进行越狱的行为。（1）本罪的客观方面表现为行为人实施了组织越狱的行为，其具体表现有两种形式：一是组织越狱；二是参加或积极参加有组织的越狱。行为人只要实施此两种行为之一，即可成立本罪。这里的“狱”，泛指一切关押犯罪分子、犯罪嫌疑人、被告人的场所，包括监狱、看守所以及其他临时关押前述三类人员的场所和押解交通工具。（2）本罪的主体为特殊主体，即依法被关押的犯罪分子、犯罪嫌疑人、被告人。（3）本罪的主观方面为故意。（4）本罪侵犯的客体是监管场所的正常监管秩序。

根据《刑法》第317条第1款的规定，犯本罪的，对首要分子和积极参加者处5年以上有期徒刑；对其他参加者，处5年以下有期徒刑或者拘役。

十九、暴动越狱罪

暴动越狱罪，是指依法被关押的罪犯、被告人、犯罪嫌疑人相互勾结，使用暴力手段集体越狱逃跑的行为。（1）本罪的客观方面表现为行为人实施了暴动越狱的行为。所谓暴动，是指在押人员多人聚集一起，组织起来，对监管人员和监管场所施以暴力，如杀死、杀伤监管人员，砸烂监所门窗、撞倒监所墙壁，从而逃跑。值得注意的是，这里的暴力当然包括用故意伤害、故意杀人的方式实施的暴力，因此在暴动越狱的过程中存在故意伤害故意杀人行为，致人重伤、死亡的，仍然是以本罪一罪论处。（2）本罪的主体是特殊主体，即依法被关押的罪犯、被告人、犯罪嫌疑人。（3）本罪的主观方面为故意。

根据《刑法》第317条第2款的规定，犯本罪的，对首要分子和积极参加的，处10年以上有期徒刑或者无期徒刑；情节特别严重的，处死刑；对其他参加者，处3年以上10年以下有期徒刑。

二十、聚众持械劫狱罪

聚众持械劫狱罪，是指聚集多人，有组织、有计划地持械劫夺被关押的罪犯、被告人、犯罪嫌疑人的行为。这里的“械”，并不限于枪支，包括一切具有杀伤作用的器械。所谓“持械”，是指行为人手拿刀、枪、棍棒等凶器。

在认定本罪时，要注意区分本罪与劫夺被押解人员罪的区别。二者的区别主要在于：（1）本罪有聚众、持械的特点，而劫夺被押解人员罪可以是单个人的行为；（2）本罪发生在监管场所，而劫夺被押解人员罪发生在押解途中。

根据《刑法》第317条第2款的规定，犯本罪的，对首要分子和积极参加者，处10年以上有期徒刑或者无期徒刑；情节特别严重的，处死刑；对其他参加者，处3年以上10年以下有期徒刑。

第四节　妨害国（边）境管理罪

一、组织他人偷越国（边）境罪

组织他人偷越国（边）境罪，是指违反国（边）境管理法规，组织他人偷越国（边）境的行为。(1) 本罪侵犯的客体是国家的国（边）境管理制度。此处的“国（边）境”既包括我国与邻国的国境，也包括我国大陆（内地）与台、港、澳地区接壤的边境。(2) 本罪的客观方面表现为违反国（边）境管理法规，组织他人偷越国（边）境的行为。所谓组织他人偷越国（边）境，根据2012年12月12日最高人民法院、最高人民检察院《关于办理妨害国（边）境管理刑事案件适用法律若干问题的解释》第1条，是指领导、策划、指挥他人偷越国（边）境或者在首要分子指挥下，实施拉拢、引诱、介绍他人偷越国（边）境的行为。该解释第6条规定，具有下列情形之一的，应当认定为“偷越国（边）境”行为：1) 没有出入境证件出入国（边）境或者逃避接受边防检查的；2) 使用伪造、变造、无效的出入境证件出入国（边）境的；3) 使用他人出入境证件出入国（边）境的；4) 使用以虚假的出入境事由、隐瞒真实身份、冒用他人身份证件等方式骗取的出入境证件出入国（边）境的；5) 采用其他方式非法出入国（边）境的。本罪是行为犯，只要行为人完成了组织行为，不论被组织者是否成功越过了国（边）境线，都构成本罪的既遂。所谓他人，是指被组织偷越国（边）境的人，包括自愿偷越者、被诱骗偷越者和被胁迫偷越者。(3) 本罪的主体是一般主体，即年满16周岁、具有刑事责任能力的自然人。以单位名义或者单位形式组织他人偷越国（边）境，应当依照本罪追究直接负责的主管人员和其他直接责任人员的刑事责任。(4) 本罪的主观方面是故意。

【案例26-3】　　薛某组织他人偷越国（边）境案

薛某是闽南小镇的一个农民，因养白鳝不当亏损了数十万元。为尽快偿还债务，他萌生了出国打工挣钱还债的念头。经人介绍薛某认识了一个名叫吴哥的人。吴哥自称有很多朋友在国外专门做“送人”的生意，不论去哪里都能安全送到，如果去英国要15万元，包括护照签证、联络费、安排工作等；并说这15万元到英国不用1年就可以挣回来。薛某觉得已经欠了十几万元的债，这15万元很难筹措，而且担心万一有闪失无法承受，因而拿不定主意，便找到其同学林某。林某也曾因养白鳝欠债，听薛某说后便决定出去闯一闯，于是二人同行。二人交齐钱后，吴哥给二人各一本俄罗斯护照，并顺利地使二人到达俄罗斯。之后二人爬了1个月的雪山，到达比利时境内，被当地警察抓获，关押了9个月。期间曾两次被遣返，因二人死抓旋梯不放手而未成。后警方给二人注射麻醉药后送上飞机，遣送回国。

在本案中，吴哥因为对二人的偷越出境作出了煽动、拉拢等行为，且为二人弄护照，将二人运送出境，构成本罪无疑。而薛某对林某之偷渡行为是否也构成本罪呢？这涉及本罪的罪与非罪的认定问题，对此要从客观方面进行考察，即构成本罪要求行为人在客观上实施了拉拢、煽动、串联、诱骗等手段，并具有策划、领导或者指挥他人偷越国（边）境的行为。本案中，薛某将本无偷渡念头的林某也拉入了偷渡的行列，但他是在自己是否偷渡拿不定主意时去征求林某的意见，或者是为自己偷渡拉人做伴，并没有对林某进行煽动，也没有组织、策划行为，更没有主观上的故意，所以薛某不构成本罪。但是，如果薛某在自己偷越国境时，又将林某等人介绍给吴哥，并在偷越国境过程中起到了一定的组织、联络作用，对他就应该以本罪进行处罚。

另外需要指出的是，如果行为人是在亲友的央求下，出于私情为个别人偷越国（边）境提供帮助，比如提供偷渡的地点、路线等情况，一般不宜将该行为认定为犯罪。如果行为人受组织偷越国（边）境的人的欺骗，比如行为人以为该组织者是在招人出国打工或者存在其他类似情况，从而介绍他人参加偷越国（边）境的，也不构成犯罪。但如果行为人是明知他人在组织他人偷越国（边）境，而采取引诱、煽动等手段，欺骗他人与组织者联系的，即使行为人没有进行组织，也构成本罪。实施组织他人偷越国（边）境犯罪，同时构成骗取出境证件罪，提供伪造、变造的出入境证件罪，出售出入境证件罪、运送他人偷越国（边）境罪的，依照处罚较重的规定定罪处罚。

根据《刑法》第318条第1款的规定，犯本罪的，处2年以上7年以下有期徒刑，并处罚金；有下列情形之一的，处7年以上有期徒刑或者无期徒刑，并处罚金或者没收财产：(1) 组织他人偷越国（边）境集团的首要分子。(2) 多次组织他人偷越国（边）境或者组织他人偷越国（边）境人数众多的。组织他人偷越国（边）境人数在10人以上的，应当认定为人数众多。(3) 造成被组织人重伤、死亡的。(4) 剥夺或者限制被组织人人身自由的。(5) 以暴力、威胁方法抗拒检查的。(6) 违法所得数额巨大的。违法所得数额在200 000元以上的，应当认定为“违法所得数额巨大”。(7) 有其他特别严重情节的。以组织他人偷越国（边）境为目的，招募、拉拢、引诱、介绍、培训偷越国（边）境人员，策划、安排偷越国（边）境行为，在他人偷越国（边）境之前或者偷越国（边）境过程中被查获的，应当以组织他人偷越国（边）境罪（未遂）论处；具有上述情形之一的，应当在相应的法定刑幅度基础上，结合未遂犯的处罚原则量刑。

根据《刑法》第318条第2款的规定，犯本罪，对被组织人有杀害、伤害、强奸、拐卖等犯罪行为，或者对检查人员有杀害、伤害等犯罪行为的，依照数罪并罚的规定处罚。

二、骗取出境证件罪

骗取出境证件罪，是指以劳务输出、经贸往来或者其他名义，弄虚作假，为组织他人偷越国（边）境使用而骗取护照、签证等出境证件的行为。为组织他人偷越国（边）境，编造出境事由、身份信息或者相关的境外关系证明的，应当认定为“弄虚作假”。“出境证件”，包括护照或者代替护照使用的国际旅行证件，中华人民共和国海员证，中华人民共和国出入境通行证，中华人民共和国旅行证，中国公民往来香港、澳门、台湾地区证件，边境地区出入境通行证，签证、签注，出国（境）证明、名单，以及其他出境时需要查验的资料

根据《刑法》第319条的规定，犯本罪的，处3年以下有期徒刑，并处罚金；情节严重的，处3年以上10年以下有期徒刑，并处罚金。单位犯本罪的，对单位判处罚金，并对直接负责的主管人员和其他直接责任人员，依照前述规定处罚。这里的“情节严重”，根据《关于办理妨害国（边）境管理刑事案件适用法律若干问题的解释》第2条的规定，是指为组织他人偷越国（边）境使用，骗取出境证件5份以上，或者非法收取办证费30万元以上或者明知是国家规定的不准出境的人员而为其骗取出境证件的。

三、提供伪造、变造的出入境证件罪

提供伪造、变造的出入境证件罪，是指为他人提供伪造、变造的护照、签证等出入境证件的行为。(1) 本罪侵害的客体是国家出入境管理秩序。(2) 本罪的客观方面表现为实

施了为他人提供伪造、变造的出入境证件的行为。这里的提供包括有偿提供和无偿提供；所提供的出入境证件既可以是自己伪造、变造的，也可以是他人伪造、变造的。如果行为人自己伪造、变造出入境证件后又提供给他人，则本罪会和伪造、变造、买卖国家机关公文、证件、印章罪形成牵连关系，对此，应按牵连犯的原则来定罪处理。另外，根据最高人民检察院研究室《关于买卖尚未加盖印章的空白〈边境证〉行为如何适用法律问题的答复》，对于买卖尚未加盖发证机关的行政印章或者通行专用印鉴的空白"边境证"的行为，一般不以买卖国家机关证件罪追究刑事责任，但是，国家机关工作人员实施上述行为，构成犯罪的，可以滥用职权罪等相关犯罪追究刑事责任。(3) 本罪的主体是一般主体。以单位名义或者单位形式为他人提供伪造、变造的出入境证件的，应当依照本罪追究直接负责的主管人员和其他直接责任人员的刑事责任。(4) 本罪的主观方面是故意。

根据《刑法》第320条的规定，犯本罪的，处5年以下有期徒刑，并处罚金；情节严重的，处5年以上有期徒刑，并处罚金。根据《关于办理妨害国（边）境管理刑事案件适用法律若干问题的解释》第3条，情节严重是指行为具有下列情形之一：(1) 为他人提供伪造、变造的出入境证件或者出售出入境证件5份以上的；(2) 非法收取费用30万元以上的；(3) 明知是国家规定的不准出入境的人员而为其提供伪造、变造的出入境证件或者向其出售出入境证件的；(4) 其他情节严重的情形。

四、出售出入境证件罪

出售出入境证件罪，是指向他人出售护照、签证等出入境证件的行为。这里的出售，是指以支付金钱等对价为条件，向他人提供出入境证件；既可以是出售本人的出入境证件，也可以是出售他人的出入境证件，但出售的证件必须是国家机关制发的真实有效的出入境证件。如果出售的是伪造、变造的出入境证件，则不构成本罪，而构成提供伪造、变造的出入境证件罪。

根据《刑法》第320条的规定，犯本罪的，处5年以下有期徒刑，并处罚金；情节严重的，处5年以上有期徒刑，并处罚金。

五、运送他人偷越国（边）境罪

运送他人偷越国（边）境罪，是指违反国家边境管理法律法规，运送他人偷越国（边）境的行为。

《刑法》第321条第1款规定，犯本罪的，处5年以下有期徒刑、拘役或者管制，并处罚金；有下列情形之一的，处5年以上10年以下有期徒刑，并处罚金：(1) 多次实施运送行为或者运送人数众多的；(2) 所使用的船只、车辆等交通工具不具备必要的安全条件，足以造成严重后果的；(3) 违法所得数额巨大的；(4) 有其他特别严重情节的。该条第2款规定，在运送他人偷越国（边）境过程中造成被运送人重伤、死亡，或者以暴力、威胁方法抗拒检查的，处7年以上有期徒刑，并处罚金。该条第3款规定，具有第1款、第2款犯罪行为，对被运送人有杀害、伤害、强奸、拐卖等犯罪行为，或者对检查人员有杀害、伤害等犯罪行为的，依照数罪并罚的规定处罚。

六、偷越国（边）境罪

（一）偷越国（边）境罪的概念与构成特征

偷越国（边）境罪，是指违反国（边）境管理法规，偷越国（边）境，情节严重的行为。所谓情节严重，根据《关于办理妨害国（边）境管理刑事案件适用法律若干问题的解释》第5条的规定，是指具有下列情形之一的：（1）在境外实施损害国家利益行为的；（2）偷越国（边）境三次以上或者三人以上结伙偷越国（边）境的；（3）拉拢、引诱他人一起偷越国（边）境的；（4）勾结境外组织、人员偷越国（边）境的；（5）因偷越国（边）境被行政处罚后1年内又偷越国（边）境的；（6）其他情节严重的情形。

（二）偷越国（边）境罪的认定

正确认定本罪，还需要注意以下问题。

（1）本罪与叛逃罪的界限。本罪的主体是一般主体，而叛逃罪的主体是特殊主体，只限于国家机关工作人员和掌握秘密的国家工作人员；本罪可以发生在任何期间，而叛逃罪只能发生在行为人履行公务期间；本罪侵害的客体是国（边）境管理制度，而叛逃罪侵害的主要客体是国家安全。

（2）本罪与组织他人偷越国（边）境罪、运送他人偷越国（边）境罪的界限。本罪是行为人本人亲自偷越国（边）境，而后两罪是行为人组织他人偷越国（边）境、运送他人偷越国（边）境。

（3）本罪是行为犯，以偷越国（边）境行为的完成与否作为既遂与未遂的区分标准，偷越行为是否完成以是否越过国（边）境线为标志。

（三）偷越国（边）境罪的刑事责任

根据《刑法》第322条的规定，犯本罪的，处1年以下有期徒刑、拘役或者管制，并处罚金；为参加恐怖活动组织、接受恐怖活动培训或者实施恐怖活动，偷越国（边）境的，处1年以上3年以下有期徒刑，并处罚金。

七、破坏界碑、界桩罪

破坏界碑、界桩罪，是指明知是国家边境的界碑、界桩而故意进行破坏的行为。这里的"界碑""界桩"没有实质区别，只存在形式的差异。这里的"破坏"并不仅限于毁坏，还表现为拆除、盗窃、掩埋、移动等行为方式。

根据《刑法》第323条的规定，犯本罪的，处3年以下有期徒刑或者拘役。

八、破坏永久性测量标志罪

破坏永久性测量标志罪，是指明知是永久性测量标志而故意进行破坏的行为。

根据《刑法》第323条的规定，犯本罪的，处3年以下有期徒刑或者拘役。

第五节　妨害文物管理罪

一、故意损毁文物罪

（一）故意损毁文物罪的概念和构成特征

故意损毁文物罪，是指违反国家文物管理法规，故意损毁国家保护的珍贵文物或者被确定为全国重点文物保护单位、省级文物保护单位的文物的行为。（1）本罪侵害的客体是国家的文物保护秩序，犯罪对象是国家保护的珍贵文物或者被确定为全国重点文物保护单位、省级文物保护单位的文物。（2）本罪的客观方面表现为损毁国家保护的珍贵文物或者被确定为全国重点文物保护单位、省级文物保护单位的文物的行为。根据我国《文物保护法》的规定，所谓文物是指下列具有历史、艺术、科学价值的遗址或者遗物：1）具有历史、艺术、科学价值的古文化遗址、古墓葬、古建筑、石窟寺和石刻；2）与重大历史事件、革命运动和著名人物有关的，具有重要纪念意义、教育意义和史料价值的建筑物、遗址、纪念物；3）历史上各时代珍贵的艺术品、工艺美术品；4）重要的革命文献资料及具有历史、艺术、科学价值的手稿、古旧图书资料等；5）反映历史上各时代、各民族社会制度、社会生产、社会生活的代表性实物。损毁包括损坏和毁灭。前者指文物的价值遭到部分破坏，或者指文物的价值遭到全部破坏，甚至不复存在。其表现形式可以多种多样，如，拆毁、污损、焚烧、砸烂、捣毁等。（3）本罪的主体是一般主体。（4）本罪的主观方面是故意。

（二）故意损毁文物罪的认定

1. 本罪与故意毁坏财物罪的界限

故意毁坏不属于本罪犯罪对象的可移动文物中的普通文物或者设区的市、自治州级和县级文物保护单位的文物，数额较大或者有其他严重情节的，应当以故意毁坏财物罪论处。

2. 本罪与盗窃罪的界限

以故意毁坏的手段盗窃国家保护的珍贵文物或者被确定为全国重点文物保护单位、省级文物保护单位的文物的，属于一行为触犯数罪名，应当以想象竞合犯择一重罪处断。

3. 本罪与爆炸罪、放火罪等犯罪的界限

使用爆炸、放火等危害公共安全的方式损毁国家保护的珍贵文物，或者被确定为全国重点文物保护单位、省级文物保护单位的文物的，属于想象竞合犯，应当以爆炸罪、放火罪论处。

（三）故意损毁文物罪的刑事责任

根据《刑法》第 324 条第 1 款的规定，犯本罪的，处 3 年以下有期徒刑或者拘役，并处或者单处罚金；情节严重的，处 3 年以上 10 年以下有期徒刑，并处罚金。

二、故意损毁名胜古迹罪

故意损毁名胜古迹罪，是指故意损毁国家保护的名胜古迹，情节严重的行为。根据我国《文物保护法》的规定，所谓国家保护的名胜古迹是指具重大历史、艺术、科学价值，并被核定为国家或者地方重点文物保护单位的风景区，或与名人名迹、历史事件有关而值得后人登临凭吊的胜地和建筑物。本罪必须情节严重才能构成犯罪。情节严重是指损毁如被联合国评定为世界历史文化遗产的名胜古迹；损毁手段恶劣；造成的后果严重；等等。根据 2008 年 6 月 25 日最高人民检察院、公安部《关于公安机关管辖的刑事案件立案追诉标准的规定（一）》第 47 条，故意损毁国家保护的名胜古迹，涉嫌下列情形之一的，应予立案追诉：（1）造成国家保护的名胜古迹严重损毁的；（2）损毁国家保护的名胜古迹 3 次以上或者 3 处以上，尚未造成严重损毁后果的；（3）损毁手段特别恶劣的；（4）其他情节严重的情形。

认定本罪的罪与非罪，首先要看行为人在主观上是否是故意。如果行为人不知所损坏的对象是国家重点保护的名胜古迹，或者对损坏国家保护的名胜古迹系出于过失的，不构成犯罪。如果行为人在主观上是故意，则构成本罪。其次要看行为人的行为是否属于情节严重。构成本罪，必须行为人的行为达到情节严重，否则不构成本罪。例如在1998年，张某在北京十三陵献陵宝顶两侧挖洞，时间长达1周。此案经检察院公诉，法院以故意损毁名胜古迹罪追究了行为人的刑事责任。法院的判决是正确的，因为：行为人在明知自己挖掘的对象是国家重点保护的名胜古迹的情况下，仍然实施挖掘行为，这说明行为人主观上具有故意。在客观上行为人实施挖掘行为的时间长达1周，情节严重。据此，如果行为人虽有故意损毁名胜古迹的行为，但情节轻微或者显著轻微，如行为人在所游览的名胜古迹处题写“到此一游”，则不构成犯罪。

根据《刑法》第324条第2款的规定，犯本罪的，处5年以下有期徒刑或拘役，并处或单处罚金。

三、过失损毁文物罪

过失损毁文物罪，是指过失损毁国家保护的珍贵文物，或确定为国家重点文物保护单位、省级文物保护单位的文物，造成严重后果的行为。根据前述追诉标准（一）第48条，过失损毁文物，涉嫌下列情形之一的，应予立案追诉：（1）造成珍贵文物严重损毁的；（2）造成全国重点文物保护单位、省级文物保护单位的文物严重损毁的；（3）造成珍贵文物损毁3件以上的；（4）其他造成严重后果的情形。

根据《刑法》第324条第3款的规定，犯本罪的，处3年以下有期徒刑或者拘役。

四、非法向外国人出售、赠送珍贵文物罪

非法向外国人出售、赠送珍贵文物罪，是指违反文物保护法规，将收藏的国家禁止出口的珍贵文物私自出售或私自赠送给外国人的行为。所谓“私自”，是指违反文物保护法规，没有报经主管部门批准。构成本罪必须行为人在主观上存在两个明知：一是明知是国家禁止出口的珍贵文物；二是明知出售、赠送的对象是外国人。缺其一，则不构成本罪。

根据《刑法》第325条的规定，犯本罪的，处5年以下有期徒刑或者拘役，可以并处罚金；单位犯本罪的，对单位判处罚金并对其直接负责的主管人员和其他直接责任人员，依照前述规定处罚。

五、倒卖文物罪

倒卖文物罪，是指以牟利为目的，倒卖国家禁止经营的文物，情节严重的行为。（1）本罪侵害的客体是国家的文物管理制度。（2）本罪的客观方面表现为非法倒卖行为，即违反文物管理法规，低价买入高价卖出，进行非法的文物经营活动。具体包括：1）无文物经营权者非法从事文物经营活动；2）有文物经营权者经营国家禁止自由买卖的文物。本罪的主体是一般主体。（3）本罪的主观方面是故意，即明知是国家禁止经营的文物而倒卖，并以牟利为目的。本罪须情节严重才构成犯罪。所谓情节严重，一般是指倒卖三级以上文物；倒卖文物数量大或次数多；倒卖的文物很珍贵；造成文物流失，无法追回；等等。

根据《刑法》第326条的规定，犯本罪的，处5年以下有期徒刑或拘役，并处罚金；情节特别严重的，处5年以上10年以下有期徒刑，并处罚金。单位犯本罪的，对单位判处罚金，并对其直接负责的主管人员和其他直接责任人员，依照前述规定处罚。

六、非法出售、私赠文物藏品罪

非法出售、私赠文物藏品罪，是指违反文物保护法规，国有博物馆、图书馆等单位将国家保护的文物藏品出售或者私自送给非国有单位或个人的行为。本罪的主体是特殊主体，只限于国有博物馆、图书馆等单位，因此，本罪是纯正的单位犯罪。本罪中的相对人包括非国有单位或个人，既可以是中国人，也可以是外国人、无国籍人。

根据《刑法》第327条的规定，犯本罪的，对单位判处罚金，并对其直接负责的主管人员和其他直接责任人员处3年以下有期徒刑或者拘役。

七、盗掘古文化遗址、古墓葬罪①

(一) 盗掘古文化遗址、古墓葬罪的概念与构成特征

盗掘古文化遗址、古墓葬罪，是指盗掘具有历史、艺术、科学价值的古文化遗址、古墓葬的行为。所谓古文化遗址、古墓葬，是指清代和清代以前的，具有历史、艺术、科学价值的古文化遗址、古墓葬，以及辛亥革命以后的，与著名历史事件有关的名人墓葬、遗址和纪念地。其中，古文化遗址还包括石窟、地下城、古建筑、古人类居住地遗址、历代皇帝陵墓和革命烈士墓地等。

【案例26-4】 次某、司某盗掘古文化遗址、故意损毁文物案

2002年7月以来，犯罪嫌疑人次某和司某多次商量偷窃古格王国遗址（古格王国遗址位于西藏某县境内，距今已有1 000年的历史，1961年被列为全国首批重点文物保护单位）文物。同年10月，次某乘一辆小车带司某到古格王国遗址探路。11月6日下午，次某约司某第二天到古格王国遗址偷窃文物。次日。司某、次某带一个十字镐和废纸箱，徒步前往古格王国遗址所在地，晚上在古格王国遗址白宫宫殿，用镐挖掉房顶东面土堆，从白宫宫殿屋顶盗走12块带有珍贵彩绘的天花板，并于当晚携带文物返回札达县，将4块天花板卖给一康巴商人。后司某又将其余的8块天花板以3 000元的价格卖给次某。

在本案中，对于两名犯罪嫌疑人盗揭带有珍贵彩绘的天花板的行为，存在两种不同意见。一种意见认为：次某和司某的行为属于一个行为，由于既造成文物脱离原单位控制，又造成文物毁损，因而，分别触犯盗窃罪和故意损毁文物罪，这属于想象竞合犯；另一种意见认为，本案中的故意损毁文物行为不能被盗窃行为所涵盖，而是独立出来，单独构成一个行为，因此，行为人实施的是两个行为（本案中的盗窃文物和故意损毁文物），这实际上属于牵连犯。本书认为，第二种意见是错误的，因为：构成牵连犯，要求有两个或者两个以上的相对独立的危害行为，而本案中犯罪嫌疑人只实施了一个行为，即“盗揭有珍贵彩绘的天花板”的行为，只不过这种“揭”本身带有“盗”（秘密性）的色彩而已，因此不构成牵连犯。本案中，犯罪嫌疑人这种“盗揭”行为，一方面造成“有珍贵彩绘的天花板”脱离文物单位的控制，致使文物流失，另一方面又造成该“彩绘”以及白宫

① 《刑法修正案（八）》废除了本罪原规定的法定刑死刑，故对本罪也不再适用死刑。

宫殿的完整性破坏，造成文物的毁损，因此，犯罪嫌疑人“盗揭有珍贵彩绘的天花板”的行为分别触犯了盗窃罪与故意毁损文物罪两个罪名，属于想象竞合犯，按择一重罪处罚的原则应以盗窃罪论处。但《刑法》第328条第1款第4项规定，“盗掘古文化遗址、古墓葬，并盗窃珍贵文物或者造成珍贵文物严重破坏的”，属于盗掘古文化遗址、古墓葬罪的加重处罚情节，因此，对犯罪嫌疑人的行为就不能再以盗窃与故意毁损文物罪单独评价，而应以盗掘古文化遗址、古墓葬罪论处。

（二）盗掘古文化遗址、古墓葬罪的认定

正确认定本罪，需要注意以下几点。

1. 本罪既遂的标志

本罪是行为犯，只要行为人实施盗掘行为，即构成既遂，不以盗掘到文物为必要。

2. 本罪与故意损毁名胜古迹罪、故意损毁珍贵文物罪的界限

主要区别在于：（1）犯罪对象不同。本罪的犯罪对象为清代和清代以前的，具有历史、艺术、科学价值的古文化遗址、古墓葬，以及辛亥革命以后的，与著名历史事件有关的名人墓葬、遗址和纪念地；而故意损毁名胜古迹罪的犯罪对象是国家保护的名胜古迹，故意损毁珍贵文物罪侵害的对象是国家保护的珍贵文物或者全国重点文物保护单位、省级文物保护单位的文物。（2）客观方面的表现不同。本罪的客观方面表现为“盗掘”；故意损毁名胜古迹罪与故意损毁珍贵文物罪在客观方面均表现为“损毁”。（3）犯罪故意的内容不同。本罪的行为人是要通过盗掘古文化遗址、古墓葬来获取文物；而故意损毁名胜古迹罪与故意损毁珍贵文物罪的行为人是想通过损毁行为来破坏名胜古迹或者珍贵文物。盗掘古文化遗址、古墓葬的行为同时造成名胜古迹或者珍贵文物损毁的，属于想象竞合犯，应择一重罪处断，即以本罪论处。

3. 本罪与盗窃罪的界限

盗掘古文化遗址、古墓葬并窃取文物的，仍以本罪论处。盗掘其他墓葬，窃取财物数额较大的，以盗窃罪论处；窃取他人已挖掘出来的珍贵文物的，也按盗窃罪论处。

（三）盗掘古文化遗址、古墓葬罪的刑事责任

根据《刑法》第328条第1款的规定，犯本罪的，处3年以上10年以下有期徒刑，并处罚金；情节较轻的，处3年以下有期徒刑、拘役或者管制，并处罚金；有下列情形之一的，处10年以上有期徒刑或者无期徒刑，并处罚金或者没收财产：（1）盗掘确定为全国重点文物保护单位和省级文物保护单位的古文化遗址、古墓葬的；（2）盗掘古文化遗址、古墓葬集团的首要分子；（3）多次盗掘古文化遗址、古墓葬的；（4）盗掘古文化遗址、古墓葬，并盗窃珍贵文物或者造成珍贵文物严重破坏的。

八、盗掘古人类化石、古脊椎动物化石罪

盗掘古人类化石、古脊椎动物化石罪，是指盗掘国家保护的具有科学价值的古人类化石、古脊椎动物化石的行为。所谓古人类化石，是指保存在各地质时期岩层中或埋藏于地下的万年前直立人、早晚期智人的遗骸和遗迹。所谓古脊椎动物化石，是指保存在各地质时期岩层中或埋藏于地下的万年前古爬行动物、哺乳动物和鱼类的遗骸与遗迹。

根据《刑法》第328条第2款的规定，犯本罪的，依照盗掘古文化遗址、古墓葬罪的

法定刑处罚。

九、抢夺、盗取国有档案罪

抢夺、盗取国有档案罪，是指公然抢夺或者秘密窃取国有档案的行为。(1) 本罪侵犯的客体是国有档案管理制度和国有档案的国家所有权。(2) 本罪在客观方面表现为行为人实施了抢夺、盗取国有档案的行为。根据我国《档案法》的规定，档案是指过去和现在的国家机构、社会组织以及个人从事政治、军事、经济、科技、文化、宗教等活动直接形成的，对国家和社会有保存价值的各种文字、图表、声像等不同形式的历史记录。按所有者不同，档案可分为三种：国家所有的档案；集体所有的档案；个人所有的档案。(3) 本罪的主体是一般主体。(4) 本罪的主观方面是故意，即明知是国有档案而盗窃、抢夺。

根据《刑法》第 329 条第 1 款的规定，犯本罪的，处 5 年以下有期徒刑或者拘役。

犯本罪同时又构成刑法规定的其他犯罪的，依照处罚较重的规定定罪处罚。

十、擅自出卖、转让国有档案罪

擅自出卖、转让国有档案罪，是指违反档案法的规定，擅自出卖、转让国有档案，情节严重的行为。所谓擅自，是指未经国家档案行政管理部门批准，自作主张，出售或转让国有档案或其复制件。本罪属选择罪名，行为人实施擅自出卖和擅自转让这两种行为之一，就构成本罪。

根据《刑法》第 329 条第 2 款的规定，犯本罪的，处 3 年以下有期徒刑或者拘役。

犯本罪同时又构成刑法规定的其他犯罪的，依照处罚较重的规定定罪处罚。

第六节　危害公共卫生罪

一、妨害传染病防治罪

妨害传染病防治罪，是指违反传染病防治法的规定，引起甲类传染病传播或者有传播严重危险的行为。(1) 本罪侵犯的客体是国家关于传染病防治的管理秩序和不特定多数人的生命健康安全。(2) 本罪在客观方面表现为：行为人违反国家传染病防治法的规定，其行为引起甲类传染病传播或者有传播的严重危险。违反传染病防治法的规定是构成本罪的前提条件，在该前提条件下，具体行为方式表现为以下四种：1) 供水单位供应的饮用水不符合国家规定的卫生标准的；2) 拒绝按照卫生防疫机构提出的卫生要求，对传染病病原体污染的污水、污物、粪便进行消毒处理的；3) 准许或者纵容传染病病人、病原携带者和疑似传染病病人从事国务院卫生行政部门规定禁止从事的易使该传染病扩散的工作的；4) 拒绝执行卫生防疫机构依照传染病防治法提出的预防、控制措施的。根据《传染病防治法》第 3 条，我国将传染病分为甲类、乙类、丙类三类。甲类传染病是指鼠疫、霍乱等传染病。引起乙类或者丙类传染病传播的，不构成本罪。此外，所谓传播，是指传染病已经在一定范围内扩散；所谓有引起甲类传染病传播的危险，是指具体情况证明极有可能引起传染病的传播，但尚未实际引起传播的情形。根据前述追诉标准（一）第 49 条，妨害传染病防治，涉嫌下列情形之一的，应予立案追诉：1) 供水单位供应的饮用水不符合国家规定的卫生标准的；2) 拒绝按照疾病预防控制机构提出的卫生要求，对传染病病原体污染的污水、污物、粪便进行消毒处理的；3）准许或者纵容传染病病人、病原携带者和疑似传染病病人从事国务院卫生行政部门规定禁止从事的易使该传染病扩散的工作的；4）拒绝执行疾病预防控制机构依照传染病防治法提出的预防、控制措施的。（3）本罪的主体为一般主体，包括自然人和单位。（4）本罪的主观方面为过失。

根据《刑法》第330条的规定，犯本罪的，处3年以下有期徒刑或者拘役；后果特别严重的，处3年以上7年以下有期徒刑。单位犯本罪的，对单位判处罚金，并对其直接负责的主管人员和其他直接责任人员，依照前述规定处罚。

二、传染病菌种、毒种扩散罪

传染病菌种、毒种扩散罪，是指从事实验、保藏、携带、运输传染病菌种、毒种的人员，违反国务院卫生行政部门的有关规定，造成传染病菌种、毒种扩散，后果严重的行为。根据前述追诉标准（一）第50条的规定，造成传染病菌种、毒种扩散，涉嫌下列情形之一的，应予立案追诉：（1）导致甲类和按甲类管理的传染病传播的；（2）导致乙类、丙类传染病流行、暴发的；（3）造成人员重伤或者死亡的；（4）严重影响正常的生产、生活秩序的；（5）其他造成严重后果的情形。“甲类传染病”，是指鼠疫、霍乱；“按甲类管理的传染病”，是指乙类传染病中传染性非典型肺炎、炭疽中的肺炭疽、人感染高致病性禽流感，以及国务院卫生行政部门根据需要报经国务院批准公布实施的其他需要按甲类管理的乙类传染病和突发原因不明的传染病。

根据《刑法》第331条的规定，犯本罪的，处3年以下有期徒刑或者拘役；后果特别严重的，处3年以上7年以下有期徒刑。

三、妨害国境卫生检疫罪

妨害国境卫生检疫罪，是指违反国境卫生检疫规定，引起检疫传染病传播或者有传播严重危险的行为。根据我国《国境卫生检疫法》第20条的规定，所谓违反，是指（1）逃避检疫，向国境卫生检疫机关隐瞒真实情况；（2）入境的人员未经国境卫生检疫机关许可，擅自上下交通工具，或者装卸行李、货物、邮包等物品，不听劝阻的。

根据《刑法》第332条的规定，犯本罪的，处3年以下有期徒刑或者拘役，并处或者单处罚金；单位犯本罪的，对单位判处罚金，并对其直接负责的主管人员和其他直接责任人员，依照前述规定处罚。

四、非法组织卖血罪

非法组织卖血罪，是指违反国家卫生行政部门的有关规定，非法组织他人出卖血液的行为。所谓非法组织他人出卖血液，是指违反国家卫生行政部门的有关规定，以招募、雇佣、纠集、容留、引诱、串联、拉拢、诱骗等行为方式，策划、领导、指挥并安排、控制多人进行出卖血液的活动。值得注意的是，实施本罪的行为方式不包括暴力、威胁手段。如果以暴力、威胁手段强迫他人出卖血液的，构成强迫卖血罪。根据前述追诉标准（一）第52条，非法组织卖血，涉嫌下列情形之一的，应予立案追诉：（1）组织卖血三人次以上的；（2）组织卖血非法获利2 000元以上的；（3）组织未成年人卖血的；（4）被组织卖血的人的血液含有艾滋病病毒、乙型肝炎病毒、丙型肝炎病毒、梅毒螺旋体等病原微生物的；（5）其他非法组织卖血应予追究刑事责任的情形。

根据《刑法》第 333 条的规定，犯本罪的，处 5 年以下有期徒刑，并处罚金；犯本罪，对他人造成伤害的，按故意伤害罪定罪处罚。

五、强迫卖血罪

强迫卖血罪，是指以暴力、威胁方法强迫他人出卖血液的行为。暴力是指殴打、捆绑、禁闭等强制手段，威胁是指以损害生命、健康、名誉等相要挟。成立本罪不以强迫多人为要件。组织使用暴力强迫出卖血液的，以本罪论处。

【案例 26－5】　　王某、于某等强迫卖血案

2003 年六七月份，“血霸”王某、于某组织、策划替单位人员献血。二人通过电话传呼方式，叫其手下韩某、孙某、陈某、方某到某劳动技校采取持刀和语言威胁的方法，强迫该校 14 名学生分别到医院顶替他人参加献血。其中，在 6 月 14 日，学生孙某、夏某不愿意，见只有韩某一人，就逃跑。在逃跑过程中，被韩某追上，韩某持刀威胁，孙某、夏某与韩某搏斗，造成韩某腿骨骨折。孙某、夏某逃走。

在审理本案时，一种意见认为王某、于某等的行为构成强迫卖血罪；另一种意见认为王某、于某等的行为构成非法组织卖血罪。第二种意见是正确的，因为，从本案来看，作为“血霸”，王某、于某主观上具有牟利的目的，为实现这一目的，二人实施了组织、策划替单位人员献血的非法行为。但是由于二人担心被组织人员并不愿意献血，于是二人便通知其手下韩某等人采取持刀和语言威胁的方法强迫学生参加献血，所以二人实际上实施了非法组织卖血与强迫卖血两种行为，分别构成非法组织卖血罪和强迫卖血罪。又由于强迫卖血的行为是辅助非法组织卖血行为、使这一行为得以实现的方法行为，所以非法组织卖血是目的，强迫卖血是手段，二者之间存在着牵连关系，符合牵连犯的特征。按照牵连犯择一重罪处断的原则，对王某、于某应以强迫卖血罪论处。

根据《刑法》第 333 条的规定，犯本罪的，处 5 年以上 10 年以下有期徒刑，并处罚金；犯本罪，对他人造成伤害的，按故意伤害罪定罪处罚。

六、非法采集、供应血液、制作、供应血液制品罪

非法采集、供应血液、制作、供应血液制品罪，是指非法采集、供应血液或者制作、供应血液制品，不符合国家规定的标准，足以危害人体健康的行为。(1) 本罪侵犯的客体是国家对血液的采集、供应和血液制品的制作、供应的管理秩序以及受血者的生命安全和身体健康，犯罪对象为血液、血液制品。血液，是指全血、成分血和特殊血液成分。血液制品，是指各种人血浆蛋白制品。(2) 本罪的客观方面表现为行为人实施了非法采集、供应血液或者制作、供应血液制品的行为。首先，采集、供应血液或者制作、供应血液制品必须是非法的。根据 2008 年 9 月 22 日最高人民法院、最高人民检察院《关于办理非法采供血液等刑事案件具体应用法律若干问题的解释》第 1 条，对于未经国家主管部门批准或者超过批准的业务范围，采集、供应血液或者制作、供应血液制品的，应认定为“非法采集、供应血液或者制作、供应血液制品”。其次，非法采集、供应血液或者制作、供应血

液制品的行为必须发生在采集、供应血液或者制作、供应血液制品的过程中。最后，本罪属危险犯。采集、供应血液或者制作、供应血液制品不符合国家规定标准，足以危害人体健康。根据上述解释，对于非法采集、供应血液或者制作、供应血液制品，具有下列情形之一的，应认定为不符合国家规定的标准，足以危害人体健康：1）采集、供应的血液含有艾滋病病毒、乙型肝炎病毒、丙型肝炎病毒、梅毒螺旋体等病原微生物的；2）制作、供应的血液制品含有艾滋病病毒、乙型肝炎病毒、丙型肝炎病毒、梅毒螺旋体等病原微生物，或者将含有上述病原微生物的血液用于制作血液制品的；3）使用不符合国家规定的药品、诊断试剂、卫生器材，或者重复使用一次性采血器材采集血液，造成传染病传播危险的；4）违反规定对献血者、供血浆者超量、频繁采集血液、血浆，足以危害人体健康的；5）其他不符合国家有关采集、供应血液或者制作、供应血液制品的规定标准，足以危害人体健康的。(3）本罪的主体为一般主体。(4）本罪的主观方面为故意，且行为人一般具有非法牟利的目的。

根据《刑法》第334条第1款的规定，犯本罪的，处5年以下有期徒刑或者拘役，并处罚金；对人体健康造成严重危害的，处5年以上10年以下有期徒刑，并处罚金；造成特别严重后果的，处10年以上有期徒刑或者无期徒刑，并处罚金或者没收财产。根据上述解释第3条，具有下列情形之一的，应认定为“对人体健康造成严重危害”：(1）造成献血者、供血浆者、受血者感染乙型肝炎病毒、丙型肝炎病毒、梅毒螺旋体或者其他经血液传播的病原微生物的；(2）造成献血者、供血浆者、受血者重度贫血、造血功能障碍或者其他器官组织损伤导致功能障碍等身体严重危害的；(3）对人体健康造成其他严重危害的。根据上述解释第4条，具有下列情形之一的，应认定为“造成特别严重后果”：(1）因血液传播疾病导致人员死亡或者感染艾滋病病毒的；(2）造成5人以上感染乙型肝炎病毒、丙型肝炎病毒、梅毒螺旋体或者其他经血液传播的病原微生物的；(3）造成5人以上重度贫血、造血功能障碍或者其他器官组织损伤导致功能障碍等身体严重危害的；(4）造成其他特别严重后果的。

七、采集、供应血液、制作、供应血液制品事故罪

采集、供应血液、制作、供应血液制品事故罪，是指经国家主管部门批准采集、供应血液或者制作、供应血液制品的部门，不依照规定进行检测或者违背其操作规定，造成危害他人身体健康后果的行为。根据《关于办理非法采供血液等刑事案件具体应用法律若干问题的解释》第5条，对于经国家主管部门批准采集、供应血液或者制作、供应血液制品的部门，具有下列情形之一的，应认定为“不依照规定进行检测或者违背其他操作规定”：(1）血站未用两个企业生产的试剂对艾滋病病毒抗体、乙型肝炎病毒表面抗原、丙型肝炎病毒抗体、梅毒抗体进行两次检测的；(2）单采血浆站不依照规定对艾滋病病毒抗体、乙型肝炎病毒表面抗原、丙型肝炎病毒抗体、梅毒抗体进行检测的；(3）血液制品生产企业在投料生产前未用主管部门批准和检定合格的试剂进行复检的；(4）血站、单采血浆站和血液制品生产企业使用的诊断试剂没有生产单位名称、生产批准文号或者经检定不合格的；(5）采供血机构在采集检验标本、采集血液和成分血分离时，使用没有生产单位名称、生产批准文号或者超过有效期的一次性注射器等采血器材的；(6）不依照国家规定的标准和要求包装、储存、运输血液、原料血浆的；(7）对国家规定检测项目结果呈阳性的血液未及时按照规定予以清除的；(8）不具备相应资格的医务人员进行采血、检验操作

的；(9) 对献血者、供血浆者超量、频繁采集血液、血浆的；(10) 采供血机构采集血液、血浆前，未对献血者或供血浆者进行身份识别，采集冒名顶替者、健康检查不合格者的血液、血浆的；(11) 血站擅自采集原料血浆，单采血浆站擅自采集临床用血或者向医疗机构供应原料血浆的；(12) 重复使用一次性采血器材的；(13) 其他不依照规定进行检测或者违背操作规定的。本罪属结果犯，具有下列情形之一的，应认定为"造成危害他人身体健康后果"：(1) 造成献血者、供血浆者、受血者感染艾滋病病毒、乙型肝炎病毒、丙型肝炎病毒、梅毒螺旋体或者其他经血液传播的病原微生物的；(2) 造成献血者、供血浆者、受血者重度贫血、造血功能障碍或者其他器官组织损伤导致功能障碍等身体严重危害的；(3) 造成其他危害他人身体健康后果的。本罪的犯罪主体只能是经国家主管部门批准采集、供应血液或者制作、供应血液制品的部门。经国家主管部门批准的采供血机构和血液制品生产经营单位，应认定为"经国家主管部门批准采集、供应血液或者制作、供应血液制品的部门"。本罪主观方面只能表现为过失。

根据《刑法》第 334 条第 2 款的规定，犯本罪的，对单位判处罚金，并对直接负责的主管人员和其他直接责任人员处 5 年以下有期徒刑或者拘役。

八、医疗事故罪

(一) 医疗事故罪的概念和构成特征

医疗事故罪，是指医务人员在诊疗、护理工作中由于严重不负责任，造成就诊人死亡或者严重损害就诊人身体健康的行为。其构成特征为：

(1) 本罪侵犯的客体是医疗管理制度以及就诊人的生命、健康权。

(2) 本罪的客观方面表现为行为人在诊疗、护理工作中由于严重不负责任，造成就诊人死亡或者严重损害就诊人身体健康的行为。具体表现为三个方面：首先，行为人的行为必须违反医疗规章制度，即违反医疗卫生管理法律、法规、规章和诊疗护理规范。这是构成本罪的前提。其次，行为人在诊疗、护理工作中严重不负责任。所谓严重不负责任，即行为人严重违背上述法律、法规、规章和诊疗护理规范、常规，没有尽职履行一个医生应尽的职责。根据前述追诉标准（一）第 56 条，具有下列情形之一的，应当认定为"严重不负责任"：1) 擅离职守的；2) 无正当理由拒绝对危急就诊人实行必要的医疗救治的；3) 未经批准擅自开展试验性治疗的；4) 严重违反查对、复核制度的；5) 使用未经批准使用的药品、消毒药剂、医疗器械的；6) 严重违反国家法律法规及有明确规定的诊疗技术规范、常规的；7) 其他严重不负责任的情形。最后，行为人的行为在客观上造成了严重的后果，造成就诊人死亡或者身体健康受到严重损害。这里的"严重损害就诊人身体健康"，是指造成就诊人严重残疾、重伤、感染艾滋病、病毒性肝炎等难以治愈的疾病或者其他严重损害就诊人身体健康的后果。

(3) 本罪的主体是特殊主体，只能是医务人员，即获得"医疗机构执业认可证"的医疗机构中的诊疗人员及护理人员。根据国务院 2002 年 4 月 4 日发布的《医疗事故处理条例》之规定，县级以上城市从事计划生育技术服务的机构依照《计划生育技术服务管理条例》的规定开展与计划生育有关的临床医疗服务时，其医务人员也可成为本罪的主体。但本罪的主体不能包括医疗机构中的后勤人员、党务工作者等非医护人员。

(4) 本罪的主观方面只能是过失。

（二）医疗事故罪的认定

认定本罪的罪与非罪的界限，应当从两个方面进行把握。

1. 区分医疗事故的严重程度

根据《医疗事故处理条例》第4条，根据对患者人身造成的损害程度，医疗事故分为四级：一级医疗事故，是指造成患者死亡、重度残疾的；二级医疗事故，是指造成患者中度残疾、器官组织损伤导致严重功能障碍的；三级医疗事故，是指造成患者轻度残疾、器官组织损伤导致一般功能障碍的；四级医疗事故，是指造成患者明显人身损害的其他后果的。《刑法》规定构成本罪必须发生“造成就诊人死亡或者严重损害就诊人身体健康”的结果，这意味着只有构成一、二级医疗事故的，才能以本罪论处。

2. 本罪与意外事故罪的界限

对于由于医务人员无法预见或者不能抗拒的原因导致的事故，不能以本罪论处。根据《医疗事故处理条例》第33条，有下列情形之一的，不属于医疗事故：（1）在紧急情况下为抢救垂危患者生命而采取紧急医学措施造成不良后果的；（2）在医疗活动中由于患者病情异常或者患者体质特殊而发生医疗意外的；（3）在现有医学科学技术条件下，发生无法预料或者不能防范的不良后果的；（4）无过错输血感染造成不良后果的；（5）因患方原因延误诊疗导致不良后果的；（6）因不可抗力造成不良后果的。

（三）医疗事故罪的刑事责任

根据《刑法》第335条的规定，犯本罪的，处3年以下有期徒刑或者拘役。

九、非法行医罪

非法行医罪，是指未取得医生执业资格的人非法行医，情节严重的行为。（1）本罪侵犯的客体是国家医务工作人员的从业资格管理秩序和就诊人的生命、健康权。（2）本罪在客观方面表现为行为人在没有取得医生执业资格的情况下，非法行医，情节严重。所谓情节严重，一般指非法行医时间长；被行政处罚后仍非法行医；造成就诊人重伤、死亡或有其他身体健康遭严重损害的情形。根据2008年4月29日最高人民法院《关于审理非法行医刑事案件具体应用法律若干问题的解释》第2条，具有下列情形之一的，应认定为“情节严重”：1）造成就诊人轻度残疾、器官组织损伤导致一般功能障碍的；2）造成甲类传染病传播、流行或者有传播、流行危险的；3）使用假药、劣药或不符合国家规定标准的卫生材料、医疗器械，足以严重危害人体健康的；4）非法行医被卫生行政部门行政处罚两次以后，再次非法行医的；5）其他情节严重的情形。（3）本罪的主体是未取得医生执业资格的人。根据全国人大常委会法工委的答复，对于进行正常诊疗的见习医生，由于其诊疗行为造成就诊人死亡或者健康受到严重损害的，不能以非法行医罪定罪处罚。根据前述解释第1条，具有下列情形之一的，应认定为“未取得医生执业资格的人非法行医”：1）未取得或者以非法手段取得医师资格从事医疗活动的；2）个人未取得“医疗机构执业许可证”开办医疗机构的；3）被依法吊销医师执业证书期间从事医疗活动的；4）未取得乡村医生执业证书，从事乡村医疗活动的；5）家庭接生员实施家庭接生以外的医疗行为的。

根据《刑法》第336条第1款的规定，犯本罪的，处3年以下有期徒刑、拘役或者管制，并处或者单处罚金；严重损害就诊人身体健康的，处3年以上10年以下有期徒刑，并处罚金；造成就诊人死亡的，处10年以上有期徒刑，并处罚金。

实施非法行医犯罪，同时构成生产、销售假药罪，生产、销售劣药罪，诈骗罪等其他犯罪的，依照刑法处罚较重的规定定罪处罚。

根据2003年5月14日最高人民法院、最高人民检察院《关于办理妨害预防、控制突发传染病疫情等灾害的刑事案件具体应用法律若干问题的解释》第12条，未取得医师执业资格非法行医，具有造成突发传染病病人、病原携带者、疑似突发传染病病人贻误诊治或者造成交叉感染等严重情节的，依照《刑法》第336条第1款的规定，以非法行医罪定罪，依法从重处罚。

十、非法进行节育手术罪

非法进行节育手术罪，是指未取得医生执业资格的人擅自为他人进行节育复通手术、假节育手术、终止妊娠手术或者摘取宫内节育器，情节严重的行为。(1) 本罪侵犯的客体是国家计划生育制度和就诊人的身体健康。(2) 本罪的客观方面表现为行为人实施了非法为他人节育复通手术、假节育手术、终止妊娠手术或者摘取宫内节育器，情节严重的行为。行为人只要实施上述行为之一，情节严重的，即可成立本罪。所谓情节严重，一般是指：多次为他人非法进行节育手术的；非法进行节育手术而严重妨害计划生育工作的；非法为他人进行节育手术致人伤残的；等等。非法进行节育手术，涉嫌下列情形之一的，应予立案追诉：1) 造成就诊人轻伤、重伤、死亡或者感染艾滋病、病毒性肝炎等难以治愈的疾病的；2) 非法进行节育复通手术、假节育手术、终止妊娠手术或者摘取宫内节育器5人次以上的；3) 致使他人超计划生育的；4) 非法进行选择性别的终止妊娠手术的；5) 非法获利累计5 000元以上的；6) 其他情节严重的情形。(3) 本罪的主体为特殊主体，即没有取得医生执业资格的人。(4) 本罪的主观方面为故意。

此外，本罪与非法行医罪在法条上存在竞合关系，即非法行医罪的法条内容完全可以包含本罪的法条内容，本罪的法条内容只是非法行医罪的法条内容的一种特殊表现形式。

根据《刑法》第336条第2款的规定，犯本罪的，处3年以下有期徒刑、拘役或者管制，并处或者单处罚金；严重损害就诊人身体健康的，处3年以上10年以下有期徒刑，并处罚金；造成就诊人死亡的，处10年以上有期徒刑，并处罚金。

十一、妨害动植物防疫、检疫罪

妨害动植物防疫、检疫罪，是指违反有关动植物防疫、检疫的国家规定，引起重大动植物疫情，或者有引起重大动植物疫情危险，情节严重的行为。所谓“重大动植物疫情”，一般是指引起动物一、二类传染病，寄生虫病或植物危害性病、虫、杂草等的暴发、动流、传播、滋生、蔓延的情况。这些一、二类疫病包括如炭疽病、口蹄疫、焦虫病、猪丹毒等。

根据《刑法》第337条的规定，犯本罪的，处3年以下有期徒刑或者拘役，并处或者单处罚金。单位犯本罪的，实行双罚制。

第七节 破坏环境资源保护罪

一、污染环境罪

(一) 污染环境罪的概念和构成特征

污染环境罪，是指违反国家规定，排放、倾倒或者处置有放射性的废物、含传染病病原体的废物、有毒物质或者其他有害物质，严重污染环境的行为。其构成特征为：

（1）本罪侵犯的客体是国家环境保护秩序和公民的生命健康、财产安全。

（2）本罪的客观方面表现为违反国家规定，排放、倾倒或者处置有放射性的废物、含传染病病原体的废物、有毒物质或者其他有害物质，严重污染环境的行为。首先，构成本罪，必须以违反国家规定为前提，具体表现为违反《环境保护法》《水污染防治法》《大气污染防治法》《海洋环境保护法》等环境保护和污染防治的法律、法规。其次，行为人实施了排放、倾倒或者处置有放射性的废物、含传染病病原体的废物、有毒物质或者其他有害物质的行为。排放、倾倒或者处置就是将有放射性的废物、含传染病病原体的废物、有毒物质或者其他有害物质置于大气或者江河湖海等水中。放射性的废物，是指放射性元素超过国家规定限值的固体、液体或者气体废弃物。含传染病病原体的废物，是指含传染病病菌的污水、粪便等废弃物。根据2016年12月8日最高人民法院、最高人民检察院《关于办理环境污染刑事案件适用法律若干问题的解释》第15条的规定，下列物质应当认定为“有毒物质”：1）危险废物，是指列入国家危险废物名录，或者根据国家规定的危险废物鉴别标准和鉴别方法认定的，具有危险特性的废物；2）《关于持久性有机污染物的斯德哥尔摩公约》附件所列物质；3）含重金属的污染物；4）其他具有毒性，可能污染环境的物质。最后，环境污染必须达到严重的程度。根据前述司法解释第1条的规定，具有下列情形之一的，应当认定为“严重污染环境”：1）在饮用水水源一级保护区、自然保护区核心区排放、倾倒、处置有放射性的废物、含传染病病原体的废物、有毒物质的；2）非法排放、倾倒、处置危险废物3吨以上的；3）排放、倾倒、处置含铅、汞、镉、铬、砷、铊、锑的污染物，超过国家或者地方污染物排放标准3倍以上的；4）排放、倾倒、处置含镍、铜、锌、银、钒、锰、钴的污染物，超过国家或者地方污染物排放标准10倍以上的；5）通过暗管、渗井、渗坑、裂隙、溶洞、灌注等逃避监管的方式排放、倾倒、处置有放射性的废物、含传染病病原体的废物、有毒物质的；6）两年内曾因违反国家规定，排放、倾倒、处置有放射性的废物、含传染病病原体的废物、有毒物质受过两次以上行政处罚，又实施前列行为的；7）重点排污单位篡改、伪造自动监测数据或者干扰自动监测设施，排放化学需氧量、氨氮、二氧化硫、氮氧化物等污染物的；8）违法减少防治污染设施运行支出100万元以上的；9）违法所得或者致使公私财产损失30万元以上的；10）造成生态环境严重损害的；11）致使乡镇以上集中式饮用水水源取水中断12小时以上的；12）致使基本农田、防护林地、特种用途林地5亩以上，其他农用地10亩以上，其他上地20亩以上基本功能丧失或者遭受永久性破坏的；13）致使森林或者其他林木死亡50立方米以上，或者幼树死亡2 500株以上的；14）致使疏散、转移群众5 000人以上的；15）致使30人以上中毒的；16）致使3人以上轻伤、轻度残疾或者器官组织损伤导致一般功能障碍的；17）致使1人以上重伤、中度残疾或者器官组织损伤导致严重功能障碍的；18）其他严重污染环境的情形。

（3）本罪的主体是一般主体，包括单位。

（4）本罪的主观方面是过失，包括疏忽大意的过失和过于自信的过失。

【案例26-6】 **王某污染环境案**

2007年，被告人王某因从某精细化工有限公司回收化工废料用于加工再利用，与该公司总经理助理安某结识。2008年8月，该精细化工有限公司要处理一批无回收利用价值的化工废料，安某遂以每车600元的费用让王某帮助处理。王某认为，虽然这批化工废料无法再加工利用，但只要帮助安某的公司处理一车，就有600元的利润，遂表示同意。之后，王某便将这批未作任何处理的有毒化工废料分两批倾倒在某县境内的一条小溪的溪沟内。2008年12月，这批废料被该县城建环保局发现，经省环境检测中心站分析，该化工废料中含有苯、吲哚、吡啶等多种对人体有毒有害的化合物，对小溪下游数万名群众的用水安全已构成严重威胁。2009年4月2日，王某向公安机关自首。

在审理本案时，对于王某的行为是否构成本罪存在两种意见：一种意见认为，虽然王某实施了倾倒有毒化工废料的行为，但未造成“严重后果”，因而，不应认定为犯罪；另一种意见认为，王某的行为已对数万名群众的用水安全构成了严重威胁，应认定为犯罪。

（二）污染环境罪的认定

1. 罪与非罪的界限

构成本罪一方面要求行为人必须实施违反国家规定，排放、倾倒或者处置有放射性的废物、含传染病病原体的废物、有毒物质或者其他有害物质的行为；另一方面要求行为人的行为造成环境污染，必须达到严重的程度。只有二者同时具备，才构成本罪，否则，不构成本罪。

2. 本罪与投放危险物质罪、危险物品肇事罪的区别

投放危险物质罪的主体是自然人，不包括单位，且犯罪主观方面是直接故意；而本罪的主体虽然是一般主体，但主要是单位，是单位在生产经营过程中发生的行为，且犯罪主观方面是过失。危险物品肇事罪表现为行为人因管理、保管不善而导致危险物品的泄漏、扩散，从而发生重大事故。可见危险物品的泄漏、扩散、流失不是有意“排放”“倾倒”“处置”的结果。实施本罪，同时触犯投放危险物质罪的，属于想象竞合，择一重罪论处。构成本罪，致人重伤、死亡或者使公共财物遭受重大损失的，以过失投放危险物质罪论处。

3. 本罪的共犯规定

行为人明知他人无经营许可证或者超出经营许可范围，向其提供或者委托其收集、贮存、利用、处置危险废物，严重污染环境的，以污染环境罪的共同犯罪论处。

4. 本罪的罪数认定

违反国家规定，排放、倾倒、处置含有毒害性、放射性、传染病病原体等物质的污染物，同时构成污染环境罪、非法处置进口的固体废物罪、投放危险物质罪等犯罪的，依照处罚较重的犯罪定罪处罚。

（三）污染环境罪的刑事责任

根据《刑法》第338条及第346条的规定，犯本罪的，处3年以下有期徒刑或者拘役，并处或单处罚金；后果特别严重的，处3年以上7年以下有期徒刑，并处罚金。单位犯本罪的，对单位判处罚金，并对其直接负责的主管人员和其他直接责任人员，依照前述规定处罚。

二、非法处置进口的固体废物罪

非法处置进口的固体废物罪，是指违反国家规定，将境外的固体废物进境倾倒、堆

放、处置的行为。本罪的客观方面表现为违反国家规定，将境外的固体废物进境倾倒、堆放、处置的行为。违反国家规定是前提，倾倒、堆放、处置境外的进口废物是本质。本罪是行为犯，只要实施了特定的行为，就构成本罪，并不要求特定结果发生。本罪主观方面是故意，即明知倾倒、堆放、处置进口固体废物的行为会发生环境污染的结果，并且希望或者放任这种结果发生的一种心理态度。

根据《刑法》第339条第1款及第346条的规定，犯本罪的，处5年以下有期徒刑或者拘役，并处罚金；造成重大环境污染事故，致使公私财产遭受重大损失或者严重危害人体健康的，处5年以上10年以下有期徒刑，并处罚金；后果特别严重的，处10年以上有期徒刑，并处罚金。根据《关于办理环境污染刑事案件适用法律若干问题的解释》，“致使公私财产遭受重大损失或者严重危害人体健康”，是指具有下列情形之一：(1) 致使公私财产损失30万元以上的；(2) 造成生态环境严重损害的；(3) 致使乡镇以上集中式饮用水水源取水中断12小时以上的；(4) 致使基本农田、防护林地、特种用途林地5亩以上，其他农用地10亩以上，其他土地20亩以上基本功能丧失或者遭受永久性破坏的；(5) 致使森林或者其他林木死亡50立方米以上，或者幼树死亡2 500株以上的；(6) 致使疏散、转移群众5 000人以上的；(7) 致使30人以上中毒的；(8) 致使3人以上轻伤、轻度残疾或者器官组织损伤导致一般功能障碍的；(9) 致使1人以上重伤、中度残疾或者器官组织损伤导致严重功能障碍的。“后果特别严重”，是指具有下列情形之一：(1) 致使县级以上城区集中式饮用水水源取水中断12个小时以上的；(2) 非法排放、倾倒、处置危险废物100吨以上的；(3) 致使基本农田、防护林地、特种用途林地15亩以上，其他农用地30亩以上，其他土地60亩以上基本功能丧失或者遭受永久性破坏的；(4) 致使森林或者其他林木死亡150立方米以上，或者幼树死亡7 500株以上的；(5) 致使公私财产损失100万元以上的；(6) 造成生态环境特别严重损害的；(7) 致使疏散、转移群众15 000人以上的；(8) 致使100人以上中毒的；(9) 致使10人以上轻伤、轻度残疾或者器官组织损伤导致一般功能障碍的；(10) 致使3人以上重伤、中度残疾或者器官组织损伤导致严重功能障碍的；(11) 致使1人以上重伤、中度残疾或者器官组织损伤导致严重功能障碍，并致使5人以上轻伤、轻度残疾或者器官组织损伤导致一般功能障碍的；(12) 致使1人以上死亡或者重度残疾的；(13) 其他后果特别严重的情形。

单位犯本罪的，对单位判处罚金，并对其直接负责的主管人员和其他直接责任人员，依照上述规定处罚。

三、擅自进口固体废物罪

擅自进口固体废物罪，是指未经国务院有关主管部门许可，擅自进口固体废物用作原料，造成重大环境污染事故，致使公私财产遭受重大损失或者严重危害人体健康的行为。本罪侵犯的客体是国家的环保制度。本罪的客观方面表现为擅自进口固体废物用作原料的行为。关于固体废物的进口问题，我国《固体废物污染环境防治法》第25条明确规定，对不能用作原料或者不能以无害化方式利用的固体废物，国家禁止进口；对于可以用作原料的固体废物，国家实行限制进口和非限制进口分类管理；国务院环境保护主管部门会同国务院对外贸易主管部门等制定、调整并公布可以禁止进口、限制进口和非限制进口的固体废物目录。禁止进口列入禁止进口目录的固体废物；进口列入限制进口目录的固体废物，应当经国务院环境保护行政主管部门会同国务院对外贸易主管部门审查许可。“致使公私财产遭受重大损失或者严重危害人体健康”是指具有下列情形之一：（1）造成生态环境严重损害的；（2）致使乡镇以上集中式饮用水水源取水中断 12 小时以上的；（3）致使基本农田、防护林地、特种用途林地 5 亩以上，其他农用地十亩以上，其他土地 20 亩以上基本功能丧失或者遭受永久性破坏的；（4）致使森林或者其他林木死亡 50 立方米以上，或者幼树死亡 2 500 株以上的；（5）致使公私财产损失 30 万元以上的；（6）致使疏散、转移群众 5 000人以上的；（7）致使 30 人以上中毒的；（8）致使 3 人以上轻伤、轻度残疾或者器官组织损伤导致一般功能障碍的；（9）致使 1 人以上重伤、中度残疾或者器官组织损伤导致严重功能障碍的。

根据《刑法》第 339 条第 2 款和第 346 条的规定，犯本罪的，处 5 年以下有期徒刑或者拘役，并处罚金。后果特别严重的，处 5 年以上 10 年以下有期徒刑，并处罚金。“后果特别严重”，是指具有下列情形之一：（1）致使县级以上城区集中式饮用水水源取水中断 12 个小时以上的；（2）非法排放、倾倒、处置危险废物 100 吨以上；（3）致使基本农田、防护林地、特种用途林地 15 亩以上，其他农用地 30 亩以上，其他土地 60 亩以上基本功能丧失或者遭受永久性破坏的；（4）致使森林或者其他林木死亡 150 立方米以上，或者幼树死亡 7 500 株以上的；（5）致使公私财产损失 100 万元以上的；（6）造成生态环境严重损害的；（7）致使疏散、转移群众 15 000 人以上的；（8）致使 100 人以上中毒的；（9）致使 10 人以上轻伤、轻度残疾或者器官组织损伤导致一般功能障碍的；（10）致使 3 人以上重伤、中度残疾或者器官组织损伤导致严重功能障碍的；（11）致使 1 人以上重伤、中度残疾或者器官组织损伤导致严重功能障碍，并致使 5 人以上轻伤、轻度残疾或者器官组织损伤导致一般功能障碍的；（12）致使 1 人以上死亡或者重度残疾的；（13）其他后果特别严重的情形。单位犯本罪的，对单位判处罚金，并对其直接负责的主管人员和其他直接责任人员，依照上述规定处罚。

四、非法捕捞水产品罪

非法捕捞水产品罪，是指违反保护水产资源法规，在禁渔区、禁渔期或者使用禁用的工具、方法捕捞水产品，情节严重的行为。本罪侵犯的客体是国家保护水产资源制度。本罪的客观方面表现为行为人实施了非法捕捞水产品的行为，具体表现为以下两点：一是行为人违反国家有关规定，在禁渔区、禁渔期或者使用禁用的工具、方法捕捞水产品；二是行为人之行为“情节严重”。根据 2008 年 6 月 25 日最高人民检察院、公安部《关于公安机关管辖的刑事案件立案追诉标准的规定（一）》第 63 条，涉嫌下列情形之一的，应予立案追诉：（1）在内陆水域非法捕捞水产品五百公斤以上或者价值 5 000 元以上的，或者在海洋水域非法捕捞水产品 2 000 公斤以上或者价值 20 000 元以上的；（2）非法捕捞有重要经济价值的水生动物苗种、怀卵亲体或者在水产种质资源保护区内捕捞水产品，在内陆水域五十公斤以上或者价值 500 元以上，或者在海洋水域 200 公斤以上或者价值 2 000 元以上的；（3）在禁渔区内使用禁用的工具或者禁用的方法捕捞的；（4）在禁渔期内使用禁用的工具或者禁用的方法捕捞的；（5）在公海使用禁用渔具从事捕捞作业，造成严重影响的；（6）其他情节严重的情形。本罪的主体可以是自然人，也可以是单位。主观方面为故意。

根据《刑法》第 340 条和第 346 条的规定，犯本罪的，处 3 年以下有期徒刑、拘役、管制或者罚金。单位犯本罪的，对单位判处罚金，并对直接负责的主管人员和其他直接责任人员，依照前述规定处罚。

五、非法猎捕、杀害珍贵、濒危野生动物罪

非法猎捕、杀害珍贵、濒危野生动物罪，是指非法猎捕、杀害国家重点保护的珍贵、濒危野生动物的行为。根据2000年11月27日最高人民法院《关于审理破坏野生动物资源刑事案件具体应用法律若干问题的解释》第1条，“珍贵、濒危野生动物”包括列入国家重点保护野生动物名录的国家一、二级保护野生动物，列入《濒危野生动植物种国际贸易公约》附录一、附录二的野生动物以及驯养繁殖的上述物种。

正确认定本罪，需要注意以下两点。

1. 本罪的罪数认定

（1）使用爆炸、投毒、设置电网等危险方法破坏野生动物资源，构成非法捕猎、杀害珍贵、濒危野生动物罪，同时构成《刑法》第114条或者第115条规定之罪的，属于想象竞合犯，依照处罚较重的规定定罪处罚。

（2）实施本罪，又以暴力、威胁方法抗拒查处，构成其他犯罪的，依照数罪并罚的规定处罚。

（3）故意伤害珍贵、濒危野生动物的，以故意毁坏财物罪论处。实施本罪，同时构成盗窃罪的，属于想象竞合犯，择一重罪论处。

2. 本罪与非法捕捞水产品罪的界限

本罪的对象仅限于珍贵、濒危野生动物，其中包括珍贵、濒危水生动物；而非法捕捞水产品罪的对象是一般水产品。

根据《刑法》第341条第1款和第346条的规定，犯本罪的，处5年以下有期徒刑或者拘役，并处罚金；情节严重的，处5年以上10年以下有期徒刑，并处罚金；情节特别严重的，处10年以上有期徒刑，并处罚金或者没收财产。单位犯本罪的，对单位判处罚金，并对直接负责的主管人员和其他直接责任人员，依照上述规定处罚。

六、非法收购、运输、出售珍贵、濒危野生动物，珍贵、濒危野生动物制品罪

非法收购、运输、出售珍贵、濒危野生动物，珍贵、濒危野生动物制品罪，是指非法收购、运输、出售国家重点保护的珍贵、濒危野生动物及其制品的行为。根据2000年11月27日最高人民法院《关于审理破坏野生动物资源刑事案件具体应用法律若干问题的解释》第2条，“收购”，包括以营利、自用等为目的的购买行为。另，根据2014年4月24日人大常委会《关于〈中华人民共和国刑法〉第三百四十一条、第三百一十二条的解释》，知道或者应当知道是国家重点保护的珍贵、濒危野生动物及其制品，为食用或者其他目的而非法购买的，属于本罪规定的非法收购国家重点保护的珍贵、濒危野生动物及其制品的行为。“运输”，包括采用携带、邮寄、利用他人、使用交通工具等方法进行运送的行为；“出售”，包括出卖和以营利为目的的加工利用行为。

根据《刑法》第341条第1款和第346条，犯本罪的，处5年以下有期徒刑或者拘役，并处罚金；情节严重的，处5年以上10年以下有期徒刑，并处罚金；情节特别严重的，处10年以上有期徒刑，并处罚金或者没收财产。单位犯本罪的，对单位判处罚金，并对其直接负责的主管人员和其他直接责任人员，依照前述规定处罚。

七、非法狩猎罪

非法狩猎罪，是指违反狩猎法规，在禁猎区、禁猎期或者使用禁用的工具、方法进行狩猎，破坏野生动物资源，情节严重的行为。根据2000年11月27日最高人民法院《关于审理破坏野生动物资源刑事案件具体应用法律若干问题的解释》第6条，违反狩猎法规，在禁猎区、禁猎期或者使用禁用的工具、方法狩猎，具有下列情形之一的，属于非法狩猎"情节严重"：(1) 非法狩猎野生动物20只以上的；(2) 违反狩猎法规，在禁猎区或者禁猎期使用禁用的工具、方法狩猎的；(3) 具有其他严重情节的。另根据2008年6月25日最高人民检察院、公安部《关于公安机关管辖的刑事案件立案追诉标准的规定（一）》第66条，非法狩猎，涉嫌下列情形之一的，应予立案追诉：(1) 非法狩猎野生动物20只以上的；(2) 在禁猎区内使用禁用的工具或者禁用的方法狩猎的；(3) 在禁猎期内使用禁用的工具或者禁用的方法狩猎的；(4) 其他情节严重的情形。使用爆炸、投毒、设置电网等危险方法非法狩猎，同时触犯危害公共安全的犯罪的，择一重罪论处。非法狩猎同时触犯非法猎捕、杀害珍贵、濒危野生动物罪的，根据行为的性质与具体情况，择一重罪论处或者进行数罪并罚。非法狩猎同时构成盗窃罪的，择一重罪论处。

根据《刑法》第341条第2款和第346条的规定，犯本罪的，处3年以下有期徒刑、拘役、管制或者罚金。单位犯本罪的，对单位判处罚金，并对其直接负责的主管人员和其他直接责任人员，依照前述规定处罚。

八、非法占用农用地罪

非法占用农用地罪，是指违反土地管理法规，非法占用耕地、林地等农用地，改变被占用土地用途，数量较大，造成耕地、林地等农用地大量毁坏的行为。首先，本罪的成立以违反土地管理法规为前提。根据2001年8月31日全国人大常委会《关于〈中华人民共和国刑法〉第二百二十八条、第三百四十二条、第四百一十条的解释》，"违反土地管理法规"，是指违反土地管理法、森林法、草原法等法律以及有关行政法规中关于土地管理的规定。其次，本罪的成立要求非法占用耕地、林地等农用地，改变被占用土地用途，数量较大，造成耕地、林地等农用地大量毁坏。根据2000年6月19日最高人民法院《关于审理破坏土地资源刑事案件具体应用法律若干问题的解释》第3条，"数量较大"，是指非法占用农田5亩以上或者非法占用基本农田以外的耕地10亩以上。"造成农用地大量毁坏"，是指行为人非法占用农用地建窑、建坟、建房、挖沙、采石、采矿、取土、堆放固体废弃物或者进行其他非农业建设，造成基本农田5亩以上或者基本农田以外的耕地10亩以上种植条件严重毁坏或者严重污染。根据2005年12月26《关于审理破坏林地资源刑事案件具体应用法律若干问题的解释》第1条，违反土地管理法规，非法占用林地，改变被占用林地用途，在非法占用的林地上实施建窑、建坟、建房、挖沙、采石、采矿、取土、种植农作物、堆放或排泄废弃物等行为或者进行其他非林业生产、建设，造成林地的原有植被或林业种植条件严重毁坏或者严重污染，并具有下列情形之一的，应当认定为"数量较大，造成林地大量毁坏"：(1) 非法占用并毁坏防护林地、特种用途林地数量分别或者合计达到5亩以上；(2) 非法占用并毁坏其他林地数量达到10亩以上；(3) 非法占用并毁坏上述规定的林地，数量分别达到相应规定的数量标准的50%以上；(4) 非法占用并毁坏上述规定的林地，其中一项数量达到相应规定的数量标准的50%以上，且两项数量合计达到该项规定的数量标准。根据2012年11月2日最高人民法院《关于审理破坏草原资源刑事案件应用法律若干问题的解释》第2条，非法占用草原，改变被占用草原用途，数量在20亩以上的，或者曾因非法占用草原受过行政处罚，在3年内又非法占用草原，改变被占用草原用途，数量在10亩以上的，应当认定为“数量较大”。根据该解释第3条，非法占用草原，改变被占用草原用途，数量较大，具有下列情形之一的，应当认定为“造成耕地、林地等农用地大量毁坏”：（1）开垦草原种植粮食作物、经济作物、林木的；（2）在草原上建窑、建房、修路、挖砂、采石、采矿、取土、剥取草皮的；（3）在草原上堆放或者排放废弃物，造成草原的原有植被严重毁坏或者严重污染的；（4）违反草原保护、建设、利用规划种植牧草和饲料作物，造成草原沙化或者水土严重流失的；（5）其他造成草原严重毁坏的情形。

根据《刑法》第342条、第346条的规定，犯本罪的，处5年以下有期徒刑或者拘役，并处或者单处罚金；单位犯本罪的，对单位判处罚金，并对其直接负责的主管人员和其他直接责任人员，依照前述规定处罚。

九、非法采矿罪

非法采矿罪，是指违反矿产资源法的规定，未取得采矿许可证擅自采矿，擅自进入国家规划矿区、对国民经济具有重要价值的矿区和他人矿区范围采矿，或者擅自开采国家规定实行保护性开采的特定矿种，情节严重的行为。首先，违反矿产资源法的规定是本罪成立的前提。违反矿产资源法的规定，根据2016年11月28最高人民法院、最高人民检察院《关于办理非法采矿、破坏性采矿刑事案件适用法律若干问题的解释》第1条，是指违反《中华人民共和国矿产资源法》《中华人民共和国水法》等法律、行政法规有关矿产资源开发、利用、保护和管理的规定。其次，本罪在客观方面表现为三种行为方式。（1）未取得采矿许可证擅自采矿。根据前述解释第2条，具有下列情形之一的，应当认定为“未取得采矿许可证”：1）无许可证的；2）许可证被注销、吊销、撤销的；3）超越许可证规定的矿区范围或者开采范围的；4）超出许可证规定的矿种的（共生、伴生矿种除外）；5）其他未取得许可证的情形。（2）擅自进入国家规划矿区、对国民经济具有重要价值的矿区和他人矿区范围采矿，即越界采矿。（3）擅自开采国家规定实行保护性开采的特定矿种。最后，非法采矿要达到情节严重。根据前述解释第3条，实施非法采矿行为，具有下列情形之一的，应当认定为“情节严重”：1）开采的矿产品价值或者造成矿产资源破坏的价值在100 000元至300 000元以上的；2）在国家规划矿区、对国民经济具有重要价值的矿区采矿，开采国家规定实行保护性开采的特定矿种，或者在禁采区、禁采期内采矿，开采的矿产品价值或者造成矿产资源破坏的价值在50 000元至150 000元以上的；3）两年内曾因非法采矿受过两次以上行政处罚，又实施非法采矿行为的；4）造成生态环境严重损害的；5）其他情节严重的情形。多次非法采矿，依法应当追诉的，或者两年内多次非法采矿、破坏性采矿未经处理的，价值数额累计计算。

构成非法采矿罪，同时成立重大责任事故罪、污染环境罪的，应当进行数罪并罚。构成非法采矿罪，同时构成盗窃罪、非法占用农用地罪的，属于想象竞合犯，择一重罪论处。明知是犯罪所得的矿产品及其产生的收益，而予以窝藏、转移、收购、代为销售或者以其他方法掩饰、隐瞒的，以掩饰、隐瞒犯罪所得、犯罪所得收益罪定罪处罚。实施前述规定的犯罪行为，事前通谋的，以共同犯罪论处。在河道管理范围内采砂或者未取得海砂开采海域使用权证，且未取得采矿许可证，采挖海砂，符合法定情形的，以本罪论处。

根据《刑法》第 343 条第 1 款和第 346 条的规定，犯本罪的，处 3 年以下有期徒刑、拘役或者管制，并处或者单处罚金；情节特别严重的，处 3 年以上 7 年以下有期徒刑，并处罚金。实施非法采矿行为，具有下列情形之一的，应当认定为“情节特别严重”：(1) 开采的矿产品价值或者造成矿产资源破坏的价值在 500 000 元至 1 500 000 元以上的；(2) 在国家规划矿区、对国民经济具有重要价值的矿区采矿，开采国家规定实行保护性开采的特定矿种，或者在禁采区、禁采期内采矿，开采的矿产品价值或者造成矿产资源破坏的价值在 250 000 元至 750 000 元以上的；(3) 造成生态环境特别严重损害的；(3) 其他情节特别严重的情形。单位犯本罪的，对单位判处罚金，并对其直接负责的主管人员和其他直接责任人员，依照前述规定处罚。

十、破坏性采矿罪

破坏性采矿罪，是指违反矿产资源法的规定，采取破坏性的方法开采矿产资源，造成矿产资源严重破坏的行为。采取破坏性的方法开采矿产资源，是指行为人违反地质矿产主管部门审查批准的矿产资源开发利用方案开采矿产资源，并造成矿产资源严重破坏的行为。多次破坏性采矿构成犯罪，依法应当追诉的，或者两年内多次破坏性采矿未经处理的，造成矿产资源破坏的数额累计计算。

根据《刑法》第 343 条第 2 款和第 346 条的规定，犯本罪的，处 5 年以下有期徒刑或者拘役，并处罚金；单位犯本罪的，对单位判处罚金，并对其直接负责的主管人员和其他直接责任人员，依照上述规定处罚。

十一、非法采伐、毁坏国家重点保护植物罪

非法采伐、毁坏国家重点保护植物罪，是指违反国家规定，非法采伐、毁坏珍贵树木或国家重点保护的其他植物的行为。本罪的犯罪对象为珍贵树木或国家重点保护的其他植物。根据 2000 年 11 月 22 日最高人民法院《关于审理破坏森林资源刑事案件具体应用法律若干问题的解释》第 1 条，“珍贵树木”包括由省级以上林业主管部门或者其他部门确定的具有重大历史纪念意义、科学研究价值或者年代久远的古树名木，国家禁止、限制出口的珍贵树木以及列入国家重点保护野生植物名录的树木。“国家重点保护的其他植物”，是指已列入《国家重点保护野生植物名录》的其他植物。本罪的行为表现形式为非法采伐和毁坏。

根据《刑法》第 344 条和第 346 条的规定，犯本罪的，处 3 年以下有期徒刑、拘役或者管制，并处罚金；情节严重的，处 3 年以上 7 年以下有期徒刑，并处罚金。单位犯本罪的，对单位判处罚金，并对其直接负责的主管人员和其他直接责任人员，依照上述规定处罚。

十二、非法收购、运输、加工、出售国家重点保护植物、国家重点保护植物制品罪

非法收购、运输、加工、出售国家重点保护植物、国家重点保护植物制品罪，是指违反国家规定，非法收购、运输、加工、出售珍贵树木或国家重点保护的其他植物及其制品的行为。

根据《刑法》第 344 条、第 346 条的规定，犯本罪的，处 3 年以下有期徒刑、拘役或

者管制，并处罚金；情节严重的，处3年以上7年以下有期徒刑，并处罚金。单位犯本罪的，对单位判处罚金，并对其直接负责的主管人员和其他直接责任人员，依照上述规定处罚。

十三、盗伐林木罪

（一）盗伐林木罪的概念和特征

盗伐林木罪，是指自然人或者单位盗伐森林或者其他林木，数量较大的行为。首先，根据2000年11月22日最高人民法院《关于审理破坏森林资源刑事案件具体应用法律若干问题的解释》第3条，本罪在客观方面具体表现为三种行为方式：（1）擅自砍伐国家、集体、他人所有或者他人承包经营管理的森林或者其他林木的；（2）擅自砍伐本单位或者本人承包经营管理的森林或者其他林木的；（3）在林木采伐许可证规定的地点以外采伐国家、集体、他人所有或者他人承包经营管理的森林或者其他林木的。其次，构成本罪须盗伐林木数量较大。根据该解释第4条，盗伐林木“数量较大”，以2至5立方米或者幼树100至200株为起点。

（二）盗伐林木罪的认定

认定此罪应当注意以下三点。

1. 罪与非罪的界限

本罪属于数额犯，只有盗伐林木数量达到较大，才构成本罪，否则不以犯罪论处。根据前述解释第4条、第7条，盗伐林木“数量较大”，以2立方米至5立方米或者幼树（胸径5厘米以下的树木）100株至200株为起点。对于一年内多次盗伐少量林木未经处罚的，累计其盗伐林木的数量，构成犯罪的，依法追究刑事责任。

2. 本罪的罪数认定

盗伐珍贵树木，同时触犯非法采伐、毁坏国家重点保护植物罪的，依照处罚较重的规定定罪处罚。但如果行为人盗伐林木数额较大，同时盗伐珍贵树木、国家重点保护植物的，应当进行数罪并罚。

3. 本罪与盗窃的界限

根据前述解释第9条，将国家、集体、他人所有并已经伐倒的树木窃为己有，以及偷砍他人房前屋后、自留地种植的零星树木，数额较大的，以盗窃罪定罪处罚。

（三）盗伐林木罪的刑事责任

根据《刑法》第345条第1款和第346条的规定，犯本罪的，处3年以下有期徒刑、拘役或者管制，并处或者单处罚金；数量巨大的，处3年以上7年以下有期徒刑，并处罚金；数量特别巨大的，处7年以上有期徒刑，并处罚金。盗伐国家级自然保护区内的林木或者其他林木的，从重处罚。单位犯本罪的，对单位判处罚金，并对其直接负责的主管人员和其他直接责任人员，依照前述规定处罚。

十四、滥伐林木罪

滥伐林木罪，是指违反森林法的规定，滥伐森林或者其他林木，数量较大的行为。所谓滥伐林木，是指违反森林法及其他森林保护法规，未经林业行政主管部门及法律规定的其他主管部门批准并核发林木采伐许可证，或者虽持有林木采伐许可证，但违反林木采伐许可证规定的时间、数量、树种或者方式，任意采伐本单位所有或者本人所有的森林或者其他林木的；或者超过林木采伐许可证规定的数量采伐他人所有的森林或者其他林木的行为。此外，本罪属于数额犯，只有滥伐林木数量较大的才构成本罪。数量较大，以10立方米至20立方米或者幼树500株至1 000株为起点。对于一年内多次滥伐少量林木未经处罚的，按累计数量计算。林木权属争议一方在林木权属确认之前，擅自砍伐森林或者其他林木，数量较大的，以本罪论处。

根据《刑法》第345条第2款、第4款和第346条的规定，犯本罪的，处3年以下有期徒刑、拘役或者管制，并处或者单处罚金；数量巨大的，处3年以上7年以下有期徒刑，并处罚金。滥伐国家级自然保护区内的森林或者其他林木的，从重处罚。单位犯本罪的，对单位判处罚金，并对其直接负责的主管人员和其他直接责任人员，依照前述规定处罚。

十五、非法收购、运输盗伐、滥伐的林木罪

非法收购、运输盗伐、滥伐的林木罪，是指非法收购、运输明知是盗伐、滥伐的林木，情节严重的行为。根据《关于审理破坏森林资源刑事案件具体应用法律若干问题的解释》第11条，情节严重，是指非法收购盗伐、滥伐的林木20立方米以上或者幼树1 000株以上的，或者非法收购盗伐、滥伐的珍贵树木2立方米以上或者5株以上的，以及其他情节严重的情形。根据前述解释第10条，明知是指知道或应当知道其所收购、运输的林木是盗伐、滥伐的林木。除确有证据证明行为人属受蒙骗的外，以下情况可以视为“应当知道”：（1）在非法木材交易场所或销售单位收购木材的；（2）收购以明显低于市场价格出售的木材的；(3) 收购违反规定出售的木材的。

根据《刑法》第345条第3款和第346条的规定，犯本罪的，处3年以下有期徒刑、拘役或者管制，并处或者单处罚金；情节特别严重的，处3年以上7年以下有期徒刑，并处罚金。单位犯本罪的，对单位判处罚金，并对其直接负责的主管人员和其他直接责任人员，依照前述规定处罚。

第八节　走私、贩卖、运输、制造毒品罪

一、走私、贩卖、运输、制造毒品罪

(一) 走私、贩卖、运输、制造毒品罪的概念和构成特征

走私、贩卖、运输、制造毒品罪，是指违反毒品管理法规，走私、贩卖、运输、制造毒品的行为。其构成特征为：

（1）本罪侵犯的客体是国家对毒品的管理制度，犯罪对象是毒品。根据《刑法》第357条第1款，所谓毒品，是指鸦片、海洛因、甲基苯丙胺（冰毒）、吗啡、大麻、可卡因以及国家规定管制的其他能够使人形成瘾癖的麻醉药品和精神药品。

（2）本罪的客观方面表现为走私、贩卖、运输或者制造毒品的行为。具体表现为以下四种行为方式：1）“走私毒品”，是指明知是毒品而非法将其运输、携带、寄递进出国（边）境的行为。直接向走私人非法收购走私进口的毒品，或者在内海、领海、界河、界湖运输、收购、贩卖毒品的行为，这里的走私与走私类罪中的走私概念相同，只是由于走私的对象不同——本罪是走私特定对象毒品，而将其规定在本节类罪之中。2）“贩卖毒品”，是指明知是毒品而非法销售或者以贩卖为目的的非法收买毒品的行为。居间介绍买卖

毒品的，无论是否获利，均以贩卖毒品罪的共犯论处，但如居间人不知道是毒品，则不构成贩卖毒品罪。吸食者相互交换毒品的，不以贩卖论处。2015年5月18日《全国法院毒品犯罪审判工作座谈会纪要》指出：第一，贩毒人员被抓获后，对于从其住所、车辆等处查获的毒品，一般均应认定为其贩卖的毒品。确有证据证明查获的毒品并非贩毒人员用于贩卖，其行为另构成非法持有毒品罪、窝藏毒品罪等其他犯罪的，依法定罪处罚。第二，行为人为他人代购仅用于吸食的毒品，在交通、食宿等必要开销之外收取“介绍费”“劳务费”，或者以贩卖为目的收取部分毒品作为酬劳的，应视为从中牟利，属于变相加价贩卖毒品，以贩卖毒品罪定罪处罚。第三，行为人向走私、贩卖毒品的犯罪分子或者吸食、注射毒品的人员贩卖国家规定管制的能够使人形成瘾癖的麻醉药品或者精神药品的，以贩卖毒品罪定罪处罚。3）“运输毒品”，是指明知是毒品而采用携带、寄递、托运、利用他人或者使用交通工具等方法非法运送毒品的行为。运输毒品必须是在国内，而且不是在内海、领海运输，否则便是走私毒品。根据前述纪要，吸毒者在运输毒品过程中被查获，没有证据证明其是为了实施贩卖毒品等其他犯罪，毒品数量达到较大以上的，以运输毒品罪定罪处罚。行为人为吸毒者代购毒品，在运输过程中被查获，没有证据证明托购者、代购者是为了实施贩卖毒品等其他犯罪，毒品数量达到较大以上的，对托购者、代购者以运输毒品罪的共犯论处。4）“制造毒品”，是指非法利用毒品原植物直接提炼或者用化学方法加工、配制毒品，或者以改变毒品成分和效用为目的，用混合等物理方法加工、配制毒品的行为。为了便于隐蔽运输、销售、使用、欺骗购买者，或者为了增重，对毒品掺杂使假，添加或者去除其他非毒品物质，不属于制造毒品的行为。为了制造毒品而采用生产、加工、提炼等方法非法制造易制毒化学品的，以制造毒品罪（预备）立案追诉。购进制造毒品的设备和原材料，开始着手制造毒品，尚未制造出毒品或者半成品的，以制造毒品罪（未遂）立案追诉。明知他人制造毒品而为其生产、加工、提炼、提供醋酸酐、乙醚、三氯甲烷等制毒物品的，以制造毒品罪的共犯立案追诉。根据2012年6月18日最高人民法院、最高人民检察院、公安部《关于办理走私、非法买卖麻黄碱类复方制剂等刑事案件适用法律若干问题的意见》第1条，以加工、提炼制毒物品制造毒品为目的，购买麻黄碱类复方制剂，或者运输、携带、寄递麻黄碱类复方制剂进出境的，以制造毒品罪论处。根据2013年5月21日最高人民法院、最高人民检察院、公安部、农业部、国家食品药品监督管理总局《关于进一步加强麻黄草管理严厉打击非法买卖麻黄草等违法犯罪活动的通知》第3条，以制造毒品为目的，采挖、收购麻黄草的，依照《刑法》第347条的规定，以制造毒品罪定罪处罚。

（3）本罪的主体是一般主体。自然人和单位均可成立本罪。另外，贩卖毒品的行为构成犯罪的最低刑事责任年龄为年满14周岁，而走私、运输、制造毒品的行为的最低刑事责任年龄为年满16周岁。

（4）本罪的主观方面是故意。毒品犯罪中，判断被告人对涉案毒品是否明知，不能仅凭被告人供述，而应当依据被告人实施毒品犯罪行为的过程、方式，毒品被查获时的情形等证据，结合被告人的年龄、阅历、智力等情况，进行综合分析判断。具有下列情形之一，被告人不能作出合理解释的，可以认定其“明知”是毒品，但有证据证明确属被蒙骗的除外：1）执法人员在口岸、机场、车站、港口和其他检查站点检查时，要求行为人申报为他人携带的物品和其他疑似毒品物，并告知其法律责任，而行为人未如实申报，在其携带的物品中查获毒品的；2）以伪报、藏匿、伪装等蒙蔽手段，逃避海关、边防等检查，在其携带、运输、邮寄的物品中查获毒品的；3）执法人员检查时，有逃跑、丢弃携带物品或者逃避、抗拒检查等行为，在其携带或者丢弃的物品中查获毒品的；4）体内或者贴身隐秘处藏匿毒品的；5）为获取不同寻常的高额、不等值报酬为他人携带、运输物品，从中查获毒品的；6）采用高度隐蔽的方式携带、运输物品，从中查获毒品的；7）采用高度隐蔽的方式交接物品，明显违背合法物品惯常交接方式，从中查获毒品的；8）行程路线故意绕开检查站点，在其携带、运输的物品中查获毒品的；9）以虚假身份或者地址办理托运手续，在其托运的物品中查获毒品的；10）有其他证据足以认定行为人应当知道的。

【案例 26-7】　　杨某贩卖毒品案

被告人杨某，男，28岁，农民。2012年11月10日，被告人杨某在挖地时挖到一块酷似鸦片的黑色硬块，遂将其拣回家中，经找多人看“货”后均辨别不出是否是真鸦片。2013年2月杨某从该“鸦片”上切下700克并分割成小块，准备带到青胜乡出售，途经会缓街时被当地干部发现并当场将“鸦片”缴获。同年6月经群众揭发，杨某交代出隐藏在家中的“鸦片”950克。后经省公安厅检验，送检样品中不含鸦片成分。

在对本案审理时，关于对被告人杨某应定什么罪，有两种意见：一种意见认为，杨某出卖的“鸦片”是假毒品，只能侵犯他人的财产所有权，其行为符合诈骗罪特征，应以诈骗罪（未遂）论处；另一种意见认为，虽然杨某贩卖的是假毒品，但其主观上是认定为真毒品贩卖的，因而，其行为构成贩卖毒品罪（未遂）。本书同意第二种意见，理由在于：从主观上看，杨某具有贩卖毒品的故意。详言之，虽然杨某出卖的是假毒品，但杨某并不知道它是假毒品，且是在确认为真毒品的情况下予以出卖。从客观上看，杨某无视国家禁令，实施了从该“鸦片”上切下700克并分割成小块，准备带到青胜乡出售的贩卖行为。这侵犯了国家对毒品的管理制度。因此，杨某的行为构成贩卖毒品罪，只是由于其认识错误，误将假毒品当成真毒品予以贩卖。这属于对象不能，因而构成犯罪未遂（这种认识错误并不影响本罪的成立，但会造成本罪在客观停止形态上的不同）。值得一提的是，若杨某明知是假毒品而贩卖的，则应构成诈骗罪。

（二）走私、贩卖、运输、制造毒品罪的认定

1. 毒品数量的计算

走私、贩卖、运输、制造毒品的数量多寡决定着对行为人进行刑罚处罚的轻重，因此，正确认定走私、贩卖、运输、制造毒品的数量对行为人具有重要意义。（1）根据《刑法》第347条第1款，走私、贩卖、运输、制造毒品，无论数量多少，都应当依法追究刑事责任，予以刑罚处罚，所以本罪的成立不以毒品数量为必要。（2）根据同条第7款，多次走私、贩卖、运输、制造毒品，未经处理的，毒品数量累计计算。（3）根据《刑法》第357条第2款，毒品的数量以查证属实的走私、贩卖、运输、制造、非法持有毒品的数量计算，不以纯度折算。

根据2015年5月18日《全国法院毒品犯罪审判工作座谈会纪要》，走私、贩卖、运输、制造、非法持有两种以上毒品的，可以将不同种类的毒品分别折算为海洛因的数量，

以折算后累加的毒品总量作为量刑的根据。对于刑法、司法解释或者其他规范性文件明确规定了定罪量刑数量标准的毒品，应当按照该毒品与海洛因定罪量刑数量标准的比例进行折算后累加。对于刑法、司法解释及其他规范性文件没有规定定罪量刑数量标准，但《非法药物折算表》规定了与海洛因的折算比例的毒品，可以按照《非法药物折算表》折算为海洛因后进行累加。对于既未规定定罪量刑数量标准，又不具备折算条件的毒品，综合考虑其致瘾癖性、社会危害性、数量、纯度等因素依法量刑。在裁判文书中，应当客观表述涉案毒品的种类和数量，并综合认定为数量大、数量较大或者少量毒品等，不明确表述将不同种类毒品进行折算后累加的毒品总量。

对于未查获实物的甲基苯丙胺片剂（俗称"麻古"等）、MDMA片剂（俗称"摇头丸"）等混合型毒品，可以根据在案证据证明的毒品粒数，参考本案或者本地区查获的同类毒品的平均重量计算出毒品数量。在裁判文书中，应当客观表述根据在案证据认定的毒品粒数。

对于有吸毒情节的贩毒人员，一般应当按照其购买的毒品数量认定其贩卖毒品的数量，量刑时酌情考虑其吸食毒品的情节；购买的毒品数量无法查明的，按照能够证明的贩卖数量及查获的毒品数量认定其贩毒数量；确有证据证明其购买的部分毒品并非用于贩卖的，不应计入其贩毒数量。

办理毒品犯罪案件，无论毒品纯度高低，一般均应将查证属实的毒品数量认定为毒品犯罪的数量，并据此确定适用的法定刑幅度，但司法解释另有规定或者为了隐蔽运输而临时改变毒品常规形态的除外。涉案毒品纯度明显低于同类毒品的正常纯度的，量刑时可以酌情考虑。

制造毒品案件中，毒品成品、半成品的数量应当全部认定为制造毒品的数量，对于无法再加工出成品、半成品的废液、废料则不应计入制造毒品的数量。对废液、废料的认定，可以根据其毒品成分的含量、外观形态，结合被告人对制毒过程的供述等证据进行分析判断，必要时可以听取鉴定机构的意见。

2. 一罪与数罪的界限

（1）本罪是选择性罪名，行为人只要实施走私、贩卖、运输、制造毒品其中的行为之一，一律构成本罪。实施了两种或者两种以上行为的，则以该两种或两种以上行为并列确定罪名，但不数罪并罚。如行为人只有走私毒品行为的，定为走私毒品罪；如行为人对同一宗毒品，既制造又走私的，则以走私、制造毒品罪定罪。（2）对于行为人一人走私、贩卖、运输、制造或者非法持有两种以上毒品并已构成犯罪的，不应进行数罪并罚，可以考虑毒品的种类、数量及危害，依法处理。（3）走私毒品，又走私其他物品构成犯罪的，按走私毒品罪和其他走私罪进行数罪并罚。盗窃、抢夺、抢劫毒品后又实施其他犯罪的，应当进行数罪并罚。携带枪支、弹药或者爆炸物用于掩护的，应当认定为本罪规定的武装掩护走私、贩卖、运输、制造毒品，不进行数罪并罚。向他人贩卖毒品后又容留其吸食、注射毒品，或者容留他人吸食、注射毒品并向其贩卖毒品，同时触犯容留他人吸毒罪的，以贩卖毒品罪和容留他人吸毒罪数罪并罚。实施《刑法》第287条之一、之二规定的行为，同时构成贩卖毒品罪、非法买卖制毒物品罪、传授犯罪方法罪等犯罪的，依照处罚较重的规定定罪处罚。

3. 误将假毒品当成真毒品而运输、贩卖行为的定性

如行为人在他处购得假毒品，但其以为是真毒品而出售、运输，属于刑法上的认识错

误。因其主观上有故意，客观上有运输、贩卖行为，故应以运输、贩卖毒品罪（未遂）论处。但若行为人将假毒品贩卖给他人，如甲听说乙急需毒品，就装了一包面粉谎称是毒品卖给乙，获得巨额报酬，则对甲的行为只能以诈骗罪定罪量刑，而不认定为贩卖毒品罪。该罪在主观方面表现为直接故意，过失不能构成该罪。行为人要认识到自己的行为会发生危害社会的结果，就必须首先认识到自己贩卖的是毒品，即使行为在客观上表现为贩卖毒品，但只要行为人没有认识到对象是毒品，就不能构成该罪。所以，明知不是毒品而欺骗他人说是毒品以获取利益的，不构成贩卖毒品罪。甲以虚构事实、隐瞒真相的方法，骗取他人财物，其行为当然构成诈骗罪。

4. 毒品案件中特情引诱犯罪的问题

运用特情侦破案件是有效打击毒品犯罪的手段。在审判实践中，有时存在特情人员未严格遵守有关规定，在介入侦破案件中有对他人实施毒品犯罪的犯意引诱和数量引诱的情况。犯意引诱，是指行为人本没有实施毒品犯罪的意图，而在特情人员的诱惑和促成下形成犯意，进而实施毒品犯罪。对具有这种情况的被告人，应当从轻处罚，无论毒品犯罪数量多大，都不应当判处死刑立即执行。数量引诱，是指行为人本来只有实施数量较小的毒品犯罪的故意，在特情人员的引诱下实施了数量较大甚至达到可判处死刑数量的毒品犯罪。对具有这种情况的被告人，应当从轻处罚，即使超过判处死刑的毒品数量标准，一般也不应判处死刑立即执行。

5. 本罪的共犯问题

（1）根据《刑法》第349条第3款的规定，为实施包庇毒品犯罪分子犯罪与窝藏、转移、隐瞒毒品、毒赃罪而事先通谋的，以走私、贩卖、运输、制造毒品罪的共犯论处。（2）根据《刑法》第350条第2款，明知他人制造毒品而为其提供制毒物品的，以制造毒品罪的共犯论处。

另，根据2015年5月18日《全国法院毒品犯罪审判工作座谈会纪要》，办理贩卖毒品案件，应当准确认定居间介绍买卖毒品行为，并与居中倒卖毒品行为相区别。居间介绍者在毒品交易中处于中间人地位，发挥介绍、联络作用，通常与交易一方构成共同犯罪，但不以牟利为要件；居中倒卖者属于毒品交易主体，与前后环节的交易对象是上下家关系，直接参与毒品交易并从中获利。居间介绍者受贩毒者委托，为其介绍、联络购毒者的，与贩毒者构成贩卖毒品罪的共同犯罪；明知购毒者以贩卖为目的购买毒品，受委托为其介绍、联络贩毒者的，与购毒者构成贩卖毒品罪的共同犯罪；受以吸食为目的的购毒者委托，为其介绍、联络贩毒者，毒品数量达到《刑法》第348条规定的最低数量标准的，一般与购毒者构成非法持有毒品罪的共同犯罪；同时与贩毒者、购毒者共谋，联络促成双方交易的，通常认定与贩毒者构成贩卖毒品罪的共同犯罪。居间介绍者实施为毒品交易主体提供交易信息、介绍交易对象等帮助行为，对于促成交易起次要、辅助作用的，应当认定为从犯；对于以居间介绍者的身份介入毒品交易，但在交易中超出居间介绍者的地位，对交易的发起和达成起重要作用的被告人，可以认定为主犯。

两人以上同行运输毒品的，应当从是否明知他人带有毒品，有无共同运输毒品的意思联络，有无实施配合、掩护他人运输毒品的行为等方面，综合审查认定是否构成共同犯罪。受雇于同一雇主同行运输毒品，但受雇者之间没有共同犯罪故意，或者虽然明知他人受雇运输毒品，但各自的运输行为相对独立，既没有实施配合、掩护他人运输毒品的行为，又分别按照各自运输的毒品数量领取报酬的，不应认定为共同犯罪。受雇于同一雇主分段运输同一宗毒品，但受雇者之间没有犯罪共谋的，也不应认定为共同犯罪。雇用他人运输毒品的雇主，及其他对受雇者起到一定组织、指挥作用的人员，与各受雇者分别构成运输毒品罪的共同犯罪，对运输的全部毒品数量承担刑事责任。

此外，根据2008年12月1日最高人民法院《全国部分法院审理毒品犯罪案件工作座谈会纪要》，审理毒品共同犯罪案件应当注意以下几个方面的问题：一是要正确区分主犯和从犯。区分主犯和从犯，应当以各共同犯罪人在毒品共同犯罪中的地位和作用为根据。要从犯意提起、具体行为分工、出资和实际分得毒赃多少以及共犯之间的相互关系等方面，比较各个共同犯罪人在共同犯罪中的地位和作用。在毒品共同犯罪中，为主出资者、毒品所有者或者起意、策划、纠集、组织、雇佣、指使他人参与犯罪以及其他起主要作用的是主犯；起次要或者辅助作用的是从犯。受雇佣、受指使实施毒品犯罪的，应根据其在犯罪中实际发挥的作用具体认定为主犯或者从犯。对于确有证据证明在共同犯罪中起次要或者辅助作用的，不能因为其他共同犯罪人未到案而不认定为从犯，甚至将其认定为主犯或者按主犯处罚。只要认定为从犯，无论主犯是否到案，均应依照刑法关于从犯的规定从轻、减轻或者免除处罚。二是要正确认定共同犯罪案件中主犯和从犯的毒品犯罪数量。对于毒品犯罪集团的首要分子，应按集团毒品犯罪的总数量处罚；对一般共同犯罪的主犯，应按其所参与的或者组织、指挥的毒品犯罪数量处罚；对于从犯，应当按照其所参与的毒品犯罪的数量处罚。三是要根据行为人在共同犯罪中的作用和罪责大小确定刑罚。不同案件不能简单类比，一个案件的从犯参与犯罪的毒品数量可能比另一案件的主犯参与犯罪的毒品数量大，但对这一案件从犯的处罚不是必然重于对另一案件主犯的处罚。共同犯罪中能分清主、从犯的，不能因为涉案的毒品数量特别巨大，就不分主、从犯而一律将被告人认定为主犯或者实际上都按主犯处罚，一律判处重刑甚至死刑。对于共同犯罪中有多个主犯或者共同犯罪人的，处罚上也应做到区别对待。应当全面考察各主犯或者共同犯罪人在共同犯罪中实际发挥作用的差别、主观恶性和人身危险性方面的差异，对罪责或者人身危险性更大的主犯或者共同犯罪人依法判处更重的刑罚。

（三）走私、贩卖、运输、制造毒品罪的刑事责任

根据《刑法》第347条第2款的规定，犯本罪的，具有下列情形之一的，处15年有期徒刑、无期徒刑或者死刑，并处没收财产：（1）走私、贩卖、运输、制造鸦片1 000克以上、海洛因或者甲基苯丙胺50克以上或者其他毒品数量大的；（2）走私、贩卖、运输、制造毒品集团的首要分子；（3）武装掩护走私、贩卖、运输、制造毒品的；（4）以暴力抗拒检查、拘留、逮捕，情节严重的；（5）参与有组织的国际贩毒活动的。2016年4月6日最高人民法院《关于审理毒品犯罪案件适用法律若干问题的解释》第1条规定，走私、贩卖、运输、制造“其他毒品数量大”，是指具有下列情形之一的情况：（1）可卡因50克以上；（2）3，4-亚甲二氧基甲基苯丙胺（MDMA）等苯丙胺类毒品（甲基苯丙胺除外）、吗啡100克以上；（3）芬太尼125克以上；（4）甲卡西酮200克以上；（5）二氢埃托啡10毫克以上；（6）哌替啶（度冷丁）250克以上；（7）氯胺酮500克以上；（8）美沙酮1千克以上；（9）曲马多、γ-羟丁酸2千克以上；（10）大麻油5千克、大麻脂10千克、大麻叶及大麻烟150千克以上；（11）可待因、丁丙诺啡5千克以上；（12）三唑仑、安眠酮50千克以上；（13）阿普唑仑、恰特草100千克以上；（14）咖啡因、罂粟壳200千克以上；（15）巴比妥、苯巴比妥、安钠咖、尼美西泮250千克以上；（16）氯氮卓、艾司唑仑、地西泮、溴西泮500千克以上；（17）上述毒品以外的其他毒品数量大的。

《刑法》第347条第3款规定，走私、贩卖、运输、制造鸦片200克以上不满1 000克、海洛因或者甲基苯丙胺10克以上不满50克或者其他毒品数量较大的，处7年以上有期徒刑，并处罚金。

《刑法》第347条第4款规定，走私、贩卖、运输、制造鸦片不满200克、海洛因或者甲基苯丙胺不满10克或者其他少量毒品的，处3年以下有期徒刑、拘役或者管制，并处罚金；情节严重的，处3年以上7年以下有期徒刑，并处罚金。2016年4月6日最高人民法院《关于审理毒品犯罪案件适用法律若干问题的解释》第4条规定，走私、贩卖、运输、制造毒品，具有下列情形之一的，应当认定为“情节严重”：（1）向多人贩卖毒品或者多次走私、贩卖、运输、制造毒品的；（2）在戒毒场所、监管场所贩卖毒品的；（3）向在校学生贩卖毒品的；（4）组织、利用残疾人、严重疾病患者、怀孕或者正在哺乳自己婴儿的妇女走私、贩卖、运输、制造毒品的；（5）国家工作人员走私、贩卖、运输、制造毒品的；（6）其他情节严重的情形。

《刑法》第347条第5款规定，单位犯本罪的，对单位判处罚金，并对其直接负责的主管人员和其他直接责任人员，依照上述各该款规定处罚。

《刑法》第347条第6款规定，利用、教唆未成年人走私、贩卖、运输、制造毒品，或者向未成年人出售毒品的，从重处罚。

此外，根据《刑法》第356条的规定，因走私、贩卖、运输、制造、非法持有毒品罪被判过刑，又犯本罪的，从重处罚。

二、非法持有毒品罪

非法持有毒品罪，是指违反国家毒品管理法规，明知是鸦片、海洛因或者其他毒品，而非法持有且数量较大的行为。

（1）本罪侵犯的客体是国家的毒品管理制度。（2）本罪在客观方面表现为非法持有鸦片、海洛因或者其他毒品，数量较大的行为。“非法持有”，是指违反国家法律和国家主管部门的规定，占有、携带、藏有或者以其他方式持有毒品的行为。持有的本质是对毒品的实质控制和支配，至于毒品的来源、存放场所，均不影响本罪的成立。非法持有毒品须达法定数量才构成犯罪。此法定数量是指非法持有鸦片200克以上不满1 000克、海洛因或者甲基苯丙胺10克以上不满50克或者其他毒品数量较大的。关于“其他毒品数量较大”的标准，按照2016年4月6日最高人民法院《关于审理毒品犯罪案件适用法律若干问题的解释》规定的标准执行。（3）本罪的主体是一般主体。（4）本罪的主观方面是故意，即明知是毒品而非法持有。如果不知是毒品而持有，不应以犯罪论处。

根据《刑法》第348条的规定，非法持有鸦片1 000克以上，海洛因或者甲基苯丙胺50克以上或者其他毒品数量大的，处7年以上有期徒刑或者无期徒刑，并处罚金。根据2016年4月6日最高人民法院《关于审理毒品犯罪案件适用法律若干问题的解释》第1条，这里的非法持有“其他毒品数量较大”，是指具有下列情形之一：（1）可卡因50克以上；（2）3，4-亚甲二氧基甲基苯丙胺（MDMA）等苯丙胺类毒品（甲基苯丙胺除外）、吗啡100克以上；（3）芬太尼125克以上；（4）甲卡西酮200克以上；（5）二氢埃托啡10毫克以上；（6）哌替啶（度冷丁）250克以上；（7）氯胺酮500克以上；（8）美沙酮1千克以上；（9）曲马多、γ-羟丁酸2千克以上；（10）大麻油5千克、大麻脂10千克、大麻叶及大麻烟150千克以上；（11）可待因、丁丙诺啡5千克以上；（12）三唑仑、安眠酮50千克以上；（13）阿普唑仑、恰特草100千克以上；（14）咖啡因、罂粟壳200千克以上；

（15）巴比妥、苯巴比妥、安钠咖、尼美西泮250千克以上；（16）氯氮卓、艾司唑仑、地西泮、溴西泮500千克以上；（17）上述毒品以外的其他毒品数量大的。

非法持有鸦片200克以上不满1 000克、海洛因或者甲基苯丙胺10克以上不满50克或者其他毒品数量较大的，处3年以下有期徒刑、拘役或者管制，并处罚金；情节严重的，处3年以上7年以下有期徒刑，并处罚金。根据2016年4月6日最高人民法院《关于审理毒品犯罪案件适用法律若干问题的解释》第2条，这里的非法持有"其他毒品数量较大"，是指具有下列情形之一：（1）可卡因10克以上不满50克；（2）3，4-亚甲二氧基甲基苯丙胺（MDMA）等苯丙胺类毒品（甲基苯丙胺除外）、吗啡20克以上不满100克；（3）芬太尼25克以上不满125克；（4）甲卡西酮40克以上不满200克；（5）二氢埃托啡2毫克以上不满10毫克；（6）哌替啶（度冷丁）50克以上不满250克；（7）氯胺酮100克以上不满500克；（8）美沙酮200克以上不满1千克；（9）曲马多、γ-羟丁酸400克以上不满2千克；（10）大麻油1千克以上不满5千克、大麻脂2千克以上不满10千克、大麻叶及大麻烟30千克以上不满150千克；（11）可待因、丁丙诺啡1千克以上不满5千克；（12）三唑仑、安眠酮10千克以上不满50千克；（13）阿普唑仑、恰特草20千克以上不满100千克；（14）咖啡因、罂粟壳40千克以上不满200千克；（15）巴比妥、苯巴比妥、安钠咖、尼美西泮50千克以上不满250千克；（16）氯氮卓、艾司唑仑、地西泮、溴西泮100千克以上不满500千克；（17）上述毒品以外的其他毒品数量较大的。根据该解释第5条，非法持有毒品达到上述数量，且具有下列情形之一的，应当认定为"情节严重"：（1）在戒毒场所、监管场所非法持有毒品的；（2）利用、教唆未成年人非法持有毒品的；（3）国家工作人员非法持有毒品的；（4）其他情节严重的情形。

此外，根据《刑法》第356条，因走私、贩卖、运输、制造、非法持有毒品罪被判过刑，又犯本罪的，从重处罚。

三、包庇毒品犯罪分子罪

包庇毒品犯罪分子罪，是指明知是走私、贩卖、运输、制造毒品的犯罪分子而包庇的行为。（1）本罪侵犯的客体是国家司法机关的正常活动。本罪的犯罪对象，限于走私、贩卖、运输、制造毒品的犯罪分子。（2）本罪的客观方面表现为行为人实施包庇走私、贩卖、运输、制造毒品的犯罪分子的行为。包庇是指明知是走私、贩卖、运输、制造毒品的犯罪分子，为掩盖其罪行而向司法机关作虚假证明或帮其毁灭罪证，从而使其逃避法律制裁的行为。根据2012年5月16日最高人民检察院、公安部《关于公安机关管辖的刑事案件立案追诉标准的规定（三）》第3条，包庇毒品犯罪分子，涉嫌下列情形之一的，应予立案追诉：1）作虚假证明，帮助掩盖罪行的；2）帮助隐藏、转移或者毁灭证据的；3）帮助取得虚假身份或者身份证件的；4）以其他方式包庇犯罪分子的。（3）本罪的主体为一般主体。（4）本罪的主观方面为直接故意。

需要说明的是，本罪与窝藏、包庇罪不同：本罪的包庇对象仅限于毒品犯罪分子。实施本罪是否成立共犯，关键在于行为人实施包庇行为时是否与走私、贩卖、运输、制造毒品的犯罪分子事先有通谋。

《刑法》第349条第1款规定，犯本罪的，处3年以下有期徒刑、拘役或者管制；情节严重的，处3年以上10年以下有期徒刑。根据2016年4月6日最高人民法院《关于审理毒品犯罪案件适用法律若干问题的解释》第6条第1款，包庇走私、贩卖、运输、制造毒品的犯罪分子，具有下列情形之一的，应当认定为“情节严重”：（1）被包庇的犯罪分子依法应当判处15年有期徒刑以上刑罚的；（2）包庇多名或者多次包庇走私、贩卖、运输、制造毒品的犯罪分子的；（3）严重妨害司法机关对被包庇的犯罪分子实施的毒品犯罪进行追究的；（4）其他情节严重的情形。

《刑法》第349条第2款规定，缉毒人员或者其他国家机关工作人员掩护、包庇走私、贩卖、运输、制造毒品的犯罪分子的，依照本罪的规定从重处罚。

该条第3款规定，犯本罪事先有通谋的，以走私、贩卖、运输、制造毒品罪的共犯论处。

根据《刑法》第356条，因走私、贩卖、运输、制造、非法持有毒品罪被判过刑，又犯本罪的，从重处罚。

四、窝藏、转移、隐瞒毒品、毒赃罪

窝藏、转移、隐瞒毒品、毒赃罪，是指明知是毒品或毒品犯罪所得的财物，而加以窝藏、转移、隐瞒的行为。

本罪与洗钱罪的区别在于：本罪是窝藏、转移、隐瞒毒品、毒赃本身，并不将这些物品转换为其他合法方式；而洗钱罪是掩饰、隐瞒毒品犯罪的违法所得及其产生的收益的来源和性质，并赋予其合法形式。

本罪与掩饰、隐藏犯罪所得罪最本质的区别在于：本罪的对象是特定的，即毒品、毒赃；而后者的对象泛指所有犯罪所得。二者之间存在着法条竞合关系，应按特别法优于普通法的原则进行处理。

根据《刑法》第349条第1款的规定，犯本罪的，处3年以下有期徒刑、拘役或者管制；情节严重的，处3年以上10年以下有期徒刑。根据2016年4月6日最高人民法院《关于审理毒品犯罪案件适用法律若干问题的解释》第6条第2款，为走私、贩卖、运输、制造毒品的犯罪分子窝藏、转移、隐瞒毒品或者毒品犯罪所得的财物，具有下列情形之一的，应当认定为“情节严重”：（1）为犯罪分子窝藏、转移、隐瞒毒品达到《刑法》第347条第2款第1项或者本解释第1条第1款规定的“数量大”标准的；（2）为犯罪分子窝藏、转移、隐瞒毒品犯罪所得的财物价值达到5万元以上的；（3）为多人或者多次为他人窝藏、转移、隐瞒毒品或者毒品犯罪所得的财物的；（4）严重妨害司法机关对该犯罪分子实施的毒品犯罪进行追究的；（5）其他情节严重的情形。

犯本罪事先有通谋的，以走私、贩卖、运输、制造毒品罪的共犯论处。

五、非法生产、买卖、运输制毒物品、走私制毒物品罪

非法生产、买卖、运输制毒物品、走私制毒物品罪，是指违反国家规定，非法生产、买卖、运输醋酸酐、乙醚、三氯甲烷或者其他用于制造毒品的原料、配剂，或者携带上述物品进出境，情节较重的行为。（1）本罪侵犯的客体是国家的毒品管理制度。（2）本罪在客观方面表现为违反国家规定，非法生产、买卖、运输醋酸酐、乙醚、三氯甲烷或者其他用于制造毒品的原料、配剂，或者携带上述物品进出境，情节较重的行为。根据2009年6月23日最高人民法院、最高人民检察院、公安部《关于办理制毒物品犯罪案件适用法律若干问题的意见》第1条第2项，违反国家规定，实施下列行为之一的，认定为非法买卖制毒物品的行为：1）未经许可或者备案，擅自购买、销售易制毒化学品的；2）超出许可证

明或者备案证明的品种、数量范围购买、销售易制毒化学品的；3）使用他人的或者伪造、变造、失效的许可证明或者备案证明购买、销售易制毒化学品的；4）经营单位违反规定，向无购买许可证明、备案证明的单位、个人销售易制毒化学品的，或者明知购买者使用他人的或者伪造、变造、失效的购买许可证明、备案证明，向其销售易制毒化学品的；5）以其他方式非法买卖易制毒化学品的。根据2016年4月6日最高人民法院《关于审理毒品犯罪案件适用法律若干问题的解释》第7条，非法生产、买卖、运输制毒物品、走私制毒物品，达到下列数量标准的，应当认定为“情节较重”：1）麻黄碱（麻黄素）、伪麻黄碱（伪麻黄素）、消旋麻黄碱（消旋麻黄素）1千克以上不满5千克；2）1-苯基-2-丙酮、1-苯基-2-溴-1-丙酮、“3，4-亚甲基二氧苯基-2-丙酮”、羟亚胺2千克以上不满10千克；3）3-氧-2-苯基丁腈、邻氯苯基环戊酮、去甲麻黄碱（去甲麻黄素）、甲基麻黄碱（甲基麻黄素）4千克以上不满20千克；4）醋酸酐10千克以上不满50千克；5）麻黄浸膏、麻黄浸膏粉、胡椒醛、黄樟素、黄樟油、异黄樟素、麦角酸、麦角胺、麦角新碱、苯乙酸20千克以上不满100千克；6）N-乙酰邻氨基苯酸、邻氨基苯甲酸、三氯甲烷、乙醚、哌啶50千克以上不满250千克；7）甲苯、丙酮、甲基乙基酮、高锰酸钾、硫酸、盐酸100千克以上不满500千克；8）其他制毒物品数量相当的。违反国家规定，非法生产、买卖、运输制毒物品、走私制毒物品，达到前述数量标准最低值的50%，且具有下列情形之一的，应当认定为“情节较重”：1）曾因非法生产、买卖、运输制毒物品、走私制毒物品受过刑事处罚的；2）两年内曾因非法生产、买卖、运输制毒物品、走私制毒物品受过行政处罚的；3）一次组织5人以上或者多次非法生产、买卖、运输制毒物品、走私制毒物品，或者在多个地点非法生产制毒物品的；4）利用、教唆未成年人非法生产、买卖、运输制毒物品、走私制毒物品的；5）国家工作人员非法生产、买卖、运输制毒物品、走私制毒物品的；6）严重影响群众正常生产、生活秩序的；7）其他情节较重的情形。易制毒化学品生产、经营、购买、运输单位或者个人未办理许可证明或者备案证明，生产、销售、购买、运输易制毒化学品，确实用于合法生产、生活需要的，不以制毒物品犯罪论处。（3）本罪的主体为一般主体。（4）本罪在主观方面是故意。根据《关于办理制毒物品犯罪案件适用法律若干问题的意见》第2条，对于走私或者非法买卖制毒物品行为，有下列情形之一，且查获了易制毒化学品，结合犯罪嫌疑人、被告人的供述和其他证据，经综合审查判断，可以认定其“明知”是制毒物品而走私或者非法买卖，但有证据证明确属被蒙骗的除外：1）改变产品形状、包装或者使用虚假标签、商标等产品标志的；2）以藏匿、夹带或者其他隐蔽方式运输、携带易制毒化学品逃避检查的；3）抗拒检查或者在检查时丢弃货物逃跑的；4）以伪报、藏匿、伪装等蒙蔽手段逃避海关、边防等检查的；5）选择不设海关或者边防检查站的路段绕行出入境的；6）以虚假身份、地址办理托运、邮寄手续的；7）以其他方法隐瞒真相，逃避对易制毒化学品依法监管的。

根据《刑法》第350条的规定，犯本罪的，处3年以下有期徒刑、拘役或者管制，并处罚金；情节严重的，处3年以上7年以下有期徒刑，并处罚金；情节特别严重的，处7年以上有期徒刑，并处罚金或者没收财产。明知他人制造毒品而为其生产、买卖、运输前述物品的，以制造毒品罪的共犯论处。单位犯本罪的，对单位判处罚金，并对其直接负责的主管人员和其他直接责任人员，依照前述规定处罚。

六、非法种植毒品原植物罪

非法种植毒品原植物罪，是指违反毒品原植物种植管理法规，非法种植罂粟、大麻等毒品原植物，数量较大或者有其他严重情节的行为。(1) 本罪侵犯的客体是国家对毒品原植物的管制。(2) 本罪的客观方面表现为行为人实施了非法种植罂粟、大麻等毒品原植物，数量较大或者有其他严重情节的行为。具体而言有三种情形：1) 种植罂粟 500 株、不满 3 000 株或者其他毒品原植物数量较大的。根据 2016 年 4 月 6 日最高人民法院《关于审理毒品犯罪案件适用法律若干问题的解释》第 9 条，非法种植毒品原植物，具有下列情形之一的，应当认定为其他毒品原植物“数量较大”：第一，非法种植大麻 5 000 株以上不满 3 万株的；第二，非法种植罂粟 200 平方米以上不满 1 200 平方米、大麻 2 000 平方米以上不满 1.2 万平方米，尚未出苗的；第三，非法种植其他毒品原植物数量较大的。2) 经公安机关处理后又种植的。3) 抗拒铲除的。(3) 本罪的主体是一般主体。(4) 本罪的主观方面是故意。

认定本罪应当注意其与制造毒品罪的界限。本罪是指种植毒品原植物的行为，后者是指将毒品原植物进行加工、提炼，制造毒品的行为。此外，(1) 非法种植毒品原植物数量较大，又以其作为原料制造毒品的，应当以制造毒品罪从重处罚。(2) 与制造毒品的犯罪分子就日后收购毒品原植物进行事前通谋的，应当以制造毒品罪的共犯论处。(3) 非法种植毒品原植物数量较大，又实施另外的制造毒品行为的，应当分别定罪量刑，实行并罚。

《刑法》第 351 条第 1 款规定，犯本罪的，处 5 年以下有期徒刑、拘役或者管制，并处罚金。该条第 2 款规定，非法种植罂粟 3 000 株以上或者其他毒品原植物数量大的，处 5 年以上有期徒刑，并处罚金或者没收财产。非法种植罂粟或者其他毒品原植物，在收获前自动铲除的，可以免除处罚。

此外，根据《刑法》第 356 条，因走私、贩卖、运输、制造、非法持有毒品罪被判过刑，又犯本罪的，从重处罚。

七、非法买卖、运输、携带、持有毒品原植物种子、幼苗罪

非法买卖、运输、携带、持有毒品原植物种子、幼苗罪，是指非法买卖、运输、携带、持有数量较大的未经灭活的罂粟等毒品原植物种子、幼苗的行为。“未经灭活”，是指未进行消灭植物繁殖和生长机能的处理，种子、幼苗还能生长发育。本罪为数额犯，即只有行为人非法买卖、运输、携带、持有的毒品原植物种子、幼苗属“数量较大”的，才构成本罪。根据 2016 年 4 月 6 日最高人民法院《关于审理毒品犯罪案件适用法律若干问题的解释》第 10 条，非法买卖、运输、携带、持有未经灭活的毒品原植物种子或者幼苗，具有下列情形之一的，应当认定为“数量较大”：(1) 罂粟种子 50 克以上、罂粟幼苗 5 000 株以上的；(2) 大麻种子 50 千克以上、大麻幼苗 5 万株以上的；(3) 其他毒品原植物种子或者幼苗数量较大的。

根据《刑法》第 352 条的规定，犯本罪的，处 3 年以下有期徒刑、拘役或者管制，并处或者单处罚金。

此外，根据《刑法》第 356 条的规定，因走私、贩卖、运输、非法持有毒品罪被判过刑，又犯本罪的，从重处罚。

八、引诱、教唆、欺骗他人吸毒罪

引诱、教唆、欺骗他人吸毒罪，是指引诱、教唆、欺骗他人吸食、注射毒品的行为。（1）本罪侵犯的客体是国家毒品管制制度和他人身心健康。（2）本罪的客观方面表现为行为人实施了引诱、教唆、欺骗他人吸食、注射毒品的行为。本罪属选择性罪名，行为人只要实施了这三种行为之一，便可成立本罪。（3）本罪的主体为一般主体。（4）本罪的主观方面为故意。

《刑法》第353条第1款规定，犯本罪的，处3年以下有期徒刑、拘役或者管制，并处罚金；情节严重的，处3年以上7年以下有期徒刑，并处罚金。根据2016年4月6日最高人民法院《关于审理毒品犯罪案件适用法律若干问题的解释》第11条，引诱、教唆、欺骗他人吸食、注射毒品，具有下列情形之一的，应当认定为“情节严重”：（1）引诱、教唆、欺骗多人或者多次引诱、教唆、欺骗他人吸食、注射毒品的；（2）对他人身体健康造成严重危害的；（3）导致他人实施故意杀人、故意伤害、交通肇事等犯罪行为的；（4）国家工作人员引诱、教唆、欺骗他人吸食、注射毒品的；（5）其他情节严重的情形。

《刑法》第353条第3款规定，引诱、教唆、欺骗未成年人吸食、注射毒品的，从重处罚。

此外，根据《刑法》第356条，因走私、贩卖、运输、制造、非法持有毒品罪被判过刑，又犯本罪的，从重处罚。

九、强迫他人吸毒罪

强迫他人吸毒罪，是指强迫他人吸食、注射毒品的行为。所谓强迫，是指违背他人意志，使用暴力、胁迫等手段，迫使他人吸食、注射毒品。

根据《刑法》第353条第2款的规定，犯本罪的，处3年以上10年以下有期徒刑，并处罚金。根据该条第3款的规定，强迫未成年人吸食、注射毒品的，从重处罚。

此外，根据《刑法》第356条，因走私、贩卖、运输、制造、非法持有毒品罪被判过刑，又犯本罪的，从重处罚。

十、容留他人吸毒罪

容留他人吸毒罪，是指明知他人吸毒而为其吸食、注射毒品提供场所的行为。（1）本罪侵害的客体是国家对毒品的管制制度和他人身心健康。（2）本罪的客观方面表现为行为人实施了容留他人吸毒的行为。此处的容留既包括容留他人在自己家中吸食、注射毒品，也包括容留他人在自己所办的旅店、餐厅、歌舞厅等各种场所吸食、注射毒品。容留的人数、次数以及持续时间的长短不是本罪的构成要件，只是可以作为量刑情节予以考虑。（3）本罪的主体是一般主体。（4）本罪的主观方面是故意。

2016年4月6日最高人民法院《关于审理毒品犯罪案件适用法律若干问题的解释》第12条规定，容留他人吸食、注射毒品，具有下列情形之一的，应当以容留他人吸毒罪定罪处罚：（1）一次容留多人吸食、注射毒品的；（2）两年内多次容留他人吸食、注射毒品的；（3）两年内曾因容留他人吸食、注射毒品受过行政处罚的；（4）容留未成年人吸食、注射毒品的；（5）以牟利为目的容留他人吸食、注射毒品的；（6）容留他人吸食、注射毒品造成严重后果的；（7）其他应当追究刑事责任的情形。向他人贩卖毒品后又容留其吸食、注射毒品，或者容留他人吸食、注射毒品并向其贩卖毒品，构成本罪，同时触犯贩卖毒品罪的，以贩卖毒品罪和容留他人吸毒罪数罪并罚。容留近亲属吸食、注射毒品，情节显著轻微，危害不大的，不作为犯罪处理；需要追究刑事责任的，可以酌情从宽处罚。

根据《刑法》第354条的规定，犯本罪的，处3年以下有期徒刑、拘役或者管制，并处罚金。

此外，根据《刑法》第356条的规定，因犯走私、贩卖、运输、制造、非法持有毒品罪被判过刑，又犯本罪的，从重处罚。

十一、非法提供麻醉药品、精神药品罪

非法提供麻醉药品、精神药品罪，是指依法从事生产、运输、管理、使用国家管制的麻醉药品、精神药品的单位或者个人，违反国家规定，向吸食、注射毒品的人提供国家规定管制的能够使人形成瘾癖的麻醉药品、精神药品的行为。(1) 本罪侵犯的客体是国家对麻醉药品、精神药品的管制制度和公民的身心健康，犯罪对象是国家规定管制的能够使人形成瘾癖的麻醉药品、精神药品。(2) 本罪的客观方面表现为违反国家规定，向吸食、注射毒品的人提供国家规定管制的能够使人形成瘾癖的麻醉药品、精神药品的行为。所谓“非法提供”，是指依法从事生产、运输、管理、使用国家管制的麻醉药品、精神药品的单位和人员，明知他人是吸食、注射毒品的人而向其提供上述物品。非法提供上述物品的数量不影响本罪的成立。(3) 本罪的主体是特殊主体，即依法从事生产、运输、管理、使用国家管制的麻醉药品、精神药品的人员或者单位。(4) 本罪的主观方面是直接故意，即明知是吸食、注射毒品的人与明知是国家规定管制的能够使人形成瘾癖的麻醉药品、精神药品而向其故意非法提供麻醉药品和精神药品。

根据《刑法》第355条的规定，犯本罪的，处3年以下有期徒刑或者拘役，并处罚金；情节严重的，处3年以上7年以下有期徒刑，并处罚金；单位犯本罪的，对单位判处罚金，并对其直接负责的主管人员和其他直接责任人员，依上述规定处罚。

向走私、贩卖毒品的犯罪分子或者以牟利为目的向吸收、注射毒品的人提供国家规定管制的能够使人形成瘾癖的麻醉药品、精神药品的，依照《刑法》第347条的规定以贩卖毒品罪定罪处罚。

第九节　组织、强迫、引诱、容留、介绍卖淫罪

一、组织卖淫罪

(一) 组织卖淫罪的概念和构成特征

组织卖淫罪，是指以招募、雇佣、强迫、引诱、容留等手段，组织他人从事卖淫的行为。(1) 本罪侵犯的客体是良好的社会道德风尚。(2) 本罪的客观方面表现为组织他人卖淫的行为。所谓“组织”，是指以招募、雇佣、强迫、引诱、容留等手段，控制或者支配多人从事卖淫的行为，一般表现为两种情况：一是设置卖淫场所或者变相卖淫场所，如行为人以办酒店、旅馆、娱乐场所之名，行卖淫之实；二是没有固定的卖淫场所，但通过控制或者支配方式，支配多人卖淫的。所谓“他人”，包括男性、女性，也包括双性人。所谓“卖淫”，是指以营利为目的，与不特定的对方发生性交或者进行其他淫乱活动，既包括组

织女性以支付金钱为条件与非特定的男性进行的自然性交和非自然的性活动如口交、肛交等，也包括组织男性当男妓与非特定对象进行的上述自然和非自然的性活动；既可以是男性与女性进行的性行为或淫乱活动，也可以是同性之间进行的非自然性行为或淫乱活动。但单纯为异性手淫的，组织女性用乳房摩擦男性生殖器的，组织女性被特定人保养的，不应认定为组织卖淫罪。（3）本罪的主体是卖淫活动的组织者，没有组织他人卖淫，只是自己参与卖淫的，不构成犯罪。（4）本罪的主观方面是故意，且多数情况下具有营利目的。

【案例 26-8】　　李某组织卖淫案

犯罪嫌疑人李某为了获取更多的不正当利益，广招苏北和河南相貌端庄的男性，在其开设的酒吧组织男性卖淫活动，并收取所谓的“坐台费”。后经群众举报，李某被公安机关抓获。因组织男性卖淫罪没有现实法律依据，检察院无法批捕，后经公安机关的复议、复核申请，检察机关最终提起公诉。

在本案中，一个特别需要关注的问题就是对于“他人”的范围如何界定。“他人”当然包括女性，组织男性卖淫的，是否也构成本罪呢？本案的焦点在于像这种同性之间卖淫能不能包含在《刑法》所规定的“卖淫”概念当中，不同的理解直接关系到对这个案件是作为犯罪来处理还是不作为犯罪来处理，是作为此罪处理还是作为他罪处理。众所周知，在“组织卖淫罪”中，没有看到任何关于性别的描述。本案中李某是否构成组织卖淫罪，关键是在于性别的认定方面。那种认为既然法律没有明文规定，李某的行为就不构成犯罪的观点显然是错误的，因为，从客体上看，本案中李某的行为已经严重违反了社会道德风尚；从客观方面看，本案当中李某招募、容留男性卖淫的行为就是组织卖淫的行为。就“卖淫”这个词而言，它的本质是一种“性交易”，也就是一方提供金钱或者其他的物质，另一方提供性服务。只要符合这样一个条件都应当叫“卖淫”。所以在这个案子当中，不管行为人组织的是女性还是男性，对行为人都理应以组织卖淫罪来定罪。从主观方面看，本案中李某实施组织卖淫的行为是故意，且具有获取更多不正当利益的特定目的。可见，李某的行为完全符合组织卖淫罪的全部构成要件，因此，李某的行为构成组织卖淫罪。

（二）组织卖淫罪的认定

认定本罪，应当注意本罪与强迫卖淫罪，引诱、容留、介绍卖淫罪的界限。（1）在组织他人卖淫的活动中，对被组织卖淫的人有强迫、引诱、容留、介绍卖淫行为的，应当作为组织他人卖淫罪的量刑情节予以考虑，不进行数罪并罚。（2）如果强迫、引诱、容留、介绍卖淫行为是对行为人所组织的被组织者以外的其他人进行的，则应分别定罪，实行并罚。

犯本罪，并有杀害、伤害、强奸、绑架等犯罪行为的，依照数罪并罚的规定并罚。

此外，《刑法》第 361 条第 1 款规定，旅馆业、饮食服务业、文化娱乐业、出租汽车业等单位的人员，利用本单位的条件，组织他人卖淫的，依照本罪定罪处罚。该条第 2 款规定，前款所列单位的主要负责人，犯前款罪的，从重处罚。

（三）组织卖淫罪的刑事责任

根据《刑法》第 358 条第 1 款的规定，犯本罪的，处 5 年以上 10 年以下有期徒刑，并处罚金；情节严重的，处10年以上有期徒刑或者无期徒刑，并处罚金或没收财产。

该条第2款规定，组织未成年人卖淫的，依照本罪从重处罚。

二、强迫卖淫罪

强迫卖淫罪，是指以暴力、胁迫或者其他方法，强迫他人卖淫的行为。

认定本罪时应注意：(1) 本罪与组织卖淫罪的界限。本罪是用暴力、威胁方法强迫他人卖淫，而后者是将自愿卖淫的人组织起来，虽然组织卖淫时有可能使用欺骗、游说、利诱、威逼等手段，但不直接使用暴力；本罪侵害的客体包括生命健康权和人身自由权，而组织卖淫罪侵害的客体只是良好的社会道德风尚。(2) 本罪与强奸罪的界限。本罪与强奸罪虽然都表现为使用暴力、威胁等方法强迫被害人发生性行为，但强奸罪强迫的是被害人与行为人自己发生性关系，而本罪强迫的是被害人与行为人以外的人发生性关系。强奸罪不含金钱交易成分，而本罪中强迫他人卖淫一般来说是为了获取钱财。犯本罪，并有杀害、伤害、强奸、绑架等犯罪行为的，依照数罪并罚的规定并罚。(3)《刑法》第361条第1款规定，旅馆业、饮食服务业、文化娱乐业、出租汽车业等单位的人员，利用本单位的条件，强迫他人卖淫的，依照本罪定罪处罚。该条第2款规定，前款所列单位的主要负责人，犯前款罪的，从重处罚。

根据《刑法》第358条第1款的规定，犯本罪的，处5年以上10年以下有期徒刑，并处罚金；情节严重的，处10年以上有期徒刑或者无期徒刑，并处罚金或者没收财产。

该条第2款规定，强迫未成年人卖淫的，依照本罪从重处罚。

三、协助组织卖淫罪

协助组织卖淫罪，是指为组织卖淫的人招募、运送人员或者有其他协助组织他人卖淫的行为。

(1) 从刑法关于共同犯罪的理论来看，协助组织卖淫的行为，应与组织卖淫行为成立共同犯罪，其罪名应定为“组织卖淫罪”。进一步讲，协助行为无非组织行为的帮助行为而已。由于《刑法》将这种帮助犯作为一种独立的犯罪加以规定并规定了独立的法定刑，在对协助组织卖淫的行为定性时，就不能将其作为共同犯罪中的从犯看待，而必须视其为一种独立的犯罪。这也是罪刑法定原则的要求。

(2)《刑法》第361条第1款规定，旅馆业、饮食服务业、文化娱乐业、出租汽车业等单位的人员，利用本单位的条件，协助他人卖淫的，依照本罪定罪处罚。该条第2款规定，前款所列单位的主要负责人，犯前款罪的，从重处罚。

根据《刑法》第358条第4款的规定，犯本罪的，处5年以下有期徒刑，并处罚金；情节严重的，处5年以上10年以下有期徒刑，并处罚金。

四、引诱、容留、介绍卖淫罪

引诱、容留、介绍卖淫罪，是指利用金钱、财物等手段诱使他人卖淫，或者为他人卖淫提供场所，或者为卖淫进行介绍的行为。(1) 本罪侵害的客体是良好的社会道德风尚。(2) 本罪的客观方面表现为行为人实施了引诱、容留、介绍他人卖淫的行为。如果行为人只实施了引诱他人卖淫的行为，则罪名是引诱卖淫罪；如行为人既实施了引诱，又实施了容留及介绍卖淫的行为，仍然是一罪，罪名便是引诱、容留、介绍卖淫罪，不数罪并罚。

根据2008年6月25日最高人民检察院、公安部《关于公安机关管辖的刑事案件立案追诉标准的规定（一）》第78条，引诱、容留、介绍他人卖淫，涉嫌下列情形之一的，应予立案追诉：1）引诱、容留、介绍2人次以上卖淫的；2）引诱、容留、介绍已满14周岁、未满18周岁的未成年人卖淫的；3）被引诱、容留、介绍卖淫的人患有艾滋病或者患有梅毒、淋病等严重性病。4）其他引诱、容留、介绍卖淫应予追究刑事责任的情形。（3）本罪的主体是一般主体。（4）本罪的主观方面是故意。

认定本罪应当注意本罪与包庇罪的界限。《刑法》第362条规定，旅馆业、饮食服务业、文化娱乐业、出租汽车业等单位的人员，在公安机关查处卖淫、嫖娼活动时，为违法犯罪分子通风报信、情节严重的，依照《刑法》第310条包庇罪的规定定罪处罚。

根据《刑法》第359条第1款的规定，犯本罪的，处5年以下有期徒刑、拘役或者管制，并处罚金；情节严重的，处5年以上有期徒刑，并处罚金。

五、引诱幼女卖淫罪

引诱幼女卖淫罪，是指引诱不满14周岁的幼女卖淫的行为。（1）本罪侵害的客体是优良的社会道德风尚和幼女身心健康，其犯罪对象限于不满14周岁的幼女。（2）本罪在客观方面表现为行为人实施了引诱幼女卖淫的行为。（3）本罪的主体为一般主体。（4）本罪的主观方面为故意，即行为人明知被引诱者是不满14周岁的幼女而引诱其卖淫。

根据《刑法》第359条第2款的规定，犯本罪的，处5年以上有期徒刑，并处罚金。

六、传播性病罪

传播性病罪，是指明知自己患有梅毒、淋病等严重性病而卖淫或者嫖娼的行为。（1）本罪侵害的客体是优良的社会道德风尚和公民的生命健康权。（2）本罪在客观方面表现为行为人在明知自己患有梅毒、淋病等严重性病的情况下而卖淫或者嫖娼。本罪为选择性罪名，行为人实施“卖淫”或“嫖娼”之一即可以成立本罪。（3）本罪的主体为特殊主体，只能是明知自己患有梅毒、淋病等严重性病的人。（4）本罪的主观方面为故意。明知自己患有梅毒、淋病等严重性病而卖淫、嫖娼的，应予立案追诉。

认定本罪时应当注意以下问题：（1）本罪既遂与未遂的界限。本罪是行为犯，只要行为人明知自己患有梅毒、淋病等严重性病仍然进行卖淫、嫖娼行为即可。本罪既遂的成立不以造成他人实际上感染了严重性病为必要。（2）组织卖淫的行为人明知被组织者患有严重的性病仍然组织其卖淫的，行为人在构成组织卖淫罪的同时，构成传播性病罪，应当进行数罪并罚。（3）本罪与故意伤害罪的界限。行为人明知自己患有严重性病而希望通过某种性行为将性病传播给特定的他人的，应直接以故意伤害罪定罪量刑。（4）本罪“明知”的认定。根据2008年6月25日最高人民检察院、公安部《关于公安机关管辖的刑事案件立案追诉标准的规定（一）》第80条，具有下列情形之一的，可以认定为行为人在主观上具备“明知”：1）有证据证明曾到医院就医，被诊断为患有严重性病的；2）根据本人的知识和经验，能够知道自己患有严重性病的；3）通过其他方法能够证明被告人是明知的。

根据《刑法》第360条的规定，犯本罪的，处5年以下有期徒刑、拘役或者管制，并处罚金。

第十节 制作、贩卖、传播淫秽物品罪

一、制作、复制、出版、贩卖、传播淫秽物品牟利罪

(一) 制作、复制、出版、贩卖、传播淫秽物品牟利罪的概念和特征

制作、复制、出版、贩卖、传播淫秽物品牟利罪，是指以牟利为目的，制作、复制、出版、贩卖、传播淫秽物品的行为。其构成特征为：

(1) 本罪侵害的客体是国家文化市场管理秩序和优良的社会道德风尚，犯罪对象是淫秽物品。根据《刑法》第367条第1款的规定，“淫秽物品”是指具体描绘性行为或者露骨宣扬色情的诲淫性的书刊、影片、录像带、录音带、图片及其他淫秽物品。但是有关人体艺术、生理卫生、医学知识的图片和著作不是淫秽物品；包含有色情内容但有艺术价值的文学、艺术作品不视为淫秽物品。此外，2004年9月3日最高人民法院、最高人民检察院《关于办理利用互联网、移动通讯终端、声讯台制作、复制、出版、贩卖、传播淫秽电子信息刑事案件具体应用法律若干问题的解释》第9条指出：《刑法》第367条第1款规定的“其他淫秽物品”，包括具体描绘性行为或者露骨宣扬色情的诲淫性的视频文件、音频文件、电子刊物、图片、文章、短信息等互联网、移动通信终端电子信息和声讯台语音信息。有关人体生理、医学知识的电子信息和声讯台语音信息不是淫秽物品。包含色情内容的有艺术价值的电子文学、艺术作品不视为淫秽物品。

(2) 本罪的客观方面表现为制作、复制、出版、贩卖、传播淫秽物品的行为。制作是指生产、录制、摄制、编写、加工、剪辑、绘制、刻印、洗印等行为；复制是指复印、拓印、翻拍等重复制作活动；出版是指编辑、印刷等行为；贩卖是指销售、发行等行为；传播是指播放、出租、出借、承运、邮寄等行为。实施上述行为之一，即构成本罪。实施数行为，亦构成一罪，不进行数罪并罚。

(3) 本罪的主体是一般主体。

(4) 本罪的主观方面是故意，即明知是淫秽物品而制作、复制、出版、贩卖、传播，而且须有牟利的目的。牟利目的既可以通过支付淫秽物品的对价实现，也可以通过网络传播淫秽物品，以广告、流量等方式实现。

(二) 制作、复制、出版、贩卖、传播淫秽物品牟利罪的认定

根据2010年2月2日，最高人民法院、最高人民检察院《关于办理利用互联网、移动通讯终端、声讯台制作、复制、出版、贩卖、传播淫秽电子信息刑事案件具体应用法律若干问题的解释（二）》第4、6、7条，以牟利为目的，网站建立者、直接负责的管理者明知他人制作、复制、出版、贩卖、传播的是淫秽电子信息；以牟利为目的，允许或者放任他人在自己所有、管理的网站或者网页上发布的；电信业务经营者、互联网信息服务提供者明知是淫秽网站，为其提供互联网接入、服务器托管、网络存储空间、通讯传输通道、代收费等服务，并收取服务费的；或者明知是淫秽网站，以牟利为目的，通过投放广告等方式向其直接或者间接提供资金，或者提供费用结算服务的，以本罪论处。其中的网站，网站，是指可以通过互联网域名、IP地址等方式访问的内容提供站点。以制作、复制、出版、贩卖、传播淫秽电子信息为目的建立或者建立后主要从事制作、复制、出版、贩卖、传播淫秽电子信息活动的网站，为淫秽网站。

根据前述解释第8条，实施上述三类行为，同时具有下列情形之一的，应当认定行为人“明知”，但是有证据证明确实不知道的除外：（1）行政主管机关书面告知后仍然实施上述行为的；（2）接到举报后不履行法定管理职责的；（3）为淫秽网站提供互联网接入、服务器托管、网络存储空间、通讯传输通道、代收费、费用结算等服务，收取服务费明显高于市场价格的；（4）向淫秽网站投放广告，广告点击率明显异常的；（5）其他能够认定行为人明知的情形。

明知他人实施制作、复制、出版、贩卖、传播淫秽电子信息犯罪，为其提供互联网接入、服务器托管、网络存储空间、通讯传输通道、费用结算等帮助的，对直接负责的主管人员和其他直接责任人员，以共同犯罪论处。

（三）制作、复制、出版、贩卖、传播淫秽物品牟利罪的刑事责任

根据《刑法》第363条第1款，犯本罪的，处3年以下有期徒刑、拘役或者管制，并处罚金；情节严重的，处3年以上10以下有期徒刑，并处罚金；情节特别严重的，处10年以上有期徒刑或者无期徒刑，并处罚金或者没收财产。

根据《刑法》第366条，单位犯本罪的，对单位判处罚金，并对其直接负责的主管人员和其他直接责任人员，依上述规定处罚。

二、为他人提供书号出版淫秽书刊罪

为他人提供书号出版淫秽书刊罪，是指违反国家书刊出版管理法规，为他人提供书号，出版淫秽书刊的行为。（1）本罪侵害的客体是国家书刊出版管理制度和社会优良的道德风尚。（2）本罪的客观方面表现为行为人实施了为他人提供书号，出版淫秽书刊的行为。书号，是书刊得以合法公开出版的凭证。为他人淫秽书刊提供书号，本质上就是帮助他人出版淫秽书刊。（3）本罪的主体为特殊主体，一般是新闻出版部门的管理人员或者单位。（4）本罪的主观方面为过失。如果行为人明知用于出版淫秽书刊而提供书号的，则应以出版淫秽物品牟利罪论处。

根据《刑法》第363条第2款的规定，犯本罪的，处3年以下有期徒刑、拘役或者管制，并处或者单处罚金。

根据《刑法》第366条，单位犯本罪的，对单位判处罚金，并对其直接负责的主管人员和其他直接责任人员，依上述规定处罚。

三、传播淫秽物品罪

传播淫秽物品罪，是指传播淫秽的书刊、影片、音像、图片或者其他淫秽物品，情节严重的行为。（1）本罪侵害的客体是国家文化制品管理秩序和社会优良的道德风尚。（2）本罪在客观方面表现为，行为人实施了传播淫秽书刊、影片、音像、图片或者其他淫秽物品，情节严重的行为。所谓传播，是指将淫秽书刊、影片、音像、图片或者其他淫秽物品在社会上广为散播，如将淫秽书刊、图片等散发给群众，向不特定多数人播放淫秽影片、音像等。所谓情节严重，根据1998年12月17日最高人民法院《关于审理非法出版物刑事案件具体应用法律若干问题的解释》第10条，是指向他人传播淫秽的书刊、影片、音像、图片等出版物达300人次至600人次以上或者造成恶劣社会影响的。对于利用互联网等制作、复制、出版、贩卖、传播淫秽电子信息的，应当根据最高人民法院、最高人民检察院《关于办理利用互联网、移动通讯终端、声讯台制作、复制、出版、贩卖、传播淫秽电子

信息刑事案件具体应用法律若干问题的解释》和《关于办理利用互联网、移动通讯终端、声讯台制作、复制、出版、贩卖、传播淫秽电子信息刑事案件具体应用法律若干问题的解释（二）》确定的标准执行。（3）本罪的主体为一般主体，既可以是自然人，也可以是单位。（4）本罪的主观方面为故意，但不具有牟利的目的。如果行为人以牟利为目的实施本罪行为，则构成传播淫秽物品牟利罪。明知他人实施制作、复制、出版、贩卖、传播淫秽电子信息犯罪，为其提供互联网接入、服务器托管、网络存储空间、通信传输通道、费用结算等帮助的，对直接负责的主管人员和其他直接责任人员，以共同犯罪论处。

根据《刑法》第 364 条第 1 款的规定，犯本罪的，处 2 年以下有期徒刑、拘役或者管制。该条第 4 款规定，向不满 18 周岁的未成年人传播淫秽物品的，从重处罚。

根据《刑法》第 366 条，单位犯本罪的，对单位判处罚金，并对其直接负责的主管人员和其他直接责任人员依照上述规定处罚。

四、组织播放淫秽音像制品罪

组织播放淫秽音像制品罪，是指不以牟利为目的，组织播放淫秽的电影、录像等音像制品的行为。

根据《刑法》第 364 条第 2 款的规定，犯本罪的，处 3 年以下有期徒刑、拘役或者管制，并处罚金；情节严重的，处 3 年以上 10 年以下有期徒刑，并处罚金。该条第 3 款规定，制作、复制淫秽的电影、录像等音像制品组织播放的，从重处罚。该条第 4 款规定，向不满 18 周岁的未成年人传播淫秽物品的，从重处罚。

根据《刑法》第 366 条，单位犯本罪的，对单位判处罚金，并对其直接负责的主管人员和其他直接责任人员，依照上述规定处罚。

五、组织淫秽表演罪

组织淫秽表演罪，是指组织他人进行淫秽表演的行为。本罪侵害的客体是国家对文化市场的管理秩序和优良的社会道德风尚。“淫秽表演”，是指表演者以语言、动作来具体描述性行为或者露骨宣扬色情的表演。本人进行淫秽表演，不影响本罪的成立。

【案例 26-9】　谢某、孙某组织淫秽表演案

被告人谢某，男，33 岁，某酒楼经理。被告人孙某，男，42 岁，无业。2004 年 10 月，被告人谢某以每月 1 万元的租金从孙某手中兑下一酒楼，由于生意不是太好，谢某便开始苦心琢磨经营特色。在有了主意后，他便给酒店内的小姐开会，要求每个小姐必须脱光衣服跳裸体舞，小姐跳一个小时收费 100 元，交回店内 30 元。到 2005 年 5 月，酒店生意开始好转，生意的迅速好转使得谢某主动将给孙某的月租金增加了 1 500 元。孙某早就知道谢某接手后，酒店生意一直不好，并已打算在 10 月份租期满时将酒楼收回，但谢某突然给他增加租金的做法让他感到很奇怪，孙某遂来到酒楼查看，发现谢某原来是推出了跳裸体舞的服务之后而使生意好转的。孙某认为，虽然谢某的行为不太光彩，但只要能让生意火起来就是好事，便也未多说就走开了。6、7、8 月，谢某仍以每月 1.15 万元的标准交付孙某月租金，孙某大喜，遂于 9 月份主动与谢某续签了两年的出租合同。2005 年 9 月 18 日晚，公安机关在接到群众举报后将谢某拘留。

在本案的审理过程中，对于谢某的行为构成组织淫秽表演罪没有异议，但关于对孙某行为应当如何认定则存在分歧：一种意见认为，孙某明知谢某实施了组织淫秽表演的行为，而在出租酒楼的合同将要期满之时主动与谢某续签，为其提供表演场地，因而，孙某在本案中实际上是处在帮助犯的地位上，其行为亦构成组织淫秽表演罪；另一种意见认为，孙某未具体实施组织淫秽表演的行为，在主观上也未与谢某串通，因而，不成立共同犯罪，孙某的行为不能被认定为犯罪。上述分歧的实质在于对片面共犯应当如何处理。

在本案中，由于本案的实行犯谢某并不知道孙某实质上是在暗中帮助他，两人在主观上没有双向的合意，因而孙某的行为属于片面共犯。从客观上看，孙某虽非组织淫秽表演行为的具体实施者，但他在明知谢某是在以组织淫秽表演的形式招揽顾客的情况下，不但没有制止，反而为了牟利，与谢某续签出租合同。这实质上是一种为谢某组织淫秽表演提供场地的帮助行为，并且其行为的社会危害性已经达到应当受刑罚惩罚的程度。另从主观上看，孙某主观上具有帮助谢某完成犯罪行为而使自己获利的故意。所以，对于孙某的行为应当以组织淫秽表演罪的从犯（帮助犯）论处，否则，不利于惩治犯罪的需要。

根据《刑法》第365条的规定，犯本罪的，处3年以下有期徒刑、拘役或者管制，并处罚金；情节严重的，处3年以上10年以下有期徒刑，并处罚金。

根据《刑法》第366条，单位犯本罪的，对单位判处罚金，并对其直接负责的主管人员和其他直接责任人员，依照上述规定处罚。

【问题与思考】

1. 伪证罪要求发生在刑事诉讼之中，那么，刑罚执行过程中是否属于刑事诉讼中？被告人教唆他人为自己作伪证的，是否成立伪证罪？

2. 甲教唆其子乙实施抢劫罪，乙实施抢劫后，甲提供资金让乙逃往外地，并主动向公安机关“交代”自己一人实施了抢劫行为。对甲的行为如何处理？

3. 根据《刑法》第17条第2款的规定，年满14周岁的人贩卖毒品的，应依法追究刑事责任。那么，年满14周岁，实施走私、制造、运输毒品行为的，是否以犯罪论处？

4. 甲组织女性和双性人向特定的女同性恋者提供色情服务，进行淫乱活动。对甲的行为应当如何定性？

第二十七章
危害国防利益罪

参考书目

1. 高铭暄，马克昌主编．刑法学．7 版．北京：北京大学出版社，高等教育出版社，2016.

2. 韩玉胜主编．刑法各论案例分析．3 版．北京：中国人民大学出版社，2014.

3. 张明楷．刑法学．5 版．北京：法律出版社，2016.

4. 张军主编．刑法［分则］及配套规定新释新解．下．9 版．北京：人民法院出版社，2016.

5. 黄林异主编．危害国防利益罪．北京：中国人民公安大学出版社，2003.

6. 最高人民法院刑事审判第一，二，三，四，五庭主办．中国刑事审判指导案例．北京：法律出版社，2012.

参考法规

1.《刑法》第 368～381 条

2. 2005 年 2 月 28 日全国人民代表大会常务委员会《中华人民共和国刑法修正案（五）》

3. 2009 年 2 月 28 日全国人民代表大会常务委员会《中华人民共和国刑法修正案（七）》

4. 2009年8月27日全国人民代表大会常务委员会《关于修改部分法律的决定》

5. 2007年6月26日最高人民法院《关于审理危害军事通信刑事案件具体应用法律若干问题的解释》

6. 2008年6月25日最高人民检察院、公安部《关于公安机关管辖的刑事案件立案追诉标准的规定（一）》

7. 2011年7月20日最高人民法院、最高人民检察院《关于办理妨害武装部队制式服装、车辆号牌管理秩序等刑事案件具体应用法律若干问题的解释》

引例　向某冒充军人招摇撞骗案

被告人向某系无业人员。2008年3月，向某伪造了某部队的公文、证件、印章，并购置了军服，自称是某部“上校”军官，来到某市。向某以为“军办企业”招工为名同该市劳动局取得了联系，经该市劳动局批准后向全市发出公告，称拟招收男工50名，并要求报名者每人交纳体检费100元。公告发出后一周内，有二百多人踊跃报名。向某在收到体检费后携款逃走。

对于被告人向某的行为应当如何定罪处罚？

第一节　危害国防利益罪概述

一、危害国防利益罪的概念和特征

危害国防利益罪，是指故意或者过失危害国防利益，依照法律应受刑罚处罚的犯罪行为。其构成特征是：

（1）危害国防利益罪侵犯的客体是国防利益。所谓国防利益，是指国家为防备和抵抗外来侵略，制止武装颠覆，保卫国家的主权、统一、领土完整和安全所进行的军事活动，以及与军事有关的政治、经济、外交、科技、教育等方面活动的利益。本类犯罪的犯罪对象包括：武装部队，军人，军用武器装备，军事设施，军事通信，军事禁区和军事管理区，兵员，部队的公文、证件、印章，部队专用标志，等等。

（2）危害国防利益罪的客观方面表现为故意或者过失危害国防利益，依照法律应受刑罚处罚的犯罪行为。危害国防利益的行为方式因具体罪名的不同而有不同的表现形式，如阻碍军人执行职务，破坏武器装备、军事设施、军事通信，过失提供不合格武器装备、军事设施，聚众冲击军事禁区，冒充军人招摇撞骗，伪造、变造、买卖武装部队公文、证件、印章，战时拒绝、逃避征召、军事训练，等等。

（3）危害国防利益罪的主体是一般主体，即年满16周岁、具备刑事责任能力的自然人；少数犯罪也可以由单位构成，如故意提供不合格武器装备、军事设施罪，非法生产、买卖武装部队制式服装罪，伪造、盗窃、买卖、非法提供、非法使用武装部队专用标志罪，战时拒绝、故意延误军事订货罪等。

（4）危害国防利益罪的主观方面大多数表现为故意，只有过失损坏武器装备、军事设施、军事通信罪和过失提供不合格武器装备、军事设施罪两个罪的主观方面表现为过失。

二、危害国防利益罪的分类

《刑法》分则第七章规定的危害国防利益罪共有23个罪名，按照构成犯罪是否需要具备战时的要件，可以分为平时危害国防利益的犯罪和战时危害国防利益的犯罪两类。所谓战时，是指国家宣布进入战争状态、部队受领作战任务或者遭敌突然袭击时。部队执行戒严任务或者处置突发性暴力事件时，以战时论。

1. 平时危害国防利益的犯罪

这类犯罪不需要具备战时的要件，即平时和战时均可构成犯罪，包括16个罪名：阻碍军人执行职务罪，阻碍军事行动罪，破坏武器装备、军事设施、军事通信罪，过失损坏武器装备、军事设施、军事通信罪，故意提供不合格武器装备、军事设施罪，过失提供不合格武器装备、军事设施罪，聚众冲击军事禁区罪，聚众扰乱军事管理区秩序罪，冒充军人招摇撞骗罪，煽动军人逃离部队罪，雇用逃离部队军人罪，接送不合格兵员罪，伪造、变造、买卖武装部队公文、证件、印章罪，盗窃、抢夺武装部队公文、证件、印章罪，非法生产、买卖武装部队制式服装罪，伪造、盗窃、买卖、非法提供、非法使用武装部队专用标志罪。

2. 战时危害国防利益的犯罪

这类犯罪需要具备战时的要件，即只有战时才能成立这类犯罪，包括7个罪名：战时拒绝、逃避征召、军事训练罪，战时拒绝、逃避服役罪，战时故意提供虚假敌情罪，战时造谣扰乱军心罪，战时窝藏逃离部队军人罪，战时拒绝、故意延误军事订货罪，战时拒绝军事征收、征用罪。

第二节　平时危害国防利益的犯罪

一、阻碍军人执行职务罪

（一）阻碍军人执行职务罪的概念和特征

阻碍军人执行职务罪，是指以暴力、威胁方法阻碍军人依法执行职务的行为。其构成特征是：

（1）本罪侵犯的客体是军人依法执行职务的活动，犯罪对象是正在依法执行职务的军人。所谓军人，是指中国人民解放军和中国人民武装警察部队的现役军官（警官）、文职干部、士兵和具有军籍的学员。执行军事任务的预备役人员和其他人员，以军人论，也可以成为本罪的犯罪对象。有学者认为，本罪的犯罪对象不包括军事指挥人员，值班、执勤人员。本书认为，作此限制是没有法律依据的。虽然《刑法》第426条规定了阻碍执行军事职务罪，但其主体仅限于军人，对于非军人阻碍军事指挥人员，值班、执勤人员执行职务的，应当以阻碍军人执行职务罪定罪处罚，因此，本罪的犯罪对象所指的军人应包括所有依法执行职务的军人。

（2）本罪的客观方面表现为以暴力、威胁方法阻碍军人依法执行职务的行为。所谓暴力，是指使用捆绑、拘禁、殴打、伤害及其他方法危害人身安全或者限制人身自由，或者强行毁坏装备、设施和财物，使对方不能正常执行职务的行为。所谓威胁，是指以实施暴力、逼迫、恫吓等方式，使对方不能正常执行职务的行为。所谓执行职务，是指军人正在依法履行特定职责。

（3）本罪的主体是一般主体，即年满16周岁、具备刑事责任能力的自然人。

（4）本罪的主观方面表现为故意，即行为人明知对方是正在依法执行职务的军人，而故意以暴力、威胁方法予以阻碍。

【案例27-1】　张某等阻碍军人执行职务案

1998年春节过后，从东方市火车站外出务工的人员激增，市政府请求武警支队派官兵协助检查危险品，维持车站秩序。同年2月18日，川付乡农民张某等一行10人准备南下至广州，在进入火车站广场时，被武警战士宋某、徐某二人拦住，要求张某等人接受危险品检查。张某由于刚坐出租车被"宰"而满腹怒气，拒绝接受检查，并扬言要揍宋、徐二人一顿。当宋某再次要求张某接受检查时，张某出手便打。其同伙也相继动手，将宋、徐打倒在地，并把二人跟指挥中心联系的步话机摔坏，把执勤用的军用摩托车砸毁。后来在公安人员的协助下，张某等10人被抓获。

本案中，被告人张某等人明知武警战士宋、徐二人依法正在执行检查危险品的任务，却使用暴力加以阻碍，他们的行为构成阻碍军人执行职务罪。

（二）阻碍军人执行职务罪的认定

1. 阻碍军人执行职务罪与妨害公务罪的界限

二者在犯罪客观方面、犯罪主体、犯罪主观方面均较为相似，阻碍军人执行职务的行为实质上也是一种妨害公务的行为，因此，二者属于法条竞合的关系，在具体适用刑法时，应当按照特别法优于普通法的原则，以阻碍军人执行职务罪定罪处罚。

2. 阻碍军人执行职务罪与故意伤害罪、故意杀人罪的界限

对于行为人以暴力方法阻碍军人依法执行职务而致人伤害、死亡的，在构成阻碍军人执行职务罪的同时，也构成故意伤害罪或故意杀人罪，属于刑法理论上的想象竞合犯，应当从一重处罚。鉴于故意伤害罪致人轻伤的法定刑与阻碍军人执行职务罪的法定刑相同，直接以阻碍军人执行职务罪定罪处罚即可；如果行为人以暴力方法阻碍军人依法执行职务而致人重伤、死亡的，则应当以故意伤害罪、故意杀人罪定罪处罚。

（三）阻碍军人执行职务罪的刑事责任

根据《刑法》第368条第1款的规定，犯本罪的，处3年以下有期徒刑、拘役、管制或者罚金。

二、阻碍军事行动罪

阻碍军事行动罪，是指故意阻碍武装部队军事行动，造成严重后果的行为。其构成特征是：（1）本罪侵犯的客体是武装部队的军事行动。（2）本罪的客观方面表现为故意阻碍武装部队军事行动，造成严重后果的行为。所谓故意阻碍武装部队军事行动，是指故意阻挠或者妨碍武装部队进行作战、戒严、演习、训练、修筑军事设施、抢险救灾等履行职能的活动，具体手段多种多样，如设置交通障碍，煽动群众围堵，停止水、电、气供应等。所谓造成严重后果，是指造成战役、战斗失利，人员伤亡，武器装备毁损，或者造成严重

经济损失等。(3) 本罪的主体是一般主体。(4) 本罪的主观方面表现为故意，即行为人明知是武装部队的军事行动而故意予以阻碍。

根据《刑法》第 368 条第 2 款的规定，犯本罪的，处 5 年以下有期徒刑或者拘役。

三、破坏武器装备、军事设施、军事通信罪

破坏武器装备、军事设施、军事通信罪，是指行为人出于泄愤报复或者其他个人目的，破坏武器装备、军事设施、军事通信的行为。其构成特征是：(1) 本罪侵犯的客体是武装部队战斗力的物质保障，犯罪对象是武器装备、军事设施、军事通信。(2) 本罪的客观方面表现为破坏武器装备、军事设施、军事通信的行为。2007 年 6 月 26 日最高人民法院《关于审理危害军事通信刑事案件具体应用法律若干问题的解释》第 5 条第 1 款指出：建设、施工单位直接负责的主管人员、施工管理人员，明知是军事通信线路、设备而指使、强令、纵容他人予以损毁的，或者不听管护人员劝阻，指使、强令、纵容他人违章作业，造成军事通信线路、设备损毁的，以破坏军事通信罪定罪处罚。(3) 本罪的主体是一般主体。(4) 本罪的主观方面表现为故意，即行为人明知是武器装备、军事设施、军事通信，出于泄愤报复或者其他个人目的而故意破坏。

【案例 27-2】　吴某某破坏军事设施案

2013 年 8 月 15 日上午 9 时许，吴某某为盗剪电缆线牟利，携带事先准备的手电筒、钢丝钳、螺丝刀、锯片等作案工具，窜至解放军某部一营炮连驻石狮市永宁镇沙堤防区 3 号阵地坑道内，剪断正在使用中的一营营部至坑道阵地主电缆线二段及坑道内接线井引接至五个阵地的电缆线五段，盗走电缆线 15.4 米，致使该部队坑道及阵地既设通信线路设施遭到破坏，需要全部更换，直接经济损失人民币 14 158 元。

本案中，吴某某为了盗取电缆线牟利，明知是军用通信线路而进行破坏，其行为构成破坏军事设施罪。

根据《刑法》第 369 条第 1、3 款的规定，犯本罪的，处 3 年以下有期徒刑、拘役或者管制；破坏重要武器装备、军事设施、军事通信的，处 3 年以上 10 年以下有期徒刑；情节特别严重的，处 10 年以上有期徒刑、无期徒刑或者死刑；战时犯本罪的，从重处罚。

四、过失损坏武器装备、军事设施、军事通信罪

过失损坏武器装备、军事设施、军事通信罪，是指行为人过失损坏武器装备、军事设施、军事通信，造成严重后果的行为。其构成特征是：(1) 本罪侵犯的客体是武装部队战斗力的物质保障，犯罪对象是武器装备、军事设施、军事通信。(2) 本罪的客观方面表现为过失损坏武器装备、军事设施、军事通信，造成严重后果的行为。所谓造成严重后果，是指造成人员重伤、死亡的，造成巨大经济损失的，造成重要军事通信中断或者严重障碍的，严重影响作战、演习、抢险救灾等重大任务完成的，以及其他造成严重后果的情形。2007 年 6 月 26 日最高人民法院《关于审理危害军事通信刑事案件具体应用法律若干问题的解释》第 5 条第 2 款指出：建设、施工单位直接负责的主管人员、施工管理人员，忽视军事通信线路、设备保护标志，指使、纵容他人违章作业，致使军事通信线路、设备损

毁，构成犯罪的，以过失损坏军事通信罪定罪处罚。（3）本罪的主体是一般主体。（4）本罪的主观方面表现为过失，既包括疏忽大意的过失，也包括过于自信的过失。

【案例 27－3】 **高某某过失损坏军事通信案**

2015年12月19日22时许，高某某驾驶一辆中型自卸货车在L市第一医院M分院南侧洪岱路建筑工地倾倒沥青时，将中国人民解放军某部队架空的国防光缆（该光缆系重要军事通信光缆）和三根电线杆拉断，造成财产损失价值17 375元。

本案中，高某某过失损坏军事通信，造成重要军事通信中断，财产损失价值17 375元，造成了严重后果，其行为构成过失损坏军事通信罪。

根据《刑法》第369条第2、3款的规定，犯本罪的，处3年以下有期徒刑或者拘役；造成特别严重后果的，处3年以上7年以下有期徒刑。战时犯本罪的，从重处罚。

五、故意提供不合格武器装备、军事设施罪

故意提供不合格武器装备、军事设施罪，是指明知是不合格的武器装备、军事设施而提供给武装部队的行为。其构成特征是：（1）本罪侵犯的客体是武装部队战斗力的物质保障，犯罪对象是武器装备、军事设施。（2）本罪的客观方面表现为将不合格的武器装备、军事设施提供给武装部队的行为。涉嫌下列情形之一的，应予立案追诉：1）造成人员轻伤以上的；2）造成直接经济损失10万元以上的；3）提供不合格的枪支3支以上、子弹100发以上、雷管500枚以上、炸药5千克以上或者其他重要武器装备、军事设施的；4）影响作战、演习、抢险救灾等重大任务完成的；5）发生在战时的；6）其他故意提供不合格武器装备、军事设施，应予追究刑事责任的情形。（3）本罪的主体是特殊主体，即武器装备、军事设施的生产者、建造者、经营者和销售者，既包括自然人，也包括单位。（4）本罪的主观方面表现为故意，即明知是不合格的武器装备、军事设施而仍将其提供给武装部队。

根据《刑法》第370条第1款的规定，犯本罪的，处5年以下有期徒刑或者拘役；情节严重的，处5年以上10年以下有期徒刑；情节特别严重的，处10年以上有期徒刑、无期徒刑或者死刑。该条第3款规定：单位犯本罪的，对单位判处罚金，并对其直接负责的主管人员和其他直接责任人员，依照前述规定处罚。

六、过失提供不合格武器装备、军事设施罪

过失提供不合格武器装备、军事设施罪，是指违反武器装备、军事设施的质量管理规定，因为过失将不合格的武器装备、军事设施提供给武装部队，造成严重后果的行为。其构成特征是：（1）本罪侵犯的客体是武装部队战斗力的物质保障，犯罪对象是武器装备、军事设施。（2）本罪的客观方面表现为将不合格的武器装备、军事设施提供给武装部队，造成严重后果的行为。所谓造成严重后果，是指具有下列情形之一：1）造成死亡1人或者重伤3人以上的；2）造成直接经济损失30万元以上的；3）严重影响作战、演习、抢险救灾等重大任务完成的；4）其他造成严重后果的情形。（3）本罪的主体是特殊主体，即武器装备、军事设施的生产者、建造者、经营者和销售者。（4）本罪的主观方面表现为过失，即行为人由于过失而将不合格的武器装备、军事设施提供给武装部队。

根据《刑法》第370条第2款的规定，犯本罪的，处3年以下有期徒刑或者拘役；造成特别严重后果的，处3年以上7年以下有期徒刑。

七、聚众冲击军事禁区罪

聚众冲击军事禁区罪，是指组织、策划、指挥聚众冲击军事禁区或者积极参加聚众冲击军事禁区，严重扰乱军事禁区秩序的行为。其构成特征是：(1) 本罪侵犯的客体是军事禁区的正常秩序。所谓军事禁区，是指国家根据军事设施的性质、特点、作用、安全、保密的需要和使用效能的特殊要求，在依法划定的一定范围的陆域、水域和空域采取特殊措施重点保护的区域。(2) 本罪的客观方面表现为聚众冲击军事禁区，严重扰乱军事禁区秩序的行为。所谓聚众，是指纠集多人实施犯罪行为，一般应当是纠集3人以上，有起组织、策划、指挥作用的首要分子，有积极实施犯罪活动、行动特别卖力的积极参加者，还有其他一般参加者。所谓严重扰乱军事禁区秩序，是指具有下列情形之一：1) 冲击3次以上或者一次冲击持续时间较长的；2) 持械或者采取暴力手段冲击的；3) 冲击重要军事禁区的；4) 发生在战时的；5) 其他严重扰乱军事禁区秩序，应予追究刑事责任的情形。(3) 本罪的主体是一般主体。法律规定只追究首要分子和其他积极参加者的刑事责任。(4) 本罪的主观方面表现为故意。

根据《刑法》第371条第1款的规定，犯本罪的，对首要分子，处5年以上10年以下有期徒刑；对其他积极参加者，处5年以下有期徒刑、拘役、管制或者剥夺政治权利。

八、聚众扰乱军事管理区秩序罪

聚众扰乱军事管理区秩序罪，是指组织、策划、指挥聚众扰乱军事管理区秩序或者积极参加聚众扰乱军事管理区秩序，致使军事管理区工作无法进行，造成严重损失的行为。其构成特征是：(1) 本罪侵犯的客体是军事管理区的正常秩序。所谓军事管理区，是指国家根据军事设施的性质、特点、作用、安全、保密的需要和使用效能的特殊要求，在依法划定的陆域、水域的一定范围内，采取比较严格的措施予以保护的区域。(2) 本罪的客观方面表现为聚众扰乱军事管理区秩序，情节严重，致使军事管理区工作无法进行，造成严重损失的行为。所谓聚众，是指纠集多人实施犯罪行为，一般应当是纠集3人以上，有起组织、策划、指挥作用的首要分子，有积极实施犯罪活动、行动特别卖力的积极参加者，还有其他一般参加者。所谓造成严重损失，是指具有下列情形之一：1) 造成人员轻伤以上的；2) 扰乱3次以上或者一次扰乱持续时间较长的；3) 造成直接经济损失5万元以上的；4) 持械或者采取暴力手段的；5) 扰乱重要军事管理区秩序的；6) 发生在战时的；7) 其他聚众扰乱军事管理区秩序，应予追究刑事责任的情形。(3) 本罪的主体是一般主体。法律规定只追究首要分子和其他积极参加者的刑事责任。(4) 本罪的主观方面表现为故意。

根据《刑法》第371条第2款的规定，犯本罪的，对首要分子，处3年以上7年以下有期徒刑；对其他积极参加者，处3年以下有期徒刑、拘役、管制或者剥夺政治权利。

九、冒充军人招摇撞骗罪

(一) 冒充军人招摇撞骗罪的概念和特征

冒充军人招摇撞骗罪，是指以谋取非法利益为目的，冒充军人招摇撞骗的行为。其构成特征是：(1) 本罪侵犯的客体是武装部队和军人的声誉。(2) 本罪的客观方面表现为行为人冒充军人招摇撞骗的行为。(3) 本罪的主体是一般主体。(4) 本罪的主观方面表现为故意，行为人具有牟取非法利益的目的。

【案例 27-4】　　安某等冒充军人招摇撞骗案

2015年10月15日至10月23日，被告人安某伙同赵某持伪造的军官证、特别通行证，冒充为在中央军委工作的军人，并假借在Z市以帮被害人王某承接幼儿园工程为名，骗取王某信任，后通过让王某支付住宿费、请吃喝、送礼品、购买火车票等形式行骗，骗取王某支付费用共计7 118元。2013年10月23日，安某被公安机关抓获。2014年6月5日，公安机关根据安某提供的信息，将赵某抓获。

本案中，安某、赵某冒充军人招摇撞骗，其行为构成冒充军人招摇撞骗罪。

(二) 冒充军人招摇撞骗罪的认定

1. 冒充军人招摇撞骗罪与招摇撞骗罪的界限

二者在客观方面的表现颇为相似，主要区别是：(1) 冒充的对象不同。这是区别二者的关键。前者冒充的是军人，后者冒充的是国家机关工作人员。(2) 侵犯的客体不同。前者侵犯的客体是武装部队和军人的声誉，后者侵犯的客体是国家机关和国家机关工作人员的声誉。

2. 冒充军人招摇撞骗罪与诈骗罪的界限

二者在客观方面均有诈骗的行为，主要区别是：(1) 侵犯的客体不同。前者侵犯的客体是武装部队和军人的声誉，后者侵犯的客体是公、私财物所有权。(2) 客观方面的表现不同。前者的客观方面表现为冒充军人招摇撞骗，后者的客观方面表现为除冒充军人以外的其他虚构事实、隐瞒真相的方式。(3) 犯罪的主观方面不同。前者的主观方面表现为以谋取非法利益为目的，包括骗取公私财物、骗取某种待遇、玩弄女性等；后者的主观方面仅表现为以非法占有公私财物为目的。如果行为人以非法占有公私财物为目的，冒充军人行骗的，则同时构成冒充军人招摇撞骗罪和诈骗罪，属于想象竞合犯，应当根据骗取财物数额的不同，按照处罚较重的规定定罪处罚。

【案例 27-5】　　王某某冒充军人招摇撞骗案

2012年10月7日晚，王某某身着武警迷彩服，佩戴四级士官军衔，自称王涛。在某县城关镇某网吧上网时，冒充该县武警九中队指导员，并从兜里掏出“一杠三星”的肩章，在骗取该网吧网管梁某的信任后，于次日在某县城关镇东某宾馆与梁某发生性关系。随后王某某以借钱为名骗取梁某两张银行卡，将银行卡内的5 700元取走并挥霍，后与梁某断绝关系。王某某在作案后将身着的武警迷彩服及军衔销毁。

本案中，王某某冒充军人玩弄女性、骗取财物的行为构成冒充军人招摇撞骗罪。

本章［引例］中，被告人向某冒充军人诈骗钱财，由于骗取的钱财属于数额较大，直接以冒充军人招摇撞骗罪定罪处罚即可。需要指出的是：被告人向某伪造武装部队公文、证件、印章和非法购买军服的行为同时符合了伪造武装部队公文、证件、印章罪和非法买卖武装部队制式服装罪的构成要件，与冒充军人招摇撞骗的行为属于牵连犯的关系，适用从一重罪处断的原则。就该案而言，对于被告人向某伪造武装部队公文、证件、印章和非法买卖武装部队制式服装的行为适用基本量刑幅度即可，该案可以冒充军人招摇撞骗罪对被告人向某定罪处罚。

（三）冒充军人招摇撞骗罪的刑事责任

根据《刑法》第 372 条的规定，犯本罪的，处 3 年以下有期徒刑、拘役、管制或者剥夺政治权利；情节严重的，处 3 年以上 10 年以下有期徒刑。

十、煽动军人逃离部队罪

煽动军人逃离部队罪，是指煽动军人逃离部队，情节严重的行为。其构成特征是：（1）本罪侵犯的客体是武装部队的管理秩序和战斗力，犯罪对象是正在部队中服兵役的军人。（2）本罪的客观方面表现为煽动军人逃离部队，情节严重的行为。所谓煽动，是指对军人以造谣、引诱、劝说、怂恿等方法使军人逃离部队。所谓情节严重，是指具有下列情形之一：1）煽动 3 人以上逃离部队的；2）煽动指挥人员，值班、执勤人员或者其他负有重要职责人员逃离部队的；3）影响重要军事任务完成的；4）发生在战时的；5）其他情节严重的情形。（3）本罪的主体是一般主体。（4）本罪的主观方面表现为故意。

根据《刑法》第 373 条的规定，犯本罪的，处 3 年以下有期徒刑、拘役或者管制。

十一、雇用逃离部队军人罪

雇用逃离部队军人罪，是指明知是逃离部队的军人而雇用，情节严重的行为。其构成特征是：（1）本罪侵犯的客体是武装部队的管理秩序和战斗力。（2）本罪的客观方面表现为雇用逃离部队的军人，情节严重的行为。所谓情节严重，是指具有下列情形之一：1）雇用一人 6 个月以上的；2）雇用 3 人以上的；3）明知是逃离部队的指挥人员，值班、执勤人员或者其他负有重要职责的人员而雇用的；4）阻碍部队将被雇用军人带回的；5）其他情节严重的情形。（3）本罪的主体是一般主体。（4）本罪的主观方面表现为故意，即明知是逃离部队的军人而雇用。

根据《刑法》第 373 条的规定，犯本罪的，处 3 年以下有期徒刑、拘役或者管制。

十二、接送不合格兵员罪

接送不合格兵员罪，是指在征兵工作中徇私舞弊，接送不合格兵员，情节严重的行为。其构成特征是：（1）本罪侵犯的客体是国家对征兵工作的管理秩序，犯罪对象是不合格兵员。所谓不合格兵员，是指不符合征兵条件的兵员。（2）本罪的客观方面表现为在征兵工作中徇私舞弊，接送不合格兵员，情节严重的行为。所谓徇私舞弊，是指为徇私情、私利而弄虚作假。所谓情节严重，是指具有下列情形之一：1）接送不合格特种条件兵员 1 名以上或者普通兵员 3 名以上的；2）发生在战时的；3）造成严重后果的；4）其他情节严重的情形。（3）本罪的主体是特殊主体，具体是指负责征兵工作的人员，既包括地方武装部门负责征兵工作的人员，也包括部队派出的征兵工作人员，还包括协助征兵工作的人员，如负责体检的医生等。（4）本罪的主观方面表现为故意，即行为人明知所接送的兵员不合格而仍然接送，动机是徇私情、私利。

根据《刑法》第374条的规定，犯本罪的，处3年以下有期徒刑或者拘役；造成特别严重后果的，处3年以上7年以下有期徒刑。

十三、伪造、变造、买卖武装部队公文、证件、印章罪

伪造、变造、买卖武装部队公文、证件、印章罪，是指伪造、变造、买卖武装部队公文、证件、印章的行为，其构成特征是：(1) 本罪侵犯的客体是武装部队公文、证件、印章的管理秩序。(2) 本罪的客观方面表现为伪造、变造、买卖武装部队公文、证件、印章的行为，如伪造、变造、买卖武装部队车辆监理印章、车辆行驶证、车辆驾驶证，等等。(3) 本罪的主体是一般主体。(4) 本罪的主观方面表现为故意。

【案例27-6】　寇某某、张某某买卖武装部队证件案

2011年3月至8月间，被告人寇某某为牟取私利，先后两次花一千余元购买了革命伤残军人证、中国人民解放军士兵证、军车车辆驾驶证、军车行车执照等证件29本，又以每本40元至50元的价格卖给被告人张某某13本革命伤残军人证，得赃款四百余元。被告人张某某又以每本150元的价格卖给某军区××部队王某某12本，已寄给王某某5本，王某某先后5次以汇款的方式汇给被告人张某某的妻子邓某某人民币1 670元。2011年8月11日被告人寇某某第二次购得证件后，用革命伤残军人证购买了半价火车票回家，在临汾火车站被值勤民警查获，随身携带的各种证件24本及火车票2张被扣押。

本案中，被告人寇某某、张某某以牟取私利为目的，明知是伪造的武装部队证件，寇某某以低价买进、高价售出；张某某又转手倒卖，赚取差价。其行为扰乱了武装部队的正常管理秩序，侵犯了国防利益，构成买卖武装部队证件罪。

根据《刑法》第375条第1款的规定，犯本罪的，处3年以下有期徒刑、拘役、管制或者剥夺政治权利；情节严重的，处3年以上10年以下有期徒刑。

十四、盗窃、抢夺武装部队公文、证件、印章罪

盗窃、抢夺武装部队公文、证件、印章罪，是指以秘密手段窃取或者乘人不备公然夺取武装部队公文、证件、印章的行为。其构成特征是：(1) 本罪侵犯的客体是武装部队公文、证件、印章的管理秩序。(2) 本罪的客观方面表现为以秘密手段窃取或者乘人不备公然夺取武装部队公文、证件、印章的行为，如盗窃、抢夺武装部队车辆监理印章、车辆行驶证、车辆驾驶证，等等。(3) 本罪的主体是一般主体。(4) 本罪的主观方面表现为故意。

根据《刑法》第375条第1款的规定，犯本罪的，处3年以下有期徒刑、拘役、管制或者剥夺政治权利；情节严重的，处3年以上10年以下有期徒刑。

十五、非法生产、买卖武装部队制式服装罪

非法生产、买卖武装部队制式服装罪，是指非法生产、买卖武装部队现行装备的制式服装，情节严重的行为。其构成特征是：(1) 本罪侵犯的客体是武装部队制式服装的管理秩序，犯罪对象是武装部队现行装备的制式服装，即由武装部队依法按统一制式订购、监制，仅供武装部队官兵穿着的统一式样的各类服装。(2) 本罪的客观方面表现为非法生

产、买卖武装部队制式服装，情节严重的行为。所谓情节严重，是指具有下列情形之一：1）非法生产、买卖成套制式服装30套以上或者非成套制式服装100件以上的；2）非法生产、买卖帽徽、领花、臂章等标志服饰合计100件（副）以上的；3）非法经营数额2万元以上的；4）违法所得数额5 000元以上的；5）具有其他严重情节的。（3）本罪的主体是一般主体，既包括个人，也包括单位。（4）本罪的主观方面表现为故意。

根据《刑法》第375条第2、4款的规定，犯本罪的，处3年以下有期徒刑、拘役或者管制，并处或者单处罚金；单位犯本罪的，对单位判处罚金，并对其直接负责的主管人员和其他直接责任人员，依照前述规定处罚。

十六、伪造、盗窃、买卖、非法提供、非法使用武装部队专用标志罪

伪造、盗窃、买卖、非法提供、非法使用武装部队专用标志罪，是指伪造、盗窃、买卖或者非法提供、使用武装部队车辆号牌等专用标志，情节严重的行为。其构成特征是：（1）本罪侵犯的客体是武装部队车辆号牌等专用标志的管理秩序，犯罪对象是武装部队的车辆号牌等专用标志。（2）本罪的客观方面表现为伪造、盗窃、买卖或者非法提供、使用武装部队车辆号牌等专用标志，情节严重的行为。所谓情节严重，是指具有下列情形之一：1）伪造、盗窃、买卖或者非法提供、使用武装部队军以上领导机关车辆号牌1副以上或者其他车辆号牌3副以上的；2）非法提供、使用军以上领导机关车辆号牌之外的其他车辆号牌累计6个月以上的；3）伪造、盗窃、买卖或者非法提供、使用军徽、军旗、军种符号或者其他军用标志合计100件（副）以上的；4）造成严重后果或者恶劣影响的。（3）本罪的主体是一般主体，既包括个人，也包括单位。（4）本罪的主观方面表现为故意。

根据《刑法》第375条第3、4款的规定，犯本罪的，处3年以下有期徒刑、拘役或者管制，并处或者单处罚金；情节特别严重的，处3年以上7年以下有期徒刑，并处罚金。单位犯本罪的，对单位判处罚金，并对其直接负责的主管人员和其他直接责任人员，依照前述规定处罚。

第三节　战时危害国防利益的犯罪

一、战时拒绝、逃避征召、军事训练罪

战时拒绝、逃避征召、军事训练罪，是指预备役人员战时拒绝、逃避征召、军事训练，情节严重的行为。其构成特征是：（1）本罪侵犯的客体是国家战时的征召、军事训练制度。（2）本罪的客观方面表现为预备役人员战时拒绝、逃避征召、军事训练，情节严重的行为。战时是本罪成立的必备条件。所谓拒绝，是指行为人拒不接受国家征召或军事训练。所谓逃避，是指行为人以各种手段有意躲避征召或军事训练。所谓情节严重，是指具有下列情形之一的：1）无正当理由经教育仍拒绝、逃避征召或者军事训练的；2）以暴力、威胁、欺骗等手段，或者采取自伤、自残等方式拒绝、逃避征召或者军事训练的；3）联络、煽动他人共同拒绝、逃避征召或者军事训练的；4）其他情节严重的情形。（3）本罪的主体是特殊主体，即预备役人员。所谓预备役人员，是指编入民兵组织或者经过登记服预备役的人员，包括预备役军官和预备役士兵。（4）本罪的主观方面表现为故意。

根据《刑法》第376条第1款的规定，犯本罪的，处3年以下有期徒刑或者拘役。

二、战时拒绝、逃避服役罪

战时拒绝、逃避服役罪，是指公民战时拒绝、逃避服役，情节严重的行为。其构成特征是：（1）本罪侵犯的客体是国家战时的兵役制度。（2）本罪的客观方面表现为公民战时拒绝、逃避服役，情节严重的行为。战时是本罪成立的必备条件。所谓情节严重，是指具有下列情形之一：1）无正当理由经教育仍拒绝、逃避服役的；2）以暴力、威胁、欺骗等手段，或者采取自伤、自残等方式拒绝、逃避服役的；3）联络、煽动他人共同拒绝、逃避服役的；4）其他情节严重的情形。（3）本罪的主体是特殊主体，即在战时有义务服役的人员。（4）本罪的主观方面表现为故意。

根据《刑法》第376条第2款的规定，犯本罪的，处2年以下有期徒刑或者拘役。

三、战时故意提供虚假敌情罪

战时故意提供虚假敌情罪，是指战时故意向武装部队提供虚假敌情，造成严重后果的行为。其构成特征是：（1）本罪侵犯的客体是武装部队的作战指挥秩序。（2）本罪的客观方面表现为战时向武装部队提供虚假敌情，造成严重后果的行为。所谓造成严重后果，是指造成作战部署进行较大调整的，造成人员伤亡的，贻误战机的，等等。战时是本罪成立的必备条件。（3）本罪的主体是一般主体。（4）本罪的主观方面表现为故意。

根据《刑法》第377条的规定，犯本罪的，处3年以上10年以下有期徒刑；造成特别严重后果的，处10年以上有期徒刑或者无期徒刑。

四、战时造谣扰乱军心罪

战时造谣扰乱军心罪，是指战时造谣惑众，扰乱军心的行为。其构成特征是：（1）本罪侵犯的客体是部队战时的宣传舆论秩序。（2）本罪的客观方面表现为战时造谣惑众，扰乱军心的行为。战时是本罪成立的要件。（3）本罪的主体是一般主体，但不包括军人。如果军人在战时造谣惑众、扰乱军心的，应当依照《刑法》第433条的规定，以战时造谣惑众罪定罪处罚。（4）本罪的主观方面表现为故意。

根据《刑法》第378条的规定，犯本罪的，处3年以下有期徒刑、拘役或者管制；情节严重的，处3年以上10年以下有期徒刑。

五、战时窝藏逃离部队军人罪

战时窝藏逃离部队军人罪，是指战时明知是逃离部队的军人而为其提供隐蔽处所、财物，情节严重的行为。其构成特征是：（1）本罪侵犯的客体是战时部队对军人的管理秩序。（2）本罪的客观方面表现为战时向逃离部队的军人提供隐蔽处所、财物，情节严重的行为。战时是本罪成立的必备条件。所谓情节严重，是指具有下列情形之一：1）窝藏3人次以上的；2）明知是指挥人员，值班、执勤人员或者其他负有重要职责人员而窝藏的；3）有关部门查找时拒不交出的；4）其他情节严重的情形。（3）本罪的主体是一般主体。（4）本罪的主观方面表现为故意，即明知是逃离部队的军人而为其提供隐蔽处所、财物。

根据《刑法》第379条的规定，犯本罪的，处3年以下有期徒刑或者拘役。

六、战时拒绝、故意延误军事订货罪

战时拒绝、故意延误军事订货罪，是指在战时无正当理由而拒绝或者故意延误军事订货，情节严重的行为。其构成特征是：（1）本罪侵犯的客体是战时的军事订货制度。（2）本罪的客观方面表现为在战时无正当理由而拒绝或者故意延误军事订货，情节严重的行为。战时是本罪成立的必备条件。所谓情节严重，是指具有下列情形之一：1）拒绝或者故意延误军事订货3次以上的；2）联络、煽动他人共同拒绝或者故意延误军事订货的；3）拒绝或者故意延误重要军事订货，影响重要军事任务完成的；4）其他情节严重的情形。（3）本罪的主体是特殊主体，即接受军事订货的供货单位，故本罪属于单位犯罪。（4）本罪的主观方面表现为故意。

根据《刑法》第380条的规定，犯本罪的，对单位判处罚金，并对其直接负责的主管人员和其他直接责任人员，处5年以下有期徒刑或者拘役；造成严重后果的，处5年以上有期徒刑。

七、战时拒绝军事征收、征用罪

战时拒绝军事征收、征用罪，是指战时拒绝军事征收、征用，情节严重的行为。其构成特征是：（1）本罪侵犯的客体是战时的军事征收、征用制度。（2）本罪的客观方面表现为战时拒绝军事征收、征用，情节严重的行为。战时是本罪成立的必备条件。所谓情节严重，是指具有下列情形之一：1）无正当理由拒绝军事征收、征用3次以上的；2）采取暴力、威胁、欺骗等手段拒绝军事征收、征用的；3）联络、煽动他人共同拒绝军事征收、征用的；4）拒绝重要军事征收、征用，影响重要军事任务完成的；5）其他情节严重的情形。（3）本罪的主体是一般主体。（4）本罪的主观方面表现为故意。

根据《刑法》第381条的规定，犯本罪的，处3年以下有期徒刑或者拘役。

【问题与思考】

1. 如何区分阻碍军人执行职务罪与阻碍执行军事职务罪、妨害公务罪的界限？
2. 如何区分破坏军事通信罪与破坏公用电信设施罪、盗窃罪的界限？
3. 如何区分冒充军人招摇撞骗罪与招摇撞骗罪、诈骗罪的界限？
4. 如何准确把握战时的含义？

第二十八章 贪污贿赂罪

参考书目

1. 高铭暄，马克昌主编．刑法学．7版．北京：北京大学出版社，高等教育出版社，2016.

2. 韩玉胜主编．刑法各论案例分析．3版．北京：中国人民大学出版社，2014.

3. 张明楷．刑法学．5版．北京：法律出版社，2016.

4. 张军主编．刑法［分则］及配套规定新释新解．下．9版．北京：人民法院出版社，2016.

5. 刘生荣等．贪污贿赂罪．北京：中国人民公安大学出版社，2003.

6. 祝铭山主编．典型案例与法律适用——贪污罪．北京：中国法制出版社，2004.

7. 祝铭山主编．典型案例与法律适用——挪用公款罪．北京：中国法制出版社，2004.

8. 祝铭山主编．典型案例与法律适用——受贿罪．北京：中国法制出版社，2004.

9. 于志刚主编．案例刑法学（各论）．北京：中国法制出版社，2010.

10. 王作富主编．刑法分则实务研究．4版．北京：中国方正出版社，2010.

11. 李文峰．贪污贿赂犯罪认定实务与案例解析．北京：中国检察出版社，2011.

12. 李文峰，徐彦丽．最新贿赂十罪认定与处理实务．北京：中国检察出版社，2012.

13. 李文峰，王俊平．刑事案例诉辩审评——贪污罪 私分国有资产罪．北京：中国检察出版社，2014.

14. 最高人民法院刑事审判第一，二，三，四，五庭主办．中国刑事审判指导案例．北京：法律出版社，2012.

参考法规

1.《刑法》第382～396条

2. 2015年8月29日全国人民代表大会常务委员会《中华人民共和国刑法修正案（九）》

3. 2009年2月28日全国人民代表大会常务委员会《中华人民共和国刑法修正案（七）》

4. 2000年4月29日全国人民代表大会常务委员会《关于〈中华人民共和国刑法〉第九十三条第二款的解释》

5. 2002年4月28日全国人民代表大会常务委员会《关于〈中华人民共和国刑法〉第三百八十四条第一款的解释》

6. 1997年10月13日最高人民检察院《关于挪用国库券如何定性问题的批复》

7. 1998年4月29日最高人民法院《关于审理挪用公款案件具体应用法律若干问题的解释》

8. 1999年9月16日最高人民检察院《关于人民检察院直接受理立案侦查案件立案标准的规定（试行）》

9. 2000年2月16日最高人民法院《关于对受委托管理、经营国有财产人员挪用国有资金行为如何定罪问题的批复》

10. 2000年3月15日最高人民检察院《关于国家工作人员挪用非特定公物能否定罪的请示的批复》

11. 2000年6月30日最高人民法院《关于审理贪污、职务侵占案件如何认定共同犯罪几个问题的解释》

12. 2000年7月13日最高人民法院《关于国家工作人员利用职务上的便利为他人谋取利益退休后收受财物行为如何处理问题的批复》

13. 2000年12月22日最高人民检察院《关于行贿罪立案标准的规定》

14. 2003年9月22日最高人民法院《关于挪用公款犯罪如何计算追诉期限问题的批复》

15. 2003年11月13日最高人民法院《全国法院审理经济犯罪案件工作座谈会纪要》

16. 2007年7月8日最高人民法院、最高人民检察院《关于办理受贿刑事案件适用法律若干问题的意见》

17. 2008年11月20日最高人民法院、最高人民检察院《关于办理商业贿赂刑事案件适用法律若干问题的意见》

18. 2009年3月12日最高人民法院、最高人民检察院《关于办理职务犯罪案

件认定自首、立功等量刑情节若干问题的意见》

19. 2010年11月26日最高人民法院、最高人民检察院《关于办理国家出资企业中职务犯罪案件具体应用法律若干问题的意见》

20. 2012年8月8日最高人民法院、最高人民检察院《关于办理职务犯罪案件严格适用缓刑、免予刑事处罚若干问题的意见》

21. 2012年12月26日最高人民法院、最高人民检察院《关于办理行贿刑事案件具体应用法律若干问题的解释》

22. 2015年10月29日最高人民法院《关于〈中华人民共和国刑法修正案（九）〉时间效力问题的解释》

23. 2016年4月18日最高人民法院、最高人民检察院《关于办理贪污贿赂刑事案件适用法律若干问题的解释》

引例　张某贪污案

被告人张某自1990年3月起受聘于上海市某国有事业单位任出纳员。1996年下半年至1998年1月间，张某利用其管理、经手公款的便利，先后多次挪用公款总计人民币102 869.46元，借给陈某进行营利活动。被告人张某因无法追回借款，遂于1998年1月12日下午制造被抢劫假象后，向公安机关谎称，其在为本单位去银行解款途中遭两名歹徒暴力抢劫，被劫公款计人民币10.3万元。公安机关在接报侦查过程中，发现被告人张某有报假案和自己犯罪的嫌疑。经对其审讯后，张某交代了自己挪用公款的犯罪事实。

被告人张某的行为应当如何处理？

第一节　贪污贿赂罪概述

一、贪污贿赂罪的概念和特征

贪污贿赂罪，是指国家工作人员或国有单位实施的贪污、挪用、私分公共财物，索取、非法收受贿赂，或者以国家工作人员、国有单位为对象进行贿赂，收买公务行为，破坏公务行为廉洁性的行为。其构成特征是：

（1）贪污贿赂罪侵犯的客体是公务行为的廉洁性。其中，贪污、挪用公款、私分国有资产、私分罚没财物等犯罪还侵犯了公共财物或者国有财物的所有权。

（2）贪污贿赂罪的客观方面表现为国家工作人员或国有单位实施的贪污、挪用、私分公共财物，索取、非法收受贿赂，或者以国家工作人员、国有单位为对象进行贿赂，收买公务行为，破坏公务行为廉洁性的行为。其中，多数为国家工作人员利用职务上的便利贪污、受贿或者拥有不能说明来源的巨额财产，或者私分国有资产或罚没财物的行为；同时，也包括与国家工作人员关系密切的人利用国家工作人员的职权或者地位形成的便利条件受贿的行为，即利用影响力受贿罪；还包括与国家工作人员受贿具有对向性或撮合性的行为，如行贿、介绍贿赂等行为。

(3) 贪污贿赂罪的主体，绝大多数是特殊主体，如贪污、挪用公款、受贿、巨额财产来源不明、隐瞒境外存款等犯罪的主体是国家工作人员，单位受贿罪和私分国有资产罪、私分罚没财物罪的主体是国有单位。利用影响力受贿罪的主体是国家工作人员的近亲属或其他与该国家工作人员关系密切的人，少数与受贿具有对向性或撮合性的犯罪的主体是一般主体，如行贿、单位行贿、对单位行贿和介绍贿赂等犯罪。

所谓国家工作人员，根据《刑法》第93条的规定，包括下列四类人员：

第一类是国家机关中从事公务的人员，包括在各级国家权力机关、行政机关、审判机关、检察机关、军事机关中从事公务的人员。在乡（镇）以上中国共产党机关、中国人民政治协商会议机关中从事公务的人员，司法实践中也应当视为国家机关工作人员。[①] 根据有关立法解释的规定，在依照法律、法规的规定行使国家行政管理职权的组织中从事公务的人员，或者在受国家机关委托代表国家机关行使职权的组织中从事公务的人员，或者虽未列入国家机关人员编制但在国家机关中从事公务的人员，在代表国家机关行使职权时，视为国家机关工作人员。

第二类是国有公司、企业、事业单位、人民团体中从事公务的人员。国有公司是指财产属于国家所有的公司，包括国有独资公司、两个以上的国有企业组成的有限责任公司、股份有限公司；国有企业是指财产属于国家所有的从事生产、经营活动的企业；国有事业单位是指国家投资兴办、管理的科研、教育、文化、卫生、体育、新闻、广播、出版等单位，如国家兴办的学校、医院、研究机构等；人民团体是指各民主党派、各级工会、共青团、妇联等群众性组织。至于国家控股或者参股的公司能否以国有公司论，理论界有不同意见，本书认为不应当视为国有公司。

第三类是国家机关、国有公司、企业、事业单位委派到非国有公司、企业、事业单位、社会团体从事公务的人员。所谓委派，即委任、派遣，其形式多种多样，如任命、指派、提名、批准等。不论被委派的人身份如何，只要是接受国家机关、国有公司、企业、事业单位委派，代表国家机关、国有公司、企业、事业单位在非国有公司、企业、事业单位、社会团体中从事组织、领导、监督、管理等工作，都可以认定为国家机关、国有公司、企业、事业单位委派到非国有公司、企业、事业单位、社会团体从事公务的人员，如国家机关、国有公司、企业、事业单位委派到国有控股或者参股的股份有限公司从事组织、领导、监督、管理等工作的人员，应当以国家工作人员论。国有公司、企业改制为股份有限公司后，原国有公司、企业的工作人员和股份有限公司新任命的人员中，除代表国有投资主体行使监督、管理职权的人外，不以国家工作人员论。

第四类是其他依照法律从事公务的人员。这类人员应当具有两个特征：一是在特定条件下行使国家管理职能；二是依照法律规定从事公务。具体包括：A. 依法履行职责的各级人民代表大会代表；B. 依法履行审判职责的人民陪审员；C. 协助乡镇人民政府、街道办事处从事行政管理工作的村民委员会、居民委员会等农村和城市基层组织人员；D. 其他由法律授权从事公务的人员。

根据2000年4月29日全国人民代表大会常务委员会《关于〈中华人民共和国刑法〉

---

① 对此有不同认识。参见何秉松主编：《刑法教科书》（下卷），1120页，北京，中国法制出版社，2000。

第九十三条第二款的解释》，村民委员会等村基层组织人员协助人民政府从事下列行政管理工作，属于《刑法》第93条第2款规定的“其他依照法律从事公务的人员”：1）救灾、抢险、防汛、优抚、扶贫、移民、救济款物的管理；2）社会捐助公益事业款物的管理；3）国有土地的经营和管理；4）土地征用补偿费用的管理；5）代征、代缴税款；6）有关计划生育、户籍、征兵工作；7）协助人民政府从事的其他行政管理工作。村民委员会等村基层组织人员从事上述公务，利用职务上的便利，非法占有公共财物、挪用公款、索取他人财物或者非法收受他人财物，构成犯罪的，适用《刑法》第382条和第383条“贪污罪”、第384条“挪用公款罪”、第385条和第386条“受贿罪”的规定。

【案例28-1】 **王某某贪污案**

被告人王某某系某村村民委员会委员，主要负责民政、残疾人协会等工作。2003年8月至2005年3月间，王某某利用协助政府负责管理和发放本村残疾人福利挂靠工资及特困户救济、捐助等款项的职务便利，采取截留的方法，先后六十余次侵吞48人次的残疾人福利挂靠工资及特困户救济、捐助款项，共计人民币8万余元，侵吞款项中最小一笔数额200元，最大一笔数额8 000元。

本案中，被告人王某某负责协助政府管理和发放本村残疾人福利挂靠工资及特困户救济、捐助等款项，根据上述立法解释，王某某属于“其他依照法律从事公务的人员”，其利用职务便利侵吞经手救助、捐助等款项的行为，应当以贪污罪定罪处罚。

上述四类人员的一个共同典型特征是“从事公务”。所谓从事公务，是指代表国家机关、国有公司、企业、事业单位、人民团体等履行组织、领导、监督、管理等职责。公务主要表现为与职权相联系的公共事务以及监督、管理国有财产的职务活动，如国家机关工作人员依法履行职责，国有公司的董事、经理、监事、会计、出纳人员等管理、监督国有财产等活动。那些不具备职权内容的劳务活动、技术服务工作，如售货员、售票员等所从事的工作，一般不认为是公务。

（4）贪污贿赂罪的主观方面表现为故意，过失不能构成本类犯罪。有的贿赂犯罪还要求具有谋取不正当利益的目的。根据有关司法解释，所谓谋取不正当利益，是指谋取违反法律、法规、国家政策和国务院各部门规章规定的利益，以及谋取违反法律、法规、国家政策和国务院各部门规章规定的帮助或者方便条件。

二、贪污贿赂罪的分类

《刑法》分则第八章规定的贪污贿赂罪共有14个罪名，包括贪污罪、挪用公款罪、受贿罪、单位受贿罪、利用影响力受贿罪、行贿罪、对有影响力的人行贿罪、对单位行贿罪、介绍贿赂罪、单位行贿罪、巨额财产来源不明罪、隐瞒境外存款罪、私分国有资产罪、私分罚没财物罪。

从贪污贿赂罪侵犯客体的角度，可以将贪污贿赂罪大致分为两类：一是贪污犯罪。这类犯罪侵犯了公共财产所有权，包括贪污罪、挪用公款罪、巨额财产来源不明罪、隐瞒境外存款罪、私分国有资产罪、私分罚没财物罪。二是贿赂犯罪。这类犯罪的典型特征是权钱交易，包括受贿罪、单位受贿罪、利用影响力受贿罪、行贿罪、对有影响力的人行贿罪、对单位行贿罪、介绍贿赂罪、单位行贿罪。

第二节 贪污犯罪

一、贪污罪

(一) 贪污罪的概念和特征

贪污罪，是指国家工作人员利用职务上的便利，侵吞、窃取、骗取或者以其他手段非法占有公共财物的行为。其构成特征是：

(1) 本罪侵犯的特体是复杂客体，既侵犯了国家工作人员职务行为的廉洁性，又侵犯了公共财物的所有权。其中，国家工作人员职务行为的廉洁性是主要客体，公共财物的所有权是次要客体。

贪污罪的犯罪对象为公共财产。根据《刑法》第 91 条的规定，公共财产是指下列财产：1) 国有财产；2) 劳动群众集体所有的财产；3) 用于扶贫和其他公益事业的社会捐助或者专项基金的财产；4) 在国家机关、国有公司、企业、集体企业和人民团体管理、使用或者运输中的私人财产，以公共财产论。

【案例 28-2】　梅某贪污案

被告人梅某系国有企业安徽省涡阳县邮政局的工作人员。2001 年 9 月至 10 月，梅某在任送汇员期间，乘办理本县临湖、公吉寺、城东等乡镇的汇款兑付业务之机，采取在所送的汇款单收款人栏中编造收款人签名和编造、盗用他人身份证号码等手段，先后冒签并领取收款人汇款，总计 53 张汇款单、194 920 元，并将冒签的汇款单记入当日的汇款兑付报单中，从中侵吞汇款 194 920 元。后由邮政局将其所侵吞的款额补兑付给各收款人。

本案中，被告人梅某贪污的并不是公共财产，而是属于各收款人所有的汇款，但这些汇款在县邮政局兑付给收款人之前，应当以公共财产论。梅某身为国家工作人员，对其贪污汇款的行为应当以贪污罪定罪处罚。

需要指出的是：从我国《刑法》的规定来看，由于行为人的主体身份不同，贪污罪的犯罪对象并不必然是公共财产，在个别情况下，非公共财产也能成为贪污罪的犯罪对象。如《刑法》第 271 条第 2 款规定，国有公司、企业或者其他国有单位委派到非国有公司、企业以及其他单位从事公务的人员利用职务上的便利，将本单位财物非法占为已有的，应当以贪污罪定罪处罚。此犯罪的犯罪对象即为非国有公司、企业以及其他单位的财物，这些财物既可能包含国有财产，也可能包含集体财产，还可能包含私人财产或者外资财产。如中外合资企业中中方委派的管理人员利用职务上的便利贪污本单位财物的，虽然其行为应以贪污罪论处，但犯罪对象并不属于公共财产。

(2) 本罪的客观方面表现为国家工作人员利用职务上的便利，侵吞、窃取、骗取或者以其他手段非法占有公共财物的行为。利用职务上的便利和非法占有公共财物二者缺一不可。所谓利用职务上的便利，是指行为人利用职务上主管、管理、经手公共财物的权力及方便条件。

行为人非法占有公共财物的方式是多种多样的，法律上将其概括为侵吞、窃取、骗取或者其他手段。所谓侵吞，是指行为人利用职务上的便利，将由自己合法管理、经营、使用的公共财物直接非法占有，如公共财物应交公而不交公、应支付而不支付，直接加以扣留，占为己有。所谓窃取，是指行为人利用职务上的便利，采用秘密的方法将由自己合法控制的公共财物非法占为己有，即通常所说的监守自盗，如保管员将自己管理的公共财物秘密占为己有。所谓骗取，是指行为人利用职务上的便利，采用虚构事实或者隐瞒真相的方法，非法占有公共财物，如工程项目负责人伪造工资表，冒领不存在工人的工资等。所谓其他手段，是指行为人采取除侵吞、窃取、骗取三种手段以外的方式，将公共财物非法占为己有，如利用职权，巧立名目，在几个领导人员中私分大量公款、公物等。

（3）本罪的主体是特殊主体，即国家工作人员。

（4）本罪的主观方面表现为故意，行为人具有非法占有公共财产的目的。过失不构成本罪。

【案例 28-3】　　江某某贪污案

江某某为丽水市莲都区教育局计财科报账员，负责收取莲都区教师职称评定费、农村教师乙考试费、教师甲认定考试费等费用，并上缴财政专户、人事局账户。2009 年至 2011 年期间，江某某利用自己同时经手收钱、报账的职务便利，采用收取款项不入账、不上缴的方式，截留教师评定费等各项费用共计人民币 60 040元，并将上述费用存入自己的私人账户，用于个人开支。

本案中，江某某身为国家工作人员，利用负责收取教师职称评定费等费用并上缴财政和人事局的职务便利，采取收入不入账、不上缴的方式，将其中 60 040 元人民币予以截留侵吞，其行为构成贪污罪。

（二）贪污罪的认定

1. 贪污罪与非罪的界限

（1）贪污罪与错账、错款行为的界限。在实践中，由于业务不熟悉或者工作疏忽而造成错账、错款的现象时有发生。错账、错款行为，因行为人没有非法占有公共财物的目的，不具有贪污的主观故意，不能被认定为贪污罪。（2）贪污罪与一般贪污行为的界限。二者的区别首先看贪污数额，个人贪污数额在 3 万元以上的，构成犯罪。其次看贪污情节，个人贪污数额在 1 万元以上不满 3 万元，同时具有下列情节之一的，构成犯罪：贪污救灾、抢险、防汛、优抚、扶贫、移民、救济、防疫、社会捐助等特定款物的；曾因贪污、受贿、挪用公款受过党纪、行政处分的；曾因故意犯罪受过刑事追究的；赃款赃物用于非法活动的；拒不交代赃款赃物去向或者拒不配合追缴工作，致使无法追缴的；造成恶劣影响或者其他严重后果的。

2. 几种特殊形式的贪污罪的认定

（1）根据《刑法》第 183 条第 2 款的规定，国有保险公司工作人员和国有保险公司委派到非国有保险公司从事公务的人员利用职务上的便利，故意编造未曾发生的保险事故进行虚假理赔，骗取保险金归自己所有的，以贪污罪定罪处罚。（2）根据《刑法》第 271 条第 2 款的规定，国有公司、企业或者其他国有单位中从事公务的人员和国有公司、企业或者其他国有单位委派到非国有公司、企业以及其他单位从事公务的人员，利用职务上的便利，将本单位财物非法占为己有，数额较大的，以贪污罪定罪处罚。（3）根据《刑法》第

382条第2款的规定，受国家机关、国有公司、企业、事业单位、人民团体委托管理、经营国有财产的人员，利用职务上的便利，侵吞、窃取、骗取或者以其他手段非法占有国有财物的，以贪污罪定罪处罚。所谓受委托管理、经营国有财产，是指因承包、租赁、聘用等而管理、经营国有财产。（4）根据《刑法》第394条的规定，国家工作人员在国内公务活动或者对外交往中接受礼物，依照国家规定应当交公而不交公，数额较大的，以贪污罪定罪处罚。（5）1998年4月29日最高人民法院公布的《关于审理挪用公款案件具体应用法律若干问题的解释》第6条指出，携带挪用的公款潜逃的，以贪污罪定罪处罚。

3. 贪污罪与侵占罪、盗窃罪、诈骗罪的界限

贪污罪与侵占罪、盗窃罪、诈骗罪主观上都是故意，并且都是以非法占有财物为目的，在客观方面贪污罪也通常采用侵吞、窃取、骗取的手段，因此，与侵占罪、盗窃罪、诈骗罪容易发生混淆。它们的主要区别是：（1）犯罪客体和对象不同。贪污罪侵犯的客体是复杂客体，即国家工作人员职务行为的廉洁性和公共财物的所有权，对象限于公共财物；而侵占罪、盗窃罪、诈骗罪侵犯的客体是简单客体，即公、私财物所有权，对象是公、私财物。（2）客观方面表现不尽相同。贪污罪的侵占、窃取、骗取是利用职务上的便利进行的，与行为人的职务密不可分；而侵占罪、盗窃罪、诈骗罪的侵占、窃取、骗取不存在利用职务上便利的问题。（3）犯罪主体不同。贪污罪的主体是特殊主体，即国家工作人员和受国家机关、国有公司、企业、事业单位、人民团体委托管理、经营国有财产的人员；而侵占罪、盗窃罪、诈骗罪的主体是一般主体。

4. 贪污罪与职务侵占罪的界限

二者在主观方面和客观方面的表现基本相同，区别的关键是犯罪主体的不同：贪污罪的主体是国家工作人员和受国家机关、国有公司、企业，事业单位、人民团体委托管理、经营国有财物的人员；职务侵占罪的主体是公司、企业或者其他单位的人员，既包括非国有公司、企业、事业单位、社会团体中不具有国家工作人员身份的人员，也包括国有单位中不具有国家工作人员身份的人员。

【案例28-4】　林某贪污案

林某在担任南宁市第一人民医院（以下简称“市一医院”）收费员、结算员期间，发现医保系统中有结算单补打功能可以重复打印出病人已缴费的结算单。从2007年12月至2011年4月，林某多次从市一医院收费处的电脑登入医保系统，重复打印出医保结算单并偷盖收费章，然后通过相熟的诊室医生开具空白处方单自己划价，再利用这些补打的结算单和虚开的处方单到医院药房骗领药品。至案发时骗取的药品价值共计人民币207 169.62元。另查明，2011年5月，市一医院检查发现部分处方可疑，纪检部门向林某及相关人员调查情况，林某即如实供述了其上述行为，并退出款项206 952.4元。2011年6月14日，纪检部门将林某移送司法机关处理。

本案中，市一医院为国有事业单位，林某与单位之间存在长期聘用的合同关系，受单位的委托从事收费员的工作，并负有管理和经手公私财产的职责，具有从事公务的性质，林某的身份符合国家工作人员的主体要件。同时，林某具有掌握、接触、使用收费系统的职务便利，其实施了侵吞医院财物的行为，其行为依法构成贪污罪。

5. 贪污罪共同犯罪的认定

《刑法》第382条第3款规定，与国家工作人员或者受国家机关、国有公司、企业、事业单位、人民团体委托管理、经营国有财产的人员勾结，伙同贪污的，以共犯论处。本书认为，贪污罪的共同犯罪大致可以分为三种情形：（1）国家工作人员之间互相串通，共同利用职务上的便利贪污公共财物；（2）国家工作人员与其他人员勾结，利用该国家工作人员的职务便利，共同贪污公共财物；（3）国家工作人员与公司、企业或者其他单位工作人员互相勾结，各自利用自己的职务便利，共同贪污公共财物。对于前两种情形，以贪污罪定罪处罚没有异议；对于第三种情形，如何处理理论界有争议。2000年6月30日最高人民法院公布的《关于审理贪污、职务侵占案件如何认定共同犯罪几个问题的解释》指出：公司、企业或者其他单位中，不具有国家工作人员身份的人与国家工作人员勾结，分别利用各自的职务便利，共同将本单位财物非法占为己有的，按照主犯的犯罪性质定罪。需要指出的是，如果国家工作人员与公司、企业或者其他单位人员在共同犯罪中作用相当，难以区分主、从犯的，如何定罪处罚，司法解释并不明确。有的学者主张分别定罪处罚，即对国家工作人员定贪污罪，对公司、企业或者其他单位人员定职务侵占罪。但对于共同犯罪能否认定为不同的罪名，理论界尚存争议。本书认为，这种情形可以适用从一重处断的原则，即按照贪污罪定罪处罚。

6. 贪污罪既遂与未遂的认定

贪污罪是一种以非法占有财物为目的的职务犯罪，与盗窃、诈骗、抢夺等侵犯财产罪一样，应当以行为人是否实际控制财物作为区分既遂与未遂的标准。对于行为人利用职务上的便利，实施了虚假平账等贪污行为，但公共财物尚未实际转移，或者尚未被行为人控制就被查获的，应当认定为贪污未遂。至于行为人控制公共财物后，是否将财物据为己有，不影响贪污既遂的认定。

（三）贪污罪的刑事责任

根据《刑法》第383条的规定，犯本罪的，根据贪污数额和情节轻重，分别依照下列规定处罚：

（1）贪污数额较大或者有其他较重情节的，处3年以下有期徒刑或者拘役，并处罚金。

（2）贪污数额巨大或者有其他严重情节的，处3年以上10年以下有期徒刑，并处罚金或者没收财产。

（3）贪污数额特别巨大或者有其他特别严重情节的，处10年以上有期徒刑或者无期徒刑，并处罚金或者没收财产；数额特别巨大，并使国家和人民利益遭受特别重大损失的，处无期徒刑或者死刑，并处没收财产。

根据2016年4月最高人民法院、最高人民检察院《关于办理贪污贿赂刑事案件适用法律若干问题的解释》，“数额较大”是指3万元以上不满20万元，“数额巨大”是指20万元以上不满300万元，“数额特别巨大”是指300万元以上。该解释还规定了“其他较重情节”“其他严重情节”“其他特别严重情节”包括的具体情形。

对多次贪污未经处理的，按照累计贪污数额处罚。所谓多次贪污未经处理，是指贪污行为未被发现，或者虽被发现但是未给予刑事处罚或者任何行政纪律处罚。如果已被发现且曾受到行政纪律处罚的，在累计贪污数额时，不应计算在内。

所谓贪污数额，在共同贪污犯罪案件中应理解为个人所参与或者组织、指挥共同贪污的数额，不能只按个人实际分得的赃款数额来认定。对于共同贪污犯罪中的从犯，应当按照其所参与的共同贪污的数额确定量刑幅度，并依照《刑法》第 27 条第 2 款的规定，从轻、减轻处罚或者免除处罚。

犯贪污罪，在提起公诉前如实供述自己罪行、真诚悔罪、积极退赃，避免、减少损害结果的发生，有第一项规定情形的，可以从轻、减轻或者免除处罚；有第二项、第三项规定情形的，可以从轻处罚。

犯贪污罪，有第三项规定情形被判处死刑缓期执行的，人民法院根据犯罪情节等情况可以同时决定在其死刑缓期执行二年期满依法减为无期徒刑后，终身监禁，不得减刑、假释。

根据 2016 年 4 月最高人民法院、最高人民检察院《关于办理贪污贿赂刑事案件适用法律若干问题的解释》，对贪污罪判处 3 年以下有期徒刑或者拘役的，应当并处 10 万元以上 50 万元以下的罚金；判处 3 年以上 10 年以下有期徒刑的，应当并处 20 万元以上犯罪数额二倍以下的罚金或者没收财产；判处 10 年以上有期徒刑或者无期徒刑的，应当并处 50 万元以上犯罪数额二倍以下的罚金或者没收财产。

二、挪用公款罪

(一) 挪用公款罪的概念和特征

挪用公款罪，是指国家工作人员利用职务上的便利，挪用公款归个人使用，进行非法活动的，或者挪用公款数额较大，进行营利活动的，或者挪用公款数额较大，超过 3 个月未还的行为。其构成特征是：

(1) 本罪侵犯的客体是复杂客体，既侵犯了国家工作人员职务行为的廉洁性，也侵犯了公款的占有、使用、收益权。财产所有权包括四项权能，即占有权、使用权、收益权和处分权。挪用公款罪中的“挪用”，是指改变公款的用途，将公款挪作私用，最终要归还，因此，本罪侵犯的并不是完整的公款所有权，不包括公款的处分权，仅指公款的占有、使用、收益权。

本罪的犯罪对象是公款，即公共财产中呈货币或者有价证券形态的部分，包括人民币、外国货币、支票、股票、国库券、债券等有价证券。用于救灾、抢险、防汛、优抚、扶贫、移民、救济的款物也可以成为挪用公款罪的犯罪对象。

(2) 本罪的客观方面表现为国家工作人员利用职务上的便利，挪用公款归个人使用，进行非法活动的，或者挪用公款数额较大，进行营利活动的，或者挪用公款数额较大，超过 3 个月未还的行为。所谓利用职务上的便利，是指行为人利用本人职务所形成的主管、管理、经手公款的权力及便利条件，其中既包括利用本人直接经手、管理公款的权力及便利条件，也包括行为人因其职务关系而具有的调拨、支配、使用公款的权力及便利条件。如国有单位领导利用职务上的便利指令具有法人资格的下级单位将公款供个人使用的，即属于挪用公款行为。

本罪有三种表现形式：

1) 挪用公款归个人使用，进行非法活动的。所谓非法活动，是指国家法律、法规所禁止的活动，包括犯罪活动和其他违法活动，如走私、赌博、嫖娼等活动和其他非法经营活动。对于这种类型的挪用公款罪，法律上没有挪用数额和挪用时间的限制性规定，体现了对此类挪用公款犯罪从严惩处的立法精神。但是，并非所有挪用公款进行非法活动的行为都构成犯罪，根据有关司法解释，此类挪用公款行为以挪用公款 3 万元作为追究刑事责任的数额起点。

【案例 28-5】 陈某挪用公款案

被告人陈某系某中学出纳员。春节期间，陈某和朋友一起打麻将，输了2万多元。陈某不服，遂将学校购买下学期教材的款项4万元私自拿走，意图大赚一笔后再予以归还，不料又输了。学校开学时，发现教材款项被挪用，陈某承认是自己赌博用了，但是已经无力归还。

本案中，被告人陈某作为某中学出纳员，擅自挪用公款4万元归自己赌博使用，属于挪用公款进行非法活动，其行为构成挪用公款罪。

2）挪用公款归个人使用，数额较大，进行营利活动的。所谓营利活动，是指国家法律所允许的经营性活动，包括开工厂、办商店、炒股票、购买债券、用于集资或者存入银行获取利息等，至于行为人在实际营利活动中是否获利，甚至亏本，均不影响本罪的认定。营利活动本身具有合法性，如果挪用公款归自己或者他人进行非法的营利活动，应当属于前一种行为方式。这种挪用行为构成犯罪，不受挪用时间和是否归还的限制，但是法律明确规定必须挪用数额较大。根据有关司法解释，挪用公款进行营利活动的，数额较大的起点为5万元。

【案例 28-6】 郑某某挪用公款案

2005年6月30日起，郑某某任河南科技报社总会计师。2010年9月30日，郑某某利用其职务的便利条件，擅自将其保管的该报社账外资金中的人民币100万元以其个人名义借给李某使用，约定每月利息百分之一，期限6个月。至2011年3月，郑某某共得到利息人民币6万元。案发后，郑某某挪用的公款人民币100万元及所得的利息人民币6万元已由郑州市金水区人民检察院依法追缴。

本案中，郑某某身为国家工作人员，利用职务上的便利，挪用公款归个人使用，进行营利活动，且数额巨大，其行为构成挪用公款罪。

3）挪用公款归个人使用，数额较大，超过3个月未还的。这是指挪用公款用于自己或者他人的合法生活消费或者其他非经营性支出，如偿还债务①、购置家具、修缮房屋、支付医药费等。根据有关司法解释，此类挪用公款罪数额较大的起点为5万元。

所谓挪用公款归个人使用，根据全国人大常委会关于《刑法》第384条第1款的解释，可以分为三种情形：一是将公款供本人、亲友或者其他自然人使用的。二是以个人名义将公款供其他单位使用的。认定是否属于“以个人名义”，不能只看形式，要从实质上把握：对于行为人逃避财务监管，或者与使用人约定以个人名义进行，或者借款、还款都以个人名义进行，将公款给其他单位使用的，应认定为“以个人名义”。三是个人决定以单位名义将公款供其他单位使用，谋取个人利益的。“个人决定”既包括行为人在职权范围内决定，也包括超越职权范围决定；“谋取个人利益”，既包括行为人与使用人事先约定谋取个人利益实际尚未获取的情况，也包括虽未事先约定但实际已获取了个人利益的情况。其中

① 有一种观点认为，挪用公款归还个人进行非法活动或者进行营利活动产生的债务，应当认定为挪用公款进行非法活动或者进行营利活动。本书认为，对此不应一概而论。

的“个人利益”，既包括不正当利益，也包括正当利益；既包括财产性利益，也包括非财产性利益，但这种非财产性利益应当是具体的实际利益，如升学、就业等。

挪用公款给他人使用，如果明知使用人用于营利活动或者非法活动的，应当认定为挪用人挪用公款进行营利活动或者非法活动。如果不知道使用人用公款进行营利活动或者非法活动，则只有数额较大，超过3个月未还的，才构成挪用公款罪。

（3）本罪的主体是特殊主体，即国家工作人员。对于受国家机关、国有公司、企业、事业单位、人民团体委托管理、经营国有财产的人员能否成为本罪的主体，理论界有不同意见。本书认为，受国有单位委托管理、经营国有财产的人员属于非国家工作人员的范畴，刑法明确规定这类人员可以成为贪污罪的主体，但没有规定可以成为挪用公款罪的主体，因此，按照罪刑法定原则，受国有单位委托管理、经营国有财产的人员，即使其利用职务上的便利，挪用公款归个人使用，数额较大的，也不能认定为挪用公款罪，但其行为可能构成挪用资金罪。有关司法解释也持这种观点。[①]

（4）本罪的主观方面表现为故意，即行为人明知是公款而故意违反有关规定挪给个人使用。故意的内容是将公款挪作他用而不是非法占有。如果行为人出于挪用的目的将公款挪作他用后，又产生了非法占有公款的目的，不归还被挪用公款的，则应当以贪污罪定罪处罚。

本章［引例］中，被告人张某将公款挪用给陈某进行经营活动时，其主观上还没有不返还被挪用公款的故意，只是在其无法追回借款后，为了达到不返还被挪用公款的目的，便向公安机关报假案谎称被抢劫，这时候其主观故意的内容便由挪用转化为非法占有，因此，对其行为应当以贪污罪追究刑事责任。本案审理中，检察机关以被告人张某犯贪污罪起诉，一审法院以挪用公款罪判决。检察机关抗诉后，二审法院改判为贪污罪。

（二）挪用公款罪的认定

1. 挪用公款罪与非罪的界限

区分二者的界限，首先要考虑挪用公款的数额，对于不同类型的挪用公款罪来说，标准尽管有所不同，但均需有个数额起点。其次要考虑挪用公款的用途和时间：如果是用来进行非法活动，不仅没有挪用时间的限制，而且数额起点较低；如果是用来进行营利活动，则没有挪用时间的限制，数额起点也较高；如果是用来进行合法的生活消费和其他非经营性活动，则要达到数额较大和超过3个月未还两个标准，才能构成犯罪。

2. 几种特殊形式的挪用公款罪的认定

（1）根据《刑法》第185条第2款的规定，国有商业银行、证券交易所、期货交易所、证券公司、期货经纪公司、保险公司或者其他国有金融机构的工作人员，国有商业银行、证券交易所、期货交易所、证券公司、期货经纪公司、保险公司或者其他国有金融机构委派到非国有商业银行、证券交易所、期货交易所、证券公司、期货经纪公司、保险公司以及其他金融机构从事公务的人员，利用职务上的便利，挪用本单位或者客户资金的，以挪用公款罪定罪处罚。（2）根据《刑法》第272条第2款的规定，国有公司、企业或者其他国有单位中从事公务的人员和国有公司、企业或者其他国有单位委派到非国有公司、企业以及其他单位从事公务的人员，利用职务上的便利，挪用本单位资金归个人使用或者借贷

① 参见2000年2月16日最高人民法院《关于对受委托管理、经营国有财产人员挪用国有资金行为如何定罪问题的批复》。

给他人，数额较大、超过3个月未还的，或者虽未超过3个月，但数额较大、进行营利活动的，或者进行非法活动的，以挪用公款罪定罪处罚。（3）根据《刑法》第384条第2款的规定，挪用用于救灾、抢险、防汛、优抚、扶贫、移民、救济款物归个人使用的，以挪用公款罪定罪处罚。需要指出的是，如果行为人挪用上述特定款物以外的其他公物，则不构成挪用公款罪。①

3. 挪用公款罪与贪污罪的界限

二者均为侵犯财产的职务犯罪，主体均为国家工作人员，主观方面均为故意，司法实践中因为证据的原因还经常容易发生混淆，特殊情况下挪用公款罪还能转化为贪污罪，因此，二者界限的区分十分重要。具体认定时应当注意二者的如下区别：（1）犯罪目的不同。这是区分二者的关键。前者是以非法使用公款为目的，准备将来归还；后者是以非法占有公款为目的，不准备归还。（2）对财产权利的侵害程度不同。前者侵犯的是公款的占有、使用和收益权，没有侵犯公款的处分权；后者侵犯的是公款的占有、使用、收益和处分权。（3）犯罪对象不同。前者的对象除了用于救灾、抢险、防汛、优抚、扶贫、移民、救济的特定款物以外，均为公款；后者的对象既包括公款，也包括其他任何公物。（4）行为方式不同。前者从性质上说是暂时地非法使用公款，所以往往留有挪用痕迹，甚至出具借条；后者是永远地非法占有公款，因此，行为人大多采用毁损凭证、掩盖真相的手段，如涂改账目、虚报冒领等。

4. 挪用公款罪与挪用特定款物罪的界限

二者在行为方式上都表现为挪用，在主观要件、犯罪对象等方面也有许多相同和相似之处。当挪用的对象均为救灾、抢险等特定款物时，其主要区别是：（1）挪用的用途不同。前者是将特定款物挪给本人或者其他个人使用，在本质上属于“公款私用”；后者是将特定款物挪归单位的其他事项使用，没有做到专款专用，在本质上属于“公款公用”。（2）犯罪主体不同。两罪的主体虽然都是特殊主体，但是前者为国家工作人员；后者是挪用特定款物的直接责任人员。（3）犯罪成立要件不同。前者达到规定的数额标准和时间要求即构成犯罪；后者必须情节严重，给国家和人民群众利益造成重大损失的，才构成犯罪。

5. 挪用公款罪与挪用资金罪的界限

二者在主观方面和客观方面基本相同，区别的关键是犯罪主体的不同：挪用公款罪的主体是国家工作人员；挪用资金罪的主体是公司、企业或者其他单位的人员，既包括非国有公司、企业、事业单位、社会团体中不具有国家工作人员身份的人员，也包括国有单位中不具有国家工作人员身份的人员。

6. 挪用公款罪共同犯罪的认定

根据有关司法解释，挪用公款给他人使用，使用人与挪用人共谋，指使或者参与策划取得挪用款的，以挪用公款罪的共犯定罪处罚。

7. 挪用公款罪的数罪并罚

1998年4月29日最高人民法院公布的《关于审理挪用公款案件具体应用法律若干问题的解释》指出：国家工作人员因挪用公款索取、收受贿赂构成犯罪的，或者挪用公款进

① 参见2000年3月6日最高人民检察院《关于国家工作人员挪用非特定公物能否定罪的请示的批复》。

行非法活动构成其他犯罪的，依照数罪并罚的规定处罚。本书认为，从刑法理论上讲，挪用公款行为与索取、收受贿赂或者进行非法活动之间是一种牵连关系，并且这种情况下挪用公款行为本身就是受贿罪中为他人谋取利益的构成要件行为，进行非法活动本身就是非法活动型挪用公款罪的构成要件行为，数罪并罚有违一行为不得重复评价的原则，应当适用从一重罪处断的原则。

（三）挪用公款罪的刑事责任

根据《刑法》第384条的规定，犯本罪的，处5年以下有期徒刑或者拘役；情节严重的，处5年以上有期徒刑。挪用公款数额巨大、不退还的，处10年以上有期徒刑或者无期徒刑。所谓挪用公款数额巨大、不退还，是指挪用公款数额巨大，因客观原因在一审宣判前不能退还的。多次挪用公款不还的，挪用公款数额累计计算；多次挪用公款并以后次挪用的公款归还前次挪用的公款的，挪用公款数额以案发时未还的数额认定。

挪用用于救灾、抢险、防汛、优抚、扶贫、移民、救济款物归个人使用的，从重处罚，其数额标准参照挪用公款归个人进行非法活动的数额标准。

三、巨额财产来源不明罪

（一）巨额财产来源不明罪的概念和特征

巨额财产来源不明罪，是指国家工作人员的财产、支出明显超过合法收入和其他来源明确的财产，差额巨大，而本人又不能说明其来源的行为。其构成特征是：

（1）本罪侵犯的客体是国家工作人员职务行为的廉洁性。国家工作人员职务行为的廉洁性要求行为人说明超过合法收入的巨额财产的真实来源，而其不能说明，便侵犯了国家工作人员职务行为的廉洁性。有的学者认为，本罪侵犯的是复杂客体，在侵犯国家工作人员职务行为廉洁性的同时，还侵犯了公私财产的所有权。[①] 本书认为，虽然行为人拥有不能说明来源的财产，但并不意味着这些财产就必然是违法、犯罪所得，这些财产也有可能是合法所得，只是行为人不能说明或者不愿意说明，因此，该罪并不必然侵犯公私财产所有权。

（2）本罪的客观方面表现为国家工作人员的财产、支出明显超过合法收入和其他来源明确的财产，差额巨大，而本人又不能说明其来源的行为。具体可以从以下几个方面理解：

1）国家工作人员的财产、支出明显超过合法收入和其他来源明确的财产，且差额巨大。这里所说的财产是指国家工作人员实际拥有的财产；支出是指国家工作人员实际对外支付的款项；合法收入是指行为人的工资、奖金等符合法律规定的收入；其他来源明确的财产是指行为人合法收入以外的、经查证有确切来源的收入，包括犯罪所得、违法违纪所得等。根据有关司法解释，目前数额巨大的标准是30万元以上。

2）行为人不能说明差额巨大部分财产的真实来源。所谓不能说明，主要是指以下几种情况：一是行为人拒不说明财产来源；二是行为人无法说明财产的具体来源；三是行为人所说的财产来源经司法机关查证并不属实；四是行为人所说的财产来源因线索不具体等原因，司法机关无法查实，但能排除存在来源合法的可能性和合理性的。

---

① 参见张穹主编：《贪污贿赂渎职“侵权”犯罪案件立案标准精释》，103页，北京，中国检察出版社，2000；苏惠渔主编：《刑法学》，865页，北京，中国政法大学出版社，1999。

3）司法机关无法查清差额巨大部分财产的真实来源。这是构成巨额财产来源不明罪不可缺少的条件。行为人具备了上述行为要件的，司法机关应当立案侦查。只有司法机关经过细致的侦查，尽了最大的努力，调查了已知的线索和疑点，仍然不能查明行为人的差额巨大部分财产是通过何种方式所得的，才能以巨额财产来源不明罪追究其刑事责任。如果司法机关经过调查查明了差额巨大部分财产的真实来源，就不存在巨额财产来源不明的问题。如果行为人涉嫌其他犯罪，则可以其他犯罪对行为人定罪处罚。

（3）本罪的主体是特殊主体，即国家工作人员。

（4）本罪的主观方面表现为故意。

（二）巨额财产来源不明罪的刑事责任

根据《刑法》第395条第1款的规定，犯本罪的，处5年以下有期徒刑或者拘役；差额特别巨大的，处5年以上10年以下有期徒刑。财产的差额部分予以追缴。

四、隐瞒境外存款罪

（一）隐瞒境外存款罪的概念和特征

隐瞒境外存款罪，是指国家工作人员违反国家规定，故意隐瞒不报在境外的存款，数额较大的行为。其构成特征是：

（1）本罪侵犯的客体是国家工作人员境外存款的申报制度。国家工作人员违反国家规定，隐瞒不报其在境外的存款，便侵犯了国家工作人员境外存款的申报制度。

本罪的犯罪对象是行为人在境外的存款。这里的境外，既包括外国，也包括我国的港、澳、台地区。所谓存款，是指行为人存入境外金融机构的各种货币、有价证券、货币支付凭证和黄金等贵重金属及其制品，不包括行为人在我国境内设立的外资银行或者外国银行分行的存款。有学者认为，这里讲的存款，是指外汇，而不是指人民币。本书认为这种解释缺乏法律和事实依据。存款的来源既包括行为人的工作报酬、继承的财产或者接受的正当赠与，也包括行为人的违法、犯罪所得。因此，存款的来源是否合法，不影响本罪的成立。

（2）本罪的客观方面表现为国家工作人员违反国家规定，故意隐瞒不报在境外的存款，数额较大的行为。首先，根据国家规定，行为人有申报境外存款的义务。其次，行为人对其在境外的存款故意隐瞒不报。最后，行为人隐瞒不报的境外存款数额较大。根据有关司法解释，目前数额较大的标准是折合人民币30万元以上。

（3）本罪的主体是特殊主体，即国家工作人员。

（4）本罪的主观方面表现为故意，即行为人明知自己隐瞒不报境外存款的行为会侵犯国家工作人员境外存款的申报制度，但是对这一结果的发生持希望或者放任的心理态度。

（二）隐瞒境外存款罪的刑事责任

根据《刑法》第395条第2款的规定，犯本罪的，处2年以下有期徒刑或者拘役；情节较轻的，由其所在单位或者上级主管机关酌情给予行政处分。

五、私分国有资产罪

（一）私分国有资产罪的概念和特征

私分国有资产罪，是指国家机关、国有公司、企业、事业单位、人民团体违反国家规定，以单位名义将国有资产集体私分给个人，数额较大的行为。其构成特征是：

（1）本罪侵犯的客体是复杂客体，即国家工作人员职务行为的廉洁性和国有资产的所有权。犯罪对象是国有资产。所谓国有资产，是指国家依法取得和认定的，或者国家以各种形式对企业的投资和投资收益、国家向行政事业单位拨款等形成的资产。

（2）本罪的客观方面表现为国家机关、国有公司、企业、事业单位、人民团体违反国家规定，以单位名义将国有资产集体私分给个人，数额较大的行为。具体包括三个基本要素：1）违反国家规定。这是构成本罪的前提条件。所谓违反国家规定，是指违反全国人民代表大会及其常务委员会制定的法律和决定，以及国务院制定的行政法规规定的行政措施、发布的决定和命令中有关使用、管理和保护国有资产的规定。2）以单位名义将国有资产集体私分给个人。这是指由单位负责人或者单位决策机构集体讨论决定，将国有资产私分给单位所有职工，至少是单位大多数职工。如果只是单位内几个负责人私分，或者在少数单位员工中私分，应属于贪污行为。3）数额较大。根据有关司法解释，目前数额较大的标准是 10 万元以上。

（3）本罪的主体是特殊主体，即国家机关、国有公司、企业、事业单位、人民团体。

（4）本罪的主观方面表现为故意，即明知是国有资产，故意违反国家规定，以单位名义集体私分给个人。

【案例 28－7】　陈某某私分国有资产案

陈某某在担任武铁印刷厂厂长期间，于 2009 年 1 月至 2012 年 4 月，先后四次以发放年终奖的名义将小金库的国有资产共计人民币 72.4 万元予以私分。另查明，陈某某到案后如实供述了四次擅自发放奖金的事实，并主动通过家属退交赃款 14.6 万元。

本案中，陈某某身为国有企业负责人，违反国家规定，擅自决定将小金库里的部分资金以奖金的名义私分给个人，数额较大，其行为构成私分国有资产罪。

（二）私分国有资产罪的认定

私分国有资产罪与贪污罪的主要区别是：（1）犯罪对象不同。前者的犯罪对象仅限于国有资产；后者的犯罪对象是公共财物，不仅包括国有资产，还包括其他公共财物。（2）行为方式不同。前者表现为以单位名义私分国有资产，获得财物的人是单位所有员工或者大多数员工，具有一定的公开性；后者表现为行为人采取侵吞、窃取、骗取等手段将公共财产据为己有，具有一定的隐蔽性。（3）犯罪主体不同。前者的主体是国家机关、国有公司、企业、事业单位、人民团体，属于单位犯罪；后者的主体是国家工作人员，属于自然人犯罪。（4）主观方面不同。前者作为单位犯罪，虽然形式上是单位直接负责的主管人员或者单位参与决策、领导的共同意志，但实质上是单位的意志；后者则是行为人的个人意志。

（三）私分国有资产罪的刑事责任

根据《刑法》第 396 条第 1 款的规定，犯本罪的，对直接负责的主管人员和其他直接责任人员，处 3 年以下有期徒刑或者拘役，并处或者单处罚金；数额巨大的，处 3 年以上 7 年以下有期徒刑，并处罚金。

六、私分罚没财物罪

（一）私分罚没财物罪的概念和特征

私分罚没财物罪，是指司法机关、行政执法机关违反国家规定，将应当上缴国家的罚没财物，以单位名义集体私分给个人，数额较大的行为。其构成特征是：（1）本罪侵犯的客体是国家工作人员职务行为的廉洁性和国家对罚没财物的所有权。犯罪对象是罚没财物。（2）本罪的客观方面表现为司法机关、行政执法机关违反国家规定，将应当上缴国家的罚没财物，以单位名义集体私分给个人，数额较大的行为。根据有关司法解释，目前数额较大的标准是10万元以上。（3）本罪的主体是特殊主体，即司法机关和行政执法机关，属于单位犯罪。（4）本罪的主观方面表现为故意，即明知是应当上缴国家的罚没财物，故意违反国家规定，以单位名义集体私分给个人。

（二）私分罚没财物罪的刑事责任

根据《刑法》第396条第2款的规定，犯本罪的，对直接负责的主管人员和其他直接责任人员，处3年以下有期徒刑或者拘役，并处或者单处罚金；数额巨大的，处3年以上7年以下有期徒刑，并处罚金。

第三节　贿赂犯罪

一、受贿罪

（一）受贿罪的概念和特征

受贿罪，是指国家工作人员利用职务上的便利，索取他人财物的，或者非法收受他人财物，为他人谋取利益的行为。其构成特征是：

（1）本罪侵犯的客体是国家工作人员职务行为的廉洁性。犯罪对象是财物。对于财物以外的其他财产性利益（如出国旅游，提供免费汽车、住房等）以及其他不正当好处（如提供就业、升学机会，性服务等）能否成为贿赂犯罪的对象，理论界有不同见解。有的国家将这些都作为贿赂犯罪的对象，如日本刑法规定异性间的性交、提供地位等都能成为贿赂。[①]《联合国反腐败公约》规定的贿赂犯罪对象为“不正当好处”，比我国刑法规定的贿赂犯罪对象——“财物”的范围要广。2016年4月最高人民法院、最高人民检察院《关于办理贪污贿赂刑事案件适用法律若干问题的解释》第12条指出：贿赂犯罪中的“财物”，包括货币、物品和财产性利益。财产性利益包括可以折算为货币的物质利益如房屋装修、债务免除等，以及需要支付货币的其他利益如会员服务、旅游等。后者的犯罪数额，以实际支付或者应当支付的数额计算。

（2）本罪的客观方面表现为国家工作人员利用职务上的便利，索取他人财物的，或者非法收受他人财物，为他人谋取利益的行为。所谓利用职务上的便利，既包括国家工作人员利用本人职务上主管、负责、承办某项公共事务的职权，也包括利用职务上有隶属、制约关系的其他国家工作人员的职权。担任单位领导职务的国家工作人员通过不属于自己主管的下级部门的国家工作人员的职务为他人谋取利益的，应当认定为利用职务上的便利为他人谋取利益。具体来讲，本罪有两种行为方式：

1）索取他人财物。所谓索取他人财物，是指行为人利用职务上的便利，主动向他人索要或勒索并收取财物。其基本特征是行为人索要财物的主动性和他人交付财物的被动性，至于是否为他人谋取利益，不影响这种形式的受贿罪的成立。索贿行为可以是明示

---

① 参见［日］大谷实著，黎宏译：《刑法各论》，455页，北京，法律出版社，2003。

的，也可以是暗示的；可以是本人直接索取，也可以是通过他人间接索取。

2）非法收受他人财物，为他人谋取利益。所谓非法收受他人财物，是指行为人被动地非法接受对方给付自己的财物。其基本特征是行贿人给付财物的主动性和受贿人接受他人财物的被动性。至于行为人被动的程度，可以是在行贿人主动给付财物后，连句客套话都没有，理直气壮地接受；也可以是再三婉拒，最终接受；还可以是行贿人当时留下财物本人并不知晓，当行贿人走后才发现并接受。行为人非法收受他人财物的情况下，还必须为他人谋取利益才能成立受贿罪。所谓为他人谋取利益，包括承诺、实施和实现三个阶段的行为，只要具有其中一个阶段的行为，如国家工作人员收受他人财物时，根据他人提出的具体请托事项，承诺为他人谋取利益的，就具备为他人谋取利益的要件。明知他人有具体请托事项而收受其财物的，视为承诺为他人谋取利益。谋取的利益既可以是正当的利益，也可以是不正当的利益；既可以是财产性利益，也可以是非财产性利益。

（3）本罪的主体是特殊主体，即国家工作人员。对于离退休的国家工作人员能否成为受贿罪的主体，理论界有不同认识。本书认为，离退休的国家工作人员已经不属于现职的国家工作人员，无职务便利可用，即使其利用本人原有职权或者地位所形成的便利条件，通过在职的国家工作人员职务上的行为，为请托人谋取利益，而本人从中收取请托人财物的，也不应认定为受贿罪，如果其为请托人谋取的是不正当利益，则可能构成利用影响力受贿罪。需要指出的是，根据有关司法解释，如果国家工作人员利用职务上的便利为请托人谋取利益，并与请托人事先约定，在其离退休后收受请托人财物的，即使其收受请托人财物时已经不具有国家工作人员的身份，也应当以受贿罪定罪处罚。[①]

（4）本罪的主观方面表现为故意，即行为人明知其利用职务上的便利，索取他人财物的行为或者非法收受他人财物并为他人谋取利益的行为会损害国家工作人员职务行为的廉洁性，仍然故意为之。

（二）受贿罪的认定

1. 受贿罪与非罪的界限

（1）受贿罪与接受亲友馈赠的界限。亲朋好友之间礼尚往来，有时伴有财物馈赠，这是联络感情的正当行为。受贿罪中的非法收受他人财物与接受亲友馈赠有时候在表面上颇为相似，划清二者之间的界限，要综合考虑以下因素：行为人接受亲友财物前后是否利用职务上的便利为亲友谋取利益；双方之间亲友情谊的发展程度；收受财物的数额是否正常；接受财物的目的、方式等。（2）受贿罪与取得合法报酬的界限。在法律、政策允许的范围内，利用自己的知识、技术和劳动，为其他单位或个人承揽业务、提供咨询或者进行其他服务，从中获得劳动报酬的，是合法收入，不属于受贿。但在司法实践中，有些贿赂是以辛苦费、酬谢费、劳务费的名义出现的。划清受贿罪与取得合法报酬的界限，关键要看行为人是否利用职务上的便利为他人谋取利益。（3）受贿罪与一般受贿行为的界限。区分二者的标准是受贿数额和受贿情节。个人受贿数额 3 万元以上的，构成受贿罪。个人受贿在 1 万元以上不满 3 万元，同时具有下列情节之一的，构成犯罪：多次索贿的；为他人谋取不正当利益，致使公共财产、国家和人民利益遭受损失的；为他人谋取职务提拔、调整的；曾因贪污、受贿、挪用公款受过党纪、行政处分的；曾因故意犯罪受过刑事追究

① 参见 2000 年 6 月 30 日最高人民法院《关于国家工作人员利用职务上的便利为他人谋取利益离退休后收受财物行为如何处理问题的批复》。

的；赃款赃物用于非法活动的；拒不交代赃款赃物去向或者拒不配合追缴工作，致使无法追缴的；造成恶劣影响或者其他严重后果的。

2. 几种特殊形式的受贿罪的认定

（1）根据《刑法》第163条第3款的规定，国有公司、企业中从事公务的人员和国有公司、企业委派到非国有公司、企业从事公务的人员利用职务上的便利，索取他人财物或者非法收受他人财物，为他人谋取利益，数额较大的，或者在经济往来中，违反国家规定，收受各种名义的回扣、手续费，归个人所有的，以受贿罪定罪处罚。（2）根据《刑法》第184条第2款的规定，国有金融机构工作人员和国有金融机构委派到非国有金融机构从事公务的人员在金融业务活动中索取他人财物或者非法收受他人财物，为他人谋取利益的，或者违反国家规定，收受各种名义的回扣、手续费归个人所有的，以受贿罪定罪处罚。（3）根据《刑法》第385条第2款的规定，国家工作人员在经济往来中，违反国家规定，收受各种名义的回扣、手续费，归个人所有的，以受贿罪定罪处罚。（4）根据《刑法》第388条的规定，国家工作人员利用本人职权或者地位形成的便利条件，通过其他国家工作人员职务上的行为，为请托人谋取不正当利益，索取请托人财物或者收受请托人财物的，以受贿罪定罪处罚。理论界称之为斡旋受贿。所谓利用本人职权或者地位形成的便利条件，是指虽然行为人与被其利用的国家工作人员之间在职务上没有隶属、制约关系，但是行为人利用了本人职权或者地位产生的影响和一定的工作联系，如单位内不同部门的国家工作人员之间，上下级单位没有职务上隶属、制约关系的国家工作人员之间，有工作联系的不同单位的国家工作人员之间等。如果国家工作人员利用自己与其他国家工作人员的亲友关系，为请托人谋取不正当利益，索取或者收受请托人财物的，不能认定为斡旋受贿。

3. 以借为名索取或者非法收受他人财物行为的认定

国家工作人员利用职务上的便利，以借为名索取他人财物的，或者非法收受他人财物，为他人谋取利益的，应当认定为受贿。具体认定时，不能仅仅看是否有书面借款手续，应当根据以下因素综合判定：（1）有无正当、合理的借款事由；（2）款项的去向；（3）双方平时关系如何、有无经济往来；（4）出借方是否要求国家工作人员利用职务上的便利为其谋取利益；（5）借款后是否有归还的意思表示及行为；（6）是否有归还的能力；（7）未归还的原因；等等。

4. 受贿罪与敲诈勒索罪的界限

二者的界限一般不难区分，易于发生混淆的是索贿形式的受贿罪与敲诈勒索罪的界限，区分的关键在于行为人是否利用了职务便利：敲诈勒索罪表现为行为人单纯使用威胁或要挟的手段，迫使被害人交付财物；受贿罪表现为行为人利用职务上的便利，主动向请托人索要财物。司法实践中，如果国家工作人员对请托人采用威胁或要挟的方式，向请托人勒索财物，以此作为其利用职务便利为请托人谋取利益的条件，应当依照受贿罪定罪处罚。

5. 受贿罪与非国家工作人员受贿罪的界限

二者在主观方面都是故意，在客观方面均有利用职务上的便利索取或者非法收受他人财物的行为；主要区别是：（1）犯罪主体不同。这是区别二者的关键。前者的主体是国家工作人员；后者的主体是公司、企业或者其他单位的工作人员，即非国家工作人员。（2）客观方面有所不同。前者在索取贿赂的情况下，不论是否为他人谋取利益，均可构成犯罪；后者无论是索取贿赂还是收受贿赂，均以为他人谋取利益为成立犯罪的必备条件。

6. 受贿罪共同犯罪的认定

司法实践中，非国家工作人员与国家工作人员勾结，伙同受贿的，应当以受贿罪的共犯追究刑事责任。非国家工作人员是否构成受贿罪共犯，取决于双方有无共同受贿的故意和行为。国家工作人员的近亲属向国家工作人员代为转达请托事项，收受请托人财物并告知该国家工作人员，或者国家工作人员明知其近亲属收受了他人财物，仍按照近亲属的要求利用职权为他人谋取利益的，对该国家工作人员的行为应认定为受贿罪，对其近亲属以受贿罪共犯论处。近亲属以外的其他人与国家工作人员通谋，由国家工作人员利用职务上的便利为请托人谋取利益，收受请托人财物后双方共同占有的，构成受贿罪共犯。

（三）受贿罪的刑事责任

根据《刑法》第 386 条、第 383 条的规定，犯本罪的，根据受贿数额和情节轻重，分别依照下列规定处罚：（1）受贿数额较大或者有其他较重情节的，处 3 年以下有期徒刑或者拘役，并处罚金。（2）受贿数额巨大或者有其他严重情节的，处 3 年以上 10 年以下有期徒刑，并处罚金或者没收财产。（3）受贿数额特别巨大或者有其他特别严重情节的，处 10 年以上有期徒刑或者无期徒刑，并处罚金或者没收财产；数额特别巨大，并使国家和人民利益遭受特别重大损失的，处无期徒刑或者死刑，并处没收财产。

根据 2016 年 4 月最高人民法院、最高人民检察院《关于办理贪污贿赂刑事案件适用法律若干问题的解释》，“数额较大”是指 3 万元以上不满 20 万元，“数额巨大”是指 20 万元以上不满 300 万元，“数额特别巨大”是指 300 万元以上。该解释还规定了“其他较重情节”“其他严重情节”“其他特别严重情节”包括的具体情形。

对多次受贿未经处理的，按照累计受贿数额处罚。所谓多次受贿未经处理，是指受贿行为未被发现，或者虽被发现但是未给予刑事处罚或者任何行政纪律处罚。如果已被发现且曾受到行政纪律处罚的，在累计受贿数额时，不应计算在内。

所谓受贿数额，在共同受贿犯罪案件中应理解为个人所参与或者组织、指挥共同受贿的数额，不能只按个人实际分得的赃款数额来认定。对于共同受贿犯罪中的从犯，应当按照其所参与的共同受贿的数额确定量刑幅度，并依照《刑法》第 27 条第 2 款的规定，从轻、减轻处罚或者免除处罚。

犯受贿罪，在提起公诉前如实供述自己罪行、真诚悔罪、积极退赃，避免、减少损害结果的发生，有第一项规定情形的，可以从轻、减轻或者免除处罚；有第二项、第三项规定情形的，可以从轻处罚。

犯受贿罪，有第三项规定情形被判处死刑缓期执行的，人民法院根据犯罪情节等情况可以同时决定在其死刑缓期执行二年期满依法减为无期徒刑后，终身监禁，不得减刑、假释。

根据 2016 年 4 月最高人民法院、最高人民检察院《关于办理贪污贿赂刑事案件适用法律若干问题的解释》，对受贿罪判处 3 年以下有期徒刑或者拘役的，应当并处 10 万元以上 50 万元以下的罚金；判处 3 年以上 10 年以下有期徒刑的，应当并处 20 万元以上犯罪数额二倍以下的罚金或者没收财产；判处 10 年以上有期徒刑或者无期徒刑的，应当并处 50 万元以上犯罪数额二倍以下的罚金或者没收财产。

【案例28-8】　白某某受贿、巨额财产来源不明案

2000年至2013年，被告人白某某先后利用担任青海省委书记、云南省委书记、全国人大环境与资源保护委员会副主任委员等职务上的便利以及职权和地位形成的便利条件，为他人在房地产开发、获取矿权、职务晋升等事项上谋取利益，直接或者通过其妻非法收受他人财物，共计折合人民币2.467 645 11亿元。白某某还有巨额财产明显超过合法收入，不能说明来源。

本案中，被告人白某某身为国家工作人员，利用职务上的便利，为他人谋取利益，利用职权和地位形成的便利条件，通过其他国家工作人员职务上的行为，为他人谋取不正当利益，非法收受他人财物，其行为构成受贿罪；白某某的财产、支出明显超过合法收入，差额特别巨大，不能说明来源，构成巨额财产来源不明罪，应数罪并罚。其中，白某某受贿数额特别巨大，犯罪情节特别严重，社会影响特别恶劣，给国家和人民利益造成特别重大损失，论罪应当判处死刑。鉴于其到案后如实供述自己罪行，主动交代办案机关尚未掌握的大部分受贿犯罪事实；认罪悔罪，赃款赃物已全部追缴，具有法定、酌定从轻处罚情节，对其判处死刑，可不立即执行。同时，根据白某某的犯罪事实和情节，依据刑法的有关规定，决定在其死刑缓期执行二年期满依法减为无期徒刑后，终身监禁，不得减刑、假释。

二、单位受贿罪

（一）单位受贿罪的概念和特征

单位受贿罪，是指国家机关、国有公司、企业、事业单位、人民团体，索取、非法收受他人财物，为他人谋取利益，情节严重的行为。其构成特征是：

（1）本罪侵犯的客体是国家机关、国有公司、企业、事业单位、人民团体公务活动的廉洁性。

（2）本罪的客观方面表现为国家机关、国有公司、企业、事业单位、人民团体，索取、非法收受他人财物，为他人谋取利益，情节严重的行为。索取他人财物或者非法收受他人财物，必须同时具备为他人谋取利益的条件，且是情节严重的行为，才能构成单位受贿罪。所谓情节严重，是指单位受贿数额在10万元以上的，或者单位受贿数额不满10万元（应达8万元以上），但具有下列情形之一的：1）故意刁难、要挟有关单位、个人，造成恶劣影响的；2）强行索取财物的；3）致使国家或者社会利益遭受重大损失的。

国家机关、国有公司、企业、事业单位、人民团体在经济往来中，在账外暗中收受各种名义的回扣、手续费的，依照单位受贿罪定罪处罚。

（3）本罪的主体是特殊主体，即国家机关、国有公司、企业、事业单位、人民团体。

（4）本罪的主观方面表现为故意。

【案例28-9】　某某乡卫生院单位受贿案

罗某某自2008年11月起担任某某乡卫生院院长。其间，该卫生院从河南省新乡市华西医疗器械有限公司、新乡市戈乐医疗器械有限公司业务员李某某处先后购买牵引床一台、自动洗片机一台、脑彩超一台、半自动生化分析仪一台、血球分析仪一台、伪B超机（另购置一台探头）一台、尿11项分析仪一台等医疗设备及部分医疗耗材，并收受李某某给予的现金共计10万元，被告单位将该款用于单位接待、文化活动、办公环境改善等开支。破案后，追回余款37 000元。

本案中，某某乡卫生院在购买医疗设备时，非法收受他人人民币10万元，用于单位开支，其行为构成单位受贿罪。

(二) 单位受贿罪的刑事责任

根据《刑法》第387条的规定，犯本罪的，对单位判处罚金，并对其直接负责的主管人员和其他直接责任人员，处5年以下有期徒刑或者拘役。

三、利用影响力受贿罪

(一) 利用影响力受贿罪的概念和特征

利用影响力受贿罪，是指国家工作人员的近亲属或者其他与该国家工作人员关系密切的人，通过该国家工作人员职务上的行为，或者利用该国家工作人员职权或者地位形成的便利条件，通过其他国家工作人员职务上的行为，或者离职的国家工作人员或者其近亲属以及其他与其关系密切的人，利用该离职的国家工作人员原职权或者地位形成的便利条件，通过其他国家工作人员职务上的行为，为请托人谋取不正当利益，索取请托人财物或者收受请托人财物，数额较大或者有其他较重情节的行为。其构成特征是：

（1）本罪侵犯的客体是国家工作人员职务行为的廉洁性。

（2）本罪的客观方面表现为国家工作人员的近亲属或者其他与该国家工作人员关系密切的人，通过该国家工作人员职务上的行为，或者利用该国家工作人员职权或者地位形成的便利条件，通过其他国家工作人员职务上的行为，或者离职的国家工作人员或者其近亲属以及其他与其关系密切的人，利用该离职的国家工作人员原职权或者地位形成的便利条件，通过其他国家工作人员职务上的行为，为请托人谋取不正当利益，索取请托人财物或者收受请托人财物，数额较大或者有其他较重情节的行为。实践中，利用影响力受贿罪具体有以下三种表现形式：1）国家工作人员的近亲属或者其他与该国家工作人员关系密切的人，通过该国家工作人员职务上的行为，为请托人谋取不正当利益，索取请托人财物或者收受请托人财物，数额较大或者有其他较重情节的行为。2）国家工作人员的近亲属或者其他与该国家工作人员关系密切的人，利用该国家工作人员职权或者地位形成的便利条件，通过其他国家工作人员职务上的行为，为请托人谋取不正当利益，索取请托人财物或者收受请托人财物，数额较大或者有其他较重情节的行为。3）离职的国家工作人员或者其近亲属以及其他与其关系密切的人，利用该离职的国家工作人员原职权或者地位形成的便利条件，通过其他国家工作人员职务上的行为，为请托人谋取不正当利益，索取请托人财物或者收受请托人财物，数额较大或者有其他较重情节的行为。

（3）本罪的主体属于特殊主体，具体包括以下五类：1）国家工作人员的近亲属；2）其他与国家工作人员关系密切的人；3）离职的国家工作人员；4）离职的国家工作人员的近亲属；5）其他与离职的国家工作人员关系密切的人。

（4）本罪的主观方面表现为故意，并且是直接故意，目的是通过国家工作人员职务上的行为，或者利用该国家工作人员职权或者地位形成的便利条件，通过其他国家工作人员职务上的行为，或者利用离职的国家工作人员原职权或者地位形成的便利条件，通过其他国家工作人员职务上的行为，为请托人谋取不正当利益，索取请托人财物或者收受请托人财物。

【案例 28-10】　　王某利用影响力受贿案

被告人王某与高某是有密切关系的人。2009 年至 2010 年 8 月期间，王某利用高某担任南京农业大学工学院（以下简称“工学院”）副院长、分管基建工作的便利条件，在明知刘某某是借用江苏省建筑材料研究设计院（以下简称“省建材设计院”）的资质和挂靠省建材设计院参加工学院科技综合楼设计投标的情况下，采取请客送礼的方法，通过工学院基建总务处处长、副处长的职务行为，使刘某某顺利进入招、投标范围并获取了相关的设计信息，帮助刘某某中标成功。2009 年 3 月至 2010 年 7 月，被告人王某先后四次收受刘某某贿赂款人民币 15 万元。

本案中，被告人王某作为与国家工作人员关系密切的人，其利用该国家工作人员的职位形成的便利条件，通过由该国家工作人员直接领导的其他国家工作人员职务上的行为，为请托人谋取不正当利益，收受请托人财物人民币 15 万元，其行为构成利用影响力受贿罪。

（二）利用影响力受贿罪的刑事责任

根据《刑法》第 388 条之一的规定，犯本罪的，处 3 年以下有期徒刑或者拘役，并处罚金；数额巨大或者有其他严重情节的，处 3 年以上 7 年以下有期徒刑，并处罚金；数额特别巨大或者有其他特别严重情节的，处 7 年以上有期徒刑，并处罚金或者没收财产。根据 2016 年 4 月最高人民法院、最高人民检察院《关于办理贪污贿赂刑事案件适用法律若干问题的解释》，“数额较大”是指 3 万元以上不满 20 万元，“数额巨大”是指 20 万元以上不满 300 万元，“数额特别巨大”是指 300 万元以上。该解释还规定了“其他较重情节”“其他严重情节”“其他特别严重情节”包括的具体情形。

四、行贿罪

（一）行贿罪的概念和特征

行贿罪，是指行为人为谋取不正当利益，给予国家工作人员以财物的行为。其构成特征是：

（1）本罪侵犯的客体是国家工作人员职务行为的廉洁性。行贿的对象限于国家工作人员。行贿人为了谋取不正当利益，采取贿赂手段腐蚀国家工作人员，便侵犯了国家工作人员职务行为的廉洁性。因此，在惩治受贿犯罪的同时，也必须惩治行贿犯罪。

（2）本罪的客观方面表现为行为人为谋取不正当利益，给予国家工作人员以财物的行为。给予国家工作人员财物可以分为两种情形：一是行为人主动给予国家工作人员财物。这种情况下，无论行贿人意图谋取的不正当利益是否实现，均不影响行贿罪的成立。二是行为人因被勒索给予国家工作人员财物。这种情况下，只有行为人实际获得了不正当利益，才能构成行贿罪。2016 年 4 月最高人民法院、最高人民检察院《关于办理贪污贿赂刑事案件适用法律若干问题的解释》第 12 条指出：贿赂犯罪中的“财物”，包括货币、物品和财产性利益。财产性利益包括可以折算为货币的物质利益如房屋装修、债务免除等，以及需要支付货币的其他利益如会员服务、旅游等。后者的犯罪数额，以实际支付或者应当支付的数额计算。

(3) 本罪的主体是一般主体。凡是年满 16 周岁、具有刑事责任能力的自然人均可成为本罪的主体。

(4) 本罪的主观方面表现为故意，行为人具有谋取不正当利益的目的。所谓“谋取不正当利益”，是指行贿人谋取的利益违反法律、法规、规章、政策的规定，或者要求国家工作人员违反法律、法规、规章、政策、行业规范的规定，为自己提供帮助或者方便条件。违背公平、公正原则，在经济、组织人事管理等活动中，谋取竞争优势的，应当认定为“谋取不正当利益”。

【案例 28－11】 杜某行贿案

被告人杜某系某开关厂业务员。1998 年 3 月，某市火电厂搞扩建，需购买高压开关柜 20 台。开关厂知悉后，委派杜某前往火电厂联系业务。当杜某找到火电厂基建科科长周某时，周某当面向其索要“好处费”5 万元，否则，便不订开关厂的产品。杜某为了完成厂里分配的任务，只得先给了周某 3 万元，并约定剩余 2 万元在 5 天之内凑齐。不料 3 天之后，火电厂与另一家开关厂签订了开关柜买卖合同。杜某得知后，要求周某返还 3 万元“好处费”，但周某矢口否认。于是杜某便向该市反贪局举报了此事。

本案中，被告人杜某在被勒索的情况下给予国家工作人员 3 万元“好处费”，但其并没有获得不正当利益，根据《刑法》第 389 条第 3 款的规定，其行为不构成行贿罪。

(二) 行贿罪的认定

1. 行贿罪与赠与的界限

赠与是一种正当、合法的民事行为，与行贿具有截然不同的性质，区分的关键在于行为人的主观目的不同。行贿是行为人为了使对方利用职务之便给自己谋取不正当利益，具有钱权交易的性质；赠与则是当事人为了增加亲友情谊，具有礼尚往来的性质。司法实践中，要划清二者的界限，应当综合考虑双方感情交往的程度、给付财物是否附带条件、给付财物的数额、给付财物是否公开、给付财物是否纯粹出于自愿等。

2. 行贿罪与一般行贿行为的界限

刑法没有规定行贿罪的具体数额标准，也没有规定行贿罪的情节要求，但这并不意味着无论行贿数额大小、情节轻重，均构成行贿罪。最高人民法院、最高人民检察院《关于办理贪污贿赂刑事案件适用法律若干问题的解释》第 7 条规定：为谋取不正当利益，向国家工作人员行贿，数额在 3 万元以上的，应当以行贿罪追究刑事责任。同时，行贿数额在 1 万元以上不满 3 万元，具有下列情形之一的，也应当以行贿罪追究刑事责任：(1) 向 3 人以上行贿的；(2) 将违法所得用于行贿的；(3) 通过行贿谋取职务提拔、调整的；(4) 向负有食品、药品、安全生产、环境保护等监督管理职责的国家工作人员行贿，实施非法活动的；(5) 向司法工作人员行贿，影响司法公正的；(6) 造成经济损失数额在 50 万元以上不满 100 万元的。

3. 经济往来中行贿罪的认定

根据《刑法》第389条第2款的规定，在经济往来中，违反国家规定，给予国家工作人员以财物，数额较大的，或者违反国家规定，给予国家工作人员以各种名义的回扣、手续费的，应当以行贿罪定罪处罚。

（三）行贿罪的刑事责任

根据《刑法》第390条的规定：犯本罪的，处5年以下有期徒刑或者拘役，并处罚金；因行贿谋取不正当利益，情节严重的，或者使国家利益遭受重大损失的，处5年以上10年以下有期徒刑，并处罚金；情节特别严重的，或者使国家利益遭受特别重大损失的，处10年以上有期徒刑或者无期徒刑，并处罚金或者没收财产。

行贿人在被追诉前主动交代行贿行为的，可以从轻或者减轻处罚。其中，犯罪较轻的，对侦破重大案件起关键作用的，或者有重大立功表现的，可以减轻或者免除处罚。

根据2016年4月最高人民法院、最高人民检察院《关于办理贪污贿赂刑事案件适用法律若干问题的解释》第8条，犯行贿罪，具有下列情形之一的，应当认定为“情节严重”：（1）行贿数额在100万元以上不满500万元的；（2）行贿数额在50万元以上不满100万元，并具有本解释第7条第2款第1项至第5项规定的情形之一的；（3）其他严重的情节。为谋取不正当利益，向国家工作人员行贿，造成经济损失数额在100万元以上不满500万元的，应当认定为“使国家利益遭受重大损失”。

根据2016年4月最高人民法院、最高人民检察院《关于办理贪污贿赂刑事案件适用法律若干问题的解释》第9条，犯行贿罪，具有下列情形之一的，应当认定为“情节特别严重”：（1）行贿数额在500万元以上的；（2）行贿数额在250万元以上不满500万元，并具有本解释第7条第2款第1项至第5项规定的情形之一的；（3）其他特别严重的情节。为谋取不正当利益，向国家工作人员行贿，造成经济损失数额在500万元以上的，应当认定为“使国家利益遭受特别重大损失”①。

五、对有影响力的人行贿罪

（一）对有影响力的人行贿罪的概念和特征

对有影响力的人行贿罪，是指行为人或单位为谋取不正当利益，向国家工作人员的近亲属或者其他与该国家工作人员关系密切的人，或者向离职的国家工作人员或者其近亲属以及其他与其关系密切的人行贿的行为。其构成特征是：

（1）本罪侵犯的客体是国家工作人员职务行为的廉洁性。行贿的对象是国家工作人员的近亲属或者其他与该国家工作人员关系密切的人，或者离职的国家工作人员或者其近亲属以及其他与其关系密切的人。

（2）本罪的客观方面表现为行为人或单位为谋取不正当利益，向国家工作人员的近亲属或者其他与该国家工作人员关系密切的人，或者向离职的国家工作人员或者其近亲属以及其他与其关系密切的人行贿的行为。

（3）本罪的主体是一般主体，既可以是自然人，也可以是单位。

（4）本罪的主观方面表现为故意，行为人或单位具有谋取不正当利益的目的。

① 关于“情节严重”“使国家利益遭受重大损失”“情节特别严重”的具体标准，详见2012年12月26日最高人民法院、最高人民检察院《关于办理行贿刑事案件具体应用法律若干问题的解释》。

(二) 对有影响力的人行贿罪的刑事责任

根据《刑法》第390条之一的规定，犯本罪的，处3年以下有期徒刑或者拘役，并处罚金；情节严重的，或者使国家利益遭受重大损失的，处3年以上7年以下有期徒刑，并处罚金；情节特别严重的，或者使国家利益遭受特别重大损失的，处7年以上10年以下有期徒刑，并处罚金。

单位犯本罪的，对单位判处罚金，并对其直接负责的主管人员和其他直接责任人员，处3年以下有期徒刑或者拘役，并处罚金。

根据2016年4月最高人民法院、最高人民检察院《关于办理贪污贿赂刑事案件适用法律若干问题的解释》第10条，对有影响力的人行贿罪的定罪量刑适用标准，参照本解释关于行贿罪的规定执行。单位对有影响力的人行贿数额在20万元以上的，应当依照刑法第390条之一的规定以对有影响力的人行贿罪追究刑事责任。

六、对单位行贿罪

(一) 对单位行贿罪的概念和特征

对单位行贿罪，是指行为人或单位为谋取不正当利益，给予国家机关、国有公司、企业、事业单位、人民团体以财物的，或者在经济往来中，违反国家规定，给予上述单位各种名义的回扣、手续费的行为。其构成特征是：

(1) 本罪侵犯的客体是国家机关、国有公司、企业、事业单位、人民团体公务活动的廉洁性。行贿的对象只能是国家机关、国有公司、企业、事业单位、人民团体，向其他单位行贿不构成本罪。

(2) 本罪的客观方面表现为行为人或单位为谋取不正当利益，给予国家机关、国有公司、企业、事业单位、人民团体以财物，或者在经济往来中，违反国家规定，给予上述单位各种名义的回扣、手续费的行为。根据有关司法解释，个人行贿数额在10万元以上、单位行贿数额在20万元以上的，应当追究刑事责任；个人行贿数额不满10万元（应达8万元以上）、单位行贿数额在10万元以上、不满20万元，但具有下列情形之一的，应当追究刑事责任：1）为谋取非法利益而行贿的；2）向3个以上单位行贿的；3）向党政机关、司法机关、行政执法机关行贿的；4）致使国家或者社会利益遭受重大损失的。

(3) 本罪的主体是一般主体，既可以是自然人，也可以是单位。

(4) 本罪的主观方面表现为故意，行为人或单位具有谋取不正当利益的目的。

【案例28-12】 **对单位行贿案**

2002年至2006年期间，昆明展煜科贸有限公司、昆明裕群同科技有限公司（该公司已于2006年9月5日注销）、昆明示好科技有限公司在销售“百利多”“威克创”心脏起搏器和“强生”冠脉支架、导管过程中，为增加公司销量，以支付“射线补助费”的形式，向昆明医学院第一附属医院心内科、昆明四十三医院心内科、丽江市人民医院心内科、曲靖市第一人民医院心内科、大理白族自治州人民医院心内科、昆钢职工医院心内科、曲靖市第二人民医院心内科、红河州第一人民医院心内科、思茅市人民医院心内科共计返还回扣款人民币2 241 960元。

本案中，被告单位昆明展煜科贸有限公司、昆明示好科技有限公司、被告人许某在经济往来中，违反国家规定，给予国有事业单位各种名义的回扣，其行为构成对单位行贿罪。

（二）对单位行贿罪的刑事责任

根据《刑法》第391条的规定，犯本罪的，处3年以下有期徒刑或者拘役，并处罚金。单位犯本罪的，对单位判处罚金，并对其直接负责的主管人员和其他直接责任人员，处3年以下有期徒刑或者拘役，并处罚金。

七、介绍贿赂罪

（一）介绍贿赂罪的概念和特征

介绍贿赂罪，是指行为人向国家工作人员介绍贿赂，情节严重的行为。其构成特征是：

（1）本罪侵犯的客体是国家工作人员职务行为的廉洁性。介绍的行贿人既可以是个人，也可以是单位；介绍的受贿人只能是国家工作人员，不包括国有单位。

（2）本罪的客观方面表现为行为人向国家工作人员介绍贿赂，情节严重的行为。所谓介绍贿赂，是指在行贿人与受贿人之间沟通关系、撮合条件，使贿赂行为得以实现的行为。所谓“情节严重”，是指介绍个人向国家工作人员行贿，数额在2万元以上的；介绍单位向国家工作人员行贿，数额在20万元以上的；或者介绍贿赂数额不满上述标准，但具有下列情形之一的：1）为使行贿人获取非法利益而介绍贿赂的；2）3次以上或者为3人以上介绍贿赂的；3）向党政领导、司法工作人员、行政执法人员介绍贿赂的；4）致使国家或者社会利益遭受重大损失的。

（3）本罪的主体是一般主体。凡是年满16周岁、具有刑事责任能力的自然人均可成为本罪的主体。

（4）本罪的主观方面表现为故意，即行为人具有向国家工作人员介绍贿赂的故意。如果行为人主观上没有介绍贿赂的故意，只是为了介绍双方认识，即使一方认识的动机是行贿或受贿，行为人的行为也不构成介绍贿赂罪。

（二）介绍贿赂罪的刑事责任

根据《刑法》第392条的规定，犯本罪的，处3年以下有期徒刑或者拘役，并处罚金。介绍贿赂人在被追诉前主动交代介绍贿赂行为的，可以减轻处罚或者免除处罚。

八、单位行贿罪

（一）单位行贿罪的概念和特征

单位行贿罪，是指公司、企业、事业单位、机关、团体为谋取不正当利益而行贿，或者违反国家规定，给予国家工作人员以回扣、手续费，情节严重的行为。其构成特征是：

（1）本罪侵犯的客体是国家工作人员职务行为的廉洁性。行贿的对象限于国家工作人员。

（2）本罪的客观方面表现为公司、企业、事业单位、机关、团体为谋取不正当利益而行贿，或者违反国家规定，给予国家工作人员以回扣、手续费，情节严重的行为。所谓“情节严重”，是指单位行贿数额在20万元以上的；或者单位为谋取不正当利益而行贿，数额在10万元以上、不满20万元，但具有下列情形之一的：1）为谋取非法利益而行贿的；

2）向3人以上行贿的；3）向党政领导、司法工作人员、行政执法人员行贿的；4）致使国家或者社会利益遭受重大损失的。

（3）本罪的主体是特殊主体，即公司、企业、事业单位、机关、团体。

（4）本罪的主观方面表现为故意，行贿单位具有谋取不正当利益的目的。

（二）单位行贿罪的刑事责任

根据《刑法》第393条的规定，犯本罪的，对单位判处罚金，并对其直接负责的主管人员和其他直接责任人员，处5年以下有期徒刑或者拘役，并处罚金。因行贿取得的违法所得归个人所有的，以行贿罪定罪处罚。

【问题与思考】

1. 贪污罪犯罪对象的表现形式有哪些？
2. 如何区分贪污罪与挪用公款罪的界限？
3. 贿赂除了财物之外，还可以有哪些表现形式？
4. “为他人谋取利益”是否为索贿型受贿罪的构成要件？
5. 如何认定贿赂犯罪中的“不正当利益”？
6. 如何理解《刑法》第388条中“国家工作人员利用本人职权或者地位形成的便利条件”？
7. 如何区分受贿罪与单位受贿罪、行贿罪与单位行贿罪的界限？

第二十九章 渎职罪

参考书目

1. 高铭暄，马克昌主编．刑法学．7版．北京：北京大学出版社，高等教育出版社，2016.

2. 韩玉胜主编．刑法各论案例分析．3版．北京：中国人民大学出版社，2014.

3. 张明楷．刑法学．5版．北京：法律出版社，2016.

4. 张军主编．刑法［分则］及配套规定新释新解．下．9版．北京：人民法院出版社，2016.

5. 敬大力主编．渎职罪．北京：中国人民公安大学出版社，2003.

6. 林贻影主编．刑事案件诉辩审评——渎职罪．北京：中国检察出版社，2005.

7. 祝铭山主编．典型案例与法律适用——渎职罪．北京：中国法制出版社，2004.

8. 于志刚主编．案例刑法学（各论）．北京：中国法制出版社，2010.

9. 王作富主编．刑法分则实务研究．4版．北京：中国方正出版社，2010.

10. 最高人民法院刑事审判第一，二，三，四，五庭主办．中国刑事审判指导案例．北京：法律出版社，2012.

参考法规

1.《刑法》第397～419条

2. 2002年12月28日全国人民代表大会常务委员会《中华人民共和国刑法修正案（四）》

3. 2006年6月29日全国人民代表大会常务委员会《中华人民共和国刑法修正案（六）》

4. 2011年2月25日全国人民代表大会常务委员会《中华人民共和国刑法修正案（八）》

5. 2009年8月27日全国人民代表大会常务委员会《关于修改部分法律的决定》

6. 2002年12月28日全国人民代表大会常务委员会《关于〈中华人民共和国刑法〉第九章渎职罪主体适用问题的解释》

7. 1999年9月16日最高人民检察院《关于人民检察院直接受理立案侦查案件立案标准的规定（试行）》

8. 2001年8月24日最高人民检察院《人民检察院直接受理立案侦查的渎职侵权重特大案件标准（试行）》

9. 2006年7月26日最高人民检察院《关于渎职侵权犯罪案件立案标准的规定》

10. 2000年9月19日最高人民法院《关于未被公安机关正式录用的人员、狱医能否构成失职致使在押人员脱逃罪主体问题的批复》

11. 2000年10月9日最高人民检察院《关于合同制民警能否构成玩忽职守罪主体问题的批复》

12. 2001年3月2日最高人民检察院《关于工人等非监管机关在编监管人员私放在押人员和失职致使在押人员脱逃行为适用法律问题的解释》

13. 2002年4月29日最高人民检察院《关于企业事业单位的公安机构在机构改革过程中其工作人员能否构成渎职侵权犯罪主体问题的批复》

14. 2002年9月25日最高人民检察院研究室《关于买卖尚未加盖公章的空白〈边境证〉行为如何适用法律问题的答复》

15. 2009年3月12日最高人民法院、最高人民检察院《关于办理职务犯罪案件认定自首、立功等量刑情节若干问题的意见》

16. 2012年8月8日最高人民法院、最高人民检察院《关于办理职务犯罪案件严格适用缓刑、免予刑事处罚若干问题的意见》

17. 2012年12月7日最高人民法院、最高人民检察院《关于办理渎职刑事案件适用法律若干问题的解释（一）》

18. 2013年5月2日最高人民法院、最高人民检察院《关于办理危害食品安全刑事案件适用法律若干问题的解释》

19. 2015年12月30日最高人民法院、最高人民检察院《关于办理妨害文物管理等刑事案件适用法律若干问题的解释》

引例 殷某放纵走私、受贿案

被告人殷某于1998年4月至8月间，利用其担任上海吴淞海关出口科负责审单工作的职务便利，先后4次收受李某给予的贿金共计人民币7万元。殷某为使李某谋取利益，在明知李某、张某（均另案处理）利用来料加工贸易方式搞假出口进行走私时，仍对李某所提供的出口货物报关单证所列明的来料加工化工产品不予抽查，即在出口货物报关单上加盖其本人的工号章（吴关1559），在登记手册上加盖“沪关保验讫”章，全部予以空审通过。殷某为李某等人空审登记手册18本、41票，致使李某等人利用假出口走私化工原料三千余吨，偷逃关税、增值税合计人民币1 200万余元。[①]

对于殷某既有渎职犯罪行为，又因该行为而受贿的，应如何处理？

第一节 渎职罪概述

一、渎职罪的概念和特征

渎职罪，是指国家机关工作人员滥用职权、玩忽职守，或者利用职权徇私舞弊，违背公务职责的公正性、廉洁性、勤勉性，妨害国家机关正常的职能活动，严重损害国家和人民利益的行为。其构成特征是：

（1）渎职罪侵犯的客体是国家机关的正常活动，具体表现为侵害了国家机关工作人员职务行为的公正性、廉洁性、勤勉性。

（2）渎职罪的客观方面表现为国家机关工作人员滥用职权、玩忽职守，或者利用职权徇私舞弊，违背公务职责的公正性、廉洁性、勤勉性，妨害国家机关正常的职能活动，严重损害国家和人民利益的行为。具体表现为两个方面：一是行为人有滥用职权、玩忽职守，或者利用职权徇私舞弊的行为；二是行为人的渎职行为严重损害了国家和人民利益。两个方面必须同时具备，缺一不可。

（3）渎职罪的主体是特殊主体，即只有国家机关工作人员才能构成本类犯罪。需要指出的是，《刑法》第398条规定的故意泄露国家秘密罪和过失泄露国家秘密罪，一般主体也能构成。

所谓国家机关工作人员，是指在国家机关中从事公务的人员，包括在各级国家权力机关、行政机关、审判机关、检察机关、军事机关中从事公务的人员。在乡（镇）以上中国共产党机关、中国人民政治协商会议机关中从事公务的人员，司法实践中也应当视为国家机关工作人员。根据2002年12月28日全国人民代表大会常务委员会《关于〈中华人民共和国刑法〉第九章渎职罪主体适用问题的解释》，在依照法律、法规的规定行使国家行政

---

① 参见祝铭山主编：《典型案例与法律适用——渎职罪》，278页，北京，中国法制出版社，2004。

管理职权的组织中从事公务的人员，或者在受国家机关委托代表国家机关行使职权的组织中从事公务的人员，或者虽未列入国家机关人员编制但在国家机关中从事公务的人员，在代表国家机关行使职权时，有渎职行为，构成犯罪的，依照刑法关于渎职罪的规定追究刑事责任。

（4）渎职罪的主观方面，有的表现为故意，有的表现为过失。

二、渎职罪的认定

（一）渎职罪与非罪的界限

（1）国家机关负责人员违法决定，或者指使、授意、强令其他国家机关工作人员违法履行职务或者不履行职务，构成《刑法》分则第九章规定的渎职犯罪的，应当依法追究刑事责任。

（2）以“集体研究”形式实施的渎职犯罪，应当依照《刑法》分则第九章的规定追究国家机关负有责任的人员的刑事责任。对于具体执行人员，应当在综合认定其行为性质、是否提出反对意见、危害结果大小等情节的基础上，决定是否追究刑事责任和应当判处的刑罚。

（二）渎职罪的一罪与数罪

（1）国家机关工作人员实施渎职行为，放纵他人犯罪或者帮助他人逃避刑事处罚，构成犯罪的，依照渎职罪的规定定罪处罚。

（2）国家机关工作人员与他人共谋，利用其职务行为帮助他人实施其他犯罪行为，同时构成渎职犯罪和共谋实施的其他犯罪共犯的，依照处罚较重的规定定罪处罚。

（3）国家机关工作人员与他人共谋，既利用其职务行为帮助他人实施其他犯罪，又以非职务行为与他人共同实施该其他犯罪行为，同时构成渎职犯罪和其他犯罪的共犯的，依照数罪并罚的规定定罪处罚。

（4）国家机关工作人员实施渎职犯罪并收受贿赂，同时构成受贿罪的，除刑法另有规定外，以渎职犯罪和受贿罪数罪并罚。如《刑法》第399条第4款规定：司法工作人员收受贿赂，有前三款行为的，同时又构成本法第385条规定之罪的，依照处罚较重的规定定罪处罚。

三、渎职罪的分类

《刑法》分则第九章规定的渎职罪共有37个罪名，依据犯罪主体的不同，可以分为如下三类。

1. 一般国家机关工作人员的渎职罪

这类犯罪包括9个罪名：滥用职权罪，玩忽职守罪，故意泄露国家秘密罪，过失泄露国家秘密罪，国家机关工作人员签订、履行合同失职被骗罪，非法批准征用、占用土地罪，非法低价出让国有土地使用权罪，招收公务员、学生徇私舞弊罪，失职造成珍贵文物损毁、流失罪。

2. 司法工作人员的渎职罪

这类犯罪包括8个罪名：徇私枉法罪，民事、行政枉法裁判罪，执行判决、裁定失职罪，执行判决、裁定滥用职权罪，枉法仲裁罪，私放在押人员罪，失职致使在押人员脱逃罪，徇私舞弊减刑、假释、暂予监外执行罪。

3. 特定国家机关工作人员的渎职罪

这类犯罪包括20个罪名：徇私舞弊不移交刑事案件罪，滥用管理公司、证券职权罪，徇私舞弊不征、少征税款罪，徇私舞弊发售发票、抵扣税款、出口退税罪，违法提供出口退税凭证罪，违法发放林木采伐许可证罪，环境监管失职罪，食品监管渎职罪，传染病防治失职罪，放纵走私罪，商检徇私舞弊罪，商检失职罪，动植物检疫徇私舞弊罪，动植物检疫失职罪，放纵制售伪劣商品犯罪行为罪，办理偷越国（边）境人员出入境证件罪，放行偷越国（边）境人员罪，不解救被拐卖、绑架妇女、儿童罪，阻碍解救被拐卖、绑架妇女、儿童罪，帮助犯罪分子逃避处罚罪。

第二节　一般国家机关工作人员的渎职罪

一、滥用职权罪

（一）滥用职权罪的概念和特征

滥用职权罪，是指国家机关工作人员超越职权，违法决定、处理其无权决定、处理的事项，或者违反规定处理公务，致使公共财产、国家和人民利益遭受重大损失的行为。其构成特征是：

（1）本罪侵犯的客体是国家机关的正常管理活动。

（2）本罪的客观方面表现为国家机关工作人员超越职权，违法决定、处理其无权决定、处理的事项，或者违反规定处理公务，致使公共财产、国家和人民利益遭受重大损失的行为。首先，行为人实施了滥用职权的行为。滥用职权的行为方式既可以是作为，也可以是不作为，通常有两种表现形式：一是行为人超越自己的职权范围违法决定、处理其无权决定、处理的事项；二是行为人违反规定处理公务。其次，行为人滥用职权的行为导致公共财产、国家和人民利益遭受重大损失。

（3）本罪的主体是特殊主体，即国家机关工作人员。

（4）本罪的主观方面表现为故意，既包括直接故意，也包括间接故意，即行为人明知自己滥用职权的行为会导致公共财产、国家和人民利益遭受重大损失的结果，但对这种结果的发生持希望或者放任的心理态度。从司法实践来看，对滥用职权造成的危害结果持间接故意的较多。对此也有不同观点，有的学者认为本罪的主观方面表现为过失[①]；还有的学者认为本罪的主观方面既可以是故意，也可以是过失。[②]

（二）滥用职权罪的认定

1. 滥用职权罪与非罪的界限

首先要看行为人是否有滥用职权的行为，如果行为人没有滥用职权的行为，即使其行为客观上造成了公共财产、国家和人民利益的重大损失，也不构成滥用职权罪。其次要看行为人滥用职权的行为是否致使公共财产、国家和人民利益遭受重大损失，如果公共财产、国家和人民利益没有遭受重大损失，即使行为人有滥用职权的行为，也不构成滥用职权罪，仅属于一般的滥用职权行为。关于公共财产、国家和人民利益遭受重大损失，是指

① 参见何秉松主编：《刑法教科书》，下卷，1142页，北京，中国法制出版社，2000。

② 参见敬大力主编：《渎职罪》，75页，北京，中国人民公安大学出版社，2003。

具有下列情形之一：(1) 造成死亡1人以上，或者重伤3人以上，或者轻伤9人以上，或者重伤2人、轻伤3人以上，或者重伤1人、轻伤6人以上的；(2) 造成经济损失30万元以上的；(3) 造成恶劣社会影响的；(4) 其他致使公共财产、国家和人民利益遭受重大损失的情形。

2. 滥用职权罪与刑法规定的其他滥用职权犯罪的界限

刑法在规定滥用职权罪的同时，还规定了其他滥用职权的犯罪，如徇私枉法罪，民事、行政枉法裁判罪，私放在押人员罪，徇私舞弊减刑、假释、暂予监外执行罪，徇私舞弊不移交刑事案件罪，滥用管理公司、证券职权罪，徇私舞弊不征、少征税款罪，放纵走私罪，放行偷越国（边）境人员罪，帮助犯罪分子逃避处罚罪，等等。滥用职权罪与这些犯罪是普通法与特别法的关系，司法实践中，如果国家机关工作人员实施滥用职权犯罪行为，触犯《刑法》分则第九章第398条至第419条的规定，依照该规定定罪处罚。如果国家机关工作人员滥用职权，因不具备徇私舞弊等情形，不符合《刑法》分则第九章第398条至第419条的规定，但依法构成第397条规定的犯罪的，以滥用职权罪定罪处罚。

【案例29-1】 **刘某某滥用职权案**

广东省第二工人疗养院（系事业单位，以下称“疗养院”）下设戒毒专科，该专科对外称广州市长洲戒毒所（以下称“长洲戒毒所”）。1991年年底长洲戒毒所被广州市公安局列为全市定点收治强制戒毒人员的场所之一。1993年11月，刘某某被任命为疗养院的副院长。2001年6月22日，广州市公安局海珠区分局依法决定对女吸毒人员曹某某强制戒毒6个月（自2001年6月22日起至2001年12月21日止）后，将曹某某送长洲戒毒所强行戒毒。2001年12月10日，被告人刘某某在该疗养院院长张某某外出开会期间，负责戒毒人员出所的审批时，明知曹某某戒毒期限未满，以及违反关于强制戒毒人员出所时，戒毒所要通知其家属或者所在单位领回的规定，明知接其出所的人员身份不符合规定条件，仍批准曹某某出所，造成其被控制他人卖淫的人员出资接走并被强迫卖淫的严重后果。

本案中，刘某某身为广东省第二工人疗养院副院长，是受国家机关委托代表国家行使职权的组织中从事公务的人员，依法视为国家机关工作人员，其在审批强制戒毒人员出所过程中，滥用职权，违规审批不符合出所条件的女戒毒人员出所，造成严重后果，其行为构成滥用职权罪。

（三）滥用职权罪的刑事责任

根据《刑法》第397条的规定，犯本罪的，处3年以下有期徒刑或者拘役；情节特别严重的，处3年以上7年以下有期徒刑。国家机关工作人员徇私舞弊，犯本罪的，处5年以下有期徒刑或者拘役；情节特别严重的，处5年以上10年以下有期徒刑。[①]

二、玩忽职守罪

（一）玩忽职守罪的概念和特征

玩忽职守罪，是指国家机关工作人员严重不负责任，不履行或者不认真履行职责，致

---

① 关于“情节特别严重”的具体标准，详见2012年12月7日最高人民法院、最高人民检察院《关于办理渎职刑事案件适用法律若干问题的解释（一）》第1条。

使公共财产、国家和人民利益遭受重大损失的行为。其构成特征是：

（1）本罪侵犯的客体是国家机关的正常管理活动。

（2）本罪的客观方面表现为国家机关工作人员严重不负责任，不履行或者不认真履行职责，致使公共财产、国家和人民利益遭受重大损失的行为。首先，行为人实施了玩忽职守的行为。所谓玩忽职守，是指行为人严重不负责任，工作中草率马虎，不履行或者不正确履行职责。其行为方式既可以是作为，也可以是不作为。其次，行为人玩忽职守的行为致使公共财产、国家和人民利益遭受重大损失。

【案例 29-2】 **王某、陶某玩忽职守案**

被告人王某、陶某系上海市公安局某某分局民警。1999 年 8 月 21 日，被告人王某、陶某在上海市某区看守所值班，负责对该所 E1 监区进行看管期间，违反值班民警工作职责及值班巡视规定，从当天 15 时许在 E1 监区办公室和在押人员朱某某及王某等人一起打扑克牌，直至 17 时许 E112 监房发生在押人员陆某、李某等 7 人殴打同监在押人员，造成徐某、朱某死亡的重大恶性事故。

本案中，被告人王某、陶某身为国家机关工作人员，违反国务院的有关规定及公安部和所在看守所的有关规章制度，在值班期间打扑克牌，疏于对监区进行巡视管理，致使发生两名在押人员被打死的严重后果，是一种典型的不作为犯罪，构成玩忽职守罪。

（3）本罪的主体是特殊主体，即国家机关工作人员。

（4）本罪的主观方面表现为过失，既包括疏忽大意的过失，也包括过于自信的过失，即行为人作为国家机关工作人员理应恪尽职守，尽心尽力，在履行职责过程中时刻保持应有的注意，但行为人却玩忽职守，对自己的行为可能导致公共财产、国家和人民利益遭受重大损失的结果应当预见而没有预见，或者已经预见但轻信能够避免。有的学者认为本罪的主观方面一般表现为过失，特殊情况下也可能表现为间接故意。①

（二）玩忽职守罪的认定

1. 玩忽职守罪与非罪的界限

首先要看行为人是否有玩忽职守的行为，如果行为人没有玩忽职守的行为，即使其行为客观上造成了公共财产、国家和人民利益的重大损失，也不构成玩忽职守罪。其次要看行为人玩忽职守的行为是否致使公共财产、国家和人民利益遭受重大损失，如果公共财产、国家和人民利益没有遭受重大损失，即使行为人有玩忽职守的行为，也不构成玩忽职守罪，仅属于一般的玩忽职守行为。关于公共财产、国家和人民利益遭受重大损失，是指具有下列情形之一：（1）造成死亡 1 人以上，或者重伤 3 人以上，或者轻伤 9 人以上，或者重伤 2 人、轻伤 3 人以上，或者重伤 1 人、轻伤 6 人以上的；（2）造成经济损失 30 万元以上的；（3）造成恶劣社会影响的；（4）其他致使公共财产、国家和人民利益遭受重大损失的情形。

2. 玩忽职守罪与刑法规定的其他玩忽职守犯罪的界限

刑法在规定玩忽职守罪的同时，还规定了其他玩忽职守的犯罪，如过失泄露国家秘密

---

① 参见敬大力主编：《渎职罪》，97～98 页，北京，中国人民公安大学出版社，2003。

罪，国家机关工作人员签订、履行合同失职被骗罪，失职造成珍贵文物损毁、流失罪，执行判决、裁定失职罪，失职致使在押人员脱逃罪，环境监管失职罪，传染病防治失职罪，商检失职罪，动植物检疫失职罪，等等。玩忽职守罪与这些犯罪是普通法与特别法的关系，司法实践中，如果国家机关工作人员实施玩忽职守犯罪行为，触犯《刑法》分则第九章第 398 条至第 419 条规定的，依照该规定定罪处罚。如果国家机关工作人员玩忽职守，因不具备徇私舞弊等情形，不符合《刑法》分则第九章第 398 条至第 419 条的规定，但依法构成第 397 条规定的犯罪的，以玩忽职守罪定罪处罚。

(三) 玩忽职守罪的刑事责任

根据《刑法》第 397 条的规定，犯本罪的，处 3 年以下有期徒刑或者拘役；情节特别严重的，处 3 年以上 7 年以下有期徒刑。国家机关工作人员徇私舞弊，犯本罪的，处 5 年以下有期徒刑或者拘役；情节特别严重的，处 5 年以上 10 年以下有期徒刑。①

三、故意泄露国家秘密罪

(一) 故意泄露国家秘密罪的概念和特征

故意泄露国家秘密罪，是指国家机关工作人员或者非国家机关工作人员违反保守国家秘密法，故意使国家秘密被不应知悉者知悉，或者故意使国家秘密超出了限定的接触范围，情节严重的行为。其构成特征是：

(1) 本罪侵犯的客体是国家的保密制度。保密制度，是指我国有关保守国家秘密的法律、法规等所形成的制度，包括《中华人民共和国保守国家秘密法》《中华人民共和国保守国家秘密法实施条例》等法律、法规。

(2) 本罪的客观方面表现为国家机关工作人员或者非国家机关工作人员违反保守国家秘密法，故意使国家秘密被不应知悉者知悉，或者故意使国家秘密超出了限定的接触范围，情节严重的行为。根据《中华人民共和国保守国家秘密法》的规定，所谓国家秘密，是指关系国家的安全和利益，依照法定程序确定，在一定时间内只限一定范围的人员知悉的事项，具体包括：1) 国家事务的重大决策中的秘密事项；2) 国防建设和武装力量活动中的秘密事项；3) 外交和外事活动中的秘密事项以及对外承担保密义务的事项；4) 国民经济和社会发展中的秘密事项；5) 科学技术中的秘密事项；6) 维护国家安全活动和追查刑事犯罪中的秘密事项；7) 其他经国家保密工作部门确定应当保守的国家秘密事项。根据该法规定，国家秘密的密级分为"绝密""机密""秘密"三级。绝密是最重要的国家秘密，泄露会使国家的安全和利益遭受特别严重的损害；机密是重要的国家秘密，泄露会使国家的安全和利益遭受严重的损害；秘密是一般的国家秘密，泄露会使国家的安全和利益遭受损害。故意泄露国家秘密罪中的国家秘密，既包括绝密、机密，也包括秘密。所谓故意泄露，是指知悉国家秘密的有关人员不顾法律、法规的禁止性规定，故意使国家秘密被不应知悉者知悉，或者故意使国家秘密超出了限定的接触范围。泄露的方式多种多样，既可以用言辞，也可以用文字。不论采用何种方式，都不影响本罪的成立。

(3) 本罪的主体是国家机关工作人员。根据《刑法》第 398 条第 2 款的规定，非国家机关工作人员也可以成为本罪的主体。

---

① 关于"情节特别严重"的具体标准，详见 2012 年 12 月 7 日最高人民法院、最高人民检察院《关于办理渎职刑事案件适用法律若干问题的解释（一）》第 1 条。

（4）本罪的主观方面表现为故意，既包括直接故意，也包括间接故意。

【案例 29-3】 余某故意泄露国家秘密案

被告人余某在北京市密云县人民代表大会常务委员会办公室信访科工作期间，使用本单位电脑，分别于 2006 年 11 月 21 日和 24 日，将从服役部队带回的国家秘密级图书三册，在互联网上的淘宝网中公开售出，获款人民币 28 元。

本案中，余某身为国家机关工作人员，违反保守国家秘密法的规定，在互联网上公开出售涉及国家秘密的书籍，对国家安全和利益造成危害，情节严重，其行为构成故意泄露国家秘密罪。

（二）故意泄露国家秘密罪的认定

1. 故意泄露国家秘密罪与非罪的界限

司法实践中，并不是所有故意泄露国家秘密的行为都构成犯罪，只有故意泄露国家秘密“情节严重”的才构成犯罪，因此要注意区分故意泄露国家秘密罪与一般故意泄露国家秘密行为的界限。所谓情节严重，是指具有下列情形之一：（1）泄露绝密级国家秘密 1 项（件）以上的；（2）泄露机密级国家秘密 2 项（件）以上的；（3）泄露秘密级国家秘密 3 项（件）以上的；（4）向非境外机构、组织、人员泄露国家秘密，造成或者可能造成危害社会稳定、经济发展、国防安全或者其他严重危害后果的；（5）通过口头、书面或者网络等方式向公众散布、传播国家秘密的；（6）利用职权指使或者强迫他人违反国家保守秘密法的规定泄露国家秘密的；（7）以牟取私利为目的泄露国家秘密的；（8）其他情节严重的情形。

2. 故意泄露国家秘密罪与为境外窃取、刺探、收买、非法提供国家秘密、情报罪的界限

故意泄露国家秘密罪与为境外窃取、刺探、收买、非法提供国家秘密、情报罪都违反了保守国家秘密制度，在客观上都将国家秘密泄露了出去，且在主观上又都属于故意。二者的主要区别如下：（1）犯罪客体不同。前者侵犯的客体是国家的保密制度，后者侵犯的客体是国家安全。（2）犯罪客观方面不同。就犯罪对象而言，前者仅限于国家秘密，后者既包括国家秘密，还包括不属于国家秘密的情报；就泄露对象而言，前者不要求泄露给特定的对象，后者则限定为境外的机构、组织、人员；就行为方式而言，前者仅限于泄露，后者则包括窃取、刺探、收买、非法提供；就构成犯罪的情节而言，前者要求泄露行为情节严重，后者则没有情节的要求，只要行为人实施了窃取、刺探、收买、非法提供国家秘密、情报的行为，就构成犯罪。（3）犯罪主体不同。前者的主体主要是国家机关工作人员，后者的主体则为一般主体。如果行为人出于危害国家安全的目的而故意将国家秘密提供给境外的机构、组织或人员，则应当按照《刑法》第 111 条的规定，以为境外非法提供国家秘密罪定罪处罚。

3. 故意泄露国家秘密罪与非法获取国家秘密罪的界限

故意泄露国家秘密罪与非法获取国家秘密罪都违反了保守国家秘密的制度，在主观上同属于故意。二者的主要区别是：（1）犯罪客体不同。前者侵犯的客体是国家的保密制度；后者侵犯的客体是公共秩序。（2）犯罪客观方面不同。前者在客观方面表现为故意泄露国家秘密情节严重的行为；后者在客观方面表现为以窃取、刺探、收买方法非法获取国家秘密的行为，没有情节严重的要求。（3）犯罪主体不同。前者尽管非国家机关工作人员

也能构成，但其主体主要是国家机关工作人员；后者的主体则为一般主体。

（三）故意泄露国家秘密罪的刑事责任

根据《刑法》第398条的规定，犯本罪的，处3年以下有期徒刑或者拘役；情节特别严重的，处3年以上7年以下有期徒刑。非国家机关工作人员犯本罪的，依照上述规定酌情处罚。

四、过失泄露国家秘密罪

（一）过失泄露国家秘密罪的概念和特征

过失泄露国家秘密罪，是指国家机关工作人员或者非国家机关工作人员违反保守国家秘密法，过失泄露国家秘密，或者遗失国家秘密载体，致使国家秘密被不应知悉者知悉或者超出了限定的接触范围，情节严重的行为。其构成特征是：

（1）本罪侵犯的客体是国家的保密制度。

（2）本罪的客观方面表现为国家机关工作人员或者非国家机关工作人员违反保守国家秘密法，过失泄露国家秘密，或者遗失国家秘密载体，致使国家秘密被不应知悉者知悉或者超出了限定的接触范围，情节严重的行为。过失泄露国家秘密罪中的国家秘密，既包括绝密、机密，也包括秘密。

（3）本罪的主体是国家机关工作人员。根据《刑法》第398条第2款的规定，非国家机关工作人员也可以成为本罪的主体。

（4）本罪的主观方面表现为过失，既包括疏忽大意的过失，也包括过于自信的过失。

（二）过失泄露国家秘密罪的认定

1. 过失泄露国家秘密罪与非罪的界限

司法实践中，并不是所有过失泄露国家秘密的行为都构成犯罪，只有过失泄露国家秘密“情节严重”的行为才构成犯罪，因此要注意区分过失泄露国家秘密罪与一般过失泄露国家秘密行为的界限。所谓情节严重，是指具有下列情形之一：（1）泄露绝密级国家秘密1项（件）以上的；（2）泄露机密级国家秘密3项（件）以上的；（3）泄露秘密级国家秘密4项（件）以上的；（4）违反保密规定，将涉及国家秘密的计算机或者计算机信息系统与互联网相连接，泄露国家秘密的；（5）泄露国家秘密或者遗失国家秘密载体，隐瞒不报、不如实提供有关情况或者不采取补救措施的；（6）其他情节严重的情形。

2. 过失泄露国家秘密罪与故意泄露国家秘密罪的界限

区分二者的关键在于行为人主观上对于国家秘密遭到泄露的结果是出于故意还是出于过失。

（三）过失泄露国家秘密罪的刑事责任

根据《刑法》第398条的规定，犯本罪的，处3年以下有期徒刑或者拘役；情节特别严重的，处3年以上7年以下有期徒刑。非国家机关工作人员犯本罪的，依照上述规定酌情处罚。

五、国家机关工作人员签订、履行合同失职被骗罪

（一）国家机关工作人员签订、履行合同失职被骗罪的概念和特征

国家机关工作人员签订、履行合同失职被骗罪，是指国家机关工作人员在签订、履行合同过程中，因严重不负责任，不履行或者不认真履行职责被诈骗，致使国家利益遭受重

大损失的行为。其构成特征是：

（1）本罪侵犯的客体是国家机关的正常管理活动和国家财产的安全。

（2）本罪在客观方面表现为国家机关工作人员在签订、履行合同过程中，因严重不负责任，不履行或者不认真履行职责被诈骗，致使国家利益遭受重大损失的行为。

（3）本罪的主体是特殊主体，即国家机关工作人员。

（4）本罪的主观方面表现为过失。

（二）国家机关工作人员签订、履行合同失职被骗罪的认定

（1）国家机关工作人员签订、履行合同失职被骗罪与非罪的界限。首先要看行为人主观上是否存在过失，如果行为人已经尽到了自己的职责，但是由于国家政策、国际市场行情等发生了变化，致使国家利益遭受了重大损失，不能认定行为人的行为构成犯罪。其次要看国家利益是否遭受了重大损失，即使行为人主观上存在过失，但如果国家利益没有遭受重大损失，也不能认定为犯罪。所谓国家利益遭受重大损失，通常是指造成直接经济损失30万元以上，或者直接经济损失不满30万元但间接经济损失150万元以上，或者其他致使国家利益遭受重大损失的情形。

（2）国家机关工作人员签订、履行合同失职被骗罪与签订、履行合同失职被骗罪的界限。本罪与《刑法》第167条规定的签订、履行合同失职被骗罪在客观方面的表现基本相同，主要区别是主体不同：前者的主体是国家机关工作人员，后者的主体是国有公司、企业、事业单位直接负责的主管人员。

（三）国家机关工作人员签订、履行合同失职被骗罪的刑事责任

根据《刑法》第406条的规定，犯本罪的，处3年以下有期徒刑或者拘役；致使国家利益遭受特别重大损失的，处3年以上7年以下有期徒刑。

六、非法批准征收、征用、占用土地罪

（一）非法批准征收、征用、占用土地罪的概念和特征

非法批准征收、征用、占用土地罪，是指国家机关工作人员徇私舞弊，违反土地管理法、森林法、草原法等法律以及有关行政法规中关于土地管理的规定，滥用职权，非法批准征收、征用、占用耕地、林地等农用地以及其他土地，情节严重的行为。其构成特征是：

（1）本罪侵犯的客体是国家对土地的管理制度。

（2）本罪的客观方面表现为国家机关工作人员徇私舞弊，违反土地管理法、森林法、草原法等法律以及有关行政法规中关于土地管理的规定，滥用职权，非法批准征收、征用、占用耕地、林地等农用地以及其他土地，情节严重的行为。所谓徇私舞弊，是指为徇私情、私利而弄虚作假。所谓违反土地管理法规，是指违反土地管理法、森林法、草原法等法律以及有关行政法规中关于土地管理的规定。所谓滥用职权非法批准征收、征用、占用土地，是指行为人滥用手中的权力，非法批准征收、征用、占用耕地、林地等农用地以及其他土地。所谓情节严重，是指具有下列情形之一：1）非法批准征收、征用、占用基本农田10亩以上的；2）非法批准征收、征用、占用基本农田以外的耕地30亩以上的；3）非法批准征收、征用、占用其他土地50亩以上的；4）虽未达到上述数量标准，但造成有关单位、个人直接经济损失30万元以上，或者造成耕地大量毁坏或者植被遭到严重破坏的；5）非法批准征收、征用、占用土地，影响群众生产、生活，引起纠纷，造成恶劣影响或者其他严重后果的；6）非法批准征收、征用、占用防护林地、特种用途林地分别或者

合计10亩以上的；7）非法批准征收、征用、占用其他林地20亩以上的；8）非法批准征收、征用、占用林地造成直接经济损失30万元以上，或者造成防护林地、特种用途林地分别或者合计5亩以上或者其他林地10亩以上毁坏的；9）其他情节严重的情形。

（3）本罪的主体是特殊主体，即国家机关工作人员，通常是指各级政府中主管土地管理、城市规划等部门的工作人员。

（4）本罪的主观方面表现为故意，即行为人对于非法批准征收、征用、占用土地的行为是故意的，动机是徇私情、私利。

（二）非法批准征收、征用、占用土地罪的刑事责任

根据《刑法》第410条的规定，犯本罪的，处3年以下有期徒刑或者拘役；致使国家或者集体利益遭受特别重大损失的，处3年以上7年以下有期徒刑。

七、非法低价出让国有土地使用权罪

（一）非法低价出让国有土地使用权罪的概念和特征

非法低价出让国有土地使用权罪，是指国家机关工作人员徇私舞弊，违反土地管理法、森林法、草原法等法律以及有关行政法规中关于土地管理的规定，滥用职权，非法低价出让国有土地使用权，情节严重的行为。其构成特征是：

（1）本罪侵犯的客体是国家对土地的管理制度。

（2）本罪的客观方面表现为国家机关工作人员徇私舞弊，违反土地管理法、森林法、草原法等法律以及有关行政法规中关于土地管理的规定，滥用职权，非法低价出让国有土地使用权，情节严重的行为。所谓徇私舞弊，是指为徇私情、私利而弄虚作假。所谓违反土地管理法规，是指违反土地管理法、森林法、草原法等法律以及有关行政法规中关于土地管理的规定。所谓非法低价出让国有土地使用权，是指行为人将属于国有的土地使用权以低于其本身的价值非法出让给他人使用。所谓情节严重，是指具有下列情形之一：1）非法低价出让国有土地30亩以上，并且出让价额低于国家规定的最低价额标准的60%的；2）造成国有土地资产流失价额30万元以上的；3）非法低价出让国有土地使用权，影响群众生产、生活，引起纠纷，造成恶劣影响或者其他严重后果的；4）非法低价出让林地合计30亩以上，并且出让价额低于国家规定的最低价额标准的60%的；5）造成国有资产流失30万元以上的；6）其他情节严重的情形。

（3）本罪的主体是特殊主体，即国家机关工作人员。

（4）本罪的主观方面表现为故意，即行为人对于非法低价出让国有土地使用权的行为是故意的，动机是徇私情、私利。

（二）非法低价出让国有土地使用权罪的刑事责任

根据《刑法》第410条的规定，犯本罪的，处3年以下有期徒刑或者拘役；致使国家或者集体利益遭受特别重大损失的，处3年以上7年以下有期徒刑。

八、招收公务员、学生徇私舞弊罪

（一）招收公务员、学生徇私舞弊罪的概念和特征

招收公务员、学生徇私舞弊罪，是指国家机关工作人员在招收公务员、省级以上教育行政部门组织招收的学生工作中徇私舞弊，情节严重的行为。其构成特征是：

（1）本罪侵犯的客体是国家对公务员、学生的招收制度。

（2）本罪的客观方面表现为国家机关工作人员在招收公务员、省级以上教育行政部门组织招收的学生工作中徇私舞弊，情节严重的行为。所谓公务员，是指国家权力机关、行政机关、审判机关、检察机关、军事机关、中国共产党机关的工作人员。所谓学生，是指省级以上教育行政部门组织招收的学生，包括中学生、中专生、大学生、研究生等在校生，也包括在职培训、函授等非在校生。所谓徇私舞弊，是指在招收公务员、学生工作中违反有关法律、法规，弄虚作假，对明知不符合条件的人员予以招收。具体行为方式多种多样。所谓情节严重，是指具有下列情形之一：1）徇私舞弊，利用职务便利，伪造、变造人事、户口档案、考试成绩或者其他影响招收工作的有关资料，或者明知是伪造、变造的上述材料而予以认可的；2）徇私舞弊，利用职务便利，帮助5名以上考生作弊的；3）徇私舞弊招收不合格的公务员、学生3人次以上的；4）因徇私舞弊招收不合格的公务员、学生，导致被排挤的合格人员或者其近亲属自杀、自残造成重伤、死亡，或者精神失常的；5）因徇私舞弊招收公务员、学生，导致该项招收工作重新进行的；6）其他情节严重的情形。

（3）本罪的主体是特殊主体，即国家机关工作人员，通常是指负责招收公务员、学生工作的国家机关工作人员以及受国家机关委托从事招收工作的人员。

（4）本罪的主观方面表现为故意，且行为人具有徇私情、私利的动机。如果行为人因过失行为导致招收了不合格的公务员、学生，不构成本罪。

（二）招收公务员、学生徇私舞弊罪的刑事责任

根据《刑法》第418条的规定，犯本罪的，处3年以下有期徒刑或者拘役。

九、失职造成珍贵文物损毁、流失罪

（一）失职造成珍贵文物损毁、流失罪的概念和特征

失职造成珍贵文物损毁、流失罪，是指文物行政管理部门、公安机关、工商行政管理部门、海关、城乡建设规划部门等国家机关的工作人员严重不负责任，造成珍贵文物损毁或者流失，后果严重的行为。其构成特征是：

（1）本罪侵犯的客体是国家对珍贵文物的所有权和管理制度，犯罪对象是珍贵文物。2017年修正的《文物保护法》第3条规定：古文化遗址、古墓葬、古建筑、石窟寺、石刻、壁画、近代现代重要史迹和代表性建筑等不可移动文物，根据它们的历史、艺术、科学价值，可以分别确定为全国重点文物保护单位，省级文物保护单位，市、县级文物保护单位。历史上各时代重要实物、艺术品、文献、手稿、图书资料、代表性实物等可移动文物，分为珍贵文物和一般文物；珍贵文物分为一级文物、二级文物、三级文物。

（2）本罪的客观方面表现为文物行政管理部门、公安机关、工商行政管理部门、海关、城乡建设规划部门等国家机关的工作人员严重不负责任，造成珍贵文物损毁或者流失，后果严重的行为。所谓严重不负责任，是指行为人不履行其职务所要求的职责，在文物管理工作中草率、马虎。所谓损毁，是指造成珍贵文物破坏、损坏或者毁灭，无法恢复原貌的行为。所谓流失，是指失去珍贵文物的所有权或控制权，使之丢失或流传境外的情形。

（3）本罪的主体是特殊主体，即国家机关工作人员，通常是指文物行政管理部门、公安机关、工商行政管理部门、海关、城乡建设规划部门等国家机关的工作人员。

（4）本罪的主观方面表现为过失。

(二) 失职造成珍贵文物损毁、流失罪的认定

1. 失职造成珍贵文物损毁、流失罪与非罪的界限

司法实践中，并不是所有造成珍贵文物损毁或者流失的行为都构成犯罪，只有达到“后果严重”的程度才构成犯罪。所谓“后果严重”，是指具有下列情形之一：(1) 导致二级以上文物或者5件以上三级文物损毁或者流失的；(2) 导致全国重点文物保护单位、省级文物保护单位的本体严重损毁或者灭失的；(3) 其他后果严重的情形。

2. 失职造成珍贵文物损毁、流失罪与过失损毁文物罪的界限

二者的主要区别是：(1) 犯罪主体不同。前者的主体是特殊主体，即国家机关工作人员；后者的主体是一般主体。(2) 客观方面的表现不同。前者是渎职犯罪，在客观方面表现为国家机关工作人员因严重不负责任，造成珍贵文物损毁或者流失的行为；后者是普通刑事犯罪，行为方式仅限于损毁，不包括流失。

(三) 失职造成珍贵文物损毁、流失罪的刑事责任

根据《刑法》第419条的规定，犯本罪的，处3年以下有期徒刑或者拘役。

第三节　司法工作人员的渎职罪

一、徇私枉法罪

(一) 徇私枉法罪的概念和特征

徇私枉法罪，是指司法工作人员徇私枉法、徇情枉法，对明知是无罪的人而使他受追诉、对明知是有罪的人而故意包庇不使他受追诉，或者在刑事审判活动中故意违背事实和法律作枉法裁判的行为。其构成特征是：

(1) 本罪侵犯的客体是司法活动的公正性和司法机关的威信。

(2) 本罪的客观方面表现为司法工作人员徇私枉法、徇情枉法，对明知是无罪的人而使他受追诉、对明知是有罪的人而故意包庇不使他受追诉，或者在刑事审判活动中故意违背事实和法律作枉法裁判的行为。通常有三种表现形式：1) 对明知是无罪的人而使他受追诉；2) 对明知是有罪的人而故意包庇不使他受追诉；3) 在刑事审判活动中故意违背事实和法律作枉法裁判。

【案例29-4】　杨某徇私枉法案

犯罪分子杜某多次窜入某县人民医院女病房，冒充医生进行犯罪活动，先后奸污患病女青年1人，猥亵患病少女、病妇、产妇各1人。杜某被病人和医护人员抓获，扭送县公安局，后被逮捕。经县人民法院刑事审判庭审理，判处杜某有期徒刑3年。杜某的父亲系省石油建设公司党委书记，母亲系该公司教育科科长。为了使犯法的儿子逃避法律制裁，他们利用职权，非法占用招工指标13名，贿赂被告人杨某（某县人民法院院长）和某些干部。杨某指令承办这一案件的审判员齐某将判决压下来，不予宣判；自己以法院的名义写报告给有关领导干部为杜某开脱，要求批准对杜某“从宽”处理、免予刑事处分，并最终使对原判有期徒刑3年的杜某，改判免予刑事处分，教育释放。

本案中，被告人杨某身为司法工作人员，在刑事审判活动中故意违背事实和

法律，对犯罪分子杜某重罪轻判，其行为构成徇私枉法罪。

（3）本罪的主体是特殊主体，即司法工作人员。所谓司法工作人员，是指有侦查、检察、审判、监管职责的工作人员。

（4）本罪的主观方面表现为故意，即行为人明知案件的事实真相，出于徇私情、私利的动机，而故意枉法追诉、包庇、裁判。

（二）徇私枉法罪的认定

1. 徇私枉法罪与非罪的界限

区别二者的关键是正确界定徇私枉法罪与司法工作人员的工作失误。如果司法工作人员在刑事诉讼过程中，由于政策观念不强，工作不深入、不细致，调查研究不够，致使无罪的人受到追诉、有罪的人没有受到追诉，或者作出错误的裁判，则属于工作失误，不能认定为徇私枉法罪。只有司法工作人员出于徇私情、私利的动机，而故意枉法追诉、包庇、裁判的，才能认定为徇私枉法罪。具体来讲，司法工作人员具有下列行为之一的，应当追究刑事责任：（1）对明知是没有犯罪事实或者其他依法不应当追究刑事责任的人，采取伪造、隐匿、毁灭证据或者其他隐瞒事实、违反法律的手段，以追究刑事责任为目的立案、侦查、起诉、审判的；（2）对明知是有犯罪事实需要追究刑事责任的人，采取伪造、隐匿、毁灭证据或者其他隐瞒事实、违反法律的手段，故意包庇使其不受立案、侦查、起诉、审判的；（3）采取伪造、隐匿、毁灭证据或者其他隐瞒事实、违反法律的手段，故意使罪重的人受较轻的追诉，或者使罪轻的人受较重的追诉的；（4）在立案后，采取伪造、隐匿、毁灭证据或者其他隐瞒事实、违反法律的手段，应当采取强制措施而不采取强制措施，或者虽然采取强制措施，但中断侦查或者超过法定期限不采取任何措施，实际放任不管，以及违法撤销、变更强制措施，致使犯罪嫌疑人、被告人实际脱离司法机关侦控的；（5）在刑事审判活动中故意违背事实和法律，作出枉法判决、裁定，即有罪判无罪、无罪判有罪，或者重罪轻判、轻罪重判的；（6）其他徇私枉法，应予追究刑事责任的情形。

2. 徇私枉法罪与伪证罪，妨害作证罪，帮助毁灭、伪造证据罪，包庇罪的界限

它们主要有以下区别：（1）侵犯的客体不同。徇私枉法罪侵犯的客体是司法活动的公正性和司法机关的威信，其他犯罪侵犯的客体是社会管理秩序中的司法秩序。（2）客观方面的表现不同。徇私枉法罪是司法工作人员利用职权实施的渎职犯罪，其他罪并不是渎职犯罪。如果司法工作人员虽然实施了伪证或包庇等妨害司法的行为，但并没有利用自己的职权，则不能认定为徇私枉法罪。（3）主体不同。徇私枉法罪的主体为特殊主体，即司法工作人员，其他罪的主体不要求是司法工作人员。

3. 徇私枉法罪与受贿罪的界限

如果司法工作人员收受贿赂徇私枉法，同时构成受贿罪和徇私枉法罪的，属于牵连犯的行为，根据《刑法》第399条第4款的规定，依照处罚较重的规定定罪处罚。

（三）徇私枉法罪的刑事责任

根据《刑法》第399条第1款的规定，犯本罪的，处5年以下有期徒刑或者拘役；情节严重的，处5年以上10年以下有期徒刑；情节特别严重的，处10年以上有期徒刑。

二、民事、行政枉法裁判罪

（一）民事、行政枉法裁判罪的概念和特征

民事、行政枉法裁判罪，是指司法工作人员在民事、行政审判活动中，故意违背事实

和法律作枉法裁判，情节严重的行为。其构成特征是：

（1）本罪侵犯的客体是司法活动的公正性和司法机关的威信。

（2）本罪的客观方面表现为司法工作人员在民事、行政审判活动中，故意违背事实和法律作枉法裁判，情节严重的行为。所谓民事、行政审判活动，是指由民事诉讼法、行政诉讼法规范的民事诉讼、行政诉讼中的审判活动。所谓作枉法裁判，是指作出违背事实和法律的判决或裁定。所谓情节严重，是指具有下列情形之一：1）枉法裁判，致使当事人或者其近亲属自杀、自残造成重伤、死亡，或者精神失常的；2）枉法裁判，造成个人财产直接经济损失 10 万元以上，或者直接经济损失不满 10 万元，但间接经济损失 50 万元以上的；3）枉法裁判，造成法人或者其他组织财产直接经济损失 20 万元以上，或者直接经济损失不满 20 万元，但间接经济损失 100 万元以上的；4）伪造、变造有关材料、证据，制造假案，枉法裁判的；5）串通当事人制造伪证、毁灭证据或者篡改庭审笔录而枉法裁判的；6）徇私情、私利，明知是伪造、变造的证据予以采信，或者故意对应当采信的证据不予采信，或者故意违反法定程序，或者故意错误适用法律而枉法裁判的；7）其他情节严重的情形。

（3）本罪的主体是特殊主体，即司法工作人员，具体是指负有民事、行政案件审判职责的审判人员。

（4）本罪的主观方面表现为故意，即行为人明知案件的事实真相，出于徇私情、私利的动机，而故意枉法裁判。

（二）民事、行政枉法裁判罪的刑事责任

根据《刑法》第 399 条第 2 款的规定，犯本罪的，处 5 年以下有期徒刑或者拘役；情节特别严重的，处 5 年以上 10 年以下有期徒刑。如果司法工作人员收受贿赂枉法裁判，同时构成受贿罪和本罪的，根据该条第 4 款的规定，依照处罚较重的规定定罪处罚。

三、执行判决、裁定失职罪

（一）执行判决、裁定失职罪的概念和特征

执行判决、裁定失职罪，是指司法工作人员在执行判决、裁定活动中，严重不负责任，不依法采取诉讼保全措施、不履行法定执行职责，或者违法采取诉讼保全措施、强制执行措施，致使当事人或者其他人的利益遭受重大损失的行为。其构成特征是：

（1）本罪侵犯的客体是司法活动的公正性和司法机关的威信。

（2）本罪的客观方面表现为司法工作人员在执行判决、裁定活动中，严重不负责任，不依法采取诉讼保全措施、不履行法定执行职责，或者违法采取诉讼保全措施、强制执行措施，致使当事人或者其他人的利益遭受重大损失的行为。所谓致使当事人或者其他人的利益遭受重大损失，是指具有下列情形之一：1）致使当事人或者其近亲属自杀、自残造成重伤、死亡，或者精神失常的；2）造成个人财产直接经济损失 15 万元以上，或者直接经济损失不满 15 万元，但间接经济损失 75 万元以上的；3）造成法人或者其他组织的财产直接经济损失 30 万元以上，或者直接经济损失不满 30 万元，但间接经济损失 150 万元以上的；4）造成公司、企业等单位停业、停产 1 年以上，或者破产的；5）其他致使当事人或者其他人的利益遭受重大损失的情形。有的学者认为，执行判决、裁定失职罪是指司法工作人员不依法采取诉讼保全措施、不履行法定执行职责的行为，没有包括违法采取诉讼

保全措施、强制执行措施的行为。[①] 本书认为，执行判决、裁定失职罪实际上是一种玩忽职守的行为，其客观方面既可能表现为不履行职责，也可能表现为不认真履行职责，因此，不应当将司法工作人员违法采取诉讼保全措施、强制执行措施的行为排除在外。

（3）本罪的主体是特殊主体，即司法机关中依法负有执行判决、裁定职责的工作人员。

（4）本罪的主观方面表现为过失。行为人对于当事人或者其他人的利益遭受重大损失的结果是过失的心理态度，但其对于不依法采取诉讼保全措施、不履行法定执行职责或者违法采取诉讼保全措施、强制执行措施的行为，则可能是明知故犯。

（二）执行判决、裁定失职罪的刑事责任

根据《刑法》第399条第3款的规定，犯本罪的，处5年以下有期徒刑或者拘役；致使当事人或者其他人的利益遭受特别重大损失的，处5年以上10年以下有期徒刑。如果司法工作人员收受贿赂执行判决、裁定失职，同时构成受贿罪和本罪的，根据该条第4款的规定，依照处罚较重的规定定罪处罚。

四、执行判决、裁定滥用职权罪

（一）执行判决、裁定滥用职权罪的概念和特征

执行判决、裁定滥用职权罪，是指司法工作人员在执行判决、裁定活动中，滥用职权，不依法采取诉讼保全措施、不履行法定执行职责，或者违法采取诉讼保全措施、强制执行措施，致使当事人或者其他人的利益遭受重大损失的行为。其构成特征是：

（1）本罪侵犯的客体是司法活动的公正性和司法机关的威信。

（2）本罪的客观方面表现为司法工作人员在执行判决、裁定活动中，滥用职权，不依法采取诉讼保全措施、不履行法定执行职责，或者违法采取诉讼保全措施、强制执行措施，致使当事人或者其他人的利益遭受重大损失的行为。所谓致使当事人或者其他人的利益遭受重大损失，是指具有下列情形之一：1）致使当事人或者其近亲属自杀、自残造成重伤、死亡，或者精神失常的；2）造成个人财产直接经济损失10万元以上，或者直接经济损失不满10万元，但间接经济损失50万元以上的；3）造成法人或者其他组织的财产直接经济损失20万元以上，或者直接经济损失不满20万元，但间接经济损失100万元以上的；4）造成公司、企业等单位停业、停产6个月以上，或者破产的；5）其他致使当事人或者其他人的利益遭受重大损失的情形。有的学者认为，执行判决、裁定滥用职权罪是指司法工作人员违法采取诉讼保全措施、强制执行措施的行为，没有包括不依法采取诉讼保全措施、不履行法定执行职责的行为。[②] 本书认为，执行判决、裁定滥用职权罪不应仅限于作为的行为方式，司法工作人员在应当依法采取诉讼保全措施、履行法定执行职责的情况下，故意不依法采取诉讼保全措施、不履行法定执行职责的不作为行为，也应当是执行判决、裁定滥用职权罪的一种表现形式。

（3）本罪的主体是特殊主体，即司法机关中依法负有执行判决、裁定职责的工作人员。

---

① 参见敬大力主编：《渎职罪》，170～172页，北京，中国人民公安大学出版社，2003。

② 参见上书，177～178页。

(4) 本罪的主观方面表现为故意。

(二) 执行判决、裁定滥用职权罪的刑事责任

根据《刑法》第399条第3款的规定，犯本罪的，处5年以下有期徒刑或者拘役；致使当事人或者其他人的利益遭受特别重大损失的，处5年以上10年以下有期徒刑。如果司法工作人员收受贿赂执行判决、裁定滥用职权，同时构成受贿罪和本罪的，根据该条第4款的规定，依照处罚较重的规定定罪处罚。

五、枉法仲裁罪

(一) 枉法仲裁罪的概念和特征

枉法仲裁罪，是指依法承担仲裁职责的人员，在仲裁活动中故意违背事实和法律作枉法裁决，情节严重的行为。其构成特征是：

(1) 本罪侵犯的客体是仲裁活动的公正性。

(2) 本罪的客观方面表现为依法承担仲裁职责的人员，在仲裁活动中故意违背事实和法律作枉法裁决，情节严重的行为。关于情节严重的标准，有待最高司法机关作出解释。

(3) 本罪的主体是特殊主体，即依法承担仲裁职责的人员。

(4) 本罪的主观方面是故意。

(二) 枉法仲裁罪的刑事责任

根据《刑法》第399条之一的规定，犯本罪的，处3年以下有期徒刑或者拘役；情节特别严重的，处3年以上7年以下有期徒刑。

六、私放在押人员罪

(一) 私放在押人员罪的概念和特征

私放在押人员罪，是指司法工作人员私放在押（包括在羁押场所和押解途中）的犯罪嫌疑人、被告人或者罪犯的行为。其构成特征是：

(1) 本罪侵犯的客体是司法机关的正常活动和监管场所的正常秩序。

(2) 本罪的客观方面表现为司法工作人员私放在押（包括在羁押场所和押解途中）的犯罪嫌疑人、被告人或者罪犯的行为。所谓在押人员，包括在押的犯罪嫌疑人、被告人和罪犯，这些人既可以是被羁押在监狱、看守所等监管场所，也可以是在押解途中。所谓私放在押人员，是指具有下列情形之一：1) 私自将在押的犯罪嫌疑人、被告人、罪犯放走，或者授意、指使、强迫他人将在押的犯罪嫌疑人、被告人、罪犯放走的；2) 伪造、变造有关法律文书、证明材料，以使在押的犯罪嫌疑人、被告人、罪犯逃跑或者被释放的；3) 为私放在押的犯罪嫌疑人、被告人、罪犯，故意向其通风报信、提供条件，致使该在押的犯罪嫌疑人、被告人、罪犯脱逃的；4) 其他私放在押的犯罪嫌疑人、被告人、罪犯应予追究刑事责任的情形。

(3) 本罪的主体是特殊主体，即司法工作人员。在监管改造场所担任警戒执勤任务的武装警察部队人员和受司法机关正式聘用或者委托履行监管、押解职责的人员，也可以成为本罪的主体。①

---

① 参见2001年3月2日最高人民检察院《关于工人等非监管机关在编监管人员私放在押人员行为和失职致使在押人员脱逃行为适用法律问题的解释》。

（4）本罪的主观方面表现为故意。

（二）私放在押人员罪的认定

1. 私放在押人员罪与脱逃罪共犯的界限

私放在押人员罪在客观方面表现为司法工作人员私放在押的犯罪嫌疑人、被告人或者罪犯的行为，在这些人的行为构成脱逃罪的同时，按照共犯理论，司法工作人员可能构成脱逃罪的共犯。但是，刑法对司法工作人员私放在押人员的行为已经单独规定为犯罪，这种行为只能认定为私放在押人员罪，而不能认定为脱逃罪的共犯。需要指出的是，如果司法工作人员私放在押人员的行为并没有利用自己的职务便利，只是利用了自己熟悉监管场所地理环境等条件，则其行为不构成私放在押人员罪，而应依法认定为脱逃罪的共犯。

2. 私放在押人员罪既遂与未遂的界限

本罪的既遂与未遂应以被私放的在押人员是否逃脱司法机关的有效监管为标准。如果在押人员逃脱了司法机关的有效监管，即使之后很快又被抓获，也属于既遂；如果在押人员没有逃脱司法机关的有效监管，则属于未遂。

（三）私放在押人员罪的刑事责任

根据《刑法》第400条第1款的规定，犯本罪的，处5年以下有期徒刑或者拘役；情节严重的，处5年以上10年以下有期徒刑；情节特别严重的，处10年以上有期徒刑。

七、失职致使在押人员脱逃罪

（一）失职致使在押人员脱逃罪的概念和特征

失职致使在押人员脱逃罪，是指司法工作人员由于严重不负责任，不履行或者不认真履行职责，致使在押（包括在羁押场所和押解途中）的犯罪嫌疑人、被告人、罪犯脱逃，造成严重后果的行为。其构成特征是：

（1）本罪侵犯的客体是司法机关的正常活动和监管场所的正常秩序。

（2）本罪的客观方面表现为司法工作人员由于严重不负责任，不履行或者不认真履行职责，致使在押（包括在羁押场所和押解途中）的犯罪嫌疑人、被告人、罪犯脱逃，造成严重后果的行为。所谓严重后果，是指具有下列情形之一：1）致使依法可能判处或者已经判处10年以上有期徒刑、无期徒刑、死刑的犯罪嫌疑人、被告人、罪犯脱逃的；2）致使犯罪嫌疑人、被告人、罪犯脱逃3人次以上的；3）犯罪嫌疑人、被告人、罪犯脱逃以后，打击报复报案人、控告人、举报人、被害人、证人和司法工作人员等，或者继续犯罪的；4）其他致使在押的犯罪嫌疑人、被告人、罪犯脱逃，造成严重后果的情形。

（3）本罪的主体是特殊主体，即司法工作人员。在监管改造场所担任警戒执勤任务的武装警察部队人员和受司法机关正式聘用或者委托履行监管、押解职责的人员，也可以成为本罪的主体。①

（4）本罪的主观方面表现为过失。

【案例29-5】　　周某某失职致使在押人员脱逃案

1998年12月30日8时至31日8时，被告人周某某与干警赵某某依例在湖口县

① 参见2000年9月19日最高人民法院《关于未被公安机关正式录用的人员、狱医能否构成失职致使在押人员脱逃罪主体问题的批复》，2001年3月2日最高人民检察院《关于工人等非监管机关在编监管人员私放在押人员行为和失职致使在押人员脱逃行为适用法律问题的解释》。

看守所值班。30 日上午下雨，被关押在该所 2 号监房内的彭某某起意伺机越狱逃跑。下午 2 时许，彭某某等人将被单撕开搓成绳子，彭某某站在刘某的肩上，将绳子拴在北墙上的通风窗左边第二根钢栅的下端，将该钢栅拉弯。因怕看守所值班人员发现，彭某某等暂停作案。31 日凌晨 1 时许，彭某某叫醒同监号的其他人员，在彭某某的指挥下，反复对窗栅拉、撬、顶，直至 5 时许才将通风窗左边两根钢栅拉弯抽下。待 6 时许武警换岗时，整个 2 号监房的 8 名在押犯集体翻窗逃跑。犯人逃跑后，被告人周某某才发现。经武警部队及全县军民紧急搜捕，元月 3 日将 8 名越狱犯全部抓获。

本案中，周某某身为看守所副所长，在值班期间严重不负责任，懈怠职守，未严格执行有关规定，从而未能及时发现越狱行为，导致 8 名在押人犯全部翻窗越狱逃跑的严重后果，其行为构成失职致使在押人员脱逃罪。

（二）失职致使在押人员脱逃罪的刑事责任

根据《刑法》第 400 条第 2 款的规定，犯本罪的，处 3 年以下有期徒刑或者拘役；造成特别严重后果的，处 3 年以上 10 年以下有期徒刑。

八、徇私舞弊减刑、假释、暂予监外执行罪

（一）徇私舞弊减刑、假释、暂予监外执行罪的概念和特征

徇私舞弊减刑、假释、暂予监外执行罪，是指司法工作人员徇私舞弊，对不符合减刑、假释、暂予监外执行条件的罪犯予以减刑、假释、暂予监外执行的行为。其构成特征是：

（1）本罪侵犯的客体是司法机关的威信和正常活动。

（2）本罪的客观方面表现为司法工作人员徇私舞弊，对不符合减刑、假释、暂予监外执行条件的罪犯予以减刑、假释、暂予监外执行的行为。具体来讲，有以下几种表现形式：1）刑罚执行机关的工作人员对不符合减刑、假释、暂予监外执行条件的罪犯，捏造事实，伪造材料，违法报请减刑、假释、暂予监外执行的；2）审判人员对不符合减刑、假释、暂予监外执行条件的罪犯，徇私舞弊，违法裁定减刑、假释或者违法决定暂予监外执行的；3）监狱管理机关、公安机关的工作人员对不符合暂予监外执行条件的罪犯，徇私舞弊，违法批准暂予监外执行的；4）不具有报请、裁定、决定或者批准减刑、假释、暂予监外执行权的司法工作人员利用职务上的便利，伪造有关材料，导致不符合减刑、假释、暂予监外执行条件的罪犯被减刑、假释、暂予监外执行的；5）其他徇私舞弊减刑、假释、暂予监外执行应予追究刑事责任的情形。

（3）本罪的主体是特殊主体，即司法工作人员，通常是指具有报请、裁定、决定或者批准减刑、假释、暂予监外执行权的司法工作人员。

（4）本罪的主观方面表现为故意，即行为人明知罪犯不符合减刑、假释、暂予监外执行的条件，但出于徇私情、私利的动机，仍然违法予以报请、裁定、决定或者批准减刑、假释、暂予监外执行。

（二）徇私舞弊减刑、假释、暂予监外执行罪的刑事责任

根据《刑法》第 401 条的规定，犯本罪的，处 3 年以下有期徒刑或者拘役；情节严重的，处 3 年以上 7 年以下有期徒刑。

第四节　特定国家机关工作人员的渎职罪

一、徇私舞弊不移交刑事案件罪

（一）徇私舞弊不移交刑事案件罪的概念和特征

徇私舞弊不移交刑事案件罪，是指工商行政管理、税务、监察等行政执法人员，徇私舞弊，对依法应当移交司法机关追究刑事责任的案件不移交，情节严重的行为。其构成特征是：

（1）本罪侵犯的客体是国家机关的威信和司法机关的正常活动。

（2）本罪的客观方面表现为工商行政管理、税务、监察等行政执法人员，徇私舞弊，对依法应当移交司法机关追究刑事责任的案件不移交，情节严重的行为。所谓对依法应当移交司法机关追究刑事责任的案件不移交，是指行政执法人员明知他人的行为已经构成犯罪，应当交由司法机关追究其刑事责任，却不移交司法机关而故意使其逃避刑事追究的行为。所谓情节严重，是指行政执法人员具有下列情形之一：1）对依法可能判处3年以上有期徒刑、无期徒刑、死刑的犯罪案件不移交的；2）不移交刑事案件涉及3人次以上的；3）司法机关提出意见后，无正当理由仍然不予移交的；4）以罚代刑，放纵犯罪嫌疑人，致使犯罪嫌疑人继续进行违法犯罪活动的；5）行政执法部门主管领导阻止移交的；6）隐瞒、毁灭证据，伪造材料，改变刑事案件性质的；7）直接负责的主管人员和其他直接责任人员为牟取本单位私利而不移交刑事案件，情节严重的；8）其他情节严重的情形。

（3）本罪的主体是特殊主体，即行政执法人员，包括工商行政管理、税务、监察、环保等行政机关中依法行使行政执法权的工作人员。

（4）本罪的主观方面表现为故意，即行政执法人员在执法过程中，明知其执法对象的行为已经构成犯罪却故意不移交司法机关处理，动机是徇私情、私利。

【案例29-6】　　毛某某徇私舞弊不移交刑事案件案

1998年3月9日，三门县工商局城关工商所在城关上洋路一民宅查获包装加工假冒“农达R”除草剂的地下加工厂，当即扣押所有制假物件，即假冒“农达R”除草剂464箱，打包机1台，打码机1台，包装箱800只，瓶盖1万只，标识9万张，封带20圈。后工商所又查实制假当事人王某某已销售假“农达R”除草剂480箱，得销售款124 800元。案发之后，王某某委托其同学江某某向该案承办人吕某某、被告人毛某某等人说情，并送礼请吃饭，要求对王某某从轻处罚。被告人毛某某考虑到单位的罚没收入及王的请客送礼，遂于同年3月13日经所务会议讨论并报本局有关部门审核同意后，对王某某制假一案作出行政处罚决定。没收上述扣押的所有制假物件及销货款124 800元，并处以25 200元的罚款。被害单位孟山都（上海）公司来人了解情况时，被告人毛某某隐瞒了事实，告诉对方只查到几十箱货，目前正在查等。后被告人毛某某还擅自决定将没收的假冒注册商标标识以12 000元卖还给王某某。同年8月5日，王某某继续销售假冒“农达R”除草剂，被杭州市下城区工商分局东新路工商所查获。

本案中，毛某某身为行政执法人员，为了牟取本单位利益和碍于个人情面，对被害单位隐瞒了事实真相，而不移交刑事案件，徇私舞弊，以罚代刑，放纵犯罪嫌疑人，致使犯罪嫌疑人继续进行同种违法犯罪活动，情节严重，其行为构成徇私舞弊不移交刑事案件罪。

（二）徇私舞弊不移交刑事案件罪的刑事责任

根据《刑法》第402条的规定，犯本罪的，处3年以下有期徒刑或者拘役；造成严重后果的，处3年以上7年以下有期徒刑。

二、滥用管理公司、证券职权罪

（一）滥用管理公司、证券职权罪的概念和特征

滥用管理公司、证券职权罪，是指工商行政管理、证券管理等国家有关主管部门的工作人员徇私舞弊，滥用职权，对不符合法律规定条件的公司设立、登记申请或者股票、债券发行、上市申请予以批准或者登记，致使公共财产、国家和人民利益遭受重大损失的行为，以及上级部门、当地政府强令登记机关及其工作人员实施上述行为的行为。其构成特征是：

（1）本罪侵犯的客体是国家对公司和证券的管理制度。

（2）本罪的客观方面表现为工商行政管理、证券管理等国家有关主管部门的工作人员徇私舞弊，滥用职权，对不符合法律规定条件的公司设立、登记申请或者股票、债券发行、上市申请予以批准或者登记，致使公共财产、国家和人民利益遭受重大损失的行为，以及上级部门、当地政府强令登记机关及其工作人员实施上述行为的行为。所谓致使公共财产、国家和人民利益遭受重大损失，是指具有下列情形之一：1）造成直接经济损失50万元以上的；2）工商行政管理部门的工作人员对不符合法律规定条件的公司设立、登记申请，违法予以批准、登记，严重扰乱市场秩序的；3）金融证券管理机构的工作人员对不符合法律规定条件的股票、债券发行、上市申请，违法予以批准，严重损害公众利益，或者严重扰乱金融秩序的；4）工商行政管理部门、金融证券管理机构的工作人员对不符合法律规定条件的公司设立、登记申请或者股票、债券发行、上市申请违法予以批准或者登记，致使犯罪行为得逞的；5）上级部门、当地政府直接负责的主管人员强令登记机关及其工作人员，对不符合法律规定条件的公司设立、登记申请或者股票、债券发行、上市申请予以批准或者登记，致使公共财产、国家或者人民利益遭受重大损失的；6）其他致使公共财产、国家和人民利益遭受重大损失的情形。

（3）本罪的主体是特殊主体，即国家有关主管部门的工作人员，具体是指对公司的设立、登记或者股票、债券的发行、上市有批准或者登记职权的国家机关工作人员，如工商行政管理、金融证券管理等国家机关的工作人员。

（4）本罪的主观方面表现为故意。

（二）滥用管理公司、证券职权罪的刑事责任

根据《刑法》第403条的规定，犯本罪的，处5年以下有期徒刑或者拘役。

三、徇私舞弊不征、少征税款罪

（一）徇私舞弊不征、少征税款罪的概念和特征

徇私舞弊不征、少征税款罪，是指税务机关的工作人员徇私舞弊，不征或者少征应征

税款，致使国家税收遭受重大损失的行为。其构成特征是：

（1）本罪侵犯的客体是国家的税收管理制度。

（2）本罪的客观方面表现为税务机关的工作人员徇私舞弊，不征或者少征应征税款，致使国家税收遭受重大损失的行为。所谓重大损失，是指具有下列情形之一：1）徇私舞弊不征、少征应征税款，致使国家税收损失累计达10万元以上的；2）上级主管部门工作人员指使税务机关工作人员徇私舞弊不征、少征应征税款，致使国家税收损失累计达10万元以上的；3）徇私舞弊不征、少征应征税款不满10万元（应达8万元以上），但具有索取或者收受贿赂或者其他恶劣情节的；4）其他致使国家税收遭受重大损失的情形。

【案例29-7】　　张某某徇私舞弊少征税款、受贿案

1997年某市遮放糖厂在扩建过程中，向云南恒盛机械设备供应站购买制糖设备，因厂方不能提供销售发票，遮放糖厂厂长邱某某（另案处理）先后向某市国税局副局长黄某（另案处理）和遮放国税分局局长张某某提出，要在本地完税并开具发票。被告人张某某在明知恒盛机械设备供应站出售了价值上千万元的设备却只交纳15万元增值税的情况下，仍安排工作人员违规开具“云南收款专用发票”21份，金额共计人民币14 051 544.00元，致使国家税款流失645 370.42元。在此过程中，被告人张某某收受了恒盛机械设备供应站法人代表黄某某通过邱某某转给的贿赂款人民币5万元。

本案中，被告人张某某徇私舞弊少征税款645 370.42元，已构成徇私舞弊少征税款罪，其收受5万元贿赂的行为也构成受贿罪，应当数罪并罚。

（3）本罪的主体是特殊主体，即税务机关的工作人员。

（4）本罪的主观方面表现为故意，行为人的动机是徇私情、私利。

（二）徇私舞弊不征、少征税款罪的刑事责任

根据《刑法》第404条的规定，犯本罪的，处5年以下有期徒刑或者拘役；造成特别重大损失的，处5年以上有期徒刑。

四、徇私舞弊发售发票、抵扣税款、出口退税罪

（一）徇私舞弊发售发票、抵扣税款、出口退税罪的概念和特征

徇私舞弊发售发票、抵扣税款、出口退税罪，是指税务机关的工作人员违反法律、行政法规的规定，在办理发售发票、抵扣税款、出口退税工作中，徇私舞弊，致使国家利益遭受重大损失的行为。其构成特征是：

（1）本罪侵犯的客体是国家的税收管理制度。

（2）本罪的客观方面表现为税务机关的工作人员违反法律、行政法规的规定，在办理发售发票、抵扣税款、出口退税工作中，徇私舞弊，致使国家利益遭受重大损失的行为。所谓重大损失，是指具有下列情形之一：1）徇私舞弊，致使国家税收损失累计达10万元以上的；2）徇私舞弊，致使国家税收损失累计不满10万元（应达8万元以上），但发售增值税专用发票25份以上或者其他发票50份以上或者增值税专用发票与其他发票合计50份以上，或者具有索取、收受贿赂或者其他恶劣情节的；3）其他致使国家利益遭受重大损失的情形。

(3) 本罪的主体是特殊主体，即税务机关的工作人员。

(4) 本罪的主观方面表现为故意，行为人的动机是徇私情、私利。

(二) 徇私舞弊发售发票、抵扣税款、出口退税罪的刑事责任

根据《刑法》第405条第1款的规定，犯本罪的，处5年以下有期徒刑或者拘役；致使国家利益遭受特别重大损失的，处5年以上有期徒刑。

五、违法提供出口退税凭证罪

(一) 违法提供出口退税凭证罪的概念和特征

违法提供出口退税凭证罪，是指海关、外汇管理等国家机关的工作人员违反国家规定，在提供出口货物报关单、出口收汇核销单等出口退税凭证的工作中徇私舞弊，致使国家利益遭受重大损失的行为。其构成特征是：

(1) 本罪侵犯的客体是国家的税收管理制度。

(2) 本罪的客观方面表现为海关、外汇管理等国家机关工作人员违反国家规定，在提供出口货物报关单、出口收汇核销单等出口退税凭证的工作中徇私舞弊，致使国家利益遭受重大损失的行为。所谓重大损失，是指具有下列情形之一：1) 徇私舞弊，致使国家税收损失累计达10万元以上的；2) 徇私舞弊，致使国家税收损失累计不满10万元（应达8万元以上），但具有索取、收受贿赂或者其他恶劣情节的；3) 其他致使国家利益遭受重大损失的情形。

(3) 本罪的主体是特殊主体，即国家机关工作人员，通常是指海关、外汇管理等国家机关工作人员。

(4) 本罪的主观方面表现为故意，行为人的动机是徇私情、私利。

(二) 违法提供出口退税凭证罪的刑事责任

根据《刑法》第405条第2款的规定，犯本罪的，处5年以下有期徒刑或者拘役；致使国家利益遭受特别重大损失的，处5年以上有期徒刑。

六、违法发放林木采伐许可证罪

(一) 违法发放林木采伐许可证罪的概念和特征

违法发放林木采伐许可证罪，是指林业主管部门的工作人员违反森林法的规定，超过批准的年采伐限额发放林木采伐许可证或者违反规定滥发林木采伐许可证，情节严重，致使森林遭受严重破坏的行为。其构成特征是：

(1) 本罪侵犯的客体是国家对森林的管理制度和林木的所有权。

(2) 本罪的客观方面表现为林业主管部门的工作人员违反森林法的规定，超过批准的年采伐限额发放林木采伐许可证或者违反规定滥发林木采伐许可证，情节严重，致使森林遭受严重破坏的行为。所谓“情节严重，致使森林遭受严重破坏”，是指具有下列情形之一：1) 发放林木采伐许可证允许采伐数量累计超过批准的年采伐限额，导致林木被超限额采伐10立方米以上的；2) 滥发林木采伐许可证，导致林木被滥伐20立方米以上，或者导致幼树被滥伐1 000株以上的；3) 滥发林木采伐许可证，导致防护林、特种用途林被滥伐5立方米以上，或者幼树被滥伐200株以上的；4) 滥发林木采伐许可证，导致珍贵树木或者国家重点保护的其他树木被滥伐的；5) 滥发林木采伐许可证，导致国家禁止采伐的林木被采伐的；6) 其他情节严重，致使森林遭受严重破坏的情形。

根据2007年5月16日最高人民检察院《关于对林业主管部门工作人员在发放林木采伐许可证之外滥用职权玩忽职守致使森林遭受严重破坏的行为适用法律问题的批复》，如果林业主管部门的工作人员以违法发放林木采伐许可证之外的其他方式滥用职权或者玩忽职守，致使森林遭受严重破坏的，依照《刑法》第397条的规定以滥用职权罪或者玩忽职守罪追究刑事责任，立案标准依照最高人民检察院《关于渎职侵权犯罪案件立案标准的规定》第一部分“渎职犯罪案件”第18条第3款的规定执行。

（3）本罪的主体是特殊主体，具体是指林业主管部门的工作人员。

（4）本罪的主观方面表现为故意。

（二）违法发放林木采伐许可证罪的刑事责任

根据《刑法》第407条的规定，犯本罪的，处3年以下有期徒刑或者拘役。

七、环境监管失职罪

（一）环境监管失职罪的概念和特征

环境监管失职罪，是指负有环境保护监督、管理职责的国家机关工作人员严重不负责任，不履行或者不认真履行环境保护监管职责，导致发生重大环境污染事故，致使公私财产遭受重大损失或者造成人身伤亡的严重后果的行为。其构成特征是：

（1）本罪侵犯的客体是国家的环境保护制度。

（2）本罪的客观方面表现为负有环境保护监督、管理职责的国家机关工作人员严重不负责任，不履行或者不认真履行环境保护监管职责，导致发生重大环境污染事故，致使公私财产遭受重大损失或者造成人身伤亡的严重后果的行为。所谓致使公私财产遭受重大损失或者造成人身伤亡的严重后果，是指具有下列情形之一：1）造成死亡1人以上，或者重伤3人以上，或者重伤2人、轻伤4人以上，或者重伤1人、轻伤7人以上，或者轻伤10人以上的；2）导致30人以上严重中毒的；3）造成个人财产直接经济损失15万元以上，或者直接经济损失不满15万元，但间接经济损失75万元以上的；4）造成公共财产、法人或者其他组织的财产直接经济损失30万元以上，或者直接经济损失不满30万元，但间接经济损失150万元以上的；5）虽未达到第三、四项两项数额标准，但第三、四项两项合计直接经济损失30万元以上，或者合计直接经济损失不满30万元，但合计间接经济损失150万元以上的；6）造成基本农田或者防护林地、特种用途林地10亩以上，或者基本农田以外的耕地50亩以上，或者其他土地70亩以上被严重毁坏的；7）造成生活饮用水地表水源和地下水源严重污染的；8）其他致使公私财产遭受重大损失或者造成人身伤亡严重后果的情形。

（3）本罪的主体是特殊主体，具体是指负有环境保护监督、管理职责的国家机关工作人员。

（4）本罪的主观方面表现为过失。

（二）环境监管失职罪的刑事责任

根据《刑法》第408条的规定，犯本罪的，处3年以下有期徒刑或者拘役。

八、食品监管渎职罪

（一）食品监管渎职罪的概念和特征

食品监管渎职罪，是指负有食品安全监督、管理职责的国家机关工作人员，滥用职权或者玩忽职守，导致发生重大食品安全事故或者造成其他严重后果的行为。其构成特征是：

（1）本罪侵犯的客体是国家的食品安全监督、管理制度。

（2）本罪的客观方面表现为负有食品安全监督、管理职责的国家机关工作人员，滥用职权或者玩忽职守，导致发生重大食品安全事故或者造成其他严重后果的行为。

（3）本罪的主体是特殊主体，具体是指负有食品安全监督、管理职责的国家机关工作人员。

（4）本罪的主观方面表现为故意或者过失。

【案例29-8】　张某某食品监管渎职案

2012年4月至2013年4月，张某某担任濮阳市华龙区某监督所监督员，负责濮阳市胜利路以南、濮阳县消防队以北、京开道以东、大庆路以西区域餐饮服务行业的监管工作。其间，张某某不认真履行职责，没有对辖区内楚某某在濮阳市石化路东段无证经营的餐馆进行严格监管，致使该餐馆贮存、使用国家禁止餐饮服务业使用的食品添加剂亚硝酸盐，于2013年3月3日发生36人因食用含有亚硝酸盐的食物导致中毒的食品安全事故。33人住院治疗14～31天，其中4人在重症监护室治疗。濮阳市华龙区人民政府食品安全委员会为此事故支付医疗费等各项费用共计17.7万元。

本案中，张某某身为负有食品安全监督管理职责的国家机关工作人员，不认真履行职责，造成严重后果，其行为构成食品监管渎职罪。

（二）食品监管渎职罪的刑事责任

根据《刑法》第408条之一的规定，犯本罪的，处5年以下有期徒刑或者拘役；造成特别严重后果的，处5年以上10年以下有期徒刑。徇私舞弊犯本罪的，从重处罚。

九、传染病防治失职罪

（一）传染病防治失职罪的概念和特征

传染病防治失职罪，是指从事传染病防治的政府卫生行政部门的工作人员严重不负责任，不履行或者不认真履行传染病防治监管职责，导致传染病传播或者流行，情节严重的行为。其构成特征是：

（1）本罪侵犯的客体是国家的传染病防治制度和公民的健康权利。

（2）本罪的客观方面表现为从事传染病防治的政府卫生行政部门的工作人员严重不负责任，不履行或者不认真履行传染病防治监管职责，导致传染病传播或者流行，情节严重的行为。所谓情节严重，是指具有下列情形之一：1）导致甲类传染病传播的；2）导致乙类、丙类传染病流行的；3）因传染病传播或者流行，造成人员重伤或者死亡的；4）因传染病传播或者流行，严重影响正常的生产、生活秩序的；5）在国家对突发传染病疫情等灾害采取预防、控制措施后，对发生突发传染病疫情等灾害的地区或者突发传染病病人、病原携带者、疑似突发传染病病人，未按照预防、控制突发传染病疫情等灾害工作规范的要求做好防疫、检疫、隔离、防护、救治等工作，或者采取的预防、控制措施不当，造成传染范围扩大或者疫情、灾情加重的；6）在国家对突发传染病疫情等灾害采取预防、控制措施后，隐瞒、缓报、谎报或者授意、指使、强令他人隐瞒、缓报、谎报疫情、灾情，造成传染范围扩大或者疫情、灾情加重的；7）在国家对突发传染病疫情等灾害采取预防、控制措施后，拒不执行突发传染病疫情等灾害应急处理指挥机构的决定、命令，造成传染范围扩大或者疫情、灾情加重的；8）其他情节严重的情形。

（3）本罪的主体是特殊主体，具体是指从事传染病防治的政府卫生行政部门的工作人员。

（4）本罪的主观方面表现为过失。

（二）传染病防治失职罪的刑事责任

根据《刑法》第409条的规定，犯本罪的，处3年以下有期徒刑或者拘役。

十、放纵走私罪

（一）放纵走私罪的概念和特征

放纵走私罪，是指海关工作人员徇私舞弊，放纵走私，情节严重的行为。其构成特征是：

（1）本罪侵犯的客体是国家机关的威信和海关管理制度。

（2）本罪的客观方面表现为海关工作人员徇私舞弊，放纵走私，情节严重的行为。所谓情节严重，是指具有下列情形之一：1）放纵走私犯罪的；2）因放纵走私致使国家应收税额损失累计达10万元以上的；3）放纵走私行为3起次以上的；4）放纵走私行为，具有索取或者收受贿赂情节的；5）其他情节严重的情形。

本章［引例］中，被告人殷某身为海关工作人员，在明知他人走私的情况下，徇私舞弊，放纵走私，收受贿赂，其行为构成放纵走私罪和受贿罪。一审法院认为被告人殷某放纵他人走私的行为既是受贿罪中为他人谋取利益的必备条件，又是放纵走私罪的客观要件，殷某的一个行为触犯了两个罪名，是一种想象竞合，不符合法律规定的数罪并罚原则，应根据从一重罪原则处断，遂以受贿罪判处殷某有期徒刑3年、缓刑3年。检察机关抗诉后，二审法院认为，被告人殷某主观上既有放纵走私的故意，又有获取非法利益的故意；客观上有利用职权对报关单空审、放纵走私的行为，又有从走私分子处获得贿赂款的行为，同时侵犯了国家海关的正常活动和国家工作人员职务行为的廉洁性，应构成放纵走私罪和受贿罪两个罪名，依法数罪并罚，遂判处被告人殷某有期徒刑6年。本书认为，行为人既有渎职犯罪行为，又因该渎职行为而受贿的，两行为之间实际上是一种牵连关系，是否需要实行数罪并罚，是处理本章犯罪经常要遇到的问题。对此理论界有不同观点。有的主张应当从一重罪处罚，有的主张应当数罪并罚。本章犯罪中除第399条明确规定依照处罚较重的规定定罪处罚外，其他犯罪均无类似规定，本书倾向于从一重罪定罪处罚。

（3）本罪的主体是特殊主体，具体是指海关工作人员。

（4）本罪的主观方面表现为故意，即行为人明知是走私行为而故意放纵，动机是徇私情、私利。

（二）放纵走私罪的认定

1. 放纵走私罪与走私罪共犯的界限

如果海关工作人员事前与走私犯罪分子共谋走私，在海关监管工作中放纵该走私行为的，对其应按照走私罪共犯定罪处罚；如果海关工作人员与走私犯罪分子没有共同走私的犯罪故意，只是利用职权放纵走私的，对其应按照放纵走私罪定罪处罚。

2. 放纵走私罪与徇私舞弊不移交刑事案件罪的界限

二者的主观方面均为故意，动机均为徇私情、私利，海关工作人员也可以成为徇私舞弊不移交刑事案件罪的主体。司法实践中，如果海关工作人员明知有走私犯罪行为而放纵，不作任何处理的，应按照放纵走私罪定罪处罚；如果海关工作人员明知有走私犯罪行为而不移交司法机关追究刑事责任，自行依照海关法作行政处理的，应按照徇私舞弊不移交刑事案件罪定罪处罚。

（三）放纵走私罪的刑事责任

根据《刑法》第 411 条的规定，犯本罪的，处 5 年以下有期徒刑或者拘役；情节特别严重的，处 5 年以上有期徒刑。

十一、商检徇私舞弊罪

（一）商检徇私舞弊罪的概念和特征

商检徇私舞弊罪，是指国家商检部门、商检机构的工作人员徇私舞弊，伪造检验结果的行为。其构成特征是：

（1）本罪侵犯的客体是国家对商品的检验制度。

（2）本罪的客观方面表现为国家商检部门、商检机构的工作人员徇私舞弊，伪造检验结果的行为。所谓伪造检验结果，是指具有下列情形之一：1）采取伪造、变造的手段对报检的商品的单证、印章、标志、封识、质量认证标志等作虚假的证明或者出具不真实的证明结论的；2）将送检的合格商品检验为不合格，或者将不合格商品检验为合格的；3）对明知是不合格的商品，不检验而出具合格检验结果的；4）其他伪造检验结果，应予追究刑事责任的情形。

（3）本罪的主体是特殊主体，具体是指国家商检部门、商检机构的工作人员。

（4）本罪的主观方面表现为故意，行为人的动机是徇私情、私利。

（二）商检徇私舞弊罪的刑事责任

根据《刑法》第 412 条第 1 款的规定，犯本罪的，处 5 年以下有期徒刑或者拘役；造成严重后果的，处 5 年以上 10 年以下有期徒刑。

十二、商检失职罪

（一）商检失职罪的概念和特征

商检失职罪，是指国家商检部门、商检机构的工作人员严重不负责任，对应当检验的物品不检验，或者延误检验出证、错误出证，致使国家利益遭受重大损失的行为。其构成特征是：

（1）本罪侵犯的客体是国家对商品的检验制度。

（2）本罪的客观方面表现为国家商检部门、商检机构的工作人员严重不负责任，对应当检验的物品不检验，或者延误检验出证、错误出证，致使国家利益遭受重大损失的行为。所谓致使国家利益遭受重大损失，是指具有下列情形之一：1）致使不合格的食品、药品、医疗器械等商品出入境，严重危害他人生命、健康的；2）造成个人财产直接经济损失 15 万元以上，或者直接经济损失不满 15 万元，但间接经济损失 75 万元以上的；3）造成公共财产、法人或者其他组织财产直接经济损失 30 万元以上，或者直接经济损失不满 30 万元，但间接经济损失 150 万元以上的；4）未经检验，出具合格检验结果，致使国家禁止进口的固体废物、液态废物和气态废物等进入境内的；5）不检验或者延误检验出证、错误出证，引起国际经济贸易纠纷，严重影响国家对外经贸关系，或者严重损害国家声誉的；6）其他致使国家利益遭受重大损失的情形。

（3）本罪的主体是特殊主体，具体是指国家商检部门、商检机构的工作人员。

（4）本罪的主观方面表现为过失。

（二）商检失职罪的刑事责任

根据《刑法》第412条第2款的规定，犯本罪的，处3年以下有期徒刑或者拘役。

十三、动植物检疫徇私舞弊罪

（一）动植物检疫徇私舞弊罪的概念和特征

动植物检疫徇私舞弊罪，是指动植物检疫机关的检疫人员徇私舞弊，伪造检疫结果的行为。其构成特征是：

（1）本罪侵犯的客体是国家对动植物的检疫制度。

（2）本罪的客观方面表现为动植物检疫机关的检疫人员徇私舞弊，伪造检疫结果的行为。所谓伪造检疫结果，是指具有下列情形之一的：1）采取伪造、变造的手段对检疫的单证、印章、标志、封识等作虚假的证明或者出具不真实的结论的；2）将送检的合格动植物检疫为不合格，或者将不合格动植物检疫为合格的；3）对明知是不合格的动植物，不检疫而出具合格检疫结果的；4）其他伪造检疫结果，应予追究刑事责任的情形。

（3）本罪的主体是特殊主体，具体是指动植物检疫机关的检疫人员。

（4）本罪的主观方面表现为故意，行为人的动机是徇私情、私利。

（二）动植物检疫徇私舞弊罪的刑事责任

根据《刑法》第413条第1款的规定，犯本罪的，处5年以下有期徒刑或者拘役；造成严重后果的，处5年以上10年以下有期徒刑。

十四、动植物检疫失职罪

（一）动植物检疫失职罪的概念和特征

动植物检疫失职罪，是指动植物检疫机关的检疫人员严重不负责任，对应当检疫的检疫物不检疫，或者延误检疫出证、错误出证，致使国家利益遭受重大损失的行为。其构成特征是：

（1）本罪侵犯的客体是国家对动植物的检疫制度。

（2）本罪的客观方面表现为动植物检疫机关的检疫人员严重不负责任，对应当检疫的检疫物不检疫，或者延误检疫出证、错误出证，致使国家利益遭受重大损失的行为。所谓致使国家利益遭受重大损失，是指具有下列情形之一：1）导致疫情发生，造成人员重伤或者死亡的；2）导致重大疫情发生、传播或者流行的；3）造成个人财产直接经济损失15万元以上，或者直接经济损失不满15万元，但间接经济损失75万元以上的；4）造成公共财产或者法人、其他组织财产直接经济损失30万元以上，或者直接经济损失不满30万元，但间接经济损失150万元以上的；5）不检疫或者延误检疫出证、错误出证，引起国际经济贸易纠纷，严重影响国家对外经贸关系，或者严重损害国家声誉的；6）其他致使国家利益遭受重大损失的情形。

（3）本罪的主体是特殊主体，具体是指动植物检疫机关的检疫人员。

（4）本罪的主观方面表现为过失。

（二）动植物检疫失职罪的刑事责任

根据《刑法》第 413 条第 2 款的规定，犯本罪的，处 3 年以下有期徒刑或者拘役。

十五、放纵制售伪劣商品犯罪行为罪

（一）放纵制售伪劣商品犯罪行为罪的概念和特征

放纵制售伪劣商品犯罪行为罪，是指对生产、销售伪劣商品犯罪行为负有追究责任的国家机关工作人员徇私舞弊，不履行法律规定的追究职责，情节严重的行为。其构成特征是：

（1）本罪侵犯的客体是国家机关的威信和对商品的管理制度。

（2）本罪的客观方面表现为对生产、销售伪劣商品犯罪行为负有追究责任的国家机关工作人员徇私舞弊，不履行法律规定的追究职责，情节严重的行为。所谓情节严重，是指具有下列情形之一：1）放纵生产、销售假药或者有毒、有害食品犯罪行为的；2）放纵生产、销售伪劣农药、兽药、化肥、种子犯罪行为的；3）放纵依法可能判处 3 年有期徒刑以上刑罚的生产、销售伪劣商品犯罪行为的；4）对生产、销售伪劣商品犯罪行为不履行追究职责，致使生产、销售伪劣商品犯罪行为得以继续的；5）3 次以上不履行追究职责，或者对 3 个以上有生产、销售伪劣商品犯罪行为的单位或者个人不履行追究职责的；6）其他情节严重的情形。

（3）本罪的主体是特殊主体，具体是指对生产、销售伪劣商品犯罪行为负有追究责任的国家机关工作人员，如工商行政管理、质量技术监督等国家机关的工作人员。

（4）本罪的主观方面表现为故意，行为人具有徇私情、私利的动机。

（二）放纵制售伪劣商品犯罪行为罪的刑事责任

根据《刑法》第 414 条的规定，犯本罪的，处 5 年以下有期徒刑或者拘役。

十六、办理偷越国（边）境人员出入境证件罪

（一）办理偷越国（边）境人员出入境证件罪的概念和特征

办理偷越国（边）境人员出入境证件罪，是指负责办理护照、签证以及其他出入境证件的国家机关工作人员，对明知是企图偷越国（边）境的人员，予以办理出入境证件的行为。其构成特征是：

（1）本罪侵犯的客体是国家对国（边）境和出入境证件的管理制度。

（2）本罪的客观方面表现为负责办理护照、签证以及其他出入境证件的国家机关工作人员在办理护照、签证以及其他出入境证件的过程中，对明知是企图偷越国（边）境的人员而予以办理出入境证件的行为。

（3）本罪的主体是特殊主体，具体是指负责办理护照、签证以及其他出入境证件的国家机关工作人员，如公安、外交、外事等机关的工作人员。

（4）本罪的主观方面表现为故意，即行为人明知是企图偷越国（边）境的人员而仍然予以办理出入境证件。

（二）办理偷越国（边）境人员出入境证件罪的刑事责任

根据《刑法》第 415 条的规定，犯本罪的，处 3 年以下有期徒刑或者拘役；情节严重的，处 3 年以上 7 年以下有期徒刑。

十七、放行偷越国（边）境人员罪

（一）放行偷越国（边）境人员罪的概念和特征

放行偷越国（边）境人员罪，是指边防、海关等国家机关工作人员对明知是偷越国（边）境的人员而予以放行的行为。其构成特征是：

（1）本罪侵犯的客体是国家对国（边）境的管理制度。

（2）本罪的客观方面表现为边防、海关等国家机关工作人员对明知是偷越国（边）境的人员而予以放行的行为。

（3）本罪的主体是特殊主体，具体是指边防、海关等国家机关工作人员。

（4）本罪的主观方面表现为故意，即行为人明知是偷越国（边）境的人员而仍然予以放行。

（二）放行偷越国（边）境人员罪的刑事责任

根据《刑法》第415条的规定，犯本罪的，处3年以下有期徒刑或者拘役；情节严重的，处3年以上7年以下有期徒刑。

十八、不解救被拐卖、绑架妇女、儿童罪

（一）不解救被拐卖、绑架妇女、儿童罪的概念和特征

不解救被拐卖、绑架妇女、儿童罪，是指对被拐卖、绑架的妇女、儿童负有解救职责的公安、司法等国家机关工作人员接到被拐卖、绑架的妇女、儿童及其家属的解救要求或者接到其他人的举报，而对被拐卖、绑架的妇女、儿童不进行解救，造成严重后果的行为。其构成特征是：

（1）本罪侵犯的客体是国家机关的威信和被拐卖、绑架妇女、儿童的人身权利。

（2）本罪的客观方面表现为对被拐卖、绑架的妇女、儿童负有解救职责的公安、司法等国家机关的工作人员接到被拐卖、绑架的妇女、儿童及其家属的解救要求或者接到其他人的举报，而对被拐卖、绑架的妇女、儿童不进行解救，造成严重后果的行为。所谓造成严重后果，是指具有下列情形之一：1）导致被拐卖、绑架的妇女、儿童或者其家属重伤、死亡或者精神失常的；2）导致被拐卖、绑架的妇女、儿童被转移、隐匿、转卖，不能及时进行解救的；3）对被拐卖、绑架的妇女、儿童不进行解救3人次以上的；4）对被拐卖、绑架的妇女、儿童不进行解救，造成恶劣社会影响的；5）其他造成严重后果的情形。

（3）本罪的主体是特殊主体，具体是指对被拐卖、绑架的妇女、儿童负有解救职责的公安、司法等国家机关工作人员。

（4）本罪的主观方面表现为故意。有的学者认为，本罪的主观方面一般表现为过失，但在个别情况下也不能排除放任的间接故意的存在。[①]

（二）不解救被拐卖、绑架妇女、儿童罪的刑事责任

根据《刑法》第416条第1款的规定，犯本罪的，处5年以下有期徒刑或者拘役。

---

① 参见敬大力主编：《渎职罪》，478页，北京，中国人民公安大学出版社，2003。

十九、阻碍解救被拐卖、绑架妇女、儿童罪

（一）阻碍解救被拐卖、绑架妇女、儿童罪的概念和特征

阻碍解救被拐卖、绑架妇女、儿童罪，是指对被拐卖、绑架的妇女、儿童负有解救职责的公安、司法等国家机关工作人员利用职务阻碍解救被拐卖、绑架的妇女、儿童的行为。其构成特征是：

（1）本罪侵犯的客体是国家机关的威信和被拐卖、绑架妇女、儿童的人身权利。

（2）本罪的客观方面表现为对被拐卖、绑架的妇女、儿童负有解救职责的公安、司法等国家机关工作人员利用职务阻碍解救被拐卖、绑架的妇女、儿童的行为。通常有下列几种表现形式：1）利用职权，禁止、阻止或者妨碍有关部门、人员解救被拐卖、绑架的妇女、儿童的；2）利用职务上的便利，向拐卖、绑架者或者收买者通风报信，妨碍解救工作正常进行的；3）其他利用职务阻碍解救被拐卖、绑架的妇女、儿童，应予追究刑事责任的情形。

（3）本罪的主体是特殊主体，具体是指对被拐卖、绑架的妇女、儿童负有解救职责的公安、司法等国家机关工作人员。

（4）本罪的主观方面表现为故意。

（二）阻碍解救被拐卖、绑架妇女、儿童罪的刑事责任

根据《刑法》第416条第2款的规定，犯本罪的，处2年以上7年以下有期徒刑；情节较轻的，处2年以下有期徒刑或者拘役。

二十、帮助犯罪分子逃避处罚罪

（一）帮助犯罪分子逃避处罚罪的概念和特征

帮助犯罪分子逃避处罚罪，是指有查禁犯罪活动职责的司法及公安、国家安全、海关、税务等国家机关工作人员，向犯罪分子通风报信、提供便利，帮助犯罪分子逃避处罚的行为。其构成特征是：

（1）本罪侵犯的客体是国家机关的威信和司法机关的正常活动。

（2）本罪的客观方面表现为有查禁犯罪活动职责的司法及公安、国家安全、海关、税务等国家机关工作人员，向犯罪分子通风报信、提供便利，帮助犯罪分子逃避处罚的行为。通常有下列几种表现形式：1）向犯罪分子泄露有关部门查禁犯罪活动的部署、人员、措施、时间、地点等情况的；2）向犯罪分子提供钱物、交通工具、通信设备、隐藏处所等便利条件的；3）向犯罪分子泄露案情的；4）帮助、示意犯罪分子隐匿、毁灭、伪造证据，或者串供、翻供的；5）其他帮助犯罪分子逃避处罚，应予追究刑事责任的情形。

（3）本罪的主体是特殊主体，具体是指有查禁犯罪活动职责的司法及公安、国家安全、海关、税务等国家机关工作人员。

（4）本罪的主观方面表现为故意。

（二）帮助犯罪分子逃避处罚罪的刑事责任

根据《刑法》第417条的规定，犯本罪的，处3年以下有期徒刑或者拘役；情节严重的，处3年以上10年以下有期徒刑。

【问题与思考】

1. 滥用职权罪和玩忽职守罪的主观方面特征是什么？

2. 徇私舞弊型渎职犯罪的“徇私”，除了徇个人私情、私利外，是否包括徇单位之私利的情形？

3. 对于行为人既有渎职犯罪行为，又因该渎职行为而受贿的，是否需要实行数罪并罚？

4. 如何划分徇私舞弊不移交刑事案件罪与放纵走私罪、放纵制售伪劣商品犯罪行为罪、帮助犯罪分子逃避处罚罪之间的界限？

第三十章
军人违反职责罪

参考书目

1. 高铭暄，马克昌主编．刑法学．7版．北京：北京大学出版社，高等教育出版社，2016.

2. 韩玉胜主编．刑法各论案例分析．3版．北京：中国人民大学出版社，2014.

3. 张明楷．刑法学．5版．北京：法律出版社，2016.

4. 张军主编．刑法［分则］及配套规定新释新解．下．9版．北京：人民法院出版社，2016.

5. 黄林异，王小鸣．军人违反职责罪．北京：中国人民公安大学出版社，2003.

6. 最高人民法院刑事审判第一，二，三，四，五庭主办．中国刑事审判指导案例．北京：法律出版社，2012.

参考法规

1.《刑法》第420～451条

2. 2013年2月26日最高人民检察院、解放军总政治部《军人违反职责罪案件立案标准的规定》

3. 2000年12月5日最高人民法院、最高人民检察院《关于对军人非战时逃离部队的行为能否定罪处罚问题的批复》

4. 1988年10月19日中国人民解放军军事法院《关于审理军人违反职责罪案件中几个具体问题的处理意见》

引例　王某武器装备肇事案

被告人王某系某部一连班长。王某在某日夜间站岗时，将两发私存的子弹压入冲锋枪弹匣内，并将子弹上膛，未关保险。晚上11时，王某从哨位回到营区大门外坐在路南石头上，将枪托置于地上，枪管倚在左腿根部等候换岗。这时带班员伊某走过来，蹲在王某身后的矮墙处与王谈论家乡公安机关抓获犯罪分子的事。谈话中，王某忘记枪支装有子弹，右手无意中触动扳机，造成走火，将伊某击伤，伊某经送医院抢救无效死亡。

被告人王某过失致人死亡的行为构成何罪？

第一节　军人违反职责罪概述

一、军人违反职责罪的概念和特征

军人违反职责罪，是指军人违反职责，危害国家军事利益，依照法律应当受刑罚处罚的行为。其构成特征是：

（1）军人违反职责罪侵犯的客体是国家军事利益。国家军事利益是指国防安全保障、武装力量建设、战争的准备与实施等和军事活动有直接关系的国家利益。军人违反职责的行为，必然造成危害国家军事利益的后果，因此，危害国家军事利益是军人违反职责罪的一个重要特征。

（2）军人违反职责罪的客观方面表现为军人实施了违反职责的行为。所谓“违反职责”，是指违反国家法律、法规，军事法规、军事规章所规定的军人职责，包括军人的共同职责，士兵、军官和首长的一般职责，各类主管人员和其他从事专门工作的军人的专业职责等。违反军人职责的行为方式是多种多样的：有故意行为，如战时临阵脱逃、军人叛逃等；也有过失行为，如玩忽军事职守、武器装备肇事等。有作为的行为，如盗窃、抢夺武器装备、军用物资等；也有不作为的行为，如隐瞒军情、遗弃伤病军人等。有战时才能发生的行为，如拒不救援友邻部队、战时造谣惑众等；也有平时和战时都能发生的行为，如泄露军事秘密、逃离部队等。需要指出的是，军人违反职责的时间、地点有时对定罪量刑也有影响，如军人违抗命令的行为必须在战时才构成犯罪，遗弃伤病军人的行为必须在战场上才构成犯罪，逃离部队的行为在战时比在平时要受加重处罚等。

（3）军人违反职责罪的主体是特殊主体，即军人。所谓军人，是指中国人民解放军的现役军官、文职干部、士兵及具有军籍的学员，中国人民武装警察部队的现役警官、文职干部、士兵及具有军籍的学员，以及执行军事任务的预备役人员和其他人员。

（4）军人违反职责罪的主观方面大多数表现为故意，只有少数表现为过失，如玩忽军事职守罪、武器装备肇事罪等。此外，有的犯罪还必须出于特定的动机才能成立犯罪，如战时自伤罪必须出于逃避军事义务的动机，投降罪必须出于贪生怕死的动机等。

二、军人违反职责罪的分类

《刑法》分则第十章规定的军人违反职责罪共有31个罪名，按照军人违反职责行为侵犯客体的不同类别，可以大致分为以下五类。

1. 危害作战利益的犯罪

这类犯罪包括9个罪名：战时违抗命令罪，隐瞒、谎报军情罪，拒传、假传军令罪，投降罪，战时临阵脱逃罪，违令作战消极罪，拒不救援友邻部队罪，战时造谣惑众罪，战时自伤罪。

2. 违反部队管理制度的犯罪

这类犯罪共包括6个罪名：擅离、玩忽军事职守罪，阻碍执行军事职务罪，指使部属违反职责罪，军人叛逃罪，逃离部队罪，私放俘虏罪。

3. 危害军事秘密的犯罪

这类犯罪共包括4个罪名：非法获取军事秘密罪，为境外窃取、刺探、收买、非法提供军事秘密罪，故意泄露军事秘密罪，过失泄露军事秘密罪。

4. 危害部队物资保障的犯罪

这类犯罪共包括7个罪名：武器装备肇事罪，擅自改变武器装备编配用途罪，盗窃、抢夺武器装备、军用物资罪，非法出卖、转让武器装备罪，遗弃武器装备罪，遗失武器装备罪，擅自出卖、转让军队房地产罪。

5. 侵犯部属、伤病军人、居民、俘虏利益的犯罪

这类犯罪共包括5个罪名：虐待部属罪，遗弃伤病军人罪，战时拒不救治伤病军人罪，战时残害居民、掠夺居民财物罪，虐待俘虏罪。

第二节　危害作战利益的犯罪

一、战时违抗命令罪

(一) 战时违抗命令罪的概念和特征

战时违抗命令罪，是指军人在战时违抗命令，对作战造成危害的行为。其构成特征是：

(1) 本罪侵犯的客体是作战指挥秩序。

(2) 本罪的客观方面表现为军人在战时违抗命令，对作战造成危害的行为。所谓战时，是指国家宣布进入战争状态、部队受领作战任务或者遭敌突然袭击时。部队执行戒严任务或者处置突发性暴力事件时，以战时论。所谓违抗命令，是指主观上出于故意，客观上违背、抗拒首长、上级职权范围内的命令，包括拒绝接受命令、拒不执行命令，或者不按照命令的具体要求行动等。所谓对作战造成危害，是指具有下列情形之一：1) 扰乱作战部署或者贻误战机的；2) 造成作战任务不能完成或者迟缓完成的；3) 造成我方人员死亡1人以上，或者重伤2人以上，或者轻伤3人以上的；4) 造成武器装备、军事设施、军用物资损毁，直接影响作战任务完成的；5) 对作战造成其他危害的。

(3) 本罪的主体是特殊主体，即军人。

(4) 本罪的主观方面表现为故意。

（二）战时违抗命令罪的刑事责任

根据《刑法》第421条的规定，犯本罪的，处3年以上10年以下有期徒刑；致使战斗、战役遭受重大损失的，处10年以上有期徒刑、无期徒刑或者死刑。

二、隐瞒、谎报军情罪

（一）隐瞒、谎报军情罪的概念和特征

隐瞒、谎报军情罪，是指军人故意隐瞒、谎报军情，对作战造成危害的行为。其构成特征是：

（1）本罪侵犯的客体是军情报告秩序。

（2）本罪的客观方面表现为军人故意隐瞒、谎报军情，对作战造成危害的行为。所谓隐瞒军情，是指将应当向首长、上级报告的军事情况隐瞒不报。所谓谎报军情，是指用编造或者篡改的军事情况欺骗首长、上级。所谓军情，是指与作战有关的我军、友军和敌军的情报及其他重要信息。所谓对作战造成危害，是指具有下列情形之一：1）造成首长、上级决策失误的；2）造成作战任务不能完成或者迟缓完成的；3）造成我方人员死亡1人以上，或者重伤2人以上，或者轻伤3人以上的；4）造成武器装备、军事设施、军用物资损毁，直接影响作战任务完成的；5）对作战造成其他危害的。

（3）本罪的主体是特殊主体，即军人。

（4）本罪的主观方面表现为故意。

（二）隐瞒、谎报军情罪的刑事责任

根据《刑法》第422条的规定，犯本罪的，处3年以上10年以下有期徒刑；致使战斗、战役遭受重大损失的，处10年以上有期徒刑、无期徒刑或者死刑。

三、拒传、假传军令罪

（一）拒传、假传军令罪的概念和特征

拒传军令罪，是指负有传递军令职责的军人，明知是军令而故意拒绝传递或者拖延传递，对作战造成危害的行为。假传军令罪，是指故意伪造、篡改军令，或者明知是伪造、篡改的军令而予以传达或者发布，对作战造成危害的行为。其构成特征是：

（1）本罪侵犯的客体是军令传递秩序。

（2）拒传军令罪的客观方面表现为负有传递军令职责的军人，明知是军令而故意拒绝传递或者拖延传递，对作战造成危害的行为；假传军令罪的客观方面表现为故意伪造、篡改军令，或者明知是伪造、篡改的军令而予以传达或者发布，对作战造成危害的行为。所谓军令，是指与部队军事活动有关的命令、指示等。所谓对作战造成危害，是指具有下列情形之一：1）造成首长、上级决策失误的；2）造成作战任务不能完成或者迟缓完成的；3）造成我方人员死亡1人以上，或者重伤2人以上，或者轻伤3人以上的；4）造成武器装备、军事设施、军用物资损毁，直接影响作战任务完成的；5）对作战造成其他危害的。

（3）本罪的主体是特殊主体，即军人，一般是指负有传递军令职责的军人。

（4）本罪的主观方面表现为故意。

（二）拒传、假传军令罪的刑事责任

根据《刑法》第422条的规定，犯本罪的，处3年以上10年以下有期徒刑；致使战斗、战役遭受重大损失的，处10年以上有期徒刑、无期徒刑或者死刑。

四、投降罪

（一）投降罪的概念和特征

投降罪，是指军人在战场上贪生怕死，自动放下武器投降敌人的行为。其构成特征是：

（1）本罪侵犯的客体是军人的战斗义务。

（2）本罪的客观方面表现为军人在战场上贪生怕死，自动放下武器投降敌人的行为。所谓自动放下武器，是指可以使用武器进行有效抵抗而自动放弃抵抗的。所谓投降，是指向敌对一方表示屈服的行为。

（3）本罪的主体是特殊主体，即军人。

（4）本罪的主观方面表现为故意。

（二）投降罪的刑事责任

根据《刑法》第423条的规定，犯本罪的，处3年以上10年以下有期徒刑；情节严重的，处10年以上有期徒刑或者无期徒刑；投降后为敌人效劳的，处10年以上有期徒刑、无期徒刑或者死刑。

五、战时临阵脱逃罪

（一）战时临阵脱逃罪的概念和特征

战时临阵脱逃罪，是指军人在战斗中或者在接受作战任务后，逃离战斗岗位的行为。其构成特征是：

（1）本罪侵犯的客体是军人的作战义务。

（2）本罪的客观方面表现为军人在战斗中或者在接受作战任务后，逃离战斗岗位的行为。所谓临阵，是指部队已经受领战斗任务，进入待命出击的地域及战场。

（3）本罪的主体是特殊主体，即军人。

（4）本罪的主观方面表现为故意。

（二）战时临阵脱逃罪的刑事责任

根据《刑法》第424条的规定，犯本罪的，处3年以下有期徒刑；情节严重的，处3年以上10年以下有期徒刑；致使战斗、战役遭受重大损失的，处10年以上有期徒刑、无期徒刑或者死刑。

六、违令作战消极罪

（一）违令作战消极罪的概念和特征

违令作战消极罪，是指指挥人员违抗命令，临阵畏缩，作战消极，造成严重后果的行为。其构成特征是：

（1）本罪侵犯的客体是军事指挥秩序。

（2）本罪的客观方面表现为指挥人员违抗命令，临阵畏缩，作战消极，造成严重后果的行为。所谓违抗命令临阵畏缩，作战消极，是指在作战中故意违背、抗拒执行首长、上级的命令，面临战斗任务而畏难怕险，怯战怠战，行动消极。所谓造成严重后果，是指具有下列情形之一：1）扰乱作战部署或者贻误战机的；2）造成作战任务不能完成或者迟缓完成的；3）造成我方人员死亡1人以上，或者重伤2人以上，或者轻伤3人以上的；

4）造成武器装备、军事设施、军用物资或者其他财产损毁，直接经济损失20万元以上，或者直接经济损失、间接经济损失合计100万元以上的；5）造成其他严重后果的。

（3）本罪的主体是特殊主体，即参战部队的指挥人员。

（4）本罪的主观方面表现为故意。

（二）违令作战消极罪的刑事责任

根据《刑法》第428条的规定，犯本罪的，处5年以下有期徒刑；致使战斗、战役遭受重大损失或者有其他特别严重情节的，处5年以上有期徒刑。

七、拒不救援友邻部队罪

（一）拒不救援友邻部队罪的概念和特征

拒不救援友邻部队罪，是指指挥人员在战场上，明知友邻部队面临被敌人包围、追击或者阵地将被攻陷等危急情况请求救援，能救援而不救援，致使友邻部队遭受重大损失的行为。其构成特征是：

（1）本罪侵犯的客体是部队的相互协作关系。

（2）本罪的客观方面表现为指挥人员在战场上，明知友邻部队面临被敌人包围、追击或者阵地将被攻陷等危急情况请求救援，能救援而不救援，致使友邻部队遭受重大损失的行为。所谓能救援而不救援，是指根据当时自己部队（分队）所处的环境、作战能力及所担负的任务，有条件组织救援却没有组织救援。所谓致使友邻部队遭受重大损失，是指具有下列情形之一：1）造成战斗失利的；2）造成阵地失陷的；3）造成突围严重受挫的；4）造成我方人员死亡3人以上，或者重伤10人以上，或者轻伤15人以上的；5）造成武器装备、军事设施、军用物资损毁，直接经济损失100万元以上的；6）造成其他重大损失的。

（3）本罪的主体是特殊主体，即参战部队的指挥人员。

（4）本罪的主观方面表现为故意。

（二）拒不救援友邻部队罪的刑事责任

根据《刑法》第429条的规定，犯本罪的，处5年以下有期徒刑。

八、战时造谣惑众罪

（一）战时造谣惑众罪的概念和特征

战时造谣惑众罪，是指军人在战时造谣惑众，动摇军心的行为。其构成特征是：

（1）本罪侵犯的客体是战时宣传秩序。

（2）本罪的客观方面表现为军人在战时造谣惑众，动摇军心的行为。所谓造谣惑众，动摇军心，是指故意编造、散布谣言，煽动怯战、厌战或者恐怖情绪，蛊惑官兵，造成或者足以造成部队情绪恐慌、士气不振、军心涣散的行为。

【案例30-1】 **王某战时造谣惑众案**

被告人王某系某部三连战士，平时对连长有意见。在一次战斗中，王某所在班担任埋伏任务，从早晨埋伏到晚上，战士有些不耐烦了，王某造谣说："哪有什么敌人，早晨听连长说，要考验我们，他不知到哪里喝酒去了。"有个战士闻听此言，立刻从地上站起来，结果暴露目标，敌人开枪射击，一战士受重伤，敌人趁机逃走。

本案中，被告人王某由于平时对连长不满，在战时故意编造谣言扰乱军心，造成一战士受重伤、战斗失利的严重后果，其行为构成战时造谣惑众罪。

（3）本罪的主体是特殊主体，即军人。

（4）本罪的主观方面表现为故意。

（二）战时造谣惑众罪的刑事责任

根据《刑法》第433条的规定，犯本罪的，处3年以下有期徒刑；情节严重的，处3年以上10年以下有期徒刑；情节特别严重的，处10年以上有期徒刑或者无期徒刑。

九、战时自伤罪

（一）战时自伤罪的概念和特征

战时自伤罪，是指军人在战时为了逃避军事义务，故意伤害自己身体的行为。其构成特征是：

（1）本罪侵犯的客体是军人的战斗义务。

（2）本罪的客观方面表现为军人在战时为了逃避军事义务，故意伤害自己身体的行为。所谓逃避军事义务，是指逃避临战准备、作战行动、战场勤务和其他作战保障任务等与作战有关的义务。

（3）本罪的主体是特殊主体，即军人。

（4）本罪的主观方面表现为故意。

（二）战时自伤罪的刑事责任

根据《刑法》第434条的规定，犯本罪的，处3年以下有期徒刑；情节严重的，处3年以上7年以下有期徒刑。

第三节　违反部队管理制度的犯罪

一、擅离、玩忽军事职守罪

（一）擅离、玩忽军事职守罪的概念和特征

擅离、玩忽军事职守罪，是指指挥人员和值班、值勤人员擅自离开正在履行职责的岗位，或者在履行职责的岗位上严重不负责任，不履行或者不正确履行职责，造成严重后果的行为。其构成特征是：

（1）本罪侵犯的客体是部队的指挥、值班、执勤秩序。

（2）本罪的客观方面表现为指挥人员和值班、值勤人员擅自离开正在履行职责的岗位，或者在履行职责的岗位上严重不负责任，不履行或者不正确履行职责，造成严重后果的行为。所谓指挥人员，是指对部队或者部属负有组织、领导、管理职责的人员。专业主管人员在其业务管理范围内，视为指挥人员。所谓值班人员，是指军队各单位、各部门为保持指挥或者履行职责不间断而设立的，负责处理本单位、本部门特定事务的人员。所谓值勤人员，是指正在担任警卫、巡逻、观察、纠察、押运等勤务，或者作战勤务工作的人员。所谓造成严重后果，是指具有下列情形之一：1）造成重大任务不能完成或者迟缓完成的；2）造成死亡1人以上，或者重伤3人以上，或者重伤2人、轻伤4人以上，或者重伤1人、轻伤7人以上，或者轻伤10人以上的；3）造成枪支、手榴弹、爆炸装置或者子弹10发、雷管30枚、导火索或者导爆索30米、炸药1 000克以上丢失、被盗，或者不满规定数量，但后果严重的，或者造成其他重要武器装备、器材丢失、被盗的；4）造成武器装备、军事设施、军用物资或者其他财产损毁，直接经济损失30万元以上，或者直接经济损失、间接经济损失合计150万元以上的；5）造成其他严重后果的。

【案例30-2】　　赵某擅离军事职守案

被告人赵某系某舰队训练团副班长。某日晚上7时，赵某在训练团营地南门岗哨执行值班任务时，突然想起次日外出游玩的事还没与同乡王某等人商量好，于是，他把值班使用的五四式手枪放在岗楼里，并委托居住在岗楼旁边积肥的农民许某照看岗楼。赵某离开岗楼后到本团招待所，先找到同乡王某安排好次日游玩之事，然后与王某一同到某支队的舰艇上找另一同乡张某玩耍。到晚上8时50分左右，赵某返回执勤的岗楼，却发现岗楼的门锁被撬，岗楼内的手枪被人盗走。

本案中，被告人赵某在值班期间擅离职守，致使发生手枪被盗的严重后果，其行为构成擅离军事职守罪。

(3) 本罪的主体是特殊主体，即部队的指挥人员和正在值班、执勤的人员。

(4) 本罪的主观方面表现为过失。

(二) 擅离、玩忽军事职守罪的刑事责任

根据《刑法》第425条的规定，犯本罪的，处3年以下有期徒刑或者拘役；造成特别严重后果的，处3年以上7年以下有期徒刑。战时犯本罪的，处5年以上有期徒刑。

二、阻碍执行军事职务罪

(一) 阻碍执行军事职务罪的概念和特征

阻碍执行军事职务罪，是指军人以暴力、威胁方法，阻碍指挥人员或者值班、值勤人员执行职务的行为。其构成特征是：

(1) 本罪侵犯的客体是部队的指挥、值班、执勤秩序。犯罪对象是军队的指挥人员或者值班、执勤人员。

(2) 本罪的客观方面表现为军人以暴力、威胁方法，阻碍指挥人员或者值班、值勤人员执行职务的行为。所谓暴力，是指使用捆绑、拘禁、殴打、伤害及其他方法危害人身安全或者限制人身自由，或者强行毁坏装备、设施和财物，使对方不能正常执行职务的行为。所谓威胁，是指以实施暴力、逼迫、恫吓等方式，使对方不能正常执行职务的行为。所谓执行职务，是指军队指挥人员或者值班、执勤人员正在履行特定职责。

(3) 本罪的主体是特殊主体，即军人。

(4) 本罪的主观方面表现为故意。

(二) 阻碍执行军事职务罪的认定

1. 阻碍执行军事职务罪与阻碍军人执行职务罪的界限

二者在犯罪客体、客观方面、主观方面均有相似之处，其主要区别是：(1) 犯罪对象不同。前者的犯罪对象是军队的指挥人员或者值班、执勤人员；后者的犯罪对象是军人。(2) 犯罪主体不同。前者的犯罪主体是特殊主体，仅限于军人；后者的犯罪主体是一般主体。司法实践中，如果非军人以暴力、威胁方法阻碍指挥人员或者值班、值勤人员执行职务的，不能认定为阻碍执行军事职务罪，而应当以阻碍军人执行职务罪定罪处罚；如果军人以暴力、威胁方法阻碍指挥人员或者值班、值勤人员以外的其他军人依法执行职务的，也不能认定为阻碍执行军事职务罪，而应当以阻碍军人执行职务罪定罪处罚。[①]

2. 阻碍执行军事职务罪与故意伤害罪、故意杀人罪的界限

对于军人以暴力方法阻碍指挥人员或者值班、值勤人员执行职务而致人重伤、死亡的，在构成阻碍执行军事职务罪的同时，也构成故意伤害罪或故意杀人罪，属于刑法理论上的想象竞合犯，应当从一重罪处罚。鉴于《刑法》第426条已将阻碍执行军事职务而致人重伤、死亡的情节规定为阻碍执行军事职务罪的结果加重犯，并规定了无期徒刑的刑罚，直接以阻碍执行军事职务罪定罪处罚即可。

（三）阻碍执行军事职务罪的刑事责任

根据《刑法》第426条的规定，犯本罪的，处5年以下有期徒刑或者拘役；情节严重的，处5年以上10年以下有期徒刑；情节特别严重的，处10年以上有期徒刑或者无期徒刑。战时从重处罚。

三、指使部属违反职责罪

（一）指使部属违反职责罪的概念和特征

指使部属违反职责罪，是指指挥人员滥用职权，指使部属进行违反职责的活动，造成严重后果的行为。其构成特征是：

（1）本罪侵犯的客体是部队的指挥秩序和军人正常履行职责的秩序。

（2）本罪的客观方面表现为指挥人员滥用职权，指使部属进行违反职责的活动，造成严重后果的行为。所谓滥用职权，是指不正当地运用职务上的权力，超越职权，违法决定、处理无权决定、处理的事项，或者违反规定处理公务。所谓指使部属进行违反职责的活动，是指指使部属实施违反军人共同职责、一般职责或专业职责的行为。所谓造成严重后果，是指具有下列情形之一：1）造成重大任务不能完成或者迟缓完成的；2）造成死亡1人以上，或者重伤2人以上，或者重伤1人、轻伤3人以上，或者轻伤5人以上的；3）造成武器装备、军事设施、军用物资或者其他财产损毁，直接经济损失20万元以上，或者直接经济损失、间接经济损失合计100万元以上的；4）造成其他严重后果的。

（3）本罪的主体是特殊主体，即部队中有指挥他人职权的人员。

（4）本罪的主观方面表现为故意。[②]

（二）指使部属违反职责罪的刑事责任

根据《刑法》第427条的规定，犯本罪的，处5年以下有期徒刑或者拘役；情节特别严重的，处5年以上10年以下有期徒刑。

---

① 需要指出的是：2013年2月26日最高人民检察院、解放军总政治部公布的《军人违反职责罪案件立案标准的规定》，将阻碍执行军事职务罪定义为"以暴力、威胁方法，阻碍指挥人员或者值班、值勤人员执行职务的行为"，涵盖了其他军人执行职务的行为。本书认为，这超出了《刑法》第426条的规定，违背了罪刑法定原则。

② 有学者认为本罪的主观方面表现为过失。参见黄林异、王小鸣：《军人违反职责罪》，78页，北京，中国人民公安大学出版社，2003。

四、军人叛逃罪

（一）军人叛逃罪的概念和特征

军人叛逃罪，是指军人在履行公务期间，擅离岗位，叛逃境外或者在境外叛逃，危害国家军事利益的行为。其构成特征是：

（1）本罪侵犯的客体是国家军事利益和军人的忠诚义务。

（2）本罪的客观方面表现为军人在履行公务期间，擅离岗位，叛逃境外或者在境外叛逃，危害国家军事利益的行为。所谓危害国家军事利益，是指具有下列情形之一的行为：1）因反对国家政权和社会主义制度而出逃；2）掌握、携带军事秘密出境后滞留不归；3）申请政治避难；4）公开发表叛国言论；5）投靠境外反动机构或者组织；6）出逃至交战对方区域；7）进行其他危害国家军事利益的活动。

（3）本罪的主体是特殊主体，即正在履行公务的军人。

（4）本罪的主观方面表现为故意。

（二）军人叛逃罪的刑事责任

根据《刑法》第430条的规定，犯本罪的，处5年以下有期徒刑或者拘役；情节严重的，处5年以上有期徒刑。驾驶航空器、舰船叛逃的，或者有其他特别严重情节的，处10年以上有期徒刑、无期徒刑或者死刑。

五、逃离部队罪

（一）逃离部队罪的概念和特征

逃离部队罪，是指军人违反兵役法规，逃离部队，情节严重的行为。其构成特征是：

（1）本罪侵犯的客体是国家的兵役制度。

（2）本罪的客观方面表现为军人违反兵役法规，逃离部队，情节严重的行为。所谓违反兵役法规，是指违反国防法、兵役法和军队条令、条例以及其他有关兵役方面的法律规定。所谓逃离部队，是指擅自离开部队或者经批准外出逾期拒不归队。所谓情节严重，是指具有下列情形之一：1）逃离部队持续时间达3个月以上或者3次以上或者累计时间达6个月以上的；2）担负重要职责的人员逃离部队的；3）策动3人以上或者胁迫他人逃离部队的；4）在执行重大任务期间逃离部队的；5）携带武器装备逃离部队的；6）有其他情节严重行为的。

（3）本罪的主体是特殊主体，即军人。

（4）本罪的主观方面表现为故意。

（二）逃离部队罪的刑事责任

根据《刑法》第435条的规定，犯本罪的，处3年以下有期徒刑或者拘役。战时犯本罪的，处3年以上7年以下有期徒刑。

六、私放俘虏罪

（一）私放俘虏罪的概念和特征

私放俘虏罪，是指擅自将俘虏放走的行为。其构成特征是：

（1）本罪侵犯的客体是俘虏的管理制度。

（2）本罪的客观方面表现为擅自将俘虏放走的行为。所谓俘虏，是指在作战中被我方俘获的敌方武装人员及其他为敌方武装部队服务的人员。

(3) 本罪的主体是特殊主体即军人，司法实践中多为负有看押、管理俘虏职责的军人。

(4) 本罪的主观方面表现为故意。

(二) 私放俘虏罪的刑事责任

根据《刑法》第447条的规定，犯本罪的，处5年以下有期徒刑；私放重要俘虏、私放俘虏多人或者有其他严重情节的，处5年以上有期徒刑。

第四节　危害军事秘密的犯罪

一、非法获取军事秘密罪

(一) 非法获取军事秘密罪的概念和特征

非法获取军事秘密罪，是指军人违反国家和军队的保密规定，采取窃取、刺探、收买方法，非法获取军事秘密的行为。其构成特征是：

(1) 本罪侵犯的客体是国家军事保密制度。

(2) 本罪的客观方面表现为军人违反国家和军队的保密规定，采取窃取、刺探、收买方法，非法获取军事秘密的行为。所谓军事秘密，是关系国防安全和军事利益，依照规定的权限和程序确定，在一定时间内只限一定范围的人员知悉的事项。其范围包括：1) 国防和武装力量建设规划及其实施情况；2) 军事部署，作战、训练以及处置突发事件等军事行动中需要控制知悉范围的事项；3) 军事情报及其来源，军事通信、信息对抗以及其他特种业务的手段、能力，密码以及有关资料；4) 武装力量的组织编制，部队的任务、实力、状态等情况中需要控制知悉范围的事项，特殊单位以及师级以下部队的番号；5) 国防动员计划及其实施情况；6) 武器装备的研制、生产、配备情况和补充、维修能力，特种军事装备的战术技术性能；7) 军事学术和国防科学技术研究的重要项目、成果及其应用情况中需要控制知悉范围的事项；8) 军队政治工作中不宜公开的事项；9) 国防费分配和使用的具体事项，军事物资的筹措、生产、供应和储备等情况中需要控制知悉范围的事项；10) 军事设施及其保护情况中不宜公开的事项；11) 对外军事交流与合作中不宜公开的事项；12) 其他需要保密的事项。

(3) 本罪的主体是特殊主体，即军人。

(4) 本罪的主观方面表现为故意。

(二) 非法获取军事秘密罪的刑事责任

根据《刑法》第431条第1款的规定，犯本罪的，处5年以下有期徒刑；情节严重的，处5年以上10年以下有期徒刑；情节特别严重的，处10年以上有期徒刑。

二、为境外窃取、刺探、收买、非法提供军事秘密罪

(一) 为境外窃取、刺探、收买、非法提供军事秘密罪的概念和特征

为境外窃取、刺探、收买、非法提供军事秘密罪，是指军人违反国家和军队的保密规定，为境外的机构、组织、人员窃取、刺探、收买、非法提供军事秘密的行为。其构成特征是：

(1) 本罪侵犯的客体是国家军事保密制度。

(2) 本罪的客观方面表现为军人违反国家和军队的保密规定，为境外的机构、组织、

人员窃取、刺探、收买、非法提供军事秘密的行为。所谓境外机构、组织、人员，是指境外企图搜集我国情报的一切机构、组织和人员。所谓非法提供，是指违反国家和军队的保密规定，未经批准，擅自提供或者故意泄露军事秘密的行为。

（3）本罪的主体是特殊主体，即军人。非军人为境外窃取、刺探、收买、非法提供军事秘密的，不构成本罪，而构成《刑法》第111条规定的为境外窃取、刺探、收买、非法提供国家秘密罪。

【案例30-3】　　张某为境外窃取国家秘密案

被告人张某系某部机关招聘的工勤人员，无军籍，负责部队机关的电器维修。张某受为境外间谍组织服务的周某的金钱诱惑，利用维修电器的机会，多次将该部队档案室、秘书处的8份含有军事秘密的文件偷走交给周某，周某共给其人民币1万元。

本案中，被告人张某窃取的是军事秘密，但由于其不具有军籍，不是军人，其行为不构成为境外窃取军事秘密罪，应依法认定为为境外窃取国家秘密罪。

（4）本罪的主观方面表现为故意。

（二）为境外窃取、刺探、收买、非法提供军事秘密罪的刑事责任

根据《刑法》第431条第2款的规定，犯本罪的，处10年以上有期徒刑、无期徒刑或者死刑。

三、故意泄露军事秘密罪

（一）故意泄露军事秘密罪的概念和特征

故意泄露军事秘密罪，是指军人违反国家和军队的保密规定，故意使军事秘密被不应知悉者知悉或者超出了限定的接触范围，情节严重的行为。其构成特征是：

（1）本罪侵犯的客体是国家军事保密制度。

（2）本罪的客观方面表现为军人违反国家和军队的保密规定，故意使军事秘密被不应知悉者知悉或者超出了限定的接触范围，情节严重的行为。所谓情节严重，是指具有下列情形之一：1）泄露绝密级或者机密级军事秘密1项（件）以上的；2）泄露秘密级军事秘密3项（件）以上的；3）向公众散布、传播军事秘密的；4）泄露军事秘密造成严重危害后果的；5）利用职权指使或者强迫他人泄露军事秘密的；6）负有特殊保密义务的人员泄密的；7）以牟取私利为目的泄露军事秘密的；8）执行重大任务时泄密的；9）有其他情节严重行为的。

（3）本罪的主体是特殊主体，即军人。非军人故意泄露军事秘密的，不构成本罪，而构成《刑法》第398条规定的故意泄露国家秘密罪。

（4）本罪的主观方面表现为故意。

（二）故意泄露军事秘密罪的刑事责任

根据《刑法》第432条的规定，犯本罪的，处5年以下有期徒刑或者拘役；情节特别严重的，处5年以上10年以下有期徒刑。战时犯本罪的，处5年以上10年以下有期徒刑；情节特别严重的，处10年以上有期徒刑或者无期徒刑。

四、过失泄露军事秘密罪

(一) 过失泄露军事秘密罪的概念和特征

过失泄露军事秘密罪，是指军人违反国家和军队的保密规定，过失泄露军事秘密，致使军事秘密被不应知悉者知悉或者超出了限定的接触范围，情节严重的行为。其构成特征是：

(1) 本罪侵犯的客体是国家军事保密制度。

(2) 本罪的客观方面表现为军人违反国家和军队的保密规定，过失泄露军事秘密，致使军事秘密被不应知悉者知悉或者超出了限定的接触范围，情节严重的行为。所谓情节严重，是指具有下列情形之一：1) 泄露绝密级军事秘密 1 项 (件) 以上的；2) 泄露机密级军事秘密 3 项 (件) 以上的；3) 泄露秘密级军事秘密 4 项 (件) 以上的；4) 负有特殊保密义务的人员泄密的；5) 泄露军事秘密或者遗失军事秘密载体，不按照规定报告，或者不如实提供有关情况，或者未及时采取补救措施的；6) 有其他情节严重行为的。

(3) 本罪的主体是特殊主体，即军人。

(4) 本罪的主观方面表现为过失。

(二) 过失泄露军事秘密罪的刑事责任

根据《刑法》第 432 条的规定，犯本罪的，处 5 年以下有期徒刑或者拘役；情节特别严重的，处 5 年以上 10 年以下有期徒刑。战时犯本罪的，处 5 年以上 10 年以下有期徒刑；情节特别严重的，处 10 年以上有期徒刑或者无期徒刑。

第五节 危害部队物资保障的犯罪

一、武器装备肇事罪

(一) 武器装备肇事罪的概念和特征

武器装备肇事罪，是指军人违反武器装备使用规定，情节严重，因而发生责任事故，致人重伤、死亡或者造成其他严重后果的行为。其构成特征是：

(1) 本罪侵犯的客体是军队武器装备的使用制度。

(2) 本罪的客观方面表现为军人违反武器装备使用规定，情节严重，因而发生责任事故，致人重伤、死亡或者造成其他严重后果的行为。所谓武器装备，是实施和保障军事行动的武器、武器系统和军事技术器材的统称。所谓情节严重，是指故意违反武器装备使用规定，或者在使用过程中严重不负责任。

(3) 本罪的主体是特殊主体，即军人。

(4) 本罪的主观方面表现为过失，即行为人应当预见自己违反武器装备使用规定的行为可能发生危害后果，因为疏忽大意而没有预见或者已经预见但轻信能够避免。就行为人违反武器装备使用规定本身而言，可能是明知故犯。

(二) 武器装备肇事罪的认定

1. 武器装备肇事罪与非罪的界限

司法实践中，并不是所有武器装备肇事的行为都构成犯罪，只有发生了致人重伤、死亡或者造成其他严重后果，才构成犯罪。具体来讲，行为人武器装备肇事导致下列后果之一的，应依法追究刑事责任：1）影响重大任务完成的；2）造成死亡1人以上，或者重伤2人以上，或者轻伤3人以上的；3）造成武器装备、军事设施、军用物资或者其他财产损毁，直接经济损失30万元以上，或者直接经济损失、间接经济损失合计150万元以上的；4）严重损害国家和军队声誉，造成恶劣影响的；5）造成其他严重后果的。

2. 武器装备肇事罪与过失致人重伤罪、过失致人死亡罪的界限

行为人武器装备肇事致人重伤、死亡，其主观上对于伤亡后果是一种过失的心理态度，因此，其行为符合过失致人重伤罪或过失致人死亡罪的构成要件。对于过失致人重伤、死亡的行为，《刑法》第235条和第233条规定，“本法另有规定的，依照规定”。据此，对于军人武器装备肇事致人重伤、死亡的行为，应当以武器装备肇事罪定罪处罚。

本章［引例］中，被告人王某因违反武器装备使用规定，造成枪支走火致人死亡，虽然其行为同时符合过失致人死亡罪和武器装备肇事罪的构成要件，但是按照特别法优于普通法的原则，应当以武器装备肇事罪定罪处罚。

3. 武器装备肇事罪与交通肇事罪的界限

司法实践中，军人驾驶军用装备车辆，违反武器装备使用规定和操作规程，情节严重，因而发生重大责任事故，致人重伤、死亡或者造成其他严重后果的，即使同时违反交通运输规章制度，也应当以武器装备肇事罪定罪处罚；如果军人仅因违反交通运输规章制度而发生重大事故，致人重伤、死亡或者使公、私财产遭受重大损失的，则依照交通肇事罪定罪处罚。[①]

（三）武器装备肇事罪的刑事责任

根据《刑法》第436条的规定，犯本罪的，处3年以下有期徒刑或者拘役；后果特别严重的，处3年以上7年以下有期徒刑。

二、擅自改变武器装备编配用途罪

（一）擅自改变武器装备编配用途罪的概念和特征

擅自改变武器装备编配用途罪，是指军人违反武器装备管理规定，未经有权机关批准，擅自将编配的武器装备改作其他用途，造成严重后果的行为。其构成特征是：

（1）本罪侵犯的客体是军队的武器装备管理制度。

（2）本罪的客观方面表现为军人违反武器装备管理规定，未经有权机关批准，擅自将编配的武器装备改作其他用途，造成严重后果的行为。所谓造成严重后果，是指具有下列情形之一：1）造成重大任务不能完成或者迟缓完成的；2）造成死亡1人以上，或者重伤3人以上，或者重伤2人、轻伤4人以上，或者重伤1人、轻伤7人以上，或者轻伤10人以上的；3）造成武器装备、军事设施、军用物资或者其他财产损毁，直接经济损失30万元以上，或者直接经济损失、间接经济损失合计150万元以上的；4）造成其他严重后果的。

（3）本罪的主体是特殊主体，即军人。

（4）本罪的主观方面表现为过失。

---

① 参见1988年10月19日中国人民解放军军事法院《关于审理军人违反职责罪案件中几个具体问题的处理意见》第4条。

（二）擅自改变武器装备编配用途罪的刑事责任

根据《刑法》第437条的规定，犯本罪的，处3年以下有期徒刑或者拘役；造成特别严重后果的，处3年以上7年以下有期徒刑。

三、盗窃、抢夺武器装备、军用物资罪

（一）盗窃、抢夺武器装备、军用物资罪的概念和特征

盗窃、抢夺武器装备、军用物资罪，是指军人以非法占有为目的，秘密窃取或者乘人不备公然夺取武器装备、军用物资的行为。其构成特征是：

（1）本罪侵犯的客体是军队对武器装备、军用物资的所有权。

（2）本罪的客观方面表现为军人采取秘密窃取或者乘人不备公然夺取的手段，非法占有武器装备、军用物资的行为。所谓武器装备，是实施和保障军事行动的武器、武器系统和军事技术器材的统称。所谓军用物资，是除武器装备以外专供武装力量使用的各种物资的统称，包括装备器材、军需物资、医疗物资、油料物资、营房物资等。

（3）本罪的主体是特殊主体，即军人。

（4）本罪的主观方面表现为故意。[①]

（二）盗窃、抢夺武器装备、军用物资罪的刑事责任

根据《刑法》第438条的规定，犯本罪的，处5年以下有期徒刑或者拘役；情节严重的，处5年以上10年以下有期徒刑；情节特别严重的，处10年以上有期徒刑、无期徒刑或者死刑。盗窃、抢夺枪支、弹药、爆炸物的，依照《刑法》第127条的规定处罚。

四、非法出卖、转让武器装备罪

（一）非法出卖、转让武器装备罪的概念和特征

非法出卖、转让武器装备罪，是指军人非法出卖、转让武器装备的行为。其构成特征是：

（1）本罪侵犯的客体是军队对武器装备的所有权。

（2）本罪的客观方面表现为军人非法出卖、转让武器装备的行为。所谓出卖、转让，是指违反武器装备管理规定，未经有权机关批准，擅自用武器装备换取金钱、财物或者其他利益，或者将武器装备馈赠他人的行为。具体是指下列情形之一：1）非法出卖、转让枪支、手榴弹、爆炸装置的；2）非法出卖、转让子弹10发、雷管30枚、导火索或者导爆索30米、炸药1 000克以上，或者不满规定数量，但后果严重的；3）非法出卖、转让武器装备零部件或者维修器材、设备，致使武器装备报废或者直接经济损失30万元以上的；4）非法出卖、转让其他重要武器装备的。

（3）本罪的主体是特殊主体，即军人。

（4）本罪的主观方面表现为故意。

（二）非法出卖、转让武器装备罪的刑事责任

根据《刑法》第439条的规定，犯本罪的，处3年以上10年以下有期徒刑；出卖、转让大量武器装备或者有其他特别严重情节的，处10年以上有期徒刑、无期徒刑或者死刑。

---

① 有学者认为本罪的主观方面表现为过失。参见黄林异、王小鸣：《军人违反职责罪》，173页，北京，中国人民公安大学出版社，2003。

五、遗弃武器装备罪

（一）遗弃武器装备罪的概念和特征

遗弃武器装备罪，是指负有保管、使用武器装备义务的军人，违抗命令，故意遗弃武器装备的行为。其构成特征是：

（1）本罪侵犯的客体是军队对武器装备的管理制度。

（2）本罪的客观方面表现为负有保管、使用武器装备义务的军人，违抗命令，故意遗弃武器装备的行为。具体是指下列情形之一：1）遗弃枪支、手榴弹、爆炸装置的；2）遗弃子弹10发、雷管30枚、导火索或者导爆索30米、炸药1 000克以上，或者不满规定数量，但后果严重的；3）遗弃武器装备零部件或者维修器材、设备，致使武器装备报废或者直接经济损失30万元以上的；4）遗弃其他重要武器装备的。

（3）本罪的主体是特殊主体，即军人。

（4）本罪的主观方面表现为故意。

（二）遗弃武器装备罪的刑事责任

根据《刑法》第440条的规定，犯本罪的，处5年以下有期徒刑或者拘役；遗弃重要或者大量武器装备的，或者有其他严重情节的，处5年以上有期徒刑。

六、遗失武器装备罪

（一）遗失武器装备罪的概念和特征

遗失武器装备罪，是指军人遗失武器装备，不及时报告或者有其他严重情节的行为。其构成特征是：

（1）本罪侵犯的客体是军队对武器装备的管理制度。

（2）本罪的客观方面表现为军人遗失武器装备，不及时报告或者有其他严重情节的行为。所谓其他严重情节，是指遗失武器装备严重影响重大任务完成的；给人民群众生命、财产安全造成严重危害的；遗失的武器装备被敌人或者境外的机构、组织和人员或者国内恐怖组织和人员利用，造成严重后果或者恶劣影响的；遗失的武器装备数量多、价值高的；战时遗失的；等等。

（3）本罪的主体是特殊主体，即军人。

（4）本罪的主观方面表现为过失。

（二）遗失武器装备罪的刑事责任

根据《刑法》第441条的规定，犯本罪的，处3年以下有期徒刑或者拘役。

七、擅自出卖、转让军队房地产罪

（一）擅自出卖、转让军队房地产罪的概念和特征

擅自出卖、转让军队房地产罪，是指军人违反军队房地产管理和使用规定，未经有权机关批准，擅自出卖、转让军队房地产，情节严重的行为。其构成特征是：

（1）本罪侵犯的客体是军队的房地产所有权。

（2）本罪的客观方面表现为军人违反军队房地产管理和使用规定，未经有权机关批准，擅自出卖、转让军队房地产，情节严重的行为。所谓军队房地产，是指依法由军队使用、管理的土地及其地上、地下用于营房保障的建筑物、构筑物、附属设施设备，以及其

他附着物。所谓情节严重，是指具有下列情形之一：1）擅自出卖、转让军队房地产价值30万元以上的；2）擅自出卖、转让军队房地产给境外的机构、组织、人员的；3）擅自出卖、转让军队房地产严重影响部队正常战备、训练、工作、生活和完成军事任务的；4）擅自出卖、转让军队房地产给军事设施安全造成严重危害的；5）有其他情节严重行为的。

（3）本罪的主体是特殊主体，即部队各单位的主管人员和有房地产管理职责的人员。

（4）本罪的主观方面表现为故意。

（二）擅自出卖、转让军队房地产罪的刑事责任

根据《刑法》第442条的规定，犯本罪的，处3年以下有期徒刑或者拘役；情节特别严重的，处3年以上10年以下有期徒刑。

第六节 侵犯部属、伤病军人、居民、俘虏利益的犯罪

一、虐待部属罪

（一）虐待部属罪的概念和特征

虐待部属罪，是指滥用职权，虐待部属，情节恶劣，致人重伤、死亡或者造成其他严重后果的行为。其构成特征是：

（1）本罪侵犯的客体是军队的上下级关系和部属的人身权利。

（2）本罪的客观方面表现为滥用职权，虐待部属，情节恶劣，致人重伤、死亡或者造成其他严重后果的行为。所谓虐待部属，是指采取殴打、体罚、冻饿或者其他有损身心健康的手段，折磨、摧残部属的行为。所谓情节恶劣是指：虐待手段残酷的；虐待3人以上的；虐待部属3次以上的；虐待伤、病、残、部属的；等等。所谓其他严重后果，是指部属不堪忍受虐待而自杀、自残造成重伤或者精神失常的；诱发其他案件、事故的；导致部属1人逃离部队3次以上，或者2人以上逃离部队的；造成恶劣影响的；等等。

（3）本罪的主体是特殊主体，即军人，通常是指部队中的各级首长和其他有权指挥他人的人员。

（4）本罪的主观方面表现为故意。

（二）虐待部属罪的刑事责任

根据《刑法》第443条的规定，犯本罪的，处5年以下有期徒刑或者拘役；致人死亡的，处5年以上有期徒刑。

二、遗弃伤病军人罪

（一）遗弃伤病军人罪的概念和特征

遗弃伤病军人罪，是指在战场上故意遗弃我方伤病军人，情节恶劣的行为。其构成特征是：

（1）本罪侵犯的客体是战场的救助秩序和伤病军人的人身权利。

（2）本罪的客观方面表现为在战场上故意遗弃我方伤病军人，情节恶劣的行为。所谓情节恶劣，是指具有下列情形之一：1）为挟嫌报复而遗弃伤病军人的；2）遗弃伤病军人3人以上的；3）导致伤病军人死亡、失踪、被俘的；4）有其他恶劣情节的。

【案例30-4】　郭某遗弃伤病军人案

被告人郭某系某部班长。在一次战斗中，郭某接受连长命令，将一部电台和两名病号（其中包括一名排长）送回我军后方。排长因受伤行动不便，与郭某约定让郭某先走，在前方小南山头上会齐后，一起同行。郭某到指定地点时，排长还没有到达。郭某害怕排长拖累自己，就提前离开小南山，致使排长被敌人杀害。

本案中，被告人郭某明知排长受伤走路困难，因害怕拖累自己，在有条件护送的情况下将排长遗弃，造成排长被敌人杀害的严重后果，其行为构成遗弃伤病军人罪。

（3）本罪的主体是特殊主体，即对遗弃伤病军人负有直接责任的人员。

（4）本罪的主观方面表现为故意。

（二）遗弃伤病军人罪的刑事责任

根据《刑法》第444条的规定，犯本罪的，处5年以下有期徒刑。

三、战时拒不救治伤病军人罪

（一）战时拒不救治伤病军人罪的概念和特征

战时拒不救治伤病军人罪，是指战时在救护、治疗职位上，有条件救治而拒不救治危重伤病军人的行为。其构成特征是：

（1）本罪侵犯的客体是战场的救助秩序和伤病军人的人身权利。

（2）本罪的客观方面表现为战时在救护、治疗职位上，有条件救治而拒不救治危重伤病军人的行为。所谓有条件救治而拒不救治，是指根据伤病军人的伤情或者病情，结合救护人员的技术水平、医疗单位的医疗条件及当时的客观环境等因素，能够给予救治而拒绝抢救、治疗。

（3）本罪的主体是特殊主体，即战时负有救护、治疗伤病军人义务的人员。

（4）本罪的主观方面表现为故意。

（二）战时拒不救治伤病军人罪的刑事责任

根据《刑法》第445条的规定，犯本罪的，处5年以下有期徒刑或者拘役；造成伤病军人重残、死亡或者有其他严重情节的，处5年以上10年以下有期徒刑。

四、战时残害居民、掠夺居民财物罪

（一）战时残害居民、掠夺居民财物罪的概念和特征

战时残害居民、掠夺居民财物罪，是指战时在军事行动地区残害无辜居民或者抢劫、抢夺无辜居民财物的行为。其构成特征是：

（1）本罪侵犯的客体是居民的人身权利和财产权利。

（2）本罪的客观方面表现为战时在军事行动地区残害无辜居民或者抢劫、抢夺无辜居民财物的行为。所谓无辜居民，是指对我军无敌对行动的平民。具体是指下列情形之一：1）故意造成无辜居民死亡、重伤或者轻伤3人以上的；2）强奸无辜居民的；3）故意损毁无辜居民财物价值5 000元以上，或者不满规定数额，但手段恶劣、后果严重的；4）抢劫无辜居民财物的；5）抢夺无辜居民财物价值 2 000 元以上，或者不满规定数额，但手段恶劣、后果严重的。

（3）本罪的主体是特殊主体，即军人。

（4）本罪的主观方面表现为故意。

（二）战时残害居民、掠夺居民财物罪的刑事责任

根据《刑法》第 446 条的规定，犯本罪的，处 5 年以下有期徒刑；情节严重的，处 5 年以上 10 年以下有期徒刑；情节特别严重的，处 10 年以上有期徒刑、无期徒刑或者死刑。

五、虐待俘虏罪

（一）虐待俘虏罪的概念和特征

虐待俘虏罪，是指虐待俘虏，情节恶劣的行为。其构成特征是：

（1）本罪侵犯的客体是俘虏的人身权利。

（2）本罪的客观方面表现为虐待俘虏，情节恶劣的行为。所谓情节恶劣，是指具有下列情形之一：1）指挥人员虐待俘虏的；2）虐待俘虏 3 人以上，或者虐待俘虏 3 次以上的；3）虐待俘虏手段特别残忍的；4）虐待伤病俘虏的；5）导致俘虏自杀、逃跑等严重后果的；6）造成恶劣影响的；7）有其他恶劣情节的。

（3）本罪的主体是特殊主体，即军人。

（4）本罪的主观方面表现为故意。

（二）虐待俘虏罪的刑事责任

根据《刑法》第 448 条的规定，犯本罪的，处 3 年以下有期徒刑。

【问题与思考】

1. 如何理解军人的范围？

2. 如何理解战时的含义？

3. 如何认定和处理军人违反职责罪中的犯罪与《刑法》分则其他章节规定的犯罪的法条竞合问题？

图书在版编目（CIP）数据

刑法学原理与案例教程/韩玉胜主编．—4版．—北京：中国人民大学出版社，2018.4
21世纪法学系列教材
ISBN 978-7-300-25430-2

Ⅰ.①刑… Ⅱ.①韩… Ⅲ.①刑法-法的理论-中国-高等学校-教材 ②刑法-案例-中国-高等学校-教材 Ⅳ.①D924

中国版本图书馆CIP数据核字（2018）第007638号

全国法律专业学位研究生教育指导委员会秘书处推荐教材
21世纪法学系列教材
总主编 曾宪义 王利明
刑法学原理与案例教程（第四版）
主 编 韩玉胜
Xingfaxue Yuanli yu Anli Jiaocheng

出版发行	中国人民大学出版社		
社 址	北京中关村大街31号	**邮政编码**	100080
电 话	010－62511242（总编室）		010－62511770（质管部）
	010－82501766（邮购部）		010－62514148（门市部）
	010－62515195（发行公司）		010－62515275（盗版举报）
网 址	http://www.crup.com.cn		
	http://www.ttrnet.com(人大教研网)		
经 销	新华书店		
印 刷	北京鑫丰华彩印有限公司	**版 次**	2006年7月第1版
规 格	185 mm×260 mm 16开本		2018年4月第4版
印 张	39.75 插页1	**印 次**	2018年4月第1次印刷
字 数	962 000	**定 价**	78.00元

《　　　　　　　》※任课教师调查问卷

为了能更好地为您提供优秀的教材及良好的服务，也为了进一步提高我社法学教材出版的质量，希望您能协助我们完成本次小问卷，完成后您可以在我社网站中选择与您教学相关的 1 本教材作为今后的备选教材，我们会及时为您邮寄送达！如果您不方便邮寄，也可以申请加入我社的**法学教师 QQ 群：83961183（申请时请注明法学教师）**，然后下载本问卷填写，并发往我们指定的邮箱（cruplaw@163.com）。

邮寄地址：北京市海淀区中关村大街 31 号中国人民大学出版社 411 室收

邮　　编：100080

再次感谢您在百忙中抽出时间为我们填写这份调查问卷，您的举手之劳，将使我们获益匪浅！

基本信息及联系方式：※

姓名：______________ 性别：______________ 课程：______________________________

任教学校：________________________________ 院系（所）：________________________

邮寄地址：________________________________ 邮编：____________________________

电话（办公）：______________ 手机：______________ 电子邮件：_________________

调查问卷：※

1. 您认为图书的哪类特性对您使用教材最有影响力？（　　）（可多选，按重要性排序）

   A. 各级规划教材、获奖教材　　B. 知名作者教材

   C. 完善的配套资源　　D. 自编教材

   E. 行政命令

2. 在教材配套资源中，您最需要哪些？（　　）（可多选，按重要性排序）

   A. 电子教案　　B. 教学案例

   C. 教学视频　　D. 配套习题、模拟试卷

3. 您对于本书的评价如何？（　　）

   A. 该书目前仍符合教学要求，表现不错将继续采用。

   B. 该书的配套资源需要改进，才会继续使用。

   C. 该书需要在内容或实例更新再版后才能满足我的教学，才会继续使用。

   D. 该书与同类教材差距很大，不准备继续采用了。

4. 从您的教学出发，谈谈对本书的改进建议：____________________________________

____

____

选题征集：如果您有好的选题或出版需求，欢迎您联系我们：

联系人：黄　强　联系电话：010-62515955

索取样书：书名：____

书号：____

备注：※ 为必填项。